TRIBUTAÇÃO: DEMOCRACIA E LIBERDADE

Em homenagem à
Ministra Denise Martins Arruda

TRIBUTAÇÃO: DEMOCRACIA E LIBERDADE

Em homenagem à
Ministra Denise Martins Arruda

BETINA TREIGER GRUPENMACHER
(Coordenação)

**ARIANE BINI DE OLIVEIRA
NAYARA TATAREN SEPULCRI
SMITH BARRENI**
(Organizadores)

Editora Noeses

2014

Copyright © 2014 By Editora Noeses
Editor-chefe: Paulo de Barros Carvalho
Coordenação editorial Alessandra Arruda
Arte/Diagramação: Denise Dearo
Capa: Marcos Duarte
Revisora técnica: Semíramis Oliveira

CIP - BRASIL. CATALOGAÇÃO-NA-FONTE
SINDICATO NACIONAL DOS EDITORES DE LIVROS, RJ.

T7316   Tributação: Democracia e liberdade / André Mendes Moreira... [et al.] - São Paulo : Noeses, 2014.

1490 p.

Coordenação: Betina Treiger Grupenmacher. Organizadores: Ariane Bini de Oliveira, Nayara Tataren Sepulcri e Smith Barreni.

1. Direito. 2. Tributação. I. Título.

CDU - 340

Julho de 2014

Todos os direitos reservados

Editora Noeses Ltda.
Tel/fax: 55 11 3666 6055
www.editoranoeses.com.br

SUMÁRIO

APRESENTAÇÃO.. **XI**
FOTO DA MINISTRA DENISE MARTINS ARRUDA..... **XV**

Capítulo I
TEORIA GERAL DO TRIBUTO E TRIBUTOS EM ESPÉCIE

André Mendes Moreira e Sophia Goreti Rocha Machado – Conceito de tributo e sua divisão em espécies........................ 3

José de Castro Meira – Constituição, tributos e carga tributária 35

Cintia Estefania Fernandes – IPTU e seu DNA estrutural: uma análise impostergável em face da constitucionalidade 61

Carlos Renato Cunha – As plantas genéricas de valores do IPTU e o princípio da legalidade: reflexões sobre democracia e liberdade, diante das recentes decisões judiciais que suspenderam leis municipais de atualização dos valores imobiliários 77

Denise Lucena Cavalcante – As distorções da contribuição de melhoria no Brasil... 105

Eduardo Maneira – Segurança jurídica e os limites necessários para a instituição de contribuições de intervenção no domínio econômico.. 135

Betina Treiger Grupenmacher – Imposto sobre Serviços – Critério espacial – A questão do domicílio do prestador e o papel do poder judiciário enquanto guardião das instituições democráticas.. 151

José Augusto Delgado – ISS – questões controvertidas na jurisprudência do STJ – O local da prestação do serviço como determinante da competência do Município para exigir a cobrança do mencionado tributo – Recursos especiais julgados sob a modalidade e com efeitos de recursos repetitivos – Consagração da jurisprudência predominante no STJ por mais de 20 anos.. 183

João Guilherme Padilha Christofis – Regra-matriz de incidência tributária do imposto sobre serviços notariais e registrais do Município de Curitiba.. 231

Melissa Folmann – Contribuições sociais previdenciárias sobre folha de salários e análise econômica do direito: crise de destinação.. 255

Fernando Quadros da Silva – Retenção de contribuições previdenciárias e os contratos de empreitada total............... 281

Dayana de Carvalho Uhdre – Da inconstitucionalidade do art. 31 da Lei 8.212/91 – Da não sustentabilidade do entendimento do STJ à luz dos preceitos instituidores da competência tributária.. 297

Capítulo II
TRIBUTAÇÃO E DIREITOS FUNDAMENTAIS

Andrei Pitten Velloso – Sigilo bancário, fiscalização tributária e reserva de jurisdição: proposta de harmonização dinâmica.. 331

Eduardo Moreira Lima Rodrigues de Castro – Medidas Provisórias em matéria tributária como instrumento do Estado de Exceção brasileiro 357

Érico Hack – Tributação: compatibilidade com livre-iniciativa e a liberdade na Constituição de 1988 383

Flávio de Azambuja Berti – Tributação extrafiscal e liberdade empreendedora 405

Smith Barreni – Extrafiscalidade e o princípio da proibição aos efeitos de confisco no direito tributário 423

Paulo José Zanellato Filho – Notas sobre as presunções no direito tributário: uma análise sobre o manto da transparência e praticabilidade 451

Rodrigo Luís Kanayama – Responsabilidade da atividade financeira e necessária relação entre receitas e despesas públicas 479

Regis Fernandes de Oliveira – Maniqueísmo jurídico-tributário: o tributo como instrumento de dominação 503

Sergio André Rocha – A deslegalização no direito tributário brasileiro contemporâneo 529

Marcel Eduardo Cunico Bach – A (in)constitucionalidade das restrições à dedutibilidade das despesas com educação à luz dos objetivos fundamentais da República Federativa do Brasil 573

Octavio Campos Fischer – Tributação, ações afirmativas e Democracia 591

Capítulo III
JUSTIÇA FISCAL, DEMOCRACIA E LIBERDADE

Arnaldo Sampaio de Moraes Godoy – Tributação, democracia e liberdade: o tema do orçamento impositivo no ordenamento jurídico brasileiro 603

Geórgia Teixeira Jezler Campello – O tributo como meio de efetivação da justiça e do Estado Social 637

Jonathan Barros Vita – As novas funções dos tributos no Sistema Social: distributividade como forma de promoção da democracia e da liberdade 659

José Eduardo Soares de Melo – Liberdade contratual e implicações tributárias 679

José Umberto Braccini Bastos – Tributação como instrumento de concretização do Estado Democrático de Direito 717

Jozélia Nogueira – Tributação, Justiça Fiscal e Social 735

Maria de Fátima Ribeiro – Tributação, políticas públicas e justiça social 763

Nayara Tataren Sepulcri – O casamento entre os princípios da capacidade contributiva e da solidariedade no Estado Democrático e Social de Direito 793

Capítulo IV
SISTEMA CONSTITUCIONAL TRIBUTÁRIO: PRINCÍPIOS E IMUNIDADES

Paulo de Barros Carvalho – Princípios e sobreprincípios na interpretação do direito 819

Rafhael Wassermann – Notas sobre a imunidade musical: liberdade de expressão artística e cultura nacional 845

Eduardo de Moraes Sabbag – Imunidade tributária musical e liberdade de expressão artística 863

José Antônio Gomes de Araújo – A imunidade tributária e o caráter sem fins lucrativos das entidades de assistência social e de educação 895

José Roberto Vieira – Legalidade e norma de incidência: influxos democráticos no direito tributário 925

Júlio M. de Oliveira e Juliana Carla F. de A. Alioti Passi
– O princípio da proteção da confiança do contribuinte e o artigo 146 do Código Tributário Nacional 965

Sacha Calmon Navarro Coêlho – O fenômeno jurídico e as normas do direito como técnicas comportamentais – Os meios de produção e a produção do direito 981

Capítulo V
INTERPRETAÇÃO E SOLUÇÃO DE CONTROVÉRSIAS EM MATÉRIA TRIBUTÁRIA

Misabel Abreu Machado Derzi – Confiança e desconfiança sistêmicas 1007

Priscila de Souza e Fernando Gomes Favacho – Intertextualidade entre subsistemas jurídicos: a "novilíngua" no direito tributário brasileiro 1033

Demetrius Nichele Macei – Planejamento tributário e a verdade material em juízo 1073

Luís Guilherme da Silva Cardoso – A cláusula geral da boa-fé e os planejamentos tributários: nos limites do Estado Democrático de Direito 1093

Benedito Gonçalves – O papel do Superior Tribunal de Justiça na pacificação das controvérsias tributárias 1115

Marco Aurélio Mello – Intepretação constitucional e controvérsias tributárias 1135

Paulo Caliendo – Interpretação literal em direito tributário..... 1167

Tiago Gagliano Pinto Alberto – Decisões judiciais, argumentação defeituosa e direito tributário 1209

Guilherme Broto Follador – Presunções e ficções fiscais e o princípio da capacidade contributiva 1231

Capítulo VI
TRIBUTAÇÃO INTERNACIONAL

Clotilde Celorico Palma – O Centro Internacional de Negócios de Cabo Verde como instrumento de desenvolvimento econômico e social 1275

Fabio Artigas Grillo – Tratados internacionais para evitar a dupla tributação sobre a renda e o Recurso Especial n. 426.945-PR 1305

Gustavo Brigagão e Bruno Lyra – REPETRO Estadual e segurança jurídica – Regras de tributação das importações de equipamentos destinados ao uso interligado entre as fases de exploração e produção, bem como das movimentações interestaduais de equipamentos cuja importação não é tributada pelo Estado de origem.. 1343

Letícia Mary Fernandes do Amaral – Aplicação da CISG e tributação brasileira 1365

Monroe Fabrício Olsen – Renovada insegurança jurídica no Brasil – a especialidade das normas internacionais.......... 1391

Capítulo VII
PROCESSO TRIBUTÁRIO

Igor Mauler Santiago – Desequilíbrios do regime atual de garantia das execuções fiscais 1409

Mary Elbe Gomes de Queiroz e Antonio Carlos F. de Souza Júnior – A (des)vinculação dos membros do CARF aos pareceres da PGFN, aprovados pelo Ministro da Fazenda....... 1425

Renato Lopes Becho – A luta contra as imunidades do poder nas execuções fiscais 1455

APRESENTAÇÃO

A presente coletânea tem o especial propósito de homenagear a Ministra Denise Martins Arruda, falecida em 12 de dezembro de 2013.

A homenageada dedicou mais de quarenta anos da sua vida integralmente à magistratura e foi a primeira Ministra paranaense a integrar o Superior Tribunal de Justiça.

Após ser aprovada, em 1966, em concurso de provas e títulos, iniciou sua carreira como Juíza Substituta atuando na Seção Judiciária de Jacarezinho e, posteriormente, em Santo Antonio da Platina. Em 1967 foi aprovada em no concurso para Juiz de Direito, tendo atuado nas comarcas de Mallet, Jandaia do Sul, Peabiru, Londrina e Curitiba. Foi promovida para o Tribunal de Alçada do Paraná em 1º de setembro de 1993, tribunal do qual foi Vice-Presidente no biênio 2001/2002, até a sua promoção em 21 de dezembro de 2001 para o Tribunal de Justiça do Estado. Em 18 de maio de 2003 foi nomeada Ministra do Superior Tribunal de Justiça, tendo sido a primeira mulher a ocupar cargo de direção no Poder Judiciário paranaense e a quarta a assumir o cargo de Ministra do Superior Tribunal de Justiça.

O exercício da função judicante desempenhado pela homenageada, sempre foi revestido da mais absoluta lisura, imparcialidade e comprometimento com o cumprimento da lei e a realização da justiça, o que inicialmente a tornou reconhecida e reverenciada pela comunidade jurídica paranaense, e posteriormente, quando de sua marcante passagem pelo Superior Tribunal de Justiça, pela comunidade jurídica nacional

Merece registro o fato de que a sua indicação ao Superior Tribunal de Justiça, pelo Presidente da República, foi precedida de intenso e irrestrito apoio da sociedade paranaense, com destaque para os órgãos representativos dos advogados, das mulheres de carreira jurídica, do Ministério Público e do Governo Estadual, que desde logo, chancelaram a sua iniciativa de concorrer à vaga aberta no STJ e destinada à magistratura estadual. Naquela oportunidade, reflexo do respeito e reconhecimento que creditavam à sua impecável atuação como magistrada, a sua candidatura obteve votação unânime dos seus pares.

Nem sempre, ao longo de sua carreira, atuou julgando questões de índole tributária, no entanto, independentemente da natureza das questões que lhe foram submetidas a julgamento, sempre buscou resguardar a liberdade e a dignidade humana e reafirmar os ideais democráticos. Não por outro motivo o tema central da presente obra é Tributação Democracia e Liberdade.

Os artigos que compõem a presente coletânea, em suas diferentes abordagens teórico-práticas, possuem como "pano de fundo" a investigação das atividades desempenhadas pelos Poderes Legislativo e Executivo em matéria tributária, com vistas à verificação de seu comprometimento com a consecução dos ideais democráticos e com a liberdade dos cidadãos e das empresas, no desempenho da atividade econômica.

Conforme leciona Ricardo Lobo Torres: "Com o advento do Estado Fiscal de Direito, que centraliza a fiscalidade, tornam-se, e até hoje se mantêm, absolutamente essenciais as relações entre liberdade e tributos: o tributo nasce no espaço aberto pela autolimitação da liberdade e constitui o preço da liberdade, mas por ela se limita e pode chegar a oprimi-la, se o não contiver a legalidade." (2005, p. 3) "O tributo é garantia da liberdade e, ao mesmo tempo, possui a extraordinária aptidão para destruí-la".[1]

---

1. TORRES, Ricardo Lobo. Tratado de direito constitucional financeiro e tributário. 3 vol. 3 ed. Rio de Janeiro: Renovar, 2005

TRIBUTAÇÃO: DEMOCRACIA E LIBERDADE

Na esteira da lição do citado autor, há de fato, íntima relação entre tributação, democracia e liberdade. O estudo do vínculo existente entre os institutos em questão, verifica-se nas reflexões dos autores, os quais buscaram, à luz do sistema constitucional brasileiro, em sua acepção mais abrangente – tanto no que concerne aos princípios e regras constitucionais, como no concernente aos tributos *in specie*-, apresentar suas construções e conclusões a propósito do tema central da obra.

As ideias de Ricardo Lobo Torres, no que tange à relação entre tributação e liberdade, são fruto de sua compreensão acerca da função que assume a tributação no Estado Social e Democrático de Direito.

O papel que o tributo assume nas sociedades contemporâneas não é o mesmo que a tributação teve em outros períodos históricos, merecendo análise à luz do Estado Liberal, do Estado Social e do Estado Social Fiscal.

Embora não haja um significado unívoco para liberalismo, é possível afirmar, que na sua acepção clássica, o Estado Liberal era aquele que intervinha minimamente na esfera de liberdade dos cidadãos, permitindo-lhes exercer suas atividades e desenvolver suas ideias de forma absolutamente livre. No âmbito do Estado Liberal o papel do tributo era de todo incipiente.

Os liberais clássicos do final do século XVIII, início do século XIX, concebiam como única função do Estado a proteção dos direitos de liberdade e propriedade privada. Já os Liberais modernos ou Socialistas, compreendiam que o papel do Estado era, além da defesa da liberdade e da propriedade, também apresentar soluções para os problemas relativos à pobreza, habitação, saúde e educação e, nessa medida, a cobrança de tributos, embora impusesse uma limitação à liberdade, fazia-se necessária para atendimento dos direitos individuais, no seu viés social.

Os ideais liberais nasceram na antiguidade clássica tendo evoluído até a república romana, momento em que se os seus fundamentos se consolidaram. A partir de então novos ideais surgiram e desencadearam o seu questionamento e contestação, o que se fez por meio das revoluções liberais, cuja preocupação voltava-se fundamentalmente à tutela dos direitos individuais pelo Estado.

TRIBUTAÇÃO: DEMOCRACIA E LIBERDADE

Naquele momento surgiu a concepção da tributação como fonte de financiamento dos ideais democráticos e como mecanismo de redistribuição de riquezas.

Partindo de Platão e Aristóteles, passa-se por Rosseau, chegando-se a Adam Smith e Thomas Paine. O primeiro em Lectures of Jurisprudence e Riqueza das Nações e o segundo em Rights of Man, aperfeiçoaram as ideias aristotélicas sobre redistribuição de riquezas.

Aristóteles entendia que redistribuição era uma questão de mérito e não de necessidade. Antes Smith e depois Paine, evoluíram tais ideias e passaram a conceber a redistribuição como decorrência da necessidade de intervenção estatal em benefício dos menos favorecidos economicamente, o que deveria se implementar através da tributação mais onerosa dos mais ricos, pois tal mecanismo operaria, a longo prazo, transferência patrimonial entre as diferentes classes sociais. Nesse sentido, embora não negassem a importância da preservação da liberdade e dos direitos individuais, reconheciam a necessidade de sua limitação através da tributação em nome de um "bem maior", a justiça redistributiva. A cobrança de tributos, no entanto, não poderia oprimir os direitos inerentes à liberdade, que compõem o rol dos direitos individuais.

Assim, não se discute a relevância dos textos que compõem a presente obra, posto que propiciam a evolução de ideias relativas à justiça fiscal e à justiça social a partir da tributação, preocupação esta que se verifica igualmente nas decisões da homenageada ao longo de sua carreira judicante.

Embora a homenageada não tenha abraçado a carreira acadêmica ou buscado maior inserção em relação ao ensino e à pesquisa do Direito, tendo dedicado a integralidade do seu tempo à especialização do exercício da magistratura, bem como a atender a pesada carga de trabalho a que se sujeitam os magistrados no Brasil, algumas de suas decisões, revestidas de profunda erudição, são verdadeiras lições de Direito, inclusive com repercussão nacional.

Pessoalmente – além da admiração pelas aptidões técnicas que a homenageada reunia como magistrada e promotora do Direito e da Justiça-, sempre nutri pela mesma imensa admiração, amizade e, sobretudo, carinho, razões estas que me inspiraram a promover a presente iniciativa como tributo a sua memória, convidando para tanto grandes juristas em âmbito nacional e membros do Poder Judiciário, em todas as suas esferas, a contribuir com reflexões sobre o tema central da presente obra.

Conheci a homenageada pouco tempo após ter me mudado para o Paraná, vinda de São Paulo, minha cidade natal. Naquela oportunidade, atuando como advogada do condomínio em que residia a homenageada, fui por ela procurada, momento em que tive a feliz oportunidade de conhecê-la pessoalmente e atestar a sua cordialidade e gentileza, características estas que se manifestaram em todas as oportunidades em que mantive com ela contatos pessoais e profissionais.

Era extremamente cautelosa e buscava agir com absoluta imparcialidade em seus julgamentos, tendo referido em várias conversas que tivemos as dificuldades inerentes à função judicante, especialmente no concernente à reponsabilidade de decidir de forma justa. Merece referencia nesse sentido trecho de entrevista realizada pelo jornal paranaense Gazeta do Povo em que registrou a dificuldade do exercício da função judicante quando afirmou: sou "a rainha da dúvida", "A tarefa de julgar é complicada. Quando as coisas são pretas ou brancas, é fácil. A zona cinzenta é que difícil"[2].

Enfim trata-se de justa e merecida homenagem à magistrada que sempre dignificou o cargo e a toga, julgando com prudência, imparcialidade e responsabilidade.

Finalmente, agradeço profundamente o importante auxílio dos Professores, Ariane Bini de Oliveira, Nayara Tataren Sepulcri e Smith Barreni, na organização e produção da presente coletânea, cuja competência, dedicação e compromisso com a excelência, permitiram a materialização da presente homenagem.

Profa. Betina Treiger Grupenmacher
Professora associada de Direito Tributário
da Universidade Federal do Paraná. Advogada.

---

2. Disponível em http://www.gazetadopovo.com.br/vidaecidadania/conteudo.phtml?id=880072 Acessado em 18/04/2014.

FOTO DA MINISTRA DENISE MARTINS ARRUDA

Capítulo I

TEORIA GERAL DO TRIBUTO E TRIBUTOS EM ESPÉCIE

CONCEITO DE TRIBUTO E SUA DIVISÃO EM ESPÉCIES

André Mendes Moreira[1]
Sophia Goreti Rocha Machado[2]

PROÊMIO

Honrados com o convite que nos foi formulado pela ilustre Professora BETINA TREIGER GRUPENMACHER, da prestigiosa Faculdade de Direito da UFPR, para integrar este *liber amicorum* em louvor da saudosa Ministra DENISE ARRUDA, optamos pela eleição de um tema ao mesmo tempo vetusto e atual: o conceito de tributo e sua hodierna função no Estado Democrático de Direito, que tantas vezes foi tangenciado pela homenageada em suas decisões em matéria tributária.

Passemos assim, sem delongas, ao exame da *quaestio juris*.

---

1. Professor Adjunto de Direito Tributário dos cursos de graduação, mestrado e doutorado da UFMG. Doutor (USP) e Mestre (UFMG) em Direito Tributário. Advogado.
2. Mestranda em Direito Econômico e Financeiro na USP. Especialista em Direito Tributário pelas Faculdades Milton Campos. Advogada.

1. ESCORÇO HISTÓRICO DA TRIBUTAÇÃO: DA ANTIGUIDADE AO ESTADO SOCIAL

Seja compreendido como um fim em si mesmo, como sustentava MAQUIAVEL[3], seja como garantidor da segurança jurídica, como apregoava HOBBES[4], o Estado, em maior ou menor grau, sempre foi financiado pelos tributos.

Estudioso da história da tributação, GRAPPERHAUS[5] os definiu como "um sacrifício individual por um objetivo coletivo", modo simples de expressar temática deveras complexa.

Fato é, contudo, que a concepção e a importância do tributo se modificam conforme o conceito de Estado e o respectivo momento histórico, ensinando HELENO TORRES[6] que, juridicamente, o conceito antigo de tributo não encontra similaridade com o atual, pois "o estigma da servidão o caracterizava".

1.1. Período greco-romano clássico

Na Grécia antiga, o imposto era "o meio de defesa do bem coletivo, entregue aos cuidados do Estado"[7] que, todavia, sempre que possível era suportado pelos povos vencidos ou libertos do jugo estrangeiro, como ensina SAINZ DE BUJANDA.[8]

---

3. MACHIAVELLI, Niccolò. *The Prince*. Versão para iPad.
4. HOBBES, Thomas. *Leviathan*. Versão para iPad.
5. GRAPPERHAUS, Ferdinand H. M. *Tax Tales from the Second Millenium*. Amsterdan: IBFD, 2009, p.1.
6. TORRES, Heleno Taveira. *Direito Tributário e Direito Privado – Autonomia Privada, Simulação, Elusão Tributária*. São Paulo: Revista dos Tribunais, 2003, p. 201.
7. GUIMARÃES, Ylves José de Miranda. *O Tributo. Análise Ontológica à luz do Direito Natural e do Direito Positivo*. São Paulo: Max Limonad, 1983, p. 24.
8. BUJANDA, Fernando Sainz de. *Hacienda y Derecho*. Madrid: Instituto de Estudos Políticos, 1955, vol. I, p. 130.

Roma, por sua vez, inspirou alguns dos atuais tributos, tendo se valido, como relata SILVIO MEIRA[9], de numerosos impostos e taxas que, em grande parte e tal como no período grego clássico, eram cobrados dos povos vencidos e subjugados, poupando ao máximo os cidadãos romanos. Afora os tributos em espécie, que incidiam sobre as propriedades, consumo, heranças, *et caterva*, eram também comuns as imposições *in natura* e até mesmo *in labore*, para atender a necessidades estatais específicas de suprimentos e mão de obra, respectivamente.

Entretanto, como ressalta HELENO TORRES[10], a tributação era efetivamente vista pelos romanos como uma forma de opressão e não seria demais afirmar que sua imposição para cobrir as crescentes necessidades de receitas do Império foi uma das razões para o declínio do sistema tributário romano.

1.2. A Idade Média: do feudalismo ao Estado Absolutista Patrimonial

Com a queda do império romano e a posterior implantação do sistema de organização feudal da Idade Média, passaram os senhores feudais a explorar os seus servos, na condição de proprietários soberanos das terras. Contrariamente ao que se passava na Grécia e Roma antigas, o tributo, apesar de não desaparecer, perdeu importância, cedendo lugar a exigências *in natura* ou *in labore*, pagas ao senhor feudal como contrapartida pela utilização de suas propriedades, configurando, sob esse prisma, verdadeira receita originária, em contraposição à tributação, que é fonte de receitas derivadas.

---

9. MEIRA, Sílvio. *Direito Tributário Romano*. São Paulo: Revista dos Tribunais, 1978, p. 26.
10. TORRES, Heleno Taveira. *Direito Tributário e Direito Privado – Autonomia Privada, Simulação, Elusão Tributária*. São Paulo: Revista dos Tribunais, 2003, p. 202.

Nos Estados Absolutos, como todas as terras pertenciam ao monarca, cobrava-se igualmente pelo seu uso, o que originou a denominação Estado Patrimonial. Como afirma ADAM SMITH[11], "a renda proveniente das terras da Coroa constituiu por muito tempo a maior parte da receita das antigas soberanias da Europa".

Com as cruzadas dos séculos XI a XIII, os monarcas absolutistas foram compelidos a contribuir financeiramente e com seus próprios exércitos para os desígnios da Igreja Católica, que pretendia libertar a Terra Santa dos turcos muçulmanos. Desse modo, o recurso à tributação passou a ser cada vez mais necessário para financiar os crescentes gastos públicos.

Todavia, como relata ONOFRE BATISTA JUNIOR[12], nessa época "o tributo ainda não havia ingressado plenamente na esfera da publicidade, sendo apropriado de forma privada" pelos governantes, o que gerava crescente insatisfação dos súditos.

Tendo em vista esse fato e, ademais, sufocados pela elevação dos tributos, os ingleses pressionaram sua monarquia e, em 1215, foi assinada a *Magna Charta Libertatum*, verdadeiro marco na imposição de limites ao poder de cobrar tributos, a partir do qual se iniciou a concepção de Estado fundado na legalidade como expressão da vontade consentida do povo, por meio de seus representantes.

Não obstante, como relata HELENO TÔRRES[13] com esforço em VICTOR UCKMAR, antes mesmo da *Magna Charta*

---

11. SMITH, Adam. *A Riqueza das Nações*, v. II. São Paulo: Martins Fontes, 2003, p. 1.040.
12. BATISTA JUNIOR, Onofre Alves. *Por que a Guerra Fiscal? Os Desafios do Estado na Modernidade Líquida*. Revista Brasileira de Estudos Políticos, n.102. Belo Horizonte: UFMG, jan-jun/2011, p. 309.
13. TORRES, Heleno Taveira. *Direito Constitucional Tributário e Segurança Jurídica – Metódica da Segurança Jurídica Aplicada ao Sistema Constitucional Tributário*. São Paulo: Saraiva, 2011, p. 301, nota de rodapé n. 5.

Libertatum pode-se identificar precedentes em que o consentimento dos súditos foi condição essencial para a cobrança de tributos.

De fato, em 1091, Alfonso I, Rei de Castela, já seguia essa linha e, em 1179, o Terceiro Conselho Laterano da Igreja Católica Romana proibiu seus bispos de tributar o clero sem o consentimento deste.

1.3. O Estado Tributário Liberal

O princípio do *no taxation without representation* assenta as bases para o surgimento, séculos depois, do Estado Liberal, já sob os ideais iluministas de JOHN LOCKE[14] e seu discípulo, o Barão de MONTESQUIEU.[15] Limitando o poder soberano, o liberalismo fomenta a produção de riqueza e o trabalho, aceita o lucro privado e distancia o homem do Estado, para que aquele possa desenvolver suas potencialidades no espaço público. Em contrapartida, deve o cidadão contribuir para o custeio da sociedade pelo pagamento de tributos, aprovados em assembleias representativas do povo.

O tributo, garantidor da sobrevivência do Estado Liberal, passa então a ser visto como o preço que se paga para exercer a própria liberdade, como leciona RICARDO LOBO TORRES.[16] Afinal, com o afastamento do Estado da economia e a alienação de seus bens – pressupostos do liberalismo – a primordial fonte de receitas para o seu sustento torna-se exatamente a tributação, originando o intitulado Estado Tributário ou, conforme LORENZ VON STEIN[17], o Estado Fiscal.

---

14. LOCKE, John. *Second Treatise of Government*. Versão para iPad.
15. MONTESQUIEU, Baron de. *The Spirit of the Laws*. Encyclopaedia Britannica: Chicago, 1952, pp. 58-9.
16. TORRES, Ricardo Lobo. *Tratado de Direito Constitucional, Financeiro e Tributário*, vol. II. Rio de Janeiro: Renovar, 2005, p. 98.
17. NABAIS, José Casalta. *O Dever Fundamental de Pagar Impostos: contributo*

Dentro dessa nova linha de pensamento, a Declaração dos Direitos do Homem e do Cidadão de 1789 lança a noção de tributo como instrumento de manutenção das despesas do Estado que, em contrapartida, deve zelar pela "felicidade geral" do povo representado. De fato, como leciona ONOFRE BATISTA JUNIOR[18], com a alienação da maior parte do patrimônio estatal, o alargamento do feixe de suas atribuições e consequente majoração de despesas, "cada vez mais a cobertura das despesas públicas passou a depender dos tributos". À época, positivam-se os direitos sociais de primeira dimensão, como liberdade, propriedade e segurança.

No paradigma liberal, a tributação era vista como uma forma de igualar os que, até então, possuíam privilégios de classe, vincando-se, para tanto, na igualdade formal. Optando-se pela tributação indireta e proporcional, o objetivo era fazer com que povo, nobres e clero pagassem igualmente os mesmos tributos. A ideia de tributação das rendas e das heranças era fortemente repelida pela burguesia. Como anota BALEEIRO[19], com esforço em MACCULLOCH, sustentava-se à época que se os impostos "recaíssem sobre os lucros, matariam o único incentivo ao trabalho (...). Se alcançassem as heranças, destruiriam os sagrados laços de família".

Da mesma forma, a simples cogitação de uma tributação progressiva – que já havia sido utilizada em alguns casos na Grécia antiga, na República Florentina e na Basiléia do século XV – suscitava críticas severas, como o provável

---

para a compreensão constitucional do Estado Fiscal contemporâneo. Coimbra: Almedina, 2004, p. 191.
18. BATISTA JUNIOR, Onofre Alves. *Por que a Guerra Fiscal? Os Desafios do Estado na Modernidade Líquida.* In: Revista Brasileira de Estudos Políticos, n.102. Belo Horizonte: UFMG, jan-jun/2011, p. 310.
19. BALEEIRO, Aliomar. *Uma Introdução à Ciência das Finanças,* 16ª ed, atualizado por DEJALMA DE CAMPOS. Rio de Janeiro: Forense, 2006, p. 177.

êxodo de capitais e o colapso da economia, como relata EDWIN SELINGMAN.[20]

Assim, com esforço na igualdade formal, assentada na tributação indireta e proporcional, constrói-se o discurso de eliminação das desigualdades até então vigentes, o que se revelou, com o tempo, uma premissa equivocada, como antevisto, à época, por ROUSSEAU[21], ao afirmar que "essa igualdade é só ilusória e aparente, e não serve senão para manter o pobre na sua miséria e o rico na sua usurpação".

1.4. O Estado Tributário Social

Um século após a Revolução Francesa, os movimentos anarquistas, socialistas utópicos, socialistas cristãos e o marxismo vêm pleitear uma modificação no arquétipo de Estado Liberal exatamente para atender os problemas vaticinados por ROUSSEAU quando da própria gênese desse modelo organizacional.

Premido pela Revolução Russa de 1917, o Estado Liberal se converte em Social, notadamente pelas Constituições Mexicana de 1917 e de Weimar em 1919, restando claro que não bastava ao Estado garantir ao cidadão direitos como a liberdade de pensamento se este não tinha educação suficiente para elaborar suas próprias ideias.

A transição do Estado Liberal para o Estado Social marca, igualmente, uma mudança na tributação. Com a necessidade de garantir os direitos sociais de segunda dimensão, fulcrados no princípio da igualdade material, como o direito ao trabalho, moradia, educação, saúde e previdência,

---

20. SELINGMAN, Edwin. *Progressive Taxation in Theory and Practice*. Princeton: Princeton University Press, 1908, p. 27.
21. ROUSSEAU, Jean-Jacques. *O Contrato Social (princípios de direito político)*. Rio de Janeiro: Edições de Ouro, 1970, p. 57.

o papel do Estado agiganta-se e, para tanto, as receitas tributárias são elevadas.

O incremento na arrecadação se deu inclusive de modo a efetivar a premissa da igualdade material, orientando-se pelo princípio da capacidade contributiva que, já no século XIX, fora antecipado por JOHN STUART MILL[22] como o necessário balizador de um sistema tributário justo. O tributo deixa de ser uma simples fonte de receita para o Estado, passando a ser utilizado como instrumento de realização de justiça, valendo-se do princípio da capacidade contributiva como meio de onerar aqueles economicamente mais favorecidos a fim de beneficiar as regiões mais pobres, relata BETINA GRUPENMACHER.[23]

Outrossim, os impostos sobre a renda, a propriedade e as heranças passam a ser utilizados em larga escala, sem que se observe a ocorrência das previsões catastrofistas da burguesia do século XVIII quanto a essas formas de imposição direta e, ademais, progressivas.

Assim, distancia-se o Estado Tributário, tanto o Liberal como o Social, dos Estados Patrimoniais Absolutistas e também dos Estados Comunistas, que são Neopatrimoniais. Inobstante possa-se identificar alguns Estados de Direito hodiernos não-Tributários, como Mônaco, que retira boa parte de suas receitas da exploração do jogo, as modernas democracias ocidentais são, em regra, Estados Tributários, que, conforme ONOFRE BATISTA JUNIOR[24], consistem na "projeção financeira do Estado de Direito".

---

22. MILL, John Stuart. *Princípios de Economia Política: com algumas de suas aplicações à filosofia social*, v. II. São Paulo: Abril Cultural, 1983, p. 290.
23. GRUPENMACHER, Betina Treiger. *A Reforma Tributária e a Afronta aos Direitos Fundamentais*. In: Revista Fórum de Direito Tributário, ano 1, n. 1. Belo Horizonte: Fórum, 2003, p.42.
24. BATISTA JUNIOR, Onofre Alves. *Por que a Guerra Fiscal? Os Desafios do Estado na Modernidade Líquida*. In: Revista Brasileira de Estudos Políticos, n.102. Belo Horizonte: UFMG, jan-jun/2011, p. 310.

Analisemos, portanto, sob a ótica do Estado Democrático de Direito, o papel do tributo nos dias atuais.

1.5. O rompimento do paradigma do tributo como expressão do poder de império

De acordo com a hodierna concepção de Estado, o tributo deve financiar e direcionar a implementação dos direitos e garantias fundamentais de primeira, segunda e terceira dimensões, especialmente, neste último caso, os relativos ao meio ambiente.

Baseado nessa nova perspectiva, HELENO TORRES[25] identifica um rompimento entre o conceito secular de tributo, compreendido como expressão do poder de império estatal, derivado unicamente da existência de um poder soberano.

Para o professor da USP, a função hodierna do tributo é "concretizar o catálogo de garantias constitucionais de proteção aos direitos e liberdades fundamentais dos contribuintes". O processo de legitimação democrática do tributo, portanto, afasta a tradicional concepção que opõe Fisco e Contribuinte, tornando o pagador de tributos partícipe da própria ordem na qual se insere, "segundo uma legalidade pautada por princípios".

A soberania popular é, pois, a verdadeira origem da tributação no Estado Democrático de Direito, fundamentando o Poder Constituinte. Somente a partir da criação da Lei Maior é que passa a existir uma soberania jurídica estatal. De acordo com HELENO TORRES, esse é exatamente o fundamento que KELSEN buscou para firmar sua norma fundamental, o

---

25. TORRES, Heleno Taveira. *Direito Constitucional Tributário e Segurança Jurídica – Metódica da Segurança Jurídica do Sistema Constitucional Tributário*. São Paulo: Revista dos Tribunais, 2011, p. 305.

mesmo valendo, acrescemos nós, para HART[26] e a sua regra de reconhecimento.

Linha similar sobre os fundamentos do tributo no Estado Democrático de Direito é seguida por KLAUS TIPKE[27], para quem o tributo é "uma contribuição necessária para que o Estado possa cumprir suas tarefas no interesse do proveitoso convívio de todos os cidadãos", bem como por JULIO LEVENE[28] que, apesar de reconhecer que o pagamento de tributos é um sacrifício, vinca-se na premissa de que ele somente se torna injusto e violador do direito de propriedade quando excede os limites do bem comum.

Outrossim, CASALTA NABAIS[29] ressalta que, "o imposto não pode ser encarado nem como um mero poder para o estado, nem como um mero sacrifício para os cidadãos", consistindo em um dever fundamental para estes últimos.

Sobre o "dever fundamental de pagar tributos", todavia, é importante o alerta de HELENO TORRES[30]: enunciada a expressão de modo isolado, pode-se chegar à conclusão equivocada de que o Estado Democrático de Direito imporia ao seu cidadão uma sujeição permanente ao pagamento de exações.

---

26. HART, Herbert Lionel Adolphus. *O Conceito de Direito*. Lisboa: Fundação Calouste Gulbenkian, 1961.
27. TIPKE, Klaus; YAMASHITA, Douglas. *Justiça Fiscal e Princípio da Capacidade Contributiva*. São Paulo: Malheiros, 2002, p. 13.
28. LEVENE, Julio. El pago de tributos configura um sacrifício injusto al derecho de propriedad cuando excede los limites del bien comum. In: Revista Tributária e de Finanças Públicas, ano 8, n. 30. São Paulo: RT, jan-fev/2000, p. 21.
29. NABAIS, José Casalta. *O Dever Fundamental de Pagar Impostos*. Coimbra: Almedina, 1998, p. 679.
30. TORRES, Heleno Taveira. *Direito Constitucional Tributário e Segurança Jurídica – Metódica da Segurança Jurídica do Sistema Constitucional Tributário*. São Paulo: Revista dos Tribunais, 2011, p. 332.

Ao revés, no Estado Democrático de Direito, a cidadania tributária, "antes de qualquer 'dever', consagra o *direito* de todos pagarem seus tributos segundo os critérios previstos em lei e desde que efetivados todos os direitos e garantias fundamentais".

De todo modo, fato é que a receita obtida através das imposições tributárias deve dar suporte a uma atuação estatal que se oriente para proporcionar uma justiça social distributiva, arrecadando recursos de quem possa deles dispor para prestar serviços a quem deles necessita[31], sem prejuízo de induzir comportamentos por meio da extrafiscalidade, ferramenta imprescindível no modelo de Estado Tributário Democrático.

Segundo CLAUDE JESSUA[32], o Estado financiador e indutor de modificações sociais pela tributação admite dois modelos nas democracias ocidentais capitalistas:

(a) o Estado Tributário Distribuidor, que é o modelo do *welfare state* europeu, universalista e igualitário; e

(b) o Estado Tributário anglo-saxão, que reserva os serviços públicos apenas aos hipossuficientes.

A Constituição de 1988 traz um arquétipo mais similar ao de um Estado Tributário Distribuidor do que ao de um Estado Tributário anglo-saxão, conforme se depreende, por exemplo, da assistência universal à saúde, assegurada a todos os cidadãos, independentemente de classe social.

---

31. Expressão de WOLFF, Hans, BACHOF, Otto, STOBER, Rolf. *Verwaltungsretch*. 1. Ed. München: C. H. Beck, 1999, v. 1, p. 204. Citado por BATISTA JÚNIOR, Onofre Alves. *O Estado Democrático de Direito Pós-Providência Brasileiro em Busca da Eficiência Pública e de uma Administração Pública mais Democrática*. In: Revista Brasileira de Estudos Políticos, n. 98. Belo Horizonte: UFMG, jul-dez/2008.

32. *Apud* BATISTA JUNIOR, Onofre Alves. *Por que a Guerra Fiscal? Os Desafios do Estado na Modernidade Líquida*. In: Revista Brasileira de Estudos Políticos, n. 102. Belo Horizonte: UFMG, jan-jun/2011, pp. 316-7.

Assentadas essas premissas, passemos, sem delongas, à análise do conceito de tributo e suas espécies no ordenamento jurídico brasileiro.

2. O CONCEITO CONSTITUCIONAL IMPLÍCITO DE TRIBUTO E A DEFINIÇÃO POSITIVADA NO CÓDIGO TRIBUTÁRIO NACIONAL

2.1. A inexistência de um conceito ontológico de tributo e sua concepção como norma jurídica

Conforme leciona FLÁVIO BERNARDES[33], a utilização do conceito de tributo por diversas ciências, como a contabilidade e a economia, dificulta uma concepção unitária do vocábulo.

Outrossim, consoante relata PAULO COIMBRA[34], o conceito de tributo "é cambiante no tempo e no espaço e, por isso, é tido por contingente".

Essa mutação histórica de paradigmas explica o motivo pelo qual as tentativas de se definir ontologicamente o conceito de tributo não lograram êxito. Os adeptos de uma definição ontológica do tributo rejeitam o normativismo jurídico, buscando apoio em premissas jusnaturalistas.[35]

A definição ôntica de tributo não encontra espaço no atual Estado Democrático de Direito e, especialmente, no Sistema Constitucional Tributário, cuja forma mais adequada de interpretação, como relata HELENO TORRES[36], é a do positivismo

---

33. BERNARDES, Flávio Couto. *Direito Tributário Moçambicano*. Belo Horizonte: Mandamentos, 2007, p. 44.
34. SILVA, Paulo Roberto Coimbra. *Direito Tributário Sancionador*. São Paulo: Quartier Latin, 2007, p. 82.
35. GUIMARÃES, Ylves José de Miranda. *O tributo – Análise Ontológica à luz do Direito Natural e do Direito Positivo*. São Paulo: Max Limonad, 1983.
36. TORRES, Heleno Taveira. *Direito Constitucional Tributário e Segurança*

jurídico exclusivo, na modalidade por ele nominada positivismo metódico-axiológico.

Assim, pode-se dessumir que, antes de qualquer outra definição, o tributo é essencialmente uma norma jurídica, emitida e interpretada segundo os critérios de validade positivados no sistema jurídico.

2.2. O conceito constitucional de tributo

Conforme leciona HELENO TORRES[37], o conceito de tributo é constitucional. Não é o legislador livre para ampliá-lo, reduzi-lo ou modificá-lo.

Inexistindo uma definição expressa de tributo no atual Texto Magno Brasileiro (assim como nos anteriores), deve-se, por indução, partindo do particular para se chegar ao geral, analisar os regimes jurídicos aplicáveis a cada uma das espécies tributárias, a fim de delimitar as notas essenciais do conceito de tributo.

Sendo o tributo norma jurídica, sua análise no plano constitucional remete necessariamente às normas de competência, editadas para conferir o poder de tributar aos entes federados e que, como leciona TÁCIO LACERDA GAMA[38], estão indissociavelmente ligadas à validade das normas jurídicas produzidas a partir de então.

Da análise das normas de competência tributária depreende-se, desde logo, que:

Jurídica – Metódica da Segurança Jurídica do Sistema Constitucional Tributário. São Paulo: Revista dos Tribunais, 2011, pp. 373-4.
37. TORRES, Heleno Taveira. *Direito Constitucional Tributário e Segurança Jurídica – Metódica da Segurança Jurídica do Sistema Constitucional Tributário*. São Paulo: Revista dos Tribunais, 2011, p. 374.
38. GAMA, Tácio Lacerda. *Competência Tributária – Fundamentos para uma Teoria da Nulidade*. São Paulo: Noeses, 2009, pp. 48-9.

(a) o tributo deve ser instituído por lei;

(b) a ele não pode se opor o contribuinte, do que decorre sua compulsoriedade;

(c) o tributo não grava atos ilícitos, porquanto todos os fatos descritos pelas normas de competência como passíveis de tributação são lícitos;

(d) o tributo é prestação pecuniária, conclusão a que se chega pela análise dos conceitos de obrigação e de crédito tributário, mencionados no art. 146, III, *b* da CR/88, bem como das disposições sobre a repartição do produto da arrecadação constantes dos arts. 157 a 162 da CR/88;

(e) ao exercício da competência tributária se aplicam as limitações esculpidas nos arts. 150 a 152 da Lei Maior.

Com base nessas constatações e fundados na lição de HELENO TORRES[39], adotamos o seu conceito constitucional de tributo como a **"prestação pecuniária compulsória, instituída por lei e sujeita às limitações constitucionais tributárias, segundo os regimes de impostos, taxas ou contribuições, que não se constitua em sanção a ilícitos e seja cobrada mediante atividade administrativa plenamente vinculada"**.

2.3. O tributo no ordenamento infraconstitucional

2.3.1. A Lei n. 4.320/64: o tributo sob a perspectiva da ciência das finanças

O primeiro diploma legal a positivar o conceito de tributo no ordenamento jurídico brasileiro foi a Lei n. 4.320/64, cujo art. 9º assim dispôs[40]:

---

39. TORRES, Heleno Taveira. *Direito Constitucional Tributário e Segurança Jurídica – Metódica da Segurança Jurídica do Sistema Constitucional Tributário*. São Paulo: Revista dos Tribunais, 2011, p. 376.
40. Anote-se que, antes da Lei n. 4.320/64, o Decreto-lei n. 2.416/40 definiu

Art. 9º. Tributo é a receita derivada instituída pelas entidades de direito público, compreendendo os impostos, as taxas e contribuições nos termos da Constituição e das leis vigentes em matéria financeira, destinando-se o seu produto ao custeio de atividades gerais ou específicas exercidas por essas entidades.

No âmbito do Direito Financeiro, as receitas somam-se ao patrimônio estatal em caráter definitivo, não-provisório, diferenciando-se das meras entradas ou ingressos, que adentram apenas de modo temporário nos cofres públicos.

As receitas subclassificam-se em originárias, derivadas e transferidas.

As originárias decorrem da exploração, pelo Estado, de seu próprio patrimônio ou do exercício de atividade econômica, quando autorizado pela Constituição e pelas leis. As receitas derivadas advêm do patrimônio particular, de forma coativa, exatamente por meio dos tributos. Por fim, as receitas transferidas compreendem as transferências constitucionais de receitas, obrigatórias (como a repartição das receitas tributárias regida pelos arts. 157 a 162 do CTN) ou não.

O art. 9º da Lei n. 4.320/64, portanto, traz importante e pioneira definição de tributo no ordenamento infraconstitucional pátrio, qualificando-o como fonte de receitas derivadas para o patrimônio estatal, distinguindo os tributos de eventuais prestações pecuniárias compulsórias caracterizadas como receitas originárias do Estado.

---

imposto como "tributo destinado a atender indistintamente às necessidades de ordem geral da administração Pública" (art. 1º, § 2º). Todavia, conforme salienta GERALDO ATALIBA, "como a destinação do produto dos tributos é problema de direito financeiro e não tributário só o que se aproveita de definição é o termo tributo... E, como isso, não se definiu nada". (ATALIBA, Geraldo. *Hipótese de Incidência Tributária*, 3ª ed. São Paulo: Revista dos Tribunais, 1984, p. 151).

É o caso, por exemplo, da CFEM – Compensação Financeira sobre Exploração Mineral, prevista no art. 20, §1º da CF/88.

Doutrinadores como ALBERTO XAVIER[41] e ROQUE CARRAZZA[42] atribuem à CFEM natureza tributária, exatamente por se subsumir ao conceito de tributo, isto é, por se tratar de prestação pecuniária compulsória, submetida ao regime de direito público, que não constitui sanção de ato ilícito e é cobrada mediante atividade administrativa plenamente vinculada.

Em que pese a proximidade entre os institutos, HELENO TORRES[43] afasta da CFEM a natureza de tributo. Para o jurista, a pedra de toque que lhe permite tal certeza consiste no fato de a CFEM decorrer da exploração do patrimônio do Estado, configurando, por isso mesmo, espécie de receita originária (patrimonial) ao passo que os tributos qualificam-se como receita derivada, isto é, proveniente do patrimônio privado, sem

---

41. XAVIER, Alberto. *Natureza jurídica e âmbito de incidência da Compensação Financeira por Exploração de Recursos Minerais*. In: Revista Dialética de Direito Tributário, n. 29. São Paulo: Dialética, 1998, pp. 11-25.
42. CARRAZZA, Roque Antônio. *Natureza jurídica da compensação financeira pela exploração de recursos minerais – sua manifesta inconstitucionalidade*. Revista do Programa de pós-graduação em direito – PUC/SP, n. 2. São Paulo: Max Limonad, pp. 300-44.
43. Em suas próprias palavras:

"Não obstante as várias identidades verificáveis entre ela (a CFEM) e a noção corrente de tributo, com esta não se confunde, por se qualificar preliminarmente como receita originária.

É que esquecem os tributaristas que a especialidade deles encontra-se encastelada numa plataforma mais ampla, a 'atividade financeira do estado', objeto de estudo do direito financeiro, onde a contabilidade pública tem o seu relevo e importância." (TORRES, Heleno Taveira. A *compensação financeira devida pela utilização de recurso hídricos, exploração de recursos minerais ou produção de petróleo, xisto betuminoso e gás natural (art. 20, §1º, CF) – sua natureza jurídica*. Grandes Questões Atuais do Direito Tributário, 2º vol. São Paulo: Dialética, 1998, pp. 135-40).

que haja qualquer vinculação, direta ou indireta, com o uso do patrimônio público.

A controvérsia restou solucionada pelo STF na linha ditada por HELENO TORRES, ao argumento de que "o tratar-se de prestação pecuniária compulsória instituída por lei não faz tributo da participação nos resultados ou compensação financeira por sua exploração".[44] Nesta esteira, conforme interpretação conferida pela Corte Suprema, a CFEM tem mesmo natureza de receita patrimonial, destinada a reparar a União e, principalmente, o Estado e Município, em que se der a exploração mineral, dos impactos gerados pela atividade.

Com espeque na definição do art. 9º da Lei n. 4.320/64, bem como na distinção entre meras entradas e receitas, há autores como HUGO DE BRITO MACHADO que negam o cariz de tributo aos empréstimos compulsórios. Afinal, se tributos são fontes de receitas derivadas e os empréstimos compulsórios geram simples entradas ou ingressos, não se poderia abrigá-los naquele primeiro conceito. Assim, os empréstimos compulsórios equivaleriam aos empréstimos públicos, diferenciando-se destes por não serem autodeterminados pelas partes, mas sim impostos pela lei complementar, em atenção aos ditames constitucionais.

2.3.2. O Código Tributário Nacional e o conceito de tributo

É da lavra de RUBENS GOMES DE SOUSA o conceito de tributo em torno do qual nos debruçaremos a seguir. Prescreve o CTN:

> Art. 3º Tributo é toda prestação pecuniária compulsória, em moeda ou cujo valor nela se possa exprimir, que não constitua sanção de ato ilícito, instituída em lei e cobrada mediante atividade administrativa plenamente vinculada.

---

44. STF, Primeira Turma, RE n. 228.800/DF, Relator Min. SEPÚLVEDA PERTENCE, DJ 16.11.2001, p. 21.

A aludida definição é enaltecida pela maioria da doutrina. Conforme SACHA CALMON[45], um de seus maiores atributos é o de possuir "um teor de elasticidade normativa suficientemente dilargado para abarcar quaisquer exigências pecuniárias que os governos da federação façam a seus jurisdicionados, baseadas em fatos lícitos unilateralmente descritos em lei e cobradas administrativamente".

Obviamente há também críticas ao dispositivo, valendo trazer aqui uma das mais importantes tecidas por PAULO DE BARROS CARVALHO[46], para quem a inclusão do termo "ou em cujo valor nela se possa exprimir" ampliaria sobremaneira o âmbito das prestações tributárias, vez que todos os bens são suscetíveis de avaliação pecuniária, o que poderia abrir margem para se cogitar serem admitidos os tributos *in natura* ou *in labore*, não recepcionados pelo ordenamento brasileiro.

Inobstante, a interpretação do conceito legal de tributo à luz do seu conceito constitucional, ofertado por HELENO TÔRRES, evita o problema apontado por PAULO DE BARROS CARVALHO, prestigiando a segurança jurídica.

Vejamos, então, as características do tributo conforme a definição do CTN.

2.3.2.1. Tributo é prestação pecuniária, em moeda ou cujo valor nela se possa exprimir

Como já averbado, o tributo deve ser pago em dinheiro e não em espécie (*in labore* ou *in natura*).

A concepção do tributo como prestação pecuniária permite-nos distingui-lo das requisições administrativas de bens

---

45. COELHO, Sacha Calmon Navarro. *Teoria Geral do Tributo e da Exoneração Tributária*, 3ª ed. Belo Horizonte: Del Rey, 2000, p. 135.
46. CARVALHO, Paulo de Barros. *Teoria da Norma Tributária*. São Paulo: Livraria dos Advogados, 1974, pp. 92-4.

particulares em caso de iminente perigo público (prestação *in natura*, não-pecuniária).

Outrossim, o serviço militar obrigatório, o trabalho no Tribunal do Júri ou nas eleições tampouco constituem tributo por não serem prestações em dinheiro, mas sim *in labore*.

Não obstante, o CTN prevê, desde 2001 (por obra da LC n. 104), a possibilidade de dação em pagamento de bem imóvel para operar a extinção do crédito tributário, fato que não desnatura sua natureza pecuniária. A dação em pagamento de imóvel é forma de extinção do crédito tributário, que nasce em pecúnia. Trata-se de alternativa que o devedor possui, desde que haja interesse público na aquisição de sua propriedade imóvel e sejam respeitados os princípios da legalidade, impessoalidade, moralidade, publicidade e eficiência (art. 37 da CR/88) na sua implementação.

2.3.2.2. Tributo é prestação compulsória

2.3.2.2.1. *Compulsoriedade e regimes especiais de tributação*

A compulsoriedade é o que distingue a obrigação tributária das obrigações contratuais, eis que o dever de dar dinheiro ao Estado, nesses casos, independe da vontade dos contribuintes, bastando a prática do fato jurígeno descrito no antecedente da endonorma tributária.

Excepcionalmente, adverte-se, as obrigações tributárias podem depender da manifestação de vontade do contribuinte. São as hipóteses de regimes simplificados ou alternativos de tributação, para cuja incidência exige-se a manifestação de vontade do sujeito passivo, consoante relata ONOFRE BATISTA JUNIOR.[47] Inobstante, fato é que, mesmo tendo o direito

---

47. BATISTA JÚNIOR, Onofre Alves. *Transações Administrativas*. São Paulo: Quartier Latin, 2007, pp. 319-23.

de optar, o contribuinte estará sujeito ao pagamento do tributo, de um modo ou de outro.

2.3.2.2.2. Compulsoriedade, taxas de serviço e preços públicos

A nota da compulsoriedade é essencial para distinguir os preços públicos das taxas de serviço público, como anota TÁCIO LACERDA GAMA[48] (não se mencionam aqui as taxas de polícia pois, conforme leciona ONOFRE BATISTA JÚNIOR[49], "nessa hipótese a contrapartida será por taxa e só dela se pode cogitar").

Enquanto os preços públicos derivam de um acordo de vontades (contrato), as taxas de serviço são compulsórias e *ex lege*. Nesse sentido é a Súmula 545/STF, segundo a qual "preços de serviços públicos e taxas não se confundem, porque estas, diferentemente daqueles, são compulsórias e tem sua cobrança condicionada a prévia autorização orçamentária, em relação à lei que as instituiu".

Tornaram-se correntes, nos dias atuais, as cobranças de preços públicos pelo uso do solo urbano por concessionárias de energia e telecomunicações, que são obrigadas a enterrar o cabeamento no solo municipal para exercer suas funções. Algumas municipalidades têm instituído decretos estipulando o pagamento compulsório de preços pela utilização do solo nessas hipóteses. Ora, tratando-se de exigência compulsória não pode ser preço, mas sim tributo; todavia, como não há taxa devida pelo uso do solo público (eis que não se tem prestação de serviço ou exercício do poder de polícia), a cobrança é manifestamente inconstitucional, seja do ponto de vista formal –

---

48. GAMA, Tácio Lacerda. *Taxas e Contribuições Interventivas*. II Congresso Nacional de Estudos Tributários. São Paulo: Noeses, 2005, p. 634.
49. BATISTA JÚNIOR, Onofre Alves. *Preço público – possibilidade de cobrança pela Administração Pública*. In: Revista Jurídica da Procuradoria-Geral da Fazenda Estadual, n. 32, out/nov/dez, 1998, p. 25.

porquanto se trata de prestação pecuniária compulsória não fundada em lei – seja do ponto de vista material, dado que não há, na Constituição, essa modalidade de tributação, como inclusive já reconheceu o STF.[50]

2.3.2.2.3. Que não constitua sanção de ato ilícito

2.3.2.2.3.1. Tributo x multas fiscais

Tributo e multa são institutos por demais próximos, já que ambos configuram dever *ex lege* de dar dinheiro ao Estado. A diferença elementar entre ambos, consiste, exatamente, na licitude ou ilicitude do pressuposto fático que enseje a obrigação dali nascida.

Devemos todavia registrar, com esforço em PAULO COIMBRA[51], que o CTN incorreu em atecnia ao tratar do tributo e das multas fiscais.

Definindo, em seu art. 113, §1º, que a obrigação principal consiste no pagamento de tributo "ou penalidade pecuniária" pelo contribuinte, assim como, no §3º do mesmo dispositivo, que as obrigações acessórias "se convertem em obrigação principal pelo simples fato de seu descumprimento", o CTN confundiu os efeitos de normas tributárias impositivas e sancionadoras.

Ora, multa não é tributo, seja ela decorrente do descumprimento da obrigação de pagar quantia ao Estado, seja dos deveres instrumentais de fazer e não-fazer, ditos "acessórios" pelo Código.

O que pretendeu o CTN, em verdade, foi conferir o mesmo tratamento jurídico ao tributo e às penalidades tributárias,

---

50. STF, Pleno, RE n. 581.947/RO, Relator Min. EROS GRAU, DJe 27.08.2010.
51. SILVA, Paulo Roberto Coimbra. *Direito Tributário Sancionador*. São Paulo: Quartier Latin, 2007, pp. 69-83.

no que, efetivamente logrou êxito. Tanto é que, para afastar a cobrança conjunta de tributos e multas pecuniárias a ele relativas no processo de falimentar, foi necessária a modificação do Código de modo a dispor que as multas tributárias estão vários degraus abaixo do tributo na hierarquia dos créditos a serem pagos pela massa falida.[52]

Prosseguindo, pontua PAULO COIMBRA[53] outro equívoco: o de se conferir a mesma destinação orçamentária às receitas tributárias e suas correlatas multas, fato que contribui para a instituição de penalidades com nítido propósito arrecadatório. Em suas palavras, mais adequado e ético seria dar aos valores das multas percebidas pelo fisco "destinação específica e diversa, investindo-as em fundos para o custeio de programas consultivos e de educação fiscal voltados a esclarecer os cidadãos, contribuintes e responsáveis, sobre suas obrigações tributárias. Assim, estariam os valores correlatos às multas contribuindo para a consecução de seus mais elevados fins".

2.3.2.2.3.2. A tributação das atividades ilícitas

Sendo certo que a inclusão de fato ilícito no antecedente da norma de tributação é vedada pelo conceito de tributo,

---

52. Confira-se o CTN, nesta parte modificado pela LC n. 118/05:
"Art. 186. O crédito tributário prefere a qualquer outro, seja qual for sua natureza ou o tempo de sua constituição, ressalvados os créditos decorrentes da legislação do trabalho ou do acidente de trabalho.
Parágrafo único. Na falência:
I – o crédito tributário não prefere aos créditos extraconcursais ou às importâncias passíveis de restituição, nos termos da lei falimentar, nem aos créditos com garantia real, no limite do valor do bem gravado;
II – a lei poderá estabelecer limites e condições para a preferência dos créditos decorrentes da legislação do trabalho; e
III – a multa tributária prefere apenas aos créditos subordinados."
53. SILVA, Paulo Roberto Coimbra. *Direito Tributário Sancionador*. São Paulo: Quartier Latin, 2007, p. 85.

o STF declarou inválida lei paulistana que elevava em 200% o valor do IPTU devido para imóveis irregularmente construídos.[54]

Todavia, apesar de somente fato lícito poder ser eleito pelo legislador como hipótese de incidência tributária, ilidindo a cobrança de tributo sobre a atividade de jogo do bicho ou tráfico de drogas, por exemplo, isso não significa que os rendimentos auferidos a partir do exercício dessas atividades estejam imunes à tributação.

Ora, se o fato imponível consiste em auferir renda e esta, em si considerada, é uma atividade lícita (tanto que integra o antecedente da endonorma de tributação), é irrelevante para a incidência tributária a fonte de sua proveniência, averiguação que não é da alçada do Direito Tributário (*pecunia non olet*).

Este é o comando inserto no art. 118 do CTN, dirigido ao Fisco, que estipula serem irrelevantes para a configuração do fato gerador a validade jurídica, a natureza ou os efeitos dos atos praticados pelos contribuintes, assim como os efeitos dos *fatos* ocorridos.

Nessa linha de raciocínio, o STF entendeu, ao julgar um caso sobre tráfico ilícito de entorpecentes, que antes de ser agressiva à moralidade, a tributação do resultado econômico de tais atividades é decorrência do princípio da isonomia fiscal (HC n. 77.530/RS[55]). Nesse mesmo sentido, a Lei n. 4.506/64, relativa ao imposto de renda, já previa a tributação regular dos "rendimentos percebidos de atividades ou transações ilícitas, ou percebidos com infração à lei".

Obviamente, há que se compreender a decisão *cum modus*

---

54. STF, Pleno, RE n. 94.001/SP, Relator Min. MOREIRA ALVES, DJ 11.06.1983, p. 5.680.
55. STF, Primeira Turma, HC n. 77.530/RS, Relator Min. SEPÚLVEDA PERTENCE, DJ 18.09.1998, p. 7.

in rebus. Sendo certo que, no ordenamento jurídico brasileiro, a prática de crimes é punida não apenas com as medidas restritivas de liberdade mas, também, com o perdimento de bens ou valores auferidos pelo criminoso com a atividade censurada (art. 91, II, *b* do Código Penal), a decretação do perdimento elidirá a cobrança de qualquer tributo. Como leciona HECTOR VILLEGAS[56], em situações como tais "o arrecadador tributário terá chegado tarde demais".

Linha de pensamento similar, com foco nas penalidades tributárias, é defendida por PAULO COIMBRA[57], para quem a aplicação cumulativa de sanção penal e da sanção tributária violaria o princípio do *ne bis in idem*. Fincando-se em RAMIREZ GOMEZ, o professor da UFMG propõe a inadmissibilidade da dupla aplicação de normas punitivas, havendo a absorção da menos gravosa.

Cite-se, por fim, o caso do IPTU progressivo no tempo que, a depender da perspectiva, pode apresentar caráter punitivo, pois se aplica na hipótese de o contribuinte não conferir ao imóvel destinação social adequada.[58]

Essa situação, segundo se infere da Súmula 668/STF[59], seria um exemplo de extrafiscalidade e não de exceção ao

---

56. VILLEGAS, Hector. *Curso de Finanzas, Derecho Financiero y Tributario*, 8ª ed. Buenos Aires: Ástrea, 2002, p. 364.
57. SILVA, Paulo Roberto Coimbra. *Direito Tributário Sancionador*. São Paulo: Quartier Latin, 2007, p. 368.
58. Trata-se do disposto no art. 182, § 4º da CR/88 c/c a Lei n. 10.257/01 (Estatuto das Cidades) que, ao tratar da política de desenvolvimento urbano, permite a progressividade no tempo de alíquotas do IPTU (podendo dobrar a cada ano, sendo limitada a 15% do valor do imóvel) como instrumento hábil a incentivar o proprietário a conferir ao imóvel situado na zona do plano diretor da cidade a adequada destinação às diretrizes urbanas.
59. Súmula 668/STF: "É inconstitucional a lei municipal que tenha estabelecido, antes da EC 29/2000, alíquotas progressivas para o IPTU, salvo se destinada a assegurar o cumprimento da função social da propriedade urbana".

elemento da licitude da hipótese de incidência. Todavia o tema ainda não foi debatido com profundidade pela Suprema Corte, havendo autores que sustentam ser essa uma hipótese excepcional, constitucionalmente autorizada, de tributação do ilícito, como CELSO BASTOS[60] e HUGO DE BRITO MACHADO.[61]

Situação semelhante verifica-se em relação ao desconto concedido ao IPVA devido pelo proprietário de veículo que, durante o exercício fiscal, não houver cometido qualquer infração de trânsito. Ao apreciar lei estadual de tal conteúdo, o STF entendeu por seu caráter de estímulo fiscal à observância das regras de trânsito e deixou consignado que "o móvel da isenção não tem de guardar perfeita sintonia com os elementos, em si, do tributo, com os aspectos subjetivos e objetivos a ele inerentes".[62]

2.3.2.4. Instituída em lei

2.3.2.4.1. Legalidade formal

O princípio da legalidade, inserto no art. 150, I da CR/88, é taxativo ao vedar à União, Estados, DF e Municípios exigir ou aumentar tributo sem lei que o estabeleça.

Lei, no sentido empregado, deve ser interpretada como lei complementar (quando o texto constitucional assim o exige), lei ordinária (regra geral) e, consoante o entendimento do STF[63], medida provisória, entendimento que é confirmado pelo

---

60. BASTOS, Celso. *Curso de Direito Constitucional*, 18ª ed. São Paulo: Saraiva, 1997, p. 211.
61. MACHADO, Hugo de Brito. *Comentários ao Código Tributário Nacional*, v. I. São Paulo: Atlas, 2003, p. 105.
62. STF, Pleno, ADI n. 2301 MC, Relator Min. MARCO AURÉLIO, DJ 21.11.2003.
63. STF, Pleno, RE n. 232.896, Relator Min. CARLOS VELLOSO, DJ 01.10.1999.

art. 62, §2º da CR/88, alterado pela EC 32/00, que somente erige limites à utilização de MPs para criação de tributos no caso dos impostos, salvo os extraordinários de guerra e os com uso marcantemente extrafiscal, a saber: II, IE, IPI e IOF.

Segundo o Texto Magno, somente poderá ser cobrado o imposto criado por MP caso esta seja convertida em lei no exercício anterior ao do início da sua imposição. Isso faz com que, no caso dos impostos especificamente, haja uma proteção adicional para o contribuinte, derivada do fato de que, sem a conversão em lei no ano imediatamente anterior, o imposto não poderá ser cobrado. Vale notar que a CR/88 (art. 62, §1°, III) veda a utilização de MPs para instituição de tributos que somente podem ser criados por lei complementar, caso dos empréstimos compulsórios, impostos e contribuições residuais e imposto sobre grandes fortunas.

2.3.2.4.2. Legalidade material

Outrossim, discute-se atualmente qual o limite da delegação ao Poder Executivo do poder de fixar critérios para a definição do *quantum* devido em matéria de tributos, ou seja, qual o limite do princípio da legalidade material.

No caso do Seguro de Acidentes do Trabalho, cobrado com alíquotas que variam de 1% a 3% conforme o grau de risco da atividade (leve, médio ou grave) preponderante, o legislador (art. 22, II da Lei n. 8.212/91) atribuiu ao Executivo a função de definir as atividades enquadráveis em cada um dos respectivos graus de risco – o que impacta, portanto, na alíquota aplicável.

Contudo, os argumentos de inconstitucionalidade do SAT foram afastados pelo Pleno do Supremo Tribunal Federal.[64]

---

64. STF, Pleno, RE n. 343.446/SC, Relator Min. CARLOS VELLOSO, DJ 04.04.2003, p. 40.

Asseverou a Corte que a aplicação da lei exige a aferição de dados e elementos muitas vezes intangíveis pelo legislador. No caso do SAT, a lei fixou padrões e parâmetros, deixando para o regulamento a delimitação dos conceitos necessários à aplicação concreta da norma. Tanto é que a própria Lei n. 8.212/91 permitiu à Previdência alterar, com base nas estatísticas de acidentes do trabalho, apuradas em inspeção, o enquadramento das empresas para efeito de contribuição do SAT. No entender do STF, seria impossível criar uma nova lei toda vez que fosse necessário reclassificar os graus de risco, razão pela qual a delegação era não somente válida, como também necessária.[65]

Outrossim, rediscute-se atualmente questão semelhante, pois o art. 10º da Lei n. 10.666/03 permitiu ao Poder Executivo fixar em regulamento critérios para reduzir até a metade ou aumentar até o dobro a contribuição para o SAT, em função do desempenho da empresa quanto à proteção da segurança do trabalhador, comparativamente com as demais que atuam no mesmo segmento econômico. A apuração é toda feita administrativamente, conforme índices de frequência, gravidade e custo dos acidentes do trabalho apurados pelo Conselho Nacional da Previdência Social. A matéria já teve repercussão geral reconhecida pelo STF (RE n. 684.261/PR) e atualmente aguarda julgamento.

---

65. Vale conferir trecho do voto do Min. CARLOS VELLOSO nos autos do RE n. 343.446/SC:

"No caso, o §3º do art. 22 da Lei n. 8.212/91, estabeleceu que o Ministério do Trabalho e da Prev. Social 'poderá alterar, com base nas estatísticas de acidentes do trabalho, apuradas em inspeção, o enquadramento de empresas para efeito de contribuição a que se refere o inciso II deste artigo, a fim de estimular investimentos em prevenção de acidentes'. Da leitura conjugada do inc. II, alíneas *a*, *b*, e *c*, do art. 22, com o §3º, do mesmo artigo, vê-se que a norma primária, fixando a alíquota, delegou ao regulamento alterar, com base em estatística, o enquadramento referido nas mencionadas alíneas. A norma primária, pois, fixou os padrões e, para a sua boa aplicação em concreto, cometeu ao regulamento as atribuições mencionadas."

2.3.2.5. Cobrada mediante atividade administrativa plenamente vinculada

Se o tributo é instituído por lei e é uma prestação compulsória, é decorrência lógica afirmar que sua cobrança se dará mediante atividade administrativa plenamente vinculada, o que significa dizer que a administração não tem liberdade para decidir sobre a conveniência e oportunidade de agir. PAULO DE BARROS CARVALHO[66], todavia, critica essa conceituação do CTN, pois, a seu ver, esse elemento não se presta para conceituar tributo, já que "acaso inexistisse essa forma de cobrança nem por isso deixariam de ser tributos".

De todo modo, a exigência do tributo pelo Poder Público não é um ato discricionário. Verificada a ocorrência do fato gerador, compete necessariamente ao Fisco – a depender da forma de lançamento do tributo – cobrar a respectiva exação ou verificar o acerto em seu recolhimento, impondo as cabíveis penalidades em caso de descumprimento do dever.

Todavia, conforme advertem HELENO TORRES e FLÁVIO BERNARDES[67], o tratar-se de atividade administrativa plenamente vinculada não equivale a uma ordem cega ditada pelo legislador ao Fisco. A autoridade administrativa deve lançar o crédito zelando sempre pela busca da verdade material. Afinal, "o direito material de arrecadação e fiscalização, existente na obrigação tributária, exercitável pela Administração Fazendária perante o sujeito passivo, não pode se realizar de qualquer forma, face à natureza da relação jurídica".

E prosseguem, afirmando que a eficiência administrativa pressupõe a prática regular dos atos integrantes do procedimento

---

66. CARVALHO, Paulo de Barros. *Teoria da Norma Tributária*. São Paulo: Livraria dos Advogados, 1974, p. 94.
67. TORRES, Heleno Taveira e BERNARDES, Flávio Couto. *Sistemas de Arrecadação de Tributos na América Latina e Princípios Constitucionais*. In: Revista Jurídica Tributária, ano 1, n. 1. São Paulo: abr-jun/2008, p. 63.

de formalização do crédito tributário, tanto preparatórios como revisionais, com o que se põem de acordo com ONOFRE BATISTA JUNIOR[68], para quem o princípio da eficiência deve, por imperativo constitucional, sempre pautar o agir da Administração Pública.

2.4. Considerações finais sobre o conceito de tributo

Visto que o tributo é amplamente conceituado como "toda prestação pecuniária compulsória, em moeda ou cujo valor nela se possa exprimir, que não constitua sanção de ato ilícito, instituída em lei e cobrada mediante atividade administrativa plenamente vinculada", há que se concordar com GERALDO ATALIBA[69] quando afirma que, toda vez que o jurista se deparar com uma situação em que alguém seja colocado na contingência de dar dinheiro ao Estado, não se tratando de multa, obrigação convencional ou indenização/compensação, estar-se-á diante de uma exação tributária.

3. CONCLUSÕES

A função do Estado, conforme a Declaração Francesa dos Direitos do Homem, é assegurar a felicidade dos seus cidadãos.

Para tanto, concebeu-se o Estado Tributário Distribuidor que, em maior ou menor grau, tributa os que mais possuem para repassar – via serviços, bens ou mesmo pecúnia – aos que mais necessitam.

O tributo, sob o prisma econômico, deve sempre ser cobrado com base nos critérios de justiça, certeza, praticidade e

---

68. BATISTA JUNIOR, Onofre Alves. *Princípio Constitucional da Eficiência Administrativa*, 2ª ed. Belo Horizonte: Fórum, 2012, pp. 109-63.
69. ATALIBA, Geraldo. *Hipótese de Incidência Tributária*, 6ª ed. São Paulo: Malheiros, 2006, p. 28.

economia na arrecadação, que são os conhecidos "cânones" de ADAM SMITH[70], regras de relevo para a tributação.

Inobstante, fato é, como alerta ONOFRE BATISTA JUNIOR[71], que os Estados Nacionais de hoje se veem sujeitos a uma ditadura do capital, cujo grau de mobilidade atingiu patamares inéditos. Com esforço em ZIGMUND BAUMAN, ONOFRE afirma estarmos diante de uma "modernidade líquida" do capitalismo, em que, diferentemente da "modernidade sólida" que unia de modo indissociável capital e trabalho em endereço certo e com pouco grau de mobilidade, permite hoje ao capital viajar globalmente, valendo-se do trabalho encontrado em diversos postos do mundo e trocando de lugar com muito maior facilidade do que há cinquenta anos.

Tal fenômeno possui importante impacto na tributação, porquanto dificulta a observância prática das quatro regras de ADAM SMITH para a imposição justa, certa, prática e econômica.

Aqueles que estão acorrentados ao Estado Nacional, por sua vez, acabam sofrendo uma tributação exacerbada, em detrimento do capital volátil, beneficiado por favores fiscais de toda a espécie.

Não por acaso, como pugna HELENO TORRES[72], o maior desafio atual em matéria tributária no Brasil é exatamente combater-se o estado de "insegurança tributária". Afinal, como as despesas do Estado Democrático de Direito sofrem de um contínuo aumento para atender às suas inúmeras finalidades,

---

70. Cf. BALEEIRO, Aliomar. *Uma Introdução à Ciência das Finanças*, 16ª ed. Rio de Janeiro: Forense, 2006, p. 234.
71. BATISTA JUNIOR, Onofre Alves. *Por que a Guerra Fiscal? Os Desafios do Estado na Modernidade Líquida*. In: Revista Brasileira de Estudos Políticos, n.102. Belo Horizonte: UFMG, jan-jun/2011, pp. 331-4.
72. TORRES, Heleno Taveira. *Direito Constitucional Tributário e Segurança Jurídica – Metódica da Segurança Jurídica Aplicada ao Sistema Constitucional Tributário*. São Paulo: Saraiva, 2011, p. 26.

os tributos – para acompanhar esse crescente – têm suas regras diuturnamente modificadas, gerando antinomias e dificuldades hermenêuticas.

Assim, o real desafio do Estado Tributário Distribuidor atual é manter o seu *status quo*, atendendo às necessidades dos cidadãos e, ao mesmo tempo, assegurando certeza, justiça, praticidade e economicidade na tributação, que é o combustível-mor do ente estatal nos atuais tempos pós-modernos.

CONSTITUIÇÃO, TRIBUTOS E CARGA TRIBUTÁRIA

José de Castro Meira[1]

INTRODUÇÃO

A Constituição da República foi promulgada no momento em que os índices de concentração da renda e a desigualdade social e marginalização de enormes contingentes populacionais atingiram o seu pior nível, distorções agravadas pelas desigualdades regionais, falta de acesso à saúde, à educação, à cultura e que clamavam por uma urgente intervenção do Estado. O coeficiente de GINI[2] em 0,607 revela um grau de desigualdade preocupante. O Brasil acabava de sair de uma ditadura. Daí as esperanças que se refletiram nos debates

---

1. Mestre em Direito pela Universidade Federal da Bahia; Ministro aposentado do Superior Tribunal de Justiça e do Tribunal Superior Eleitoral; advogado.
2. O Coeficiente de GINI é uma medida de desigualdade desenvolvida pelo estatístico italiano *Corrado Gini* e publicada em 1912 no documento "*Variabilità e Mutabilità*". É usualmente utilizado para calcular a desigualdade na distribuição da renda. Consiste em um número entre 0 e 1, em que 0 corresponde à completa igualdade de renda e, ao revés, 1 corresponde à completa desigualdade.

travados na Assembleia Nacional Constituinte, acompanhados com interesse pela opinião pública, para o que muito contribuiu a evolução dos meios de comunicação de massa. Viu-se, então, uma grande mobilização popular, especialmente da juventude, nos comícios pelas eleições diretas do Chefe de Governo e pela restauração da democracia.

A Assembleia Nacional Constituinte procurou dar resposta adequada para a superação das grandes mazelas sociais do Brasil. Nessa linha, foram estabelecidos diversos objetivos e programas, para cuja implementação tornaram-se necessárias as fontes de financiamento, o que implicou a instituição de muitos tributos.

Torna-se, então, necessária uma abordagem sobre a justa distribuição desses ônus fiscais sobre as diversas camadas da população. Este trabalho não pretende aventurar-se na análise técnica, o que requereria conhecimentos específicos de economia, matemática financeira e a realização de pesquisas sociológicas. Evidentemente, aqui não se ambiciona a apresentação de um trabalho definitivo, mas algumas reflexões sobre temas que, direta ou indiretamente, envolvem questão fundamental, qual seja, a justiça na distribuição dos encargos entre as diversas camadas da sociedade brasileira.

Com suporte em pesquisa bibliográfica, aqui são abordados a carga tributária, a capacidade contributiva e o efeito regressivo dos tributos indiretos, responsáveis pelo maior percentual das receitas públicas, com breve referência a dois impostos pessoais e diretos: o imposto sobre grandes fortunas e o imposto de renda, o primeiro deles um instrumento de redistribuição de renda jamais utilizado. Faz-se também uma breve digressão sobre as contribuições sociais.

Não se ignora o progresso atingido, com as inegáveis melhorias alcançadas pelas camadas mais pobres como efeito dos programas sociais. Isso não impede que persistam os perniciosos efeitos regressivos dos impostos indiretos e que a excessiva carga fiscal continue a significar um entrave para o desenvolvimento do País.

A CONSTITUIÇÃO CIDADÃ

Dentro desse quadro, a Constituição republicana de 1988, ao restaurar a democracia brasileira, interrompida durante 21 anos, foi a intérprete das grandes esperanças de nosso povo.

Seus propósitos são declinados no Preâmbulo: a instituição de um Estado Democrático que objetiva *assegurar o exercício dos direitos sociais e individuais, a liberdade, a segurança, o bem-estar, o desenvolvimento, a igualdade e a justiça como valores supremos de uma sociedade fraterna, pluralista e sem preconceitos, fundada na harmonia social.* Nesse diapasão, estabeleceu como fundamentos a soberania, a cidadania, a dignidade da pessoa humana, os valores sociais do trabalho e da livre iniciativa e o pluralismo político (art. 1º, incisos I a V) e colocou como objetivos fundamentais a construção de uma sociedade livre, justa e solidária; a garantia do desenvolvimento nacional; a erradicação da pobreza e da marginalização e a redução das desigualdades sociais e regionais; e a promoção do bem de todos, sem preconceitos de origem, raça, cor, sexo, idade e quaisquer formas de discriminação (art. 3º, I a IV).

Como já dito, essas aspirações são bem compreendidas se levarmos em consideração que, à época, os indicadores sociais e econômicos registravam as graves distorções patrocinadas pela desigualdade de renda. Ao lado de enormes fortunas de uma pequena elite, grandes contingentes populacionais sobreviviam na mais absoluta miséria, marginalizados do mercado de trabalho, do mercado consumidor, da educação, da assistência médica, enfim, dos benefícios alcançados pelos povos civilizados. A pobreza e a marginalização – ainda hoje presentes, mas em menor escala – clamavam por uma ação estatal efetiva, já não bastando o socorro prestado pelos programas assistenciais públicos, de entidades beneficentes e pela ação de grupos de pessoas generosas.

A TRIBUTAÇÃO

A consecução desses imperativos reclamaria recursos financeiros, com o uso das finanças públicas, especialmente no Título VI (Da Tributação e do Orçamento) da Constituição Federal. Para a equitativa distribuição desses encargos valeu-se o constituinte do princípio da capacidade econômica e da personalização dos impostos como princípios gerais do sistema tributário nacional (art. 145, § 1º). O texto inovou ao instituir o imposto sobre grandes fortunas por lei complementar (art. 153, VII). À busca da justiça fiscal, estabeleceu como critérios do imposto sobre a renda a generalidade, a universalidade e a progressividade (art. 153, § 2º, I). Com esse mesmo propósito, focalizou o imposto sobre produtos industrializados e o imposto sobre operações relativas à circulação de mercadorias e sobre prestação de serviços de transporte interestadual e intermunicipal e de comunicação. Para ambos, previu a seletividade como obrigatória para o imposto federal (*será*, art. 153, § 3º, I) e facultativa para o imposto estadual e do DF (*poderá ser*, art. 155, § 2º, III) em função da essencialidade do produto; ambos obrigatoriamente não cumulativos (art. 153, § 3º, II e 155, § 2º, I). A necessidade de melhorar a competitividade dos produtos destinados ao exterior acarretou a não incidência do IPI (art. 153,§ 3º, III) e do ICMS (art. 155, §??º, X, *a*) na exportação de produtos, mercadorias e serviços. A EC 42/2003, reconhecendo a necessidade de aparelhar a indústria nacional, estabeleceu que esse imposto *terá reduzido seu impacto sobre a aquisição de bens de capital pelo contribuinte do imposto*. Não foi esquecido o grave problema da distribuição da propriedade rural, com grandes latifúndios improdutivos, estabelecendo-se, pela EC 42/2003, que o ITR será progressivo e terá suas alíquotas fixadas de forma a desestimular a manutenção de propriedades improdutivas (art. 153, §4º, I), ao tempo em que determinou a não incidência sobre as pequenas glebas rurais, quando as explore o proprietário que não possua outro imóvel (art. 153, §4º, II). Em relação ao imposto sobre propriedade predial e territorial urbana, a EC 29/2000, estabeleceu que, sem prejuízo da progressividade no tempo como instrumento de política urbana (art. 182,§4º, II), será progressivo em razão do valor do imóvel e terá alíquotas diferentes de acordo com a localização e o uso do imóvel.

Ao disciplinar a matéria orçamentária (Tít. VI, Cap. II, Seção II), entre outros pontos, destaca-se a preocupação com o drama anual das longas estiagens nordestinas, assegurando ao semiárido a metade dos recursos destinados à Região (art. 159, I c). As desigualdades inter-regionais foram também lembradas, colocando-se a sua redução entre as funções do orçamento fiscal e da seguridade, tendo em conta o critério populacional (art. 165, § 7º).

A CAPACIDADE CONTRIBUTIVA

A consecução dos ambiciosos (e justos) objetivos haveria de exigir recursos financeiros para o atendimento das despesas necessárias. Daí ter-se preocupado a Constituição em estabelecer limites à imposição tributária, impondo a sua graduação. Por sua pertinência com o tema da carga fiscal, merece destaque a capacidade contributiva ou capacidade econômica, assim disciplinada:

> Art. 145. (...)
> §1º Sempre que possível, os impostos terão caráter pessoal e serão graduados segundo a capacidade econômica do contribuinte, facultado à Administração Tributária, especialmente

para conferir efetividade a esses objetivos, identificar, respeitados os direitos individuais e nos termos da lei, o patrimônio, os rendimentos e as atividades econômicas do contribuinte.

Logo após a promulgação da vigente Carta Magna, discutiu-se se as expressões *capacidade econômica* e *capacidade contributiva* seriam conceitos distintos. Hoje, todavia, não parece haver qualquer dúvida. Como assinala Hugo de Brito Machado, não cabe fazer-se tal distinção.[3] Com efeito, a capacidade econômica a que se refere o texto constitucional não é outra senão a aptidão para sofrer a incidência do tributo. Ou, nas palavras de José Maurício Conti: *A capacidade contributiva é, pois, uma capacidade econômica específica – refere-se à aptidão para suportar determinada carga tributária.*[4]

A expressão *sempre que possível* não se presta para restringir o princípio da capacidade contributiva que deita suas raízes em outras limitações constitucionais, como os vetores da igualdade e da proporcionalidade. É apenas o reconhecimento de que a aplicabilidade do princípio depende da própria natureza do tributo, como é o caso dos impostos pessoais.

Também a referência a *impostos* não é óbice à abrangência de outros tributos, como as taxas. Nesse sentido, escreve Hugo de Brito Machado:

> A nosso ver o princípio da capacidade contributiva, ou capacidade econômica, diz respeito aos tributos em geral e não apenas aos impostos, embora apenas em relação a estes esteja expressamente positivado na Constituição. Aliás, é esse princípio que justifica a isenção de certas taxas, e até da contribuição de melhoria em situações nas quais é evi-

---

3. MACHADO, Hugo de Brito. *Curso de Direito Tributário.* 32ª ed., revista, atualizada e ampliada, São Paulo: Malheiros Editores, 2011, p. 39.
4. CONTI, José Maurício. *Princípios Tributários da Capacidade Contributiva e da Progressividade.* São Paulo: Dialética, 1997, p. 36.

dente a inexistência de capacidade contributiva daquele de quem teria de ser o tributo cobrado.[5]

A pretensão de uma visão restritiva foi assim afastada por Edilson Pereira Nobre Júnior:

> 07. Caem por terra os motivos elencados em detrimento da eficácia do art. 145, §1º, da Lei Básica, ora porque, no estádio atual da cultura jurídica nacional e estrangeira, as disposições que enunciam princípios ostentam positividade, ora por não versar norma de cunho programático. Na realidade, a menção constitucional à capacidade contributiva redunda em tríplice vinculação, cujos destinatários são o legislador, o administrador e o juiz.[6]

Nesse diapasão, invocando Roque Antonio Carrazza (*Curso de Direito Constitucional Tributário*) e precedente da Suprema Corte (RE 112.947, 2ª Turma, Rel. Min. Carlos Madeira, j. em 19.06.87) escreve Humberto Ávila:

> De um lado, o princípio da capacidade contributiva (como critério de aplicação da metanorma da igualdade) impede a instituição de impostos com alíquota fixa nas hipóteses em que seja possível graduar a capacidade econômica do contribuinte por meio de alíquotas progressivas. De outro lado, esse princípio permite a tributação somente daqueles fatos que sejam indicativos de capacidade econômica. O Supremo Tribunal Federal decidiu que a realidade econômica é importante quando o imposto sobre serviços de qualquer natureza recair sobre o aluguel de coisas móveis. Nesse caso, a atividade exercida com coisas móveis é indicativa de capacidade econômica.[7]

---

5. Obra citada, p. 39.
6. NOBRE JÚNIOR, Edilson Pereira. *Princípio Constitucional da Capacidade Contributiva*. Porto Alegre: Sergio Antônio Fabris Editor, 2001, p. 103.
7. ÁVILA, Humberto. *Sistema Constitucional Tributário*. 4ª ed. São Paulo: Ed. Saraiva, 2010, p. 374.

O eminente autor observa que os impostos instituídos mediante o uso de alíquotas fixas seriam inconstitucionais por impedirem a consideração da capacidade econômica dos contribuintes (sempre que for possível graduá-la). Entretanto, ressalva que o Imposto sobre Movimentação Financeira teve a sua inconstitucionalidade reconhecida pela Corte Suprema por violar as regras da anterioridade e da imunidade recíproca. Seria constitucional, todavia, se fosse arguída apenas a ofensa à capacidade contributiva. Essa compreensão culminou por estimular a ressurreição do IPMF, que foi recriado sob as vestes de contribuição social, a CPMF, que vigorou até 2007.

Américo Lacombe põe em relevo outra faceta da capacidade contributiva, qual seja, a sua vinculação lógica com a vedação do confisco, assim argumentando:

> (...) como decorrência lógica do princípio da capacidade contributiva chega-se à vedação do confisco. Não precisa haver qualquer disposição expressa a respeito. Infere-se do princípio da igualdade e do seu corolário ora em estudo. O confisco seria desproporcional à capacidade contributiva, seria o aniquilamento desta, o que violaria a graduação determinada pela Lei Maior. É certo que a Carta vigente, no art. 150, IV, veda à União, aos Estados, ao Distrito Federal e aos Municípios a utilização de tributo com efeito de confisco, donde decorre que o confisco em si mesmo será vedado, ainda que não seja consequência do tributo. A vedação ao confisco decorre ainda do art. 5º, inc. XXII, que garante o direito de propriedade; do inc. LIV, também do art. 5º, que afirma que 'ninguém será privado da liberdade ou de seus bens sem o devido processo legal' e do art. 150, IV, acima mencionado. Decorre, no entanto, do princípio da capacidade contributiva, ainda que ausentes as demais disposições, pois violaria a graduação, como frisamos.[8]

---

8. LACOMBE, Américo Lourenço Masset. *Princípios Constitucionais Tributários*. São Paulo: Malheiros, 1996, p. 28 e 29.

Por fim, Ricardo Lobo Torres ressalta que a limitação da capacidade contributiva acha-se estritamente vinculada aos direitos fundamentais do contribuinte, concluindo que, mesmo não havendo regra apriorística de mensuração, o legislador é obrigado a distinguir entre capacidades tributárias desiguais. Confira-se este tópico de seu ensaio:

> De feito, a capacidade contributiva abre ao legislador a possibilidade de instituir o tributo, que incide sobre a riqueza de cada qual. *Nada mais é que o espaço jurídico aberto pelos direitos fundamentais para a tributação, nomeadamente para a exercida sobre o direito da propriedade e o direito de livre exercício da profissão.* Mas a capacidade contributiva fica totalmente limitada por princípios anteriores e superiores ligados aos direitos da liberdade, que não se deixam relativizar pelo poder de tributar, e aos próprios direitos da propriedade e de profissão em seu núcleo essencial intributável. O dinheiro em que se consubstanciam os frutos da propriedade e da livre iniciativa, que afinal de contas expressa a capacidade contributiva declarada no art. 145, § 1º, da CF, só se torna disponível para o legislador dentro da moldura dos direitos fundamentais, em boa parte desenhada no art. 5º, incisos XIII, XXII, XXIII, XXX e nos arts. 150, 151 e 152 da CF.[9]

Como se vê, a limitação constitucional trazida pelo enunciado da capacidade contributiva constitui um instrumental de extraordinário alcance no embate em defesa dos direitos do contribuinte, demarcando as balizas em que o legislador poderá autorizar um eventual aumento da carga tributária. As manifestações da Suprema Corte em sentido contrário não devem desestimular a luta pela efetividade dos direitos dos contribuintes, mediante a apresentação de novos

---

9. TORRES, Ricardo Lobo. A Legitimação da Capacidade Contributiva e dos Direitos Fundamentais do Contribuinte. *In: Direito Tributário, vol. I – Homenagem a Alcides Jorge Costa*, Coord. de Luís Eduardo Schoueri. São Paulo: Quartier Latin, p. 434.

argumentos a serem amplamente discutidos com a participação da sociedade brasileira.

CARGA TRIBUTÁRIA E DISTRIBUIÇÃO SOCIAL DESSE ÔNUS

Conquanto a carga tributária não seja tema específico de Direito Tributário, a análise interdisciplinar está a exigir que o jurista não se restrinja ao exame puramente normativo quando se discute a justiça na distribuição da carga tributária. A interdisciplinaridade, nas palavras de Horácio Wanderlei Rodrigues, *não se realiza em um conjunto de discursos isolados e estanques, mas sim na análise do objeto a partir de categorias pertencentes aos vários ramos do conhecimento em um mesmo momento, buscando apreender todos os seus aspectos, em sua integridade.*[10]

Algumas noções, como a de pressão tributária, já vêm sendo repetidas ao longo do tempo. Sabe-se que a arrecadação tributária não deve exceder a certos limites, tema de estudo do direito econômico e de ciências afins, como a economia tributária, por exemplo. A distribuição desse ônus entre os contribuintes pode gerar graves injustiças sociais, fazendo com o que o peso maior recaia exatamente sobre a população mais pobre.

Com efeito, os princípios da igualdade e da proporcionalidade estão a exigir que os ônus da tributação devam ser distribuídos de modo proporcional e equitativo. Seria desejável que houvesse uma relação proporcional entre o crescimento da renda e o aumento da participação na carga tributária, o que caracterizaria o sistema como progressivo. Na realidade, tem-se observado o contrário: a carga tributária das pessoas abastadas tem aumentado em menor proporção do que o crescimento verificado na renda, o que define o sistema como regressivo.

---

10. RODRIGUES, Horácio Wanderlei. *Pensando o Ensino do Direito no Século XXI*: diretrizes curriculares, projeto pedagógico e outras questões pertinentes. Florianópolis: Fundação Boiteux, 2005, p. 187.

Não obstante a evidente injustiça, este último tem sido o preferido, pois, além de ser o sistema mais prático para a arrecadação, não é percebido pelo consumidor final, a quem se faz a transferência dos encargos.

Não se ignora que a doutrina faz restrições à classificação dos impostos em diretos e indiretos, dada a ausência de rigor científico. Argumenta-se que, em certas circunstâncias, pode o empresário ver-se compelido a assumir os ônus do imposto incidente sobre os bens que comercializa, como também pode (ou, pelo menos, tenta) transferir todos os seus ônus aos compradores do seu produto ou tomadores do seu serviço. No entanto, isso não é suficiente para tornar a classificação despida de interesse, sobretudo quando os impostos indiretos são utilizados para o aumento da arrecadação, sobrecarregando as pessoas das camadas mais pobres.

Esse problema não é recente. No início do século passado, preocupado com a elevação dos preços em consequência dos impostos indiretos, Viveiros de Castro assinalava:

> (...) a impossibilidade em que está o Estado de recorrer novamente aos impostos indiretos, porque as classes operárias já não suportam novos encargos, a carestia de vida se tornou intolerável, os capitalistas hão de concordar com o imposto sobre a renda como único meio de conservar intacto o capital.[11]

A utilização indevida dos tributos indiretos como forma de obter o aumento da arrecadação causa gravames irreparáveis, como bem anota Sérgio Ricardo Ferreira Mota:

> Então, quando a utilização da tributação indireta é distorcida para possibilitar o aumento da arrecadação, desrespeitam-se

---

11. VIVEIROS DE CASTRO, Augusto Olympio. *História Tributária do Brasil*. 2ª ed. Brasília: ESAF, 1989, p. 132.

os princípios da igualdade e da capacidade contributiva, bem como a justa repartição da carga tributária entre os diferentes grupos e indivíduos componentes da sociedade brasileira, causando carestia dos bens, produtos, mercadorias e serviços essenciais à população, impedindo-se a todos uma existência digna, conforme os ditames da justiça social.[12]

A importância dessa abordagem foi percebida por Adão Sérgio do Nascimento Cassiano que, em estudo sobre o tema, assim escreveu:

> Ignora-se no Brasil a chamada curva de Laffer, que pode ser resumida em pelo menos três pontos os quais demonstram que uma tributação exagerada torna-se ineficaz:
>
> a) Alíquotas progressivas ou muito altas, a partir de determinado patamar, fazem com os agentes econômicos prefiram não elevar o volume de atividade ou mudar de atividade para permanecer numa alíquota mais baixa ou não se submeter à alíquota exagerada;
>
> b) Alíquotas exageradas de impostos incidentes sobre os gastos das pessoas reduzem o consumo e o investimento, diminuindo o volume da atividade econômica;
>
> c) Quanto maior a taxação maior será o incentivo às práticas de evasão fiscal.
>
> Além disso, a injustiça também se revela quando se observa que há uma regressividade na carga tributária, pois excetuada a contribuição para o INSS, no período de 1998 a 2007, os impostos indiretos representaram quase 80% da carga tributária, e os tributos diretos apenas em torno de 20%.
>
> O quadro revela-se mais grave se for observado o lado do gasto público, em que também se observa uma regressiva na distribuição respectiva.

---

12. MOTA, Sérgio Ricardo Ferreira. *Tributação Indireta e Análise Econômica (e Interdisciplinar) do Direito*. In: Revista Tributária e de Finanças Públicas, Ano 21, Vol. 108, Jan/fev 2013, p. 159.

Examinando o gasto público total com saúde, de 1995 a 2004, verifica-se que ele cresceu somente 14,5%, enquanto a carga tributária e o PIB, como visto, no período de 2000 a 2010, subiram, respectivamente, 264,49% e 212,32%. O gasto público com saúde representou 3,89% do PIB, reduzindo-se para 3,66% em 2004, sendo menor que o gasto privado com saúde, que se manteve estável, correspondendo a 4,64% do PIB, nos dois anos referidos.

Depois de algumas considerações sobre a dívida interna, o autor acrescenta o seguinte:

> É bem verdade que, no ano de 2008, os benefícios previdenciários, as aposentadorias e pensões dos servidores, os saques de FGTS, a renda mensal vitalícia, o abono salarial e outros subsídios, como o bolsa-família, chegaram a 15,27% do PIB. A situação parece estar melhorando, mas certamente ainda há um árduo caminho pela frente.[13]

Entre as contribuições sobre o tema, é de destacar-se a de José Adrian Pintos-Payeras, Doutor em Economia pela Escola Superior de Agricultura "Luiz de Queiroz" (ESALQ) da USP e Professor Adjunto da Universidade Estadual de Londrina, que obteve o primeiro lugar em concurso realizado pelo Tesouro Nacional. Suas conclusões basearam-se, fundamentalmente, na Pesquisa de Orçamentos Familiares (POF) do IBGE, período 2002-2003. A análise dos dados coligidos constatou a regressividade do sistema tributário brasileiro, quando considerada a renda das famílias, fato que o autor demonstra dever-se às imposições indiretas, como o ICMS, o PIS e a Cofins, o que é agravado pela baixa participação dos impostos diretos. Entre as conclusões, merece destaque a seguinte:

---

13. CASSIANO, Adão Sérgio do Nascimento. *Estado e Justiça Fiscal*. Revista Enfoque Fiscal, Junho de 2012, p. 29 e 30.

A carga tributária total no Brasil é regressiva quando tomada a renda como base. É possível apontar dois motivos para tanto. Um é a baixa participação dos impostos diretos. Enquanto a carga tributária direta representa 6,83% da renda média, os impostos indiretos representam 14,10%. O outro é que as autoridades públicas não fizeram uma seleção satisfatória dos produtos na hora de tributar o consumo das famílias. Isso fica ainda mais claro quando é apurado que a carga tributária indireta cai quando tomada como base a despesa total das famílias em vez da renda. É provável que a falta de um mecanismo que permitisse aos agentes competentes fazer as devidas simulações para poder selecionar melhor os impostos indiretos é um dos motivos para a existência desse problema.[14]

O estudo sugere a isenção de impostos indiretos sobre produtos que representam os maiores gastos das famílias mais pobres, sustentando que a economia seria superior ao valor recebido pelos beneficiários do programa Bolsa-Família:

> A isenção de impostos indiretos incidentes sobre produtos que representam grande parte do orçamento das famílias pobres pode ser um complemento aos programas sociais do governo, permitindo, até mesmo, a redução das transferências do governo. Uma simulação bastante simples é supor que a carga indireta sobre as famílias com renda *per capita* até 120 reais fosse de 7,23% em vez de 24,57%. Levando em conta o número médio de pessoas nas famílias dessa classe, a economia que teriam em impostos seria de algo em torno de R$ 74,00, que é um valor considerável quando comparado ao programa Bolsa Família, que teve, em 2005, benefício médio de R$ 65,56 (Ministério da Saúde, 2007). Conforme essa simulação, esse programa poderia até ser substituído. Certamente haveria um ganho de eficiência se fosse possível realizar uma medida desse cunho. Primeiro, porque o

---

14. PINTOS-PAYERAS, José Adrian. *A Carga Tributária no Brasil*: um modelo para análise dos impactos das políticas tributárias na arrecadação e distribuição. Finanças Públicas, XIII Prêmio Tesouro Nacional, 2008, p. 53.

TRIBUTAÇÃO: DEMOCRACIA E LIBERDADE

benefício médio é maior. Segundo, porque o governo não necessitaria cobrar tributos de todas as classes, inclusive da mais pobre, para depois transferir parcela do arrecadado para a população.[15]

O autor apresenta demonstrações matemáticas quanto aos tributos ora estudados e ilustra sua tese com um exemplo prático em que demonstra como o contribuinte recolhe tributos indiretos em valor superior ao que aparentemente lhe é exigido:

Perceba-se que a taxa efetiva do ICMS, do PIS, da Cofins e do ISS acaba sendo maior do que a alíquota prevista pela lei. Para ter ideia, suponha-se, hipoteticamente, que um fogão é vendido a um consumidor final por R$ 1.000,00. Sobre esse valor incidem: IPI (10%), PIS e Cofins (9,25%) e ICMS (18%). Aplicando a equação (2.1), encontra-se um **x** igual a R$ 661,36. O valor do IPI é R$ 66,14, o qual é obtido aplicando a alíquota do IPI sobre a despesa livre dos impostos, **x**, pois neste caso **r = a**. O valor do ICMS é de R$ 180,00, que é obtido aplicando sua alíquota sobre o valor pago pelo consumidor, **d**. Da mesma forma que o ICMS, o PIS e a Cofins são obtidos aplicando suas alíquotas sobre o valor pago pelo consumidor, ou seja, o valor que consta na nota fiscal. Para o exemplo hipotético, o PIS e a Cofins totalizam R$ 92,50. Dessa maneira, a taxa efetiva do ICMS é de 27,22% e do PIS e da Cofins em conjunto é 13,99%, percentuais que estão bem acima dos definidos pela legislação. A carga indireta efetiva no exemplo é de 51,20%, em vez de 37,25% como parecia no início do exemplo. Certamente, esse mecanismo nem sempre é de fácil entendimento para muitos empresários e para a maioria da população é um mistério indecifrável.[16]

---

15. PINTOS-PAYERAS, José Adrian. *A Carga Tributária no Brasil*: um modelo para análise dos impactos das políticas tributárias na arrecadação e distribuição. Finanças Públicas, XIII Prêmio Tesouro Nacional, 2008, p. 53.
16. PINTOS-PAYERAS, José Adrian. *A Carga Tributária no Brasil*: um modelo para análise dos impactos das políticas tributárias na arrecadação e

O quadro desenhado por Pintos-Payeras, com base em dados de 2002-2003, não tem apresentado relevantes modificações. Ao abordar esse tema, Marciano Seabra de Godoi, embora registre que a sociedade brasileira atingiu nos últimos tempos *seu menor nível de desigualdade de renda desde os registros nacionais iniciados em 1960*, com base em estudo do IPEA, de 2012, observa que, no período de 1990 a 2010, *a proporção entre a tributação indireta sobre o consumo e a tributação direta sobre a renda e o patrimônio permaneceu praticamente a mesma*.[17]

Malgrado as campanhas informativas, persiste a desigualdade na distribuição da carga tributária. Seria desejável que os consumidores pudessem compreender com exatidão os tributos que são embutidos nos produtos que adquire, como também é certo que seria recomendável que todos os comerciantes fornecessem a nota fiscal, sem necessidade de campanhas publicitárias, com premiações aos consumidores.

O IMPOSTO SOBRE GRANDES FORTUNAS

Já foi dito que a injustiça na exigência dos tributos indiretos em face das populações mais pobres é maior ante a pouca expressão na arrecadação dos tributos diretos. Por amor à brevidade, aqui serão feitos comentários sucintos acerca do imposto sobre grandes fortunas.

A principal inovação constitucional possivelmente foi a instituição do imposto sobre grandes fortunas, como uma das fontes de recursos para o atendimento dos objetivos constitucionais. Seria instituído *nos termos de lei complementar* (art. 153, VII), mas não passou do texto constitucional. Esse imposto,

---

distribuição. Finanças Públicas, XIII Prêmio Tesouro Nacional, 2008, p. 19.
17. GODOI, Marciano Seabra de. *Tributação e Orçamento nos 25 anos da Constituição de 1988*, Revista de Informação Legislativa n. 200 – Edição Especial, Brasília, outubro-dezembro de 2013, p. 140.

para alguns doutrinadores, encontraria dificuldades para ser exigido, por diversas razões, sobretudo no que tange à identificação dos bens ou sua avaliação. No entanto, assiste inteira razão a Hugo de Brito Machado, ao repelir tais argumentos e corajosamente denunciar:

> O verdadeiro motivo da não instituição do imposto sobre grandes fortunas é de ordem política. Os titulares de grandes fortunas, se não estão investidos de *poder*, possuem inegável *influência* sobre os que o exercem.
>
> Tramita no Congresso Nacional um projeto de lei, de autoria do então senador Fernando Henrique Cardoso, que ensejou *substitutivo* por parte do deputado federal Roberto Campos. Tal substitutivo, porém, constitui verdadeira imoralidade. Para demonstrá-lo basta a referência a um dos seus dispositivos, segundo o qual os bens adquiridos por doação integram a base de cálculo do imposto pelo valor que lhes seja atribuído pelo doador. A prevalecer tal dispositivo, as maiores fortunas do País facilmente serão excluídas da tributação, através de doações gravadas com cláusula de usufruto vitalício.[18]

Com certeza, o imposto sobre grandes fortunas poderia ser uma importante fonte de recursos para o atendimento de diversos programas sociais que promoveriam a integração social de milhões de jovens, hoje marginalizados à míngua da presença do Estado.

Recentemente, Sérgio Ricardo Ferreira Mota lembrou expressões similares do ex-Secretário da Receita Federal Osíris Lopes Filho, ao pronunciar-se no Congresso Brasileiro de Direito Tributário quanto à injusta distribuição da carga tributária do imposto de renda, praticamente restrita aos contribuintes assalariados e autônomos:

---

18. MACHADO, Hugo de Brito. *Curso de Direito Tributário*. 32ª ed., revista, atualizada e ampliada, São Paulo: Malheiros Ed., 2011, p. 353.

Outra distorção persistente nos dias atuais diz respeito à incidência da tributação fundamentalmente sobre os rendimentos do trabalho assalariado e autônomo. Essa *distorção*, aliás, já havia sido observada por Lopes Filho quando afirmou ser um "dado real" o fato de apenas a classe trabalhadora pagar tributo no Brasil: "Rico não paga tributo aqui".

Lopes Filho havia sido Secretário da Receita Federal e expôs no ano de 1995 que com base na declaração de imposto de renda apresentado no ano de 1991 (no qual se exigia dos contribuintes fossem informados os valores dos bens em UFIR), foi realizado um estudo com as principais empresas do país, no qual se estabeleceu um universo de 36 mil pessoas, dirigentes ou controladores dessas empresas, tendo sido constatado, em especial que "o menor patrimônio estava em torno de 90 milhões de dólares e o maior em quase 800 milhões de dólares, havia três pessoas que se declararam isentas, uma outra havia pago 200 dólares de imposto (...) e outra 500 dólares de imposto".[19]

Os dados apresentados pelo ex-Secretário da Receita Federal falam por si mesmos. Seu testemunho exigiria um levantamento cuidadoso em nossa legislação tributária para evitarem-se fatos como os que ora são reproduzidos. Ainda que se refiram a dados de 1991, não se tem notícia de alteração mais aprofundada na legislação do imposto de renda.

A SEGURIDADE SOCIAL E AS CONTRIBUIÇÕES SOCIAIS

Segundo o art. 193 da Constituição, *A ordem social tem como base o primado do trabalho e como objetivo o bem-estar e a justiça sociais* (art. 193). Ao estabelecer essa finalidade, o

---

19. MOTA, Sérgio Ricardo Ferreira. Tributação Indireta e Análise Econômica (e Interdisciplinar) do Direito, *in Revista Tributária e de Finanças Públicas*, Ano 21, vol. 108, jan/fev /2013, p. 162 e 163.

texto constitucional procurou realizar uma ação integrada, com a instituição da Seguridade Social, que compreende *um conjunto integrado de ações de iniciativa dos Poderes Públicos e da sociedade, destinadas a assegurar os direitos relativos à saúde, à previdência e à assistência social* (art. 194). Para a efetivação dessas ações previu minuciosamente as contribuições sociais, prevendo também a possibilidade de serem criadas outras fontes para a sua manutenção ou expansão. Preocupou-se o legislador constituinte em desestimular a inadimplência, ao vedar aos devedores o direito de contratar com o Poder Público ou dele receber benefícios ou incentivos fiscais. Na Seção II, demorou-se na disciplina da saúde como *direito de todos e dever do Estado*, previu o sistema único de saúde (art. 198), assegurando-lhe os recursos necessários (art. 198, §1º). A mesma preocupação ocorreu no que diz respeito à previdência social (art. 201 e 202), à assistência social (arts. 203 e 204), à educação (art. 205 a 214) e à cultura (art. 215 a 216-A e §§, acrescidos pela EC 71/2012). Medidas similares foram ainda adotadas nos demais tópicos do Título VIII – Da Ordem Social: desporto, ciência e tecnologia, comunicação social, meio ambiente, família, criança, adolescente, jovem, idoso e índios.

Em suma, a Constituição não só formulou objetivos e propósitos, visando a modificação da realidade social subjacente, como também estabeleceu os programas e os meios necessários para a sua efetivação, especialmente as contribuições sociais que se tornaram indispensáveis, tendo em vista a evidente insuficiência dos impostos federais e a significativa partilha com as demais unidades federativas.

A Constituição procurou dotar a Seguridade Social com os recursos necessários para a efetividade da execução dos seus programas, dispondo expressamente que *o orçamento da seguridade social abrange todas as entidades e órgãos a ela vinculados, da Administração direta ou indireta, bem como os fundos e fundações instituídos e mantidos pelo Poder Público* (art. 195, §5º, III).

A autonomia orçamentária permitiria supor que os recursos previstos na Constituição seriam utilizados exclusivamente para o financiamento dos programas da Seguridade Social. Se a norma fosse seguida à risca, provavelmente, não faltariam recursos financeiros para os programas de saúde, previdência e assistência social nem os meios de comunicação estampariam manchetes com as enormes cifras do déficit da Previdência Social, pelo menos se houvesse uma gestão razoável.

Em diversos julgamentos, o Tribunal Regional Federal da 5ª Região decidiu que a norma constitucional propugnara que as receitas das contribuições sociais deveriam ingressar diretamente no orçamento da seguridade, sem passar pelo Tesouro Nacional.

No entanto, o entendimento da Corte Regional foi reformado pelo Supremo Tribunal Federal que acolheu os recursos interpostos pela Procuradoria da Fazenda Nacional, como bem ressalta Hugo de Brito Machado:

> Ressalte-se que não se trata de saber qual o destino das contribuições de seguridade social. Não se trata apenas de um problema de direito financeiro. Trata-se de saber quem é o sujeito ativo dessas contribuições – e, a nosso ver, o sujeito ativo das mesmas é a entidade responsável pela gestão do orçamento a que se refere o art. 165, § 5º, III, da CF. Em outras palavras, o INSS – autarquia que ganhou o patamar constitucional e que deve ser aperfeiçoada de modo a realizar completamente o preceituado no art. 194 da CF.
>
> Ocorre que o STF decidiu ser possível a cobrança da Cofins e da CSL pela União, que atuaria como simples intermediária, e repassaria os recursos correspondentes ao INSS. Em consequência, ditas contribuições foram convertidas em verdadeiros impostos, dos quais a União repassa para o INSS apenas o necessário para cobrir o déficit orçamentário daquela autarquia, que seria superavitária se lhe fosse permitido arrecadar todas as contribuições que a Constituição de 1988 atribuiu à seguridade social.[20]

---

20. Obra citada, p. 425 e 426.

Anota Hugo de Brito Machado Segundo, com base em dados colhidos no sítio da Receita Federal em setembro de 2004, que *a Cofins, o PIS, a CSLL e a CPMF passaram a responder por mais de 50% da arrecadação tributária federal*, observando, a seguir:

> Aliás, o desvio na utilização de contribuições não é recente – o que é recente é o intenso exercício da competência para criá-las. Já nos idos da ditadura militar de 1964, quando essa espécie tributária começava a surgir no Brasil, as contribuições para o IAA e para o IBC tiveram seus recursos desviados para financiar a tortura e as demais ações contra os "opositores do regime". Com a CSLL, a Cofins e o PIS não tem sido diferente, tendo o ex-Presidente Fernando Henrique Cardoso admitido esse drible à Constituição, em texto de livro que almeja publicar, e que teve trechos divulgados na *Revista Veja* de 7 de abril de 2004. Em suas palavras, a Constituição de 1988 descentralizou as receitas tributárias, o que poderia "sufocar" a União, o que somente não ocorreu "porque esta passou a usar as 'contribuições sociais' como válvula de escape".[21]

A AMBIGUIDADE NO ATUAL MODELO BRASILEIRO: REGRESSIVIDADE TRIBUTÁRIA

Ao mesmo tempo em que se registra a permanência da arrecadação tributária baseada, fundamentalmente, nos chamados tributos indiretos (IPI, ICMS, ISS, PIS e Cofins), de inegável cunho regressivo, deve-se reconhecer que os índices alarmantes de desigualdade social registrados até 1989 foram substituídos por outros mais animadores, encontrando o IPEA, em 2012, *o menor nível de desigualdade de renda desde os registros nacionais iniciados em 1960.*

---

21. MACHADO SEGUNDO, Hugo de Brito. *Contribuições e Federalismo*. São Paulo: Dialética, 2005, p. 122 e 123.

Adotou-se, assim, um modelo que aumenta a carga tributária, mas faz gastos relevantes com programas sociais, o que pode ser assim resumido nas palavras de Marciano Seabra de Godoi:

> No modelo brasileiro, o papel da tributação na redução da desigualdade social é ambíguo: por um lado, o contínuo aumento da carga tributária fornece uma base segura de recursos disponíveis para a expansão dos gastos sociais; mas, por outro lado, parte dos efeitos desconcentradores da expansão desses gastos sociais é revertida pela regressividade de um sistema tributário fortemente baseado na tributação do consumo de bens e serviços.[22]

Com todos os louvores à expansão dos gastos sociais, indispensáveis num país em que as desigualdades assumiam proporções estarrecedoras, mas não se pode desconsiderar que a regressividade tributária atinge também expressivas camadas sociais que não se beneficiam diretamente dos principais programas sociais por possuírem indicativos de renda muito baixos, mas que se situam em patamares superiores aos máximos exigidos para o enquadramento nesses programas.

Para essas pessoas, seriam benvindas medidas que buscassem a desoneração e programas de incentivo quanto aos produtos que compõem a cesta básica e investimentos em áreas como o saneamento e escolarização, de modo a permitir a todos uma efetiva participação nos benefícios que hoje estão restritos à chamada elite da população brasileira.

Para Seabra de Godoi, o modelo brasileiro de erradicação da pobreza e redução das desigualdades sociais ampara-se em duas características bem visíveis que revelam a ambiguidade do papel da tributação na redução das desigualdades sociais:

---

22. GODOI, Marciano Seabra de. Tributação e Orçamento nos 25 Anos da Constituição de 1988, *Revista de Informação Legislativa* n. 200 – Edição Especial, Brasília, outubro-dezembro de 2013, p. 147.

A primeira especificidade é que a prioridade dada ao aumento dos gastos sociais conviveu com outra prioridade de mesma – ou quiçá – de maior importância: a prioridade da geração de significativos superávits primários destinados ao pagamento dos vultosos juros da dívida pública.

(...)

A segunda especificidade do modelo brasileiro é que o relativo viés redistributivo identificado na evolução do padrão das despesas públicas não se verifica em absoluto no que diz respeito à evolução do padrão de equidade da carga tributária ao longo dos últimos 25 anos.

(...)

No modelo brasileiro, o papel da tributação na redução da desigualdade social é ambíguo: por um lado, o contínuo aumento da carga tributária fornece uma base segura de recursos disponíveis para a expansão dos gastos sociais; mas, por outro lado, parte dos efeitos desconcentradores da expansão desses gastos sociais é revertida pela regressividade de um sistema tributário fortemente baseado na tributação do consumo de bens e serviços.[23]

O grande desafio da reforma tributária que está por vir será o de lograr a superação dessa latente ambiguidade, vale dizer, o de inverter a natureza regressiva da tributação em nosso país, garantindo que o aumento da carga tributária reverta, em maior proporção, às camadas sociais mais carentes.

CONSIDERAÇÕES FINAIS

A carga tributária total no Brasil é regressiva quando se toma a renda como base. É possível apontar dois motivos para tanto. O primeiro é a baixa participação dos impostos diretos. Enquanto a carga tributária direta representa 6,83% da renda média, os impostos indiretos representam 14,10%. O outro

---

23. Obra citada, p. 147.

motivo reside no fato de que as autoridades públicas não fizeram uma seleção satisfatória dos produtos na hora de tributar o consumo das famílias. Isso fica ainda mais claro quando se apura que a carga tributária indireta cai quando tomada como base a despesa total das famílias em vez da renda. É provável que a falta de um mecanismo que permitisse aos agentes competentes fazer as devidas simulações para poder selecionar melhor os impostos indiretos é um dos motivos para a existência desse problema.

Todos os impostos diretos podem ser progressivos, já que estão diretamente relacionados às informações de renda e riqueza da população, mas no Brasil isto não ocorre. O IPTU é um exemplo nítido de que poderia ser aprimorada a progressividade da carga direta em nosso país.

A estimativa da carga tributária levando em consideração o RICMS de cada unidade da Federação e o ISS de cada capital permitiu verificar que há diferenças regionais na forma como são estabelecidos os tributos no país. Tudo indica que quanto menos desenvolvido é o Estado, mais imprescindível se torna tributar os bens de primeira necessidade para obter receita e isto certamente prejudica o próprio desenvolvimento da região. Isso indica que serão necessárias medidas de compensação para que os Estados mais pobres tenham condições de isentar os produtos consumidos pelas famílias mais pobres. Essa política de combate às desigualdades regionais também precisa tornar-se mais visível e efetiva nos programas do Governo Federal.

A isenção de impostos indiretos incidentes sobre produtos que representam grande parte do orçamento das famílias mais pobres pode ser um complemento aos programas sociais do governo, permitindo, até mesmo, a redução das transferências governamentais.

De qualquer modo, é preciso um sistema tributário mais propício à redução das desigualdades sociais e regionais, capaz de superar a latente ambiguidade das políticas públicas que transitam no ilusório ideal de extrair o melhor de dois mundos: ou se intensificam os programas sociais do governo, com pesados investimentos em serviços sociais básicos, como saúde, educação, saneamento, habitação, transporte e segurança, ou se busca o superávit primário para fazer frente ao pagamento dos juros que acrescem assustadoramente a dívida pública. Se a opção for feita pelos investimentos nos programas sociais, que se permita amplificar seu caráter redistributivo a partir de um modelo tributário mais coerente com essa opção, vale dizer, voltado à tributação da carga direta e, quanto à tributação indireta, com escolha seletiva dos bens e serviços a serem tributados, com o objetivo de reduzir (ou anular) a tributação sobre bens de primeira necessidade, que tanto oneram as camadas menos favorecidas.

A reforma tributária é uma necessidade de ontem para uma sociedade desigual que vive o presente pensando num amanhã de mais justiça fiscal.

IPTU E SEU DNA ESTRUTURAL: UMA ANÁLISE IMPOSTERGÁVEL EM FACE DA CONSTITUCIONALIDADE

Cintia Estefania Fernandes[1]

A instituição e correta cobrança do Imposto Predial e Territorial Urbano (IPTU) estão no âmbito da competência municipal determinada constitucionalmente, sendo um dos principais meios de arrecadação dos municípios brasileiros, possibilitando a concretização da autonomia municipal e a efetivação da gestão territorial urbana.

---

1. Procuradora do Município de Curitiba; Julgadora Tributária; Mestre em Direito do Estado / Direito Tributário pela UFPR; Especialista em Políticas do Solo Urbano, pelo *Lincoln Institute of Land Policy* – Cambridge-MA-EUA; **Autora do livro IPTU – Texto e contexto**. São Paulo: Quartier Latin, 2005, 448p; **Professora** do Programa Nacional de Capacitação das Cidades do **Ministério das Cidades**; **Professora** do curso *Impuestos a la Propiedad Inmobiliaria y Valuación de Inmuebles*, na América Latina – ensino à distancia – Lincoln Institute, Cambridge-MA, EUA; **Professora** do Centro Universitário Curitiba (**Unicuritiba**); Professora convidada de tributação imobiliária – UFPR; Professora do IBET; **Professora** da **Academia Brasileira de Direito Constitucional**; Presidente da Comissão de Advocacia Pública da OAB-Curitiba-PR; Vice-presidente (2010-2013), atual membro da Comissão de Advocacia Pública da OAB-PR; Palestrante em eventos nacionais e internacionais.

O IPTU é muito mais que um imposto, ele está diretamente vinculado à gestão territorial urbana, promovendo a captura da mais-valia do solo, impedindo a especulação imobiliária e os vazios urbanos em área com infraestrutura, possibilitando a efetivação da justiça social imobiliária.

O critério quantitativo da consequência da norma tributária é o indicador da fórmula de determinação do objeto da prestação.

No critério quantitativo encontram-se os elementos dados pela lei, que possibilitam ao intérprete determinar a exata quantia devida a título de tributo, esses elementos são a base de cálculo e a alíquota.

A base de cálculo "é a grandeza instituída na consequência da regra-matriz tributária, e que se destina, primordialmente, a dimensionar a intensidade do comportamento inserto no núcleo do fato jurídico, para que, combinando-se à alíquota, seja determinado o valor da prestação pecuniária".[2]

Segundo o art. 33 do Código Tributário Nacional: "A base de cálculo do IPTU é o valor venal do imóvel".

Cabe ao legislador ordinário municipal ao instituir este imposto, dispor sobre os critérios de avaliação dos imóveis e fixar elementos ou parâmetro a ser adotado pela autoridade lançadora para a aferição do valor de sua base de cálculo, o valor venal do imóvel urbano.

Trata-se de valor apurado mediante lançamento individual ou por presunções relativas, estas efetuadas por meio das plantas genéricas de valores (PGV).[3] Nas grandes cidades é adotada a edição de plantas de valores no lugar da apuração individual.

---

2. Conforme CARVALHO, Paulo de Barros (**Curso de Direito Tributário**. São Paulo: Saraiva, 2010, p. 324).

3. Quanto à eficiência das Plantas Genéricas de Valores, enfatiza (LEAL, Victor Nunes. Imposto predial e territorial urbano – Plantas Genéricas de

Quanto ao conceito de valor venal do imóvel, Aliomar BALEEIRO afirma ser **"aquele que o imóvel alcançará para a compra e venda à vista, segundo as condições usuais de mercado de imóveis"**.[4]

Relativamente à avaliação a ser considerada para fins de apuração da base de cálculo do IPTU, a mesma é de grande importância, pois representa o valor sobre o qual deverá incidir a alíquota do imposto, permitindo uma tributação mais ou menos isonômica e uma arrecadação de receita, mais ou menos elevada para os Municípios, no caso da apuração ser ou não efetuada de maneira eficiente.

Considerando que no Brasil, se arrecada apenas uma oitava parte de Imposto Predial e Territorial Urbano, em relação aos países desenvolvidos, como os Estados Unidos e a Alemanha, existe uma carência de aplicação de meios eficientes para se avaliar os imóveis urbanos, o que faz com que impere a desigualdade da exigência tributária, eis que muitas vezes um imóvel de valor elevado, encontrando-se subavaliado, fazendo com que aquele que detenha grande capacidade contributiva, recolha menos imposto do que realmente deve, e podendo também acontecer que proprietários de imóveis de valor venal pequeno, venham a ter exigência tributária mais elevada do que a devida, tornando ilegítima a exigência, diante da desigualdade na distribuição da carga tributária.

Outra consequência da avaliação incorreta dos imóveis, é a diminuição da arrecadação tributária dos Municípios, o que

---

Valores. **Revista de Direito Tributário**, São Paulo, a. 7, n. 25-26, p. 31, jul./dez. 1983), "O processo mais rudimentar de aferir a administração essa base imponível (valor concreto de cada imóvel) é avaliar cada imóvel de per si. E assim, ainda se pratica amplamente nos pequenos municípios. A existência das grandes cidades é que tornou inviável esse método, como ocorre em São Paulo, com cerca de 2.000.000 de imóveis tributáveis. Assim surgiram as PGVs como método alternativo e eficiente."

4. BALEEIRO, Aliomar. **Direito tributário** ..., p. 249.

prejudica a autonomia financeira dos mesmos, impedindo a implementação de melhores políticas públicas e do devido planejamento urbano, que podem impedir as crises urbanas, como as decorrentes de inundações, desabamentos e caos de mobilidade, todas passíveis de ser evitadas por atos administrativos eficientes, **dentre eles a correta instituição e arrecadação do IPTU.**

Deve-se manter intervalos curtos de avaliação, diante da variação sazonal da valorização e desvalorização dos imóveis, bem como das constantes melhorias que são feitas pelo Poder Público por meio de obras de infraestrutura e de urbanismo, a qual deve ser anual ou pelo menos a cada quatro anos, período de gestão de cada mandato municipal.[5]

Os mecanismos de atualização permanente dos cadastros imobiliários e das plantas de valores municipais devem ser aprimorados por meio do desenvolvimento de coleta de dados, seja estabelecendo a obrigação da informação das transações ocorridas no mercado imobiliário para os Municípios, seja através de sanções rígidas pela desatualização cadastral por parte do proprietário, seja pela constante atualização da planta genérica de valores, seja por investimentos em levantamentos aerofotogramétricos e de geoprocessamento, seja por meio de verificações *in loco*.

Imprescindível que os Municípios aprimorem as suas capacidades gestora e planejadora, editando seus Planos Diretores legalmente e empiricamente, modernizando os procedimentos de arrecadação, modernizando os cadastros imobiliários[6] e sistemas de informação em geral, desenvolvendo a integração dos sistemas de informação, possibilitando com isto,

---

5. Ver art. 30 da Portaria n. 511, de 7 de dezembro de 2009, do Ministério das Cidades, DOU de 08/12/2009 – Seção 1, p. 75.
6. Conforme Portaria n. 511, de 7 de dezembro de 2009, do Ministério das Cidades, DOU de 08/12/2009 – Seção 1, p. 75.

a apuração verídica da base de cálculo do IPTU, atendendo os princípios que lhe informam, como o princípio da isonomia, da capacidade contributiva, do não confisco, do respeito ao mínimo vital, da autonomia municipal e da função social e ambiental da propriedade e da cidade, concretizando uma tributação que atenda a uma sociedade mais justa e solidária.

A base de cálculo do IPTU deve ser prevista abstratamente por lei, sendo que o **art. 33 do CTN dispõe que se trata do valor venal do imóvel.**

A base de cálculo do IPTU deve ser diferenciada da base calculada do imposto; a lei edita critérios abstratos da Base de Cálculo, já o *ato administrativo de lançamento*, estabelece o valor concreto segundo os critérios abstratos (base calculada), ou base de cálculo em concreto.

A planta de valores genéricos (PGV) deve ser feita ano a ano, não necessitando constar de edição legislativa, ainda que ultrapasse o índice da correção monetária, e será elaborada com base no preço corrente de mercado, observados os seguintes elementos: infraestrutura de cada logradouro, potencial construtivo, tipo de via, edificações e outros dados relevantes, contendo valores unitários para o metro quadrado do terreno, compatíveis com as características dos diferentes setores da área urbana e valores unitários para o metro quadrado da construção, em função do padrão de acabamento, materiais empregados e características de utilização. Também serão levadas em conta as características do imóvel, a serem consideradas na avaliação, tais como área, topografia, testadas, edificações com seu grau de obsolecência, fatores de correção e outros dados relevantes para determinação de valores imobiliários.[7]

O ato de avaliação está inserido no lançamento, tratando-se de ato administrativo, nos termos do art. 142 do

---

[7]. Conforme prevêem os arts. 37 e 38 da Lei Complementar Municipal de Curitiba, n. 40/2001.

CTN,[8] tendo em vista à necessidade de se apurar a base de cálculo em concreto, eis que os preços dos imóveis por metro quadrado aumentam mais do que a inflação, devendo ser consideradas as obras públicas existentes e os melhoramentos efetuados, sendo, portanto, mutáveis no tempo, não podendo o ato de apuração do valor venal ser considerado majoração do IPTU, portanto, prescindindo de lei.

Esse, no entanto, não é entendimento do Superior Tribunal de Justiça e do Supremo Tribunal Federal,[9] que têm entendido que a planta de valores genéricos deve, necessariamente, **ser publicada por lei** (RE 87.763-1[10] e Súmula do STJ n. 160[11]).

O entendimento jurisprudencial está equivocado segundo os fundamentos jurídicos da majoritária doutrina.[12]

Todavia, a partir de agosto de 2013, uma nova luz se abre junto ao Supremo Tribunal Federal, com a intervenção do

---

8."Art. 142. Compete privativamente à autoridade administrativa constituir o crédito tributário pelo lançamento, assim entendido o procedimento administrativo tendente a verificar a ocorrência do fato gerador da obrigação correspondente, determinar a matéria tributável, calcular o montante do tributo devido, identificar o sujeito passivo e, sendo caso, propor a aplicação da penalidade cabível. Parágrafo único. A atividade administrativa é vinculada e obrigatória, sob pena de responsabilidade funcional".
9. Inicialmente o STF, Órgão Pleno, (BRASÍLIA. Supremo Tribunal Federal. RE n. 75.294. Rel. Min. Luiz Galotti. 17.10.73. **Revista Trimestral de Jurisprudência**, Brasília, v. 67, p. 542, fev. 1974), entendeu que "A fixação do valor dos bens, para concretização, do contrato abstrato da lei, é tarefa cometida à administração."
10. BRASÍLIA. Supremo Tribunal Federal. RE n. 87.763-1. Rel. Ministro Moreira Alves. 07.06.79. DJU, 23.11.79.
11. STJ, Súmula da jurisprudência predominante n. 160, aprovada pela 1ª Seção do Superior Tribunal de Justiça. DJU 1, 19.06.96, p. 21.940. " 'É defeso, ao Município, atualizar o IPTU, mediante decreto, em percentual superior ao índice oficial de correção monetária.' Referência: CF/88, art. 150, I. CTN, arts. 33 e 97, §§ 1º e 2º".
12. Conforme Cintia Estefania Fernandes. **IPTU: Texto e contexto**. SãoPaulo: Quartier Latin, 2005, p. 335-348.

Ministro Luís Roberto Barroso, no RE 648.245-MG. Este afirma textualmente que:

> Mas a discussão de exigir-se que lei estabeleça a base de cálculo para o IPTU, a meu ver, a jurisprudência do Supremo já oscilou, como sabem Vossas Excelências, e pessoalmente **acho que esta é uma fórmula que engessa excessivamente o Município.** Quer dizer, aqui **é preciso encontrar um ponto de equilíbrio entre a proteção do contribuinte, que não deve ficar à mercê do alvedrio do Poder Executivo, mas também há um problema que, muitas vezes, o município e o prefeito ficam reféns da câmara municipal, que, por animosidade política ou às vezes por populismo, não aprova a lei que modifica a base de cálculo, o que priva o município, muitas vezes, de uma das suas principais fontes de receita.** De modo que, se não neste caso, **talvez em uma outra oportunidade, eu acho que seria, sim, hipótese de se discutir se não poderia o legislador, mediante uma delegação, com parâmetros objetivos razoáveis e controláveis, delegar ao Executivo uma atualização que pudesse extrapolar, em certos casos, a mera correção monetária.** O que se vê é que essa é uma fonte importante de receita para os municípios, e **com o congelamento, muitas vezes, dos valores reais nessas tabelas, o imposto fica efetivamente defasado quando o Código Tributário fala em valor venal. Portanto, a lei complementar já diz qual é o critério, que é o valor venal. De modo que, se a lei municipal estabelecer critérios razoáveis e controláveis, eu não acho que haja uma impossibilidade desta delegação.** (Destaques nossos).

Tal entendimento sem dúvida abre uma nova perspectiva na harmonização do entendimento doutrinário e jurisprudencial, sendo que o caminho para a concretização desta acertada observância dos ditames constitucionais já foi objeto de precedente anterior do próprio Supremo Tribunal Federal, no RE 95.973, Relator Ministro Rafael MAYER, j.11.05.82, RTJ, Brasília, v. 102, p. 439, out. 1982:

Imposto Predial. Base de cálculo. Valor venal (majoração). Regulamento. Princípio da anualidade. **A fixação do valor venal pela Administração segundo critérios postos em norma regulamentar, sob os parâmetros de lei precedente**, a que se visa dar execução, **não envolve alteração ou inovação de base de cálculo** (...). Recurso extraordinário conhecido e provido. (Destaques nossos).

O art. 97, §2º do CTN, andou bem, quando estabeleceu que "Não constitui majoração de tributo, para os fins do disposto no inciso II deste artigo, a atualização do valor monetário da respectiva base de cálculo", **admitindo a atualização da base de cálculo do imposto sem lei, também devendo ser entendida a atualização prevista, como a reavaliação da base de cálculo, não se restringindo aos índices inflacionários.**

Esta é a conclusão de Geraldo Ataliba:

> O art. 97 do CTN [...], ao contrário de vedar, autoriza, expressamente, ao decreto atualizar (que quer dizer: fixar novamente, de acordo com os padrões atuais) valores imobiliários, para efeito de tributação. Se o princípio de que trata o artigo é o da legalidade, a exceção do §2º é aberta em favor do decreto. Isto é inequívoco.[13]

Além disso, cumpre observar que recentemente o Tribunal de Justiça de São Paulo[14] agravou ainda mais a equivocada interpretação referente à base de cálculo do IPTU quando suspendeu os efeitos da Lei 15.889/2013, em sentido formal e material, impedindo o Município de São Paulo de atualizar o IPTU referente ao exercício de 2014, com base em planta genérica de valores atualizada por lei, ainda que em sede liminar.

---

13. ATALIBA, Geraldo. Imposto predial urbano (IPU): Planta de valores. **Estudos e Pareceres de Direito Tributário**, São Paulo, v.1, p. 163-202, 1978.
14. Ação Direta de Inconstitucionalidade em sede de liminar – 020.1865-26.2013.8.26.0000-SP, autor FIESP, PSDB e outros e 0202182-24.2013.8.26.0000. Voto nº 28.201 e 28201.

O Poder Executivo e o Poder Legislativo atenderam os ditames interpretativos impostos pelos Tribunais Superiores, atualizando por lei a planta genérica de valores para fins de correção da base de cálculo do IPTU, e mesmo assim, ao arrepio da Segurança Jurídica, o Poder Executivo foi impedido de aumentar por lei a base de cálculo constitucionalmente estabelecida para a imposição do IPTU, isto é, teve negado seu Direito constitucional de tributar o IPTU tendo como base de cálculo o valor venal do imóvel, apurado tecnicamente, considerando condições regulares de mercado.

A alteração da base de cálculo do IPTU, valor venal do imóvel altera a própria gênese desta espécie tributária, altera o DNA do imposto, sendo que, ao se tentar considerar a correção monetária anual sem parâmetros de mercado, ou o Produto Interno Bruto (PIB), entre outras aberrações tributárias, estar-se-á criando talvez, quem sabe, um "ornitorrinco tributário", mas jamais o IPTU em sua composição normativa estrutural, vinculada à sua constitucional e infraconstitucional regra-matriz de incidência tributária.

A base de cálculo carrega o DNA do tributo não podendo ser adulterada conforme expressa determinação constitucional, art. 145,§ 2º, da CF/1988.

Conforme escólio de Geraldo Ataliba e Rubens Gomes de Sousa:

> 43.13 Efetivamente fica evidente a posição central da base imponível – relativamente à hipótese de incidência – pela circunstância de **ser impossível que um tributo, sem se desnaturar, tenha por base imponível uma grandeza que não seja ínsita na materialidade de sua hipótese de incidência.**
>
> Efetivamente, não é possível que um imposto sobre o patrimônio tenha por base imponível a renda do seu titular. Tal situação – essencialmente teratológica – configura um imposto sobre a renda e não sobre o patrimônio. Daí

a advertência de Amílcar Falcão:

De outro modo, **a inadequação da base de cálculo pode representar uma distorção do fato gerador e, assim, desnaturar o tributo** (*Fato gerador...*, cit., p. 138).

(...)

... a escolha, pelo legislador, de uma base de cálculo inadequada pode desvirtuar não só a natureza sobre a renda em imposto sobre o capital, **mas também a sua natureza genérica, transformando-o de imposto em taxa, ou vice-versa.**

(...)

43.16 Enfim, **tão importante, central e decisiva é a base imponível que se pode dizer que – conforme o legislador escolha uma ou outra – poderemos reconhecer configurada esta ou aquela espécie e subespécie tributária.**[15] (Destaques nossos).

Conclui-se, que grandes discussões foram e estão sendo travadas, as quais decorrem justamente da incorreção da interpretação do critério quantitativo do IPTU e com isto, a alteração a materialidade desta espécie tributária fundamental para os municípios brasileiros, ou seja, o Poder Judiciário passou a exigir atividade legislativa onde compete apenas atividade executiva, havendo uma infeliz interferência entre os poderes, o que faz com que haja um equívoco quanto à correta tripartição de funções do Estado, ante o fato de estar o Legislativo sendo compelido a preencher ato administrativo de lançamento, o que é prerrogativa do Poder Executivo.

Além disso, mais uma vez se verifica que atos do Poder Judiciário rechaçam a estrutura da norma vinculada ao IPTU, impedindo, ainda que em sede liminar, Direito líquido e certo dos Municípios brasileiros no âmbito das competências tributárias

---

15. Conforme ATALIBA, Geraldo (**Hipótese de Incidência Tributária**. São Paulo: Malheiros, 1990, p. 99-101).

que lhe são estabelecidas, isto é, cobrar o IPTU, com base no valor venal do imóvel, com base de cálculo atualizada por meio de planta de valores genéricos, aprovada por lei, embasada em critérios técnicos de apuração.

Mais uma vez se estabelece uma verdadeira e ampla inconstitucionalidade por parte do Poder Judiciário, com o fomento do desmonte do pacto federativo decorrente da negação da autonomia municipal, a qual esmorece diante da maior dependência dos Municípios em relação aos repasses federais, cada vez mais minguados e desviados pelos tributos não compartilhados, impedindo a concretização do mínimo essencial da gestão urbana territorial, o atendimento da função social da cidade, negando-se o exercício da responsabilidade territorial dos Municípios, que tem como dever constitucional, a realização da justiça social imobiliária.

O desequilíbrio federativo apontado trará consequências concretas no condomínio urbano em que vivemos, a cidade, com menos leitos em hospitais, maior caos na mobilidade, menor número de habitações sociais, maior precariedade da infraestrutura urbana, no aumento da violência e das desigualdades sociais.

Sem o IPTU a cidade não se sustenta, pois se trata de um condomínio coletivo obrigatório prescrito constitucionalmente.

É dever de todos observar o princípio da solidariedade, a função social da propriedade e da cidade e os objetivos fundamentais da república federativa do Brasil, um país que deve ser justo, livre e solidário.

O IPTU é um tributo direto, portanto, mais justo que os impostos indiretos, invisíveis aos olhos da população sedenta de respostas às demandas locais. O IPTU possui, em regra, alíquotas progressivas fiscais, incidindo em maior proporção sobre as maiores capacidades contributivas imobilizadas.

A base de cálculo do IPTU é o valor venal do imóvel, no caso, valor do imóvel em condições regulares de mercado, portanto, inaceitável considerar confiscatória a incidência do tributo sobre tal base de cálculo, eis que se considera apenas a riqueza efetivamente incorporada ao patrimônio do contribuinte.

Se uma pessoa possui um imóvel de R$1.000.000,00 (um milhão) de reais, esta riqueza não só existe, como torna o respectivo contribuinte R$1.000.000,00 (um milhão) de reais mais rico que outro, além disso, manter o valor de R$1.000.000,00 de reais imobilizado é uma opção de cada um, este valor poderia estar aplicado na bolsa de valores e ser tributada por outros mecanismos tributários.

Com hialina clareza podemos afirmar que, considerar a base de cálculo correta do IPTU decorre de prescrição constitucional e vem ao encontro da justiça social imobiliária. Não se pode conceber confisco em um IPTU com alíquotas de 0,2% a 3% ou 4%, cuja tributação aplica alíquotas progressivas fiscais graduadas incidentes sobre expressões de riquezas imobilizadas e efetivamente incorporadas ao patrimônio do contribuinte em prol da infraestrutura urbana, fator responsável da valorização imobiliária.

A valorização que é gerada coletivamente, por meio da infraestrutura existente na cidade, deve reverter ao patrimônio coletivo para ser socializada em benefício de todos os atores correspondentes.

O que não se pode mais sustentar é o incentivo ao latifúndio urbano, a especulação imobiliária e aos vazios urbanos em área de infraestrutura consolidada.

Não se pode conceber que se sonegue o Direito à cidade, que se permita solapar um dos tributos mais justos e corretos do sistema tributário nacional.

O que deve nos chocar é a impossibilidade de se cobrar um tributo que tem funções fiscais e extrafiscais tão relevantes como o IPTU, um tributo distributivo e justo.

Permitir que o IPTU seja cobrado com uma base de cálculo desnaturada, e porque não dizer, violentada por 5, 10, 15 anos, um IPTU com base de cálculo adulterada pela mera correção monetária ou PIB, é permitir a injustiça social imobiliária.

O engessamento dos Municípios brasileiros, decorrente da proibição de se atualizar a base de cálculo do IPTU considerando o VVI, faz imperar a desigualdade da tributação. A perda da correta base de cálculo do imposto faz com que imóveis desvalorizados paguem mais IPTU e imóveis valiosos sejam prestigiados por um IPTU irrisório e vergonhoso, visto que, em regra usufruem de infraestrutura urbana de primeira qualidade.

Os imóveis mais valiosos estão hoje com os valores venais totalmente defasados nas plantas de valores genéricos Municipais e são brindados por equipamentos urbanos almejados por toda a população que detém os mesmos direitos.

O IPTU é um tributo justo, transparente e de difícil sonegação, é um imposto que visa redistribuir riqueza, que preserva o mínimo existencial, visto que em regra as habitações populares estão total ou parcialmente isentas de seu pagamento.

O IPTU não pode ser considerado confiscatório, nem desproporcional, eis que se vincula ao valor venal do imóvel que passa a fazer parte da riqueza imobilizada do contribuinte, só se cobra mais, se o patrimônio aumentou, se se enriqueceu em decorrência da valorização imobiliária.

A contrapartida daquele que enriqueceu com a cidade é obrigatória para que os demais possam ser também atendidos pela cidade. Pensar e agir diversamente é inconstitucional, portanto fere uma sociedade livre, justa e solidária.

Os pressupostos constantes da análise proposta são condição *sine qua non* para se efetivar uma tributação imobiliária no Brasil com respeito à Democracia e à Liberdade, valores que pautaram o trabalho da ilustre homenageada, Excelentíssima Ministra Denise Arruda.

REFERÊNCIAS

ATALIBA, Geraldo. Imposto predial urbano (IPU) – Planta de valores. **Estudos e Pareceres de Direito Tributário**, São Paulo, v. 1, p. 163-202, 1978.

_____. **Hipótese de Incidência Tributária**, São Paulo, v. 5, 99-101, 1990.

BALEEIRO, Aliomar. **Direito tributário brasileiro.** 11 ed. atual. por Misabel Abreu Machado Derzi, Rio de Janeiro: Forense, 1999.

BARBON, Sandra A. Lopez. **Do IPTU.** Belo Horizonte: Del Rey, 1995.

BARRETO, Aires Fernandino. Impostos sobre a propriedade imobiliária. **Revista de Direito Tributário**, São Paulo, a. 15, n. 58, p. 231-234, out./dez. 1991.

_____. Imposto predial e territorial urbano. In: MARTINS, Ives Gandra da Silva; SOUZA, Hamilton Dias de; TILBERY, Henry (Coord.) **Comentários ao Código Tributário Nacional-2, Direito Tributário – 4**. São Paulo: Bushatsky, 1976, p. 27.

_____. IPTU: Base de cálculo e base calculada. **Revista de Direito Tributário**, São Paulo, v. 9-10, p.307, jul./dez., 1979.

BONAVIDES, Paulo. **Do Estado liberal ao Estado social.** 7ed. São Paulo: Malheiros, 2001.

_____. **Curso de direito constitucional.** 11ed. atualizada. São Paulo: Malheiros, 2001.

BUFFON, Marciano. **O princípio da progressividade na Constituição Federal de 1988.** SãoPaulo: Memória Jurídica, 2003.

CARRAZZA, Roque Antonio. **IPTU** – Planta de valores (valor venal e valor locativo) **Revista de Direito Tributário**. São Paulo, a. 8, n. 29-30, p. 127-131, jul./dez., 1984.

_____. **Curso de direito constitucional tributário**. 16. ed. rev. ampl. atual. São Paulo: Malheiros, 2001.

CASTRO, José Nilo de. A Disputa pela cidadania e as novas concepções de cidade. **Revista de Direito Municipal**. Belo Horizonte, a. 4., n. 7, p. 34-39, jan./fev./mar., 2003.

COSTA, Alcides Jorge. IPTU: Inexigência de proprietário injustamente desapossado. **Revista Dialética de Direito Tributário**, São Paulo, v. 3, p. 93-97, DEZ. 1995

COSTA, Antonio José da. **Da regra padrão de incidência do imposto sobre a propriedade predial e territorial urbana**. Rio de Janeiro: Forense, 1985.

CARVALHO, Paulo de Barros. **Curso de Direito Tributário**, 22. ed. rev. atual. São Paulo: Saraiva, 2010.

DERZI, Misabel Abreu Machado. Nota de atualização. In: BALEEIRO, Aliomar. **Limitações constitucionais ao poder de tributar**. 7. ed. rev. Compl. Rio de Janeiro: Forense, 1998.

_____. **Princípio da igualdade no direito e suas manifestações.** *In* ATALIBA, Geraldo; DÓRIA, Antonio Roberto Sampaio [coord.]. Princípios constitucionais tributários: aspectos práticos – aplicações concretas. Separata de: **Revista de Direito Tributário**, São Paulo, p. 162-194, 1991.

_____. COÊLHO, Sacha Calmon Navarro. **Do imposto sobre a propriedade predial e territorial urbana**. São Paulo: Saraiva, 1982.

FERNANDES, Cintia Estefania. **IPTU. Texto e contexto**. São Paulo: Quartier Latin, 2005.

LEAL, Victor Nunes. Imposto predial e territorial urbano –

Plantas Genéricas de Valores. **Revista de Direito Tributário**, São Paulo, a. 7, n. 25-26, p. 28-36, jul./dez. 1983.

MACHADO, Hugo de Brito. A progressividade do IPTU e a EC 29. **Revista Dialética de Direito Tributário**. São Paulo, v. 81, p. 56-61, jun. 2002.

MARTINS, Ives Gandra da Silva e BARRETO, Aires Fernandino. **Manual do imposto sobre a propriedade predial e territorial urbana**. São Paulo: RT, 1985.

NASCIMENTO, Carlos Valder do. Responsabilidade tributária. **Obrigação tributária**. São Paulo: RT, p. 89-107, 1988.

_____. Comentários à Lei de Responsabilidade Fiscal. 3 ed. rev., São Paulo: Saraiva, 2008.

NERY JR, Nelson; NERY, Rosa Maria de Andrade. **Novo Código civil e legislação extravagante anotados**. São Paulo: RT, 2002.

NEVES, Newton José de Oliveira. IPTU – Base de cálculo. **Revista de Direito Tributário**, São Paulo, a. 10, n. 36, p. 263-271, abr./jun. 1986.

TORRES. Ricardo Lobo. **Curso de Direito Financeiro e tributário**, 6 ed., Rio de Janeiro: Renovar, 1999.

SOUZA, Carlos Renato Silva e. Capacidade contributiva, IPTU e progressividade. **Revista de Direito Tributário**, São Paulo, n. 76, p. 243-268 [s.d].

AS PLANTAS GENÉRICAS DE VALORES DO IPTU E O PRINCÍPIO DA LEGALIDADE: REFLEXÕES SOBRE DEMOCRACIA E LIBERDADE, DIANTE DAS RECENTES DECISÕES JUDICIAIS QUE SUSPENDERAM LEIS MUNICIPAIS DE ATUALIZAÇÃO DOS VALORES IMOBILIÁRIOS

Carlos Renato Cunha[1]

1. INTRODUÇÃO

Foram notícia nacional recentes decisões judiciais proferidas por alguns Tribunais de Justiça e pelo Supremo Tribunal Federal – STF, sobre o tema da revisão de plantas genéricas de valores do Imposto Predial e Territorial Urbano – IPTU de

---

1. Mestre em Direito do Estado (Direito Tributário) pela Universidade Federal do Paraná – UFPR. Especialista em Direito Tributário pelo Instituto Brasileiro de Estudos Tributários – IBET. Procurador do Município de Londrina (PR). Professor da Graduação e Pós Graduação em Direito. Advogado.

alguns municípios, dentre as quais se ressalta a que analisou o caso de São Paulo, concedendo decisão liminar que impediu a aplicação da lei municipal para o ano de 2014.

A isso se soma a decisão proferida pelo STF no julgamento do Recurso Extraordinário n. 648.245/MG, com repercussão geral reconhecida, que reiterou o entendimento anterior da Suprema Corte sobre o tema, mas deu início a uma interessante discussão que deverá ter repercussões em futuros julgamentos sobre a matéria.

O que pretendemos com o presente estudo é fazer um balanço dos posicionamentos existentes sobre o tema e, na esteira destas atuais discussões, buscar trazer uma pequena colaboração para o aprofundamento do debate.

2. O PRINCÍPIO DA LEGALIDADE TRIBUTÁRIA E A INSTITUIÇÃO DE TRIBUTOS: AUTOTRIBUTAÇÃO, LIBERDADE E DEMOCRACIA

Muitas vezes o exegeta se vê às voltas com a noção de Legalidade Tributária, limitando a análise à sua faceta de limite formal para a inserção de normas primárias em nosso ordenamento jurídico. Não se trata de um equívoco, posto que este princípio constitucional possui esta dimensão formal, extremamente relevante em qualquer estudo doutrinário que se pretenda razoavelmente científico sobre a matéria tributária.

Contudo, ao nos aprofundarmos sobre ele, verifica-se a existência de outras camadas de análise, interessantíssimas, e ligadas umbilicalmente às ideias de **liberdade** e **democracia**. Pela relevância que isto terá para o estudo que pretendemos realizar, convém despender algumas linhas sobre o assunto.

A noção de "legalidade" remonta a período ainda anterior à Magna Carta, de 1215, estando, de qualquer modo, sempre ligada à ideia de autoconsentimento para a criação de obrigações por parte do monarca.[2]

Dentre os princípios que alicerçam a ideia de legalidade em nosso ordenamento, como nos ensina José Roberto Vieira, encontram-se o da **Tripartição de Funções**, o **Republicano-Democrático** e o da **Segurança Jurídica**.[3] Trata-se de princípios ligados a vetores axiológicos diversos, mas que redundam na mesma determinação de que obrigações, e as que nos interessam em particular, as tributárias, necessitam ser inseridas no sistema jurídico através do veículo lei.

Não por coincidência, os três fundamentos mencionados incluem-se no rol das cláusulas pétreas previstas no § 4º do artigo 60 da CR/88. A Tripartição de Funções estatais, entre o Executivo, o Legislativo e o Judiciário, como forma de contenção: é o poder limitando o poder.[4] A Segurança Jurídica encontra expressão na legalidade, pois esta dá " [...] *previsibilidade, clareza e durabilidade* [...]" ao direito, ou, em resumo, certeza do direito vigente.[5] O mesmo ocorre em relação ao Republicano-Democrático, pois através dele o povo, mediante seus representantes, consente com as obrigações, que são autoimpostas.

---

2. Victor Uckmar, **Princípios comuns de Direito Constitucional Tributário**, 2 ed. Trad. Marco Aurélio Grecco. São Paulo: Malheiros, 1999, p. 9; José Roberto Vieira, **Medidas Provisórias em Matéria Tributária:** As Catilinárias Brasileiras. São Paulo: 1999. Tese (Doutorado em Direito) – Pontifícia Universidade Católica de São Paulo, p. 103. Alguns autores dão ênfase ao seu surgimento, ou ao menos à sua "consagração", na *Magna Charta*, dentre os quais, citamos: Luciano Amaro, **Direito Tributário Brasileiro**, 15 ed, São Paulo: Saraiva, 2009, p. 111.
3. José Roberto Vieira, **Medidas provisórias em matéria tributária...**, op. cit., p. 53 e 185.
4. Obra citada, p. 66-67.
5. Obra citada, p. 61; Medidas Provisórias Tributárias e Segurança Jurídica: a insólita opção estatal pelo "viver perigosamente", *in* CONGRESSO DO IBET, II. **Direito Tributário e Segurança Jurídica**, BARRETO, Aires Fernandino e outros. São Paulo: Noeses, 2005, p. 324.

Portanto, quando falamos de legalidade, refletimos um plexo valorativo e normativo de democracia e liberdade, consubstanciados na noção de República. Partindo-se da necessidade da democracia representativa, o instrumento pelo qual o povo enuncia sua vontade, inclusive limitando a sua própria liberdade em prol do interesse coletivo, *é a lei*.

Isso se denota da própria previsão genérica do Princípio da Legalidade, no sistema brasileiro, no artigo 5º, II, da Constituição Federal: afinal, o instrumento básico de enunciação da vontade popular democrática – a lei – é o único meio de limitação da liberdade individual. Fora as previsões legais, o indivíduo é livre, juridicamente, para fazer ou deixar de fazer o que lhe aprouver.

E quando analisamos as formas de atuação da Administração Pública, reguladas pelo Direito Administrativo, verifica-se toda a força destes fundamentos liberais-democráticos refletidos na Legalidade e na própria previsão da Separação dos Poderes Estatais. Uma obrigação somente pode ser criada através do veículo "lei". Todos os atos administrativos concretos ou normativos, típica função executiva, somente servem para dar azo ao estrito cumprimento da lei, não podendo servir como instrumento primário de inserção de comandos no ordenamento jurídico. Não à toa, o artigo 84, inciso IV, da Carta de 1988, limita o decreto – o mais forte veículo introdutor de normas infralegais no Brasil – apenas ao papel de *fiel cumprimento da lei*. Por tal motivo se vê, afora a previsão genérica do art. 5º, II, da CF/88, a possivelmente redundante previsão do art. 37, *caput* – que se refere à submissão da Administração Pública à Legalidade.

Pudesse o governante limitar as liberdades do cidadão por atos próprios, sem fundamento legal, e não existiria a democracia que conhecemos: haveria a inexistência de consentimento popular às normas impostas e, em suma, o arbítrio.

Sendo a tributação essencial para a existência do Estado e para o atingimento de suas finalidades; e sendo o tributo uma obrigação que limita, ao menos, duas garantias individuais protegidas por nosso ordenamento jurídico – a propriedade privada e a liberdade –; tornou-se o Princípio da Legalidade um alicerce primordial no Direito Tributário. E nosso Constituinte expressamente o previu, com a redação do artigo 150, I, da CF/88 que determina que nenhum tributo poderá ser criado ou majorado, senão por lei.

Existem, obviamente, níveis diferentes de legalidade, que aqui não aprofundaremos. É a diferença entre legalidade e estrita legalidade, entre o "poder legislativo" e o "poder financeiro", como recorda Luís Eduardo Schoueri.[6] Ou entre a legalidade genérica e a reserva de lei, segundo José Afonso da Silva.[7]

Não temos dúvida de que, no direito tributário brasileiro, a legalidade se manifesta sob a forma estrita. Paulo de Barros Carvalho afirma que a Legalidade Tributária é típico princípio que funciona como limite objetivo.[8] Para Humberto Ávila, ela possui uma tríplice perspectiva: a) como regra, que lhe é predominante, descrevendo o comportamento de Legislativo e Executivo; b) como princípio, no dever de busca da previsibilidade e determinabilidade; e c) como postulado, pois exige do aplicador a fidelidade ao que dispõe.[9]

De qualquer modo, é assente na doutrina, com base na ideia de legalidade-democracia, que é tal norma a consubstancialização

---

6. **Normas tributárias indutoras e intervenção econômica.** Rio de Janeiro: Forense, 2005, p. 232-233; Segurança Jurídica e normas tributárias indutoras, *in*: Maria de Fátima Ribeiro [Coord.], **Direito Tributário e Segurança Jurídica**, São Paulo: MP Editora, 2008, p. 124-126. No original: "pouvoir législatif" e o "pouvoir financier".
7. **Curso de Direito Constitucional Positivo**, 27 ed. rev. atual. São Paulo: Malheiros, 2006, p. 422.
8. **Curso de Direito Tributário**. 18. ed. rev. atualiz. São Paulo: Saraiva, 2007, p. 160; **Direito Tributário, linguagem e método.** 2 ed. São Paulo: Noeses, 2008, p. 282.
9. **Sistema Constitucional Tributário**. 2ª ed. São Paulo: Saraiva, 2006, p. 123.

da autotributação. A legalidade tributária, portanto, exige que a criação ou majoração de tributos – ou seja, a expedição da norma de incidência tributária – se realize através do veículo lei.

E, tratando-se de legalidade estrita, tal regra se aplica à expedição de todos os âmbitos de validade da norma de incidência tributária, conquanto se deva recordar que, pela previsão do Código Tributário Nacional em seu artigo 97, o entendimento majoritário, na doutrina e na jurisprudência, é que ela não abrange a necessidade de previsão, em lei, dos âmbitos temporal e espacial do consequente da Regra-Matriz de Incidência Tributária.[10]

Nesse sentido se manifestam diversos e respeitados autores, para quem a Legalidade Tributária possui uma rigidez somente comparável à do Direito Penal, chegando, alguns, a falar da tipicidade tributária.[11] Afirma BETINA TREIGER GRUPENMACHER que: "O Direito Tributário é o ramo do Direito em que a segurança jurídica é princípio inafastável e é por esta razão que nele o princípio da legalidade se afigura como a reserva absoluta da lei formal."[12]

É este o pano de fundo do diálogo que pretendemos entabular neste texto, sobre os rumos tomados na discussão

---

10. Contudo, exemplificativamente, GRUPENMACHER, QUEIROZ e MACHADO consideram necessária a previsão em lei de tais aspectos. Veja-se: BETINA TREIGER GRUPENMACHER, **Eficácia e Aplicabilidade das limitações constitucionais ao exercício da competência tributária.** São Paulo: Resenha Tributária, 1997, p. 90-93; LUÍS CESAR SOUZA DE QUEIROZ, **Sujeição Passiva Tributária.** Rio de Janeiro: Forense, 1999, p. 145; HUGO DE BRITO MACHADO, **Curso de Direito Tributário.** 23. ed. rev. atualiz. ampl. São Paulo: Malheiros, 2003, p. 47.

11. ALBERTO XAVIER, **Os princípios da legalidade e da tipicidade da tributação.** São Paulo: RT, 1978, p. 72; PAULO DE BARROS CARVALHO, **Direito Tributário, linguagem...**, op. cit., p. 283-288; MISABEL DE ABREU MACHADO DERZI, **Direito Tributário, Direito Penal e Tipo.** 2 ed. Atual e ver. São Paulo: RT, 2007, p. 127-128.

12. BETINA TREIGER GRUPENMACHER, **Eficácia e Aplicabilidade...**, op. cit., p. 83.

acerca das chamadas Plantas Genéricas de Valores do Imposto Predial e Territorial Urbano – IPTU.

3. A BASE DE CÁLCULO DO IMPOSTO PREDIAL E TERRITORIAL URBANO – IPTU: O VALOR VENAL COMO EXPRESSÃO DA CAPACIDADE CONTRIBUTIVA OBJETIVA

Ao nos ensinar sobre a Regra-Matriz de Incidência, este poderoso instrumental de análise lógica-jurídica da norma de incidência tributária, PAULO DE BARROS CARVALHO disseca a molécula normativa hipotética-condicional em suas partículas atômicas essenciais, trazendo a lume a ligação umbilical entre os critérios da hipótese e do consequente normativo.[13] Interessa-nos, aqui, em particular, a relação intrínseca entre o critério material do Antecedente Normativo e a base de cálculo, elemento do critério quantitativo do Consequente.

O critério material da hipótese é o núcleo da hipótese de incidência composto por verbo e complemento, que descrevem abstratamente uma atuação estatal ou um fato do particular.[14] Tal descrição, no que concerne aos tributos não-vinculados a uma atuação estatal, deve dar-se em relação a um fato que seja signo de riqueza, exatamente pelo Princípio da Capacidade Contributiva em seu sentido objetivo, que se encontra previsto em nosso ordenamento jurídico.

O referido princípio, por exigir que a tributação recaia sobre fatos que indiquem a existência de riqueza, em relação à descrição da hipótese normativa, causa um efeito vinculador em relação ao consequente normativo: o valor pecuniário a ser

---
13. PAULO DE BARROS CARVALHO, **Curso...**,op. cit., p. 342-346; **Direito Tributário**: fundamentos jurídicos da incidência. 2ª ed. rev. São Paulo: Saraiva, 1999, p. 171
14. PAULO DE BARROS CARVALHO, **Direito tributário, linguagem**..., op. cit., p. 546.

levado ao Estado pelo sujeito passivo deve ser uma determinada quantidade da riqueza que o obrigou a fazê-lo, observados os limites impostos pelo não-confisco. Há uma ligação necessária, desse modo, entre a base de cálculo que se encontra no consequente normativo e o critério material da hipótese: aquela deve ser uma medida deste.

Paulo de Barros Carvalho afirma que a base de cálculo possui três diferentes funções, com o que estamos plenamente de acordo: a) medir as proporções reais do fato; b) compor a específica determinação da dívida; e c) confirmar, infirmar ou afirmar o verdadeiro critério material da hipótese tributária.[15] Afinal,

A grandeza haverá de ser mensuradora adequada da materialidade do evento, constituindo-se, obrigatoriamente, de uma característica peculiar ao fato jurídico tributário. Eis a base de cálculo, na sua função comparativa, confirmando, infirmando ou afirmando o verdadeiro critério material da hipótese tributária. Confirmando, toda vez que houver perfeita sintonia entre o padrão de medida e o núcleo do fato dimensionado. Infirmando, quando for manifesta a incompatibilidade entre a grandeza eleita e o acontecimento que o legislador declara como a medula da previsão fáctica. Por fim, afirmando, na eventualidade de ser obscura a formulação legal, prevalecendo, então, como critério material da hipótese, a ação-tipo que está sendo avaliada.[16]

Aplicando tal ordem de ideias à norma de incidência do Imposto Predial e Territorial Urbano, imposto de competência municipal a que alude o artigo 156, inciso I, da CF/88, pode-se afirmar que na Regra-Matriz de Incidência, aplicável de forma

---

15. Paulo de Barros Carvalho, **Curso...**, op. cit., p. 342-346; **Direito Tributário: fundamentos...**, op. cit., p. 171.
16. Paulo de Barros Carvalho, **Curso...**, op. cit., p. 345; **Direito Tributário: fundamentos...**, op. cit., p. 172.

genérica a todas as normas de incidência dos mais de 5.500 municípios pátrios, tem-se como critério material da hipótese tributária, de forma simplificada e sem que polemizemos sobre diversos aspectos relevantes, a hipótese "ser proprietário de imóvel", complementado pelo critério espacial "localizado na zona urbana" e pelo critério temporal escolhido pelo legislador, normalmente o primeiro dia de cada ano.

Ora, sendo este o critério material do IPTU, a base de cálculo do imposto necessariamente precisa ser o "valor do imóvel", única expressão econômica que possui ligação com o fato presuntivo de riqueza e que o expressa em termos pecuniários. No particular andou bem o legislador complementar nacional, ao estabelecer, no artigo 33, do Código Tributário Nacional – CTN, o seguinte:

> Art. 33. A base do cálculo do imposto é o valor venal do imóvel.
>
> Parágrafo único. Na determinação da base de cálculo, não se considera o valor dos bens móveis mantidos, em caráter permanente ou temporário, no imóvel, para efeito de sua utilização, exploração, aformoseamento ou comodidade.[17]

Quando se diz que a base de cálculo do IPTU, forçosamente, será o valor do imóvel, poder-se-ia, ainda, encontrar discrepâncias sobre qual o efetivo valor a ser utilizado, podendo-se imaginar algumas poucas possibilidades de eleição pelo legislador municipal, tais como o valor histórico do imóvel, na compra; o valor atual do imóvel, segundo o mercado; o valor locatício; o valor potencial ótimo; o valor de seguro; um valor estimado apenas para fins tributários; etc.

---

17. Tal previsão está fulcrada na exigência de norma geral em matéria tributária a que alude o art. 146, inciso III, "b", da CF/88 e, aqui, nos furtaremos de aprofundar sobre a profícua discussão acerca da possibilidade de uma tal veiculação e toda a problemática sobre as teorias dicotômica e tricotômica sobre os papéis das normas gerais.

Partindo-se da premissa de que os legisladores locais efetivamente estão vinculados à previsão do CTN, a única possibilidade atual de eleição de base de cálculo no IPTU é o valor venal do imóvel. Parece-nos, inclusive, a escolha que melhor atende aos primados da correta medição econômica do complemento do verbo do critério material da hipótese normativa da exação sob análise.

E o que vem a ser o valor venal do imóvel? Como nos ensina AIRES BARRETO, é o *"valor de mercado"*, o *"valor de venda dos imóveis"*.[18] Mais detalhadamente, é *"um valor provável que se obterá, em transação à vista, em mercado estável e estando o comprador e vendedor bem informados sobre a sua utilidade."*[19] Nesse mesmo sentido, KIYOSHI HARADA.[20] Não discrepam os citados autores, portanto, da clássica definição de ALIOMAR BALEEIRO, de que o valor venal *"é aquele que o imóvel alcançará para compra-e-venda à vista, segundo as condições usuais do mercado de imóveis"*.[21]

4. PLANTAS OU MAPAS GENÉRICOS DE VALORES NO IPTU: PRESUNÇÕES TRIBUTÁRIAS E SEUS LIMITES

Fixada a base de cálculo do IPTU em lei municipal e partindo-se do pressuposto que referido diploma legal tenha adotado a previsão do CTN, atendido está o primado da Legalidade Tributária: a previsão de que o valor venal do imóvel deve ser a base de cálculo do referido imposto atende à determinação

---

18. AIRES FERNANDINO BARRETO, **Curso de Direito Tributário Municipal**, São Paulo: Saraiva, 2009, p. 207.
19. Ibidem, p. 209.
20. KIYOSHI HARADA, Imposto sobre Propriedade Predial e Territorial Urbana, in MARCELO MAGALHÃES PEIXOTO (Coord.). **IPTU**: Aspectos Jurídicos Relevantes, São Paulo: Quartier Latin, 2002, p. 349.
21. ALIOMAR BALEEIRO, **Direito Tributário Brasileiro**, 10 ed., Rio de Janeiro: Forense, 1995, p. 148.

constitucional de que os critérios da Regra-Matriz de Incidência Tributária sejam veiculados pelo instrumento "lei".

Para a continuidade do processo de positivação, para que incida a norma tributária, contudo, faz-se necessária a aplicação da norma geral e abstrata, mediante a expedição de norma individual e concreta, que, declarando a ocorrência do evento tributário, constitua o crédito da Fazenda Pública, inclusive com o cálculo do valor devido pelo sujeito passivo, o que perpassa pela apuração da base de cálculo no caso concreto (a base calculada).[22] Essa é a determinação do art. 142, do CTN.[23]

Partindo-se aqui da experiência sobre o tema, em que o IPTU é lançado de ofício, o esperado, o normal, seria que a autoridade fazendária apurasse a base calculada; vale dizer, que, no ato de lançamento, enunciasse o valor venal efetivamente considerado para determinado imóvel. Com efeito, é o que ordinariamente ocorre com todos os demais tributos: no momento da efetiva aplicação da norma de incidência tributária se enuncia a base calculada, dizendo-se qual o valor da renda auferida para fins do Imposto sobre a Renda, do valor da terra nua, para fins do Imposto Territorial Rural, do preço do serviço, para fins do Imposto sobre Serviços, etc.

Para tanto e levando o procedimento de aplicação da norma de incidência do IPTU ao extremo, seria necessária uma detalhada avaliação individual e anual de cada um dos imóveis urbanos existentes no Município, que permitisse ao agente tributário a realização dos milhares de lançamentos, ano a ano.

---

22. Ou, como afirma Paulo de Barros Carvalho, a "base de cálculo fáctica", em contraposição à "base de cálculo normativa." In **Curso...**,op. cit., p. 347-348.
23. "Art. 142. Compete privativamente à autoridade administrativa constituir o crédito tributário pelo lançamento, assim entendido o procedimento administrativo tendente a verificar a ocorrência do fato gerador da obrigação correspondente, determinar a matéria tributável, calcular o montante do tributo devido, identificar o sujeito passivo e, sendo caso, propor a aplicação da penalidade cabível."

Trata-se de cenário de difícil implementação prática, mas que se adequaria totalmente aos ditames constitucionais sobre a matéria. **Não haveria a necessidade de qualquer previsão normativa intermediária entre o tipo legal "valor venal do imóvel", na norma geral e abstrata, e o valor da avaliação individual do imóvel realizada pelo Fisco, na norma individual e concreta.**

Sabe-se, contudo, que o mundo fenomênico é bem mais complexo do que a descrição acima poderia sugerir. As Fazendas Municipais, com o passar dos anos, viram-se impossibilitadas de, na prática, realizar a apuração individual do valor venal de cada imóvel. Trata-se de uma quase impossibilidade material facilmente perceptível, tendo em vista que os custos para tal proceder seriam desproporcionalmente elevados. Eis um caso de "estado de necessidade administrativa", que leva à criação de formas mais simples de aplicação da norma tributária, mais práticas e eficientes. Eis, portanto, um caso no qual se verifica a necessidade de uso da chamada "praticabilidade tributária". Segundo REGINA HELENA COSTA:

> A necessidade de aumentar a eficiência da arrecadação de tributos veio a impor a adoção de mecanismos voltados à simplificação do sistema, envolvendo medidas de ordem legislativa e administrativa. Tornar mais simples os sistemas tributários constitui, mesmo, um dos grandes objetivos da fiscalidade de nossos dias, já que, por razões várias, os ordenamentos fiscais se têm convertidos em realidades cada vez mais complexas.[24]

Surgiram, então, as chamadas plantas, pautas ou mapas genéricos de valores, mediante os quais a autoridade fazendária passou a realizar uma avaliação em massa dos imóveis

---

24. **Praticabilidade e Justiça Tributária**: exequibilidade de Lei Tributária e Direitos do Contribuinte, São Paulo: Malheiros, 2007, p. 19.

urbanos, deixando de lado algumas peculiaridades dos casos concretos para facilitação da aplicação do IPTU. Misabel Derzi explica-nos:

> A rigor, não se verifica uma aplicação individual da lei ao caso concreto, fenômeno que pressupõe a investigação exaustiva dos dados juridicamente relevantes do fato isolado, mas sim uma aplicação da norma segundo o "imóvel padrão", idealizado ou esquematizado. [...]
>
> A polêmica em torno da base de cálculo do imposto sobre a propriedade predial e territorial urbana concentra-se nesses pontos básicos: o estado de necessidade administrativo leva à formação de padrões e esquemas que atuam como presunções, fixadas pelo Poder Executivo, as quais são um arranhão ao princípio da legalidade tributária.[25]

Desse modo, as *"plantas fiscais de valores foram criadas pela lei, em virtude da impossibilidade fática do Fisco determinar, caso a caso, o valor venal dos imóveis"*.[26] Também a respeito de tais plantas fiscais de valores, fala-nos Regina Helena Costa que as *"plantas fiscais de valores apontam presunções relativas de fixação da base de cálculo desse imposto [IPTU] – o valor venal do bem – estabelecidas com valores prováveis, aproximados, dos imóveis"*.[27]

Como relata Aires Fernandino Barreto, os mapas de valores genéricos, como ele prefere chamar, começaram a ser utilizadas, no Brasil, pelo Município de São Paulo, no início da década de 40 do século passado, após exibição de um estudo por técnicos da cidade de Boston, EUA.[28] Podem eles ser definidos como:

---

25. **Direito Tributário, Direito Penal**...op. cit., p. 351.
26. Maria Rita Ferragut, **Presunções no Direito Tributário**, São Paulo: Dialética, 2001, p. 135.
27. **Praticabilidade e Justiça**... op. cit., p. 259.
28. **Curso de Direito**... op. cit., p. 225.

O complexo de plantas, tabelas, listas, fatores e índices determinantes dos valores médios unitários de metro quadrado (ou linear) de terreno e de construção, originários ou corrigidos, acompanhados de regras e métodos, genéricos ou específicos, para a apuração do valor venal de imóveis.[29]

Como recorda referido autor, tendo em vista a extremada complexidade de uma exata mensuração do valor de um dado imóvel, comumente se mantém uma "faixa de segurança", estabelecendo-se a presunção de valor com uma diferença para menor, em relação ao valor de mercado.[30]

Inicialmente, os Municípios veiculavam tais Plantas Genéricas através de decretos que, à guisa de regulamentar a aplicação da norma do IPTU, trazia tais presunções tributárias em ato infralegal. Ninguém menos que GERALDO ATALIBA foi um dos defensores de tal procedimento:

> [...] a planta de valores: – é ato simplesmente declaratório; não atribui valor a nenhum imóvel, mas revela, espelha o valor que nele existe (ou que ele tem); – não altera, por isso, a lei, não excedendo o limite que nela se contém; – se, eventualmente, em algum caso concreto, sua aplicação, mediante o prosseguimento do lançamento, levar a tal resultado, a ordem jurídica prevê correção administrativa ou judicial; – nesse caso, o que se compromete é ou uma interpretação da planta, ou parte da mesma, ou a própria planta concretamente individualizada; jamais a ideia de planta, ou a competência a que o Executivo recebe da lei, para expedi-la; – além do mais, a planta se insere na categoria de atos administrativos incumbentes ao Executivo, para instrumentar a ação dos agentes menores da Administração; – é ato de execução da lei. Ato privativo, por sua natureza, do Executivo, não altera a lei, mas dispõe no sentido de sua fiel "execução" (como o quer o n. III do art. 81 da Constituição); – é providência concreta administrativa para orientação dos

---

29. Ibidem, p. 227.
30. AIRES FERNANDINO BARRETO, **Curso de Direito**...op. cit., p. 229-230.

funcionários; – é ato de aplicação do Direito. Como observa Celso Antônio Bandeira de Mello, não assume função inaugural, não invade o campo da lei, pela circunstância de constituir-se em instrumento de sua aplicação não a um só caso singular, mas a uma generalidade de casos.[31]

A jurisprudência, no entanto, não caminhou neste sentido. Como se sabe, tanto o Supremo Tribunal Federal – STF[32], quando o Superior Tribunal de Justiça – STJ[33], fixaram o entendimento, ainda mantido, sobre a necessidade de que tais plantas genéricas de valores sejam fixadas através de lei. Misabel Derzi, didaticamente, explicita as razões que levaram o Judiciário a tal posicionamento:

Posta à frente desse aporema – a praticidade exige que a Administração estabeleça presunções (padrões, esquemas, somatórios ou pauta de valores) sem as quais não é possível aplicar a lei em "massa", mas tais presunções são ofensivas à legalidade estrita e ao princípio da justiça tributária individual – a jurisprudência do Supremo Tribunal Federal optou por uma solução intermediária. O sempre citado RE 87.763-1 (DJU 23.11.1979, Pleno), que teve como relator o Min. Moreira Alves, desencadeou o entendimento, hoje consolidada, de que as padronizações e pautas de valores genéricos são presunções que devem ser estabelecidas em lei. Mas, com razoável prudência, o STF não inviabilizou a execução da lei, porque

---

31. Geraldo Ataliba, Avaliação de Imóveis para lançamento de imposto – Ato administrativo por natureza – caráter regulamentar da planta de valores – Atualização de valores imobiliários in **Revista de Direito Tributário**, v. 3, n. 7/8, p. 36-59, jan./jun., 1979, p. 54-55.
32. Supremo Tribunal Federal. RE 234.605, Rel. Min. Ilmar Galvão, julgamento em 8.8.2000, Primeira Turma, DJ 1º.12.2000; AI 534.150-AgR, Rel. Min. Joaquim Barbosa, Segunda Turma, DJe 30.4.2010; RE 114.078, Rel. Min. Moreira Alves, Plenário, DJ 1º.7.1988.
33. Superior Tribunal de Justiça. Súmula 160: *"É defeso, ao Município, atualizar o IPTU, mediante decreto, em percentual superior ao índice oficial de correção monetária."*. DJ 19.06.1996.

estabiliza os valores atribuídos aos imóveis em exercícios anteriores e vem permitindo que a Administração os atualize nominalmente (independentemente de lei) nos mesmos índices da correção monetária. Entende o mais alto Pretório que fica vedado ao Poder Executivo apenas majorar, em termos reais, os valores, atribuídos aos imóveis em exercício anteriores.[34]

Com tal posicionamento jurisprudencial, além da fixação da base de cálculo através de lei, passaram os Municípios a ter que, também pela via legislativa, veicular as Plantas Genéricas de Valores do IPTU. As dificuldades na aprovação de atualizações dos mapas genéricos passaram a criar um desnível ainda maior entre o verdadeiro valor venal dos imóveis, corrente no mercado, e aquele cadastrado nos bancos de dados fiscais.

5. OS RECENTES JULGAMENTOS: A NECESSIDADE DE UM NOVO OLHAR SOBRE O TEMA

No final de 2013, diversas plantas genéricas atualizadas, aprovadas país afora, foram suspensas por decisões judiciais. Exemplificativamente, somente dos casos que foram analisados pelo STF, tem-se os que se referem aos Municípios de Florianópolis (SC)[35], Caçador (SC)[36], São José do Rio Preto (SP)[37] e Tatuí (SP)[38]. Houve ainda, no STF, o caso de ação contra o

---

34. MISABEL DE ABREU MACHADO DERZI, **Direito Tributário, Direito Penal**... op. cit., p. 352-353.
35. Supremo Tribunal Federal, Suspensão de Liminar n. 753, Rel. Min. Presidente, DJE 13.02.2014; Tribunal de Justiça de Santa Catarina, ADI n. 2014,00913-5.
36. Supremo Tribunal Federal, Suspensão de Liminar n. 757, Rel. Min. Presidente, ainda não julgada definitivamente; Tribunal de Justiça de Santa Catarina, ADI n. 2013.089448-3.
37. Supremo Tribunal Federal, Suspensão de Liminar n. SL 755, Rel. Min. Presidente, ainda não julgada definitivamente; Tribunal de Justiça de São Paulo, ADI n. 2000208-62.2014.8.26.0000.
38. Supremo Tribunal Federal, Suspensão de Liminar n. 761, Rel. Min. Pre-

aumento do Município de Fortaleza (CE), extinta por questões formais. Ainda se pode citar, também como exemplos, os casos dos Municípios de Palmas (TO)[39], São Sebastião (SP)[40], Rio do Sul (SC)[41] e Herval D'Oeste (SC).[42] O de maior repercussão, todavia, foi o do Município de São Paulo (SP), cujo aumento foi suspenso pelo Tribunal de Justiça regional, em decisão liminarmente mantida pelo STF até decisão final sobre a matéria.[43]

Tratando-se de ações judiciais recentes, não se tem o posicionamento final do Poder Judiciário sobre os temas nelas debatidos. Em comum, o pano de fundo das discussões seria o de que os aumentos dos valores dos imóveis previstos nas novas plantas genéricas afrontariam à razoabilidade, à proporcionalidade, ao não-confisco e à capacidade contributiva.[44]. Em especial, verifica-se a discussão sobre a falta de correlação entre os aumentos dos valores dos imóveis e o aumento do Produto Interno Bruto – PIB e Índice de Desenvolvimento

---

sidente, DJE 10.02.2014; Tribunal de Justiça de São Paulo, ADI n. 2064066-04.2013.8.26.0000.

39. Autos 0001025-94.2014.827.2729, da 3ª Vara dos Feitos das Fazendas e Registro Público da Comarca de Palmas. O fundamento do caso, contudo, é bastante diverso dos demais: a discussão trata de suposta irregularidade na licitação e contratação de empresa para a elaboração da planta genérica de valores.

40. Folha de São Paulo, Disponível em: http://www1.folha.uol.com.br/cotidiano/2014/01/1400377-justica-suspende-aumento-de-iptu-no-litoral-de-sp-reajuste-chegava-a-670.shtml. Acesso em: 1 maio 2014.

41. Diário do Alto Vale, Disponível em: http://www.diarioav.com.br/liminar-suspende-aumento-do-iptu/. Acesso em: 1 maio 2014.

42. Caco da Rosa, Disponível em: http://www.cacodarosa.com/noticia/4378/liminar-suspende-aumento-do-iptu-de-herval-doeste. Acesso em: 1 maio 2014.

43. Tribunal de Justiça de São Paulo, ADI n. 0201865-26.2013.8.26.0000; Tribunal de Justiça de São Paulo, ADI n. 0202182-24.2013.8.26.0000; Supremo Tribunal Federal, Suspensão de Liminar n. 745, Rel. Min. Presidente, DJE 31.01.2014; Supremo Tribunal Federal, Suspensão de Liminar n. 746, Rel. Min. Presidente, DJE 31.01.2014.

44. Supremo Tribunal Federal, ADI n. 5089, Rel. Min. Celso de Mello, ainda não definitivamente julgada.

Humano – IDH de cada localidade, o que demonstraria a falta de atendimento à capacidade contributiva.

Quiçá os valores dos imóveis no Brasil estejam artificialmente elevados, o que demonstraria um problema de cunho estrutural-econômico. Percebe-se que tal situação, somada ao contexto da dificuldade de regular atualização das plantas genéricas do IPTU, trouxe a lume discussões normalmente estranhas ao IPTU, ligadas às questões pessoais do contribuinte e sua incapacidade contributiva, que ainda serão devidamente avaliadas pelo Judiciário. Não iremos aprofundar aqui a temática, mas é amplamente reconhecido que, para fins do IPTU, *"a capacidade contributiva [...] é aferida em função do próprio imóvel *sua localização, dimensões, luxo, características, etc.), e não da fortuna em dinheiro de seu proprietário."*[45] Aqui e ali, com o passar dos anos, tem-se temperado tal entendimento, e cremos que os julgamentos das ações judiciais acima referidas enfrentarão, em detalhes, a forma de adequação do IPTU ao Princípio da Capacidade Contributiva.

Tivesse sido realizada paulatina e serena atualização dos valores dos imóveis para fins tributários, periódica e regularmente, e parte destas discussões talvez não existisse. Afloraram, mais, pela enorme diferença decorrente da falta de atualização por anos, que por qualquer outro motivo. Toda a celeuma implantada sobre o tema demonstra a necessidade de uma reavaliação crítica sobre a sistemática atual de fixação das plantas genéricas de valores, baseada no entendimento jurisprudencial antes relatado.

E o próprio Judiciário parece ter notado esta necessidade. O STF, ao julgar o Recurso Extraordinário – RE 648.245/MG – cujo julgamento se deu em agosto de 2013, com

---

45. Roque Antonio Carrazza, **Curso de Direito Constitucional Tributário**, 20 ed. rev. ampl. atual. São Paulo: Malheiros, 2004, p. 100. Nesse sentido, veja-se, também: Aires Fernandino Barreto, **Curso de Direito**...op. cit., p. 231.

a publicação do acórdão muito recentemente, em 24/02/2014 – travou interessantíssima discussão sobre a matéria.

Em referido julgamento, manteve-se decisão do Tribunal de Justiça do Estado de Minas Gerais, que havia declarado a inconstitucionalidade do aumento de IPTU de Belo Horizonte, no ano de 2006, em índices superiores aos inflacionários, sem aprovação de lei. Contudo, o Ministro Luís Roberto Barroso ventilou a necessidade de se repensar a matéria em futuros julgamentos.

Afirmou o Ministro que o caso em concreto analisado não oferecia solução diversa da que acabavam de proferir, tendo em vista que no Município de Belo Horizonte existia lei que estabelecia a planta genérica de valores do IPTU, e o decreto que aprovou o aumento discutido afrontou diretamente referido diploma legal. O caso seria, portanto, não de "reserva de lei", mas de "preferência da lei". E pontua:

> Mas a discussão de exigir-se que lei estabeleça a base de cálculo para o IPTU, a meu ver, a jurisprudência do Supremo já oscilou, como sabem Vossas Excelências, e pessoalmente acho que esta é uma fórmula que engessa excessivamente o Município. Quer dizer, aqui é preciso encontrar um ponto de equilíbrio entre a proteção do contribuinte, que não deve ficar à mercê do alvedrio do Poder Executivo, mas também há um problema que, muitas vezes, o município e o prefeito ficam reféns da câmara municipal, que, por animosidade política ou às vezes por populismo, não aprova a lei que modifica a base de cálculo, o que priva o município, muitas vezes, de uma das suas principais fontes de receita. De modo que, se não neste caso, talvez em uma outra oportunidade, eu acho que seria, sim, hipótese de se discutir se não poderia o legislador, mediante uma delegação, com parâmetros objetivos razoáveis e controláveis, delegar ao Executivo uma atualização que pudesse extrapolar, em certos casos, a mera correção monetária.

> O que se vê é que essa é uma fonte importante de receita para os municípios, e com o congelamento, muitas vezes, dos

valores reais nessas tabelas, o imposto fica efetivamente defasado quando o Código Tributário fala em valor venal. Portanto, a lei complementar já diz qual é o critério, que é o valor venal. De modo que, se a lei municipal estabelecer critérios razoáveis e controláveis, eu não acho que haja uma impossibilidade desta delegação. [...]

Mas veja: se o município pode fixar por ato administrativo – vai lá, avalia e fixa –, evidentemente ele pode estabelecer um parâmetro: tudo que eu posso fazer, em concreto, eu posso estabelecer uma regra geral. [...][46]

Entendemos que as ponderações trazidas por BARROSO vão ao encontro de uma necessária reanálise do tema, perpassando sobre os limites de fixação de presunções tributárias e o real papel do ato administrativo de lançamento tributário e dos atos administrativos normativos.

O passar do tempo e a tendência de que os entendimentos jurisprudenciais passem a ser repetidos acriticamente no julgamento de outros casos, parecem ter criado, contudo, uma enorme confusão sobre a matéria. Num resumo simplório, parece que se passou a entender como conceito de valor venal do imóvel aquele que é cadastrado nos registros municipais, que nunca chega próximo do real valor de mercado; ou, então, que a planta genérica equivale à própria fixação da base de cálculo do IPTU.

Não à toa a Emenda Constitucional n. 42/2003, ao incluir a alínea "c" ao inciso III, do artigo 150, da CF/88 (anterioridade mínima nonagesimal), modificou a redação do § 1º do mesmo dispositivo para excepcionar da regra a "fixação da base de cálculo" do IPTU.[47] Veja-se a impropriedade técnica sendo "constitucionalizada": subentende-se do texto que "aprovar a

---

46. Supremo Tribunal Federal, Recurso Extraordinário n. 648.245-MG, Rel. Min. Gilmar Mendes, Julg. 01.08.2013, DJE 24.02.2014.
47. "Art. 150. [...]

planta genérica de valores" identifica-se com "fixar a base de cálculo do imposto".

Temos percebido que a difundida forma presuntiva de apuração da base de cálculo do IPTU, somada a uma míope interpretação e aplicação da Súmula 160, do STJ, é capaz de levar a decisões que entendam não ser possível a avaliação individual de um imóvel pela autoridade fiscal, como se a existência de plantas genéricas fosse essencial no IPTU, uma determinação constitucional, o que está muito distante da realidade.

Em nosso entender, não haveria a necessidade de que o valor do metro quadrado presumido dos imóveis, numa planta genérica, fosse veiculado por lei. Nesse sentido, estamos com GERALDO ATALIBA, distanciando-nos do atual entendimento jurisprudencial. Não bastasse o fato de que a base de cálculo do IPTU já está fixada em lei, tratando-se as pautas genéricas de ordens administrativas aos agentes fiscais, regulamentando-se a forma de aplicação da previsão legal genérica e abstrata, a submissão de um típico assunto de cunho executivo e técnico à necessidade de decisão pelo Poder Legislativo ofende à própria ideia da Separação dos Poderes. Com clareza afirma CINTIA ESTEFANIA FERNANDES:

> Conclui-se do estudo da base de cálculo do IPTU, que grandes discussões foram e estão sendo travadas, as quais decorrem justamente da incorreção da interpretação do critério quantitativo do IPTU, ou seja, da distinção existente entre a base de cálculo e a base calculada, o que leva o Poder Judiciário a exigir atividade legislativa onde compete apenas atividade executiva [...].[48]

---

§ 1º A vedação do inciso III, b, não se aplica aos tributos previstos nos arts. 148, I, 153, I, II, IV e V; e 154, II; e a vedação do inciso III, c, não se aplica aos tributos previstos nos arts. 148, I, 153, I, II, III e V; e 154, II, nem à fixação da base de cálculo dos impostos previstos nos arts. 155, III, e 156, I."
48. CINTIA ESTEFANIA FERNANDES, **IPTU**: Texto e Contexto, São Paulo: Quartier Latin, 2005, p. 348. Neste mesmo sentido, LEANDRO PAULSEN, **Direito Tributário**:

O que seria necessário é que *o uso de tal forma presuntiva fosse expressamente autorizado pelo Poder Legislativo, que poderia fixar os critérios e procedimentos para a elaboração de tais plantas genéricas de valores*. Com isso, entendemos que estaria atendida a Legalidade Tributária, com seu substrato democrático da autotributação.

Esse, aliás, parece ter sido o caminho trilhado pelo próprio STF, ao julgar o tema da contribuição previdenciária para custeio de acidentes de trabalho:

> EMENTA: CONSTITUCIONAL. TRIBUTÁRIO. CONTRIBUIÇÃO: SEGURO DE ACIDENTE DO TRABALHO – SAT. Lei 7.787/89, arts. 3º e 4º; Lei 8.212/91, art. 22, II, redação da Lei 9.732/98. Decretos 612/92, 2.173/97 e 3.048/99. C.F., artigo 195, § 4º; art. 154, II; art. 5º, II; art. 150, I. I. – Contribuição para o custeio do Seguro de Acidente do Trabalho – SAT: Lei 7.787/89, art. 3º, II; Lei 8.212/91, art. 22, II: alegação no sentido de que são ofensivos ao art. 195, § 4º, c/c art. 154, I, da Constituição Federal: improcedência. Desnecessidade de observância da técnica da competência residual da União, C.F., art. 154, I. Desnecessidade de lei complementar para a instituição da contribuição para o SAT. II. – O art. 3º, II, da Lei 7.787/89, não é ofensivo ao princípio da igualdade, por isso que o art. 4º da mencionada Lei 7.787/89 cuidou de tratar desigualmente aos desiguais. III. – As Leis 7.787/89, art. 3º, II, e 8.212/91, art. 22, II, definem, satisfatoriamente, todos os elementos capazes de fazer nascer a obrigação tributária válida. O fato de a lei deixar para o regulamento a complementação dos conceitos de "atividade preponderante" e "grau de risco leve, médio e grave", não implica ofensa ao princípio da legalidade genérica, C.F., art. 5º, II, e da legalidade tributária, C.F., art. 150, I. IV. – Se o regulamento vai além do conteúdo da lei, a questão não é de inconstitucionalidade, mas de ilegalidade, matéria que não integra o contencioso constitucional. V. – Recurso extraordinário não conhecido.[49]

Constituição e Código Tributário à luz da Doutrina e da Jurisprudência, 7ª ed., Porto Alegre, Livraria do Advogado, 2005, p. 762.
49. Supremo Tribunal Federal. Recurso Extraordinário n. 343.446, Relator(a):

Obviamente, tal presunção, veiculada em norma individual e concreta de lançamento tributário e baseada em ato infralegal normativo (que só vincula ao próprio agente público, pelo poder hierárquico administrativo), seria, de todo, *relativa*.[50] Poderia o sujeito passivo, sempre, impugnar o valor da avaliação presumida do imóvel, comprovando que ultrapassou ela o real valor de mercado, no dia da ocorrência do fato jurídico tributário. Tentasse o Fisco tratar tal presunção como absoluta, e estaríamos diante de equivocada utilização da praticabilidade tributária, eivada de inconstitucionalidade, no particular.[51]

6. CONCLUSÃO

Em remate, entendemos que as plantas genéricas de valores do IPTU, forma de presunção da avaliação dos imóveis, podem ser veiculadas por ato infralegal, sem nenhuma afronta ao Princípio da Legalidade, diferentemente do atual posicionamento do Judiciário sobre a matéria. Em atendimento ao primado democrático da autotributação, como autolimitação da liberdade individual, basta a previsão em lei municipal de que a base de cálculo do IPTU é o valor venal do imóvel, como determina o art. 33, do CTN. As plantas genéricas são, apenas, ordens administrativas aos agentes fiscais, regulamentando-se a forma de aplicação da previsão legal genérica e abstrata, ou seja, como a autoridade administrativa chegará à base calculada.

Min. CARLOS VELLOSO, Tribunal Pleno, julgado em 20/03/2003, DJ 04-04-2003.

50. Neste sentido, também, Cintia Estefania Fernandes, **IPTU**... op. cit., p. 336-337; Regina Helena Costa, **Praticabilidade**... op. cit., p. 259; Maria Rita Ferragut, **Presunções**...op. cit., p. 135.

51. Sobre as formas de aplicação de presunções absolutas e relativas e a praticabilidade tributária, remetemos o leitor à nossa obra **O Simples Nacional, a Norma Tributária e o Princípio Federativo**: limites da praticabilidade tributária, Curitiba: Juruá, 2011, oportunidade em que pudemos tratar do tema de forma mais detalhada.

Bastaria, para a utilização de tal presunção tributária relativa, que houvesse expressa autorização legal, lei esta que poderia fixar os critérios e procedimentos para a elaboração de tais plantas genéricas de valores.

Na realidade, e abrindo-se parênteses para uma pequena avaliação extrajurídica, o entendimento de que as plantas genéricas, com a previsão do valor do metro quadrado presumido para cada face, de cada quadra, de cada loteamento, necessitam de previsão legal, gerou a submissão de um assunto eminentemente técnico e de aplicação da lei à política partidária e ao populismo, gerando uma dificuldade desproporcional na aprovação de uma simples atualização dos valores de mercado dos imóveis para fins de apuração do IPTU, com uma diferença cada vez maior entre o valor previsto em lei e o valor real. O efeito orçamentário-financeiro de tal contexto político-jurídico nas contas municipais é, obviamente, pernicioso.

Com a demora nas atualizações dos mapas genéricos, quando finalmente se consegue a aprovação legislativa, as diferenças de valores dos imóveis é, muitas vezes, gigantesca, gerando um repentino e considerável aumento do valor a ser pago a título de IPTU, mormente no cenário do "boom" imobiliário vivido no Brasil após meados da década passada. Para evitar isso, muitas vezes se faz necessário criar limites para a aplicação dos efeitos de uma nova planta genérica, evitando-se os impactos considerados irrazoáveis ao sujeito passivo.

A falta de atualização constante das plantas genéricas levou, no final de 2013, a um novo "boom", desta vez de decisões judiciais suspendendo as atualizações de avaliação presuntiva realizadas, por via legal, em diversos municípios, em ações judiciais que tem como argumento, inclusive, a desproporcionalidade do aumento dos valores dos imóveis em face da capacidade contributiva do sujeito passivo.

A nosso ver, o entendimento jurisprudencial sobre a necessidade de veiculação das plantas genéricas de valores do

IPTU por lei acaba por contrariar as próprias regras constitucionais que delimitam o Princípio da Legalidade, causando, num excesso interpretativo da própria ideia liberal-democrática de autotributação uma lesão a outros dos pilares da democracia, a Separação dos Poderes.

Fato é que, primeiro, politizou-se o que era assunto técnico. Agora, parece que entramos na fase de "judicializar" o político tema das plantas genéricas de valores do IPTU.[52] Quiçá seja uma oportunidade para uma reavaliação do tema, como parece ter iniciado o próprio STF, nas discussões do julgamento do RE 648.245/MG.

7. REFERÊNCIAS BIBLIOGRÁFICAS

AMARO, Luciano. **Direito Tributário Brasileiro.** 15 ed, São Paulo: Saraiva, 2009.

ATALIBA, Geraldo. Avaliação de Imóveis para lançamento de imposto – Ato administrativo por natureza – caráter regulamentar da planta de valores – Atualização de valores imobiliários. In: **Revista de Direito Tributário.** V. 3, n. 7/8, p. 36-59, jan./jun., 1979.

ÁVILA, Humberto. **Sistema Constitucional Tributário.** 2ª ed. São Paulo: Saraiva, 2006.

BALEEIRO, Aliomar. **Direito Tributário Brasileiro.** 10 ed., Rio de Janeiro: Forense, 1995.

---

52. Fazemos aqui a ressalva de que deixamos entre aspas o verbo "judicializar" neologismo bastante utilizado no jornalismo e em textos jurídicos, tendo em vista que ele não consta do Dicionário Ortográfico da Língua Portuguesa, publicado pela Academia Brasileira de Letras. O verbo próximo existente, "judiciar", tem o significado de tomar decisões judiciais, campo semântico diverso do que se pretendia expressar. Vocabulário do Dicionário Ortográfico da Língua Portuguesa. Disponível em: http://www.academia.org.br/abl/cgi/cgilua.exe/sys/start.htm?sid=23, Acesso em: 1 maio 2014.

BARRETO, Aires Fernandino. **Curso de Direito Tributário Municipal**. São Paulo: Saraiva, 2009.

CARRAZZA, Roque Antônio. **Curso de Direito Constitucional Tributário**. 20 ed. rev. ampl. atual. São Paulo: Malheiros, 2004.

CARVALHO, Paulo de Barros. **Curso de Direito Tributário**. 18. ed. rev. atualiz. São Paulo: Saraiva, 2007.

_____. **Direito Tributário:** fundamentos jurídicos da incidência. 2ª ed. rev. São Paulo: Saraiva, 1999.

_____. **Direito Tributário, linguagem e método**. 2 ed. São Paulo: Noeses, 2008.

COSTA, Regina Helena. **Praticabilidade e Justiça Tributária**: exequibilidade de Lei Tributária e Direitos do Contribuinte, São Paulo: Malheiros, 2007.

CUNHA, Carlos Renato. **O Simples Nacional, a Norma Tributária e o Princípio Federativo**: Limites da Praticabilidade Tributária. Curitiba: Juruá, 2011.

DERZI, Misabel Abreu Machado. **Direito Tributário, Direito Penal e Tipo**. 2 ed. Atual e ver. São Paulo: RT, 2007.

FERNANDES, Cintia Estefania. **IPTU:** Texto e Contexto, São Paulo: Quartier Latin, 2005.

FERRAGUT, Maria Rita. **Presunções no Direito Tributário**. São Paulo: Dialética, 2001.

GRUPENMACHER, Betina Treiger. **Eficácia e Aplicabilidade das limitações constitucionais ao exercício da competência tributária**. São Paulo: Resenha Tributária, 1997.

HARADA, Kiyoshi. Imposto sobre Propriedade Predial e Territorial Urbana. In: PEIXOTO, Marcelo Magalhães [Coord.]. **IPTU:** Aspectos Jurídicos Relevantes, São Paulo: Quartier Latin, 2002.

MACHADO, Hugo de Brito. **Curso de Direito Tributário**. 23. ed. rev. atualiz. ampl. São Paulo: Malheiros, 2003.

PAULSEN, Leandro. **Direito Tributário:** Constituição e Código Tributário à luz da Doutrina e da Jurisprudência, 7ª ed., Porto Alegre, Livraria do Advogado, 2005.

QUEIROZ, Luís César Souza de. **Sujeição Passiva Tributária**. Rio de Janeiro: Forense, 1999.

SCHOUERI, Luís Eduardo. **Normas tributárias indutoras e intervenção econômica.** Rio de Janeiro: Forense, 2005.

_____. Segurança Jurídica e normas tributárias indutoras. In: RIBEIRO, Maria de Fátima [Coord.] **Direito Tributário e Segurança Jurídica**. São Paulo: MP Editora, 2008, p. 117-146.

SILVA, José Afonso da. **Curso de Direito Constitucional Positivo**. 27 ed. rev. atual. São Paulo: Malheiros, 2006.

UCKMAR, Victor. **Princípios comuns de Direito Constitucional Tributário**, 2 ed. Trad. Marco Aurélio Grecco. São Paulo: Malheiros, 1999.

VIEIRA, José Roberto. **Medidas Provisórias em Matéria Tributária**: As Catilinárias Brasileiras. São Paulo: 1999. Tese (Doutorado em Direito) – Pontifícia Universidade Católica de São Paulo.

_____. Medidas Provisórias Tributárias e Segurança Jurídica: a insólita opção estatal pelo "viver perigosamente", in CONGRESSO DO IBET, II. **Direito Tributário e Segurança Jurídica**, Barreto, Aires Fernandino e outros. São Paulo: Noeses, 2005.

XAVIER, Alberto. **Os princípios da legalidade e da tipicidade da tributação**. São Paulo: RT, 1978.

AS DISTORÇÕES DA CONTRIBUIÇÃO DE MELHORIA NO BRASIL

Denise Lucena Cavalcante[1]

CONSIDERAÇÕES INICIAIS

Honra-nos participar desta coletânea, primorosamente organizada pela Professora Betina Treiger Grupenmacher, em memória a Ministra Denise Arruda, tendo sido escolhido o tema referente às contribuições de melhoria com base em importantes decisões da homenageada como Ministra do Superior Tribunal de Justiça. As decisões aqui citadas demonstram o zelo que a mesma demonstrou em respeitar os institutos do Direito Tributário, não permitindo que a contribuição de melhoria fosse utilizada pelos entes federativos de forma distorcida, prática tão em voga nos dias atuais.

Apesar de ser um tributo antigo, este ocupa o cenário nacional com maior intensidade somente nos últimos anos, sendo ainda pouco utilizado em comparação aos demais.

---

1. Pós-Doutora pela Universidade de Lisboa. Doutora pela PUC/SP. Professora de Direito Tributário e Financeiro da UFC. Procuradora da Fazenda Nacional.

Os estados e municípios brasileiros passam a cobrá-lo nas mais diversas situações, às vezes de forma adequada, mas, não com rara freqüência, de maneira distorcida, descaracterizando a essência do próprio tributo. Não se trata de utilizar esta espécie tributária para aumentar as verbas de caixa do governo ou, muito menos, para simplesmente onerar os que se beneficiam com a obra.

Por outro lado, também escutamos os opositores à instituição do tributo argumentarem que o mesmo não poderia ser cobrado, pois a população já contribui com o IPTU proporcionalmente ao valor da sua propriedade, o que seria um *bis in idem*; outros pretendem vincular a contribuição de melhoria como limite a especulação imobiliária. Enfim, argumentos que não procedem e que nos instigam a tratar do tema com o estrito rigor técnico que deve sempre prevalecer na instituição dos tributos.

1. HISTÓRICO E DIREITO COMPARADO

Não há uma certeza da origem e data de criação da contribuição de melhoria. Os autores mencionam leis, datas e exemplos que remontam sua origem à Antiguidade.

No importante trabalho de Bilac Pinto[2], ele afirma, citando C.F. Bastable, que a contribuição de melhoria foi criada pelos americanos.

---

2. "A contribuição de melhoria (*special assessement* é, legitimamente, um instituto financeiro criado pelos americanos do norte. Não importa que, muitos séculos depois, outros povos tivessem ensaiado o tributo. Pesquisas pacientes por certo que poderão conduzir à descoberta das suas fontes em épocas distantes em vários países. [...]. Coube aos americanos, em dois séculos de esforço constante, generalizar no país o uso dos *"special assessments"*. Ali o tributo não surgiu, como acaba de acontecer no Brasil, através de uma permissão constitucional. Ao contrário, foi iniciado na cidade de New York [setembro, 1691] e dali se irradiou de cidade a cidade até que, presentemente, salvo raras exceções, todo o país pratica." (BILAC, Pinto. **Contribuição de melhoria**. Rio de Janeiro: Empreza Revista Forense Editora. 1. ed., 1937, p. 19-20).

Mais recentemente, João Baptista Moreira informa que a Prússia, em 1848, foi o primeiro país a criar uma imposição especial sobre a mais-valia imobiliária, sendo esta posteriormente adotada pelos alemães e que equivale ao atual *Erschliessungsbeitrag*.[3]

Aliomar Baleeiro[4] apresenta um histórico interessante sobre a contribuição de melhoria, mencionando seus precedentes em fragmento do *Digesto* e numa Ordenação Manuelina (Liv. I, t. 47, § 1º e; Lei de 06/07/1596). Acentua, ainda, que a popularidade dessas contribuições proveio da aplicação sistemática, pelas cidades dos Estados Unidos, no século XIX, sob a denominação de *special assessment* ou *benefit assessment*.

Paulo Ayres Barreto[5] menciona a origem deste tributo na Inglaterra, século XIII, citando a construção dos diques de

---

3. "Se considerarmos que a legítima Contribuição de Melhoria, a alemã, sempre recuperou, rápida, eficiente e metodicamente, as necessidades urbanas e infraestruturais das cidades daquele país, mesmo após guerras devastadoras, por que não experimentá-las? A *Erschliessungsbeitrag* nunca foi empregada no resto do mundo porque estava escondida pela *Fachtermilogie der jurisdische Hochsprache*, que é uma das línguas alemãs, particulares e dificílimas, bem diferente do *Umgangssprache*. Como esta é a primeira vez que se traduz, e se comenta, todo o ordenamento alemão referente à Contribuição de Melhoria, bem como os escorços da Doutrina e da Jurisprudência julgados mais importantes, para um idioma estrangeiro – *in casu*, para o português, fato inusitado na literatura jurídica contemporânea comparada, fácil é de se ver que, recebida pela legislação brasileira, a justa cobrança do custo de urbanização, advinda da compreensão da *Erschliessungsbeitrag*, tal e qual foi construída pelo gênio jurídico alemão, abrir-se-á uma porta de esperança para o Terceiro Mundo, através da resposta certa para uma urbanização rápida e módica, suficiente para alterar todas as discrepâncias do desenvolvimento do litoral com o atraso do interior, e diminuir as diferenças das regiões entre si." (MOREIRA, João Baptista. **A contribuição de melhoria:** a imposição da valorização imobiliária. Tratado de direito tributário brasileiro. V. 8. Rio de Janeiro: Forense, 1981, p. XXV-XXVI).

4. BALEEIRO, Aliomar. **Direito tributário brasileiro**. 10. ed., revista e atualizada por Flávio Bauer Novelli. Rio de Janeiro: Forense, 1991, p. 360.

5. BARRETO, Paulo Ayres. **Contribuições**: regime jurídico, destinação e controle. São Paulo: Noeses, 2006, p. 65.

Romey e, no momento posterior, a utilização em virtude de obras públicas nas praças de Florença (o Direito Inglês utiliza a expressão *betterment tax*).

A origem da contribuição de melhoria no Brasil, segundo os estudos de Carlos Roberto Marques[6], decorre desde o Brasil Império, quando em 1812, na cidade de Jaguaripe, Bahia, foram cobradas exações visando à edificação de obras públicas. Posteriormente, em 1818, o mesmo ocorreu em Minas Gerais, na cidade de Mariana, seguindo-se outros casos no País. Geraldo Ataliba[7] já nos dá notícia de que a primeira tentativa de imitação dos *special assessements* foi em 1905, no Distrito Federal, com o Decreto n. 1029 que criou as taxas de calçamento.

A contribuição de melhoria como espécie tributária é antiga e relatada pela doutrina de diversos países. Ressalta-se, contudo, que o conceito e a finalidade não são sempre coincidentes nas legislações estrangeiras; uns vinculam sua cobrança aos proprietários que tiveram aumento do valor de seus imóveis em virtude da execução de obra pública, outros vinculam a exação somente em relação ao custo da obra.

Na Itália, Giannini[8] menciona a cobrança de contribuição de melhoria (*contributo di miglioria*) na construção da *via Nazionale*, em Roma, no ano de 1874, e a ampliação da *via Meravigli*, em Milão, no ano de 1876. Fantozzi[9] também traz considerações relevantes do Direito Italiano, ao discutir sobre a

---

6. MARQUES, Carlos Roberto. **Contornos e fundamentos modernos da contribuição de melhoria**. Rio de Janeiro: Lumen Juris, 2005, p. 12.

7. ATALIBA, Geraldo. **Natureza jurídica da contribuição de melhoria**. São Paulo: Revista dos Tribunais, 1964, p. 194.

8. GIANNINI, A. D. **Instituciones de derecho tributario**. Tradução de Fernando Sainz de Bujanda. Madrid: Editorial de derecho financiero, 1957, p. 548.

9. "Il vantaggio non assume peraltro rilevanza causale per il contributo; ne costituisce invece elemento essenziale della fattispecie legale; la dottrina parla dunque di tributo causale per il contributo in contrapposizione alla acausalità dell'imposta, solo per sottolineare che nel primo la capacità contributiva è palesata specificamente dal vantaggio conseguente all'atti

autonomia da contribuição de melhoria em relação aos impostos e às taxas. Para Berliri[10], as contribuições de melhoria não representam uma espécie tributária, mas sim uma subespécie de imposto.

Esta discussão também existiu no Direito Brasileiro, com autores como Alfredo Augusto Becker[11], ao assinalar que a contribuição de melhoria não constitui gênero jurídico específico de tributo, sendo uma espécie do genêro imposto de renda ou uma taxa.

Ressaltamos, contudo, que muitas das afirmações neste sentido se justificaram à época da Constituição de 1946, quando a contribuição de melhoria novamente foi inserida no Texto Constitucional (havia sido excluída da Constituição de 1937)

---

vità dell´ente pubblico. Irrelevante è dunque il rapporto proporzionale tra ammontare del contributo e costo della correlativa attività pubblica, posto che la misura del concorso è valutata dalla legge in ragione del vantaggio risentito che dunque è indice di capacità contributiva: sulla base di questa considerazione la dottrina sottolinea la maggiore vicinanza del contributo all´imposta rispetto alla tassa e parte di essa si spinge persino, come visto sopra, a negarne l´autonomia dall´imposta." (FANTOZZI, Augusto. **Diritto tributario**. Torino: Editrice Torinese, 1991, p. 59).

10. "[...] lo que sí nos urge poner de manifiesto es, en cambio, el hecho de que, aceptando nuestra definición de impuesto, el tributo o contribución especial debe considerarse sin más como una subespecie del impuesto, y no ya como una categoría autónoma, intermedia entre la de los impuestos y de las tasas." (BERLIRI, Antonio. **Principios de derecho tributario**. Tradução de Fernando Vicente-Arche Domingo. V. 1. Madrid: Editorial de Derecho Financiero, 1963, p. 316).

11. "A origem (ou a natureza) da renda funciona apenas como simples elemento adjetivo na composição da hipótese de incidência do imposto de renda. Este elemento adjetivo pode consistir na origem estatal (prestação de serviço estatal, ex.: obra pública) da renda tributável (mais-valia de determinado bem do contribuinte) sem que tal circunstância tenha como consequência a criação de um terceiro gênero jurídico de tributo que seria a contribuição de melhoria. Esta, conforme acima se demonstrou, se sua base de cálculo for a mais-valia, será uma espécie do gênero imposto de renda. Se a base de cálculo for o valor do serviço estatal, será uma taxa." (BECKER, Alfredo Augusto. **Teoria geral do direito tributário**. 6. ed., São Paulo: Noeses, 2013, p. 415).

e não estavam especificados no conceito de taxa os tipos de serviços públicos (gerais ou específicos) que ensejariam a sua cobrança. Priscilla Rodrigues explica bem está discussão histórica, enfatizando um parecer de Oswaldo Aranha Bandeira de Mello, em 1952, que afirma ser a contribuição de melhoria uma subespécie de taxa.[12]

Nos dias atuais, contudo, prevalece a tese que aqui defendemos no sentido de que a contribuição de melhoria é uma espécie tributária autônoma[13], lembrando, inclusive, o fato de que na 2ª Reunião Regional Latino-americana de Direito Tributário, ocorrida em 1976, na cidade de Porto Alegre, o primeiro princípio do decálogo elaborado pelos participantes foi a proclamação da identidade própria da contribuição de melhoria, distinguindo-a dos demais tributos.[14]

---

12. "Esse entendimento só era possível porque o professor Oswaldo Aranha Bandeira de Mello adotava, como tantos outros, o conceito de *serviço público* em sentido *lato*, isto é, considerava serviço público toda e qualquer atividade positiva do Estado para a consecução de seus fins. De fato, a Carta de 1946 propiciava tal entendimento, tendo em vista que não fazia qualquer restrição quanto aos serviços públicos ensejadores de taxas. Naquela época a Constituição autorizava, inclusive, a instituição de taxas de uso de bens públicos. Em razão disso, a doutrina desenvolveu uma classificação das taxas em espécies e subespécies, chegando a enquadrar a contribuição de melhoria como uma subespécie deste tributo, como tivemos a oportunidade. Esse problema, contudo, foi solucionado pela Emenda Constitucional 18, de 6.12.1965, que, ao tratar das taxas em seu art. 18, limitou a criação desse tributo às hipóteses de atividades de polícia e utilização, efetiva ou potencial, de serviços públicos específicos e divisíveis, prestados ao contribuinte ou postos à sua disposição – modo que, para efeito de incidência de taxas, a partir de então, os serviços públicos deveriam ser considerados em sentido estrito." (RODRIGUES, Priscilla Figueredo da Cunha. **Contribuição de melhoria**. São Paulo: Malheiros, 2002, p. 29.

13. A doutrina dominante no direito brasileiro é no sentido de que a contribuição de melhoria é espécie tributária: MACHADO, Hugo de Brito. **Curso de direito tributário**. 32. ed. São Paulo: Malheiros, 2011, p. 454; CARRAZZA, Roque Antonio. **Curso de direito tributário constitucional**. 2. ed. São Paulo: Revista dos Tribunais, 1991, p. 255; CARVALHO, Paulo de Barros. **Curso de direito tributário**. 25. ed. São Paulo: Saraiva, 2013, p. 62.

14. Ver o inteiro teor do décalogo em: JARACH, Dino. **Finanzas públicas y derecho tributario**. 3. ed. Buenos Aires: Abeledo-Perrot, 2003, p. 246.

O Direito espanhol, com a denominação de *contribución especial*, concede uma aplicação mais ampla da exação, podendo ser cobradas tanto pela realização de obras públicas, como também pelo estabelecimento ou ampliação de serviços[15], nos exatos termos da Lei Geral Tributária (*Ley n. 58/2003, art. 2.2.b*):

> *Los tributos, cualquiera que sea su denominación, se clasifican en tasas, contribuciones especiales e impuestos:*
>
> *(...);*
>
> *b) Contribuciones especiales son los tributos cuyo hecho imponible consiste en la obtención por el obligado tributario de un beneficio o de un aumento de valor de sus bienes como consecuencia de la realización de obras públicas o del establecimiento o ampliación de servicios públicos.*

No Brasil, fica descartada a possibilidade posterior de nova contribuição de melhoria, no caso de restauração de uma mesma obra que já tenha sido ensejado a cobrança da contribuição de melhoria, pois se entende aqui que a mesma só pode incidir uma vez, não podendo ser cobrada posteriormente no caso da manutenção da mesma obra.

---

15. Na Espanha estas contribuições podem ser cobradas, inclusive, no caso da reparação posterior da obra, conforme menciona Ferreiro Lapatza: "[...] El problema se plantea, de este modo, cuando se trata de precisar estos limites ¿Comprende la realización de una obra pública también la reparación y mantenimiento de la obra ya realizada? ¿Puede financiarse con contribuciones especiales sólo el primer establecimiento de un servicio público y su ampliación o también su mantenimiento? El Estatuto Municipal de 1924, que fue, como ya hemos dicho, la norma que más importancia dio y que con más detenimiento reguló este tipo de tributo dentro del sistema local, dio una respuesta afirmativa a estos dos interrogantes al permitir financiar con estos tributos la realización de obras, su mejora y entretenimiento de servicios (cfr. art. 345 y 354) así como el establecimiento, mejora y entretenimiento de servicios (cfr. Art. 354). Y esta respuesta que, a pesar de los pronunciamientos no muy frecuentes sobre este punto de doctrina y jurisprudencia, debe darse también en el presente de acuerdo con la normativa actualmente en vigor." (FERREIRO LAPATZA, José Juan. **Curso de derecho financiero español**. 22. ed. V. 1, Madrid: Marcial Pons, 2000, p. 204).

Em Portugal, as contribuições de melhoria, classificadas como formas específicas das contribuições especiais, têm larga tradição histórica, embora em desuso durante muito tempo, foram reabilitadas na década de 1990, como anotou Saldanha Sanches.[16]

Na Argentina, com a denominação de *contribución de mejoras*, Rodolfo Spisso[17] explica que elas devem ser razoáveis e que não se confundem com os impostos. Hector Villegas[18] também relata que a contribuição de melhoria teve no passado grande importância e serviu para o financiamento de pavimentações e abertura de ruas e estradas argentinas, mas que depois foram substituídas pelos impostos e perderam importância, sendo um instituto em retrocesso.

---

16. "E deste modo, o Decreto-Lei 51/95 de 22/3/1995 veio criar um Imposto especial para os terrenos beneficiados com a construção da Ponte sobre o Tejo. E o Decreto-Lei n. 54/95, com a mesma data, veio criar um imposto idêntico para a área beneficiada pela Expo-98. A legitimação deste modo de tributar consiste em fazer com que as economias externas criadas por uma certa obra pública sejam compensadas por aqueles que com ela diretamente são beneficiadas." (SANCHES, Saldanha. **Manual de direito fiscal**. Lisboa: Lex, 1998, p. 24-25). Registramos, por oportuna, a posição de Casalta Nabais em relação a estas cobranças no Direito Português, considerando-as inconstitucionais: "[...] Por um lado, estamos perante impostos retroactivos, pois tributam mais-valias verificadas antes da entrada em vigor dos DLs n. 51/95, 54/95 e 43/98 que aprovaram os respectivos regulamentos, já que, os termos dos arts. 2º de tais regulamentos, as contribuições incidem sobre a valorização dos terrenos ocorrida entre, respectivamente, 1 de janeiro de 1992 ou 1 de janeiro de 1994 e a data do requerimento da respectiva licença de construção, o que briga com o art. 103º, n. 3, da Constituição, como veio a ser reconhecido pelo Tribunal Constitucional em diversos acórdãos entre os quais se conta o Ac. 63/2006." (NABAIS, Casalta. **Direito fiscal**. 5. ed. Coimbra: Almedina, 2009, p. 30).
17. "La contribución debe ser razonable, proporcionada en el tempo a la amortización del costo de la obra, sin perjuicio de su subsistencia, para atender los gastos de mantenimiento y los servicios especiales; b) no debe asumir la naturaleza de un impuesto o renta general del Estado, ya sea por su desvinculación de los costos a cubrir, ya por el destino que se asigna a la recaudación." (SPISSO, Rodolfo. **Derecho constitucional tributário**. 2. ed. Buenos Aires: Depalma, 2000, p.53).
18. VILLEGAS, Héctor B. **Curso de finanzas, derecho financiero y tributario**. 5. ed., Buenos Aires: Depalma, 1995, p. 106.

Na Colômbia, segundo Nancy Valentín Malagón[19], o primeiro antecedente normativo deste tributo, também lá denominado *contribución de valorización*, decorreu da Lei n. 23, de 1887, mediante a qual o governo repartiu os custos da obra que tinha por objeto impedir as inundações dos rios e lagos, sendo seguido para vários outros exemplos até os dias atuais.

2. FUNDAMENTAÇÃO LEGAL DA CONTRIBUIÇÃO DE MELHORIA

A primeira premissa a ser considerada no tocante à contribuição de melhoria é que ela não poderá servir simplesmente para auferir rendas aos cofres públicos. Por se tratar essencialmente de um tributo vinculado a uma atividade pública, qual seja, a realização de uma obra e, ainda, depender da ocorrência de uma consequência, no caso, a valorização imobiliária, deve necessariamente prestar-se a ressarcir aos cofres públicos o valor total ou parcial gasto na realização da obra, sem jamais arrecadar mais do que referido valor, sob pena de se tornar ilegal.

Com uma abordagem própria, Edvaldo Brito[20] define a contribuição de melhoria como um *tributo sinalagmático* em que a equivalência jurídica é forrada com a financeira, casando os fatores custo e benefício para basear o tributo.

É preciso também ressaltar que sua imposição não é obrigatória. O exercício da competência para instituir o tributo é facultativo, não devendo ser este confundido com a renúncia à competência.[21] O Fisco poderá cobrar ou não, só se tornando

---

19. MALAGÓN, Nancy Valentín. Contribución de valorización. In: PIZA RODRÍGUEZ, Julio Roberto. **Régimen impositivo de las entidades territoriales en Colombia**. Colômbia: Universidad Externado de Colombia, 2012, p. 361.
20. BRITO, Edvaldo. **Tributos sinalagmáticos e contribuições na legislação brasileira**. São Paulo: USP, 2002, p. 191.
21. Como bem alerta Tácio Lacerda: "Renunciar à competência é forma por meio da qual se modifica a competência. Não sendo possível sua modificação,

obrigatória a exação se promulgada uma lei específica para tal. A mera existência de lei genérica não vincula o Estado e muito menos o cidadão-contribuinte.

A previsão de sua constituição está no art. 145, inciso III, da Constituição Federal; nos arts. 81 e 82, do Código Tributário Nacional; no Decreto-lei n. 195/97; nas leis genéricas emanadas dos entes federativos e; especialmente, na lei específica necessária no caso de cada obra realizada pelo Poder Público que realizou a obra que gerou a valorização do imóvel.

2.1. Necessidade de lei específica para cada obra realizada

Equívoco frequente nas recentes legislações sobre as contribuições de melhoria é a fixação de previsão de criação do tributo numa lei genérica, com a ressalva de que a incidência nos casos concretos decorrerá de decreto do Poder Executivo.[22]

---

não será igualmente possível a sua renúncia. Neste ponto, uma primeira elucidação é necessária: não se confundem a renúncia e o não exercício da competência tributária. Uma coisa é, por decisão própria, alterar os termos da competência, abrindo mão da faculdade de, posteriormente, editar normas. Outra, bem distinta, é, simplesmente, exercer o direito de não exercitar a tal competência, não criando norma". (GAMA, Tácio Lacerda. **Competência tributária**: fundamentos para uma teoria da nulidade. 2. ed. São Paulo: Noeses, 2011, p. 287).

22. Não podemos concordar com esta decisão que admite a possibilidade de criação do tributo sem lei específica, nos seguintes termos:
EMENTA. TRIBUTÁRIO. RECURSO ESPECIAL. CONTRIBUIÇÃO DE MELHORIA. LEI ESPECÍFICA. REQUISITOS MÍNIMOS DO ART. 82 DO CTN. CÓDIGO TRIBUTÁRIO MUNICIPAL. ANÁLISE DE LEI LOCAL. SÚMULA N. 280/STF. DISSÍDIO PRETORIANO. NÃO COMPROVADO. 1. Não foram preenchidas as formalidades dos art. 541, parágrafo único do CPC e 255, §2º, do RISTJ. O recorrente limitou-se a transcrever dois precedentes, um do TJSC e outro do próprio Tribunal recorrido. Quanto a este último incide o óbice da Súmula n. 13 do STJ, e no que se refere ao precedente daquele Tribunal de Justiça, constata-se que não foi realizado o necessário cotejo analítico entre as decisões confrontadas. 2. A violação a direito local

É inconcebível aceitar no Direito Brasileiro a criação de tributo por decreto. O princípio da legalidade é cristalino no art. 150, inciso I, do Texto Constitucional quando veda a criação ou aumento de tributo sem lei que o estabelece.

A jurisprudência é recorrente, no sentido de exigir lei específica para cada obra, conforme o REsp. 1.326.502-RS[23], onde destacamos o trecho do voto do relator, Ministro Ari Pargendler, que assevera:

> A cobrança da contribuição de melhoria exige, por aplicação do princípio da legalidade tributária, lei específica para cada obra realizada, não bastando a previsão genérica em Código Tributário Municipal ou Lei Orgânica Municipal. Há precedentes do Superior Tribunal de Justiça sobre o tema:
>
> TRIBUTÁRIO. RECURSO ESPECIAL. CONTRIBUIÇÃO DE MELHORIA. LEI ESPECÍFICA PARA CADA OBRA. NECESSIDADE. AUSÊNCIA DE PUBLICAÇÃO DE DOIS EDITAIS. AUSÊNCIA DE NOTIFICAÇÃO PRÉVIA DO

(Código Tributário do Município) não enseja o apelo nobre. Aplicação analógica da Súmula n. 280/STF. Da mesma forma, não obstante o recorrente tenha razão no que se refere à desnecessidade de existir lei específica para regulamentar a cobrança da contribuição de melhoria, constatar se estão presentes ou não os requisitos do art. 82 do CTN nos dispositivos do Código Tributário Municipal, esbarraria no óbice da análise de lei local por parte desta Corte. 3. Recurso especial não conhecido. (RECURSO ESPECIAL N. 444.873 – RS [2002/0078209-5]. RELATOR: MINISTRO CASTRO MEIRA. Data do julgamento: 23/08/2003).

23. EMENTA. TRIBUTÁRIO. CONTRIBUIÇÃO DE MELHORIA. A instituição da contribuição de melhoria depende de lei prévia e específica, bem como da valorização imobiliária decorrente da obra pública, cabendo à Administração Pública a respectiva prova. Recurso especial conhecido, mas desprovido. (Resp. 1326502-RS [2012/0112060-4], Rel. Ari Pargendler, T1, DJE 25/04/2013). Do mesmo modo, julgou o Tribunal de Justiça de São Paulo: "[...] A existência de lei genérica e abstrata e abstrata estabelecendo as obras que podem legitimar a instituição da contribuição de melhoria não exime a obrigatoriedade da edição de lei específica, disciplinadora do tributo em concreto". (TJ-SP – APL-990102352013/SP, REL. CARLOS GIARUSSO SANTOS, 02/09/2010, 18ª Câmara de Direito Público).

LANÇAMENTO. SÚMULA 07 DO STJ. AUSÊNCIA DE DEMONSTRAÇÃO ANALÍTICA DO DISSÍDIO.

1. A contribuição de melhoria é tributo cujo fato imponível decorre da valorização imobiliária que se segue a uma obra pública, ressoando inequívoca a necessidade de sua instituição por lei específica, emanada do Poder Público construtor, obra por obra, nos termos do art. 150, I, da CF/88 c/c art. 82 do CTN, uma vez que a legalidade estrita é incompatível com qualquer cláusula genérica de tributação. (Precedentes: REsp 739.342/RS, Rel. Ministro FRANCISCO FALCÃO, PRIMEIRA TURMA, julgado em 04/04/2006, DJ 04/05/2006; Resp 444.873/RS, Rel. Ministro CASTRO MEIRA, SEGUNDA TURMA, julgado em 23/08/2005, DJ 03/10/2005).

2. *In casu*, consoante dessume-se do voto condutor do acórdão recorrido, o entendimento esposado pelo Tribunal *a quo* diverge da jurisprudência dominante nesta Corte Superior, *in verbis*: 'Inicialmente, destaco que entendo não ser necessária a existência de uma lei específica, obra por obra, para a instituição e cobrança de contribuição de melhoria. Nessa perspectiva, tenho que o Município apelado logrou comprovar o atendimento ao princípio da legalidade tributária (art. 150, I,da CF/88), ao acostar ao presente feito, a Lei Municipal nº 286/96 de fl. 151, a qual autoriza o Poder Executivo a realização de obras de pavimentação asfáltica nas ruas no perímetro urbano, o que abarca a hipótese sob exame'. [...].

5. Recurso especial parcialmente conhecido e, nesta parte, provido. (REsp n. 927.846, RS, relator o Ministro Luiz Fux, DJe de 20.08.2010).

No mesmo sentido, o REsp 927.846-RS[24] enfatiza a necessidade de sua instituição por lei específica, emanada do Poder

---

24. [...] 1. A contribuição de melhoria é tributo cujo fato imponível decorre da valorização imobiliária que se segue a uma obra pública, ressoando inequívoca a necessidade de sua instituição por lei específica, emanada do Poder Público construtor, obra por obra, nos termos do art. 150, I, da CF/88 c/c art. 82 do CTN, uma vez que a legalidade estrita é incompatível com qualquer cláusula genérica

Público construtor, obra por obra, nos termos do art. 150, I, da CF/88 c/c art. 82 do CTN, corroborando nosso entendimento de que a legalidade estrita é incompatível com qualquer cláusula genérica de tributação.

Infelizmente, inúmeros são os entes federativos que criaram uma lei genérica prevendo a possibilidade posterior de instituição do tributo com mero ato do Poder Executivo. O Estado do Ceará é o caso mais recente de elaboração equivocada deste tributo, prevendo a Lei n. 15.484, de 20/12/2013, no art. 12, que a cobrança decorrerá de Edital da Secretaria de Infraestrutura.

---

de tributação. (Precedentes: REsp 739.342/RS, Rel. Ministro FRANCISCO FALCÃO, PRIMEIRA TURMA, julgado em 04/04/2006, DJ 04/05/2006; REsp 444.873/RS, Rel. Ministro CASTRO MEIRA, SEGUNDA TURMA, julgado em 23/08/2005, DJ 03/10/2005). 2. *In casu*, consoante dessume-se do voto condutor do acórdão recorrido, o entendimento esposado pelo Tribunal *a quo* diverge da jurisprudência dominante nesta Corte Superior, *in verbis*: "*Inicialmente, destaco que entendo não ser necessária a existência de uma lei específica, obra por obra, para a instituição e cobrança de contribuição de melhoria. Nessa perspectiva, tenho que o Município apelado logrou comprovar o atendimento ao princípio da legalidade tributária (art. 150, I, da CF/88), ao acostar ao presente feito, a Lei Municipal n. 286/96 de fl. 151, a qual autoriza o Poder Executivo a realização de obras de pavimentação asfáltica nas ruas no perímetro urbano, o que abarca a hipótese sob exame.*" 3. O conhecimento do presente inconformismo, no tocante à alegada ausência da publicação do edital de conclusão da obra, bem assim da notificação prévia do lançamento, resta interditado a esta Corte Superior, à luz da Súmula 07/STJ, porquanto concluiu a instância *a quo*, com ampla cognição fático-probatória, *in verbis*: "*Da mesma forma, não merecem acolhida as alegações relativas à inobservância dos demais requisitos legais, especificamente no que concerne à publicação de edital de realização e conclusão da obra e notificação/intimação do apelante, visto que restaram ambos comprovados nos autos às fls. 62 e 100/101, bem como à fl.45, bastantes para preencher os referidos requisitos previstos no CTN, art. 82, I, e Decreto-Lei n. 195/67, art. 5º.* " 4. A admissão do recurso especial pela alínea "c" do permissivo constitucional exige a demonstração do dissídio na forma prevista pelo RISTJ, com a demonstração analítica das circunstâncias que assemelham os casos confrontados, o que inocorreu, *in casu*. 5. Recurso especial parcialmente conhecido e, nesta parte, provido. (Resp. 927.846 – RS (2007/0038580-3), Data do julgamento: 03/08/2010).

Já corretamente agiu o Município de São Pedro do Sul/RS, ao definir as regras gerais da Contribuição de Melhoria na Lei Municipal n. 1.893, de 29/07/2009[25], determinando no art. 84, inciso X e, no art. 85, §2º, que as peculiaridades do tributo serão previstas nos termos de lei específica. Também o Município de Araranguá/SC, prevê corretamente lei específica para a cobrança da contribuição de melhoria, conforme a Lei Complementar n. 097, de 28/10/2010.[26]

Ainda o REsp. 739.342-RS, cujo relator foi o Ministro Francisco Falcão, esclareceu que a cobrança de tributo por simples ato administrativo da autoridade competente fere, ademais, o princípio da anterioridade, ou não surpresa para alguns, na medida em que impõe a potestade tributária sem permitir ao contribuinte organizar devidamente seu orçamento, nos moldes preconizados pela Constituição Federal (art. 150, III, "a").

Outra forma inconcebível de instituir o tributo é mediante contrato, contrariando a natureza tributária, que, conforme o art. 3º, do Código Tributário Nacional, é sempre uma prestação pecuniária compulsória e instituída por lei, nunca por contrato. Mais uma vez, o Poder Judiciário é acionado para dizer o óbvio. E assim o fez no REsp 766.107[27], no caso em que

---

25. "Art. 84. Para o cálculo da Contribuição de Melhoria, a Administração procederá da seguinte forma: [...]; X – considerará, nos termos desta Lei e de lei específica, em que proporção o custo da obra será recuperado através de cobrança de Contribuição de Melhoria." [...] Art. 85. A percentagem do custo da obra a ser cobrada como Contribuição de Melhoria, a que se refere o inciso X do artigo anterior, observado o seu parágrafo único, será fixado em lei específica para cada obra. [...] §2º. Lei específica, tendo em vista a natureza da obra, os benefícios para os usuários, as atividades predominantes e o nível de desenvolvimento da zona considerada poderá estabelecer percentagem de recuperação do custo da obra inferior ao previsto no "caput" deste artigo."
26. "Art. 2º [...]. Parágrafo Único – O município deverá encaminhar lei específica para autorização do legislativo por obra a ser executada, indicando os imóveis beneficiados e seus respectivos índices, para exigência da contribuição de melhoria".
27. Disponível em: <stj.jusbrasil.com.br/jurisprudencia77096487/recurso--especial-resp-766107-pr-2005-0114060-7-stj>. Acesso em: 23 abril 2014).

o Município de Maringá instituiu a "contribuição de melhoria" por meio de contrato.

3. SOBRE A FUNÇÃO REDISTRIBUTIVA DA CONTRIBUIÇÃO DE MELHORIA

Uma das importantes fundamentações doutrinárias referem-se a justificação da cobrança da contribuição de melhoria, com o intuito de evitar o enriquecimento, sem justa causa, do proprietário que teve o incremento imobiliário em decorrência da obra pública.

Evoca-se, neste passo, a justiça distributiva, afinal, a obra pública é realizada com dinheiro auferido de todos os cidadãos por meio dos tributos e, posteriormente, uma parcela da população passa a ter um benefício maior, no caso, a valorização de seus imóveis.

É preciso, contudo, afastar as teorias extremas, que justificam a cobrança do tributo argumentando locupletamento ilícito, valorização ilegítima ou enriquecimento indevido.[28]

---

28. Carlos Roberto Marques muito bem explica esta questão: "Desde logo causou perplexidade ao Administrador Público o fato de que certas obras públicas realizadas com recursos oriundos de todos os cidadãos pudessem beneficiar economicamente somente um número pequeno de cidadãos, situação que não poderia ser tolerada pelo Estado moderno. Este comportamento, mesmo que involuntário por parte dos beneficiários, correspondia a um enriquecimento injusto experimentado por uns, em detrimento da maioria. Nessa linha de evolução, era necessário se pensar numa fórmula de se evitar a ocorrência de tal locupletamento injusto, consoante os ordenamentos jurídicos dos países civilizados, mormente os estatutos de direito privado, assim surgindo diferentes reações a esta mais-valia gerada de forma desproporcional. Na França, com base no *enrichessement sans cause*, surge o denominado sistema de RIPERT para a recuperação das mais-valias imobiliárias, desde que aquinhoadas sem esforço do proprietário, bastando apenas que o imóvel estivesse localizado na zona de influência da obra pública. Propugnava pela repetição de um enriquecimento sem causa como consequência de um ato de justiça." (MARQUES, Carlos Roberto. **Contornos e fundamentos modernos da contribuição de melhoria**. Rio de Janeiro: Lumen Juris, 2005, p. 2).

Afinal, coadunar com tais teorias seria permitir uma espécie de punição ao proprietário que obteve a valorização do seu imóvel sem ter ingerência alguma sobre a obra que o valorizou, tendo este sido realizada independentemente de sua vontade. Não há, pois, que se falar em enriquecimento ilícito sem uma adequada contextualização do caso específico.[29] Parece-nos mais adequada a justificativa da cobrança da contribuição de melhoria com o fundamento da redistribuição de riquezas.[30]

4. DA IMPOSSIBILIDADE DE COMPENSAÇÃO ENTRE O VALOR DA INDENIZAÇÃO NO CASO DE DESAPROPRIAÇÃO E O VALOR DA CONTRIBUIÇÃO DA MELHORIA

Outra distorção do tributo em questão refere-se à indevida previsão de compensação dos valores devidos a título de indenização com os valores da futura contribuição de melhoria. Previsões como estas são eivadas de ilegalidades e afrontam tanto a natureza da desapropriação, que exige pagamento justo e prévio do valor devido, sem nenhuma margem para extensão à compensação, como também do tributo, ao antecipar seu pagamento sem sequer ter ocorrido o fato gerador, que

---

29. Geraldo Ataliba já alertava: "Quanto ao princípio que veda o enriquecimento ilícito, só em sentido ético pode ser invocado como supedâneo da c.m. Não é, com efeito, eticamente aceitável que uma minoria de membros da comunidade (os proprietários de imóveis valorizados) incorpore ao seu patrimônio uma riqueza nova, incrementando-o substancialmente, às expensas de um reforço que é de toda a comunidade". (ATALIBA, Geraldo. **2ª Reunião Regional Latino Americana de Direito Tributário: em prol da contribuição de melhoria**. São Paulo: Resenha Tributária. S/d, p. 13).

30. "De salientar que, além da função fiscal (visa à arrecadação de recursos para o Erário), a contribuição de melhoria tem também a função redistributiva, ou seja, o restabelecimento da equidade em termos da aplicação dos recursos públicos, de forma a evitar um ganho individual indevido em razão da arrecadação tributária provinda da maioria." (OLIVEIRA, José Jayme de Macedo. Contribuição de melhoria e normas gerais (arts. 81 e 82, CTN e Dec.-lei 195/1967). In: **Revista Tributária e de Finanças Públicas**. Ano 20, 107, nov. dez. 2012, São Paulo: Revista dos Tribunais, p. 133).

se materializa somente com a valorização imobiliária decorrente, por necessário, da conclusão da obra pública. A compensação prevista nestas leis parte de uma presunção indevida da valorização futura, o que não é certo nem seguro.

Este problema também ocorreu no Direito Italiano, tendo recebido críticas de Giannini[31] ao discorrer sobre a desigualdade decorrente da vinculação entre a desapropriação e o pagamento da contribuição de melhoria, quando a lei de desapropriação por utilidade pública (Lei n. 2.359, de 25/07/1865) já previa a possibilidade de dedução na desapropriação do valor do tributo, o que ensejava uma grande desigualdade entre o proprietário parcialmente desapropriado e o proprietário colidante beneficiado, que sequer teria a certeza da cobrança posterior do tributo e, caso fosse mesmo instituído, ainda poderia parcelar e ter o valor devido menor do que o valor integralmente deduzido do desapropriado.

Aliomar Baleeiro[32] menciona que, no Brasil, também houve tentativa de vincular o pagamento da indenização por desapropriação à contribuição de melhoria, mas insistimos em que tal concepção não é compatível com o conceito de tributo. Não se pode admitir antecipação do fato gerador da contribuição de melhoria e, ao prever a compensação com a indenização em virtude de desapropriação parcial, estar-se-á desvirtuando os dois institutos jurídicos: a desapropriação, que exige pagamento justo e prévio, e o tributo que exige pagamento posterior

---

31. GIANNINI, A. D. **Instituciones de derecho tributario.** Tradução de Fernando Sainz de Bujanda. Madrid: Editorial de derecho financiero, 1957, p. 549.

32. "A ideia de recuperação das somas investidas em obras públicas que valorizam imóveis de particulares ocorreu aos estadistas brasileiros muito antes de se difundirem, no país, as práticas fiscais estrangeiras sobre o assunto. Mas as iniciativas legislativas, em geral, se limitavam à compensação de valorização em expectativa com parte da indenização devida aos proprietários em caso de desapropriação por necessidade ou utilidade pública. Nesse sentido, há textos de leis brasileiras desde 1845." (BALEEIRO, Aliomar. **Direito tributário brasileiro**. 10. ed., revista e atualizada por Flávio Bauer Novelli. Rio de Janeiro: Forense, 1991, p. 362).

e vinculado à valorização de obra pública concluída. Percebe-se, nessa tentativa forçada da compensação, uma disparidade do aspecto temporal desses dois institutos jurídicos, o que inviabiliza, de plano, a pretendida compensação.

Nesse sentido, decidiu o STJ no Resp. n. 1.230.687[33][34], enfatizando a impossibilidade de reduzir o valor da indenização em virtude da desapropriação, sob a alegação de que houve valorização do terreno. Também o Resp. 439.878, tendo como relator o Ministro Teori Zavaski, corrobora o entendimento de que a desapropriação só é justa se for pago o preço justo e certo.

Já no REsp. 795.580/SC[35], cujo relator foi o Ministro Castro Meira, houve uma diferenciação relativamente à valorização

---

33. EMENTA. ADMINISTRATIVO – DESAPROPRIAÇÃO INDIRETA – JUROS COMPENSATÓRIOS A PARTIR DO APOSSAMENTO – SÚMULA 114/STJ – VALORIZAÇÃO DA ÁREA REMANESCENTE – REDUÇÃO NO QUANTUM INDENIZATÓRIO – IMPOSSIBILIDADE. 1. Na desapropriação indireta, os juros compensatórios devem incidir a partir do apossamento (Súmula 114/STJ). 2. **Em se tratando de valorização geral ordinária, decorrente da construção de rodovia, não é possível o decote na indenização com base no art. 27, do Decreto-Lei 3.365/41, cabendo ao Poder Público, em tese, a utilização da contribuição de melhoria como instrumento legal capaz de fazer face ao custo da obra, devida proporcionalmente pelos proprietários de imóveis beneficiados com a valorização do bem.** 3. Recurso especial provido. (RESP 1.230.687-SC (2011/0008641-1), DJE 29\10\2012, Rel. Ministra Eliana Calmon).

34. EMENTA. ADMINISTRATIVO – DESAPROPRIAÇÃO – JUSTA INDENIZAÇÃO – VALORIZAÇÃO POSTERIOR À IMISSÃO NA POSSE. – A indenização só é justa, se bastar para que o expropriado adquira bem da vida correspondente àquele que lhe foi subtraído. No caso de desapropriação de um lote de terreno, a indenização será justa, na medida em que o expropriado possa adquirir, na mesma região, lote em igual situação àquela do terreno perdido. Se a valorização resultou de benefícios operados pelo Poder expropriante, tudo se resolve com a cobrança de contribuição de melhoria, jamais com o pagamento do preço injusto. (RECURSO ESPECIAL N. 439.878 – RJ (2002/0069786-9), RELATOR: MINISTRO TEORI ALBINO ZAVASCKI, T1 (Data do Julgamento: 09/02/2004).

35. PROCESSUAL CIVIL E ADMINISTRATIVO. DESAPROPRIAÇÃO INDIRETA. CONSTRUÇÃO E RODOVIA. VALORIZAÇÃO DA ÁREA

ordinária e extraordinária, entendendo o relator que, no caso de valorização extraordinária, quando há uma valorização exorbitante de uma área em relação às demais, poderia o Estado efetuar o abatimento proporcional na indenização a ser paga, mas, ainda assim, destacamos que não se trata da compensação

---

REMANESCENTE. ABATIMENTO. ART. 27 DO DECRETO-LEI 3.365/41. INTERPRETAÇÃO. 1. [...]. **3. Na desapropriação, direta ou indireta, quando há valorização da área remanescente não desapropriada em decorrência de obra ou serviço público, dispõe o Estado de três instrumentos legais para evitar que a mais-valia, decorrente da iniciativa estatal, locuplete sem justa causa o patrimônio de um ou de poucos: a desapropriação por zona ou extensiva, a cobrança de contribuição de melhoria e o abatimento proporcional, na indenização a ser paga, da valorização trazida ao imóvel.** 4. A valorização imobiliária decorrente da obra ou serviço público pode ser geral, quando beneficia indistintamente um grupo considerável de administrados, ou especial, que ocorre quando o benefício se restringe a um ou alguns particulares identificados ou, pelo menos, identificáveis. 5. A mais-valia geral subdivide-se em ordinária e extraordinária. A primeira tem lugar quando todos os imóveis lindeiros à obra pública se valorizam em proporção semelhante. A segunda, diferentemente, toma parte quando algum ou alguns imóveis se valorizam mais que outros, atingidos pela mais-valia ordinária. **6. Na hipótese de valorização geral ordinária, dispõe o Poder Público da contribuição de melhoria como instrumento legal apto a "diluir", entre os proprietários beneficiados com a obra, o custo de sua realização.** 7. No caso de valorização geral extraordinária, pode o Estado valer-se da desapropriação por zona ou extensiva, prevista no art. 4º do Decreto-Lei 3.365/41. Havendo valorização exorbitante de uma área, pode o Estado incluí-la no plano de desapropriação e, com a revenda futura dos imóveis ali abrangidos, socializar o benefício a toda coletividade, evitando que apenas um ou alguns proprietários venham a ser beneficiados com a extraordinária mais-valia. 8. Por fim, tratando-se de valorização específica, e somente nessa hipótese, poderá o Estado abater, do valor a ser indenizado, a valorização experimentada pela área remanescente, não desapropriada, nos termos do art. 27 do Decreto-Lei 3.365/41. 9. No caso, a área remanescente não desapropriada valorizou em decorrência da construção de rodovia estadual. A valorização experimentada pelo imóvel não é especial, mas genérica, atingindo em patamares semelhantes todos os imóveis lindeiros à via pública construída. Assim, a mais valia deve ser cobrada por meio do instrumento legal próprio, que é a contribuição de melhoria, sendo indevido o abatimento proporcional do justo preço a ser pago pela desapropriação. 10. Recurso especial conhecido em parte e provido. (REsp 795.580/SC, Rel. Min. CASTRO MEIRA, SEGUNDA TURMA, julgado em 12/12/2006, DJ de 1º/02/2007).

com a futura contribuição de melhoria, o que fica evidente na decisão em foco.

No sentido aqui exposto, bem decidiu a Ministra Denise Arruda:

> [...] Na linha de entendimento desta Corte, a **valorização da área remanescente do imóvel indiretamente expropriado, resultante da construção de uma rodovia à sua margem, não pode ser considerada para reduzir o valor devido a título de indenização.** 3. A questão relativa à eventual valorização da área remanescente, se for o caso, deve ser resolvida no âmbito tributário, mediante a imposição de contribuição de melhoria estendida a todos os beneficiários da obra. [...]. (REsp 1.074.994/SC, **Relatora Ministra Denise Arruda**).

5. NEXO DE CAUSALIDADE ENTRE A OBRA E A VALORIZAÇÃO: PROVA DO ENTE TRIBUTANTE

É curioso como é preciso reafirmar o óbvio em matéria de tributação, principalmente quando o Estado passa a utilizar de forma desvirtuada determinados tributos. A definição do fato gerador da contribuição de melhoria está claramente prevista no art. 1º, do Decreto-lei n. 195/67, sendo o acréscimo do valor do imóvel localizado nas áreas beneficiadas direta ou indiretamente por obras públicas.

Caberá ao ente público que a institui comprovar qual foi a valorização do imóvel. O edital é o instrumento legal para apresentar os detalhes da valorização e demais peculiaridades da obra, conforme o art. 5º, do Decreto-lei n. 195/67.

A jurisprudência assim determina:

> EMENTA. TRIBUTÁRIO. CONTRIBUIÇÃO DE MELHORIA. REQUISITOS. NEXO DE CAUSALIDADE ENTRE A

OBRA E A VALORIZAÇÃO DO IMÓVEL. PROVA QUE COMPETE AO ENTE TRIBUTANTE. REEXAME. SÚMULA 7 DO STJ. 1. Para ser válida a contribuição de melhoria, é imprescindível, além da realização de obra pública e da efetiva constatação de valorização do imóvel, a comprovação de nexo de causalidade entre esses dois fatos, ou seja, a prova de que a valorização decorreu estritamente da obra levada a efeito pelo ente tributante, a quem compete o ônus da prova. 2. Diferentemente do que se afirma no recurso especial, conclusão diversa da manifestada pela instância de origem a respeito da moldura fática da causa demandaria reexame de questões probatórias, expediente inviável no âmbito do apelo nobre, a teor do entendimento firmado na Súmula 7 do Superior Tribunal de Justiça: "A pretensão de simples reexame de prova não enseja recurso especial". 3. Agravo regimental não provido. (AgRg no AREsp 417697/PR -2013/0354534-4, Rel. Ministra Eliana Calmon, T2, Data do julgamento: 10/12/2013).

Quanto ao momento de apresentação do edital que deve ser publicado pelo ente tributante, não há previsão legal se o mesmo deve ser apresentado no início, durante ou depois da efetivação da obra. Ante esta falta de regulamentação expressa em relação ao momento de apresentação do edital, não se pode afirmar que é indispensável sua apresentação logo no início da obra, o que, muitas vezes, é mesmo inviável, considerando a impossibilidade de determinação e valorização dos imóveis beneficiados.

Ressaltamos, ainda, que o Decreto-lei n. 195/67, no art. 5º, menciona que o edital delimitará as áreas beneficiadas e os respectivos custos, justificando-se assim, que o mesmo seja apresentado posteriormente à conclusão da obra. Constatamos que referido edital tem a finalidade de apresentar os dados relativos à obra, seus custos e o respectivo plano de rateio. Corresponde, na prática, à primeira fase do procedimento do lançamento tributário. Não é permitido, portanto, é que o ente tributante silencie sobre esses dados relevantes, como ocorreu no Município de Laranjeiras do Sul, no Paraná: *LARANJEIRAS*

DO SUL – PARANÁ: rateou o custo total da obra entre os proprietários dos imóveis que ficavam às margens das ruas asfaltadas, sem prever no edital o limite individual do benefício trazido ao imóvel de cada contribuinte (STJ REsp 147094, PR 1997/0062530-3).

Também de forma indevida, o Município de Ourinhos, em São Paulo, pretendeu cobrar a contribuição de melhoria em virtude de obra de asfalto, guias e sarjetas, sem a previsão detalhada da valorização de cada imóvel, substituindo o cálculo devido na valorização individual de cada imóvel, pela mera repartição dos custos pelo metro linear da testada do imóvel, sendo oportunamente o ato declarado ilegal pelo Supremo Tribunal Federal[36]. Concluímos, portanto, que a jurisprudência reafirma a necessidade de edital e não necessariamente o seu momento de publicação.[37]

---

36. AGR 694836, 24/11/2009 2T DJE 237 AGRG 1159433/RS (2009.0034648-0), Rel. Benedito Gonçalves, T1, 26.10.2010.
37. EMENTA: TRIBUTÁRIO. CONTRIBUIÇÃO DE MELHORIA. 1. PARCELAMENTO. ADESÃO DA CONTRIBUINTE AO PAG. CONFISSÃO DE DÍVIDA QUE NÃO INIBE A DISCUSSÃO JUDICIAL. POSSIBILIDADE DE CONHECIMENTO DO PEDIDO. "A confissão da dívida não inibe o questionamento judicial da obrigação tributária, no que se refere aos seus aspectos jurídicos" (STJ, Resp n. 1.133.027/SP, Rel. Min. Mauro Campbell Marques, j. 13.10.11). 2. TRIBUTÁRIO. CONTRIBUIÇÃO DE MELHORIA. COBRANÇA BASEADA APENAS NO CUSTO DA OBRA. AUSÊNCIA DE INDICAÇÃO NO EDITAL DA VALORIZAÇÃO DO IMÓVEL. INEXIGIBILIDADE DO TÍTULO POR VÍCIOS EM SUA COMPOSIÇÃO. "A contribuição de melhoria decorrente de obra pública só pode ser instituída se houver valorização do imóvel a que serve, devendo ser previamente publicado edital que contenha os requisitos do art. 82, do CTN, incluindo o cálculo de tal valorização, o custo total da obra e o rateio da parcela devida pelo contribuinte beneficiado, que deverá ser notificado do lançamento conforme o disposto no § 2º. O edital que não contém indicações acerca da valorização imobiliária obtida com a obra não é hábil a instrumentalizar o lançamento da contribuição de melhoria, de modo que a cobrança feita pelo ente público é indevida, devendo ser anulado o crédito tributário irregularmente constituído (TJSC, AC n. 2005.003755-2, rel. Des. Jaime Ramos, j. 19.04.05). SENTENÇA QUE DETERMINOU A EXTINÇÃO DA EXECUÇÃO FISCAL MANTIDA. APELO DESPROVIDO. (TJSC, AC 20130527173 SC 2013.052717-3 (Acórdão) (TJ-SC). Data de publicação: 19/09/2013.

6. MOMENTO DA COBRANÇA DA CONTRIBUIÇÃO DE MELHORIA

Em razão dos vários precedentes aqui definimos, entendemos ser perfeita a decisão do Superior Tribunal de Justiça, quando decidiu sobre o momento de conclusão da obra para a cobrança da contribuição de melhoria, uma vez que, somente após a obra, se concretiza um dos elementos do fato gerador, que é a definição da valorização imobiliária. A única exceção prevista no art. 9º, do Decreto-lei 195/67[38], é quando a obra esteja parcialmente concluída e com possibilidade de já apurar a valorização dos imóveis. E, assim, referido dispositivo legal reafirma o que concluímos, porquanto diz o que justifica a cobrança do tributo é o momento quando já se pode confirmar a valorização decorrente da obra.

E assim definiu o Superior Tribunal de Justiça, no voto primoroso da relatora Ministra Denise Arruda:

> [...]. 2. De acordo com a jurisprudência desta Corte, continuam em vigor os arts. 81 e 82 do Código Tributário Nacional, bem como as disposições do Decreto-Lei 195/67, os quais regulamentam a contribuição de melhoria. 3. "Só depois de pronta a obra e verificada a existência da valorização imobiliária que ela provocou é que se torna admissível a tributação por via de contribuição de melhoria" (CARRAZZA, Roque Antonio. "Curso de Direito Constitucional Tributário", São Paulo: Malheiros, 2006, pág. 533). 4. O lançamento da contribuição de melhoria deve ser precedido de processo específico, conforme descrito no art. 82 do Código Tributário Nacional. 5. Cabe ao Poder Público apresentar os cálculos que irão embasar a cobrança da contribuição de

---

38. "Art. 9º Executada a obra de melhoramento na sua totalidade ou em parte suficiente para beneficiar determinados imóveis, de modo a justificar o início da cobrança da Contribuição de Melhoria, proceder-se-á ao lançamento referente a esses imóveis depois de publicado o respectivo demonstrativo de custos".

melhoria, concedendo, entretanto, prazo para que o contribuinte, em caso de discordância, possa impugná-los administrativamente. Trata-se, pois, de um valor presumido, cujo cálculo está a cargo da própria Administração. 6. O procedimento administrativo não exclui a revisão pelo Judiciário. 7. Recurso especial desprovido. Resp. 671.560 – RS (2004/0092956-8), **Relatora Ministra Denise Arruda**, Data do julgamento: 15/05/2007).

6.1. Necessidade de edital de conclusão da obra

Uma das finalidades da contribuição de melhoria é ressarcir aos cofres públicos os valores (total ou parcial) gastos na realização de obra pública, portanto, tais valores não são necessariamente vinculados à obra específica que motivou a cobrança do tributo, daí concordarmos com Hugo de Brito Machado[39], quando ensina que a destinação do produto da arrecadação ao custeio da obra pública não é elemento essencial a sua caracterização.

E ainda considerando o art. 9º, do Decreto-lei n. 195/67, o lançamento só é possível depois de concluída a obra, ressaltando os casos excepcionais em que a conclusão parcial já represente a valorização para determinados imóveis. Com efeito, não poderia a receita arrecadada estar vinculada à despesa de uma obra que já foi concluída, e pressupondo-se que também já paga.

Existe a discussão referente à necessidade de edital para a cobrança do tributo em virtude do art. 5º, do Decreto-lei n. 195/67. Alguns contribuintes questionam se há necessidade de edital no início e no término da obra. A jurisprudência[40],

---

39. MACHADO, Hugo de Brito. **Curso de direito tributário**. 32. ed. São Paulo: Malheiros, 2011, p. 445.
40. EMENTA. TRIBUTÁRIO. RECURSO ESPECIAL. CONTRIBUIÇÃO DE MELHORIA. EDITAL.

entretanto, já admitiu que o edital no início da obra é dispensável, podendo ser apresentado após a conclusão. O indispensável é que contenha os requisitos legais, quais sejam, a delimitação das áreas direta e indiretamente beneficiadas e a relação dos imóveis nela compreendidos; memorial descritivo do projeto; orçamento da obra; determinação da parcela do custo das obras a ser ressarcida pela contribuição, com o correspondente plano de rateio entre os imóveis beneficiados.

7. CONTRIBUIÇÃO DE MELHORIA E TRIBUTAÇÃO DO GANHO DE CAPITAL

Desde logo, deixamos claro que não há de se confundir a contribuição de melhoria com o imposto de renda incidente sobre ganho de capital, tendo ambos funções completamente diferentes. Tais exações não se confundem nem se sobrepõem. Os momentos e motivos da incidência são diversos.

Considera-se ganho de capital a diferença positiva entre o valor de alienação de bens ou direitos e o respectivo custo de aquisição. O fato gerador do imposto de renda incidente sobre o ganho de capital, portanto, decorre da valorização obtida do imóvel e incide no momento da alienação, a qualquer título, ou transferência, não se confundindo com a contribuição de melhoria, cujo fato gerador decorre da valorização imobiliária consequente de obra pública.

Bilac Pinto[41] também apontou a diferença dos dois institutos pelo Direito alemão, considerando a contribuição de

---

1. "A partir do D.L. 195/67, a publicação do edital é necessária para cobrança da contribuição de melhoria. Pode, entretanto, ser posterior à realização da obra pública" (Resp 84.417, Rel. Min. Américo Luz). Precedentes da 1ª e 2ª Turma. 2. Recurso especial improvido. (REsp. 143.998 – SP (1997/0057002-9), Relator Ministro Castro Meira, Data de julgamento: 08/03/05).
41. BILAC, Pinto. **Contribuição de melhoria.** Rio de Janeiro: Empreza Revista Forense Editora. 1. ed., 1937, p. XII.

melhoria um tributo fiscal, diferentemente do imposto sobre a mais-valia imobiliária que afirmou ser extrafiscal.

Como, nos dois casos, há o elemento da valorização imobiliária, esta discussão sempre vem à tona, inclusive, em outros países, conforme relata Dino Jarach[42] em relação ao Direito argentino.

No caso da tributação sobre o ganho de capital incidente sobre a valorização do imóvel, a legislação brasileira permite crescer no custo do imóvel algumas despesas, dentre elas o pagamento da contribuição de melhoria, conforme disposto no artigo 17, da Instrução Normativa SRF nº 84/01, nos seguintes termos:

> Art. 17. Podem integrar o custo de aquisição, quando comprovados com documentação hábil e idônea e discriminados na Declaração de Ajuste Anual, no caso de:
>
> I – **bens imóveis:**
>
> [...];
>
> f) **o valor da contribuição de melhoria.**

Da mesma forma, já previa o art. 17, do Decreto 195/67, permitindo a dedução da importância paga a título de contri-

---

[42]. "La contribución con sus dificultades reconocidas para absorber parte del mayor valor diferencial de los inmuebles, como consecuencia de una obra pública, es reemplazada por los impuestos a las ganancias de capital. No queremos decir que éstos cumplan con el mismo propósito, ni tampoco que haya una equivalencia de recaudación entre la contribución de mejoras y los impuestos sobre las ganancias de capital. Pero sí subrayamos que estos impuestos absorben una parte de los beneficios, sin la dificultad de determinar su causa ni su carácter diferencial. Eliminan asimismo la exigencia de establecer su zona de influencia. Reconocemos que se trata de dos figuras tributarias muy distintas y que el impuesto sobre las ganancias de capital tiene una función que difiere totalmente de la función de la contribución de mejoras, pero reconozcamos también que, de todos modos, el fenómeno económicosocial que da origen al mayor valor inmobiliario se halla sometido a un impuesto más amplio y más determinable que la contribución por el beneficio diferencial." (JARACH, Dino. **Finanzas públicas y derecho tributario.** 3. ed. Buenos Aires: Abeledo-Perrot, 2003, p. 246).

buição de melhoria para efeito do imposto sobre renda devido sobre a valorização imobiliária resultante de obra pública, hoje conhecido como imposto sobre ganho de capital.

CONSIDERAÇÕES FINAIS

Não restam dúvidas das importantes mudanças no contexto contemporâneo brasileiro no concernente à contribuição de melhoria. Esta espécie tributária era considerada há poucos anos como um tributo em segundo plano e muito pouco utilizado pelos entes federativos. Hoje já constatamos que esta realidade mudou e, principalmente, os municípios utilizam o tributo como forma de ressarcimento do custo das despesas da obra pública realizada.

É preciso, contudo, não olvidar o fato de que a contribuição de melhoria é uma espécie tributária, portanto, atrelada ao conceito do gênero tributo, conforme o art. 3º, do Código Tributário Nacional, e as limitações constitucionais ao poder de tributar, previstas no art. 150, da Constituição da República Federativa do Brasil.

Em razão das claras limitações do Sistema Tributário Nacional, as únicas conclusões que podemos ter são somente estas: i) a contribuição de melhoria tem que ser prevista por lei específica e promulgada para cada obra realizada; ii) o valor deve sempre ser vinculado ao valor total da obra e não ultrapassar o valor individual da valorização do imóvel de cada contribuinte; iii) não é possível antecipar o pagamento do tributo com redução do valor referente à desapropriação do imóvel; iv) o edital com o detalhamento da obra é indispensável, contudo, não é necessário que seja no início da obra; v) a cobrança do tributo só poderá ser efetivada quando possível o cálculo da valorização do imóvel, sendo excepcionalmente cabível a cobrança com a obra parcialmente concluída nos casos em que tal apuração da valorização já seja possível; vi) a contribuição de melhoria não se confunde com o imposto de renda sobre ganho de capital, sendo distintos o momento da incidência e o fato gerador.

    Considerando que a contribuição de melhoria cada vez mais está presente no ordenamento jurídico brasileiro, é preciso se ficar atento para que este tributo não seja desvirtuado pelo Estado. O cidadão-contribuinte deve sempre ficar alerta para os liames legais desta exação e, da mesma forma, o Poder Judiciário tem que atuar ativamente nos casos de abuso ou malversação do tributo pelos entes da Federação.

REFERÊNCIAS

ATALIBA, Geraldo. **Natureza jurídica da contribuição de melhoria**. São Paulo: Revista dos Tribunais, 1964.

_____. **2ª Reunião Regional Latino Americana de Direito Tributário – em prol da contribuição de melhoria**. São Paulo: Resenha Tributária. S/d.

BALEEIRO, Aliomar. **Direito tributário brasileiro**. 10. ed., revista e atualizada por Flávio Bauer Novelli. Rio de Janeiro: Forense, 1991.

BARRETO, Paulo Ayres. **Contribuições**: regime jurídico, destinação e controle. São Paulo: Noeses, 2006.

BECKER, Alfredo Augusto. **Teoria geral do direito tributário**. 6. ed., São Paulo: Noeses, 2013.

BERLIRI, Antonio. **Principios de derecho tributario**. Tradução de Fernando Vicente-Arche Domingo. V. 1. Madrid: Editorial de Derecho Financiero, 1963.

BILAC, Pinto. **Contribuição de melhoria**. Rio de Janeiro: Empreza Revista Forense Editora. 1. ed., 1937.

BRITO, Edvaldo. **Tributos sinalagmáticos e contribuições na legislação brasileira**. São Paulo: USP, 2002.

CARRAZZA, Roque Antonio. **Curso de direito tributário constitucional**. 2. ed. São Paulo: Revista dos Tribunais, 1991.

CARVALHO, Paulo de Barros. **Curso de direito tributário**. 25. ed. São Paulo: Saraiva, 2013.

FANTOZZI, Augusto. **Diritto tributario**. Torino: Editrice Torinese, 1991.

FERREIRO LAPATZA, José Juan. **Curso de derecho financiero español**. 22. ed. V. 1, Madrid: Marcial Pons, 2000.

GAMA, Tácio Lacerda. **Competência tributária**: fundamentos para uma teoria da nulidade. 2. ed. São Paulo: Noeses, 2011.

GIANNINI, A. D. **Instituciones de derecho tributario**. Tradução de Fernando Sainz de Bujanda. Madrid: Editorial de derecho financiero, 1957.

GIANNINI, A. D. **Instituciones de derecho tributario**. Tradução de Fernando Sainz de Bujanda. Madrid: Editorial de derecho financiero, 1957.

JARACH, Dino. **Finanzas públicas y derecho tributario**. 3. ed. Buenos Aires: Abeledo-Perrot, 2003.

JARDIM, Eduardo Marcial Ferreira. **Curso de direito tributário**. São Paulo: Noeses, 2013.

MACHADO, Hugo de Brito. **Curso de direito tributário**. 32. ed. São Paulo: Malheiros, 2011.

MALAGÓN, Nancy Valentín. Contribución de valorización. In: PIZA RODRÍGUEZ, Julio Roberto. **Régimen impositivo de las entidades territoriales en Colombia**. Colômbia: Universidad Externado de Colombia, 2012, p. 357-388.

MARQUES, Carlos Roberto. **Contornos e fundamentos modernos da contribuição de melhoria**. Rio de Janeiro: Lumen Juris, 2005.

MOREIRA, João Baptista. **A contribuição de melhoria: a imposição da valorização imobiliária.** Tratado de direito tributário brasileiro. V. 8. Rio de Janeiro: Forense, 1981.

OLIVEIRA, José Jayme de Macedo. Contribuição de melhoria e normas gerais (arts. 81 e 82, CTN e Dec.-lei 195/1967). In **Revista Tributária e de Finanças Públicas.** Ano 20, 107, nov. dez. 2012, São Paulo: Revista dos Tribunais, p. 131-148.

RODRIGUES, Priscilla Figueiredo da Cunha. **Contribuição de melhoria.** São Paulo: Malheiros, 2002.

SANCHES, Saldanha. **Manual de direito fiscal.** Lisboa: Lex, 1998.

SPISSO, Rodolfo R. **Derecho constitucional tributário.** 2. ed. Buenos Aires: Depalma, 2000.

VILLEGAS, Héctor B. **Curso de finanzas, derecho financiero y tributario.** 5. ed., Buenos Aires: Depalma, 1995.

SEGURANÇA JURÍDICA E OS LIMITES NECESSÁRIOS PARA A INSTITUIÇÃO DE CONTRIBUIÇÕES DE INTERVENÇÃO NO DOMÍNIO ECONÔMICO

Eduardo Maneira[1]

1. SEGURANÇA JURÍDICA E REPARTIÇÃO DE COMPETÊNCIA PARA A INSTITUIÇÃO DE TRIBUTOS

O Sistema Tributário Nacional estrutura-se a partir dos valores segurança jurídica e justiça. O princípio da legalidade, bem como aqueles que lhes são conexos, anterioridade e irretroatividade, buscam dar efetividade à segurança jurídica. O princípio da isonomia e aqueles a ele vinculados, tais como o princípio da capacidade econômica de contribuir e do não--confisco, conferem maior concretude à justiça tributária.

A segurança jurídica orienta também a lógica adotada pela Constituição de 1988, ao tratar da repartição de competência

---

[1]. Professor de Direito Tributário da Faculdade Nacional de Direito da Universidade Federal do Rio de Janeiro (UFRJ). Presidente da Associação Brasileira de Direito Tributário (ABRADT). Diretor da Associação Brasileira de Direito Fiscal (ABDF). Advogado.

tributária. Os impostos, tributos não-vinculados por excelência, estão expressamente previstos na Constituição, que os reparte rigidamente entre as pessoas políticas que recebem a outorga de competência privativa para instituí-los.

Todo este cuidado da Constituição com os impostos não se repete em relação às demais espécies tributárias, por uma razão simples: a natureza vinculada dos demais tributos é, por si só, um limite rigoroso à pretensão estatal de instituir exações.

O pano de fundo no qual se baseou a Constituição de 1988 para estabelecer limites e balizamentos para a instituição de tributos foi a doutrina que classifica os tributos em vinculados e não-vinculados.

Tributos vinculados são aqueles cuja hipótese de incidência consiste numa atuação estatal relativamente à pessoa do contribuinte, e tributos não-vinculados são aqueles cuja hipótese é um fato de relevância econômica desvinculado de qualquer atuação do Estado. No primeiro grupo, temos as taxas e as contribuições e, no segundo grupo, os impostos.

Não há dúvidas de que foi essa a teoria que inspirou o constituinte de 1988 na tarefa de realizar a repartição de competência tributária dentre as pessoas políticas que integram a federação brasileira.

Os impostos, por serem tributos não-vinculados, isto é, cuja obrigação de pagar não decorre de uma atuação estatal, são todos eles, como já se disse, discriminados na Constituição e objeto de uma repartição expressa e rígida. De acordo com a conceituação legal (CTN, art. 16), imposto é o tributo cuja obrigação tem por fato gerador uma situação independente de qualquer atuação estatal específica, relativa ao contribuinte.

É por isso que o único modo de se evitar que um mesmo fato econômico seja tributado por mais de uma pessoa é a enumeração exaustiva dos impostos, seguida de uma repartição expressa e rígida, com a consequente atribuição de competência privativa às pessoas políticas.

Desse modo, somente os Municípios (e o Distrito Federal) podem instituir impostos sobre a propriedade predial e territorial urbana, sobre a transmissão *inter vivos*, a qualquer título, por ato oneroso, de bens imóveis e sobre serviços de qualquer natureza. Acrescente-se que nenhum outro imposto poderá ser instituído pelos Municípios, além dos acima enumerados. O mesmo ocorre em relação aos Estados, que têm competência privativa para instituir os impostos previstos no art. 155 da Constituição, e à União Federal, em relação aos impostos previstos no art. 153, com a ressalva de que esta é, ainda, titular de competência residual, outorgada pela Constituição em seu art. 154.

De sua vez, as taxas e as contribuições de melhoria não são especificadas na Constituição e podem ser instituídas por todas as pessoas titulares de competência tributária, desde que exerçam o poder de polícia ou prestem serviço público com as características previstas no art. 145, II, da CF ou realizem obras públicas com valorização imobiliária para os particulares.

O que distingue a taxa da contribuição é que a primeira decorre de serviço público, e a outra, de obra pública com valorização imobiliária. O serviço público que gera o dever de pagar a taxa não precisa necessariamente trazer benefícios ao contribuinte: uma certidão que aponta dívidas fiscais deve ser paga por meio de taxa tanto quanto uma certidão negativa; as custas judiciais devem ser pagas por quem é derrotado na demanda etc. No entanto, a contribuição de melhoria só se legitima se da obra pública decorrer uma valorização imobiliária para o contribuinte.

2. SEGURANÇA JURÍDICA E AS CIDES COMO TRIBUTO VINCULADO

As contribuições de intervenção no domínio econômico devem ser classificadas como tributos vinculados. É que, somente podem ser instituídas se a União efetivamente intervier na ordem econômica. Por outras palavras, o que faz da contribuição um tributo vinculado é identificar, na intervenção, um dos núcleos de sua hipótese de incidência.

O STF, ao julgar o RE 177.137-2 RS, no qual se discutia se o Adicional ao Frete para Renovação da Marinha Mercante – AFRMM, havia sido recepcionado pela Constituição de 1988, deixou bastante claro que a contribuição de intervenção no domínio econômico não se confunde com impostos, mesmo na hipótese de ter a mesma base de cálculo de impostos existentes, pelo fato de que é a intervenção em determinado setor econômico o seu fato gerador. Do voto do Ministro-Relator, Carlos Velloso, se extrai o seguinte trecho:

> Destarte, como contribuição – contribuição de intervenção no domínio econômico – foi o AFRMM recebido pela Constituição vigente, art. 149, dado que o Adicional ao Frete para a Renovação da Marinha Mercante – AFRMM – destina a atender aos encargos da intervenção da União nas atividades de navegação mercante (D.L. 2.404/87, art. 1º), consistindo essa intervenção no apoio ao desenvolvimento da Marinha Mercante Brasileira e da Indústria de construção naval (D.L. 2.404/87, art. 1º, § único). Trata-se de um adicional ao frete cobrado pelas empresas brasileiras e estrangeiras de navegação que operem em porto brasileiro, de acordo com o conhecimento de embarque e o manifesto de carga, pelo transporte de carga de qualquer natureza, certo que esse adicional é devido na entrada no porto de descarga (D.L. 2.404/87, art. 2º, § 1º), calculado o AFRMM sobre o frete, nos percentuais estabelecidos no art. 3º.
>
> (...)
>
> O argumento básico da recorrente, em sentido contrário, é este: o AFRMM não teria sido recebido pela Constituição vigente, por isso que, se tal houvesse acontecido, estaria ocorrendo 'invasão de competência da União, através da cobrança' do citado adicional 'sobre o frete de transporte marítimo internacional porto a porto, campo de incidência

do ICMS, imposto da competência dos Estados e do Distrito Federal. (C.F., art. 155, §2º, IX, 'a').

O argumento não me parece procedente.

Assentado está que o AFRMM é uma contribuição de intervenção no domínio econômico (C.F. art. 149). Não é, portanto, nem taxa nem imposto, mas um terceiro gênero tributário, ou uma subespécie da espécie tributária contribuição (RE 138.284-CE, /RTJ 143/313). A contribuição, não obstante um tributo, não está sujeita à limitação inscrita no art. 2º do art. 145, da Constituição. Também não se aplicam a ela as limitações a que estão sujeitos os impostos, em decorrência da competência privativa dos entes políticos para instituí-los (C.F. art. 153, 155 e 156), a impedir a bitributação. A técnica da competência residual da União para instituir imposto (C.F. art. 154, I), aplicável às contribuições sociais de seguridade, no tocante às 'outras fontes destinadas a garantir a manutenção ou expansão da seguridade social' (C.F., art. 195, §4º), não é invocável, no caso (C.F., art. 149).

A posição do STF parece-nos bastante clara no sentido de que as CIDEs se justificam pelo fato de caber à União *intervir na atividade econômica, com vistas a organizar e desenvolver setor essencial, que talvez não possa ser desenvolvido com eficácia no regime de competição de liberdade de iniciativa* (trecho do voto do Min. Ilmar Galvão no RE 177.137-2-RS).

Assim, nos mesmos moldes de outro tributo vinculado que é a contribuição de melhoria, cuja hipótese de incidência compõe-se de dois núcleos (valorização imobiliária mais obra pública), nas CIDES, **a hipótese de incidência é composta de um primeiro núcleo, que é o fato do contribuinte, cujo aspecto material se assemelha ao de um imposto, e de um segundo núcleo, que é a existência de atos interventivos efetivamente implementados pela União.**[2]

---

2. CAMARGOS, Luciano Dias Bicalho, *in Da natureza jurídica das Contribuições para o Instituto Nacional de Colonização e Reforma Agrária* – INCRA, São Paulo: MP Editora, 2006.

A incidência da contribuição será legítima a partir do momento em que ocorrer o fato do contribuinte (primeiro núcleo da hipótese) cujo universo é delimitado pela *referibilidade*, assim denominada a correlação lógica entre os pagantes e o benefício trazido pela contribuição. A ocorrência do ato interventivo (segundo núcleo da hipótese) pode ser presumida, tal como ocorre em relação às taxas exigidas pelo exercício do poder de polícia, cujo regular exercício pode-se presumir (não dispensar). A jurisprudência atualmente dominante, firmada a partir do julgamento pelo STF da taxa de controle e fiscalização ambiental, instituída pela Lei n. 10.165/2000, é no sentido de que a taxa pelo exercício do poder de polícia pode ser cobrada sem a efetiva comprovação da atividade fiscalizadora, desde que haja órgão administrativo em funcionamento que exercite tal função. O STF admitiu que o efetivo exercício do poder de polícia poderia ser presumido, jamais dispensado. Presumir a fiscalização reafirma a necessidade de ela ocorrer, e não o contrário.

Do mesmo modo, em relação às contribuições interventivas, havendo o órgão que promova a intervenção, seja por meio de fomento ou incentivo de uma atividade econômica, é lícito presumir que tal fato efetivamente ocorra.

O valor da contribuição deve ser suficiente para custear a atuação estatal de intervir, devendo sua base de cálculo seguir a sistemática adotada para os tributos vinculados, isto é, ter por parâmetro o custo da intervenção estatal e, ao contrário do que ocorre com a base de cálculo dos tributos não-vinculados, ela não é objetivamente apurável, mas estimada. Estima-se (e não se presume) a partir de critérios razoáveis o custo da atividade estatal. Neste sentido, a jurisprudência do STF:

> TAXA: CORRESPONDÊNCIA ENTRE O VALOR EXIGIDO E O CUSTO DA ATIVIDADE ESTATAL. A taxa, enquanto contraprestação a uma atividade do Poder Público, não pode superar a relação de razoável equivalência que

deve existir entre o custo real da atuação estatal referida ao contribuinte e o valor que o Estado pode exigir de cada contribuinte, considerados, para esse efeito, os elementos pertinentes às alíquotas e à base de cálculo fixadas em lei. Se o valor da taxa, no entanto, ultrapassar o custo do serviço prestado ou posto à disposição do contribuinte, dando causa, assim, a uma situação de onerosidade excessiva, que descaracterize essa relação de equivalência entre os fatores referidos (o custo real do serviço, de um lado, e o valor exigido do contribuinte, de outro), configurar-se-á, então, quanto a essa modalidade de tributo, hipótese de ofensa à cláusula vedatória inscrita no art. 150, IV, da Constituição da República. Jurisprudência. Doutrina. (STF, Pleno, ADI n. 2.551-MC-QO, Rel. Min. CELSO DE MELLO, *DJ* 20.04.06).

No caso das contribuições de intervenção, o *quantum debeatur* será apurado a partir da base de cálculo do fato do contribuinte, isto é, do primeiro núcleo da hipótese de incidência da contribuição, e deverá ter por parâmetro de proporcionalidade, o segundo núcleo da hipótese, qual seja, o custo da intervenção estatal.

O modelo constitucional é muito claro no sentido de que somente os impostos podem incidir sobre fatos desvinculados da atuação estatal. Tanto é assim, que foi em relação a eles que a Constituição se deu ao trabalho de realizar uma rígida repartição de competência.

Em relação aos tributos vinculados, taxas e contribuições (de melhoria, previdenciária do empregado, **de intervenção no domínio econômico** e coorporativas), a Constituição não se preocupou em dizer quem poderá criar qual taxa ou qual contribuição, exatamente porque o que legitima a instituição de tais tributos é uma atuação estatal.

Se imaginarmos que qualquer tributo possa ser instituído sem uma contraprestação estatal, todo o trabalho que Constituição teve com os impostos terá sido em vão, colocando em risco a segurança jurídica.

3. SEGURANÇA JURÍDICA E O RAIO DE AÇÃO DAS CIDES

A causa legitimadora da contribuição é o fato de o Estado praticar atos de intervenção com a finalidade de atender aos objetivos e princípios contemplados no art. 170 da Constituição, dentre eles a defesa do consumidor, do meio ambiente, da função social da propriedade, da soberania nacional etc. Entendemos que não é possível cobrar contribuições onde o Poder Público já presta serviços públicos ou explora diretamente a atividade. Obviamente, a intervenção deve se dar nos setores explorados pela iniciativa privada em que o Estado atua como fomentador ou incentivador da atividade.

Daí, oportuna a indagação sobre o modo como a contribuição atingirá a finalidade interventiva, isto é, se diretamente, tal como um imposto extrafiscal, ou se indiretamente, custeando a atividade de intervenção. Marco Aurélio Greco admite os dois modos. Confira-se: *"Ampliou-se o cabimento das contribuições para admitir, não apenas a contribuição para enfrentar despesas públicas, mas também, a utilização da própria contribuição como instrumento de intervenção (equalizações financeiras, de custos dos agentes econômicos etc.)."*[3]

Hugo de Brito Machado Segundo afasta a ideia de contribuição como fonte de custeio. Veja:

> (...) as contribuições de intervenção no domínio econômico caracterizam-se pela finalidade interventiva. Muita semelhança guardam com os impostos ditos regulatórios. Por isto mesmo, aliás, a sugestão dada pelo Secretário da Receita Federal à Reforma Constitucional Tributária substituía todos os impostos de finalidade tipicamente interventiva por contribuição.[4]

---

3. GRECO, Marco Aurélio. "Contribuição de intervenção no domínio econômico – Parâmetros para sua criação", in *Contribuições de intervenção no domínio econômico e figuras afins*. São Paulo: Dialética, 2001.
4. SEGUNDO, Hugo de Brito Machado. "Perfil constitucional das contribuições

Com o devido respeito, a contribuição de intervenção ser *um fim em si mesma* é inaceitável. Estamos com Ricardo Mariz de Oliveira[5], para quem o termo *contribuição* liga-se indissociavelmente ao conceito de custeio de alguma utilidade. O montante arrecadado deve ser aplicado na finalidade, e o valor da contribuição deve ser correspondente ao custo da intervenção. O sujeito passivo, de sua vez, deve ter alguma vinculação com a intervenção, ou melhor, com a finalidade interventiva da contribuição (referibilidade).

Ora, como admitir que a intervenção se concretize na própria incidência da contribuição sobre determinada atividade? Se isso fosse possível, a receita decorrente dessa incidência não teria outro destino que não o orçamento em geral, porque a intervenção não teria qualquer custo. Estaríamos, na verdade, criando impostos residuais, sob a rubrica de contribuição de intervenção, sem observância ao disposto no art. 154, I, da Constituição que exige a sua instituição por lei complementar.

Várias são as CIDEs vigentes no país. Temos, sem a pretensão de enumerar todas:

a) o AFRMM – Adicional de Frete da Renovação da Marinha Mercante, que destina-se a atender aos encargos no apoio ao desenvolvimento da marinha mercante e da indústria de construção e reparação naval brasileira;[6]

---

de intervenção no domínio econômico", in *Contribuições de intervenção no domínio econômico e figuras afins*. São Paulo: Dialética, 2001.

5. OLIVEIRA, Ricardo Mariz. "Contribuições de intervenção no domínio econômico – Concessionárias, permissionárias e autorizadas de energia elétrica – 'Aplicação' obrigatória de recursos (Lei n. 9.991), in *Contribuições de intervenção no domínio econômico e figuras afins*. São Paulo: Dialética, 2001.

6. Instituído pelo Decreto-Lei n. 2.404/1987, que sofreu sucessivas alterações, sendo também regrado pela Lei n. 10.893/2004.

b) a contribuição ao INCRA – que deve custear a atuação direta do Estado na estrutura fundiária, promovendo a reforma agrária;[7]

c) o FUNTEL – contribuição que se destina a financiar o programa de estímulo à interação universidade-empresa para apoio à inovação;[8]

d) o FUST – destinado a cobrir os custos dos serviços de universalização dos serviços de telecomunicações;[9]

e) a CIDE combustível – cuja intervenção tem por escopo o pagamento de subsídios a preços ou transporte de álcool combustível, gás natural e seus derivados e derivados de petróleo, ao financiamento de projetos ambientais relacionados com a indústria de petróleo e do gás e ao financiamento de programas de infraestrutura de transportes;[10]

f) a CIDE-royalties (também chamada de CIDE Remessas para o Exterior) – cujo objetivo principal é estimular o desenvolvimento tecnológico brasileiro, mediante programas de pesquisa científica e tecnológica cooperativa entre universidades, centros de pesquisa e o setor produtivo;[11]

g) a CONDECINE – criada com o objetivo de fortalecer a indústria cinematográfica e custear as atividades de fomento ao cinema e ao audiovisual.[12]

A legitimação de todas as contribuições acima enumeradas vai depender da concretização dos seus respectivos fatos

---

7. Inicialmente instituída pela Lei n. 2.613/1955 e alterada pelo Decreto-Lei n. 1.110/70.
8. Lei n. 10.052/00.
9. Lei n. 9.998/00.
10. Art. 177, § 4º, da CF/88 e Lei n. 10.336/01.
11. Lei 10.168/01.
12. Instituída pela Medida Provisória n. 2.228-1/2001, alterada pela Lei n. 12.485/2011.

geradores. Isto é: a partir da ocorrência do fato do contribuinte, que irá possibilitar a identificação de uma base de cálculo tributável, a União deverá realizar o fato que lhe incumbe – qual seja, o de intervir para organizar determinado setor econômico considerado essencial, que não poderia ser desenvolvido com eficácia no regime de competição e de liberdade de iniciativa.

4. SEGURANÇA JURÍDICA E A NECESSIDADE DE LEI COMPLEMENTAR PARA ESTABELECER NORMAS GERAIS SOBRE AS CIDEs

A Constituição Federal dispõe de modo precário sobre a contribuição interventiva, razão pela qual entendemos que tal escassez deveria necessariamente ser sanada por uma lei complementar, como determina o art. 149 da Constituição.

A submissão das contribuições do art. 149 à lei complementar parece-nos que ainda não foi devidamente compreendida por parte da doutrina e da jurisprudência.

É que o Supremo Tribunal Federal, na oportunidade em que julgou a constitucionalidade da Lei Ordinária n. 7.689/88, instituidora da contribuição social sobre o lucro, dispensou a existência de prévia lei complementar para legitimá-la.

Na oportunidade, assim se pronunciou o Ministro Moreira Alves:

> (...) por não haver necessidade, para a instituição da contribuição social destinada ao financiamento da seguridade social com base no inciso I do artigo 195 – já devidamente definida em suas linhas estruturais na própria Constituição – da lei complementar tributária de normas gerais, não será necessária, por via de consequência, que essa instituição se faça por lei complementar que supriria aquela, se indispensável.[13]

---

13. RTJ 143/695.

Fácil é verificar que o motivo da dispensa da lei complementar decorreu do fato de a Constituição oferecer, em relação às contribuições destinadas à seguridade social, os seus elementos principais, quais sejam, o fato gerador, a base de cálculo (lucro) e o contribuinte (empregador).

Além disso, não se pode exigir a instituição direta por meio de lei complementar de qualquer tributo, que não sejam aqueles previstos na Constituição – empréstimos compulsórios, impostos residuais e extraordinários de guerra.

À lei complementar não cabe a criação de tributos, pois a instituição do tributo é matéria sob reserva de lei ordinária da pessoa constitucional competente. Isto porque, da mesma forma que a Constituição não institui o tributo, não poderá fazê-lo a lei complementar. Estas não são leis tributárias, mas leis sobre leis de tributação.

Pois bem, grande parte da doutrina passou a entender, com base no citado precedente do Supremo, que as contribuições do art. 149, todas elas, poderiam ser instituídas por lei ordinária. Ora, não se está pedindo a instituição de contribuições por lei complementar. O que se pleiteia é prévia lei complementar tratando das matérias enumeradas no art. 146, III. Ao contrário do que ocorreu com as contribuições do art. 195, a Constituição não estabeleceu as normas gerais essenciais das CIDEs. Não se pode admitir que a Constituição tenha dado carta branca à União Federal para instituir contribuição sobre qualquer atividade econômica, em relação à qual julgar necessária sua intervenção.

Tal equívoco, no nosso entender, é o principal responsável pelo crescimento desordenado das contribuições de intervenção. O que se percebe de plano é que, sob o manto de contribuições de intervenção, a União Federal vem instituindo por lei ordinária verdadeiros impostos residuais.

Oportuno examinar se o Supremo Tribunal Federal realmente construiu sólida jurisprudência no sentido de que as contribuições em geral possam ser criadas sem prévia lei complementar.

Ao julgar, como já se disse, a Contribuição social Sobre o Lucro, o Supremo utilizou basicamente de dois argumentos para considerar desnecessária a lei complementar:

a) o primeiro era o de que a contribuição sobre o lucro já tem as suas linhas estruturais definidas no inciso I do art. 195; assim, somente para as contribuições instituídas com base na competência residual, seria exigida lei complementar nos termos do § 4º do art. 195;

b) o segundo é o de que o artigo 146 somente exige lei complementar para *os impostos discriminados nesta Constituição*, o que não abrange as contribuições sociais.

O primeiro argumento leva à conclusão de que, no caso da contribuição de intervenção, a lei complementar se faz necessária, porque a Constituição não oferece suas linhas estruturais. O segundo argumento seria desfavorável à tese, mas merece temperamentos. É que o art. 146 – guardando coerência com o art. 145 da Constituição, que diz serem três as espécies tributárias: impostos, taxas e contribuições de melhoria – entendeu que, uma vez que a Constituição já oferece os contornos elementares das taxas e das contribuições de melhoria, e já que a lei complementar deve definir os tributos e suas espécies, somente os impostos deveriam ter seus fatos geradores, bases de cálculos e contribuintes definidos em lei complementar.

Ora, o CTN diz o que é imposto, o que é taxa, o que é contribuição de melhoria. E, sobre contribuição de intervenção no domínio econômico, não diz nada. Não se pretende exigir que lei complementar defina cada uma das possíveis contribuições de intervenção, como se exige em relação aos impostos, mas é fundamental que trace seus aspectos fundamentais.

A única contribuição instituída sob a vigência da Constituição de 1988 e submetida ao Supremo foi o adicional de tarifa portuária (ATP) criada pela Lei n. 7.700, de 21.12.88. Tal lei foi declarada constitucional pelo STF, apesar de a questão da necessidade de prévia lei complementar não ter sido enfrentada. É que a decisão objeto de recurso extraordinário entendeu que o ATP tinha a natureza de *imposto residual*; o relator, Ministro Carlos Velloso, deu provimento ao Recurso por entender que o ATP era uma taxa; a maioria entendeu ser contribuição, mas sem que fosse analisada a questão da lei complementar. As duas únicas manifestações sobre o tema foram dos Ministros Marco Aurélio e Sepúlveda Pertence, que, apesar de entenderem que o ATP era imposto residual, assim se pronunciaram:

> (...) a instituição de qualquer contribuição, além das previstas no art. 195, inciso I, pressupõe lei complementar que defina os respectivos parâmetros, e o Código Tributário Nacional é silente sobre essa espécie de contribuição, não havendo sido editada, até aqui, a lei complementar exigida e a partir da qual poderia atual o legislador ordinário.[14]

E continua o Ministro Marco Aurélio:

> A importância do tema projeta-se no tempo. O Supremo Tribunal Federal é o guarda maior da Constituição, não podendo ter como simplesmente retórica a referência no artigo 149 da Carta ao disposto no artigo 146, III, nela inserido. Fico a imaginar, até mesmo, a atuação monocrática via medida provisória, meio normativo tão deturpado, sob o ângulo constitucional, nos dias de hoje. A atuação seria livre, sem as peias decorrentes de normas gerais previstas, de forma menos flexível, em lei complementar. Lembre-se, mais uma vez, a razão de ser da remissão ao referido artigo 146, inciso III: outra não é senão colar segurança à atuação

---

14. Voto proferido no julgamento do RE n. 209.365-3/SP, *in* DJ de 07.12.2000, Ementário n. 2015-5.

do legislador, ante a excepcionalidade da previsão constitucional de criação do tributo, ou seja, de intervenção nos domínios mencionados exaustivamente (...).[15]

No mesmo sentido, o Ministro Sepúlveda Pertence:

> Por esse terceiro viés – o da contribuição econômica – deixou-se arrastar a maioria. Não a comoveu a réplica que lhe opôs o Ministro Marco Aurélio de faltar-lhe a definição da espécie em lei complementar, prevista no art. 146, III, a cuja observância o art. 149 da Constituição submetera a instituição das contribuições por ele genericamente autorizada à União. Somente eu prestei reverência ao argumento. E sigo convencido da necessidade de mais detida reflexão sobre o tema, a evitar que a definição extremamente flexível da contribuição de intervenção no domínio econômico, da qual se partiu, se converta em desaguadouro cômodo às derramas imaginadas pela voracidade fiscal da União, à custa da dinamitação do sistema tributário da federação.[16]

Como se vê, o Supremo Tribunal Federal poderá evoluir sobre o tema no sentido de exigir prévia lei complementar para regular a contribuição de intervenção ou, caso contrário, terá que tomar para si a responsabilidade de definir os contornos, sob pena de, como disse o Ministro Sepúlveda Pertence, a contribuição ser instrumento da dinamitação do sistema tributário da federação.

---

15. Voto proferido no julgamento do RE n. 265.721-2/SP, *in* DJ de 09.06.2000, Ementário n. 1994-6.
16. Voto proferido no julgamento do RE n. 265.721-2/SP, *in* DJ de 09.06.2000, Ementário n. 1994-6.

IMPOSTO SOBRE SERVIÇOS – CRITÉRIO ESPACIAL – A QUESTÃO DO DOMICÍLIO DO PRESTADOR E O PAPEL DO PODER JUDICIÁRIO ENQUANTO GUARDIÃO DAS INSTITUIÇÕES DEMOCRÁTICAS

Betina Treiger Grupenmacher[1]

Um juiz que promove um julgamento absolutamente justo é considerado um parceiro do senhor no ato da criação do mundo, pois ao promover a justiça colabora com a continuidade da existência humana.

Talmud da Babilônia. Tratado Shabbat. Capítulo I p.10a.

1. ASPECTOS CONSTITUCIONAIS DO ISS

A competência para instituir o Imposto Sobre Serviços (ISS) está prevista no artigo 156 da Constituição Federal (CF), que assim dispõe:

---

1. Pós-Doutora pela Universidade de Lisboa. Doutora pela Universidade Federal do Paraná, e professora associada de Direito Tributário da mesma universidade. Advogada.

Artigo 156. Compete aos Municípios instituir imposto sobre: (...) III – Serviços de qualquer natureza, não compreendidos no artigo 155, II, definidos em Lei Complementar.

Como ocorre em relação a todos os impostos, ainda que de maneira implícita, o legislador constitucional consignou, ao atribuir aos Municípios competência tributária para instituição do ISS, o momento em que se reputa ocorrido o fato jurídico-tributário, o local em que se dá a respectiva incidência, o sujeito passivo possível, o sujeito ativo possível, assim como a base de cálculo possível do tributo.

A CF estabeleceu, portanto, para todos os tributos, os seus contornos. Ante tal premissa, os legisladores – complementar e ordinário – devem, ao descrever os vários critérios da regra-matriz de incidência, observar com rigor os parâmetros estabelecidos no texto constitucional, que disciplinam e orientam o exercício da competência tributária.

O ISS incide, assim, sobre a *prestação de serviços*. É esse o núcleo da regra-matriz do tributo, é esse, portanto, seu critério material. No entanto, não é qualquer *prestação de serviço* que gera a incidência do ISS. Como ensina Marçal JUSTEN FILHO, a incidência ocorre diante da "prestação de esforço (físico-intelectual) produtor de utilidade (material ou imaterial) de qualquer natureza, efetuada sob regime de Direto Privado, que não caracterize relação empregatícia".[2]

O momento em que se reputa ocorrido o fato jurídico-tributário é aquele em que ocorre o respectivo comportamento. O local, por sua vez, é aquele em que se ultima este.

Geraldo ATALIBA, ao estudar a norma instituidora dos tributos, declarou que as indicações de lugar e tempo em que ocorrem os fatos imponíveis são o que chamou de CRITÉRIO

---

2. JUSTEN FILHO, Marçal. **O ISS na Constituição**. São Paulo: Revistas dos Tribunais, 1985, p. 80.

ESPACIAL e aspecto temporal, respectivamente. Indicou, ainda, ao se referir ao CRITÉRIO ESPACIAL da hipótese de incidência, tratar-se da "indicação de circunstâncias de lugar, contidas explícita ou implicitamente na h.i., relevantes para a configuração do fato jurídico-tributário".

Também Alfredo Augusto BECKER estabeleceu, em relação aos aspectos temporal e espacial da hipótese de incidência, que "o núcleo e os elementos adjetivos somente terão realizado a regra-matriz de incidência se tiverem acontecido no tempo e no lugar predeterminados, implícita, ou explicitamente, pela regra jurídica".

Assim, para o ISS, o critério temporal é aquele em que se ultima a prestação e o critério espacial, por sua vez, é o local em que se completa o serviço.

O sujeito passivo, destinatário constitucional tributário, é o prestador do serviço. O sujeito ativo é o Município, onde efetivamente tenha ocorrido a prestação de serviço.

Quanto à base de cálculo, por inferência do disposto no artigo 156, inciso III, do texto constitucional, há de ser a remuneração do serviço. É esse o único critério apto a determinar a quantificação do critério material da hipótese.

Todos os impostos discriminados na CF incidem sobre fatos reveladores de capacidade contributiva. Assim também, a *prestação de serviços* foi eleita pelo constituinte como uma manifestação de riqueza passível de tributação.

Quanto à alíquota, seus limites mínimo e máximo devem estar estabelecidos em lei complementar, por expressa determinação do inciso I do § 3º do artigo 156, introduzido pelo artigo 2º da Emenda Constitucional (EC) 37, sendo, de forma concreta e específica, estabelecida nas legislações municipais ordinárias instituidoras do ISS.

Genericamente, são estes os critérios da regra-matriz de incidência do ISS previstos no respectivo arquétipo constitucional.

Quanto aos aspectos constitucionais do imposto, objeto do presente estudo, merece destaque a questão atinente à taxatividade da lista de serviços. Consoante, depreende-se da leitura do *caput* do artigo 156 da CF, reproduzido em linhas anteriores, que a competência impositiva dos Municípios para instituir o ISS alcança *serviços de qualquer natureza*, exceto aqueles insertos na competência dos Estados, quais sejam, os serviços de transporte interestadual, intermunicipal e de comunicação, *definidos em lei complementar*.

A doutrina, ao interpretar o referido preceito constitucional, chegou a distintas conclusões. Há quem entenda[3] que os Municípios podem instituir e cobrar ISS sobre toda e qualquer prestação de serviços, estando ou não prevista na lista anexa à Lei Complementar 116/03 e que, nessa medida, embora a referência esteja expressa no texto constitucional – "definidos em lei complementar" –, tal ressalva não é suficiente para restringir a competência dos Municípios para tributar toda e qualquer atividade que se subsuma ao conceito de serviços, o que se dá em função do princípio da autonomia municipal.

Segundo esta corrente doutrinária, o comando do artigo 156 da CF há de ser interpretado sistematicamente com o artigo 30 do mesmo texto constitucional e, de tal exegese, conclui-se que a autonomia dos Municípios, para instituir e cobrar o ISS, não pode se limitar aos serviços arrolados na lista anexa à Lei Complementar 116/03. Entendimento em sentido contrário, segundo defendem, mitigaria inadmissivelmente o princípio da autonomia municipal, razão pela qual se manifestam no sentido de que a referida lista de serviços é meramente exemplificativa, podendo ser interpretada extensiva e analogicamente.

Por outro lado, há quem entenda[4] que não há na CF termos inúteis e que o texto constitucional é suficientemente

---

3. Entre outros, Roque Antonio CARRAZZA, Misabel Abreu Machado DERZI, Paulo de Barros CARVALHO.
4. Entre outros, Sergio Pinto MARTINS e Bernardo Ribeiro de MORAES.

claro no sentido de que os Municípios podem tributar serviços de qualquer natureza, desde que estejam expressamente previstos em lei complementar. São aqueles que defendem a taxatividade da lista de serviços.

Efetivamente, pensamos que a razão está com os que defendem a taxatividade da lista. É importante destacar que *definir* é mais do que *conceituar*. *Conceituar* é a compreensão de uma palavra, concepção ou ideia; já *definir* é a "operação linguística que busca a determinação clara e precisa de um conceito ou objeto".[5]

O termo empregado na CF foi *definir*, o que nos leva a acreditar que, embora a norma mitigue a competência impositiva dos Municípios, fá-lo por imposição expressa do texto constitucional. Trata-se de uma hipótese de exceção ao princípio da autonomia municipal, o que, aliás, acontece em relação a vários outros princípios constitucionais, como é o caso do princípio da legalidade e o da anterioridade.[6]

O que queremos afirmar é que não se trata de restrição inconstitucional ao princípio da autonomia municipal, pois a

---

5. **Dicionário HOUAISS da Língua Portuguesa**, p. 926.
6. Artigo 150. Sem prejuízo de outras garantias asseguradas ao contribuinte, é vedado à União, aos Estados, ao Distrito Federal e aos Municípios: I – exigir ou aumentar tributo sem lei que o estabeleça; II – instituir tratamento desigual entre contribuintes que se encontrem em situação equivalente, proibida qualquer distinção em razão de ocupação profissional ou função por eles exercida, independentemente da denominação jurídica dos rendimentos, títulos ou direitos; III – cobrar tributos: a) em relação a fatos geradores ocorridos antes do início da vigência da lei que os houver instituído ou aumentado; b) no mesmo exercício financeiro em que haja sido publicada a lei que os instituiu ou aumentou; c) antes de decorridos noventa dias da data em que haja sido publicada a lei que os instituiu ou aumentou, observado o disposto na alínea b; (Incluído pela Emenda Constitucional n. 42, de 19.12.2003) § 1º A vedação do inciso III, b, não se aplica aos tributos previstos nos arts. 148, I, 153, I, II, IV e V; e 154, II; e a vedação do inciso III, c, não se aplica aos tributos previstos nos arts. 148, I, 153, I, II, III e V; e 154, II, nem à fixação da base de cálculo dos impostos previstos nos arts. 155, III, e 156, I (Redação dada pela Emenda Constitucional n. 42, de 19.12.2003).

restrição foi estabelecida no bojo do texto original da CF, não foi fruto de emenda constitucional e, nessa medida, não há que se falar, como pronuncia Otto BACHOFF, "em norma constitucional inconstitucional".[7]

Provocado a se manifestar sobre o tema, embora a matéria tenha índole constitucional, o Superior Tribunal de Justiça (STJ) pacificou o entendimento de que a lista de serviços anexa ao Decreto-Lei 406/68, que antecedeu a Lei Complementar 116/03, era taxativa, só podendo ser alcançados pelo ISS os serviços nela expressamente arrolados, como se verifica da ementa ora descrita:

> TRIBUTÁRIO. ISS. INCIDÊNCIA. LISTA DE SERVIÇOS BANCÁRIOS ANEXA AO DECRETO-LEI N. 406/68. ANALOGIA. IMPOSSIBILIDADE. SERVIÇOS DE ASSESSORIA, EXPEDIENTE, CONTROLE E PROCESSAMENTO DE DADOS. NÃO INCIDÊNCIA. PRECEDENTES.
>
> 1. A lista de serviços bancários que acompanha o Decreto-lei n. 406/68, com as alterações do Decreto-lei n. 834/69 é exaustiva e não exemplificativa, não admitindo a analogia, objetivando alcançar hipóteses de incidência diversas das ali consignadas.
>
> 2. "Os serviços de datilografia, estenografia, secretaria, expediente etc. prestados pelos bancos não possuem caráter autônomo, pois se inserem no elenco das operações bancárias originárias, executadas, de forma acessória, no propósito de viabilizar o desempenho das atividades-fim inerentes às instituições financeiras."
>
> 3. Agravo regimental provido, para conhecer do agravo de

---

7. Segundo leciona Otto BACHOF: "Esta questão pode parecer, à primeira vista, paradoxal, pois, na verdade, uma lei constitucional não pode, manifestadamente, violar-se a si mesma. Contudo, poderia suceder que uma norma constitucional, de significado secundário, nomeadamente uma norma formalmente constitucional fosse de encontrão a um preceito material fundamental da Constituição". BACHOF, Otto. **Normas Constitucionais Inconstitucionais?** [s.l.]: Atlântida, 1977, p. 55.

instrumento e negar seguimento ao recurso especial (artigo 544, § 3º, c/c artigo 557, *caput*, do CPC).
(AgRg no Ag 461727/MG, Rel. Ministro LUIZ FUX, PRIMEIRA TURMA, julgado em 24/06/2003, DJ 04/08/2003, p. 233).

Tal entendimento, no entanto, sofreu alteração significativa e o SUPERIOR TRIBUNAL DE JUSTIÇA passou a decidir no sentido de que, embora seja taxativa, a lista de serviços em questão pode ser interpretada extensivamente, para alcançar serviços congêneres, como é possível conferir na seguinte decisão:

> TRIBUTÁRIO. SERVIÇOS BANCÁRIOS. ISS. LISTA DE SERVIÇOS. TAXATIVIDADE. INTERPRETAÇÃO EXTENSIVA.
>
> 1. A jurisprudência desta Corte firmou entendimento de que é taxativa a Lista de Serviços anexa ao Decreto-lei 406/68, para efeito de incidência de ISS, admitindo-se, aos já existentes apresentados com outra nomenclatura, o emprego da interpretação extensiva para serviços congêneres.
>
> 2. Recurso especial não provido. Acórdão sujeito ao regime do artigo 543-C do CPC e da Resolução STJ 08/08. (REsp 1111234/PR, Rel. Ministra ELIANA CALMON, PRIMEIRA SEÇÃO, julgado em 23/09/2009, DJe 08/10/2009.)

O referido posicionamento foi consolidado pelo SUPERIOR TRIBUNAL DE JUSTIÇA em 2010, com a edição da Súmula 424, que sedimentou o entendimento de que é possível tributar os serviços bancários, congêneres daqueles expressamente previstos na lista, e o fez nos seguintes termos:

> Súmula 424: É legítima a incidência do ISS sobre os serviços bancários congêneres da lista anexa ao DL n. 406/1968 e à Lei Complementar n. 56/1987.

Verifica-se da redação da referida Súmula que não há nela qualquer indicação expressa à Lei Complementar 116/03, o que nos move a acreditar que, embora sumulada, a matéria pode voltar a ser enfrentada em julgamentos futuros, em que se considere, para fins de incidência do ISS, a lei complementar em questão.

Por mais que discordemos do entendimento abraçado pelo SUPERIOR TRIBUNAL DE JUSTIÇA, posto que pensamos ser taxativa a lista de serviços por expressa imposição constitucional, nova alteração no entendimento jurisprudencial seria desejável e não agrediria, destarte, o princípio da segurança jurídica, pois prestigiaria o princípio da proteção da confiança.

2. A FUNÇÃO DA LEI COMPLEMENTAR

As leis complementares são instrumentos introdutórios de normas jurídicas que só podem versar sobre as matérias que lhes são reservadas pela CF e necessitam de quórum qualificado, de maioria absoluta, para aprovação, segundo dispõe o respectivo artigo 69.

Define-a, Paulo de Barros CARVALHO, "como sendo aquela que, dispondo sobre matéria, expressa ou implicitamente prevista na relação constitucional, está submetida ao quórum qualificado do artigo 69 (CF), isto é maioria absoluta nas duas casas do Congresso".[8]

Por inferência da lição do citado autor, relativamente à lei complementar, o constituinte estabeleceu-lhe um pressuposto material, referente à competência para disciplinar algumas matérias com exclusividade, assim como um pressuposto de ordem formal relativo ao quórum necessário para aprovação.

---

8. TÔRRES, Heleno Taveira (Coord.). Coleção de Direito Tributário. **Leis Complementares em matéria tributária**: aspectos práticos atuais. PINTO, Fabiana Lopes e SALIBA, Ricardo Berzosa (Org.). V. 1. São Paulo: Manole, 2003, p. 25.

A lei complementar tem, portanto, no âmbito do Sistema Tributário Nacional, dupla função, realiza as competências de legislação federal quando cria empréstimos compulsórios (artigo 148 da CF), ou os impostos da competência residual da União (artigo 154, inciso I da CF), ou, ainda, o imposto sobre grandes fortunas (artigo 153, inciso VII da CF); e cumpre as atribuições de legislador nacional, quando estabelece normas gerais de direito tributário.

Enquanto lei nacional a lei complementar tem função predefinida no artigo 146, inciso III da CF, competindo-lhe estabelecer normas gerais para disciplinar os conflitos de competência tributária e regular as limitações constitucionais ao poder de tributar. Nestas matérias, fica reservado à lei complementar disciplinar aquilo que não foi regulado pelo texto constitucional.

Ante tal premissa, não restou ao legislador complementar senão um resíduo de competência legislativa, já que o legislador constitucional foi exaustivo ao disciplinar o sistema tributário, haja vista o fato de que temos uma constituição rígida e analítica, com 17 artigos disciplinando a matéria tributária.

Duas são as correntes que se consolidaram na doutrina, a partir do disposto no artigo 18 da CF de 1967, quanto às atribuições do legislador complementar. Uma denominada de *dicotômica*, que entendeu ser apenas uma a função do mencionado legislador, qual seja, veicular normas gerais de direito tributário, as quais, por sua vez, disporiam sobre conflitos de competência e regulariam as limitações constitucionais ao poder de tributar; a outra, a chamada *tricotômica*, entende serem três as funções da lei complementar: dispor sobre normas gerais de direito tributário, regular as limitações constitucionais ao poder de tributar e dirimir conflitos de competência entre as pessoas políticas de Direito Público.

Destacamos que a corrente doutrinária que efetivamente prosperou foi a dicotômica, pois a tricotômica, por não estabelecer limites ao conteúdo das normas gerais, possibilitaria que a União invadisse as competências reservadas aos Estados e Municípios. Ou, como afirma Heleno TAVEIRA TÔRRES, ao analisar tais correntes de pensamento, "ao prevalecer tal entendimento, aquele da corrente tricotômica, tudo estaria permitido ao legislador complementar, o que decerto não se compatibilizaria com toda a estrutura do sistema implantado pela própria Constituição".[9]

A corrente dicotômica é, pois, a que de fato realiza os ideais do Estado Democrático de Direito, já que impede que a União, enquanto nação brasileira, sob a justificativa de editar normas gerais de direito tributário para solucionar conflitos de competência, possa afrontar a repartição constitucional de competências.

Relativamente à competência do legislador complementar, discorre Aires FERNANDINO BARRETO que "há, no caso, liberdade relativa ao legislador, no sentido de ser-lhe possível atuar nos desvãos duvidosos ou obscuros da Constituição, mas sempre sob a condição de realizar os princípios que a norma constitucional (obscura ou duvidosa) certamente afirma. Do contrário, agirá inconstitucionalmente e sua obra estará inexoravelmente perdida".[10]

Tal afirmação se adéqua, com perfeição, ao objeto do presente estudo, já que, há muito, as leis complementares que estabelecem normas gerais em matéria de ISS e disciplinam-lhe os conflitos de competência extrapolam a sua função, subvertendo regras constitucionais previamente estabelecidas, especialmente no que diz respeito aos critérios da regra-matriz de incidência, notadamente o espacial e o temporal. Foi assim com o Decreto-lei 406/68 e permanece sendo após a edição da Lei Complementar 116/03.

---

9. Obra citada, p. 25.
10. BARRETO, Aires Fernandino. **ISS na Constituição e na Lei**. São Paulo: Dialética, 2003, p. 254.

As leis ordinárias, assim como as complementares, só são válidas e eficazes na medida em que observam fielmente as regras ditadas pelo sistema constitucional. Ou, como leciona Aires FERNANDINO BARRETO, "não há nela, nenhuma qualidade ou virtude especial da qual pudesse retirar validade *per se*; isso seria aberrante em um Estado constitucional como o brasileiro, no qual, por definição, nenhum ato executivo, judiciário ou legislativo – salvo o processo onde emenda constitucional – possui força para alterar a Constituição".[11]

Merece referência, ainda, a lição de Roque ANTONIO CARRAZZA: "se a lei complementar referida no artigo 146 do Diploma Magno não apontar os nortes da Constituição, perderá, por completo, a razão jurídica de existir e, destarte, a ninguém poderá obrigar, muito menos aos legisladores das pessoas políticas, para os quais deve apenas dar orientação, e não fundamento de validade".[12]

É certo que a lei complementar tem, enquanto lei nacional veiculadora de normas gerais, dúplice função. A primeira disciplina conflitos de competências. A segunda regula as limitações constitucionais ao poder de tributar. Na primeira hipótese, assume condição de superior hierarquia em relação às leis ordinárias veiculadoras de normas conflitantes; na segunda, assume o mesmo *status* das leis ordinárias, não podendo, no entanto, reduzir ou ampliar o conteúdo das limitações ao poder de tributar, constitucionalmente estabelecido.

Em verdade, a função da lei complementar de dirimir conflitos de competência é apenas normativa, sendo insuficiente como veículo de solução das situações controvertidas. Assim, a lei complementar é, enquanto elemento destinado à solução de conflitos, quase sempre, inapta a alcançar tal desiderato, já

---

11. Obra citada, p. 254.
12. CARRAZZA, Roque Antonio. **Curso de Direito Constitucional Tributário**. 19. ed. São Paulo: Malheiros, 2003, p. 804.

que, no mais das vezes, as regras estabelecidas no mencionado instrumento legislativo não são suficientes para alcançar a finalidade para a qual foram instituídas.

Nesse sentido, manifestou-se José Eduardo SOARES DE MELO, afirmando que "sobre as específicas competências de cada ente tributante, em razão também das específicas materialidades, revela-se impertinente a edição de lei complementar para dirimir eventuais controvérsias, podendo ser entendida como mero veículo de natureza interpretativa".[13]

Com o propósito de cumprir o seu desiderato constitucional, a Lei Complementar 116/03, além de reproduzir o arquétipo constitucional do ISS, quando estabelece os critérios da regra-matriz de incidência, veicula normas que buscam prevenir conflitos de competência.

3. O LOCAL DA PRESTAÇÃO

O critério espacial é a indicação do local em que se reputa ocorrido o fato jurídico-tributário e pode estar explicitamente indicado na lei instituidora do tributo ou não, hipótese em que é dedutível do respectivo arquétipo constitucional, estando invariavelmente ligado à competência impositiva. Trata-se da coordenada de espaço em que ocorre o comportamento descrito no critério material da hipótese de incidência.[14] O critério espacial do ISS é o local em que se ultimou a prestação.

---

13. MELO, José Eduardo Soares de. **Curso de Direito Tributário**. São Paulo: Dialética, 1997, p. 101-105.
14. Paulo de Barros CARVALHO apresenta classificação quanto ao critério espacial: "Acreditamos que os elementos indicadores da condição de espaço, nos supostos das normas tributárias, hão de guardar uma dessas três formas compositivas. Diretriz que nos conduz a classificar o gênero tributo na conformidade do grau de elaboração do critério espacial da respectiva hipótese tributária: a) hipótese em que o critério espacial faz menção a determinado local para ocorrência do fato típico; b) hipótese em que o critério espacial

Em matéria de tributação por via do ISS, é usual que dois distintos Municípios busquem tributar o mesmo fato jurídico-tributário. Tal pretensão, no entanto, se levada a cabo implica em dupla incidência sobre uma mesma manifestação de riqueza, ou na dicção de Alfredo Augusto BECKER, de um mesmo "fato signo presuntivo de riqueza", o que agride os princípios da capacidade contributiva e da vedação da cobrança de tributo com efeito de confisco.

É certo que a pretensão de alguns Municípios de tributar fatos ocorridos fora de sua esfera territorial de competência agride o princípio da territorialidade da lei. A cada um dos Municípios que integram a Federação compete tributar apenas serviços que, positivamente, tenham sido prestados dentro de seu território.

Sobre o fato corrobora Geraldo ATALIBA: "Essa perceptiva genérica do critério espacial da h.i. está presa ao (dependendo) âmbito de competência do legislador ordinário: a lei municipal só tem eficácia no território do Município; a lei estadual só no próprio Estado. Só a lei federal tem abrangência nacional".[15]

No que tange ao critério espacial da regra-matriz de incidência do ISS, inicialmente, o Decreto-lei 406/68 estabelecia, em seu artigo 12, na alínea *a*, três regras: do estabelecimento prestador, do domicílio do prestador e do local da prestação; este último apenas para os serviços de engenharia, o que fazia nos seguintes termos:

---

alude a áreas específicas, de tal sorte que o acontecimento apenas ocorrerá se dentro delas estiver geograficamente contido; c) hipótese de critério espacial bem genérico, onde todo e qualquer fato, que suceda sob o manto da vigência territorial da lei instituidora, estará apto a desencadear seus efeitos peculiares". CARVALHO, Paulo de Barros. **Curso de Direito Tributário**, p. 329.

15. ATALIBA, Geraldo. **Hipótese de Incidência Tributária**. 6. ed. São Paulo: Malheiros, 2000, p. 104-105.

Artigo 12. Considera-se local da prestação do serviço: a) o do estabelecimento prestador ou, na falta de estabelecimento, o do domicílio do prestador; b) no caso da construção civil o local em que se efetuar a prestação.

Sem alterar substancialmente a regra que disciplinava o local da prestação de serviços, a Lei Complementar 116/03, em seu artigo 3º, *caput*,[16] manteve o disposto na alínea *a* do artigo 12 do Decreto-Lei 406/68 e fez acréscimos no sentido de estabelecer, relativamente a 21 atividades elencadas, que o seu critério espacial é efetivamente o local onde foi realizado o serviço.

Assim, exceto 21 serviços para os quais o legislador complementar elegeu como critério espacial aquele estabelecido constitucionalmente – o que fez ao determinar que o serviço considera-se prestado e o imposto devido no local em que o serviço foi concretamente realizado –, não houve alteração significativa quanto ao critério espacial do ISS relativamente ao que dispunha o Decreto-Lei 406/68.

Embora a disciplina introduzida pela Lei Complementar 116/03, no que concerne ao critério espacial do ISS, tenha representado uma evolução em relação ao que dispunha o artigo 12 do Decreto-Lei 406/68, não foi o bastante para afastar a inconstitucionalidade criada por este. Contrariamente, manteve-a intocável, já que a regra veiculada pelo artigo 3º, *caput*, da Lei Complementar 116/03 é, na sua essência, a mesma, ou seja, o tributo permanece sendo devido no local do estabelecimento prestador e, na falta deste, no domicílio do prestador.

Indiscutivelmente, o critério espacial da regra-matriz de incidência está implicitamente descrito na norma constitucional

---

16. Art. 3º. O serviço considera-se prestado e o imposto devido no local do estabelecimento prestador, ou, na falta do estabelecimento, no local do domicílio do prestador, exceto nas hipóteses previstas nos incisos I a XXII, quando o imposto será devido no local.

atributiva de competência aos Municípios para instituir o ISS. Assim, se o arquétipo constitucional do tributo é a prestação de serviços, o critério espacial só pode ser o local em que se efetiva a prestação, mais especificamente, aquele em que se ultima a prestação.

Diante de tal premissa, o que fez o Decreto-lei 406/68 em seu artigo 12 que, injustificadamente, fora mantido pelo artigo 3º, *caput*, da Lei Complementar 116/03, foi criar regra esdrúxula, sem qualquer amparo constitucional e, com isso, na dicção de Aires FERNANDINO BARRETO, "ao invés de eliminar conflitos, instaurou sua ampliação".[17] Afirma ainda referido autor: "Esse comando – mesmo se deixarmos a parte eventual incompatibilidade com a Constituição –, ao invés de dissipar, ampliou a nebulosidade, enevoando questão aparentemente simples, criando um imenso fosso repleto de equívocos".[18]

Com o intuito de dirimir definitivamente os conflitos de competência em questão, o legislador complementar, no artigo 4º do referido diploma legal, estabeleceu definição de *estabelecimento prestador* para fins de incidência de ISS, ao assim dispor:

> Artigo 4º- Considera-se estabelecimento prestador o local onde o contribuinte desenvolva a atividade de prestar serviços, de modo permanente ou temporário, e que configure unidade econômica ou profissional, sendo irrelevantes para caracterizá-lo as denominações de sede, filial, agências, posto de atendimento, sucursal, escritório de representação ou contato ou quaisquer outras que venham a ser utilizadas.

Importa destacar, relativamente à definição de estabelecimento prestador, introduzida pela Lei Complementar 116/03,

---

17. BARRETO, Aires Fernandino. **ISS na Constituição e na Lei**, p. 260.
18. Idem, p. 260.

ser esta insuficiente para alcançar o propósito para o qual foi criada, qual seja o de solucionar e prevenir conflitos de competência.

É certo que o instituto por ela definido já o fora pelo Direito Comercial, que há muito caracterizou o estabelecimento prestador como a unidade econômica que realiza as atividades da empresa. Observe-se, portanto, que o estabelecimento prestador é, para a doutrina em matéria de Direito Comercial, o estabelecimento econômico que realiza, com efetividade, as atividades próprias da empresa.

A regra do artigo 4º da Lei Complementar 116/03 viabiliza a cobrança do tributo em qualquer unidade econômica da empresa. No entanto, se é certo que a determinação legislativa para recolhimento do tributo no local do estabelecimento prestador comporta questionamentos, a regra que estabelece a alternativa do domicílio do prestador está em total desconformidade com os preceitos constitucionais.

Sobre tal regra, criada, originalmente, pelo Decreto-Lei 406/68 e posteriormente mantida na Lei Complementar 116/03, manifestou-se Marçal JUSTEN FILHO, no sentido de que, ao se admitir como fundamento o domicílio de uma dada pessoa física ou jurídica, em um determinado Município, a prestação de serviços não seria mais o núcleo da regra-matriz de incidência, o que violaria a discriminação constitucional de competências tributárias, pois, na hipótese de existência de um imposto com tal materialidade, a competência seria da União.[19]

---

19. JUSTEN FILHO, Marçal. **O Imposto sobre Serviços na Constituição**, p. 148. Pondera ainda a respeito: "Mas, juridicamente, a afirmativa é impertinente. E o é porque a questão do domicílio ou da sede do estabelecimento do prestador é irrelevante para a determinação do local em que o fato imponível ocorre. A Constituição, ao adotar a materialidade da hipótese de incidência do ISS, impôs a escolha de um critério espacial que em nada se relaciona com o tema do domicílio ou da sede do estabelecimento do prestador do serviço. O critério espacial do ISS está vinculado não ao critério pessoal, mas ao critério

Ensina ainda o citado autor: "o critério espacial apenas pode ser um único: o local da efetiva prestação de serviços (...) é que definir o local em que se concretiza o fato imponível significa determinar a competência para sua tributação (...); essa inovação normativa produziria ficções jurídicas, infringindo o cunho meramente descritivo das hipóteses de incidência".[20]

A percuciência de tal afirmação há de ser destacada, uma vez que, efetivamente, ao estabelecer o domicílio do prestador como local em que é devido o ISS, nada mais fez o legislador complementar do que estabelecer uma ficção jurídica, e a adoção de ficções é, segundo entendemos, vedada no âmbito do Direito Tributário. As ficções são criações do intérprete e, por esta razão, não podem ser admitidas no recinto do Direito Tributário, posto que representam violação inquestionável do princípio da legalidade tributária.

É cediço que, em matéria tributária, em observância ao princípio da estrita legalidade insculpido no artigo 150, inciso I da CF, "é vedado exigir ou aumentar tributo sem que lei o estabeleça". Assim, criar realidades jurídicas em total desconformidade com os preceitos estabelecidos no texto constitucional é instalar um estado de total insegurança jurídica.

As ficções agridem o princípio constitucional da segurança jurídica do contribuinte, gerando imprevisibilidade no exercício do poder de tributar. É o que confirma José Eduardo SOARES DE MELO: "Ora, a ficção jurídica não passa da

---

material da hipótese de incidência do mesmo tributo. O local da prestação não é aquele em que tem domicílio o prestador do serviço, eis que inexiste qualquer vínculo entre o local da prestação e o domicílio do prestador. Pelo menos, nenhum vínculo jurídico. A vinculação dá-se entre o *local* e a *prestação* (ou seja, é o local da prestação)". JUSTEN FILHO, Marçal. **O Imposto sobre Serviços na Constituição**, p. 148.

20. JUSTEN FILHO, Marçal. ISS no Tempo e no Espaço. In: **Revista Dialética de Direito Tributário** n. 2. São Paulo, p. 63-65, 1995.

instrumentalização (criação legal) de uma situação inverídica (falsa), de forma a impor uma certeza jurídica, consagrando uma aparente realidade (jurídica), ainda que não guarde consonância com a natureza das coisas, ou mesmo que modifique títulos ou categorias de direito".[21]

Manifestando-se contra a inaceitável figura da ficção, a qual entende ser um elemento de desprestígio aos postulados da legalidade e da tipicidade cerrada, afirma ainda o citado autor: "Evidentemente, o artificialismo jurídico não pode arranhar, e comprometer, os princípios e as normas insculpidos na Constituição, de modo a alterar os elementos estruturadores da norma tributária, muito menos invalidar o seu regime jurídico, e os diversos princípios esparramados ao longo do seu texto, muito menos implicar invasão de competência tributária".[22]

Não se admite, portanto, que o legislador complementar, assim como o ordinário, aplicando a regra em voga, investiguem qual o local em que está domiciliado o prestador para nele exigir o tributo. O ISS há de ser exigido no local em que foi concluído o serviço, onde se ultimou o fato jurídico-tributário.

Sobre a regra inserta no artigo 12, alínea *a* do Decreto-Lei 406/68, os Tribunais Superiores foram instados a se manifestar e, por muito tempo, as decisões sobre a matéria foram desencontradas, posto que decidiam, de forma distinta, controvérsias sobre o mesmo objeto.

O Supremo Tribunal Federal decidiu, em um primeiro momento, ser devido o ISS no local do estabelecimento prestador, consoante se extrai da seguinte decisão:

> IMPOSTO SOBRE SERVIÇOS. PUBLICIDADE PARA LISTA TELEFÔNICA ESTADUAL.

---

21. MELO, José Eduardo Soares de. **ISS – Aspectos teóricos e práticos**. 3. ed. São Paulo: Dialética, 2003, p. 148.
22. Obra citada, p.148.

1 – Assinantes residentes em Municípios diferentes do mesmo Estado. Exegese dos arts. 10 e 12, 'a', do Decreto-Lei 406/68.

2 – Para efeito da cobrança do tributo o que importa é o local de estabelecimento prestador, posto que situado em Município diverso de sua matriz, contribuinte do imposto.

3 – Recurso Extraordinário conhecido e provido.

(STF – RE n. 91.941-4 BA, RTJ 97/180).

Denota-se a partir da ementa transcrita que, naquela oportunidade, o Supremo Tribunal Federal entendeu que, em não havendo estabelecimento físico no local da prestação de serviços, o ISS é devido no local em que está sediada a matriz. Embora tenha sido este o entendimento manifestado pelo Supremo Tribunal Federal, o Superior Tribunal de Justiça não decidiu da mesma forma, manifestando-se no sentido de que o tributo é devido no local em que o serviço é efetivamente prestado, valemo-nos de voto da lavra da Ministra Denise Arruda Martins, homenageada na presente obra, que acertadamente reconhece como sendo devido o ISS no local da prestação de serviços:

> PROCESSUAL CIVIL. RECURSO ESPECIAL. SUPOSTA OFENSA AO ART. 535 DO CPC. INEXISTÊNCIA DE VÍCIO NO ACÓRDÃO RECORRIDO. ALEGADA AFRONTA AO ART. 467 DO CPC. AUSÊNCIA DE PREQUESTIONAMENTO. RESTRIÇÃO DA SÚMULA 211/STJ. TRIBUTÁRIO. ISS. COBRANÇA. LOCAL DA PRESTAÇÃO DO SERVIÇO. EMPRESA GESTORA DE PLANO DE SAÚDE. BASE DE CÁLCULO DO TRIBUTO. 1. Não viola o art. 535 do CPC o acórdão que, mesmo sem se ter pronunciado sobre todos os temas trazidos pelas partes, manifestou-se de forma precisa sobre aqueles relevantes e aptos à formação da convicção do órgão julgador, resolvendo de modo integral o litígio. 2. A matéria suscitada nas razões de recurso especial e não abordada no acórdão recorrido, a despeito da oposição de embargos declaratórios, não merece ser conhecida por esta Corte,

ante a ausência do indispensável prequestionamento (Súmula 211/STJ). 3. A jurisprudência da Primeira Seção deste Tribunal é firme no sentido de que o Município competente para realizar a cobrança do ISS é aquele onde se realizou a efetiva prestação dos serviços, pois é nele que ocorreu o fato gerador do imposto. Nesse sentido: AgRg no Ag 734.289/RS, 2ª Turma, Rel. Min. Castro Meira, DJ de 27.3.2006; REsp 133.230/CE, 2ª Turma, Rel. Min. João Otávio de Noronha, DJ de 14.3.2005; AgRg no Ag 762.249/MG, 1ª Turma, Rel. Min. Luiz Fux, DJ de 28.9.2006; AgRg no Ag 595.028/RJ, 1ª Turma, Rel. Min. José Delgado, DJ de 29.11.2004; REsp 431.564/MG, 1ª Turma, Rel. Min. Teori Albino Zavascki, DJ de 27.9.2004. 4. No que se refere à base de cálculo, mostra-se ilegítima a incidência do ISS sobre o total das mensalidades pagas pelo titular do plano de saúde à empresa gestora, pois, em relação aos serviços prestados pelos profissionais credenciados, há a incidência do tributo, de modo que a nova incidência sobre o valor destinado a remunerar tais serviços caracteriza-se como dupla incidência de um mesmo tributo sobre uma mesma base imponível. Por tal razão, o valor repassado aos profissionais credenciados deve ser excluído da base de cálculo do tributo devido pela empresa gestora. Nesse sentido: EDcl no REsp 227.293/RJ, 1ª Turma, Rel. Min. José Delgado, Rel. p/ acórdão Min. Francisco Falcão, DJ de 19.9.2005; REsp 1.002.704/DF, 1ª Turma, Rel. Min. José Delgado, Rel. p/ acórdão Min. Francisco Falcão, DJe de 15.9.2008. 5. Recurso especial parcialmente provido. (REsp 783.022/MG, Rel. Ministra DENISE ARRUDA, PRIMEIRA TURMA, julgado em 05/02/2009, DJe 16/03/2009).

O tributo há que ser recolhido ao Município em que se concretiza o fato jurídico-tributário, visto que, em consonância com o seu arquétipo constitucional, o ISS é devido no local em que o serviço foi efetivamente prestado e ultimado.

Embora discordemos do fato de que a atividade desenvolvida pelas empresas gestoras de planos de saúde caracterize, em si mesma, prestação de serviços, merece destaque, o fato de que a decisão em questão reconheceu a existência de duas atividades distintas para fins de aferição do local da prestação, aquela exercida pela empresa gestora e a exercida pelo médico, efetivo prestador de serviços.

Assim, embora a DD. Julgadora Relatora, a quem dirigimos a presente homenagem, tenha reconhecido serem duas as atividades desempenhadas, concluiu que ambas caracterizam prestação de serviços e, em face da agressão ao princípio da territorialidade, afastou o disposto no artigo 12, alínea *b*, do Decreto-Lei 406/68, por entender inaplicável a regra do domicílio do prestador. Além de determinar ser devido o ISS no local da prestação, definiu que parte do imposto fosse recolhido ao Município em que está sediada a operadora e parte no Município em que se dá a efetiva prestação de serviços pelos médicos, reconhecendo, ainda que indiretamente, a inconstitucionalidade do dispositivo em questão.

A propósito do tema, com fundamento na "cláusula de reserva de plenário", ou "princípio do colegiado", prevista no artigo 97 da Constituição Federal,[23] a qual dispõe que "somente

---

23. O Código de Processo Civil também disciplina o reconhecimento de inconstitucionalidade de lei ou ato normativo pelo Poder Judiciário e o faz nos seguintes termos: "Art. 480. Arguida a inconstitucionalidade de lei ou de ato normativo do poder público, o relator, ouvido o Ministério Público, submeterá a questão à turma ou câmara, a que tocar o conhecimento do processo. Art. 481. Se a alegação for rejeitada, prosseguirá o julgamento; se for acolhida, será lavrado o acórdão, a fim de ser submetida a questão ao tribunal pleno. Parágrafo único. Os órgãos fracionários dos tribunais não submeterão ao plenário, ou ao órgão especial, a arguição de inconstitucionalidade, quando já houver pronunciamento destes ou do plenário do Supremo Tribunal Federal sobre a questão. (Incluído pela Lei n. 9.756, de 17.12.1998) Art. 482. Remetida a cópia do acórdão a todos os juízes, o presidente do tribunal designará a sessão de julgamento. § 1º- O Ministério Público e as pessoas jurídicas de direito público responsáveis pela edição do ato questionado, se assim o requererem, poderão manifestar-se no incidente de inconstitucionalidade, observados os prazos e as condições fixados no Regimento Interno do Tribunal. (Incluído pela Lei n. 9.868, de 10.11.1999) § 2º – Os titulares do direito de propositura referidos no art. 103 da Constituição poderão manifestar-se, por escrito, sobre a questão constitucional, objeto de apreciação pelo órgão especial ou pelo Pleno do

pelo voto da maioria absoluta de seus membros ou dos membros do respectivo órgão especial poderão os tribunais declarar a inconstitucionalidade de lei ou ato normativo do Poder Público", vozes têm se levantado no sentido de reconhecer a impossibilidade de afastamento de normas supostamente inconstitucionais pelo Superior Tribunal de Justiça.

Acerca do princípio em questão, inspirado na cláusula *full bench* do sistema norte-americano e inicialmente retratado na Constituição de 1934, esclareceu PONTES DE MIRANDA, ao analisar dispositivo análogo da Constituição de 1967, que "levantada pela parte, ou de ofício, a questão da inconstitucionalidade, só a maioria do Supremo Tribunal Federal (ou de outro Tribunal) a pode resolver".[24]

Com o propósito de reafirmar e dar maior efetividade à norma constitucional em questão, no ano de 2008, o Supremo Tribunal Federal editou a Súmula vinculante n. 10 que assim dispõe: "Viola a cláusula de reserva de plenário (CF, artigo 97) a decisão de órgão fracionário de tribunal que, embora não declare expressamente a inconstitucionalidade de lei ou ato normativo do poder público, afasta sua incidência, no todo ou em parte".

A edição da Súmula em questão deveu-se ao fato de que, desde a promulgação da Constituição Federal, tanto os Tribunais

---

Tribunal, no prazo fixado em Regimento, sendo-lhes assegurado o direito de apresentar memoriais ou de pedir a juntada de documentos. (Incluído pela Lei n. 9.868, de 10.11.1999) § 3º- O relator, considerando a relevância da matéria e a representatividade dos postulantes, poderá admitir, por despacho irrecorrível, a manifestação de outros órgãos ou entidades. (Incluído pela Lei n. 9.868, de 10.11.1999) ". Também o Regimento Interno do Superior de Justiça contém regra acerca da declaração de inconstitucionalidade, conforme se verifica do seu artigo 11: "Compete à Corte Especial processar e julgar: XII – os conflitos de competência entre relatores ou Turmas integrantes de Seções diversas, ou entre estas; (...)".

24. PONTES DE MIRANDA, Francisco Cavalcanti. **Comentários à Constituição de 1967**: com a Emenda n. 1 de 1969. Tomo. III. Rio de Janeiro: Forense, 1987, p. 606.

intermediários como o Superior Tribunal de Justiça vêm afastando a aplicação de leis e atos normativos sem, no entanto, manifestarem-se expressa e diretamente sobre a sua constitucionalidade.

Embora não seja este nosso entendimento, doutrina e jurisprudência dominantes, concluem que a não aplicação de lei ou ato normativo a caso concreto equivale à declaração de inconstitucionalidade, em razão de que devem obedecer às regras constitucionais disciplinadoras do controle da constitucionalidade.

Segundo entendimento manifestado pelo Supremo Tribunal Federal que levou à edição da Súmula Vinculante n. 10, ao deixar de aplicar lei ou ato normativo a caso concreto, os órgãos fracionários dos Tribunais Pátrios burlam o disposto no artigo 97 da Constituição Federal, "reconhecendo", ainda que dissimuladamente, a inconstitucionalidade dos respectivos dispositivos normativos.

Diante de tal quadro circunstancial, o Supremo Tribunal Federal editou a citada Súmula com o propósito específico de coibir a prática de afastamento de lei ou ato normativo pelos órgãos fracionários dos Tribunais Pátrios, em substituição à declaração explícita de inconstitucionalidade pela maioria dos seus integrantes ou dos respectivos órgãos especiais.

De fato, a não observância do disposto no artigo 97 da Constituição Federal pode se converter em elemento desencadeador de insegurança diante da possiblidade de decisões conflitantes de órgãos fracionários dos Tribunais sobre a constitucionalidade de leis e atos normativos, o que levaria à dificuldade de orientação quanto ao seu cumprimento.

No entanto, embora reconheçamos a necessidade de obediência da "reserva de plenário" para afastar a aplicação de leis e atos normativos inconstitucionais, não podemos deixar de registrar o fato de que, em matéria tributária, campo em que as leis inconstitucionais se proliferam com velocidade e frequência indesejáveis, há que se admitir um controle mais efetivo e, sobretudo, célere dos referidos textos legais, o que pode ser feito com a negativa de sua aplicação ao caso concreto, exatamente como faz o Superior Tribunal de Justiça.

Trata-se de procedimento que imprime maior dinamização à justiça e do qual resulta importante economia processual, além de conferir mais celeridade à prestação da tutela jurisdicional, a qual, ao afastar a aplicação da lei ao caso concreto impede o pagamento de tributo inconstitucional, preservando a segurança jurídica do contribuinte, sua capacidade contributiva e impedindo a cobrança de tributo com efeito de confisco.

Nesse sentido, merece especial destaque a decisão da Ministra Denise Arruda Martins que interpretou o disposto no artigo 12 do Decreto-Lei 406/68 e assim também no artigo 3º da Lei Complementar 116/03 em conformidade com o texto constitucional, não reconhecendo legitimidade à regra do domicílio do prestador enquanto critério espacial da regra-matriz de incidência do ISS.

Como ressaltado, embora a observância do princípio da "reserva de plenário" seja necessária para atribuir segurança jurídica ao sistema, eis que impede que leis e atos normativos sejam declarados inconstitucionais por órgãos fracionários dos Tribunais Pátrios, sem que seja esta a orientação da maioria absoluta dos magistrados integrantes destes Tribunais, há que se relativizar a interpretação da cláusula em questão em homenagem aos princípios da economia processual e da segurança jurídica, bem como para não mitigar a competência jurisdicional, posto que, sobretudo em matéria tributária, as leis e atos normativos inconstitucionais são mais frequentes do que deveriam ser, submetendo diuturnamente sujeitos passivos de obrigações tributárias a um total estado de insegurança, obrigando-os ao pagamento de tributos em hipóteses que verdadeiramente não deveriam fazê-lo.

TRIBUTAÇÃO: DEMOCRACIA E LIBERDADE

Em nome da democratização da justiça, há que se reconhecer aos órgãos fracionários dos Tribunais a prerrogativa de afastarem a aplicação de leis e atos normativos tributários inconstitucionais.

De qualquer forma, não se podem reconhecer os efeitos da incidência em local diferente daquele em que ocorre o fato jurídico-tributário, ainda que a declaração de inconstitucionalidade deva, no controle difuso, ser fruto de decisão dos órgãos especiais dos Tribunais Intermediários ou do Superior Tribunal de Justiça, em ambos pela maioria de seus membros.

Definitivamente, qualquer que seja a disposição que estabeleça local diferente daquele em que ocorreu o fato jurídico para a incidência da lei do ISS estará irremissivelmente inquinada do vício de inconstitucionalidade.

Há, ainda, quem reconheça a pertinência e admissibilidade de aplicação da regra veiculada pelo *caput* do artigo 3º da Lei Complementar 116/03, sob o fundamento de que eventual conflito de competência há de ser resolvido por lei complementar a ser editada, já que, segundo dispõe o artigo 146 da Constituição Federal, é papel da lei complementar disciplinar conflitos de competência em matéria tributária.

Efetivamente, são papéis da lei complementar: disciplinar conflitos de competência em matéria tributária; e estabelecer normas gerais definidoras dos tributos e de suas espécies, o fato gerador, a base de cálculo e os sujeitos passivos dos impostos previstos na Constituição Federal; bem como regular as limitações constitucionais ao poder de tributar; além de outras funções arroladas no dispositivo em questão. No entanto, é certo, também, que pouco ou nada restou ao legislador complementar, no que concerne a tais atribuições, já que o legislador constituinte, ao conferir as respectivas competências às pessoas políticas de Direito Público, fê-lo de forma exaustiva.

Portanto, se o legislador complementar, ao estabelecer normas gerais definidoras do fato gerador, base de cálculo e contribuintes, ampliar ou reduzir o que foi estabelecido de antemão no arquétipo constitucional do tributo, a respectiva regra estará maculada pelo vício de inconstitucionalidade. Neste sentido é que, conforme ponderamos em linhas anteriores, à lei complementar, em matéria tributária, é dado apenas estabelecer normas gerais para dirimir conflitos de competência e regular as limitações constitucionais ao poder de tributar.

É o que se pode afirmar em relação à regra do domicílio estabelecida no artigo 3º da Lei Complementar 116/03. Das duas uma: ou o legislador complementar pretendeu definir o fator gerador e o critério espacial do ISS e, ao assim proceder, desvirtuou-o; ou, ao estabelecer a regra em questão, pretendeu dirimir conflitos de competência e, nesta seara, também não andou bem, pois, embora, aparentemente tenha criado regra tendente a evitar a existência de conflitos de competência, fê-lo em afronta ao princípio constitucional da territorialidade e alterou o arquétipo constitucional do imposto. Trata-se, portanto, de disposição revestida de inconstitucionalidade, que não só não logrou êxito no propósito de dirimir os conflitos existentes, como lhes agregou outros.

O legislador complementar, ao criar a ficção do domicílio do prestador, agrediu o princípio constitucional geral da territorialidade da lei e alterou a materialidade da respectiva regra constitucional, retirando-lhe a prestação do núcleo e inserindo o domicílio como seu elemento principal.[25]

---

[25]. Nesse sentido também leciona Marçal JUSTEN FILHO: "Primeiramente, porque conduziria a uma ampliação, em última análise, do aspecto material do tributo, desnaturando-se irremediavelmente. Estar-se-ia a tributar não mais a prestação de serviço, mas o fato de deter domicílio em um Município. A prestação de serviço deixaria de ser o núcleo da hipótese de incidência, para tornar-se fundamental para a existência de domicílio em um certo e determinado Município". Obra citada, p. 148.

Assim, se a regra não é boa para definir o fato gerador, igualmente não se presta a dirimir conflitos de competência. Portanto, o legislador complementar esgotou a sua função no que concerne à tarefa de dirimir conflitos de competência e o fez mal.

Para resolver a inconsistência criada pelo disposto no artigo 3º da Lei Complementar 116/03, ou se estabelece nova disposição que a revogue, ou, então, caberá ao Poder Judiciário dirimir conflitos de competência que lhe sejam submetidos a julgamento; e, para tanto, não há como deixar de enfrentar o argumento de inconstitucionalidade.

Diante de tal quadro, não nos parece plausível amesquinhar a função do Poder Judiciário, impedindo-lhe de reconhecer inconstitucionalidade tão severa sob o fundamento de que tal só poderia se dar com observância da regra de "reserva de plenário", prevista no artigo 97 da Constituição Federal e bem assim da Súmula Vinculante n. 10 do Supremo Tribunal Federal.

É fato que a regra do domicílio pode justificar-se por razões de praticabilidade e eficiência na tributação, pois, além de evitar a evasão fiscal nas hipóteses em que o prestador desempenha a sua atividade fora do município em que está o estabelecimento prestador, concentra o recolhimento na sua base, simplificando os procedimentos administrativos tributários tendentes ao recolhimento do imposto, além de facilitar sua fiscalização e arrecadação. No entanto, tais razões não podem se sobrepor ao fato de que há uma inconstitucionalidade a ser sanada.

É certo que a sociedade não suporta mais investidas contra os seus direitos e garantias individuais em decorrência da submissão a leis e atos normativos inconstitucionais, como é o caso da cobrança desautorizada de tributos em agressão aos princípios da capacidade contributiva e da vedação da cobrança de tributo com efeito confiscatório. Diante de tal cenário, tanto mais forem as vezes que o Poder Judiciário afaste tais cobranças, tanto melhor, observado ou não princípio da "reserva de plenário".

Em favor da regra do domicílio do prestador, argumenta-se, ainda, que se em relação ao Imposto Sobre a Renda (IR) é possível exigir o valor devido em local distinto daquele em que a renda foi gerada, tal também poderia se dar em relação ao ISS, já que o que é relevante em relação a este é a prestação de serviço e não o local em que se perfectibilizou.

Tais argumentos, por igual, não se prestam a legitimar o disposto no *caput* do artigo 3º da Lei Complementar 116/03, haja vista que o IR é um imposto da competência da União, a qual, dada a sua específica condição, detém soberania em toda a extensão do território nacional. Portanto, no que concerne aos fatos jurídico-tributários relativos aos impostos de sua competência, pode exercer a prerrogativa de cobrança do tributo em qualquer local do território nacional, independentemente de onde tenha nascido a relação jurídico-tributária.

Em relação a ambos os impostos, conceitualmente falando, o critério espacial é o local em que se ultima, completa-se o fato descrito na hipótese endonormativa. Assim, no que se refere ao ISS, o critério espacial é o local em que se completa o serviço, assim entendido aquele em que se verifica a utilidade pretendida com a respectiva prestação. O mesmo se dá em relação ao IR, cuja incidência e consequente nascimento da relação jurídica se operam no local em que se consumou o fato jurídico-tributário; no entanto, a autoridade fazendária federal, por exercer a sua prerrogativa de cobrança do tributo sobre a totalidade do território nacional, pode exigir o pagamento do tributo em qualquer local dentro de sua esfera territorial de competência. Raciocínio análogo se aplica ao ISS, pois a autoridade fazendária municipal pode exercer a prerrogativa de cobrança do tributo dentro de sua esfera territorial de competência, nunca dentro do território de competência de Município distinto daquele em que nasceu a relação jurídico-tributária.

O que queremos afirmar é que tanto em um como em outro imposto, ou seja, tanto no ISS como no IR, a relação jurídico-tributária se instala no local em que se completa o fato descrito na hipótese de incidência. Entretanto, no que se refere ao ISS, o imposto somente pode ser exigido dentro do espaço territorial de competência do Município onde se operou a incidência tributária, ou seja, respeitado o aspecto territorial em que a respectiva legislação deita efeitos. Já no que se refere à União, a regra é rigorosamente a mesma, a relação jurídica nasce no local em que se aperfeiçoa o fato "auferir renda"; todavia, dada a circunstância de que a competência da União se espraia sobre todo o território nacional, esta pode exigir o tributo indistintamente onde julgue conveniente.

Como pontua Marçal JUSTEN FILHO, tal prerrogativa só existe em relação ao legislador federal no que concerne aos tributos de sua competência impositiva, os quais podem eleger como critério espacial qualquer localidade dentro do território nacional.

Segundo pondera o referido autor:

> Em suma, poder-se-ia aludir à territorialidade das normas editadas pelos Estados-membros e pelos Municípios (sendo pouco relevante afirmar a territorialidade das normas da União, enquanto pessoa de direito interno – já que, aí, o âmbito territorial de validade coincidiria com os limites do território pátrio). Isso significa a validade das normas estaduais e municipais apenas dentro do respectivo território.[26]

Como afirmado, a regra é a mesma para ambos os impostos, o critério espacial da norma é o local em que se consuma

---

26. JUSTEN FILHO, Marçal. **O Imposto sobre Serviços na Constituição**. São Paulo: Revista dos Tribunais, 1985, p. 142.

o fato jurídico-tributário, respeitada a peculiaridade do ente impositor. Se municipal, o tributo só pode ser exigido dentro do seu espaço territorial de competência, ou seja, dentro do território do respectivo Município, se federal, igualmente dentro da sua esfera territorial de competência.

Ressalta-se que, no plano internacional, a tributação por via do IR pode sofrer temperamentos no concernente à observância da territorialidade, permitindo-se a extraterritorialidade da lei nacional para alcançar fatos jurídicos (auferir renda) ocorridos fora do território nacional, tomando-se como critérios de conexão o local em que a renda foi auferida, residência ou nacionalidade. Trata-se da regra *world wide income tax* adotada universalmente para alcançar a renda onde quer que ela seja produzida e, usualmente, constante em Tratados e Acordos Internacionais. Em tais casos, se a Nação brasileira anuir na subscrição de Tratados Internacionais que contenham tal espécie de disposição referendando-o, a exceção à territorialidade da lei é escusável e admissível.

Por outro lado, a legislação brasileira contempla também hipóteses em que aplica a regra da renda mundial – *word wide income tax* – em relação à renda auferida em países com os quais o Brasil não possui Tratado Internacional, ou seja, aplica a referida disposição, exigindo o tributo onde quer que a renda tenha sido produzida, em território nacional ou não. A despeito da circunstância de que tal exigência pode redundar em dupla ou múltipla imposição sobre uma mesma riqueza, diante da ausência de convenção internacional para evitar tal indesejada situação, não se pode equiparar tal fato à cobrança do ISS no domicílio do prestador. Primeiramente, porque a regra do domicílio do prestador, estatuída no artigo 3º da Lei Complementar 116/03, autoriza a invasão de competência tributária ao permitir que um sujeito ativo diferente daquele que integra a relação jurídico-tributária efetue a cobrança do tributo, o que não ocorre no caso do IR, já que o sujeito ativo da relação jurídica é o mesmo, a União. Embora haja conflito de competência no plano internacional, pela contraposição de duas ou mais soberanias, não há conflito de competência no plano interno ao por em risco o pacto federativo. Em segundo lugar, porque distintamente do que se passa em relação à regra do domicílio para o ISS, a exigência do IR relativamente a fatos jurídicos ocorridos fora do território nacional não altera a materialidade do tributo, ou seja, não retira a renda do núcleo da norma, como expusemos ocorrer em relação à exigência do ISS no domicílio do prestador.

Finalmente, há que se estabelecer distinção quanto aos instrumentos normativos que veiculam as regras em questão. A regra do domicílio do prestador para o ISS é veiculada em lei complementar com o propósito de disciplinar conflitos de competência e, como exposto, não logrou êxito em tal mister; já a regra da renda mundial está estabelecida na lei instituidora do IR, em que o legislador, exercendo as prerrogativas inerentes à sua competência impositiva, indica o critério espacial de incidência da respectiva regra-matriz, fazendo-o em observância ao arquétipo constitucional do imposto.

REFERÊNCIAS BIBLIOGRÁFICAS

ATALIBA, Geraldo. **Regra-matriz de Incidência Tributária**. 6. ed. São Paulo: Malheiros, 2000.

_____. **Hipótese de Incidência Tributária**. 6. ed. São Paulo: Malheiros, 2000.

_____. ISS – Base de cálculo. In: **Estudos e Pareceres de Direito Tributário**. V. 1. São Paulo: Revista dos Tribunais, 1978.

BACHOF, Otto. **Normas Constitucionais Inconstitucionais?** [s.l.]: Atlântida, 1977.

BARRETO, Aires Fernandino. **ISS na Constituição e na Lei**. São Paulo: Dialética, 2003.

BECKER, Alfredo Augusto. **Curso de Direito Tributário**. São Paulo: Saraiva, 1963.

CARRAZZA, Roque Antonio. **Curso de Direito Constitucional Tributário**. 19. ed. São Paulo: Malheiros, 2003.

CARVALHO, Paulo Barros. **Curso de Direito Tributário**. 23. ed. São Paulo: Saraiva, 2011.

DERZI, Misabel Abreu Machado. A irretroatividade do Direito, a Proteção da Confiança, a Boa-fé e o RE n 370.682-SC. In: **Grandes Questões Atuais de Direito Tributário**. ROCHA, Valdir de Oliveira (Coord.) v. 1. São Paulo: Dialética, 2009.

HOUAISS, Instituto Antônio. **Dicionário Houaiss da Língua Portuguesa**. Objetiva: Rio de Janeiro, 2001.

JUSTEN FILHO, Marçal. **O Imposto sobre Serviços na Constituição**. São Paulo: Revistas dos Tribunais, 1985.

MELO, José Eduardo Soares de. **Curso de Direito Tributário**. São Paulo: Dialética, 1997.

_____. **ISS** – Aspectos teóricos e práticos. 3. ed. São Paulo: Dialética, 2003.

MIRANDA, Jorge. **Manual de Direito Constitucional**. Tomo II: Introdução à teoria da Constituição. 2. ed. Coimbra: Coimbra, 1988.

TÔRRES, Heleno Taveira (Coord.). Coleção de Direito Tributário. **Leis Complementares em Matéria Tributária**: aspectos práticos atuais. PINTO, Fabiana Lopes e SALIBA, Ricardo Berzosa (Org.).V. 1. São Paulo: Manole, 2003.

ISS – QUESTÕES CONTROVERTIDAS NA JURISPRUDÊNCIA DO STJ – O LOCAL DA PRESTAÇÃO DO SERVIÇO COMO DETERMINANTE DA COMPETÊNCIA DO MUNICÍPIO PARA EXIGIR A COBRANÇA DO MENCIONADO TRIBUTO – RECURSOS ESPECIAIS JULGADOS SOB A MODALIDADE E COM EFEITOS DE RECURSOS REPETITIVOS – CONSAGRAÇÃO DA JURISPRUDÊNCIA PREDOMINANTE NO STJ POR MAIS DE 20 ANOS

José Augusto Delgado[1]

---

1. Parecerista. Consultor. Advogado. Magistrado durante 43 anos. Especialista em Direito Civil. Ministro Aposentado do STJ. Ex-Ministro do Tribunal Superior Eleitoral. Doutor Honoris Causa pela Universidade Federal do Rio Grande do Norte e pela Universidade Potiguar do RN. Acadêmico da Academia Brasileira de Letras Jurídicas. Acadêmico da Academia Brasileira de Direito Tributário. Acadêmico da Academia de Direito Tributário das

ÍNDICE: 1 – Introdução. 2 – Aspectos do ISS julgados definitivamente pelo STJ sob a modalidade de recursos repetitivos. 3 – A polêmica sobre a competência do município para exigir o pagamento do ISS quando o serviço é prestado fora da sede onde a empresa está instalada. Análise dos recursos especiais n. 1.060.210 (referente ao leasing) e n. 1.117.121 (construção civil) e de dezenas de decisões assentando que o ISS deve ser pago no local onde o serviço é prestado. 4 – O ISS sobre serviços contratados e o município competente para exigir o cumprimento da referida obrigação tributária. 5 – Consagração da jurisprudência predominante no STJ por mais de 20 anos. 6 – Considerações sobre o tema em análise. 7 – O STJ, em sede de julgamento de REsp sob a técnica de recursos repetitivos, definiu que o ISS tem como sujeito ativo para exigir o seu pagamento o município onde o seu fato gerador ocorre, isto é, onde os elementos configuradores do serviço se concretizam e produzem efeitos. Resp 1.117.121. 8 – A compreensão dos efeitos do REsp 1.060.210, julgado sob os efeitos vinculativos da técnica de recursos repetitivos, e a sua projeção limitada, unicamente, aos contratos de leasing. 9 – Conclusões.

1. INTRODUÇÃO

O Imposto sobre Serviços (ISS), da competência dos Municípios, vem sendo submetido, nos últimos dez anos, a uma análise interpretativa pela jurisprudência do Superior Tribunal de Justiça, quando julgado em sede de Recurso Especial, que, por motivos de controvérsias instauradas, tem sido levado a ser buscada, pela via da modalidade prevista no art. 543-C, do CPC, apreciação pela via de recursos repetitivos, uma estabilização de entendimento que merece da doutrina um exame acurado.

É sabido que o Superior Tribunal de Justiça, por missão constitucional, tem por destacada atribuição zelar pela

---

Américas. Acadêmico da Academia Norteriograndense de Letras. Acadêmico da Academia de Direito do Rio Grande do Norte. Professor Aposentado da UFRN. Professor convidado do Curso de Especialização do CEUB – Brasília. Ex-Professor da Universidade Católica de Pernambuco. Ex-Juiz Estadual. Ex-Juiz Federal.

autoridade da lei federal e pela sua aplicação uniforme em todo o território nacional, gerando segurança jurídica e consequente estabilização nas relações entre os cidadãos e entre estes e os entes federativos que compõem o Estado brasileiro.

O nosso objetivo, no presente trabalho, escrito em homenagem à pranteada Ministra Denise Arruda, que honrou a magistratura brasileira com o seu exemplo de conduta cultivadora da cidadania, da moralidade, do amor aos seus jurisdicionados e de profunda dedicação ao Direito por nele crer como projetador, quando aplicado, de pacificação social, é de analisar, de modo sintético, duas decisões firmadas pelo Superior Tribunal de Justiça que, até o momento, estão vigorando sob a égide do art. 543-C, do CPC, isto é, com os efeitos produzidos por julgamentos de Recursos Especiais sob a modalidade de repetitivos.

2. ASPECTOS DO ISS JULGADOS DEFINITIVAMENTE PELO STJ SOB A MODALIDADE DE RECURSOS REPETITIVOS

De início, destacamos que o Superior Tribunal de Justiça, em sede de Recursos Especiais julgados sob a técnica efeitos de Recursos Repetitivos, portanto, com o alcance determinado pelo art. 543-C, do CPC, já definiu, no referente ao ISS:

a) a sua incidência ISS em operações de arrendamento mercantil (leasing) e a competência do Município para exigir o seu pagamento;

b) a competência do Município para cobrá-lo em caso de prestação de serviço de por empresas da construção civil;

c) a sua incidência sobre serviços prestados por empresas de mão de obra temporária;

d) a sua incidência sobre serviços de composição gráfica;

e) idem sobre locação de bens moveis; e

f) idem sobre serviços bancários, interpretando de modo extensivo a lista fixada pela Lei Complementar.Em síntese, a jurisprudência do STS, nas situações acima indicadas, sob os efeitos de julgamentos proferidos sob a modalidade de recursos repetitivos, está definida no sentido que:

EMENTA

1. O colendo STF já afirmou (RE 592. 905/SC) que ocorre o fato gerador da cobrança do ISS em contrato de arrendamento mercantil. O eminente Ministro EROS GRAU, relator daquele recurso, deixou claro que o fato gerador não se confunde com a venda do bem objeto do leasing financeiro, já que o núcleo do serviço prestado é o financiamento.

2. No contrato de arrendamento mercantil financeiro (Lei 6.099/74 e Resolução 2.309/96 do BACEN), uma empresa especialmente dedicada a essa atividade adquire um bem, segundo especificações do usuário/consumidor, que passa a ter a sua utilização imediata, com o pagamento de contraprestações previamente acertadas, e opção de, ao final, adquiri-lo por um valor residual também contratualmente estipulado. Essa modalidade de negócio dinamiza a fruição de bens e não implica em imobilização contábil do capital por parte do arrendatário: os bens assim adquiridos entram na contabilidade como custo operacional (art. 11 e 13 da Lei 6.099/74). Trata-se de contrato complexo, de modo que o enfrentamento da matéria obriga a identificação do local onde se perfectibiliza o financiamento, núcleo da prestação dos serviços nas operações de leasing financeiro, à luz do entendimento que restou sedimentado no Supremo Tribunal Federal.

3. O art. 12 do DL 406/68, com eficácia reconhecida de lei complementar, posteriormente revogado pela LC 116/2003, estipulou que, à exceção dos casos de construção civil e de exploração de rodovias, o local da prestação do serviço é o do estabelecimento prestador.

4. A opção legislativa representa um potente duto de esvaziamento das finanças dos Municípios periféricos do sistema bancário, ou seja, através dessa modalidade contratual se instala um mecanismo altamente perverso de sua descapitalização em favor dos grandes centros financeiros do País.

5. A interpretação do mandamento legal leva à conclusão de ter sido privilegiada a segurança jurídica do sujeito passivo da obrigação tributária, para evitar dúvidas e cobranças de impostos em duplicata, sendo certo que eventuais fraudes (como a manutenção de sedes fictícias) devem ser combatidas por meio da fiscalização e não do afastamento da norma legal, o que traduziria verdadeira quebra do princípio da legalidade tributária.

6. Após a vigência da LC 116/2003 é que se pode afirmar que, existindo unidade econômica ou profissional do estabelecimento prestador no Município onde o serviço é perfectibilizado, ou seja, onde ocorrido o fato gerador tributário, ali deverá ser recolhido o tributo.

7. O contrato de leasing financeiro é um contrato complexo no qual predomina o aspecto financeiro, tal qual assentado pelo STF quando do julgamento do RE 592.905/SC, Assim, há se concluir que, tanto na vigência do DL 406/68 quanto na vigência da LC 116/2003, o núcleo da operação de arrendamento mercantil, o serviço em si, que completa a relação jurídica, é a decisão sobre a concessão, a efetiva aprovação do financiamento.

8. As grandes empresas de crédito do País estão sediadas ordinariamente em grandes centros financeiros de notável dinamismo, onde centralizam os poderes decisórios e estipulam as cláusulas contratuais e operacionais para todas suas agências e dependências. Fazem a análise do crédito e elaboram o contrato, além de providenciarem a aprovação do financiamento e a consequente liberação do valor financeiro para a aquisição do objeto arrendado, núcleo da operação. Pode-se afirmar que é no local onde se toma essa decisão que se realiza, se completa, que se perfectibiliza o negócio. Após a vigência da LC 116.2003, assim, é neste local que ocorre a efetiva prestação do serviço para fins de delimitação do sujeito ativo apto a exigir ISS sobre operações de arrendamento mercantil.

9. O tomador do serviço ao dirigir-se à concessionária de veículos não vai comprar o carro, mas apenas indicar à arrendadora o bem a ser adquirido e posteriormente a ele disponibilizado. Assim, a entrega de documentos, a formalização da proposta e mesmo a entrega do bem são procedimentos

acessórios, preliminares, auxiliares ou consectários do serviço cujo núcleo – fato gerador do tributo – é a decisão sobre a concessão, aprovação e liberação do financiamento. [...]

10. Recurso Especial parcialmente provido para definir que: (a) incide ISSQN sobre operações de arrendamento mercantil financeiro; (b) o sujeito ativo da relação tributária, na vigência do DL 406/68, é o Município da sede do estabelecimento prestador (art. 12); (c) a partir da LC 116/03, é aquele onde o serviço é efetivamente prestado, onde a relação é perfectibilizada, assim entendido o local onde se comprove haver unidade econômica ou profissional da instituição financeira com poderes decisórios suficientes à concessão e aprovação do financiamento – núcleo da operação de leasing financeiro e fato gerador do tributo; (d) prejudicada a análise da alegada violação ao art. 148 do CTN; (e) no caso concreto, julgar procedentes os Embargos do Devedor, com a inversão dos ônus sucumbenciais, ante o reconhecimento da ilegitimidade ativa do Município de Tubarão/SC para a cobrança do ISS. Acórdão submetido ao procedimento do art. 543-C do CPC e da Resolução 8/STJ. (REsp 1060210 SC, Rel. Ministro Napoleão Nunes Maia Filho, Primeira Seção, Julgado em 28/11/2012, DJE 05/03/2013).

Observação: O acórdão acima citado, embora julgado sob os efeitos do art. 543-C do CPC (Recursos Repetitivos), ainda, nesta data (17.04.2014), não transitou em julgado. Está aguardando julgamento de embargos de declaração.

EMENTA

1. A competência para cobrança do ISS, sob a égide do DL 406/68 era o do local da prestação do serviço (art. 12), o que foi alterado pela LC 116/2003, quando passou a competência para o local da sede do prestador do serviço (art. 3º).

2. Em se tratando de construção civil, diferentemente, antes ou depois da lei complementar, o imposto é devido no local da construção (art.12, letra "b" do DL 406/68 e art.3º, da LC 116/2003).

3. Mesmo estabeleça o contrato diversas etapas da obra de construção, muitas das quais realizadas fora da obra e em município diverso, onde esteja a sede da prestadora, considera-se a obra como uma universalidade, sem divisão das etapas de execução para efeito de recolhimento do ISS.

(REsp 1117121 SP, Rel. Ministra ELIANA CALMON, PRIMEIRA SEÇÃO, julgado em 14/10/2009, DJe 29/10/2009).

Observação: Acórdão transitado em julgado na data de 04.12.2009.

EMENTA

1. A base de cálculo do ISS é o preço do serviço, consoante disposto no artigo 9º, caput, do Decreto-Lei 406/68.

2. As empresas de mão de obra temporária podem encartar-se em duas situações, em razão da natureza dos serviços prestados: (i) como intermediária entre o contratante da mão de obra e o terceiro que é colocado no mercado de trabalho; (ii) como prestadora do próprio serviço, utilizando de empregados a ela vinculados mediante contrato de trabalho.

3. A intermediação implica o preço do serviço que é a comissão, base de cálculo do fato gerador consistente nessas "intermediações".

4. O ISS incide, nessa hipótese, apenas sobre a taxa de agenciamento, que é o preço do serviço pago ao agenciador, sua comissão e sua receita, excluídas as importâncias voltadas para o pagamento dos salários e encargos sociais dos trabalhadores. Distinção de valores pertencentes a terceiros (os empregados) e despesas com a prestação. Distinção necessária entre receita e entrada para fins financeiro-tributários.

5. A exclusão da despesa consistente na remuneração de empregados e respectivos encargos da base de cálculo do ISS impõe perquirir a natureza das atividades desenvolvidas pela empresa prestadora de serviços. Isto porque as empresas agenciadoras de mão de obra, em que o agenciador atua para o encontro das partes, quais sejam, o contratante da mão de obra e o trabalhador, que é recrutado pela prestadora na estrita medida das necessidades dos clientes,

dos serviços que a eles prestam, e ainda, segundo as especificações deles recebidas, caracterizam-se pelo exercício de intermediação, sendo essa a sua atividade-fim.

6. Consectariamente, nos termos da Lei 6.019, de 3 de janeiro de 1974, se a atividade de prestação de serviço de mão de obra temporária é prestada através de pessoal contratado pelas empresas de recrutamento, resta afastada a figura da intermediação, considerando-se a mão de obra empregada na prestação do serviço contratado como custo do serviço, despesa não dedutível da base de cálculo do ISS.

"Art. 4º – Compreende-se como empresa de trabalho temporário a pessoa física ou jurídica urbana, cuja atividade consiste em colocar à disposição de outras empresas, temporariamente, trabalhadores, devidamente qualificados, por elas remunerados e assistidos. (...) Art. 11 – O contrato de trabalho celebrado entre empresa de trabalho temporário e cada um dos assalariados colocados à disposição de uma empresa tomadora ou cliente será, obrigatoriamente, escrito e dele deverão constar, expressamente, os direitos conferidos aos trabalhadores por esta Lei. (...) Art. 15 – A Fiscalização do Trabalho poderá exigir da empresa tomadora ou cliente a apresentação do contrato firmado com a empresa de trabalho temporário, e, desta última o contrato firmado com o trabalhador, bem como a comprovação do respectivo recolhimento das contribuições previdenciárias. Art. 16 – No caso de falência da empresa de trabalho temporário, a empresa tomadora ou cliente é solidariamente responsável pelo recolhimento das contribuições previdenciárias, no tocante ao tempo em que o trabalhador esteve sob suas ordens, assim como em referência ao mesmo período, pela remuneração e indenização previstas nesta Lei. (...) Art. 19 – Competirá à Justiça do Trabalho dirimir os litígios entre as empresas de serviço temporário e seus trabalhadores."

7. Nesse diapasão, o enquadramento legal tributário faz mister o exame das circunstâncias fáticas do trabalho prestado, delineadas pela instância ordinária, para que se possa concluir pela forma de tributação.

8. *In casu*, na própria petição inicial, a empresa recorrida procede ao seu enquadramento legal, *in verbis*: "Como

demonstra seu contrato social (documento anexo), a Impetrante tem como objetivo societário a locação de mão-de-obra temporária, na forma da Lei n. 6.019/74. Em contraprestação a essa terceirização, conforme cópia exemplificativa de contrato em anexo (documento anexo), as empresas contratantes ou tomadoras de seus serviços realizam o pagamento da remuneração do trabalhador terceirizado e o pagamento do *spread* da Impetrante, qual seja, a chamada taxa de administração, conforme cópia exemplificativa de nota fiscal em anexo (documento anexo). Entretanto, por inconveniência contábil e exigência ilegal do Fisco, está "autorizada" a somente emitir uma nota fiscal para receber os seus serviços, onde a taxa de administração, despesas e remuneração do terceirizado são pagas de forma conjunta."

9. O Tribunal a quo, a seu turno, assentou que: "Para melhor esclarecer a questão faz-se necessário definir a relação jurídica e as partes envolvidas.

10. Verifica-se, pois, que existe a empresa tomadora do serviço de mão de obra, a empresa prestadora agenciadora do serviço de mão de obra e o trabalhador que irá prestar o serviço.

11. Em decorrência disso, existe também um contrato entre a empresa tomadora do serviço e a empresa agenciadora, bem como entre a empresa agenciadora e trabalhador. Nesse sentido, a empresa agenciadora, no caso a apelada, irá determinar ao trabalhador que execute um determinado trabalho, sendo que ele será remunerado pela execução da tarefa. Dessa forma, a empresa agenciadora de mão de obra recebe a taxa de administração e o reembolso do valor concernente à remuneração do trabalhador, da empresa tomadora do serviço.

12. Assim, o único serviço que a empresa agenciadora de mão de obra presta é o de indicar uma pessoa (trabalhador) para a execução do trabalho e a remuneração bruta é o pagamento que recebe (taxa de administração)."

13. Com efeito, verifica-se que o Tribunal incorreu em inegável equívoco hermenêutico, porquanto atribuiu, à empresa agenciadora de mão de obra temporária regida pela Lei 6.019/74, a condição de intermediadora de mão-de-obra, quando a referida lei estabelece, *in verbis*: "Art. 4º – Compreende-se como

empresa de trabalho temporário a pessoa física ou jurídica urbana, cuja atividade consiste em colocar à disposição de outras empresas, temporariamente, trabalhadores, devidamente qualificados, por elas remunerados e assistidos. (...) Art. 11 – O contrato de trabalho celebrado entre empresa de trabalho temporário e cada um dos assalariados colocados à disposição de uma empresa tomadora ou cliente será, obrigatoriamente, escrito e dele deverão constar, expressamente, os direitos conferidos aos trabalhadores por esta Lei. (...) Art. 15 – A Fiscalização do Trabalho poderá exigir da empresa tomadora ou cliente a apresentação do contrato firmado com a empresa de trabalho temporário, e, desta última o contrato firmado com o trabalhador, bem como a comprovação do respectivo recolhimento das contribuições previdenciárias. Art. 16 – No caso de falência da empresa de trabalho temporário, a empresa tomadora ou cliente é solidariamente responsável pelo recolhimento das contribuições previdenciárias, no tocante ao tempo em que o trabalhador esteve sob suas ordens, assim como em referência ao mesmo período, pela remuneração e indenização previstas nesta Lei. (...) Art. 19 – Competirá à Justiça do Trabalho dirimir os litígios entre as empresas de serviço temporário e seus trabalhadores."

14. Destarte, a empresa recorrida encarta prestações de serviços tendentes ao pagamento de salários, previdência social e demais encargos trabalhistas, sendo, portanto, devida a incidência do ISS sobre a prestação de serviços, e não apenas sobre a taxa de agenciamento.

15. Recurso especial do Município provido, reconhecendo-se a incidência do ISS sobre a taxa de agenciamento e as importâncias voltadas para o pagamento dos salários e encargos sociais dos trabalhadores contratados pelas prestadoras de serviços de fornecimento de mão de obra temporária (Lei 6.019/74).

(REsp 1138205 PR, Rel. Ministro Luiz Fux, Primeira Seção, julgado em 09/12/2009, DJe 01/02/2010).

Observação: Em 17.04.2014 o acórdão atacado por Recurso Extraordinário inadmitido pela Vice-Presidência do STJ aguarda julgamento pelo Supremo Tribunal Federal do Agravo em Recurso Extraordinário n. 33654/PR, desde 04.01.2011.

EMENTA

1. Segundo decorre do sistema normativo específico (art. 155, II, § 2º, IX, b e 156, III da CF, art. 2º, IV, da LC 87/96 e art. 1º, § 2º, da LC 116/03), a delimitação dos campos de competência tributária entre Estados e Municípios, relativamente à incidência de ICMS e de ISSQN, está submetida aos seguintes critérios: (a) sobre operações de circulação de mercadoria e sobre serviços de transporte interestadual e internacional e de comunicações incide ICMS; (b) sobre operações de prestação de serviços compreendidos na lista de que trata a LC 116/03 (que sucedeu ao DL 406/68), incide ISSQN; e (c) sobre operações mistas, assim entendidas as que agregam mercadorias e serviços, incide o ISSQN sempre que o serviço agregado estiver compreendido na lista de que trata a LC 116/03 e incide ICMS sempre que o serviço agregado não estiver previsto na referida lista.

2. As operações de composição gráfica, como no caso de impressos personalizados e sob encomenda, são de natureza mista, sendo que os serviços a elas agregados estão incluídos na Lista Anexa ao Decreto-Lei 406/68 (item 77) e à LC 116/03 (item 13.05). Consequentemente, tais operações estão sujeitas à incidência de ISSQN (e não de ICMS).

Confirma-se o entendimento da Súmula 156/STJ: "A prestação de serviço de composição gráfica, personalizada e sob encomenda, ainda que envolva fornecimento de mercadorias, está sujeita, apenas, ao ISS." Precedentes de ambas as Turmas da 1ª Seção.

(REsp 1092206 SP, Rel. Ministro TEORI ALBINO ZAVASCKI, PRIMEIRA SEÇÃO, julgado em 11/03/2009, DJe 23/03/2009).

Observação: Em 17.04.2014 o acórdão atacado por Recurso Extraordinário que foi, em data de 10.09.2009, inadmitido pelo Vice-Presidente do STJ, aguarda desde 22.10.2009 julgamento pelo STF de Agravo em Recurso Extraordinário n. 32044.

EMENTA

1. O ISS é espécie tributária que admite a sua dicotomização como tributo direto ou indireto, consoante o caso concreto.

2. A pretensão repetitória de valores indevidamente recolhidos a título de ISS incidente sobre a locação de bens móveis (cilindros, máquinas e equipamentos utilizados para acondicionamento dos gases vendidos), hipótese em que o tributo assume natureza indireta, reclama da parte autora a prova da não repercussão, ou, na hipótese de ter a mesma transferido o encargo a terceiro, de estar autorizada por este a recebê-los, o que não ocorreu *in casu*, consoante dessume-se do seguinte excerto da sentença, *in verbis*: "Com efeito, embora pudesse o autor ter efetuado a prova necessária, que lhe foi facultada, deixou de demonstrar que absorveu o impacto financeiro decorrente do pagamento indevido do ISS sobre a operação de locação de móveis, ou que está autorizado a demandar em nome de quem o fez. Omitiu prova de que tenha deixado de repassar o encargo aos seus clientes ou que tenha autorização destes para buscar a repetição, conforme exigência expressa inscrita no art. 166 do CTN."

(REsp 1131476 RS, Rel. Ministro Luiz Fux, Primeira Seção, julgado em 09/12/2009, DJe 01/02/2010).

Observação: acórdão transitado em julgado em 08/03/2010.

EMENTA

1. A jurisprudência desta Corte firmou entendimento de que é taxativa a Lista de Serviços anexa ao Decreto-lei 406/68, para efeito de incidência de ISS, admitindo-se, aos já existentes apresentados com outra nomenclatura, o emprego da interpretação extensiva para serviços congêneres.

(REsp 1111234 PR, Rel. Ministra Eliana Calmon, Primeira Seção, julgado em 23/09/2009, DJe 08/10/2009).

Observação: Acórdão transitado em julgado na data de 30.03.2010.

Outras Informações

É legal o acórdão do Tribunal *a quo* que, realizando uma interpretação extensiva dos itens da Lista de Serviços anexa ao Decreto-lei 56/1987, determinou a incidência do ISS sobre serviços bancários congêneres àqueles ali descritos, independentemente da denominação da atividade realizada pelo banco, pois apesar da referida lista ser taxativa, deve prevalecer a efetiva natureza do serviço bancário prestado, e não a sua nomenclatura, devendo ser demonstrada a pertinência dos serviços prestados aos constantes da lista, bem como desconsiderados aqueles serviços que nela não se enquadram sequer por semelhança, conforme entendimento jurisprudencial do STF e STJ.

EMENTA

1. Os serviços postais e telemáticos prestados por empresas franqueadas, sob a égide da LC 56/87, não sofrem a incidência do ISS, em observância ao princípio tributário da legalidade. [...]

2. O Decreto-Lei 406/68 estabeleceu como fato gerador do ISS a prestação, por empresa ou profissional autônomo, com ou sem estabelecimento fixo, de serviço constante da lista anexa ao diploma legal, ainda que sua prestação envolvesse o fornecimento de mercadoria.

3. A citada lista de Serviços, anexa ao Decreto-Lei 406/68, com a redação dada pela Lei Complementar 56, de 15 de dezembro de 1987, dispunha sobre a atividade de "Agenciamento, corretagem ou intermediação de contratos de franquia (franchise) e de faturação (factoring) (excetuam-se os serviços prestados por instituições autorizadas a funcionar pelo Banco Central);" (Item 48).

4. A franquia não era listada como serviço pelo legislador complementar, mas, antes, as atividades de corretagem, agenciamento e intermediação que a tivessem por objeto, situação jurídica que restou modificada pela Lei Complementar 116, de 31 de julho de 2003, que revogou os artigos 8º, 10, 11 e 12, do Decreto-Lei 406/68, bem como a Lei

Complementar 56/87, entre outros, enunciando, no item 26.01 de sua lista anexa, como hipótese de incidência do ISS, os "serviços de coleta, remessa ou entrega de correspondências, documentos, objetos, bens ou valores, inclusive pelos correios e suas agências franqueadas".

5. *In casu*, verifica-se a inaplicabilidade da aludida Lei Complementar, porquanto referente a período anterior, ainda sob a égide da LC 56/87, consoante se dessume da sentença de procedência integral do pedido de anulação dos lançamentos tributários, prolatada na data de 16/12/2002.

6. Impende salientar o reconhecimento, pelas instâncias ordinárias, da natureza de franquia relativa ao contrato em tela, tendo restado assentado pelo juízo singular, *in verbis*: "É pacífico que o desempenho da atividade de franqueado não constitui hipótese de incidência do imposto sobre serviços. A compreensão do Superior Tribunal de Justiça é, no particular, de tal modo entusiástica que desencoraja digressão dissonante. (...) A situação da autora, não apenas pela denominação dada ao pacto, entrosa-se coma definição de serviço franqueado. (...) De tal sorte, não tenho dificuldade em vincular o instrumento negocial de fls. 30 e seguintes com uma característica franquia."

(REsp 1131872 SC, Rel. Ministro Luiz Fux, Primeira Seção, julgado em 09/12/2009, DJe 01/02/2010).

Observação: acórdão transitado em julgado em 08.03.2010.

3. **A POLÊMICA SOBRE A COMPETÊNCIA DO MUNICÍPIO PARA EXIGIR O PAGAMENTO DO ISS QUANDO O SERVIÇO É PRESTADO FORA DA SEDE ONDE A EMPRESA ESTÁ INSTALADA. ANÁLISE DOS RECURSOS ESPECIAIS N. 1.060.210 (REFERENTE AO LEASING) E N. 1.117.121 (CONSTRUÇÃO CIVIL) E DE DEZENAS DE DECISÕES ASSENTANDO QUE O ISS DEVE SER PAGO NO LOCAL ONDE O SERVIÇO É PRESTADO**

Em parecer que abordamos a definição da exigência do ISS pelo Município onde o serviço foi efetivamente prestado, independentemente do prestador, pessoa física ou jurídica, ser ou não nele sediada, desenvolvemos fundamentos e conclusões que passamos a anotar, com algumas alterações na redação do texto.

É de pleno conhecimento que a jurisprudência do Superior Tribunal de Justiça, antes do pronunciado pelo REsp 1.060.210/SC, apresentava-se uniforme de que o ISS, de modo geral, salvo as exceções legais, devia ser pago pelo prestador do serviço no local de sua consumação. Seguia o princípio da territorialidade e da autonomia municipal.

Somos da opinião de que a competência atribuída aos Municípios para instituir e cobrar o ISS deve ser analisada como decorrente de sua autonomia, que segundo AIRES F. BARRETO, é um dos pilares do sistema constitucional e do subsistema tributário. Ele nos ensina que o princípio da autonomia municipal:

> Expressa-se, especialmente, pelas disposições veiculadas nos arts. 29 e 30 da Constituição Federal. O primeiro deles contempla a autonomia política, outorgando aos Municípios o direito à eleição de Prefeito, Vice-Prefeito e Vereados (inciso I), enquanto o art. 30, por seu inciso I, ao atribuir aos Municípios competência para legislar sobre assuntos de interesse local, confere-lhes autonomia administrativa. Esse mesmo dispositivo, em seu inciso III, ao conceder-lhes competência para instituir e arrecadar os tributos de sua competência, bem como aplicar suas rendas, contempla a autonomia financeira.[2]

O sujeito ativo, como já dito, é a pessoa jurídica de direito público com competência constitucionalmente outorgada para instituir e cobrar tributos. É a parte ativa da obrigação tributária.

---

2. BARRETO, Aires F. *ISS na Constituição e na Lei*. São Paulo: Dialética, 3ª edição, p. 9.

Diferentemente de outros impostos, como por exemplo, o imposto sobre transmissão de bens *inter* vivos, o imposto sobre transmissão *causa mortis* e doações, o legislador constitucional não previu critérios para definir eventuais conflitos entre sujeitos ativos, mas reservou tal tratamento à Lei Complementar.

Antes de a Lei Complementar n. 116/03 passar a viger, era o art. 12 do Decreto-lei n. 406/68 que disciplinava o assunto. Assim constava do referido dispositivo legal:

> Art. 12. Considera-se local da prestação do serviço:
>
> a) o do estabelecimento prestador ou, na falta de estabelecimento, o do domicílio do prestador;
>
> b) no caso de construção civil o local onde se efetuar a prestação.
>
> c) no caso do serviço a que se refere o item 101 da Lista Anexa, o Município em cujo território haja parcela da estrada explorada.

A redação do artigo transcrito suscitou diversas dúvidas, já que a lei possibilitava uma interpretação equivocada, de que o local da sede definiria quem seria o sujeito passivo, ou seja, ocorrido determinado fato/serviço na sede do sujeito passivo, mesmo ele o tendo prestado em outra localidade, o município da sede seria o competente.

A jurisprudência afastou tal entendimento, pois, se assim não fosse, se estaria conferindo extraterritorialidade à lei municipal.

No Agravo Regimento no Recurso Especial n. 967.571, originário do Rio Grande do Sul, no qual, a exemplo de outros tantos, ficou entendido, ainda na égide do parcialmente revogado Decreto-lei 406/68, que é competente o Município onde o serviço é prestado. Na época, a Turma entendeu que a apreciação da matéria discutida no Recurso era de competência do

Supremo Tribunal Federal, razão pela qual, ainda que ao Recurso tenha sido negado provimento, o relator foi vencido neste particular.

Assim pronunciou-se o relator:

> Cinge-se a controvérsia à fixação da competência para cobrança do ISS, se é do Município onde se localiza a sede da empresa prestadora de serviços, conforme determina o artigo 12 do Decreto-Lei n. 406/68, ou do Município onde aqueles são prestados.
>
> A egrégia Primeira Seção desta colenda Corte Superior de Justiça pacificou o entendimento de que o Município competente para realizar a cobrança do ISS é o do local da prestação dos serviços em que se deu a ocorrência do fato gerador do imposto. Essa interpretação harmoniza-se com o disposto no artigo 156, III, da Constituição Federal, que atribui ao Município o poder de tributar as prestações ocorridas em seus limites territoriais.

Independentemente da discussão havida, sobre a necessidade, ou não, de manifestação do Supremo Tribunal Federal, é certo que a solução indicada no voto espelhava que a matéria em questão estava completamente pacificada no Superior Tribunal de Justiça.

Posteriormente, foi editada a Lei Complementar 116/2003, que em relação ao local da prestação assim disciplinou: "*Art. 3º. O serviço considera-se prestado e o imposto devido no local do estabelecimento prestador ou, na falta do estabelecimento, no local do domicílio do prestador, exceto nas hipóteses previstas nos incisos I a XXII*" (...).

Vê-se que a lei registra previsão, como regra, que o fato ocorre no estabelecimento do prestador, o que poderia remeter à falsa conclusão que a lei foi de encontro à posição da jurisprudência, inclusive daquela do próprio Superior Tribunal de Justiça.

Até mesmo para não dar margem à discussão pretendeu o legislador definir o conceito de estabelecimento, e o fez por meio do art. 4º, que recebeu a seguinte redação: *"considera-se estabelecimento prestador o local onde o contribuinte desenvolva a atividade de prestar serviços, de modo permanente ou temporário, e que configure unidade econômica ou profissional, sendo irrelevantes para caracterizá-lo as denominações de sede, filial, agências, posto de atendimento, sucursal, escritório de representação ou contato ou quaisquer outras que venham a ser utilizadas".*

A Lei Complementar em questão, ao definir estabelecimento, fez uso de um conceito bastante pragmático: basta haver uma unidade econômica do prestador que está caracterizada sua presença naquele município.

Por conta dessa regra, o próprio Superior Tribunal de Justiça manteve o posicionamento adotado quando vigia o Decreto-lei n. 406/68, no sentido de que é no local da consumação do serviço que ocorre o fato gerador, sendo este parâmetro utilizado para identificar o sujeito ativo da relação tributária.

4. O ISS SOBRE SERVIÇOS CONTRATADOS E O MUNICÍPIO COMPETENTE PARA EXIGIR O CUMPRIMENTO DA REFERIDA OBRIGAÇÃO TRIBUTÁRIA

O debate existente no campo doutrinário e jurisprudencial a respeito do Município competente para exigir o cumprimento da obrigação tributária nascida em decorrência da incidência do ISS na consumação do negócio jurídico denominado e caracterizado como serviço, por ser este o fato gerador do referido tributo, há de ser resolvido com base nos princípios que informam o aspecto espacial da hipótese de incidência tributária.

A ciência jurídica assentou que a norma tributária é composta, basicamente, por uma situação de fato. Não ocorrendo o fato, não há que se falar em surgimento de obrigação tributária. Esta nasce do fato gerador do tributo. Este ocorrido e sendo juridicizado, isto é, previsto em lei, gera um determinado efeito jurídico, em verdadeira relação de antecedente e consequente, uma relação obrigacional que sujeita o contribuinte ao império do Estado tributante.

A respeito consideramos célebre a lição de Paulo Barros de Carvalho no sentido de que "o discurso produzido pelo legislador (em sentido amplo) é, todo ele, redutível a regras jurídicas, cuja composição sintática é absolutamente constante: um juízo condicional, em que se associa uma consequência à realização de um acontecimento fático previsto no antecedente". (*Fundamentos jurídicos da incidência*. São Paulo: Saraiva, 1998, p. 18).

Só o fato, portanto, identificado como apto para gerar uma obrigação tributária é que é denominado de hipótese de incidência, que, como registra Geraldo Ataliba, possui diversos aspectos, ou seja, "qualidades que esta tem de determinar os sujeitos da obrigação tributária, bem como seu conteúdo substancial, local e momento de nascimento. Daí designarmos os aspectos essenciais da hipótese de incidência tributária por: a) aspecto pessoal; b) aspecto material; c) aspecto temporal e d) aspecto espacial." (*Hipótese de Incidência Tributária*. 6ª ed. São Paulo: Malheiros Editores, 2003, p. 78).

O aspecto espacial ganha, portanto, importância, ao lado dos aspectos pessoal, material e temporal, por ser o local onde o fato gerador ocorre e, consequentemente, nasce a obrigação tributária. O aspecto espacial, na lição de Geraldo Ataliba, é a "indicação de circunstâncias de lugar, contidas explícita ou implicitamente na hipótese de incidência., relevantes para a configuração do fato imponível". E prossegue, ressaltando que "o aspecto espacial tem, além disso, âmbito específico, quando abrange o próprio local físico onde a lei reputa consumado o fato imponível. Quando a lei menciona estabelecimento, depósito, filial, sucursal, etc., está fixando condições de situação do fato imponível relevantes para se qualificar a incidência e a isenção, conforme o caso". (Obra citada, p. 104-106).

Como acentuado, de modo muito claro, o aspecto espacial é quem fixa, é quem delimita, desde que registrado em lei, o local no qual deve ocorrer o fato descrito abstratamente na norma, isto é, a área espacial na qual se estende a competência do ente político tributante.

No caso do ISS incidente sobre os negócios jurídicos denominados de serviço que têm consumação nos limites territoriais do Município, temos um fato gerador nascido em um local determinado e, consequentemente, dando origem a uma relação jurídica tributária que tem como sujeito ativo da obrigação nascida a entidade municipal no espaço onde os fatos ocorreram.

No negócio jurídico serviço prestado na sede do Município e nele produzindo efeito há, portanto, uma indissolúvel associação entre a ocorrência do fato gerador do ISS, o nascimento da obrigação tributária e o local onde houve a consumação do contrato para o serviço ser prestado.

O princípio da realidade dos fatos é rigorosamente obedecido em Direito Tributário. A relação jurídica tributária, por encontrar-se vinculada ao princípio da legalidade, não pode receber influência de acertos privados firmados entre contratantes, a fim de atender a conveniência do contribuinte.

A regra do art. 123, do CTN, é imperiosa: "Salvo disposições de lei em contrário, as convenções particulares, relativas à responsabilidade pelo pagamento de tributos, não podem ser opostas à Fazenda Pública, para modificar a definição legal do sujeito passivo das obrigações tributárias correspondentes".

Temos, na espécie examinada, se serviços a consulente tivesse prestado, o fato de que a contratação ocorreu com vários

Municípios e nestes a obrigação contratual foi cumprida. O consulente comoprova essa realidade fática com os contratos de locação que celebrou com vários municípios.

Não é demais relembrar que a Constituição Federal de 1.988, no seu Artigo 156, estabelece que compete aos Municípios instituir o Imposto sobre Serviços de Qualquer Natureza – ISS, adotando como possíveis hipóteses de incidência os serviços descritos em Lei Complementar. Esta norma (Lei Complementar) fixa duas regras para a determinação do local para recolhimento do ISS. Uma direcionada aos serviços previstos nos incisos I a XXII do art. 3º da mencionada Lei Complementar, consagrando o princípio da territorialidade, isto é, o imposto será pago no Município onde o serviço foi prestado (domicílio tributário do tomador do serviço).

Os outros serviços, isto é, os não relacionados nos incisos I a XXII do art. 3º, a regra afirma que o ISS deve ser pago no Município onde está situado o estabelecimento do prestador do serviço.

É de se considerar, portanto, como já acima afirmado, a regra para os serviços definidos nos incisos I a XXII do art. 3º da Lei Complementar n. 116.

A seguir, a LC mencionada dispõe, em seu art. 4º: *"Considera-se estabelecimento prestador o local onde o contribuinte desenvolva a atividade de prestar serviços, de modo permanente ou temporário, e que configure unidade econômica ou profissional, sendo irrelevantes para caracterizá-lo as denominações de sede, filial, agência, posto de atendimento, sucursal, escritório de representação ou contato ou quaisquer outras que venham a ser utilizadas"*.

Em face da interpretação sistêmica dos artigos 3º e 4º da Lei Complementar analisada, de acordo com a imposição do princípio da territorialidade para fixar a competência do sujeito ativo para exigir o tributo, temos que, em se tratando de contrato de prestação de serviço, o estabelecimento prestador do serviço é considerado como sendo aquele onde o contribuinte desenvolve a sua atividade de executar os serviços oferecidos e contratados, de modo permanente ou temporário, e que configure unidade econômica ou profissional. Sem qualquer relevância para essa concepção se o estabelecimento prestador tem denominação de sede, filial, agência, posto ou atendimento, sucursal, escritório de representação ou contato diverso ou quaisquer outras que venham a ser utilizadas. É o que dispõe, expressamente, o art. 4º referido.

Não há nenhuma regra de direito permitindo que o ISS sobre os contratos de serviço celebrados e produzindo efeitos concretos no Município onde os prestadores e os tomadores de serviços estão presentes fisicamente seja recolhido em outra localidade. Esse atuar fere diretamente o princípio da legalidade tributária e o da territorialidade na imposição do tributo.

O princípio da territorialidade das leis tributárias está sendo obedecido quando o Município que contratou o serviço e nele é executado exige o pagamento do tributo que lhe é devido. O ISS, consequentemente, deve ser pago no local onde o serviço é prestado.

Não tem amparo constitucional o entendimento de que Município outro, local onde não foi consumado o serviço, onde este é prestado, tenha o direito de recolher o ISS só porque a casa matriz do grupo financeiro está nele situado, ou porque se entendeu de lavrar o contrato como tendo sido firmado em local onde o fato gerador não ocorreu, distorcendo os fatos e violando o princípio da realidade tributária, tendo em vista que naquele outro Município não ocorreu fato gerador do ISS.

Não devemos nos afastar, no nosso entendimento, do princípio da autonomia municipal consagrado pela Constituição Federal de 1988. Esse princípio não pode sofrer limitações. Os Municípios, no atual contexto constitucional, são vistos como entidades autônomas e seres integrantes da Federação, cada um com personalidade política própria, partícipe do chamado federalismo cooperativo. Por tal razão, determina o art. 29 da Constituição da República: o Município se regerá por lei orgânica, votada em dois turnos, com o interstício mínimo de dez dias, e aprovada por dois terços dos membros da Câmara Municipal, que a promulgará, atendidos os princípios estabelecidos nesta Constituição do respectivo Estado.

Assina a doutrina que a Constituição Federal enumerou certas matérias que devem ser necessariamente tratadas na Lei Orgânica Municipal, o que não retira do Município a sua autonomia, pois assim o fez, e é o que deve fazer a lei maior; como comando constitucional do Estado politicamente organizado, assim sintetizadas: a) a posse do Prefeito, do Vice-Prefeito e dos Vereadores e seus compromissos; b) a inviolabilidade dos Vereadores por suas opiniões, palavras e votos no exercício do mandato, na circunscrição do Município; c) proibições e incompatibilidades, no exercício da vereança, similares, no que couber, ao disposto na Constituição do respectivo Estado, para os membros da Assembleia Legislativa; d) organização das funções legislativas e fiscalizadoras da Câmara Municipal; e) cooperação das associações representativas de bairro com o planejamento municipal; f) iniciativa legislativa popular sobre matéria de interesse específico do Município, da cidade ou de bairros, através da manifestação de pelo menos cinco por cento do eleitorado; g) perda do mandato do prefeito, incluindo como uma de suas causas o fato de ele assumir outro cargo ou função na administração pública direta ou indireta, ressalvada a posse em virtude de concurso público e observado o disposto no art. 38, I, IV e IV, tudo da Constituição Federal.

As competências dos Municípios na ordem constitucional brasileira estão inseridas no artigo 30. Todas elas ali enumeradas se relacionam à administração pública no tocante ao interesse local.

Essas últimas observações reproduzem manifestações doutrinárias plenamente conhecidas pelos estudiosos do direito.

5. CONSAGRAÇÃO DA JURISPRUDÊNCIA PREDOMINANTE NO STJ POR MAIS DE 20 ANOS

Por último, consagrado deve ser o entendimento da jurisprudência pacífica do STJ durante quase 20 anos no sentido de que o ISS, na vigência do DL 406 e da LC 116, de 2003, salvo as exceções legais, deve ser pago no local da prestação do serviço. A respeito consultar os seguintes precedentes, cujas ementas foram citadas no voto vista da Ministra Eliana Calmon nos Embargos de Declaração no REsp n. 1060.210:

a) "ISS. Sua exigência pelo Município em cujo território se verifica o fato gerador. Interpretação do art. 12 do Decreto-lei/68. Embora a lei considere local da prestação de serviço o do estabelecimento prestador (art. 12 do Decreto-lei n. 406/68, ela pretende que o isso pertença ao Município em cujo território se realiza o fato geral. É o local da prestação do serviço que indica o município competente para a imposição do tributo (ISS) para que se não vulnere o princípio constitucional implícito que atribui aquele Município o poder de tributar às prestações em seu território". (REsp 54.002/PE, Dj de 08.05.1995).

b) "O fato gerador do ISSQN é a prestação, por empresa ou profissional autônomo, de serviço constante da lista anexa ao Decreto-lei 406/68. Embora o art. 12, letra "a" considere como local da prestação do serviço o do estabelecimento prestador, pretende o legislador que o referido imposto pertença ao município, em cujo território se realizou o fato gerador". (EDcl n. REsp 15.338/ES, DJ de 08.09.1998, p. 26).

c) "Para fins de incidência do ISS – Imposto sobre Serviços – importa o local onde foi concretizado o fato gerador, como critério de fixação de competência do Município arrecadador e exigibilidade do crédito tributário, ainda que se releve o teor do art. 12, alínea "a", do Decreto-Lei n. 406/68". (EREsp 130.792/CE, DJ 12.06.2000, p. 66).

d) "Consoante iterativa jurisprudência desta eg. Corte, o Município competente para a cobrança do ISS é aquele em cujo território se realizou o fato gerador, em atendimento ao princípio constitucional implícito que atribui àquele Município o poder de tributar os serviços ocorridos em seu território". (REsp 252.114/PR, DJ de 02.12.2002).

e) "A Primeira Seção desta Corte já pacificou o entendimento de que, para fins de incidência do ISS, importa o local onde foi concretizado o fato gerador, como critério de fixação de competência e exigibilidade do crédito tributário, ainda que se releve o teor do art. 12, alínea "a", do Decreto-lei n. 406/68". (AgRg no REsp 334.188/RJ, DJ de 23.06.2003, p. 245).

f) "O Município competente para a cobrança do ISS, à luz do disposto no art. 12, do Decreto-lei n. 406/68, é aquele em cujo território ocorreu o fato gerador, ou seja, onde se deu a efetiva prestação do serviço e não aquele onde se encontra a sede do estabelecimento prestador. 2. Precedentes: REsp 969.109/RS, DJ 08.10.l2007; AgRg no AG 516.637/MG, DJ 021.03.2004; REsp 431.564/MG, DJ 27.09.2004; AgRg no REsp 334.188, DJ 23.06.2003; EREsp 130.792/CE, DJ 12.06.2000; REsp 115.279/RJ, DJ 01.07.1999". (AgRg 845.711/RS, DJe 29.05.2008).

g) "É entendimento assente no âmbito deste Tribunal que a competência para cobrança do ISSQN é do local da prestação do serviço, e não o da sede do estabelecimento prestado". (AgRg n. REsp 1068255, RJ, DJe 16.02.2009).

h) "A competência para cobrança do ISS, sob a égide do DL 406/68 era o do local da prestação do serviço (art. 12, o que não foi alterado pela LC 116/2003, quando passou a competência para o local da sede do prestador do serviço (art. 3º)". (REsp 1117121, DJ 29.10.2009).

i) "A jurisprudência desta Corte é no sentido de que a cobrança do ISS norteia-se pelo princípio da territorialidade, nos termos encartados pelo art. 12 do Decreto-Lei n. 406/68, sendo determinante a localidade aonde foi efetivamente prestado o serviço e não aonde se encontra a sede da empresa. Matéria discutida pela Primeira Seção do Superior Tribunal de Justiça, da relatoria da Ministra Eliana Calmon, em que se decidiu que 'em se tratando de construção civil, diferentemente, antes ou depois da lei complementar, o imposto é devido no local da construção (art. 12, letra b, do Dl 406/68 e art. 3º da LC 116/2003)". (AgRg 1173805/MG, DJe 02.06.2010).

j) "A jurisprudência desta Corte é no sentido de que a cobrança do ISS norteia-se pelo princípio da territorialidade, nos termos encartados pelo art. 12 do Decreto-lei 4406/68, sendo determinante a localidade aonde foi efetivamente prestado o serviço e não aonde se encontra a sede da empresa". (Ag no REsp 1.173.805/MG, DJE de 10.11.2010).

k) " No julgamento do Recurso Especial n. 1.117.121, Rel. Min. Eliana Calmon, DJE de 29.10.2009, sob o rito do art. 543-C do CPC, considerou-se que a competência para cobrança do ISS, sob a égide do DL 406/68 era o do local da prestação do serviço (art. 12), o que foi alterado pela LC 116/2003, quando passou a competência para o local da sede do prestador do serviço (art. 3º)". (AgRG no AREsp 136.263/SP, DJe 24.08.2012).

Demonstrado está que, a respeito do ISS ser pago no Município onde o serviço é prestado, há jurisprudência uniforme do Superior Tribunal de Justiça assentada há mais de 20 anos. Qualquer modificação nesse entendimento, sem amparo em lei nova que modifique a redação da anterior revogada, afeta a segurança jurídica, violando, diretamente a Constituição Federal que considera tal circunstância valorativa como um dos postulados sustentadores da democracia.

6. CONSIDERAÇÕES SOBRE O TEMA EM ANÁLISE

Insistimos na consideração de que o debate existente no campo doutrinário e jurisprudencial a respeito do Município competente para exigir o cumprimento da obrigação tributária nascida em decorrência da incidência do ISS na consumação dos serviços listados em lei específica, por ser este o fato gerador do referido tributo, há de ser resolvido com base nos princípios que informam o aspecto espacial da hipótese de incidência tributária.

A ciência jurídica assentou que a norma tributária descreve, basicamente, uma situação de fato. Não ocorrendo o fato, não há que se falar em surgimento de obrigação tributária. Esta nasce do fato gerador do tributo. Este ocorrido e sendo juridicizado, isto é, previsto em lei, gera um determinado efeito jurídico, em verdadeira relação de antecedente e consequente, uma relação obrigacional que sujeita o contribuinte ao império do Estado tributante.

A respeito merece ser sublimada a célebre a lição de Paulo Barros de Carvalho no sentido de que *"o discurso produzido pelo legislador (em sentido amplo) é, todo ele, redutível a regras jurídicas, cuja composição sintática é absolutamente constante: um juízo condicional, em que se associa uma consequência à realização de um acontecimento fático previsto no antecedente"*. (*Fundamentos jurídicos da incidência*. São Paulo: Saraiva, 1998. p. 18).

Só o fato, portanto, identificado como apto para gerar uma obrigação tributária é que é denominado de hipótese de incidência, que, como registra Geraldo Ataliba, possui diversos aspectos, ou seja, *"qualidades que esta tem de determinar os sujeitos da obrigação tributária, bem como seu conteúdo substancial, local e momento de nascimento. Daí designarmos os aspectos essenciais da hipótese de incidência tributária por: a) aspecto pessoal; b) aspecto material; c) aspecto temporal e d) aspecto espacial."* (*Hipótese de Incidência Tributária*. 6ª ed., São Paulo: Malheiros Editores, 2003, p. 78).

O aspecto espacial ganha, portanto, importância, ao lado dos aspectos pessoal, material e temporal, por ser o local onde o fato gerador ocorre e, consequentemente, nasce a obrigação tributária. O aspecto espacial, na lição de Geraldo Ataliba, é a *"indicação de circunstâncias de lugar, contidas explícita ou implicitamente na hipótese de incidência., relevantes para a configuração do fato imponível".* E prossegue, ressaltando que *"o aspecto espacial tem, além disso, âmbito específico, quando abrange o próprio local físico onde a lei reputa consumado o fato imponível. Quando a lei menciona estabelecimento, depósito, filial, sucursal, etc., está fixando condições de situação do fato imponível relevantes para se qualificar a incidência e a isenção, conforme o caso".* (Obra citada, p. 104-106).

Como acentuado, de modo muito claro, o aspecto espacial é quem fixa, é quem delimita, desde que registrado em lei, o local no qual deve ocorrer o fato descrito abstratamente na norma, isto é, a área espacial na qual se estende a competência do ente político tributante.

No caso do ISS incidente sobre serviços prestados e considerados legalmente como fatos geradores para projetarem a sua incidência e consumados nos limites territoriais de determinado Município, temos um fato gerador nascido em um local certo e, consequentemente, dando origem a uma relação jurídica tributária que tem como sujeito ativo da obrigação nascida a entidade municipal no espaço onde os fatos ocorreram.

No negócio jurídico prestação de serviço há, portanto, uma indissolúvel associação entre a ocorrência do fato gerador do ISS, o nascimento da obrigação tributária e o local onde houve a consumação do contrato.

O princípio da realidade dos fatos é rigorosamente obedecido em Direito Tributário. A relação jurídica tributária, por encontrar-se vinculada ao princípio da legalidade, não pode receber influência de acertos privados firmados entre contratantes, a fim de atender a conveniência do contribuinte.

A regra do art. 123 do CTN é imperiosa: "*Salvo disposições de lei em contrário, as convenções particulares, relativas à responsabilidade pelo pagamento de tributos, não podem ser opostas à Fazenda Pública, para modificar a definição legal do sujeito passivo das obrigações tributárias correspondentes*".

Não é demais relembrar, no tocante ao analisado, que a Constituição Federal de 1.988, no seu Artigo 156, estabelece que compete aos Municípios instituir o Imposto sobre Serviços de Qualquer Natureza – ISS, adotando como possíveis hipóteses de incidência os serviços descritos em Lei Complementar. Esta norma (Lei Complementar) fixa duas regras para a determinação do local para recolhimento do ISS. Uma direcionada aos serviços previstos nos incisos I a XXII do art. 3º da mencionada Lei Complementar, consagrando o princípio da territorialidade, isto é, o imposto será pago no Município onde o serviço foi prestado (domicílio tributário do tomador do serviço).

Assina a doutrina que a Constituição Federal enumerou certas matérias que devem ser necessariamente tratadas na Lei Orgânica Municipal, garantindo a autonomía dos Municípios. Tais matérias são: a) a posse do Prefeito, do Vice-Prefeito e dos Vereadores e seus compromissos; b) a inviolabilidade dos Vereadores por suas opiniões, palavras e votos no exercício do mandato, na circunscrição do Município; c) proibições e incompatibilidades, no exercício da vereança, similares, no que couber, ao disposto na Constituição do respectivo Estado, para os membros da Assembleia Legislativa; d) organização das funções legislativas e fiscalizadoras da Cámara Municipal; e) cooperação das associações representativas de bairro com o planejamento municipal; f) iniciativa legislativa popular sobre matéria de interesse específico do Município, da cidade ou de bairros, através da manifestação de pelo menos cinco por cento do eleitorado; g) perda do mandato do prefeito, incluindo como uma de suas causas o fato de ele assumir outro cargo ou função na administração pública direta ou indireta, ressalvada a posse em virtude de concurso público e observado o disposto no art. 38, I, IV e IV, tudo da Constituição Federal.

As competências dos Municípios na ordem constitucional brasileira estão inseridas no artigo 30. Todas elas ali enumeradas se relacionam à administração pública no tocante ao interesse local.

A jurisprudência do STJ sobre o tema tributário ora enfocado revela o mesmo entendimento acima citado, isto é, de que o Município competente para exigir o ISS é o que abrange o local onde o serviço é prestado, conforme já revelamos em itens antecedentes acima registrados.

A jurisprudência afastou tal entendimento porque se estaria conferindo extraterritorialidade à lei municipal.

Observamos que no Agravo Regimental no Recurso Especial n. 967.571, originário do Rio Grande do Sul, no qual, a exemplo de outros tantos, foi firmado entendimento, ainda na égide do parcialmente revogado Decreto-lei 406/68, de que é competente para exigir o ISS o Município onde o serviço é prestado. Na época, a Turma decidiu que a apreciação da matéria discutida no Recurso era de competência do Supremo Tribunal Federal, tese que não prosperou no futuro, razão pela qual, ainda que ao Recurso tenha sido negado provimento, a tese em questão foi apreciada.

Assim consta em um dos votos proferidos no mencionado recurso:

"Cinge-se a controvérsia à fixação da competência para cobrança do ISS, se é do Município onde se localiza a sede da empresa prestadora de serviços, conforme determina o artigo 12 do Decreto-Lei n. 406/68, ou do Município onde aqueles são prestados.

A egrégia Primeira Seção desta colenda Corte Superior de Justiça pacificou o entendimento de que o Município competente para realizar a cobrança do ISS é o do local da prestação dos serviços em que se deu a ocorrência do fato gerador do imposto. Essa interpretação harmoniza-se com o disposto no artigo 156, III, da Constituição Federal, que atribui ao Município o poder de tributar as prestações ocorridas em seus limites territoriais.

Independentemente da discussão havida, sobre a necessidade, ou não, de manifestação do Supremo Tribunal Federal, é certo que a solução indicada no voto espelhava que a matéria em questão estava completamente pacificada no Superior Tribunal de Justiça.

Posteriormente, foi editada a Lei Complementar 116/2003, que em relação ao local da prestação assim disciplinou:

'Art. 3º O serviço considera-se prestado e o imposto devido no local do estabelecimento prestador ou, na falta do estabelecimento, no local do domicílio do prestador, exceto nas hipóteses previstas nos incisos I a XXII (...)'.

Vê-se que a lei contém previsão, como regra, que o fato ocorre no estabelecimento do prestador, o que poderia remeter à falsa conclusão que a lei foi de encontro à posição da jurisprudência, inclusive daquela do próprio Superior Tribunal de Justiça.

Até mesmo para não dar margem à discussão pretendeu o legislador definir o conceito de estabelecimento, e o fez por meio do art. 4º, que recebeu a seguinte redação:

'Considera-se estabelecimento prestador o local onde o contribuinte desenvolva a atividade de prestar serviços, de modo permanente ou temporário, e que configure unidade econômica ou profissional, sendo irrelevantes para caracterizá-lo as denominações de sede, filial, agências, posto de atendimento, sucursal, escritório de representação ou contato ou quaisquer outras que venham a ser utilizadas'.

A Lei Complementar em questão, ao definir estabelecimento, fez uso de um conceito bastante pragmático: basta haver uma unidade econômica do prestador que está caracterizada sua presença naquele município.

Por conta dessa regra, o próprio Superior Tribunal de Justiça manteve o posicionamento adotado quando vigia o Decreto-lei

n. 406/68, no sentido de que é no local da prestação que ocorre o fato gerador, sendo este parâmetro utilizado para identificar o sujeito ativo da relação tributária.

No contrato de leasing, tal como definido pelo parágrafo único do artigo 1º da Lei n. 6.099/74, o objeto é o arrendamento de bens adquiridos pela arrendadora, segundo especificações da arrendatária e para uso próprio desta.

Seu objeto envolve, portanto, a aquisição pela arrendadora do bem indicado pelo arrendatário, a concessão de financiamento e, finalmente, culmina com o objetivo pretendido pelo arrendatário que é sua obtenção do bem livre para uso. A prática dessa gama de atividades, inclusive as atividades-meio para se chegar ao fim pretendido, caracteriza, como visto anteriormente, o contrato de leasing.

Sabe-se que a prática das empresas de arrendamento mercantil é manter apenas uma sede formal com inscrição em um único município brasileiro, isso porque, elas exercem suas atividades através das agências bancárias pertencentes ao seu grupo econômico. Tal conclusão decorre da análise prática que qualquer pessoa vivencia ao firmar um contrato de leasing financeiro para aquisição de um veículo, por exemplo.

Ao pretender adquirir um veículo por intermédio de um contrato de leasing, o cidadão tem duas opções: ou se desloca até uma concessionária ou revenda de veículos, ou se desloca até uma agência bancária de sua confiança localizada na cidade. Na primeira hipótese, tudo ocorre dentro da concessionária, quando o cliente escolhe o bem almejado, passa pela mesa, sala ou escritório do "setor financeiro", e o arrendamento mercantil é firmado lá dentro da própria loja, saindo o cliente com o bem pretendido mediante leasing.

Na segunda hipótese tudo se passa dentro do próprio banco, geralmente com apoio de serviço de despachante, saindo igualmente o cliente com o bem pretendido mediante arrendamento mercantil para seu uso.

Assim, em que pese manterem as arrendadoras mercantis sedes formais em apenas um único município brasileiro, a realidade é que a operação de leasing é realizada dentro das concessionárias ou revendas de veículos, lojas de bens móveis como tratores e máquinas agrícolas, por exemplo, ou através *das agências bancárias da cidade onde o arrendatário tem seu domicílio, sendo esses locais, portanto, os próprios locais caracterizadores do foi, inclusive, referendado pelo Superior Tribunal de Justiça, cabendo destacar:*

'PROCESSUAL CIVIL. TRIBUTÁRIO. <u>ARRENDAMENTO MERCANTIL (LEASING). INCIDÊNCIA DE ISS</u>. OFENSA AOS ARTS. 165, 458, II E 535, DO CPC. NÃO OCORRÊNCIA. COMPETÊNCIA TRIBUTÁRIA. <u>LOCAL DA PRESTAÇÃO DO SERVIÇO. PRECEDENTES</u>. DIVERGÊNCIA JURISPRUDENCIAL. ACÓRDÃO PARADIGMA FUNDAMENTADO EM MATÉRIA DE ÍNDOLE EMINENTEMENTE CONSTITUCIONAL. COMPETÊNCIA DO SUPREMO TRIBUNAL FEDERAL.

1. Não ocorre afronta aos arts. 165, 458, II e 535, todos do CPC, quando a matéria objeto do Recurso Especial foi enfrentada pelo Tribunal a quo, na medida em que explicitou os fundamentos pelos quais não proveu a pretensão da recorrente. Não caracteriza omissão ou falta de fundamentação a adoção de posicionamento contrário ao interesse da parte.

2. Hipótese em que o Tribunal de origem aplicou <u>jurisprudência pacífica do STJ, no sentido de que a competência para exigir o ISS é do município onde se presta efetivamente o serviço</u>.

3. Inviável o conhecimento, pelo STJ, de divergência jurisprudencial quando o acórdão apontado como paradigma fundamenta-se em matéria de índole eminentemente constitucional, sob pena de malferimento à competência do pretório excelso.

4. Agravo Regimental não provido.'[3]

PROCESSUAL CIVIL E TRIBUTÁRIO. ISS. ARRENDAMENTO MERCANTIL. LEASING. SÚMULA 138/STJ. COBRANÇA. LOCAL DA PRESTAÇÃO DO SERVIÇO. ART. 12 DO DL N. 406/68. BASE DE CÁLCULO. VALOR DOS SERVIÇOS. ANTECIPAÇÃO DE TUTELA. REEXAME FÁTICO-PROBATÓRIO. SÚMULA 7/STJ.

---

3. Agravo Regimental no Recurso Especial n. 956513/RS (2007/0039419-2), 2ª Turma do STJ, Rel. Herman Benjamin, j. 07.02.2008, unânime, DJe 09.03.2009.

1. *'O ISS incide na operação de arrendamento mercantil de coisas móveis". Inteligência da Súmula 138/STJ.*

2. *O município competente para a cobrança do ISS é aquele onde ocorreu o fato gerador e a base de cálculo será o valor total dos serviços prestados.*

3. *A verificação sobre a necessidade da concessão de tutela antecipada depende da apreciação do contexto fático-probatório do caso concreto, providência imprópria em sede de recurso especial, conforme óbice previsto na Súmula 7/STJ.*

4. *Agravo regimental não-provido'.*[4]

Ainda:

PROCESSUAL CIVIL E TRIBUTÁRIO. AGRAVO REGIMENTAL. DECISÃO AGRAVADA. FUNDAMENTO INATACADO. SÚMULA 182/STJ. SÚMULA 138/STJ. AUSÊNCIA DE INTERESSE. ISS. ARRENDAMENTO MERCANTIL. MUNICÍPIO COMPETENTE PARA COBRANÇA. LOCAL DA PRESTAÇÃO DO SERVIÇO.

1. Não se conhece de agravo regimental que não impugna especificamente um dos fundamentos que embasou a decisão combatida, qual seja, a impossibilidade do Superior Tribunal de Justiça conhecer do recurso especial diante do caráter essencialmente constitucional da controvérsia.

2. Aplicação da Súmula 182/STJ: É inviável o agravo do art. 545 do CPC que deixa de atacar especificamente os fundamentos da decisão agravada.

3. Para confirmar a consistência do fundamento inatacado, cumpre assinalar que o enfoque precípuo atribuído à disputa pela instância ordinária diz respeito à natureza da conceituação do serviço de leasing e à conformidade entre esta premissa e as disposições pertinentes da Carta Magna, tudo sob a ótica do art. 110 do CTN, o que, à obviedade, constitui matéria de cunho eminentemente constitucional.

---

4. AgRg no Agravo de Instrumento n. 1.067.121, Segunda Turma do STJ, Rel. Min. Mauro Campbell Marques, j. 16.12.2008.

4. Não se vislumbra interesse recursal na discussão da validade da Súmula 138/STJ, a qual somente foi trazida a lume como argumento auxiliar ao desacolhimento do especial, não podendo, neste raciocínio, ser enfocado de maneira desvinculada do restante da decisão, como o faz o agravante.

5. Segundo reiterados precedentes desta Corte, mesmo na vigência do art. 12 do Decreto-Lei n. 406/68, revogado pela Lei Complementar n. 116/03, a Municipalidade competente para realizar a cobrança do ISS é a do local da prestação dos serviços, onde efetivamente ocorre o fato gerador do imposto. Precedentes de ambas as Turmas de Direito Público: REsp 1.059.919/SC, Relator Min. Castro Meira, DJe 06.10.08; AgREsp 1.062.657/RS, Rel. Min. Francisco Falcão, DJe 06.10.08; AgRg no Ag n. 763.269/MG, Rel. Min. JOÃO OTÁVIO DE NORONHA, DJ de 12/09/06; AgRg no REsp n. 845.711/RS, Rel. Min. LUIZ FUX, DJ de 29/5/08; REsp n. 695.500/MT, Rel. Min. FRANCIULLI NETTO, DJ de 31/05/06; AgRg no AG 516.637/MG, Rel. Min. LUIZ FUX, DJ 01.03.2004; REsp 431.564/MG, Rel. Min. TEORI ALBINO ZAVASCKI, DJ 27.09.2004; AgRg no REsp 334.188/RJ, Rel. Min. FRANCISCO FALCÃO, DJ 23.06.2003; EREsp 130.792/CE, Rel. Min. ARI PARGENDLER, DJ 12.06.2000; REsp 115.279/RJ, Rel. Min. FRANCISCO PEÇANHA MARTINS, DJ 01.07.1999; AgREsp 845.711/RS, Rel. Min. Luiz Fux, DJe 29.05.08.

6. Agravo regimental conhecido em parte e não provido'".[5]

7. **O STJ, EM SEDE DE JULGAMENTO DE RESP SOB A TÉCNICA DE RECURSOS REPETITIVOS, DEFINIU QUE O ISS TEM COMO SUJEITO ATIVO PARA EXIGIR O SEU PAGAMENTO O MUNICÍPIO ONDE O SEU FATO GERADOR OCORRE, ISTO É, ONDE OS ELEMENTOS CONFIGURADORES DO SERVIÇO SE CONCRETIZAM E PRODUZEM EFEITOS. RESP 1.117.121**

O Superior Tribunal de Justiça, ao processar e julgar o Recurso Especial n. 1.117.121, decidiu, sob os efeitos da técnica

---

5. AgRg no Recurso Especial n. 1.067.171 – RS, Segunda Turma do STJ, Rel. Min. Castro Meira, j. 11.11.2008.

de apreciação de Recursos Repetitivos, portanto, com vinculação para si mesmo e para os Tribunais de Segundo Grau e Juízes monocráticos, que o ISS deve ser pago no Município onde o serviço é prestado, independentemente de onde está a sede da empresa por ele responsável.

Eis o inteiro teor do referido julgado:

> Recurso Especial n. 1.117.121 – SP (2009/0090826-0)
>
> RELATÓRIO
>
> EXMA. SRA. MINISTRA ELIANA CALMON: Trata-se de recurso especial interposto pelo Município de Presidente Prudente, com fundamento no art. 105, III, "a", da Constituição da República, com o objetivo de reformar acórdão do Tribunal de Justiça do Estado de São Paulo, assim ementado:
>
> ISSQN. CONSIGNAÇÃO EM PAGAMENTO. SERVIÇOS DE ENGENHARIA CONSULTIVA. Competência tributária do município onde se situa o estabelecimento do prestador, nos termos do art. 12, letra 'a' do Decreto-lei n. 406/68. HONORÁRIOS ADVOCATÍCIOS. É devida a verba honorária à autora, pois viu-se compelida a socorrer-se da via judicial para exonerar-se de sua obrigação. Reexame necessário e recurso da Municipalidade de São Paulo providos e recurso da Municipalidade de Presidente Prudente não provido".
>
> (fl. 264). O recorrente alega que a Companhia Paulista de Obras e Serviços – CPOS possui sede na Capital de São Paulo, tendo prestado serviços técnicos especializados de engenharia para elaboração de projetos na cidade de Presidente Prudente. Pretendendo recolher o ISS incidente sobre os serviços prestados ao Município de Presidente Prudente e verificando que ambos os municípios estavam a exigir a exação, tanto o município da situação de sua sede, como o município onde foi prestado o serviço, ajuizou a empresa ação de consignação em pagamento contra os dois municípios, de São Paulo e de Presidente Prudente, com o fito de que fosse autorizado o depósito de ISS, correspondente a 5% do valor da nota fiscal emitida em 28 de fevereiro de 2001. Sobreveio a sentença de primeiro grau (cf fls. 186/195)

julgando procedente o pleito, declarando "a existência de relação jurídico-tributária que confere ao Município de Presidente Prudente a condição de sujeito ativo do Imposto Sobre Serviços de Qualquer Natureza – ISS, relativamente ao serviço de engenharia consultiva" (fl. 194). Houve apelação de ambos os municípios e o Tribunal, dando provimento ao recurso do Município de São Paulo disse que a empresa se "enquadra no artigo 11, parágrafo único, inc. I a III, do Dec.-Lei n. 406/68, que trata dos serviços de engenharia consultiva, aplicando-se, o que dispõe o artigo 12, alínea 'a', do mesmo diploma, definindo como local da prestação, o estabelecimento prestador, ou, na falta de estabelecimento, o do domicílio do prestador. Sendo a apelada domiciliada e estabelecida no município de São Paulo, logo, o tributo em questão é devido a esta municipalidade'" (fl. 266). O Município de Presidente Prudente recorreu para esta Corte, argumentando que os serviços de construção civil estão sendo executados no município de Presidente Prudente e os serviços de projeto e gerenciamento da obra englobam todo o serviço contratado pelo Governo do Estado de São Paulo. Dessa maneira, deve ser considerado prestado o serviço, quando se tratar de construção civil, no local onde está sendo efetuada a obra, conforme art. 12, "b", do DL 406/68. Pondera, também, quanto a desnecessidade de condenação em honorários advocatícios, diante da dúvida de quem seria o credor do tributo. Ausentes as contrarrazões, foi admitido o especial na origem, oportunidade em que a Presidência da Seção de Direito Público encaminhou o recurso a este Sodalício, invocando a necessidade de submeter-se o julgado à disciplina dos recursos repetitivos -Resolução n. 8, de 7 de agosto de 2008. Seguindo-se o rito do art. 543-C do CPC, determinou-se a manifestação da Associação Brasileira de Municípios – ABM (§ 4º do art. 543-C – CPC) e da Fazenda do Município de São Paulo, quedando-se inertes ambas. A douta Subprocuradoria--Geral da República pronunciou-se pela violação do art. 12, "b", do DL 406/68, por entender que os serviços referentes à construção civil abarcam a engenharia consultiva, de modo que o ISS é devido no local onde se presta o serviço (cf. fls. 300/309). Quanto aos honorários advocatícios opinou pelo não conhecimento do recurso especial.

É o relatório.

VOTO

EXMA. SRA. MINISTRA ELIANA CALMON (RELATORA):

A questão central versa sobre a competência tributária para a cobrança de ISS, quando da realização de serviço de engenharia consultiva, necessária à realização da obra na construção civil.

Embora não se trate de revisão de cláusula contratual, para bem entender-se a tese abstraída neste recurso é necessário incursionar-se no contrato, como o fez a sentença, para saber qual o fato gerador do ISS e onde deve ser ele recolhido, o que evidentemente independe do contrato.

No acórdão recorrido restou consignado que "conforme se infere do contrato encartado nos autos às fls. 45/52, na cláusula primeira, tem por objeto a 'prestação de serviços técnicos especializados de engenharia para elaboração dos projetos executivos de implantação, material licitatório, assessoria na licitação e gerenciamento das obras de construção do Centro de Ressocialização – CR de Presidente Prudente'" (fl. 266).

A sede da empresa contratada pelo Governo do Estado de São Paulo está situada na cidade de São Paulo, onde foram realizados os serviços de projeto e gerenciamento, embora a obra física de construção esteja sendo realizada no município de Presidente Prudente.

Sobre o tema a jurisprudência do STJ, ao tempo da vigência do Decreto-lei 406/68, era uníssona e reiterada no sentido de reconhecer que o ISS deveria ser recolhido no município onde se deu o fato gerador do tributo, isto é, no local em que os serviços foram prestados (cf. REsp n. 886.148-BA, Rel. Min. Castro Meira, DJ de 14/10/2008 e Ag. Reg. No Agravo 762.249-MG, Rel. Min. Luiz Fux, DJ de 28/9/2006, entre outros), nos termos do art. 12 do referido diploma:

Art. 12. Considera-se local da prestação do serviço:

a) o do estabelecimento prestador ou, na falta de estabelecimento, o do domicílio do prestador;

b) no caso de construção civil o local onde se efetuar a prestação;

c) no caso do serviço a que se refere o item 101 da Lista Anexa, o Município em cujo território haja parcela da estrada explorada. (Revogado pela Lei Complementar n. 116, de 31.7.2003).

Com a edição da Lei Complementar 116/2003 houve alteração de entendimento em relação ao local de recolhimento do ISS sobre os serviços prestados, porque foi profundamente alterado o artigo 12 do Decreto-Lei n. 406/68, revogado pelo novo diploma que, atendendo à reivindicação dos contribuintes, consignou o lugar da sede da empresa como o local de recolhimento do ISS. Entretanto, em relação à construção civil abriu uma exceção para considerar, como antes, o local da prestação do serviço, como deixa claro o teor do art. 3º da Lei Complementar n. 116/2003:

Art. 3º O serviço considera-se prestado e o imposto devido no local do estabelecimento prestador ou, na falta do estabelecimento, no local do domicílio do prestador, exceto nas hipóteses previstas nos incisos I a XXII, quando o imposto será devido no local:

I – do estabelecimento do tomador ou intermediário do serviço ou, na falta de estabelecimento, onde ele estiver domiciliado, na hipótese do § 1º do art. 1º desta Lei Complementar;

II – da instalação dos andaimes, palcos, coberturas e outras estruturas, no caso dos serviços descritos no subitem 3.05 da lista anexa;

III – da execução da obra, no caso dos serviços descritos no subitem 7.02 e 7.19 da lista anexa;

IV – da demolição, no caso dos serviços descritos no subitem 7.04 da lista anexa;

V – das edificações em geral, estradas, pontes, portos e congêneres, no caso dos serviços descritos no subitem 7.05 da lista anexa;

VI – da execução da varrição, coleta, remoção, incineração, tratamento, reciclagem, separação e destinação final de lixo, rejeitos e outros resíduos quaisquer, no caso dos serviços descritos no subitem 7.09 da lista anexa;

VII – da execução da limpeza, manutenção e conservação de vias e logradouros públicos, imóveis, chaminés, piscinas, parques, jardins e congêneres, no caso dos serviços descritos no subitem 7.10 da lista anexa;

VIII – da execução da decoração e jardinagem, do corte e poda de árvores, no caso dos serviços descritos no subitem 7.11 da lista anexa;

IX – do controle e tratamento do efluente de qualquer natureza e de agentes físicos, químicos e biológicos, no caso dos serviços descritos no subitem 7.12 da lista anexa;

X – (VETADO)

XI – (VETADO)

XII – do florestamento, reflorestamento, semeadura, adubação e congêneres, no caso dos serviços descritos no subitem 7.16 da lista anexa;

XIII – da execução dos serviços de escoramento, contenção de encostas e congêneres, no caso dos serviços descritos no subitem 7.17 da lista anexa;

XIV – da limpeza e dragagem, no caso dos serviços descritos no subitem 7.18 da lista anexa;

XV – onde o bem estiver guardado ou estacionado, no caso dos serviços descritos no subitem 11.01 da lista anexa;

XVI – dos bens ou do domicílio das pessoas vigiados, segurados ou monitorados, no caso dos serviços descritos no subitem 11.02 da lista anexa;

XVII – do armazenamento, depósito, carga, descarga, arrumação e guarda do bem, no caso dos serviços descritos no subitem 11.04 da lista anexa;

XVIII – da execução dos serviços de diversão, lazer, entretenimento e congêneres, no caso dos serviços descritos nos subitens do item 12, exceto o 12.13, da lista anexa;

XIX – do Município onde está sendo executado o transporte, no caso dos serviços descritos pelo subitem 16.01 da lista anexa;

XX – do estabelecimento do tomador da mão-de-obra ou, na falta de estabelecimento, onde ele estiver domiciliado, no caso dos serviços descritos pelo subitem 17.05 da lista anexa;

XXI – da feira, exposição, congresso ou congênere a que se referir o planejamento, organização e administração, no caso dos serviços descritos pelo subitem 17.10 da lista anexa;

XXII – do porto, aeroporto, ferroporto, terminal rodoviário, ferroviário ou metroviário, no caso dos serviços descritos pelo item 20 da lista anexa.

§ 1º No caso dos serviços a que se refere o subitem 3.04 da lista anexa, considera-se ocorrido o fato gerador e devido o imposto em cada Município em cujo território haja extensão de ferrovia, rodovia, postes, cabos, dutos e condutos de qualquer natureza, objetos de locação, sublocação, arrendamento, direito de passagem ou permissão de uso, compartilhado ou não.

§ 2º No caso dos serviços a que se refere o subitem 22.01 da lista anexa, considera-se ocorrido o fato gerador e devido o imposto em cada Município em cujo território haja extensão de rodovia explorada.

§ 3º Considera-se ocorrido o fato gerador do imposto no local do estabelecimento prestador nos serviços executados em águas marítimas, excetuados os serviços descritos no subitem 20.01.

Art. 4º Considera-se estabelecimento prestador o local onde o contribuinte desenvolva a atividade de prestar serviços, de modo permanente ou temporário, e que configure unidade econômica ou profissional, sendo irrelevantes para caracterizá-lo as denominações de sede, filial, agência, posto de atendimento, sucursal, escritório de representação ou contato ou quaisquer outras que venham a ser utilizadas.

Assim, a partir da LC 116/2003, temos as seguintes regras:

1ª) como regra geral, o imposto é devido no local do estabelecimento prestador, compreendendo-se como tal o local onde a empresa que é o contribuinte desenvolve a atividade de prestar serviços, de modo permanente ou temporário, sendo irrelevantes para caracterizá-lo as denominações de sede, filial, agência, posto de atendimento, sucursal, escritório de representação, contato ou quaisquer outras que venham a ser utilizadas;

2ª) na falta de estabelecimento do prestador, no local do domicílio do prestador.

Assim, o imposto somente será devido no domicílio do prestador se no local onde o serviço for prestado não houver estabelecimento do prestador (sede, filial, agência, posto de atendimento, sucursal, escritório de representação);

3ª) nas hipóteses previstas nos incisos I a XXII, acima transcritos, mesmo que não haja local do estabelecimento prestador, ou local do domicílio do prestador, o imposto será devido nos locais indicados nas regras de exceção.

Na questão em julgamento temos uma empresa com sede no Município de São Paulo, contratada pelo Município de Presidente Prudente PARA ALI REALIZAR UMA OBRA DE CONSTRUÇÃO. Dos diversos e complexos serviços uns foram executados na sede da empresa e outros no município onde ficará a construção.

O contrato indica todas as etapas do serviço, a partir da elaboração dos projetos, sem especificar o local de sua realização. Temos por exemplo, como indica o contrato reproduzido no acórdão: a) serviços técnicos especializados de engenharia para a elaboração dos Projetos Executivos de implantação, como elaboração dos projetos detalhados de implantação de arquitetura, terraplenagem, infraestrutura, vias internas, elétrica, hidráulica, drenagem, emissário, extensão da rede de energia elétrica, planilha de quantidades, memoriais de cálculo, memoriais descritivos e especificações técnicas (cf. fls. 3 e 46); b) Material Licitatório que corresponde à minuta do edital, proposta comercial, minuta do contrato, manual técnico de projetos, planilha orçamentária e cronograma físico-financeiro de atividades (cf. fls. 46); c) Assessoria na Licitação, a qual consiste na análise das propostas da licitação, assessoria técnica, financeira e parecer, assim como dispor do, local adequado para o evento, recepção e acompanhamento dos interessados até o término desse procedimento (cf. fl. 47) e d) Gerenciamento das Obras de Construção que se refere à análise do projeto de implantação, fiscalização da execução da obra, levantamento de quantitativos durante a execução, para fins de medições e relatórios.

Pelos serviços nominados tem-se que alguns não podem ser realizados na sede da empresa, como por exemplo o

Gerenciamento das Obras de Construção, que só pode ocorrer no local da edificação, ou seja, no Município de Presidente Prudente.

Por outro ângulo o valor total da obra é R$ 263.486,72, correspondendo o ISS a 5% do valor da nota fiscal emitida em 28 de fevereiro de 2001 (cf. fl. 6).

Dentro desse contexto pouco importa tenha o contrato estabelecido o valor total da obra, sem discriminar onde seria realizada cada etapa, porque o fato relevante e a ser levado em consideração é o local onde será realizada a obra e para onde direcionaram-se todos os esforços e trabalho, mesmo quando alguns tenham sido realizados intelectual e materialmente na sede da empresa, sendo certo que a obra deve ser vista como uma unidade, uma universalidade.

Reconhecer que a cisão na prestação de serviços atribua a competência para a cobrança do ISS ao município em que foi realizada a maior parte da obra significa desprezar a lei e a jurisprudência sedimentada do STJ.

Assim sendo a conclusão é de que, seja sob a égide do DL 406/68, seja ao advento da Lei Complementar 116/2003, o ISS incidente sobre os serviços de engenharia consultiva, obedecendo-se à unidade da obra de construção, deve ser recolhido no local da construção, ou seja, no Município de Presidente Prudente, como indicado na sentença de primeiro grau.

No que se refere à discussão sobre os honorários advocatícios, observo que a solução dada à controvérsia revela a inversão dos ônus da sucumbência, de maneira que fica prejudicado seu exame.

Diante do exposto, conheço do recurso especial e dou-lhe provimento para reconhecer que o ISS é devido ao Município de Presidente Prudente localidade onde está a construção civil.

Por derradeiro, determino que sejam adotadas as providências previstas no § 7º do art. 543-C do CPC e nos arts. 5º, II e 6º da Resolução STJ n. 8/2008.

É o voto.

8. A COMPREENSÃO DOS EFEITOS DO RESP *1.060.210*, JULGADO SOB OS EFEITOS VINCULATIVOS DA TÉCNICA DE RECURSOS REPETITIVOS, E A SUA PROJEÇÃO LIMITADA, UNICAMENTE, AOS CONTRATOS DE LEASING

O mencionado Recurso Especial tratou, exclusivamente, da incidência do ISS sobre leasing, sem efetuar qualquer revisão no que decidiu o REsp 1.117.121, julgado sob os efeitos do art. 543-C do CPC e da Resolução STJ 08/2008.

Em razão do panorama jurisprudencial acima registrado, a jurisprudência do Superior Tribunal de Justiça, com a produção dos efeitos vinculativos determinados pelo art. 543-C do Superior Tribunal de Justiça e da Resolução STJ 08/2008, tem, sobre a definição do Município competente para a cobrança do ISS, dois posicionamentos:

a) o indicado no REsp 1.117.121, conforme acima demonstrado, que assenta ser competente para exigir a cobrança do ISS o Município onde ocorreu a consumação do serviço prestado, independentemente das características da empresa prestadora do evento determinador do fato gerador, com exceção das instituições financeiras firmadoras de contratos de leasing;

b) o assumido pelo REsp 1.060.210 que se aplica, unicamente, aos contratos de leasing.

As conclusões "a" e "b" que acabamos de anotar decorrem dos efeitos produzidos pelos julgamentos assinalados, ambos proferidos sob os efeitos do art. 543-C, do CPC, e da Resolução n. 8/2008, do STJ.

Relembramos que:

a) o REsp 1.117.121 definiu que, em regra, é competente para exigir o ISS das empresas prestadoras de serviços o Município onde os mesmos se concretizam por atos visíveis e são consumados;

b) o REsp 1.060.210, tratando, exclusivamente, dos contratos de leasing, considerando a sua complexidade e a suas características de financiamento, estipulou que tais serviços, embora iniciados a sua negociação nas filiais das instituições financeiras, são concretizados, materializados e celebrados, em termos finais, em cada Casa Matriz respectiva, que os autoriza definitivamente, pelo que o ISS deve ser exigido pelo Município onde tais pessoas jurídicas estão sediadas, por ter considerado que em tais estabelecimentos bancários são consumados, de modo incondicional, os serviços de financiamento por meio de leasing;

c) o decidido no REsp. 1.117.121 não foi revisado pela técnica do julgamento de recursos repetitivos, pelo que os seus comandos continuam a existir, a produzirem validade e a projetarem absoluta eficácia.

d) é de se compreender que, tanto na vigência do DL 406, como na da legislação atual, o ISS deve ser pago no Município onde o serviço é, efetivamente, prestado, independentemente do local onde a entidade prestadora tem a sua sede ou domicilio.

9. CONCLUSÕES

Apresentamos, tendo em vista os fundamentos desenvolvidos no curso do presente trabalho, as conclusões abaixo elencadas sobre a definição do Município competente para exigir o pagamento do ISS das empresas prestadoras de serviço.

Ei-las:

A – A questão examinada no presente artigo tem por objetivo central, apenas, a se definir a competência tributária do Município para exigir ISS quando o serviço é prestado em outro Município que não o da sede da empresa.

B – O Imposto Sobre Serviço – ISS, da competência dos Municípios, quando devido, deve, em regra, ser recolhido no local onde o serviço é prestado, isto é, consolida-se materialmente e produz os seus efeitos.

C – A doutrina, pelas lições de Aires F. Barreto (ISS na Constituição e na Lei. São Paulo: Dialética, 2005) proclama: "...O fato gerador do ISS se concretiza no local onde o serviço é prestado." O Colendo STJ vem reiterando essa posição que já parece pacificada naquela Corte. Por exemplo no Recurso Especial 72.398-SP, rel. o Ministro Demócrito Reinaldo, de 10 de junho de 1996, julgado no dia 6 de maio de 1996, o Superior Tribunal de Justiça realçou: "O local do recolhimento do ISS incidente sobre a administração de bens ou negócios, inclusive consórcio, é o do território, do município, onde se realiza o serviço".

D – O Superior de Justiça tem assentado o entendimento de que, em regra, o fato gerador do ISS ocorre no local onde o serviço é prestado, portanto, a sua exigibilidade é da competência do Município que o recebe, independentemente de onde a empresa esteja sediada, isto é, para fins de incidência do ISS importa o local onde foi concretizado o fato gerador, como critério de fixação de competência e exigibilidade do crédito tributário. A respeito consultar o decidido nos Recursos seguintes: REsp 72.398-SP; 188.123-RS; 23.271-2; 77799-MG; AgRg no Ag 1.153.916/SP; AgRg na Pet. 6.561, Primeira Seção, DJe 18/09/2009; AgRg no Ag 196.490/DF. Há inúmeros outros acórdãos seguindo o mesmo entendimento.

E – No RMS 17.516, julgado em 10.08.2004, o STJ decidiu, conforme ementa seguinte: "Recurso Ordinário. Mandado de Segurança. Tributário. ISS. Local da Prestação do Serviço. 1. As duas Turmas que compõem a Primeira Seção desta Corte, na vigência do art. 12 do Decreto-lei n. 40668, revogado pela Lei Complementar n. 116/2003, pacificaram entendimento no sentido de que a Municipalidade competente para realizar a cobrança do ISS é a do local da prestação dos serviços, onde efetivamente ocorre o fato gerador do imposto. (...) Recurso ordinário provido (DJ 20.09.2004, p. 215).

F – Os Municípios onde os serviços não foram prestados e concretizados de modo direto não têm competência para exigir o ISS.

G – A identificação do local da prestação e da consumação do serviço sujeito ao pagamento de ISS foram solucionadas por jurisprudência predominante do STJ durante o curso de 20 anos.

H – O REsp 1.060.210, também julgado sob os efeitos do art. 543-C do CPC, ao tratar especificamente do contrato de leasing, firmou o entendimento de que o ISS deve ser cobrado pelo Município onde os serviços de financiamento se cristalizaram, isto é, onde foram consumados, no caso a sede Matriz das entidades bancárias e não no local das suas agências e filiais. Os fundamentos do mencionado recurso reconheceram que os contratos de leasing, em face da complexidade que os envolvem, só se consumam quando aprovados pela Casa Matriz da entidade financeira, a projetar a competência do Município onde tal pessoa jurídica está sediada para efetuar a exigência do pagamento do ISS.

I – O REsp 1.060.210 não procedeu qualquer modificação de entendimento fixado pelo REsp 1.117.121. Ambos exercem a força vinculativa imposta pelo art. 543-C do CPC.

J – A obediência à jurisprudência fixada pelo STJ em julgamento de REsp sob a técnica de recursos repetitivos (art. 543-C do CPC) caracteriza homenagem ao princípio da segurança jurídica e absoluto respeito aos direitos fundamentais do cidadão de lhe ser entregue prestação jurisdicional uniforme, para tornar efetivo o princípio da igualdade.

REGRA-MATRIZ DE INCIDÊNCIA TRIBUTÁRIA DO IMPOSTO SOBRE SERVIÇOS NOTARIAIS E REGISTRAIS DO MUNICÍPIO DE CURITIBA

João Guilherme Padilha Christofis[1]

1. INTRODUÇÃO DO PROBLEMA

Desde a edição a Lei Complementar (LC) n. 116/2003, a possibilidade de tributação dos serviços de registros públicos, cartorários e notariais pelo Imposto sobre Serviços (ISS) gera controvérsias e incertezas que vão desde a constitucionalidade dessa tributação até as especificidades da base de cálculo do tributo. Tal instabilidade deve-se, muitas vezes, à ausência de uma sistematização do conteúdo normativo desse tributo em relação às particularidades que assume frente a tais atividades.

Este trabalho pretende enfrentar o tema, utilizando-se o instrumento da regra-matriz de incidência tributária (RMIT) para especificar todos os critérios normativos que compõe o

---

1. Especialista em Direito Tributário, Direito Processual Civil e Direito Notarial e Registral. Mestrando em Direito do Estado.

tributo. Por se tratar de imposto que deve incidir sobre serviços, o primeiro passo será aferir se as atividades ora examinadas constituem, de fato, serviços passíveis de incidência do tributo, ou se se restringem a um conceito mais genérico de função pública delegada a particulares.

Além disso, reconhecendo-se que o desenho integral da RMIT somente é possível a partir do exame de legislação ordinária, devem ser adotadas dois cuidados: primeiro, saber se, no âmbito das normas constitucionais, tal tributação é compatível com o sistema constitucional tributário; segundo, visto que o ISS diz respeito a tributo de competência dos Municípios cuja instituição depende, logicamente, de sua instituição por lei municipal, eleger um determinado diploma dessa natureza para que se possa proceder à análise.

Para tanto, enfrenta-se a questão da constitucionalidade dessa nova materialidade do ISS e o modo como foi pacificada pela jurisprudência do Supremo Tribunal Federal (STF) e, a nível infraconstitucional, elege-se a Lei Complementar Municipal (LCM) n. 40/2001, do Município de Curitiba, para, juntamente à Constituição Federal e à Lei Complementar n. 116/2003, compor o direito positivo do qual se buscara a RMIT do ISS sobre atividades notariais e registrais e se proporá interpretação conforme de enunciado sobre sua base de cálculo.

2. ATIVIDADE NOTARIAL E REGISTRAL

2.1. Natureza jurídica da atividade notarial e registral

Na ordem constitucional de 1988, as atividades notariais e registrais são disciplinadas primordialmente pelo artigo 236 da Constituição Federal.

O dispositivo foi regulamentado a nível infraconstitucional por duas leis federais: a n. 8935/1994, que dispõe genericamente sobre serviços notariais e registrais, e a n. 10169/2000, que estabelece normas gerais para a fixação dos emolumentos relativos aos atos praticados por esses serviços.

Dispõe o art. 1º da Lei 8935/1994 que: *serviços notariais e de registro são os de organização técnica e administrativa destinados a garantir a publicidade, autenticidade, segurança e eficácia dos atos jurídicos.*

Cabe estabelecer as notas que caracterizam cada um desses tipos de atividade. Segundo WALTER CENEVIVA, atividade notarial pode ser assim definida:

> *Serviço notarial* é a atividade de agente público, autorizado por lei, de redigir, formalizar a autenticar, com fé pública, instrumentos que consubstanciam atos jurídicos extrajudiciais do interesse dos solicitantes, sendo também permitido a autoridades consulares brasileiras, na forma de legislação especial.[2]

LEONARDO BRANDELLI caracteriza a função notarial do seguinte modo:

> A função notarial, ou seja, a função exercida em caráter privativo pelo notário na consecução dos atos notariais, é dotada hodiernamente de alguns caracteres fundamentais que, ao mesmo tempo que delineiam a atividade notarial, a diferenciam da atuação de qualquer outro profissional do direito. Nesse diapasão, tem-se como principais caracteres da função notarial o da imparcialidade, o jurídico, o cautelar e o público.[3]

Já a função registral apresenta notas próprias. Conforme a lição de WALTER CENEVIVA:

> *Serviços de registro* dedicam-se, como regra, ao assentamento de títulos de interesse privado ou público, para sua

---

2. CENEVIVA, Walter. **Lei dos notários e dos registradores comentada**: (lei n. 8.935/94). 8. Ed. São Paulo: Saraiva, 2010, p. 40.
3. BRANDELLI, Leonardo. **Atuação notarial em uma economia de mercado**. Revista de Direito Imobiliário. Vol. 52, p. 165, Jan/2002.

oponibilidade a todos os terceiros, com a publicidade que lhes é inerente, garantindo, por definição legal, a segurança, a autenticidade e a eficácia dos atos da vida civil a que se refiram. Submetidos ao princípio do *numerus clausus*, são limitados aos previstos nas leis vigentes do País.[4]

Vê-se que, guardadas as particularidades de cada atividade, uma das principais notas comuns entre as atividades notariais e as registrais é a fé pública, constitucionalmente atribuída ao seu produto, e a consequente segurança jurídica dos atos praticados, podendo-se afirmar ser essa a utilidade buscada pelos seus destinatários.

A fé pública é assim definida por CAIO MÁRIO DE ALBUQUERQUE LINS:

> A **fé pública** é atribuída constitucionalmente aos notários e registradores, que atuam como representantes do Estado na sua atividade profissional. Essa fé pública afirma a certeza e a verdade dos atos que os notários e oficiais de registro praticam e das certidões que expedem nessas condições, com as qualidades referidas no art. 1º da Lei n. 8.935/94. A fé pública, além de exigir pessoa autorizada a praticar a função notarial, requer o atendimento aos requisitos exigidos em cada ato notarial para que seja assegurada.[5]

Estabelecidas noções gerais sobre as atividades de notas e de registro, deve-se enfrentar a possibilidade de sua caracterização enquanto serviço público.

2.2. Serviço público de notas e de registro

Não é pacífica na doutrina a inclusão das atividades notariais e registrais naquilo que se entende por serviço público.

---

4. CENEVIVA, Walter. Op. cit., p. 42.
5. LINS, Caio Mário de Albuquerque. **A atividade notarial e de registro**. São Paulo: Concursos Jurídicos, 2011, p. 7.

O argumento mais forte daqueles que negam tal caráter é o de que se trata de atividades destinadas à realização de atos jurídicos e não à produção de utilidades materiais – ao que restringem a noção de serviço.

LUÍS PAULO ALIENDE RIBEIRO, ressaltando o caráter pacífico de função pública que tais atividades apresentam, bem apresenta a controvérsia:

> Os serviços notariais e de registro têm por objeto atividade jurídica, e não material, razão pela qual não se incluem em definições mais restritas de serviço público, o que não afeta o pacífico reconhecimento de que se trata de função pública.[6]

O autor, reconhecendo um conceito constitucional de serviço público mais amplo, apto a abarcar atividades de notas e registro, assim se posiciona:

> Esta definição mais ampla de serviço público é adotada na Constituição Federal, o que se verifica na distribuição das competências tributárias, no artigo 145, II, que estabelece a possibilidade de instituição de taxas pela utilização de serviços públicos específicos e divisíveis. Os serviços notariais e de registro, ainda que se caracterizem por uma atividade jurídica, são remunerados por emolumentos, cuja natureza tributária, de taxa, tributo que tem por pressuposto a prestação de serviços públicos, é reconhecida de forma pacífica pela doutrina e pela jurisprudência.[7]

Em relação à atividade notarial, **RODRIGO FERNANDES LIMA DALLEDONE** entende ser destinada à realização de atos jurídicos, e não a utilidades. Desse modo, restringindo a

---

6. RIBEIRO, Luís Paulo Aliende. **Regulação da Função Pública**. São Paulo: Saraiva, 2009, p. 49.
7. RIBEIRO, Luís Paulo Aliende. *Op. cit.*, p. 50.

noção de serviço àquelas atividades que resultem em utilidade material para tomador, o autor afirma que tal atividade corresponde a função pública, mas não a serviço público:

> A despeito de respeitáveis opiniões em contrário, as atividades notariais e de registro não constituem serviço público (a não ser que se considere o instituto em sentido extremamente lato), mas sim função pública, pois que destinadas não ao fornecimento de prestações e comodidades materiais, mas sim à realização de atos jurídicos.
>
> Mas esses atos jurídicos, e este é outro aspecto que as diferencia dos serviços públicos, têm uma especial qualificação, que decorre diretamente da soberania estatal. É dizer, as atividades desempenhadas no cumprimento desta função são revestidas de um poder de império, "consistente na atribuição à documentação notarial o caráter da fé pública, que a torna de aceitação obrigatória por todos".[8]

LUIZ GUILHERME LOUREIRO também argumenta em sentido contrário à caracterização das atividades de notas e registro como serviço público:

> Em outras palavras, as atividades notariais e de registros públicos são de titularidade do Estado, mas a pessoa jurídica de direito público não pode exercê-la diretamente: deve, por força no disposto no art. 236 da Constituição Federal, delegá--la ao particular. (...) Os notários e registradores exercem uma atividade jurídica e não uma atividade administrativa material (obras ou serviços públicos). A prestação dessas atividades tem natureza privada e é remunerada pelos particulares e não pelos cofres públicos: por isso não se aplica aos notários e registradores o regime jurídico dos servidores públicos. O exercício desta atividade é repassado pelo Estado

---

8. DALLEDONE, Rodrigo Fernandes Lima. **O regime jurídico da função pública notarial e sua fiscalização pelo poder judiciário.** Curitiba, 2012. 163 f. Dissertação (Mestrado em Direito) – Setor de Ciências Jurídicas, Universidade Federal do Paraná, p. 31.

ao particular por meio do instituto da delegação (e não da concessão ou permissão, que têm natureza contratual).[9]

Parece prevalecer, contudo, o argumento no sentido de que se trata de serviço público desde que se reconheça que a Constituição Federal adotou um conceito de serviço mais amplo, não restrito à noção de prestação de utilidades materiais.

RICARDO DIP aborda a atividade registral como serviço público, reconhecendo a necessidade de adoção de um conceito mais amplo de serviço para que se possa fazê-lo:

> Ainda que, postas à margem possíveis imbricações destes aspectos, se considere o registro público instituição, órgão, organismo de publicidade, função ou ato, é certo que o registro público, devotado à consecução de alguma forma de segurança jurídica, pode compreender-se no âmbito do conceito *large sumpto* de serviço público.
>
> É verdade que, em sentido estrito, se propende a restringir a ideia de "serviço público" à organização e atividade estatais de prestação material, conceito que, nesses limites, não abrange o de "função pública", referível à atividade jurídica do Poder Público, nem abarca os cometidos públicos próprios de entidades não estatais, titulares de soberania social.
>
> À medida que o caráter público do registro designa a acessibilidade pública tanto para registrar quanto para conhecer o registro, mas, também e, sobretudo, em plano teleológico, a extração de efeitos da publicidade – *erga omnes* –, quais os exigíveis pela segurança jurídica, tem-se, todavia, no registro público uma realidade dirigida ao bem comum, e, como quer o eu o registro se compreenda, sob o modo institucional, orgânico, sistêmico, funcional ou documentário, uma realidade apropriada à atuação do poder político (em rigor, um seu dever) e destinada à consecução do bem comum.[10]

---

9. LOUREIRO, Luiz Guilherme. **Registros públicos**: teoria e prática. 4. Ed. Rio de Janeiro: Forense; São Paulo: Método, 2013, p. 3.
10. DIP, Ricardo Henry Marques. **Direito administrativo registral**. São Paulo: Saraiva, 2010, p. 25-27.

GILSON CARLOS SANT'ANNA também identifica tais funções como serviço, pontuando o caráter privado em que é exercido:

> Com efeito, as funções atribuídas aos notários e registradores correspondem, sem dúvida, a conveniências básicas da sociedade e, por isso mesmo, a Constituição Federal (LGL\1988\3) atribui a sua titularidade ao Poder Público. Contudo, restou estabelecido no texto constitucional, no já mencionado art. 236, que tal serviço será exercido em *caráter privado*, mediante delegação.
>
> Dessa forma, o constituinte, ao tempo em que assegurou a essencialidade das atividades notariais e de registro, reconheceu, desde logo, que a Administração Pública brasileira não reúne as condições estruturais para a devida prestação desses serviços.[11]

Conquanto perdure o debate doutrinário, O STF já pacificou a questão da abrangência das atividades notariais e de registro pelo conceito de serviço, de modo que se reconheceram os emolumentos como taxas de serviços sujeitas às normas do sistema constitucional tributário.[12]

Dessa forma, conclui-se que as atividades notariais e de registro são serviços públicos destinados à disponibilização a seu usuário de um ato jurídico dotado de fé pública e, consequentemente, segurança jurídica de seus efeitos.

2.3. Constitucionalidade da tributação da receita de serviços públicos

A Lei Complementar n. 116/2003 introduziu na sua lista

---

[11]. SANT'ANNA, Gilson Carlos. O atual regime jurídico dos serviços notariais e de registro. **Revista de Direito Imobiliário**. Vol. 67, p. 70, Jul/2009.

[12]. BRASIL, Supremo Tribunal Federal. Tribunal Pleno, ADI 1378 MC/ES, rel. Min. Celso de Mello, publicação em 30/05/1997 – destacou-se.

de serviços os itens 21 e 21.01, prevendo de incidência do ISS sobre *"serviços de registros públicos, cartorários e notariais"*.

Para que se possa debater a constitucionalidade da tributação da receita dos serviços públicos de notas e registro, é importante fixar noções acerca dos emolumentos que a constituem.

WALTER CENEVIVA assim define os emolumentos:

> *Emolumentos* correspondem, na atividade privada, ao preço do serviço. Na economia clássica, é o montante em dinheiro a ser permutado pelo serviço. Na atividade notarial e de registro, contudo, não há falar em *preço*, pois sua determinação não se equilibra entre as variações da oferta e da procura, mas segundo critérios aplicados verticalmente pelo Poder Público e, assim, sem qualquer semelhança com as operações de livre mercado.[13]

Esse autor é preciso ao traçar os contornos dos emolumentos, destacando que é com eles que o agente delegado deve arcar com seus custos de serviço, incluindo-se aí as obrigações tributárias:

> Os emolumentos devem permitir a quitação da serventia, a satisfação dos encargos tributários e deixar razoável saldo ao benefício do titular, pelo exercício da delegação. Fixação que desatenda tal parâmetro será inconstitucional, pois será forma de impedir o cumprimento mesmo de sua função legal.[14]

ANA LUÍSA DE OLIVEIRA NAZAR DE ARRUDA bem constrói a normas de competência para fixação de emolumentos:

> Aos Estados compete legislar de forma complementar e concorrente à lei federal, conforme artigos 22, parágrafo

---

13. CENEVIVA, Walter. *Op. cit.*, p. 233.
14. CENEVIVA, Walter. *Op. cit.*, p. 233-234.

único, e 24, incisos I, IV e §§1º ao 4º, da Constituição Federal. Nesse mister inclui-se das custas e emolumentos pagos pelos usuários dos serviços prestados nos cartórios.[15]

Interpretando as normas de competência constitucionais, o STF[16] definiu que aquela referente aos emolumentos dos serviços notariais e registrais inclui-se no âmbito da competência concorrente, prevista especificamente no art. 24, inc. IV, da Constituição Federal, cujo regime de exercício vem estabelecido nos §§1º a 4º do dispositivo.

LUIZ GUILHERME LOUREIRO também traça precisamente os contornos da noção de emolumentos:

> Os emolumentos são dos dispêndios ou despesas referentes aos atos realizados pelo notário e pelo registrador no desempenho de suas atividades profissionais, devidamente previstos em lei. Os emolumentos têm natureza tributária e constituem taxas e, por isso mesmo, não pode ter por base de cálculo, por exemplo, o valor do imóvel que já constitui base para o Imposto de Transmissão de Propriedade do Imóvel (STF, ADIN 1.530-BA, *RTJ* 169/32). Tal vedação encontra fundamento no art. 145, §2º, da Constituição, que veda que a cobrança de taxas tenha a mesma base de cálculo utilizada para os impostos.[17]

NARCISO ORLANDI NETO ressalta a finalidade dos emolumentos:

> A remuneração dos serviços notariais e de registro é paga com as custas ou emolumentos, tabelados por lei ou decreto estadual. Com os emolumentos recebidos, o delegado

---

15. ARRUDA, Ana Luísa Oliveira Nazar de. **Cartórios Extrajudiciais**: aspectos civis e trabalhistas. São Paulo: Atlas, 2008, p. 9.
16. BRASIL, Supremo Tribunal Federal. Tribunal Pleno, ADI 1624 MC/MG, rel. Min. Marco Aurélio, julgado em 25/06/1997, publicação em 12/12/2001.
17. LOUREIRO, Luiz Guilherme. *Op. cit.*, p. 14-15.

cobre todas as despesas do serviço, investe em equipamentos e paga os empregados.[18]

Partindo da noção de emolumento enquanto taxa de serviço público e ponderando que a sua receita não é passível de tributação, ROQUE ANTONIO CARRAZZA defende veementemente a inconstitucionalidade da incidência de ISS sobre as atividades de notas e registro. Assim argumenta o autor:

> I – Os "serviços de registros públicos, cartorários e notariais" são serviços públicos específicos e divisíveis, tanto que remunerados por meio de *taxas de serviços*. As serventias que os prestam não podem, nem mesmo com base em lei complementar definidora de serviços, ser compelidas a recolher ISS.
>
> II – A circunstância de a LC 116/2003 haver, nos *itens 21* e 21.1 da lista, rotulado de "serviços" tributáveis por meio de ISS as atividades de registros públicos, cartorárias e notariais, não altera a conclusão, já que a natureza de qualquer figura de direito é revelada por seu regime jurídico, e não pela designação que recebe.
>
> III – Os *serviços públicos específicos e divisíveis* de registros públicos, cartorários e notariais não se transmudaram em prestações de serviços privados, só porque assim vieram atecnicamente denominados pelo legislador complementar.
>
> IV – A despeito do estatuído nos *itens 21* e 21.1 da lista de serviços, os atos praticados pelos serviços notariais e de registros não tipificam serviços prestados sob regime de direito privado, não podendo, destarte, ser alvo de tributação por meio de ISS.
>
> V – Nem mesmo a lei complementar (no caso, a LC 116/2003) pode quebrar a estrutura constitucional do ISS, muito menos para prejudicar direitos subjetivos dos contribuintes.[19]

---

18. ORLANDI NETO, Narciso. Atividade notarial – noções. In: DIP, Ricardo (coord*)*. ***Introdução ao direito notarial e registral***. Porto Alegre: Fabris, 2004, p. 26.
19. CARRAZZA, Roque Antonio. Inconstitucionalidade da cobrança de ISS sobre serviços de registros públicos, cartorários e notariais (LC 116, de 31.07.2003). **Revista de Direito Imobiliário**. Vol. 56, p. 213, Jan/2004.

O emolumento consiste, sim, em tributo com a natureza de taxa. A destinação dessa figura tributária é a de remunerar a prestação dos serviços notariais e registrais, a qual se realiza mediante relações de direito privado que o agente delegado trava com os tomadores.

Destaque-se o posicionamento de MARIO ANTONIO SILVEIRA, que entende ser de natureza pública também a execução dos serviços, mas que ressalta o caráter privado das relações que o registrador trava com o tomador do serviço:

> A natureza do serviço registrário é de direito público, quer quanto à execução do serviço ou quanto à fiscalização da atividade. Deve-se, no entanto, ressalvar que as relações do oficial registrador com o "registratário" regem-se pelas regras do direito privado, estabelecendo-se no direito civil, no direito consumerista e na lei regulamentadora da função registrária a responsabilidade pelos danos que venham a ocorrer na atividade registrária".[20]

Apesar de taxa, os emolumentos representam a remuneração de uma prestação privada de serviços. Forte nisso, o STF já pacificou a matéria acerca da possibilidade de tributação por ISS da receita dos serviços notariais e registrais, trazendo o forte argumento do caráter privado da prestação que os emolumentos destinam-se a remunerar.[21]

Estabelecida a constitucionalidade da incidência do ISS sobre os serviços de notas e de registro, passa-se a buscar a construção da sua regra-matriz de incidência tributária, tendo como base a sua instituição pelo Município de Curitiba, levada a cabo pela Lei Complementar Municipal n. 40/2011 e alterações.

---

20. SILVEIRA, Mario Antonio. **Registro de imóveis**: função social e responsabilidades. São Paulo: RCS Editora, 2007, p. 26.
21. BRASIL, Supremo Tribunal Federal. Tribunal Pleno, ADI 3089/DF, Rel. Min. Carlos Britto, Rel. P/ Acórdão Min. Joaquim Barbosa, julgado em 13/02/2008, publicação em 01/08/2008.

3. REGRA-MATRIZ DE INCIDÊNCIA TRIBUTÁRIA

3.1. Noção da regra-matriz de incidência tributária

PAULO DE BARROS CARVALHO assim leciona sobre a regra-matriz de incidência tributária:

> Ora, a regra-matriz de incidência tributária é, por excelência, u'a norma de conduta, vertida imediatamente para disciplinar a relação do Estado com seus súditos, tendo em vista contribuições pecuniárias. Concretizando-se os fatos descritos na hipótese, deve-ser a consequência, e esta, por sua vez, prescreve uma obrigação patrimonial. Nela, encontraremos uma pessoa (sujeito passivo) *obrigada* a cumprir uma prestação em dinheiro. Eis o *dever-ser* modalizado.[22]

AURORA TOMAZINI DE CARVALHO traz a lume um problema de ambiguidade no uso doutrinário da expressão "regra-matriz de incidência". A expressão é usada tanto para se referir à norma jurídica tributária em sentido estrito, referente, deste modo, a cada tributo a que se refira, e preenchida semanticamente pelos conteúdos significativos dos enunciados prescritivos encontrados no direito positivo; como para uma estrutura lógica de utilização da ciência jurídica, utilizada para investigar os elementos de uma proposição normativa completa.[23]

Tomando-a como norma jurídica, afirma a autora:

> Na expressão "regra-matriz de incidência" emprega-se o termo "regra" como sinônimo de norma jurídica, porque trata-se de uma construção do intérprete, alcançada a partir do contato com os textos legislados. O termo "matriz" é utilizado para significar que tal construção seve como modelo

---

22. CARVALHO, Paulo de Barros. **Curso de Direito Tributário**. 21. ed. São Paulo: Saraiva, 2009, p. 378.
23. CARVALHO, Aurora Tomazini de. **Curso de Teoria Geral do Direito**: O Constructivismo Lógico-Semântico. São Paulo: Noeses, 2010, p. 375-380.

padrão sintático-semântico na produção da linguagem jurídica concreta. E "de incidência", porque se refere a normas produzidas para serem aplicadas.[24]

Enquanto instrumento metodológico, a autora assim leciona: *"Se considerarmos só a estrutura (...), temos a regra-matriz de incidência como um esquema lógico-semântico que auxilia o intérprete na construção do sentido dos textos do direito positivo".*[25]

Ambos os sentidos são encontrados no discorrer de PAULO DE BARROS CARVALHO a respeito da regra-matriz de incidência tributária.[26]

Destaca-se que, consciente dessa possibilidade de ambiguidade na linguagem científica, a regra-matriz de incidência tributária será aqui entendida como norma jurídica tributária em sentido estrito.

3.2. Critérios da regra-matriz de incidência tributária

A hipótese de incidência tributária, primeira proposição da regra-matriz de incidência tributária, é composta pelos critérios material, espacial e temporal. O consequente normativo, segunda proposição, é composto pelos critérios pessoal e quantitativo.

Cada um desses critérios é composto pela significação de diferentes enunciados prescritivos do direito positivo, que podem, ou não, estar dispostos num mesmo diploma legal.

---

24. Ibidem, p. 376.
25. Ibidem, p. 379.
26. No sentido de norma jurídica, ver: CARVALHO, Paulo e Barros. *Op. cit.*., p. 378; no sentido de esquema lógico de representação formal: Ibidem, p. 381-387.

Para o presente estudo, é importante estabelecer a noção mínima de cada critério, dado que cada um deles, pela circunstância de se entender inaplicável o respectivo enunciado, poder ser impugnado independentemente numa ação declaratória de inexistência de relação jurídica.

O critério material da regra-matriz de incidência tributária é aquele que trará a descrição objetiva do fato, abstraindo-se as coordenadas de tempo e espaço. Trata-se do núcleo da hipótese tributária, um dos dois elementos, juntamente com a base de cálculo, que permitem aferir a identidade do tributo.[27]

A respeito do critério material e de sua conformação lógica, assim leciona JOSÉ ROBERTO VIEIRA:

> O isolamento eficaz do critério material depende da abstração das circunstâncias de espaço e tempo. Isto posto, teremos invariavelmente neste critério comportamentos de pessoas, expressos por *um verbo pessoal e transitivo*, cuja predicação é incompleta e por isso pede *um complemento*, seja ele um objeto direito ou indireto, afastando-se, consequentemente, verbos impessoais – quer essenciais (os que exprimem fenômenos da natureza, por exemplo), quer acidentais (haver na acepção de existir, fazer quando indica tempo decorrido, etc) – e, na maioria dos casos, afastando-se também os verbos unipessoais (os que exprimem uma ação ou e um estado peculiar a determinado animal, por exemplo.[28]

O critério espacial corresponde à coordenada de espaço do comportamento descrito no critério material. Trata-se do lugar onde se entenderá por ocorrido o fato, onde ele pode ocorrer. Pode estar implícito, quando, normalmente, corresponde ao âmbito de vigência da competência do ente tributário; pode

---

27. CARVALHO, Paulo e Barros. *Op. cit.*., p. 288-291.
28. VIEIRA, José Roberto. *A regra-matriz de incidência do IPI*: texto e contexto. Curitiba: Juruá, 1993, p. 63.

também restringir-se a áreas específicas, ou a locais isolados, sempre, necessariamente, insertos no âmbito da competência.[29]

O critério temporal diz respeito ao momento em que se tem por ocorrido o fato jurídico tributário. Deve guardar correspondência lógica com o comportamento descrito no critério material. É neste critério que se revela o momento a partir do qual se tem por estabelecido o fato jurídico tributário e, incidida a norma, e tem-se exsurgida a obrigação tributária. Destaque-se que diversos enunciados, tomando a parte pelo todo, afirmar ser o "fato gerador" um determinado momento. Cabe ao intérprete alocar a significação no respectivo critério, buscando nos demais enunciados o comportamento cuja ocorrência caracterizará o fato tributário.[30]

O critério pessoal revela os sujeitos da relação jurídica tributária. A sujeição ativa é comumente ocupada pelo ente titular da competência tributária, mas pode ser por esta atribuída, por enunciado específico, a entidade terceira, interessada, em situações da chamada extrafiscalidade. A sujeição passiva pode trazer tanto aquele entendido como contribuinte, pessoa que realiza o comportamento descrito no critério material, e que, portanto, tem relação pessoal e direta com o fato tributário, como o chamado substituto tributário, pessoa que, sem ter relação pessoal e direta com o fato tributário, em razão de posição privilegiada no tocante à riqueza tributada, é colocada no polo passivo da relação tributária como aquele responsável pelo recolhimento do tributo.[31]

O critério quantitativo é composto pela base de cálculo e pela alíquota, elementos que, combinados, permitem revelar a quantia objeto da prestação tributária. A base de cálculo corresponde é grandeza, intimamente relacionada à hipótese tributária,

---

29. CARVALHO, Paulo e Barros. *Op. cit..*, p. 291-294.
30. Ibidem, p. 294-304.
31. Ibidem, p. 335-359.

com ela, inclusive, revelando a identidade do tributo. Apresenta as funções objetiva, mensuradora e comparativa na estrutura da regra-matriz. A alíquota é fator aritmético que, aplicado sobre a base de cálculo, aponta a parcela da riqueza revelada no fato jurídico tributário que será objeto de tributação.[32]

As funções da base de cálculo são precisamente delineadas na explanação de VIEIRA:

> A *objetiva*, que consiste em compor a determinação da dívida, numa operação aritmética; a *mensuradora*, que se cumpre medindo as proporções reais do fato típico, dimensionando-o economicamente; e a *comparativa*, que se configura pela comparação com o critério material da hipótese, afirmando-o (quando este for obscuro), confirmando-o (quando forem compatíveis) ou infirmando-o (quando forem inconciliáveis); sendo que, nesta última eventualidade, é a diretriz da ase de cálculo que deve ter primazia.[33]

Estabelecidas noções básicas sobre os critérios da regra-matriz de incidência tributária e o modo como se manifestam e se percebem nos enunciados prescritivos tributários, passa-se agora às categorias que revelam como tais critérios se configuram na legislação pertinente ao imposto sobre serviços notariais e registrais.

4. REGRA-MATRIZ DO ISS NOTARIAIS E REGISTRAIS

Como dito, a hipótese de incidência tributária tem como núcleo um comportamento pessoal, representado por um verbo pessoal de predicação incompleta e um complemento verbal. No caso do ISS, o critério material é o *prestar serviço*.[34]

---

32. Ibidem, p. 359-375.
33. VIEIRA, José Roberto. *Op. cit.*, p. 67.
34. BAPTISTA, Marcelo Caron. **ISS: *do texto à norma***. São Paulo: Quartier Latin, 2005, p. 253-259.

Ocorre que não é toda a prestação de serviço que atrai a incidência do tributo. MARCELO CARON BAPTISTA delineia precisamente o campo material do ISS:

> A prestação de serviço tributável pelo ISS é, pois, entre outras coisas, aquela em que o esforço do prestador realiza a prestação-fim, que está no centro da relação contratual, e desde que não sirva apenas para dar nascimento a uma relação jurídica diversa entre as partes, bem como não caracterize prestação de serviços de transporte interestadual, intermunicipal ou de comunicação, cuja tributação se dará pela via do ICMS.[35]

Para a materialidade aqui estudada, o critério material do ISS é, portanto, prestar serviço notarial ou registral, conforme estabelecido no art. 1º e no item 21 do Anexo da LC n. 116/2003 e nos idênticos art. 2º e item 21 da LCM n. 40/2001.

Quanto ao critério temporal do tributo, este deve ser considerado o momento em que se concretiza a prestação do serviço e a utilidade objeto de sua contratação é disponibilizada ao tomador. AIRES FERNANDINO BARRETO assim trabalha o ponto:

> Resumindo, o nosso sistema tributário não tolera a exigência de tributo antes da ocorrência do fato gerador. Normas legais que prevejam a incidência de ISS, antes de concretizada a prestação de serviços, são inválidas, por descompassadas com o sistema. O aspecto temporal é condicionado ao perfazimento do critério material. Inexistente ou não exaurido o fato prestar serviço, não é válida a eleição de qualquer átimo antecedente, como demarcador da hipótese de antecedência.[36]

---

35. BAPTISTA, Marcelo Caron. **ISS: do texto à norma**. São Paulo: Quartier Latin, 2005, p. 253-259.
36. BARRETO, Aires Fernandino. **Curso de Direito Tributário Municipal**. 2. Ed. São Paulo: Saraiva, 2012, p. 357.

Para os serviços notariais e registrais, portanto, critério temporal é o momento em que se consuma a prestação, o que corresponde ao aperfeiçoamento do ato notarial ou registral, quando este passa a integrar validamente os livros da serventia. Tal aspecto do tributo vem prescrito no art. 3º da LCM n. 40/2011.

No que tange o aspecto espacial do serviço, a regra geral estatuída tanto no art. 3º da LC 116/2003 é a de que o serviço considera-se prestado no estabelecimento do prestador. Tal regra deve ser lida com cuidado, como aponta JOSÉ EDUARDO SOARES DE MELO:

> A fixação do Município competente (ISS) implica o critério jurídico estipulado para a configuração do fato gerador, tendo em vista circunstâncias especiais da prestação envolvendo uma complexidade de atividades (fracionadas ou não). Na medida em que somente se considere como efetivo serviço prestado aquele objeto de conclusão, entendendo irrelevantes todos os atos anteriores, somente poderá ser considerado como local da prestação (obrigação do ISS) aquele em que ocorrer o término dos serviços.[37]

Em relação aos serviços aqui abordados, o critério espacial não poderia ser outro senão o do território do Município a que esteja vinculado o local da serventia, correspondendo, dessa forma, à regra geral do local do estabelecimento.

O critério pessoal diz respeito aos sujeitos que compõe os polos da obrigação tributária. O sujeito ativo é, evidentemente, o Município em que esteja localizada a serventia extrajudicial. O sujeito passivo é o prestador do serviço, conforme estabelecem o art. 5º da LC 116/2003 e art. 6º da LCM 40/2001, ambos de redação idêntica.

---

[37]. MELO, José Eduardo Soares de. **ISS – aspectos teóricos e práticos**. 5. ed. São Paulo: Dialética, 2008, p. 190.

No caso específico estudado, o sujeito ativo é o Município de Curitiba e o sujeito passivo, o tabelião ou o registrador, conforme a competência do serviço que exerça.

O critério quantitativo é composto por alíquota e base de cálculo.

A alíquota, elemento aritmético que, juntamente à base de cálculo, revela o *quantum* do tributo, para os serviços em questão é de 4%, conforme o art. 4º, inc. IV, da LCP n. 40/2001.

A base de cálculo desse tributo despertou importante controvérsia doutrinária e jurisprudencial e, por isso, é perscrutada no tópico específico que segue.

4.1. Base de cálculo

A regra geral para a base de cálculo do ISS é o preço do serviço, quando não se tratar de tributo fixo, conforme o art. 7º da LC n. 116/2003 e o art. 13 da LCM n. 40/2001.

A grande controvérsia surgida, portanto, diz respeito à caracterização ou não dos serviços notariais como passíveis de tributação fixa. Para que incida o ISS em valor fixo, é necessário que o serviço tributado seja prestado em caráter pessoal do próprio contribuinte, conforme o art. 9º da LCM n. 40/2001, dispositivo baseado na previsão do §1º do art. 9º do Decreto-Lei n. 406/1968.

A predominância do aspecto pessoal de uma atividade sobre a estrutura organizacional é critério determinante, no âmbito do direito empresarial, para estabelecer o caráter de empresário ou não de uma sociedade, como se vê do Enunciado 194 da III Jornada de Direito Civil do Conselho da Justiça Federal: "*Os profissionais não são considerados empresários, salvo se a organização dos fatores de produção for mais importante que a atividade pessoal desenvolvida.*"[38]

---

38. AGUAR JR., Ruy Rosado. **Jornada de Direito Civil**. Brasília: CJF, 2005, p. 236.

A noção da prevalência da organização à pessoalidade é esclarecida nas justificativas do Enunciado: *"Assim sendo, os profissionais liberais, em geral, não serão enquadrados no conceito de empresário, salvo se exercerem atividade em que sua atuação pessoal perca espaço para a organização dos fatores de produção, vale dizer, quando a organização for mais importante do que sua atividade pessoal."* [39]

ANA LUÍSA DE OLIVEIRA NAZAR DE ARRUDA ressalta o aspecto da organização na prestação dos serviços extrajudiciais:

> É nestes aspectos: contratação de trabalhadores, organização dos serviços e investimento em tecnologia e acomodações que se atribui caráter privado ao desenvolvimento das atividades notarial e de registro. Objetiva-se garantir maior liberdade administrativa e gerencial ao registrador e ao notário para, com isso, proporcionar racionalização e eficiência na prestação do serviço público.[40]

Há autores, como PAULO DE BARROS CARVALHO, que defendem a tributação fixa do ISS dos serviços notariais e registrais sob o argumento de que a delegação que os agentes recebem é pessoal, bem como a sua responsabilidade pelos atos praticados:

> Consequentemente, tendo em vista que os notários e oficiais de registro público prestam serviços em caráter personalíssimo, deles se exigindo formação intelectual específica e sendo eles responsáveis por todos os atos praticados nas serventias de que são titulares, a cobrança do ISSQN (se considerado devido esse imposto) deverá dar-se nos exatos moldes prescritos pelo art. 9º, § 1º, do Decreto-Lei n. 406/68 para a tributação de trabalho pessoal, sendo realizada com

---

39. AGUAR JR., Ruy Rosado. **Jornada de Direito Civil**. Brasília: CJF, 2005, p. 237.
40. ARRUDA, Ana Luísa Oliveira Nazar de. *Op. cit.*, p. 17.

base em valor fixo, estabelecido em função da natureza do serviço ou de outros fatores pertinentes.[41]

Não se trata, contudo, da posição prevalecente. Esta é bem retratada na posição de FRANCISCO RAMOS MANGIERI:

> O sentido do §1º do art. 9º do Decreto-Lei n. 406/1968 não é esse. Na verdade, a inteligência do dispositivo está focada na produção do serviço. Se este se dá por meio de uma única pessoa que impregna o resultado com a sua exclusiva capacidade intelectual, estamos diante de um serviço pessoal. Se, porém, outras pessoas interferem nesse resultado, agregando ao serviço outras qualidades ou mesmo substituindo o titular, a atividade deixará de ser pessoal.[42]

O STJ enfrentou a questão da base de cálculo do imposto incidente sobre os serviços notariais e registrais, concluindo pela inaplicabilidade do regime estabelecido no art. 9º, §1º, do Decreto-Lei n. 406/1968 sob o argumento da prevalência da estrutura economicamente organizada sobre o trabalho pessoal do contribuinte.

O entendimento da Primeira Seção do Superior Tribunal de Justiça quanto à matéria tende a se consolidar visto que o plenário do STF já examinou a possibilidade de exame do tema sob o regime da repercussão geral, negando-a, como se vê:

Dessa forma, tem-se que a base de cálculo do ISS aqui estudado corresponde ao preço dos serviços, ou seja, à receita

---

41. CARVALHO, Paulo de Barros. **Parecer – Cobrança do Imposto sobre Serviços de Qualquer Natureza (ISSQN) dos prestadores de serviços notariais e registros públicos.** São Paulo, 16/04/2008. Disponível em: http://www.anoregsp.org.br%2FISSQN%2FParecer_Cobran%25C3%25A7a_ISSQN_PaulodeBCarvalho.pdf&ei=RO2TUpWgOsefkQfxoYD4Cg&usg=AFQjCNFkV8R4BWP7_gBtOC9c3YSvl1qcuA&sig2=w7hD6fr5gXFXaheBJFY5lQ&bvm=bv.57127890,d.eW0. Último acesso em 25/11/2013.
42. MANGIERI, Francisco Ramos; MELO, Omar Augusto Leite. **ISS sobre cartórios.** Bauru: EDIPRO, 2008, p. 58.

dos emolumentos recebidos pelo titular do serviço notarial ou de registro.

5. CONCLUSÕES

Percorrido o caminho proposto, é possível reunir as conclusões alcançadas.

As atividades notarial e registral têm por finalidade prover ao seu usuário um ato jurídico dotado de fé pública, o que corresponde à utilidade da segurança jurídica disso resultante.

Trata-se de um serviço público desde que se reconheça que a Constituição Federal de 1988 adotou um conceito amplo de serviço, o qual abrange aqueles cuja utilidade visada é a de se realizar um ato jurídico especialmente revestido de segurança jurídica.

Também por norma constitucional, tem-se que a prestação de serviços notariais e registrais dá-se sob regime de direito privado e é remunerada pelos emolumentos correspondentes. Daí a constitucionalidade da incidência de ISS sobre tal receita de serviços.

A RMIT do ISS instituído pelo Município de Curitiba sobre tal atividade apresenta os seguintes critérios: material – prestar serviço de notas ou de registro; temporal – o momento do aperfeiçoamento do ato jurídico realizado; espacial – o local onde se encontra a serventia no Município de Curitiba; pessoal – o sujeito ativo é o Município de Curitiba, o passivo, o titular do serviço notarial ou registral; quantitativo – a alíquota é de 4% e a base de cálculo é o total recebido a título de emolumentos (preço do serviço) uma vez que prevalece no serviço a estrutura organizacional das serventias ao aspecto pessoal seu titular.

CONTRIBUIÇÕES SOCIAIS PREVIDENCIÁRIAS SOBRE FOLHA DE SALÁRIOS E ANÁLISE ECONÔMICA DO DIREITO: CRISE DE DESTINAÇÃO

Melissa Folmann[1]

1. INTRODUÇÃO

Ao contrário de outros sistemas previdenciários vigentes nos países ocidentais, o legislador constituinte originário brasileiro compreendeu a proteção jurídica previdenciária como um direito do cidadão e um dever do Estado dentro do núcleo seguridade social alicerçada na existência de fonte de receita pública derivada (tributos) e do próprio orçamento estatal.

---

[1]. Advogada. Consultora. Parecerista. Mestre em Direito pela PUCPR. Diretora Científica do IBDP – Instituto Brasileiro Direito Previdenciário. Presidente da Comissão de Direito Previdenciário da OABPR. Conselheira da OABPR. Membro da Comissão de Direito Tributário da OABPR. Membro do Conselho Científico de Tributação da Associação Comercial do Paraná. Membro Titular do Conselho Deliberativo da OABPREV/PR. Membro do Conselho Editorial da Juruá Editora. Professora da Graduação PUCPR. Professora da ESMAFE/PR. Coordenadora da Pós-Graduação em Direito Previdenciário e Processual Previdenciário da PUC-PR. Autora de várias obras e artigos em direito tributário e direito previdenciário.

A eleição por este sistema necessariamente subtraiu da proteção previdenciária aquela ideia menor de tutela exclusiva do empregado pelo simples vínculo empregatício para uma macrovisão do sistema que dependeria não só do binômio direito-dever, como também do necessidade-possibilidade a fim de atender os anseios do cidadão sem comprometer a existência do sistema previdenciário.

Neste sentido a CF/88 apresenta em seu art. 195 a fonte de custeio para que o binômio necessidade-possibilidade objetivado pela seguridade social na CF/88, art. 194, III, fosse atendido sem comprometer a manutenção da seguridade social.

> Art. 195. A seguridade social será financiada por toda a sociedade, de forma direta e indireta, nos termos da lei, **mediante recursos provenientes dos orçamentos da União**, dos Estados, do Distrito Federal e dos Municípios, e das seguintes **contribuições sociais**:
>
> I – do empregador, da empresa e da entidade a ela equiparada na forma da lei, incidentes sobre:
>
> a) a folha de salários e demais rendimentos do trabalho pagos ou creditados, a qualquer título, à pessoa física que lhe preste serviço, mesmo sem vínculo empregatício;
>
> b) a receita ou o faturamento;
>
> c) o lucro;
>
> II – do trabalhador e dos demais segurados da previdência social, não incidindo contribuição sobre aposentadoria e pensão concedidas pelo regime geral de previdência social de que trata o art. 201;
>
> III – sobre a receita de concursos de prognósticos.
>
> IV – do importador de bens ou serviços do exterior, ou de quem a lei a ele equiparar. (Grifos nossos.)

Eleitas então duas fontes de custeio da seguridade social: a) recursos provenientes dos orçamentos da União, dos Estados, do Distrito Federal e dos Municípios e b) contribuições sociais que podem ter em seu núcleo outras não positivadas no texto constitucional, as denominadas contribuições sociais residuais, nos termos da CF/88, art. 195, § 4º.

Assim, ao contrário do ventilado pelos leigos na matéria, a seguridade social não deve ser baseada somente nas contribuições sociais, como também em recursos provenientes União, dos Estados, do Distrito Federal e dos Municípios. Há claramente uma repartição de responsabilidades constitucionalmente estipulada de forma que a sociedade e o Estado contribuiriam para a existência e a manutenção da seguridade social.

Coube ainda ao legislador constituinte positivar no art. 195, §5º o chamado princípio da precedência da fonte de custeio, segundo o qual: *nenhum benefício ou serviço da seguridade social poderá ser criado, majorado ou estendido sem a correspondente fonte de custeio total.*

Determinou então a CF/88 ao legislador infraconstitucional que não CRIASSE, MAJORASSE ou ESTENDESSE benefícios ou serviços sem observar a fonte de custeio: a) recursos provenientes dos orçamentos da União, dos Estados, do Distrito Federal e dos Municípios, b) contribuições sociais; e c) outras que oportunamente venham a ser criadas.

Desta feita para se afirmar que um benefício não pode ser criado, majorado ou estendido há de se verificar se nenhuma das fontes de custeio encontra-se capacitada, e não verificar somente a linha das contribuições sociais.

Pensar em sentido contrário significa reduzir o texto constitucional ao argumento de retórica popular inadmissível tecnicamente, qual seja: o de que a previdência possui como única fonte de custeio as contribuições sociais que estas incidem sobre verbas remuneratórias e não sobre as indenizatórias.

Em meio este cenário a proposta do presente artigo é provocar a reflexão sobre a singeleza de argumentos na definição de incidência de contribuição previdenciária a partir da natureza da verba e não de outros elementos inerentes à natureza jurídica das contribuições sociais.

2. NATUREZA JURÍDICA DAS CONTRIBUIÇÕES SOCIAIS PREVIDENCIÁRIAS

Necessário se faz para o estudo de qualquer expressão conhecer sua natureza jurídica, muito mais quando se trata de tema sobre o qual doutrina e jurisprudência se dedicaram por longa data até concluírem que as contribuições sociais são tributos.

Tradicionalmente sempre se compreendeu o tributo a partir do conceito legalmente previsto no CTN, art. 3º e, nesta linha, a natureza jurídica do tributo era analisada seguindo os ditames do CTN, art. 4º desconsiderando a destinação legal do produto.

Assim, os tributos teriam como fonte de distinção somente o fato gerador descrito na hipótese de incidência tributária, repercutindo no reconhecimento de três espécies tributárias, nos termos do CTN, art. 5º: imposto, taxa e contribuição de melhoria.

Entretanto este cenário nunca foi pacífico diante das contribuições sociais previdenciárias[2], sendo que somente com a edição da Constituição Federal de 1988 os contornos da exação

---

2. No presente artigo não abordaremos o histórico das contribuições sociais ou mesmo pelas seis teorias que buscaram explicar a sua natureza (Teoria do Prêmio de Seguro; Teoria do Salário Diferido; Teoria do Salário Social; Teoria do Salário Atual; Teoria Parafiscal; Teoria da exação *sui generis* e Teoria Fiscal), pois já reconhecida a natureza jurídica de tributo pelo Supremo Tribunal Federal. Contudo, para os que desejarem recomenda-se a leitura da magnífica obra: **KONKEL JUNIOR**, Nicolau. **Contribuições Sociais: doutrina e jurisprudência**. São Paulo: Quartier Latin, 2005.

passaram a ter alicerce mais firme[3], permitindo-se claramente diferenciar as contribuições sociais previdenciárias por um atributo não permitido na redação do CTN, art. 4: a destinação.

Exatamente, o diferencial entre as contribuições e os impostos foi asseverado no texto constitucional, deixando ao imposto a vedação de conteúdo finalístico (CF/88, art. 167, IV) e às contribuições a compulsoriedade deste (CF/88, art. 149).

Em termos práticos, houve a constitucionalização do conceito de tributo, o qual deixou de ser analisado somente à luz do fato gerador para, atendendo os preceitos do Estado de Bem Estar Social que revisitou o sistema tributário brasileiro, também observar da referibilidade do destino.

Neste sentido cumpre destacar as palavras de Misabel Abreu Derzi no sentido de que: "a *Constituição de 1988, pela primeira vez, cria tributos finalisticamente afetados, que são as contribuições e os empréstimos compulsórios, dando à destinação que lhe é própria relevância não apenas do ponto de vista do Direito Financeiro e Administrativo, mas igualmente de Direito Tributário.*"

E, justamente por isso:

> O contribuinte pode opor-se à cobrança de contribuição que não esteja afetada aos fins, constitucionalmente admitidos; igualmente poderá reclamar a repetição do tributo pago, se, apesar da lei, houver desvio quanto à aplicação dos recursos arrecadados. É que, diferentemente da solidariedade difusa ao pagamento de impostos, a Constituição prevê a solidariedade do contribuinte no pagamento de contribuições e empréstimos compulsórios e a consequente faculdade outorgada à União de instituí-los, de forma direcionada e vinculada a certos gastos. Inexistente o gasto

---

3. Destaque-se que não se está afirmando a inexistência de previsão das contribuições previdenciárias nos textos constitucionais anteriores, mas somente que as características tributárias destas ficaram mais fortes com a CF/88.

ou desviado o produto arrecadado para outras finalidades não autorizadas na Constituição, cai a competência do ente tributante para legislar e arrecadar.[4]

A afirmação acima encontra respaldo da CF/88, art. 149. Fato que veio a ser reconhecido pelo Supremo Tribunal Federal quando ao analisar a figura das contribuições sociais previdenciárias à luz, primeiramente, do conceito legal de tributo insculpido no CTN, art. 3 e, logo a seguir à luz do conceito constitucional do tributo, asseverou no RE 138284/CE (Pleno, rel. Min. Carlos Velloso, j. 01/07/1992, *DJ* 28/08/1992, p. 13456) e no RE 556664/RS (Pleno, rel. Min. Gilmar Mendes, j. 12/06/2008, *DJe* 13/11/2008) tratarem-se as contribuições sociais previdenciárias de tributos em conformidade com o conceito constitucional deste, qual seja, o de que além da prática de um fato gerador deve-se analisar a destinação constitucional da imposição legal para definir a natureza jurídica tributária da exação.[5]

Destinação assegurada pela CF/88, art. 195, *caput* com a ressalva do ADCT, art. 76, no sentido de custear a previdência pública, seja na modalidade do servidor público (contribuição previdenciária do servidor público), seja na do regime geral (INSS).

Pacificada, em tese, a natureza tributária das contribuições sociais previdenciárias com o elemento destinação como principal característica, resta cristalino que se trata de obrigação compulsória sujeita a todos os princípios tributários.

---

4. BALEEIRO, Aliomar. **Limitações constitucionais ao poder de tributar**. Misabel Abreu Machado Derzi, notas atualizadoras de Limitações Constitucionais ao Poder de Tributar, 7ª edição, Rio de Janeiro: Forense, 1977.
5. Para maiores esclarecimentos sobre o conceito constitucional de tributo e a repercussão deste na natureza jurídica das contribuições sociais, ver DI SANTI, Eurico. CAHAL, Vanessa. O conceito de tributo. In: **Direito Tributário e Finanças Públicas**. São Paulo: FGV, 2012.

3. CUNHO FINALÍSTICO DAS CONTRIBUIÇÕES SOCIAIS PREVIDENCIÁRIAS NO SUPREMO TRIBUNAL FEDERAL

A partir do conceito constitucional de tributo aplicado às contribuições sociais previdenciárias, resta-nos perquirir então qual o fator gerador e o conteúdo finalístico da exação.

Sem pretender exaurir o debate sobre o tema do fato gerador da contribuição social previdenciária, sabemos todos da grande controvérsia deste[6], temos que a CF/88, art. 195 elegeu a base de cálculo da exação como sendo a folha de salários e demais rendimentos do trabalho pagos ou creditados, a qualquer título, à pessoa física que lhe preste serviço, mesmo sem vínculo empregatício.

A Lei 8.212/91 regulamentou a disposição constitucional em dois momentos, no art. 22 como contribuição patronal, e no art. 28 como contribuição do segurado.

Extrai-se da leitura de ambos os dispositivos a palavra *remuneração* como base da incidência, remetendo-nos a um outro dispositivo constitucional o art. 201, § 11: "*Os ganhos habituais do empregado, a qualquer título, serão incorporados ao salário para efeito de contribuição previdenciária e consequente repercussão em benefícios, nos casos e na forma da lei.*"

Aplicando-se o conceito constitucional de tributo às contribuições sociais previdenciárias temos que a premissa objetiva para que incida contribuição previdenciária patronal ou do segurado sobre a remuneração deste[7] é a respectiva e efetiva repercussão desta em benefício previdenciário.

---

6. Em especial entre aqueles que confundem o fato gerador (exercício de atividade laboral remunerada) com a base de cálculo.
7. Não está se desconsiderando a contribuição vertida pelos contribuintes individuais para pessoas físicas, facultativos, especiais e avulsos, mas se optou por focar o artigo nas contribuições pagas ou creditadas na relação de emprego e na do contribuinte individual prestador de serviço para a pessoa jurídica.

Neste sentido a jurisprudência do STJ é mais do que pacífica, com destaque para o seguinte excerto do voto do Min. Napoleão Nunes Maia Filho:

> 23. Esse foi um dos fundamentos pelos quais se entendeu inconstitucional a cobrança de Contribuição Previdenciária sobre a gratificação pelo exercício de Função Comissionada. E, ao meu sentir, é mais uma razão para se concluir pela não incidência da Contribuição Previdenciária sobre as verbas ora em discussão, uma vez que não há a incorporação desses benefícios à aposentadoria. (STJ. REsp 1.322.945 /DF. DJe 08.03.13).

E o Superior Tribunal de Justiça nada mais fez, como reconheceu a Min. Eliana Calmon na PET 7.296, do que seguir o posicionamento do Supremo Tribunal Federal, com destaque a:

> AGRAVO REGIMENTAL NO AGRAVO DE INSTRUMENTO. PROCESSUAL CIVIL E PREVIDENCIÁRIO. AUSÊNCIA DE PREQUESTIONAMENTO (SÚMULAS 282 E 356 DO SUPREMO TRIBUNAL FEDERAL). IMPOSSIBILIDADE DA INCIDÊNCIA DE CONTRIBUIÇÃO PREVIDENCIÁRIA SOBRE O TERÇO CONSTITUCIONAL DE FÉRIAS. AGRAVO REGIMENTAL AO QUAL SE NEGA PROVIMENTO.
>
> 1. A matéria constitucional contida no recurso extraordinário não foi objeto de debate e exame prévios no Tribunal *a quo*. Tampouco foram opostos embargos de declaração, o que não viabiliza o extraordinário por ausência do necessário prequestionamento.
>
> **2. A jurisprudência do Supremo Tribunal Federal firmou-se no sentido de que somente as parcelas que podem ser incorporadas à remuneração do servidor para fins de aposentadoria podem sofrer a incidência da contribuição previdenciária.** (AI 710.361/MG, Rel. Min. Carmen Lúcia, Primeira Turma, DJ 08/05/2009) (Grifos nossos).

Poderíamos aqui colacionar outras inúmeras decisões do Supremo Tribunal Federal no sentido do cunho finalístico das contribuições sociais previdenciárias, mas optamos por trazer à colação as mais claras e fortes para justificar a conclusão a que pretendermos chegar.

Neste sentido vejamos os debates traçados nos julgamentos das ADINs 2.010-2/DF e 3.105-8, ambas sobre a contribuição dos servidores públicos inativos.

Na ADIN 2.010-2 manejada em face da EC 20/98 o Min. Celso de Mello deixou clara a posição do Supremo Tribunal Federal em seu voto na concessão da Medida Cautelar ao afirmar:

> *Se é certo, portanto, que nenhum benefício ou serviço da seguridade social será criado, majorado ou estendido sem a precedente fonte de custeio total (CF/88, art. 195, parágrafo 5), não é menos exato que também não será lícito, sob uma perspectiva estritamente constitucional, instituir ou majorar contribuição para custear a seguridade social sem que assista, àquele que é compelido a contribuir, o direito a novos benefícios ou a novos serviços.*

A referida ADIN não teve seu mérito efetivamente julgada tendo em vista a superveniência da EC 41/03, logo houve "perda de objeto".

Sobreveio então a ADIN 3.105-8 em face da EC 41/03 em que a relatora, a então Min. Ellen Gracie afirmou: *"A contribuição previdenciária é tributo que exige estrita vinculação causal entre contribuição e benefício."*

O voto da Ministra pela inconstitucionalidade da contribuição dos inativos não foi acompanhado pelo colegiado da Egrégia Corte, tendo sido nomeado relator o Min. Cezar Peluso, que reforçou o elemento nuclear das contribuições sociais previdenciárias: *"O fato gerador e a base de cálculo não bastam para identificar e discernir as contribuições, as quais, como já acentuamos, ex vi das regras conformadoras do regime constitucional próprio, inscritas nos art. 149 e 195, caracterizam-se sobretudo pela finalidade e destinação."*

Em seu voto magistral o Ministro Cezar Peluso reconheceu a constitucionalidade da exação dos servidores públicos inativos porque incidente sobre o que ultrapassasse o teto do regime geral, atendendo assim à isonomia na medida em que:

> 22. Os servidores públicos aposentados antes da edição da EC 41/03 não estão à margem do grupo socioeconômico conexo à finalidade da previdência social; antes, porque sua subexistência pessoal depende diretamente dos benefícios pagos, interessa-lhes sobremodo a manutenção do sistema.
>
> A circunstância de estarem aposentados não lhes retira de per si a responsabilidade social pelo custeio, senão que antes a acentua e agrava, à medida que seu tratamento previdenciário é diverso do reservado aos servidores da ativa. Enquanto os primeiros se aposentaram com proventos integrais, os que ingressarão após a Emenda, poderão pelo regime público (art. 40, parágrafo 4), receber, no máximo, o valor correspondente a 10 salários mínimos, com abstração do montante dos benefícios percebidos à época da aposentadoria. E, porque os servidores só entraram a contribuir desde a Emenda Constitucional 3/93, existem, ou podem existir, servidores agora inativos com proventos equivalentes à última remuneração sem nunca terem contribuído para o custeio do sistema.

E segue o Ministro explicando porque os proventos de aposentadorias/pensões excedentes ao teto do regime geral são passíveis de incidência de contribuição previdenciária, justamente para atender o equilíbrio econômico e atuarial diante dos inúmeros benefícios concedidos sem fonte de custeio, reforçando assim a relação de que os beneficiários que passaram a ter de contribuir sobre o excedente não estavam sendo sujeitos passivos de impostos, na medida em que a natureza jurídica da contribuição se manteve inalterada pelo destino.

Em outras palavras os servidores inativos afetados pela EC 41/03 estariam no grupo dos não limitados ao teto do RGPS com a opção do FUNPRESP, mas no dos que gozariam de integralidade e/ou paridade e valor superior ao do INSS, sem a adoção do cunho contributivo compulsório que adveio com a EC 3/93 ratificada pela EC 20/98 no sentido de aposentadoria por tempo de contribuição e não mais por tempo de serviço.

Assim, o Supremo Tribunal Federal reforçou a concepção do princípio da solidariedade e da justa tributação, ao mesmo tempo em que pontuou a análise da solidariedade do individual para o grupo, dispondo sobre o papel solidário do contribuinte, com a necessária repercussão de benefício previdenciário a favor deste, sob pena da contribuição previdenciária, no caso concreto, alçar contornos de imposto.

Isto porque, como bem dito pelo Min. Cezar Peluso, a contribuição do inativo se justifica pela repercussão no benefício deste que não necessariamente verteu contribuição ou se o fez, não foi em valor suficiente para custear seu benefício – note-se que o equilíbrio econômico e atuarial só vieram para o sistema jurídico brasileiro como princípios norteadores do direito previdenciário, com a 41/03 para os servidores e EC 20/98 para o RGPS – tanto que para os novos servidores o cenário será diferente, justamente porque sua contribuição será limitada ao teto do RGPS, bem como seu benefício.

Sopesando-se o julgamento de ambas as ADIns, isto sem falar em toda jurisprudência de custeio do Supremo Tribunal Federal, temos que o próprio Tribunal assevera a necessidade de que a contribuição previdenciária repercuta em benefício para o cidadão contribuinte diretamente, não se confundindo com a contribuição social geral (PIS/COFINS/CSSLL, entre outras) que revertem do coletivo para o coletivo.

Assim, conforme reiteradamente reconhecido pelo Supremo Tribunal Federal, contribuições sociais possuem natureza jurídica de tributo e, mais, com destinação vinculada que as diferencia dos impostos.

A partir do exposto, os crédulos poderiam dizer que uma vez definida a natureza jurídica das contribuições sociais pelo

Supremo Tribunal Federal como exposto, não haveria motivação para um debate sobre a questão em uma obra de elevado nível como a organizada pela estimada Prof ª Dr ª Betina Treiger Grupenmacher com o título *Tributação: Democracia e Liberdade*.

Mas, pelo contrário, a motivação do artigo alicerça-se justamente no fato de a homenageada pela obra, a saudosa Ministra Denise Arruda, ter vivenciado e participado ativamente na jurisprudência delineadora da incidência das contribuições sociais previdenciárias sobre a folha de salários ante a perigosa liberdade franqueada ao intérprete diante da expressão *rendimentos do trabalho pagos ou creditados, a qualquer título, à pessoa física que lhe preste serviço, mesmo sem vínculo empregatício*.

E no que consistiria perigosa liberdade franqueada ao intérprete na definição do núcleo de incidência das contribuições sociais previdenciárias?

4. DA QUESTIONÁVEL NATUREZA JURÍDICA DAS CONTRIBUIÇÕES SOCIAIS PREVIDENCIÁRIAS DIANTE DA DRU – ADCT, ART. 76[8]

Eclode da reiterada jurisprudência do Supremo Tribunal Federal ser critério distintivo das contribuições sociais previdenciárias a destinação do produto de sua arrecadação, nos termos da CF/88, art. 195 reforçado pela vedação expressa inserida pela EC 20/98 na CF/88, art. 167, XI:

> Art. 167. São vedados:
> (...)

---

[8]. O presente artigo não desconsidera o posicionamento daqueles que veem a Desvinculação de Recursos como um problema inserido no sistema somente a partir da EC 27/2000. Respeitamos tal posicionamento, mas não podemos concordar diante da construção histórico-constitucional em torno do tema, como se pode extrair neste capítulo do artigo, já que o FES apresentou o mesmo intuito da sua derivação DRU.

XI – a utilização dos recursos provenientes das contribuições sociais de que trata o art. 195, I, a, e II, para a **realização de despesas distintas do pagamento de benefícios do regime geral de previdência social** de que trata o art. 201. (*Grifos nossos.*)

Em contrapartida o Democrático Estado de Direito brasileiro e suas bases consolidadas sobre as contribuições sociais previdenciárias sofreu um impacto com a edição da Emenda Constitucional de Revisão n. 01/1994 que instituiu o FSE – Fundo Social de Emergência no ADCT, art. 72, segundo o qual:

Art. 72. Integram o Fundo Social de Emergência:

I – o produto da arrecadação do imposto sobre renda e proventos de qualquer natureza incidente na fonte sobre pagamentos efetuados, a qualquer título, pela União, inclusive suas autarquias e fundações;

II – a parcela do produto da arrecadação do imposto sobre propriedade territorial rural, do imposto sobre renda e proventos de qualquer natureza e do imposto sobre operações de crédito, câmbio e seguro, ou relativas a títulos ou valores mobiliários, decorrente das alterações produzidas pela Medida Provisória n. 419 e pelas Leis n.s 8.847, 8.849, e 8.848, todas de 28 de janeiro de 1994, estendendo-se a vigência da última delas até 31 de dezembro de 1995;

III – a parcela do produto da arrecadação resultante da elevação da alíquota da contribuição social sobre o lucro dos contribuintes a que se refere o § 1º do art. 22 da Lei n. 8.212, de 24 de julho de 1991, a qual, nos exercícios financeiros de 1994 e 1995, passa a ser de trinta por cento, mantidas as demais normas da Lei n. 7.689, de 15 de dezembro de 1988;

IV – vinte por cento do produto da arrecadação de todos os impostos e contribuições da União, excetuado o previsto nos incisos I, II e III; (Grifos nossos).

O indigitado Fundo foi renovado e teve sua nomenclatura alterada para FEF pela EC 10/1996 e pela EC 17/1997, sendo mais tarde sucedido pela DRU – Desvinculação de Receitas da União positivada na EC 27/2000[9] que inseriu no ADCT o art. 76:

> Art. 76. É desvinculado de órgão, fundo ou despesa, no período de 2000 a 2003, **vinte por cento da arrecadação** de impostos e **contribuições sociais da União**, já instituídos ou que vierem a ser criados no referido período, seus adicionais e respectivos acréscimos legais.
>
> § 1º O disposto no caput deste artigo não reduzirá a base de cálculo das transferências a Estados, Distrito Federal e Municípios na forma dos arts. 153, § 5º; 157, I; 158, I e II; e I, e 159, I, a e b, e II, da Constituição, bem como a base de cálculo das aplicações em programas de financiamento ao setor produtivo das regiões Norte, Nordeste e Centro Oeste a que se refere o art. 159, I, c, da Constituição.
>
> § 2º Excetua-se da desvinculação de que trata o caput deste artigo a arrecadação da contribuição social do salário – educação a que se refere o art. 212, § 5º, da Constituição. (Grifos nossos).

Observe-se que o legislador constituinte derivado acabou por afastar a destinação de 20% da arrecadação das contribuições sociais previdenciárias de seu objeto final: benefícios previdenciários elencados na CF/88, art. 40 (Servidores Públicos Federais[10]) e no art. 201 (Regime Geral de Previdência), tendo em

---

9. O referido dispositivo teve sua vigência prorrogada desde então, sendo que a última prorrogação operou-se com a EC 68/2011 estendendo a DRU até 31/12/2015. Destaque-se que a desvinculação não se reporta somente às contribuições sociais previdenciárias, mas o enfoque do presente artigo se restringe a estas.

10. Inerentemente o legislador constituinte positivou uma ofensa ao princípio da isonomia, na medida em que os servidores públicos estaduais e municipais detentores de regime próprio terão o princípio da precedência da fonte de custeio respeitado, bem como os cofres de seus regimes de previdência abastecidos integralmente, já que não foi prevista a DRU, nem mesmo em sua origem FES ou FEF, para as contribuições sociais previdenciárias de detentores de regime próprio dos Estados e Municípios.

vista o conteúdo dos dispositivos por ele inseridos na CF/88, mais especificamente no ADCT.

Eis o primeiro enfrentamento com a consolidada posição do Supremo Tribunal Federal acerca do critério distintivo das contribuições sociais previdenciárias como tributo.

Diante deste cenário o Supremo Tribunal Federal foi provocado sobre a constitucionalidade do ADCT, art. 76, no RE 566.007, assim ementado:

> TRIBUTÁRIO. CONTRIBUIÇÃO SOCIAL. DESVINCULAÇÃO DE RECEITAS. ALEGAÇÃO DE INCONSTITUCIONALIDADE DO ART. 76 DO ATO DE DISPOSIÇÕES CONSTITUCIONAIS TRANSITÓRIAS, COM AS ALTERAÇÕES FEITAS PELAS EMENDAS 27/2000 E 42/2003.
>
> Direito à repetição do indébito proporcional ao percentual de desvinculação de receitas da União permitido pelas Emendas Constitucionais 27/2000 e 42/2003. Repercussão geral conhecida.

O elemento de debate no tema de repercussão geral perante o Supremo Tribunal Federal visa, em um primeiro momento, simplesmente a repetição do indébito de contribuições sociais. Contudo, como bem alertado pelo Min. Marco Aurélio na decisão que reconheceu repercussão geral a questão não é simplória na medida em que a provocação feita pela parte remete à análise ao *"envolvimento de tema da maior importância, porquanto, mediante, é certo, emendas constitucionais, acabou-se por desvincular da destinação que lhe é própria tributos – contribuições."* E, o mesmo, conclui: *"O descompasso de enfoques de texto constitucional solapa este último, que, no campo da concretude, perde a unicidade."*

A situação ora apresentada inquieta o intérprete da norma, tanto quanto o destinatário da norma, pois e o caráter distintivo tão ventilado pelo Supremo Tribunal Federal em torno das contribuições sociais previdenciárias[11] foi colocado em crise com o instituto da DRU.[12]

E o cenário não poderia ser mais instigante após o julgamento da ADI 2925[13] que considerou inconstitucional lei orçamentária franqueadora de abertura de crédito suplementar em rubrica estranha à destinação do que arrecadado a partir das disposições constitucionais da CIDE combustíveis.

Para fomentar os debates cumpre destacar que anualmente a ANFIP – Associação Nacional dos Auditores da Receita Federal publica o livro Análise da Seguridade Social destacando o volume de valores desvinculados da seguridade social, com destaque à previdência, sob o fundamento da DRU.[14]

---

11. Reforce-se que o debate perante o Supremo Tribunal Federal não se restringe às contribuições sociais previdenciárias, mas neste artigo o objeto de análise são elas.

12. Constatação apresentada magistralmente por Paulo Ayres Barreto em sua tese de doutorado defendida junto à PUCSP em que pontuou os direitos subjetivos que a desvinculação e o desvio do produto da arrecadação fazem surgir para o contribuinte. A tese encontra-se publicada na obra BARRETO, Paulo Ayres. Contribuições: Regime Jurídico, Destinação e Controle. São Paulo: Noeses, 2006. Na mesma linha ALVIM, Tatiana Araújo. Contribuições Sociais: desvio de finalidade e seus reflexos no direito financeiro e no direito tributário. Porto Alegre: Livraria do Advogado, 2008.

13. PROCESSO OBJETIVO. AÇÃO DIRETA DE INCONSTITUCIONALIDADE. LEI ORÇAMENTÁRIA. Mostra-se adequado o controle concentrado de constitucionalidade quando a lei orçamentária revela contornos abstratos e autônomos, em abandono ao campo da eficácia concreta. LEI ORÇAMENTÁRIA. CONTRIBUIÇÃO DE INTERVENÇÃO NO DOMÍNIO ECONÔMICO. IMPORTAÇÃO E COMERCIALIZAÇÃO DE PETRÓLEO E DERIVADOS, GÁS NATURAL E DERIVADOS E ÁLCOOL COMBUSTÍVEL. CIDE. DESTINAÇÃO. ARTIGO 177, § 4º, DA CONSTITUIÇÃO FEDERAL. É inconstitucional interpretação da Lei Orçamentária n. 10.640, de 14 de janeiro de 2003, que implique abertura de crédito suplementar em rubrica estranha à destinação do que arrecadado a partir do disposto no § 4º do artigo 177 da Constituição Federal, ante a natureza exaustiva das alíneas "a", "b" e "c" do inciso II do citado parágrafo. (STF. ADI 2925/DF. Rel. Min. Marco Aurélio. DJ 04/03/2005).

14. Para elucidar o tema observe-se que no ano de 2012 a DRU subtraiu do

Pontuados os elementos acima urge então repensar a atuação democrática do legislador constitucional derivado de desvincular recursos arrecadados sob a nomenclatura de contribuições sociais, e, precisamente, aqui o problema ultrapassa a aplicação da hermenêutica tradicional para ser analisado à luz da Teoria da Análise Econômica do Direito. Isto porque o posicionamento a ser tomado pelo Supremo Tribunal Federal em torno da celeuma deve, necessariamente, passar pelo crivo *tradeoffs*[15] e, consequentemente, promover impactos econômicos seja com a adoção de posicionamento no sentido de constitucionalidade ou não.

Apresentado então o primeiro embate em torno das contribuições sociais previdenciárias: o da rediscussão da natureza jurídica destas em face da Desvinculação de Receitas da União.

5. INCIDÊNCIA DAS CONTRIBUIÇÕES SOCIAIS PREVIDENCIÁRIAS SOBRE FOLHA DE SALÁRIOS: NECESSÁRIAS REFLEXÕES

Não bastasse a crise circundando a natureza jurídica das contribuições sociais promovida pelo legislador constituinte derivado, a incidência das contribuições sociais previdenciárias sobre a folha de salários não se encontra, nem de longe, pací-

---

orçamento da seguridade social R$ 58,1 bilhões. Ver: http://www.anfip.org.br/publicacoes/20130619071325_Analise-da-Seguridade-Social-2012_19-06-2013_Anlise-Seguridade-2012-20130613-16h.pdf

15. Sobre a Análise Econômica do Direito recomenda-se a leitura de: GICO JUNIOR, Ivo T. **Metodologia e Epistemologia da Análise Econômica do Direito**. Economic Analysis of Law Review, v. 1, 1, jan./jun. 2010; POSNER, Richard A. **El análisis económico del Derecho**. México: FCE, 2000. ALVAREZ, Alejandro Bugallo. **Análise econômica do direito: contribuições e desmistificações**. Direito, Estado e Sociedade, v. 9, 20; SALAMA, Bruno Meyerhof. **O que é pesquisa em Direito e Economia?** Cadernos Direito GV, 2008, v. 5, p. 12.

fica na jurisprudência administrativa e judicial. Em um momento o critério eleito pela jurisprudência é a destinação amparada na existência do fato gerador: exercício de atividade laboral remunerada, nos termos da Lei 8.212/91, art. 28; para em outro adotar somente o critério destino como elemento de incidência da exação em comento.

A CF/88, art. 195, I, "a" elegeu o trabalho (atividade laboral remunerada) como fato gerador da incidência de contribuição social previdenciária, no que foi seguida pela Lei 8.212/91, art. 28. Contudo a expressão "folha de salários e demais rendimentos do trabalho pagos ou creditados" motiva o questionamento de inúmeras situações objetivando a manifestação expressa sobre se tratarem ou não de remuneração capaz de se enquadrar na base de cálculo das contribuições sociais previdenciárias sobre a folha de salários. Sumariamente analisemos algumas destas situações:

> a) **Ajuda de custo**: o Superior Tribunal de Justiça adotou o critério da habitualidade para ratificar a incidência de contribuição previdenciária sobre a ajuda de custo, nos termos do REsp 1.144.884. Logo o exercício da atividade laboral com creditamento ou pagamento habitual da ajuda de custo justifica a incidência da contribuição;
>
> b) **Programa de Alimentação do Trabalhador**: o Superior Tribunal de Justiça definiu que o pagamento efetuado *in natura* do salário alimentação aos empregados não sofre a incidência da contribuição previdenciária, sendo irrelevante estar a empresa inscrita ou não no Programa de Alimentação ao Trabalhador – PAT. Isto porque mesmo havendo o exercício de atividade laboral remunerada, não houve creditamento ou pagamento de valores a favor do empregado, caso não fosse *in natura haveria a incidência*, pois se enquadraria nos termos da Lei 8.212/91, art. 28 combinado com art. 30. Neste sentido AgRg no Ag 1392454 / SC e no CARF Acórdão 2302-002.294;
>
> c) **Auxílio matrimônio**: o Superior Tribunal de Justiça ao julgar o AgRg no AREsp 182495 entendeu que como o

pagamento se opera somente uma vez e por ocasião do matrimônio, não haveria incidência de contribuição previdenciária, muito mais porque não se está pagando pelo trabalho;

d) **Auxílio-educação**: o Superior Tribunal de Justiça ao julgar o AgRg no AREsp 182495, bem como o CARF Acórdão 2803-002.011 entenderam pela não incidência da contribuição previdenciária sobre o valor rubricado como auxílio-educação se estendido a todos os empregados, mesmo que com a imposição de critérios. Mais uma vez o critério foi a ausência de entrega de valor para remunerar o exercício de atividade laboral;

e) **Diária de viagem**: o Superior Tribunal de Justiça no julgamento do REsp 1144884 firmou posicionamento no sentido de incidência da contribuição se comprova a habitualidade da conduta;

f) **Gratificação**: o Superior Tribunal de Justiça ao julgar o REsp 749467 e o CARF no julgamento do Acórdão 2402-002.837 firmaram posicionamento pela incidência de contribuição sobre os valores rubricados como gratificação, caso estes sejam de cunho habitual;

g) **Plano de Previdência Privada**: o CARF firmou no entendimento no Acórdão 2401-002.883 que se o plano de previdência privada abranger todos os empregados e diretores da pessoa jurídica, não haverá incidência de contribuição previdenciária, pois não se enquadraria na concepção de remuneração indireta;

h) **Hiring bônus**: no Acórdão 2301-003.086 o CARF ratificou a não incidência de contribuição previdenciária sobre o valor do bônus de contratação pela não ocorrência do fato gerador, qual seja exercício de atividade laboral remunerada.

i) **Vale transporte**: tanto o Supremo Tribunal Federal no RE 478410, como o CARF no Acórdão 2301-003.086, positivaram a não incidência de contribuição previdenciária sobre valores indicados como de vale transporte, ante a natureza indenizatória destes;

j) **Stock options**: em posicionamento recente o CARF entendeu pela incidência de contribuição previdenciária, conforme Acórdão 2301-003.597;

k) **Terço de férias**: a matéria encontra-se em repercussão geral perante o STF no RE 593068. Entretanto o Superior Tribunal de Justiça (Pet 7.296 e REsp 1230957) como o CARF no Acórdão 2402-003.564 compreenderam tratar-se de verba indenizatória não passível de contribuição previdenciária;

l) **Aviso prévio indenizado**: o Superior Tribunal de Justiça ao julgar o REsp 1230957 firmou posicionamento no sentido de não incidência de contribuição previdenciária, pois ausência do exercício da atividade laboral, de forma que não praticado o fato gerador a verba ganha contornos indenizatórios e não remuneratórios;

m) **15 dias de afastamento antecedente ao auxílio-doença**: ao analisar o RE 747991 o Min. Luiz Fux afirmou que as demandas sobre esta temática devem ficar sobrestadas aguardando a decisão do RE 593068, uma vez que neste se discute se as verbas de natureza transitória, como o caso dos valores pagos pelos 15 dias de afastamento. Todavia, na linha da ausência de fato gerador, pois não há o exercício de atividade laboral nos primeiros 15 dias de afastamento que antecedem o auxílio-doença, o Superior Tribunal de Justiça compreendeu pela não incidência de contribuição previdenciária sobre estes valores pagos ao empregado, conforme REsp 1230957;

n) **13º salário**: a matéria encontra-se em repercussão geral perante o STF no RE 593068, apesar da Súmula 688 já asseverar que é legítima a incidência de contribuição previdenciária sobre o 13º salário;

o) **Participação nos lucros e resultados**: a matéria encontra-se em repercussão geral perante o STF no RE 569.441. Contudo já há posicionamento no Superior Tribunal de Justiça no sentido de que para a verba paga pela empresa caracterizar-se como participação nos lucros e, consequentemente, tornar-se isenta da contribuição previdenciária, exige-se a observância de um dos procedimentos descritos no art. 2º da Lei 10.101/2000, vale dizer, comissão escolhida pelas partes ou acordo coletivo, devendo constar dos documentos decorrentes da negociação regras claras e objetivas quanto à fixação dos direitos substantivos da participação e das regras adjetivas, inclusive mecanismos de aferição das informações pertinentes ao cumprimento do acordado, periodicidade da distribuição, período de vigência e prazos para revisão do acordo. Neste sentido destaque-se o REsp 1264410 / PR;

p) **Salário maternidade**: ao analisar o RE 747991 o Min. Luiz Fux afirmou que as demandas sobre esta temática devem ficar sobrestadas aguardando a decisão do RE 593068, uma vez que neste se discute se as verbas de natureza transitória, como o caso dos valores pagos a título de salário maternidade. Entretanto o Superior Tribunal de Justiça compreendeu pela incidência de contribuição previdenciária sobre estes valores pagos ao empregado, conforme REsp 1230957 voltando ao posicionamento adotado há mais de uma década pelo tribunal. E aqui o fundamento foi de que como o benefício de salário maternidade integra o benefício previdenciário futuro do cidadão, a incidência se impõe independentemente da prática da conduta tributável.

Provoco o leitor agora a retirar-se de sua zona de conforto e refletir sobre os fundamentos pelos quais as verbas acima foram identificadas ou não como passíveis de incidência de contribuição previdenciária. Sopesando cada caso extraem-se, sumariamente, as seguintes fundamentações: a) exercício de atividade laboral justificadora de creditamento ou pagamento de valores; b) habitualidade do pagamento; e c) não exercício de atividade laboral remunerada, mas repercussão dos valores sobre os quais incidiria contribuição em futuro benefício previdenciário.

Exsurge então o conflito dentro das próprias decisões judiciais a exemplo do que se operou com Superior Tribunal de Justiça ao julgar o REsp 1322945, no dia 27 de fevereiro de 2013, quando afirmou a não incidência de contribuição previdenciária sobre o salário maternidade pela ausência do fato gerador e de repercussão em futuro benefício. Tal posicionamento foi revisto pelo tribunal em sede de Embargos de Declaração[16] julgado

---

16. A decisão não surpreende, pois já fora alertada por nós, uma vez que o entendimento em sentido contrário como fizera o STJ em 02/2013 representaria

em 26/03/20014 sem acórdão publicado ainda, pois o valor percebido a título de salário maternidade integra e repercute no benefício futuro do segurado. Extirpada então a argumentação de que o critério para a incidência da contribuição previdenciária seria a natureza de verba indenizatória ou remuneratória, pois a discussão está muito além disso, está em se saber se a repercussão em benefício seria um critério a ser ponderado.

A manutenção do posicionamento do STJ representaria impor àquela (e) que fosse beneficiado pelo salário maternidade a obrigação de no ato de aposentação trabalhar 120 dias a mais, somente porque não teria sofrido a incidência de contribuição previdenciária sobre este período correspondente ao percebimento de salário maternidade, violando, aqui sim, a isonomia.

E por que falar em conflito? Explico.

Se o critério para definir a incidência de contribuição previdenciária encontra-se exclusivamente na repercussão em benefício previdenciário como firmado no posicionamento reiterado do Superior Tribunal de Justiça três verbas, sem pretender alongar o assunto, mas por amor ao debate, passariam então a serem afetadas: 15 dias de afastamento, aviso prévio indenizado e terço de férias. Pois em todos estes casos há repercussão no benefício previdenciário do cidadão, seja no tocante ao tempo de contribuição propriamente dito, seja no salário de contribuição a ser considerado para fins de benefício previdenciário.

De todas a mais patente de discussão é a da não incidência sobre o aviso prévio indenizado, pois o período indenizado, por não ter incidência de contribuição previdenciária, não será considerado no tempo para a aposentadoria do segurado o que já tem gerado problemas na prática quando do ato de aposentação da pessoa.

---

negar vigência à Lei 8.213/91 nos dispositivos pertinentes ao cálculo de tempo de contribuição para fins de aposentadoria, sem falar em outros benefícios.

6. CONCLUSÃO

Poderiam até os mais crédulos aventar que o presente artigo estaria pugnando pela incidência de contribuição sobre as verbas acima mencionadas, mas não, de longe não é a ideia.

A pretensão do presente artigo foi simplesmente provocar a reflexão sobre a ausência de um terreno seguro sobre as teses de não incidência de contribuição previdenciária sobre folha de salários, enquanto não se estabelecer efetivamente o critério objetivo de incidência e de composição de base de cálculo deste tributo, ou pseudotributo. Logo, não há verdades supremas sobre a exação, mas muito ainda a se perquirir já que seu estudo pressupõe o conhecimento não só do direito tributário, mas do direito previdenciário, pelo conteúdo finalístico das contribuições sociais previdenciárias.

O tempo e a análise da jurisprudência administrativa e judicial têm demonstrado a insegurança jurídica na condução do tema, tanto que para fortalecer o alerta provocado pelo presente texto e sua preocupação com o arenoso terreno das contribuições sociais previdenciárias, cumpre destacar a motivação da repercussão geral no RE 593.068: os princípios da solidariedade e do equilíbrio econômico e atuarial. Princípios estes diretamente relacionados com a repercussão direta ou indireta em benefício previdenciário.

Desta feita o primeiro embate sobre a natureza jurídica das contribuições sociais previdenciárias pendente de julgamento no RE 566.007 necessariamente deverá ser visitado pelo segundo embate, o da definição do critério para a incidência ou não de contribuição previdenciária. Lembrando que se o elemento a ser adotado for o da repercussão em benefício previdenciário, vários posicionamentos administrativos e judiciais deverão ser revistos, mas acima de tudo o senso comum de se dizer que o critério residiria em verba indenizatória ou remuneratória seria, como deve ser todo argumento de senso comum, extirpado do sistema jurídico, primando-se pela técnica de análise da contribuição social previdenciária como tributo.

Mais uma vez a solução passará pela Análise Econômica do Direito, pois não há como se afastar do intérprete das normas sobre contribuições sociais, em especial, as de cunho previdenciário, o elemento *consequência* da tomada de decisão, nas palavras de Ivo Gicco[17]: *"Toda escolha pressupõe um custo, um trade off, que é exatamente a segunda alocação factível mais interessante para o recurso, mas que foi preterida."*

À guisa de conclusão, sem pretender exaurir o debate sobre a as contribuições sociais previdenciárias, insta salientar que, como raras vezes se observou no direito tributário, a incidência tributária caminha para a desconsideração da conduta tributável (fato gerador) para se analisar a pura destinação. E, eis o perigo da volta das ficções jurídicas e do abuso das formas ao direito tributário em nome da arrecadação.

O saudoso Becker talvez dissesse que se trata de mais um bloco carnavalesco no Carnaval Tributário.

7. REFERÊNCIAS BIBLIOGRÁFICAS

ALVAREZ, Alejandro Bugallo. **Análise econômica do direito: contribuições e desmistificações.** Direito, Estado e Sociedade. V. 9, 20.

ALVIM, Tatiana Araújo. **Contribuições Sociais: desvio de finalidade e seus reflexos no direito financeiro e no direito tributário.** Porto Alegre: Livraria do Advogado, 2008.

BALEEIRO, Aliomar. **Limitações constitucionais ao poder de tributar.** Misabel Abreu Machado Derzi, notas atualizadoras

---

17. GICO JUNIOR, Ivo T. **Metodologia e Epistemologia da Análise Econômica do Direito.** Economic Analysis of Law Review, v. 1, 1, p. 22, jan./jun. 2010.

de Limitações Constitucionais ao Poder de Tributar, 7.ª ed. Rio de Janeiro: Forense, 1977.

BARRETO, Paulo Ayres. **Contribuições: Regime Jurídico, Destinação e Controle.** São Paulo: Noeses, 2006.

DI SANTI, Eurico. CAHAL, Vanessa. O conceito de tributo. In **Direito Tributário e Finanças Públicas.** São Paulo: FGV, 2012.

GICO JUNIOR, Ivo T. **Metodologia e Epistemologia da Análise Econômica do Direito.** Economic Analysis of Law Review, v. 1, 1, jan./jun. 2010

KONKEL JUNIOR, Nicolau. **Contribuições Sociais: doutrina e jurisprudência.** São Paulo: Quartier Latin. 2005.

POSNER, Richard A. **El análisis económico del Derecho.** México: FCE, 2000.

SALAMA, Bruno Meyerhof. **O que é pesquisa em Direito e Economia?** Cadernos Direito GV. 2008. v. 5. p. 12.

ANFIP. **Análise da Seguridade Social 2012.** Disponível em: http://www.anfip.org.br/publicacoes/20130619071325_Analise-da-Seguridade-Social-2012_19-06-2013_Anlise-Seguridade-2012-20130613-16h.pdf. Acesso em 04/05/2014. 12:10.

RETENÇÃO DE CONTRIBUIÇÕES PREVIDENCIÁRIAS E OS CONTRATOS DE EMPREITADA TOTAL

Fernando Quadros da Silva[1][2]

1. INTRODUÇÃO

A retenção tributária na fonte pagadora traz para o Estado a vantagem de acelerar a arrecadação de impostos e contribuições, ao mesmo tempo em que permite maior controle e transforma o tomador de serviço num colaborador involuntário da atividade fiscalizatória.

Por meio do instituto da responsabilidade tributária solidária, o fisco federal, estadual e municipal simplificam os procedimentos fiscais obrigando os agentes econômicos a

---

1. Desembargador Federal no Tribunal Regional Federal da 4ª Região. Doutor em Direito pela Universidade Federal do Rio Grande do Sul – UFRGS, Mestre em Direito do Estado pela Universidade Federal do Paraná – UFPR e Graduado pela Faculdade de Direito de Curitiba – UniCuritiba.
2. Artigo em homenagem a Ministra Denise Martins Arruda que dedicou seu talento, sua inteligência e sua vida em prol da justiça, da magistratura exercida com sobriedade e do que é correto.

efetuar o desconto dos impostos e contribuições quando efetuam os pagamentos.

Relativamente às contribuições previdenciárias o art. 31 da Lei n. 8.212/91, com a redação que dada pela Lei n. 11.933/2009, dispõe que a empresa contratante de serviços executados mediante a cessão de mão de obra deverá reter 11% do valor bruto da nota fiscal ou fatura de prestação de serviços.

Tal obrigação pode levar a interpretação de que a retenção é aplicável a toda a espécie de contratos celebrados, incluídos os contratos de empreitada de obra pelo valor global, espécie largamente utilizada pela Administração Pública direta e indireta nas obras públicas.

Com a o presente artigo, se pretende tratar especificamente deste aspecto a partir da análise da legitimidade dessa transferência de atribuições e da literalidade dos preceitos que a instituíram.

2. LIVRE INICIATIVA E FUNÇÕES TIPICAMENTE ESTATAIS

O desenvolvimento humano depende fundamentalmente da liberdade, mas tem sua maior expressão no intercâmbio cultural e econômico, possibilitado pela livre circulação de pessoas e de bens de valor econômico, cultural, religioso e científico.

De nada adianta proclamar o direito à liberdade e à livre iniciativa nos textos fundamentais se o legislador não assegurar os meios necessários ao exercício desses direitos.

A livre iniciativa ao lado de princípio estruturante do Estado brasileiro é também direito fundamental a ser assegurado pelo Estado. Portanto, o simples repasse de atribuições estatais aos agentes econômicos deve ser feito de forma parcimoniosa de modo a não onerar excessivamente a atividade econômica.[3]

Mesmo as correntes do pensamento que defendem uma redução da intervenção do estado na economia, com o chamamento de maior participação da iniciativa privada nos serviços públicos, identificam a atividade de arrecadação tributária como tipicamente estatal e insuscetível de delegação.

Assim, embora seja muito conveniente e vantajosa para o Estado a atribuição de responsabilidades tributárias a terceiros deve ser feita com critérios de modo a não conduzir a desnecessidade de agentes públicos na organização do Estado.

No âmbito do Poder Executivo, a prestação de serviços e o poder de policia são atividades genuinamente estatais, conforme a lição de Odília Ferreira da Luz Oliveira.[4] A atividade arrecadatória igualmente deve ser desempenhada pelo Estado e apenas de forma excepcional repassada a terceiro.

Entre as carreiras típicas de Estado, situadas na órbita do Poder Executivo, podem ser elencadas aquelas que estão relacionadas com a expressão do Poder Estatal, sem correspondente no setor privado como fiscalização tributária, arrecadação, segurança pública, fiscalização agropecuária e do trabalho, diplomacia, fiscalização financeira e controle monetário. Relativamente à administração tributária a Constituição Federal foi expressa (art.37, XXII) ao estabelecer que se trata de "atividade essencial ao funcionamento do Estado", devendo ser exercida por servidor de carreira específica, com garantia de recursos para realização de suas atividades.

---

3. SILVA, Fernando Quadros da. A livre iniciativa como direito fundamental. In: **Curso Modular de Direito Constitucional**, Porto Alegre: Conceito Editorial, 2007.
4. OLIVEIRA, Odília Ferreira da Luz. Implicações da distinção entre poder de polícia e serviço público. In: **Direito administrativo**: doutrinas essenciais. (Coord.) Carlos Ari Sundfeld, Maria Sylvia Zanella Di Pietro, São Paulo: RT, 2012.

A outra dimensão dessa previsão constitucional é que tais atividades somente excepcionalmente podem ser repassadas a terceiros. A retenção tributária é uma forma de desonerar o Estado da atividade arrecadatória, repassando obrigações ao contribuinte, constituindo inegável transferência de funções estatais aos particulares.

3. SUBSTITUIÇÃO TRIBUTÁRIA

A técnica de criar atribui ao responsável tributário, também chamado de sujeito passivo indireto ou devedor indireto, é autorizada pelo legislador e abrange a figura da repetição, que atribui o pagamento ao retentor, que conforme magistério de Leandro Paulsen é o responsável tributário por substituição.[5]

José Juan Ferreiro Lapatza salienta que diversas técnicas são utilizadas para facilitar e assegurar o cumprimento do tributo e reduzir significativamente o número de pessoas a quem a Fazenda deva se dirigir para obter seus créditos.[6] O renomado mestre espanhol prossegue salientando que tais objetivos são alcançados com a utilização de três técnicas fundamentais. Uma delas é a técnica de substituição, segundo a qual o legislador põe outra pessoa no lugar da pessoa obrigada ao cumprimento de uma determinada obrigação de pagamento, autorizando aquela ou obrigando-a a reter ou repercutir tal importância sobre a pessoa designada como devedor.[7]

---

5. PAULSEN, Leandro, **Direito Tributário:** Constituição e Código Tributário à Luz da Doutrina e da Jurisprudência, 8ª ed., Ed. Livraria do Advogado e Escola Superior da Magistratura Federal do Rio Grande do Sul, Porto Alegre, 2006, pág. 1.000.
6. FERREIRO LAPTAZA, José Juan. **Direito tributário:** teoria geral do tributo. Barueri/SP: Manole; Espanha Marcial Pons, 2007, p. 246.
7. Op. Cit., p. 247.

A Lei n. 9.032/1995 alterou a redação do § 2º do artigo 31 da norma destacada, que passou a considerar, como cessão de mão de obra, "a colocação à disposição do contratante, em suas dependências ou nas de terceiros, de segurados que realizem serviços contínuos relacionados direta ou indiretamente com as atividades normais da empresa, tais como construção civil, limpeza e conservação, manutenção, vigilância e outros, independentemente da natureza e da forma de contratação".

O § 2º do artigo 31 da Lei n. 8.212/1991 restou modificado, ainda, pelas Leis n. 9.129/1995 e 9.528/1997, que ora restringiram, ora ampliaram a definição da atividade de cessão de mão de obra para fins da legislação previdenciária.[8]

Foi, contudo, a Lei n. 9.711/1998 que reformulou inteiramente o artigo 31 da Lei n. 8.212/1991, transmudando a responsabilidade solidária da empresa tomadora/cessionária de serviços de mão de obra em responsabilidade pessoal, mediante a instituição de hipótese de substituição tributária – prevendo, além disso, atividades em tudo equiparadas à cessão de mão de obra (art. 31e parágrafos).

4. A LOCAÇÃO DE MÃO DE OBRA E O CONTRATO DE EMPREITADA TOTAL INTEGRAL

Além das contribuições sociais a seu cargo, compete às empresas a arrecadação e recolhimento das contribuições sociais devidas pelos segurados empregados e trabalhadores avulsos (artigo 30, da Lei 8.212/91).

O artigo 31, da Lei 8.212/91 (em sua redação original), estabelece hipótese de responsabilidade tributária solidária do contratante de quaisquer serviços executados mediante cessão

---

8. Para um profundo estudo das contribuições sociais no Brasil ver: KONKEL JÚNIOR, Nicolau. **Contribuições sociais.** São Paulo: Quartier Latin, 2005.

de mão-de-obra, relativamente às contribuições previdenciárias devidas pela empresa prestadora dos serviços (incidentes sobre a remuneração paga ou creditada aos segurados cedidos à tomadora) e àquelas que deveriam ter sido retidas dos salários-de-contribuição dos segurados empregados e trabalhadores avulsos cedidos. O legislador ressalva o direito de regresso do contratante contra o prestador de serviços, além de admitir a retenção de importâncias garantidoras do cumprimento das obrigações previdenciárias.

Contudo não parece que tal sistemática seja aplicável aos contratos de empreitada de obra pelo valor global.

A locação de mão de obra e o contrato de empreitada global são distintos desde suas sua origens direito romano onde se identificava a uma modalidade contratual denominada *locatio conductio* (contrato de arrendamento ou locação de empreitada) que tinha como objeto regular o emprego da energia corporal humana ou o compromisso de entregar um resultado (obra) mediante uma contraprestação. Como subespécies daquela modalidade podem-se mencionar a *locatio conductio rei, locatio conductio operarum e locatio operis faciendi.*

A *locatio conductio rei* tinha como objeto a disponibilização de coisa corpórea pelo locador para ser fruída pelo locatário mediante pagamento de um alugue. A *locatio conductio operarum* era a modalidade contratual utilizada para regular a atividade consistente fornecer serviços e trabalhos manuais por prazo certo, considerada como a matriz histórico do moderno contrato de trabalho.

A *locatio conductio operis faciendi,* distintamente, tinha por objeto a execução de uma obra ou resultado final, definidos, mediante uma contraprestação, sendo identificada pela doutrina como a origem do contrato de empreitada global.

Percebe-se, portanto, que desde suas remotas origens, a locação de mão de obra e a locação de obra (ou contrato de empreitada de obra) apresentam notáveis distinções, mantidas pelo legislador civil pátrio.

Como ressalta o jurista português Soromenho Pires, no contrato identificado como *locatio conductio operis* "a pessoa (*conductor*), em troca de uma contraprestação (mercês), obriga-se a realizar uma obra a pedido de outrem (*locator*), estando este, regra geral, encarregado de fornecer o material necessário para a empreitada, que pode traduzir-se em uma construção propriamente dita, na reparação de um edifício já existente, na medição de algo, na elaboração de uma obra artística."[9]

Na locação de mão de obra (*locatio conductio operarum*), inteiramente distinta, a uma pessoa (*locator*) se obriga a empregar sua atividade corporal laboral em favor de outrem (*conductor*), recebendo a contraprestação.[10] Neste contrato, a justificativa do contrato é a atividade humana em si e não o seu resultado.

O mesmo Soromenho Pires destaca que esta modalidade era inicialmente um tipo de *locatio conductio rei* onde o objeto era a própria pessoa do trabalhador, que poderia ser sub potestate, submetido ao poder de alguém – *dominus* ou *paterfamilias*, ou livre, visto ser possível ao homem livre locar sua atividade laboral sem diminuir sua personalidade e capacidade jurídica.[11][12]

---

9. PIRES, SOROMENHO. **Algumas considerações sobre a locatio-conductio** (locação-condução Soromenho Pires) http://www.ejef.tjmg.jus.br/home/files/publicacoes/artigos/272010.pdf. Acesso em 17.05.2014, 07:31 hr.
10. Op. Cit., p. 4.
11. Op. Cit., p. 5
12. O mesmo autor ressalta: Essa divisão tripartida não existe nem nas Instituições de Gaius, nem em algum dos 62 fragmentos que formam o título sobre a locatio conductio do Digesto (Cf. D. 19, 2), donde podemos concluir que, possivelmente, não fora assim tratada nem pela jurisprudência clássica nem pela justinianeia, opinião que, como muitos outros autores, seguimos. Todavia, com o transcurso do tempo, a categoria contratual da locatio-conductio sofreu uma evolução lógica e, por obra da pandectística, foi possível reconhecer três classes de contratos diferentes: locatio-conductio rei, locatio--conductio operis e locatio-conductio operarum. Contudo, não obstante essa

Em termos de contornos históricos dos institutos não há como confundir-esse contrato de cessão de mão de obra e contrato de empreitada de obra total.

5. AS SUCESSIVAS ALTERAÇÕES LEGISLATIVAS E A INTERPRETAÇÃO DADA PELA INSTRUÇÃO NORMATIVA RFB

A retenção de contribuições parece causar perplexidade no âmbito da Administração tributária. Desde a publicação da Lei 8.1212, em julho de 1991, sucessivas alterações ocorreram, demonstrando as dificuldades de tratar do tema da retenção frente a um fenômeno cada vez mais frequente em nível mundial da terceirização, combatida pelos sindicatos organizados sob o conceito de categoria e unicidade territorial.

A Lei n. 8.212, de 24 de julho de 1991, que organizou a Seguridade Social e estabeleceu seu plano de custeio, na sua redação original, dispunha:

> Art. 31. O contratante de quaisquer serviços executados mediante cessão de mão-de-obra, inclusive em regime de trabalho temporário, responde solidariamente com o executor pelas obrigações decorrentes desta lei, em relação aos serviços a ele prestados, exceto quanto ao disposto no art.23.
>
> § 1º Fica ressalvado o direito regressivo do contratante contra o executor e admitida a retenção de importâncias a este devidas para a garantia do cumprimento das obrigações desta lei, na forma estabelecida em regulamento.
>
> § 2º Entende-se como cessão de mão-de-obra a colocação, à disposição do contratante, em suas dependências ou nas

---

diversidade, os autores mantiveram um tratamento nominal unitário. Assim é que, apesar de esquematizar-se a locatio-conductio em três modalidades diversas, a romanística atual prefere aceitar a doutrina da unidade, visto que o Direito Romano não conhecia diversas espécies de locação, senão uma relação unitária, um tipo contratual único.

de terceiros, de segurados que realizem serviços contínuos cujas características impossibilitem a plena identificação dos fatos geradores das contribuições, tais como construção civil, limpeza e conservação, manutenção, vigilância e outros assemelhados especificados no regulamento, independentemente da natureza e da forma de contratação. (Sem grifos no original).

A Lei n. 9.032/1995 alterou a redação do § 2º do artigo 31 da norma destacada, que passou a considerar, como cessão de mão de obra, "a colocação à disposição do contratante, em suas dependências ou nas de terceiros, de segurados que realizem serviços contínuos relacionados direta ou indiretamente com as atividades normais da empresa, tais como construção civil, limpeza e conservação, manutenção, vigilância e outros, independentemente da natureza e da forma de contratação".

O § 2º do artigo 31 da Lei n. 8.212/1991 restou modificado, ainda, pelas Leis n. 9.129/1995 e 9.528/1997, que ora restringiram, ora ampliaram a definição da atividade de cessão de mão de obra para fins da legislação previdenciária.

Foi, contudo, a Lei n. 9.711/1998 que reformulou inteiramente o artigo 31 da Lei n. 8.212/1991, transmudando a responsabilidade solidária da empresa tomadora/cessionária de serviços de mão de obra em responsabilidade pessoal, mediante a instituição de hipótese de substituição tributária – prevendo, além disso, atividades em tudo equiparadas à cessão de mão de obra:

> Art. 31. A empresa contratante de serviços executados mediante cessão de mão de obra, inclusive em regime de trabalho temporário, deverá reter 11% (onze por cento) do valor bruto da nota fiscal ou fatura de prestação de serviços e recolher, em nome da empresa cedente da mão de obra, a importância retida até o dia 20 (vinte) do mês subsequente ao da emissão da respectiva nota fiscal ou fatura, ou até o dia útil imediatamente anterior se não houver expediente

bancário naquele dia, observado o disposto no § 5º do art. 33 desta Lei. (Redação dada pela Lei n. 11.933/2009).

§ 1º O valor retido de que trata o caput deste artigo, que deverá ser destacado na nota fiscal ou fatura de prestação de serviços, poderá ser compensado por qualquer estabelecimento da empresa cedente da mão de obra, por ocasião do recolhimento das contribuições destinadas à Seguridade Social devidas sobre a folha de pagamento dos seus segurados. (Redação dada pela Lei n. 11.941/2009).

§ 2º Na impossibilidade de haver compensação integral na forma do parágrafo anterior, o saldo remanescente será objeto de restituição. (Redação dada pela Lei n. 9.711 de 1998)

§ 3º Para os fins desta Lei, entende-se como cessão de mão-de-obra a colocação à disposição do contratante, em suas dependências ou nas de terceiros, de segurados que realizem serviços contínuos, relacionados ou não com a atividade-fim da empresa, quaisquer que sejam a natureza e a forma de contratação. (Redação dada pela Lei n. 9.711 de 1998).

§ 4º Enquadram-se na situação prevista no parágrafo anterior, além de outros estabelecidos em regulamento, os seguintes serviços: (Redação dada pela Lei n. 9.711, de 1998).

I – limpeza, conservação e zeladoria; (Incluído pela Lei n. 9.711, de 1998).

II – vigilância e segurança; (Incluído pela Lei n. 9.711, de 1998).

III – empreitada de mão-de-obra; (Incluído pela Lei n. 9.711, de 1998).

IV – contratação de trabalho temporário na forma da Lei no 6.019, de 3 de janeiro de 1974. (Incluído pela Lei n. 9.711, de 1998).

§ 5º O cedente da mão-de-obra deverá elaborar folhas de pagamento distintas para cada contratante. (Incluído pela Lei n. 9.711, de 1998).

§ 6º Em se tratando de retenção e recolhimento realizados na forma do caput deste artigo, em nome de consórcio, de que tratam os arts. 278 e 279 da Lei no 6.404, de 15 de dezembro de 1976, aplica-se o disposto em todo este artigo, observada a participação de cada uma das empresas consorciadas, na forma do respectivo ato constitutivo.(Incluído pela Lei n. 11.941, de 2009).

Observa-se que o tema da cessão de mão de obra desafia o legislador, sempre às voltas com a dificuldade de dar contornos ao instituto, de modo a abranger o maior número de situações sem tolher essa modalidade de contratação que apresenta notáveis benefícios num mundo cada vez mais especializado e numa "sociedade com pressa", conforme expressão cunhada pelo lúcido magistério de Teori Zavascki.[13]

O exame da legislação, contudo, revela não haver fundamentos para confundir cessão de mão de obra com o contrato de empreitada de obra.

A Primeira Seção, do Superior Tribunal de Justiça, em sede de recurso especial representativo da controvérsia, consolidou a tese de que "a partir da vigência do art. 31 da Lei 8.212/91, com a redação dada pela Lei 9.711/98, a empresa contratante é responsável, com exclusividade, pelo recolhimento da contribuição previdenciária por ela retida do valor bruto da nota fiscal ou fatura de prestação de serviços, afastada, em relação ao montante retido, a responsabilidade supletiva da empresa prestadora, cedente de mão-de-obra" (REsp 1131047/MA, Rel. Ministro Teori Albino Zavascki, julgado em 24.11.2010, DJe 02.12.2010).

O julgado não se refere especificamente à retenção nos contratos de empreitada pelo valor global, mas revela a sensível alteração na relação jurídico-tributária, ao definir como "responsável exclusiva" pelo recolhimento a empresa tomadora

---

13. ZAVASCKI, Teori Albino. **Processo coletivo**: tutela de direitos coletivos e tutela coletiva de direitos. 5.ed. São Paulo: Revista dos Tribunais, 2011, p.12.

de serviço e não a empresa que cede a mão de obra. Contudo, o julgado não faz qualquer menção à empreiteira que se compromete a entregar uma obra pronta mediante o recebimento de um valor global.

Por outro lado, não somente o legislador mas também a autoridade administrativa-tributária reconhece que o contrato de cessão de mão de obra é distinto da empreitada.

A Instrução Normativa RFB n. 971/2009, no seu artigo 149 excepciona expressamente da aplicação do instituto da retenção desses valores referentes ao INSS, os serviços referentes ao contrato de empreitada total. Consta do ato administrativo normativo: *"Art. 149. Não se aplica o instituto da retenção: VII – aos órgãos públicos da administração direta, autarquias e fundações de direito público quando contratantes de obra de construção civil, reforma ou acréscimo, por meio de empreitada total ou parcial, observado o disposto no inciso IV do § 2º do art. 151, ressalvado o caso de contratarem serviços de construção civil mediante cessão de mão-de-obra ou empreitada, em que se obrigam a efetuar a retenção prevista no art. 112."*

6. EMPREITADA PELO VALOR GLOBAL (TOTAL) E RETENÇÃO

No caso de contrato de empreitada de obra pública por valor total, firmado com entidades da Administração Indireta, cabe ao intérprete examinar as cláusulas de constantes do contrato administrativo para verificar se é um contrato de empreitada de obra ou um contrato de cessão de mão de obra.

A Instrução Normativa RFB n. 971/2009 apenas dispensa expressamente a retenção para os órgãos da Administração Direta, autarquias e fundações de direito público, mas por si só não conduz à autorização de retenção nos casos dos contratos de empreitada de obra pública celebrados com empresas públicas e outros órgãos da Administração Pública indireta.

Um elemento interpretativo que deve ser considerado é a existência ou não de cláusula que autorize o ente estatal contratante a efetuar a retenção. Se não houver tal cláusula não há como praticar a retenção, frisando-se que, em geral, os empreiteiros são obrigados a comprovar os pagamentos de tributos e contribuições para que recebam seus haveres dos órgãos estatais. Exigir a retenção quando não prevista nas cláusulas do contrato viola a boa fé e a segurança jurídica.

Mas a questão central é: se o contrato na sua essência é de empreitada pelo valor global, ou seja, prevê a realização de uma obra, incluindo mão de obra e materiais, está afastada a obrigatoriedade da retenção, pois o legislador simplesmente não obriga a retenção em tais hipóteses. A retenção nesse caso é prática ilegal porque nega vigência a norma constitucional da legalidade restrita (art. 150, I da CF/88).

A interpretação ampliativa pode conduzir a uma substituição tributária ilegítima o que é repelida por parte da doutrina. Tiago Scherer salienta, "o financiamento da seguridade social é realmente tema de suma importância para o Brasil nos dias atuais. Mas essa preocupação não justifica sejam ultrapassados todos os limites constitucionais e legais em prol do caixa da Previdência".[14]

Conforme o magistério de Betina Treiger Grupenmacher, o ordenamento jurídico veda a incidência tributária indiscriminada, raciocínio que parece se aplicar não somente para verificar a capacidade contributiva, mas também para a imposição de obrigações tributárias acessórias.[15]

---

14. SCHERER, Tiago. **Liberdade de iniciativa econômica e solidariedade tributária**, p.78. PAULSEN, Leandro; VAZ, Paulo Afonso Brum (Org.). **Curso modular de direito tributário**, Florianópolis: Conceito Editorial, 2008, p. 71-85.
15. GRUPENMACHER, Betina Treiger. **Tributação e direitos fundamentais**, p. 15.

Além disso, representa confisco de valores (art. 150, IV da CF/88) referentes a pagamentos do serviço, pois as empresas são obrigadas a recolher, diretamente, a contribuição relativa à mão de obra de seus funcionários e das empresas fornecedoras desse tipo de serviço, criando assim, um bis in idem.

Isso porque o artigo 31, caput e §§3º e 4º, da Lei n. 8.212/1991 somente admite a retenção da contribuição previdenciária nos contratos de prestação de serviços de cessão de mão de obra, nada dispondo sobre os contratos de empreitada de obra pelo valor global.

A legislação não instituiu a responsabilidade em relação a débitos previdenciários para todas as espécies de contratos celebrados, mas apenas para aqueles que tivessem por objeto a prestação de "serviços executados mediante cessão de mão-de-obra", visto que a nova redação faz expressa remissão ao art. 31, da Lei n. 8.212/91, que cuida desta espécie de contrato.

REFERÊNCIAS

FERREIRO LAPTAZA, José Juan. **Direito tributário**: teoria geral do tributo. Barueri/SP: Manole; Espanha Marcial Pons, 2007.

GRUPENMACHER, Betina Treiger; CAVALCANTE, D. L.; RIBEIRO, M. F.; QUEIROZ, M. E.. **Novos Rumos da Tributação**: Um Diálogo Luso-Brasileiro. 1. ed. Coimbra: Almedina, 2012. V. 1.

GRUPENMACHER, Betina Treiger. Tributação e direitos fundamentais. In: FISCHER, Octávio Campos (Coord.). **Tributos e direitos fundamentais**. São Paulo: Dialética, 2004.

OLIVEIRA, Odília Ferreira da Luz. Implicações da distinção entre poder de polícia e serviço público. In: **Direito administrativo**: doutrinas essenciais. (Coord.) Carlos Ari Sundfeld, Maria Sylvia Zanella Di Pietro, São Paulo: RT, 2012.

PAULSEN, Leandro. **Direito Tributário**: Constituição e Código Tributário à Luz da Doutrina e da Jurisprudência, 8ª ed., Ed. Livraria do Advogado e Escola Superior da Magistratura Federal do Rio Grande do Sul, Porto Alegre, 2006.

SCHERER, Tiago. Liberdade de iniciativa econômica e solidariedade tributária. In: PAULSEN, Leandro; VAZ, Paulo Afonso Brum (Org.). **Curso modular de direito tributário**, Florianópolis: Conceito Editorial, 2008, p. 71-85.

SILVA, Fernando Quadros da. A livre iniciativa como direito fundamental. **Curso Modular de Direito Constitucional**, (Orgs.) Jairo Gilberto Schäfer e Paulo Afonso Brum Vaz. Porto Alegre: Conceito Editorial, 2007.

PIRES, SOROMENHO. **Algumas considerações sobre a locatio-conductio**. http://www.ejef.tjmg.jus.br/home/files/publicacoes/artigos/272010.pdf. Acesso em 17.05.2014, 07:31 hr.

ZAVASCKI, Teori Albino. **Processo coletivo**: tutela de direitos coletivos e tutela coletiva de direitos. 5.ed. São Paulo: Revista dos Tribunais, 2011.

DA INCONSTITUCIONALIDADE DO ART. 31 DA LEI 8.212/91 – DA NÃO SUSTENTABILIDADE DO ENTENDIMENTO DO STJ A LUZ DOS PRECEITOS INSTITUIDORES DA COMPETÊNCIA TRIBUTÁRIA

Dayana de Carvalho Uhdre[1]

1. INTRODUÇÃO

O presente artigo tem por escopo demonstrar que, ao contrário do que asseverado pelo E. STJ, o art. 31 da Lei 8.212/91 não instituiu mera técnica arrecadatória (substituição tributária) da contribuição social previdenciária do empregador, incidente sobre a folha de salário. Imbuídos de tal espírito, num primeiro momento, analisaremos a natureza jurídica das contribuições previdenciárias, afinal é a partir deste delineamento que poderemos verificar o regime jurídico aplicável às

---

1. Procuradora do Estado do Paraná, Pós-graduada pelo IBET, Mestranda pela Universidade Federal do Paraná.

mesmas. Em seguida, trataremos justamente do regime jurídico aplicável a estas contribuições, mais especificamente das diretrizes constitucionais ao erigimento das mesmas. Por fim, cotejaremos tais preceitos constitucionais com o malfadado art. 31 da Lei 8.212/92 a fim de verificarmos sua compatibilidade, ou não, ao regime jurídico constitucional estatuído.

A importância de uma análise deste jaez reside no fato de que a preservação de um Estado Democrático de Direito, garantidor de direitos fundamentais basilares, perpassa pela observância rígida dos limites constitucionais impostos ao poder de tributar. Consoante destacado por Roque Antonio Carrazza, mencionando Pollard, *"entendeu-se aos poucos, que 'a liberdade do fraco depende das limitações impostas ao forte; e do pobre, das limitações impostas ao rico; e do pobre de espírito, das limitações impostas astuto'. E (...) a liberdade do indivíduo, das limitações impostas ao Estado"*.[2]

Os entes federativos detêm competência para criarem tributos, porém, para que os contribuintes não fiquem a mercê destas pessoas políticas, tal competência deve desenvolver-se dentro de certos parâmetros, minuciosamente traçados na nossa Carta Magna. E mais, tais limitações, restrições impostas pela ordem jurídica constitucional tem por escopo proteger os direitos fundamentais das pessoas, dentre as quais se destaca os inerentes a liberdade, abrigando-as das arbitrariedades do poder estatal.[3]

Desta forma, o Estado, ao exercer a tributação, deve observar os limites que a ordem constitucional lhe impôs, limitações estas garantidoras dos direitos fundamentais dos cidadãos. Daí, ser imperativo a um Estado de Direito, como o é o brasileiro,

---

2. CARRAZZA, Roque Antônio. **Curso de Direito Constitucional Tributário,** 22ª ed., p. 384.
3. CARRAZZA, Roque Antonio. **Curso de Direito Constitucional Tributário,** 22ª ed., p. 376/408.

a rígida observância das normas constitucionais delimitadoras de competência tributária.

2. DA NATUREZA JURÍDICA DAS CONTRIBUIÇÕES

Trata-se de adentrar a já conhecida discussão quanto a serem ou não as contribuições verdadeiros tributos, e em o sendo, se deteriam autonomia categórica. Há quem defenda[4] não deterem as contribuições natureza jurídica tributária. Marco Aurélio Greco entende que as contribuições, a despeito de estarem sob regime jurídico tributário, não deteriam a natureza própria de tributo. Salienta que *"regime jurídico deve ser diferenciado de natureza, ou essência da figura. A natureza de uma figura jurídica não é dada pelo seu regime jurídico; o regime jurídico é o perfil formal de uma determinada entidade, mas não é a própria entidade"*.[5] Já Valdir de Oliveira Rocha argumenta que, se as contribuições sociais fossem verdadeiros tributos, não seria necessário que o constituinte determinasse expressamente a aplicação às mesmas do regime jurídico tributário.[6]

No entanto, não coadunamos com tais entendimentos. Tanto as contribuições sociais quanto as de intervenção no domínio econômico e as de interesse das categorias profissionais (contribuições especiais) são sim tributos. Primeiro porque, partindo-se da própria noção de tributo trazida pelo art. 3º do CTN[7], verifica-se que as contribuições detêm todos os

---

4. Hamilton Dias de Souza, Wladimir Novaes Martinez, por exemplo.
5. GRECO, Marco Aurélio. **Contribuições (uma figura "sui generis")**, p. 70.
6. Contribuições Sociais. In: Cadernos de pesquisa tributária. Contribuições Sociais, v. 17.
7. Deixando-se a par discussão quanto ao rigor científico de tal conceito, é incontestável que o mesmo elenca os elementos básicos a caracterização do que seja tributo – definição esta inclusive que serve de ponto de partida para a maior parte da doutrina.

caracteres nela expressos. De fato, ao definir tributo como *"toda prestação pecuniária compulsória, em moeda ou cujo valor nela se possa exprimir, que não constitua sanção de ato ilícito, instituída em lei e cobrada mediante atividade administrativa plenamente vinculada"*, o art. 3º do CTN enumera como características necessárias à configuração de uma prestação de natureza tributária ser a mesma: pecuniária, compulsória, instituída em lei, que possa ser quantificada em moeda, decorrente de ato lícito e exigida por atividade vinculada. Presentes estes caracteres, dúvidas não restarão de se estar diante de prestação de índole tributária.

Ora, o objeto da relação jurídica prestacional subjacente às contribuições detém todas estas características, o que confirma sua natureza tributária. Não bastasse isso, há que se ter em conta que a própria Carta Magna prescreve que as contribuições especiais integram o Sistema Constitucional Tributário, conforme se infere do seu art. 149, localizado no Título VI, Capítulo I. Outrossim, não há de se perder de vista que o caráter determinante da natureza jurídica das contribuições reside no próprio regime jurídico a que se submetem: regime jurídico tributário. De fato, nas precisas palavras de Hugo de Brito Machado, *"a identificação da natureza jurídica de algo só tem sentido prático porque define o seu regime jurídico, vale dizer, define quais são as normas jurídicas àquilo aplicáveis"*.[8] Em assim sendo, não há como se afastar a natureza jurídico tributária das contribuições. Afinal, breve incursão a Carta Magna nos denuncia que estamos diante de prestações pecuniárias compulsórias que não derivam de fatos ilícitos, cuja cobrança gera receita predestinada a fazer em face de atividades estatais específicas.[9] Pois bem, ultrapassado este primeiro ponto, convém analisar se as contribuições seriam ou não espécie tributária autônoma.

---

8. MACHADO, Hugo de Brito. **Curso de Direito Tributário**, 13ª ed., p. 306.
9. PAULSEN, Leandro. **Contribuições – Teoria Geral – Contribuições em espécie**. 2ª ed. rev. e atualiz., p. 28.

2.1. Contribuição como espécie tributária autônoma

Trata-se da já conhecida discussão acerca das classificações das espécies tributárias. Doutrina que, a par de reconhecer o caráter tributário das contribuições, nega-lhes autonomia categórica, sustentando classificações bipartidas (impostos e taxas) ou tripartidas (impostos, taxas e contribuições de melhoria) das espécies tributárias.

Alfredo Augusto Becker, importante defensor da classificação dicotômica, sustentava que a base de cálculo seria o *"único critério objetivo e jurídico para aferir o gênero e a espécie jurídica de cada tributo"*[10], de modo que todos os tributos ou seriam taxas ou seriam impostos, conforme sua base de cálculo se referisse, respectivamente, a um serviço ou atividade estatal ou a outro fato distinto.

Já os defensores da classificação tripartida, tais como Geraldo Ataliba, Paulo de Barros Carvalho, Roque Antonio Carrazza, sustentam que a materialidade da hipótese de incidência seria o único critério aceitável a distinção das espécies tributárias. Assim, *"os impostos seriam tributos não vinculados a uma atuação estatal e as taxas e contribuições de melhoria teriam hipótese de incidência vinculada a uma atuação estatal. E, no que tange aos tributos vinculados, o discriminem residiria no grau de referencialidade entre a atuação estatal e o contribuinte, que seria direta nas taxas e indireta nas contribuições de melhoria"*.[11]

Dentro destes raciocínios, as contribuições especiais seriam em verdade, ou espécie de taxa ou de imposto, mais especificamente imposto com destinação específica, consoante sua

---

10. BECKER, Augusto Alfredo. **Teoria Geral do Direito Tributário**. 5ª ed, p. XXX.
11. CARVALHO, Paulo de Barros. **Direito Tributário. Linguagem e Método**, p. 347.

base de cálculo e/ou hipótese de incidência estivesse ou não vinculada a uma atuação estatal. De fato, nas palavras de Paulo de Barros Carvalho, *"as contribuições sociais não configuram, pelo ângulo intranormativa, espécie tributária autônoma, podendo assumir a feição de taxas ou impostos, consoante o fato tributado seja atividade estatal ou não".*[12]

Por fim, sustentam os defensores da não autonomia, enquanto espécie tributária, das contribuições especiais, que a mesma encontra respaldo no próprio ordenamento jurídico vigente. Mais detidamente, no art. 4º, II do CTN, que desqualifica a destinação do produto como critério classificatório, e no art. 145 da CF, que relaciona apenas os impostos, taxas e contribuições de melhoria como espécies tributárias.

Contudo, *data maxima vênia* aos que assim entendem, não parece ser este o posicionamento mais adequado à sistemática jurídica hodierna. Antes de mais nada, não há como se perder de vista que o ato de classificar é humano, ou seja, que as classificações residem na mente do agente classificador, segundo critérios por ele preestabelecidos, tendo por fim facilitar a compreensão do assunto examinado.[13] Desta forma, o norte de qualquer classificação há de ser a sua utilidade ao assunto em comento. E, é justamente ante a insuficiência[14] dos critérios intranormativos suso mencionados (base de cálculo e materialidade da norma tributária), no delineamento dos regimes jurídicos tributários *versus* espécies tributárias constitucionalmente previstas, que entendo mais coerente à proposta quinquipartida, fundamentada na conjugação de três critérios:

---

12. CARVALHO, Paulo de Barros. **Direito Tributário. Linguagem e Método**, p. 407.
13. CARRAZA, Roque Antonio. **Curso de Direito Constitucional Tributário**, 22ª ed., p. 305.
14. Em resumo: "a questão a ser colocada está em saber se o critério eleito é suficiente para que se apreendam os diferentes regimes jurídicos a que cada grupo de figuras esta submetido pelo ordenamento jurídico". AMARO, Luciano da Silva. **Conceito e classificação dos tributos**, RDT 55, p. 280.

materialidade do tributo, destinação do produto da arrecadação e restituição dos valores arrecadados.

De fato, a insuficiência do critério intranormativo é sentida ante o exame sistemático dos dispositivos constitucionais delimitadores da competência tributária. Primeiro, nota-se que o propalado art. 145 da CF, usado como fundamento positivo dos adeptos da teoria tripartida, em verdade apenas delimita os tributos cuja competência instituidora é comum a União, Estados, Distrito Federal e Municípios – tanto que o mencionado dispositivo inicia-se asseverando *"A União, os Estados, o Distrito Federal e os Municípios poderão instituir (...)"*. As contribuições especiais e o empréstimo compulsório são espécies tributárias de competência exclusiva da União, daí porque a omissão do art. 145 da CF em mencioná-los. Em segundo lugar, por expressa vedação constitucional posta no art. 167, IV, não há como se vincular o produto da arrecadação de impostos a despesa, fundo ou órgão, exceto nas exceções constitucionais naquele mesmo dispositivo colacionadas. Desta forma, em sendo as contribuições especiais, espécie tributária em que o produto da arrecadação é vinculado a um determinado órgão, despesa ou fundo (para fazer em face de intervenção estatal), não poderia, com base no art. 167, IV, ser considerado imposto (o que segundo os adeptos das teorias dicotômica e tripartida seria possível). Por fim, ainda que se trate de dispositivo infraconstitucional, cumpre refutá-lo, posto ser argumento amplamente utilizado pela corrente intranormativa: estamos falando do art. 4º, II, CTN. Ora, cumpre relembrar que o CTN fora elaborado antes da CF de 88, de modo que, caso dispositivos legais naqueles consagrados sejam contrários ao novo regramento constitucional, imperioso reconhecer a não recepção daquele dispositivo pela nova sistemática jurídica. Assim, pode-se dizer que o art. 4º, II do CTN por ser contrário a CF 88, por ela não foi recepcionado. Verificada a necessidade de utilização de outros critérios classificatórios, passemos a analisar aqueles trazidos pela corrente quinquipartida.

Segundo Fernando E. Castellani, partindo-se dos enunciados normativos constitucionais[15], mais especificamente daqueles relacionados à atribuição de competência tributária (art. 145, incisos e parágrafos, art. 148, incisos e parágrafo único, art. 149, incisos e parágrafos, art. 153 a 156, art. 167, IV, art, 177, parágrafo 4º, art. 195, art. 212, dentre outros), é possível identificar uma repetição, em diferentes momentos, de três variáveis: (i) materialidade do tributo, (ii) destinação do produto da arrecadação e (iii) restituição dos valores arrecadados. No que se refere ao primeiro critério, é necessário se identificar se a materialidade da hipótese de incidência reclama, ou não, atividade estatal, isto é, se o evento que faz irromper o vinculo jurídico tributário é relacionado, ou não, a uma atividade estatal. Já com o segundo, identifica-se a necessidade (ou não) de existência de uma destinação específica, previamente determinada, dos recursos auferidos com o recolhimento tributário. Por fim, com o terceiro critério verificamos a necessidade (ou ao menos sua previsão) de restituição dos valores pagos pelos contribuintes.[16]

Correlacionando estes três critérios, é possível chegar-se a uma proposta classificatória das espécies tributárias, baseada na presença ou ausência de (i) vinculação obrigatória da materialidade a uma atividade estatal, (ii) destinação obrigatória da receita, e (iii) previsão de obrigatória restituição dos valores.[17] Tácio Lacerda Gama bem observa que, ao adotarmos estes três critérios classificatórios, teremos três classificações distinta, cada uma correspondendo a um dos critérios eleitos.[18]

---

15. Não nos esqueçamos de que estamos diante de classificação jurídica, que deve, pois, estar respaldada no arcabouço jurídico positivo.
16. CASTELLANI, Fernando Ferreira. **Contribuições Especiais e sua destinação**, p. 40/41.
17. CASTELLANI, Fernando Ferreira. **Contribuições Especiais e sua destinação**, p. 46.
18. GAMA, Tácio Lacerda. **Contribuições de intervenção no domínio econômico**, 2009, p. 109.

Nesta toada, teremos em uma classificação, tributos vinculados e não vinculados (materialidade relativa a uma atividade estatal), em outra, tributos com ou sem destinação específica, e por fim, uma em que de um lado estão os tributos cuja arrecadação é restituível, e do outro, os que não são. Combinando esses elementos, verificamos a possibilidade as seguintes espécies de conotações: tributos não vinculados, não destinados e não restituíveis; tributos não vinculados, não destinados e restituíveis; tributos não vinculados, destinados e não restituíveis; tributos não vinculados, destinados e restituíveis; tributos vinculados, não destinados e não restituíveis; tributos vinculados, não destinados e restituíveis; tributos vinculados, destinados e não restituíveis, e tributos vinculados, destinados e restituíveis.

Dentro deste cenário, impostos seriam tributos não vinculados, não destinados e não restituíveis; taxas seriam tributos vinculados, destinados e não restituíveis; contribuições de melhoria, a seu turno, tributos vinculados, não destinados e não restituíveis; empréstimos compulsórios seriam tributos não vinculados, destinados e restituíveis; e as contribuições seriam tributos não vinculados, destinados e não restituíveis. Graficamente:

TRIBUTAÇÃO: DEMOCRACIA E LIBERDADE

Vinculação da materialidade	Previsão de destinação	Previsão de restituição	Tributos
Não	Não	Não	Impostos
Não	Não	Sim	Não contemplados
Não	Sim	Não	Contribuições Especiais
Não	Sim	Sim	Empréstimos Compulsórios
Sim	Não	Não	Contribuição de Melhoria
Sim	Não	Sim	Não contemplado
Sim	Sim	Não	Taxas
Sim	Sim	Sim	Não contemplado

Definidos estes critérios classificatórios, percebemos a pertinência dos mesmos a finalidade perquirida. Vale dizer, verifica-se a suficiência da eleição realizada para fins de individualizar as espécies tributárias, e seus regimes jurídicos correspondentes. De fato, a utilidade destes três critérios no delineamento das espécies tributárias, deve-se ao fato de serem suficientes, por ora, para apartarem as espécies tributárias expressamente definidas na Carta Magna, assim como os regimes jurídicos (requisitos constitucionais necessários a suas instituições) a elas afetos.[19]

---

19. "Caso a escolha desses três critérios não fosse suficiente para a individualização das espécies tributárias, não hesitaríamos em dizer que a proposta

Em suma, e tomando por ponto de partida o ordenamento jurídico tributário em sua totalidade, são cinco as espécies tributárias (imposto, taxa, contribuição de melhoria, contribuição especial e empréstimo compulsório), as quais podem ser apartadas utilizando-se três critérios: materialidade da hipótese de incidência, destinação do produto da arrecadação e restituição do tributo ao contribuinte. Realmente, o que distingue as contribuições especiais do imposto, como já dito, é a destinação específica do produto da arrecadação. Já o que distingue os impostos das taxas e contribuições de melhoria, é a materialidade da hipótese de incidência, vale dizer estar ou não o tributo vinculado a uma atividade estatal (imposto). No que tange as taxas e contribuições de melhoria, cujas materialidades estão vinculadas a uma atividade estatal, o discrímen entre as mesmas se dá quanto à previsão (taxas), ou não (contribuições de melhoria), de destinação específica de suas receitas. Por fim, o que aparta o empréstimo compulsório das demais espécies tributárias é o fato de ser o mesmo restituído ao contribuinte após um determinado lapso temporal.

Pelo exposto acima, podemos compreender conjuntamente a Tácio Lacerda Gama que as contribuições podem ser definidas como *"tributos com destinação especificada em lei, hipótese de incidência desvinculada de atuação estatal e não restituível"*.[20]

3. REGIME JURÍDICO CONSTITUCIONAL

Deixamos assente no tópico anterior que as contribuições especiais são espécies tributárias autônomas. Ingressando

---

classificatória não atenderia as necessidades, devendo ser, com isso, revista e complementada". (CASTELLANI, Fernando E. **Contribuições Especiais e sua destinação**, p. 42).

20. GAMA, Tácio Lacerda. Contribuições Especiais, Natureza e Regime Jurídico. In: DE SANTI, Eurico Diniz (coord.). **Curso de Especialização em Direito Tributário**: Estudos analíticos em Homenagem a Paulo de Barros Carvalho, p. 1145.

agora no exame mais detido dos dispositivos normativos delas regentes, verificamos, no art. 149 da Constituição Federal, que podemos dividi-las em três "modalidades"[21]: (i) contribuições sociais, (ii) contribuições corporativas, e (iii) contribuições interventivas. A diferença fundamental entre tais espécies de contribuições está na finalidade das mesmas, isto é, reside na destinação para que as mesmas estão vocacionadas. Nas palavras de Hamilton Dias de Souza, *"a contribuição consiste num instrumento tendente a viabilizar a atuação da União em setor específico de uma das áreas indicadas pela Constituição, ou se assim se preferir, em subáreas daquelas mencionadas no art. 149."*[22]

Dado diminuto escopo deste artigo, destacamos deste já que apenas a contribuição social será objeto de nossa atenção. Pois bem, contribuição social é espécie de contribuição cuja finalidade é custear a atividade estatal no campo social. Em outras palavras, é tributo cuja receita deve ser direcionada, obrigatoriamente, a atividades estatais (ou manutenção de) relacionadas à ordem social. Assim, a definição de atividade social do Estado deve se iniciar, obrigatoriamente, com a definição constitucional de ordem social. Breve leitura do título específico do texto constitucional dedicado à ordem social mostra-nos estarem nela compreendida as seguintes áreas: (i) seguridade social, dividida a seu turno em assistência, saúde e previdência; (ii) educação, cultura e desporto; (iii) ciência e tecnologia; (iv) comunicação social; (v) meio ambiente; (vi) família, criança, adolescente e idoso; e (vii) índios.

---

21. Com a Emenda Constitucional n. 39, entende-se que foi introduzida uma nova espécie de contribuição, a "custeadora do serviço público de iluminação pública". (CASTELLANI, Fernando. **Contribuições Especiais e sua Destinação**, p. 97). No mesmo sentido, Fabiana Del Padre Tomé. **Contribuições para a seguridade Social**: à luz da Constituição Federal, 2ª ed., Editora Juruá.

22. SOUZA, Hamilton Dias. Contribuições Especiais. In: MARTINS, Ives Gandra da Silva (coord.) **Curso de Direito Tributário**, 9ª ed., São Paulo, Saraiva, 2006, p. 636.

TRIBUTAÇÃO: DEMOCRACIA E LIBERDADE

Desta forma, em princípio, detém o Estado competência para a criação de contribuições especiais para o financiamento de todas as suas atividades relacionadas a estes ramos da ordem social. Fácil perceber que, ante o vastíssimo campo de atividade estatal no âmbito social, abre-se uma enorme gama de possibilidades tributárias aos entes competentes. Não por outra razão, buscou o legislador constitucional, delinear, de forma um pouco mais detalhada, esta competência tributária, dividindo, com base no destino da arrecadação, as contribuições especiais sociais em (i) destinadas ao custeio da seguridade social, e (ii) destinadas ao custeio das demais atividades sociais. Ainda, relativamente a contribuições especiais sociais destinadas a seguridade social, entendeu a Constituição por dividi-las em (i) contribuições sociais para a seguridade social ordinárias e (ii) contribuições sociais para a seguridade social residuais. E mais, verifica-se que, diferentemente do que fez para as demais contribuições especiais, para as sociais destinadas a seguridade social ordinárias, o constituinte, definiu, no art. 195 da CF[23], suas materialidades possíveis: incidência sobre (i) pagamentos de salários ou rendimentos, (ii) auferição de faturamento,

---

23. Art. 195. A seguridade social será financiada por toda a sociedade, de forma direta e indireta, nos termos da lei, mediante recursos provenientes dos orçamentos da União, dos Estados, do Distrito Federal e dos Municípios, e das seguintes contribuições sociais:

I – do empregador, da empresa e da entidade a ela equiparada na forma da lei, incidentes sobre:

a) a folha de salários e demais rendimentos do trabalho pagos ou creditados, a qualquer título, à pessoa física que lhe preste serviço, mesmo sem vínculo empregatício;

b) a receita ou o faturamento;

c) o lucro.

II – do trabalhador e dos demais segurados da previdência social, não incidindo contribuição sobre aposentadoria e pensão concedidas pelo regime geral de previdência social de que trata o art. 201;

III – sobre a receita de concursos de prognósticos;

IV – do importador de bens ou serviços do exterior, ou de quem a lei a ele equiparar.

(iii) auferição de lucro e (iv) importação, (v) auferição de rendimentos (a título de remuneração) e (vi) auferição de receita de concurso de prognósticos.[24] Destaque-se que é justamente sobre esta específica contribuição social para a seguridade social ordinária que reside a problemática do presente artigo.

Sucintamente delineado o assunto ora tratado, passemos ao exame do regime jurídico relativo à instituição desta contribuição específica. Em outras palavras, verificaremos quais os requisitos inafastáveis ao exercício válido da competência tributária nesta seara. Nosso raciocínio parte da premissa de que por estarmos sob a égide de um sistema jurídico normativo (Direito Positivo), a estatuição da competência tributária (e de seus requisitos) está definida na Carta Magna – diploma vocacionada a tanto.[25] E mais, que justamente por se tratar de sistema jurídico, a competência tributária é propriamente norma (unidade do sistema), norma de estrutura.

Com o objetivo de melhor visualizarmos todos os requisitos necessários ao válido exercício da competência tributária pelo legislador, entendemos de todo útil a formalização da estrutura lógica da norma de competência. Trata-se de instrumental teórico, construído em doutrina, que visa elencar os elementos necessários e essenciais a, por um lado, distinguir as espécies tributárias e, por outro, verificar os requisitos de validade ao exercício desta competência tributária. Graficamente[26], eis a norma de definição da competência tributária:

---

24. CASTELLANI, Fernando Ferreira. **A Vinculação das Receitas Tributárias e As Contribuições no Sistema Tributário Nacional**, p. 126/138. Acessado em 20/04/2014: <http://www.dominiopublico.gov.br/download/teste/arqs/cp012787.pdf>

25. "Importante dizer, antes de mais nada, que esta formalização busca seus elementos apenas na Constituição Federal, pois entendemos que é nela, e somente nela, que o intérprete pode buscar enunciados para sua composição, tentando retratar os elementos necessários para a diferenciação das espécies tributárias". (CASTELLANI, Fernando E. **Contribuições Especiais e sua Destinação**, p. 64).

26. CASTELLANI, Fernando Ferreira. **A Vinculação das Receitas Tributárias e As Contribuições no Sistema Tributário Nacional**. Acessado

$$\text{NCT} \begin{cases} \text{Ht} = \text{Cpa (Sa)} \cdot \text{Ce} \cdot \text{Ct} \\ \quad \downarrow \text{DSn} \\ \qquad\qquad \xrightarrow{\text{DSm}} \\ \text{Cst} = \text{Cpc (Sa.Sp)} \cdot \text{CDA [Vm (Cm} \cdot \text{Cd} \cdot \text{Cr)} \cdot \text{Vf]} \end{cases}$$

NCT = norma delimitadora de competência tributária

Ht = hipótese tributária, antecedente, suposto normativo, proposição hipótese ou descritor

(=) = equivalência

Cpa = critério pessoal do antecedente – Definição da pessoa jurídica de direito público titular da competência

Sa = Sujeito ativo titular da competência tributária

(.) = conectivo lógico conjuntor

Ce = critério espacial da hipótese – condicionante de lugar

Ct = critério temporal da hipótese – condicionante de tempo

Cst = consequência tributária, consequente, proposição consequente, prescritor normativo

Cpc = critério pessoal do consequente, onde estão os sujeitos da relação jurídica obrigacional

---

em 20/04/2014: <http://www.dominiopublico.gov.br/download/teste/arqs/cp012787.pdf>

Sa = sujeito ativo titular da competência tributária

Sp = toda a coletividade que pode ser tomada como sujeito passivo da relação jurídica tributária a ser instituída quando do exercício da competência

CDA = critério delimitador da autorização de competência

Vm = Critério de validação material – relacionado com o enunciado da norma a ser produzida, definida pelas características específicas do tributo

Cm = Critério material da norma geral e abstrata a ser produzida – materialidade passível de ser elencada

Cd = Critério de destinação do produto do tributo a ser criado – destinação das receitas

Cr = Critério da restituição obrigatória do tributo recolhido – necessidade de restituição dos valores

Vf = Critério de validação formal – procedimento legislativo a ser adotado para a edição da norma geral e abstrata

DSn = dever-ser neutro – conectivo deôntico interproposicional. É representado por um vetor → significa que, ocorrida a hipótese, deve-ser a consequência

DSm = dever-ser modalizado – operador deôntico intraproposicional. É representado por dois vetores sobrepostos, com a mesma direção, porém em sentidos contrários. Significa a faculdade do sujeito ativo editar norma instituindo a RMIT considerada

Percebe-se, pois, que a norma de competência tributária, assim como qualquer outra norma jurídica em sentido estrito, está organizada na forma de uma relação implicacional não modalizada (modal neutro), composta de um antecedente e um consequente (H => C). No antecedente desta norma, teremos a definição do fato-competência, enquanto no consequente, a da relação jurídica-competência. Vislumbramos na composição deste fato competência (antecedente da norma jurídica de competência) a existência de três aspectos ou elementos: (i) critério pessoal, (ii) critério espacial e (iii) critério temporal. O aspecto pessoal deste antecedente refere-se à identificação da pessoa política, definida na Constituição Federal, detentora de competência – no caso das contribuições, é a União.[27] O aspecto espacial define o local onde deve dar-se o fato da enunciação da norma de competência, o local onde se produz a linguagem demarcadora (construtora) da norma de incidência. Já o aspecto temporal define o momento de aplicação da norma de competência, representando o momento do ingresso da norma no sistema jurídico positivo, no caso, desde a vigência da Constituição de 1988, e suas conseguintes alterações.

Verificados estes aspectos, teremos o nascimento da relação jurídica de competência (consequente da norma de competência), representada por dois critérios: (i) critério pessoal e (ii) critério de delimitação de autorização de competência. O critério pessoal do consequente não deve ser confundido com o do antecedente: note-se que, no consequente, temos a relação jurídica de competência instaurada, de modo a termos aqui, necessariamente, dois polos de sujeição (ativo e passivo), ao passo que no antecedente tínhamos a identificação de apenas uma pessoa (pessoa política competente). O sujeito ativo da norma de competência é o ente político detentor da competência tributária, isto é, a mesma pessoa definida pelo critério pessoal do antecedente. A sua recolocação no consequente tem por fim a observação da relação jurídica formada. No polo passivo, identificamos uma coletividade formada pelos possíveis sujeitos passivos da eventual norma a ser produzida, vale dizer, sujeitos passivos em potencial, relativamente à regra-matriz de incidência tributária eventualmente produzida pelo

---

27. Exceto as contribuições servidores públicos – estados e municípios.

exercício da competência tributária. O segundo critério, a seu turno, é o que nos interessa mais de perto, posto delinear os limites materiais e formais a instituição das exações tributárias (e, notadamente das contribuições). Assim, o analisaremos em subtópico específico.

3.1. Do critério delimitador da autorização de competência

Uma vez estabelecido que a norma de competência institui uma relação jurídica entre o ente político competente e a coletividade[28], convém examinar o (possível) teor da mesma. E, é justamente esta a função do critério ora analisado: definir os contornos da relação jurídica instaurada. Em apertada síntese, trata de se estabelecer as balizas dentro das quais o poder instituinte pode exercer esta sua competência, vale dizer, a forma e o conteúdo necessários da Regra-Matriz de Incidência Tributária a ser elaborada.

Nas palavras de Fernando F. Castellani, a permissão constitucional (competência) *"deve ser exercida dentro de dois outros parâmetros, que servirão para analisarmos a validade sintática e semântica da norma (...). São eles o (i) critério de validação material -Vm- e o critério de validação formal – Vf"*.[29]

A validação material descreve os aspectos que podem ser tomados na possível edição da norma de incidência:

Os critérios de validação material nada mais fazem do que delimitar os exatos contornos da competência atribuída, que, volto a insistir, nunca é absoluta. O ente tributante, ao receber a competência tributária, a recebe nos exatos te os

---

28. Destaque-se que, por se tratar a competência de permissivo legal, em que se autoriza, faculta o exercício de instituição das exações tributárias.
29. CASTELLANI, Fernando F. **Contribuições Especiais e sua Destinação**, p. 71.

definidos pela Constituição. Estes critérios visam delimitar quais são os limites, no sentido material.[30]

Ora, estes critérios justamente por tratarem de competência tributária, de instituição de regras matrizes de tributos, somente podem estar relacionados com os elementos identificadores de cada espécie tributária. Assim, os critérios materiais devem abranger os critérios eleitos pelo legislador para diferenciar as várias espécies tributárias, quais sejam: previsão (ou não) de vinculação da materialidade do tributo a uma atividade estatal, previsão (ou não) de destinação específica para o produto da tributação, e previsão (ou não) de restituição obrigatória dos valores arrecadados após determinado lapso. Em outras palavras, podemos identificar na norma de competência os seguintes elementos de validação material: critério material, critério de destinação e critério de restituição necessária.

O critério material nada mais é do que a definição das hipóteses de incidência possíveis, as situações possíveis de serem descritas no antecedente da norma instituidora do tributo, a de Incidência Tributária. Como já dito anteriormente, essa materialidade, num primeiro momento, pode ser, ou não, vinculada a uma atividade estatal específica, de forma que teremos obrigatória vinculação para taxas e contribuições de melhoria e não a teremos para os impostos, empréstimos compulsórios e contribuições especiais. Ainda, em um segundo momento, deve-se examinar se a Constituição, para além de determinar como materialidade a vinculação, ou não a atividade estatal, estabeleceu os próprios contornos específicos destas materialidades, isto é, delineou as possíveis situações aptas a figurarem no antecedente desta regra-matriz de incidência tributária. Nas contribuições especiais, regra geral, tais

---

30. CASTELLANI, Fernando Ferreira. **A Vinculação das Receitas Tributárias e As Contribuições no Sistema Tributário Nacional**, p. 96. Acessado em 20/04/2014:

<http://www.dominiopublico.gov.br/download/teste/arqs/cp012787.pdf>

materialidades (específicas) não foram definidas pelo texto constitucional. A exceção, como já dito anteriormente, reside justamente nas contribuições sociais para a seguridade social, cujas materialidades possíveis (definição prévia do aspecto material da RMIT a ser confeccionada) estão expostas no art. 195 da Constituição Federal.

Já pelo critério da destinação necessária, temos a definição, na norma de competência, da necessária previsão do destino obrigatório a ser atribuído ao tributo, quando criado. Haverá a inclusão do elemento de previsão, ou não, da destinação necessária do tributo, na norma de competência. Para as normas de competência de taxas, empréstimos compulsórios e contribuições especiais, haverá a previsão de destinação necessária dos tributos, já no caso de impostos e de contribuições de melhoria, tal inexistirá. Nas palavras de Misabel Abreu Machado Derzi, *"destinação da receita passou a fundar o exercício da competência da União. Sem afetar o tributo as despesas expressamente previstas na Constituição, falece competência a União para criar contribuições"*.[31]

No mesmo sentido do critério anterior, o da restituição necessária por se tratar de aspecto diferenciador das espécies tributárias, está incluso na estrutura da norma de competência. Destaque-se que apenas na norma de competência dos empréstimos compulsórios haverá a previsão de necessária restituição.

Ultrapassada essa sucinta análise do critério de validação material, convém destinar ao menos uma linha ao critério de validação formal. Trata-se do aspecto procedimental da norma de competência, mais detidamente dispõe acerca dos veículos introdutores habilitados pelo sistema. A autorização compreendida na norma de competência deve ser exercias utilizando-se do procedimento definido em lei e pela autoridade competente

---

31, DERZI, Misabel Abreu. In: BALEEIRO, Aliomar. **Limitações ao Poder de Tributar**. 7ª ed., p. 598.

para tal, trata-se, pois, da definição do processo legislativo adequado para o exercício da competência tributária. Em regra, estaremos diante de procedimento legislativo instituidor de leis ordinárias.

Antes de encerrarmos o presente tópico, convém arrematar o raciocínio com a conclusão lógica de que a regra-matriz de incidência tributária deve refletir a observância destes parâmetros constitucionalmente traçados, sob pena de própria inconstitucionalidade da mesma. Ora, consoante afirmado por mais de uma ocasião, a competência deve ser exercida dentro dos limites traçados pelo legislador constitucional, acaso o produto deste exercício demonstre a ausência de compromisso com os ditames constitucionais, há de se concluir pela incompatibilidade da mesma com o sistema jurídico ante a inobservância da norma jurídico constitucional de competência. Consoante pontilhado acima, em linhas gerais, a regra-matriz de incidência das contribuições sociais para a seguridade social ordinárias devem ser instituídas pela União, por intermédio de lei ordinária, devendo deter como materialidades possíveis aquelas expressamente delineadas no art. 195 da Constituição Federal, bem como prever que a destinação especifica da arrecadação é fazer frente a atividades estatais relacionadas à área previdenciária. Estabelecidos estas premissas, examinemos a pertinência (ou não), com o ordenamento jurídico, da norma instituída pelo art. 31 da Lei 8.212/92.

4. ANÁLISE DA CONSTITUCIONALIDADE DO ART. 31 DA LEI 8.212/92

4.1. O art. 31 da Lei 8.2.12/92 e o posicionamento jurisprudencial do STJ

Para melhor abordagem ao objeto de análise, transcreve-se o artigo 31, da Lei no. 8.212/1991, com a redação dada pela Lei 9.711/1998:

Art. 31. A empresa contratante de serviços executados mediante cessão de mão-de-obra, inclusive em regime de trabalho temporário, deverá reter onze por cento do valor bruto da nota fiscal ou fatura de prestação de serviços e recolher a importância retida até o dia dois do mês subsequente ao da emissão da respectiva nota fiscal ou fatura, em nome da empresa cedente da mão-de-obra, observado o disposto no § 5º do art. 33. (Redação dada pela Lei n. 9.711, de 20.11.1998).

§ 1º O valor retido de que trata o caput, que deverá ser destacado na nota fiscal ou fatura de prestação de serviços, será compensado pelo respectivo estabelecimento da empresa cedente da mão-de-obra, quando do recolhimento das contribuições destinadas à Seguridade Social devidas sobre a folha de pagamento dos segurados a seu serviço. (Redação dada pela Lei n. 9.711, de 20.11.1998).

§ 2º Na impossibilidade de haver compensação integral na forma do parágrafo anterior, o saldo remanescente será objeto de restituição. (Redação dada pela Lei n. 9.711, de 20.11.1998).

Aludido dispositivo tem sido interpretado, perante o STJ, como **mera instauração de nova técnica arrecadatória**, em que a empresa contratante de serviços de mão de obra terceirizada deve reter 11% sobre o valor do serviço a título de contribuição para a seguridade social:

> EMBARGOS DE DIVERGÊNCIA. CONTRIBUIÇÃO PREVIDENCIÁRIA. EMPRESA PRESTADORA DE SERVIÇO. RETENÇÃO DE 11% SOBRE FATURAS. ART. 31 DA LEI N. 8.212/91, COM A REDAÇÃO DA LEI N. 9.711/98. NOVA SISTEMÁTICA DE ARRECADAÇÃO MAIS COMPLEXA, SEM AFETAÇÃO DAS BASES LEGAIS DA ENTIDADE TRIBUTÁRIA MATERIAL DA EXAÇÃO. PRECEDENTES.
> 1. A Lei n. 9.711, de 20/11/199, que alterou o art. 31 da Lei n. 8.212/1991, não criou qualquer nova contribuição sobre o faturamento, nem alterou a alíquota, nem a base de cálculo da contribuição previdenciária sobre a folha de pagamento. 2. A determinação do mencionado artigo 31 configura, apenas, uma técnica de arrecadação da contribuição previdenciária, colocando as empresas tomadoras de serviço como responsáveis

tributários pela forma de substituição tributária. 3. O procedimento a ser adotado não viola qualquer disposição legal, haja vista que, apenas, obriga a empresa contratante de serviços a reter da empresa contratada, em benefício da previdência social, o percentual de 11% sobre o valor dos serviços constantes da nota fiscal ou fatura, a título de contribuição previdenciária, em face dos encargos de lei decorrentes da contratação de pessoal. 4. A prestadora dos serviços, isto é, a empresa contratada, que sofreu a retenção, procede, no mês de competência, a uma simples operação aritmética: de posse do valor devido a título de contribuição previdenciária incidente sobre a folha de pagamento, diminuirá deste valor o que foi retido pela tomadora de serviços; se o valor devido a título de contribuição previdenciária for menor, recolhe, ao GRPS, o montante devedor respectivo, se o valor retido for maior do que o devido, no mês de competência, requererá a restituição do seu saldo credor. 5. O que a lei criou foi, apenas, uma nova sistemática de arrecadação, embora mais complexa para o contribuinte, porém, sem afetar as bases legais da entidade tributária material da contribuição previdenciária. 6. Precedentes das Primeira e Segunda Turmas desta Corte Superior. 7. Embargos de divergência acolhidos. (STJ – EREsp 511853/MG Relator: Ministro José Delgado, T1 – PRIMEIRA TURMA, Data de Publicação: DJ 17.12.2004).

Porém, análise mais detida do dispositivo, nos demonstra que, ao contrário do asseverado pelo STJ não se trata de dispositivo legal em consonância ao regime jurídico tributário relativo às contribuições, principalmente se cotejada esta hipótese inaugurada com os critérios de validade (material) da norma de competência tributária.

4.2. Crítica ao posicionamento vigente. Regra-Matriz de Incidência dissonante das regras jurídico-constitucionais de competência: da não observância do critério material da norma de competência

Consoante deixamos assente anteriormente (tópico 3.1), a regra-matriz de incidência tributária de todo e qualquer tributo (e, logicamente a da contribuição social previdenciária) deve refletir a observância dos parâmetros, limites, constitucionalmente traçados, a competência exacional. Em outras palavras, a competência deve ser exercida dentro dos limites traçados pelo legislador constitucional, assim, acaso o produto deste exercício () demonstre a ausência de compromisso com os ditames constitucionais, há de se concluir pela incompatibilidade da mesma com o sistema jurídico. Percebe-se, assim, que o exame da regra-matriz de incidência tributária da contribuição social sobre a previdência, a luz do art. 31 da Lei 8.212/91, servirá de instrumental técnico jurídico adequado a verificação da constitucionalidade ou não deste dispositivo legal.

De proêmio, insta destacar que a regra-matriz nada mais seria do que instrumental técnico jurídico criado pela Ciência do Direito a fim de facilitar a construção da norma jurídica exacional tributária.[32] Sabe-se que, as normas jurídicas, entendidas aqui como *"expressão mínima e irredutível de manifestação do deôntico, com sentido completo"*[33], não vêm organicamente estruturadas na legislação posta. Compete ao intérprete estruturá-la com base no texto legislado (ou nos textos legislados). E, a de incidência, que ao fim representa a estruturação lógico formal mínima da norma jurídica exacional, aponta os elementos mínimos necessários que o intérprete deve localizar nos textos legislativos, a fim de construir uma mensagem deôntica de sentido completo (comunicação de uma ordem jurídica).

Arvorando-nos da teoria de Paulo de Barros Carvalho, podemos identificar cinco critérios necessários na estrutura

---

32. No *"domínio das normas tributárias, nem todas as unidades dizem, propriamente, com o fenômeno da percussão impositiva. Algumas estipulam diretrizes gerais ou fixam providências administrativas (...) são poucas, individualizadas e especialíssimas as que definem a incidência tributária"*, (CARVALHO, Paulo de Barros. **Direito Tributário: Linguagem e Método**. 4ª ed., p. 610). E, é sobre esta norma em sentido estrito que desenvolveremos os raciocínios daqui em diante.
33. CARVALHO, Paulo de Barros. **Direito Tributário: Linguagem e Método**. 4ª ed., p. 609.

lógico-formal das normas jurídicas tributárias: três no antecedente, em cujo âmbito busca-se individualizar os fatos passíveis de desencadear a relação jurídica tributária, e dois no consequente, em que se busca caracterizar, assim como dimensionar a relação jurídica instaurada (neste consequente). Nas palavras de Paulo de Barros Carvalho:

> Efetuadas as devidas abstrações lógicas, identificaremos, no descritor da norma, um critério material (comportamentos de uma pessoa, representado por verbo pessoal e de predicação incompleta, seguido pelo complemento), condicionado no tempo (critério temporal) e no espaço (critério espacial). Já na consequência, observaremos um critério pessoal (sujeito ativo e sujeito passivo) e um critério quantitativo (base de cálculo e alíquota)[34]

Centrar-nos-emos no exame do binômio *"hipótese de incidência – base de cálculo"*, posto serem estes elementos os diretamente atrelados ao critério material da norma de competência tributária, que denunciam a observância (ou não) pelo legislador ordinário do delineamento material da competência pelo constituinte. E mais, saliente-se que a analise conjunta destes elementos (binômio) faz-se necessária à medida que é do cotejamento de ambos que se extrai o real evento tributado, bem como a dimensão em que o é feito.

Realmente, enquanto o critério material é o núcleo da hipótese de incidência, que descreve abstratamente um fato do particular ou uma atividade estatal, enquanto fato gerador do tributo, a base de cálculo mensura a intensidade daquela conduta praticada (ou pela Administração ou pelo particular/contribuinte). Logo, a base de cálculo deve ter uma correlação lógica e direta com a hipótese de incidência do tributo, identificando-o (confirmando-o, ou do contrario, infirmando-o), bem

---

34. CARVALHO, Paulo de Barros. **Direito Tributário: Linguagem e Método**. 4ª ed., p. 611.

como mensurando-o. Fala-se, assim, nas funções comparativas e mensuradoras da hipótese de incidência.[35] Não obstante a importância de todas estas funções da base de cálculo, podemos salientar ser a função comparativa que desvela o verdadeiro critério material da hipótese de incidência:

> Eis a base de cálculo, na sua função comparativa, confirmando, infirmando ou afirmando o verdadeiro critério material da hipótese de incidência tributária. Confirmando sempre que houver total sintonia entre o padrão de medida e o núcleo do fato dimensionado; infirmando quando houver manifesta incompatibilidade entre a grandeza eleita e o acontecimento que o legislador declara como a medula da previsão fática; e afirmando, na eventualidade, ser obscura a formulação legal.[36]

E, é justamente aqui que se verifica que, o que efetivamente se tributa, no caso analisado (art. 31 da Lei 8.212/91), é o valor do serviço prestado pela empresa terceirizadora (faturamento), que é fato de todo distinto ao quantum salarial de seus empregados. Ora, sabe-se que o valor de serviço cobrado por estas empresas cedentes de mão de obra abarca para além do custo relativo à remuneração de seus empregados, outras despesas relacionadas ao serviço a ser prestado (produtos de limpeza, uniformes, armas, etc), bem como o lucro a ser auferido. Ainda que se enverede a análise da própria substituição tributária presente na hipótese (tomador substituindo o cessionário), exame este que não realizaremos, cumpre destacar que mesmo nos casos de substituição, o fato gerador tributário é sempre observado, devendo o substituto tributário escolhido ter relação (ainda que indireta) com este fato tributável. Sobre este assunto, merece transcrição, as precisas palavras de Kiyoshi Harada:

---

35. Há ainda a função objetiva da base de cálculo, correspondente ao fato de, conjuntamente a alíquota, determinar o valor *in concreto* da divida tributária.
36. CARVALHO, Paulo de Barros. **Direito Tributário: Linguagem e Método**. 4ª ed., p. 624/625.

Como se vê, a substituição tributária do sujeito passivo natural (prestadora de serviços) foi feita ao arrepio das normas legais e constitucionais pertinentes. Nos termos do CTN só pode ser contribuinte quem tenha relação pessoal e direta com a situação que constitua o respectivo fato gerador (art. 121, I), e responsável tributário, a terceira pessoa vinculada ao fato gerador da respectiva obrigação, expressa e legalmente designada como tal (art. 121, II, c.c. art. 128). Pergunta-se, onde a vinculação da empresa contratante (tomadora de serviços) com a situação que constitua fato gerador da obrigação tributária da empresa prestadora de serviços? O fato gerador dessa contribuição é o pagamento da folha de salários e demais rendimentos do trabalho à pessoa física, por expressa definição legal e constitucional. Indaga-se, o que isso tem a ver com o pagamento do preço do serviço contratado? Onde a correlação entre o preço pago a uma empresa, por conta do serviço avençado, e a remuneração paga à pessoa física?[37]

Cristalino, assim, que a base de cálculo definida pelo art. 31 da Lei 8.212/91, qual seja o valor do serviço prestado, infirma a materialidade erigida na hipótese de incidência, qual seja a folha de salários/rendimentos. Ademais, tendo em conta que a Constituição Federal delimitou expressamente as possíveis materialidades das contribuições sociais previdenciárias, o que configura limitação material ao exercício desta competência tributária, critério de validade material da norma de competência tributária, o seu desrespeito (ao critério) pelo legislador ordinário, como se verifica no presente caso, configura própria inconstitucionalidade da norma.

5. CONCLUSÃO

(1) O Estado, ao exercer a tributação, deve observar os limites que a ordem constitucional lhe impôs, limitações estas

---

37. HARADA, Kiyoshi. **Substituição Tributária da contribuição social sobre a remuneração.** Disponível em: <http://jus.com.br/artigos/1481/substituicao--tributaria-da-contribuicao-social-sobre-a-remuneracao#ixzz30Uxc51Xb>, consultado em 30/04/2014.

garantidoras dos direitos fundamentais dos cidadãos. Daí, ser imperativo a um Estado de Direito, como o é o brasileiro, a rígida observância das normas constitucionais delimitadoras de competência tributária.

(2) Neste sentido, a verificação de compatibilidade da instituição de todo e qualquer tributo, inclusive a das contribuições sociais para a previdência social e o regime estabelecido pelo art. 31 da Lei 8.212/91, perpassa a análise das normas constitucionais de competência. Dito de outra forma, a regra-matriz de incidência tributária deve refletir a observância dos parâmetros constitucionalmente traçados, sob pena de inconstitucionalidade da norma.

(3) Partindo da conclusão de serem as contribuições especiais, espécie tributária autônoma e sujeitas, portanto, a um regime jurídico tributário específico, e estruturada, logico-formalmente, a norma jurídica de competência constitucional tributária, verifica-se, serem condições inafastáveis ao regular e válido exercício da competência tributária destes tributos o seu respeito aos seguintes critérios: instituição pela União Federal, por intermédio de lei ordinária, prevendo como materialidades possíveis atos/fatos não vinculados à atividade estatal, e previsão de destinação específica da arrecadação a atividades realizadas no campo a que se propõe a intervenção estatal.

(4) No que tange as contribuições especiais sociais ordinárias, a constituição minudenciou inclusive os fatos de manifestação de riqueza passíveis de sofrerem a incidência tributária (art. 195 da CF). Assim, regra-matriz de incidência das contribuições sociais para a seguridade social ordinárias deve além de ser instituídas pela União, por intermédio de lei ordinária, e prever que a destinação especifica da arrecadação é fazer frente a atividades estatais relacionadas a área previdenciária, ter como materialidades possíveis aquelas expressamente delineadas no art. 195 da Constituição Federal, quais sejam:

incidir sobre (i) pagamentos de salários ou rendimentos, (ii) auferição de faturamento, (iii) auferição de lucro e (iv) importação, (v) auferição de rendimentos (a título de remuneração) e (vi) auferição de receita de concurso de prognósticos. Estabelecidas estas premissas, é possível que examine-se a pertinência (ou não), com o ordenamento jurídico, da norma instituída pelo art. 31 da Lei 8.212/92.

(5) Centrando-nos no exame do binômio *"hipótese de incidência – base de cálculo"* da Regra-Matriz de Incidência, posto serem estes elementos os diretamente atrelados ao critério material da norma de competência tributária, que denunciam a observância (ou não) pelo legislador ordinário do delineamento material da competência pelo constituinte. E mais, saliente-se que a análise conjunta destes elementos (binômio) faz-se necessária à medida que é do cotejamento de ambos que se extrai o real evento tributado. Realmente, enquanto o critério material é o núcleo da hipótese de incidência, que descreve abstratamente um fato do particular ou uma atividade estatal, enquanto fato gerador do tributo, a base de cálculo mensura a intensidade daquela conduta praticada (ou pela Administração ou pelo particular/contribuinte), identificando-a. E, é justamente aqui que se verifica que, o que efetivamente se tributa, no caso analisado (art. 31 da Lei 8.212/91), é o valor do serviço prestado pela empresa terceirizadora (faturamento), que é fato de todo distinto ao *quantum* salarial de seus empregados.

(6) Ainda que se enverede a análise da própria substituição tributária presente na hipótese (tomador substituindo o cessionário), exame este que não realizamos, cumpre destacar que mesmo nos casos de substituição, o fato gerador tributário deve ser sempre observado. A base de cálculo definida pelo art. 31 da Lei 8.212/91, qual seja o valor do serviço prestado, infirma a materialidade erigida na hipótese de incidência, qual seja a folha de salários/rendimentos, o que nos permite concluir pela sua inconstitucionalidade (ofensa à norma constitucional de competência).

6. BIBLIOGRAFIA

BARRETO, Paulo Ayres. **Contribuições. Regime Jurídico, Destinação e Controle**. São Paulo: Noeses. Edição Digital.

BRASIL. STJ, T1 – Primeira Turma, EREsp 511853/MG Relator Ministro José Delgado, DJ 17.12.2004.

BECKER, Augusto Alfredo. **Teoria Geral do Direito Tributário**. 5ª ed., São Paulo: Noeses, 2010.

CARRAZZA, Roque Antonio. **Curso Direito Constitucional Tributário**, 22ª ed. São Paulo: Malheiros, 2006.

CARVALHO, Paulo de Barros. **Curso de Direito Tributário**, 19ª ed. São Paulo: Saraiva, 2007.

_____. **Direito Tributário: Linguagem e Método**, 4ª ed. São Paulo: Noeses, 2011.

CASTELLANI, Fernando Ferreira. **Contribuiçoes Especiais e sua Destinação**. São Paulo: Noeses, 2009.

_____. **A vinculação das Receitas Tributárias e as Contribuições no Sistema**. Disponível em:

http://www.dominiopublico.gov.br/download/teste/arqs/cp012787.pdf.

DE SANTI, Eurico Diniz de (coord). **Curso de especialização em direito tributário**: estudos analíticos em homenagem a Paulo de Barros Carvalho. Rio de Janeiro: Forense, 2009.

DERZI, Misabel Abreu. In: BALEEIRO, Aliomar. **Limitações ao Poder de Tributar**. 7ª ed atualiz. Rio de Janeiro: Forense, 2009.

GAMA, Tácio Lacerda. **Contribuição de intervenção no domínio econômico**. São Paulo: Quartier Latin, 2009.

_____. **Competência Tributária** – Fundamentos para uma teoria da nulidade. São Paulo: Noeses, 2009.

GRECO, Marco Aurélio. **Contribuições (uma figura "sui generis")**. São Paulo: Dialética, 2009.

HARADA, Kiyoshi. **Substituição Tributária da contribuição social sobre a remuneração**. Disponível em: http://jus.com.br/artigos/1481/substituicao-tributária-da-contribuicao-social-sobre-a-remuneracao#ixzz30Uxc51Xb.

MACHADO, Hugo de Brito. **Curso de Direito Tributário**, 13ª ed., São Paulo: Malheiros, 1998.

PAULSEN, Leandro; VELLOSO, Andrei Pitten. **Contribuições: Teoria Geral, contribuições em espécie**, 2ª ed. rev. e atualiz. Porto Alegre: Livraria do Advogado, 2013.

PAULSEN, Leandro. **Responsabilidade e Substituições Tributárias**. Porto Alegre: Livraria do Advogado Ed., 2012.

ROCHA, Valdir de Oliveira. Contribuições Sociais. In: **Cadernos de pesquisa tributária**. Contribuições Sociais, v. 17.

SOUZA, Hamilton Dias. Contribuições Especiais. In: MARTINS, Ives Gandra da Silva (coord.) **Curso de Direito Tributário**, 9ª ed., São Paulo: Saraiva, 2006.

TOMÉ, Fabiana Del Padre. **Contribuições para a Seguridade Social**: à luz da Constituição Federal, 2ª ed., Curitiba: Juruá, 2013.

Capítulo II
TRIBUTAÇÃO E DIREITOS FUNDAMENTAIS

SIGILO BANCÁRIO, FISCALIZAÇÃO TRIBUTÁRIA E RESERVA DE JURISDIÇÃO: PROPOSTA DE HARMONIZAÇÃO DINÂMICA

Andrei Pitten Velloso[1]

Índice: 1. Introdução. 2. Restrições tributárias à garantia constitucional do sigilo bancário. 2.1. Dever de as instituições financeiras informarem a movimentação financeira global dos contribuintes. 2.2. Requisição direta de informações específicas e de documentos bancários. 3. Conflito entre a garantia do sigilo bancário e o poder-dever de fiscalização tributária. 4. Legitimidade *in abstracto* da transferência direta de informações: a reserva de jurisdição. 4.1. Reserva de jurisdição quanto à requisição de informações ou documentos específicos. 4.2. Reserva de jurisdição quanto à informação dos montantes globais movimentados. 5. Controle de proporcionalidade. 5.1. Adequação e necessidade. 5.2. Proporcionalidade *stricto sensu*. 6. Conclusões.

---

1. Juiz Federal em Porto Alegre/RS. Doutor em Direitos e Garantias do Contribuinte pela Universidade de Salamanca (Espanha). Mestre em Direito Tributário pela Universidade Federal do Rio Grande do Sul – UFRGS. Ex--pesquisador visitante da *Ludwig-Maximilians Universität* (LMU – Munique) e da *Università degli Studi di Milano* (Itália). Coordenador da Especialização em Direito Tributário da FESDT-ESMAFE-UCS. Já atuou como Juiz Auxiliar do STF e como Procurador da República.

1. INTRODUÇÃO

A oposição do sigilo bancário ao Fisco é um dos temas mais relevantes e polêmicos do Direito Tributário, por estabelecer um conflito de difícil resolução e de alta envergadura prática entre a garantia da intimidade e o princípio da igualdade tributária, valores fundamentais do sistema constitucional.

Compreensível, portanto, a hesitação do Supremo Tribunal Federal em resolver controvérsia tão sensível. Tramitam no Tribunal, desde janeiro de 2001, diversas ações diretas de inconstitucionalidade sobre o regramento dessa questão, sendo que em nenhuma delas foi exarada decisão, seja quanto ao pedido liminar, seja quanto ao mérito.[2] Ademais, a Corte reconheceu a repercussão geral da matéria em outubro de 2009, mas ainda não julgou o *leading case*.[3] E quando deliberou sobre o tema, proferiu, no exíguo intervalo de três semanas, decisões diametralmente antagônicas, a primeira contrária e a segunda favorável aos contribuintes, mas ambas destituídas de efeitos *erga omnes* e de eficácia vinculante.[4]

---

2. Sob a relatoria do Ministro Dias Toffoli tramitam as ADIs 2.386, 2.390, 2.397 e 2.859, ajuizadas, respectivamente, pela Confederação Nacional do Comércio, pelo Partido Social Liberal – PSL, pela Confederação Nacional da Indústria e pelo Partido Trabalhista Brasileiro. A ação principal é a ADI 2.390, na qual os autores das demais ações diretas passaram a figurar na qualidade de requerentes ativos. Sob a relatoria da Ministra Rosa Weber, tramitam as ADIs 4.006 e 4.010, esta ajuizada pelo Conselho Federal da Ordem dos Advogados do Brasil em face do artigo 5º da Lei Complementar 105/2001 e aquela movida pela Confederação Nacional das Profissões Liberais – CNPL, contra a Instrução Normativa RFB n. 802, de 27.12.2007.

3. Trata-se do RE 601.314 RG, relator Ministro Ricardo Lewandowski, pertinente ao assunto de n. 225 da gestão por temas do STF, que compreende duas questões específicas: i) o fornecimento de informações sobre movimentações financeiras ao Fisco sem autorização judicial, nos termos do art. 6º da Lei Complementar n. 105/2001; e ii) a aplicação retroativa da Lei n. 10.174/2001 para apuração de créditos tributários referentes a exercícios anteriores ao de sua vigência.

4. Na sessão de 24 de novembro de 2010, a Corte não referendou uma medida

Percebe-se, portanto, que a polêmica ainda deverá ser dirimida pelo Supremo Tribunal Federal[5] – e que a sua detida análise em sede doutrinária continua a ostentar elevada importância prática.

Frente a esse contexto, este artigo se destina, fundamentalmente, a averiguar a legitimidade constitucional dos artigos 5º, *caput* e § 2º, e 6º, *caput*, da Lei Complementar 105/2001, que estão no cerne da regulação legislativa da matéria e consagram, respectivamente, o dever de as instituições financeiras informarem ao Fisco a movimentação global dos seus clientes e o poder de as autoridades tributárias requisitarem informações específicas e documentos relativos a aplicações e depósitos dos contribuintes.

---

liminar em ação cautelar voltada a afastar a aplicação dos efeitos da Lei Complementar 105/2001 e da Lei 10.174/2001, por ausência dos requisitos da verossimilhança da alegação e do risco da demora, com detida análise da questão de fundo (STF, Pleno, AC 33 MC, rel. p/ ac. Min. Joaquim Barbosa, julgado em 24.11.2010). No entanto, poucas semanas após, o STF, por apertada maioria, reconheceu a existência de uma reserva de jurisdição quanto às pretensões do Fisco de lograr acesso a informações bancárias dos contribuintes, conferindo à legislação que regula a matéria interpretação conforme a Constituição, "*tendo como conflitante com esta a que implique afastamento do sigilo bancário do cidadão, da pessoa natural ou da jurídica, sem ordem emanada do Poder Judiciário*" (Pleno, RE 389.808, rel. Min. Marco Aurélio, julgado em 15/12/2010). Neste julgamento, estava ausente o relator para o acórdão da AC 33 MC, Ministro Joaquim Barbosa, e o Ministro Gilmar Mendes mudou a orientação que adotara na apreciação da AC 33 MC, passando a decidir a favor dos contribuintes. Ficaram vencidos os Ministros Dias Toffoli, Cármen Lúcia, Ayres Britto e Ellen Gracie.

5. Enquanto o Supremo Tribunal Federal não delibera acerca da constitucionalidade da legislação que autoriza o acesso direto do Fisco a dados protegidos pelo sigilo bancário, o Superior Tribunal de Justiça tem reconhecido a sua legitimidade e imposto a sua aplicação, consoante evidencia este julgado relatado pela saudosa Ministra Denise Arruda: "[...] a utilização de informações financeiras pelas autoridades fazendárias não viola o sigilo de dados bancários, em face do que dispõe não só o Código Tributário Nacional (art. 144, § 1º), mas também a Lei 9.311/96 (art. 11, § 3º, com a redação introduzida pela Lei 10.174/2001) e a Lei Complementar 105/2001 (arts. 5º e 6º), inclusive podendo ser efetuada em relação a períodos anteriores à vigência das referidas leis" (1ª Turma, REsp 541.740, julgado em 14/11/2006, excerto do seu voto).

Para tanto, expõe-se sucintamente a regulação da matéria, evidencia-se o conflito existente entre a garantia constitucional do sigilo bancário e o poder-dever de fiscalização tributária, delimita-se o alcance da reserva da jurisdição quanto às pretensões fazendárias voltadas à privacidade financeira dos contribuintes e, por fim, submetem-se os citados dispositivos da LC 105/2001 a um controle de proporcionalidade.

2. RESTRIÇÕES TRIBUTÁRIAS À GARANTIA CONSTITUCIONAL DO SIGILO BANCÁRIO

A Lei Complementar 105/2001 veio a regular o sigilo das operações realizadas pelas instituições financeiras. Embora tenha determinado que conservem *"sigilo em suas operações ativas e passivas e serviços prestados"* (art. 1º, *caput*), consagrou o dever de as instituições financeiras repassarem à Receita Federal informações relativas às operações bancárias realizadas pelos seus clientes (art. 5º, *caput*) e autorizou as autoridades fazendárias federais, estaduais, distritais e municipais a requisitarem das instituições financeiras, no curso de processo ou procedimento fiscal, informações relativas a seus clientes (art. 6º, *caput*).

Em vista das suas peculiaridades e das distintas indagações que suscitam, cumpre analisar separadamente a regulação de cada uma dessas restrições à privacidade dos contribuintes.

2.1. Dever de as instituições financeiras informarem a movimentação financeira global dos contribuintes

O polêmico dever de informação da movimentação financeira global dos contribuintes foi estabelecido de forma implícita pelo artigo 5º da LC 105/2001, que delegou à Administração Federal o encargo de especificá-lo:

Art. 5º O Poder Executivo disciplinará, inclusive quanto à periodicidade e aos limites de valor, os critérios segundo os quais as instituições financeiras informarão à administração tributária da União, as operações financeiras efetuadas pelos usuários de seus serviços.

§ 1º Consideram-se operações financeiras, para os efeitos deste artigo: [...]

§ 2º As informações transferidas na forma do caput deste artigo restringir-se-ão a informes relacionados com a identificação dos titulares das operações e os montantes globais mensalmente movimentados, vedada a inserção de qualquer elemento que permita identificar a sua origem ou a natureza dos gastos a partir deles efetuados.

[...]

§ 4º Recebidas as informações de que trata este artigo, se detectados indícios de falhas, incorreções ou omissões, ou de cometimento de ilícito fiscal, a autoridade interessada poderá requisitar as informações e os documentos de que necessitar, bem como realizar fiscalização ou auditoria para a adequada apuração dos fatos.

§ 5º As informações a que refere este artigo serão conservadas sob sigilo fiscal, na forma da legislação em vigor.

Não se trata de uma delegação pura. O artigo 5º da LC 105/2001 estipulou balizas específicas ao poder regulamentar da Administração Federal, dentre as quais sobressai a restrição de que somente seriam repassadas informações concernentes à identificação dos titulares e aos *"montantes globais mensalmente movimentados"*, vedada *"a inserção de qualquer elemento que permita identificar a sua origem ou a natureza dos gastos a partir deles efetuados"* (§ 2º).

A regulamentação desse dever de informação foi veiculada pelo Decreto 4.489/2002, que concretizou o significado da expressão *"montante global mensalmente movimentado"* (art. 3º); autorizou as instituições financeiras a desconsiderarem as movimentações globais de pequeno valor, entendidas como aquelas de até R$ 5.000,00 e R$ 10.000,00 por mês, para pessoas físicas e jurídicas respectivamente (art. 4º); delegou à Receita Federal o poder de alterar estes valores mínimos (art. 5º, I); facultou ao Fisco instaurar, com base nas informações recebidas, *"procedimento fiscal tendente a verificar a existência de crédito tributário relativo a impostos e contribuições sob sua administração"* (art. 7º); e previu sanções para o descumprimento do dever de informação (art. 8º), bem como para o servidor que violar o sigilo acerca dos dados recebidos ou utilizá-los indevidamente (arts. 9º, 10 e 11).

Informações análogas já eram prestadas pelas instituições financeiras para fins de lançamento da extinta CPMF, consoante a determinação inscrita no art. 11, § 2º, da Lei 9.311/1996, *verbis*:

> Art. 11. Compete à Secretaria da Receita Federal a administração da contribuição, incluídas as atividades de tributação, fiscalização e arrecadação.
>
> [...]
>
> § 2º As instituições responsáveis pela retenção e pelo recolhimento da contribuição prestarão à Secretaria da Receita Federal as informações necessárias à identificação dos contribuintes e os valores globais das respectivas operações, nos termos, nas condições e nos prazos que vierem a ser estabelecidos pelo Ministro de Estado da Fazenda.

Daí a razão de o Poder Executivo Federal ter editado o Decreto 4.545/2002, dispondo que a prestação de informações sobre operações financeiras, nos termos do art. 11, § 2º, da Lei 9.311/1996, supre a obrigação de que trata o Decreto 4.489/2002.

Nas vésperas do término da vigência da CPMF, editou-se a Instrução Normativa RFB n. 802, de 27.12.2007, que estabeleceu a obrigatoriedade da prestação de informações semestrais pelas instituições financeiras, nos seguintes termos:

> Art. 1º As instituições financeiras, assim consideradas ou equiparadas nos termos dos §§ 1º e 2º do art. 1º da Lei Complementar n. 105, de 10 de janeiro de 2001, devem prestar informações semestrais, na forma e prazos estabelecidos pela Secretaria da Receita Federal do Brasil (RFB), relativas a cada modalidade de operação financeira de que trata o art. 3º do Decreto n. 4.489, de 2002, em que o montante global movimentado em cada semestre seja superior aos seguintes limites:
>
> I – para pessoas físicas, R$ 5.000,00 (cinco mil reais);
>
> II – para pessoas jurídicas, R$ 10.000,00 (dez mil reais).
>
> [...]
>
> Art. 2º Na hipótese em que o montante global movimentado no semestre referente a uma modalidade de operação financeira seja superior aos limites de que tratam os incisos I e II do art. 1º, as instituições financeiras deverão prestar as informações relativas às demais modalidades de operações ou conjunto de operações daquele titular ou usuário de seus serviços, ainda que os respectivos montantes globais movimentados sejam inferiores aos limites estabelecidos.

A transmissão dessa informação é veiculada pela *"Declaração de Informações sobre Movimentação Financeira"* (Dimof), instituída pela Instrução Normativa RFB n. 811, de 28 de janeiro de 2008, cuja apresentação é obrigatória para *"os bancos de qualquer espécie, cooperativas de crédito e associações de poupança e empréstimo, e para as instituições autorizadas a realizar operações no mercado de câmbio"*, incluída a Empresa Brasileira de Correios e Telégrafos (art. 1º, *caput* e § 2º, com a redação dada pela Instrução Normativa RFB n. 1.092, de 2 de dezembro de 2010).

As movimentações consideradas para apurar-se o montante global são aquelas arroladas no artigo 2º da Instrução Normativa RFB n. 811/2008, a saber: depósitos à vista e a prazo, em conta de depósito ou conta de poupança; pagamentos efetuados em moeda corrente ou em cheques, em conta de depósito ou conta de poupança; emissão de ordens de crédito ou documentos assemelhados, em conta de depósito ou conta de poupança; resgates à vista ou a prazo, em conta de depósito ou conta de poupança; aquisições de moeda estrangeira; conversões de moeda estrangeira em moeda nacional; transferências de moeda estrangeira e de outros valores para o exterior.

Exposta a regulamentação básica desse dever de informar, cumpre analisar a correlata autorização legislativa de requisição direta de informações específicas e de documentos bancários.

2.2. Requisição direta de informações específicas e de documentos bancários

Além de impor às instituições financeiras o dever de informar a movimentação financeira global dos seus clientes, a Lei Complementar 105/2001 estabeleceu que, recebidas as informações e detectados indícios de irregularidades nas declarações dos contribuintes, a autoridade administrativa federal poderá *"requisitar as informações e os documentos de que necessitar, bem como realizar fiscalização ou auditoria para a adequada apuração dos fatos"* (art. 5º, § 4º), sendo que tais informações deverão ser *"conservadas sob sigilo fiscal, na forma da legislação em vigor"* (art. 5º, § 5º).

Nessa senda, o artigo 6º da LC 105/2001 dispôs que as autoridades e os agentes fiscais de *todas as esferas federativas* poderão examinar registros de instituições financeiras, inclusive os referentes a contas de depósito e aplicações financeiras, sempre que haja *"processo administrativo instaurado ou procedimento fiscal em curso e tais exames sejam considerados indispensáveis pela autoridade administrativa competente"* (art. 6º, *caput*). Ato contínuo, a multicitada lei adverte que o *"resultado dos exames, as informações e os documentos a que se refere este artigo serão conservados em sigilo, observada a legislação tributária"* (art. 6º, parágrafo único).

No âmbito federal, a atribuição prevista pelo artigo 6º, *caput*, da LC 105/2001 foi regulamentada pelo Decreto 3.724/2001, o qual, na redação atual, delimita as informações que podem ser requisitadas, atinentes à ficha cadastral do sujeito passivo e a *"valores, individualizados, dos débitos e créditos efetuados no período"* (art. 5º, I), e condiciona o acesso da Receita Federal a tais dados não só à existência de procedimento de fiscalização em curso, mas também à indispensabilidade das informações (art. 2º, § 5º), consideradas as hipóteses taxativamente descritas no artigo 3º, dentre as quais sobressaem aquelas atinentes à *"subavaliação de valores de operação"* (inciso I), à *"realização de gastos ou investimentos em valor superior à renda disponível"* (inciso V), a ocorrências que ensejam a determinação do regime especial de fiscalização, nos termos do artigo 33 da Lei 9.430/1996 (inciso VII) e à *"presença de indício de que o titular de direito é interposta pessoa do titular de fato"* (inciso XI).

O aludido decreto, em sua redação vigente, estabelece, outrossim, que somente as autoridades competentes para expedir o *"Mandado de Procedimento Fiscal"* (MPF) poderão requisitar informações financeiras, mediante documento denominado *"Requisição de Informações sobre Movimentação Financeira"* (RMF), devidamente antecedido de *"intimação ao sujeito passivo para apresentação de informações sobre movimentação financeira, necessárias à execução do MPF"* (art. 4º, §§ 1º e 2º).

A RMF deverá ser expedida com base em relatório circunstanciado, no qual conste *"a motivação da proposta de expedição da RMF, que demonstre, com precisão e clareza, tratar-se de situação enquadrada em hipótese de indispensabilidade prevista no artigo anterior, observado o princípio da razoabilidade"*, além de indicações atinentes ao sujeito passivo, à autoridade requisitante, ao procedimento administrativo e às informações requisitadas (art. 4º, §§ 5º a 7º).

3. CONFLITO ENTRE A GARANTIA DO SIGILO BANCÁRIO E O PODER-DEVER DE FISCALIZAÇÃO TRIBUTÁRIA

Ao instituir o dever de as instituições financeiras repassarem ao Fisco informações e documentos de seus clientes, a LC 105/2001 gerou um sensível conflito jurídico-constitucional entre a garantia do sigilo bancário e o poder-dever de fiscalização tributária.

Deveras, o sigilo bancário tem *status* constitucional, por constituir uma *projeção específica* da garantia fundamental da inviolabilidade da intimidade e da vida privada, insculpida no artigo 5º, X, da Carta da República,[6] *verbis*:

> Art. 5º Todos são iguais perante a lei, sem distinção de qualquer natureza, garantindo-se aos brasileiros e aos estrangeiros residentes no País a inviolabilidade do direito à vida, à liberdade, à igualdade, à segurança e à propriedade, nos termos seguintes:
>
> [...]
>
> X – são invioláveis a intimidade, a vida privada, a honra e a imagem das pessoas, assegurado o direito a indenização pelo dano material ou moral decorrente de sua violação;

De outro lado, o poder-dever de fiscalização tributária encontra assento nos princípios do interesse público e da isonomia tributária, constituindo, outrossim, uma decorrência lógica do poder de tributar, pois *não há falar em tributação sem fiscalização*, baseada estritamente na lealdade e boa-fé dos

---

6. Nesse sentido, conferir, por todos, BALTAZAR JÚNIOR, José Paulo. *Sigilo bancário e privacidade*. Porto Alegre: Livraria do Advogado, 2005, p. 60.

contribuintes. Foi essa a razão, aliás, que levou o Tribunal Constitucional Federal alemão (*Bundesverfassungsgericht*) a proclamar, no paradigmático julgado sobre a tributação dos juros (*Urteil zur Zinsbesteuerung*), a inconstitucionalidade de sistemática impositiva que não abrangia um regime idôneo de fiscalização, fazendo com que a execução da norma tributária dependesse fundamentalmente da honestidade dos contribuintes. O Tribunal entendeu que a própria legislação impositiva deve garantir a igualdade na sua execução, complementando o "princípio da declaração" (*Deklarationsprinzip*) pelo "princípio da verificação" (*Verifikationsprinzip*), sob pena de incorrer no vício de inconstitucionalidade.[7]

Ademais, no sistema jurídico brasileiro o poder-dever de fiscalização possui fundamento constitucional expresso, no artigo 145, § 1º, *segunda parte*, da Carta de 1988, que preceitua:

> § 1º – Sempre que possível, os impostos terão caráter pessoal e serão graduados segundo a capacidade econômica do contribuinte, *facultado à administração tributária, especialmente para conferir efetividade a esses objetivos, identificar,* respeitados os direitos individuais e nos termos da lei, o patrimônio, os rendimentos e as atividades econômicas do contribuinte. (grifei)

Por óbvio, as declarações dos sujeitos passivos devem submeter-se à fiscalização tributária – e esta deve ser implementada com eficiência e com integral respeito aos direitos individuais dos contribuintes. Daí a razão de a polêmica acerca do acesso do Fisco a dados protegidos pelo sigilo bancário não gravitar sobre a possibilidade, em tese, de tal acesso, que é evidente, senão sobre os requisitos formais e materiais da sua legitimidade jurídica.

---

7. BVerfGE 84, 239. Para uma análise detida do precedente e do seu significado para a dogmática da igualdade tributária, vide VELLOSO, Andrei Pitten. *O Princípio da Isonomia Tributária: da Teoria da Igualdade ao controle das desigualdades impositivas*. Porto Alegre: Livraria do Advogado, 2010, pp. 227 e ss.

No que segue, analisar-se-á um polêmico requisito de legitimidade, pertinente à prévia determinação judicial de "quebra" do sigilo bancário.

4. LEGITIMIDADE *IN ABSTRACTO* DA TRANSFERÊNCIA DIRETA DE INFORMAÇÕES: A RESERVA DE JURISDIÇÃO

Tendo em vista que a garantia da privacidade não é absoluta e que o poder-dever de fiscalização tributária encontra assento constitucional, a legitimidade jurídica das restrições ao sigilo bancário deve ser aferida à luz do postulado da proporcionalidade.

Porém, antes de iniciar o controle de proporcionalidade urge averiguar se estão presentes as *condições prévias* de tal exame,[8] ou mais precisamente, se a medida utilizada não ofende, por si só, a Constituição da República, fato que tornaria despicienda qualquer consideração acerca da sua proporcionalidade.

Quanto a tal aspecto, sobressai a alegação de que tanto o repasse, pelas instituições financeiras, de informações bancárias ao Fisco quanto a requisição, por este, de informações específicas violariam a reserva de jurisdição, garantia constitucional de que determinadas investidas estatais na esfera jurídica dos cidadãos se sujeitem a um prévio controle de legitimidade pelo Poder Judiciário.[9] Essa alegação já foi acolhida,

---

8. Conferir, a propósito, SCACCIA, Gino. *Gli "strumenti" della ragionevolezza nel giudizio costituzionale.* Milano: Giuffrè, 2000, p. 271.

9. Trata-se do que a doutrina denomina "reserva absoluta de jurisdição", em contraposição à "reserva relativa de jurisdição", pertinente à garantia constitucional da inafastabilidade do controle judicial, consagrada no artigo 5º, XXXV, da Constituição da República, nestes termos: "a lei não excluirá da apreciação do Poder Judiciário lesão ou ameaça a direito". Pelo caráter preventivo da reserva absoluta de jurisdição, fala-se no "monopólio da primeira palavra", em contraposição ao "monopólio da última palavra", correlato à garantia da inafastabilidade do controle judicial. (CANOTILHO, J. J. Gomes.

por apertada maioria, pelo Supremo Tribunal Federal,[10] porém ainda não existe, como dito anteriormente, um pronunciamento conclusivo da Corte acerca da existência e da amplitude da reserva de jurisdição.

Trata-se, efetivamente, de questão complexa, que não pode ser enfrentada de forma binária, simplista. Mister analisar cautelosamente cada uma de suas nuances.

4.1. Reserva de jurisdição quanto à requisição de informações ou documentos específicos

Afigura-se acertada a conclusão de que a Administração Tributária não pode requisitar *diretamente*, das instituições financeiras, documentos ou informações *específicas* acerca das movimentações bancárias de seus clientes.

Mediante tais requisições, o Fisco obtém acesso até mesmo à ficha cadastral dos correntistas e ao detalhamento dos seus débitos e créditos (art. 5º, I, do Decreto 3.724/2001), que expressam em detalhes a sua vida privada e financeira. Trata-se de expressiva intervenção na esfera privada dos contribuintes, que tem de ser precedida de um exame específico de legitimidade jurídica, a ser efetuado em cada caso concreto por um órgão imparcial, nomeadamente pelo Poder Judiciário.

Portanto, quanto à requisição de documentos ou informações específicas são plenamente aplicáveis estas ponderações do Ministro Celso de Mello, exaradas no julgamento do RE 389.808:

> Esse tema [refere-se à garantia constitucional da intimidade e da vida privada] ganha ainda maior relevo, se se considerar

---

Direito Constitucional e Teoria da Constituição. 7ª Ed. 2ª reimpressão. Coimbra: Almedina, 2003, pp. 668 e ss).
10. STF, Pleno, RE 389.808, rel. Min. Marco Aurélio, julgado em 15/12/2010.

o círculo de proteção que o ordenamento constitucional estabeleceu em torno das pessoas, notadamente dos contribuintes do Fisco, objetivando protegê-los contra ações eventualmente arbitrárias praticadas pelos órgãos estatais da administração tributária, o que confere especial importância ao postulado da proteção judicial efetiva, que torna inafastável, em situações como a dos autos, a necessidade de autorização judicial, cabendo ao Juiz, e não à administração tributária, a quebra do sigilo bancário. É que os órgãos estatais da administração tributária não guardam, em relação ao contribuinte, posição de equidistância nem dispõem do atributo (apenas inerente à jurisdição) da `terzietà´, o que põe em destaque o sentido tutelar da cláusula inscrita no § 1º do art. 145 de nossa Lei Fundamental. (suprimiram-se os destaques).

À luz dessa arguta observação, infere-se que a requisição *direta* de documentos ou de informações bancárias específicas dos contribuintes é inconstitucional, por ofender a reserva de jurisdição que há sobre intervenção tão significativa na esfera privada dos contribuintes.

A exigência de equidistância não confere, no entanto, suporte a uma reserva *universal* de jurisdição, aplicável a toda e qualquer informação financeira dos sujeitos passivos.

4.2. Reserva de jurisdição quanto à informação dos montantes globais movimentados

Diversamente do que sucede com as requisições de documentos e informações específicas, a mera exigência de repasse, pelas instituições financeiras, de informações relativas aos *montantes globais* mensalmente movimentados não constitui intervenção *tão severa* na intimidade e na vida privada dos contribuintes *a ponto de justificar o reconhecimento de uma reserva de jurisdição*, ou seja, de pressupor um controle judicial prévio, a ser exercido caso a caso.

TRIBUTAÇÃO: DEMOCRACIA E LIBERDADE

A rigor, a informação acerca do montante total movimentado mensalmente pelos contribuintes sequer desvela, de modo significativo, a sua intimidade e a sua vida privada,[11] mas simplesmente indicia a sua disponibilidade financeira global, de modo a propiciar o controle da veracidade das suas declarações fiscais e, se for o caso, a abertura de procedimento fiscalizatório.

Trata-se de uma informação genérica, destinada unicamente a fornecer um critério de tratamento automático de declarações ("malha fiscal"), que não será objeto de atenção humana, salvo quando houver divergência entre a declaração prestada pelo contribuinte e a sua movimentação financeira global.

Sem essa fundamental informação, o Fisco restará totalmente impotente para fiscalizar a idoneidade das declarações dos contribuintes, limitando-se a arrecadar tributos dos contribuintes honestos, zelosos do seu dever de contribuir aos gastos públicos, que pagam a sua "quota" e também a de todos

---

11. Acolhendo posição mais restritiva, Tércio Sampaio Ferraz Júnior pontifica que a informação acerca do montante das movimentações financeiras nem mesmo é objeto de tutela pela garantia constitucional da intimidade e da vida privada: "... montantes de operações não fazem parte nem da intimidade nem da vida privada. Não perante a Administração Tributária (que deles tem o dever de sigilo, sendo inconstitucional sua comunicação a outros entes administrativos que não têm o mesmo dever)" ("Sigilo das operações de instituições financeiras (parecer do processo IASP 1/279)". *Revista do Instituto dos Advogados de São Paulo*. v. 5, n. 9, jan./jun. 2002, p. 177). Nesta linha, Oswaldo Othon de Pontes Saraiva Filho assevera: "... nos casos de transferências para o Fisco de informes bancários, com fundamento no artigo 5º, *caput*, e § 2º, da Lei Complementar n. 105/2001, não há, convenhamos, matéria sigilosa, nem, tampouco, algo relacionado com a liberdade, com a privacidade, a ser oposta à Administração tributária." E arremata, criticando acidamente a posição contrária: "... só uma leitura exagerada ou, *data venia*, tendenciosa poderia explicar o confronto do artigo 5º da Lei Complementar n. 105 com o artigo 5º, inciso X, da Constituição Federal" ("O sigilo bancário e a administração tributária". *Revista Fórum de Direito Tributário*, ano. 6, n. 34. jul./ago. 2008, p. 36).

aqueles que optam pela evasão, albergados pela certeza da impunidade. Por tal razão, não se pode elastecer a garantia do sigilo bancário e a reserva de jurisdição a ponto de torná-las obstáculos praticamente intransponíveis à fiscalização tributária, verdadeiras garantias de impunidade aos sonegadores. Lapidares, a propósito, as ponderações de Klaus Tipke, Professor Emérito da Universidade da Colônia:

> Pero ¿qué deben pensar los contribuyentes honestos de un "Estado de Derecho" en el que ellos han de pagar en lugar de los defraudadores? El afán de proteger los datos no debe provocar que el pago de los impuestos corresponda tan sólo a quienes pagan voluntariamente o lo hacen por escrúpulos.[12]

Conclui-se que a alegada reserva de jurisdição quanto à mera exigência de informação da movimentação global dos contribuintes não apenas carece de fundamento constitucional, mas, caso fosse reconhecida, representaria uma garantia quase absoluta de impunidade aos fraudadores do Fisco, garantia essa que, a toda evidência, não pode receber a chancela do Poder Judiciário, porquanto, como advertiu a Ministra Cármen Lúcia ao enfrentar o tema em artigo científico, a "Constituição existe como garantia dos direitos, não como gaiola de falcatruas".[13]

5. CONTROLE DE PROPORCIONALIDADE

Reconhecido que não há reserva de jurisdição quanto à mera informação acerca da movimentação financeira *global* dos contribuintes, cumpre averiguar se esta determinação estabelecida pelo legislador não é inconstitucional por ostentar

---

12. TIPKE, Klaus. *Moral tributaria del Estado y del los contribuyentes (Besteuerungsmoral und Steuermoral)*. Trad. Pedro M. Herrera Molina. Madrid: Marcial Pons, 2002, p. 90.
13. ROCHA, Cármen Lúcia Antunes. "Direito à privacidade e os sigilos fiscal e bancário". *Interesse Público*. v. 5, n. 20, jul./ago. 2003, p. 40.

os vícios da inadequação, da desnecessidade ou da desproporcionalidade, ou noutras palavras, se atende às três máximas parciais do postulado da proporcionalidade.

5.1. Adequação e necessidade

O controle de proporcionalidade principia pelo exame de adequação (*Geeignetheit*), atinente à aptidão do meio escolhido do legislador para a promoção da finalidade almejada.[14]

É evidente que o dever imposto às instituições financeiras de repassar ao Fisco informações acerca da movimentação bancária global dos contribuintes constitui uma medida adequada para a finalidade que se destina a realizar, de combater a sonegação tributária, pois propicia que a Receita Federal compare as declarações apresentadas pelos contribuintes com a sua real movimentação financeira e, assim, apure eventuais inconsistências, a indiciar a existência de receitas omitidas às autoridades fazendárias.[15]

---

14. Na dicção do Tribunal Constitucional Federal alemão, o meio é "adequado quando, com a sua ajuda, o resultado desejado pode ser promovido" (*Das Mittel ist geeignet, wenn mit seiner Hilfe der gewünschte Erfolg gefördert werden kann* – BVerfGE 30, 292, 316).

15. Os resultados da aplicação do artigo 5º, *caput* e § 2º, da LC 105/2001 são expressivos, não deixando margem a dúvida alguma sobre a sua adequação. Consoante divulgado pela Coordenação-Geral de Fiscalização da Receita Federal do Brasil, por meio da Nota Cofis/Gab n. 2008/008, de 10 de janeiro de 2008, com as informações acerca da movimentação financeira global dos contribuintes se apurou, por exemplo, que: i) 233.155 pessoas físicas declararam-se isentas, mas efetuaram movimentações financeiras acima de R$ 100 mil no ano-calendário 2004; ii) 47.675 profissionais liberais declararam renda total média de R$ 26,3 mil, porém efetuaram movimentação financeira média de R$ 479,8 mil no ano-calendário 2006; e iii) 13.617 pessoas jurídicas que se declararam inativas no ano-calendário 2004 efetuaram movimentação financeira acima de R$ 500 mil (*apud* SARAIVA FILHO, Oswaldo Othon de Pontes. "O sigilo bancário e a administração tributária". *Revista Fórum de Direito Tributário*, ano. 6, n. 34. jul./ago. 2008, p. 64).

Superado o teste de adequação, mister aferir se esta medida restritiva à esfera privada dos contribuintes é efetivamente iniludível para combater a evasão fiscal. Tal exame é realizado mediante a aplicação da regra da necessidade (*Erforderlichkeit*), que impõe a eleição da medida menos restritiva aos direitos fundamentais, sempre que seja tão ou mais eficaz na promoção do fim que a acolhida pelo legislador[16] – e, consequentemente, proíbe o estabelecimento de medidas desnecessariamente lesivas aos direitos fundamentais.

Por interditar medidas desnecessariamente gravosas a direitos fundamentais, a regra da necessidade também é denominada "mandado do meio mais ameno" (*Gebot des mildesten Mittels*),[17] mandado esse que, quanto ao tema em foco, pode ser formulado nos seguintes termos: "Sempre que haja medidas alternativas igualmente (ou mais) adequadas, o legislador não pode estabelecer a que implique uma restrição mais severa à esfera privada dos contribuintes".

Tal regra, obviamente, só tem sentido quando houver meios alternativos e igualmente eficazes ao escolhido. Caso contrário, carecerá de objeto. A identificação de tais meios, portanto, integra o exame de necessidade, que é realizado em três etapas, nas quais se afere: a) a existência de meios alternativos; b) a intensidade da realização do fim; e c) a intensidade da restrição aos bens jurídicos contrapostos à realização de tal fim (no caso, da restrição à privacidade dos contribuintes).

---

16. Cfr. JACOBS, Michael Ch. "Der Grundsatz der Verhältnismäßigkeit". *Deutsches Verwaltungsblatt*, 2/1985, p. 99. Consoante a formulação do BVerfG, o meio é "necessário quando o legislador não poderia ter escolhido outro meio igualmente eficaz, mas que não restrinja ou que restrinja de forma menos significativa o direito fundamental" (*Das Mittel ist ... erforderlich, wenn der Gesetzgeber nicht ein anderes, gleich wirksames aber das Grundrecht nicht oder doch weniger fühlbar einschränkendes Mittel hätte wählen können* – BVerfGE 30, 292, 316).

17. Cfr. ALEXY, Robert. *Theorie der Grundrechte*. Frankfurt am Main: Suhrkamp, 1986, p. 100.

Identificados meios alternativos tão ou mais adequados e menos restritivos, ter-se-á de declarar a inconstitucionalidade da medida eleita, por violar a regra que proíbe a adoção do meio mais gravoso.[18]

Pois bem, a informação da movimentação financeira global dos contribuintes constitui uma medida efetivamente necessária para combater a evasão fiscal, visto que, sem acesso à movimentação financeira dos contribuintes, a Receita Federal não dispõe de meios realmente eficazes para apurar casos de omissão de receitas. É verdade que existe a possibilidade de fiscalização *in loco*, mas esta é notoriamente insuficiente, na medida em que os recursos humanos da Administração Tributária são limitados e o Direito Tributário constitui, como já advertia Albert Hensel, um "Direito de Massa" (*Massenrecht*),[19] composto por normas que se aplicam potencialmente a todas as pessoas físicas e jurídicas que possuam algum elemento de conexão com a República Federativa do Brasil. Como é impossível fiscalizar pessoalmente cada um dos contribuintes brasileiros, revelam-se imprescindíveis sistemas de disponibilização e cruzamento de informações, tal como aquele propiciado pela regra do artigo 5º, *caput* e § 2º, da LC 105/2001.

Essas ponderações dizem respeito à *necessidade da informação* acerca da movimentação global dos contribuintes, mas não à necessidade da sua obtenção *sem autorização judicial*.

Quanto a esta questão específica, que insere a temática da reserva de jurisdição dentro do exame de proporcionalidade, sustenta-se, em manifestações doutrinárias e judiciais, ser *desnecessário* o repasse direto da informação à Receita Federal

---

18. Cfr. ALEXY, Robert. *Theorie der Grundrechte*. Frankfurt am Main: Suhrkamp, 1986, p. 102.
19. HENSEL, Albert. "Verfassungsrechtliche Bindungen des Steuergesetzgebers. Besteuerung nach der Leistungsfähigkeit – Gleichheit vor dem Gesetz", in *Vierteljahresschrift für Steuer- und Finanzrecht*, 1931, p. 474.

sem a prévia quebra judicial do sigilo bancário, porquanto tal exigência não constituiria obstáculo algum à atividade de fiscalização da Administração Tributária.

Elucidativa, nesse sentido, a seguinte passagem do voto proferido pelo Ministro Celso de Mello no julgamento do RE 389.808:

> Impõe-se destacar, neste ponto, que nenhum embaraço resultará do controle judicial prévio dos pedidos de decretação da quebra de sigilo bancário, pois, consoante já proclamado pelo Supremo Tribunal Federal, não sendo absoluta a garantia pertinente ao sigilo bancário, torna-se lícito afastar, em favor do interesse público, a cláusula de reserva que protege as contas bancárias nas instituições financeiras.

Nessa senda se insere a argumentação utilizada, neste julgamento, pelo Ministro Gilmar Mendes para fundamentar a sua mudança de orientação quanto à constitucionalidade da LC 105/2001:

> [...] me fiz a pergunta que, de alguma forma, todos nós podemos nos fazer: Por que há de ser tão difícil, numa matéria que é relevante e tão suscetível a abusos, obter-se essa declaração do próprio Judiciário, diante uma medida cautelar? [...]
>
> No que diz respeito ao acesso à conta com todas as consequencias, não se trata de negar esse acesso, mas simplesmente exigir [...] que, tendo em vista o valor de que se cuida dos direitos fundamentais, haja a observância do princípio da reserva de jurisdição. Portanto, não se trata de impedir o acesso.

O Ministro Cezar Peluso também endossou essa conclusão, limitando-se a consignar, em seu voto, que *"a postura adotada em nada prejudica a administração pública, que pode, fundamentadamente, requerer ao Poder Judiciário, que lhe franqueará acesso aos dados de que precise"*.[20]

---

20. STF, Pleno, RE 389.808, rel. Min. Marco Aurélio, julgado em 15/12/2010.

Noutros termos, o acesso à informação seria legítimo, mas deveria ser observada a reserva de jurisdição, por não ser imprescindível dispensá-la. Logo, a previsão do repasse direto de informações ao Fisco seria inconstitucional, violando o direito fundamental à intimidade, por não ser necessário.

Irretocáveis tais observações no que diz com a requisição direta de documentos e informações específicas, no bojo de processos ou procedimentos administrativos, visto que, em tal hipótese, se afigura viável requerer fundamentadamente a autorização judicial. Sob essa ótica, poder-se-ia afirmar a inconstitucionalidade do parágrafo 4º do artigo 5º e do *caput* do artigo 6º, ambos da LC 105/2001, por violação da regra da necessidade e, consequentemente, do direito fundamental à privacidade inscrito no artigo 5º, X, da Carta Constitucional.

No entanto, a informação da movimentação *global* dos contribuintes, *sem autorização judicial prévia*, é efetivamente *necessária*, na medida em que se destina a fornecer à Receita Federal um mero subsídio para *principiar* um procedimento de fiscalização tributária, ou seja, um mero critério de "malha fiscal". Nesta hipótese, a Administração Tributária não dispõe de indício algum para requerer ao Poder Judiciário a quebra do sigilo bancário do contribuinte. Pelo contrário, é precisamente a informação acerca da movimentação financeira global que servirá de indício para a abertura de uma investigação e, se for o caso, o requerimento da quebra do sigilo bancário.

Recorde-se que a formulação de um pedido de quebra judicial de sigilo bancário requer a existência de robustos elementos de prova, por se tratar de medida de caráter excepcional, consoante advertiu o Ministro Celso de Mello no multicitado julgamento do RE 389.808:

> Tenho enfatizado, por isso mesmo, que a quebra do sigilo bancário – ato que se reveste de extrema gravidade jurídica – só deve ser decretada, e sempre em caráter de absoluta

excepcionalidade, quando existentes fundados elementos que justifiquem, a partir de um critério essencialmente apoiado na prevalência do interesse público, a necessidade da revelação dos dados pertinentes às operações financeiras ativas e passivas resultantes da atividade desenvolvida pelas instituições financeiras.[21]

Se realmente são necessários fundados elementos de prova para que o Fisco tenha acesso a qualquer informação financeira dos contribuintes, torna-se questionável a assertiva, anteriormente referida, de que a reserva de jurisdição não implica embaraço algum à atuação da Administração Fazendária. Como poderia o Fisco formular um requerimento judicial de quebra de sigilo bancário, devidamente lastreado em elementos probatórios, se o que almeja é justamente uma informação preliminar, genérica, destinada a propiciar o cruzamento automático de informações e, se for o caso, o início do procedimento de fiscalização?

Frente a esse contexto, infere-se que, quanto à informação acerca da movimentação financeira *global* dos contribuintes, não há como se negar a necessidade do dever de informar *sem* prévia autorização judicial.

5.2. Proporcionalidade *stricto sensu*

Configurada a colisão de princípios jurídicos de idêntico *status* normativo, impende estabelecer relações de prevalência *in concreto*, condicionadas a situações ou questões jurídicas específicas. Relações essas que devem resultar da ponderação dos princípios em conflito, imposta pela proporcionalidade *stricto sensu* (*Verhältnismäßigkeit im engeren Sinne*), a qual constitui um "mandado de ponderação" (*Abwägungsgebot*).[22]

---

21. Excerto do voto proferido no RE 389.808.
22. Vide ALEXY, Robert. *Theorie der Grundrechte*. Frankfurt am Main: Suhrkamp, 1986, p. 100.

Portanto, quando o princípio da inviolabilidade da intimidade colide com outros princípios constitucionais, a relação de tensão haverá de ser solucionada mediante o processo de ponderação, levando em conta o peso de cada um dos princípios contrapostos no caso concreto e a "lei da ponderação" (*Abwägungsgesetz*), formulada por Alexy nestes termos: "Quanto maior é o grau da não realização ou da restrição de um princípio, tanto maior deve ser a importância da realização do outro".[23] Aplicada aos conflitos que envolvem o princípio da tutela da intimidade, tal lei poderia ser expressa da seguinte forma: "Quanto mais intensa é a afetação da intimidade, tanto maior deve ser a importância do princípio contraposto no caso concreto".

No caso em tela, *a afetação da intimidade não é expressiva*, haja vista que, como referido, o dever instituído pelo artigo 5º, *caput* e § 2º, da LC 105/2001 se restringe à movimentação *global* dos contribuintes, sem esmiuçá-la e, consectariamente, sem desvelar, de modo significativo, a intimidade dos contribuintes. Recorde-se que a multicitada lei complementar proíbe expressamente a inserção, nas informações transferidas, "*de qualquer elemento que permita identificar a sua origem ou a natureza dos gastos a partir deles efetuados*" (art. 5º, § 2º). Ademais, a informação sequer é tornada pública, sendo mantida sob rigoroso sigilo pelas autoridades fazendárias, consoante a regra explícita do artigo 5º, § 5º, da LC 105/2001. Daí falar-se em mera "transferência de sigilo".[24]

Por outro lado, *os princípios contrapostos ao da tutela da intimidade ostentam vultosa importância* nessa questão específica.

---

23. ALEXY, Robert. "Grundrechte, Abwägung und Rationalität". *Ars Interpretandi*, n. 7, 2002, p. 120.
24. Conferir, a propósito, o voto da Ministra Ellen Gracie na AC 33 MC (Pleno, red. p/ ac. Min. Joaquim Barbosa, julgada em 24/11/2010), no qual se lê: "O que ocorre não é propriamente a quebra do sigilo, mas a mera 'transferência de sigilo' dos bancos ao Fisco. Os dados, até então protegidos pelo sigilo bancário, prosseguem protegidos pelo sigilo fiscal".

Trata-se dos princípios do interesse público, que fundamenta o poder-dever de fiscalização da Administração Fazendária, e o da isonomia tributária, que requer a igualdade dos contribuintes perante a lei impositiva e favorece, portanto, medidas voltadas a combater a sonegação tributária. A sua importância, na questão em apreço, decorre da imprescindibilidade dessa informação para se combater, de forma minimamente eficaz, a evasão fiscal, consoante se expôs acima, ao se tratar da necessidade da medida.

Percebe-se que o dever, imposto às instituições financeiras, de informar a movimentação financeira global dos seus clientes supera, com tranquilidade, cada uma das etapas do teste de proporcionalidade, revelando-se perfeitamente consentâneo com os direitos e garantias individuais dos contribuintes brasileiros.

6. CONCLUSÕES

O âmbito objetivo da reserva de jurisdição alcança as requisições fiscais de informações específicas e documentos relativos às operações financeiras dos contribuintes, mas não se estende à simples informação, à Receita Federal, da sua movimentação financeira global. Isso porque a reserva de jurisdição, a demandar o pronunciamento judicial prévio acerca da legitimidade da pretensão fazendária, é uma técnica destinada a salvaguardar a esfera privada dos cidadãos em face de intervenções estatais especialmente severas e potencialmente lesivas. Intervenções pouco significativas na esfera privada, como a mera informação do montante global mensalmente movimentado para fins de tratamento automático de declarações, não requerem autorização judicial prévia.

Destarte, a requisição direta de informações específicas e de documentos, autorizada pelos artigos 5º, § 4º, e 6º, *caput*, da LC 105/2001 é inconstitucional, por ofender a reserva de jurisdição. Tais dispositivos somente podem subsistir se receberem interpretação conforme a Constituição, no sentido de que a requisição fazendária deve vir acompanhada de autorização específica, ou seja, de decisão judicial que determine a quebra do sigilo bancário do sujeito passivo.

De outra parte, o repasse imediato de informações acerca da movimentação global dos contribuintes, autorizado pelo artigo 5º, *caput* e § 2º, da referida lei complementar, não se afigura ofensivo à Lei Maior, haja vista que não há reserva de jurisdição sobre o tema e a medida estabelecida pelo legislador complementar atende perfeitamente às exigências de adequação, necessidade e proporcionalidade, imprescindíveis para se proclamar a legitimidade de restrições a direitos fundamentais.

Consectariamente, a transmissão da *"Declaração de Informações sobre Movimentação Financeira"* (Dimof), regulamentada pela IN RFB n. 811/2008, prescinde da quebra judicial do sigilo bancário, diversamente da *"Requisição de Informações sobre Movimentação Financeira"* (RMF), regulamentada pelo Decreto 3.724/2001, que tem de vir acompanhada de autorização judicial específica, devidamente fundamentada (art. 93, IX, da Constituição da Republica), a evidenciar a necessidade, a proporcionalidade e a razoabilidade da quebra do sigilo bancário no caso concreto.

Essa solução concilia, numa perspectiva dinâmica, o conflito entre a garantia constitucional do sigilo bancário e o poder-dever de fiscalização tributária, na medida em que afasta a reserva de jurisdição apenas para a obtenção da informação acerca da movimentação financeira global dos contribuintes (medida preliminar, que representa intervenção pouco expressiva na intimidade dos contribuintes e se revela imprescindível para o regular exercício da atividade fiscalizatória) e exige a sua observância para que o Fisco logre acesso a toda e qualquer informação específica acerca da vida financeira dos contribuintes (providência a ser tomada no curso do processo ou procedimento fiscal, consubstanciando severa intervenção no direito fundamental à privacidade).

Sob uma perspectiva procedimental, dita solução requer que, uma vez apurada divergência significativa entre as declarações dos contribuintes e a sua movimentação global, a Administração Tributária inicie o procedimento de fiscalização, com a intimação do contribuinte para esclarecer a divergência e, diante da sua omissão ou da subsistência de incongruências, solicite ao Poder Judiciário a quebra do sigilo bancário, fundamentando adequadamente o seu pedido e apresentando os subsídios imprescindíveis para o deferimento da providência solicitada.

Somente assim, de posse de informações mínimas para iniciar procedimentos fiscalizatórios e submetido à reserva de jurisdição quanto a efetivas intromissões na esfera privada dos contribuintes, é que o Fisco estará a atuar em conformidade com os postulados estruturantes do Estado Democrático de Direito instituído pela Carta de 1988, combatendo o nocivo fenômeno da sonegação tributária de modo efetivo e diligente, sem malferir direitos fundamentais dos contribuintes.

MEDIDAS PROVISÓRIAS EM MATÉRIA TRIBUTÁRIA COMO INSTRUMENTO DO ESTADO DE EXCEÇÃO BRASILEIRO

Eduardo Moreira Lima Rodrigues de Castro[1]

1. INTRODUÇÃO

Muito embora existam, na bibliografia pátria, algumas importantes obras relacionadas ao tema do Estado de Exceção, a verdade é que o tema ainda é pouco estudado no cenário acadêmico nacional. Ressente-se, sobretudo, de obras produzidas por juristas. Como o assunto tem sido analisado principalmente por filósofos, historiadores e cientistas políticos, já se chegou até a fazer menção a uma tal "patrulha guardiã dos valores racionais e universais do direito, que sempre está de tocaia em nosso meio, pronta para atirar contra o primeiro argumento... que coloque em questão algum dos sacrossantos dogmas modernos."[2]

---

1. Graduado em Direito pela Universidade Federal do Ceará. Pós-graduado em Direito e Processo Administrativo pela Universidade de Fortaleza. Mestrando em Direito do Estado pela Universidade Federal do Paraná. Procurador do Estado do Paraná. Professor.
2. FONSECA, Ricardo Marcelo. Estado de Exceção. *Revista da Faculdade*

Da mesma forma, não tem sido fácil encontrar filósofos, historiadores e cientistas políticos dispostos a estudar o tema das medidas provisórias em matéria tributária à luz da teoria do Estado de Exceção, largamente difundida na Europa.

A fim de tentar suprir de alguma forma as lacunas mencionadas acima, analisaremos a íntima relação existente entre alguns instrumentos de urgência previstos na Constituição Federal de 1988 e aquilo que entendemos por Estado de Exceção, tentando demonstrar de que forma os governos contemporâneos têm desvirtuado o regime constitucional democrático por meio da criação voluntária de urgências permanentes.

Daremos especial ênfase à questão da medida provisória em matéria tributária, nos valendo não só das lições apresentadas pelos mais renomados tributaristas brasileiros, mas também de filósofos políticos do quilate de GIORGIO AGAMBEN, autor da obra *O Estado de Exceção*, assim como dos principais pensadores que lhe serviram de inspiração, como WALTER BENJAMIN, CARL SCHMITT E MICHEL FOUCAULT.

2. ESTADO DE EXCEÇÃO, BIOPOLÍTICA E A BANALIZAÇÃO DA URGÊNCIA

O Estado de Exceção é apresentado por GIORGIO AGAMBEN como uma zona de anomia prevista pelo próprio direito que, por isso mesmo, está ao mesmo tempo dentro e fora do direito.[3] Sua obra busca, acima de tudo, uma solução para o problema da indistinção do poder de direito e do poder de fato.

---

de Direito da Universidade Federal do Paraná/Universidade Federal do Paraná. Programa de Pós-graduação em Direito. Curitiba, n. 41, p. 171-174. Resenha, p. 171.

3. AGAMBEN, Giorgio. *Estado de exceção*. Trad. Iraci D. Poleti. São Paulo: Boitempo: 2004, p. 12.

Fala-se, a todo tempo, do ponto de tensão existente entre norma e ausência de norma; direito e vida; violência institucionalizada e violência pura. Nas palavras do próprio AGAMBEN, "o Estado de Exceção moderno é uma tentativa de incluir na ordem jurídica a própria exceção, criando uma zona de indiferenciação em que fato e direito coincidem".[4]

Claramente, ao fazer menção a um poder de fato, em contraposição a um poder de direito, AGAMBEN nos remete às ideias de poder disciplinar e biopoder, bem delineadas por MICHEL FOUCAULT ao longo de sua obra. Para este, não seria correto tampouco adequado pensar o poder como algo oriundo exclusivamente da lei; era – e ainda é – preciso cortar a "cabeça do rei".[5]

Poder disciplinar e biopoder são, portanto, formas de poder que se articulam de maneira bastante diversa do chamado poder do Estado – ou jurídico.[6] Diferenciam-se entre si, no entanto, pelo fato de que, enquanto o poder disciplinar atua sobre o indivíduo, como mecanismo de adestramento operado através de: 1) vigilância hierárquica; 2) sanção normalizadora e; 3) exame[7], o biopoder atua sobre as massas, sobre a população, normalizando-a como um bloco.

Nas palavras de FOUCAULT:

> (...) de outro lado, temos uma tecnologia que, por sua vez, é centrada não no corpo, mas na vida; uma tecnologia que agrupa os efeitos de massas próprios de uma população que

---

4. AGAMBEN, Giorgio. *Estado de exceção*. Trad. Iraci D. Poleti. São Paulo: Boitempo: 2004, p. 42.
5. FOUCAULT, Michel. *História da Sexualidade*: a vontade do saber. 12. Ed. Rio de Janeiro: Graal, 1998, p. 86.
6. FONSECA, Ricardo Marcelo. O Poder entre o Direito e a "Norma": Foucault e Deleuze na Teoria do Estado. In: _____ (org.). *Repensando a teoria do estado*. Belo Horizonte: Forum, 2004, p. 261.
7. FOUCAULT, Michel. *Vigiar e punir*. 25. ed. Petrópolis: Vozes, 2002, p. 153.

procura controlar a série de eventos fortuitos que podem ocorrer numa massa viva; uma tecnologia que procura controlar (eventualmente modificar) a probabilidade desses eventos, em todo caso em compensar seus efeitos. É uma tecnologia que visa, portanto, não o treinamento individual, mas pelo equilíbrio global, algo como uma homeostase: A segurança do conjunto em relação aos seus perigos internos.[8]

Para chegar à sua concepção de Estado de Exceção, AGAMBEN vale-se também, dentre outros, dos ensinamentos de CARL SCHMITT e WALTER BENJAMIN.

Para o primeiro, o Soberano é aquele que decide sobre o Estado de Exceção.[9] AGAMBEN afirma que, para SCHMITT, a *decisão* é o ato fundador e a *vontade do Soberano* o princípio da ordem. Ocorre, porém, que o ato do Soberano equilibra-se sobre uma exceção "cuja paradoxal estrutura significa que estamos compelidos a obedecer a ordem (o Direito), na medida em que a decisão é o ponto de suspensão de todo o Direito".[10] Em outros termos, o que possibilita a passagem do direito para a realidade é o ato de vontade do Soberano. Percebe-se, mais uma vez, a existência de uma forma de poder – embora estatal – apartada do direito.

Na obra *Crítica da Violência*, WALTER BENJAMIN faz menção a uma forma de violência – ou força – diferente daquela fundada no direito; trata-se da chamada *violência pura*.[11]

---

8. FOUCAULT, Michel. *Em defesa da sociedade*. São Paulo: Martins Fontes, 2010, p. 297.
9. SCHMITT, Carl. *Politische Theologie*. München, 1922. In: AGAMBEN, Giorgio. *Estado de exceção*. Trad. Iraci D. Poleti. São Paulo: Boitempo: 2004, p. 11.
10. CHUEIRI, Vera Karan. Agamben e o Estado de Exceção como Zona de Indeterminação entre o Político e o Jurídico. in: FONSECA, Ricardo Marcelo (org). *Crítica da Modernidade: diálogos com o direito*. Florianópolis: Fundação Boiteaux, 2005, p. 95.
11. BENJAMIN, Walter. *Zur Kritik der Gewalt*, Frankfurt, 1921. In: AGAMBEN,

Segundo AGAMBEN, para BENJAMIN, a situação de exceção confundir-se-ia com a vida, e não com uma lei que está em vigor, mas não se aplica.

Pois bem. A partir daí, AGAMBEN constrói sua teoria do *Estado de Exceção* como aquele cujo *direito já prevê hipóteses de sua própria suspensão*, e que, com o passar dos anos, vai transformando as situações de urgência e excepcionalidade, autorizadoras da suspensão, em regra. Salienta ainda que "o Estado de Exceção moderno é uma criação da tradição democrático-revolucionária e não da tradição absolutista."[12]

No Estado de Exceção moderno há claro *incremento das funções normativas do Poder Executivo*, sempre em detrimento do Legislativo, chegando-se muitas vezes a se fazer menção, mesmo nos textos constitucionais supostamente mais democráticos, a uma *plenitude de poderes dos governantes* em determinadas situações de urgência. Nas palavras do próprio AGAMBEN, "A abolição provisória da distinção entre Poder Legislativo, Executivo e Judiciário mostra, aqui, sua tendência a transformar-se em prática duradoura de governo."[13]

A consequência principal dessa proeminência do Executivo e da banalização da urgência não poderia ser outra que não o *enfraquecimento das instituições democráticas* e do próprio *Estado Democrático de Direito*. De fato, "um exercício sistemático e regular do instituto leva, necessariamente, à liquidação da democracia."[14]

Giorgio. *Estado de exceção*. Trad. Iraci D. Poleti. São Paulo: Boitempo: 2004, p. 86 e ss.
12. AGAMBEN, Giorgio. *Estado de exceção*. Trad. Iraci D. Poleti. São Paulo: Boitempo: 2004, p. 16.
13. Ibidem, p. 19.
14. TINGSTEN, Herbert. *Leis plens povoirs: Léxpansion des pouvoirs gouvernamentaux pendant et après la grande guerre*, Paris: Stock, 1934. In: AGAMBEN, Giorgio. *Estado de exceção*. Trad. Iraci D. Poleti. São Paulo: Boitempo: 2004, p. 19.

Para concluir, vejamos o que diz AGAMBEN sobre o atual estágio de desenvolvimento do Estado de Exceção:

> O Estado de Exceção, hoje, atingiu exatamente seu máximo desdobramento planetário. O aspecto normativo do Direito poder ser, assim, impunemente eliminado e contestado por uma violência governamental que, ao ignorar no âmbito externo o Direito Internacional e produzir no âmbito interno um Estado de Exceção permanente, pretende, no entanto, ainda aplicar o Direito.[15]

Antes de falarmos das *medidas provisórias*, objeto central do presente trabalho, passemos agora, até mesmo por questões didáticas, à análise de alguns dos principais instrumentos e práticas do Estado de Exceção moderno.

3. INSTRUMENTOS E PRÁTICAS DE EXCEÇÃO NO ESTADO MODERNO

Diversos são os instrumentos e práticas próprios do Estado de Exceção delineado no tópico anterior. A análise de alguns desses instrumentos permitirá uma melhor compreensão da ideia de *suspensão da lei* e servirá de introdução para o estudo das medidas provisórias brasileiras em matéria tributária. Daremos ênfase aos quadros verificados na Itália fascista, na Alemanha nazista, nos Estados Unidos dos anos 2000 e no Brasil pós Constituição de 1988.

A história do Estado de Exceção na Itália tem um traço que lhe é peculiar: trata-se da *legislação por meio de decretos* conhecidos por *decretos-lei*. Nas palavras do próprio AGAMBEN, "a Itália havia funcionado como um verdadeiro laboratório político-jurídico no qual, pouco a pouco, se organizou o

---

15. AGAMBEN, Giorgio. *Estado de exceção*. Trad. Iraci D. Poleti. São Paulo: Boitempo: 2004, p. 131.

processo pelo qual o decreto lei... transformou-se em uma fonte ordinária de produção do direito."[16] Em 1926, foi aprovada lei que dispunha sobre a matéria dos decretos-lei; nela, previa-se que referidos atos normativos poderiam ser promulgados por decretos do Dulci, após deliberação do Conselho de Ministros. Falava-se em "normas com força de lei nos casos extraordinários em que razões de necessidade urgente e absoluta o exigirem".

Os abusos cometidos pelo governo dos decretos-leis eram tantos que a Constituição Republicana de 1939, por meio do art. 77, estabeleceu pela primeira vez o instrumento da *medida provisória com força de lei*, cabível nos casos extraordinários de relevância e urgência, sujeitas à apresentação – no mesmo dia – às câmaras legislativas e passíveis de perda de eficácia em caso de não conversão em lei no prazo de 60 (sessenta) dias, a partir da publicação. Apesar dos requisitos mais rígidos das novas medidas provisórias, a prática da legislação governamental continuou a ser regra na Itália, tirando dos órgãos legislativos sua competência exclusiva de criar obrigações por meio de lei.

Nenhum Estado de Exceção, no entanto, foi tão emblemático quanto aquele verificado na *Alemanha nazista de Adolf Hitler*. Em nenhum momento a suspensão do direito, assim como a supremacia do Poder Executivo, foi tão clara como no período compreendido entre 1933 e o fim da Segunda Guerra Mundial. Imediatamente após sua ascensão ao poder, Hitler promulgou o *Decreto para a Proteção do Povo do Estado*, que suspendia disposições constitucionais atinentes às liberdades individuais e que, nunca tendo sido revogado, duraria todo o Terceiro *Reich*, ou seja, 12 anos. Em virtude de tal quadro, AGAMBEN afirma que "quando nosso tempo tentou atribuir

---

16. AGAMBEN, Giorgio. *Estado de exceção*. Trad. Iraci D. Poleti. São Paulo: Boitempo: 2004, p. 31.

ao ilocalizável uma localização visível e permanente, o resultado foi o campo de concentração".[17]

De maneira não menos precisa, assim se manifesta VERA KARAN CHUERI sobre o período:

> A experiência do campo de concentração é a da suspensão temporal de todo o direito, em relação a um espaço determinado e permanente que resta, assim, fora do Estado normal de direito. Não obstante o campo de concentração possa ser territorialmente determinado (o Campo de Bachau, por exemplo), sobre tal território não impera a ordem jurídica vigente (como de fato não imperou), vale dizer, ele se localiza fora da ordem e do direito vigente.[18]

Também os Estados Unidos da América têm vivido o apogeu de seu Estado de Exceção – antidemocrático –, como podemos perceber pela edição dos *USA Patriot Act*, em outubro de 2001, e das *Military Order*, promulgadas pelo Presidente George W. Bush em novembro do mesmo ano. O primeiro conferia poderes ao *Attorney General* para manter preso o estrangeiro meramente suspeito de atividades que ponham em perigo a segurança do país, enquanto as segundas autorizam detenções definitivas e o processo perante comissões militares de não cidadãos suspeitos de envolvimento em atividades terroristas.

O Estado de Exceção brasileiro, por sua vez, vai desde a Constituição de 1824 até os dias atuais, quando a edição de centenas de medidas provisórias com força de lei vem tomando o lugar das leis ordinárias e complementares como instrumento

---

17. AGAMBEN, Giorgio. *Homo sacer:* o poder soberano e a vida nua I. Belo Horizonte: Ed. Da UFMG, 2002, p. 20.
18. CHUEIRI, Vera Karan. Agamben e o Estado de Exceção como Zona de Indeterminação entre o Político e o Jurídico. in: FONSECA, Ricardo Marcelo (org). *Crítica da Modernidade: diálogos com o direito*. Florianópolis: Fundação Boiteaux, 2005, p. 98.

normativo padrão. Nesse interregno, além dos governos monárquicos, tivemos a ditadura do chamado Estado Novo e a Ditadura Militar, em que os decretos-leis substituíam o processo legislativo ordinário.

Em resumo, em poucos lugares do mundo a suspensão do direito e a exacerbação dos poderes do Executivo – em detrimento do Legislativo – foram – e continuam sendo – tão grandes quanto no Brasil.

4. A REGULAÇÃO DA URGÊNCIA NA CONSTITUIÇÃO FEDERAL DE 1988 E O REGIME JURÍDICO DAS MEDIDAS PROVISÓRIAS

A Constituição Federal de 1988 regula 3 (três) institutos vinculados às situações de urgência, todos eles bastante utilizados pelos Estados de Exceção mencionados acima; são eles: a) estado de defesa; b) estado de sítio e; c) medida provisória com força de lei.

Tanto o *estado de defesa* quanto o *estado de sítio* são decretados por decisão do Presidente da República. No primeiro caso, o ato tem por objetivo preservar ou prontamente restabelecer, em locais restritos ou determinados, a ordem pública ou a paz social ameaçadas por grave e iminente instabilidade institucional ou atingidas por calamidades de grandes proporções da natureza. O *estado de sítio*, por sua vez, será decretado em hipótese de comoção grave de repercussão nacional, ineficácia das medidas tomadas durante o estado de defesa ou mesmo nos casos de decretação de estado de guerra ou resposta a agressão armada estrangeira. A doutrina pátria tem dado aos institutos, em conjunto, a designação de *sistema constitucional de crise*.[19]

---

19. Dentre outros, confira-se: SANTOS, Aricê Moacir Amaral. *O estado de emergência*. São Paulo: Sugestões literárias, 1981, p. 23 e seguintes; SILVA,

Até o presente momento, nenhum dos governos posteriores ao advento da Constituição de 1988 precisou testar a eficiência das duas medidas de urgência mencionadas acima, daí porque não entendemos correto se falar num Estado de Exceção, a exemplo daquele verificado durante todo o regime militar, pela sua só previsão na Carta Magna do país.

Nos termos do art. 62 da Constituição de 1988, "Em caso de relevância e urgência, o Presidente da República poderá adotar medidas provisórias com força de lei".

Sobre a *natureza jurídica das medidas provisórias*, controverte-se a doutrina pátria. Dentre as teorias mais aceitas, podemos destacar as seguintes: a) medida provisória como ato administrativo do Presidente da República[20]; b) medida provisória como lei ou ato sob condição resolutiva[21] e; c) ato normativo primário de governo, dotado de força de lei[22], com a qual concordamos.

O instituto, sucessor dos antigos decretos-leis e inspirado nas medidas provisórias italianas, tem por finalidade conferir ao Presidente instrumento normativo célere e eficiente à solução das situações emergenciais e deve ser submetido de imediato

---

José Afonso. *Curso de direito constitucional positivo*. 35. ed. São Paulo: Malheiros, 2012, p. 763; MENDES, Gilmar Ferreira; COELHO, Inocêncio Mártires; BRANCO, Paulo Gustavo. *Curso de direito constitucional*. 5. ed. Revisada e atualizada. São Paulo: Saraiva, 2010, p. 1511.

20. Dentre outros, confira-se: GRECO, Marco Aurélio. *Medidas provisórias*. São Paulo: RT, 1991, p. 18 e ss.; CARRAZZA, Roque Antonio. *Curso de direito constitucional tributário*. 28. ed. São Paulo: Malheiros, 2012, p. 301.

21. Dentre outros, confira-se: SILVA, José Afonso. *Curso de direito constitucional positivo*. 35. ed. São Paulo: Malheiros, 2012, p. 534; MENDES, Gilmar Ferreira; COELHO, Inocêncio Mártires; BRANCO, Paulo Gustavo. *Curso de direito constitucional*. 5. ed. Revisada e atualizada. São Paulo: Saraiva, 2010, p. 1014.

22. VIEIRA, José Roberto. *Medidas provisórias em matéria tributária:* as catilinárias brasileiras. 369 f. Tese (Doutorado em Direito Tributário), Pontifícia Universidade Católica de São Paulo, São Paulo, 1999, p. 245.

ao Congresso Nacional, sob pena de, em não sendo aprovada no prazo constitucional de 60 (sessenta) dias, perder sua eficácia desde a edição. O parágrafo primeiro do art. 62 da Constituição, incluído pela Emenda Constitucional n. 32, de 11 de setembro de 2001, dispõe sobre as matérias sobre as quais é vedada e edição de medida provisória, dentre as quais destacam-se: a) nacionalidade, cidadania, direitos políticos, partidos políticos e direito eleitoral; b) organização do Poder Judiciário; c) matérias reservadas à lei complementar e; d) matérias que visem à detenção ou sequestro de bens, de poupança popular ou qualquer outro ativo financeiro e já disciplinada em projeto de lei aprovado pelo Congresso Nacional e pendente de sanção ou veto do Presidente da República.

Em relação aos decretos-leis reiteradamente editados no período militar, as medidas provisórias, pelo menos em teoria, apresentam *duas significativas vantagens*. Em primeiro lugar, *perdem a eficácia caso não sejam convertidas em lei* pelo Congresso Nacional, sendo tal perda de eficácia retroativa à edição da medida; em segundo lugar, o novo regime de medida provisória aumenta seu caráter de *excepcionalidade*, tudo em decorrência da necessidade de verificação cumulativa dos requisitos de *relevância* e *urgência*.

Temos, assim, com amparo em doutrina mais respeitada, como pressupostos formais das medidas provisórias, a edição necessária do ato pelo Presidente da República e a submissão imediata ao Congresso Nacional[23], e como pressupostos materiais a relevância e a urgência.

Enquanto o *conceito de urgência é relacional*, ou seja, diz respeito à impossibilidade de se aguardar o chamado processo legislativo sumário, discriminado no art. 64, parágrafos 1º a 4º

---

23. ÁVILA, Humberto Bergmann. *Medida provisória na Constituição de 1988*. Porto Alegre: Sergio Fabris, 1997, p. 77-78; CLÈVE, Clèmerson Merlin. *Medidas provisórias*. 2. Ed. Curitiba: Max Limonad, 1999, p. 65.

da Constituição de 1988 – e cuja duração não ultrapassa os 100 dias[24] –, a *relevância só pode ser verificada no caso concreto*.

Ao falarmos das vantagens da medida provisória em relação aos decretos-leis, fizemos menção à expressão "em teoria" em virtude do histórico de edições e reedições verificados desde o advento da Constituição de 1988. Apenas para se ter uma ideia do descalabro a que estamos nos referindo, até o início do mês de outubro de 2013, segundo informações obtidas no sítio eletrônico da Presidência da República, já haviam sido publicadas – entre edições e reedições – mais de 6000 (seis mil) medidas provisórias. Se levarmos em consideração somente o período posterior à Emenda Constitucional n. 32/2001, supostamente promulgada com o objetivo de reduzir os abusos até então perpetrados, chegaremos à cifra de 641 (seiscentas e quarenta e uma) medidas provisórias editadas.[25]

Em nenhum outro lugar do mundo o chefe do Poder Executivo legisla tanto; em nenhum lugar supostamente democrático os poderes estão tão concentrados nas mãos de uma só pessoa como no Brasil, tudo com a conivência, e até mesmo condescendência, dos membros do Legislativo, do Judiciário e do Ministério Público.

Como se pode perceber, o Estado de Exceção do Brasil pós-Constituição de 1988 não funciona por meio de sucessivos decretos de Estado de Sítio ou de Estado de Defesa, embora tais institutos encontrem-se sobejamente discriminados na Carta Magna Nacional. O desvirtuamento do regime de separação de poderes e, consequentemente, do regime democrático

---

24. CLÈVE, Clèmerson Merlin. *Medidas provisórias*. 2. Ed. Curitiba: Max Limonad, 1999, p. 72-73; CARRAZZA, Roque Antonio. *Curso de direito constitucional tributário*. 28. ed. São Paulo: Malheiros, 2012, p. 307.
25. CASA CIVIL DA PRESIDÊNCIA DA REPÚBLICA – Subchefia para Assuntos Jurídicos – Portal da Legislação do Governo Federal. Disponível em (http://www4.planalto.gov.br/legislacao/legislacao-1/medidas-provisorias). Acesso em 10/04/2014.

preconizado pelo constituinte originário, opera-se, acima de tudo, pela *fabricação de urgências* e pela *edição de medidas provisórias pelo chefe do Poder Executivo*.

5. MEDIDA PROVISÓRIA EM MATÉRIA TRIBUTÁRIA COMO INSTRUMENTO DO ESTADO DE EXCEÇÃO BRASILEIRO

O cabimento de medidas provisórias em matéria tributária, sobretudo aquelas editadas para instituir ou majorar tributos, é tema que suscita polêmicas desde o advento da Constituição de 1988, tendo as inquietações diminuído apenas um pouco após a inclusão, pela Emenda Constitucional n. 32, de 11 de setembro de 2001[26], do parágrafo segundo ao art. 62 da *Lex* Suprema.[27]

Na jurisprudência, em que pese alguma incerteza inicial, já antes do advento da supracitada Emenda Constitucional, o Supremo Tribunal Federal havia se posicionado pela validade da instituição e majoração de tributos por meio do instrumento normativo em estudo.[28]

---

26. CARRAZZA, com quem concordamos integralmente, entende que a Emenda Constitucional 32/2001 afronta a Constituição de 1988; nas suas palavras "tal emenda constitucional, na parte atinente às medidas provisórias, afronta o princípio da legalidade, máxime em matéria tributária, e, por via de consequência, a autonomia e independência do Poder Legislativo. Viola, pois, a *cláusula pétrea* do art. 60, §4º, III, da CF, que estabelece que nenhuma emenda constitucional poderá sequer tender a abolir a separação dos Poderes." (CARRAZZA, Roque Antonio. *Curso...*, *op. cit.*, p. 306).

27. "Art. 62. Em caso de relevância e urgência, o Presidente da República poderá adotar medidas provisórias, com força de lei, devendo submetê-las de imediato ao Congresso Nacional. (...)

§ 2º Medida provisória que implique instituição ou majoração de impostos, exceto os previstos nos arts. 153, I, II, IV, V, e 154, II, só produzirá efeitos no exercício financeiro seguinte se houver sido convertida em lei até o último dia daquele em que foi editada."

28. STF, ADI 1417 MC, Relator (a): Min. OCTAVIO GALLOTTI, Tribunal Pleno, julgado em 07/03/1996, DJ 24-05-1996 PP-17412 EMENT VOL-01829-01 PP-00060. Disponível em (www.stf.jus.br/portal/principal/principal.asp). Acesso em: 01/09/2013.

Os dois maiores obstáculos ao cabimento das medidas provisórias que aumentam ou instituem tributos são os princípios constitucionais da *legalidade* e da *segurança jurídica*, mais rígidos em matéria tributária do que na maior parte dos demais ramos do direito.[29]

A *legalidade tributária*, positivada no artigo 150, I, da Constituição Federal[30], é consectária do Estado de Direito e do princípio da legalidade genérica (CF/88, art. 5º, I). Trata-se da consagração constitucional da ideia de tributação consentida (*no taxation without representation*). Como a atividade de tributação afeta direitos e garantias individuais do contribuinte, como a liberdade e a propriedade, é natural que os cidadãos só contribuam com os gastos públicos até o ponto em que julgarem razoável. Em outras palavras, os contribuintes só pagam os tributos criados pelos seus representantes eleitos. Além disso, uma vez criada a exação, apenas outra lei poderá dispensar o pagamento.

Com a perspicácia que lhe é peculiar, SACHA CALMON NAVARRO COÊLHO observa que "Onde houver Estado de Direito haverá reserva ao princípio da reserva de lei em matéria tributária. Onde prevalecer o arbítrio tributário certamente inexistirá Estado de Direito. E, pois, liberdade e segurança tampouco existirão.[31] "No mesmo sentido, BETINA TREIGER GRUPENMACHER ensina que "A concepção do Estado de Direito confere à lei a função de instrumento de justiça porque limita os poderes públicos. O princípio da legalidade tributária é, assim, essencialmente, uma forma de realização da justiça."[32]

---

29. CARVALHO, Paulo de Barros. *Curso de direito tributário*. 14. ed. São Paulo: Saraiva, 2002, p. 60.
30. "Art. 150. Sem prejuízo de outras garantias asseguradas ao contribuinte, é vedado à União, aos Estados, ao Distrito Federal e aos Municípios: I – exigir ou aumentar tributo sem lei que o estabeleça".
31. COÊLHO, Sacha Calmon Navarro. *Curso de direito tributário brasileiro*. 9. Ed. Rio de Janeiro: Forense, 2007, p. 213.
32. GRUPENMACHER, Betina Treiger. *Eficácia e aplicabilidade das*

Quando a Constituição fala que somente por meio de lei poderão os entes criar tributos, está na verdade querendo dizer que ao Legislativo caberá dispor sobre todos os critérios da regra matriz de incidência (legalidade material ou tipicidade). Não podem os parlamentos federal, estadual ou municipal simplesmente instituir genericamente um tributo e deixar todo seu delineamento a cargo do Poder Executivo.[33] Segundo ensinamentos de LUÍS EDUARDO SCHOUERI, "não quer isso dizer que tal definição é expressa. É muito comum que alguns aspectos (especialmente o temporal ou espacial) não sejam expressos na lei; isso não significa que não estejam tacitamente na lei."[34]

Assim, nada mais natural do que permitir à população que consinta, ou não, por meio de processo legislativo realizado por representantes eleitos, não só com a extirpação de seu patrimônio, como também com todos os detalhes dessa redução patrimonial.

Sobre o tema, confira-se as irretocáveis palavras de **HUMBERTO ÁVILA:**

> A obrigatoriedade de edição prévia de lei para a instituição e para o aumento de tributos é instrumento de promoção de ideais de confiabilidade e de previsibilidade do (e pelo) ordenamento jurídico, porquanto a exigência de lei favorece: a inteligibilidade do ordenamento jurídico, já que o contribuinte possui maiores condições de acesso às normas a que deverá obedecer e de compreensão de seu conteúdo; a confiabilidade do ordenamento jurídico, porque as normas

---

limitações constitucionais ao poder de tributar. São Paulo: Editora Resenha Tributária, 1997, p. 83.

33. Nesse sentido, confira-se, dentre outros: ATALIBA, Geraldo. *Hipótese de incidência tributária.* 6. ed. São Paulo: Malheiros, 2004, p. 51; CARVALHO, Paulo de Barros. *Curso...*, op. cit., p. 60-61.

34. SCHOUERI, Luís Eduardo. *Direito Tributário.* São Paulo: Saraiva, 2011. p. 281-282.

legais só poderão ser modificadas por meio de outras normas legais – o que contribui para a sua estabilidade; a calculabilidade do ordenamento, visto que o contribuinte apresenta melhores condições de prever as obrigações tributárias futuras.[35]

Também a *segurança jurídica*, positivada no art. 5º, *caput*, caput da Constituição Federal de 1988[36], adquire maior relevância em matéria tributária. Nas palavras de ÁVILA, "o Direito Tributário é geralmente um direito de segurança jurídica. Ele existe, acima de tudo – como bem acentua Machado -, 'para limitar o poder estatal'."[37] A ordem jurídica, portanto, não admite que o contribuinte venha a ser surpreendido com a instituição ou a majoração repentina de novas exações fiscais; é preciso dar-lhe tempo para se programar. Esse regime jurídico "antisurpresa" serve de escudo contra qualquer sorte de improvisação e imediatismo por parte dos governos autoritários, protege a economia e auxilia na ordenação da comunidade.[38]

A majoração repentina, ou mesmo retroativa, de tributos como Imposto de Renda e ICMS pode levar, em pouco tempo, uma empresa à falência.

Três dispositivos específicos cuidam do assunto no capítulo que regula o Sistema Tributário Nacional; estamos nos referindo às alíneas "a", "b" e "c" do inciso III do art. 150 da Constituição[39], que veiculam, respectivamente os princípios da

---

35. ÁVILA, Humberto. *Segurança jurídica: entre permanência, mudança e realização no direito tributário*. 2. ed. São Paulo: Malheiros Editores, 2012, p. 241.
36. "Art. 5º Todos são iguais perante a lei, sem distinção de qualquer natureza, garantindo-se aos brasileiros e aos estrangeiros residentes no País a inviolabilidade do direito à vida, à liberdade, à igualdade, à segurança e à propriedade, nos termos seguintes".
37. ÁVILA, Humberto. *Segurança jurídica...*, op. cit., p. 287.
38. COÊLHO, Sacha Calmon Navarro. *Curso...*, op. cit., p. 214.
39. "Art. 150. Sem prejuízo de outras garantias asseguradas ao contribuinte, é vedado à União, aos Estados, ao Distrito Federal e aos Municípios: (...)

(a) irretroatividade, (b) anterioridade e (c) noventena – ou anterioridade nonagesimal. Costuma-se falar em *não surpresa tributária*.

A *irretroatividade* encontra assento constitucional no art. 150, III, a, do Texto Supremo, e exige que a lei que institua ou aumente tributo deva ser sempre anterior à prática do fato jurídico tributário, de forma que ninguém possa ser compelido a pagar um imposto, uma taxa ou uma contribuição em virtude da prática de ato que, à época, não se enquadrava na hipótese de incidência de qualquer exação. Em outras palavras: A lei de incidência tem que ser sempre anterior ao fato gerador (antecedente da norma ou fato jurídico tributário). Nas palavras de HUGO DE BRITO MACHADO, "O juízo do que é certo e do que é errado perante o Direito há de ser feito com base em leis vigentes na data do ato avaliado."[40]

Em virtude da norma da *anterioridade tributária*, prevista no artigo 150, III, b, da Constituição Federal, a lei instituidora do tributo deverá ser sempre publicada até o último dia do ano anterior, caso deseje produzir efeitos no exercício financeiro subsequente. Pelo princípio da *anterioridade nonagesimal* – ou mitigada –, positivado no art. 150, III, c, da *Lex Mater*, por sua vez, a lei que institui ou majora tributos só produzirá efeitos noventa dias depois de sua publicação, impedindo que leis exacionais publicadas no último dia do exercício financeiro produzam efeitos imediatos – em detrimento da segurança jurídica dos contribuintes.

III – cobrar tributos:
a) em relação a fatos geradores ocorridos antes do início da vigência da lei que os houver instituído ou aumentado;
b) no mesmo exercício financeiro em que haja sido publicada a lei que os instituiu ou aumentou;
c) antes de decorridos noventa dias da data em que haja sido publicada a lei que os instituiu ou aumentou, observado o disposto na alínea b".
40. MACHADO, Hugo de Brito. *Curso de direito constitucional tributário*. São Paulo: Malheiros, 2012, p. 227.

Do regime específico discriminado nos parágrafos anteriores podemos facilmente perceber a *incompatibilidade* entre as medidas provisórias e as atividades de criação e majoração de tributos.

Em primeiro lugar, não custa repetir, medida provisória não é lei, mas apenas *ato normativo com força de lei*. Assim, a criação de tributos por meio de tal instrumento inequivocamente viola a legalidade tributária e a ideia de tributação consentida, só efetivada pelo processo legislativo – ainda que sumário – realizado pelas casas legislativas, compostas pelos representantes do povo e dos Estados. Como bem observa GUSTAVO RENE NICOLAU, "O Poder Legislativo é o mais sensível aos reclamos e anseios da sociedade e reflete diretamente as necessidades desta. Oposição e situação convivem diuturnamente no plenário, o que torna ainda mais saudável a criação de leis por este órgão."

É dizer: ainda que as medidas provisórias venham a ser posteriormente confirmadas pelos órgãos do Poder Legislativo, é fato incontestável que o *debate*, próprio dos regimes democráticos, da matéria no âmbito das duas casas *fica extremamente prejudicado*, sobretudo em virtude da necessidade de desobstrução rápida de pauta de votação para análise de outros assuntos.[41]

Também o fato de serem as medidas provisórias verdadeiras *medidas de urgência* as tornam *inconciliáveis com a atividade de tributação*. Conforme visto, em regra, no direito tributário não há lugar para surpresas e sobressaltos; aqui, é imprescindível que o contribuinte tenha tempo para se programar para o pagamento dos novos encargos.

Nem mesmo o advento da já mencionada Emenda Constitucional n. 32/2001, que acrescentou um parágrafo segundo

---

[41]. NICOLAU, Gustavo Rene. *Medidas provisórias: o executivo que legisla: evolução histórica no constitucionalismo brasileiro*. São Paulo: Atlas, 2009, p. 116.

ao art. 62 de nossa *Lex Suprema*, é suficiente a infirmar os argumentos apresentados acima.

Ao estabelecer que medida provisória que implique instituição ou majoração de impostos, exceto os previstos nos artigos 153, I, II, IV e 154, II, só produzirá efeitos no exercício financeiro seguinte se houver sido convertida em lei até o último dia daquele em que foi editada, o constituinte reformador nada mais fez do que tentar conciliar o regime jurídico das medidas provisórias com o princípio da não surpresa, só conseguindo, no entanto, desvirtuar ambos os institutos. Não é forçoso lembrar que, nos moldes da jurisprudência do Supremo Tribunal Federal, a medida provisória só produzirá efeitos depois de 90 (noventa) dias de sua publicação, salvo se estivermos diante de tributo não sujeito à noventena.[42]

Dissertando sobre a posição conciliatória mencionada acima, admitida pelo Supremo Tribunal Federal antes mesmo do advento da Emenda Constitucional 32/2001, COELHO afirma que "Com isto, a medida provisória perde a virtude da eficácia imediata. Noutro giro, torna-se um simples mecanismo de iniciativa de lei pelo Poder Executivo em razão de seu peculiar processo legislativo."[43]

No mesmo sentido, mas de maneira ainda mais incisiva, assim leciona MISABEL ABREU MACHADO DERZI:

> Afinal, ao se conciliarem medidas provisórias com o princípio da não surpresa se cria um procedimento novo, não previsto na Constituição: o das medidas provisórias sem vigência e eficácia imediata, portanto, sem relevância e sem urgência.[44]

---

42. STF, RE 568503, Relator (a) Ministra Cármen Lúcia, Primeira Turma, julgado em 12/02/2014, ACÓRDÃO ELETRÔNICO DJe-050 DIVULG 13-03-2014 PUBLIC 14-03-2014. Disponível em: (www.stf.jus.br/portal/principal/principal.asp). Acesso em 12/04/2014.
43. *Curso...*, op. cit., p. 253.
44 BALEEIRO, Aliomar. *Direito tributário brasileiro*. 11. ed. atualizada por Misabel Abreu Machado Derzi. Rio de Janeiro: Forense, 2001, p. 61.

Temos como *absoluta*, pois, a *proibição da criação de tributo* novo por medida provisória.

Amparados nas lições de VIEIRA, entendemos possível a edição de medida provisória tributária em apenas 2 (duas) situações, quais sejam: a) instituição de deveres instrumentais tributários – chamados pela legislação de obrigações acessórias – e; b) majoração de alíquotas dos impostos discriminados nos incisos I, II e V do art. 153 da Constituição. [45] [46]

No primeiro caso – da instituição de obrigações acessórias tributárias -, não conseguimos vislumbrar riscos à propriedade e à liberdade de quem quer que seja, bastando, para que a medida seja admissível, que estejam presentes os requisitos de relevância e urgência. Na segunda hipótese, de majoração de alíquotas de impostos extrafiscais, nada mais natural que se autorize também ao chefe do Executivo tomar as mesmas providências por meio de medida provisória, caminho mais árduo que o dos decretos.

Mesmo diante do quadro apresentado e das garantias constantes do Sistema Constitucional Tributário pátrio, os governos têm-se valido constantemente do instrumento da medida provisória para fins de regulação da matéria tributária.

---

45. "Art. 153. Compete à União instituir impostos sobre:

I – importação de produtos estrangeiros;

II – exportação, para o exterior, de produtos nacionais ou nacionalizados;

III – renda e proventos de qualquer natureza;

IV – produtos industrializados;

V – operações de crédito, câmbio e seguro, ou relativas a títulos ou valores mobiliários;

VI – propriedade territorial rural;

VII – grandes fortunas, nos termos de lei complementar.

§ 1º – É facultado ao Poder Executivo, atendidas as condições e os limites estabelecidos em lei, alterar as alíquotas dos impostos enumerados nos incisos I, II, IV e V."

46. *Medidas provisórias...*, op. cit., p. 295; 305.

Das 34 medidas provisórias editadas em 2013, 6 (seis) veiculam matéria tributária[47].

Um governo que não respeita sequer as garantias básicas dos contribuintes não pode ser chamado de *democrático*. Legislar em matéria tributária por meio de medidas provisórias é *invadir o patrimônio alheio* sem autorização; é colocar abaixo todo um arcabouço constitucional construído ao longo de muitos anos; é, por fim, instituir verdadeiro *Estado de Exceção no Brasil*.

6. CONCLUSÕES

Diante do exposto, podemos concluir que:

1. O tema do Estado de Exceção tem sido pouco estudado pela chamada dogmática jurídica, tendo a maior parte da bibliografia alusiva à matéria sido escrita por filósofos, cientistas políticos e historiadores.

2. Dos estudiosos do assunto, aquele que melhor papel desempenhou foi o filósofo italiano GIORGIO AGAMBEN, para quem o Estado de Exceção pode ser apresentado como uma zona de anomia prevista pelo próprio direito que, por isso mesmo, está ao mesmo tempo dentro e fora do direito.

3. Para chegar às suas conclusões sobre o Estado de Exceção, AGAMBEN inequivocamente foi buscar inspiração nas lições de MICHEL FOUCAULT sobre o biopoder, bem como nos ensinamentos de pensadores como CARL SCHMITT e WALTER BENJAMIN.

4. No Estado de Exceção, há claro incremento das funções normativas do Poder Executivo, chegando alguns textos

---

47. CASA CIVIL DA PRESIDÊNCIA DA REPÚBLICA – Subchefia para Assuntos Jurídicos – Portal da Legislação do Governo Federal. Disponível em (http://www4.planalto.gov.br/legislacao/legislacao-1/medidas-provisorias). Acesso em 10/04/2014.

constitucionais a fazer menção a uma tal plenitude de poderes – em certas e determinadas situações – dos governantes.

5. Em todo o mundo, diversos instrumentos e práticas próprias do Estado de Exceção foram utilizados ao longo dos Séculos XX e XXI, com destaque para as medidas provisórias italianas, os campos de concentração da Alemanha nazista, os *USA Patriot Act* e as *Military Order* norte americanas do início deste século.

6. A Constituição de 1988 previu também 2 (dois) institutos bastante utilizados pelos Estados de Exceção contemporâneos, quais sejam, o Estado de Defesa e o Estado de Sítio; nenhum deles, no entanto, jamais foi utilizado.

7. A concretização do Estado de Exceção brasileiro em que vivemos deu-se, desde o advento na nova Carta Magna, por meios de edições e reedições de medidas provisórias com força de lei, editadas quase sempre de maneira indiscriminada e sem preocupação com os requisitos de relevância e urgência; criou-se, assim, verdadeiro monopólio legislativo do chefe do Poder Executivo.

8. A materialização do abuso antidemocrático mencionado no parágrafo anterior revela-se ainda mais clara no caso da edição das medidas provisórias em matéria tributária, mais precisamente, das medidas provisórias criadoras de tributos, vez que violadoras do regime jurídico tributário instituído pela Constituição.

9. As medidas provisórias instituidoras de tributo não se compatibilizam nem com a legalidade, mais rígida em matéria tributária, nem com as ideias de segurança jurídica e não surpresa, indispensáveis à harmonia e sustentabilidade do Sistema Constitucional Tributário pátrio.

REFERÊNCIAS

AGAMBEN, Giorgio. *Estado de exceção*. Trad. Iraci D. Poleti. São Paulo: Boitempo: 2004.

_____. *Homo sacer:* o poder soberano e a vida nua I. Belo Horizonte: Ed. Da UFMG, 2002.

ATALIBA, Geraldo. *Hipótese de incidência tributária.* 6. ed. 5. tir. São Paulo: Malheiros, 2004.

ÁVILA, Humberto Bergmann. *Medida provisória na Constituição de 1988.* Porto Alegre: Sergio Fabris, 1997.

_____. *Segurança jurídica: entre permanência, mudança e realização no direito tributário.* 2. ed. São Paulo: Malheiros Editores, 2012.

BALEEIRO, Aliomar. *Direito tributário brasileiro.* 11. ed. atualizada por Misabel Abreu Machado Derzi. Rio de Janeiro: Forense, 2001.

BRASIL. STF. Disponível em: (www.stf.jus.br/portal/principal/principal.asp).

BENJAMIN, Walter. *Zur Kritik der Gewalt*, Frankfurt, 1921. In: AGAMBEN, Giorgio. *Estado de exceção.* Trad. Iraci D. Poleti. São Paulo: Boitempo: 2004.

CASA CIVIL DA PRESIDÊNCIA DA REPÚBLICA – Subchefia para Assuntos Jurídicos – Portal da Legislação do Governo Federal. Disponível em (http://www4.planalto.gov.br/legislacao/legislacao-1/medidas-provisorias). Acesso em 10/04/2014.

CARRAZZA, Roque Antonio. *Curso de direito constitucional tributário.* 28. ed. São Paulo: Malheiros, 2012.

CARVALHO, Paulo de Barros. *Curso de direito tributário.* 14. ed. São Paulo: Saraiva, 2002.

CHUEIRI, Vera Karan. Agamben e o Estado de Exceção como Zona de Indeterminação entre o Político e o Jurídico. in: FONSECA, Ricardo Marcelo (org). *Crítica da Modernidade: diálogos com o direito.* Florianópolis: Fundação Boiteaux, 2005.

CLÈVE, Clèmerson Merlin. *Medidas provisórias*. 2. Ed. Curitiba: Max Limonad, 1999.

COÊLHO, Sacha Calmon Navarro. *Curso de direito tributário brasileiro*. 9. Ed. Rio de Janeiro: Forense, 2007.

FONSECA, Ricardo Marcelo. Estado de Exceção. *Revista da Faculdade de Direito da Universidade Federal do Paraná/Universidade Federal do Paraná*. Programa de Pós-graduação em Direito. Curitiba, n. 41, p. 171-174. Resenha, p. 171.

_____. O Poder entre o Direito e a "Norma": Foucault e Deleuze na Teoria do Estado. In: _____(org.). *Repensando a teoria do estado*. Belo Horizonte: Forum, 2004

FOUCAULT, Michel. *Em defesa da sociedade*. São Paulo: Martins Fontes, 2010.

_____. *História da Sexualidade*: a vontade do saber. 12. Ed. Rio de Janeiro: Graal, 1998.

_____. *Vigiar e punir*. 25. ed. Petrópolis: Vozes, 2002.

GRECO, Marco Aurélio. *Medidas provisórias*. São Paulo: Editora Revista dos Tribunais, 1991.

GRUPENMACHER, Betina Treiger. *Eficácia e aplicabilidade das limitações constitucionais ao poder de tributar*. São Paulo: Editora Resenha Tributária, 1997.

MACHADO, Hugo de Brito. *Curso de direito constitucional tributário*. São Paulo: Malheiros, 2012.

NICOLAU, Gustavo Rene. *Medidas provisórias: o executivo que legisla: evolução histórica no constitucionalismo brasileiro*. São Paulo: Atlas, 2009.

MENDES, Gilmar Ferreira; COELHO, Inocêncio Mártires; BRANCO, Paulo Gustavo. *Curso de direito constitucional*. 5. ed. Revisada e atualizada. São Paulo: Saraiva, 2010.

SANTOS, Aricê Moacir Amaral. *O estado de emergência*. São Paulo: Sugestões literárias, 1981.

SCHOUERI, Luís Eduardo. *Direito tributário*. São Paulo: Saraiva, 2011.

SCHMITT, Carl. *Politische Theologie*. München,1922. In: AGAMBEN, Giorgio. *Estado de exceção*. Trad. Iraci D. Poleti. São Paulo: Boitempo: 2004.

SILVA, José Afonso. *Curso de direito constitucional positivo*. 35. ed. São Paulo: Malheiros, 2012.

TINGSTEN, Herbert. *Leis plens povoirs: L'éxpansion des pouvoirs governamentaux pendant et aprés la grande guerre*, Paris: Stock, 1934. In: AGAMBEN, Giorgio. *Estado de exceção*. Trad. Iraci D. Poleti. São Paulo: Boitempo: 2004.

VIEIRA, José Roberto. *Medidas provisórias em matéria tributária:* as catilinárias brasileiras. 369 f. Tese (Doutorado em Direito Tributário), Pontifícia Universidade Católica de São Paulo, São Paulo, 1999.

TRIBUTAÇÃO: COMPATIBILIDADE COM LIVRE-INICIATIVA E A LIBERDADE NA CONSTITUIÇÃO DE 1988

Érico Hack[1]

INTRODUÇÃO

O tributo é atualmente a principal fonte de receita dos Estados. Por questões de igualdade e solidariedade o encargo recai sobre toda a coletividade, incidindo sobre as principais manifestações de capacidade contributiva dos contribuintes. Normalmente se divide a incidência tributária entre patrimônio, renda e consumo, de maneira que praticamente todas as atividades que tenham algum conteúdo econômico são atingidas pelo tributo.

---

1. Doutor e mestre pela PUC-PR. Professor de Direito Tributário no curso de Direito das Faculdades OPET. Professor de pós-graduação (especialização) na FESP, Unicuritiba e ABDCONST. Editor-chefe da Revista Ânima do Curso de Direito das Faculdades OPET. Revisor em diversos periódicos científicos. Autor de livros e artigos nas áreas de direito tributário, direito administrativo e direito constitucional. Coordenador do Conselho Acadêmico de Tributação e Finanças da Associação Comercial do Paraná (ACP). Advogado e consultor em Curitiba-PR.

Desta forma, é correto afirmar que praticamente todas as atividades humanas são de alguma forma atingidas pela tributação. Essa influência se nota especialmente nas atividades relacionadas com o trabalho remunerado, o comércio, a indústria e as atividades empresariais que visam lucro e aumento de patrimônio.

Por estas razões a alteração na incidência dos tributos pode influenciar nestas atividades de maneira positiva ou negativa. A diminuição da incidência pode gerar um incremento nas atividades atingidas, e o contrário pode gerar um embaraço a tais atividades.

O que vem se observando é a tendência de aumento da incidência tributária no Brasil ao longo dos anos. Além disso, junto com esta situação aumenta também a complexidade do sistema tributário, que faz com que as pessoas a ele sujeitas tenham que se preocupar com as obrigações acessórias relacionadas.

O impacto do tributo, em uma análise mais apurada, pode afetar fundamentos e objetivos determinados pela Constituição brasileira. A investigação que aqui se apresenta pretende analisar a possibilidade do tributo atingir negativamente a livre iniciativa (liberdade de criação de novos negócios e geração de riqueza). Ou seja, a pretensão é analisar se o tributo pode significar um embaraço a estes princípios constitucionais e de que forma tal embaraço pode ocorrer. Adverte-se que a investigação destina-se a provocar a reflexão sobre os assuntos, de maneira que não se pretende esgotar ou resolver em definitivo o tema, mas apenas contribuir academicamente para um debate vital sobre o assunto e a relação do tributo com o desenvolvimento econômico.

Inicialmente, investiga-se como a Constituição Federal de 1988 tratou da liberdade e da livre iniciativa em seu texto. Depois, estuda-se a característica do tributo enquanto instrumento de financiamento do Estado e enquanto ferramenta para cumprimento dos objetivos e princípios determinados pela Constituição. Por fim, será analisado o tributo como possível embaraço à liberdade e à livre iniciativa consagradas nas regras constitucionais.

1. LIBERDADE E LIVRE INICIATIVA NA CONSTITUIÇÃO DE 1988

A Constituição Federal de 1988 consagra a liberdade e a livre iniciativa como valores fundamentais a serem observados pelo Estado brasileiro. A liberdade vem enunciada logo no preâmbulo do texto constitucional. A construção de uma sociedade livre, justa e solidária aparece como o primeiro objetivo da República, no art. 3º, I. Ao longo do texto constitucional há a preocupação com a garantia da liberdade nas suas mais diversas formas, como se verifica, por exemplo, no art. 5º, IV, VI, IX, XIII e XV.

A livre iniciativa aparece no art. 1º, IV, como fundamento da República. Volta a aparecer como princípio geral da atividade econômica, no art. 170. Também a ela se faz referência quando a Constituição consagra o princípio da livre concorrência (art. 170, IV) e o livre exercício de atividade econômica (art. 170, p. único).

Pela leitura do texto constitucional pode-se concluir que a livre iniciativa está contida pela liberdade. Ou, como diria Eros Roberto Grau, a livre iniciativa expressa desdobramento da liberdade.[2] A liberdade preservada pela Constituição, quando manifestada no âmbito do mercado, da economia privada e das relações econômicas é denominada de livre iniciativa.

A leitura da Constituição brasileira leva à conclusão que seu texto estabelece um regime de livre mercado. Todavia,

---

2. GRAU, Eros Roberto. **A Ordem Econômica na Constituição de 1988**. 8ª ed. São Paulo: Malheiros, 2003, p. 181.

também afirma que o sistema por ela previsto não é de liberdade absoluta, havendo diversas hipóteses de restrição à ela, com controles estatais sobre a atividade econômica e regulamentação dos mercados, estabelecendo limites à liberdade da atividade econômica. Conforme expõe Luís Eduardo Schoueri, o art. 1º e 170 da Constituição colocam a livre iniciativa junto com os valores sociais do trabalho no seu texto, indicando uma ligação entre eles.[3] O autor explica:

> A inserção de ambos os valores em conjunto, por duas vezes no texto constitucional revela uma opção do constituindo por um convívio harmônico entre ambos, não permitindo que em nome de um dos valores seja o outro reduzido. Impõe-se, então, à Ordem Econômica busca uma solução em que a livre-iniciativa seja a forma como se dará a valorização do trabalho humano, ou, noutro sentido, seja a valorização do trabalho humano uma garantia para o exercício da livre-iniciativa.[4]

Logo, o Estado brasileiro limita a livre iniciativa pelos valores sociais do trabalho, ao mesmo tempo em que limita esta proteção à necessidade de se preservar a livre iniciativa.

Esta relação não se limita apenas aos valores sociais do trabalho, notando-se, também, com princípios e políticas estabelecidos pelo texto constitucional. A atividade empresarial terá que também observar limites dados por valores de preservação ao meio ambiente e proteção aos direitos do consumidor, para citar dois exemplos de ramos do direito que influem na livre iniciativa.[5] O próprio valor de livre concorrência

---

3. SCHOUERI, Luís Eduardo. **Norma Tributária Indutora e Intervenção Econômica**. Rio de Janeiro: Forense, 2005, p. 84.
4. **Norma Tributária...** p. 84.
5. Em referência à jurisprudência do STF: "O princípio da livre iniciativa não pode ser invocado para afastar regras de regulamentação do mercado e de defesa do consumidor." (RE 349.686, Rel. Min. Ellen Gracie, julgamento em 14-6-2005, Segunda Turma, DJ de 5-8-2005.)

atinge a livre iniciativa, já que exigirá do Estado atuação no sentido de preservar o ambiente empresarial livre de monopólios e outras formas de controle do mercado por um pequeno grupo econômico.[6]

Vê-se que para o capitalismo atual, é necessária a existência de tal limitação, não sendo mais sustentável o modelo de capitalismo liberal do período da revolução industrial. Nas palavras de Fernando Netto Boiteux:

> A ideia de intervenção no domínio econômico, por outro lado, em nada contradiz o sistema capitalista, nem se contrapõe ao princípio da livre iniciativa, pois o sistema de produção capitalista necessita hoje, para se desenvolver, de uma certa dose de intervenção na economia e de respeito aos direitos dos trabalhadores, pois, sem a realização de políticas públicas adequadas a produção em massa não pode ser realizar. Tome-se, por exemplo, a produção de automóveis, que não se desenvolveria sem a correspondente construção de estradas.[7]

Logo, o valor de livre iniciativa é compreendido conjuntamente com a atuação estatal que regulamenta a economia. A Constituição de 1988 faz com que ambos os valores convivam harmoniosamente. Logo, deve-se concluir que o Brasil adota

---

[6]. Conforme ensina José Afonso da Silva: "A Constituição reconhece a existência do poder econômico. Este não é, pois, condenado pelo regime constitucional. Não rato esse poder econômico é exercido de maneira anti-social. Cabe, então, ao Estado intervir para coibir o abuso. (...) Essa prática abusiva, que decorre quase espontaneamente do capitalismo monopolista, é que a Constituição condena, não mais como um dos princípios da ordem econômica, mas como um fator de intervenção na economia, em favor da economia de livre mercado." **Curso de Direito Constitucional Positivo**. 30ª ed. São Paulo: Malheiros, 2008, p. 795.

[7]. BOITEUX, Fernando Netto. Intervenção do Estado no Domínio Econômico na Constituição Federal de 1988. Artigo publicado em GRECO, Marco Aurélio (coord.) **Contribuição de Intervenção no Domínio Econômico e Figuras Afins**. São Paulo: Dialética, 2001, pp. 67 e 68.

um sistema capitalista de livre mercado com limites e regulamentações estatais.[8] É interessante notar que a jurisprudência do STF concorda com tal conclusão:

> É certo que a ordem econômica na Constituição de 1988 define opção por um sistema no qual joga um papel primordial a livre iniciativa. Essa circunstância não legitima, no entanto, a assertiva de que o Estado só intervirá na economia em situações excepcionais. Mais do que simples instrumento de governo, a nossa Constituição enuncia diretrizes, programas e fins a serem realizados pelo Estado e pela sociedade. Postula um plano de ação global normativo para o Estado e para a sociedade, informado pelos preceitos veiculados pelos seus arts. 1º, 3º e 170. A livre iniciativa é expressão de liberdade titulada não apenas pela empresa, mas também pelo trabalho. Por isso a Constituição, ao contemplá-la, cogita também da 'iniciativa do Estado'; não a privilegia, portanto, como bem pertinente apenas à empresa. Se de um lado a Constituição assegura a livre iniciativa, de outro determina ao Estado a adoção de todas as providências tendentes a garantir o efetivo exercício do direito à educação, à cultura e ao desporto...[9]

A intervenção estatal na economia não é vista como uma barreira contra a livre iniciativa, mas sim como uma condição para o livre exercício desta.[10] A regulamentação do Estado na

---

8. Como já nos coube manifestar em outra oportunidade: "Da leitura do dispositivo concluímos que o Brasil é um país capitalista, de não intervenção na economia, que preza a livre-iniciativa como forma de desenvolvimento econômico, mas que, ao mesmo tempo, limita isso tudo pelos valores sociais do trabalho e pela dignidade da pessoa humana." Em HACK, Érico. **Direito Constitucional**: Conceitos, fundamentos e princípios básicos. 2ª ed. Curitiba: IBPEX, 2011, p.63.
9. STF. ADI 1.950, Rel. Min. Eros Grau, julgamento em 3-11-2005, Plenário, DJ de 2-6-2006.
10. Tercio Sampaio Ferraz Junior: "Ou seja, se a livre iniciativa pode manifestar-se como poder econômico no âmbito do mercado livre, é preciso coibir o seu abuso (condutas abusivas) tanto quanto é necessário também coibir que o livre mercado venha a produzir estruturas impeditivas da livre iniciativa

concorrência, na prestação de serviços públicos por particulares e no mercado financeiro são vistos como necessários para a manutenção de um mercado saudável. A intervenção do Estado na economia também busca evitar excessos que acabam levando a crises econômicas, que acabam tendo um efeito ruim não só para o mercado, mas também para a sociedade.

Se por um lado é necessário que o Estado atue para preservar a livre iniciativa, por outro lado é preciso que ele dose esta atuação a fim de evitar que ela própria prejudique o mercado que quer preservar. Se a regulamentação estatal é necessária, o excesso desta regulamentação acaba por prejudicar o desenvolvimento do mercado e o crescimento econômico. Qualquer atuação estatal mal feita (ou uma omissão estatal quando deveria atuar) pode causar prejuízos à livre iniciativa e ao desenvolvimento econômico.

Neste sentido, o tributo é uma variável que pode ser muito prejudicial à livre iniciativa, tanto quando usado com finalidade fiscal quanto extrafiscal. Em ambas as situações a incidência tributária pode representar barreiras que dificultem demasiadamente a livre iniciativa. Se é certo que o tributo é necessário e a atuação estatal sobre a economia também, também é certo que esta atuação por via tributária pode pôr em risco os valores de livre iniciativa que a Constituição preza. Este aspecto será abordado adiante, já que é o tema principal deste trabalho.

2. A TRIBUTAÇÃO COMO PRINCIPAL FONTE DE RECEITA DOS ESTADOS MODERNOS

Desde Adam Smith vem se considerando a receita obtida com tributos a principal fonte de recursos dos Estados:

(estruturas abusivas)." Em FERRAZ JUNIOR, Tercio Sampaio. Obrigação Tributária Acessória e Limites de Imposição: Razoabilidade e Neutralidade Concorrencial do Estado. Artigo publicado em FERRAZ, Roberto (coord.) **Princípios e Limites da Tributação**. São Paulo: Quartier Latin, 2005, pp. 727 e 728.

Se, pois, tanto o capital público quanto as terras públicas – as duas fontes de rendimento que podem em particular pertencer ao soberano ou ao Estado – são ambos fundos inadequados e insuficientes para cobrir a despesas necessária de um país grande e civilizado, resulta que a maior parte dessa despesa deve ser paga por taxas ou impostos de um outro tipo, fazendo com que o povo contribua com uma parte de seu próprio rendimento privado para constituir uma receita pública para o soberano ou para o Estado.[11]

O tributo é então um meio de financiamento do Estado, que dentre outras alternativas, destacou-se como o mais eficiente.[12] Isto ocorreu após a mutação descrita por Ricardo Lobo Torres de um Estado patrimonialista para um Estado fiscal. Este se baseou nas receitas de tributos como principal fonte

---

11. **A Riqueza das Nações...** p. 247, Livro V, Cap. II. No mesmo sentido, Ignacio Blanco Ramos: *"Admitindo a essência finalista do poder, temos que considerar que o poder tributário tem sua razão de ser na necessidade de cobrir o custo das necessidades públicas, para o qual é a tributação o meio mais adequado."* No original: *"Admitiendo la esencia finalista del poder, hemos de considerar que el poder tributario tiene su razón de ser en la necesidad de cubrir el costo de las necesidades públicas, para lo cual es la tributación el medio más adecuado."* **Derecho Tributario...** p. 22.

12. Convém apontar que o tributo é uma das formas de financiamento do Estado, que por sua conveniência tornou-se a principal. Como aponta Dino Jarach: *"O tributo é um dos recursos que se oferecem ao Estado para obter os meios pecuniários necessários ao desenvolvimento de suas atividades."* **O Fato Imponível**. São Paulo: Revista dos Tribunais, 1989. P. 41. Neste panorama, é possível afirmar que o tributo é a modalidade principal de financiamento do momento, todavia nenhum Estado pode descuidar-se das demais fontes de custeio. Nada impede que no futuro o Estado adote outra fonte de financiamento que seja mais adequada, já que o tributo não é absoluto como única fonte de receitas do Estado. De acordo com Seligman: *"Como todos os fatos da vida social, a tributação é apenas uma categoria histórica."* No original *"Like all the facts of social life, taxation itself is only an historical category."*. Este autor indica a evolução do tributo conjuntamente com a evolução da sociedade, desde de a época em que não existia Estado, passando pelas prestações voluntárias ao Estado e finalizando no atual estágio de tributação compulsória. SELIGMAN, Edwin R. A. ***Essays in Taxation***. 10ª edição. Nova Iorque: The Macmillan Company, 1931, pp. 1 a 6.

de financiamento, tornando-se o patrimônio do príncipe diferente do patrimônio do Estado:

> O que caracteriza o surgimento do Estado Fiscal, como específica figuração do Estado de Direito, é o novo perfil da receita pública, que passou a se fundar nos empréstimos, autorizados e garantidos pelo Legislativo, e principalmente nos tributos – ingressos derivados do trabalho e do patrimônio do contribuinte –, ao revés de se apoiar nos ingressos originários do patrimônio do príncipe. [13]

É certo que o tributo pode também ser utilizado com finalidades diferentes desta de financiamento da atividade estatal. Todavia, é inegável que, pelo seu próprio conceito, nada mais é que uma cobrança em dinheiro do particular pelo Estado. Logo, seja qual for a finalidade de um tributo específico, sempre haverá o efeito de arrecadar valores aos cofres públicos. E estes valores, de qualquer forma, serão destinados ao financiamento do Estado, retornando à finalidade inicial.[14]

Questiona-se, indo além, para que o Estado precisa de financiamento?

Tal pergunta pode ser respondida de diversas formas: para que o Estado continue existindo, para que o Estado desempenhe suas funções, para que o Estado busque a sua finalidade. Esta última resposta é a mais adequada. O Estado precisa de dinheiro para poder desempenhar suas atividades.

---

13. TORRES, Ricardo Lobo. **A Ideia de Liberdade no Estado Patrimonial e no Estado Fiscal**. Rio de Janeiro: Renovar, 1991, p. 97.
14. "*Sem dúvida, a principal finalidade das leis tributárias é fiscal, ou seja, visando obter recursos para o Estado poder atender às necessidades públicas, sempre crescentes, o que exige um constante aumento da arrecadação de meios para financiá-las.*". ROTHMANN, Gerd Willi. Tributação, Sonegação e Livre Concorrência. Artigo publicado em FERRAZ, Roberto (coord.). **Princípios e Limites da Tributação 2**. São Paulo: Quartir Latin, 2009, p. 335.

E estas atividades têm como fim único e exclusivo a finalidade do Estado, que é a busca do bem comum.

Agora é possível concluir a respeito da finalidade do tributo. Ele só existe porque existe Estado, e este só existe porque é necessário à busca do bem comum. Dada a relação de dependência que existe entre o Estado e a existência do tributo, pode-se concluir que a finalidade do tributo, aquela que justifica a sua existência e a sua cobrança, confunde-se com a finalidade do Estado.[15] E qualquer rompimento deste vínculo enseja a perda de legitimidade do tributo e de sua cobrança, já que a exação perde o sentido se a finalidade do Estado não é respeitada.[16]

Ao se concluir que o tributo é uma ferramenta de financiamento dos fins do Estado, logo se conclui que o tributo serve para a promoção dos fundamentos, objetivos e princípios da Constituição de 1988. Como bem coloca Casalta Nabais:

> Pois bem, olhando para o suporte financeiro do estado contemporâneo, o que vemos é um estado fiscal, um estado que tem nos impostos o seu principal suporte financeiro. O que, atenta a razão de ser do estado, que é a realização da pessoa humana, o estado fiscal não pode deixar de se configurar como um instrumento desta realização.[17]

---

15. Aristóteles tratava acerca dos atos com fins subordinados a uma finalidade maior: *"Entretanto, onde tais artes se subordinam a uma única faculdade – como, por exemplo, a selaria e as outras artes relativas aos aprestos dos cavalos incluem-se na arte da equitação, e esta subordina-se, junto com todas as ações militares, na estratégia, e igualmente há algumas artes que se subordinam em terceiras –, em todas elas os fins subordinados, pois, com efeito, estes últimos são procurados em função dos primeiros. Não faz diferença alguma que as finalidades das ações sejam as próprias atividades ou sejam algo distinto destas, como ocorre com as artes e as ciências que mencionamos."* **Ética a Nicômaco**, p. 17.
16. Como coloca Emanuel de Crouy Chanel: *"O imposto encontra, assim, sua legitimidade, porque, ao financiar a ação do Estado ele é uma condição de existência da sociedade."* A Cidadania Fiscal. Artigo publicado em FERRAZ, Roberto. **Princípios e Limites da Tributação** 2. São Paulo: Quartier Latin, 2009, p. 30.
17. A Face Oculta dos Direitos Fundamentais: os Deveres e os Custos dos Direitos.

Caso se altere a finalidade do Estado, altera-se a finalidade do tributo. O Estado atual tem esta finalidade, mas nada impede que ela seja alterada, da mesma maneira que já ocorreu no passado. E isso ocorrendo, altera-se a finalidade do tributo, já que ela é dependente da finalidade do Estado e a política por ele estabelecida. Como coloca Becker: *"O Direito Tributário não tem objetivo (imperativo econômico-social) próprio; ou melhor, como todo o Direito Positivo, o Direito Tributário tem natureza instrumental e seu "objetivo próprio" (razão de existir) é ser um instrumento a serviço de uma política."*[18]

Outro raciocínio que leva à mesma conclusão sobre a finalidade do tributo refere-se ao fato de que ele, por excelência, é um instituto intimamente ligado ao Estado. Esta ligação não se dá só porque o tributo é a sua principal fonte de financiamento, mas também porque é criado e cobrado dentro do ambiente próprio da Administração Pública e de acordo com normas de direito público diretamente ligadas a ele. Esta ligação denota-se em virtude de diversos indícios relacionados à disciplina legal da tributação. Os tributos só podem ser criados por um dos entes da federação, que recebe tal competência da Constituição Federal.[19]

O próprio conceito de tributo aponta que ele será cobrado mediante atividade administrativa plenamente vinculada (CTN, art.3º). Esta afirmação aponta para a cobrança do tributo em um processo próprio de direito público, mediante a realização de atos administrativos vinculados, o que leva à observância de legislação própria na prática de tais atos. Verifica-se que o tributo só existe no âmbito do Estado, regido pelo direito público. É diferente, por exemplo, do contrato, que é um instituto encontrável tanto no âmbito do direito privado

---

Artigo publicado na **Revista de Direito Público da Economia** – RDPE. Belo Horizonte: Fórum, 2007. Ano 5, out/dez 2007, pp. 166 e 167.

18. **Teoria...** pp. 543 e 544, item 158.

19. CF, arts. 149, 153, 154, 155 e 156.

(contrato entre particulares), quanto no âmbito do direito público (contrato administrativo).[20] Logo, verifica-se que o tributo só existe em virtude e no âmbito do Estado, sendo uma figura própria dele. Por isso é que a sua finalidade confunde-se com a finalidade do Estado, já que a existência de um depende diretamente da existência do outro.

3. HIPÓTESES EM QUE O TRIBUTO PODE AFETAR OS VALORES PROTEGIDOS CONSTITUCIONALMENTE

A exposição realizada destina-se a demonstrar que a livre iniciativa e a liberdade, como fundamentos e princípios consagrados no texto constitucional devem ser promovidos pelo tributo, enquanto ferramenta do Estado. Esta promoção pode ser realizada através da finalidade fiscal, com a obtenção de fundos para que o Estado desempenhe suas funções (receitas para a manutenção de órgãos públicos com missão que preserve a livre iniciativa, por exemplo), ou através da finalidade extrafiscal, com a incidência do tributo sendo utilizada como ferramenta de indução de comportamentos que levem à promoção da livre iniciativa.

De qualquer forma, deve-se apontar que as condutas acima indicadas referem-se ao tributo enquanto ferramenta de realização positiva de condutas estatais. Ou seja, nestes casos o Estado age de maneira a buscar o princípio ou fundamento desejado com o uso da ferramenta denominada tributo.

---

20. O direito administrativo discute a natureza do contrato administrativo, se seria um contrato como aquele do direito privado ou seria uma figura diversa própria do direito público que leva o mesmo nome. Para este trabalho, todavia, a referida discussão é irrelevante, uma vez que o Estado não celebra apenas os contratos administrativos propriamente ditos (concessão, permissão, etc.), mas também celebra contratos de direito privado, que pelo conceito da legislação também denominam-se contratos administrativos (art. 2º, parágrafo único, lei 8666/93), apesar do conceito mais restrito dado pela doutrina. O que se quer dizer é que o instituto do contrato apresenta-se tanto na esfera privada quanto pública, o que não ocorre com o tributo.

Outra faceta a se considerar é a questão do tributo ter atuação neutra ou negativa quanto à promoção destas finalidades, ou seja, não prejudicar a busca da finalidade ou então ser prejudicial a ela.

Entende-se que o tributo, se não está diretamente promovendo a finalidade (financiando diretamente uma atividade neste sentido ou sendo utilizado com característica extrafiscal para indução de comportamento para busca deste valor), deve ter atuação neutra sobre o valor a ser preservado pelo Estado. Explica-se: em uma situação em que o tributo tem sua incidência normal, esta não pode ser prejudicial a um valor constitucional que se quer promover ou preservar.

É o que ocorre em discussão que aguarda solução pelo Supremo Tribunal Federal. O art. 47 da lei 11196/2005 proíbe a utilização de crédito sobre aquisição de aparas e outros materiais recicláveis para fins de apuração da Cofins e Contribuição ao PIS pela sistemática da não cumulatividade. A questão se desenvolve em torno da constatação de que o artigo prejudica o valor constitucional de preservação ao meio ambiente consagrado no art. 170, VI e em diversas outras passagens do texto constitucional. Ou seja, pelo artigo a aquisição de madeira recém extraída gera crédito nos tributos em questão, enquanto que a utilização de materiais reciclados não tem o mesmo efeito. Por esta razão, entende-se que o comportamento mais nocivo ao meio ambiente (abate de árvores, ainda que de reflorestamento) é mais vantajoso economicamente do que a reutilização de material descartado, que seria um comportamento favorável ao meio ambiente.[21]

Não se sabe a intenção do legislador ao redigir o artigo em discussão, mas pela sua análise de redação nota-se que não

---

21. A discussão ora relatada está no Recurso Extraordinário n. 607.019/PR sob relatoria da Min. Rosa Weber. O tema foi reconhecido como de repercussão geral (n. 304) e encontra-se no STF aguardando julgamento.

há menção à questão ambiental. Entende-se, portanto, que as proibição contida no artigo tinha intenção meramente fiscal, ou seja, de aumentar a arrecadação dos tributos pela vedação a obtenção de um crédito que reduziria o valor a pagar do tributo.

Ocorre que, ao vedar tal crédito, a lei tributária acabou por, indiretamente, induzir o contribuinte à prática de um comportamento nocivo ao meio ambiente, desestimulando a conduta benéfica a este valor. Provavelmente não foi esta a intenção do legislador ao criar dita norma, só que o efeito de sua aplicação atinge negativamente um valor constitucional que a Constituição pretende preservar e promover.

Neste sentido, o exemplo dado acima destina-se a demonstrar que o tributo pode ter função positiva na promoção de princípios constitucionais, mas ele não pode ter função negativa sobre estes princípios. Ou seja, o tributo como ferramenta do Estado deve manter pelo menos a neutralidade quanto aos valores constitucionais, mas nunca pode ter efeito negativo sobre estes valores.

Isso ocorre porque o tributo é ferramenta do Estado, que principalmente busca coletar valores da coletividade para sua manutenção e também, em determinadas situações, pode ter sua incidência voltada a busca por uma finalidade diversa. Em qualquer das duas situações, ele não pode prejudicar valores ou objetivos constitucionais.

Em decorrência deste raciocínio é de se notar que o tributo passa a ser analisado sob um conjunto maior de elementos para se aferir a sua validade. A mera validade formal dos aspectos da regra matriz de incidência e das regras de competência não é suficiente para se afirmar a constitucionalidade de uma exação. É necessário se verificar se a sua incidência não ofende o conjunto de princípios e objetivos constitucionais previstos na Carta Magna.

Um destes princípios, por certo, é a liberdade e sua faceta econômica, a livre iniciativa. Ou seja, a incidência tributária não pode ofender a liberdade e a livre iniciativa sob pena de inconstitucionalidade do tributo.

O problema na questão em análise é que o tributo normalmente incidirá sobre a atividade empresarial, além de incidir sobre o consumo dos bens e serviços produzidos pela atividade empresarial. Se por um lado a Constituição fomenta a livre iniciativa, priorizando o empreendedorismo e o incremento da atividade econômica, por outro lado há a incidência tributária sobre o produto desta atividade. Há, portanto, um aparente conflito entre o valor de promoção de livre iniciativa e a tributação obtida da atividade empresarial, que cabe verificar até que ponto influi na validade dos tributos.

Entra na análise outro valor constitucional de grande importância no sistema brasileiro, que é o princípio de capacidade contributiva. Tal princípio, em linhas gerais, busca apontar quem pode contribuir com o tributo e quanto cada contribuinte deve pagar. Ou seja, é o critério atualmente aceito para se identificar em quais situações o tributo deve incidir e qual o valor a ser cobrado.

A capacidade contributiva se funda diretamente no valor de igualdade que permeia a Constituição Federal. A igualdade tem o mesmo grau de relevância que a liberdade acima estudada, uma vez que encontra-se consagrada e protegida na Constituição em diversas de suas passagens.[22]

A capacidade contributiva no problema ora em análise terá a função de dirimir o conflito aparente entre o valor de livre iniciativa e liberdade (que seriam contrários à ideia de incidência de tributos sobre a atividade empresarial) e o valor

---

22. Já se enfrentou a questão da capacidade contributiva em outro estudo anterior: HACK, Érico. Princípio da Capacidade Contributiva: Limites e Critérios para o Tributo. Artigo Publicado na **Revista da SJRJ**, v. 21, n. 39, p. 83-94. Rio de Janeiro: SJRJ, 2014.

da igualdade (que exige a cobrança de tributos de todas as pessoas de maneira igualitária).

O que se conclui no problema posto é que a livre iniciativa não pode eximir o contribuinte do pagamento do tributo. Por outro lado a incidência do tributo não pode ser excessiva a ponto de afetar a liberdade e a livre iniciativa, ou seja, uma incidência tributária que afete o desenvolvimento da atividade empresária e ponha em risco o desenvolvimento econômico necessário ao crescimento do país.

A medida a ser aplicada, portanto, é a capacidade contributiva. A tributação não será excessiva sempre que os limites da capacidade contributiva forem observados (preservação do mínimo existencial e vedação ao confisco) e que os critérios para graduação dos tributos sejam aplicados (progressividade das alíquotas e seletividade).[23]

Ou seja, a livre iniciativa, como já exposto acima, não implica em plena liberdade do empreendedor, pelo contrário, o conceito moderno do instituto pede a intervenção estatal. Além disso, a tributação sobre a atividade empresarial é notável fonte de recursos ao Estado, não só pela característica de tributar a capacidade contributiva das empresas (lucro), mas também pela incidência dos tributos sobre o consumo dos bens e serviços produzidos e prestados por estas.

Assim, a tributação sobre a atividade empresarial demonstra-se ajustada quando há capacidade contributiva nesta atividade. Ou seja, a atividade empresarial bem sucedida e lucrativa demonstra a existência de disponibilidade financeira passível de ser tributada. Logo, o critério para uma tributação que não ofenda o valor de liberdade e livre iniciativa é justamente aquele que se baseia no valor de igualdade baseado na capacidade contributiva dos sujeitos tributados.

---

23. De acordo com o artigo já citado acima: HACK, Érico. **Princípio da capacidade...**

Aqui encontra-se uma crítica ao sistema brasileiro de tributação sobre a atividade empresarial, que justamente baseia-se em tributos que não guardam relação com a capacidade contributiva. E pior, em algumas situações, a tributação baseia-se em ficções arbitrariamente escolhidas pelo Fisco, que não só guardam relação com a capacidade contributiva como não mantém qualquer relação com atividade econômica.

Em primeiro lugar, o sistema brasileiro mantém a tributação sobre faturamento (contribuição ao PIS e Cofins, por exemplo), que tem como fato gerador a mera obtenção de receitas para a empresa. O fato de a empresa possuir ingressos pela comercialização dos seus produtos ou receitas de outras fontes não significa, necessariamente, a existência de capacidade contributiva. Pelo sistema destes tributos, desde a primeira receita obtida na atividade empresarial já há a incidência do tributo, mesmo que a atividade esteja ainda longe de obter lucro. O que se quer demonstrar é que, a obtenção de receitas pode ser uma característica econômica, mas que não demonstra capacidade contributiva. Trata-se de uma tributação que incide de maneira a desestimular o novo empreendimento, que desde a emissão de sua primeira nota fiscal já está sendo tributado pelo mero ingresso da receita, sem preocupação com eventual lucro obtido pela empresa.

Outra realidade, ainda mais prejudicial à livre iniciativa, é a substituição tributária "para frente" colocada pelo art. 150, §7º da Constituição Federal que vem sendo amplamente aplicado ao ICMS. Este regime, que já foi bastante discutido, baseia a tributação sobre uma base de cálculo presumida de um fato gerador que ainda está por ocorrer. Para piorar a situação, a base de cálculo presumida, em muitos casos, é maior que o valor efetivamente obtido na operação final com o produto.[24]

---

24. A título de exemplo, no mês de abril de 2014 o ICMS-PR para a cerveja Skol Pilsen lata de 350ml incidia sobre a base de cálculo presumida de R$ 2,17. No mesmo período encontrou-se no varejo de Curitiba o mesmo produto

O problema da substituição tributária também reside no fato do tributo ser pago antecipadamente à ocorrência do fato gerador futuro, que não se sabe quando vai ocorrer. Ou seja, o desembolso do comerciante para a aquisição da mercadoria é maior porque o produto já vem tributado como se a operação de venda ao consumidor final já tivesse sido realizada. Pode-se argumentar que o comerciante irá recuperar o valor antecipado do ICMS quando efetuar a venda ao consumidor final. O problema é que esta última operação pode demorar a ocorrer, de maneira que o comerciante utiliza e imobiliza parte substancial do seu capital de giro para a aquisição de estoque a ser comercializado, o que acaba ocasionando a redução do valor disponível para novas aquisições.

Esta realidade acaba ofendendo a livre iniciativa em alguns de seus aspectos, pois 1) reduz a margem disponível para que o comerciante faça promoções e descontos, já que o produto já chega com o valor aumentado no seu estoque, 2) diminui o tamanho das aquisições a serem realizadas para formação e reposição do estoque de venda, já que há a necessidade de um capital maior para a aquisição de uma mesma mercadoria e 3) diminui o capital de giro do comerciante, que fica com o dinheiro parado porque o tributo da operação final encontra-se já incluído no custo da aquisição dos produtos.

Estes problemas afetam diretamente a livre iniciativa, já que diminuem a aquisição de produtos, o capital disponível para as empresas (que poderiam realizar mais investimentos ou dispor de um estoque mais diversificado) e a margem disponível para a concessão de descontos (diminuindo a competitividade).

O que se conclui, por fim, é que a tributação incidente sobre a atividade empresarial que não respeite a capacidade

---

por R$ 1,79. Ou seja, ICMS era recolhido como se a operação final estivesse acontecendo pelo valor de R$ 2,17, quando na realidade os supermercados vendiam o produto por um valor muito inferior. Nesta situação houve a incidência do tributo sobre um valor que não reflete a realidade da operação, de maneira que houve cobrança indevida do tributo.

contributiva acaba sendo nociva à livre iniciativa, de maneira que é imperioso uma revisão do modelo de maneira que a incidência tributária não se configure um embaraço à atividade econômica e ao desenvolvimento da atividade empresarial.

CONCLUSÃO

Em conclusão ao exposto neste texto, deve-se apontar que o tributo busca sua validade não só em aspectos formais de sua composição, mas também em outros valores constitucionais que estão previstos no sistema jurídico.

Ao se falar em liberdade e livre iniciativa, verifica-se que o tributo não é incompatível com estes valores. Pelo contrário, o Estado que deseja preservar a liberdade deve possuir recursos para o desempenho de suas atividades, e atualmente a principal fonte destes recursos é o tributo.

Neste sentido a incidência tributária é necessária, mas encontra limites na questão da igualdade, traduzida em capacidade contributiva.

Logo, o tributo que obedece à capacidade contributiva será compatível com a liberdade e a livre iniciativa. O que se verifica no Brasil, atualmente, é uma sistemática falta de observância aos limites e critérios da capacidade contributiva, de maneira que a incidência tributária acaba distorcida. Esta distorção causa embaraços à liberdade e à livre iniciativa, de maneira que a tributação acaba afetando estes valores.

BIBLIOGRAFIA

ARISTÓTELES. **Ética a Nicômaco**. São Paulo: Martin Claret, 2001.

BECKER, Alfredo Augusto. **Teoria Geral do Direito Tributário**. São Paulo: Saraiva, 1963.

BOITEUX, Fernando Netto. Intervenção do Estado no Domínio Econômico na Constituição Federal de 1988. Artigo publicado em GRECO, Marco Aurélio (coord.) **Contribuição de Intervenção no Domínio Econômico e Figuras Afins**. São Paulo: Dialética, 2001.

CHANEL, Emmanuel de Crouy. A Cidadania Fiscal. Artigo publicado em FERRAZ, Roberto (coord.). **Princípios e Limites da Tributação** 2. São Paulo: Quartier Latin, 2009.

FERRAZ JUNIOR, Tercio Sampaio. Obrigação Tributária Acessória e Limites de Imposição: Razoabilidade e Neutralidade Concorrencial do Estado. Artigo publicado em FERRAZ, Roberto (coord.) **Princípios e Limites da Tributação**. São Paulo: Quartier Latin, 2005.

GRAU, Eros Roberto. **A Ordem Econômica na Constituição de 1988**. 8ª ed. São Paulo: Malheiros, 2003.

HACK, Érico. **Direito Constitucional**: Conceitos, fundamentos e princípios básicos. 2ª ed. Curitiba: IBPEX, 2011.

_____. Princípio da Capacidade Contributiva: Limites e Critérios para o Tributo. Artigo Publicado na **Revista da SJRJ**, v. 21, n. 39, p. 83-94. Rio de Janeiro: SJRJ, 2014.

JARACH, Dino. **O Fato Imponível**. São Paulo: Revista dos Tribunais, 1989.

NABAIS, José Casalta. A Face Oculta dos Direitos Fundamentais: os Deveres e os Custos dos Direitos. Artigo publicado na **Revista de Direito Público da Economia** – RDPE. Belo Horizonte: Fórum, 2007. Ano 5, out/dez 2007.

RAMOS, Ignacio Blanco. **Derecho Tribu**tario: Parte General y Legislación Española. Barcelona: Ariel, 1976.

ROTHMANN, Gerd Willi. Tributação, Sonegação e Livre Concorrência. Artigo publicado em FERRAZ, Roberto (coord.).

Princípios e Limites da Tributação 2. São Paulo: Quartier Latin, 2009.

SCHOUERI, Luís Eduardo. **Norma Tributária Indutora e Intervenção Econômica**. Rio de Janeiro: Forense, 2005.

SELIGMAN, Edwin R. A. **Essays in Taxation**. 10ª edição. Nova Iorque: The Macmillan Company, 1931.

SILVA, José Afonso da. **Curso de Direito Constitucional Positivo**. 30ª ed. São Paulo: Malheiros, 2008.

SMITH, Adam. **Riqueza das Nações**: Investigação sobre sua Natureza e suas Causas, A. Traduzido por Luiz João Baraúna. São Paulo: Abril, 1983.

TORRES, Ricardo Lobo. **A Ideia de Liberdade no Estado Patrimonial e no Estado Fiscal**. Rio de Janeiro: Renovar, 1991.

TRIBUTAÇÃO EXTRAFISCAL E LIBERDADE EMPREENDEDORA

Flávio de Azambuja Berti[1]

Índice: 1. Estado Social e tributação. 2. Livre iniciativa e barreiras tributárias. 3. Uso extrafiscal dos tributos e liberdade empreendedora. Conclusões. Referências bibliográficas.

1. ESTADO SOCIAL E TRIBUTAÇÃO

O Estado Social enquanto conquista da sociedade política organizada representa o resultado de um processo evolutivo que tem raízes históricas relativamente discutíveis, mas que pode, a título de recorte para os objetivos a que se presta a presente reflexão, tomar como parâmetro inicial a Constituição de Weimar na Alemanha do período imediatamente posterior à Primeira Guerra Mundial.[2]

---

[1]. Doutor em Direito pela UFPR, Mestre em Direito pela UFSC, Procurador do Ministério Público de Contas do Paraná, Professor Titular da Universidade Positivo, ex-Procurador da Fazenda Nacional, ex-Procurador da União.

[2]. RICHARD, Lionel. *A República de Weimar*. São Paulo: Companhia das Letras, 272 p., 1988.

TRIBUTAÇÃO: DEMOCRACIA E LIBERDADE

De fato foi com a promulgação da nova Constituição do Estado Alemão em agosto de 1919 na pequena cidade de Weimar que surge pela primeira vez a estruturação jurídica de um Estado Social com compromissos firmados em favor da defesa de direitos sociais e com preocupações voltadas ao reconhecimento da necessidade de uma atuação político-institucional do Estado com foco na declaração de tais direitos e de meios de garanti-los, particularmente em face da situação na qual se encontrava a Alemanha, arrasada após o final da Primeira Grande Guerra. Com destaque para a reforma educacional iniciada a partir da década de 20 começaram a ser colocados em xeque os postulados keynesianistas[3] segundo os quais o Estado não poderia interferir no âmbito econômico, dado que os agentes produtores e consumidores e as próprias leis econômicas dariam conta de organizar eventuais distúrbios e no médio e longo prazo aparar eventuais arestas resolvendo desequilíbrios e organizando a produção, distribuição e o consumo de bens e serviços.

O caos do pós-guerra, as desigualdades as mazelas sociais daí resultantes, a concentração de renda, a carestia e os distúrbios observados no período iniciaram um debate a propósito do papel do Estado, particularmente em situações de crise, de modo tal que pareceu necessária a estruturação deste mesmo Estado em novas bases com um viés mais intervencionista ou ao menos mais sensível aos anseios e carências da sociedade organizada. Tal perspectiva ganhou ares mais amplos[4] e expandiu-se para o resto da Europa chegando também aos outros cantos do mundo e após sucessivos períodos de crises sociais e econômicas, passando pela Segunda Guerra Mundial, pelas décadas de sessenta e setenta com a primeira crise do

---

3. RICHARD, Lionel. *A República de Weimar*. São Paulo: Companhia das Letras, 272 p., 1988.
4. POULANTZAS, Nicos. *O Estado, o poder, o socialismo*. Tradução Rita Lima. São Paulo: Paz e Terra. 4ª ed., 2000.

petróleo e com a volta da esquerda ao Poder em países como França e Itália na década de oitenta desembocando no reconhecimento e estruturação de direitos sociais em Textos Constitucionais como ocorreu no Brasil em 1988.

Por óbvio que as dificuldades, os percalços e solavancos, as resistências de correntes políticas contrárias e as idas-e--vindas de tais conquistas foram inúmeros, assim como os desafios e questionamentos que se apresentaram diante do chamado Estado Social. Países fora do eixo do chamado Primeiro Mundo como o Brasil sequer avançaram sobre outras conquistas pelo que se questiona mesmo a existência efetiva – ou sua ausência – em relação a problemas mínimos, os quais desafiam qualquer discurso cujo escopo seja reconhecer a efetiva instalação e funcionamento do Estado Social. Diferentemente do que ocorrera na Europa Central, na América do Norte e em alguns países asiáticos e mais recentemente nas últimas duas décadas em alguns países do leste europeu e na Coréia do Sul e Austrália, nos demais Estados do globo em que há uma estruturação jurídico-normativa voltada para o reconhecimento e garantia dos direitos sociais do cidadão, há muitos degraus a serem ultrapassados.[5]

Neste contexto e mesmo diante de dilemas vividos por países que efetivaram a instalação e funcionamento do chamado Estado Social parece correto afirmar que a atuação político-institucional neste sentido é não só conveniente como necessária em face das perturbações resultantes dos desequilíbrios nas relações entre os agentes produtores. Conforme bem posto por Poulantzas[6], as relações de produção e as ligações que as compõem – a propriedade econômica/posse – traduzem-se sob a forma de *poderes* de classe que são organicamente articulados às relações políticas e ideológicas que os consagram e legitimam.

---

5. OLKMER, Antonio Carlos (org). *Fundamentos de história do direito*. Belo Horizonte: Del Rey, 2002.
6. Ob. Cit., p. 25.

Por óbvio que a tributação não ficou alheia a esta mudança contextual, pelo que os tributos sofreram uma expansão exponencial, quer como fontes de receitas para financiar os novos gastos públicos decorrentes das demandas do chamado Estado Social – de que são exemplos as contribuições sociais[7] –, quer como instrumentos de políticas públicas nas mais diferentes áreas de forma tal que passou-se a reconhecer, ainda que timidamente, funções outras aos tributos que não apenas a simples arrecadação de recursos financeiros, desembocando-se no chamado uso extrafiscal da tributação como forma de garantir o desenvolvimento econômico, de combater o desemprego causado por crises macroeconômicas (como é exemplo a repetida redução de alíquotas de IPI na indústria automobilística), de estimular a canalização de recursos do mercado financeiro para investimento direto na indústria (aumentos de alíquotas do IOF), proteção da indústria nacional (aumentos exponenciais de tributos sobre importações) e outros exemplos.

De toda forma, o chamado Estado Social também vem sofrendo questionamentos, demandando-se dele conquistas ainda não obtidas, particularmente em países menos desenvolvidos como o Brasil em que problemas contextuais como a corrupção crescente, crises políticas e barreiras econômicas têm impedido a efetivação de várias das promessas decorrentes do mesmo. A cada dia surgem novas demandas, agora não mais voltadas apenas para os bolsos do cidadão contribuinte, senão também para o meio-ambiente que o cerca. Com a queda paulatina de barreiras comerciais e tecnológicas, a verdade é que o mundo ficou pequeno no sentido de que se tornou possível escolher aonde produzir e de quem consumir, fenômenos estes que trouxeram grande impacto social, político, econômico e também jurídico.

---

7. MACHADO SEGUNDO, Hugo de Brito. *Contribuições e federalismo*. São Paulo: Dialética, 2005.

2. LIVRE INICIATIVA E BARREIRAS TRIBUTÁRIAS

No contexto atual em que se observa a redução de entraves políticos e comerciais ao fluxo econômico, as maiores facilidades no que tange ao transporte de bens, mercadorias e pessoas, o enfraquecimento de barreiras ideológicas em detrimento da racionalidade de mercado decorrentes que são do inegável fenômeno da globalização, ou causas mediatas do mesmo para outros, sem desconsiderar os avanços tecnológicos que possibilitam aquisições e contratações através de ferramentas eletrônicas com entrega programada para períodos relativamente curtos, fato é que a base jurídica constitucional dos Estados em geral e do Brasil em particular não pode ser desconsiderada.

Neste sentido e voltando os olhos para o empreendedorismo e para a base jurídico-estruturante brasileira, é fatual reconhecer como garantia constitucional a liberdade de iniciativa, dada sua consagração literal no Texto Constitucional de 1988. Em que pesem ponderações quanto a sua extensão e eventuais regulamentações específicas reservadas ao Estado, particularmente em setores mais sensíveis, o Brasil garante em favor de seus cidadãos e também de estrangeiros a livre iniciativa para empreenderem em todo e qualquer setor da economia de acordo com sua capacidade e desde que respeitados os regramentos próprios atinentes à atividade escolhida, seja ela comercial, industrial ou de prestação de serviços, sendo dever do Estado zelar por tal liberdade e garantir seu exercício sempre que se apresentem barreiras institucionais ou decorrentes de abuso econômico, como por exemplo cartéis e oligopólios. Bem verdade que a livre iniciativa sujeita-se ao cumprimento dos objetivos inerentes ao Estado Social tais como o respeito aos direitos sociais dos trabalhadores, adequação à legislação previdenciária, cumprimento dos requisitos formais para a instalação do empreendimento, observação de normas específicas do setor explorado pelo empreendedor, eventuais restrições quanto à maioria de capital social para determinados setores e respeito ao meio-ambiente.

Afirmar que a livre iniciativa é garantida constitucionalmente implica em reconhecer o dever do Estado de combater toda e qualquer prática lesiva à liberdade empreendedora do cidadão o que impõe aquele a obrigação de disponibilizar em favor do empreendedor meios e instrumentos, inclusive jurídicos, de defender suas liberdades de iniciativa e de concorrência quando houver lesão ou risco de lesão a qualquer uma delas.

Sob a perspectiva tributária, há espaço para uma reflexão inicial sobre normas que imponham barreiras burocráticas excessivas no caminho do empreendedorismo, sem se falar do alto custo fiscal das operações comerciais e industriais no país decorrentes dos inúmeros tributos que incidem, na maior parte dos casos de modo cumulativo, sobre os diferentes fatos do dia-a-dia empresarial, dada a abrangência das hipóteses de incidência legais contempladas nas legislações federal, estaduais e municipais. Com efeito, não parece apropriado extrapolar na exigência de obrigações tributárias acessórias sob o pretexto de controlar e verificar a adequação da postura do contribuinte diante do dever imperioso de pagar os tributos. A confecção e apresentação de declarações periódicas, a escrituração correta dos livros fiscais eletrônicos, a manutenção atualizada de cadastros fiscais e o preenchimento de relatórios são corretos na medida em que encontram algum respaldo fático dentro do embasamento legal inerente ao fenômeno tributário, mas sempre que a zona limítrofe da utilidade efetiva em favor do Fisco e a mera exigência enquanto fim em si mesma seja ultrapassada, há que se reconhecer um atentado à liberdade de iniciativa do cidadão contribuinte, particularmente quando empreendedor individual ou sob a forma de uma pequena sociedade limitada, cuja estrutura administrativa e financeira não suporta o excesso de amarras da estrutura burocrática do ambiente fiscal brasileiro.

A questão ganha ares surreais quando se lembra de um atentado gravíssimo à livre iniciativa empreendedora decorrente da chamada *Norma Geral Antielisiva*, a qual pretendeu tolher do cidadão contribuinte e da empresa contribuinte o direito de programar e planejar suas atividades econômicas do modo menos oneroso sob a perspectiva tributária sem ferir qualquer norma constante da legislação de qualquer tributo. Pense-se, por exemplo, na situação de uma indústria que constitui uma reserva de reavaliação[8] contabilizando ali diferenças positivas decorrentes da sobrevalorização de bens integrantes de seu ativo imobilizado com o único objetivo de postergar a tributação pelo imposto de renda da pessoa jurídica para momento futuro quando realizar-se efetivamente o eventual ganho de capital. Se levada às últimas consequências a *Norma Geral Antielisiva*, tal decisão da empresa poderia sujeitá-la à glosa e à autuação fiscal, embora a constituição de referida reserva contábil seja absolutamente legítima e legal. Questiona-se: qual o espaço para a livre iniciativa empresarial diante de norma geral, aberta, quase uma norma penal em branco, que impede o empreendedor de ordenar seus negócios da maneira mais lucrativa sem qualquer análise prévia quanto ao conteúdo e quanto à forma utilizados na estruturação de operações de seu negócio? A resposta não parece clara. Trata-se quase que de um vácuo.

Uma nova perspectiva precisa ser aberta em relação ao assunto. Não só são criticáveis o excesso de exigências inócuas e a castração da liberdade empreendedora mediante normas tributárias excessivamente limitadoras da atividade empresarial, como também a ausência de outras normas que alterem a perspectiva e a utilidade dos tributos no país, particularmente em momento tão sensível em que tanto se questionam os *porquês* de crescimento econômico nacional pífio e do

---

8. NEVES, Silvério das. *Curso prático de imposto de renda pessoa jurídica e tributos conexos*. São Paulo: Frase, 2012.

consequente subdesenvolvimento inclusive em termos sociais diante das demandas por sistemas de saúde e de educação com mais qualidade, da falta de segurança além de outros gargalos sociais.

3. USO EXTRAFISCAL DOS TRIBUTOS E LIBERDADE EMPREENDEDORA

Quando se pensa em tributos em geral e carga tributária em particular a primeira ideia que salta é a arrecadação de recursos por parte do Estado com vistas a financiar seus respectivos gastos nas mais diferentes áreas sejam elas voltadas para a atribuição e expansão de direitos sociais como saúde, educação, lazer, sejam elas inerentes a investimentos em infraestrutura básica, sejam ainda relacionadas ao equacionamento da dívida pública com o pagamento de juros ou amortização da dívida interna.[9] Ocorre que embora seja inegável tal função aos tributos não podem ser desconsideradas outras passíveis de serem realizadas mediante sua criação e arrecadação, tudo a depender do modo através do qual o legislador opera quando da instituição/alteração do tributo enquanto fenômeno jurídico com impacto direto sobre a atividade do contribuinte.

Sem a pretensão de expandir demais os horizontes em exposição cujo foco está delimitado pela atividade empreendedora, conforme o título acima escolhido, e aceitando os riscos de mesclar perigosamente os campos de atuação da Ciência Jurídica com as Ciências Econômicas, fato é que parece possível visualizar uma série de outros objetivos inerentes aos tributos que não apenas a simples arrecadação de recursos com vistas ao financiamento da máquina estatal. Neste

---

9. MOTTA, Carlos Pinto Coelho e FERNANDES, Jorge Ulisses Jacoby. *Responsabilidade Fiscal*. Belo Horizonte: Del Rey, 2001.

sentido, parece importante analisar os tributos como instrumentos importantes de política fiscal e até mesmo de política econômica no âmbito do chamado Estado Social. Trata-se da chamada extrafiscalidade[10] cujo foco mantém relação direta com a formatação da legislação tributária voltada para estes outros objetivos.

O assunto ganha importância na medida em que o próprio Constituinte estabeleceu duas regras dentro do Sistema Tributário Nacional voltadas ao chamado uso extrafiscal dos tributos, as quais aparecem topograficamente nos artigos 150, §1º e 153, §1º da Constituição Federal de 1988. Neste sentido, tais normas abrem caminho para uma verdadeira flexibilização dos princípios constitucionais – chamados por Humberto Ávila[11] de regras – da Anterioridade e da Legalidade de modo tal que em se tratando de impostos extrafiscais assim enunciados no Texto Constitucional como sendo o IPI, o IOF e os Impostos Aduaneiros, é possível a alteração de suas alíquotas por ato do Poder Executivo com dispensa de análise/homologação legislativa e aplicação imediata tão logo publicada a medida, desde que sejam respeitados os parâmetros e limites da legislação inerente a cada um destes impostos. Vale dizer, que diferentemente do que se dá para os outros tributos, em relação a estes quatro o legislador não definiu uma alíquota, tão somente pisos e tetos de alíquotas dentro de cujo intervalo é dado ao Poder Executivo Federal estabelecer as efetivas alíquotas aplicáveis, alterando-as sempre que constatar necessidade, conveniência e oportunidade de fazê-lo com um campo de discricionariedade relativamente grande.

O que justifica tal margem de liberdade para atuação do Executivo em face destes impostos são justamente os objetivos

---

10. BERTI, Flávio de Azambuja. *Impostos: extrafiscalidade e não-confisco*. 3ª ed., Curitiba: Juruá, 2009.
11. ÁVILA, Humberto. *Teoria dos princípios: da definição à aplicação dos princípios jurídicos*. São Paulo: Malheiros, 2003.

extrafiscais inerentes a cada um deles, posto não serem os fins meramente arrecadatórios a darem o tom de tais mudanças, ao menos em tese. Assim, com os olhos voltados para a preservação de vagas de emprego de trabalhadores da indústria quando se apresente uma situação de crise econômica contextual que possa ameaçar tais empregos, alteram-se as alíquotas do imposto sobre produtos industrializados; observado desequilíbrio na balança comercial do país e aferidos os riscos se tal situação persistir no longo prazo aumentam-se as alíquotas do imposto sobre importação e reduzem-se as alíquotas do imposto sobre exportações; variações no número de transações mobiliárias e a redução do investimento direto na indústria com consequências econômicas que em última palavra podem influenciar também em áreas sociais, podem ser alteradas alíquotas do imposto sobre operações financeiras e do imposto sobre produtos industrializados e assim sucessivamente ao sabor de objetivos de natureza macroeconômica, social, política e outros.

Ora, se estão autorizadas alterações que tais baseadas em fatores distintos da simples arrecadação tributária, inegável que existe uma outra lógica a permear a conformação da legislação inerente a tais tributos. Todavia, não são apenas estes quatro impostos abrigados pelas regras excepcionadoras dos artigos 150, §1º e 153, § da Constituição Federal que podem conter finalidades extrafiscais, senão outros tais como o IPTU e o ICMS por exemplo. Instrumentos jurídicos de desoneração tributária sob a forma de isenções por prazo fixo ou não, diferimentos, concessão de créditos presumidos etc, condicionados a determinadas posturas por parte do contribuinte demonstram a possibilidade da estruturação dos tributos a partir de um novo paradigma, diverso da visão míope meramente arrecadadora do Estado brasileiro contemporâneo.

Se por um lado a criação e arrecadação do tributo mediante o estabelecimento da chamada relação jurídico tributária devem ser consideradas à luz dos limites constitucionais impostos ao legislador com a preservação de direitos do contribuinte como por exemplo a norma principiológica que impede a utilização do tributo com efeito de confisco, por outro é possível enxergar os desdobramentos desta mesma relação jurídico-tributária para além da simples obrigação tributária de pagar e do direito/crédito de arrecadar. Bem verdade que o Estado encontra graves e sensíveis limites na imposição de condutas representados que são tais limites pelos direitos do cidadão-contribuinte. Ocorre que este mesmo Estado pode e deve atuar como um indutor de condutas moldando ou ao menos estimulando determinadas formas de agir por parte dos contribuintes sejam eles pessoas físicas ou pessoas jurídicas. E mais do que isto, conduzindo os sujeitos passivos da obrigação tributária a uma revisão de seus atuais paradigmas, especialmente em relação à questão do meio-ambiente.

Neste sentido, é importante mencionar como finalidades inerentes ao assunto um meio-ambiente menos poluído, mais harmonioso entre a convivência dos agentes produtivos e dos recursos por estes explorados, com o tratamento de resíduos tóxicos e o reaproveitamento de insumos subutilizados ou erroneamente utilizados, com a criação de uma cultura de consumo mais racional e condizente com o meio que cerca os consumidores, contribuintes que são também dos tributos seja de modo direto seja de modo indireto.

Ao se permear temática tão sensível quanto a extrafiscalidade dos tributos e a livre iniciativa, cabe um olhar especial para o leque de possibilidades que se abrem aos empreendedores diante de inovações legislativas que voltem o foco para objetivos distintos da simples voracidade de arrecadação fiscal. Se é verdade que ao Poder Público não é dado impor formas de agir específicas aos particulares e na grande maioria das vezes que o faz se depara com uma grande resistência destes, o que resulta no dispêndio de tempo e recursos para fiscalizar, controlar e sancionar o descumprimento de imposições legais, muitas vezes despropositadas e questionáveis sob a perspectiva de sua validade constitucional, também é verdade que este mesmo Poder Público pode e deve funcionar como indutor de condutas, inovando no tratamento jurídico--normativo voltado aos particulares, especialmente em face da matéria tributária.

Quando se pensa num meio-ambiente mais limpo, não há como fugir das preocupações inerentes ao uso correto dos resíduos químicos decorrentes de processos fabris, muitos dos quais altamente tóxicos e que são despejados dia após dia nos rios, lagos, mares e no ar. Como paradigma lembre-se da indústria de papel e celulose, cujas plantas fabris geralmente estão instaladas próximas a rios em face da necessidade de utilização da água como uma das principais matérias-primas. Ocorre que além do recurso hídrico e da madeira, por óbvio, há uma gama enorme de insumos químicos utilizados no processo de fabricação por tal ramo industrial, cujos resíduos nem sempre recebem o devido tratamento como são exemplo as inúmeras autuações fiscais promovidas pelos órgãos administrativos de fiscalização ambiental contra os estabelecimentos industriais produtores de papel e celulose. Há um cem número de gases tóxicos despejados no ar e de resíduos líquidos e sólidos em córregos e rios que acabam por contaminar e poluir muitos dos ecossistemas localizados nas imediações de tais plantas industriais e mesmo em localidades mais distantes delas. Dado que o custo financeiro para o correto tratamento destes resíduos é alto, a tecnologia para tanto demanda muitas vezes grandes investimentos e a fiscalização ambiental é falha, em boa parte dos casos simplesmente desconsideram-se as normas de proteção ambiental e assume-se o risco do não-agir para discutir em infindáveis demandas quer no contencioso administrativo quer em juízo eventuais responsabilizações.

Diante das possibilidades da tributação extrafiscal o questionamento que se apresenta é o seguinte: Por que não ampliar para a indústria de papel e celulose, para a indústria de produção de combustíveis, para a indústria de medicamentos, para a indústria química de um modo geral, medidas de indução de comportamentos como aquelas originalmente oferecidas à indústria automobilística, cujos resultados são relativamente satisfatórios dado o avanço tecnológico estimulado a partir de incentivos fiscais que resultaram em automóveis menos poluentes, motores mais econômicos com menor consumo de combustíveis e com performance em relação à segurança mais confiável? Sem dúvida, que a pesquisa e desenvolvimento inerente à atividade industrial bem como a evolução da sociedade são a mola propulsora do desenvolvimento, o qual trilha uma estrada sem volta. Porém, não há que se negar que os programas tributários específicos dos últimos anos para a indústria automobilística ofereceram grande parcela de contribuição para a aceleração deste processo. E aqui não se está fazendo referência à linear redução de alíquotas do IPI para automóveis a partir da chamada "crise financeira de 2008", senão ao programa automotivo brasileiro, o qual passou a contemplar um tratamento tributário diverso em relação ao oferecimento de itens de segurança adicionais e à redução progressiva da emissão de poluentes.

Os exemplos e as oportunidades para utilização da tributação extrafiscal com o absoluto respeito à liberdade de iniciativa do contribuinte são infindáveis, sempre que utilizada a legislação como instrumento de inovação e indução de comportamentos. Ainda diante da preocupação ambiental que permeará cada vez de modo mais efetivo o dia-a-dia da sociedade mundial em geral e da brasileira em particular, pense-se na expansão progressiva do chamado "ICMS verde", ainda incipiente e seu uso de modo tal a "premiar" empresas contribuintes do imposto que promovam e estruturem programas de reaproveitamento do lixo industrial, que utilizem como insumo apenas madeira proveniente de reflorestamento, que produzam e comercializem alimentos e bebidas orgânicos sem a utilização de agrotóxicos em seus insumos, que selecionem seus fornecedores apenas entre empresas certificadas que não promovam práticas de agressão ambiental além de outras.

Em momento em que se discute também a matriz energética cuja composição em sua imensa maioria está restrita à exploração hídrica com os riscos inerentes a tal opção, tais a irregularidade de chuva com escassez de água em muitas regiões durante grande período de tempo, o que tem implicado na redução paulatina dos volumes dos reservatórios e de represas e, por consequência, na diminuição proporcional da produção de energia, as alternativas buscadas pelo Poder Público têm se restringido basicamente à produção de fontes de eletricidade através da combustão – usinas termoelétricas e a óleo – cujo custo operacional é também mais alto, o que além de trazer mais cedo ou mais tarde a carestia para o consumidor final de energia elétrica, também provoca mais agressões ao meio ambiente em face da poluição do ar e do esgotamento das matérias-primas não renováveis para sua produção. Infelizmente, ainda não se planejou tal matriz energética do país a partir do uso extrafiscal dos tributos com os olhos voltados para o meio-ambiente. Daí, a insipiência das usinas eólicas a despeito do potencial do país de sul a norte, notadamente na vasta costa litorânea repleta de vento com demanda de investimento relativamente mais baixa e com custo operacional menor, sem se falar no "custo ambiental zero". Onde estão as isenções tributárias, as alíquotas reduzidas, os créditos presumidos sobre as contribuições previdenciárias, a tributação módica das áreas exploráveis por torres eólicas e a redução do ICMS nas remessas interestaduais de energia eólica? – Perguntas ainda sem respostas.

O problema também afeta os Municípios, tanto grandes quanto pequenos país afora. A falta de visão estruturante é tamanha que muitos, senão a maioria, nega o caráter extrafiscal do IPTU embora haja norma constitucional[12] que preveja

---

12. Art. 182, §4º da CF/88: "*É facultado ao poder público municipal, mediante lei específica para área incluída no plano diretor, exigir, nos termos da lei federal, do proprietário do solo urbano não edificado, subutilizado ou não utilizado*

expressamente a adoção de critério de progressividade do imposto em face de sua função social. Também há omissão em grande parte da legislação municipal Brasil afora de critérios diferenciadores de alíquotas e de outros instrumentos ainda mais sofisticados em relação ao mesmo IPTU no que tange à utilização e localização do imóvel.

Estes são apenas alguns exemplos somente para iniciar uma discussão. Ocorre que muitas vezes se pensa em livre iniciativa, em livre concorrência, em segurança jurídica, em irretroatividade de efeitos legislativos, em legalidade tributária, em não-confisco em matéria tributária, em análise jurídico--científica sobre o que seja a isenção tributária a partir da evolução doutrinária e jurisprudencial afeta a estes temas, a maioria dos quais resguardados por normas principiológicas dentro da Constituição Federal, vale dizer, protegidas por garantias constitucionais, sem analisar-se a simplicidade afeta à resolução de muitos dos problemas que afetam o dia-a-dia do contribuinte, seja ele a pessoa física que pagará uma tarifa de consumo de energia mais alta ou o proprietário de imóvel que paga um IPTU desproporcional embora tenha algumas árvores plantadas em seu terreno, seja a pessoa jurídica contribuinte de alguns milhões de reais mensais em contribuições previdenciárias que incidem sobre sua folha de salários, sobre seu faturamento e sobre seu lucro.

Fato é que embora inegável também a primazia constitucional da tributação extrafiscal como são exemplos não apenas os chamados impostos extrafiscais como outros que tais – contribuições sociais, IPTU etc. O legislador brasileiro em todos os níveis da federação ainda não atentou para a relevância do

---

que promova seu adequado aproveitamento, sob pena, sucessivamente, de: I – parcelamento ou edificação compulsório; II – imposto sobre a propriedade predial e territorial urbana progressivo no tempo; III – desapropriação com pagamento mediante títulos da dívida pública de emissão previamente aprovada pelo Senado Federal, com prazo de resgate de até dez anos, em parcelas anuais, iguais e sucessivas, assegurados o valor real da indenização e os juros legais."

assunto nem tampouco para o papel a ser cumprido pela extrafiscalidade tributária, inclusive com vistas ao fortalecimento do empreendedorismo no país.

3. CONCLUSÕES

Sem a pretensão e esgotar o assunto ou de lançar aqui considerações inquestionáveis, fato é que resulta possível concluir o que segue: a) a liberdade empreendedora e a livre iniciativa são resguardadas pela Constituição Federal possuindo o caráter de normas principiológicas, assim como inúmeros direitos do contribuinte já tão repassados e analisados pela doutrina jurídico-tributária contemporânea; b) o Estado brasileiro ainda não conseguiu dar conta de todas as demandas sociais a ele impostas, em que pese o reconhecimento da necessidade de uma atuação sua mais efetiva, a qual não pode ser expressa apenas sob a forma de programas governamentais de distribuição de renda; c) os tributos embora representem inegavelmente o instrumento mais valioso de arrecadação de recursos financeiros para o Estado e, por via de consequência, de financiamento dos gastos públicos, podem e devem se constituir em meios de garantia de direitos sociais, notadamente e mais contemporaneamente aqueles voltados à defesa do meio--ambiente e de preservação de um meio mais limpo para a vida dos cidadãos e exploração econômica através das diferentes formas de empreendedorismo; d) há uma carência absoluta de normas jurídicas voltadas para o reconhecimento e efetivação do correto uso extrafiscal dos tributos, embora haja ampla base jurídica no seio da própria Constituição Federal de 1988 que respalde tal uso.

REFERÊNCIAS BIBLIOGRÁFICAS

ÁVILA, Humberto. *Teoria dos princípios: da definição à aplicação dos princípios jurídicos*. São Paulo: Malheiros, 2003.

BERTI, Flávio de Azambuja. *Impostos: extrafiscalidade e não--confisco*. 3ª ed., Curitiba: Juruá, 2009.

MACHADO SEGUNDO, Hugo de Brito. *Contribuições e federalismo*. São Paulo: Dialética, 2005.

MOTTA, Carlos Pinto Coelho e FERNANDES, Jorge Ulisses Jacoby. *Responsabilidade Fiscal*. Belo Horizonte: Del Rey, 2001.

NEVES, Silvério das. *Curso prático de imposto de renda pessoa jurídica e tributos conexos*. São Paulo: Frase, 2012.

RICHARD, Lionel. *A República de Weimar*. São Paulo: Companhia das Letras, 1998.

POULANTZAS, Nicos. *O Estado, o poder, o socialismo*. Tradução Rita Lima. São Paulo: Paz e Terra. 4ª ed., 2000.

WOLKMER, Antonio Carlos (org). *Fundamentos de história do direito*. Belo Horizonte: Del Rey, 2002.

EXTRAFISCALIDADE E O PRINCÍPIO DA PROIBIÇÃO AOS EFEITOS DE CONFISCO NO DIREITO TRIBUTÁRIO

Smith Barreni[1]

1. INTRODUÇÃO

O Estado, para financiar sua própria manutenção, e, assim, viabilizar a realização das atividades e deveres que lhe foram atribuídos pela Constituição, necessita de recursos, que adentram aos cofres públicos sob a denominação de receitas. E quanto a este aspecto, pode-se dizer que o tributo representa a mais importante fonte geradora de recursos, especialmente quando a análise é feita sob o viés quantitativo.

O tributo, por sua vez, representa uma das formas de interferência do Estado no patrimônio do particular. E como

---

1. Mestre em Direito do Estado (concentração em Direito Tributário) pela Universidade Federal do Paraná – UFPR. Especialista em Direito Tributário pelo Instituto Brasileiro de Estudos Tributários – IBET. Professor de Direito Tributário da Escola da Magistratura do Paraná (EMAP) e nos cursos de graduação e pós-graduação do Centro Universitário Curitiba – UNICURITIBA. Advogado.

sua exigência decorre de lei, pode ser considerado como verdadeira limitação ao direito de propriedade dos particulares.

É certo que, como observou LOUIS EINSESTEIN, *"Sean altos o bajos, los impuestos son un medio constitucional para apropiarse de la propiedad privada sin justa compensación"*[2], e que esta participação, como dito acima, constitui uma limitação ao direito de propriedade do cidadão.

Contudo, e conforme bem destaca FABIO BRUN GOLDSCHMIDT, *"...limitar não representa de nenhuma forma privar"*[3], razão pela qual a tributação, que resulta no dever (de solidariedade[4]) de contribuição para o financiamento das despesas públicas, precisará, sempre, manter a essência do direito de propriedade. Até mesmo porque a relação existente entre o Estado e o particular é, de acordo com os ensinamentos de BETINA TREIGER GRUPENMACHER, *"...uma relação de direito e não uma relação de poder"*, sendo esta relação *"...norteada pelos princípios constitucionais tributários, que delimitam, no mais das vezes, o campo de atuação do poder tributante, que por sua vez deve ater-se ao preceituado pelos princípios disciplinadores da tributação"*.[5]

---

2. EINSESTEIN, Louis. **Las ideologías de la imposición**. Madrid: Instituto de Estudios Fiscales, 1983, p.10.
3. GOLDSCHMIDT, Fabio Brun. **O princípio do não-confisco no Direito Tributário**. São Paulo: Revista dos Tribunais, 2003, p. 43.
4. Conforme os ensinamentos de FRANCESCO MOSCHETTI, *"...la prestación tributaria está considerada en el artículo 53 bajo el aspecto e la cooperación general para conseguir un fin que interesa no ya al individuo, sino a toda la comunidad en que aquél se inserta. Están presentes todos los elementos del deber de solidaridad: el sacrificio de un interés individual, la ausencia o irrelevancia de una contraprestación directa y la finalidad de interés colectivo"*. (MOSCHETTI, Francesco. **El principio de capacidad contributiva**. Traducción: Juan M. Calero Gallego y Rafael Navas Vazquez. Madrid: Instituto de Estudios Fiscales, 1980, p.124).
5. GRUPENMACHER, Betina Treiger. **Eficácia e Aplicabilidade das Limitações Constitucionais ao Poder de Tributar**. São Paulo: Resenha Tributária, 1997, p. 54.

Portanto, muito embora a intervenção do Estado na propriedade particular, por meio da tributação, seja, a princípio, legítima, a Constituição prevê uma série de limitações ao exercício da competência tributária, justamente com o propósito de evitar abusos relacionados à criação dos gravames com relação aos quais os contribuintes estarão submetidos.

E neste contexto, que envolve as chamadas *limitações constitucionais ao poder de tributar*, merecem destaque os princípios jurídicos, assim considerados como "*...normas jurídicas de mais alto grau...*"[6], e que, no âmbito da tributação, estipulam limites que conferem efetividade aos direitos e garantias individuais.

E no rol dos numerosos princípios que disciplinam a atuação do Estado no exercício da competência tributária, destaca-se, para posterior análise das implicações com a *extrafiscalidade*, o princípio que proíbe a utilização de tributos com efeito de confisco, positivado no art. 150, IV, da Constituição Federal, sempre com vistas à sua relação com a capacidade contributiva e com o mínimo existencial.

2. O PRINCÍPIO DA PROIBIÇÃO AOS EFEITOS DE CONFISCO NO DIREITO TRIBUTÁRIO: CONCEITO E RELAÇÃO COM A CAPACIDADE CONTRIBUTIVA E COM O MÍNIMO EXISTENCIAL

Dispõe o art. 150, IV, da Constituição Federal, que, sem prejuízo de outras garantias asseguradas ao contribuinte, é vedado às pessoas políticas a utilização de "*...tributo com efeito de confisco*". O enunciado em questão, que trata de verdadeiro princípio constitucional, impede a criação de tributos dotados de caráter de insuportabilidade, e que, consequentemente,

---

6. CARRAZZA, Roque Antonio. **O Regulamento no Direito Tributário Brasileiro**. São Paulo: Revista dos Tribunais, 1981, p. 58.

prejudiquem ou impeçam o exercício, por parte dos contribuintes, dos direitos e garantias fundamentais assegurados pela Lei Maior.

A respeito deste princípio, vale destacar as lições de HUGO DE BRITO MACHADO: "...*tributo com efeito de confisco é tributo que, por ser excessivamente oneroso, seja sentido como penalidade*".[7] Portanto, é correto afirmar que a Constituição veda, em seu art. 150, IV, a criação de exação que, de tão gravosa, seja sentida pelo contribuinte como se penalidade fosse.

De um modo geral, pode-se dizer que os contribuintes estão dispostos a tolerar, dentro de um contexto que envolve o chamado *dever de solidariedade*, uma determinada carga tributária, destinada ao financiamento da "máquina estatal". Contudo, no âmbito das imposições fiscais, há um limite de tolerabilidade do cidadão, que, uma vez ultrapassado, implicará a inconstitucionalidade do tributo, em razão do efeito confiscatório.

Contudo, qual seria a proporção do ônus tributário que os indivíduos estão dispostos a suportar? Em outras palavras: qual seria o momento em que uma exação fiscal adquire o indesejado efeito de confisco?

A resposta a estes questionamentos parece estar intimamente relacionada ao princípio da *capacidade contributiva*, com vistas, inclusive, ao seu "limite mínimo", que é o chamado *mínimo existencial*.

Conforme as lições de ROQUE ANTONIO CARRAZZA, a capacidade contributiva "...*se manifesta diante de fatos ou situações que revelam, prima facie, da parte de quem os realiza ou neles se encontra, condições objetivas para, pelo menos em tese, suportar a carga econômica desta particular espécie tributária*

---

7. MACHADO, Hugo de Brito. **Os princípios Jurídicos da Tributação na Constituição de 1988**. 5.ed. São Paulo: Dialética, 2004, p.110.

[no caso, os impostos]".[8] Em respeito a este princípio, portanto, *"As pessoas, pois, devem pagar impostos na proporção dos seus haveres, ou seja, de seus índices de riqueza"*.[9]

Para SÁINZ DE BUJANDA, *"...la capacidad económica supone en el sujeto tributario la titularidad de un patrimonio o de una renta, aptos en cantidad y en calidad para hacer frente al pago del impuesto, una vez cubiertos los gastos vitales ineludibles del sujeto"*.[10]

Das lições acima apresentadas, infere-se que o princípio da capacidade contributiva, ao impor ao legislador a possibilidade de tributação apenas de riquezas idôneas, e dentro das possibilidades dos cidadãos, revela-se como um verdadeiro limite ao exercício da competência tributária, como, inclusive, bem observou LUIGI RASTELLO: *"A capacidade contributiva é um requisito do sujeito a quem recai o dever de contribuição"*, que se configura *"...como limite ao exercício do poder de tributar"*.[11]

E quanto ao mínimo existencial, FERNANDO AURELIO ZILVETI ensina que *"É a menor quantia de renda absolutamente necessária para a sobrevivência digna do contribuinte"*.[12]

Deste modo, pode-se sustentar que, no âmbito fiscal, é defeso ao Estado invadir, pela via do tributo, o patrimônio

---

8. CARRAZZA, Roque Antonio. **Curso de Direito Constitucional Tributário**. 27.ed. São Paulo: Malheiros, 2011, p. 95.
9. CARRAZZA, Roque Antonio. **Curso de Direito Constitucional Tributário**. 27.ed. São Paulo: Malheiros, 2011, p. 96.
10. BUJANDA, Fernando Sáinz de. **Hacienda y Derecho**. Vol. III. Madrid: Instituto de Estudios Políticos, 1963, p.190.
11. RASTELLO, Luigi. **Diritto Tributario: Principi Generali**. 4.ed. Firense: CEDAM, 1994, p.351-352 – tradução nossa. No original (entre aspas): *"La capacità contributiva è un requisito del soggetto cui incombe il dovere di contribuzione"*, que acaba se configurando *"...come limiti all'esercizio della potestà tributaria"*.
12. ZILVETI, Fernando Aurelio. **Princípios de Direito Tributário e a Capacidade Contributiva**. São Paulo: Quartier Latin, 2004, p. 203.

considerado como mínimo necessário para a manutenção da existência digna do indivíduo e de sua família. Trata-se de um mecanismo de defesa em favor do contribuinte[13], que decorre tanto do *status negativus* do mínimo existencial, de onde se extrai a proibição de tributar a riqueza considerada como mínima para uma existência digna, bem como do *status positivus libertatis*, que, no âmbito da tributação, impede que se exija o pagamento de tributos contraprestacionais (no caso, as taxas) em razão da prestação de serviços públicos essenciais (como o serviço judiciário gratuito para pessoas que não possuem condições de pagar a taxa correspondente).

A impossibilidade de tributação do mínimo existencial decorre, portanto, da ausência de capacidade contributiva. Como se pode observar, capacidade contributiva (que se fundamenta na igualdade) e mínimo existencial se complementam: somente há que se falar em capacidade econômica (expressão contida no art. 145, §1º, da CF/88) quando o indivíduo exteriorizar riqueza superior ao montante necessário para garantir sua existência digna e de sua família; antes disso, inexiste capacidade contributiva, revelando-se com efeitos de confisco toda e qualquer tributação incidente sobre esta *faixa mínima de riqueza*.[14]

Muito bem. Resta, agora, analisar a relação existente entre capacidade contributiva, mínimo existencial e proibição aos efeitos de confisco.

---

13. Para EURICO BITENCOURT NETO, *"Quanto à dimensão de defesa* [do mínimo existencial], *o indivíduo tem o direito a que a conduta do Estado não esvazie 'um núcleo mínimo de possibilidades de levar uma vida digna em condições de liberdade e de autoconformação'"*. (NETO, Eurico Bitencourt. **O Direito ao Mínimo para uma Existência Digna**. Porto Alegre: Livraria do Advogado, 2010, p.125 – esclarecemos nos colchetes).

14. Na Argentina, NAVEIRA DE CASANOVA não destoa desse entendimento: *"...parece que siempre que se viole el mínimo de existencia se estará produciendo una confiscación"* (NAVEIRA DE CASANOVA, Gustavo J. **El Principio de No Confiscatoriedad: Estudio en España y Argentina**. Madrid: McGraw-Hill, 1997, p. 350).

A partir do momento em que um tributo atinge determinada riqueza que não seja apta à tributação, por *inexistência de capacidade contributiva*, o tributo será inconstitucional por violação ao princípio do "não-confisco", que decorrerá, por sua vez, da violação ao mínimo existencial. Isso porque, ao se retirar qualquer quantia daquele "patrimônio" mínimo necessário para a subsistência do indivíduo e de sua família, estar-se-á prejudicando a própria existência digna destas pessoas, situação que violará, diretamente, o primado da dignidade da pessoa humana.

Por outro lado, manifestada, pelo indivíduo, condições econômicas reveladoras de aptidão para contribuir com os gastos públicos, o tributo será inconstitucional quando *ultrapassar a capacidade contributiva* do sujeito passivo, já que, neste caso, a tributação, por se apresentar excessivamente onerosa, passa a desestimular, prejudicar, ou, ainda, numa situação extrema, inviabilizar o exercício dos direitos de propriedade e liberdade do cidadão.

Portanto, a capacidade contributiva se revela como verdadeiro parâmetro para a identificação de um tributo com efeito de confisco: a tributação que incidir sobre riqueza que não representar capacidade contributiva, ou, que, por outro lado, ultrapassar essa capacidade econômica, terá efeito de confisco, e será, portanto, inconstitucional, por afronta ao art. 150, IV, da Constituição da República.

Essa ideia é compartilhada por ESTEVÃO HORVATH, para quem "*...o confisco seria a violação, por excesso, da capacidade contributiva*"[15], bem como por MARCIANO SEABRA DE GODOI, que se manifesta no sentido de que "*...o princípio da capacidade contributiva implica, por si só, respeito ao mínimo vital, individual e familiar, e no respeito aos limites além dos quais o tributo passa a ter efeito confiscatório*".[16]

---

15. HORVATH, Estevão. **O princípio do Não-Confisco no Direito Tributário**. São Paulo: Dialética, 2002, p. 67.
16. GODOI, Marciano Seabra de. **Justiça, Igualdade e Direito Tributário**. São Paulo: Dialética, 1999, p.198.

Finalmente, vale destacar que, para FRANCESCO MOSCHETTI, o princípio da capacidade contributiva é um verdadeiro limite à imposição tributária, do que se pode concluir que, ultrapassado este limite, a tributação assumirá feição confiscatória, situação juridicamente inaceitável.[17]

Portanto, as pessoas políticas, ao exercerem sua competência constitucional para criação de tributos, deverão levar em conta, *sempre*, a capacidade contributiva como parâmetro para imposição do ônus fiscal. Qualquer gravame que ultrapassar o limite máximo da capacidade contributiva, ou que incidir sobre índices de riqueza não reveladores desta capacidade (=limite mínimo), será inconstitucional, por violação ao princípio do "não-confisco", positivado no art. 150, IV, da Constituição.

3. EXTRAFISCALIDADE E O PRINCÍPIO DA PROIBIÇÃO AOS EFEITOS DE CONFISCO NO DIREITO TRIBUTÁRIO

Conforme já se destacou nas linhas anteriores, os tributos são de fundamental importância para que o Estado possa cumprir as funções que lhe foram outorgadas pela Constituição Federal. De fato, a efetividade, por exemplo, de alguns direitos sociais, como saúde e educação, depende de recursos financeiros advindos da tributação, que, por sua vez, farão frente às despesas relacionadas à efetivação destes direitos.

---

17. Para o autor, *"El límite a una imposición indiscriminada, en tutela de la propiedad, se halla también en el artículo 53, que vincula la potestad tributaria no sólo en relación con el hecho imponible, sino también con el montante máximo del tributo"*. Assim, a imposição tributária se revelaria ilegítima, por ultrapassar a capacidade contributiva (e, portanto, por ocasionar efeitos confiscatórios), *"...en el momento en que se transformara en finalidad niveladora o eliminatoria, sin más, de la propiedad privada"*. (MOSCHETTI, Francesco. **El princípio de capacidad contributiva**. Traducción: Juan M. Calero Gallego y Rafael Navas Vazquez. Madrid: Instituto de Estudios Fiscales, 1980, p. 296-298).

Pode-se dizer, portanto, que o tributo possui uma importante finalidade: a de abastecimento dos cofres do Estado, para financiar sua própria manutenção, e, assim, viabilizar a consecução das atividades e dos deveres que lhe foram atribuídos pela Constituição. Fala-se, aqui, daquilo que a doutrina convencionou denominar de finalidade *fiscal*, ou, simplesmente, de *fiscalidade*.[18]

Contudo, o "fim" do tributo não se restringe, tão somente, à arrecadação de recursos para o abastecimento dos cofres públicos. Existem situações relacionadas a interesses, por exemplo, sociais e econômicos, que possibilitam a utilização do tributo como um instrumento indutor do comportamento das pessoas, e que, ora estimula, ora desestimula, a prática de determinadas condutas. Trata-se, aqui, da finalidade *extrafiscal* do tributo, ou, tão somente, da *extrafiscalidade*.

A esse respeito, merecem destaque as lições de GERALDO ATALIBA, para quem *extrafiscalidade* diz respeito a "*...instrumentos tributários para a obtenção de finalidades não arrecadatórias, mas estimulantes, indutoras ou coibidoras de comportamentos, tendo em vista outros fins, a realização de outros valores constitucionalmente consagrados...*".[19]

O Direito brasileiro demonstra algumas situações que podem ensejar a utilização do tributo como instrumento de *extrafiscalidade*. É o caso, por exemplo, do IPTU progressivo

---

18. Nesse sentido, são as lições de PAULO DE BARROS CARVALHO: "*Fala-se, assim, em fiscalidade sempre que a organização jurídica do tributo denuncie que os objetivos que presidiram sua instituição, ou que governam certos aspectos da sua estrutura, estejam voltados ao fim exclusivo de abastecer os cofres públicos, sem que outros interesses – sociais, políticos ou econômicos – interfiram no direcionamento da atividade impositiva*". (CARVALHO, Paulo de Barros. **Curso de Direito Tributário**. 23.ed. São Paulo: Saraiva, 2011, p. 290).
19. ATALIBA, Geraldo. IPTU – Progressividade. **Revista de Direito Público** n. 93, jan./mar. 1993, p. 237.

no tempo, previsto no art. 182, §4, II, da Constituição Federal[20], que consiste na elevação, anual, da alíquota deste imposto, caso o proprietário de bem imóvel não promova o seu adequado aproveitamento. Neste caso, como destaca AIRES FERNANDINO BARRETO, *"...a intensificação da carga tributária, ano a ano, pode ser utilizada como instrumento minimizador do uso ou da manutenção de imóveis em descompasso com a função social da propriedade como prevista no plano diretor"*[21], sendo evidente que o objetivo, neste caso, é de estimular que o contribuinte faça cumprir a função social de sua propriedade, permanecendo a finalidade arrecadatória em "segundo plano".

Situação semelhante se verifica com o ITR, imposto de competência da União, que, conforme estabelece o art. 153, §4º, I, da Constituição, *"será progressivo e terá suas alíquotas fixadas de forma a desestimular a manutenção de propriedades improdutivas"*. O aumento progressivo das alíquotas deste imposto, relacionado às propriedades improdutivas, revela uma nítida hipótese de *extrafiscalidade*, em que a finalidade da norma tributária não é, primordialmente, arrecadatória, mas, sim, indutora do comportamento relacionado ao cumprimento da função social da propriedade.

Não foi por outro motivo que LUÍS EDUARDO SCHOUERI classificou as normas que tratam a respeito dos impostos que gravam a propriedade territorial urbana (IPTU) e rural (ITR), especificamente no que diz respeito à progressividade antes referida, como *"normas tributárias indutoras"*.[22] De fato,

---

20. "Art. 182. ... §4º – É facultado ao Poder Público municipal, mediante lei específica para área incluída no plano diretor, exigir, nos termos da lei federal, do proprietário do solo urbano não edificado, subutilizado ou não utilizado, que promova seu adequado aproveitamento, sob pena, sucessivamente, de: ... II – imposto sobre a propriedade predial e territorial urbana progressivo no tempo".
21. BARRETO, Aires Fernandino. **Curso de Direito Tributário Municipal**. São Paulo: Saraiva, 2009, p. 270-271.
22. Conforme as lições deste autor, *"Tomando as normas tributárias indutoras, o próprio texto constitucional oferece exemplos, quando trata de sugerir seu*

as normas que tratam a respeito do IPTU progressivo no tempo, bem como do ITR progressivo, visam a induzir o proprietário a um comportamento prestigiado pela Constituição, qual seja, o de se fazer cumprir a função social de sua propriedade.

Há, também, outros impostos que são utilizados como instrumento de *extrafiscalidade*. Fala-se, aqui, a título exemplificativo, dos impostos da União que gravam o comércio exterior (Imposto de Importação – II, Imposto de Exportação – IE e o IPI-Importação[23]), do Imposto sobre Produtos Industrializados (IPI)[24],

---

emprego para a concretização do princípio da função social da propriedade. Assim, cita-se o § 4o do artigo 153, tratando do Imposto Territorial Rural, que determina que suas alíquotas se fixem 'de forma a desestimular a manutenção das propriedades improdutivas. De igual modo, no que se refere ao Imposto sobre a Propriedade Predial e Territorial Urbana, o § 4º, II, trata de uma progressividade no tempo, como forma de 'exigir', nos termos da lei federal, do proprietário do solo urbano não edificado, subutilizado ou não utilizado, que promova seu adequado aproveitamento". (SCHOUERI, Luís Eduardo. **Normas Tributárias Indutoras e Intervenção Econômica**. Rio de Janeiro: Forense, 2005, p. 93).

23. Dentre estes impostos, o Imposto de Importação se mostra como um importante instrumento à *extrafiscalidade*, pois é comumente utilizado para induzir o comportamento das pessoas para adquirirem (numa hipótese de concessão de incentivo fiscal), ou não (numa situação de tributação mais gravosa), bens do exterior. O Imposto de Exportação também possui caráter extrafiscal, porém geralmente relacionado ao comportamento de exportar bens ao exterior, em razão dos benefícios fiscais concedidos para esta hipótese de conduta. Nada impede, porém, que, pela via do Imposto de Exportação, se pretenda induzir o sujeito passivo a não exportar seu produto ou mercadoria para o exterior, por questões, por exemplo, políticas (crises diplomáticas etc.); para tanto, bastaria o aumento da alíquota correspondente a este imposto, para que se desestimulasse a prática da atividade de exportação.

24. A seletividade das alíquotas do IPI é o fator responsável por permitir a utilização deste imposto como instrumento de extrafiscalidade. Conforme as lições de ROQUE ANTONIO CARRAZZA, tanto o IPI como o ICMS devem respeito ao princípio da seletividade, de modo que, *"Com isso, pode e deve ser utilizado como instrumento de ordenação político-econômica, estimulando a prática de operações ou prestações havidas por úteis ou convenientes à sociedade e, em contanota, onerando outras que não atendam tão de perto ao interesse nacional".* (CARRAZZA, Roque Antonio. **ICMS**. 15.ed. São Paulo: Malheiros, 2011, p. 489). A respeito do IPI incidente sobre operações com cigarros, a *extrafiscalidade* é ainda mais evidente. A esse respeito, confira-se

bem como o imposto comumente denominado "IOF".[25]

Duas observações, porém, devem ser feitas.

A primeira, diz respeito ao caráter *excepcional* da *extrafiscalidade*. De fato, como bem ressalta JOSÉ ROBERTO VIEIRA, "...*a extrafiscalidade é uma medida excepcional em face da via regular dos tributos que é a finalidade arrecadatória, que é o abastecimento dos cofres públicos*"[26], de modo que sua utilização, como alerta ESTEVÃO HORVATH, somente será admitida quando a finalidade que se pretende alcançar esteja expressamente prevista no Texto Constitucional.[27]

---

as lições de LEANDRO PAULSEN: "...*não só o produto é supérfluo como de consumo desaconselhável por razões de saúde pública, razão pela qual se o tributa de forma especialmente pesada, de modo a encarecê-lo e, com isso, restringir sua circulação*". (PAULSEN, Leandro; MELO, José Eduardo Soares de. **Impostos: federais, estaduais e municipais**. 5.ed. Porto Alegre: Livraria do Advogado, 2010, p. 87).

25. Sobre este imposto, LEANDRO PAULSEN destaca que "...*embora seja corrente a utilização da locução 'Imposto sobre Operações Financeiras' – IOF – para designar os impostos cuja competência é outorgada pelo art. 153, V, da CF, tal locução, que consta inclusive na legislação atinente à matéria, é absolutamente inapropriada. Isso porque induz ao entendimento de que haveria um imposto sobre operações financeiras quando, em verdade, tal inexiste. O art. 153, V, outorga à tributação, pela União, sim, quatro bases econômicas distintas e que sequer podem ser precisamente subsumidas na locução operações financeiras, quais sejam, as operações de crédito, as operações de cambio, as operações de seguro e as operações relativas a títulos ou valores mobiliários. O chamado IOF, pois, em verdade, são vários impostos sobre bases econômicas distintas, todos com suporte no art. 153, V, da CF*". (PAULSEN, Leandro; MELO, José Eduardo Soares de. **Impostos: federais, estaduais e municipais**. 5.ed. Porto Alegre: Livraria do Advogado, 2010, p.130). E como bem destaca THAÍS CÍNTIA CÁRNIO, o "IOF" possui "...*característica eminentemente extrafiscal, ou seja, é utilizado pelo Estado com o intuito de atuar em política monetária, cambial, e outras importantes variáveis macroeconômicas...*". (CÁRNIO, Thaís Cíntia. Imposto sobre Operações de Crédito, Câmbio, Seguro, ou Relativas a Títulos ou Valores Mobiliários – IOF. In: JARDIM, Eduardo Marcial Ferreira; PASIN, João Bosco Coelho. **Tributos em Espécie: Fundamentos e Elementos**. Rio de Janeiro: Elsevier, 2010, p. 84).

26. VIEIRA, José Roberto. Mesa de Debates "C" – Tributos Federais: IPI e extrafiscalidade. **Revista de Direito Tributário**. São Paulo: Malheiros, n. 91, p. 76.

27. Nesse sentido, destaca o autor que "*No sistema positivo brasileiro, segundo*

A segunda se resume à seguinte ideia: *extrafiscalidade* não implica, necessariamente, o afastamento da *fiscalidade*. Com isso, se pretende dizer que, muito embora alguns tributos possam ser utilizados como instrumento de *extrafiscalidade*, ou seja, com a finalidade precípua de induzir certos comportamentos, a *fiscalidade* será uma característica presente, inclusive nos tributos ditos *extrafiscais*. O que ocorre é que, em determinadas situações, o caráter *fiscal* do tributo prevalece em relação ao *extrafiscal* e, em outras, a *extrafiscalidade* se destaca com relação à *fiscalidade*.

É nesse sentido, inclusive, que se manifesta PAULO DE BARROS CARVALHO:

> Há tributos que se prestam, admiravelmente, para a introdução de expedientes extrafiscais. Outros, no entanto, inclinam-se mais no setor da fiscalidade. Não existe, porém, entidade tributária que se possa dizer pura, no sentido de realizar tão só a fiscalidade, ou, unicamente, a extrafiscalidade. Os dois objetivos convivem, harmônicos, na mesma figura impositiva, sendo apenas lícito verificar que, por vezes, um predomina sobre o outro.[28]

Feitas essas considerações, há que se tratar, agora, a respeito da *extrafiscalidade* diante da norma que proíbe a utilização de tributos com efeitos de confisco (extraída do já mencionado art. 150, IV, da Constituição Federal).

O princípio constitucional do "não-confisco", como já mencionado neste estudo, possui íntima relação com a capacidade contributiva e com o mínimo existencial. Nesse sentido,

---

já se disse, admite-se a utilização de tributos com fins extrafiscais, desde que estes fins estejam contemplados pela Constituição da República". (HORVATH, Estevão. **O princípio do Não-Confisco no Direito Tributário**. São Paulo: Dialética, 2002, p. 92-93).

28. CARVALHO, Paulo de Barros. **Curso de Direito Tributário**. 23.ed. São Paulo: Saraiva, 2011, p. 291.

vale lembrar que o tributo que ultrapassar a capacidade contributiva do sujeito passivo, terá, inevitavelmente, efeitos de confisco, e será, portanto, inconstitucional. A mesma sorte terá a exação que incidir sobre a parcela de riqueza considerada como mínimo necessário para a sobrevivência digna do indivíduo e de sua família (=mínimo existencial).

Pois bem. A doutrina conta com respeitadíssimos autores que defendem que, nas situações em que o tributo é utilizado como instrumento à *extrafiscalidade*, não há que se falar em aplicabilidade do princípio da capacidade contributiva (pelo menos não em sua plenitude). Tratar-se-ia, neste caso, de uma situação, como ressalta MISABEL DERZI, de afastamento, total ou parcial, deste princípio constitucional[29], e que, nos dizeres de REGINA HELENA COSTA, *"...cede ante a presença de interesse público de natureza social ou econômica que possa ser alcançado mais facilmente se se prescindir da graduação dos impostos consoante a capacidade econômica do sujeito".*[30]

Nesse mesmo sentido é a opinião de FERNANDO AURÉLIO ZILVETI:

> Veja-se o exemplo da tributação alemã sobre cães: um mendigo pode ter uma dúzia de cães sem que se verifique nesse indivíduo a menor expressão de mínimo existencial e, obviamente, de capacidade contributiva. Como se pode depreender

---

29. MISABEL DERZI, ao tratar a respeito do caráter extrafiscal do ITR, destaca que *"Costuma-se denominar de extrafiscal aquele tributo que não almeja, prioritariamente, prover o Estado dos meios financeiros adequados a seu custeio, mas antes visa a ordenar a propriedade de acordo com a sua função social ou a intervir em dados conjunturais (injetando ou absorvendo a moeda em circulação) ou estruturais da economia"*. Nestes casos, destaca a autora, *"...a capacidade contributiva é posta de lado de forma total ou parcial".* (BALEEIRO, Aliomar. **Direito Tributário Brasileiro**. 11.ed. Rio de Janeiro: Forense, 2010, *notas de atualização*, p. 233-234).
30. COSTA, Regina Helena. **Princípio da Capacidade Contributiva**. 3.ed. São Paulo: Malheiros, 2003, p. 72.

dos exemplos, a extrafiscalidade não tem nenhuma ligação com o princípio da capacidade contributiva.

Outro exemplo de inaplicação do princípio da capacidade contributiva é a progressividade do IPTU. A recente alteração da Constituição, noticiada acima, reforçou o caráter extrafiscal desse imposto, que grava o proprietário do bem, sem qualquer juízo de valor sobre a sua efetiva condição de arcar com o tributo. A progressividade do IPTU não guarda nenhuma relação com a capacidade contributiva.[31]

Tendo em vista que a capacidade contributiva é, como visto anteriormente, parâmetro para se aferir se o tributo possui, ou não, efeitos de confisco, pode-se concluir, com base nas premissas adotadas neste breve estudo, que, ao se negar, na tributação *extrafiscal*, o respeito àquele princípio, nega-se, também, o respeito ao seu limite máximo, que é o "não-confisco" tributário.

E quanto a este ponto, vale destacar as lições de SACHA CALMON NAVARRO COÊLHO, para quem extrafiscalidade e proibição aos efeitos de confisco são figuras antagônicas:

> O princípio [do "não-confisco"], vê-se, cede o passo às políticas tributárias extrafiscais, mormente as expressamente previstas na Constituição. Quer dizer, onde o constituinte previu a exacerbação da tributação para induzir comportamentos desejados ou para inibir comportamentos indesejados, é vedada a arguição do princípio do não-confisco tributário, a não ser no caso-limite (absorção do bem ou da renda).
>
> Destarte, se há fiscalidade e extrafiscalidade e se a extrafiscalidade adota a progressividade exacerbada para atingir seus fins, deduz-se que o princípio do não-confisco atua no campo da fiscalidade tão somente e daí não sai, sob pena

---

31. ZILVETI, Fernando Aurelio. **Princípios de Direito Tributário e a Capacidade Contributiva**. São Paulo: Quartier Latin, 2004, p.196.

de antagonismo normativo, um absurdo lógico-jurídico.[32][33][34] [Esclarecemos nos colchetes].

Muito bem. Mesmo diante destes fundamentos jurídicos, que justificam o afastamento (total ou parcial) da capacidade contributiva e do princípio do "não-confisco" aos tributos ditos *extrafiscais*, não parece adequado, com o máximo respeito, afirmar, à luz da Constituição, que a *extrafiscalidade* seja uma finalidade capaz de mitigar direitos e garantias fundamentais do contribuinte.

Tributo *extrafiscal* é, como o próprio nome revela, tributo, razão pela qual deve, assim como a exação preponderantemente *fiscal*, respeito aos princípios constitucionais que norteiam a tributação. Essa advertência é feita, inclusive, por LUÍS EDUARDO SCHOUERI, que, ao tratar a respeito das "normas tributárias indutoras", consignou que se "...*tem o firme propósito de não deixar escapar a evidência de, conquanto se tratando de instrumentos a serviço do Estado na intervenção por indução, não perderem tais normas a característica de serem elas,*

---

32. COÊLHO, Sacha Calmon Navarro. **Comentários à Constituição de 1988**. 10.ed. Rio de Janeiro: Forense, 2006, p. 301.
33. Posição semelhante é a adotada por HERBERT CORNÉLIO PIETER DE BRUYN JÚNIOR: *"Ressalte-se, apenas, que, podendo os impostos possuir finalidade extrafiscal, não fere o princípio em foco [do "não-confisco"] aquele utilizado com essa característica. É que, ao dotar um imposto de caráter extrafiscal, quer o legislador atingir outros fins prestigiados na Constituição: a construção de uma sociedade livre, justa e solidária; o desenvolvimento nacional; a erradicação da pobreza e marginalização; a redução das desigualdades sociais e regionais, etc"*. (BRUYN JÚNIOR, Herbert Cornélio Pieter de. **O Princípio do Não-Confisco**. São Paulo: Novas Conquistas, 2001, p. 48-49).
34. Na Espanha, FRANCISCO GARCÍA DORADO, com fundamento nas lições de GARCÍA AÑOVEROS, assevera que "...*el principio de capacidad económica cuando el tributo se utiliza para fines extrafiscales admite desviaciones que resulten justificadas en otros principios constitucionales"*. (DORADO, Francisco Garcia. **Prohibición Constitucional de Confiscatoriedad y Deber de Tributación**. Madrid: Dykinson, 2002, p. 65).

ao mesmo tempo, relativas a tributos e portanto sujeitas a princípios e regras próprias do campo tributário".[35]

Se assim não fosse, teria havido, pelo constituinte originário, a inclusão de uma cláusula excepcionadora da capacidade contributiva à *extrafiscalidade*. Como não há – e, tratando-se de direito fundamental, nem mesmo por Emenda se poderia falar em supressão do direito de ser submetido à tributação conforme a capacidade contributiva –, devem ser respeitados os preceitos constitucionais, dentre os quais se enquadram a capacidade contributiva, o mínimo existencial e o "não-confisco" tributário.

Nesse sentido, convém destacar as lições de FRANCESCO MOSCHETTI:

> Naturalmente, la utilización del impuesto con fines sociales no puede ser llevada hasta el punto de crear peligros económicos (117) o violar principios jurídicos. Permitir tratamientos discriminados de capacidades económicas formalmente iguales, en nombre del interés colectivo, no significa atribuir al legislador un poder ilimitado; aceptar el requisito de la capacidad económica y cualificarla luego en sentido social no permite quitar con una mano lo que se ha concedido con la otra. Al contrario, representa un nuevo límite para el legislador, obligado a observar no uno, sino dos requisitos: la capacidad contributiva y las exigencias colectivas.[36]

Em resumo: a Constituição Federal impôs limites no que diz respeito ao exercício da competência tributária, bem como à faculdade legislativa de se majorar os tributos já instituídos.

---

35. SCHOUERI, Luís Eduardo. **Normas Tributárias Indutoras e Intervenção Econômica**. Rio de Janeiro: Forense, 2005, p. 34.
36. MOSCHETTI, Francesco. **El principio de capacidad contributiva**. Traducción: Juan M. Calero Gallego y Rafael Navas Vazquez. Madrid: Instituto de Estudios Fiscales, 1980, p. 287-288.

E o parâmetro a ser utilizado é justamente a capacidade contributiva, com vistas ao mínimo existencial e ao princípio do "não-confisco".

A esse respeito, merecem destaque as lições de JOSÉ ROBERTO VIEIRA, para quem existe a "...*necessidade incontornável do respeito da extrafiscalidade ao mínimo existencial ou mínimo vital, como um limite inferior da capacidade contributiva, além da necessidade igualmente imprescindível do respeito a não confiscatoriedade, como um limite superior desse princípio...*".[37]

Finalmente, vale destacar que há autores que defendem que a tributação *extrafiscal* é, assim como a *fiscal*, limitada pela norma extraída a partir do art. 150, IV, da Constituição, admitindo-se, todavia, uma "elasticidade" maior quanto ao "limite" do tributo *extrafiscal*. Significa dizer, portanto, que haveria diferentes graus de aplicação do princípio que proíbe a utilização de tributos com efeitos de confisco, a depender da finalidade dada a determinada exação.

Nesse sentido, merecem destaque as lições de ESTEVÃO HORVATH:

> (...) o princípio do não-confisco possui alcance diverso quando a ele subjaz tributo com finalidade extrafiscal ou, em outros termos, o alcance atribuído a ele não pode ser o mesmo estando-se diante de tributo fiscal que extrafiscal. Ou seja, ainda, um tributo enquadrado entre os 'fiscais' teria alcance confiscatório sob circunstâncias em que, se fosse extrafiscal, o mesmo não ocorreria.
>
> (...)
>
> Não chegamos ao ponto de concluir (...) pela inaplicabilidade do princípio aos tributos extrafiscais, porquanto a Lei

---

37. VIEIRA, José Roberto. Mesa de Debates "C" – Tributos Federais: IPI e extrafiscalidade. **Revista de Direito Tributário**. São Paulo: Malheiros, n. 91, p. 76.

Maior não discriminou estes tributos, excepcionando-os da sujeição aos princípios constitucionais. O que buscamos demonstrar é a diferente elasticidade de sua aplicação às duas funções que a tributação pode exercer.[38]

Nessa mesma linha de pensamento, LUIZ FELIPE SILVEIRA DIFINI sustenta que o princípio que proíbe a utilização de tributos com efeitos de confisco possui aplicabilidade aos tributos *extrafiscais*, havendo, todavia, uma diferença, em relação ao tributo *fiscal*, relacionada aos "limites". Segundo este autor, na tributação *extrafiscal* *"O limite é mais além do que na tributação com finalidade fiscal; mas um limite existe, pois a proibição constitucional é de utilizar tributo com efeito de confisco e não apenas de utilizar tributo com finalidade exclusivamente fiscal com efeito de confisco".*[39]

Ainda, vale destacar a opinião de FÁBIO BRUN GOLDSCHMIDT:

> Se é certo que o Estado pode incentivar ou desestimular determinadas atividades pelo uso da tributação, é igualmente certo que a tributação jamais poderá assumir caráter sancionatório, ainda que indireto ou não-deliberado. Isso seja em razão do conceito de tributo acolhido por nosso CTN, seja igualmente pela compreensão do princípio do não-confisco que aqui defendemos, como vedação que se impõe ao Fisco a que utilize o tributo 'com efeitos de pena'.[40]

Todavia, este mesmo autor sustenta que a tributação extrafiscal *"...não pode ser regida pelos mesmos parâmetros que servem à aferição do efeito de confisco relativamente aos tributos*

---

38. HORVATH, Estevão. **O princípio do Não-Confisco no Direito Tributário.** São Paulo: Dialética, 2002, p.88 e 92.
39. DIFINI, Luiz Felipe Silveira. **Proibição de Tributos com Efeito de Confisco.** Porto Alegre: Livraria do Advogado, 2007, p. 225-226.
40. GOLDSCHMIDT, Fabio Brun. **O princípio do não-confisco no Direito Tributário.** São Paulo: Revista dos Tribunais, 2003, p. 191.

com finalidades fiscais. ... Há, no entanto, evidentemente, um limite à tributação extrafiscal, ainda que mais elevado que aquele imposto à tributação meramente arrecadatória".[41]

Para PAULO CESAR BARIA DE CASTILHO, a possibilidade de se utilizar tributos como instrumento à *extrafiscalidade* não pode ser considerada como uma "*carta branca*" concedida ao legislador. Para este autor, mesmo na tributação *extrafiscal*, "*...o confisco, disfarçado de tributo, continua proibido. O que se admite é um elastecimento dos critérios preestabelecidos para tributação confiscatória, sendo certo, contudo, que a perda total da propriedade (ou algo bem próximo disso), por óbvio, não deixa de ser confisco, ainda que camuflado sob as folhas da extrafiscalidade*".[42]

ESTEVÃO HORVATH, ao justificar os diferentes limites do "não-confisco" com relação aos tributos *fiscais* e *extrafiscais*, destaca que "*Se esta distinção não tivesse importância do ponto de vista constitucional, por que, então, nunca se reputou inconstitucional uma alíquota de 200% relativa ao Imposto sobre a Importação, coisa que aconteceria, seguramente, se algo aproximado se aplicasse ao Imposto sobre a Renda, ou mesmo ao ICMS?*".[43]

Pois bem. Nenhuma censura há que ser feita quanto ao ponto em que se reconhece a aplicabilidade do princípio do "não-confisco" aos tributos utilizados como "instrumentos indutores de comportamentos". Como já se demonstrou, o tributo *extrafiscal* não deixa de ser tributo tão somente pelo fato de a finalidade por ele perseguida não ser, primordialmente, o abastecimento dos cofres públicos, razão pela qual, assim

---

41. GOLDSCHMIDT, Fabio Brun. **O princípio do não-confisco no Direito Tributário**. São Paulo: Revista dos Tribunais, 2003, p. 192.
42. CASTILHO, Paulo Cesar Baria de. **Confisco Tributário**. São Paulo: Revista dos Tribunais, 2002, p. 117.
43. HORVATH, Estevão. **O princípio do Não-Confisco no Direito Tributário**. São Paulo: Dialética, 2002, p.89.

como os tributos predominantemente *fiscais*, devem respeito aos princípios constitucionais, dentre os quais está aquele extraído do art. 150, IV, da Constituição.

Contudo, e com o máximo respeito, não parece correto afirmar que na tributação *extrafiscal* existe um "limite" diferente daquele verificado nos tributos *fiscais*.

Ao longo deste breve estudo, se defendeu que o princípio que proíbe a utilização de tributos com efeitos de confisco visa a dar efetividade a direitos constitucionais, dentre os quais se encontram, por exemplo, o direito à propriedade privada e à livre iniciativa. A norma que trata do "não-confisco", no âmbito da tributação, limita o exercício da competência tributária, no intuito de preservar a propriedade e a liberdade do sujeito passivo.

Existe, portanto, apenas um "limite" relacionado aos tributos *fiscais* e *extrafiscais*, e que corresponde ao ponto em que a exação se torna insuportável, em razão de prejudicar, ou, numa situação extrema, inviabilizar, o exercício do direito de propriedade e liberdade.

E para que se possa chegar a esta conclusão, a análise do princípio do "não-confisco" deve ser feita não apenas sob o viés *quantitativo*. Pelo contrário: a questão deve ser enfrentada, também e antes de tudo, sob uma perspectiva *qualitativa*.

Um imposto, como o de Importação, previsto no art. 153, I, da Constituição da República, incidente à alíquota de 200% sobre determinada mercadoria, possui efeitos de confisco? Pela simples indicação deste elemento quantitativo, não é possível responder tal questionamento. Este tributo terá efeitos de confisco se, por exemplo, no caso da empresa, impedir a continuidade das atividades empresariais do importador, ou, por outro lado, desestimular a prática deste ramo de atividade, por se saber que a mesma não terá condições de prosperar em virtude da gravosa – e insuportável – carga tributária a que está submetida.

Por outro lado, se a incidência deste imposto, na alíquota equivalente a duas vezes o valor da operação, preservar o direito à livre iniciativa (ou seja, ainda que gravosa, não inviabilizar a continuidade da atividade empresarial com lucro – não necessariamente alto – decorrente da atividade), não há que se falar em efeitos de confisco.

Em resumo: se o tributo, de tão elevado, quantitativamente, prejudicar ou inviabilizar o exercício dos direitos de propriedade e liberdade, ele será inconstitucional por violação ao princípio do "não-confisco" (aqui o efeito de confisco decorre, portanto, de uma análise qualitativa e quantitativa); por outro lado, caso a exação, ainda que gravosa, em termos quantitativos, não prejudique, ou inviabilize, os direitos de propriedade e liberdade, não há que se falar em tributação com efeito de confisco (neste caso, uma análise qualitativa demonstra a ausência de violação à norma que proíbe os efeitos de confisco, o que deixa para um "segundo plano" a questão relacionada ao suposto excesso quantitativo da exação).

Correto, portanto, o entendimento de NAVEIRA DE CASANOVA, no sentido de que, sobre *fiscalidade* e *extrafiscalidade*, "*...no debería haber diferencia en cuanto a la aplicación del principio de no confiscación en uno u otro caso*".[44] A ambas

---

44. NAVEIRA DE CASANOVA, Gustavo J. **El Principio de No Confiscatoriedad: Estudio en España y Argentina**. Madrid: McGraw-Hill, 1997, p. 370. Ainda nas lições deste autor, há quatro razões que demonstram a aplicabilidade do princípio do "não-confisco" na mesma medida aos tributos *fiscais* e *extrafiscais*. Em primeiro lugar, porque nem sempre será possível saber se a exação possui, ou não, caráter *extrafiscal*; segundo, porque a diminuição patrimonial experimentada pelo sujeito passivo, tanto no tributo *fiscal*, como no *extrafiscal*, se dá em igual medida; terceiro, porque quando se fala em "não-confisco", deve-se ter em conta o sistema tributário como um todo, composto, por sua vez, de tributos *fiscais* e *extrafiscais*; finalmente, porque seria praticamente impossível de resolver a aplicação do princípio do "não-confisco" em diferentes medidas quando o tributo combinar as duas finalidades (*fiscal* e *extrafiscal*). (NAVEIRA DE CASANOVA, Gustavo J. **El Principio de No Confiscatoriedad: Estudio en España y Argentina**. Madrid: McGraw-Hill, 1997, p. 370-371).

o princípio do "não-confisco" tributário se aplica, inclusive, com a mesma intensidade.

Finalmente, convém ressaltar que, na tributação *extrafiscal*, o que parece ocorrer é a estipulação de um tributo que esteja mais próximo do limite relacionado ao "não-confisco" do que o gravame utilizado com a finalidade precípua de arrecadação.

Por exemplo, se fosse possível medir, quantitativamente, a capacidade contributiva, numa linha que se iniciasse do 0 (zero) a 100 (cem), sendo que abaixo do 0 (zero) se encontrasse o mínimo existencial, e acima do 100 (cem) o efeito de confisco, seria possível notar que os tributos utilizados com fins preponderantemente *fiscais* estariam na "faixa" de 30 (trinta), 40 (quarenta), 50 (cinquenta), ou, até mesmo, 60 (sessenta), nesta genérica unidade de medida utilizada a título exemplificativo. Por outro lado, o tributo *extrafiscal* estaria, muito provavelmente, dentro da "faixa" de 80 (oitenta), 90 (noventa), 95 (noventa e cinco), ou, até mesmo, 99 (noventa e nove), mas jamais poderia atingir o patamar de 100 (cem), pois, se assim ocorresse, haveria violação ao limite máximo da capacidade contributiva, e a tributação passaria a assumir efeitos de confisco, situação, como já dito, vedada pela ordem constitucional vigente.

4. CONSIDERAÇÕES FINAIS

A norma que proíbe a utilização de tributos com efeitos de confisco visa a, por meio da limitação ao exercício da competência tributária, resguardar os direitos de propriedade e de liberdade dos cidadãos-contribuintes.

Trata-se de verdadeiro *princípio* constitucional, que, embora seja composto de valores, a estes não se resume, já que, além do caráter axiológico, apresenta, também, caráter deontológico.

Significa dizer: a proibição aos efeitos de confisco não é apenas um valor de justiça, que, por sua vez, apresenta diretrizes e recomendações para a concretização deste valor; pelo contrário, como é *princípio*, sua obediência é algo vinculante e obrigatório, pois o sistema não *é* justo, mas, mais que isso, *deve-ser* justo.

Diante disso, conclui-se que o princípio que proíbe a utilização de tributos com efeitos de confisco aplica-se, também, aos tributos ditos *extrafiscais*, de modo que, ainda que a finalidade da norma seja, precipuamente, regular as condutas dos sujeitos passivos, deverá haver, *sempre*, o respeito à capacidade contributiva, inclusive no que se refere ao seu limite mínimo, caracterizado pelo chamado *mínimo existencial*.

5. REFERÊNCIAS

ATALIBA, Geraldo. IPTU – Progressividade. **Revista de Direito Público** n. 93, jan./mar. 1993.

_____, Geraldo. **República e Constituição**. 2.ed. atualizada por Rosolea Miranda Folgosi. São Paulo: Malheiros, 2007.

BALEEIRO, Aliomar. **Direito Tributário Brasileiro**. 11.ed. Rio de Janeiro: Forense, 2010.

BARRETO, Aires Fernandino. **Curso de Direito Tributário Municipal**. São Paulo: Saraiva, 2009.

BRUYN JÚNIOR, Herbert Cornélio Pieter de. **O Princípio do Não-Confisco**. São Paulo: Novas Conquistas, 2001.

BUJANDA, Fernando Sáinz de. **Hacienda y Derecho**. Vol. III. Madrid: Instituto de Estudios Políticos, 1963.

CÁRNIO, Thaís Cíntia. Imposto sobre Operações de Crédito, Câmbio, Seguro, ou Relativas a Títulos ou Valores Mobiliários

– IOF. In: JARDIM, Eduardo Marcial Ferreira; PASIN, João Bosco Coelho. **Tributos em Espécie: Fundamentos e Elementos**. Rio de Janeirro: Elsevier. 2010.

CARRAZZA, Elizabeth Nazar. **Progressividade e IPTU**. Curitiba: Juruá, 1996.

CARRAZZA, Roque Antonio. **Curso de Direito Constitucional Tributário**. 27.ed. São Paulo: Malheiros, 2011.

_____, **ICMS**. 15.ed. São Paulo: Malheiros, 2011.

_____, **O Regulamento no Direito Tributário Brasileiro**. São Paulo: Revista dos Tribunais, 1981.

CARVALHO, Paulo de Barros. **Curso de Direito Tributário**. 23.ed. São Paulo: Saraiva, 2011.

CASTILHO, Paulo Cesar Baria de. **Confisco Tributário**. São Paulo: Revista dos Tribunais, 2002.

COÊLHO, Sacha Calmon Navarro. **Comentários à Constituição de 1988**. 10.ed. Rio de Janeiro: Forense, 2006.

COSTA, Regina Helena. **Princípio da Capacidade Contributiva**. 3.ed. São Paulo: Malheiros, 2003.

DIFINI, Luiz Felipe Silveira. **Proibição de Tributos com Efeito de Confisco**. Porto Alegre: Livraria do Advogado, 2007.

DORADO, Francisco Garcia. **Prohibición Constitucional de Confiscatoriedad y Deber de Tributación**. Madrid: Dykinson, 2002.

EINSESTEIN, Louis. **Las ideologías de la imposición**. Madrid: Instituto de Estudios Fiscales, 1983.

GODOI, Marciano Seabra de. **Justiça, Igualdade e Direito Tributário**. São Paulo: Dialética, 1999.

GOLDSCHMIDT, Fabio Brun. **O princípio do não-confisco**

no **Direito Tributário**. São Paulo: Revista dos Tribunais, 2003.

GRUPENMACHER, Betina Treiger. **Eficácia e Aplicabilidade das Limitações Constitucionais ao Poder de Tributar**. São Paulo: Resenha Tributária, 1997.

HORVATH, Estevão. **O princípio do Não-Confisco no Direito Tributário**. São Paulo: Dialética, 2002.

MACHADO, Hugo de Brito. **Os princípios Jurídicos da Tributação na Constituição de 1988**. 5.ed. São Paulo: Dialética, 2004.

MOSCHETTI, Francesco. **El principio de capacidad contributiva**. Traducción: Juan M. Calero Gallego y Rafael Navas Vazquez. Madrid: Instituto de Estudios Fiscales, 1980.

NAVEIRA DE CASANOVA, Gustavo J. **El Principio de No Confiscatoriedad: Estudio en España y Argentina**. Madrid: McGraw-Hill, 1997.

NETO, Eurico Bitencourt. **O Direito ao Mínimo para uma Existência Digna**. Porto Alegre: Livraria do Advogado, 2010.

OLIVEIRA, José Marcos Domingues de. **Direito Tributário: Capacidade Contributiva: Conteúdo e Eficácia do Princípio**. 2.ed. Rio de Janeiro: Renovar, 1998.

PAULSEN, Leandro; MELO, José Eduardo Soares de. **Impostos: federais, estaduais e municipais**. 5.ed. Porto Alegre: Livraria do Advogado, 2010.

RASTELLO, Luigi. **Diritto Tributario: Principi Generali**. 4.ed. Firense: CEDAM, 1994.

SCHOUERI, Luís Eduardo. **Normas Tributárias Indutoras e Intervenção Econômica**. Rio de Janeiro: Forense, 2005.

Tributos em Espécie: Fundamentos e Elementos. Rio de Janeiro: Elsevier, 2010.

VIEIRA, José Roberto. Mesa de Debates "C" – Tributos Federais: IPI e extrafiscalidade. **Revista de Direito Tributário**. São Paulo: Malheiros, n. 91.

ZILVETI, Fernando Aurelio. **Princípios de Direito Tributário e a Capacidade Contributiva**. São Paulo: Quartier Latin, 2004.

NOTAS SOBRE AS PRESUNÇÕES NO DIREITO TRIBUTÁRIO: UMA ANÁLISE SOBRE O MANTO DA TRANSPARÊNCIA E PRATICABILIDADE

Paulo José Zanellato Filho[1]

Resumo

Este artigo pretende examinar as presunções quanto à sua perspectiva probatória no campo do direito tributário, em face da necessidade de uma maior transparência da Administração

---

1. Advogado. Mestrando em Direito do Estado pela Universidade Federal do Paraná – UFPR. Pós-Graduado em Direito e Processo Tributário pela Academia Brasileira de Direito Constitucional – ABDConst. Formado em Direito pela Faculdade de Direito de Curitiba. Aperfeiçoou-se como Despachante Aduaneiro pela Associação Brasileira de Comércio Exterior. Professor nas cadeiras de Direito Constitucional e Tributário na Universidade Tuiuti do Paraná. Ex-Procurador do Município de Matinhos. Membro da Comissão de Direito Marítimo, Portuário e Aduaneiro da Subseção da OAB/PR. Membro da Comissão de Direito Econômico da Subseção da OAB/PR. Membro do Instituto Paranaense de Direito e Economia – ADEPAR. Instrutor da Universidade Corporativa Contabilista.

tributária. Após justificar por que e em que medida as presunções são utilizadas em matéria tributária, conceituamos o instituto e justificamos o campo próprio das suas cogitações: o da prova. A partir da costumeira classificação doutrinária das espécies de presunções, averiguamos sua relação com os meios probatórios admitidos no processo administrativo tributário. Tendo em mente os princípios regentes do direito tributário, que determinam a utilização das presunções em perspectiva diversa daquela aplicada à maioria dos outros ramos do direito, procuramos demonstrar quais espécies de presunção são admitidas no campo tributário e o limite para sua utilização, sempre tendo em mente os parâmetros de transparência e praticabilidade.

1. INTRODUÇÃO

Terreno movediço o das presunções em direito tributário. A complexidade das leis tributárias, a amplo espectro de deveres que cumprem ao contribuinte e as vicissitudes das provas em matéria tributária ensejam falta de transparência da Administração quanto aos critérios de apuração do crédito e interpretação da legislação tributária deixam o contribuinte em situação vulnerável, em evidente afronta aos princípios constitucionais e garantias dos contribuintes.

No tocante às presunções em matéria tributária muito já foi dito pela doutrina internacional e estrangeira quanto à sua conceituação, classificação e natureza jurídica. Porém, ainda faltam estudos para o fim de, ao menos, indicar um ponto de equilíbrio no embate entre as presunções como meio de prova no processo administrativo tributário e a questão da transparência e praticabilidade do direito tributário.

É neste intuito que desenvolvemos este artigo. Para tanto, dividimos este artigo em três partes distintas, com a consequente apresentação das conclusões ao final. A primeira tratará brevemente dos motivos pelos quais é admitido o uso das presunções no direito brasileiro para, em seguida, conceituar o instituto e justificar o campo próprio às cogitações do raciocínio presuntivo aplicado ao direito: o da prova.

Na segunda parte, a partir da costumeira classificação doutrinária das espécies de presunções, averiguaremos sua relação com os meios probatórios admitidos no processo administrativo tributário e analisaremos, sob o manto dos princípios democrático, legalidade, tipicidade, inquisitivo, verdade material, igualdade, razoabilidade e praticabilidade, quais modalidades de presunções podem ser utilizadas no campo da prova no direito tributário, e em que medida.

A partir dai, levantaremos, no nosso ver, um dos maiores problemas na seara tributária: o uso das presunções simples como provas indiciárias – entendidas como aquelas que, por meio de raciocínio presuntivo exercido sobre o conjunto fático, chega-se a determinados graus de convicção acerca da existência do fato suporte da presunção.

Com efeito, o uso das presunções simples na esfera do direito tributário se dá em muitos casos sem qualquer transparência, ou mesmo mediante fundamentação dos elementos que levaram à conclusão pela aplicação da presunção, tornando extremamente penosa a atividade do contribuinte de produzir prova em contrário, especialmente nos casos que teria que produzir prova negativa.

No entanto, na esteira de Luis Eduardo Schoueri, entendemos que estando o direito tributário brasileiro adstrito ao princípio da estrita legalidade, admitir que um mero raciocínio de probabilidade por parte da administração tributária substitua a prova é o mesmo que admitir que um tributo possa, ainda que diante da altíssima probabilidade, ser exigido sem que necessariamente o fato tenha ocorrido.

Ocorre que, apesar de rechaçarmos a utilização das presunções simples no decorrer do processo administrativo tributário, observamos que o Poder Judiciário dificilmente o faz. Não raramente, o Poder Judiciário, com base no artigo 204 do CTN, o qual prevê que a dívida regularmente inscrita goza da presunção de certeza e liquidez e tem o efeito de prova pré-constituída; ou ainda, com base na presunção de veracidade e validade dos atos administrativos vem sustentando autos de infração aplicados aprioristicamente, isto é, com alicerce em presunções fundadas em meros indícios, sem atentar se a administração pública de fato logrou êxito em provar efetivamente a existência do fato suporte do qual decorre a presunção.

Neste viés, procuraremos indicar meios para ajustar a prática judicial de modo que, de um lado, não saia prejudicada a administração pública, que poderá perder tributo devido por conta de artimanhas do contribuinte; e, do outro lado, não saia prejudicado o contribuinte, que poderá arcar com tributo indevido, em evidente afronta ao princípio da capacidade contributiva.

2. AS PRESUNÇÕES NO DIREITO TRIBUTÁRIO

É irreal imaginar que os fatos sociais estão regulados em sua totalidade pelo direito positivo. Para construção de qualquer norma jurídica[2], o legislador capta apenas alguns elementos essenciais das realidades, reduzindo na linguagem do direito positivo[3] a complexidade dos fenômenos naturais, sociais, econômicos, etc.

---

2. Importante distinguir entre normas jurídicas *lato sensu:* lei, norma racionalmente formulada e positivada pelo legislador, que será primariamente o objeto de ocupação do jurista. (FERRAZ JUNIOR, Tercio Sampaio. **Introdução ao Estudo do Direito: Técnica, decisão e dominação.** 4ª Ed. Rev. e Ampl. São Paulo: Atlas, 2003, p. 70); e norma jurídica *stricto sensu:* a significação que obtemos a partir da leitura dos textos do direito positivo. É a norma como juízo hipotético-condicional, tal como pensada por Kelsen: se ocorre fato 'X', então deve ser a prestação 'Y'. (CARVALHO, Paulo de Barros. **Curso de Direito Tributário.** 18 Ed. Rev. e Ampl. São Paulo: Saraiva, 2007, p. 8-9).
3. Observa Paulo de Barros Carvalho que "a linguagem do direito positivo reduz as complexidades da linguagem social, que lhe serve de objeto. Para

A redução da complexidade dos fatos implica, contudo, em imprecisão jurídica. As confusões, ambiguidades, obscuridades, etc., decorrentes do procedimento conceitual de criação do direito[4] podem resultar na falta de correspondência entre os fatos sociais ou naturais e os signos linguísticos expressos nas normas jurídicas.

Diante da enorme gama de matizes que um fato pode ter, tal imprecisão jurídica sugere que nem sempre é possível ao operador do direito abstrair se efetivamente um dado fato subsumiu-se à determinada hipótese normativa (desencadeando efeitos jurídicos).

Com o escopo de melhor "ajustar" a aplicação do direito aos fatos concretos, o legislador serviu-se de mecanismos tais como as presunções, que auxiliam neste processo de abstração, possibilitando o conhecimento indireto do fato pela norma, ensejando uma maior segurança jurídica e "uma aplicação mais rigorosa ao princípio da capacidade contributiva, promovendo-se, em última análise, a justiça fiscal."[5]

Não apenas para sanar esta imprecisão jurídica que o legislador lançou mão das presunções. Há presunções que não decorrem da incerteza quanto aos fatos, "mas têm por objetivo

---

talhar o desenho da classe de eventuais fatos ou para realizar a forma enunciativa do fato concreto, o legislador se vê na contingência de promover forte diminuição na multiplicidade intensiva e extensiva dos acontecimentos da realidade social." CARVALHO, Paulo de Barros. **Direito Tributário: Fundamentos Jurídicos da Incidência.** 6ª Ed. rev. São Paulo: Saraiva, 2008, p. 111.

4. A respeito do procedimento conceitual de criação do direito, expõe Leonardo Sperb de Paola: "No criar a realidade normativa, o legislador faz uso de um procedimento conceitual, o qual, por excelência, opera cortes nas realidades social e natural, que jamais podem ser apreendidas em sua inteireza, continuidade. O conceituar, por basear-se numa abstração, sempre implica empobrecimento da realidade, com desprezo das particularidades do objeto em estudo". PAOLA, Leonardo Sperb de. **Presunções e Ficções no Direito Tributário.** Belo Horizonte: Del Rey, 1997, p. 48.

5. SCHERKERKEWITZ, Iso Chaitz. **Presunções e Ficções no Direito Tributário e no Direito Penal Tributário.** Rio de Janeiro: Renovar, 2002, p. 57.

a satisfação de interesse público ao qual o Legislador atribuiu maior relevância".[6]

Na tentativa de definir o conceito de presunções, Florence Haret observa que as distintas acepções que a palavra presunção possui, a ambiguidade do termo e a vagueza nos múltiplos sentidos da palavra dificultam sua precisa definição.[7] Para a autora, no entanto, todos os sentidos existentes são admissíveis a depender do caso concreto. No direito tributário, por exemplo, é possível verificar tantos significados para presunção quanto forem os pontos de vista assumidos.[8] Porém, segundo Florence, fixando sua base no real, toda presunção é originariamente indutiva, ainda que, num momento posterior, no ordenamento, seja objeto de associações lógicas, dedutivas em sua essência.[9]

Apesar das dificuldades na conceituação do instituto, convencionou-se tanto na doutrina nacional como na estrangeira uma definição mais ou menos corrente de presunção, entendendo-a como sendo o ato ou processo presuntivo lógico, pelo qual se pretende averiguar um fato desconhecido a partir de outro que se conhece, por existir entre ambos uma relação de dependência.[10]

---

6. MELLO, Gustavo Miguez de. Presunções no Direito Tributário. *in:* MARTINS, Ives Gandra da Silva (org.). **Direito Tributário: Artigos selecionados em homenagem aos 40 anos do Centro de Extensão Universitária.** Volume I. São Paulo: Editora Revista dos Tribunais: Instituto Internacional de Ciências Sociais, 2012, p. 647.
7. Ainda nesse sentido vide: PAOLA, Leonardo Sperb de. **Presunções e Ficções no Direito Tributário.** Belo Horizonte: Del Rey, 1997, p. 58.
8. HARET, Florence. **Teoria e Prática das Presunções no Direito Tributário.** São Paulo: Editora Noeses, 2010, p. 83-88.
9. HARET, Florence. **Teoria e Prática das Presunções no Direito Tributário.** São Paulo: Editora Noeses, 2010, p. 158.
10. Nesse sentido: BARRETO, Aires F; GIARDIONO, Cléber. As presunções no Direito Tributário. *in:* MARTINS, Ives Gandra da Silva (org.). **Direito Tributário: Artigos selecionados em homenagem aos 40 anos do Centro de Extensão Universitária.** Volume I. São Paulo: Editora Revista dos Tribunais:

Acrescenta Alfredo Augusto Becker: "A correlação natural entre a existência de dois fatos é substituída pela correlação lógica. Basta o conhecimento da existência de um daqueles fatos para deduzir-se a existência do outro fato, cuja existência efetivamente se desconhece".[11]

Uma questão primordial tratada por Ernesto Esverri Martinez é a justificação para a utilização das presunções em matéria tributária. Segundo o autor, esta é plenamente justificada. Para Martinez, diferentemente do que ocorre no processo civil, no qual vigora o princípio dispositivo, pelo qual as partes fixam livremente o objeto do litígio, propõem e apontam as provas que melhor convenham à defesa dos seus interesses; no processo que se segue para o lançamento de tributos vigora o princípio inquisitivo ou de investigação de ofício, que obriga ao órgão administrativo encarregado da fiscalização tributária a encontrar, por si mesmo, aquela verdade material[12], sem es-

---

Instituto Internacional de Ciências Sociais, 2012, p. 615; CABRAL, Antonio da Silva. **Processo Administrativo Fiscal**. São Paulo: Saraiva, 1993, p. 211, 311-312; NAVARRINE, Susana Camila; ASOREY, Rubén O., **Presunciones y Ficciones en el Derecho Tributario: Doctrina, Legislación y Jurisprudencia**. Volume 16 de Biblioteca de Finanzas y Derecho Tributario. Buenos Aires: Depalma, 1985, p. 2; VALDES, Jose Andres Rozas. **Presunciones y Figuras Afines em el Impuesto Sobre Sucesiones**. Instituto de Estudios Fiscales – Marcial Pons, Ediciones Jurídicas, S.A. Madrid, 1993, p. 21; MARTINEZ, Ernesto Esverri. **Presunciones Legales y Derecho Tributario.** Instituto de Estudios Fiscales – Marcial Pons, Ediciones Jurídicas S.A, Madrid, 1995, p. 17.
11. BECKER, Alfredo Augusto. **Teoria Geral do Direito Tributário.** 5ª Ed. São Paulo: Noeses, 2010, p. 542.
12. Florence Haret lembra que não se pode falar propriamente em verdade material, entendida como aquela que "assume como pressuposto a possibilidade de que a linguagem tenha aptidão para descrever, de forma integral, a realidade sensível". De acordo com a autora, a verdade material é inconcebível para um sistema de linguagem como o direito, pois o próprio direito proíbe a utilização de provas ilícitas e condiciona a produção probatória ao tempo (tempestividade da produção de provas). Prefere a autora falar então em verdade lógico-jurídica, conceituada como "aquela que mantém um mínimo de correspondência com o universo empírico, apta a gerar consenso entre os sujeitos de direito, para fins de tornar útil suficiente para regular

perar a colaboração dos interessados no desenvolvimento dessa atividade.[13]

Para consecução da atividade de tributária, cabe à Administração o dever de investigar a atividade dos particulares de modo a identificar aquelas que guardem correlação com as normas tributárias e, sendo o caso, efetuar o lançamento do tributo devido. No caso do processo administrativo tributário, a autoridade administrativa deve promover as diligências probatórias de modo a alcançar a verdade material, isto é, a verdade com "prescindência do que os interessados hajam alegado e provado".[14]

É de se inferir, portanto, que o "campo próprio às cogitações do raciocínio presuntivo aplicado ao direito é, pois, essencialmente o da prova".[15] A natureza jurídica das presunções,

---

condutas e alterar a realidade social. Sua condição poliédrica, contudo, pede seja dada maior vigilância ao caráter lógico do enunciado normativo que a institui, pois assim finca a condição de verdade do fato em critérios objetivos de delimitação". HARET, Florence. **Teoria e Prática das Presunções no Direito Tributário**. São Paulo: Editora Noeses, 2010, p. 330-339.

13. "[...] y su proliferación em el Ordenamiento tributário se ha justificado porque em el processo seguido para la aplicación de los tributos rige el principio inquisitivo o de investigación de oficio, que obliga al órgano administrativo encargado de comprovar las situaciones tributarias a buscar, por sí mismo, la verdad material de aquéllas, sin esperar la colaboración de los interesados em el desarrollo de esa actividad, circunstancia que no se da em el processo civil, donde rige al llamado principio dispositivo conforme cual son las partes quienes fijam livremente el objeto del litigio y proponen y aportan aquellas pruebas que mejor convengan a la defensa de sus intereses." MARTINEZ, Ernesto Esverri. **Presunciones Legales y Derecho Tributario**. Instituto de Estudios Fiscales – Marcial Pons, Ediciones Jurídicas S.A, Madrid, 1995, p. 17 (tradução nossa).

14. MELLO, Celso Antônio Bandeira de. **Curso de Direito Administrativo**. 27ª ed rev. e atual. São Paulo: Malheiros, 2010, p. 504.

15. BARRETO, Aires F; GIARDIONO, Cléber. As presunções no Direito Tributário. *in:* MARTINS, Ives Gandra da Silva (org.). **Direito Tributário: Artigos selecionados em homenagem aos 40 anos do Centro de Extensão Universitária**. Volume I. São Paulo: Editora Revista dos Tribunais: Instituto Internacional de Ciências Sociais, 2012, p. 616. Ainda nesse sentido: VALDES,

contudo, é tema controverso, como relata Maria Rita Ferragut. Depois de discorrer sobre as diversas teorias acerca da natureza jurídica das presunções, rechaçando-as uma a uma[16], a autora acaba por filiar-se à teoria clássica, a qual entende que as presunções têm natureza processual probatória, seja no sentido objetivo (como conjunto de meios ou elementos destinados a demonstrar a existência ou inexistência dos fatos alegados, seja no sentido subjetivo, como convicção que o julgador forma acerca da existência desses fatos).[17]

Importante salientar, no entanto, que as presunções não podem ser confundidas com meros indícios ou com as ficções. Demonstra Alfredo Augusto Becker, com supedâneo em consistente doutrina nacional e estrangeira, a diferença entre presunções e ficções: as presunções têm por ponto de partida fatos conhecidos e verdadeiros, dos quais se deduzem outros desconhecidos, porém, provavelmente verdadeiros, dada a correlação natural entre ambos; as ficções, por outro lado, asseveram verdadeiros fatos que provavelmente (ou com toda certeza) são falsos, porque falta àquela correlação natural.[18] Os indícios por sua vez, pondera Eduardo Domingos Bottallo, são fatos que por serem inferidos por meio de processo de raciocínio, não conduzem à certeza absoluta, permanecendo sempre no campo das conjecturas.[19]

Jose Andres Rozas. **Presunciones y Figuras Afines em el Impuesto Sobre Sucesiones**. Instituto de Estudios Fiscales – Marcial Pons, Ediciones Jurídicas, S.A. Madrid, 1993, p. 23; MARTINEZ, Ernesto Esverri. **Presunciones Legales y Derecho Tributario.** Instituto de Estudios Fiscales – Marcial Pons, Ediciones Jurídicas S.A, Madrid, 1995, p. 18.
16. São elas: a teoria do efeito probatório, a teoria do indício como prova incidental, a teoria do fundamento e a teoria da inversão do ônus da prova. FERRAGUT, Maria Rita. **Presunções no Direito Tributário.** São Paulo: Dialética, 2001, p.70-73.
17. FERRAGUT, Maria Rita. **Presunções no Direito Tributário.** São Paulo: Dialética, 2001, p. 73.
18. BECKER, Alfredo Augusto. **Teoria Geral do Direito Tributário.** 5ª ed. São Paulo: Noeses, 2010, p. 543-544.
19. BOTTALLO, Eduardo Domingos. **Curso de Processo Administrativo Tributário.** São Paulo: Malheiros, 2006, p. 104.

3. AS ESPÉCIES DE PRESUNÇÕES E A PROVA NO PROCESSO ADMINISTRATIVO TRIBUTÁRIO

As presunções classificam-se em presunções simples ou do homem (*praesumptiones hominis*) e presunções legais (*praesumptiones iuris*). Estas, por sua vez subdividem-se em presunções absolutas (*iuris et de iure*) e relativas (*iuris tantum*), e mistas.

As presunções simples são aquelas que decorrem do raciocínio próprio do homem que observa os acontecimentos que ocorrem ordinariamente, "são o resultado de um raciocínio que tem como ponto de partida aquilo que é colhido na experiência".[20] Trata-se de presunção que a lei não reconhece, porque a deixa na liberdade do pensamento do julgador (convicção do juízo), que reconhece como limite a inexistência de proibições e a vinculação da interpretação com o fato presumido.[21]

Aires F. Barreto e Cléber Giardino mencionam que "o raciocínio presuntivo, como qualquer outro, pode ser exercitado: *"presumptio facti"*, por oposição às impropriamente chamadas *"presumptio juris"* (*"juris et de jure"* e *"juris tantum"*).[22] Segundo os autores:

---

20. PAOLA, Leonardo Sperb de. **Presunções e Ficções no Direito Tributário**. Belo Horizonte: Del Rey, 1997, p. 72.
21. "[...] la presunción simple, que la ley no recoge, porque l adeja em la liberdad del pensamento del juzgador, y que reconoce como limite la inexistência de prohibiciones y la vinculación de la interpretación com el hecho presumido." NAVARRINE, Susana Camila; ASOREY, Rubén O., **Presunciones y Ficciones en el Derecho Tributario: Doctrina, Legislación y Jurisprudencia**. Volume 16 de Biblioteca de Finanzas y Derecho Tributario. Buenos Aires: Depalma, 1985, p. 11 (tradução nossa).
22. BARRETO, Aires F.; GIARDIONO, Cléber. As presunções no Direito Tributário. *in:* MARTINS, Ives Gandra da Silva (org.). **Direito Tributário: Artigos selecionados em homenagem aos 40 anos do Centro de Extensão Universitária**. Volume I. São Paulo: Editora Revista dos Tribunais: Instituto Internacional de Ciências Sociais, 2012, p. 621.

Exame detido dos meios de prova evidencia, sem grande esforço, que raciocínios presuntivos se produzem cuja indução lógica não dispensa a utilização de demonstrações subsidiárias (ou de esforço); outros, no entanto, manifestam elevado grau de probabilidade, inclusive ao ponto de dispensarem o emprego de provas adicionais. Excluídos os 'extremos', portanto, da falsidade e certeza, que logicamente não podem existir nesse processo intelectual, cabe escalonar as presunções em graus de probabilidade: a) as quase certezas (de probabilidade quase absolutas). As b) relativamente prováveis (probabilidade media); as c) pouco prováveis (probabilidade reduzida), equivalente aos meros indícios. As primeiras, pelo seu elevado grau de probabilidade, desnecessitam do concurso de outras provas (ou mesmo do aditamento de outras presunções). As últimas só podem ser utilizadas ante imprescindível confirmação adicional, resultante da verificação de evidências subsidiárias. Todas, por outro lado, são contrastáveis, eis que servientes à apreensão da verdade material (âmbito probatório estrito senso).[23]

Eis ai, no nosso ver, um dos maiores problemas na seara tributária. É que, o uso das provas indiciárias – entendidas como aquelas que, por meio de raciocínio presuntivo exercido sobre o conjunto fático, chega-se a determinados graus de convicção acerca da existência do fato suporte da presunção – torna extremamente penosa a atividade do contribuinte de produzir

---

23. BARRETO, Aires F.; GIARDIONO, Cléber. As presunções no Direito Tributário. *in:* MARTINS, Ives Gandra da Silva (org.). **Direito Tributário: Artigos selecionados em homenagem aos 40 anos do Centro de Extensão Universitária.** Volume I. São Paulo: Editora Revista dos Tribunais: Instituto Internacional de Ciências Sociais, 2012, p. 621. Do mesmo modo, Maria Rita Ferragut admite a existência de prova indiciária, que em vista de um concurso de probabilidades, pelo qual somam-se indícios homogêneos, "isto é, aqueles que conduzam a um mesmo resultado, para que cada novo indício aumente ou diminua significativamente o grau de certeza, podendo até mesmo conduzir, quando não à evidência, a uma convicção segura". FERRAGUT, Maria Rita. **Presunções no Direito Tributário.** São Paulo: Dialética, 2001, p. 50-51; vide ainda PAOLA, Leonardo Sperb de. **Presunções e Ficções no Direito Tributário.** Belo Horizonte: Del Rey, 1997, p. 73.

prova em contrário, especialmente nos casos que teria que produzir prova negativa, isto é, prova que determinado fato não ocorreu.

É cediço que as obrigações tributárias somente surgem quando um fato está devidamente caracterizado no tipo (princípio da tipicidade) previsto na norma jurídica, isto é, na Lei (princípio da legalidade). Assim, em respeito aos princípios já mencionados e ao princípio da verdade material[24], no campo do processo administrativo tributário é inadmissível a utilização de presunções simples ou de meros indícios como único meio de prova, quando muito, estes últimos são tidos como início de prova, mesmo que ao pretexto de se mostrarem "manifestos" ou "veementes", tomando nestes casos as vestes de presunções.[25]

Seguindo as reflexões de Luis Eduardo Schoueri, estando o direito tributário brasileiro adstrito ao princípio da estrita legalidade, admitir que um mero raciocínio de probabilidade por parte da administração tributária substitua a prova é o mesmo que admitir que um tributo possa, ainda que diante da altíssima probabilidade, ser exigido sem que necessariamente o fato tenha ocorrido.[26]

---

24. Reconhecem a existência do princípio da verdade material, dentre outros: FIGUEIREDO, Lúcia Valle. Curso de Direito Administrativo. 5ª Ed., São Paulo: Malheiros, 2001, p. 424; MEIRELES, Hely Lopes. Direito Administrativo Brasileiro. 16ª Ed., São Paulo: Revista dos Tribunais, 1991, p. 581; MELLO, Celso Antônio Bandeira de. **Curso de Direito Administrativo.** 27ª ed rev. e atual. São Paulo: Malheiros, 2010, p. 504. Importante reconhecer, entretanto, os limites para a verdade material, conforme já indicado na nota n. 11 deste artigo.

25. Guiando-se nas lições de Paulo Bonilha, Eduardo Domingues Bottallo acrescenta: a presunção *homini* "pode, em princípio, prestar-se à caracterização de obrigações tributárias, desde que seu emprego não prescinda de outras provas e, ademais, seja balizado pelo respeito aos princípios constitucionais que integram o rol de garantias dos contribuintes". BOTTALLO, Eduardo Domingos. **Curso de Processo Administrativo Tributário.** São Paulo: Malheiros, 2006, p. 104-105.

26. SCHOUERI, Luis Eduardo. Presunções Simples e Indícios no Procedimento

As presunções legais absolutas (*iuris et de iure*), por outro lado, são entendidas corriqueiramente pela doutrina como aquelas que não comportam prova em sentido contrário.[27] Todavia, expõe Leonardo Sperb de Paola com precisão que as presunções absolutas não guardam qualquer relação com a matéria probatória, sendo um erro diferenciá-las das presunções relativas em função da admissibilidade de dilação probatória.[28]

Pelo contrário, as presunções absolutas trazem regra de direito material, sendo elas regras não-autônomas remissivas (ou, em alguns casos, restritivas da hipótese ou modificativas do mandamento da norma). Em face da norma completa (com hipótese e mandamento), cria-se outra, cuja hipótese vincula-se ao mandamento da primeira, em uma relação de dependência, de forma que a norma remissiva só adquire sentido jurídico quando incorporada à norma à qual fez remissão.[29]

A título exemplificativo veja-se a norma contida no artigo 9º do Decreto 2.637/98, o qual prevê a equiparação a estabelecimento industrial, para fins de incidência do IPI, os estabelecimentos importadores de produtos de procedência estrangeira, que derem saída a esses produtos. Encoberto o sentido, quer dizer a norma: aplicam-se aos estabelecimentos importadores as mesmas consequências jurídicas previstas para os estabelecimentos industriais, determinando a norma, assim, a consequência de pagar o tributo a ambos.[30]

Administrativo Fiscal. *In*: ROCHA, Valdir de Oliveira (Coord.). **Processo Administrativo Fiscal**. 2. vol. São Paulo: Dialética, 1997, p. 81-88, p. 86.

27. AMARO, Luciano. Direito Tributário Brasileiro. 14ª ed. São Paulo: Saraiva, 2008, p. 274.

28. PAOLA, Leonardo Sperb de. **Presunções e Ficções no Direito Tributário**. Belo Horizonte: Del Rey, 1997, p. 63; ainda nesse sentido vide: BECKER, Alfredo Augusto. **Teoria Geral do Direito Tributário**. 5ª ed. São Paulo: Noeses, 2010, p. 544-551.

29. PAOLA, Leonardo Sperb de. **Presunções e Ficções no Direito Tributário**. Belo Horizonte: Del Rey, 1997, p. 62-64.

30. Cf. PAOLA, Leonardo Sperb de. **Presunções e Ficções no Direito Tributário**. Belo Horizonte: Del Rey, 1997, p. 62.

As presunções absolutas, salienta Ernesto Esverri Martinez, têm por finalidade imediata a luta contra a fraude à Lei, pois, ao mesmo tempo em que proscrevem a atividade probatória do particular, criam uma aparência de verdade que na realidade dos casos não tem tido lugar.[31]

Ao seu turno, as presunções relativas são entendidas como aquelas previstas em lei, que, salvo prova em contrário, a ocorrência de um dado fato pressupõe a existência de outro, ao qual estão vinculadas determinadas consequências jurídicas.[32] Com efeito, no caso das presunções, é fonte de prova o fato que deve estar acreditado para deduzir dele um fato ignorado. Nas presunções relativas *iuris tantum* a prova acerca da existência do fato conhecido (fato suporte) é condição para sua vigência.[33] Provado o fato conhecido, infere-se o fato presumido.

Havendo o emprego da presunção relativa, "inverte-se o ônus da prova, não cabendo a quem alegou o fato, cuja presunção milita em seu favor, o dever de provar esse fato".[34]

Neste ponto, destaca Florence Haret que as presunções descritas hipoteticamente em lei são da ordem substantiva, isto

---

31. MARTINEZ, Ernesto Esverri. **Presunciones Legales y Derecho Tributario.** Instituto de Estudios Fiscales – Marcial Pons, Ediciones Jurídicas S.A, Madrid, 1995, p. 51.
32. Nesse sentido vide: VALDES, Jose Andres Rozas. **Presunciones y Figuras Afines em el Impuesto Sobre Sucesiones.** Instituto de Estudios Fiscales – Marcial Pons, Ediciones Jurídicas, S.A. Madrid, 1993, p. 21; MARTINEZ, Ernesto Esverri. **Presunciones Legales y Derecho Tributario.** Instituto de Estudios Fiscales – Marcial Pons, Ediciones Jurídicas S.A, Madrid, 1995, p. 26; PAOLA, Leonardo Sperb de. **Presunções e Ficções no Direito Tributário.** Belo Horizonte: Del Rey, 1997, p. 187-188; BECKER, Alfredo Augusto. **Teoria Geral do Direito Tributário.** 5ª ed. São Paulo: Noeses, 2010, p. 543.
33. NAVARRINE, Susana Camila; ASOREY, Rubén O., **Presunciones y Ficciones en el Derecho Tributario: Doctrina, Legislación y Jurisprudencia.** Volume 16 de Biblioteca de Finanzas y Derecho Tributario. Buenos Aires: Depalma, 1985, p. 98-101.
34. HOFFMANN, Susy Gomes. **Teoria da prova no Direito Tributário.** Campinas: Copola Livros, 1999, p. 217.

é, tratam-se de hipóteses de prova *per se*, em outros termos, "o fato, impugnado ou não, antes mesmo de qualquer manifestação contrária, é norma introduzida, realidade válida até prova em contrário e sua consequente expulsão".[35] A expulsão da norma presuntiva, contudo, somente se dá mediante outra regra jurídica que a declare invalida, v.g. sentença do juízo (norma individual e concreta).[36]

As presunções relativas têm por função eximir ou aliviar a atividade probatória dos órgãos da Administração Tributária, pois, com a prova da existência de um fato base, translada-se ao particular o dever de destruir o fato presumido, cabendo a ele negar o que se afirma como resultado da aplicação da norma de presunção.[37]

Por fim, as presunções mistas são aquelas que não admitem contra a verdade por elas estabelecida senão certos meios de prova, referidos e previstos na própria lei.[38] No que pertine

---

35. HARET, Florence. **Teoria e Prática das Presunções no Direito Tributário**. São Paulo: Editora Noeses, 2010, p. 100.
36. HARET, Florence. **Teoria e Prática das Presunções no Direito Tributário**. São Paulo: Editora Noeses, 2010, p. 100.
37. MARTINEZ, Ernesto Esverri. **Presunciones Legales y Derecho Tributario.** Instituto de Estudios Fiscales – Marcial Pons, Ediciones Jurídicas S.A, Madrid. 1995. p. 51. Vide ainda Aires F. Barreto e Cléber Giardino, para quem: "o uso das presunções relativas se dá porque: há casos – justificadores de previsões normativas – nos quais à impossibilidade ou maior dificuldade de prova (inclusive indiciária ou presuntiva) quanto à verificação da ocorrência de dado fato, segue-se, por imposição legal, a aplicação e comando normativo no sentido de considera-lo existente com uma certa e determinada denotação. A norma jurídica, nesses casos, opera com função dispositiva ou supletiva imputando os efeitos da lei à situações nas quais, pela prova, a resultados diferentes não se pode chegar." BARRETO, Aires F.; GIARDINO, Cléber. As presunções no Direito Tributário. *In:* MARTINS, Ives Gandra da Silva (org.). **Direito Tributário: Artigos selecionados em homenagem aos 40 anos do Centro de Extensão Universitária.** Volume I. São Paulo: Editora Revista dos Tribunais: Instituto Internacional de Ciências Sociais, 2012, p. 620.
38. BECKER, Alfredo Augusto. **Teoria Geral do Direito Tributário.** 5ª Ed. São Paulo: Noeses, 2010, p. 544.

à esta modalidade de presunção, quando cabível, as mesmas considerações com relação à presunção relativa se aplicam.

4. PRESUNÇÕES, PRATICABILIDADE E TRANSPARÊNCIA

Analisar as presunções em matéria tributária sob as perspectivas democrática e de liberdade não se mostra tarefa fácil, especialmente quando pretendemos uma análise sobre o manto da transparência e praticabilidade. Nesse *mister*, procuramos apoio nas lições de Eurico Marcos Diniz de Santi, trazidas à baila no artigo: Tributação & Desenvolvimento, o Direito em rede na Era da Informação e resgate da relação fisco-contribuinte: Entre Legalidade e Democracia.[39]

No referido artigo, menciona o autor que "não há legalidade sem democracia, nem democracia sem ética, e sem ética não há legalidade: tão apenas fraude à legalidade, que é a pior das ilegalidades".[40]

Ao tratar sobre a legalidade, Diniz de Santi lembra que aplicar o direito exige a interpretação das regras, dos fatos e a formalização do conteúdo, sentido de alcance das normas. Este processo, altamente complexo, envolve convicções, valores,

---

[39]. SANTI, Eurico Marcos Diniz de. **Tributação & Desenvolvimento, o Direito em rede na Era da Informação e resgate da relação fisco-contribuinte: Entre Legalidade e Democracia.** FISCOSoft., v. 1, p. 1-8. 2011. Disponível em: http://www.fiscosoft.com.br/a/5txf/em-defesa-a-lc-105-a-transparencia-a-legalidade-e-a-livre-concorrencia-a-transferencia-do-sigilo-bancario-para-administracao-tributaria-e-o-direito-a-prova-inerente-a-aplicacao-da-legislacao-tribut, acesso em: 27/04/2014.

[40]. SANTI, Eurico Marcos Diniz de. **Tributação & Desenvolvimento, o Direito em rede na Era da Informação e resgate da relação fisco-contribuinte: Entre Legalidade e Democracia.** FISCOSoft., v. 1, p. 1-8. 2011. Disponível em: http://www.fiscosoft.com.br/a/5txf/em-defesa-a-lc-105-a-transparencia-a-legalidade-e-a-livre-concorrencia-a-transferencia-do-sigilo-bancario-para-administracao-tributaria-e-o-direito-a-prova-inerente-a-aplicacao-da-legislacao-tribut, acesso em: 27/04/2014. p. 2.

pressões políticas e ideológicas que moldam a legalidade de acordo com o momento histórico e contexto social[41]:

> Um momento, uma legalidade; uma decisão, um direito aplicado. Outro momento, outra legalidade; outra decisão, outro direito aplicado... Sobre a mesma lei e o mesmo fato concreto incontáveis 'legalidades' podem ser construídas, bem como inúmeras versões de fato podem ser sustentadas sobre idêntico conjunto probatório.[42]

É nesse contexto que a Administração Tributária vem atuando. A inesgotável capacidade criativa para gerar novos sentidos sobre um mesmo texto legal, alargando-se a competência tributária é o que leva o autor a criticar a modalidade de lançamento por homologação, chegando a falar em "maldição do lançamento por homologação": "lógica perversa em que a 'Administração Tributária', refém da complexidade das leis tributárias e da óbvia dificuldade em antecipar seus critérios de interpretação obriga o contribuinte a entender, interpretar e aplicar a legislação"[43], subsistindo para o Fisco não apenas o

---

41. SANTI, Eurico Marcos Diniz de. **Tributação & Desenvolvimento, o Direito em rede na Era da Informação e resgate da relação fisco-contribuinte: Entre Legalidade e Democracia.** FISCOSoft., v. 1, p. 1-8. 2011. Disponível em: http://www.fiscosoft.com.br/a/5txf/em-defesa-a-lc-105-a-transparencia--a-legalidade-e-a-livre-concorrencia-a-transferencia-do-sigilo-bancario--para-administracao-tributaria-e-o-direito-a-prova-inerente-a-aplicacao--da-legislacao-tribut, acesso em: 27/04/2014. p. 3.
42. SANTI, Eurico Marcos Diniz de. **Tributação & Desenvolvimento, o Direito em rede na Era da Informação e resgate da relação fisco-contribuinte: Entre Legalidade e Democracia.** FISCOSoft., v. 1, p. 1-8. 2011. Disponível em: http://www.fiscosoft.com.br/a/5txf/em-defesa-a-lc-105-a-transparencia--a-legalidade-e-a-livre-concorrencia-a-transferencia-do-sigilo-bancario--para-administracao-tributaria-e-o-direito-a-prova-inerente-a-aplicacao--da-legislacao-tribut, acesso em: 27/04/2014. p. 3.
43. SANTI, Eurico Marcos Diniz de. **Tributação & Desenvolvimento, o Direito em rede na Era da Informação e resgate da relação fisco-contribuinte: Entre Legalidade e Democracia.** FISCOSoft., v. 1, p. 1-8. 2011. Disponível em: http://www.fiscosoft.com.br/a/5txf/em-defesa-a-lc-105-a-transparencia-

prazo de 5 anos para realizar lançamento complementar, mas também a possibilidade de, neste interregno, alterar intepretação anterior e/ou identificar nova interpretação mais vantajosa para a arrecadação, em flagrante desvio de finalidade e fraude aos objetivos da regra decadencial.[44]

Não escapa a esta lógica perversa o uso das presunções em matéria tributária. A falta indicação de critérios precisos de apuração do crédito tributário; o mero raciocínio de probabilidade por parte da administração tributária como substituto à prova do fato suporte da presunção; e, a dificuldade na identificação dos elementos que levaram à convicção (por meio de prova indiciária) pela existência do fato suporte, de modo a permitir a produção de contraprova; em síntese, a falta de transparência da administração tributária quanto aos critérios de apuração do crédito e interpretação da legislação tributária deixam o contribuinte em situação vulnerável, em evidente afronta aos princípios constitucionais, tais como o princípio democrático, estrita legalidade e o direito fundamental de liberdade dos contribuintes, além de outros direitos e garantias fundamentais.

O direito fundamental de liberdade, na mesma medida que autoriza o Poder impositivo do Estado, também o limita, impedindo que a tributação se dê de forma desmedida, resguardando

---

-a-legalidade-e-a-livre-concorrencia-a-transferencia-do-sigilo-bancario--para-administracao-tributaria-e-o-direito-a-prova-inerente-a-aplicacao--da-legislacao-tribut, acesso em: 27/04/2014. p. 3.

44. O objetivo da regra decadencial, explica Diniz de Santi: "é delimitar o tempo para formalizar o crédito e não aproveitar-se dele para encontrar uma interpretação mais vantajosa e incrementar o crédito do titular do direito de lançar". SANTI, Eurico Marcos Diniz de. **Tributação & Desenvolvimento, o Direito em rede na Era da Informação e resgate da relação fisco-contribuinte: Entre Legalidade e Democracia.** FISCOSoft., v. 1, p. 1-8. 2011. Disponível em: http://www.fiscosoft.com.br/a/5txf/em-defesa-a-lc-105--a-transparencia-a-legalidade-e-a-livre-concorrencia-a-transferencia-do--sigilo-bancario-para-administracao-tributaria-e-o-direito-a-prova-inerente--a-aplicacao-da-legislacao-tribut, acesso em: 27/04/2014. p. 3.

os indivíduos dos excessos cometidos em nome da arrecadação tributária. Ferir a liberdade significa desconsiderar seus direitos, desrespeitando os princípios concebidos justamente para assegurar tal liberdade.[45]

Nesse sentido, servem como luva as lições de Betina Treiger Grupenmacher, a qual esclarece que o dever de pagar tributos, assim como o direito de cobrá-los, deve observar à moral e à ética. A adoção de uma postura ética por parte do contribuinte, verifica-se, sobretudo, com o adimplemento das obrigações tributárias. O estado, por outro lado, atua eticamente quando, ao exercer o poder tributário, observa fielmente os direitos e garantias do contribuinte.[46]

A Administração Tributária fere o direito fundamental de liberdade do contribuinte, portanto, quando por exemplo inviabiliza sua atividade por meio de excessiva cobrança de tributos ou quando impõe incontáveis deveres instrumentais (as famigeradas obrigações acessórias) de forma que a apuração dos tributos devidos e o atendimento das exigências feitas pelo Fisco se tornem impraticáveis.

Nesse contexto, de extrema importância o princípio da praticabilidade, que na estreita lição de Regina Helena Costa, deve ser entendido como aquele que impõe a adoção de mecanismos que, de um lado, viabilizem a execução das leis tributárias e, de outro lado, não comprometam a realização dos princípios da isonomia e capacidade contributiva.[47]

---

45. OLIVEIRA, Geovana Oliveira de. **Direito tributário na perspectiva dos direitos fundamentais**. Curitiba: Juruá, 2011, p. 90-102.

46. GRUPENMACHER, Betina Treiger. Das exonerações tributárias. Incentivos e benefícios fiscais. *In:* GRUPENMACHER, Betina Treiger et. al., **Novos Horizontes da Tributação**: Um diálogo Luso-Brasileiro. Coimbra: Almedina, 2012, p. 44-45.

47. COSTA, Regina Helena. **Praticabilidade e justiça tributária**: exequibilidade da Lei Tributária e Direitos do Contribuinte. São Paulo: Malheiros, 2007, p. 109.

Ao realizar uma aproximação entre o princípio da praticabilidade e razoabilidade, a autora aduz que a razoabilidade constitui parâmetro para realização da praticabilidade. Deste modo, a razoabilidade traduz-se em diretriz que norteia a atuação estatal na busca de equilíbrio nas opções efetuadas pelo legislador e pelo administrador público para o atingimento de um adequado cumprimento das obrigações tributárias pelo contribuinte.

Na medida em que a administração tributária utiliza de expedientes obscuros para efetuar lançamento de crédito tributário mediante presunção, restam maculados, dentre outros, os princípios da praticabilidade, razoabilidade e o direito fundamental de liberdade do contribuinte. Com efeito, a utilização de pautas fiscais sem declaração de inidoneidade dos documentos fiscais ou declarações prestadas pelo contribuinte[48] e o lançamento efetuado por meio exclusivo de prova emprestada[49] são exemplos claros disso.

---

48. O Superior Tribunal de Justiça já se manifestou no sentido de considerar inadmissível a utilização de pauta fiscal para fins de lançamento de crédito tributário sem a declaração de inidoneidade os documentos e declarações prestadas pelo contribuinte: "Tributário. Imposto sobre Circulação de Mercadorias e Serviços (ICMS). Base de cálculo. Fixação através de pautas de preços ou valores. Inadmissibilidade. Quer se entendam as pautas fiscais como presunção legal ou ficção legal da base de cálculo do ICMS, é inadmissível sua utilização apriorística para esse fim. A lei de regência do tributo (Decreto-lei n.º 406, de 31 de dezembro de 1968) determina que a base de cálculo é 'o valor da operação de que decorrer a saída da mercadoria' (art. 2.º, I). Mesmo que tomada como presunção relativa, a pauta de valores só se admite nos casos do art. 148 do Código Tributário Nacional, em que, mediante processo regular, se arbitre a base de cálculo, se inidôneos os documentos e declarações prestadas pelo contribuinte. Os incisos II e III do art. 2.º do Decreto-lei n.º 406/68 preveem a utilização do valor de mercado dos bens apenas à falta do valor real da operação. Precedentes do Supremo Tribunal Federal, que julgou inconstitucionais essas pautas. Recurso provido, por unanimidade." (STJ – 1.ª Turma, REsp. 23.313-0 – Rel. Min. Demócrito Reinaldo, julgado em 18.12.92).

49. A jurisprudência do Conselho Administrativo de Recursos Fiscais se mostra tendente em não aceitar a denominada 'prova emprestada', com apoio no art. 199 do CTN, como único meio a servir ao lançamento tributário. Nesse sentido vide: PROVA EMPRESTADA. ÚNICO DOCUMENTO PROBANTE.

TRIBUTAÇÃO: DEMOCRACIA E LIBERDADE

Um tanto quanto mais árduo, porém, demonstrar que a utilização de provas indiciárias, isto é, de elementos circunstanciais que não apontam diretamente para o fato suporte da presunção, mas cuja conclusão pela sua existência chega-se através de raciocínio presuntivo, do mesmo modo fere os direitos e garantias do contribuinte.

Como já dito anteriormente, estando o direito tributário brasileiro adstrito ao princípio da estrita legalidade, admitir que um mero raciocínio de probabilidade por parte da administração tributária substitua a prova é o mesmo que admitir que um tributo possa, ainda que diante da altíssima probabilidade, ser exigido sem que necessariamente o fato tenha ocorrido.

Apesar de rechaçarmos o uso das presunções simples como provas indiciárias da existência do fato suporte da presunção no âmbito do direito tributário, dado que este ramo do direito se pauta por princípios tais como o da legalidade estrita, tipicidade, verdade material, etc., fato é que na prática judicial brasileira, esta máxima não está sendo adotada.

Com efeito, não raramente, o Poder Judiciário, com base no artigo 204 do CTN, o qual prevê que a dívida regularmente inscrita goza da presunção de certeza e liquidez e tem o efeito de prova pré-constituída; ou ainda, com base na presunção de veracidade e validade dos atos administrativos[50]-[51]

PROCESSO JUDICIAL SEM PARTICIPAÇÃO DO CONTRIBUINTE. Prova emprestada somente pode servir com início de prova ou indício, quando não foi produzida com a participação do contribuinte. O lançamento deve apoiar-se em outros elementos probatórios, para formação de conjunto probatório que não afete os princípios da ampla defesa, contraditório, verdade material, e devido processo legal. Recurso Voluntário Provido Crédito Tributário Exonerado. (CARF, 3ª Turma Especial, Ac. 2803002.833, Julg. 19/11/2013).

50. A respeito da presunção de validade e eficácia dos atos administrativos, vide: MELLO, Celso Antônio Bandeira de. **Curso de Direito Administrativo.** 27ª ed. rev. e atual. São Paulo: Malheiros, 2010, p. 387-390.

51. A título exemplificativo vide: (TRF-1 – AC: 41123 MA 0041123-90.2002.4.01.9199, Relator: JUIZ FEDERAL CARLOS EDUARDO CASTRO

vem sustentando autos de infração aplicados aprioristicamente, isto é, com alicerce em presunções fundadas em meros indícios, sem atentar se a administração pública de fato logrou êxito em provar a existência do fato suporte do qual decorre a presunção, mas até exigindo do contribuinte, em alguns casos, prova inequívoca para afastar os indícios que fundamentaram o lançamento ou a aplicação de penalidades tributárias.

O problema no nosso ver é ajustar a prática judicial de modo que, de um lado, não saia prejudicada a administração pública, que poderá perder tributo devido por conta de artimanhas do contribuinte; e, do outro lado, não saia prejudicado o contribuinte, que poderá arcar com tributo indevido, em evidente afronta ao princípio da capacidade contributiva.

Uma possível solução encontra respaldo nas lições Marinoni e Arenhart. Diríamos que tais elementos circunstanciais (provas indiciárias) não se prestam para fazer incidir a norma presuntiva quando não satisfeitos os aspectos intensivo e extensivo.

> Pelo segundo critério (extensivo), é imprescindível que a presunção seja apta a demonstrar a totalidade do fato probando (daquele fato principal que se pretende provar). E, para satisfazer ao outro critério (intensivo), depende o

---

MARTINS, Data de Julgamento: 14/05/2013, 7ª TURMA SUPLEMENTAR, Data de Publicação: e-DJF1 p.1436 de 07/06/2013); (TRF-3 – AC: 3699 SP 2007.61.06.003699-7, Relator: JUIZ CONVOCADO SANTORO FACCHINI, Data de Julgamento: 22/09/2011, SEXTA TURMA); (TRF-4 – AC: 39874 PR 2002.70.00.039874-2, Relator: JOEL ILAN PACIORNIK, Data de Julgamento: 19/05/2010, PRIMEIRA TURMA, Data de Publicação: D.E. 01/06/2010); STJ – AgRg nos EREsp: 1134256 ES 2010/0040544-2, Relator: Ministro BENEDITO GONÇALVES, Data de Julgamento: 10/11/2010, S1 – PRIMEIRA SEÇÃO, Data de Publicação: DJe 17/11/2010); (TRF-4 – APELREEX: 1783 RS 2008.71.01.001783-8, Relator: MARIA DE FÁTIMA FREITAS LABARRÈRE, Data de Julgamento: 02/06/2010, PRIMEIRA TURMA, Data de Publicação: D.E. 08/06/2010); (TRF-3 – AC: 40297 SP 2002.03.99.040297-1, Relator: JUIZ CONVOCADO SANTORO FACCHINI, Data de Julgamento: 29/07/2010, SEXTA TURMA).

indício da demonstração de que daquele fato (indiciário) não pode decorrer outro fato que não seja aquele que se deseja provar. Sucede então, que a demonstração, pela parte contrária, de que o indício não cobre a totalidade do fato probando ou ainda de que daquele fato secundário podem advir outros fatos que não apenas o principal, é elemento suficiente para abalar a credibilidade da presunção formada.[52]

Estando presentes tais aspectos, poderíamos sustentar uma maior convicção quanto a existência do fato suporte da presunção, devendo a mesma prevalecer em observância aos princípios da supremacia do interesse público e diante do dever fundamental de pagar tributo, sustentado por Casalta Nabais, em prol de uma solidariedade indispensável para uma vida comum e próspera de todos os membros da comunidade organizada em estado.[53]

Por outro lado, ausente qualquer dos aspectos, deve ser declarada inválida a presunção alicerce do lançamento tributário, em obediência aos princípios da legalidade, tipicidade, capacidade contributiva, praticabilidade, razoabilidade, dentre outros, assegurando-se o direito fundamental de liberdade do contribuinte.

5. CONCLUSÕES

A presunção deve ser entendida como sendo o ato ou processo presuntivo lógico, pelo qual se pretende averiguar um fato desconhecido a partir de outro que se conhece, por existir entre ambos uma relação de dependência. Provada a

---

[52]. MARINONI, Luiz Guilherme; ARENHART, Sérgio Cruz. **Manual do Processo de Conhecimento: A tutela jurisdicional através do processo de conhecimento.** São Paulo: Revista dos Tribunais, 2000, p. 318.
[53]. NABAIS, José Casalta. **O Dever fundamental de pagar impostos**. Coimbra: Livraria Almedina, 2004, p. 185.

existência de determinado fato (suporte), abstrai-se a existência de outro fato, dependente daquele.

As presunções são admitidas no direito brasileiro com o escopo de melhor "ajustar" a aplicação do direito aos fatos concretos, dada imprecisão jurídica decorrentes do procedimento conceitual de criação do direito. Também são admitidas em conta de um objetivo a satisfação de interesse público ao qual o Legislador atribuiu maior relevância.

A utilização das presunções, no entanto, não pode se dar de maneira desmedida, ao alvitre da administração pública. No campo do direito tributário, em que vigoram os princípios da legalidade, tipicidade, inquisitivo, verdade material, igualdade, razoabilidade e praticabilidade, somente as presunções legais devem ser admitidas.

A utilização de provas indiciárias como meio de corroborar com a existência do fato suporte da presunção não tem cabimento no direito tributário. Não deve ser admitido o uso das presunções simples nem como prova em sentido estrito, nem como prova indiciária do fato suporte das presunções, mesmo que ao pretexto de se mostrarem "manifestos" ou "veementes", tomando nestes casos as vestes de presunções.

A utilização das presunções simples como meio de prova indiciária sem que sejam apontados os critérios para apuração do respectivo crédito tributário, ou mesmo a falta de indicação dos fundamentos que levaram à conclusão pela existência da presunção, em suma, a falta de transparência da administração tributária deixam o contribuinte em situação vulnerável.

Contudo, em que pese entendermos não ser possível a utilização das provas indiciárias na esfera do direito tributário, fato é que a administração pública vem atuando os contribuintes com base em meros raciocínios presuntivos, sem comprovar cabalmente, no entanto, a existência do fato suporte da presunção, ao passo que estes atos, não raramente, vêm sendo corroborados pelo Poder Judiciário.

Na medida em que a administração tributária utiliza de expedientes obscuros para efetuar lançamento de crédito tributário mediante presunção, restam maculados os princípios constitucionais e aos direitos e garantias fundamentais do contribuinte.

Nesse contexto, de extrema importância o princípio da praticabilidade e da razoabilidade, que constituem parâmetro para a atuação estatal e consubstanciam-se em excelente instrumento na busca de equilíbrio nas opções efetuadas pelo legislador e pelo administrador público para o atingimento de um adequado cumprimento das obrigações tributárias pelo contribuinte.

Diante dessas considerações, entendemos que o problema está, então, em ajustar a prática judicial para coadunar o uso das presunções (algumas vezes utilizadas sem qualquer transparência por parte da administração pública) sob o manto da praticabilidade e da razoabilidade de modo que, de um lado, não saia prejudicada a administração pública, que poderá perder tributo devido por conta de artimanhas do contribuinte; e, do outro lado, não saia prejudicado o contribuinte, que poderá arcar com tributo indevido, em evidente afronta ao princípio da capacidade contributiva.

Uma possível solução encontra respaldo nas lições Marinoni e Arenhart. Diríamos que tais elementos circunstanciais (provas indiciárias) não se prestam para fazer incidir a norma presuntiva quando não satisfeitos os aspectos intensivo e extensivo.

Estando presentes tais aspectos, poderíamos sustentar uma maior convicção quanto a existência do fato suporte da presunção, devendo a mesma prevalecer em observância aos princípios da supremacia do interesse público e diante do dever fundamental de pagar tributo, sustentado por Casalta Nabais, em prol de uma solidariedade indispensável para uma vida comum e próspera de todos os membros da comunidade organizada em estado.

Por outro lado, ausente qualquer dos aspectos, deve ser declarada inválida a presunção alicerce do lançamento tributário, em obediência aos princípios da legalidade, tipicidade, capacidade contributiva, praticabilidade, razoabilidade, dentre outros, assegurando-se o direito fundamental de liberdade do contribuinte.

6. REFERÊNCIAS

AMARO, Luciano. **Direito Tributário Brasileiro.** 14ª Ed. São Paulo: Saraiva, 2008.

BECKER, Alfredo Augusto. **Teoria Geral do Direito Tributário.** 5ª Ed. São Paulo: Noeses, 2010.

BOTTALLO, Eduardo Domingos. **Curso de Processo Administrativo Tributário.** São Paulo: Malheiros, 2006.

CABRAL, Antonio da Silva. **Processo Administrativo Fiscal.** São Paulo: Saraiva. 1993.

CARVALHO, Paulo de Barros. **Curso de Direito Tributário.** 18 Ed. Rev. e Ampl. São Paulo: Saraiva, 2007.

_____, Paulo de Barros. **Direito Tributário: Fundamentos Jurídicos da Incidência.** 6ª Ed. rev. São Paulo: Saraiva, 2008.

COSTA, Regina Helena. **Praticabilidade e justiça tributária: exequibilidade da Lei Tributária e Direitos do Contribuinte.** São Paulo: Malheiros, 2007.

FIGUEIREDO, Lúcia Valle. **Curso de Direito Administrativo.** 5ª Ed., São Paulo: Malheiros, 2001.

FERRAGUT, Maria Rita. **Presunções no Direito Tributário.** São Paulo: Dialética, 2001.

FERRAZ JUNIOR, Tercio Sampaio. **Introdução ao Estudo do Direito: Técnica, decisão e dominação.** 4ª Ed. Rev. e Ampl. São Paulo: Atlas, 2003.

GRUPENMACHER, Betina Treiger et. al., **Novos Horizontes da Tributação: Um diálogo Luso-Brasileiro.** Coimbra: Almedina, 2012.

HARET, Florence. **Teoria e Prática das Presunções no Direito Tributário.** São Paulo: Editora Noeses, 2010.

HOFFMANN, Susy Gomes. **Teoria da Prova no Direito Tributário.** Campinas: Copola Livros, 1999.

MARINONI, Luiz Guilherme; ARENHART, Sérgio Cruz. **Manual do Processo de Conhecimento: A tutela jurisdicional através do processo de conhecimento.** São Paulo: Revista dos Tribunais, 2000.

MARTINS, Ives Gandra da Silva (org.). **Direito Tributário: Artigos selecionados em homenagem aos 40 anos do Centro de Extensão Universitária.** Volume I. São Paulo: Editora Revista dos Tribunais: Instituto Internacional de Ciências Sociais, 2012.

MARTINEZ, Ernesto Esverri. **Presunciones Legales y Derecho Tributario.** Instituto de Estudios Fiscales – Marcial Ponds, Ediciones Jurídicas S.A, Madrid, 1995.

MELLO, Celso Antônio Bandeira de. **Curso de Direito Administrativo.** 27ª ed rev. e atual. São Paulo: Malheiros, 2010.

MEIRELES, Hely Lopes. **Direito Administrativo Brasileiro.** 16ª Ed., São Paulo: Revista dos Tribunais, 1991.

NABAIS, José Casalta. **O Dever fundamental de pagar impostos.** Coimbra: Livraria Almedina, 2004.

NAVARRINE, Susana Camila; ASOREY, Rubén O., **Presunciones y Ficciones en el Derecho Tributario: Doctrina, Legislación y Jurisprudencia.** Volume 16 de Biblioteca de Finanzas y Derecho Tributario. Buenos Aires: Depalma, 1985.

OLIVEIRA, Geovana Oliveira de. **Direito tributário na perspectiva dos direitos fundamentais.** Curitiba: Juruá, 2011.

PAOLA, Leonardo Sperb de. **Presunções e Ficções no Direito Tributário.** Belo Horizonte: Del Rey, 1997.

ROCHA, Valdir de Oliveira (Coord.). **Processo Administrativo Fiscal.** 2. vol. São Paulo: Dialética, 1997.

SANTI, Eurico Marcos Diniz de. **Tributação & Desenvolvimento, o Direito em rede na Era da Informação e resgate da relação fisco-contribuinte: Entre Legalidade e Democracia.** FISCOSoft., v. 1, p. 1-8. 2011. Acesso: 27/04/2014. Disponível em: http://www.fiscosoft.com.br/a/5txf/em-defesa-a-lc-105-a--transparencia-a-legalidade-e-a-livre-concorrencia-a-transferencia-do-sigilo-bancario-para-administracao-tributaria-e-o--direito-a-prova-inerente-a-aplicacao-da-legislacao-tribut,

SCHERKERKEWITZ, Iso Chaitz. **Presunções e Ficções no Direito Tributário e no Direito Penal Tributário.** Rio de Janeiro: Renovar, 2002.

VALDES, Jose Andres Rozas. **Presunciones y Figuras Afines em el Impuesto Sobre Sucesiones.** Instituto de Estudios Fiscales – Marcial Pons, Ediciones Jurídicas, S.A. Madrid, 1993.

RESPONSABILIDADE DA ATIVIDADE FINANCEIRA E NECESSÁRIA RELAÇÃO ENTRE RECEITAS E DESPESAS PÚBLICAS

Rodrigo Luís Kanayama[1]

INTRODUÇÃO

Muitos são os estudos doutrinários sobre a obrigação dos agentes públicos despenderem com eficiência e retidão os recursos arrecadados. Igualmente, são constantes as produções jurídicas referentes à responsabilidade fiscal, no sentido de que o agente público tem de justificar atos que possam trazer danos às contas públicas, como, por exemplo, a renúncia de receita em qualquer de suas espécies.

Nessa linha, há na doutrina uma tendência a se preocupar com a arrecadação tributária – de impostos, especialmente – e com a despesa – o bom uso do dinheiro arrecadado. Não obstante à necessidade do estudo desses assuntos, há um lado pouco observado: a responsabilidade da atividade financeira.

---

1. Professor Adjunto de Direito Financeiro da Universidade Federal do Paraná. Doutor em Direito do Estado pela Universidade Federal do Paraná. Advogado em Curitiba.

Autores de finanças públicas e de diversos ramos do direito apontam para as receitas públicas como recursos escassos – óbvio –, e, por essa razão, protestam pelo bom uso desses recursos. As análises, contudo, não relacionam receitas e despesas como os dois lados da mesma moeda (atividade financeira), ou seja, o Estado arrecada para atender aos seus fins, mediante despesas públicas. Em outras palavras, o Estado somente institui tributos para sustentar seu funcionamento, na outra ponta, visando ao atendimento das obrigações previstas na Constituição. Portanto, a arrecadação deve possuir *motivo*.

Sob essa premissa, desenvolver-se-á abordagem sobre a relação entre despesas e receitas públicas. Primeiro, serão estudadas as receitas e despesas no Estado fiscal e a imprescindibilidade das receitas tributárias. Depois, estudar-se-á o relacionamento entre as despesas e receitas – qual das duas se define antes da outra. Adiante, observar-se-á a ausência da exigência de autorização anual, por meio das leis orçamentárias, para arrecadar receitas tributárias, o que denota, *a priori*, descompasso entre receitas e despesas. Em quarto lugar, a análise será promovida sobre os motivos que levam as pessoas a pagar tributos, o que resultará a demonstração de que há, de fato, necessidade da relação entre despesas e receitas. Enfim, virá a conclusão do trabalho, com a exposição dos elementos necessários à relação propugnada.

1. RECEITAS E DESPESAS NO ESTADO FISCAL

A relação entre receitas e despesas públicas é objeto de estudo do Direito Financeiro. Trata-se da atividade financeira, ou seja, a captação e o dispêndio de recursos, a gestão, a adequada aplicação, imprescindíveis para que o Estado alcance os seus fins. Os recursos são, contudo, escassos, e levam o governo a promover processo técnico-político para a correspondente alocação. Afinal, os recursos vêm, em sua maioria, dos sujeitos privados, em forma de tributos, fato que exige responsabilidade na sua utilização. Vive-se, pois, num Estado Fiscal.

O Estado Fiscal requer tributos. Como ensina Ricardo Lobo Torres, o Estado não sustenta sua atuação mediante uso de recursos provenientes de seu próprio patrimônio – ou do patrimônio do príncipe – mas depende da contribuição compulsória.

> O que caracteriza o surgimento do Estado Fiscal, como específica figuração do Estado de Direito, é o novo perfil da receita pública, que passou a se fundar nos empréstimos, autorizados e garantidos pelo Legislativo, e principalmente nos tributos – ingressos derivados do trabalho e do patrimônio do contribuinte – ao revés de se apoiar nos ingressos originários do patrimônio do príncipe.[2]

O autor relaciona liberdade e tributo no Estado de Direito. Para ele "não existe tributo sem liberdade, e a liberdade desaparece quando não a garante o tributo. A própria definição de tributo se inicia pela noção de liberdade".[3] No Estado Fiscal, a liberdade individual é imprescindível e liga-se à igualdade, legalidade e representação, podendo o Estado cobrar impostos – a maior fatia dos tributos – conforme o consentimento do indivíduo.[4]

De fato, o preço da liberdade, no Estado Liberal, é o tributo. É o *preço* que se paga para que o Estado garanta o espaço privado. E esse *preço* não pode permanecer ao alvedrio de um soberano, mas deve ser determinado pelo próprio povo:

---

2. TORRES, Ricardo Lobo. **A ideia de liberdade no Estado Patrimonial e no Estado Fiscal**. Rio de Janeiro: Renovar, 1991, p. 97.
3. TORRES, Ricardo Lobo. **A ideia de liberdade no Estado Patrimonial e no Estado Fiscal**. Rio de Janeiro: Renovar, 1991, p. 109.
4. TORRES, Ricardo Lobo. **A ideia de liberdade no Estado Patrimonial e no Estado Fiscal**. Rio de Janeiro: Renovar, 1991, p. 109.

pela lei. E não deve ser um fim em si mesmo, mas deve servir a um propósito: manter o funcionamento da máquina estatal, no que se relaciona à satisfação de necessidades públicas, e eventualmente servir para intervir na esfera privada a fim de manter hígida a economia e a sociedade.

Compete ao Estado cumprir o disposto na Constituição da República, mesmo que o governo possua discordância quanto ao modo de agir lá previsto. Em outras palavras, direitos sociais têm de ser efetivados: educação, saúde, segurança, entre outros.

2. A IMPRESCINDIBILIDADE DAS RECEITAS PÚBLICAS TRIBUTÁRIAS

Como se disse acima, para o Estado prestar os serviços, ações, programas e políticas necessários para alcançar seu intento constitucional – e trata-se, sempre, de um porvir – requer-se dinheiro. Segundo Alexander Hamilton, o dinheiro era fundamental à manutenção do Estado e de seus fins. [5]

Atualmente, os pagamentos ocorrem em dinheiro, a moeda corrente de curso legal no país. Algumas tarefas, ditas pertencentes ao mínimo existencial, não podem ser ignoradas pelo Estado, segundo lição de Ricardo Lobo Torres. São os impostos que sustentam essas tarefas.

---

5. *Money is, with propriety, considered as the vital principle of the body politic; as that which sustains its life and motion, and enables it to perform its most essential functions. A complete power, therefore, to procure a regular and adequate supply of it, as far as the resources of the community will permit, may be regarded as an indispensable ingredient in every constitution. From a deficiency in this particular, one of two evils must ensue; either the people must be subjected to continual plunder, as a substitute for a more eligible mode of supplying the public wants, or the government must sink into a fatal atrophy, and, in a short course of time, perish.* (HAMILTON, Alexander. Concerning the General Power of Taxation (Federalist, n. 30). In.: MADISON, James. HAMILTON, Alexander. JAY, John. **The Federalists Papers**. http://thomas.loc.gov/home/histdox/fed_30.html, 1787, acesso em 28 de abril de 2014.

TRIBUTAÇÃO: DEMOCRACIA E LIBERDADE

A proteção positiva dos direitos da liberdade em geral e do mínimo existencial em particular projeta sérias consequências orçamentárias, pois vincula a lei de meios, que obrigatoriamente deve conter as dotações para os gastos necessários, financiados pela arrecadação genérica de impostos. Holmes e Sunstein afirmar que 'um direito legal existe, na realidade, apenas quando e se tiver custos orçamentários (*budgetary costs*)'.[6]

Em regra, as obrigações do Estado iniciam-se pelas atividades que servem à satisfação das necessidades públicas, que não são passíveis de serem divididas entre os usuários. Assim são a segurança interna e externa, ou conservação de parques e praças. Outras necessidades, embora públicas, são também privadas, mas podem importar aos interesses da coletividade. Por exemplo, a educação. Mas reduzir algum grau de pobreza, visando ao nível de manutenção do mínimo existencial, é, igualmente, importante, embora constitua atividade tipicamente intervencionista (a redistribuição de renda) e, sob a Constituição da República, promulgada em 1988, tornou-se uma das tarefas primordiais. Porém, o Estado não pode exigir que o usuário, o beneficiário do serviço, pague por ele. Utiliza-se dos impostos arrecadados dos sujeitos com maior capacidade contributiva para o seu funcionamento.

Nesse contexto, fica evidente que o Estado, para atender o que expõe o texto constitucional, depende dos recursos públicos, especialmente dos impostos. E a sua arrecadação é necessária e justificada. A norma jurídica, em primeiro lugar, a justifica. De um lado, o Estado deve arrecadar; do outro, despender. E, de um lado, o contribuinte deve pagar; do outro, receber benefícios, diretos ou indiretos. A vinculação entre ambas as faces da atividade financeira (captação e dispêndio) deve ser sempre ressaltada.

---

6. TORRES, Ricardo Lobo. **O direito ao mínimo existencial**. Rio de Janeiro: Renovar, 2009, p. 116.

3. O QUE VEM ANTES: A PREVISÃO DA RECEITA OU A FIXAÇÃO DA DESPESA?

Não se estudará, neste artigo, se o Estado deve prestar serviços, nem qual a quantidade deles. A análise curvar-se-á sobre a existência ou não da relação entre as receitas públicas necessárias e as despesas públicas correspondentes, a fim de fazer funcionar a máquina estatal. A atividade financeira – a captação das receitas e a execução de despesas – é a engrenagem que permite o Estado cumprir suas tarefas descritas acima.

Assim, é relevante perguntar: o Estado define, primeiro, as despesas para, após, prever as receitas? Ou seria o inverso? De acordo com Irene S. Rubin, depende do momento. Ordinariamente, o Estado pode manter sua austeridade e, antes, prever as receitas e, somente em seguida, fixar as despesas. Mas, talvez, situações fáticas emergenciais conduzam o Estado para o outro lado, no qual as despesas são fixadas primeiramente.[7]

Diante das necessidades que deverão ser satisfeitas, o Estado deve planejar e definir se a receita precede à despesa ou não. Deve promover, sempre que possível, o desejável equilíbrio entre as receitas e despesa públicas, evitando a gestão deficitária das contas.

Compare-se à realidade das empresas privadas. Semelhantes ao Estado, pois requerem receitas e realizam despesas, diferenciam-se por vários motivos. De acordo com Philip Taylor, embora afirme-se que o Estado pode impor a arrecadação às pessoas, essa afirmação não é sempre verdadeira. Na

---

[7]. *Governmental budgeting, too, may concentrate first on revenues and later on expenditures, or first on expenditures and later on income. Like individuals or families, during emergencies such as floods or hurricanes or wars governments will commit the expenditures first and worry about where the money come from later.* (RUBIN, Irene. S. **The Politics of Public Budgeting**, 6ª ed. Washington D.C.: CQ Press, 2010, p. 7).

realidade, ambos precisam de empréstimos para equilibrar seus orçamentos.

Por evidente, há diferenças. Segundo Philip Taylor, as empresas determinam suas despesas quase que exclusivamente em vista de receitas (lucro), enquanto que o Estado visa a promover bem-estar, que não produzirá receitas (ao menos, diretamente). Ademais, o Estado pode impingir sua vontade, coercivamente, às pessoas privadas.[8]

Nesse passo, Gunnar Myrdal escreve que o fundamento à motivação da Fazenda Pública não se iguala às empresas privadas, pois está vinculado ao orçamento público. De acordo com o autor, os ingressos são determinados pelos gastos na Fazenda Pública, ao contrário do que ocorre com a vida econômica privada.[9]

Para José Joaquim Teixeira Ribeiro, embora as finanças privadas não sejam iguais às públicas, há limites para o Estado se financiar por meio dos impostos.

> É que os impostos, não obstante serem um poderoso meio de financiamento, não têm uma elasticidade praticamente infinita. Nada disso. À medida que o Estado os aumenta, vai também aumentando a resistência dos contribuintes e não só dos contribuintes dos grupos ou classes sociais dominadas, como de contribuintes, em número cada vez maior, dos grupos ou classes sociais dominantes.[10]

A razão para apresentação das diferenças entre a esfera pública e a esfera privada, no tocante ao modo como gerenciam

---

8. TAYLOR, Philip E. **The Economics of Public Finance**, 3ª ed. New York: The Macmillan Company, 1963, p. 6-7.
9. MYRDAL, Gunnar (BECKER, Bengt – trad.). **Los efectos economicos de la politica fiscal**. Madrid: M. Aguilar, 1948, p. 22-23.
10. RIBEIRO, José Joaquim Teixeira. **Lições de Finanças Públicas**, 5ª ed. Coimbra: Coimbra Editora, 1997, p. 37.

suas finanças, foi para demonstrar que a relação entre as duas pontas da atividade financeira do Estado nem sempre é pacífica. De um lado, e devido às disposições constitucionais, deve – é um dever – o Estado fornecer bens; do outro, deve – novamente, um dever – o Estado conhecer o montante requerido de receitas e qual o impacto que causará na sociedade. Em outras palavras, se quer despender mais, terá de arrecadar mais (ou emprestar mais, cujo resultado, no longo prazo, será, novamente, mais arrecadação).

De qualquer modo, fica claro o motivo pelo qual o Estado hodierno arrecada impostos. Não se presta à simples sustentação de sua máquina administrativa, mas serve para efetuar alterações sócio-econômicas, na linha do disposto na Constituição da República.

Mesmo diante dessa constatação, do Estado não é exigida a demonstração, nas normas tributárias, da relação entre a arrecadação e o dispêndio, exceto se houver renúncia de receita (art. 14, Lei Complementar 101/2000 – Lei de Responsabilidade Fiscal).[11] A única exigência, no atual contexto constitucional, é a de equilíbrio orçamentário, a nominal correspondência entre despesas e receitas na peça orçamentária (art. 167, II, Constituição). Mas não se exige justificativa pela majoração tributária, ou criação de novo tributo, especialmente dos impostos e, especificamente, no tocante aos impostos fiscais, que têm fim arrecadatório, somente.

Simples concluir que não há necessária relação, definida pela norma jurídica brasileira, entre os impostos criados e arrecadados e as despesas que deverão ser executadas no decorrer

---

11. Sobre a importância na arrecadação dos impostos para fins de cumprimento da Lei de Responsabilidade Fiscal, conferir texto de: GRUPENMACHER, Betina Treiger. Responsabilidade Fiscal, Renúncia de Receitas e Guerra Fiscal. In.: SCAFF, Fernando Facury. CONTI, José Maurício (coord.). **Lei de Responsabilidade Fiscal 10 anos de vigência – Questões Atuais**, 1ª ed. São José/SC: Editora Conceito Editorial, 2010.

do exercício financeiro. Então, é lícito dizer que a Constituição prevê, unicamente, o chamado *princípio da anualidade orçamentária* (o orçamento público será anual), mas não o *princípio da anualidade tributária*. Porém, nem sempre foi assim.

4. O PRINCÍPIO DA ANUALIDADE TRIBUTÁRIA

O princípio da anualidade tributária difere-se do da anualidade orçamentária. Neste, requer-se que, para que o Estado possa despender recursos, é preciso uma peça orçamentária aprovada anualmente.[12] No Brasil, tal pressuposto consubstancia-se na lei orçamentária anual (art. (165, III, Constituição).

Já o princípio da anualidade tributária:

> Combina a anterioridade da lei com a prévia inclusão orçamentária, impondo, como condição necessária à arrecadação dos tributos, não somente a publicação anterior da lei que instituir ou majorar tributos, como também a previsão da respectiva receita no orçamento.[13]

Mister anotar que a anualidade do orçamento é elemento fundamental para a concepção do orçamento brasileiro, como observa-se na Constituição da República (que nomeia a peça orçamentária de orçamentos anuais – *art. 165*), na Lei 4.320/64 (que define: *art. 2º. A Lei do Orçamento conterá a discriminação da receita e despesa de forma a evidenciar a política*

---

12. Cf. SAMPAIO, Nelson de Souza. **O Processo Legi**slativo. São Paulo: Saraiva 1968, p. 115. SILVA, José Afonso da. **Curso de Direito Constitucional Positivo**, 29ª ed. São Paulo: Malheiros, 2007, p. 623. TORRES, Ricardo Lobo. **Tratado de Direito Constitucional Financeiro e Tributário**, 3ª ed. Rio de Janeiro: Renovar, 2008, p. 329-330.
13. FURTADO, J. R. Caldas. **Direito Financeiro**, 4ª ed. Belo Horizonte: Fórum, 2013, p. 89.

econômica e financeira e o programa de trabalho do Govêrno, obedecidos os princípios de unidade universalidade e anualidade) e na jurisprudência.[14]

Essa é a realidade em Portugal, pois:

> A regra da anualidade regressou ao texto constitucional, por força da redação do art. 106º, n. 1, dada pela revisão constitucional de 1997. Desde a restauração desta regra orçamental básica, fica dissipada qualquer dúvida que pudesse subsistir quanto à inconstitucionalidade directa da violação da anualidade orçamental.[15]

Adiante, verdadeiro dizer que:

> A regra da anualidade envolve uma dupla exigência: votação anual do Orçamento pelo Parlamento e execução anual do Orçamento pelo Governo e Administração Pública.[16]

Mas, tal qual o caso brasileiro, os portugueses não contemplam a anualidade tributária. Para se exigir tributos é prescindível sua presença em lei orçamentária. É mera previsão, servindo à justificar despesas orçamentárias – dotações orçamentárias devem possuir correspondente receita –, porém não criando obrigações ou competências ao Estado. Basta, para impor tributos e exigir seu pagamento, de lei tributária, em nada interferindo na execução da receita (arrecadação e recolhimento) a previsão na lei orçamentária anual.

---

14. Como exemplo, vide voto do Relator na Medida Cautelar na Ação Direta de Inconstitucionalidade n. 612, STF, Relator: Ministro Celso de Mello, julgada em 21 de novembro de 1991.
15. MARTINS, Guilherme d'Oliveira et al. **A Lei de Enquadramento Orçamental**, 2ª ed. Coimbra: Almedina, 2009, p. 57.
16. Idem, p. 57. Ver também: CANOTILHO, J. J. Gomes. MOREIRA, Vital. **Constituição da República Portuguesa anotada**, v. 1, 1ª ed. brasileira, 2007, p. 1.106.

4.1. O princípio da anualidade no ordenamento jurídico brasileiro

A anualidade tributária foi comum nas Constituições pretéritas. Na Constituição de 1824[17] e na Constituição de 1946[18] se previa a necessidade de autorização legislativa anual para que se cobrassem os tributos já criados em leis específicas. Na Constituição de 1891 não havia previsão, mas o Código de Contabilidade (Decreto n. 4.536/22) trazia a hipótese.[19]

Sob essa racionalidade, Aliomar Baleeiro elaborou exemplar conceito do orçamento público:

> Orçamento é considerado o ato pelo qual o Poder Legislativo prevê e autoriza ao Poder Executivo, por certo período e em pormenor, as despesas destinadas ao funcionamento dos serviços públicos e outros fins adotados pela política econômica ou geral do país, assim como a arrecadação das receitas já criadas em lei.[20]

A Súmula 66 do Supremo Tribunal Federal, de 13 de dezembro de 1963, define que *"é legítima a cobrança do tributo que houver sido aumentado após o orçamento, mas antes do início do respectivo exercício financeiro"*. O Supremo Tribunal

---

17. Art. 171. Todas as contribuições directas, a excepção daquellas, que estiverem applicadas aos juros, e amortisação da Divida Publica, serão annualmente estabelecidas pela Assembléa Geral, mas continuarão, até que se publique a sua derogação, ou sejam substituidas por outras.
18. Art. 141, §34 – Nenhum tributo será exigido ou aumentado sem que a lei o estabeleça; nenhum será cobrado em cada exercício sem prévia autorização orçamentária, ressalvada, porém, a tarifa aduaneira e o imposto lançado por motivo de guerra.
19. Art. 27. A arrecadação da receita proveniente de imposto dependerá sempre da inserção deste na lei de orçamento. Qualquer outra fonte de receita, porém, creada em lei ordinaria, deverá ser arrecadada, embora não contemplada na referida lei de orçamento.
20. BALEEIRO, Aliomar. **Uma introdução à ciência das finanças**. Rio de Janeiro: Forense, 2008, p. 493.

Federal julgou, assim, que não existe relação entre o orçamento público – o valor a ser despendido pelo Estado – e o montante da receita pública arrecadada em forma de tributos.

Nada obstante, a Lei 4.320/1964 determinou, novamente, em seu art. 51, que *"nenhum tributo será exigido ou aumentado sem que a lei o estabeleça, nenhum será cobrado em cada exercício sem prévia autorização orçamentária, ressalvados a tarifa aduaneira e o impôsto lançado por motivo de guerra"*, providência que, mais uma vez fortaleceu a anualidade tributária.

Acompanhando a tendência inaugurada no Supremo Tribunal Federal, a Emenda Constitucional 18/65 revogou, no art. 25, o art. 141, §34 da Constituição de 1946, jogando a norma da Lei 4.320/1964 por terra. Contudo, novamente restabeleceu-se a anualidade na Constituição de 1967[21] e, mais uma vez, a Emenda Constitucional 1/69 suprimiu a exigência, mantendo a anterioridade tributária e anualidade orçamentária, apenas.[22]

Finalmente, na Constituição de 1988 não existe a anualidade tributária, mas apenas a anterioridade (art. 150, III). Segundo explicação de Ricardo Lobo Torres:

> Parece-nos, contudo, que é uma demasia a manutenção da anualidade tributária, eia que se torna insustentável a teoria da eficácia modificativa do orçamento com relação às leis dos tributos e que tal garantia não se inscreve no quadro dos princípios sensíveis do constitucionalismo hodierno,

---

21. Art. 150, § 29 – Nenhum tributo será exigido ou aumentado sem que a lei o estabeleça; nenhum será cobrado em cada exercício sem prévia autorização orçamentária, ressalvados a tarifa aduaneira e o imposto lançado por motivo de guerra.
22. Art. 153, § 29. Nenhum tributo será exigido ou aumentado sem que a lei o estabeleça, nem cobrado, em cada exercício, sem que a lei o houver instituído ou aumentado esteja em vigor antes do início do exercício financeiro, ressalvados a tarifa alfandegária e a de transporte, o impôsto sôbre produtos industrializados e o imposto lançado por motivo de guerra e demais casos previstos nesta Constituição.

que o pudesse tornar indene ao discurso do constituinte. Com o desmantelamento das finanças brasileiras e com o fato inusitado de não haver sido aprovado a tempo o orçamento para 1994 a tese da permanência da anualidade tributária levaria à impossibilidade de cobrança dos tributos federais naquele exercício.[23]

Contudo, não obstante não haver a condição de autorização em lei orçamentária para a cobrança de tributos, é adequado afirmar, em razão da finalidade do Estado demonstrada anteriormente, e a despeito da ausência de norma jurídica, que há necessidade de relação entre a receita tributária – especialmente de impostos – e as despesas públicas a serem realizadas.

A demonstração dessa afirmação virá adiante. Ao justificar a finalidade da instituição ou majoração de tributos, o Estado cumpre com seu dever de transparência e permite o controle do uso dos recursos, expondo que a arrecadação servirá ao fim público. Nesse passo, apresentar-se-ão os motivos pelos quais os indivíduos concordam em pagar os tributos.

5. OS MOTIVOS PELOS QUAIS AS PESSOAS ACEITAM TRIBUTOS (OU SUA MAJORAÇÃO)

Tributos não são agradáveis ao contribuinte. As pessoas podem reconhecer a importância da contribuição, mas preferem não prestar a obrigação tributária. Dentre os tributos, os impostos são ainda mais insatisfatórios, pois não se observam resultados imediatos de sua prestação. O pagamento ocorre e os benefícios – em geral, atendendo a interesses públicos (de satisfação passiva, no dizer de José Joaquim Teixeira Ribeiro)[24]

---

23. TORRES, Ricardo Lobo. **Tratado de Direito Constitucional Financeiro e Tributário**, 3ª ed. Rio de Janeiro: Renovar, 2008, p. 332.
24. RIBEIRO, José Joaquim Teixeira. **Lições de Finanças Públicas**, 5ª ed. Coimbra: Coimbra Editora, 1997, p. 19-28.

– são diluídos no seio da população.[25]

De fato, as pessoas contribuiriam satisfeitas se elas próprias definissem o destino do dinheiro. Nesse contexto, estariam mais predispostas à contribuição se houvesse a *relação entre as receitas e as despesas públicas,* se elas soubessem, com facilidade e com detalhes, como o dinheiro será utilizado.

Nesse sentido, é possível aprimorar a arrecadação tributária – ou reduzir o desconforto dos contribuintes –, evitando que pareça desnecessária. Dentro da ideia da relação entre despesas e receitas públicas, pode-se elencar: (a) sentimento de que haverá bom uso do dinheiro; (b) Afetação (ou vinculação ou *earmarking*) ou redução da discricionariedade; e (c) *accountability*.

5.1. Sentimento de que haverá bom uso do dinheiro

A percepção de que a arrecadação de impostos é para uma boa finalidade pode incentivar que as pessoas contribuam para as despesas públicas. A relação mais clara entre o valor que se arrecada e como se gasta pode trazer benefícios à atuação estatal. Irene S. Rubin explica o caso de Dayton, no Estado de Ohio, nos Estados Unidos. [26]

Em março de 1984, a cidade americana aprovou um pacote que, entre outras medidas, incluía o aumento de impostos.

---

25. Possível justificar a ausência da predisposição de pagar tributos por vários fundamentos. Um deles é que a demanda e o consumo de bens não são coincidentes na esfera pública. Escreveu Viti de Marco: *From this conclusion results a difference between Private Economics and Public Finance which has noteworthy consequences: namely, that demand and consumption coincide in Private Economics, whereas they do not coincide in Public Finance. Public goods are consumed by those who did not demand them, as well as by those who did.* (VITI DE MARCO, Antonio de (Trad. MARGET, Edith). **First Principles of Public Finance**. London: Butler & Tanner, 1950, p. 124).
26. RUBIN, Irene S. RUBIN, Irene. S. **The Politics of Public Budgeting**, 6ª ed. Washington D.C.: CQ Press, 2010, p. 39.

Para que houvesse aceitação popular, os agentes públicos promoveram campanha de três anos, que incluía relatórios quadrimestrais ao conselho da cidade, eliminação de cargos públicos e reuniões com empresários para pedir apoio. O prefeito expôs publicamente os problemas financeiros e conversou pessoalmente com a população.[27]

Essa política requer planejamento de longo prazo. Contudo, ainda é possível sugerir outras medidas para justificar e suportar o tributo.

5.2. Afetação (ou vinculação ou *earmarking*) ou redução da discricionariedade

A afetação de tributos, no Brasil, possui regime próprio estudado pelo Direito Tributário e Financeiro. Em síntese, entre os tributos, os impostos são tributos não vinculados (a uma despesa, órgão ou fundo, na letra do art. 167, IV, Constituição da República), enquanto as taxas são vinculadas à prestação de um serviço público específico e divisível, efetivo ou potencial, ou pelo exercício do poder de polícia (art. 145, II, Constituição).

Por natureza, as taxas têm destinação certa. Servem para sustentáculo financeiro do serviço que é prestado (ou deixado à disposição) aos consumidores. Pelo fato de ser visível o destino dos recursos arrecadados por meio de taxa, torna-se relativamente simples justificar sua exigência.

Porém, para que o Estado consiga prestar serviços públicos universais, não excluíveis, ou promover, mediante produção e entrega de bens e serviços, redistribuição, necessita dos impostos. E esses tributos são desvinculados ou, segundo Roque Antonio Carrazza, são "tributo sem causa".[28]

---

27. RUBIN, Irene S. RUBIN, Irene. S. **The Politics of Public Budgeting**, 6ª ed. Washington D.C.: CQ Press, 2010, p. 39.
28. "Sem causa não porque ele não tenha fato imponível, mas porque não

Inconstitucional, no Brasil, a vinculação a órgão, fundo ou despesa. Existem algumas exceções, como as previstas no próprio art. 167, IV[29], Constituição da República, mas que, segundo entendimento do Supremo Tribunal Federal[30], devem sempre ter previsão no texto constitucional. E mais: com a definição das competências originárias tributárias para legislar, os entes federativos ficam impossibilitados de criar novos impostos, fato que reduz a liberdade do administrador público.

A saída encontrada pelo Constituinte foi a criação de contribuições (art. 149, Constituição da República). Como anota Roque Antonio Carrazza, são elas:

> Verdadeiros tributos (embora qualificados pela finalidade que devem alcançar). Conforme as hipóteses de incidência e bases de cálculo que tiverem, podem revestir a natureza jurídica de imposto ou de taxa.[31]

Entretanto, a competência para instituição deste tributo, nos termos da Constituição, é limitada à União, não podendo ser exercida pelos demais entes federativos.

Na doutrina norte-americana, uma das formas de incentivo à arrecadação de impostos se dá pela afetação (*earmarking*)

---

há necessidade de a entidade tributante oferecer qualquer contraprestação direta a quem paga". **Curso de Direito Constitucional Tributário**, 24ª ed. São Paulo: Malheiros, p. 517.

29. "(...) a repartição do produto da arrecadação dos impostos a que se referem os arts. 158 e 159, a destinação de recursos para as ações e serviços públicos de saúde, para manutenção e desenvolvimento do ensino e para realização de atividades da administração tributária, como determinado, respectivamente, pelos arts. 198, § 2º, 212 e 37, XXII, e a prestação de garantias às operações de crédito por antecipação de receita, previstas no art. 165, § 8º, bem como o disposto no § 4º deste artigo [art. 167]".

30. Por exemplo, a decisão na ADI 4102 MC-REF, Rel. Min. Carmen Lúcia, Julg. 26 de maio de 2010.

31. **Curso de Direito Constitucional Tributário**, 24ª ed. São Paulo: Malheiros, p. 576.

da receita arrecadada. Arrecadam-se impostos para produzir determinados bens voltados à satisfação das necessidades públicas. A medida parece ser reconhecida pela sua eficácia, embora não recomendada aos agentes públicos, pois existe o risco de faltar recursos em áreas prioritárias.[32]

Como se explicou, no Brasil não há impostos afetados, exceto nas hipóteses constitucionais. Talvez não seja, a afetação, solução ao problema da ausência de relação entre receitas e despesas públicas. Não é satisfatório que sejam os impostos previamente vinculados a uma finalidade, sob pena de excluir qualquer deliberação política que deva ocorrer anualmente, na elaboração da lei orçamentária anual.

A deliberação é salutar e autoriza que diversos grupos de interesse na sociedade civil possam participar e fazer com que recursos sejam aplicados em diferentes finalidades todos os anos. Não há um engessamento prévio da política, por meio de vinculações legais ou constitucionais. Preserva-se, pois, o debate democrático.

5.3. Accountability

A terceira sugestão para que se preserve a relação entre as despesas e receitas tem bastante relação com a primeira –

---

32. In much the same way that people often prefer mitigation measures to monetary compensation for an injury, they also commonly want funds collected as user fees or other special-purpose levies used for a purpose related to the levy, rather than have such monies put into general or consolidated revenue accounts. The use of such dedicated funds, or earmarking of funds, is widely denounced in public finance texts and handbooks, and is frequently discouraged by official policies on roughly the same grounds as favoring compensation over mitigation, the alleged greater efficiency of putting the money into central coffers to be used for whatever purpose is judged most valuable rather than directed to a single, possibly less valued, purpose. (KNETSCH, John. Policy Analysis and Design of Losses Valued More Than Gains and Varying Rates of Time Preference. In.: GOWDA, Rajeev. FOX, Jeffrey C. **Judgements, Decisions, and Public Policy**. New York: Cambridge University Press, 2002, p. 102).

sentimento de que haverá bom uso do dinheiro – e pouca com a segunda – *afetação*. Consiste na necessidade de promover transparência, incentivar o controle, acompanhar a execução das receitas e despesas do Estado. E, devido ao fato de o sujeito que toma a decisão de criar tributos e o indivíduo contribuinte serem pessoas diferentes, é importante que exista *accountability*.

Accountability não possui tradução para o português. A despeito de autores como Anna Maria Campos[33], José Antonio Gomes de Pinho e Ana Rita Silva Sacrament[34] enfrentarem o debate, remanesce o termo sem correspondente na língua lusófona.

Pode-se dizer que *accountability* aproxima-se de transparência, controle e responsividade – a necessidade de o agente público prestar contas. Nesse sentido, afirma Ilton Norberto Robl Filho:

> Estruturalmente, accountability significa a necessidade de uma pessoa física e jurídica que recebeu uma atribuição ou delegação de poderes prestar informações e justificações sobre suas ações e seus resultados, podendo ser sancionada política e/ou juridicamente pelas sua atividades.[35]

Conforme Irene S. Rubin, a separação entre o contribuinte e o sujeito que decide as despesas torna imprescindível a política simbólica (que exige a transparência).[36] A prestação

---

33. Accountability: quando poderemos traduzi-la para o português? In.: **Revista de Administracão Pública**, Rio de Janeiro, 24(2)30-50 fev/abr.1990.
34. **Accountability: já podemos traduzi-la para o português**? Rio de Janeiro: FGV, nov./dez. 2009
35. ROBL FILHO, Ilton Norberto. Conselho Nacional de Justiça. **Estado Democrático de Direito e Accountability**. São Paulo: Saraiva, 2013, p. 30.
36. *The separation between taxpayer and budgetary decision maker highlights the importance of symbolic politics – that is, the way expenditures are presented*

de contas e a divulgação de dados, de preferência em *tempo real*, permite ao sujeito privado consultar como sua contribuição vem sendo usada. Hodiernamente, os dados são divulgados, nos lindes da legislação infraconstitucional (Lei de Responsabilidade Fiscal, Lei da Transparência), mas não é evidente a relação dos dispêndios com a contribuição do indivíduo. Existe uma massa disforme de entradas (ingresso de dinheiro no Tesouro do Estado), sem identificar, com clareza, a proporção da contribuição do contribuinte para com as obrigações estatais.[37]

O apoio ao pagamentos dos impostos, mesmo que volátil, pode ter alguma consistência se houver a demonstração dos fins – que o dinheiro não está sendo desperdiçado, ou usado ilicitamente. Por isso, é importante que o Estado seja *accountable*, e esteja à disposição do indivíduo.

Segundo lição de Mariana Mota Prado, ao estudar a Administração Pública e a corrupção, existiriam estratégias alternativas de reforma das estruturas do Estado, destacando ser necessário, sempre, *accountability* para evitar corrupção, clientelismo e para incentivar a responsividade, a necessidade de o agente público prestar contas.[38] Ora, nessa toada, todo agente deve expor como aplica os recursos públicos, justificando, a todo momento, o motivo pelo qual institui tributos.

---

and viewed. Expenditures that benefit some narrow group may survive if they are represented as being for the collective good. (RUBIN, Irene. S. **The Politics of Public Budgeting**, 6ª ed. Washington D.C.: CQ Press, 2010, p. 18).

37. Basta, para tanto, acessar portais da transparência. Estão presentes dados da captação de tributos, pormenorizadamente, mas faltam dados simples, como, por exemplo, o percentual de despesas suportadas pela contribuição tributária. Todas as informações que demonstrem o bom uso do dinheiro são necessárias. Por isso, o artigo cuida da relação entre as receitas e despesas públicas.

38. TREBILCOCK, Michael. PRADO, Mariana Mota. **What makes poor countries poor**. Cheltenham: Edward Elgar, 2011, p. 167-175.

6. A NECESSÁRIA RELAÇÃO ENTRE RECEITAS E DESPESAS PÚBLICAS

Disse-se, no início, que a *arrecadação deve ter um motivo*, uma razão. O Estado não arrecada como um fim em si mesmo, mas porque visa à efetivação das tarefas previstas constitucionalmente. E, por óbvio, as receitas tributárias, principalmente os impostos, são imprescindíveis no Estado Fiscal.

Afirma Othon Sidou que "a ideia de Estado [é] inerente à ideia de tributo".[39] Tem razão. Desde que, evidente, o Estado tenha a função de produzir bens que não possam ser produzidos pelos particulares (no caso, para atender às necessidades públicas, que são satisfeitas por serviços universais, não divisíveis) e, excepcionalmente, bens que satisfaçam necessidades privadas.

O Estado deve fixar, em situações ordinárias, as despesas após a previsão da receita. Eventualmente, a situação inverte-se e as despesas são definidas primeiramente. Essa é a lógica do orçamento público equilibrado, devendo o Estado evitar déficit e, por consequência, sobrecarregar as gerações futuras, cuja obrigação será o pagamento da dívida resultante. Esse é mais um forte argumento da necessária relação entre receita e despesa pública (o Estado arrecada porque precisa despender em alguma finalidade pública).

O princípio da anualidade tributária, que hoje não vige no sistema constitucional, impõe ao Estado que, para captar tributos, a autorização deverá ocorrer ano a ano, na lei orçamentária. Uma das finalidades dessa medida seria, nos argumentos revelados, a de impor a obrigação ao Estado para apresentação dos motivos para a arrecadação tributária. Não vige tal norma no Direito Pátrio. Porém, não se tornou desnecessária a demonstração da arrecadação com o fim público. Decorre,

---

39. SIDOU, J. M. Othon. **A Natureza Social do Tributo**. Rio de Janeiro: Freitas Bastos, 1960, p. 9.

logicamente, da regra da publicidade, da transparência e, enfim, da *accountability*.

Considerando que o Estado arrecada para alcançar um objetivo público; considerando que as pessoas são instadas a prestar a obrigação tributária (sob um rol extenso de sanções); considerando que o dinheiro arrecadado deve ser utilizado adequadamente, de acordo com os fins do Estado – da Constituição e das normas infraconstitucionais; considerando que o sentimento de *boa utilização do dinheiro* e a *accountability* reforçam as razões do Estado para exigir os tributos e essas mesmas providências podem incentivar a prestação da obrigação tributária; e tendo em vista que a Lei de Responsabilidade Fiscal condiciona à justificativa e motivação a validade dos atos de renúncia de receita (o que reforça a exigência de justificativa pela majoração ou instituição de tributos); é de se afirmar que compete ao Estado sempre apresentar os motivos, pública e claramente, pelos quais o levou a instituir ou majorar tributos. E esses motivos devem ser: (a) verdadeiros e sinceros; (b) legítimos; e (c) legais e constitucionais.

O Estado, ordinariamente, deve despender de acordo com a disponibilidade das receitas, sem impor aos particulares esforços desarrazoados. Tem de manter sua função de acordo com suas forças financeiras. Qualquer alteração no cenário ordinário – como uma situação de calamidade pública – que exija do Estado a majoração ou instituição de tributos, levará à imprescindível a apresentação dos motivos, com descrição das razões fáticas e técnicas.

Enfim, deverá existir, sempre, *relação entre receitas e despesas públicas*.

REFERÊNCIAS BIBLIOGRÁFICAS

BALEEIRO, Aliomar. **Uma introdução à ciência das finanças**. Rio de Janeiro: Forense, 2008.

CAMPOS, Ana Maria. Accountability: quando poderemos traduzi-la para o português? In.: **Revista de Administração Pública**, Rio de Janeiro, 24(2)30-50 fev/abr.1990.

CANOTILHO, J. J. Gomes. MOREIRA, Vital. **Constituição da República Portuguesa anotada**, v. 1, 1ª ed. brasileira, 2007.

CARRAZZA, Roque Antonio. **Curso de Direito Constitucional Tributário**, 24ª ed. São Paulo: Malheiros

FURTADO, J. R. Caldas. **Direito Financeiro**, 4ª ed. Belo Horizonte: Fórum, 2013.

GRUPENMACHER, Betina Treiger. Responsabilidade Fiscal, Renúncia de Receitas e Guerra Fiscal. *In.*: SCAFF, Fernando Facury. CONTI, José Maurício (coords.). **Lei de Responsabilidade Fiscal 10 anos de vigência – Questões Atuais**, 1ª ed. São José/SC: Editora Conceito Editorial, 2010, p. 99-115.

HAMILTON, Alexander. Concerning the General Power of Taxation (Federalist, n. 30). In.: MADISON, James. HAMILTON, Alexander. JAY, John. *The Federalists Papers*. http://thomas.loc.gov/home/histdox/fed_30.html, 1787, acesso em 28 de abril de 2014.

KNETSCH, John. Policy Analysis and Design of Losses Valued More Than Gains and Varying Rates of Time Preference. In.: GOWDA, Rajeev. FOX, Jeffrey C. *Judgements, Decisions, and Public Policy*. New York: Cambridge University Press, 2002.

MARTINS, Guilherme d'Oliveira et al. **A Lei de Enquadramento Orçamental**, 2ª ed. Coimbra: Almedina, 2009.

MYRDAL, Gunnar (BECKER, Bengt – trad.). **Los efectos economicos de la politica fiscal**. Madrid: M. Aguilar, 1948.

PINHO, José Antonio Gomes de. SACRAMENTO, Ana Rita. **Accountability: já podemos traduzi-la para o português?** Rio de Janeiro: FGV, nov./dez. 2009.

RIBEIRO, José Joaquim Teixeira. **Lições de Finanças Públicas**, 5ª ed. Coimbra: Coimbra Editora, 1997.

ROBL FILHO, Ilton Norberto. Conselho Nacional de Justiça. **Estado Democrático de Direito e Accountability**. São Paulo: Saraiva, 2013.

RUBIN, Irene. S. **The Politics of Public Budgeting**, 6ª ed. Washington D.C.: CQ Press, 2010.

SAMPAIO, Nelson de Souza. **O Processo Legislativo**. São Paulo: Saraiva 1968.

SIDOU, J. M. Othon. **A Natureza Social do Tributo**. Rio de Janeiro: Freitas Bastos, 1960.

SILVA, José Afonso da. **Curso de Direito Constitucional Positivo**, 29ª ed. São Paulo: Malheiros, 2007.

TAYLOR, Philip E. *The Economics of Public Finance*, 3ª ed. New York: The Macmillan Company, 1963.

TORRES, Ricardo Lobo. A **ideia de liberdade no Estado Patrimonial e no Estado Fiscal**. Rio de Janeiro: Renovar, 1991.

_____. **O direito ao mínimo existencial**. Rio de Janeiro: Renovar, 2009.

_____. **Tratado de Direito Constitucional Financeiro e Tributário**, 3ª ed. Rio de Janeiro: Renovar, 2008.

TREBILCOCK, Michael. PRADO, Mariana Mota. *What makes poor countries poor*. Cheltenham: Edward Elgar, 2011.

VITI DE MARCO, Antonio de (Trad. MARGET, Edith). *First Principles of Public Finance*. London: Butler & Tanner, 1950.

MANIQUEÍSMO JURÍDICO-TRIBUTÁRIO: O TRIBUTO COMO INSTRUMENTO DE DOMINAÇÃO

Regis Fernandes de Oliveira[1]

Sumário: O direito e o maniqueísmo – O tributo e seu destino. Pacto de dominação? – O romantismo da sujeição – A democracia em risco. O outro. – A liberdade garantida – O tributo e sua importância – Os sentimentos e o direito – A dominação em relação às receitas e o confronto com os direitos humanos – O tributo como mal necessário e o contribuinte – O conflito orçamentário. Receitas e despesas – Em conclusão.

Resumo: Busca-se, com este ensaio, demonstrar que seja a cobrança dos tributos, seja sua destinação, inclusive no que tange à previsão na peça orçamentária, são questões de *poder*. Os temas afetos aos tributos perpassam, obrigatoriamente, pela dominação exercida sobre os tributados. Pretende-se, em suma, evidenciar a imperiosa necessidade de se discutir os temas aqui apresentados fora do atual contexto de um maniqueísmo jurídico-tributário.

O DIREITO E O MANIQUEÍSMO

O direito é essencialmente maniqueísta. Mani, profeta

---
1. Professor Titular de Direito Financeiro da Faculdade de Direito da Universidade de São Paulo.

persa pregava que o mundo era feito do confronto entre as forças do bem e do mal. Era luta permanente e constante. Por vezes vencia um; de outras, prevalecia o contrário. Confronto de contrários.

Creio ser indisputável que o direito se destina a ser obedecido por seres humanos e é por eles criado. O ser humano, acredito que ninguém duvida, é ser errático, inconsistente, dúbio, inconstante e imperfeito.

As peças de Shakespeare dão bem ideia a que me refiro. Macbeth é inteiramente dominado pela cobiça e por sua mulher que, seduzida pelo poder, instiga o marido a matar o rei. Iago ("Otelo") é a encarnação do mal. Valendo-se de sua proximidade com o mouro, destila veneno sobre o comportamento de Desdêmona, a ponto de Otelo assassiná-la, embora dominado por amor intenso. Este é suplantado pelo ciúme. Shylock é a encarnação da cobiça em "O mercador de Veneza".

A ópera não fica fora de tais análises. Basta ver "Il trovatore" de Verdi para saber das maquinações em torno de sentimentos espúrios, por vezes grandiosos ou enormemente mesquinhos do conde.

A vida retratada pelo grande psicólogo e maior teatrólogo de todos os tempos e também por um dos maiores compositores de ópera, não foge de nosso dia a dia.

Vivemos em um mundo rodeado de maldade. O anjo caído destila o mal e pagamos o preço do pecado original (para judeus e cristãos) A história igualmente não nos deixa mentir. Na Antiguidade grega eram as conquistas permanentes. Guerras se sucederam, como as do Peloponeso, as contra a Pérsia (o filme 300 de Esparta ilustra o desfiladeiro das Termópilas onde Leônidas segurou o poderoso exército persa). Em Roma, a conquista era a constante (cobiça...Vercingetorix que o diga enjaulado e desfilando como troféu pelas ruas de Roma). Marco Antonio que confronta Pompeu. Cesar assassinado...

TRIBUTAÇÃO: DEMOCRACIA E LIBERDADE

A Idade Média é exemplo de sequencia de maldades. Alexandre Magno bem ilustra o comportamento guerreiro e possuidor.

Quantos tributos não foram pagos pelos povos vencidos? Eram serviços prestados (que à época eram considerados tributos), bens entregues ao conquistador e envio de homens e mulheres para servirem nos exércitos. Guerras...guerras... mortandade...cobiça...luta do bem contra o mal.

Na sequencia da Idade Média, os reis, barões e servos envolveram-se em disputas sem fim.

A Idade moderna não foge à regra. A Europa inteira convulsionou-se. Cada pedaço de terra foi conquistado com sangue até se formarem os Estados atuais. Desnecessário dizer dos horrores da Primeira Guerra Mundial e da Segunda Grande Guerra, esta dotada dos requintes de maldades nazistas retratados nos campos de concentração.

Vê-se, pois, que a história de nossa civilização é a história de desgraças, de lutas, de cobiças e desamores.

Hoje em dia, são violências permanentes. Pedofilia, assassínios, estupros, mortes no trânsito, violência doméstica contra filhos, corrupção, todo tipo de desvios de recursos dos cofres públicos, igrejas venais, etc. A enumeração não é exaustiva, mas meramente exemplificativa da maldade humana.

Mani nasceu na Pérsia no século III a C. Teria sido visitado por um anjo que lhe revelou a doutrina dualista radical. O mundo está dividido em duas forças: a luz e as trevas. Estão em eterno conflito. É dever do homem participar de tal combate e vencê-lo como redentor das forças do bem.

Depende de quem escreve a história, o demônio é o outro. Quem vence é sempre a força do bem ou se apresenta assim. Todos são levados pela onda de imputar ao outro os males do mundo. Os Estados Unidos aparecem como o grande satã para o terrorismo. Este representa as forças do mal para a civilização ocidental. O radicalismo islâmico – dizem – se identifica com o que há de pior na face da terra.

O jogo dos contrários persiste. Cada qual tem sua versão.

O TRIBUTO E SEU DESTINO. PACTO DE DOMINAÇÃO?

O leitor, curioso, pode estar pensando o que tem isso com a democracia e a liberdade, tema central dessa homenagem à Ministra Denise Arruda.

Ora, os tributos é que abastecem o Estado para que este, em princípio, cumpra os deveres constitucionais que lhe foram destinados por força da Constituição. Esta revela um pacto da sociedade ou um pacto de dominação?

Esta questão é angustiante. Democraticamente, pode-se dizer que é um acordo celebrado pela sociedade que acomoda as diversas divergências ocorrentes no interior de um dado Estado e que institui e busca consenso para pacificação das forças ali existentes. É força suave de entender outra realidade mais dura. É que tais forças não são as boas que dominam. Em verdade o que ocorre é o *pactum subjectionis*. Não revelado, é verdade.

O que existe, seguramente não é um pacto através do qual a sociedade compõe suas forças conflituosas e pacifica os diversos interesses em jogo. Ao contrário, é uma força dominante que subjuga as demais, impõe a todos sua vontade. Só que o faz através de subterfúgios, discursos de captação da vontade do outro, recados simpáticos de sedução das demais forças e as domina em fórmulas genéricas.

Houve a capitulação. O dominante logrou a vitória sem deixar que o vencido percebesse.

TRIBUTAÇÃO: DEMOCRACIA E LIBERDADE

O vencedor institui, então, o Estado possível, não o efetivamente querido pelas outras forças vivas da sociedade. Mas, estas, sob alegação de evitar um confronto, cedem direitos para que subsista o Estado e para que se evite o prosseguimento das disputas.

Thomas Hobbes, cientista da sociedade, em seu "Leviatã" descreve o homem como lobo do homem. A frase é de Plauto, mas foi por Hobbes utilizada para retratar o que existia na sociedade antiga. Os primitivos viviam em permanente confronto. De repente, cansados de luta pela morte violenta em que as tribos se confrontavam, resolvem todos instituir o Estado (daí sua origem) que cuidará, então, doravante, para que ninguém mais seja morto por morte violenta. Celebrado estaria o pacto da sociedade.

Pacificada a sociedade, não mais haveria ataques de uns contra outros. O Estado chamaria a si o dever de dar segurança a todos e punir quem quebrasse o pacto. A saber, se alguém violasse o acordado sofreria as mesmas consequências. Só uma restrição: não poderia haver a pena de morte.

Daí nasceram duas correntes: o *autoritarismo*, que teria base na doutrina de Hobbes e o *liberalismo* que teria assento em John Locke. Este sustenta que através do pacto o homem não abriu mão de qualquer direito. Com eles permanecessem íntegros e só entregam ao Estado a segurança e a justiça.

Não é hora, aqui, de analisá-las. Mas, o que parece óbvio de tal discussão decorre a tomada de posição sobre a exigência de tributação.

O Estado assume, então, o dever de *cuidar da sociedade*. De que forma poderá fazê-lo se não for dotado de meios suficientes?

Nasce o *tributo* que outra coisa não significa senão o dever secundário de abastecer seus cofres com recursos suficientes para cumprir os deveres assumidos através do denominado pacto, retratado na Constituição.

Há os deveres *principais* que é cuidar daquilo que foi eleito como importante, prioritário ou essencial para subsistência do acordado. E há o dever *secundário* que é o de arrecadar junto a todos, mediante critérios específicos, recursos para atender aos deveres principais.

O Estado, por consequência, é dotado de um *poder tributário* (em nossa Constituição vem previsto no inciso XXII do art. 37 que e terá "recursos prioritários para realização de suas atividades"). A estrutura funcional tributária goza, inclusive de recursos orçamentários vinculados, o que constitui forte exceção ao princípio da não vinculação tributária, tal como dispõe o inciso IV do art. 167 da Constituição Federal.

Vê-se que a Constituição outorgou recursos específicos para o funcionamento da máquina de cobrança das receitas atribuídas ao Estado. Constitui-se, aliás, em estranha exceção dentro das prioridades estatais.

Utilizo o poder, aqui, como a possibilidade jurídica de invadir a esfera íntima dos outros, impondo-lhes uma obrigação ou instituindo um direito. Poder é extroversão. É sair de si para invadir a intimidade do outro. Exige-lhe, então, uma obrigação pecuniária. Compulsória. E deve fazê-lo por lei. Esta é o comando geral e abstrato imposto à obediência de todos e inovador da ordem jurídica. Criam-se obrigações, direitos, deveres e poderes. A lei é a expressão máxima (dizem como forma de persuasão) da democracia em que a vontade da maioria se impõe à minoria.

O destino dos tributos é a satisfação das necessidades eleitas no pacto social. Aferindo os interesses subsistentes em determinado momento histórico no seio do conjunto dos seres humanos, são indicadas necessidades que devem ser atendidas, já não mais pelos indivíduos, mas pela coletividade.

Aí está a destinação dos tributos. Não pode haver eleição aleatória dos interesses em jogo na sociedade. São escolhidos pela maioria. Daí a regra que impera na sociedade democrática. A maioria sempre representa uma vontade dominante e, pois, seja ele qual for, impõe-se à minoria que com ela deve se conformar.

O ROMANTISMO DA SUJEIÇÃO

Hobbes, ao mesmo tempo em que entende pacificada a sociedade através da instituição de um pacto, continua em sua análise para dizer que a luta do homem contra o homem prossegue. É o que nos informa Giorgio Agamben sobre o assunto, ao cuidar da figura do *homo sacer*. Utilizando-se de uma figura da antiguidade, sustenta que a luta não cessa com o pacto. Ao contrário, ela continua, embora de outra forma, mas o desejo de sujeição e de dominação não deixa de existir.

Como disse anteriormente, o direito é maniqueísta. A luta de bem e mal prossegue. Todos os ramos do direito assim retratam. Se há confronto entre pai e mãe instituir-se uma lei sobre *alienação parental* que propicia instrumentos ao Estado-juiz para que ele resolva o conflito. Se há a descoberta de recursos naturais de grande projeção (petróleo na bacia brasileira – *o pré-sal*) os Estados entram em conflito e advém lei para pacificar os interesses em jogo. Se os Estados-membros ficam com parte da arrecadação tributária, a União institui *contribuições* para evitar a partilha. Aqueles detectam a manobra e descaracterizam as contribuições (que têm um destino) para postular participação no butim.

Com alguns exemplos se vê bem claro que Hobbes tinha razão. Os conflitos sociais prosseguem. O homem continua lobo do homem. Sob outra roupagem. Sob outra pele, mas o lobo sempre tenta comer o cordeiro, ainda que o córrego flua do lobo para o cordeiro e aquele diz que a água vem suja, porque assim faz o pobre animal. É o que retrata La Fontaine.

Na política esse aspecto fica ainda mais ressaltado. São partidos que se unem para exigir mais cargos ou promessas do governo. É este que faz de conta que atende, mas ilude em outras medidas.

Enfim, sem querer ser exaustivo, todos sabem como as coisas se passam na política, na economia, mais que palpável a estrutura de dominação, na academia, em que as disputam ultrapassam as cátedras e entram em terreno de perseguição, de desconsideração, de rejeição de teses, etc.

O que não se dizer do jogo tributário? O governo quer arrecadar sempre mais, porque precisa fazer "política". O montante dos tributos em relação ao PIB (produto interno bruto) alcança cerca de 35%. E quer mais. E busca caminhos para aumentar a arrecadação. E realiza obras para que haja desvio de recurso para campanhas. E adquire mercadorias e serviços porque sempre há uma percentagem necessária para destinar aos parceiros políticos, ao "mensalão".

O jogo prossegue. Quem consegue ficar com a bola impõe as regras de sua realização. Os demais entram em campo sabendo que irão perder, mas aceitam as regras (sujeição) para que o jogo prossiga. Por vezes, há a turbulências e imediatamente as partes cedem para evitar rupturas. A democracia prossegue.

A DEMOCRACIA EM RISCO. O OUTRO

Os seres humanos são dominados por paixões. Independentemente de identifica-las, estão presentes em todos os comportamentos. São rancores, são temores, é a ira, o ódio, o amor, o desespero, a comiseração, enfim, toda uma sorte de pulsões emana do interior de homens e mulheres. Revelam grandeza e fraquezas. São pessoas imponderáveis que não logram obter a serenidade para o dia a dia. É o estresse dos compromissos diários.

TRIBUTAÇÃO: DEMOCRACIA E LIBERDADE

O ser humano entra em contato com o mundo e este o afeta e é afetado por ele. O homem modifica o mundo e é influenciado por ele.

De repente descobre que não está sozinho no universo. Não são só astros a iluminar seu caminho. Há o *outro*. E passa o ser humano a viver em função deste. Não só em sua vida pessoal (em que está com outros o dia todo), na família, tem os pais, a mulher, os filhos e assume o papel de cada uma dessas figuras; e tem sua profissão (passa a vivenciar o papel de médio, dentista, lixeiro, advogado, analista de sistema, etc.); vive os amigos (amigas que podem despertar algum desejo). Enfim, o homem ocupa um lugar no universo, mas é afetado constante e diariamente por todo um grupo de pessoas (professores, alunos, amigos, etc.).

A partir daí se junta em interesses que, outrora individuais, passam a ser coletivos e comuns. Surgem agremiações, sindicatos, associações, etc.

Enfim, é todo um mundo de afetos e reações. É um ser altamente sensível e influenciável.

Tais afecções íntimas são levadas para o todo.

No partido político, único instrumento para a participação política, salvo a prática do voto, tais influências que recebeu ao longo da vida são a ele levadas. Novos confrontos, novos disparates, luta pela dominação de cargos partidários, etc.

Elegeu-se dirigente partidário. Posição cômoda. Pode conseguir vagas para candidatura de amigos e também pode negá-las a inimigos. Logra uma posição de destaque. Tem influência. Pode exercer o poder, ainda de forma minúscula.

Daí vai num crescendo até chegar a dirigente partidário ou, eventualmente, eleger-se para cargo político, majoritário ou proporcional. Consegue criar uma maioria dentro do partido ou eventualmente, de casa legislativa que venha a integrar.

Pronto. Está em jogo a democracia. Não no confronto da maioria e minoria, mas a conflagração mais estreita com o jogo do poder. De vencido e vencedor. De subalterno e superior.

A democracia tem outros requisitos: manutenção das regras do jogo; periodicidade eletiva; responsabilidade do governante, sujeição às decisões da maioria, Judiciário independente, etc. Tudo se opera tranquilamente através das regras então estabelecidas. Dir-se-á, pois, que a democracia, assim, se realiza em sua plenitude.

Errado. Tanto quanto qualquer jogo pessoal, familiar ou associativo, a democracia não é apenas isso. É a dominação por parte dos que estão no jogo. A maioria pode virar minoria a qualquer instante. São ligações provisórias e levadas a efeito por mera conveniência da percepção do mando.

Partidos se aliam e se desunem dependendo dos interesses prevalecentes. Sempre a paixão humana em manifestação inconteste e permanente. É a fluidez dos instintos. É a busca constante do poder. Este pode ser representado por qualquer forma, mera possibilidade de intervenção na esfera jurídica do outro ou conquista de funções públicas. O prazer da conquista, a satisfação da sujeição do outro, a vitória intelectual, a obtenção de recursos públicos para sua base eleitoral, tudo funciona na mais tranquila guerra de um contra o outro (lembra-se de Hobbes?).

Dizem que das formas de governo ainda não se descobriu outra melhor que a democracia. Outrora, falavam em aristocracia e monarquia (governo de alguns ou de um – classificação atribuída a Aristóteles – embora Platão a ela já tivesse feito referência). Governo do povo. Será?

O povo é quem mais sofre nela. Não a pequena parcela que pode conquistar espaço e usufruir dos bens da vida. O denominado *povão* sequer participa. É notável a observação feita por Rousseau sobre o governo inglês quando diz que este pensa que é livre e que somente é livre na hora do voto. No dia seguinte, é escravo de novo.

O povo não participa da democracia. Para a maioria da população qualquer governo é ruim.

No confronto, pois, dos sentimentos e dos afetos, o importante é tentar prevalecer os *bons sentimentos*.

Daí a importância de eleger bons políticos que se credenciam como bons aplicadores dos recursos tributários. Em mãos dos maus, os recursos são desviados e agridem os denominados direitos humanos, porque eles não chegam às obras, ao pagamento de fornecedores. Desvios agridem mulheres que poderiam ter adequado tratamento de saúde, crianças que não têm creche, escolas que são privadas de alimentação, etc. Tudo a identificar um Estado tumultuário, corrupto e falido.

Essencial que os bons governem. Aqueles que têm sentimentos de comiseração, de piedade, de seriedade e de honestidade. Estaria na sapiência popular a escolha.

Neste passo, a eleição é fundamental para escolha de homens com tais requisitos. Ocorre que a manipulação da boa-fé é permanente, a ilaqueação dos pobres que se vêm seduzidos por promessas sem fim.

O *tributo* passa a ser importante a partir daí. A arrecadação só se justifica quando os recursos são bem empregados, sem corrupção, sem desvios, sem manipulação de dados. Eles devem ter a destinação prevista em lei. Devem chegar a seu destino.

Importante a alocação orçamentária adequada para que haja a licitação posterior que se segue da celebração do contrato, da realização da obra, pagamento, etc. Neste passo, a administração democrática produz resultado de ensejar felicidade à população. Diz Freud que é natural do homem a busca do prazer. É grande verdade. Se os recursos são efetivamente destinados a obras, serviços, aquisição de mercadorias, estão o Estado e seu agente cumprindo as determinações constitucionais.

O pacto, então, se cumpre. A dominação suaviza seu rigor. Os interesses em conflito se acomodam em determinado momento histórico.

A LIBERDADE GARANTIDA

O acordo celebrado (pela maioria dominadora, como se viu) pode resultar na pacificação da sociedade e, então, as paixões podem se manifestar de forma legítima e garantir a liberdade de todos.

A liberdade já não é mais a natural (de fazer tudo que se queira). É a jurídica que significa o recorte da liberdade natural que é devolvida à coletividade em termos de garantias.

Diz Freud que a civilização nasce com repressão ("O mal-estar na civilização"). É grande verdade. Se as normas jurídicas se constituíssem em meras recomendações, a sociedade seria inviável. É que há a tendência natural ao descumprimento dos pactos. É natural que o homem não controle seus instintos. Hume diz que sequer o homem logra controla-los pela razão. Ao contrário, diz, são as paixões que controlam a razão. Sem entrar em tal pegajosa discussão, basta a afirmação que há uma tendência a não cumprir o que está na lei.

Nem por outro motivo é que Kelsen diz que não há norma sem sanção. Esta é parte do preceito/consequência e significa uma reação do ordenamento à conduta contrária àquela prevista em lei. O descumprimento da conduta exigida faz brotar a reação da ordem jurídica através da sanção. Esta há que ser institucionalizada (Bobbio, "Teoria da norma jurídica").

A liberdade, então, é exercitada dentro dos limites estabelecidos pelo pacto fundamental e por leis subsequentes. As normas, como se sabe, contêm comportamentos deônticos, ou seja, é obrigatório, é proibido e é permitido. Outra hipótese não se dá (Lourival Vilanova, "As estruturas lógicas e o sistema de direito positivo"). O que não for proibido nem obrigatório é permitido ("weak permission").

A liberdade fica, também, a critério dos sabores da maioria. Se o governante cumprir o pacto, pode haver o crescimento e solidificação da sociedade; em caso contrário, naufraga o país.

O TRIBUTO E SUA IMPORTÂNCIA

Dentro de tal realidade é que se pode falar da instituição dos tributos.

Em primeiro lugar, a sociedade, através de seus organismos jurídico-institucionais delimita os interesses de que cabe cuidar. Com o advento da Constituição que provém de um fato (norma hipotética fundamental de Kelsen). As necessidades públicas são captadas, então, pela norma constitucional que as define, identificando, igualmente, seu titular. O beneficiário e o que titulariza tais interesses e identifica-os no texto da Constituição.

Como disse Rui Barbosa, quem dá os fins dá os meios. É da lógica das coisas. De pouco resultaria dar atribuições a alguém e não estabelecer recursos para que a unidade federativa possa delas cuidar.

No Estado federal, a Constituição reparte os encargos e também os tributos.

Sem o recolhimento de tributos os Estados não subsistem. Se forem insuficientes prestarão maus serviços. Se houver excedente, deve restringi-los a limites compatíveis com os encargos que lhes são atribuídos.

Não há sociedade, hoje, que sobreviva sem receber impostos, taxas, contribuições de melhoria e outras contribuições de seus habitantes. Depende de cada qual, incide o percentual sobre o produto interno bruto (PIB).

O grande problema que se antevê diz respeito à aplicação dos recursos auferidos da comunidade.

O maniqueísmo mais uma vez está presente. Não apenas nos montantes da incidência dos tributos como na aplicação vinculada às políticas públicas. É o tributo um mal em si mesmo? Não. É imprescindível para subsistência das atividades governamentais. Ocorre que o governante pode dar-lhe boa ou má destinação. Se investe em obras públicas apenas para mediar corrupção, prevalece o mal. Se destina recursos para obras de infraestrutura urbana ou em rodovias, aeroportos, meios de transporte da produção agrícola e industrial, se constrói casas populares, se aplica em educação, saúde, etc., prevalece o bem.

Tudo na dependência, como se viu, dos instintos que vêm à tona no comportamento do agente político.

De outro lado, se os tributos são arrecadados de forma compatível com o PIB e com o momento histórico por que passa o país, o bem subsiste. No entanto, a partir do momento em que cobra tributos atrabiliários, irresponsáveis e fora de qualquer bom senso, sufocando a sociedade, prevalece o mal.

Em suma, sem receita, não há Estado possível. Os tributos estão, pois, intimamente ligados ao atendimento das necessidades da população.

OS SENTIMENTOS E O DIREITO

O item que ora se abre pode parecer esdrúxulo. Qual a ligação entre sentimentos e direito? E especialmente no âmbito tributário.

O direito, reafirma-se, é um confronto entre o bem e o mal. Quem o cria e quem o aplica traz em sua decisão, todo o jogo de instintos que está no interior de cada homem.

O homem é um centro de pulsões. O *id* freudiano é um caldeirão que está em ebulição a todo instante. Muitas vezes a sociedade não entende a mãe que mata o filho ou vice versa (como no teatro grego do ciclo tebano em que Clitemnestra matou Agamênon, o marido e, depois foi morta pelo filho, Orestes) ou outras atrocidades de tal ordem. Sempre há o culpado coletivo, na feliz expressão de René Girard que retrata o bode expiatório. A sociedade precisa dele para dar vazão a seus sentimentos de vingança.

Há o imediato refrear do comportamento, a crítica e a ação policial para prisão e punição do culpado (a). Sem compreensão, sem entendimento do que ocorreu no fato social. A repulsa é imediata.

É que o homem não logra controlar todos seus sentimentos. É um centro de ebulição de afetos.

Claro está que tais sentimentos se transmitem aos comportamentos sociais, em todos os campos e também na instituição dos tributos (momento, fato gerador, hipótese de incidência, alíquota, etc.) bem como nas hipóteses de não incidência, de isenção, de imunidade, de alteração de alíquotas, etc.

Todos os atos legais e administrativos estão influenciados pelos afetos. Alguém resolver elaborar um projeto de lei sobre determinado assunto relativo à tributação. Submeteu-o à apreciação de seus colegas. Instaura-se um pleito de convencimento dentro das Casas Parlamentares. Logra-se a aprovação do projeto que se converte em lei. De onde veio a ideia? Quem a colocou em prática? Ela atende ao interesse de quem? Se for o governo que envia o projeto, houve, antes de sua elaboração, toda uma sorte de interesses a guiar o ato final de emanação do texto.

Sempre restam vencedores e vencidos.

Quando da concessão de qualquer limitação ou restrição de incentivos há sempre um grupo a postular, a pleitear ou a impingir determinadas razões em prol de seus interesses.

É, como disse Hobbes, o *homo hominis lupus*. É a lei do mais forte.

Dir-se-á que tal comportamento agride o Estado democrático de direito? Em hipótese alguma. Pode-se falar em ditadura do mais forte? Qual nada. É que todos os comportamentos estão acobertados pelo fingimento.

Como disse Derrida o animal *finge*, mas não consegue *fingir o fingimento*. O homem é o único animal que *finge o fingimento*. A raposa pode ser "esperta" e fingir sua aproximação. Mas, deixa rastros. O homem finge e esconde as pistas que sem comportamento pode deixar.

A norma jurídica de qualquer escalão sempre é produto de um sentimento maniqueísta. Representa a atuação do bem e do mal.

Imaginemos um tributo de importação/exportação que venha a ser criado ou instituído ou aumentado ou diminuído com o objetivo de prejudicar determinado país que nos está agredindo ou que nos incomoda com uma série de decisões hostis. Claro está que o sentimento de retaliação vem à tona. Suponhamos uma isenção que se dá a determinados interesses (agricultores, por exemplo) em prejuízo de outra categoria. O intuito é, evidentemente, de prejudicar uns em benefício de outros.

Os exemplos podem ser multiplicados.

Daí o confronto maniqueísta eterno.

Não é sentado analisar os tributos sem saber que, por trás deles, há todo um jogo de interesses.

A DOMINAÇÃO EM RELAÇÃO ÀS RECEITAS E O CONFRONTO COM OS DIREITOS HUMANOS

Interessante questão que merece ser examinada diz respeito à dominação, como já se analisou em relação aos direitos humanos.

O rótulo *direitos humanos* tem servido para consistentes discursos políticos. Quando se sente qualquer apelo popular, os políticos se valem da expressão em sentido afetivo, termo, emocional. Com isso manipulam as massas. É bastante interessante verificar como serve para qualquer oportunidade.

Não advém do denominado direito natural. Este como já se analisou em outro lugar é o *direito a não sofrer a morte violenta*. Com a civilização, repressiva dos instintos, surgem determinados paradigmas. Passam a ser consagrados os direitos à vida, à liberdade, à expressão do pensamento, da religião, ao nome, às manifestações de rua, etc.

Dependendo de determinadas situações tais direitos passam a ser questionados do ângulo colocado por Robert Alexy, ou seja, da otimização dos princípios, a significar que dois valores fundamentais, como, por exemplo vida (do feto) e liberdade da mãe (que busca o aborto) entram em confronto.

Para não fugir do objeto de análise (o tema demandaria argumentos notáveis por todos os ângulos), o que resta é que o grupo dominante manipula a instituição, aumento ou diminuição dos tributos da forma que lhes aprouver.

Neste passo, o *tributo* pode ser utilizado como instrumento de manobra sobre os direitos das pessoas. Por exemplo, se aumento o tributo sobre arroz, feijão, mandioca e carne, estarei com certeza prejudicando a população (uma vez que a alíquota que sobre eles incide é linear e, pois, alcança ricos e pobres de forma igual) estar-se-á diminuindo a possibilidade de os carentes se alimentarem de forma adequada. De outro lado, estaremos beneficiando os produtores de tais alimentos.

O que vale, pois, como objeto de análise *jurídica* é até que ponto se pode controlar tais interesses (paixões) que estão em jogo. Do ângulo da elevação das alíquotas todos buscam amparar seus desejos (paixões).

TRIBUTAÇÃO: DEMOCRACIA E LIBERDADE

Com certeza, a população carente não tem mecanismos (os democráticos como o voto somente podem ser utilizados de vez em quando e são manipulados) para controlar tais situações. Cabe-lhes, como súditos (na expressão mais pejorativa possível) sujeitarem-se a elas.

Vê-se, assim, que o controle dos mecanismos de dominação (executivo e legislativo) ficam à mercê dos grupos que, momentaneamente, exercem o domínio dos interesses. À grande massa cabe apenas a manutenção das expectativas. Nada mais.

O tributo, pois, é facilmente manipulado pelos dominantes.

Com tal procedimento, os direitos humanos são totalmente prejudicados. Entendendo-se como tais, os direitos básicos de subsistência de cada ser humano.

Tal óptica nem sempre é apreciada pelos juristas.

Ainda que escrevendo há tempos (final do século anterior), Jacob Burckhardt analisou o que rotulou de *moderna onipotência do Estado*. "O príncipe deve cuidar de tudo, construir e manter igrejas e edifícios públicos, conservar a polícia municipal, drenar os pântanos, zelar pelo vinho e pelos receais, distribuir com justeza os tributos, dar apoio aos desamparados e aos doentes e dedicar sua proteção e convívio a eminentes eruditos, uma vez que estes cuidarão de sua glória junto à posteridade" ("A cultura do renascimento na Itália" – um ensaio, ed. Companhia de bolso, 2009, pág. 42).

Não mudou muito. A onipotência do Estado prossegue. Assume tarefas que, em tese seriam suas, mas passa a tomar conta de outras sempre buscando o maior domínio da sociedade. Neste passo, Estado e sociedade entram em confronto.

É que a liberdade, como disse Sartre produz angústia, porque a pessoa tem que decidir, uma vez que em sua fantástica frase, "o homem é condenado a ser livre". A decisão angustia. Logo, é mais conveniente, parece que o homem se afunda em

TRIBUTAÇÃO: DEMOCRACIA E LIBERDADE

tal raciocínio, que o Estado assuma, mesmo, atribuições todas. Assim, passo a reclamar dele apenas, quando os serviços são mal prestados.

Óbvio parece que a assunção pelo Estado de atribuições que, em princípio, não seriam dele (apreciação axiológica) impõe que haja *mais cobrança tributária*, ou seja, se o Estado assume mais atribuições, tem que receber mais para diligenciar a prestação de tais atividades. Cria-se um *círculo vicioso*. O confronto da liberdade com a intervenção do Estado versos menos atribuições, menos constrição tributária.

É o paradoxo atual em que se vive. A angústia da liberdade (no dizer sartreano) e a restrição de direitos.

Os tributos são manipulados e nem sempre chegam a seu destino que é o de propiciar felicidade à população. Mas, é mal necessário.

O TRIBUTO COMO MAL NECESSÁRIO E O CONTRIBUINTE

O paradoxo a que se chegou no parágrafo anterior repete-se em relação ao contribuinte (claro integrante da sociedade). Este quer pagar pouco e ter bons serviços. Sem recursos os serviços serão precários. O problema é que se chegou, no Brasil, a uma das maiores cargas tributárias sem prejuízo de termos dos piores serviços públicos do mundo. Falta de infraestrutura aeroportuária, ausência de canalização de córregos, o que produz ratos e baratas, péssimas escolas, piores creches e hospitais, etc. Enfim, o contribuinte (maior ou menor) encontra-se em total descrédito diante do poder público.

Discursos suaves pré-eleitorais que buscam no fundo da caixa de Pandora as últimas esperanças, desiludem-se ao longo do tempo.

Ocorre que o tributo é imprescindível para que o Estado subsista e possa prestar os serviços que lhe são atribuídos.

TRIBUTAÇÃO: DEMOCRACIA E LIBERDADE

O Estado como mal necessário tem como consequência o tributo também como mal necessários. Ocorre que, hoje, não mais se imagina uma sociedade sem o Estado (a tese anarquista é apenas uma hipótese que se perdeu ao longo do tempo e serve como referência história – Proudhon e Bakunine). Logo, o tributo deverá ser cobrado.

Seria imaginável uma proporção a ser retirada da sociedade para que possa fazer subsistir o Estado. O percentual não pode ser fixo. Cada Estado tem determinadas atribuições constitucionais. Para cumpri-las tem que ter recursos. Estes são imprescindíveis para que possa haver a prestação das atividades estabelecidas.

Novos dispositivos constitucionais, de acordo com a evolução da sociedade podem fazer refluir ou aumentar os percentuais arrecadados. Depende efetivamente das atribuições consignadas.

De outro lado, não se pode fugir do circuito de dominação.

O detentor do capital não quer pagar impostos. Ele tem mecanismos para acionar em busca de seus desejos. Logra obter redução de alíquotas, isenções, incentivos fiscais de toda ordem. É que, por ocasião das eleições ele "bancará" as despesas eleitorais dos candidatos para, posteriormente, obter favores políticos. É da lógica do sistema político-eleitoral brasileiros.

O dominador, pois, busca, por meios sérios e escusos, obter determinadas situações de esquivar-se do pagamento dos tributos. Nem sempre logra o desiderato. Mas, tem meios de consegui-lo.

Mais uma vez se percebe, nitidamente, o *maniqueísmo*. São as forças do mal, representadas pelos interesses escusos de não pagamento dos tributos ou de se beneficiarem, por qualquer forma de benefícios fiscais em detrimento das forças do bem, desamparadas pela estrutura política.

O CONFLITO ORÇAMENTÁRIO. RECEITAS E DESPESAS

O jogo da cobrança de tributos e sua destinação no atendimento das finalidades públicas previstas na Constituição Federal passam, necessariamente, pelo orçamento. Este não apenas é uma peça de ficção. É uma lei e, como tal, destina-se a ser cumprida. Como os interesses políticos são muito fortes, entende-se que se pode deixar de cumprir a lei orçamentária, em primeiro lugar pelo *contingenciamento*, ou seja, pela suspensão de determinados programas previstos no texto.

Ora, o Chefe do Executivo é quem elabora o projeto de lei do orçamento e o envia ao Congresso Nacional. Cabe à Comissão Mista do Congresso discuti-lo, emenda-lo e aprova-lo. Elabora-se uma previsão da receita e a fixação das despesas. A lei orçamentária anual é aprovada até dezembro de cada exercício financeiro. O que faz o governo, em seguida? Simplesmente, baixa um decreto e suspende parte dos programas previstos. Com autoridade em que? Com base em que? Absolutamente disparatado o comportamento. Não pode haver contingenciamento sem que se demonstre a inexequibilidade das receitas. Se as receitas se realizam, não há como sustar os planos previstos na lei orçamentária.

Requisito importante do governo é demonstrar sua seriedade. É correto um governo que elabora um orçamento e, meses depois, susta a realização legal?

É certo que pode estar atendendo a algum interesse escuso.

Daí falar-se em *conflito*. Se há a realização das despesas, devem ter o destino para que foram democraticamente previstas. São projetos, despesas de custeio, pagamento de servidores, cumprimento das receitas vinculadas, etc. O conflito é a frustração das expectativas previstas. Obras, serviços públicos, etc. que tinham previsão orçamentária e, por ato inconsequente do governo não são realizados e deixam de atender às legítimas expectativas dos beneficiários.

O orçamento deve ter uma previsão equilibrada de receitas e despesas. Estabelecidas as finalidades públicas consignadas no orçamento, há verbas que são predestinadas ao atendimento constitucional (educação e saúde, precatórios e fundos); outras, que atendem ao cumprimento legal (pagamento dos serviços) e terceiras que decorrem da celebração de contratos, obras e planos plurianuais que devam ser atendidos.

Ocorre que as despesas podem desatender a interesses e conveniências dos governantes. Buscam, então, alterar, por vias transversas o envio de recursos para situações que não pretendem atender.

A própria definição dos interesses pode ser alterada. Bons exemplos decorrem, agora, da realização da copa do mundo. A definição dos Estados que teriam seus estádios reformados, aumentados ou construídos. A destinação de verbas para ampliação de estacionamentos e reestruturação urbanísticas dos locais de jogos, aumento de aeroportos, etc. Tudo passa, também, por pressão de governadores e prefeitos e que lutam por mais verbas. Evidente que será beneficiado quem perfilhar da ideologia ou da base de conveniência do governante nacional.

O conflito orçamentário igualmente decorre dos interesses em jogo na sociedade e no seio dos desejos políticos.

EM CONCLUSÃO

Como nos alertou Eça de Queiros, "lançar impostos, vagamente, sem sistema, sem crítica esclarecida, sem justos e longos estudos do País, da sua riqueza, do seu trabalho, é arruinar, despedaçar, dilacerar a pobre pátria".

Buscou-se, através deste artigo, demonstrar que seja a cobrança dos tributos, seja sua destinação, inclusive no que tange à previsão na peça orçamentária, são questões de *poder*. Entendendo-se este como a possibilidade jurídica de ingerência na esfera jurídica de outrem, tem-se que há um constante e permanente jogo a buscar limitar ou sujeitar o outro aos desejos de quem detém, ainda que momentaneamente, a possibilidade de decidir.

Os tributos servem como instrumento de dominação. A sociedade a ela se sujeita de forma dócil. Por vezes, rebela-se, mas, verificadas pressões como as que ocorreram em junho de 2013, há uma natural acomodação da sociedade. A busca de um *bode expiatório*, na perspectiva de René Girard, serve para aliviar a tensão existente. Alguém tem que ser o centro de vazão dos sentimentos primitivos da sociedade, ainda que por certo tempo, para que as tensões afrouxem.

A dominação se revela através da exacerbação de percentuais, de instituição de tributos, de aumento de sua incidência, de modificações em incentivos fiscais, de alteração de alíquotas, de isenções, etc. Quem decide é alguém do governo, só que sofre a pressão de grupos organizados (que titularizam os mais diversos interesses existentes na sociedade, nos meios de produção, etc.). Os mecanismos de utilização do poder se retratam em seduções, presentes, verbas espúrias, corrupção.

A corrupção é o grande instrumento de pressão que utilizam determinados grupos que identificam certos interesses no interior da sociedade. O importante, parece, é o uso dos desvãos, dos acordos noturnos, dos conchavos, das estratégias de persuasão. Tudo vale para o ganho ilícito, Não há limites para a dissuasão da seriedade do agente público. O crime, então, viceja. Nada de violência. Apenas o sorriso, o bater nas costas, a promessa de dinheiro fácil, de pagamentos indevidos. Some o dinheiro público.

Deixei claro em obra didática que a corrupção é a maior agressora aos direitos humanos (Regis Fernandes de Oliveira, "Curso de direito financeiro"). É o remédio que desaparece em pílulas de dólar, é o hospital que custa três vezes mais, é o aparelho médico que não se compra, é a escola que não se constrói ou é construída com material de baixa qualidade, é a creche que é erigida em locais impróprios. Com isso e com a sujeira que fica na mão de agentes públicos inconsequentes e corruptos alimentada por corruptores é que a população fica sem hospitais de qualidade, com educação de terceiro mundo e com serviços públicos precários e inadequados.

Tudo decorre do maniqueísmo que opera no seio da sociedade. As forças do mal prevalecem em detrimento da maioria da população. A manipulação dos tributos, sua exacerbação destinada a um governo de papel, a não destinação de recursos aos destinatários efetivos da ação do Estado, tudo é manipulado pelas forças do mal.

Não no sentido religioso ou metafísico, mas as que estão no seio da sociedade, formadas por caracteres forjados à luz da corrupção, de preconceitos, de desvios afetivos. Vê-se a importância da análise dos afetos que estão no seio da coletividade. A civilização é que tem que instituir mecanismos de controle dos comportamentos desviantes.

O controle dos gastos públicos passa pela reformulação das atribuições dos Tribunais de Contas, da celebração da dignidade (inciso II do art. 1º da Constituição Federal) do ser humano como requisito das despesas, da instituição de sólidos mecanismos internos de controle no seio das diversas unidades de ordenadores de despesa, pela efetiva realização das despesas diante dos recursos obtidos, da mudança de caráter dos governantes e, por fim, da escolha de governantes legítimos. Estes não decorrem apenas das eleições, mas da reformulação político-partidária que se deve discutir.

Apenas com tais providências e outras mais que possam ser aditadas é que se terá a instituição de tributos na quantidade dos interesses que devem ser atendidos. Ademais, tem a sociedade que saber que há uma categoria de pessoas (a enorme massa de necessitados) que, efetivamente, precisa da intervenção do Estado, enquanto que outra (empresários, produtos, industriais, banqueiros, etc.) para quem o importante é que o Estado não os moleste e que presta a ele serviços mediante sua omissão. Quanto menos ação do Estado melhor, porque deixa o capital fluir livremente, sem quaisquer peias.

A parte maior da sociedade é que, mesmo pagando tributos, vê-se afastada dos bens da vida.

Em sendo assim, o jurista, o tributarista não pode dar as costas para os conflitos e confrontos sociais que se agigantam. E não poder permitir que as forças do mal vençam permanentemente.

Há um confronto surdo dos direitos humanos que não são atendidos por força da má destinação dos recursos e pela corrupção que grassa em nosso meio.

Deve haver, pois, uma atenção em relação não apenas à arrecadação tributária, mas, em especial, no tocante ao destino dado aos tributos arrecadados. Nem sempre seu uso é feito para o atendimento das necessidades da sociedade, mas para o benefício de grupos de dominação.

Tais preocupações podem ser objeto de análise pelos tributaristas, especialmente em congresso em que os tributos são debatidos. Mais do que rediscutir temas permanentemente tratados, é importante que haja o debruçar sobre os problemas que afligem nossa sociedade.

A DESLEGALIZAÇÃO NO DIREITO TRIBUTÁRIO BRASILEIRO CONTEMPORÂNEO

Sergio André Rocha[1]

INTRODUÇÃO

O princípio da legalidade, forjado durante o liberalismo clássico pós Revolução Francesa,[2] durante longo tempo foi compreendido a partir de uma perspectiva formalista, que pretendia que o intérprete encontrasse no texto legal soluções padronizadas para os conflitos surgidos na sociedade.

Nesse cenário, o princípio da legalidade significaria mais do que a exigência de que as intervenções do poder público na

---

1. Professor Adjunto de Direito Financeiro e Tributário da UERJ. Sócio Titular de Andrade Advogados Associados.
2. Cf. GARCÍA DE ENTERRÍA, Eduardo. *Justicia y Seguridad Jurídica en un Mundo de Leyes Desbocadas*. Madrid: Civitas, 2000. p. 17-19; KERCHOVE, Michel van de. El problema de los fundamentos éticos de la norma juridica y la crisis del principio de legalidad. In: OST, François; KERCHOVE, Michel van de. *Elementos para una Teoría Crítica del Derecho*. Tradução Pedro Lamas. Bogotá: Editorial Unilibros, 2001, p. 336.

esfera de direitos dos cidadãos se desse por intermédio de leis. O princípio da legalidade era compreendido a partir de uma teoria da interpretação com o mesmo compatível, a qual pretendia resguardar a possibilidade de o intérprete ter acesso à verdadeira mensagem contida no texto legal.

Essa linha de entendimento, incompatível com a teoria hermenêutica contemporânea e com a insegurança e incerteza típicas da sociedade de risco, ainda prevalece na dogmática jurídica nacional, em especial no campo tributário.

O presente estudo tem por objetivo examinar as transformações sofridas pelo princípio da legalidade durante o Século XX, dedicando-se à análise da legalidade tributária.

A fim de alcançar tal objetivo este artigo foi dividido em duas partes distintas.

Na primeira parte foram examinadas as mudanças pelas quais passou o Estado desde o liberalismo clássico até o atual Estado Democrático de Direito, examinando-se como tais transformações alteraram as relações entre os Poderes Executivo e Legislativo, e assim a noção de legalidade.[3]

A partir daí será possível analisar as razões da "crise da lei", com a superação do Legislativo pelo Executivo enquanto "Poder" mais relevante, responsável por ditar os rumos a serem seguidos pelas nações ocidentais, especialmente naquelas que adotam o regime presidencialista.

Uma das consequências de tal cenário é o fenômeno da deslegalização, tanto em sentido lato como exclusão de certas matérias do campo do tratamento legal, como em sentido estrito, quando é realizada pela utilização de mecanismos de delegação legislativa, por intermédio dos quais há a transferência

---

3. Partimos aqui das ideias desenvolvidas no primeiro capítulo de nosso *Processo Administrativo Fiscal*: Controle Administrativo do Lançamento Tributário. 4. ed. Rio de Janeiro: Lumen Juris, 2010.

de competências legislativas originariamente alocadas no âmbito do Poder Legislativo para o Poder Executivo.

Todos os comentários apresentados nesta primeira parte visam estabelecer os fundamentos sobre os quais será estruturada a análise do princípio da legalidade no Direito Tributário brasileiro, o qual deve ser enquadrado no cenário então exposto.

Na segunda parte buscaremos examinar o princípio da legalidade tributária, partindo de sua formatação tradicional, sustentada, entre outros, por Alberto Xavier, Misabel Abreu Machado Derzi, Sacha Calmon Navarro Coêlho e Roque Antônio Carrazza.

Passaremos, então, ao exame da crise da visão tradicional de legalidade tributária, principalmente a partir dos aportes da teoria hermenêutica, com a compreensão de que a interpretação jurídica envolve, no mais das vezes, um viés criativo, que faz com que seja possível a elaboração de mais de uma norma jurídica a partir de um mesmo texto legal, o que contraria a crença na possibilidade de se encontrar segurança absoluta na esfera jurídica.

Em razão das limitações dessa visão tradicional do princípio da legalidade e tendo em vista a necessidade de adequação dos textos normativos à realidade social, sempre cambiante e mutante, tem-se discutido os limites da determinação da linguagem jurídica, com o que veio a tona o debate a respeito dos conceitos indeterminados e dos tipos e sua utilização na composição dos textos dos dispositivos tributários.

Será analisado, a esta altura, o que são os conceitos indeterminados bem como a possibilidade de sua utilização no campo tributário, sendo relevante perquirir também sobre a tipicidade tributária, distinguindo-se conceitos indeterminados e tipos.

Com isso chegaremos ao ponto principal deste estudo, no qual serão apresentadas reflexões sobre a deslegalização, em sentido estrito, no campo tributário.

A doutrina tributária, de regra, nega a possibilidade de delegação, para a competência regulamentar, da definição dos aspectos fundamentais da regra fiscal. Essa linha de entendimentos teria justificação teórica exatamente nos princípios da legalidade e da tipicidade.

Todavia, carece-se de um estudo mais aprofundado dos efeitos da presença de conceitos indeterminados e tipos no texto das leis fiscais, isso no que tange especificamente à possibilidade de sua caracterização como forma de delegação legislativa e os reflexos que a mesma acarreta nas relações entre o Estado e os contribuintes.

Nossa análise nessa arena terá como pano de fundo a decisão proferida pelo Supremo Tribunal Federal nos autos do Recurso Extraordinário n. 343.446 (DJU de 04 de abril de 2003), onde se discutia a constitucionalidade do então chamado Seguro de Acidentes de Trabalho.

Diante do exposto, o objeto deste artigo consiste no estudo do conteúdo do princípio da legalidade no ordenamento jurídico brasileiro contemporâneo, examinando-se as modificações pelas quais passou e o seu alcance possível, partindo-se da oposição à tradicional doutrina sobre o tema.

I. NOTAS SOBRE A DESLEGALIZAÇÃO NO DIREITO CONSTITUCIONAL

1. A PASSAGEM DO ESTADO LIBERAL PARA O ESTADO SOCIAL E O CRESCIMENTO DAS ATIVIDADES DESENVOLVIDAS PELO PODER EXECUTIVO

No curso da história recente da humanidade, a intervenção estatal nas atividades privadas e, assim, as atribuições conferidas ao Estado desenvolveram-se de forma mais ou menos acentuada, variando entre o intervencionismo exacerbado e o culto à liberdade individual contra os interesses coletivos (corporificados, a partir de determinado momento histórico, na atuação estatal).

Entre o final do século XVIII e o início do século XX, principalmente a partir das Revoluções Americana e Francesa, propagou-se o modelo econômico liberal-individualista, que já havia se instalado na Inglaterra desde a Revolução Gloriosa de 1688, o qual pretendeu garantir a predominância *política* da classe econômica burguesa sobre as demais, assim como a sua defesa contra qualquer atuação limitadora-interventiva do Estado.

Por tal razão, o direito fundamental, sustentáculo desse modelo político-econômico, era o direito à liberdade, o qual se figurava praticamente absoluto, oponível a qualquer intervenção estatal considerada indevida.[4]

Em perfeita síntese, Norberto Bobbio assevera que "como teoria econômica, o liberalismo é partidário da economia de mercado; como teoria política é simpatizante do Estado que governe o menos possível ou, como se diz hoje, do Estado mínimo".[5] Nas palavras de Marciano Seabra de Godoi, "a era do capitalismo liberal (fins do século XVIII e primeira metade do século XIX) fixou a noção do minimalismo e da neutralidade da atividade financeira, ambas provenientes da certeza de que a aparente anarquia das forças naturais do mercado levariam inexoravelmente ao bem-estar geral".[6]

Com o passar dos anos, o individualismo exacerbado e as condições em que a classe dominante burguesa exercia seu

---

4. Cf. BONAVIDES, Paulo. *Do Estado Liberal ao Estado Social*. 7. ed. São Paulo: Malheiros, 2001, p. 40; CASTRO, Carlos Roberto de Siqueira. *O Congresso e as Delegações Legislativas*. Rio de Janeiro: Forense, 1989, p. 9; TORRES, Ricardo Lobo. *O Orçamento na Constituição*. Rio de Janeiro: Renovar, 1995, p. 86.
5. BOBBIO, Norberto. *El Futuro de la Democracia*. Tradução José F. Fernandez Santillan. México: Fondo de Cultura Econômica, 1986, p. 89.
6. GODOI, Marciano Seabra de. *Justiça e Igualdade no Direito Tributário*. São Paulo: Dialética, 1999, p. 177.

domínio sobre a classe trabalhadora levaram à crise do sistema político-econômico liberal clássico, com a consequente necessidade da intervenção do Estado no âmbito das relações privadas.[7]

Surge a partir daí o chamado Estado Social, o qual se caracteriza pela intervenção estatal nas relações privadas e no exercício de direitos individuais, assim como pelo desenvolvimento das prestações de previdência e seguridade sociais.[8]

No curso da segunda metade do século XX o Estado Social entrou em crise. O assistencialismo social desse modelo foi indicado como responsável pelo crescimento da dívida pública e do déficit orçamentário,[9] dando início à sua contestação e à pregação pelo retorno de um Estado Liberal não-intervencionista.

Contudo, a crise por que passou o Estado Social e o surgimento de defensores de um modelo estatal neoliberal, não implicaram no desaparecimento do primeiro. De fato, como assevera Ricardo Lobo Torres "o modelo do Estado Social não desaparece totalmente. Passa por modificações importantes, com a diminuição do seu tamanho e a restrição ao seu intervencionismo. Deixa-se influenciar pelas ideias do liberalismo social, que não se confundem com as do neo-

---

7. Cf. REALE, Miguel. Da Democracia Liberal à Democracia Social. *Revista de Direito Público*, São Paulo, n. 71, jul-set. 1984, p. 24.

8. É importante ter em mente, aqui, a distinção apresentada por Gilberto Bercovici entre *estado social em sentido estrito* e *estado social em sentido amplo*. O primeiro "é caracterizado pelo amplo sistema de segurança e assistência social". Enquanto o segundo "é o Estado intervencionista" (BERCOVICI, Gilberto. *Desigualdades Regionais, Estado e Constituição*. São Paulo: Max Limonad, 2003, p. 54). No Brasil somente é possível falar em *estado social em sentido amplo*.

9. Cf. TORRES, Ricardo Lobo, *O Orçamento na Constituição*, 1995, p. 11; STRECK, Lenio Luiz. *Jurisdição Constitucional e Hermenêutica*: Uma Nova Crítica do Direito. 2. ed. Rio de Janeiro: Forense, 2004, p. 58; HAYEK, Friedrich A. *The Constitution of Liberty*. Chicago: The University of Chicago Press, 1992, p. 302 e 303.

liberalismo ou do protoliberalismo nem, por outro lado, com as da social democracia".[10]

Apresentados esses breves apontamentos introdutórios, nota-se que a intervenção estatal nas relações privadas, e assim no exercício de direitos por parte dos indivíduos, que se encontra diretamente vinculada ao caráter mais ou menos assistencialista adotado pelo Poder Público, variou da pregação por um Estado mínimo (a qual, como visto, há algum tempo voltou a ocupar espaço de destaque no ideário político-econômico ocidental) até a prevalência de um Estado Social intervencionista e "paternalista", sendo oportuno observar que, hodiernamente, na realidade da maioria das nações ocidentais, nenhuma dessas estruturas extremadas prevalece, havendo um Estado presente e participativo nas relações sociais, mas não centralizador das iniciativas econômicas e limitador dos direitos e interesses privados.

De toda forma, é importante ter em conta que no curso do século XX, com a passagem do Estado Liberal clássico para o Estado Social, independentemente da variação de grau do intervencionismo estatal no âmbito deste último, *o Estado assumiu a realização de diversas atividades que antes se encontravam na esfera de atribuições dos indivíduos*,[11] tendência esta que pode ser verificada, de forma acentuada, a partir de três acontecimentos específicos, quais sejam as duas Guerras Mundiais e a Grande Depressão que as medeou.[12]

---

10. *O Orçamento na Constituição*, 1995, p. 15.
11. Cf. BONAVIDES, Paulo, *Do Estado Liberal ao Estado Social*, 2001, p. 186.
12. Há quem sustente não ser mais possível falar em Estado Social nos dias atuais, tendo esta forma de organização sido superada pelo Estado Democrático de Direito. Nesse sentido é a lição do professor Lenio Streck (*Jurisdição Constitucional e Hermenêutica*: Uma Nova Crítica do Direito, 2004, p. 56 e 57). Parece-nos que a apontada evolução do Estado Social para o Estado Democrático de Direito não elide a afirmação de que, no âmbito do modelo estatal hodierno, cabem ao Estado diversas atribuições que fazem com que o mesmo tenha um caráter social. Tendo tal fato como referência,

Tal alteração no que tange à participação do Estado na vida social trouxe consigo uma modificação na função estatal preponderante em cada época histórica, com a hipertrofia do Poder Executivo, notadamente em países que, como o Brasil, adotam o sistema presidencialista de governo.[13]

2. A SUPERAÇÃO DA SUPREMACIA DO PODER LEGISLATIVO SOBRE O EXECUTIVO

Tendo em vista que o Estado Liberal clássico tinha por finalidade a estabilização e manutenção da classe burguesa no poder, com a restrição das atuações do Poder Público na esfera de liberdade dos indivíduos (notadamente da classe burguesa), a função estatal prevalecente nesse período foi a Legislativa, transformando-se o Parlamento no senhor das regras imponíveis à sociedade, principalmente das situações em que se fazia possível a intervenção estatal na esfera privada.[14]

O declínio do Estado Liberal e o consequente crescimento das atribuições estatais, característico do Estado Social, modificou o quadro acima descrito, uma vez que a dinâmica das novas atividades estatais dependia de uma maior celeridade do agir administrativo, o qual não poderia ver-se emperrado pela dependência de deliberações do Parlamento.[15]

Paulo Bonavides chega a afirmar que a Constituição Federal de 1988 é a Constituição de um Estado Social (*Curso de Direito Constitucional*. 11. ed. São Paulo: Malheiros, 2001, p. 371).
13. Sobre a assunção de tarefas pelo Executivo e a sua supremacia sobre o Legislativo, ver: ROCHA, Sergio André. *Processo Administrativo Fiscal*: Controle Administrativo do Lançamento Tributário. 4 ed. Rio de Janeiro: Lumen Juris, 2010, p. 1-14.
14. Cf. CASTRO, Carlos Roberto de Siqueira, *O Congresso e as Delegações Legislativas*, 1989, p. 11.
15. Cf. BONAVIDES, Paulo. O Poder Legislativo no Moderno Estado Social. In: *As Tendências Atuais do Direito Público*: Estudos em Homenagem ao Prof. Afonso Arinos. Rio de Janeiro: Forense, 1976, p. 37; CASTRO, Carlos Roberto

Assim, com o advento do Estado Social verificou-se o declínio da supremacia do Poder Legislativo sobre o Executivo, presente no Estado Liberal clássico, cujas causas mais relevantes são apontadas a seguir:

a) Crescimento das atividades atribuídas ao Poder Executivo: O crescimento das atividades atribuídas ao Estado-Administração, a partir do nascimento do Estado Social, assim como a antes referida necessidade de rapidez na adoção das medidas destinadas ao atendimento dos fins públicos, as quais, no mais das vezes, não podem se encontrar condicionadas à prévia manifestação da Assembleia Representativa, levaram o Poder Executivo a assumir posição preponderante no cenário político nacional, principalmente nos países que adotam o sistema presidencialista.[16]

b) Legitimação democrática do Poder Executivo: A legitimidade democrática daqueles que chefiam o órgão de cúpula do Poder Executivo, os quais são eleitos pelo povo, nos mesmos moldes dos membros do Legislativo, é argumento frequentemente utilizado para sustentar a legitimidade da supremacia do primeiro sobre o segundo.[17]

c) O caráter técnico de algumas normas jurídicas: O tecnicismo que envolve as decisões que se exigem sejam tomadas

---

de Siqueira, *O Congresso e as Delegações Legislativas*, 1989, p. 17; FERREIRA FILHO, Manoel Gonçalves. *Do Processo Legislativo*. 5. ed. São Paulo: Saraiva, 2002, p. 14 e 15; VERGOTTINI, Giuseppe de. A "Delegificação" e a sua Incidência no Sistema de Fontes do Direito. Tradução Fernando Aurélio Zilveti. In: BARROS, Sérgio Resende; ZILVETI, Fernando Aurélio (Coord.). *Direito Constitucional*: Estudos em Homenagem a Manoel Gonçalves Ferreira Filho. São Paulo: Dialética, 1999, p. 167.

16. Cf. VERGOTTINI, Giuseppe de. A "Delegificação" e a sua Incidência no Sistema de Fontes do Direito, 1999, p. 167; FERREIRA FILHO, Manoel Gonçalves. *Aspectos do Direito Constitucional Contemporâneo*. São Paulo: Saraiva, 2003, p. 248.

17. Cf. MEDAUAR, Odete. *Direito Administrativo Moderno*. São Paulo: Revista dos Tribunais, 2001, p. 26. Ver, também: MIRANDA, Pontes de. Independência e Harmonia dos Poderes. *Revista de Direito Público*, São Paulo, n. 20, abr.-jun. 1972, p. 9.

pelo Poder Público, o qual deixa as Câmaras representativas muitas vezes impotentes para estabelecer as regras de conduta que devem ser observadas no seio da coletividade, é também uma das razões que justificam a supremacia do Poder Executivo e seus órgãos técnicos.[18]

Questões econômicas, ambientais, energéticas, relacionadas à exploração de recursos naturais, à prevenção de acidentes naturais, etc., demandam um cabedal de conhecimento técnico que foge do domínio de qualquer congressista.

Se em um primeiro momento o tecnicismo das matérias objeto de deliberação exige uma maior participação do Executivo, por intermédio de seus órgãos e agências, o mesmo põe em xeque o próprio sistema democrático, na medida em que pressupõe a substituição da deliberação pela ditadura dos técnicos.[19]

Evidente, portanto, o conflito existente entre o *modus operandi* dos Parlamentos e as exigências do mundo moderno, que faz com a participação do Poder Público na regulação de determinadas matérias se dê por intermédio de entes especializados, muitas vezes com personalidade jurídica própria, distantes das influências dos agentes e órgãos delegatários de competências democraticamente conferidas.

d) A "inflação legislativa": O fenômeno da "inflação" legislativa, decorrência da tentativa do Poder Legislativo de através da "produção" de novas leis acompanhar as mudanças sociais

---

18. Cf. CLÈVE, Clèmerson Merlin. *Atividade Legislativa do Poder Executivo*. 2. ed. São Paulo: Revista dos Tribunais, 2000, p. 52 e 53; FERREIRA FILHO, Manoel Gonçalves, *Do Processo Legislativo*, 2002, p. 14.
19. Sobre essa questão é interessante ver trabalho de José Eduardo Faria, que tem foco no risco da tecnicidade econômica para a democracia, principalmente em países em desenvolvimento: FARIA, José Eduardo; KUNTZ, Rolf. *Qual o Futuro dos Direitos?* Estado, mercado e justiça na reestruturação capitalista. São Paulo: Max Limonad, 2002, p. 65.

é também motivador de clamores pela exclusão de certas matérias da esfera de competência do Poder Legislativo.[20]

Assim, diante da complexidade da sociedade contemporânea, vê-se o legislador cada vez mais emitir normas casuísticas, ao invés de normas gerais.[21] Tal esforço legislativo raras vezes se dá de forma a permitir a necessária coerência sistêmica, de forma que a legiferação compulsiva leva ao estado caótico atual, em que muitas vezes torna-se difícil identificar o diploma que trata de determinado caso fático. Exatamente esse esforço legislativo faz com que se busque a exclusão de determinadas matérias do campo de atuação do Poder Legislativo.

e) A incapacidade da lei para tratar dos problemas na sociedade de risco: A sociedade industrial, desenvolvida sobre o arcabouço político-econômico do protoliberalismo, convivia com riscos sociais que eram controláveis por intermédio da ação do legislador, donde terem tido destaque nesse período histórico as crenças na infalibilidade do legislador na regulação da vida em sociedade.[22]

O Século XX pôs em xeque a crença em tal modelo. Em um primeiro momento, o surgimento de riscos financeiros que

---

20. Cf. CASTRO, Carlos Roberto Siqueira. *O Devido Processo Legal e os Princípios da Razoabilidade e da Proporcionalidade*. 3 ed. Rio de Janeiro: Forense, 2005, p. 86-87; VERGOTTINI, Giuseppe de. A "Delegificação" e a sua Incidência no Sistema de Fontes do Direito, 1999, p. 167; MARTINES, Temistocle. *Diritto Costituzionale*. 10. ed. Milano: Giuffrè, 2000, p. 51; ITALIA, Vittorio. *Diritto Costituzionale*. Milano: Giuffrè, 2002, p. 27; FERREIRA FILHO, Manoel Gonçalves, *Do Processo Legislativo*, 2002, p. 13; CLÈVE, Clèmerson Merlin, *Atividade Legislativa do Poder Executivo*, 2000, p. 54-61.
21. Cf. KERCHOVE, Michel van de. El problema de los fundamentos éticos de la norma juridica y la crisis del principio de legalidad. In: OST, François; KERCHOVE, Michel van de. *Elementos para una Teoría Crítica del Derecho*. Tradução Pedro Lamas. Bogotá: Editorial Unilibros, 2001, p. 339.
22. Sobre o tema, ver: ARNAUD, André-Jean. *O Direito Traído pela Filosofia*. Tradução Wanda de Lemos Capeller e Luciano Oliveira. Porto Alegre: Sergio Antonio Fabris Editor, 1991, p. 246).

não poderiam ser assumidos pelos indivíduos, devendo ser difundidos por toda a coletividade, leva ao desenvolvimento do contrato de seguro, que tem como um de seus escopos principais a assunção coletiva de perdas individuais que não podem ser suportadas por indivíduos e empresas unilateralmente.

Na sociedade de risco[23], todavia, *os riscos coletivos transcendem a competência controladora do legislador, ao mesmo tempo em que inviabilizam a difusão de seus custos por todos os indivíduos mediante contrato de seguro.*

Está-se aqui diante do risco nuclear, do risco de uma depredação irreversível do meio-ambiente, do risco de uma crise econômica de proporções mundiais, que levaria a uma palperização global e à falência dos Estados, do risco das drogas e da AIDS, do risco do terrorismo, da bioética e, em países onde, como no Brasil, ainda não foram alcançados os padrões basilares de desenvolvimento social, do risco da exclusão social, provavelmente o maior risco enfrentado em âmbito nacional e que se encontra vinculado à proliferação das drogas e da violência e até mesmo à depredação do meio-ambiente e à contaminação por doenças como a AIDS.[24]

Esse estado de coisas debilita as casas representativas, fazendo com que recaia maior importância sobre o Executivo.

f) A globalização: Por fim, não se pode deixar de mencionar que o fenômeno da globalização, com o crescimento em importância dos tratados internacionais e o desenvolvimento de uma dogmática que apregoa sua prevalência sobre as normas de direito interno, leva também ao declínio do Poder Legislativo e à valorização do Executivo, Poder responsável pela discussão e elaboração dos tratados, em relação aos quais o Legislativo, no ordenamento jurídico pátrio, aparece apenas como órgão de referendo.

---

23. Ver: ROCHA, Sergio André. A Tributação na Sociedade de Risco. In: *Tributação Internacional*. São Paulo: Quartier Latin, 2013, p. 15-49.
24. Para um exame profundo acerca da pós-modernidade na realidade brasileira, ver: BITTAR, Eduardo C. B. *O Direito na Pós-Modernidade*. Rio de Janeiro: Forense Universitária, 2005, p. 215-284.

Fazendo um parêntesis aqui, pode-se afirmar que todas essas características que fazem com que o Executivo tenha certa preponderância sobre o Legislativo encontram-se presentes na experiência tributária pátria.

Com efeito, o crescimento das atividades atribuídas à administração pública faz com que sejam necessários recursos para fazer frente a essas despesas, com o que a tributação passa a ter fundamental importância para a manutenção do Estado; a legitimação democrática da chefia do Executivo faz com que a imposição de tributos por atos Executivos não seja completamente antidemocrática; a tecnicidade dos temas fiscais exclui a matéria tributária da competência deliberativa das assembleias representativas; a inflação legislativa põe em xeque a racionalidade da legislação tributária; a complexidade da sociedade de risco faz com que o Executivo tenha melhores condições de avaliar os impactos extrafiscais da tributação; e a globalização faz com que também no campo tributário busquem-se medidas de harmonização legislativa que reduzem o papel do legislador nacional.[25]

3. A DESLEGALIZAÇÃO COMO CONSEQUÊNCIA DA PREPONDERÂNCIA DO PODER EXECUTIVO

Decorrência do cenário acima descrito e do novo delineamento das atribuições a cargo dos Poderes Executivo e Legislativo é o fenômeno da deslegalização.

---

25. Sobre a harmonização tributária, ver: SILVA, Sergio André R. G. da. *Integração Econômica e Harmonização da Legislação Tributária*. Rio de Janeiro: Lumen Juris, 2003; CATÃO, Marcos André Vinhas; SILVA FILHO, Antonio Rodrigues da. *Harmonização Tributária no Mercosul*. São Paulo: Aduaneiras, 2001. PIRES, Adilson Rodrigues. Harmonização Tributária em Processos de Integração Econômica. In: CARVALHO, Maria Augusta Machado de (Coord.). *Estudos de Direito em Homenagem à Memória de Gilberto de Ulhôa Canto*. Rio de Janeiro: Forense, 1998, p. 1-10.

Como nos lembra Alf Ross, "a maioria das palavras não têm um campo de referência único, mas sim dois ou mais, cada um deles construído sob a forma de uma zona central à qual se acrescenta um círculo de incerteza".[26]

O vocábulo deslegalização padece desta plurivocidade, na medida em que, em um conceito *lato*, designa a exclusão de determinada matéria do âmbito da regulamentação estatal; enquanto, em um conceito mais estrito, refere-se à transferência de competências legislativas do Poder Legislativo ao Poder Executivo.

Em sua acepção mais ampla, a deslegalização relaciona-se com a pretensão de se reduzir a intervenção estatal nas relações privadas, entregando-se certas matérias do domínio dos entendimentos entre particulares.

A seu turno, em sua acepção restrita a deslegalização refere-se à transferência de competências originariamente alocadas no Poder Legislativo ao Executivo.

É nessa acepção estrita que a deslegalização encontra-se vinculada às transformações do Estado brasileiro contemporâneo cuja análise pretende-se empreender, servindo como instrumento para viabilizar as intervenções que se exigem da Administração Pública hodiernamente, concretizando-se pela atribuição constitucional de competências normativas ao Poder Executivo[27] (as quais se encontram fora dos lindes desse estudo), bem como pela delegação legislativa.

4. NOTAS SOBRE A DELEGAÇÃO LEGISLATIVA

Segundo Carlos Roberto de Siqueira Castro, há delegação legislativa quando da "transferência da função normativa

---

26. ROSS, Alf. *Direito e Justiça*. Tradução Edson Bini. Bauru: EDIPRO, 2000, p. 143.
27. Cf. GARCIA DE ENTERRÍA, Eduardo. *Legislación Delegada, Potestad Reglamentaria e Control Judicial*. 3. ed. Madrid: Civitas, 1998, p. 220.

atribuída originária e constitucionalmente ao Poder Legislativo a órgãos ou agentes especializados do próprio Legislativo ou integrantes dos demais Poderes do Estado".[28]

A legitimidade da delegação de competências legislativas para o Poder Executivo depende: (1) de sua previsão no ordenamento jurídico ou, ao menos, a sua não vedação; (2) da existência de ato específico que, de forma expressa, concretize a delegação; (3) da determinação, por parte do Poder delegante, dos limites de atuação do ente delegatário; (4) da revogabilidade e indelegabilidade dos poderes delegados; (5) da preservação de igual competência pelo Poder delegante; e (6) do controle dos atos emitidos pelo delegatário pelo Poder delegante e pelo Poder Judiciário.[29] Tais requisitos serão analisados a seguir:

a) Possibilidade jurídica da delegação legislativa: O primeiro requisito da delegação legislativa consiste em sua *possibilidade jurídica*, ou seja, em ser a mesma permitida ou ao menos não expressamente ou implicitamente vedada pela Constituição Federal.

b) Previsão de limites ao exercício da competência delegada em ato delegatório específico: A delegação de competências normativas deve ser estabelecida por ato específico, emanado do Poder delegante, o qual estabelecerá os limites em que será legítima a atuação do ente delegatário.

---

28. CASTRO, Carlos Roberto de Siqueira, *O Congresso e as Delegações Legislativas*, 1986, p. 81. No mesmo sentido: OTTO, Ignacio de. *Derecho Constitucional*: Sistema de Fuentes. Barcelona: Ariel, 1998, p. 181-185; TOURINHO, Arx da Costa. A delegação legislativa e sua irrelevância no Direito brasileiro atual. *Revista de Informação Legislativa*, Brasília, n. 54, abr.-jun. 1977, p. 69; FORTES, Bonifácio. Delegação Legislativa. *Revista de Direito Administrativo*, Rio de Janeiro, v. 62, out.-dez. 1960, p. 353; DUARTE, Clenício da Silva. Delegação de Competência. *Revista de Direito Público*, São Paulo, n. 27, jan.-mar. 1974, p. 38.
29. Cf. CASTRO, Carlos Roberto de Siqueira, *O Congresso e as Delegações Legislativas*, 1986, p. 95.

A exigência da previsão dos limites da atuação normativa do ente delegatário é exigência do princípio democrático, na medida em que os entes delegatários recebem atribuição de competência para exercer uma *discricionariedade técnica* para adotar as ações que melhor se prestem à consecução dos *fins insculpidos nas normas legais*. Uma vez que o legislador não tem como identificar antecipadamente qual a melhor solução a ser adotada nos casos concretos, delega ao Executivo uma competência limitada para estabelecer tais regras.

Dessa forma, pode-se aduzir que a atuação dos entes delegatários trata-se de atividade *infralegal*, devendo pautar-se pelos *standards* previstos na norma delegatória, bem como nas demais normas que compõem o ordenamento jurídico.

Em consonância com a lição de Laurence H. Tribe, a previsão dos *standards* para a legítima atuação dos entes delegatários resguarda, ainda, a possibilidade de seu controle, uma vez que será possível verificar: (1) se o seu agir está compreendido na competência que lhe foi delegada; (2) se tal competência é detida pelo Poder delegante; e (3) se a mesma está inserida no campo de competências delegáveis pelo Poder Legislativo.[30]

---

30. TRIBE, Laurence H. *American Constitutional Law*. 2nd. ed. New York: The Foundation Press, 1988, p. 364. Segundo Alexandre Santos de Aragão, "não é suficiente, contudo, apenas a previsão legal da competência da Administração Pública para editar normas sobre determinado assunto. Mister se faz que a lei estabeleça também princípios, finalidades, políticas públicas ou *standards* que propiciem o controle do regulamento (*intelligible principles doctrine*), já que a atribuição de poder normativo sem que se estabeleçam alguns parâmetros para o seu exercício não se coadunaria com o Estado Democrático de Direito, que pressupõe a possibilidade de controle de todos os atos estatais" (ARAGÃO, Alexandre Santos de. *Direito dos Serviços Públicos*. Rio de Janeiro: Forense, 2007, p. 329). No mesmo sentido, negando a legitimidade de delegações abertas de competências legislativas, ver: PIERCE JR., Richard J.; SHAPIRO, Sidney A.; VERKUIL, Paul R. *Administrative Law and Process*. 3rd. ed. New York: The Foundation Press, 1999. p. 36. Para um estudo mais aprofundado da questão relacionada à previsão de *standards* para

c) Revogabilidade, indelegabilidade e reserva de iguais atribuições pelo Poder delegante: Tendo em vista que os entes executivos recebem uma competência normativa limitada é óbvio que o Poder delegante (o Poder Legislativo) permanece com a competência plena para editar regras acerca das matérias afetas à esfera de competência do Executivo, podendo, a qualquer momento, excluir sua competência normativa.[31]

Sendo certo que o poder delegante permanece munido da competência transferida é igualmente certo que após a delegação tal competência deve ser exercida de forma a proteger as situações jurídicas criadas pela edição das regras por parte do delegatário.

Essa questão torna relevante a discussão quanto ao fenômeno da "relegificação" que ocorre quando o poder delegante resolve, posteriormente à delegação, editar norma contrária à editada pelo ente delegatário, sendo necessária a definição de mecanismos para proteção da eficácia das normas por este editadas.[32]

Em outra assentada, tendo em vista que o ente delegatário exerce uma competência normativa alheia, não pode o mesmo transferi-la para outrem, sendo indelegável a competência adquirida por intermédio de delegação legislativa.

d) Possibilidade de controle: Por fim, a legitimidade da delegação legislativa depende da existência de mecanismos para o controle da atividade delegada.

---

a validade de delegações legislativas, ver: BARBER, Sotirios. *The Constitution and the Delegation of Congressional Power*. Chicago/London: The University of Chicago Press, 1975, p. 72-107.
31. Sobre esse tema, ver: CASSAGNE, Juan Carlos. *Derecho Administrativo*. 7. ed. Buenos Aires: Abeledo Perrot, 2002, t. I, p. 381.
32. Sobre esse tema, ver: FRONTONI, Elisabetta. Spunti in Tema di Delegificazione: "Rilegificazione" e Sottrazione dei Regolamenti in Delegificazione All'Abrogazione Referendaria. In: MODUGNO, Franco. *Trasformazioni della Funzione Legislativa*: Crisi della Legge e Sistema delle Fonti. Milano: Giuffrè, 2000, p. 244.

Tal controle pode e deve ser exercido pelo Poder delegante, que se entender que os atos praticados pelo ente delegatário não estão atingindo as finalidades legais pretendidas pode, simplesmente, retirar-lhe tais prerrogativas ou editar atos contrários aos expedidos pelo Executivo; assim como pelos órgãos do Poder Judiciário, mediante a iniciativa da parte interessada (a Administração Direta ou o Administrado).

O controle exercido pelo Poder delegante engloba aspectos de legalidade e mérito dos atos normativos editados pelos entes delegatários (caso em que é possível que haja a interferência de interesses políticos sobre sua atuação técnica); a seu turno o controle judicial volta-se principalmente à análise da legalidade de tais atos, sendo o controle de mérito limitado ao exame quanto ao respeito ao *princípio da proporcionalidade* (*devido processo legal substantivo*).

5. CONCLUSÃO DA PARTE I

A primeira parte deste artigo teve um propósito bem delimitado: o exame das razões da crise da lei nos Estados ocidentais modernos e da deslegalização como instrumento para a superação da mesma.

Cremos que, a despeito da análise meramente perfunctória apresentada, logrou-se demonstrar que não há mais como se imaginar o retorno ao modelo clássico de legalidade, em que a lei se presta à solução de todos os problemas surgidos no âmbito da coletividade e que o Poder Legislativo encontra-se preparado para deliberar sobre todos os temas relevantes para a coletividade.

No seio da sociedade de risco, onde se enfrentam riscos globais e a uma primeira vista insolúveis como o risco do terrorismo, os riscos ambientais, o risco da falência dos Estados, a biotecnologia, com temas como a manipulação genética e a clonagem de seres humanos, a lei desenvolvida no âmbito do Poder Legislativo já não é bastante para garantia da segurança dos indivíduos.[33]

Tornou-se comum, portanto, a transferência de competências normativas para entes executivos especializados, dotados de maior qualificação técnica, do que é exemplo claro o desenvolvimento das agências reguladoras.

Como se pretende demonstrar no seguinte item, o Direito Tributário não se queda fora do campo dessas modificações, com o que é imprescindível o estudo dos impactos desse estado de fatos no campo fiscal, o que se fará a seguir.

II. A DESLEGALIZAÇÃO NO DIREITO TRIBUTÁRIO

Postos e analisados os aspectos gerais relacionados à deslegalização no âmbito do Direito Constitucional, é de se examinar os contornos assumidos pela matéria no Direito Tributário.

Nessa seara, salvo as situações de deslegalização previstas expressamente no próprio texto constitucional, como as referentes à possibilidade de modificação das alíquotas do Imposto de Importação, do Imposto de Exportação, do Imposto sobre Produtos Industrializados e do Imposto sobe Operações Financeiras por ato do Poder Executivo (artigo 153, § 1º da Constituição Federal), há um entendimento generalizado no sentido de que a deslegalização não seria possível.

Esse posicionamento, via de regra, tem fundamento no princípio da segurança jurídica, do qual decorrem a legalidade e tipicidade tributárias, a seguir examinadas.

---

33. Sobre a sociedade de risco e suas características, ver: ROCHA, Sergio André. A Tributação na Sociedade de Risco. In: *Tributação Internacional*. São Paulo: Quartier Latin, 2013, p. 15-20.

1. VISÃO TRADICIONAL DO PRINCÍPIO DA LEGALIDADE TRIBUTÁRIA

O princípio da legalidade tributária é normalmente conceituado como uma garantia de que os tributos serão cobrados somente nas situações objetivamente descritas no texto legal.[34]

A visão do princípio da legalidade como uma forma de garantia de uma segurança jurídica quase absoluta, mediante a previsão, na lei, de uma descrição objetiva do tipo tributário, foi sustentada na obra de Alberto Xavier,[35] a qual ilumina o pensamento da *doutrina formalista do Direito Tributário*.[36]

Com isso, percebe-se que, juntamente com o princípio da legalidade tal doutrina formalista apregoa que os conceitos utilizados na lei devem ser determinados, afastando-se os conceitos incertos, dotados de uma fluidez que traga insegurança quanto ao comando contido na regra fiscal.[37]

---

34. Nesse sentido, ver: MACHADO, Hugo de Brito. *Princípios Jurídicos da Tributação na Constituição de 1988*. 5. ed. São Paulo: Dialética, 2004, p. 21.

35. Cf. XAVIER, Alberto. *Os Princípios da Legalidade e da Tipicidade da Tributação*. São Paulo: Revista dos Tribunais, 1978. p. 36 e 37; XAVIER, Alberto. *Tipicidade da Tributação, Simulação e Norma Antielisiva*. São Paulo: Dialética, 2001, p. 17-18.

36. Sobre o tema ver o nosso: Ética, Moral e Justiça Tributária. *Revista Tributária e de Finanças Públicas*, São Paulo, n. 51, jul. ago. 2003, p. 111-116.

37. Nesse sentido, ver: ROLIM, João Dácio. *Normas Antielisivas Tributárias*. São Paulo: Dialética, 2001. p. 48; DERZI, Misabel Abreu Machado. A Desconsideração dos Atos e Negócios Jurídicos Dissimulatórios, segundo a Lei Complementar n. 104, de 10 de janeiro de 2001. In: ROCHA, Valdir de Oliveira (Coord.). *O Planejamento Tributário e a Lei Complementar 104*. São Paulo: Dialética, 2001, p. 224; CARRAZZA, Roque Antonio. *Curso de Direito Constitucional Tributário*. 20. ed. São Paulo: Malheiros, 2004, p. 235 e 236; OLIVEIRA, Yonne Dolácio de. Princípio da Legalidade. In: MARTINS, Ives Gandra da Silva (Coord.). *Princípio da Legalidade*. São Paulo: Resenha Tributária, 1981, p. 506 e 507; BOLAN, Ricardo Ferreira. O Papel da Lei na Criação de Deveres Instrumentais Tributários. *Revista Direito Tributário Atual*, São Paulo, n. 17, 2003, p. 295.

Para alcançar o desiderato de conjugar legalidade e tipicidade como formas de garantia absoluta da segurança jurídica do contribuinte, a doutrina formalista do Direito Tributário passa por uma compreensão restrita das atividades de interpretação.[38]

Na verdade, na medida em que a concepção tradicional do princípio da legalidade busca assegurar tal segurança jurídica plena aos contribuintes, parte a mesma da crença de que a interpretação do texto das leis tributárias leva (ou deve levar) sempre à criação de uma mesma norma jurídica, com o que a legalidade tributária não deixaria ao Administrador Público qualquer liberdade de conformação.[39]

Denotativa dessa linha de entendimento é a seguinte passagem de Roque Antonio Carrazza:

> Na verdade, em matéria tributária o *princípio da estrita legalidade tributária* leva ao *da tipicidade fechada* (ou da determinação).
>
> De fato, os elementos integrantes do *tipo tributário* devem ser formulados na lei de modo tão preciso e determinado que o aplicador não tenha como introduzir critérios subjetivos de apreciação, que poderiam afetar, como já escrevemos, a segurança jurídica dos contribuintes, comprometendo-lhes a capacidade de previsão objetiva de seus direitos e deveres.

---

38. Há aqui verdadeiro paralelo entre a doutrina formalista do Direito Tributário e as teorias positivistas do direito, como tivemos a oportunidade de demonstrar em SILVA, Sergio André R. G. da. Ética, Moral e Justiça Tributária. *Revista Tributária e de Finanças Públicas*, São Paulo, n. 51, jul.-ago 2003, p. 111-116.
39. Ver: NABAIS, José Casalta. *Contratos Fiscais*: Reflexões Acerca da sua Admissibilidade. Coimbra: Coimbra Editora, 1994, p. 222; BARRETO, Aires F. *ISS na Constituição e na Lei*. São Paulo: Dialética, 2003, p 14; ATALIBA, Geraldo. *Hipótese de Incidência Tributária*. 5. ed. São Paulo: Malheiros, 1993, p. 63; MACHADO, Hugo de Brito. *Curso de Direito Tributário*. 10. ed. São Paulo: Malheiros, 1995, p. 42; AMARO, Luciano. *Direito Tributário Brasileiro*. 7. ed. São Paulo: Saraiva, 2001, p. 24; ROSA JR., Luiz Emygdio F. da. *Manual de Direito Financeiro e Direito Tributário*. 17. ed. Rio de Janeiro: Renovar, 2003, p. 215-217.

Enfim, os *tipos tributários* devem necessariamente ser minuciosos, para que não haja espaço, por parte do Fisco, nem para o emprego da analogia, nem da discricionariedade. Sempre mais notamos, portanto, que o *princípio da tipicidade fechada* contribui, de modo decisivo, para a segurança jurídica do contribuinte. Segurança jurídica que pulveriza quando a própria Fazenda Pública elege os critérios que reputa razoáveis, para, por exemplo, a fixação da base de cálculo do *IRPJ*.[40]

Nesse sentido, tal linha teórica entra em contraste com a teoria hermenêutica contemporânea, segundo a qual *um mesmo texto legal* pode levar à *criação* de *mais de uma norma jurídica*[41], fato que coloca em xeque a ideia tradicional de legalidade, na medida em que se torna impossível deixar de reconhecer certa margem de conformação ao Executivo.

2. REVÉS DA VISÃO TRADICIONAL: A INTERPRETAÇÃO COMO UMA ATIVIDADE CRIATIVA

A posição sobre o princípio da legalidade acima apresentada tem fulcro em vetustas e ultrapassadas concepções

---

40. CARRAZZA, Roque Antonio. O Princípio da Legalidade e a Faculdade Regulamentar no Direito Tributário. In: TÔRRES, Heleno Taveira (Coord.). *Tratado de Direito Constitucional Tributário*: Estudos em Homenagem a Paulo de Barros Carvalho. São Paulo: Saraiva, 2005, p. 523. Encontramos lição de semelhante teor em: CARRAZZA, Roque Antonio. *Curso de Direito Constitucional Tributário*. 20. ed. São Paulo: Malheiros, 2004, p. 398-399; COÊLHO, Sacha Calmon Navarro. O princípio da legalidade. O objeto da tutela. In: PIRES, Adilson Rodrigues; TÔRRES, Heleno Taveira (Orgs.). *Princípios de Direito Financeiro e Tributário*: Estudos em Homenagem ao Professor Ricardo Lobo Torres. Rio de Janeiro: Renovar, 2006, p. 626-628; COÊLHO, Sacha Calmon Navarro. *Curso de Direito Tributário Brasileiro*. 6. ed. Rio de Janeiro: Forense, 2001, p. 196-202; TÔRRES, Heleno Taveira. Segurança Jurídica em Matéria Tributária. In: MARTINS, Ives Gandra da Silva. *Limitações ao Poder Impositivo e Segurança Jurídica*. São Paulo: Revista dos Tribunais, 2005. p. 160-162; NOVOA, César Garcia. *El Principio de Seguridad Jurídica en Materia Tributaria*. Madrid: Marcial Pons, 2000, p. 78 e 79.
41. Ver: ROCHA, Sergio André. *Interpretação dos Tratados para Evitar a Bitributação da Renda*. São Paulo: Quartier Latin, 2013, p. 124-130.

hermenêuticas, notadamente a crença de que a interpretação de um texto consiste em revelar sua verdadeira (e única) mensagem.[42]

Com efeito, hoje é amplamente reconhecida a ideia de que sendo os textos jurídicos vertidos em linguagem permitem as mesmas interpretações divergentes, as quais serão forjadas tendo em consideração a *pré-compreensão* do intérprete.[43]

Nessa assentada há de se reconhecer que a interpretação tem um viés criativo que faz com que não seja possível estabelecer aprioristicamente uma única norma jurídica que seja

---

42. Cf. MAXIMILIANO, Carlos. *Hermenêutica e Aplicação do Direito*. 18. ed. Rio de Janeiro: Forense, 1999. p. 9. A ideia de que a interpretação consiste em uma atividade voltada para a descoberta do "verdadeiro" sentido de um texto legal encontra-se presente nos trabalhos de estudiosos da teoria geral do direito e nos compêndios gerais dos diversos "ramos" jurídicos, como em: MÁYNEZ, Eduardo García. *Introducción al Estudio del Derecho*. 53. ed. México: Porrúa, 2002, p. 327; COING, Helmut. *Elementos Fundamentais da Filosofia do Direito*. Tradução Elisete Antoniuk. Porto Alegre: Sergio Antonio Fabris Editor, 2002, p. 326; GUSMÃO, Paulo Dourado de. *Introdução ao Estudo do Direito*. 26. ed. Rio de Janeiro: Forense, 1999, p. 219; DINIZ, Maria Helena. *Compêndio de Introdução à Ciência do Direito*. 5. ed. São Paulo: Saraiva, 1993, p. 381; LOPES, Miguel Maria de Serpa. *Curso de Direito Civil*. 7. ed. Rio de Janeiro: Freitas Bastos, 1989, v. I, p. 114; RODRIGUES, Silvio. *Direito Civil*. 20. ed. São Paulo: Saraiva, 1989, v. I, p. 24; ESPÍNOLA, Eduardo. *Sistema de Direito Civil*. Rio de Janeiro: Editora Rio, 1977, p. 157; BEVILAQUA, Clovis. *Teoria Geral do Direito Civil*. Rio de Janeiro: Editora Rio, 1975, p. 45; JESUS, Damásio E. de. *Direito Penal*. 19. ed. São Paulo: Saraiva, 1995, v. I. p. 27; MIRABETE, Julio Fabrini. *Manual de Direito Penal*. São Paulo: Atlas, 1998, v. I, p. 51.

43. Sobre a *pré-compreensão* do intérprete, ver: GADAMER, Hans-Georg. *Verdade e Método I*: Traços Fundamentais de uma Hermenêutica Filosófica. 5 ed. Petrópolis: Vozes, 2003, p. 354-385; LARENZ, Karl. *Metodologia da Ciência do Direito*. 3. ed. Lisboa: Fundação Calouste Gulbenkian, 1997, p. 285-297; CAMARGO, Maria Margarida Lacombe. *Hermenêutica e Argumentação*: Uma Contribuição ao Estudo do Direito. 2. ed. Rio de Janeiro/São Paulo: Renovar, 2001, p. 50-61; SILVA, Sergio André R. G. da. A Hermenêutica Jurídica sob o Influxo da Hermenêutica Filosófica de Hans-Georg Gadamer. *Revista Tributária e de Finanças Públicas*, São Paulo, n. 64, set.-out. 2005, p. 285-287; ROCHA, Sergio André. *Interpretação dos Tratados para Evitar a Bitributação da Renda*. São Paulo: Quartier Latin, 2013, p. 98-112.

extraível de um determinado texto legal. Veja-se, a esse respeito, a seguinte lição de Eros Grau:

> As *disposições*, os *enunciados*, os *textos*, nada dizem; somente passam a dizer algo quando efetivamente convertidos em *normas* (isto é, quando – através e mediante a *interpretação* – são transformados em *normas*). Por isso *as normas resultam da interpretação*, e podemos dizer que elas, *enquanto disposições*, nada dizem – elas dizem o que os intérpretes dizem que elas dizem.
>
> Isso, contudo – note-se bem –, não significa que o intérprete, literalmente *crie* a norma. Dizendo-o de modo diverso: o intérprete não é um criador *ex nihilo*; ele produz a norma – não, porém, no sentido de fabricá-la, mas no sentido de reproduzi-la.
>
> O produto da interpretação é a norma expressada como tal. Mas ela (a *norma*) parcialmente *preexiste*, potencialmente, no invólucro do *texto*, invólucro do *enunciado*.[44]

---

44. GRAU, Eros Roberto. *Ensaio sobre a Interpretação/Aplicação do Direito*. São Paulo: Malheiros, 2002, p. 72 e 73. Sobre a função criativa da interpretação, ver: ROCHA, Sergio André. *Interpretação dos Tratados para Evitar a Bitributação da Renda*. São Paulo: Quartier Latin, 2013, p. 124-130; CASTRO, Carlos Roberto Siqueira. *O Devido Processo Legal e os Princípios da Razoabilidade e da Proporcionalidade*. 3 ed. Rio de Janeiro: Forense, 2005, p. 261; TORRES, Ricardo Lobo. *Normas de Interpretação e Integração do Direito Tributário*. 3. ed. Rio de Janeiro: Renovar, 2000, p. 47 e 48; LATORRE, Angel. *Introdução ao Direito*. Tradução Manuel de Alarcão. Coimbra: Almedina, 2002, p. 109-111; STRECK, Lenio Luiz. *Hermenêutica Jurídica e(m) crise*: uma exploração hermenêutica da constituição do direito. 4. ed. Porto Alegre: Livraria do Advogado, 2003, p. 91 e 92; SCHROTH, Ulrich. Hermenêutica Filosófica e Jurídica. In: KAUFMANN, A.; HASSMER, N. (Orgs.). *Introdução à Filosofia do Direito e à Teoria do Direito Contemporâneas*. Lisboa: Fundação Calouste Gulbenkian, 2002, p. 383 e 384; GADAMER, Hans-Georg, *Verdade e Método I*: traços fundamentais de uma hermenêutica filosófica, 2003, p. 432 e 433; LARENZ, Karl, *Metodologia da Ciência do Direito*, 1997, p. 283-284; ROSS, Alf. *Direito e Justiça*. Tradução Edson Bini. Bauru: EDIPRO, 2000, p. 139; RADBRUCH, Gustav. *Filosofia do Direito*. 6. ed. Tradução L. Cabral de Moncada. Coimbra: Arménio Amado, 1997, p. 230 e 231; LIMA, Maria Ednalva de. *Interpretação e Direito Tributário*. Rio de Janeiro: Forense, 2004, p. 87.

Nota-se, portanto, que a *própria evolução da teoria hermenêutica afasta a ideia de legalidade tributária tradicional bem como da ilusão da segurança jurídica absoluta da mesma decorrente.*

3. A UTILIZAÇÃO DE CONCEITOS INDETERMINADOS EM MATÉRIA TRIBUTÁRIA

Todavia, é a complexidade típica da sociedade de risco que definitivamente abala os alicerces de tal concepção de legalidade tributária tradicionalmente sustentada no Brasil.

Com efeito, diante da complexidade e mutabilidade constante dos fatos sociais, o legislador tributário tem se valido de *conceitos indeterminados* como forma de, por intermédio da abertura interpretativa, alcançar-se um maior espectro de aplicação das leis fiscais. Como assevera João Francisco Bianco, "o Direito Tributário, na sua busca pela identificação de riquezas para serem objeto de tributação, não pode fossilizar-se nem se manter inerte ou estagnado no tempo. Sua adaptação às novas realidades econômicas é fundamental para a plena realização do princípio da igualdade na tributação".[45]

São conceitos indeterminados aqueles cujo conteúdo é incerto aparecendo os mesmos quando "a lei refere uma esfera de realidade cujos limites não aparecem bem precisados em seu enunciado".[46] Nas palavras de Karl Engisch:

---

45. BIANCO, João Francisco. Segurança Jurídica e o Princípio da Legalidade no Direito Tributário. *Revista Direito Tributário Atual*, São Paulo, n. 19, 2005, p. 21.
46. Cf. GARCIA DE ENTERRÍA, Eduardo; FERNÁNDEZ, Tomás-Ramón. *Curso de Derecho Administrativo*. 10. ed. Madrid: Civitas, 2000, v. I, p. 457. Ver, também: ENGISCH, Karl. *Introdução ao Pensamento Jurídico*. Tradução J. Baptista Machado. 7. ed. Lisboa: Fundação Calouste Gulbenkian, 1996, p. 208 e 209.

A questão em exame foi analisada pelo professor Ricardo Lobo Torres, para quem, com a superação do positivismo jurídico e a compreensão de que a segurança jurídica deve ser ponderada com a justiça, "supera-se também a crença algum tanto ingênua na possibilidade de permanente fechamento dos conceitos tributários, como se nesse ramo do direito houvesse a perfeita adequação entre pensamento e linguagem e se tornasse viável a plenitude semântica dos conceitos. O direito tributário, como os outros ramos do direito, opera também por conceitos indeterminados, que deverão ser preenchidos pela interpretação complementar da Administração, pela contra-analogia nos casos de abuso do direito e pela argumentação jurídica democraticamente desenvolvida".[47]

A discussão quanto a abertura ou o fechamento dos conceitos tributários é provavelmente uma das que mais divide os tributaristas nos dias atuais.

Parece-nos que aqui uma primeira premissa que se deve adotar consiste no reconhecimento de que, como noticia Karl Engisch, conceitos absolutamente determinados são difíceis de serem encontrados, somente figurando como tais aqueles conceitos estritamente numéricos.[48]

---

47. TORRES, Ricardo Lobo. Legalidade Tributária e Riscos Sociais. *Revista Dialética de Direito Tributário*, São Paulo, n. 59, ago. 2000, p. 96. Sobre a utilização de conceitos indeterminados no campo do Direito Tributário, ver: RIBEIRO, Ricardo Lodi. *Justiça, Interpretação e Elisão Tributária*. Rio de Janeiro: Lumen Juris, 2003, p. 44; OLIVEIRA, José Marcos Domingues de. Legalidade Tributária – O Princípio da Proporcionalidade e a Tipicidade Aberta. *Revista de Direito Tributário*, n. 70, 2003, p. 114 e 115; SCHOUERI, Luís Eduardo. *Normas Tributárias Indutoras e Intervenção Econômica*. Rio de Janeiro: Forense, 2005, p. 250-251; ABRAHAM, Marcus. *O Planejamento Tributário e o Direito Privado*. São Paulo: Quartier Latin, 2007, p. 318; COSTA, Regina Helena. *Praticabilidade e Justiça Tributária*: Exiquibilidade de Lei Tributária e Direitos do Contribuinte. São Paulo: Malheiros, 2007, p. 183; BARBOSA, Henrique Corredor Cunha. A Consulta Fiscal e a Segurança Jurídica: uma Nova Perspectiva Diante dos Conceitos Indeterminados. In: ROCHA, Sergio André (Coord.). *Processo Administrativo Tributário*: Estudos em Homenagem ao Professor Aurélio Pitanga Seixas Filho. São Paulo: Quartier Latin, 2007, p. 293-298.
48. ENGISCH, Karl, *Introdução ao Pensamento Jurídico*, 1996, p. 208 e 209;

Dessa forma, tem-se que o apego a um suposto fechamento conceitual, característico da doutrina formalista, traz consigo uma equivocada compreensão do fenômeno linguístico, sendo inegável a presença de conceitos indeterminados nos textos das leis fiscais, o que certamente põe em xeque a crença largamente difundida na existência de uma verdade legal passível de ser alcançada via interpretação.

Alberto Xavier, certamente um dos mais respeitados cultores do formalismo jurídico na seara tributária, chega a reconhecer ser impossível evitar certa margem de indeterminação conceitual nas leis fiscais, ao afirmar que "a bem dizer, não existem conceitos absoluta e rigorosamente determinados", de forma que "deparando com aquilo que já se tem designado como uma 'indeterminação imanente' de todos os conceitos, se é forçado a reconhecer que a problemática da indeterminação não é tanto de natureza como de grau".[49]

Com essa observação em mente Alberto Xavier afirma que "a indeterminação conceitual relevante para o Direito Tributário é precisamente *aquela que afeta a referida segurança jurídica*, a mencionada suscetibilidade de previsão objetiva".[50]

Todavia, seguindo essa linha de entendimento [de que a lei tributária deve ser passível de uma previsibilidade objetiva], enuncia o mestre que esta é viabilizada pelos conceitos determinados. Vejam-se suas lições:

> Dado tudo o que – deve entender-se por *conceito determinado* aquele conceito empregado pela lei e na qual o órgão

---

KAUFMANN, Arthur. *Filosofía del Derecho*. Tradução Villar Borda e Ana Maria Montoya. Bogotá: Universidad Externado de Colombia, 1999, p. 108.
49. XAVIER, Alberto, *Os Princípios da Legalidade e da Tipicidade da Tributação*, 1978, p. 97.
50. XAVIER, Alberto, *Os Princípios da Legalidade e da Tipicidade da Tributação*, 1978, p. 97. Entendimento semelhante encontramos em: NOVOA, César Garcia, *El Principio de Seguridad Jurídica en Materia Tributaria*, 2000, p. 120.

de aplicação do direito deva descobrir imediata, direta e exclusivamente o conteúdo que, deste modo, é lógica e conceitualmente *unívoco*. Houvera a participação de elementos estranhos à própria lei, houvera a intervenção de momentos subjetivos e individuais na sua aplicação – pois logo aí se perderia univocidade conceitual e, do mesmo passo, a segurança jurídica que dela não pode prescindir.[51]

Com o devido respeito pela doutrina professada por Alberto Xavier, torna-se evidente a contradição entre o seu pensamento e tudo o que se aduziu até o presente momento.

A ideia de que se pode alcançar univocidade na interpretação das leis fiscais parece mal-representar o fenômeno hermenêutico, já que, como vimos anteriormente, o processo interpretativo parte da pré-compreensão do intérprete, a qual torna impossível uma completa objetividade hermenêutica.

Na medida em que se reconhece que o intérprete participa do processo hermenêutico, não se encontrando fora do mesmo como pretendia a doutrina metodológica tradicional, não se pode deixar de reconhecer a impossibilidade de se alcançar uma objetividade plena na interpretação.

Tal circunstância é acentuada pela natural indeterminação conceitual e a abertura da linguagem, as quais tornam utópica uma univocidade interpretativa.

Dessa forma é importante que deixemos claro: a presença de conceitos indeterminados no Direito Tributário é inevitável e a mesma traz consigo uma também inevitável relativização da noção clássica de legalidade, na medida em que se reconhece à autoridade fiscal certa margem de liberdade de conformação, devendo-se focar a atenção agora nos mecanismos de controle que protegerão os contribuintes

---

51. XAVIER, Alberto, *Os Princípios da Legalidade e da Tipicidade da Tributação*, 1978, p. 98.

contra um indevido exercício de tal liberdade, a qual permanece pautada pelos limites legais.[52]

4. A PRESENÇA DE TIPOS NO DIREITO TRIBUTÁRIO

Além dos conceitos indeterminados, outro instrumento de abertura das regras tributárias é a presença de tipos nos textos das leis fiscais.[53]

Embora o tipo também seja aberto, como os conceitos indeterminados, abrindo-se para a concretização diante das situações fáticas, dos mesmos se difere por ser decorrente da conjunção de dados concretos presentes no mundo factual. Conforme salienta Ricardo Lobo Torres, "tipo é a ordenação de dados concretos existentes na realidade segundo critérios de semelhança. Nele há abstração e concretude, pois é encontrado assim na vida social como na norma jurídica. Eis alguns exemplos de tipo: empresa, empresário, trabalhador, indústria, poluidor. O que caracteriza o tipo 'empresa' é que nele se contêm todas as possibilidades de descrição de suas características, independentemente de tempo, lugar ou espécie de empresa. *O tipo representa a média ou a normalidade de uma determinada situação concreta, com as suas conexões de sentido. Segue-se,*

---

52. Faz sentido neste contexto a observação de José Maria Arruda de Andrade, para quem "pode haver, portanto, uma tensão entre a legalidade e o exercício do *poder regulamentar*. Aqui, não se entende que caberia ao titular da competência regulamentar apenas explicitar o que a lei prescrevera. O estudo da função regulamentadora deve ser contextualizado de acordo com o regime jurídico-constitucional da matéria regulada. No âmbito tributário, a própria Constituição Federal e o Código Tributário Nacional imprimem os limites a serem observados, sobretudo em relação à majoração do tributo" (ANDRADE, José Maria Arruda de. *Interpretação da Norma Tributária*. São Paulo: MP Editora, 2006, p. 173).
53. Fizemos alnálise mais detida da questão da tipicidade tributária em texto específico dedicado ao tema: ROCHA, Sergio André. Existe um Princípio da Tipicidade no Direito Tributário? *Revista Dialética de Direito Tributário*, São Paulo, n. 136, jan. 2007, p. 68-79.

daí, que a noção de tipo admite as dessemelhanças e as especificidades desde que não se transformem em desigualdade ou anormalidade".[54]

Misabel Abreu Machado Derzi, autora do trabalho mais completo acerca do tipo tributário, aduz que "tipificar tem o sentido amplo de abstrair as particularidades individuais, para colher o que é comum ou repetitivo. Tipo será então o que resultar desse processo de abstração generalizante, vale dizer, a forma média ou frequente, ou aquela especialmente representativa, ou ainda, o padrão normativo ideal".[55]

Daí a observação de Karl Larenz no sentido de que "o tipo não se define, descreve-se. Não se pode subsumir à descrição do tipo; mas pode-se, com sua ajuda, ajuizar se um fenômeno pode ou não integrar-se no tipo".[56]

Um tipo, portanto, é um conjunto de características retiradas da realidade, as quais não necessitam estar sempre presentes para que dado fato seja típico. Daí a diferença entre o tipo e o conceito fechado. O tipo abre espaço para o mais ou menos da lógica *fuzzy*, na medida em que os fatos podem conter todas ou apenas algumas das características típicas.[57]

Na verdade, se grandes são as diferenças entre os tipos e os conceitos fechados, mais fluida é a distinção entre aqueles e os conceitos indeterminados.

Como anota Misabel Derzi, com fulcro nas lições de Detlev Leenen, "a distinção entre tipo e conceito é gradual e tipológica. Entre os dois polos identificáveis nitidamente – de

---

54. TORRES, Ricardo Lobo, *Tratado de Direito Constitucional Financeiro e Tributário*: Valores e Princípios Constitucionais Tributários, 2005, p. 469 e 470.
55. DERZI, Misabel de Abreu Machado. *Direito Tributário, Direito Penal e Tipo*. São Paulo: Revista dos Tribunais, 1988, p. 47.
56. LARENZ, Karl, *Metodologia da Ciência do Direito*, 1997, p. 307.
57. Cf. KAUFMANN, Arthur, *Filosofía del Derecho*, 1999, p. 250.

um lado, o tipo puro e, de outro, o conceito classificatório fechado – surgem várias transições fluidas: conceitos mais ou menos determinados, conceitos que pedem valoração ou preenchimento de significação etc.".[58]

Diante dessas breves notas acerca da tipificação no Direito Tributário, as quais certamente nem de perto esgotam tão profícuo tema, importa destacar apenas que além dos conceitos indeterminados, os tipos também provocam uma abertura das regras fiscais, e assim, como se verá a seguir, implicam em uma relativização da visão tradicional do princípio da legalidade.

5. A DESLEGALIZAÇÃO NO DIREITO TRIBUTÁRIO

5.1. Transferência para o Executivo de competências legislativas na seara fiscal

Uma primeira questão que deve ser analisada, no campo da deslegalização no Direito Tributário, é referente à possibilidade de a lei atribuir ao Poder Executivo a competência para dispor acerca de qualquer dos aspectos fundamentais da regra-matriz de incidência, seja em seu antecedente ou seu consequente.

A doutrina majoritária afirma que, em razão do princípio da legalidade tributária, não seria possível a estipulação, via regulamento, de qualquer dos aspectos da norma tributária impositiva, sendo a lei o veículo legítimo para o estabelecimento de deveres tributários.

Retomando a distinção entre os conceitos em sentido lato e estrito do vocábulo deslegalização, pode-se afirmar, categoricamente, que *não é possível, no Direito Tributário, a deslegalização*

---

[58]. DERZI, Misabel de Abreu Machado, *Direito Tributário, Direito Penal e Tipo*, 1988, p. 62.

como exclusão de matérias fiscais do campo da reserva de lei, de modo que todo e qualquer tributo pudesse ser instituído e majorado por ato do Poder Executivo (deslegalização lato sensu).

Todavia, quando se fala na deslegalização em sentido estrito, como delegação ao Executivo da competência para editar determinados atos normativos, com base em *standards* estabelecidos pelo legislador, parece-nos que a conclusão pela sua impossibilidade no Direito Tributário não é tão evidente, embora afirmada pela doutrina.

Com efeito, ao tratar do tema a doutrina tributária normalmente refere-se à impossibilidade de uma lei transferir expressamente, para o âmbito do regulamento, a disciplina de determinada regra-matriz de incidência, como seria o caso de uma lei estabelecer que a alíquota de dado imposto será determinada em regulamento a ser editado pelo Executivo.

Quer-nos parecer, todavia, que as relações entre lei e regulamento não devem ser tratadas assim em termos absolutos, principalmente se levarmos em conta a indeterminação das leis fiscais.

5.2. A utilização de conceitos indeterminados como instrumento de deslegalização, via delegação de competência, no Direito Tributário

Feitos todos os comentários acima chega-se ao momento de enfrentar uma das questões mais controvertidas do presente estudo: a utilização de conceitos indeterminados pode ser entendida como uma forma de delegação legislativa?

Como examinado no item 4 da primeira parte deste artigo, tem-se uma delegação legislativa sempre que há a transferência de competências legislativas do Poder Legislativo para ente que não seja dotado da mesma. No caso interessa-nos a delegação de competência para o Poder Executivo.

No Direito Constitucional brasileiro o melhor estudo sobre a delegação legislativa foi elaborado por Carlos Roberto de Siqueira Castro, sendo que para o citado constitucionalista o fato de a interpretação da lei ter evidente caráter criativo, não bastaria para se confundir a mesma com o instituto da delegação legislativa, uma vez que esta envolveria a possibilidade de edição, *ex novo*, de lei delegada.[59]

O entendimento adotado por este grande constitucionalista se fundamenta, portanto, na compreensão de que para que haja delegação legislativa é necessário que se transfira, ao Executivo, a possibilidade de inovar o ordenamento jurídico.

A despeito da autoridade desse posicionamento, cremos ser possível sustentar conclusão diversa.

De fato, como referido na alínea "b" do item 4 da primeira parte deste estudo, um dos requisitos para uma legítima delegação legislativa é que a lei delegante estabeleça os critérios, os *standards* que devem ser observados pelo ente delegatário.

Nessa ordem de convicções, parece-nos que afirmar que o ente delegatário tem liberdade de conformação para inovar o ordenamento jurídico não reflete a real natureza da delegação legislativa.

Isso que foi dito acima é muito importante para o deslinde da presente questão. Caracteriza-se a delegação legislativa pela transferência de competências normativas do Legislativo para outro ente, normalmente o Executivo. Tal delegação, entretanto, *deve ser estabelecida em regra que contenha a moldura dentro da qual tem o Executivo a possibilidade de exercer a competência delegada.*

---

59. CASTRO, Carolos Roberto de Siqueira, *O Congresso e as Delegações Legislativas*, 1986, p. 103 e 104.

Ora, temos que com a presença de conceitos indeterminados no campo tributário pode-se alcançar o mesmo efeito da delegação legislativa.

Com efeito, o que são tais conceitos indeterminados senão *standards* que devem ser observados pelo aplicador da regra?[60]

Se efetivamente há uma diferença entre a delegação legislativa e a utilização de conceitos indeterminados na composição da regra tributária parece-nos que esta consiste no fato de que, na delegação, o Executivo é *o ente* responsável pela concretização em ato dos *standards* contidos na regra de delegação.

De outro lado, a utilização de conceitos indeterminados não representa, necessariamente, a transferência ao Executivo da competência pela sua determinação, mas sim a possibilidade da criação de *n* normas a partir do texto, inclusive aquela que seja do interesse do Executivo.

Todavia, aproximam-se a delegação e a indeterminação na medida em que o controle de ambas as figuras se dará pela apreciação da pertinência da norma criada pelo Executivo quando confrontada com os *standards* previstos na regra delegatória ou no conceito indeterminado utilizado.

5.3. A utilização de tipos como instrumento de deslegalização, via delegação de competência, no Direito Tributário

A adoção de tipos na formatação da legislação tributária igualmente funciona como instrumento de delegação de atividades legislativas ao Poder Executivo, a quem cabe, mediante

---

[60]. Segundo Marco Aurélio Greco, "temos que considerar que a tipicidade pode ser vista como *standard*, como modelo. A lei prevê modelos de conduta e não necessariamente apenas um certo rótulo dado a conduta" (GREGO, Marco Aurélio. *Planejamento Tributário*. São Paulo: Dialética, 2004, p. 145).

a edição dos chamados regulamentos tipificadores, identificar os fatos típicos. Como destaca Ricardo Lobo Torres, "assiste-se, na sociedade de risco, ao surgimento de nova equação, na qual o Executivo, por normas regulamentares, procede à tipificação (*Typisierung*) e até à quantificação (*Pauschalierung* em alemão)".[61]

Ora, parece-nos que ao editar o regulamento tipificador está a Administração a assumir tarefa que originariamente encontrava-se alocada no âmbito da competência legislativa. Assim, a delegação ao administrador da competência para realizar a tipificação deve ser considerada uma espécie de delegação legislativa. Com efeito, o tipo legal, aberto por natureza, é concretizado pela atividade do Poder Executivo, a qual deve ser pautada pelo standard previsto na lei.[62]

É evidente, portanto, que a adoção de tipos nas normas fiscais é certamente um mecanismo de mitigação da noção tradicional da legalidade tributária,[63] na medida em que a abertura do tipo legal certamente põe em xeque as noções de legalidade estrita e tipicidade cerrada conforme sustentadas normalmente pela doutrina tributária.

---

61. TORRES, Ricardo Lobo, *Tratado de Direito Constitucional Financeiro e Tributário*: Valores e Princípios Constitucionais Tributários, 2005, p. 503.

62. Alberto Xavier, embora negue a possibilidade de sua utilização no campo tributário, concorda que a utilização de tipos e conceitos indeterminados configura espécie de delegação legislativa, ao afirmar que um "tipo de normas de delegação resulta de uma *predeterminação indeterminada*. Nestes casos formula-se a norma de modo vago e impreciso, de tal modo que ao órgão de aplicação do Direito, face à falta de clareza da lei, é atribuída a liberdade de emitir valorações pessoais que, na prática, equivalem à criação da norma aplicável ao caso concreto. É o que sucede com os *conceitos indeterminados* (*Unbestimmte Rechtsbegriffe*), conceitos porosos, dotados de *vagueness, fuziness, open texture* que, pela sua vaguidade e imprecisão, podem constituir um instrumento de delegação de competência de decisão, permitindo à Administração ou ao juiz uma atividade criadora do Direito" (XAVIER, Alberto, *Tipicidade da Tributação, Simulação e Norma Antielisiva*, 2001, p. 28).

63. Cf. TORRES, Ricardo Lobo, *Tratado de Direito Constitucional Financeiro e Tributário*: Valores e Princípios Constitucionais Tributários, 2005, p. 503.

5.4. São os conceitos indeterminados e os tipos compatíveis com o princípio da legalidade tributária?

Diante de todos os comentários apresentados anteriormente, há que se concluir que a utilização de tipos e conceitos indeterminados nos textos das leis fiscais não contraria o princípio da legalidade, se este há de ser compreendido a partir das especificidades da sociedade de risco pós-moderna, à luz da teoria hermenêutica hodierna e tendo como parâmetros os limites da linguagem.

Os tipos e conceitos indeterminados somente são contraditórios com as mitológicas figuras da legalidade estrita e da tipicidade cerrada conforme forjadas pela doutrina formalista pátria, que, como visto, pretende que o texto da lei tributária traga uma única e certa mensagem a ser revelada pelo intérprete.

Assim, com fundamento em todas as considerações apresentadas ao longo deste estudo, há que se considerar que, deixando-se de lado o unicórnio do fechamento conceitual absoluto e abrindo-se a mente para a realidade da abertura textual, que de modo algum pode ser evitada, não há alternativa senão considerar que o princípio da legalidade na seara tributária limita-se a exigir que o executivo não crie tributos *ex nihilo*, sem que haja autorização legislativa.

Todavia, a legalidade não deve ser interpretada de forma fundamentalista no sentido de que a lei não pode se abrir para a concretização por parte da Administração Pública, desde que a moldura da norma tributária esteja estabelecida no próprio ato emanado do Poder Legislativo.

Não se pense que o reconhecimento de que a legalidade tributária é compatível com a delegação de atividades legislativas ao Executivo torna a criação das regras tributárias um exercício do arbítrio.

Lembre-se que a legitimidade da delegação legislativa parte da existência de *standards* legais dos quais o ente delegatário não pode se afastar, dependendo, ainda, da possibilidade de seu controle. Assim, a delegação legislativa em nada se assemelha à atribuição de uma competência arbitrária ao Executivo.

5.5. O julgamento do Supremo Tribunal Federal no caso do Seguro de Acidentes de Trabalho

Como é de conhecimento geral, há alguns anos surgiu no cenário jurídico-tributário pátrio a discussão quanto à constitucionalidade da contribuição para o custeio do Seguro de Acidente de Trabalho, prevista na Lei n. 8.212/91 em seu artigo 22, inciso II.

Um dos principais argumentos jurídicos do questionamento quanto à compatibilidade constitucional do referido dispositivo consistia na alegação de violação ao princípio da legalidade.

A celeuma estabeleceu-se em razão das disposições contidas nas alíneas "a", "b" e "c" do inciso II do artigo 22 da Lei n. 8.212/91, que estabelecem as alíquotas da aludida contribuição em 1%, 2% e 3%, isso a depender da **atividade preponderante** do contribuinte, que pode ser classificada como de **risco leve**, **risco médio** e **risco grave**.

Diante da utilização da indeterminação legal, arguiu-se que a mesma seria inconstitucional, violando os princípios da legalidade e tipicidade tributárias, na medida em que se delegou ao Executivo a determinação do que seria a atividade preponderante da empresa, assim como das atividades que encerrariam riscos leve, médio e grave.

Contrário a esse entendimento, manifesta-se o professor Ricardo Lobo Torres exatamente no sentido de que a legislação do SAT compõe-se de *tipos*, afirmando textualmente que "é legítima a lei que transfere ao regulamento a competência para preencher o tipo nela previsto, explicitando as suas diversas possibilidades".[64]

O Supremo Tribunal Federal apreciou a questão nos autos do Recurso Extraordinário n. 343.446 (DJU de 04 de abril de 2003), relatado pelo Ministro Carlos Velloso.[65]

Como se infere da decisão proferida pelo Supremo Tribunal, manifestou a Corte entendimento no sentido de que "o fato de a lei deixar para o regulamento a complementação dos conceitos de 'atividade preponderante' e 'grau de risco leve, médio e grave', não implica ofensa ao princípio da legalidade genérica, C.F., art. 5º, II, e da legalidade tributária, C.F., art. 150, I. IV".

Interessante destacar a posição sustentada pelo Relator do acórdão, Ministro Carlos Velloso, que justificou seu entendimento pela constitucionalidade do artigo 22, inciso II da Lei n. 8.212/91 arguindo que se estaria no presente caso diante de uma delegação legislativa imprópria para o Executivo, a qual seria legítima diante do princípio da legalidade, uma vez que previstos na lei os *standards* que deveriam ser observados pelo Poder delegatário.

A leitura cuidadosa do voto proferido pelo Ministro Carlos Velloso não deixa espaço para dúvidas: o Supremo Tribunal Federal entendeu que a abertura da lei tributária, nesse caso empreendida pela utilização de tipos, corresponde sim a uma forma de delegação legislativa, não a uma delegação pura, para usarmos a terminologia do Ministro Velloso, que permitiria a

---

64. TORRES, Ricardo Lobo, *Tratado de Direito Constitucional Financeiro e Tributário*: Valores e Princípios Constitucionais Tributários, 2005, p. 504.
65. Para uma análise da decisão proferida pelo STF no caso em tela, ver: GODOI, Marciano Seabra de. *Questões Atuais do Direito Tributário na Jurisprudência do STF*. São Paulo: Dialética, 2006, p. 18-23.

edição de normas pelo Executivo sem a atenção a qualquer parâmetro legislativo infraconstitucional, mas ainda assim a uma delegação legislativa, correspondente, nas suas palavras à "atribuição que a lei comete ao regulamento para a aferição de dados, em concreto, justamente para a boa aplicação concreta da lei".

Há, todavia, um reparo a se fazer aos fundamentos apresentados pelo ilustre Ministro.

Durante seu voto o Ministro Carlos Velloso incorporou às suas razões trechos de decisão proferida pela Ministra Ellen Gracie quando ainda desembargadora federal do Tribunal Regional Federal da 4ª Região.

Em passagem da referida decisão afirma a Ministra Ellen Gracie que "o regulamento possui uma finalidade normativa complementar, à medida que explicita uma lei, desenvolvendo e especificando o pensamento legislativo. Isso não significa ampliar ou restringir o texto da norma".

Parece-nos que nas palavras da Ministra encontra-se a contradição entre o apego ao senso comum teórico desenvolvido pela dogmática da teoria formalista do Direito Tributário e as teorias mais modernas que, como vimos vendo, reconhecem as modificações pelas quais vem passando a noção de legalidade.

Com efeito, se é certo que a delegação legislativa ao Executivo não pode implicar a possibilidade de o ente delegatário alterar os *standards* da lei de delegação, sendo impossível que a Administração altere o *texto* da lei que lhe delegou a competência, não se pode perder de vista que quem efetivamente criará a norma jurídica extraível da lei editada pelo Legislativo será o Executivo.

Creio que defender que no presente caso a competência legislativa foi exercida integralmente pelo Legislativo, excluindo a margem de liberdade de conformação que os tipos e conceitos indeterminados atribuem ao Executivo é buscar a mudança sem o necessário desapego dos antigos referenciais teóricos sobre a matéria.

É hora de começarmos a reconhecer que na seara tributária cada vez mais parcelas de competência legislativa são delegadas ao Executivo, pois somente a partir do momento que essa realidade seja reconhecida começaremos a discutir seriamente quais mecanismos serão utilizados para coibir os desvios da Administração no exercício da liberdade de conformação que lhe foi outorgada.

5.6. Do controle da atividade delegada ao Poder Executivo

Uma das consequências mais danosas das ilusões teóricas impostas pelo formalismo tributário pátrio é que o apego a insustentáveis dogmas previnem a discussão acerca do atual estado de coisas, fazendo com que se perca precioso tempo para o debate de como proteger os contribuintes contra o arbítrio no cenário jurídico contemporâneo.

Como visto, a abertura das normas tributárias de modo algum abre margem para que a Administração Pública inove o ordenamento jurídico, cabendo-lhe apenas tornar mais concretas as previsões contidas nos atos normativos editados pelo Poder Executivo, sendo certo que nesse processo de concretização é inevitável que se reconheça à administração alguma liberdade de conformação.

Nesse contexto, é imperioso que se controle se a complementação normativa originária do Executivo encontra-se nos limites da delegação legislativa, razão pela qual não pode jamais o Legislativo deixar de apresentar os *standards* que pautarão a atividade legislativa da Administração Pública.

É claro que esse controle nem sempre é fácil. Como esclarece Karl Engisch, com fulcro nas lições de Philipp Heck, ao estudar particularmente os conceitos indeterminados, pode-se distinguir nestes um *núcleo* conceitual e um *halo* do conceito. Em suas palavras, "sempre que temos uma noção clara do conteúdo e da extensão dum conceito, estamos no domínio do núcleo conceitual. Onde as dúvidas começam, começa o halo do conceito".[66]

O mesmo acontece com os tipos, já que é possível falar em fatos mais ou menos típicos, na medida em que reúnam muitas ou poucas características do tipo legal, sendo certamente possível falar em um halo do tipo, onde a qualificação de determinado fato como típico será duvidosa.[67]

No controle das normas complementares editadas pelo Executivo exercem papel de destaque o princípio da razoabilidade, no sentido de que deve ser justificável a inclusão de certos eventos no âmbito de um conceito indeterminado ou de um tipo legal; e o princípio da ponderação.

A abertura da norma tributária jamais significará uma indeterminação absoluta, o que corresponderia à sua completa inefetividade.

Dessa forma, ressalta a importância da atividade de controle da legalidade dos atos integrativos expedidos por parte da Fazenda, os quais, caso editados fora do limite possível de interpretação do texto legal, mostrar-se-ão ilegais. Fala-se aqui, com propriedade, na prática de atos *ultra vires*, com excesso de poder.[68]

Além da importância dos critérios de controle da adstringência do Executivo à moldura apresentada pelos *standards* legais, são sobremaneira relevantes os instrumentos de realização de tal controle, notadamente o processo tributário, administrativo e judicial.

---

66. ENGISCH, Karl, *Introdução ao Pensamento Jurídico*, 1996, p. 209.
67. Cf. KAUFMANN, Arthur, *Filosofía del Derecho*, 1999, p. 250.
68. Cf. GUTIÉRREZ, Ignacio Gutiérrez. *Los Controles de la Legislación Delegada*. Madrid: Centro de Estudos Constitucionales, 1995, p. 216-238.

De toda forma, o relevante aqui é registrar que, no que se refere aos conceitos indeterminados e tipos utilizados na elaboração das leis tributárias *não haverá qualquer zona de insindicabilidade judicial*, conforme fala Gustavo Binenbojm ao cuidar da questão no âmbito do Direito Administrativo.[69] Assim, caberá sempre ao Poder Judiciário fixar o sentido concreto e o alcance dos conceitos indeterminados e tipos na seara fiscal.

6. CONCLUSÃO

Como deixamos averbado em outro estudo, "um dos desafios mais difíceis enfrentados pelos operadores do direito é a superação de dogmas que há muito habitam seu ideário teórico. Essa é a razão pela qual, na maior parte das vezes, prefere-se o conforto do *senso comum teórico* estabelecido, do que o *horror da indeterminação* trazido pela mudança de paradigmas".[70]

O tema da segurança jurídica na seara tributária e seus corolários, legalidade estrita e tipicidade cerrada, ainda hoje são debatidos em sede doutrinária sob o influxo de um marco teórico inaplicável no âmbito da sociedade de risco pós-moderna, caracterizada exatamente pela insegurança, incerteza e pela ambivalência das relações jurídico-sociais.

A pretensão de uma legislação tributária forjada a partir de conceitos determinados, os quais levariam a uma legalidade e tipicidade que permitiriam uma segurança jurídica absoluta do contribuinte e da Fazenda Pública, mostra-se equivocada, e contrária à realidade do mundo hodierno.

---

69. BINENBOJM, Gustavo. *Uma Teoria do Direito Administrativo*: Direitos Fundamentais, Democracia e Constitucionalização. Rio de Janeiro: Renovar, 2006, p. 211-224.
70. SILVA, Sergio André R. G. da. A Hermenêutica Jurídica sob o Influxo da Hermenêutica Filosófica de Hans-Georg Gadamer. *Revista Tributária e de Finanças Públicas*, São Paulo, n. 64, set.-out. 2005, p. 276.

A defesa desses paradigmas apenas superficialmente é feita em defesa dos contribuintes. Com efeito, a distorção entre realidade e teoria é tão evidente, que o senso comum teórico do formalismo tributário não consegue impedir que a legislação aos poucos se adapte à realidade contemporânea, como aconteceu no caso da comentada contribuição para o SAT.

Assim, a consequência imediata das ideias defendidas pelo formalismo tributário reinante no Brasil não é a estruturação de um sistema conforme com seus paradigmas, mas sim a falta de uma discussão acadêmica séria a respeito dos mecanismos que devem ser implementados para que a segurança jurídica seja preservada.

Essa, talvez, a conclusão mais importante chegada ao cabo desses parágrafos. É importante que os tributaristas deixem de lado dogmas de longa data assimilados, para se dedicar ao estudo da nova realidade e, dessa forma, dos meios que devem ser utilizados para a proteção da segurança jurídica dos contribuintes e da Fazenda Pública.

É o que hoje já se vê sendo debatido em alguns países europeus, onde se consolidam mecanismos de superação da incerteza e da insegurança, como os mecanismos alternativos de solução de controvérsias na seara tributária.[71]

---

71. Sobre o tema, ver: ROCHA, Sergio André. *Processo Administrativo Fiscal: Controle Administrativo do Lançamento Tributário*. 4. ed. Rio de Janeiro: Lumen Juris, 2010, p. 401-424; RIBAS, Lídia Maria Lopes Rodrigues; RIBAS, Antonio Souza. *Arbitragem como meio Alternativo na Solução de Controvérsias Tributárias*. Revista Tributária e de Finanças Públicas, São Paulo, n. 60, jan.-fev. 2005, pp. 223-247; TÔRRES, Heleno Taveira. Transação, Arbitragem e Conciliação Judicial como Medidas Alternativas para Resolução de Conflitos entre Administração e Contribuintes – Simplificação e Eficiência Administrativa. *Revista de Direito Tributário*, São Paulo, n. 86, 2003, p. 40-64.

A (IN)CONSTITUCIONALIDADE DAS RESTRIÇÕES À DEDUTIBILIDADE DAS DESPESAS COM EDUCAÇÃO À LUZ DOS OBJETIVOS FUNDAMENTAIS DA REPÚBLICA FEDERATIVA DO BRASIL

Marcel Eduardo Cunico Bach[1]

Resumo: O presente trabalho, realizado em homenagem à memória da Saudosa Ministra Denise Arruda, tem por escopo a análise da constitucionalidade dos limites impostos às deduções das despesas com educação da base de cálculo do Imposto de Renda das Pessoas Físicas, sob a luz dos objetivos fundamentais gerais da República Federativa do Brasil contidos do artigo 3º da Constituição da República, bem como à luz dos objetivos específicos constitucionalmente consagrados, em especial o objetivo de promoção e incentivo da educação.

1. NOSSA HUMILDE HOMENAGEM À SAUDOSA MINISTRA DENISE ARRUDA

Nada mais difícil à pequenez de nossa existência que a

---

1. Advogado. Graduado em Direito pela Universidade Federal do Paraná – UFPR. Especialista em Direito Tributário pelo Instituto Brasileiro de Estudos Tributários – IBET. Mestrando em Direito do Estado do Estado pela Universidade Federal do Paraná – UFPR.

homenagear mulher de tamanha grandeza para a história do Direito Paranaense e Brasileiro por meio de linhas que se pretendem dotadas de cientificidade. Primeiramente porque a ciência certamente não é o mais adequado instrumento ao alcance das mãos quando a finalidade do discurso é fazer eco à higidez do caráter e às inúmeras conquistas e glórias desta ilustre filha da Universidade Federal do Paraná, mas também, e principalmente, porque as palavras, ainda que se transfigurem em flores das mais saborosas fragrâncias nas penas e bocas dos mais habilidosos comunicadores, ainda assim serão pueris e insignificantes frente à riqueza e complexidade da vida. De todo modo, foi esta a empresa assumida com muita honra e gratidão, pelo que empreenderemos nossos melhores e humildes esforços, confortados pela certeza de que, ao fim, mais valerão as vibrações que do nosso coração emanaram que o produto de nossas falhas e frágeis ações.

E será ao tratar de um tema tão caro à própria história desta vencedora mulher que prestaremos a nossa homenagem, não somente ao vivo e aguerrido espírito desta ilustríssima brasileira, mas também às presentes e futuras gerações de seus familiares e queridos amigos. Nossas palavras não serão, portanto, dirigidas à suas infinitas qualidades e conquistas, mas sim voltadas à luta pelo direito que fez de Denise Martins Arruda Emérita Ministra, Excelentíssima brasileira: o direito à Educação.

Direito este que instrumentalizou a trajetória da menina nascida em Guarapuava ainda na primeira metade do século XX, no seio de uma sociedade machista e (mal) gerida exclusivamente por homens, à formação em Direito pela Universidade Federal do Paraná e à conquista dos cargos Juíza das Comarcas de Jacarezinho, Mallet, Jandaia do Sul, Peabiru, Londrina, da 16ª Vara Cível de Curitiba e do Tribunal de Alçada; de Desembargadora do Tribunal de Justiça do Estado do Paraná e de Ministra e Presidente da 1ª Turma do Superior Tribunal de Justiça.

E levamos a cabo tal empreitada certos de que é por meio de nossas atitudes, no meio em que vivemos e com as ferramentas de que dispomos, que prestamos as mais verdadeiras e sinceras homenagens às trajetórias, esforços e luzes lançadas pelos que nos precederam e que nos servem de guias na luta pela consagração dos objetivos supremos positivados na Carta Política de 1988.

2. DELIMITAÇÃO DO PROBLEMA: A (IN)CONSTITUCIONALIDADE DOS LIMITES À DEDUÇÃO DAS DESPESAS COM EDUCAÇÃO DA BASE DE CÁLCULO DO IMPOSTO DE RENDA DAS PESSOAS FÍSICAS

A Lei n. 9.250, de 26 de dezembro de 1995, em seu artigo 8º, inciso II, alínea 'b'[2], dispõe que a base de cálculo do imposto de renda das pessoas físicas poderá ser deduzida das despesas com instrução do sujeito passivo e seus dependentes, efetuados a estabelecimentos de ensino formal. Tais deduções, no entanto, estariam limitadas a um valor máximo, a ser considerado individualmente por contribuinte ou dependente, de, originalmente, R$ 1.700,00 (para o ano-calendário de 2013, este valor foi fixado em R$ 3.230,46, por meio da Lei n.12469/2011). Mas seriam estas limitações constitucionais? Se não, por quais razões não seriam?

Instado a se manifestar sobre o assunto, em 14 de maio de 2012, o Tribunal Regional da 3ª Região julgou procedente à Arguição de Inconstitucionalidade Cível n. 0005067-86.2002.4.03.6100/SP[3], para declarar a inconstitucionalidade da expressão "até o limite anual individual de R$ 1.700,00 (um mil e setecentos reais)" contida no art. 8º, II, "b", da Lei n. 9.250/95, asseverando que:

> *A Constituição da República confere especial destaque a direito social fundamental à Educação, prescrevendo o dever*

---

2. Inteiro teor da Lei 9.250/1995 em: http://www.planalto.gov.br/ccivil_03/leis/L9250.htm.

3. Fonte: http://web.trf3.jus.br/acordaos/Acordao/BuscarDocumentoGedpro/1763813.

jurídico do Estado de prestá-la e alçando-a à categoria de direito público subjetivo; que a educação constitui elemento imprescindível ao pleno desenvolvimento da pessoa, ao exercício da cidadania e à livre determinação do indivíduo, estando em estreita relação com os primados basilares da República Federativa e do Estado Democrático de Direito, sobretudo com o princípio da dignidade da pessoa humana e que atua como verdadeiro pressuposto para a concreção de outros direitos fundamentais; que a imposição de limites ao abatimento das quantias gastas pelos contribuintes com educação resulta na incidência de tributos sobre despesas de natureza essencial à sobrevivência do indivíduo, a teor do art. 7º, IV, da CF, e obstaculiza o exercício desse direito; que na medida em que o Estado não arca com seu dever de disponibilizar ensino público gratuito a toda população, mediante a implementação de condições materiais e de prestações positivas que assegurem a efetiva fruição desse direito, deve, ao menos, fomentar e facilitar o acesso à educação, abstendo-se de agredir, por meio da tributação, a esfera jurídico-patrimonial dos cidadãos na parte empenhada para efetivar e concretizar o direito fundamental à educação; que a incidência do imposto de renda sobre despesas com educação vulnera o conceito constitucional de renda, bem como o princípio da capacidade contributiva, expressamente previsto no texto constitucional; e que a desoneração tributária das verbas despendidas com instrução configura medida concretizadora de objetivo primordial traçado pela Carta Cidadã, a qual erigiu a educação como um dos valores fundamentais e basilares da República Federativa do Brasil.

Para o Plenário do Tribunal Regional Federal da 3ª Região, como visto, a fixação de qualquer limite de dedução às despesas com educação da base de cálculo do IRPF seria inconstitucional.

Já a Ordem dos Advogados do Brasil, por meio de Ação Direta de Inconstitucionalidade (ADI n. 4927)[4] de 25 de março

---

4. Fonte: http://www.oab.org.br/arquivos/adin-ir-educacao-assinado-1768261141.pdf.

de 2013, restringiu-se a questionar o *"quantum"* dos limites fixados para as referidas deduções, os quais, segundo entende, seriam irrisórios. Diferentemente da orientação adotada pelo Plenário do Tribunal Regional Federal da 3ª Região, a OAB, por meio desta ADI, não estaria defendendo a existência de uma vedação constitucional à fixação de um limite razoável para a tal dedução, mas sim, estaria argumentando, em apertadíssima síntese, que os limites fixados em patamares muito baixos e, portanto, desconformes com a realidade dos atuais custos anuais com educação, ofenderiam os dispositivos constitucionais relativos ao conceito de renda, capacidade contributiva, da dignidade humana, da razoabilidade e o direito à educação. Sustentou a entidade de classe, doravante no mesmo sentido dos argumentos expostos pelo Plenário do Tribunal Regional da 3ª Região, que a escolha por instituições privadas de ensino não constitui mero capricho em face da insuficiência quantitativa e qualitativa das instituições de ensino públicas, bem como que os custos anuais com educação privada são muito maiores do que os limites de deduções estabelecidos pela Legislação do Imposto de Renda. Sustentou, por fim, que ao suprimir tais limites o Supremo Tribunal Federal não incorreria em qualquer usurpação de competência do Poder Legislativo, restando ilimitadas as deduções até fixados novos limites, mais razoáveis, pelo legislador ordinário.

Em defesa da constitucionalidade dos limites fixados à dedução das despesas com instrução da base de cálculo do Imposto de Renda, a União, por sua vez, sustentou, no âmbito da própria ADI n. 4927, não haver previsão constitucional que assegure aos contribuintes o direito à dedução de despesas efetuadas com custeio de educação em instituições privadas. Afirmou que o reconhecimento do direito à dedução integral dos gastos com educação à minoria da população (a qual teria condições de arcar com tal despesa) implicaria na diminuição de recursos públicos a serem destinados à educação pública da qual usufrui a maioria da população. Sustentou que não cabe ao Poder Judiciário atuar como legislador positivo. Referenciou a jurisprudência do Supremo Tribunal Federal, no sentido de que não se pode aferir o efeito confiscatório de dos tributos separadamente considerados, mas apenas em função da totalidade dos tributos de cada ente tributante. Por fim, afirmou que a ausência de limites à dedutibilidade das despesas com educação representaria uma perda de arrecadação da ordem de R$ 50 bilhões por exercício, segundo a Receita Federal do Brasil. No mesmo sentido e em acréscimo aos argumentos trazidos pela União, a Procuradoria da Fazenda Nacional, argumentou que os indivíduos têm a liberdade de escolher matricular seus filhos em estabelecimentos privados de ensino, mas que isso não significa que o Estado tenha a obrigação de arcar com tais despesas, ainda que indiretamente; que só caberia falar em ofensa ao direito à educação, na qualidade de direito fundamental, se ao cidadão fosse obstado o acesso aos estabelecimentos oficiais de ensino; que não há ofensa ao conceito constitucional de renda, dado que a completude tal conceito restou a cargo do legislador ordinário.[5]

Em síntese, três orientações parecem emergir deste debate, quais sejam: a) qualquer limitação à dedução das despesas com educação da base de cálculo do IRPF será inconstitucional; b) a limitação das deduções não é, em si, inconstitucional, mas deve ser fixada em valores "razoáveis" e "adequados" à "realidade"; c) compete ao legislador ordinário definir a existência o "*quantum*" dos limites às deduções das despesas com educação.

Vejamos, a seguir, por que a primeira destas três orientações deverá prevalecer, bem como quais argumentos merecem ser refutados, quando analisados sob a perspectiva dos Objetivos Fundamentais da República.

---

5. Fonte: http://www.stf.jus.br/portal/processo/verProcessoAndamento.asp?incidente=4384177.

3. A EDUCAÇÃO ENQUANTO "MEIO": PRESSUPOSTO NECESSÁRIO PARA A REALIZAÇÃO DOS OBJETIVOS FUNDAMENTAIS CONSTITUCIONALMENTE CONSAGRADOS

Do ponto de vista empírico, a necessidade de melhoria quantitativa e qualitativa da educação já é um consenso Nacional. O povo brasileiro parece estar certo de que nenhum desenvolvimento é possível, em nenhuma área da vida, sem o acesso a uma educação ampla, humanista e de qualidade. A constatação de que todos os Estados modernos, orientais ou ocidentais, independentemente do modelo econômico ou da cultura do seu povo, que alcançaram níveis desejáveis de desenvolvimento humano, social e/ou material, tiveram na educação seu veículo, serviram finalmente para tornar incontroverso entre nós que será este o caminho a percorrer, necessariamente.

Difícil encontrar sequer um problema social dentre os constantes diariamente dos nossos noticiários que não tenham na educação um papel de destaque para a sua solução. Seja no combate à violência que nos afronta diariamente, urbana ou rural; contra a mulher, aos idosos ou às crianças; nas ruas, no trânsito ou nos estádios esportivo; seja no combate ao câncer da corrupção que nos assola; seja na proteção ao meio ambiente, no tratamento adequado do lixo, na proteção dos rios e das águas, na preservação da fauna e flora nacionais; seja no desenvolvimento da solidariedade e da cidadania, na conscientização dos direitos e deveres individuais e coletivos, no incentivo à participação política, na orientação das despesas públicas e na eleição das prioridades nacionais; seja na valorização e desenvolvimento da cultura e das artes, da espiritualidade, da ciência, da tecnologia; seja no fomento e incentivo ao desporto, a prevenção e restauração da saúde dos indivíduos e no combate às epidemias e pandemias; seja para o desenvolvimento econômico e social, para a criação de riquezas e valores nacionais, para a valorização do trabalho ou para o fomento da livre iniciativa; todas as vozes, em todos os setores da nação, parecem concordar que a educação é, senão o principal, um dos mais importantes e fundamentais vetores para o desenvolvimento.

Dentre os representantes eleitos e/ou candidatos a cargos públicos eletivos dos poderes executivos e legislativos, mesmo dentre os mais caricatos, todos incluem em suas plataformas de campanha a educação, ou, se não o fazem expressamente, jamais ousariam afirmar o contrário, ou seja, que desprezam a educação como um objetivo prioritário e urgente.

Se assim é, imperioso concluir que, do ponto de vista da democracia e dos princípios de mais alta política[6] como a igualdade, a liberdade, a dignidade da pessoa humana, a priorização da educação é, sem dúvidas, a expressão da vontade popular e uma decorrência necessária do no atual Estado Democrático de Direito. E, se a Educação assume um papel de destaque na realização de todos estes objetivos específicos emergentes do seio social, em relação à consecução dos objetivos mais genéricos e fundamentais, positivados pela ordem constitucional, tal conclusão não será distinta.

O Poder Constituinte emanado do povo brasileiro, representado pelos legisladores constituintes eleitos para a elaboração da Carta Política de 1988, definiu expressamente em seu artigo 3º, como objetivos supremos da sociedade brasileira, a construção de uma sociedade livre, justa e solidária, o desenvolvimento nacional, a erradicação da pobreza e da marginalização, a redução das desigualdades sociais e regionais e a promoção do bem de todos, sem preconceitos. Estes não são, no entanto, os únicos objetivos fundamentais, ou diretrizes, fixados pela constituinte. Garantir a todos o acesso pleno à educação, à saúde, à alimentação, ao trabalho, à moradia, ao

---

[6]. Utilizamos a expressão "princípios de política", no sentido atribuído à expressão por Ronald Dworkin: DWORKIN, Ronald. **Uma Questão de Princípio**. São Paulo: Martins Fontes, 2001.

lazer, à segurança, à previdência social, à proteção à maternidade e à infância e à assistência aos desamparados, certamente se incluem dentre estes objetivos, além de tantos outros, explícitos ou implícitos na Carta Constitucional de 1988.

Mas seria possível o alcance de tão nobres e ousados objetivos, sem que tenhamos a educação como instrumento? Será possível atravessar o oceano que nos separa de nossos misteres enquanto sociedade, se não embarcados nos navios de uma educação ampla, humanista e de qualidade?

Diante deste quadro, outra ordem de questões se colocam: se a educação nos é tão cara, fundamental e imprescindível à realização dos principais objetivos fixados pela ordem constitucional de 1988, será lícito aos Poderes Executivo, Legislativo ou Judiciário promover qualquer forma de desincentivo à sua concretização? Será consoante ao princípio democrático, frente ao flagrante e notório consenso entre nós acerca da importância do desenvolvimento da educação, qualquer decisão pública, ainda que tomada por representantes eleitos, que se consubstancie em um desestimulo ou empecilho ao mais amplo e pleno desenvolvimento da educação no Brasil? Será constitucional? Será válida? Estamos certos, em todos os casos acima, que a resposta deverá ser pela negativa.

4. A EDUCAÇÃO ENQUANTO "FIM". OBJETIVO ESPECÍFICO ESSENCIAL À CONCRETIZAÇÃO DE TODOS OS DEMAIS OBJETIVOS, GERAIS E ESPECÍFICOS, DO ESTADO BRASILEIRO

Temos absoluta consciência da nossa incompetência enquanto estudioso para a delimitação da riqueza e do alcance da expressão "educação". Tal mister, digno de apuradas reflexões de ilustres e renomados educadores da humanidade, certamente, refogem aos limites deste trabalho, muito embora seus mistérios agucem diariamente provocações ao intelecto deste autor. Todavia, muito embora não logremos aqui esmiuçar o que de fato "educação" quer dizer, temos certeza de que será apenas através da própria "educação" que poderemos defini-la.

Nestas circunstâncias, limitar-nos-emos à análise das definições oficiais, constantes dos textos normativos afetos à sociedade brasileira, apenas para o fim de verificar, do ponto de visto do direito positivo, a que diretrizes estamos vinculados, seja enquanto legislador, aplicador do direito ou cidadão. Tais diretrizes, enquanto ferramentas de análise, permitir-nos-ão avaliar com maior clareza se os limites impostos à dedução das despesas com educação convergem para ou se afastam destas diretrizes.

Ainda que do alto da superfície da análise dos artigos 205 e seguintes da Constituição da República, bem como da Lei de Diretrizes e Bases da Educação, já é possível concluir que a educação é, em si e pela sua importância, um objetivo específico a ser perseguido. Mais que isso, é um dever do Estado, da família e da sociedade, que deverá ser promovido e incentivado. Trata-se de um direito amplo, não só ao ensino formal, mas que inclui em seu bojo o pleno desenvolvimento da pessoa e o preparo para o exercício da cidadania. Não se restringe às instituições de ensino, mas abrange o ambiente familiar e laboral, os movimentos sociais e organizações da sociedade civil, e deverá se inspirar nos ideais de liberdade e solidariedade humana.

Ora, se a Constituição da República expressamente determina que a educação será promovida e incentivada, não será a Luz deste preceito que deveremos analisar a limitação ás deduções das despesas a ela inerentes? E se a educação é um dever da família e da sociedade, como devemos encarar aquele que investe parcelas significativas de seus recursos próprios para concretização deste direito? Devemos onerá-lo, como um privilegiado que desdenha o serviço público de educação ofertado pelo Estado, considerando tal parcela de riqueza despendida como reveladora de capacidade contributiva? Ou tratá-lo como um patriota, que faz da educação de seus filhos o cumprimento de um dever e de um objetivo fundamental, assim como determina o artigo 205 da Constituição? Que se dirá então, nesta mesma seara, daquele que investe seus recursos na educação daqueles que não são seus dependentes? Não estará ele, concretamente, contribuindo para a construção de uma sociedade solidária e mais justa, nos moldes previstos pelo artigo 3º, inciso primeiro da constituição da república?

Da interpretação sistemática destes marcos normativos com nítidos caracteres principiológicos, resta claro que a expressão "educação", por sua própria natureza e complexidade, deverá ser considerada em seu mais amplo conceito e com caráter expansivo, abrangendo todas as atividades humanas voltadas diretamente ao pleno desenvolvimento da pessoa humana, nos seus aspectos físicos, intelectuais, morais, éticos, culturais e/ou laborais, sob pena de mitigação do conceito e, por via consequência, de frustração da conquista daqueles objetivos constitucionalmente definidos.

5. ANÁLISE DOS PRINCIPAIS ARGUMENTOS ACERCA DA (IN)CONSTITUCIONALIDADE DOS LIMITES ÀS DEDUÇÕES DE DESPESAS DA BASE DE CÁLCULO DO IRPF

A questão acerca do direito à dedutibilidade das despesas com educação da base de cálculo do Imposto de Renda, a princípio, pode parecer uma questão singela a ser resolvida no âmbito da ciência do direito tributário clássica, didaticamente autônoma. No entanto, a interpretação da norma em questão apenas sob a luz dos institutos e princípios próprios do Direito Tributário poderá nos levar, para além de uma resposta falsa, à uma resposta diametralmente oposta aos objetivos primordiais e mais caro à sociedade brasileira.

Mais especificamente, apenas à luz do conceito de renda, do princípio da capacidade contributiva e do direito ao não cofisco, tal como defendido pela Ordem dos Advogados do Brasil por meio da ADI n. 4927, não é possível, ao nosso humilde pesar, afastar a imposição de limites à dedução das despesas com educação. Se não compreendermos a Educação como objetivo específico fundamental e imprescindível para a concretização dos objetivos fundamentais elencados no artigo 3º da Constituição da República, e, por tal caráter, capaz de impedir qualquer limitação às deduções das despesas a ela inerentes, tampouco lograremos, do ponto de vista lógico, sustentar que tais despesas são essenciais na formação do mínimo existencial e, portanto, não reveladoras de capacidade contributiva[7]. Noutros falares, afirmar que a imposição de limites à dedução das despesas com educação fere, de alguma maneira, a capacidade contributiva, é pressupor, necessariamente, que esta mesma educação é fundamental ao indivíduo e à sociedade e merece ser perseguida, sendo este o verdadeiro fundamento do impedimento às limitações à dedução.

Ainda mais ilógica e desprovida de fundamento jurídico é a pretensão à fixação de limites em valores "razoáveis", mais consentâneos com a "realidade" para a fixação dos limites de dedução em comento. Tal pretensão, ainda que fundamentada em pesquisas estatísticas que comprovem que os gastos com educação superam em muito os valores tetos para dedução, não goza de qualquer fundamento jurídico válido que norteie o legislador.[8] Em outras palavras, se as deduções, suponhamos,

---

7. Adotamos aqui a concepção de capacidade contributiva tal qual sustentada por MOSCHETTI. Francesco. O princípio da capacidade contributiva, pois o próprio caráter solidário da capacidade contributiva a que aspira ao autor, será sempre fruto de uma educação humanista, ampla, de qualidade. Ainda que haja uma redução momentânea da arrecadação em virtude da integral dedução, um país "educado" tenderá, certamente, à solidariedade, à distribuição de riquezas e à igualdade.
8. Em sentido oposto, Igor Mauler Santiago, elaborador da Petição Inicial

limitadas a média de 30% da média das despesas com ensino privado são inconstitucionais, qual o percentual que seria constitucional? 40%, 50% ou 80%? Por qual razão o maior destes percentuais (80%) seria constitucional e o menor (30%) seria inconstitucional? Qual o critério para a avaliação da mencionada razoabilidade? Não vemos como, na presente ordem constitucional, o Estado e a sociedade devem fracionar em que medida perseguiram o objetivo supremo à educação. Promover e incentivar a educação é um dever, um objetivo que deve ser buscado como importante em si e como instrumento imprescindível para a conquista de todos os demais objetivos da nação, fato que deverá se sobressair, sem dúvidas, à pretensão de arrecadação, momentânea e fugaz.

Quanto aos argumentos expostos pela União e pela Procuradoria da Fazenda Nacional, quanto confrontados com os Objetivos Supremos da nossa República, mais que falsos e enganosos, revelam uma verdadeira traição ao nosso povo e aos objetivos fixados pelo Poder Constituinte de 1988. Sustentar que não há previsão constitucional que assegure aos contribuintes o direito à dedução de despesas efetuadas com custeio de educação em instituições privadas é ignorar a educação como um meio imprescindível à conquista de nossos objetivos, constitucionalmente definidos. É, sem dúvidas, descumprir a determinação contida do artigo 205 da Carta Maior de promover e incentivar a educação e prestar um desserviço à nação, na medida em que onera justamente aqueles que estão caminhando para o cumprimento da Constituição da República.

Ao nosso pesar, caberia ao Estado, antes de jogar ao ar estatísticas de perda na arrecadação em face das deduções com a Educação, aliar-se ao povo brasileiro engajado com este objetivo, para o fim de publicar estudos estatísticos que demonstrem,

---

da ADI n. 4927: (http://www.conjur.com.br/2013-abr-03/consultor-tributario-
-brasil-pune-contribuinte-investe-educacao2).

a médio e longo prazo, tanto o crescimento da arrecadação oriundo de uma sociedade melhor instruída, como a redução de despesas públicas com a reparação da saúde, combate à violência, às drogas e à degradação do meio ambiente, apenas para citarmos alguns dos mais relevantes exemplos de despesas estatais que certamente seriam exponencialmente reduzidas em virtude do maior investimento e incentivo à educação de qualidade, para concluir, ao final, pelo enriquecimento crescente da nação. Caberia ao Estado ser o exemplo, a força motriz da realização deste objetivo, exaltando todos aqueles que já tem na educação um valor supremo, a ponto de investir suas riquezas em prol deste objetivo.

Neste sentido, também é desprovido de fundamentação jurídica o argumento segundo o qual as deduções deverão ser autorizadas pelo fato que o Estado não cumpre com o seu papel de ofertar uma educação de qualidade a todos (já que ao contrário, estamos muito longe desta realidade). Ainda que fossemos um exemplo mundial em educação pública, a educação é um objetivo supremo de nosso país e que deve ser promovida e incentiva também pela família e pela sociedade. Esta será, portanto, sempre uma despesa necessária para todos que busquem contribuir para a construção de uma sociedade mais livre, mais justa e solidária, pelo que jamais deverão revelar capacidade contributiva.

6. OS LIMITES À DEDUTIBILIDADE DAS DESPESAS COM EDUCAÇÃO. UM NOVO OLHAR À LUZ DOS OBJETIVOS FUNDAMENTAIS DA REPÚBLICA FEDERATIVA DO BRASIL

Como vimos, a interpretação dos limites às deduções das despesas com Educação, antes de se tratarem de uma questão a ser resolvida exclusivamente à luz dos princípios constitucionais tributários, deverá pressupor a consideração dos objetivos e fundamentos supremos da sociedade brasileira, sob pena de incorrermos em flagrante inconstitucionalidade.

Famosa a advertência do Emérito Ministro Eros Grau, segundo o qual a Constituição não se interpreta em tiras. No mesmo sentido, são as lições de Paulo de Barros Carvalho, para o qual, ainda que o Direito Tributário goze de autonomia didática, o Direito é uno e indivisível.[9] Se assim é, imperiosa a consideração dos objetivos supremos constitucionalmente definidos para a construção de sentido das normas jurídicas insertas da constituição, bem como para a verificação da validade e conformação das normas legais em face à Carta Política.

Desta feita, e para sermos fiéis às premissas definidas, imperiosa a conclusão de que não apenas os limites às deduções das despesas com educação, enquanto limites de valor global, são inconstitucionais, como também a limitação do rol das despesas com educação às despesas pagas a estabelecimentos de ensino formal. Se temos nos objetivos constitucionalmente definidos o norte interpretativo, certamente as despesas gerais com educação, formal ou informal, diretas ou indiretamente relacionadas com este fim, deverão ser deduzidas como despesas necessárias e fundamentais não só ao individuo, mas para toda a sociedade brasileira.

Despesas com livros, jornais e/ou revistas, em papel ou eletrônicos; materiais didáticos, equipamentos e uniformes; despesas com atividades culturais como teatros, cinema e museus; atividades desportivas de cunho educacional; despesas ligadas à prevenção e promoção da saúde; despesas efetuadas com educação no exterior; todas elas, dentre outras que contribuam para a formação intelectual, física e moral do individuo enquanto cidadão participativo e solidário, deverão ser amplamente deduzidas, para o fim de cálculo do IRPF, já que convergem fatalmente à realização dos nossos objetivos supremos.

No que se refere às despesas com a educação de não dependentes, tais despesas deverão ser dedutivas, não somente

---

[9]. CARVALHO, Paulo de Barros. **Curso de Direito Tributário**. 18ª ed. rev. e atual. São Paulo: Saraiva, 2007, pp. 15 e 16.

porque realiza concretamente o objetivo específico da promoção e incentivo da educação, mas porque se revela como a concretização do objetivo fundamental constitucional da solidariedade, valor moral este essencial para a manutenção e felicidade de toda e qualquer comunidade, que merecerá, sempre, vasta proteção, valorização e incentivo.

Por fim, concluímos nossas considerações para asseverar que, à luz dos objetivos fundamentais da República Federativa do Brasil, não somente a parte final da alínea 'b' inciso II do artigo 8º da Lei 9.250/1995, mas a totalidade da sua redação é flagrantemente inconstitucional, por claramente divergir dos objetivos fundamentais específicos de promoção e incentivo da educação, como também, mediatamente, por frustrar a realização dos objetivos fundamentais gerais contidos do artigo 3º da Constituição da República Federativa do Brasil.

7. BIBLIOGRAFIA

ÁVILA, Humberto. **Conceito de Renda e Compensação de Prejuízos Fiscais.** São Paulo: Malheiros Editores, 2011.

BANDEIRA DE MELLO, Celso Antonio. **Curso de Direito Administrativo.** 22ª ed. Rev. e Atual. São Paulo: Malheiros, 2006.

_____. **O Conteúdo Jurídico do Princípio da Igualdade.** 12ª Tiragem. São Paulo: Malheiros Editores, 2005.

BAUMAN, Zygmunt. **Em busca da política.** Rio de Janeiro: Zahar, 2000.

BONAVIDES, Paulo. **Teoria do Estado.** 2ª ed. rev. Rio de Janeiro: Forense, 1980.

_____. **Curso de Direito Constitucional.** 20ª ed. São Paulo: Malheiros Editores, 2007.

CALMON, Pedro. **Curso de Teoria Geral do Estado**. 6ª ed. revista. Rio de Janeiro: Livraria Freitas Bastos, 1964.

CANOTILHO, José Joaquim Gomes. **Fundamentos da Constituição**. Coimbra: Coimbra Editora, 1991.

_____. **Estado de Direito**. São Paulo: Fundação Mário Soares, 1999.

CARRAZZA. Roque Antonio. **Curso de Direito Constitucional Tributário. 29ª Edição, revista, atualizada e ampliada**. São Paulo: Malheiros Editores, 2013.

CARVALHO, Aurora Tomazini de. **Curso de Teoria Geral do Direito: o Construtivismo Lógico-Semântico**. 2ª ed. São Paulo: Noeses, 2010.

CARVALHO, Paulo de Barros. **Curso de Direito Tributário**. 18ª ed. rev. e atual. São Paulo: Saraiva, 2007.

_____. **Direito Tributário, Linguagem e Método**. 3ª ed. São Paulo: Noeses, 2009.

_____. **Direito Tributário, fundamentos jurídicos da incidência**. 17ª ed. São Paulo: Saraiva, 2009.

COELHO, Luiz Fernando. **Teoria Crítica do Direito**. 3ª ed. rev. atual. e ampl. Belo Horizonte: Del Rey, 2003.

DALLARI, Dalmo de Abreu. **Elementos de teoria geral do Estado**. 19ª ed. Atual. São Paulo: Saraiva, 1995.

DUGUIT, Leon. **Fundamentos do Direito**. Campinas: LZN, 2003.

DWORKIN, Ronald. **O império do direito**. São Paulo: Martins Fontes, 2003.

_____. **Uma Questão de Princípio**. São Paulo: Martins Fontes, 2001.

FONSECA, Ricardo Marcelo (org.). **Repensando a Teoria do Estado**. Belo Horizonte: Fórum, 2004.

GADAMER, Hans Georg. **Verdade e Método**, 4ª ed. tr. P. Meurer. Petrópolis: Vozes, 2002.

GRAU, Eros Roberto. **A Ordem Econômica na Constituição de 1988**. 12ª ed. Revista e Atualizada. São Paulo: Malheiros Editores, 2007.

HABERMAS, Jürgen. **Teoría de la acción comunicativa: complementos y estúdios prévios**. Madrid: Ediciones Cátedra, 1994.

_____. **Direito e Democracia: entre a Facticidade e Validade**. Rio de Janeiro: Bom Tempo, 1997.

MALUF, Sahid. **Teoria geral do Estado**. 25ª ed. atual. pelo Prof. Miguel/Alfredo Maluf Neto. São Paulo: Saraiva, 1999.

MOSQUETTI, Francesco. **El Principio de Capacidad Contributiva** (Trad.: CALERO GALLEGO, Juan M. NAVAS VAZQUEZ, Rafael). Madrid: Instituto de Estudios Fiscales, 1980.

POMBO, Olga. **Epistemologia da Interdisciplinaridade**. Disponível no site: htpp:www.educ.fc.ul.pt/docentes/opombo/investigacao/portofinal.pdf, extraído em 19/09/2007.

ROUSSEAU, Jean-Jacques. **Do contrato social**. São Paulo: Abril Cultural, 1978.

SILVA, José Afonso da. **Curso de Direito Constitucional Positivo**. 24ª ed. rev. e atual. São Paulo: Malheiros Editores, 2005.

_____. **Aplicabilidade das Normas Constitucionais**. 7ª ed., 2ª tiragem. São Paulo: Malheiros Editores, 2008.

STRECK, Lenio Luiz. **Hermenêutica Jurídica e(m) crise – Uma exploração hermenêutica da construção do Direito**. 3ª edição rev. Porto Alegre: Livraria do Advogado, 2001.

TRIBUTAÇÃO, AÇÕES AFIRMATIVAS E DEMOCRACIA

Octavio Campos Fischer[1]

INTRODUÇÃO

O presente trabalho é dedicado à memória da Ministra do Superior Tribunal de Justiça Denise Martins Arruda. Respeitada e magnífica Juíza de carreira no Paraná, foi Juíza do extinto Tribunal de Alçada do Paraná e, a partir de 2002, Desembargadora do Tribunal de Justiça do Paraná, um ano antes de ser escolhida e nomeada como Ministra daquele Tribunal de Cidadania, em 2003.

A seriedade e a dedicação à Magistratura são conhecidas e reconhecidas pelo mundo jurídico. Sua participação no Superior Tribunal de Justiça, por uma década, porquanto se aposentou em 2010, ainda é lembrada e comentada pelos seus antigos pares.

---

1. Desembargador do Tribunal de Justiça do Estado do Paraná. Professor de Direito Tributário da Unibrasil (Mestrado e Graduação). Mestre e Doutor em Direito Tributário pela UFPR.

Nada mais justo, portanto, do que a comunidade jurídica formalizar em um belo livro – coordenado e idealizado pela nobre e culta Professora Betina Treiger Grupenmacher – a admiração e o agradecimento à Ministra Denise Martins Arruda.

1. TRIBUTAÇÃO E ESTADO DEMOCRÁTICO DE DIREITO

Ainda são poucos os estudos jurídicos sobre o uso da tributação como instrumento de inclusão social e como mecanismo de participação democrática.

A Teoria do Direito Tributário no Brasil desenvolveu-se fortemente a partir da década de 70 do século passado, propulsionada, especialmente, pela, assim conhecida, *Escola de Direito Tributário da PUC/SP*, através da genialidade e da profunda consistência doutrinária de juristas como Paulo de Barros Carvalho e Geraldo Ataliba, dentre alguns outros. Construiu-se uma teoria escorada nos pilares do Direito Constitucional e da Teoria Geral do Direito, com vistas à bem delimitar, juridicamente, a atividade tributária no país. Encontrou-se, para tanto, desde o advento da EC n. 18/65, um campo normativo bastante fértil: uma Constituição recheada de normas (regras e princípios) protetores dos contribuintes; o que a Constituição de 1988 levou a patamares sem paralelo em qualquer outra ordem constitucional no mundo.

Atualmente, temos um conjunto de normas constitucionais tributárias, que, didaticamente, pode ser dividido em três grupos: (a) um primeiro grupo, com normas disciplinadoras da competência tributária. A Constituição de 1988 preocupou-se em estabelecer não só quem tem competência para instituir tributos, mas, igualmente, fixou quais tributos cada ente federativo pode criar; (b) um segundo grupo, com minuciosas normas estipuladoras de limitações ao poder de tributar, como os princípios e as imunidades; por fim, (c) um grupo de normas que se voltaram para a regulação da destinação dos tributos.

A Constituição de 1988 trouxe, ainda, ingredientes novos para a Teoria do Direito Tributário. Uma nova dimensão foi agregada: a de que o Direito Tributário não é apenas um conjunto de normas que impõem limitações à tributação, mas, também, que se trata de um dos mais relevantes instrumentos de realização, promoção e financiamento do Estado Democrático de Direito.

Esta nova dimensão trouxe importantes preocupações em relação ao *dever de pagar tributos* e com o controle da destinação destes. Afinal, se a sociedade não pode se furtar ao pagamento dos tributos, o poder público tem o dever de bem destiná-los à realização de uma sociedade livre, justa e solidária, erradicando a pobreza e reduzindo as desigualdades sociais (art. 3º da CF/88), bem como de demonstrar à sociedade, de forma clara e inteligível, que assim o faz.

2. AÇÕES AFIRMATIVAS TRIBUTÁRIAS E INCLUSÃO SOCIAL

Dentre os diversos valores constitucionais, a busca da igualdade tributária é, sem dúvida, um dos mais relevantes para a construção de uma democracia.

Não se trata apenas de tributar de acordo com a capacidade contributiva, para realizar o preceito de que "os iguais devem ser tributados igualmente, na medida da sua igualdade, e os desiguais devem ser tributados diferentemente, na medida da sua desigualdade". Em certas situações, a capacidade contributiva deve ser temperada e balanceada, com maior ou menor intensidade, com outros valores para alcançarmos uma sociedade justa e solidária.

Pensamos, aqui, no que se pode chamar de *Ações Afirmativas Tributárias*, para promover, de algum modo e em alguma medida, a inclusão social. Vai-se além do uso do tributo com o intuito de redistribuição de riqueza ou de estímulo do comportamento de determinados contribuintes. Busca-se fazer com que o contribuinte não tenha no tributo um mecanismo de exclusão social ou, inversamente, fazer, também, do tributo um meio de inclusão, como as isenções para aquisição de veículos por pessoas com necessidades especiais.

3. IGUALDADE NAS AÇÕES AFIRMATIVAS E CORREÇÃO JUDICIAL: O PROBLEMA DA ISENÇÃO DE IRPF PARA PORTADORES DE MOLÉSTIA GRAVE

Não há ainda, entretanto, uma teoria geral ou estudos sistemáticos sobre as ações afirmativas tributárias. Se formos olhar com cuidado, mesmo as isenções mais significativas neste âmbito são pouco analisadas.

É o caso da isenção constante do art. 6, XIV da Lei n. 7713 de 22.12.1988:

> Art. 6º Ficam isentos do imposto de renda os seguintes rendimentos percebidos por pessoas físicas: (...) XIV – os proventos de aposentadoria ou reforma motivada por acidente em serviço e os percebidos pelos portadores de moléstia profissional, tuberculose ativa, alienação mental, esclerose múltipla, neoplasia maligna, cegueira, hanseníase, paralisia irreversível e incapacitante, cardiopatia grave, doença de Parkinson, espondiloartrose anquilosante, nefropatia grave, hepatopatia grave, estados avançados da doença de Paget (osteíte deformante), contaminação por radiação, síndrome da imunodeficiência adquirida, com base em conclusão da medicina especializada, mesmo que a doença tenha sido contraída depois da aposentadoria ou reforma.

Sua importância é inegável. A intenção do legislador é nobilíssima. A jurisprudência, ademais, reconhece que *"A mens legis da isenção é não sacrificar o contribuinte que padece de moléstia grave e que gasta demasiadamente com o tratamento"*

(TRF4, AC 5001610-75.2011.404.7115, Primeira Turma, Relator p/ Acórdão Jorge Antonio Maurique, D.E. 05/09/2012).

Mas, tal isenção contém uma gravíssima distorção. Sua disciplina legislativa destoou da sua função, porque, incompreensivelmente, para não dizer insensivelmente, excluiu de forma arbitrária contribuintes em situações similares: contribuintes que possuem moléstia graves, mas cujos rendimentos não derivam de aposentadoria. Afinal, neste quadro normativo, pode-se ter uma pessoa que possua rendimentos de alugueres, que nunca pode trabalhar justamente em razão de uma moléstia grave, mas que, infelizmente, será tributado.

O espaço, aqui, é pouco para demonstrar o quanto é odiosa e injustificada a discriminação que acabou produzindo essa norma, cujo intuito era justamente promover a inclusão e o bem estar de certos contribuintes.

Até se compreende que o legislador que editou tal lei, em dezembro de 1988, ainda não estivesse influenciado pelos novos valores da então novel Constituição. Porém, passados mais de 25 anos, não se compreende e não se justifica uma omissão na correção de rota pelo Legislador.

Bem que os contribuintes tentaram encontrar amparo no Judiciário, mas neste sedimentou a jurisprudência de que, por força do art. 111 do CTN, as isenções devem ser interpretadas literalmente (restritivamente), e que, no controle de constitucionalidade, o Magistrado não pode agir como "legislador positivo".

Deve-se, aqui, entretanto, realizar uma *filtragem constitucional* (Paulo R. Schier) do art. 111 do CTN, editado em tempos bem diferentes (1965) dos atuais. Se a legalidade, para fins de cobrança de tributos, vai passando por uma certa abertura (como quer o próprio Fisco), também isto deve ocorrer no que se refere à legalidade das isenções. Os atuais valores constitucionais se sobrepõem. Pode-se entender, inclusive, que o

Poder Judiciário tem competência para impor uma interpretação mais adequada à Constituição, sem ser tachado de *ativista*.

O que se tem é a possibilidade de declaração de inconstitucionalidade da parte do texto da lei que impôs a restrição odiosa, quando limita a isenção a proventos de aposentadoria. Pode-se pensar em declarar a invalidade da expressão "os proventos de aposentadoria", para que o texto assim reste compreendido: *"Art. 6º Ficam isentos do imposto de renda os seguintes rendimentos percebidos por pessoas físicas: (...) XIV – de (...) reforma motivada por acidente em serviço e os percebidos pelos portadores de moléstia (...)"*.

Trata-se de técnica de interpretação da Constituição perfeitamente admissível, utilizada em outros países, como a Itália, e que tem por função resguardar a constitucionalidade de uma norma. Porque o Legislador deve ter para si que não podem ser adotadas ações afirmativas tributárias que, no seu próprio conteúdo, atentem contra o princípio da igualdade, provocando efeitos colaterais indesejados.

Poder-se-ia, aí, dizer que o Judiciário estaria agir como *legislador positivo*, pois estaria a inserir uma isenção não prevista em lei e não desejada pelo legislador. Ocorre que, ao final, todas as declarações de inconstitucionalidade funcionam como uma espécie de atividade legislativa em sentido positivo, pois, quando retira uma norma do ordenamento por ser contrária à Constituição, o Judiciário está reinserindo outra, que havia sido revogada.

Muito já se evoluiu neste campo.

Cumpre, por exemplo, citar importantes decisões do Superior Tribunal de Justiça, quando entende não ser necessária a apresentação de laudo oficial, previsto em lei, dentre elas a que segue:

TRIBUTÁRIO. AGRAVO REGIMENTAL NO AGRAVO EM RECURSO ESPECIAL. IMPOSTO DE RENDA. ISENÇÃO.

PERÍCIA OFICIAL. DESNECESSIDADE. CEGUEIRA. PATOLOGIA QUE ABRANGE TANTO A VISÃO BINOCULAR OU MONOCULAR.

1. A jurisprudência desta Corte firmou-se no sentido de que o artigo 30 da Lei n. 9.250/95 não pode limitar a liberdade que o Código de Processo Civil confere ao magistrado na apreciação e valoração jurídica das provas constantes dos autos, razão pela qual o benefício de isenção do imposto de renda pode ser confirmado sem a existência de laudo oficial a atestar a moléstia grave.

2. Também, consoante entendimento pacificado neste Tribunal Superior, a cegueira prevista no artigo 6º, XIV, da Lei n. 7.713/88 inclui tanto a binocular quanto a monocular.

3. Agravo regimental não provido.

(AgRg no AREsp 492.341/RS, Rel. Ministro MAURO CAMPBELL MARQUES, SEGUNDA TURMA, julgado em 20/05/2014, DJe 26/05/2014).

Ou as decisões, como a que segue, que o fato da *"Junta Médica constatar a ausência de sintomas da doença não justifica a revogação do benefício isencional, tendo em vista que a finalidade desse benefício é diminuir os sacrifícios dos aposentados, aliviando-os dos encargos financeiros"*:

TRIBUTÁRIO E PROCESSUAL CIVIL. ISENÇÃO DE IMPOSTO DE RENDA. REVISÃO DO BENEFÍCIO. PORTADOR DE NEOPLASIA MALIGNA. CONTEMPORANEIDADE DOS SINTOMAS. DESNECESSIDADE. LAUDO PERICIAL. SERVIÇO MÉDICO OFICIAL. PRESCINDIBILIDADE. LIVRE CONVICÇÃO MOTIVADA DO MAGISTRADO.

1. A jurisprudência desta Corte firmou-se no sentido de que "após a concessão da isenção do Imposto de Renda sobre os proventos de aposentadoria ou reforma percebidos por portadores de moléstias graves, nos termos art. 6º, inciso XIV, da Lei 7.713/88, o fato de a Junta Médica constatar a ausência de sintomas da doença não justifica a revogação do benefício isencional, tendo em vista que a finalidade

desse benefício é diminuir os sacrifícios dos aposentados, aliviando-os dos encargos financeiros." (REsp 1.202.820/RS, Rel. Ministro Mauro Campbell Marques, Segunda Turma, DJe 15/10/2010).

No mesmo sentido: MS 15.261/DF, Rel. Ministro Mauro Campbell Marques, Primeira Seção, DJe 05/10/2010, REsp 1.088.379/DF, Rel. Ministro Francisco Falcão, Primeira Turma, DJe 29/10/2008.

2. O magistrado não está vinculado aos laudos médicos oficiais, podendo decidir o feito de acordo com outras provas juntadas aos autos, sendo livre seu convencimento.

Precedentes: AgRg no AREsp 276.420/SE, Rel. Ministro Arnaldo Esteves Lima, Primeira Turma, DJe 15/04/2013; AgRg no AREsp 263.157/PE, Rel. Ministra Eliana Calmon, Segunda Turma, DJe 14/08/2013.

3. No caso, ficou consignado que a parte agravada é portadora de neoplasia maligna, que, muito embora tenha existido cirurgia que extirpou lesões decorrentes da enfermidade, ainda necessita de acompanhamento contínuo, em razão da existência de outras áreas afetadas pela doença.

4. Agravo regimental a que se nega provimento.

(AgRg no AREsp 371.436/MS, Rel. Ministro SÉRGIO KUKINA, PRIMEIRA TURMA, julgado em 03/04/2014, DJe 11/04/2014).

E, por fim, a orientação, também, do STJ, no sentido de decretar que o rol de doenças, elencadas no art. 6º, inciso XIV, da Lei 7.713/88, não é exaustivo, porquanto a isenção pode atingir enfermidades *"a elas assemelhadas"*:

TRIBUTÁRIO. RECURSO ESPECIAL. IMPOSTO DE RENDA. ISENÇÃO. MOLÉSTIA GRAVE. PROVA. LAUDO OFICIAL. DESNECESSIDADE.

A isenção do imposto de renda por motivo de doença depende da prova de que o interessado padeça de uma das enfermidades elencadas em lei ou a elas assemelhadas, tendo a lei indicado como única prova possível o laudo oficial. Nada obstante isso, a jurisprudência do Superior Tribunal de Justiça vem se orientando em sentido contrário, entendendo ser desnecessário o laudo oficial à vista do convencimento motivado do juiz.

Ressalva de ponto de vista.

Agravo regimental desprovido.

(AgRg no AREsp 394.520/RS, Rel. Ministro ARI PARGENDLER, PRIMEIRA TURMA, julgado em 11/03/2014, DJe 21/03/2014).

O tema, como se vê, ultrapassa as searas jurídica e política, reclamando uma visão humanística das normas jurídicas. Seria o caso, ao menos, de uma decisão judicial, com a técnica do *apelo ao legislador*, para indicar que medidas legislativas devem ser tomadas para corrigir os termos da isenção. Isto porque o princípio da igualdade exige soluções justas não apenas no plano legislativo, mas, também, no plano jurisdicional.

Capítulo III
JUSTIÇA FISCAL, DEMOCRACIA E LIBERDADE

TRIBUTAÇÃO, DEMOCRACIA E LIBERDADE: O TEMA DO ORÇAMENTO IMPOSITIVO NO ORDENAMENTO JURÍDICO BRASILEIRO[1]

Arnaldo Sampaio de Moraes Godoy[2]

Índice: Introdução. 1. Tributação, democracia e liberdade e a natureza jurídica do modelo orçamentário brasileiro. 2. A técnica do contingenciamento. 3. Os modelos de orçamento. 4. As propostas de introdução de orçamento impositivo. 5. A questão da intangibilidade das cláusulas pétreas. 6. Conclusões. Bibliografia.

INTRODUÇÃO

O presente artigo se desdobra no contexto da discussão de emendas constitucionais que têm por objeto a implantação,

---

1. A linha argumentativa aqui defendida é pessoal do autor e não reflete, necessariamente, a opinião do órgão para o qual presta serviços.
2. Livre-Docente em Teoria Geral do Estado pela Faculdade de Direito da Universidade de São Paulo-USP. Doutor e Mestre em Filosofia do Direito e do Estado pela Pontifícia Universidade Católica de São Paulo-PUC-SP. Professor Visitante da Faculdade de Direito da Universidade da Califórnia-Berkeley. Consultor-Geral da União.

no modelo brasileiro, do chamado *orçamento impositivo* ou *mandatório*. Tem como pano de fundo as relações entre tributação, democracia e liberdade, com estações em modelos orçamentários, vinculando-se fórmulas de direito financeiro e direito tributário à luz da promoção de um ambiente livre e democrático. Nesse assunto, há também recente alteração legislativa, em nível infraconstitucional, veiculada por intermédio de lei de diretrizes orçamentárias, nomeadamente, a Lei n. 12.919, de 24 de dezembro de 2013.

Dispôs-se que o Poder Executivo deve honrar emendas parlamentares até o limite de 1,2%. Isto é, tornou-se obrigatória a execução orçamentária e financeira, de forma equitativa, da programação incluída por emendas individuais em lei orçamentária.[3] Essas emendas individuais serão aprovadas no limite de 1.2% da receita líquida prevista no projeto encaminhado pelo Poder Executivo, sendo que metade desse percentual será destinada a ações e serviços públicos de saúde.[4]

Problematiza-se no presente artigo a constitucionalidade das emendas que transitam, apontando-se alguma inconstitucionalidade na pretensão (inciso III do § 4º do art. 60 da Constituição). Argumenta-se que o modelo de orçamento impositivo fere a fórmula da independência e da harmonia entres os poderes (art. 2º da Constituição), hostilizando-se, na essência, o art. 165 do texto constitucional vigente.

1. A NATUREZA AUTORIZATIVA DO MODELO ORÇAMENTÁRIO BRASILEIRO

O modelo orçamentário com o qual contamos notabiliza-se por sua natureza autorizativa; isto é, percebe-se alguma discricionariedade do Poder Executivo na liquidação de despesas,

---

3. Art. 52 da Lei n. 12.919, de 24 de dezembro de 2013.
4. § 1º do art. 52 da Lei n. 12.919, de 24 de dezembro de 2013.

o que se dá mediante o uso da técnica do *contingenciamento*. Essa discricionariedade não se aplica às chamadas despesas obrigatórias, bem como não revela casuísmo, idiossincrasia ou preferência governamental.[5] Entende-se o orçamento como *autorizativo*, porquanto, uma vez *"(...) discutido, aprovado, sancionado e publicado – autoriza o Estado a arrecadar o necessário e suficiente para realizar, em nome do povo, as suas aspirações"*.[6]

Decorre, tão somente, da responsabilidade que se espera do ordenador de despesas, o que se revela pela permanente busca das metas fiscais. Não pode o gestor gastar mais do que arrecada. Nesse sentido, há certa ficção na previsão de receitas, em contrapartida a impressionante realismo na fixação de despesas. Estas últimas, certas, dependem daquelas primeiras, contingenciais. É essa tensão, entre a certeza da despesa e a expectativa da receita, que se resolve por nosso modelo orçamentário, *autorizativo*, que se pretende transformar, matizando-o como *impositivo*, ou *mandatório*.

Funções alocativas, distributivas e estabilizadoras do Estado demandam atenção para com aspectos pragmáticos do orçamento; isto é, *"o orçamento continua sendo, marcadamente, um instrumento básico de administração e, como tal, deve cumprir múltiplas funções"*.[7] Unidade, universalidade, periodicidade, não-afetação de receitas, exclusividade, equilíbrio, clareza, publicidade e exatidão são os princípios que informam as modernas técnicas orçamentárias.[8]

---

5. Em tema de orçamento público, conferir, por todos, CONTI, José Maurício e SCAFF, Fernando Facury (coord.), **Orçamentos Públicos e Direito Financeiro**, São Paulo: Editora Revista dos Tribunais, 2011.
6. PISCITELLI, Roberto Boccaccio, **Orçamento Autorizativo X Orçamento Impositivo**, Brasília: Biblioteca Digital da Câmara dos Deputados, Estudo, setembro de 2006, p. 4.
7. GIACOMONI, James, **Orçamento Público**, São Paulo: Atlas, 2009, p. 60.
8. GIACOMONI, James, cit., pp. 63 e ss.

Desdobra-se ao longo dos anos animada controvérsia relativa à natureza jurídica do orçamento. Pretendem alguns tratar-se de mero ato administrativo, que não detém conteúdo de lei; quando muito, seria lei em sentido exclusivamente formal. Pretendem outros tratar-se de lei em sentido material. E ainda, "(...) *alguns sustentam que é lei em relação à receita e ato administrativo no tocante à despesa (...) a última classificação que surgiu coloca-o como ato-condição*".[9] Quanto à referida controvérsia:

> Esse problema de natureza jurídica do orçamento ocupou, durante muito tempo, a atenção dos juristas e os dividiu em correntes, segundo teorias diversas. Lei para uns, simples ato administrativo, sem caráter de lei, para outros, ainda poderia ser ambas as coisas para o terceiro grupo. Leon Duguit se situa na terceira corrente, porque distingue o orçamento da despesa, considerando-o simples ato ou operação administrativa, em contraste com o orçamento da receita, que pode ser considerado lei, na opinião dele, naqueles países em que se renova, anualmente, a autorização parlamentar para cobrança dos tributos. Essa autorização, que restaura a eficácia das leis institucionais dos impostos, contém, segundo Duguit, caráter de lei no sentido material. Fora desse caso, o orçamento é, para ele, mero ato de administração. A terceira corrente nega o caráter da lei, no sentido material, ao orçamento e tem por principais defensores Jèze e Trotabas. Jèze adota o método de Duguit para chegar a conclusões diversas. Aprecia separadamente despesa e receita, para concluir que uma e outra, em qualquer hipótese, nunca são leis, substancialmente falando, mas "ato-condição", segundo a classificação de atos jurídicos do próprio Duguit.[10]

A Constituição dispõe sobre três modalidades orçamentárias que convergem em ampla fórmula de planejamento: o

---

9. OLIVEIRA, Regis Fernando de, **Curso de Direito Financeiro**, São Paulo: Editora Revista dos Tribunais, 2008, p. 318.
10. BALEEIRO, Aliomar, **Uma Introdução à Ciência das Finanças**, Rio de Janeiro: Forense, Bilac Pinto Editores, 2010, p. 555. Atualização de Hugo de Brito Machado Segundo.

Plano Plurianual (PPA, inciso I do art. 165), a Lei de Diretrizes Orçamentárias[11] (LDA, inciso II do art. 165) e a Lei Orçamentária Anual (LOA, inciso III do art. 165). Esta última – LOA- instrumentaliza a realização fática das metas fixadas na LDO que, por sua vez, explicita investimentos e metas (qualitativas e quantitativas) dispostas no PPA. De qualquer modo, deve-se compreender que o modelo orçamentário contemporâneo afasta-se de ficções e expectativas generosas ou pessimistas, contemplando a *realidade*, em toda sua dimensão:

> Com a assunção de novas responsabilidades, a estrutura do Estado moderno cede a imperativos de boa administração. Já não bastam boas intenções. O Estado, através de seus governantes, tem o dever de planificar a peça orçamentária, de forma a identificar a intenção de cumpri-la. Não pode estabelecer previsões irreais ou fúteis, apenas para desincumbir-se de determinação constitucional. A peça orçamentária há de ser real.[12]

O Congresso Nacional exerce atividade de controle do orçamento, restringindo a atuação do Poder Executivo[13],

---

11. Na compreensão do Supremo Tribunal Federal: "A Lei de Diretrizes Orçamentárias, que tem objeto determinado e destinatários certos, assim sem generalidade abstrata, é lei de efeitos concretos, que não está sujeita à fiscalização jurisdicional no controle concentrado". ADI 2.484-MC, Rel. Min. Carlos Velloso, julgamento em 19 de dezembro de 2001. Ou ainda, "A Lei de Diretrizes Orçamentárias possui destinação constitucional específica e veicula conteúdo material próprio, que, definido, pelo artigo 165, § 2º, da Carta Federal, compreende as metas e prioridades da Administração Pública, inclusive as despesas de capital para o exercício financeiro subsequente. Mais do que isso, esse ato estatal tem por objetivo orientar a elaboração da lei orçamentária anual e dispor sobre as alterações na legislação tributária, além de estabelecer a política de aplicação das agências financeiras oficiais de fomento". ADI 612-QO, Rel. Min. Celso de Mello, julgamento em 3 de junho de 1993.
12. OLIVEIRA, Régis Fernando de, cit., p. 321.
13. Cf. MATIAS-PEREIRA, *Finanças Públicas – A Política Orçamentária no Brasil*, São Paulo: Atlas, 2006, p. 261.

circunstância que também ocorre na atuação do Tribunal de Contas.[14] Especialmente, no caso da LOA, tem-se um *ciclo orçamentário*, procedimento que se desdobra em várias instâncias, no qual se constata, a todo o tempo, esforço de harmonização entre os poderes.

A proposta originária da lei orçamentária é encaminhada pelo Ministério do Planejamento, Orçamento e Gestão à Presidência da República. O titular do Executivo Federal, em seguida, encaminha o texto ao Congresso Nacional. No Legislativo, uma Comissão examina a proposta, passo que é acompanhado de audiências públicas, bem como de propostas de emendas parlamentares.

O texto original, depois de receber as propostas de emendas parlamentares, segue para a Comissão que o apreciou, de onde segue para discussão em Plenário. Depois de aprovado, segue para sanção presidencial. O Chefe do Executivo poderá aprová-lo, poderá vetá-lo parcialmente, bem como poderá vetá-lo integralmente. As razões do veto seguem ao Presidente do Senado.

Sessão conjunta do Senado e da Câmara pode qualificar a rejeição do veto. Promulgada, a lei de meios é regulamentada por decreto presidencial (Decreto de Execução Orçamentária). Ao longo do processo de execução (realização de receitas e de despesas) conta-se com avaliação e controle, por parte do TCU, bem como pelo Legislativo.

O Poder Executivo deve, necessariamente, contar com alguma discricionariedade ao longo do processo de execução orçamentária. As vicissitudes da vida contemporânea exigem do Estado intervenções pontuais, abstenções, realocações, que indicam plasticidade institucional que o modelo democrático

---

14. Cf. HARADA, Kiyoshi, **Direito Financeiro e Tributário**, São Paulo: Atlas, 2011, pp. 97 e ss.

radicalmente exige.[15] É nesse contexto que se espera um orçamento *autorizativo*, em detrimento do impasse gerado por um orçamento de conteúdo *impositivo* ou *mandatório*. Trata-se de dilema que hoje se enfrenta.

2. A TÉCNICA DO CONTINGENCIAMENTO

No orçamento *autorizativo* verifica-se a necessária discricionariedade do Poder Executivo, o que se dá por meio da técnica do *contingenciamento*. De tal modo, *"o mecanismo de contingenciamento é uma das formas que o Executivo utiliza para exercer a discricionariedade (...) o recurso contingenciado é excluído do cronograma mensal de execução orçamentária e financeira"*.[16] E ainda, na expressão de consultor de orçamento e fiscalização financeira da Câmara dos Deputados, a propósito de discussão em torno dos orçamentos autorizativos e impositivos:

> O contingenciamento é um mecanismo previsto na Lei Complementar n. 101, de 2000, Lei de Responsabilidade Fiscal (LRF) para permitir o cumprimento de metas fiscais do exercício quando existir indícios de frustração da receita realizada no bimestre. Neste trabalho concluímos que é um mecanismo tecnicamente necessário, o que nos leva a rejeitar a hipótese de um orçamento obrigatório.[17]

Com o contingenciamento, a dotação orçamentária fica temporariamente sobrestada, pelo que essa técnica pode realizar-se, inclusive, preventivamente. A técnica do *contingenciamento* é sufragada pela Lei de Responsabilidade Fiscal, que dispõe que:

---

15. Conferir, por todos, UNGER, Roberto Mangabeira, ***Plasticity into Power***, London & New York: Verso, 1987.
16. GONTIJO, Vander, ***Orçamento Impositivo, Contingenciamento e Transparência***, Brasília: Cadernos ASLEGIS, 39, janeiro/abril/2010, p. 61.
17. GONDIJO, Vander, cit., loc. cit.

> Se verificado, ao final de um bimestre, que a realização da receita poderá não comportar o cumprimento das metas de resultado primário ou nominal estabelecidas no Anexo de Metas Fiscais, os Poderes e o Ministério Público promoverão, por ato próprio e nos montantes necessários, nos trinta dias subsequentes, limitação de empenho e movimentação financeira, segundo os critérios fixados pela lei de diretrizes orçamentárias.[18]

É obrigatória a regra que determina o *contingenciamento*, verificadas as condições acima indicadas.

No contexto da Lei de Responsabilidade Fiscal a técnica do *contingenciamento* é de amplo uso, e de utilidade superlativa, possibilitando o encontro real entre receitas e despesas:

> Pode ser que haja necessidade de limitação do empenho das dotações orçamentárias e da movimentação financeira para o atingimento das metas previstas no Anexo das Metas Fiscais. Nesse caso, ela será processada, nos termos da lei de diretrizes orçamentárias, de forma proporcional ao montante dos recursos alocados para o atendimento de outras despesas correntes, investimentos e inversões financeiras de cada poder e do Ministério Público da União. Em face desse aspecto limitativo, o governo deixa de executar parte do orçamento, promovendo o contingenciamento dos valores empenhados. O empenho é ato emanado do ordenador de despesas, que implica o comprometimento prévio da dotação orçamentária. Por isso é da alçada daquela autoridade competente autorizar a movimentação financeira, desde que haja disponibilidade de recursos no orçamento, bem como promover sua limitação em consonância com a orientação constante do paragrafo anterior. Na hipótese de materialização dessa ocorrência, há de ser fixado o montante a ser tornado indisponível para empenho e movimentação financeira. Competirá ao chefe de cada Poder publicar ato estabelecendo os montantes que seus órgãos terão como

---

18. Lei Complementar n. 101, de 4 de maio de 2000, art. 9º.

limite de movimentação e empenho. As comunicações em questão deverão ser feitas pelo Poder Executivo aos poderes Legislativo e Judiciário e ao Ministério Público da União. O cumprimento das metas de resultado primário ou nominal constantes do Anexo de Metas Fiscais há de caminhar no passo da realização da receita. Todavia, se detectada, ao final do bimestre, a não-observância desse resultado, o Legislativo, o Judiciário, o Executivo e o Ministério Público proverão a limitação de empenho e da motivação financeira trinta dias após constatado o desempenho negativo, isto é, a incompatibilidade entre as metas prevista e a receita. O procedimento nesse sentido deve ser operacionalizado por iniciativa de cada Poder ou órgão envolvido nos valores indispensáveis à correção do rumo desejado. Restabelecida a receita prevista, mesmo que de maneira parcial, as dotações cujos empenhos sofrem limitação serão recompostas de forma proporcional às reduções feitas em face dos critérios estabelecidos pela lei de diretrizes orçamentárias.[19]

É a técnica do *contingenciamento* que permite medidas transitórias de contenção de gastos, de racionalização administrativa e de atuação estratégica por parte do Poder Executivo. Essa técnica é de uso comum em todos os entes da Federação. Sigo com alguns exemplos.

Por intermédio do Decreto Executivo n. 1, de 2 de janeiro de 2009, o Prefeito do Município de Santa Maria (RS), tomou uma série de medidas de *contingenciamento*, com base em elenco de *consideranda* que bem atestam a importância do modelo.[20] É o que se observa, também, no contexto do Decreto n. 2.201, de 10 de janeiro de 2013, baixado pelo Prefeito de

---

19. NASCIMENTO, Carlos Valder, *Comentários ao art. 9º da Lei de Responsabilidade Fiscal*, in Martins, Ives Gandra da Silva e Nascimento, Carlos Valder, **Comentários à Lei de Responsabilidade Fiscal**, São Paulo: Saraiva, 2009, pp. 76-77.
20. "Considerando que o ano de 2008 foi excepcional no tocante ao acréscimo substancial das receitas provenientes das esferas federal e estadual; Considerando que a crise internacional é uma realidade quanto a possibilidade de

TRIBUTAÇÃO: DEMOCRACIA E LIBERDADE

Manaus, a propósito de *contingenciamento* de despesas afetas ao orçamento anual daquele município amazonense.[21] Situação idêntica se constata no Município de Pelotas, no Rio Grande do Sul, a propósito do Decreto n. 4.405, de 1º de agosto de 2002, que determina o *contingenciamento* dos empenhos das dotações orçamentárias e das movimentações financeiras dos órgãos da administração direta daquela municipalidade.[22]

---

redução na arrecadação dos municípios Brasileiros; Considerando que o Governo Federal, a fim de estimular as atividades produtivas, vem isentando ou reduzindo impostos, especialmente o IR e o IPI, com a consequente redução da arrecadação dos municípios nos impostos compartilhados; Considerando a necessidade de utilização racional dos recursos públicos; Considerando a vedação contida no artigo 167, inciso II, da Constituição Federal, que diz 'São vedados: a realização de despesas ou a assunção de obrigações diretas que excedam os créditos orçamentários ou adicionais'; Considerando a necessidade de compatibilizar as obrigações já assumidas com os recursos orçamentários disponíveis, buscando garantir e impulsionar os investimentos nesta municipalidade, em cumprimento à Lei Complementar n. 101/00; Considerando, por fim, que a atual administração está firmemente comprometida em melhor conduzir a gestão municipal com economicidade, parcimônia e austeridade, para oferecer o melhor dos esforços e alcançar resultados satisfatórios nas ações junto à comunidade (...)".

21. "O PREFEITO DE MANAUS, no exercício das atribuições e competências que lhe conferem os artigos 80, inciso IV, e 128, inciso I, da Lei Orgânica do Município de Manaus e, CONSIDERANDO que a situação econômica e financeira mundial reflete diretamente na economia nacional e, por consequência, na arrecadação tributária da União, Estados e dos Municípios; CONSIDERANDO que o comprometimento da integralidade do orçamento aprovado para o ano de 2013 pode levar o Município a um agravamento de sua situação econômica e financeira; CONSIDERANDO que a responsabilidade na gestão fiscal pressupõe a ação planejada e transparente, destinada a prevenir riscos e corrigir desvios capazes de afetar o equilíbrio das contas públicas, tal como dispõe a Lei de Responsabilidade Fiscal; CONSIDERANDO, por fim, que é dever da Administração a busca pelo equilíbrio entre a Receita e a Despesa Pública".

22. "O **Prefeito Municipal de Pelotas**, no uso das suas atribuições e tendo em vista o disposto no Art. 9º da Lei Complementar n. 101/2000 (Lei de Responsabilidade Fiscal) e no Art. 28 da Lei Municipal n. 4741/2001 (Lei de Diretrizes Orçamentárias): Considerando que não foram realizados os valores da receita previstos na Lei Orçamentária, relativos ao primeiro semestre do ano de 2002, conforme demonstra a Tabela I; e Considerando que a projeção

TRIBUTAÇÃO: DEMOCRACIA E LIBERDADE

Essa circunstância também foi vivenciada na cidade de Itajaí, no estado de Santa Catarina, nos termos do Decreto n. 8.809, de 7 de janeiro de 2009.[23] Há exemplo também no Município de Valença, no Estado do Rio de Janeiro, no contexto do Decreto n. 011, de 6 de fevereiro de 2009.[24] E de igual modo, no Município de Paranaguá, cidade litorânea, no Estado do

---

dos valores relativos às transferências de outras esferas de governo, relativas aos meses de agosto e setembro não alcançarão os valores previstos na Lei Orçamentária, conforme Tabela II."

23. "O Prefeito de Itajaí, no uso de suas atribuições e de acordo com o art. 47, VII, 108 e 113 da Lei Orgânica do Município e na Lei de Diretrizes Orçamentárias (Lei 5.196 de 5 de novembro de 2008), e CONSIDERANDO o Decreto n. 8.760, de 23 de novembro de 2008, que declara em situação anormal, caracterizada como Calamidade Pública a área do Município afetada por enxurradas provocadas por chuvas intensas e concentradas nos dias 21, 22 e 23 de novembro de 2008; CONSIDERANDO o art. 108 e 113 da Lei Orgânica do Município, que permite que o Município organize a ordem econômica e exerça suas atividades dentro de um processo de planejamento; CONSIDERANDO o disposto no art. 1º, § 1º e 9º da Lei Complementar n. 101, de 04 de maio de 2000, que estabelece normas de finanças públicas voltadas para a responsabilidade na gestão fiscal e dá outras providências; CONSIDERANDO a previsão de queda na arrecadação municipal em 20% (vinte por cento) em decorrência da situação de Calamidade Pública, atestada pelo Parecer Técnico n. 001/2009, da Secretaria de Governo, Planejamento, Orçamento e Gestão: CONSIDERANDO que a Lei n. 5.219 de 19 de dezembro de 2008, que estima receita e fixa a despesa do orçamento do Município de Itajaí para o exercício financeiro de 2009, foi elaborada antes da situação de Calamidade Pública; CONSIDERANDO o imperativo de equilíbrio das contas públicas."

24. "**Vicente de Paula de Souza Guedes,** Prefeito Municipal de Valença, Estado do Rio de Janeiro, no uso de suas atribuições legais, **Considerando** que a situação econômica e financeira mundial já atinge a economia nacional e, em consequência, a receita da União, Estados e Município; **Considerando** que a arrecadação municipal decorrente de transferências já demonstrou no mês de janeiro de 2009 acentuado percentual de redução; **Considerando** que o comprometimento da integralidade do orçamento aprovado para o ano de 2009 pode levar o Município a um agravamento de sua situação econômica e financeira; **Considerando** que a responsabilidade na gestão fiscal pressupõe a ação planejada e transparente, em que se previnem riscos e corrigem desvios capazes de afetar o equilíbrio das contas públicas, tal como dispõe a Lei de Responsabilidade Fiscal; **Considerando** que é dever da Administração buscar o equilíbrio entre a Receita e a Despesa."

613

TRIBUTAÇÃO: DEMOCRACIA E LIBERDADE

Paraná.[25] Situação semelhante se observa também no Município de Alfenas, no Estado de Minas Gerais.[26]

---

25. "O PREFEITO MUNICIPAL DE PARANAGUÁ, Estado do Paraná, no uso das suas atribuições legais e tendo em vista o disposto no Art. 9º da Lei Complementar n. 101/2000 (Lei de Responsabilidade Fiscal); Considerando que não foram realizados os valores da receita previstos na Programação Financeira, relativos ao quarto bimestre do corrente ano, conforme alerta expedido pela Controladoria Geral do Município; Considerando que as projeções refeitas dos valores relativos às transferências correntes e receitas de dívida ativa, para os meses de outubro, novembro e dezembro não alcançarão os valores previstos na Lei Orçamentária Anual; Considerando a necessidade de manter a responsabilidade na gestão fiscal do Município, que se dá, entre outras ações, com o equilíbrio entre a receita e a despesa públicas; DECRETA (...)".

26. "**POMPILIO DE LOURDES CANAVEZ,** Prefeito Municipal de Alfenas, Estado de Minas Gerais, no uso de suas atribuições legais conferidas pela alínea "a", inciso I do art. 90 da Lei Orgânica do Município de Alfenas, e especialmente o que dispõe o art. 22 da Lei n. 3.829, de 08 de julho de 2005, Lei de Diretrizes para elaboração da Lei Orçamentária de 2006. **Considerando** a Comunicação Interna n. 604/2006, da Secretaria Municipal de Fazenda e Planejamento, cópia anexa, informando que a meta de arrecadação para o 5º (quinto) bimestre de 2006 estava prevista a entrada de recursos na ordem de R$ 13.464.230,86 (treze milhões, quatrocentos e sessenta e quatro mil, duzentos e trinta reais e oitenta e seis centavos) e foi arrecadado o valor de R$ 11.790.861,41 (onze milhões, setecentos e noventa mil, oitocentos e sessenta e um reais e quarenta e um centavo), provocando um déficit de R$ 1.673.369,45 (um milhão, seiscentos e setenta e três mil, trezentos e sessenta e nove reais e quarenta e cinco centavos), correspondente a um percentual de aproximadamente 12,43%. **Considerando** que alguns fatores contribuíram para a não realização de algumas receitas, como as referentes ao PNAFM e transferência de convênios, que consequentemente demonstram até o presente momento significativo volume negativo a arrecadação prevista para o atual exercício financeiro. **Considerando** que em relação ao déficit apontado, promovemos as cobranças aso contribuintes inadimplentes de IPTU, notificamos os inscritos na dívida ativa, emitimos CDA – Certidões de Dívida Ativa e instituímos a Lei 3.937, de 20 do 11 de 2006, criando o Programa de Recuperação de Créditos – PROREFIS, que concede Anistia Fiscal de multa e juros para pagamento de dívida ativa. **Considerando** a mensagem n. 77, de 04 de dezembro de 2006, encaminhada para a Câmara Municipal de Alfenas, com fundamento no art. 26, da Lei Municipal n. 3.909, de 12 de julho de 2006, que dispõe sobre as ações conjuntas entre os Poderes Executivo e Legislativo nas respectivas limitações de empenhos e de movimentação financeira, como garantia na execução orçamentária de forma financeiramente sólida, objetivando alcançar

TRIBUTAÇÃO: DEMOCRACIA E LIBERDADE

Entre os Estados a forma do *contingenciamento* é também de ampla utilização. É o que se observa, por exemplo, no Decreto n. 30.183, de 16 de janeiro de 2007, que dispõe sobre o contingenciamento de despesas na Administração Pública no Estado de Pernambuco, cujos *consideranda* bem dimensionam a importância do uso dessa técnica.[27]

No Distrito Federal há também precedente, e me reporto ao Decreto n. 31.352, de 15 de janeiro de 2010, que dispõe sobre contingenciamento da execução orçamentária.[28] No Estado do Pará o Decreto n. 5, de 19 de janeiro de 2011, dispõe sobre medidas de *contingenciamento* e de controle dos gastos públicos no âmbito da Administração Direta e Indireta daquela unidade.[29]

---

o necessário superávit primário. **Considerando** finalmente o que estabelece o disposto no § 3º, do art. 26, do referido diploma legal, em que as ações conjuntas entre os dois Poderes Municipais far-se-ão através da publicação das providências de contingenciamento, garantindo assim a solidez financeira na execução orçamentária da Administração Municipal do presente exercício."
27. "O GOVERNADOR DO ESTADO, no uso das suas atribuições que lhe são conferidas elo artigo 37, II e IV da Constituição Estadual, CONSIDERANDO o atual quadro financeiro do Governo do Estado de Pernambuco; CONSIDERANDO a necessidade da adoção de medidas que visem a ajustar as despesas do Estado às suas disponibilidades financeiras (...)"
28. "O GOVERNADOR DO DISTRITO FEDERAL, no uso das suas atribuições que lhe confere o artigo 100, inciso VII, da Lei Orgânica do Distrito Federal, CONSIDERANDO os mandamentos da Lei de Responsabilidade Fiscal – LRF, no que tange à execução orçamentária e ao cumprimento das metas fiscais, em especial os artigos 8º e 9º; CONSIDERANDO a necessidade de assegurar à execução orçamentária o equilíbrio entre as receitas e despesas, objetivando a estabilidade financeira do Tesouro do Distrito Federal; CONSIDERANDO que a consecução do Programa do Governo, expresso no Plano Plurianual e no Orçamento Anual requer a adoção de procedimentos quer disciplinem o acompanhamento da receita e a realização das despesas; CONSIDERANDO reiteradas decisões do Tribunal de Contas do Distrito Federal, em especial a de n. 6651/2009; CONSIDERANDO, ainda, o entendimento firmado na literatura especializada de que o empenho da despesa é um instrumento que compõe o processo orçamentário, DECRETA (...)".
29. "O GOVERNADOR DO ESTADO DO PARÁ, usando das atribuições que lhe são conferidas pelo art. 135, incisos II, V e VII, "a", da Constituição

No Estado do Rio de Janeiro também há utilização do *contingenciamento*, como se afere no Decreto n. 31.232, de 6 de abril de 2002, que dispõe sobre *contingenciamento* orçamentário no exercício de 2002, com o objetivo de se cumprir a Lei de Responsabilidade Fiscal.[30]

Em 2013 o Estado do Pernambuco valeu-se de novo do conceito de orçamento autorizativo, no contexto do Decreto n. 39.081, daquele ano, que dispõe sobre medidas de contingenciamento de despesas correntes no âmbito do Poder Executivo daquela unidade federada.[31] O Estado do Tocantins viveu situação idêntica, que contornou com o Decreto n. 4.619, de 21 de agosto de 2012, que estabeleceu contingenciamento para aquele exercício fiscal.[32]

Federal, e CONSIDERANDO a necessidade de recuperar os mecanismos de gestão pública e de promover o equilíbrio fiscal do Estado (...)".

30. "A GOVERNADORA DO ESTADO DO RIO DE JANEIRO, no uso de suas atribuições legais, CONSIDERANDO a situação da execução orçamentária e financeira que se verifica no Estado do Rio de Janeiro; CONSIDERANDO os efeitos dessa execução para cumprimento do disposto da Lei Complementar n. 101, de 04 de maio de 2000, e CONSIDERANDO a necessidade de adequação do orçamento à realidade financeira do Estado (...)".

31. "O GOVERNADOR DO ESTADO, no uso das suas atribuições que lhe são conferidas pelos incisos II e IV do artigo 37 da Constituição Estadual, CONSIDERANDO a necessidade imperiosa de cumprir as diretrizes do atual Governo do Estado, no sentido de conter despesas com o custeio da máquina administrativa, bem como de assegurar o uso racional dos bens públicos; CONSIDERANDO a necessidade de adequação do orçamento estadual à previsão das recitas oriundas das transferências federais (...)".

32. "O GOVERNADOR DO ESTADO DE TOCANTINS, no uso da atribuição que lhe confere o art. 40, inciso II, da Constituição do Estado, com fulcro no art. 39, § 4º, da Lei 2.530, de 30 de novembro de 2011, e, CONSIDERANDO a constatada desaceleração da economia brasileira como reflexo direto dos efeitos da recessão dos países capitalistas desenvolvidos: CONSIDERANDO que, como consequência imediata dessa realidade, a arrecadação estadual, proveniente das transferências constitucionais, tem sofrido progressiva e acentuada redução até o último mês de julho; CONSIDERANDO que a reestimativa de receitas provindas e transferências constitucionais aponta tendência de redução até o fim de dezembro de 2012; CONSIDERANDO que o comprometimento da integralidade do orçamento vigente par o ano

Como se observa, a técnica do *contingenciamento*, que é típica do orçamento autorizativo, permite o enfrentamento de dificuldades que exigem pronta atuação do Poder Executivo. Miríade de assuntos justifica o uso da técnica, comprovando-se a impropriedade da vinculação de um orçamento *impositivo*. Entre as justificativas, todas acima apresentadas, reúno algumas, com o objetivo de sistematiza-las: *a) situação econômica e financeira mundial e seus reflexos na economia nacional; b) necessidade de se alcançar gestão planejada e transparente; c) comprovação de que eventualmente não se realizaram valores de receitas previstos na lei orçamentária; d) enfrentamento da queda de arrecadação; e) comprometimento da integralidade de orçamento aprovado; f) necessidade de se recalcular valores e projeções de transferências correntes e de capital; g) inadimplência no recolhimento de tributos; h) necessidade de ajuste entre despesas e disponibilidades financeiras de determinado unidade federada; i) necessidade de consecução de programa de Governo; j) necessidade de se recuperar mecanismos de gestão pública; k) necessidade de promover equilíbrio fiscal do Estado; l) necessidade de adequação do orçamento à realidade financeira do Estado; m) necessidade imperiosa de se cumprir diretriz de governo; n) constatação de desaceleração da economia brasileira; o) efeitos de recessão de países capitalistas desenvolvidos; p) progressiva diminuição da receita estadual; q) comprometimento da integralidade do orçamento.*

São situações que também afetam o modelo federal. De qualquer modo, à luz do cânon da simetria, o arranjo orçamentário deve informar, igualmente, todos os níveis da Federação. O orçamento impositivo seria impraticável no contexto fático de todos os municípios e estados brasileiros e, de igual modo, no Distrito Federal, a par, naturalmente, da União.

---

de 2012 pode acarretar agravamento da situação econômico-financeira do Estado; CONSIDERANDO que a responsabilidade na gestão fiscal pressupõe ação planejada e transparente no sentido de prevenir riscos e corrigir desvios capazes de afetar o equilíbrio das contas públicas (...)".

O *contingenciamento*, assim, é técnica que possibilita o cumprimento das metas que a Lei de Diretrizes Orçamentárias previamente fixou. Deve-se assinalar que o *contingenciamento* alcança pequena parcela do orçamento. O *contingenciamento* somente atinge as chamadas despesas discricionárias.[33] Não projeta nenhum efeito nas despesas obrigatórias.

Não se pode falar de *contingenciamento* em relação a despesas orçamentárias obrigatórias. Exemplifico com a impossibilidade de se contingenciar gastos com pessoal, com inativos, com o pagamento do serviço da dívida pública, com benefícios previdenciários, com fundos de participação dos Estados e dos Municípios, com despesas de custeio, e me refiro a água, luz e limpeza. Deve-se observar que:

> São obrigatórias as transferências constitucionais (Fundos de participação e programas de financiamento do setor produtivo regional), as despesas de pessoal e encargos sociais, benefícios previdenciários, as decorrentes de dívidas públicas, contratual e imobiliária, e as relacionadas com sentenças judiciais transitadas em julgado (precatório). São consideradas como 'Outras Despesas Não-discricionárias' os pagamentos relativos aos programas de seguro-desemprego e abono salarial, sentenças judiciais, complementação da União ao FUNDEF, benefícios da Lei Orgânica de Assistência Social-LOAS, indenizações relativas ao Programa de Atividade Agropecuária= PROAGRO e outras previstas no anexo de despesas obrigatórias (...).[34]

O contingenciamento não atinge despesas constitucionais (fundos de participação e fundos dos setores produtivos regionais) bem como os precatórios. O contingenciamento, por atingir apenas as despesas discricionárias, alcança apenas 10% do total previsto de despesas. Sufragando tal entendimento, excerto de consultor legislativo na Câmara dos Deputados:

---

33. Cf. GONTIJO, Vander, cit., p. 63.
34. PISCITELLI, Roberto Boccaccio, cit., p. 6.

Há que se ressaltar que a maior parte do orçamento público já é de execução obrigatória, como as despesas com pessoal, com benefícios previdenciários, com transferências a estados e municípios, com pagamento de juros e amortização da dívida pública. Mesmo a ampla maioria das despesas de custeio é de execução obrigatória, já que não há como se deixar de pagar as contas de água, de luz, de serviços com limpeza, entre outras, inerentes ao funcionamento da máquina pública. Resta, portanto, parte do custeio, principalmente o referente a novos programas ou expansão dos existentes e o investimento público, em que há uma discricionariedade relativa, pois muitos projetos dependem de investimentos realizados ao longo de vários anos, tornando muito difícil interrompê-los. Por exemplo, considere a construção de um prédio de tribunais que tenha iniciado há três anos, em outra legislativa (...).[35]

Eventual crítica à técnica do *contingenciamento* convergiria para a defesa do orçamento *impositivo*. Poder-se-ia invocar que o *contingenciamento* seria mais recorrente nos cortes de despesas oriundas de emendas parlamentares. Poder-se-ia argumentar também que o *contingenciamento* anunciaria um corte real em despesas autorizadas, mas não supervenientemente realizadas. Por outro lado, não se deve deixar de admitir que o *contingenciamento* de fato "(...) *proporciona a flexibilidade necessária para assegurar o cumprimento das metas fiscais fixadas na LDO*".[36]

O tema da flexibilidade parece ser o núcleo da justificativa do orçamento autorizativo, no sentido de que "(...) *é a flexibilidade própria da natureza de toda a programação de trabalho ou plano administrativo*".[37] Os exemplos acima identificados,

---

35. LIMA, Edilberto Carlos Pontes, **Algumas Observações sobre Orçamento Impositivo no Brasil**, Brasília: Planejamento e Políticas Públicas- PPP, n. 26, jun/dez. 2003, p. 5.
36. GONTIJO, Vander, cit., p. 70.
37. SOUSA, Francisco Hélio, **O Caráter Impositivo da Lei Orçamentária Anual e seus Efeitos no Sistema de Planejamento Orçamentário**, p. 25, monografia premiada em 2º lugar no XIII Prêmio do Tesouro Nacional, Brasília, 2008.

colhidos em estados e municípios, são indicativos seguros da necessidade de que se mantenha modelo flexível, agora ameaçado, com proposta de orçamento vinculativo. Tem-se, na hipótese, inegável invasão de Poder, quebrando-se a harmonia e a independência anunciada pelo texto constitucional vigente.

Além do que, essa flexibilidade é exercida com as despesas discricionárias, isto é, as que:

> (...) não decorrem de disposições constitucionais ou legais- dependem, em maior ou menor grau, da disponibilidade de adicional ou residual de recursos. Tais despesas traduzem, de uma maneira geral, as metas e prioridades de cada administração. De acordo com as classificações orçamentárias, as atividades e as chamadas operações especiais são enquadráveis entre as despesas discricionárias prioritárias (essenciais) e, por isso, têm preferência na alocação; os projetos, de outra parte, inserem-se entre as demais despesas discricionárias. A distribuição dos limites orçamentários para os respectivos órgãos responsáveis pelo desenvolvimento das ações ocorre com base na avaliação do montante dos recursos necessários para a manutenção das atividades e das operações especiais de caráter permanente. Assim, caso os recursos sejam insuficientes, os ajustes acabam sendo realizados nos projetos (...).[38]

3. OS MODELOS DE ORÇAMENTO IMPOSITIVO

O orçamento impositivo teria como resultado a obrigação do Executivo realizar programação orçamentária nos exatos moldes como aprovada pelo Poder Legislativo. Há três versões de orçamentos impositivos.[39] Tem-se uma versão forte, extrema, que propõe que o Poder Executivo deva executar integralmente, e sem reservas, a programação orçamentária devidamente aprovada pelo Congresso Nacional. Conta-se ainda com uma versão média, relativizada, na qual o Congresso deve anuir com

---

38. PISCITELLI, Roberto Boccaccio, cit., p. 7.
39. Conferir LIMA, Edilberto Carlos Ponte, cit., p. 6.

a não realização de parte da programação orçamentária. Por fim, conta-se ainda com uma versão fraca, marcada pela flexibilidade que torno o modelo tenuamente autorizativo, por intermédio da qual ao Executivo é facultativo realizar apenas parte do que fora programado na lei de meios.

A versão moderada, intermediária, é praticada nos Estados Unidos da América.[40] Os norte-americanos utilizam-se das técnicas do *deferral* e do *rescission*.[41] Aquela primeira consiste em requerimento que o Presidente faz ao Congresso daquele país no sentido de que algumas dotações aprovadas sejam circunstancialmente indisponibilizadas. No *rescision* há por parte do Presidente proposta de cancelamento, total ou parcial, de dotações já contempladas no orçamento.[42]

Há no modelo norte-americano conteúdo histórico recente, que remonta à administração dos republicanos na virada dos anos 60 para os anos 70, fator explicativo dessa excepcionalidade. Nos Estados Unidos o orçamento, assim, segue o modelo impositivo. Esse arranjo institucional fora concebido no tempo de Nixon, e contra ele fora formulado. Como já observado, utiliza-se a *rescision* (o Executivo pede autorização para não gostar, invocando contrariedade ao interesse público) e o *deferral* (o Executivo deve previamente comunicar o adiamento da despesa no mesmo exercício).

4. AS PROPOSTAS DE INTRODUÇÃO DE ORÇAMENTO IMPOSITIVO

Segue, agora, sintético levantamento de propostas de emenda constitucional que têm (ou tinham) como conteúdo a implantação no Brasil de modelo orçamentário obrigatório,

---

40. Cf. LIMA, Edilberto Carlos Ponte, cit., p. 10.
41. Cf. SOUSA, Francisco Hélio de, cit., pp. 41 e ss.
42. Cf. SOUSA, Francisco Hélio de, cit., loc. cit.

ainda que pulverizado nas três versões (fraca, média e forte) acima identificadas.

A PEC n. 77, de 1999, tinha por objetivo imprimir força cogente à lei orçamentária anual, acrescentando dispositivo ao art. 165 da Constituição, bem como alterando o inciso VI do art. 167, do mesmo texto constitucional. A justificação da referida proposta qualifica objetivamente os contornos de tese que pretende dar fim ao orçamento *autorizativo*, em favor de um orçamento *mandatório:*

> O texto da Constituição Federal de 1988, no que tange à área orçamentária, revela a nítida preocupação dos constituintes em estabelecer um arcabouço jurídico capaz de assegurar ao Estado, condições de atuação eficaz na execução das políticas públicas definidas na lei orçamentária anual. Inovações como a lei do plano plurianual e a lei de diretrizes orçamentárias buscaram, acima de tudo, a integração do planejamento com o orçamento. Dessa forma, a programação estabelecida na lei orçamentária anual passou a representar a etapa final de um processo no qual a atuação governamental deve, necessariamente, caracterizar-se por um conjunto de ações lógicas e racionalmente estruturadas, a fim de que não ocorram desperdícios de energias e recursos na consecução de seus objetivos. A despeito, porém, dessa lúcida preocupação dos constituintes de 1988, a lei orçamentária anual, segundo velha tradição, continua sendo executada apenas parcialmente. É que o Poder Executivo, à falta de clara definição legal, entende que a lei de orçamento anual tem caráter meramente autorizativo, não sendo, portanto, lei em sentido material, de modo a serem as políticas públicas nela estabelecidas de execução obrigatória. Ora, forçoso é convir em que, a partir dessa interpretação, termina-se conferindo ao Poder Executivo uma desmensurada margem de discricionariedade, que não raro descamba para a arbitrariedade, ao longo de todo o processo de execução orçamentária. Em face dessa realidade, tem-se mostrado de pouca ou nenhuma valia qualquer esforço de deputados e senadores no sentido de incluir na lei orçamentária anual projetos de interesse de seus Estados

ou regiões, pois o Poder Executivo os executa se quiser. Casos têm ocorrido, até mesmo, em que projetos já em andamento são paralisados, simplesmente porque o parlamentar que viabilizou a sua inclusão na lei orçamentária anual contrariou interesses do Poder Executivo. Enfim, salvo no que se refere às chamadas despesas fixas, o Governo executa lei orçamentária anual apenas aquilo que lhe aprouver. Não é ocioso lembrar, por outro lado, que a inexecução de dotações sem prévia autorização legislativa, tal como tem historicamente acontecido no Brasil, também representa sensível desvirtuamento da programação orçamentária adredemente discutida e aprovada pelo Congresso Nacional, cuja participação é assim reduzida a formalismo de somenos importância, desconsiderando inclusive, os aperfeiçoamentos que o correspondente projeto recebeu ao longo de sua elaboração legislativa, muitas vezes após exaustivas discussões entre os três poderes da República. Com isso, não só é desrespeitada a participação da sociedade, pela pessoa de seus representantes, na definição das políticas públicas de seu real interesse, como também fica prejudicada a almejada integração do planejamento com o orçamento.

A PEC n. 2/2000, do então Senador José de Alencar, vedava o contingenciamento de despesas oriundas de emendas parlamentares. Apresentada em 19 de janeiro de 2000, esta PEC foi arquivada em 30 de março de 2007. Pretendia-se, basicamente, a inserção de dispositivo que tornasse obrigatória a execução de programação orçamentária decorrente de emendas parlamentares.

A PEC n. 22/2000, de autoria do então Senador Antonio Carlos Magalhães, hoje PEC n. 526/2006, em trâmite na Câmara dos Deputados, tem por objetivo tornar obrigatória a programação constante da lei orçamentária atual. Apensada a outros projetos de emenda, a PEC n. 526/2006 é o fio condutor do orçamento *obrigatório* que se cogitou implantar. No núcleo da proposta, a necessidade do Poder Executivo requerer ao Congresso Nacional autorização para deixar de realizar despesa originariamente prevista. Nesse sentido, cogitou-se da inserção de um art. 165-A na Constituição Federal, com a redação que segue: *"A programação constante da lei orçamentária anual é de execução obrigatória, salvo se aprovada, pelo Congresso Nacional, solicitação, de iniciativa exclusiva do Presidente da República, para cancelamento ou contingenciamento, total ou parcial, de dotação"*.

Cogitou-se também da regulamentação do procedimento de autorização. O requerimento seria formulado pelo Presidente 120 (cento e vinte) dias antes do encerramento da sessão legislativa, devendo ser instruído por justificativa pormenorizada das razões que impossibilitem a execução da despesa, do ponto de vista técnico, econômico-financeiro, operacional ou jurídico. No entanto, o requerimento também poderia ser protocolado a qualquer tempo, em situações que comprovadamente afetassem negativamente a arrecadação, bem como de calamidade pública de grandes proporções.

A tramitação seguiria no Congresso Nacional em regime de urgência. Na hipótese de que o Congresso não deliberasse em 30 (trinta) dias a proposta seria considerada aprovada. Pretendeu-se também fixar que a não-execução de programação orçamentária, nas condições indicadas nesse novo modelo, redundaria em crime de responsabilidade.

Há notícias também da PEC n. 9/2002, proposta pela então Senadora Marina Silva. Presentemente arquivada, a referida PEC tinha por objetivo central a obrigatoriedade de execução de despesas do orçamento social.

A PEC n. 24/2003, de autoria do Senador Paulo Paim, tem por objetivo proibir o contingenciamento de despesas previstas no orçamento da seguridade social. A justificativa da proposta também identifica o núcleo da tese que defende orçamento *impositivo*:

> A Seguridade Social conta com receitas que, assinaladas pela própria Constituição Federal ao cumprimento de seus objetivos, são vinculadas exclusivamente à previdência

social, à saúde e à assistência social, para atendimento das parcelas mais carentes de nossa população, as quais, como é sabido, dependem vitalmente da liberação dessas verbas para sua própria sobrevivência. Verifica-se, no entanto, que o entendimento, implantado no âmbito do Poder Executivo, de que o orçamento público é simplesmente indicativo – não tendo portanto sua execução caráter obrigatório -, tem levado à banalização da prática de efetuar a retenção de dotações orçamentárias relativas a despesas aprovadas pelo Congresso Nacional, constantes das leis orçamentárias, o que tem causado enormes prejuízos à população brasileira e retardado o resgate da gigantesca dívida social em nosso País. A presente Proposta de Emenda à Constituição, incluindo entre as vedações arroladas no art. 167, da Carta Magna, o bloqueio ou contingenciamento de dotações do Orçamento da Seguridade Social, tem, assim, por objetivo tornar inequívoca a obrigatoriedade da realização integral, pelo Poder Executivo, das despesas constantes das leis orçamentárias aprovadas pelo Congresso Nacional, eliminando, de vez, a prática maléfica da retenção de recursos orçamentários vitais para a garantia da própria dignidade de milhões de brasileiros. São estas as razões que nos levam a contar com o apoio dos ilustres Pares para a aprovação da presente proposição.

A PEC n. 134/2006, de autoria do Senador Alvaro Dias, cogita de orçamento *impositivo* também ao definir regras para o investimento em segurança por parte do Governo Federal. Nos termos da referida proposta, proíbe-se o contingenciamento de verbas orçamentárias referentes a programas de segurança pública. Pretende-se também que o não cumprimento desta regra ensejaria crime de responsabilidade por parte dos Ministros da Fazenda e da Justiça. E ainda, o Poder Executivo deveria encaminhar trimestralmente ao Senado Federal demonstrativo da execução das despesas em segurança pública.

Na Câmara dos Deputados, a PEC n. 281/2008, dispõe também sobre a execução obrigatória da lei orçamentária anual. Simplesmente, insere parágrafo no art. 165 do texto constitucional dispondo que *"as receitas previstas na Lei*

Orçamentária Anual para a realização de sua programação serão de execução obrigatória, vinculadas às despesas nela previstas, e deverão ter caráter participativo, impositivo ou inclusivo, sob pena de caracterização de crime de responsabilidade". A justificativa que instrui a proposta dimensiona, ainda outra vez, o núcleo conceitual do modelo que ser pretende implantar no Brasil:

> A Constituição Federal, atualmente, prevê que a Lei Orçamentária Anual tem caráter meramente autorizativo. A situação ora vigente permite que o Poder Executivo modifique a proposta aprovada pelo Congresso Nacional, de acordo com a sua discricionariedade. A presente proposta visa a assegurar que a Lei Orçamentária aprovada pelo Congresso Nacional seja cumprida na sua integralidade. Tal medida é um grande passo na política de responsabilidade fiscal brasileira e uma evolução no sistema político brasileiro, visto que nas principais democracias do mundo o Poder Executivo é obrigado a cumprir o orçamento estabelecido pelo Legislativo. Sem dúvida, esta medida é fundamental para que a população acompanhe o controle da execução orçamentária em todos os níveis nos entes federados. Além disso, deverão ter caráter participativo, impositivo e inclusivo para possibilitar que a sociedade participe de modo efetivo na sua elaboração, implementação e execução do orçamento, atendendo aos seus anseios. A Proposta de Emenda estabelece, ainda, que a mesma entrará em vigor em 1º de janeiro do ano subsequente ao de sua promulgação, de modo que haja tempo suficiente para a elaboração criteriosa das leis complementares e ordinárias, necessárias a sua implementação.

Como se pode observar, os projetos de emenda constitucional aqui indicados tem por fundamento a inserção do orçamento *impositivo* no modelo orçamentário brasileiro. Insiste-se que o modelo fomenta o dissenso institucional, fragilizando as relações entre os Poderes. Deve-se levar em conta também o papel do Poder Judiciário na realização de políticas públicas, fator que colabora no desequilíbrio da ordem que se pretende instituir:

Uma questão pouco levantada, mas de grande importância com relação à adoção do orçamento mandatório no Brasil é a interferência do Poder Judiciário na execução orçamentária. A decisão judicial que impõem condutas ativas à Administração Pública não tem compromisso com as limitações orçamentárias. Na prática, acaba subvertendo as prioridades de alocação do gasto público contidas no orçamento, que, por definição, são reflexos da vontade conjunta dos Poderes Legislativo e Executivo. Diante da escassez de recursos para atender a todas as necessidades da coletividade, o orçamento deve fazer opções políticas, que implicam satisfação de alguns interesses, em detrimento de outros.[43]

5. O TEMA DA INTANGIBILIDADE DAS CLÁUSULAS PÉTREAS

Propostas de emenda constitucional relativas ao orçamento impositivo subtraem do Poder Executivo mandamento constitucional que determina que iniciativa de lei referente à matéria orçamentária seja privativa do Presidente da República.[44] Certo que se discute *emenda à Constituição*, e não *projeto de lei*. No entanto, forçoso se reconheça, com base em jurisprudência do Supremo Tribunal Federal, que não pode o Legislativo, a título de exercer competência derivada ou decorrente, no plano constitucional, tratar de questão afeta a outro Poder, no plano legal. É do que trato em seguida.

O princípio da harmonia e da independência entre os Poderes limita a atuação do Congresso Nacional em todas as matérias afetas aos outros Poderes. Isto é, o Congresso não pode legislar, por intermédio de Emenda, a respeito de assunto reservado à lei, de iniciativa de outro Poder. Reporta-se, inicialmente, ao art. 60 da Constituição, que dispõe, entre outros, *que a Constituição não poderá ser emendada na vigência*

---

43. SOUSA, Francisco Hélio de, cit., p. 41.
44. Constituição Federal, art. 61, § 1º, b.

de intervenção federal, de estado de defesa ou de estado de sítio[45], bem como que não será objeto de deliberação a proposta de emenda tendente a abolir a *forma federativa de Estado, o voto direto, secreto, universal e periódico, a separação dos Poderes*, a par dos *direitos e garantias individuais*.[46]

Neste último caso tem-se o que doutrinariamente se nomina de *cláusulas de intangibilidade* ou de *cláusulas pétreas*.[47] Naquele primeiro exemplo, colhido do § 1º do art. 60 da Constituição, evidenciam-se limitações circunstanciais ao poder de emenda à Constituição.[48] Cuida-se, efetivamente, do assunto da hipotética *intangibilidade* das normas constitucionais[49], no contexto geral do poder de reforma constitucional.[50] Reformas na Constituição atendem à dinâmica dos arranjos institucionais, bem como preenchem lacunas reais ou ocultas nos textos constitucionais originais.[51]

A questão é, na essência, relativa ao princípio da separação dos poderes, em ambiente de harmonia e independência desejável, ainda que se reconheça a *unidade do poder*

---

45. Constituição de 1988, art. 60, § 1º.
46. Constituição de 1988, art. 60, § 4º, I, II, III e IV.
47. Um dos fundamentos da concepção das *cláusulas pétreas* é a defesa da democracia. Assim: *No Estado constitucional de direito, diversos institutos se desenvolveram no exato ponto de interseção entre constitucionalismo e democracia, exibindo a tensão que por vezes surge entre ambos. São exemplos dessa situação a rigidez constitucional – que exige a maioria qualificada para aprovação de emendas – e os limites materiais ao poder de reforma*. BARROSO, Luís Roberto, **Curso de Direito Constitucional Contemporâneo**, São Paulo: Saraiva, 2009, p. 161.
48. O tema da reforma ou da emenda constitucional é tratado por SCHMITT, Carl, **Teoria de la Constitución**, Madrid: Alianza Editorial, 1992, pp. 117 e ss. Tradução do alemão para o espanhol de Francisco Ayala.
49. Cf. MURÚA, Ignácio Colombo, **Limites a las Reformas Constitucionales**, Buenos Aires: Astrea, 2011.
50. Conferir BONAVIDES, Paulo, **Curso de Direito Constitucional**, São Paulo: Malheiros, 2005, pp. 196 e ss.
51. Cf. CARBONELL, Miguel, **Constitución, Reforma Constitucional y Fuentes del Derecho en México**, México: Porrúa, 2008, p. 220.

estatal.[52] O engessamento do Poder Executivo em questão orçamentária é questão que objetivamente ilustra a preocupação aqui levantada.

O núcleo da questão é referente ao tema da separação dos poderes. O referido tema é recorrente nos clássicos. Aristóteles, Locke, Montesquieu, Alexander Hamilton, John Jay e James Madison trataram do assunto. Para o Estagirita, *em todo o Governo existem três poderes essenciais, cada um dos quais o legislador prudente deve acomodar de maneira conveniente;* ainda segundo Aristóteles, um Poder Deliberativo decidiria sobre a paz, a guerra, as alianças, banimentos, confiscos. Um Poder Executivo – que o filósofo grego denominava de *Magistratura Governamental*, cuidaria das rendas públicas. Por fim, oito tribunais comporiam um Poder Judiciário, com funções deliberativas de composição de conflitos.

No contexto da Ciência Política inglesa, John Locke cogitou de um Poder Legislativo que fixava as diretrizes do Governo, refletindo a experiência e a tradição da nobreza, bem como as aspirações da classe dos negócios. Um Poder Executivo cuidaria da gestão interna das coisas públicas, executando as leis concebidas pelo Poder Legislativo. Por fim, um Poder que Locke denominava de Poder Federativo se ocuparia dos assuntos da guerra e da paz. Entre os norte-americanos, o tema da divisão dos Poderes é tratado no artigo 47 dos *Federalistas*, excerto no qual se vê o *caveat*, no sentido de que a acumulação dos três poderes numa autoridade única qualificaria uma verdadeira tirania.

É, no entanto, Montesquieu, quem mais recorrentemente é lembrado, em tema de divisão dos Poderes. A estrutura da tripartição dos poderes em Montesquieu foi fixada no excerto relativo à constituição da Inglaterra, no capitulo VI, do livro

---

52. Cf. TEIXEIRA, J. H. Meirelles, *Curso de Direito Constitucional*, São Paulo: Conceito, 2011, pp. 523 e ss. Organização de Maria Garcia.

décimo primeiro, da primeira parte do *Espírito das Leis*. A um Poder *Legislativo* caberia a confecção das leis. A um Poder *Executivo* competiria o cuidado com as coisas do direito das gentes, isto é, a condução dos problemas da guerra e da paz, o que se entendia como um *Executivo do Estado*. Outro Poder *Executivo* castigaria os criminosos, julgando-os; são esses poderes para julgar que aproximariam esse segundo Poder *Executivo* do que contemporaneamente denominamos de Poder *Judiciário*.

Para Montesquieu *tudo estaria perdido se um mesmo homem tivesse os três poderes;* um príncipe despótico teria como meta a concentração os três poderes, instrumento para o uso despótico de suas prerrogativas. No entanto, *Legislativo e Executivo* poderiam se constituir em corpos permanentes: representariam uma *vontade geral* do Estado. Montesquieu pretendia um *Judiciário* como instância de aplicação formal da lei, exigindo julgamentos pautados pelo texto preciso da norma aplicada. Montesquieu defendia a prerrogativa do *veto*, a ser exercido pelo *Executivo* em contrapeso a leis aprovadas pelo *Legislativo*. Assim, na medida em que se o *Executivo* não contasse com o direito de limitar as iniciativas do *Legislativo*, abrir-se-ia, para esse último, alguma margem para a limitação daquele primeiro.

É com base na teoria constitucional alemão (sobremodo em Karl Lowenstein) que André Ramos Tavares lembra-nos que a expressão *poder* deve ser tomada em sentido figurado, isto é, deve-se conceber a existência de *funções estatais*[53]. Na origem, a crença absoluta do primado da lei resulta da doutrina da *vontade geral*, exposto por Rousseau, de difícil aplicabilidade no regime de democracia representativa que vivemos. *Funções estatais* é locução que exige também Estado atuante, acudindo as várias demandas que há, e que sem aviso ou lembrete demandam pronta atuação do Poder Executivo.

---

53. Cf. TAVARES, André Ramos, **Curso de Direito Constitucional**, São Paulo: Saraiva, 2012, pp. 1196 e ss.

6. CONCLUSÕES

As reflexões aqui fixadas conduzem às conclusões que seguem:

a. *O orçamento autorizativo é modelo que consagra a realidade dos fatos, a harmonia e a independência entre os Poderes, bem como o exato comando constitucional relativo à separação dos Poderes e o exercício das Funções Estatais;*

b. *A técnica do contingenciamento é necessária para que o Poder Executivo possa agir com presteza e eficiência num contexto econômico e financeiro que exige decisões rápidas e opções institucionais que consagrem o alcance de objetivos permanentes de bem-estar social;*

c. *A técnica do contingenciamento não se aplica às chamadas despesas obrigatórias, tais como discriminadas na lei de meios; isto é, a técnica do contingenciamento não se aplica às despesas constitucionais, a exemplo dos repasses de fundos de participação, rubricas vinculadas a direitos fundamentais, salários no setor público e precatórios;*

d. *A responsabilidade do ordenador de despesas deve ser sopesada pela contingência financeira que decorre da aferição do fluxo da realização de receitas públicas, originárias e derivadas;*

e. *A exigência do cumprimento de metas fiscais demanda balanço entre arrecadação e gastos, o que se desdobra na necessidade de flexibilização da disponibilidade de recursos relativos a despesas discricionárias;*

f. *Porque não pode o gestor gastar mais do que arrecada, o orçamento mandatório pode implicar em responsabilização pessoal, por parte do referido ordenador de despesas;*

g. *Funções alocativas, distributivas e estabilizadoras do Estado demandam atenção para com o funcionamento pragmático do regime orçamentário;*

h. Há no trato orçamentário uma comunhão de atuações estatais que implicam na realização do modelo dos freios e contrapesos; isto é, Executivo, Legislativo, Judiciário, Ministério Público e Tribunal de Contas atuam intensamente na fiscalização dos gastos públicos;

i. Emendas parlamentares explicitam, entre outros, a participação ativa do Legislativo na construção da pauta orçamentária;

j. O Congresso Nacional detém competência para derrubar eventual veto proposto pelo Chefe do Poder Executivo em matéria orçamentária;

k. O Poder Executivo deve contar com instrumentos para eventual relativização da aplicação orçamentária, como resultado de provocações inesperadas do mercado e da conjuntura econômico-financeira, bem entendido, em relação a despesas de matiz discricionário;

l. Há necessidade, inclusive, de possibilidade de contingenciamento preventivo, instrumento necessário para o enfrentamento de inesperadas questões que se desdobram no horizonte;

m. A técnica do contingenciamento é modalidade que conta com ampla previsão normativa a exemplo, principalmente, de disposição expressa na Lei de Responsabilidade Fiscal;

n. A técnica do contingenciamento, exclusiva do modelo de orçamento autorizativo, permite medidas pontuais de contenção de gastos, necessárias para uma atuação estratégica e eficiente;

o. A técnica do contingenciamento é de uso recorrente, necessário, irrenunciável, por parte dos demais entes da Federação; seu abandono, em âmbito emenda constitucional, e posterior lei federal de espectro nacional engessaria o modelo administrativo com o qual hoje se conta;

p. A crise internacional, a necessidade de utilização racional de recursos públicos, a necessidade de se compatibilizar obrigações assumidas pelos entes públicos com a realidade da arrecadação fiscal, a responsabilidade na gestão, o recorrente déficit público, entre outros, são indicadores que justificam a utilização da técnica do contingenciamento, no contexto do orçamento autorizativo;

q. A técnica do contingenciamento e o orçamento autorizativo são arranjos institucionais que permitem o cumprimento de metas fixada pela Lei de Diretrizes Orçamentárias:

r. A adoção do orçamento impositivo engessaria a atuação do Poder Executivo, inibindo o livre exercício de Poder constitucionalmente assegurado a seus titulares;

s. Há três modalidades de orçamento impositivo; uma fraca, uma média, e uma forte; todas as três, sem exceção, se eventualmente aplicadas no modelo brasileiro, representariam indevido controle do Poder Legislativo, em relação aos demais Poderes;

t. As várias propostas de emenda constitucional que hoje tramitam pelo Congresso Nacional pretendem inserir em nosso arranjo constitucional e institucional formas híbridas de orçamentos impositivos;

u. Há vício de iniciativa, em todas as propostas de adoção de orçamento impositivo, na medida em que tratam, prioritariamente, de matéria de lei, de competência do Poder Executivo, a quem cabe fixar a proposta orçamentária;

v. O alegado vício é presentemente reconhecido pelo Supremo Tribunal Federal, ainda que em outras discussões, nas quais a 'rationale' e a 'ratio decidendi' seriam as mesmas às quais eventualmente aplicadas na solução hermenêutica do problema aqui colocado;

w. Não há autorização constitucional para o exercício de Poder Constituinte reformador, decorrente ou derivado, no *sentido de que se fragmente o núcleo duro original da fórmula consagrada de divisão dos Poderes;*

x. Emenda constitucional que fixasse entre nós o orçamento impositivo, tal como existe nos Estados Unidos, seria transposição normativa de difícil adaptação em terreno constitucional que tradicionalmente convive com a fórmula do orçamento autorizativo; e ainda, as propostas que hoje tramitam não levam em conta a permanente intervenção do Poder Judiciário, na formulação de políticas públicas;

y. Emenda constitucional que fixasse entre nós o orçamento impositivo teria como resultado recorrente intervenção do Poder Legislativo em campo de atuação do Poder Executivo, ferindo-se o regime da intangibilidade do bloco constitucional sensível, situação a ser declarada pelo Poder Judiciário, se provocado;

z. Emenda constitucional que fixasse entre nós o orçamento impositivo deve ser desafiada, de imediato, à luz das argumentações aqui deduzidas, providência necessária para que se garanta o supremo cânon constitucional da separação dos Poderes.

BIBLIOGRAFIA

BALEEIRO, Aliomar, **Uma Introdução à Ciência das Finanças**, Rio de Janeiro: Forense, Bilac Pinto Editores, 2010. Atualização de Hugo de Brito Machado Segundo.

BONAVIDES, Paulo, **Curso de Direito Constitucional**, São Paulo: Malheiros, 2005.

CARBONELL, Miguel, **Constitución, Reforma Constitucional y Fuentes del Derecho en México**, México: Porrúa, 2008.

CARBONELL, Miguel, **Sobre la Reforma Constitucional y sus Funciones,** in CARBONELL, Miguel (compilador), **Teoría** *de la Constitución - Ensayos Escogidos*, México: Editorial Porrúa, 2000.

CONTI, José Maurício e SCAFF, Fernando Facury (coord.), *Orçamentos Públicos e Direito Financeiro*, São Paulo: Editora Revista dos Tribunais, 2011.

GIACOMONI, James, *Orçamento Público*, São Paulo: Atlas, 2009.

GONTIJO, Vander, *Orçamento Impositivo, Contingenciamento e Transparência*, Brasília: Cadernos ASLEGIS, 39, janeiro/abril/2010.

HARADA, Kiyoshi, *Direito Financeiro e Tributário*, São Paulo: Atlas, 2011.

KUBLISCKAS, Wellington Márcio, *Emendas e Mutações Constitucionais*, São Paulo: Atlas, 2009.

LIMA, Edilberto Carlos Pontes, *Algumas Observações sobre Orçamento Impositivo no Brasil*, Brasília: Planejamento e Políticas Públicas – PPP, n. 26, jun/dez. 2003.

MATIAS-PEREIRA, *Finanças Públicas – A Política Orçamentária no Brasil*, São Paulo: Atlas, 2006.

MURÚA, Ignácio Colombo, *Limites a las Reformas Constitucionales*, Buenos Aires: Astrea, 2011.

NASCIMENTO, Carlos Valder, *Comentários ao art. 9º da Lei de Responsabilidade Fiscal*, in Martins, Ives Gandra da Silva e Nascimento, Carlos Valder, *Comentários à Lei de Responsabilidade Fiscal*, São Paulo: Saraiva, 2009.

OLIVEIRA, Regis Fernando de, *Curso de Direito Financeiro*, São Paulo: Editora Revista dos Tribunais, 2008.

PISCITELLI, Roberto Boccaccio, *Orçamento Autorizativo X Orçamento Impositivo*, Brasília: Biblioteca Digital da Câmara dos Deputados, Estudo, setembro de 2006.

SAMPAIO, José Adércio Leite, *A Constituição Reinventada pela Jurisdição Constitucional*, Belo Horizonte: Del Rey, 2012.

SCHMITT, Carl, *Teoria de la Constitución*, Madrid: Alianza Editorial, 1992. Tradução do alemão para o espanhol de Francisco Ayala.

SOUSA, Francisco Hélio, *O Caráter Impositivo da Lei Orçamentária Anual e seus Efeitos no Sistema de Planejamento Orçamentário*, Brasília: 2008.

TAVARES, André Ramos, *Curso de Direito Constitucional*, São Paulo: Saraiva, 2012.

TEIXEIRA, J. H. Meirelles, *Curso de Direito Constitucional*, São Paulo: Conceito, 2011, Organização de Maria Garcia.

UNGER, Roberto Mangabeira, *Plasticity into Power*, London & New York: Verso, 1987.

O TRIBUTO COMO MEIO DE EFETIVAÇÃO DA JUSTIÇA E DO ESTADO SOCIAL

Geórgia Teixeira Jezler Campello[1]

1. INTRODUÇÃO

O que se pretende neste trabalho não é exatamente confrontar os índices de tributação com as contraprestações do Estado, nem adentrar nas reais causas da comum a aversão dos contribuintes à tributação, mas transitar pelos caminhos que levam à aplicação da justiça econômica ou distributiva na construção de um sistema tributário no contexto do Estado Social em que vivemos.

O Estado Social de Direito, além de promover um ambiente propício à convivência para que a liberdade de todos

---

1. Procuradora do Município de Salvador; Vice-Presidente da Associação Nacional de Procuradores Municipais; Presidente da Comissão de Advocacia Pública OAB/BA; Membro titular da Comissão Nacional de Advocacia Pública do Conselho Federal da OAB; Especialista em Direito Tributário pela PUC/SP; Especialista em Filosofia Contemporânea Faculdade Mosteiro de São Bento da Bahia; Especialista em Processo Civil pela Unifacs.

seja possível, ainda deve proporcionar uma série de prestações a fim de garantir um mínimo existencial viabilizador da autonomia do ser humano. Assim, a necessária abdicação de parte da liberdade individual de cada qual é o que permite a manutenção dessa mesma liberdade por meio dos serviços promovidos pelo Estado.

Nesta perspectiva perde o sentido a distinção entre os direitos negativos, classificados como de primeira geração, e os direitos positivos, concebidos como direitos de segunda geração, na medida em que para o Estado ambos tem um custo. Alertam STEPHEN HOLMES e CASS SUNSTEIN que todos os direitos são positivos e requerem dispêndio para a sua efetivação. Isto porque todos eles são sindicáveis judicialmente e o Estado é o seu único guardião. *"Rights are costly because remedies are costly. (...) almost every right implies a correative duty, and duties are taken seriously only when dereliction is punished by the public power drawing on the public purse"*.[2]

Assim, não pode se conceber a propriedade privada como um direito natural e intocável, mas como uma convenção jurídica definida em parte pelo sistema tributário. Desse modo, os tributos devem ser considerados como um elemento do sistema geral de direito de propriedade que eles mesmos ajudam a criar.

2. DO ESTADO DA NATUREZA AO ESTADO SOCIAL

A ideia de um estado de natureza está presente na reflexão de todos os jusnaturalistas clássicos, com as devidas

---

[2]. Os direitos têm um custo porque os remédios têm um custo. Quase todos os direitos impõem um dever correlato, e deveres só são levados a sério se o seu descumprimento for apenado pelo Poder Público, utilizando-se dos recursos do erário público. (Tradução nossa). HOLMES, Stephen and SUSTEIN, Cass. **The Cost of rights**: Why Liberty Depends on Taxes. New York: W. W. Norton and Company, 1999, p. 43.

especificidades. Todos, contudo, partem da premissa de natureza como uma situação inicial a partir da qual – por meio do contrato ou outros mecanismos – chega-se ao estado civil.

Na concepção de HOBBES a natureza mais separa os homens que os une. O poder de um homem consiste nos meios de que presentemente dispõe para obter um bem futuro. O maior dos poderes humanos é aquele que é composto pelos poderes de vários homens, unidos pelo consentimento de uma só pessoa natural ou civil, que tem o uso de todos os seus poderes na dependência de sua vontade: *é o caso do poder de um Estado.*[3]

As leis da natureza na concepção do filósofo – justiça, equidade, modéstia, piedade – por si mesmas, na ausência de temor, não seriam respeitadas pelos indivíduos por serem contrárias às paixões naturais como o ódio e vingança. *E os pactos sem espada não passam de palavras, sem força para dar segurança a ninguém.*[4] Desse modo se não se conceber um poder grande para a segurança de todos, cada qual poderá legitimamente confiar na sua própria força para se proteger contra todos. Assim, *eu sou lobo para o outro, mas posso ser sua presa ao mesmo tempo.*

Os jusnaturalistas também têm diversas concepções para o contrato, assim como para o estado da natureza. HOBBES, LOCKE e ROUSSEAU, por exemplo, partilham da ideia de que o contrato é fruto da ação voluntária dos homens no estado da natureza.

Para que exista um Estado é necessário que sobre um determinado território tenha se formado um poder em condições de tomar decisões e emitir ordens, obedecidas pela grande maioria dos destinatários. Esse poder não é ilimitado. Isto

---

3. HOBBES, Thomas. Leviatã. *In* **Os Pensadores**, vol. XIV. 1ª Ed. São Paulo: Abril, 1974, p. 57.
4. Ob.cit. p. 105.

porque existem leis emanadas dos governantes e leis naturais decorrentes do próprio convívio em sociedade, ou mesmo leis fruto da tradição. Assim, os governantes produtores das leis também são obrigados a respeitar as leis naturais, as leis de Deus, radicadas na Idade Media, ou as leis dos ingleses, a *common law*.[5]

Durante a Idade Média, a Magna Carta (1215) representou um marco no constitucionalismo medieval, trazendo a proteção dos direitos individuais. Na Idade Moderna, surgem o *Petition of Rights* (1628); o *Habeas Corpus Act* (1679); o *Bill of Rights* (1689); e o *Act of Settlement* (1701).

Atinge-se a nova concepção de constitucionalismo liberal moderno com fulcro em valores como absenteísmo estatal, valorização da propriedade privada e proteção do indivíduo. Os marcos desta ideia são as Constituições norte-americana (1787) e francesa (1791).

O nascimento deste constitucionalismo coincide com o nascimento do Estado Liberal e a adoção do modelo econômico liberal, radicado na construção do individualismo e da liberdade individual. Assim, há liberdade quando não há intervenção do Estado na esfera privada e quando se preserva a propriedade privada. Vale asseverar que os liberais insurgem-se especificamente contra o Estado Absolutista, defendido por Hobbes. Esta compreensão histórica da teoria liberal é fatal para se entender que os liberais não se rebelavam contra o Estado Social que lhes é posterior, mas contra o Estado Absoluto contra o qual lutaram para depor.

---

5. No escólio de BOBBIO, quando a ideia do direito natural já está esgotada, Rousseau retoma o mito do grande legislador (...). Todas as primeiras constituições escritas, tanto as americanas quanto à francesa, nascem sob o signo da missão histórica extraordinária de quem instaura, com um novo corpo de leis, o reino da razão, interpretando as leis da natureza e as transformando em lei positiva com uma Constituição saída, de um só jato, da mente dos sábios. (BOBBIO, Norberto. **Estado, Governo, Sociedade. Para uma teoria geral da política**. 14ª Ed. São Paulo: Paz e Terra S/A, 2007, p. 97).

Vale observar acerca do acordo que dá origem ao Estado, BOBBIO: "*Só é possível porque, segundo a teoria do direito natural, existe na natureza uma lei que atribui a todos os indivíduos alguns direitos fundamentais de que o indivíduo apenas pode se despir voluntariamente, dentro dos limites em que esta renúncia, concordada com a análoga renúncia de todos os outros, permita a composição de uma livre e ordenada convivência.*"[6]

A doutrina do Estado Liberal[7] é a doutrina dos limites jurídicos do poder estatal;[8] ou seja, o Estado de Direito. Estado de Direto é sempre regulado por uma Constituição. Ao se falar em Estado de Direito necessariamente deve-se ter em conta a constitucionalização dos direitos naturais. Na doutrina liberal, consoante BOBBIO,[9] Estado de direito representa não

---

6. BOBBIO, Norberto. **Liberalismo e Democracia**. 6ª ed. São Paulo: Brasiliense, 2000, p.16.

7. O primado do público representou a reação à concepção liberal do Estado resultando na derrota da ideia do Estado mínimo. Baseia-se na subordinação do interesse privado ao público. Todas as teorias que o tem como objeto trazem em comum a ideia de que o todo vem antes das partes. A totalidade tem fins não redutíveis à soma dos fins dos membros individuais que a compõem e o bem da totalidade, quando atingido, revela-se o bem das partes (BOBBIO, Norberto. **Estado, Governo, Sociedade. Para uma teoria geral da política**. 14ª ed. São Paulo: Paz c Terra S/A, 2007, p. 25).

8. O que une a doutrina dos direitos do homem ao contratualismo é a comum concepção individualista da sociedade, a concepção segundo a qual primeiro existe o indivíduo singular com seus interesses e suas carências, que tomam a forma de direitos em virtude da assunção de uma hipotética lei da natureza, e depois a sociedade, e não vice-versa como sustenta o organicismo em todas as suas formas, segundo o qual a sociedade é anterior aos indivíduos, ou conforme a fórmula aristotélica destinada a ter êxito ao longo dos séculos, o todo é anterior às partes. O contratualismo moderno é uma grande reviravolta na história do pensamento político dominado pelo organicismo na medida em que, subvertendo as relações entre indivíduos e sociedade, faz da sociedade não mais um fato natural a existir independentemente da vontade dos indivíduos, mas um corpo artificial, criado pelos indivíduos a sua imagem e semelhança e para a satisfação e para a satisfação de seus interesses e carências e o mais amplo exercício d seus direitos. (BOBBIO, Norberto. **Liberalismo e Democracia**. 6ª ed. São Paulo: Brasiliense, 2000, p.15).

9. O autor classifica o estado de direito em sentido forte – próprio da doutrinal

só a subordinação dos poderes públicos de qualquer grau às leis gerais do país, mas também *a subordinação das leis ao limite material do reconhecimento de alguns direitos fundamentais considerados constitucionalmente, e portanto em linha de princípios invioláveis*.[10] Assim, as bases desse modelo seriam: A supremacia da Constituição; a separação dos poderes; a superioridade da lei; a garantia dos direitos individuais.

Ao Estado de Direito foram sendo agregados instrumentos democráticos, com a finalidade de permitir a participação do povo no exercício do poder – com o intento inicial de controlar o Estado; e a República concentra esses mecanismos.

Assim, pode-se afirmar que Estado democrático e Estado de Direito fundem-se em imprescindível convivência. É pouco provável que um Estado não liberal possa assegurar um correto funcionamento da democracia, e de outra parte é pouco provável que um estado não democrático seja capaz de garantir as liberdades fundamentais. *A prova histórica desta interdependência está no fato de que estado liberal e estado democrático, quando caem, caem juntos.*[11]

Surge o Estado de bem-estar social, Estado-providência ou Estado social principalmente após a Grande Depressão, e na Europa após a II Guerra Mundial. O Estado foi forçado a assumir um papel ativo como agente econômico e intermediário na disputa entre o poder econômico e a miséria. O Estado deixa o seu papel de não intervencionista e passa a assumir

---

liberal – para distingui-lo do estado de direito em sentido fraco, que é o Estado não-despótico, dirigido não pelos homens, mas pelas leis, e do estado de direito em sentido fraquíssimo, tal como o Estado kelseniano que resolve o Estado no seu ordenamento jurídico (todo Estado é Estado de direito – a noção perde a força).

10. BOBBIO, Norberto. **Liberalismo e Democracia**. 6ª ed. São Paulo: Brasiliense, 2000, p. 19.

11. BOBBIO, Norberto. O **futuro da Democracia. Uma Defesa das Regras do Jogo**. 2ª ed. Rio de Janeiro: Paz e Terra, 1986, p. 20.

nova postura: a de agente do desenvolvimento e da justiça social. Daí as Constituições mais modernas passam a prever direitos sociais (salário-mínimo, restrição da liberdade contratual); direitos de exigir do Estado certas prestações: direito a educação, saúde, previdência; passa inclusive a atuar como agente econômico nos países subdesenvolvidos, em atividades que reputa imprescindíveis, surgindo assim as estatais.

O Estado Social, portanto, abraça o Estado de Direito e dele depende. As prestações positivas que competem ao Estado representam direitos dos indivíduos. GORDILLO esposa bem essa ideia:

> A diferença básica entre a concepção clássica do liberalismo e a do Estado de Bem-Estar é que, enquanto naquela se trata tão-somente de colocar barreiras ao Estado, esquecendo de fixar-lhe também obrigações positivas, aqui, sem deixar de manter barreiras, se lhe agregam finalidades e tarefas às quais antes não se sentia obrigado. A identidade básica entre Estado de Direito e Estado de Bem-Estar, reside em que o segundo toma e mantém do primeiro o respeito aos direitos individuais e é sobre esta base que constrói seus próprios princípios.[12]

ANTUNES VARELA classifica esse modelo de Estado como Estado Social de Direito.[13] Esse Estado Social opera com a presença de dois atores, de um lado as pessoas, que compõem

---

12. GORDILLO, Augustín. **Princípios Gerais de Direito Público**. São Paulo: RT, 1977, p. 74.
13. "Do estado liberal passou-se, pelas causas já conhecidas, ao Estado social, que, no seu modelo radical, ou extremista, se prefere, suprime, ou esvazia, o conteúdo das liberdades individuais, elimina a divisão dos poderes e faz da lei mero instrumento, em regime de partido único, da política dos detentores do poder. Já no figurino moderado, a substituição do Estado liberal se dá pelo Estado social de direito, que introduz entre os direitos fundamentais, diversas garantias e direitos sociais, como procedeu pela primeira vez a Constituição de Weimar, há 50 anos (...)". GOMES, Orlando Gomes e VARELA, Antunes. **Direito Econômico**. São Paulo: Saraiva, 1977, p. 156.

o conceito hoje complexo de sociedade, e de outro os órgãos do poder político, que compõem o conceito também hoje complexo de Estado; valendo ressaltar que a relação entre esses dois protagonistas calca-se na integração, e não mais se estabelecem em bases hierarquizadas.

A governabilidade dessas sociedades complexas tem sido debatida. Uma sociedade torna-se mais ingovernável quanto mais parca a capacidade das instituições de atenderem às demandas da sociedade civil. A conseqüência fatal é a crise de legitimidade,[14]-[15] da qual decorre inclusive uma série de questionamentos acerca da tributação.

3. O TRIBUTO É O CUSTO DE UMA SOCIEDADE CIVILIZADA

Como visto, o contratualismo vislumbra a sociedade como um corpo artificial criado pela vontade dos indivíduos, visando à satisfação das suas necessidades, carências e interesses.[16]

---

14. Segundo Max Weber, a legitimidade é a crença social num determinado regime, visando obter a obediência, mais pela adesão do que pela coação, o que acontece sempre que os respectivos participantes representam o regime como válido, pelo que a legitimidade se sustenta na fonte do respeito e da obediência consentida.
15. Vale ressaltar que é no bojo da sociedade civil que se desenvolvem os processos de legitimação, deslegitimação e relegitimação. Nessa esfera nasce a opinião pública como a pública expressão de consenso e de dissenso com respeito às instituições, divulgada através dos diversos meios de comunicação. E, nos períodos de crise institucional é no bojo da própria sociedade civil que surgem os movimentos. Nos estados totalitários a sociedade civil é totalmente absorvida pelo Estado, tornando-se um Estado sem liberdade de opinião, como atenta BOBBIO. (*In* BOBBIO, Norberto. **Estado, Governo, Sociedade. Para uma teoria geral da política**. 14ª ed. São Paulo: Paz e Terra S/A, 2007, p. 37).
16. Nessa linha, antes existe o indivíduo singular com seus interesses e suas carências, e depois a sociedade, e não vice-versa como sustenta o organicismo em todas as suas formas, segundo o qual a sociedade é anterior aos indivíduos, ou conforme a fórmula aristotélica destinada a ter êxito ao longo dos séculos, o todo é anterior às partes. (Vide BOBBIO, Norberto. **Estado,**

Assim, o Estado é possível diante da renúncia de alguns direitos fundamentais dos indivíduos, viabilizando a composição da convivência entre eles, para que a liberdade de todos seja possível. O tributo, portanto, é o que pagamos por uma sociedade civilizada.[17]

Assim, é essa abdicação de parcela da liberdade que garante a manutenção dessa mesma liberdade por meio dos serviços promovidos pelo Estado, valendo ressaltar que os direitos individuais considerados na sua particularidade não equivalem ao conjunto desses direitos. Significa dizer que as preferências coletivas não representarem a soma das preferências individuais;[18] todavia, tal constatação não inviabiliza a ideia do sistema democrático.

Governo, Sociedade. Para uma teoria geral da política. 14ª ed. São Paulo: Paz e Terra S/A, 2007).

17. "*It is true, as indicated in the last cited case, that every exaction of money for an act is a discouragement to the extent of the payment required, but that which in its immediacy is a discouragement may be part of an encouragement when seen in its organic connection with the whole. Taxes are what we pay for civilized society, including the chance to insure.*" Declaração atribuída a Oliver Wendell Holmes, Jr., Juiz da Suprema Corte dos Estados Unidos no julgamento COMPANIA GENERAL DE TABACOS DE FILIPINAS v. COLLECTOR OF INTERNAL, 275 U.S. 87 (1927) 275 U.S. 87 *In* http://caselaw.lp.findlaw.com/cgi-bin/getcase.pl?court=us&vol=275&invol=87. Visitado em 05 de abril de 2014.

18. O Paradoxo de Condorcet e o Teorema da Impossibilidade de Arrow explicam a questão. "O Marquês de Condorcet, em 1785, quatro anos antes da Revolução Francesa, dava conta de um paradoxo associado ao uso da regra da maioria. O uso desta regra poderia levar a decisões inconclusivas caso se verificassem certas configurações quanto às preferências dos votantes. Se todas as propostas fossem votadas entre si, a assembléia poderia ser incapaz de alcançar uma decisão. Coube a Kenneth Arrow (1951) formular, de forma rigorosa, o problema e dar-lhe uma resposta clara. Arrow partiu de cinco critérios plausíveis que qualquer regra deve satisfazer. Primeiro deve ser admitido que os votantes possam ter qualquer tipo de ordenação de propostas. Segundo, não se deve aceitar a existência de um ditador, ou seja, de um indivíduo que, pelo facto de escolher individualmente uma proposta, torne-a a escolha social. Terceiro, o resultado da escolha deve depender de alternativas irrelevantes. Quarto, a regra deve assegurar que, se todos preferem uma dada proposta, então essa deve ser a escolha colectiva. Finalmente,

Vale salientar, no que se refere à tributação, os cidadãos nem sempre estabelecem a necessária relação entre tributo e atuação estatal, o que leva ao anseio dos indivíduos por cada vez mais serviços públicos.[19]

No Estado Social, especialmente, passa-se a exigir do Estado certos bens e prestações, que são atendidas mediante serviços. Tais prestações visam garantir aos indivíduos o mínimo existencial propiciador da efetivação do princípio da dignidade da pessoa humana, cuja autonomia da vontade constitui o seu elemento ético. A autonomia representa o direito do indivíduo de escolher e valorar as suas condutas. No escólio de LUIS ROBERTO BARROSO, a autonomia tem uma dimensão privada, subjacente aos direitos e liberdades individuais, e uma dimensão pública, revelada na participação no processo eleitoral e debate público. As condições propiciadoras dos exercícios dessas autonomias é o mínimo existencial, a satisfação das necessidades vitais básicas, como saúde, educação, moradia, subsistência.[20]

---

a escolha colectiva deve ser transitiva, ou seja, não deve permitir paradoxos de Condorcet. (...) Arrow demonstrou, na sua tese de doutoramento, que mais tarde o levaria a receber o prémio Nobel da Economia, que não há, nem nunca poderá ser criado, nenhuma regra de escolha colectiva que satisfaça os cinco critérios, ou axiomas, definidos. Este resultado ficou conhecido como o Teorema da Impossibilidade de Arrow." (Pereira, Paulo T. **O Prisioneiro, O Amante e As Sereias – Instituições Económicas, Políticas e Democracia**, Coimbra: Almedina, 2008, pp. 20/22).

19. "Ainda que se possa tornar a gestão estatal sempre mais eficiente e, consequentemente, empregar melhor os recursos públicos possibilitando mais e melhores serviços aos cidadãos, a tributação guarda íntima relação com o tamanho do Estado. De forma mais simples, quanto mais Estado mais tributação será necessária." (CARVALHO, Cristiano. **Teoria da Decisão Tributária**. São Paulo: Saraiva, 2013, p. 166).

20. BARROSO, Luis Roberto. **O Constitucionalismo Democrático no Brasil**. Rio de Janeiro: Fórum, 2011.

_____. **Constituição**, Democracia e Supremacia Judicial: Direito e Política no Brasil Contemporâneo. Disponível em E7C_artigo-constituicao-democracia--supremacia-judicial.pdf. Acesso em 05/04/2014.

ADAM SMITH, no Livro V de Riqueza das Nações abordou inclusive o papel do governo na economia, apresentado reflexão sobre os sistemas tributários de sua época. Indicou quatro princípios para uma tributação ideal: equidade, certeza, conveniência de pagamento e economia no recolhimento. A partir daí, esses princípios são considerados, dentro do seu contexto histórico, inquestionáveis na perseguição de uma estrutura tributária ideal, ficando a discussão restringida à interpretação do princípio da equidade. Com vistas à adaptação da tributação à dinâmica capitalista da economia, Smith afirmou que a renda da terra é a única base tributável na qual o Estado pode atingir extrair os recursos financiadores dos seus gastos e não limitar a acumulação do capital. [21]

O liberalismo econômico de Smith, vale dizer, não é um princípio dogmático não intervencionista como faz crer a vulgarização da ideologia liberal. A ideia de Smith radica-se no fato do produtor individual estar em melhores condições de organizar e comandar a economia; mas o Estado tem o seu papel na economia, qual seja o de promover a defesa externa, a justiça, as obras públicas e a educação, que estão vinculadas a proteção da propriedade e riqueza dos capitalistas, dando condições à expansão do comércio e à formação da força de trabalho. No dever de educação, Smith preocupa-se com que o Estado ofereça formação moral aos cidadãos, ampliando seus ideais além das exigências imediatas do mercado de trabalho.[22]

O tributo, portanto, é o custo pago para a manutenção da sociedade civil e das liberdades públicas, consectárias da autonomia do indivíduo, garantida por meio da concessão do

---

21. SMITH, Adam. **Riqueza das Nações**. V. II, livro, V. São Paulo: Martins Fontes, 2003.
22. Vide CORAZZA, Gentil. **Estado e Teoria Econômica**: de Quesnay e Keynes. Dissertação de Mestrado em Economia apresentado no Instituto de Pesquisas Econômicas (IEPE), Porto Alegre: 1984.

mínimo necessário, qual seja saúde, moradia, educação. Desse modo, é impensável a existência do contrato social sem tributo.[23]

4. O CARÁTER CONVENCIONAL DO DIREITO DE PROPRIEDADE

A propriedade é comumente associada à riqueza, àquilo que viabiliza melhores condições de vida, e, portanto, ao capitalismo. Vista por muitos como o amargo fruto da exploração alheia e avaliada sempre pelo ângulo da propriedade privada.

Algumas correntes políticas pregam a abolição da propriedade privada, como KARL MARX E ENGELS, em *O Manifesto Comunista*. ROUSSEAU, no seu *Discurso sobre a Origem e os Fundamentos da Desigualdade entre os Homens*, expõe acerca da natureza convencional do direto de propriedade.[24]

A propriedade é negociável, disponível, pode ser substituída, porquanto tem um preço que a distingue de outros direitos naturais e intrínsecos do indivíduo, que são responsáveis pelo exercício da sua condição de ser no mundo e consagradores da sua autonomia. KANT expôs muito bem essa distinção, ao afirmar que: *"no reino dos fins tudo tem um preço ou uma dignidade. Uma coisa que tem um preço pode ser substituída por*

---

23. Segundo Rousseau, no seu Contrato Social, quanto mais aumenta a distancia entre o povo e o governo, mais se tornam onerosos os tributos. (ROSSEAU, Jean-Jacques. **Do Contato Social**. Trad. Rolando Roque da Silva. Ed. Ridendo Castigat Moraes. Disponível em www.jahr.org, p. 53).

24. Ao afirmar que a sociedade civil começou a propriedade. Desse modo não passa o direito de propriedade de convenção e instituição humana. Todo homem pode à vontade dispor do que possui; mas não acontece o mesmo com os dons essenciais da natureza, tais como a vida e a liberdade (ROUSSEAU, Jean-Jacques. **Discurso sobre a origem e os fundamentos da desigualdade entre os homens**. Pensadores. V. XXIV. São Paulo: Abril Cultural, 1972).

qualquer outra coisa equivalente; pelo contrario, o que está acima de todo preço, e por conseguinte, o que não admite equivalente, é que tem uma dignidade."[25]

Alguns pensadores liberais inclusive, como JOHN STUART MILL, preconizavam uma limitação ao montante que se poderia herdar, assim como a subordinação do direito de propriedade a uma distribuição equitativa de riqueza. Na ideia de LOCKE, por sua vez, a propriedade privada tem origem no direito natural à apropriação das terras inicialmente concedidas por Deus a todos os homens. A apropriação pelo indivíduo só se legitima com o trabalho implementado sobre a terra na colheita dos frutos, aragem da terra, etc. Dirá que qualquer coisa que o homem retire da terra e se misture com o seu trabalho compõe, portanto, a sua propriedade.[26] A apropriação privada das coisas não viola, portanto, a ideia da concessão dada a todos em comum por Deus, de sorte que o homem pode dar utilidade e se beneficiar de parte delas. Isto porque aquele que toma posse da terra pelo trabalho aumenta as reservas comuns da humanidade.[27] Destarte, os atos de tratar ou cultivar a terra e ter domínio sobre ela estão intimamente ligados.

---

25. KANT, Immanuel. **Fundamentação da Metafísica dos Costumes**. Trad. Antonio Pinto de Carvalho. Companhia Editora Nacional, p. 32.
26 LOCKE, John. **Segundo Tratado sobre o Governo**. Os Pensadores. São Paulo: 1972, Abril Cultural, §27, p. 51.
27. Locke assim explica a ideia do trabalho como justificativa fundamental para a apropriação privada: "Considere qualquer um a diferença que existe entre um acre de terra plantada com fumo ou cana-de-açúcar, semeado de trigo ou cevada e um acre da mesa terra em comum sem qualquer cultura e verificará que o melhoramento devido ao trabalho constituía maior parte do valor respectivo. Acho que será o cálculo muito modesto dizer, dos produtos da terra úteis à vida, nove décimos devem ao trabalho." (Ob. cit., p. 56). E exemplifica o caso da America, *que se mostram ricas em terras e pobres em todos os confortos da vida*. Mais adiante questiona: "que valor daria um homem a dez ou cem mil acres de terra excelentes, bem cultivada e bem provida de gado, no meio das regiões interiores da América, onde não tivesse esperança de comércio com outras partes do mundo, que lhe trouxesse dinheiro pela venda do produto?" (Ob. cit. §48, p. 59).

Cumpre ressaltar que não obstante o trabalho permita a apropriação privada, ela só se dará se se permitir a acumulação. Daí é que surge a moeda:

> A mesma regra de propriedade, isto é, que todo homem deve ter tanto quanto possa utilizar, valeria ainda no mundo sem prejudicar a ninguém, desde que existisse terra bastante para o dobro dos habitantes, se a invenção do dinheiro e o tácito acordo dos homens, atribuindo um valor à terra, não tivessem introduzido – por consentimento – maiores posses e o direito a elas.[28]

Assim, a legitimidade que LOCKE concede à propriedade privada, gerada na origem pelo direito natural à apropriação, e sujeita a inúmeras restrições, só será garantida pela esfera política instituída pelo pacto. Pacto este construído com base no consentimento da maioria com vista à segurança, que permita aos seus membros usufruir o que lhes é próprio, protegendo-os da usurpação alheia.

A propriedade privada em verdade é uma convenção jurídica definida em parte pelo sistema tributário. Os tributos devem ser avaliados como um elemento do sistema geral de direito de propriedade que eles mesmos ajudam a criar. O Estado, como já demonstrado, oferece a estrutura necessária ao exercício do direito de propriedade, Estado este sustentado pelos tributos. A propriedade nos parece tão natural como a própria vida, mas devemos creditar este sentimento a um sistema jurídico estruturado pelo Estado para nos dar a segurança necessária ao exercício dos direitos atinentes à propriedade.

Não se deve confundir uma instituição com os fundamentos naturais dessa instituição. THOMAS NAGEL e LIAM MURPHY afirmam que: *"Qualquer convenção, se estiver suficientemente difundida no meio social, pode chegar a ser universalmente vista*

---

28. Ob. cit. § 36, p. 55.

como uma espécie de lei da natureza."[29] Exemplificam esta afirmação com a propriedade de escravos estabelecida nos Estados Unidos, que era, na verdade, uma criação do sistema jurídico, protegido pela Constituição norte-americana. O caráter justo ou injusto das intervenções abolicionistas não poderia ter uma avaliação divorciada da própria justiça ou injustiça da instituição escravocrata. Assim, quanto mais introduzidas na comunidade as convenções adquirem aparência de lei natural, ocultando o seu caráter convencional.[30]

Assim, apelar para um nível natural do direito de propriedade justificador de uma renda bruta pré-tributária seria ilegítimo na medida em que essa renda é produto de um sistema do qual o tributo é inseparável. Isto porque o direito de propriedade é consequência desse sistema, que é mantido pelos tributos.

O que pode ser discutido é a carga tributária ou se as prestações do Estado são ou não satisfatórias; mas jamais a existência de um direito natural a uma renda pré-tributária com fulcro no direito natural de propriedade.

5. A JUSTIÇA DA TRIBUTAÇÃO NO ESTADO SOCIAL DE DIREITO

A modificação do Estado Liberal para o Estado Social, que se deu entre os séculos XIX até meado do século XX,

---

29. NAGEL, Thomas e MURPHY, Liam. **O Mito da Propriedade**. São Paulo: Martins Fontes, 2005, p. 12.
30. Os autores chamam atenção para a confusão que Aristóteles faz acerca das conseqüências de uma instituição com os seus fundamentos naturais. Vejamos: "mas não é apenas para viver juntos, mas sim para bem viver juntos que se fez o Estado, sem o quê, a sociedade compreenderia os escravos e até mesmo os outros animais. Ora, não é assim. Esses seres não participam de forma alguma da felicidade pública, nem vivem conforme suas próprias vontades." (ARISTÓTELES. **A Política**. São Paulo: Martins Fontes, 2006, p. 53).

conferiu a esse novo Estado um maior intervencionismo por meio da regulação da atividade econômica com o intento de garantir o bem-estar social. No caso do Brasil, deve-se levar em consideração o modelo de Estado Social de Direito. Neste contexto é que se deve proceder à análise da justiça da tributação.

Ao se conceber um sistema tributário, ainda que o melhor e mais eficiente sob o ponto de vista econômico, deve-se levar em consideração fundamentos de moralidade política justificadores da sua concepção. Ademais, deve-se ter em vista princípios tributários objetivamente justos para a instituição dos tributos.

Como já observado, a utilização da propriedade privada por meio dos tributos serve para suprir as demandas financeiras do Estado. Sem os tributos não há como se construir o Estado, seja ele Estado de Direito e muito menos um Estado Social.

A justiça é um clamor natural e necessário, mormente num Estado de Direito, razão pela qual as Constituições invocam a justiça tributária de alguma forma, por meio da efetivação de princípios como o da capacidade contributiva, equidade, dentre outros. O princípio da solidariedade é a base da exigência de contribuição de todos para as despesas estatais, por meio dos tributos. DURKHEIM teorizou a solidariedade, classificando-a em solidariedade mecânica e orgânica. Nas sociedades de solidariedade orgânica, segundo ele, os laços de solidariedade exigem a divisão do trabalho social. A organização social é de uma sociedade diferenciada, de direito, diferente da sociedade de solidariedade mecânica.[31-32]

---

31. DURKHEIM, Émile. **Da Divisão do Trabalho Social**. 2º ed. São Paulo: Martins Fontes, 1999, p. 17.
32. Durkheim afirma que: "É, pois, uma lei da história a de que a solidariedade mecânica, que, a princípio, é única ou quase, perde terreno progressivamente

CASALTA NABAIS aponta a imprescindibilidade dos tributos para uma vida em comum: *"Noutros termos, o imposto não pode ser encarado, nem como um mero poder para o estado, nem simplesmente como um mero sacrifício para os cidadãos, mas antes como o contributo indispensável a uma vida em comum e próspera de todos os membros da comunidade organizada em estado."*[33]

A ideia de solidariedade social coaduna-se com a teoria de JOHN RAWLS, o qual aponta a justiça tributária como justiça distributiva. Em sua *Theory of Justice*, presume a existência de um suposto contrato social – desconectado de um momento histórico específico -, no qual as pessoas seriam reunidas numa situação inicial, denominada de posição original, com o intuito de deliberar sobre os princípios que fundamentariam as regras do justo – os princípios da justiça – nas instituições, porquanto as instituições seriam as intermediadoras entre as pessoas no convívio social. A justiça, segundo ele, é a primeira virtude das instituições sociais, como a verdade o é dos sistemas de pensamento.[34]

Nessa esteira afirma que o único meio daqueles reunidos na posição original escolherem os princípios justos, seria imputando a esses legisladores iniciais um véu de ignorância, segundo o qual cada pessoa ignoraria todas as suas circunstâncias pessoais anteriores a essa situação hipotética, a fim de efetuar as escolhas da maneira mais isenta possível. Desse

---

e que a solidariedade orgânica se torno pouco a pouco preponderante. Mas quando a maneira como os homens são solidários se modifica, a estrutura das sociedades não pode deixar de mudar. A forma de um corpo se transforma necessariamente quando as afinidades moleculares não são mais as mesmas. Por conseguinte, se a proposição precedente é exata, deve haver dois tipos sociais que correspondem a essas duas sortes de solidariedade." (Ob. cit., p. 17).
33. NABAIS, José Casalta. **O dever fundamental de pagar impostos**. Coimbra: Almedina, 1998, p. 185.
34. RAWLS, John. **Uma Teoria da Justiça**. Brasília: Universidade de Brasília, 1981, p. 27.

modo, se um legislador fosse um grande proprietário de terras e soubesse disso, seria difícil que ele concordasse que a distribuição equânime de terras fosse algo justo. Por outro lado, se fosse impossível para esses legisladores iniciais saberem se possuem terras ou não, seria mais fácil concluírem que a distribuição equitativa de terras é algo justo, haja vista que os legisladores teriam receio de – após ser levantado o véu de ignorância – descobrirem que não possuíam quaisquer bens materiais. Como se observa, o egoísmo é o ponto que justifica a necessidade do véu de ignorância para a obtenção dos princípios da justiça.

Dessa concepção decorre o *princípio da diferença*,[35] que prioriza a melhoria de condições dos mais pobres, consoante o qual as diferenças de riquezas e padrões entre grupos sociais só se justificam na medida em que o sistema que gera essas desigualdades também atende aos interesses do grupo mais pobre tão bem quanto qualquer outro sistema alternativo o fizesse.

Opor-se a essa teoria representa contrapor-se à solicitude geral que o Estado Social de Direito visa promover e que constitui um dos objetivos fundamentais da República Federativa do Brasil (art. 3º, I da CF/88).

Lembra **KLAUS TIPKE** que, na história do direito e da praxe tributárias, desempenharam seu papel como critérios os princípio da capitação, equivalência e capacidade contributiva, valendo ressaltar que o princípio da capacidade contributiva é o que melhor atende a todos os direitos fundamentais de Constituições de Estados de Direito Social. Senão vejamos:

> *1)* Segundo o princípio da capitação [*Kopfsteuerprinzip*] todo cidadão que paga a mesma quantia sem considerar se

---

35. RAWLS, John. **Uma Teoria da Justiça**. Brasília: Universidade de Brasília, 1981, p. 27.

ele obtém renda e o quanto elevada ela seja. O pobre paga a mesma coisa que o rico. Esse princípio não leva em consideração nem o mínimo existencial e obrigações perante terceiros, não se harmoniza com o princípio do Estado Social. Desde tempos imemoráveis tem provocado resistências.

2) Segundo o princípio da equivalência [*Äquivalenzprinzip*] todo cidadão tem de compensar com parte de sua renda através do tributo os custos que ao Estado causou (equivalência de custos) ou o proveito que obteve em prestações do Estado (equivalência de desfrute). Quanto ao mínimo essencial à existência, às relações de família e a outros gravames inevitáveis não se tem nenhuma consideração (...);

3) Hoje se reconhece ampla e universalmente que o princípio da capacidade contributiva [*Leistungsfähigkeitsprinzip*] é o princípio fundamental adequado a todos os tributos de fins fiscais, se bem que não aos impostos dirigistas [*Lenkungssteuern*], como o imposto sobre o tabaco, o imposto sobre o álcool, o imposto sobre cães. O princípio da capacidade contributiva não pergunta o que o Estado fez para o cidadão individual, mas o que este pode fazer para o Estado. Isto se harmoniza com o Estado Social.[36]

No curso do estado patrimonialista, que compreende o período do estado feudal até o final do século XVIII, não havia imunidade tributária dos pobres, e sim, da nobreza e do clero, o que, segundo RICARDO LOBO TORRES, seriam os *privilégios odiosos*. A proteção do mínimo existencial se dá com o Estado de Polícia, aliviando-se a tributação dos pobres e transferindo a proteção deles para o Estado. Passa-se a criticar a proporcionalidade, e se inicia com o cameralismo a defesa da progressividade tributária, com limite no mínimo existencial, deixando de se tributar aqueles que não possuem riqueza mínima para o seu sustento. No Estado Fiscal de Direito,

---

36. TIPKE, Klaus. **Moral Tributária do Estado e dos Contribuintes**. Sergio Antonio Fabris Editor. Porto Alegre: 2012, pp. 19/20.

modifica-se o tratamento dado à pobreza, com a estruturação jurídica da imunidade do mínimo existencial e a assistência social aos pobres. A tributação passa a ser feita com base no princípio da capacidade econômica e no subprincípio da progressividade, que ingressam nas Constituições da França e do Brasil, com a proibição de tributação sobre a parcela mínima necessária à existência digna, aquém da capacidade econômica, o que constitui uma reserva de liberdade que limita o poder fiscal do Estado.[37]

O principal fundamento da justiça é a igualdade. ARISTÓTELES compreende o principio da igualdade de duas formas fundamentais: a justiça distributiva e a corretiva. A corretiva subdivide-se em comutativa e judicial.[38]-[39] Em matéria tributária, por sua vez, o princípio da igualdade demanda não apenas que o direito material satisfaça o referido princípio, mas que seja efetiva a sua aplicação. Isto porque a lei por si só não garante a justiça da imposição tributária. A igualdade se decide apenas na execução.[40]-[41]

---

37. TORRES, Ricardo Lobo. **Tratado de Direito Constitucional Financeiro e Tributário**. Vol. III. Os Direitos Humanos e a Tributação – Imunidades e isonomia. Renovar. Rio de Janeiro: 1999, pp. 138/141.
38. ARISTÓTELES. **Ética a Nicômaco**. Os Pensadores. Livro V. São Paulo: Abril Cultura, 1972.
39. Como bem alertou PAULO NADER os filósofos que antecederam Aristóteles não chegaram a abordar o tema da justiça dentro de uma perspectiva jurídica, mas como valor relacionado à generalidade das relações interindividuais ou coletivas. Em sua **Ética a Nicômaco**, o Estagirista formulou a teorização da justiça e equidade considerando-as sob o prisma da lei e do Direito. Tão bem elaborado o seu estudo que se pode afirmar, sem receio de erro, que muito pouco se acrescentou, até nossos dias, àquele pensamento original (**Filosofia do Direito**, 5ª ed. Rio de Janeiro: Forense, 1996, p. 110).
40. Nesse sentido Klaus Tipke faz uma análise da doutrina de J. Isense. Ob cit., p. 68.
41. Como bem asseverou HABERMAS as normas válidas só são exigíveis se elas puderem ser executadas faticamente contra comportamento do infrator (HABERMAS, J. **Direito e Democracia. Entre Facticidade e Validade**. Rio de Janeiro: Tempo, 1997).

6. CONCLUSÃO

Não obstante a eterna resistência dos contribuintes ao pagamento de tributos, *norma de rejeição social*,[42] não se trata aqui de discutir se uma moral equivocada do Estado justifica as viagens furtivas dos contribuintes. O que se defende é que, partindo da evolução da organização social dos primórdios até os dias atuais, tendo em conta a natureza convencional do direito de propriedade, não há como se conceber um direito de propriedade anterior à tributação. A renda prévia não representa um direito de propriedade isento do pagamento de tributos, haja vista não ter um significado moral independente, não se constitui num direito natural. A renda é um direito, indubitavelmente, mas o substrato desse direito depende do contexto da estrutura e instituições na qual essa renda é adquirida, e que só serão justos se incluírem a tributação, que é o mecanismo de promoção da igualdade.[43]

Segundo LIAM MURPHY e THOMAS NAGEL, a *definição da tributação, especificamente depende da interpretação econômica tanto da autonomia individual quanto da responsabilidade interpessoal – os dois grandes pólos da legitimidade política e da justiça.*[44] Partindo da premissa de que somos seres políticos, que compõem uma sociedade sem a qual a vida seria inconcebível e onde o Estado é fundamental para a manutenção da paz e defesa dos direitos e garantias individuais e sociais, devemos pensar que tipo de relação desejamos estabelecer com os demais membros da sociedade, assim como quais são os objetivos legítimos desse Estado Social no qual estamos inseridos. Os tributos devem ser compreendidos como

---

42. Expressão conhecida de Ives Gandra Martins para atribuir ao tributo o cunho de norma indesejável. *In* **Curso de Direito Tributário**. (Org). V. 1. 2ª ed. Belém: CEJUP, 1993, p. 18.
43. MURPHY, Liam e NAGEL, Thomas. **O Mito da Propriedade**. São Paulo: Martins Fontes, 2005.
44. Ob. cit., p. 99.

componentes desse sistema, porquanto formam as bases da construção deste ambiente de convívio.

Conclusão inarredável é que onde o Estado não consegue tributar de forma efetiva, não são fornecidos os remédios judiciais adequados, e por conseguinte, os cidadãos não possuem direitos.[45] O que deve estar na pauta das nossas reflexões, portanto, é dentro de que estrutura consideramos aceitável viver.

---

45. HOLMES, Stephen and SUSTEIN, Cass. **The Cost of rights: why liberty depends on taxes.** New York: W. W. Norton and Company, 1999, p. 19.

AS NOVAS FUNÇÕES DOS TRIBUTOS NO SISTEMA SOCIAL: DISTRIBUTIVIDADE COMO FORMA DE PROMOÇÃO DA DEMOCRACIA E DA LIBERDADE

Jonathan Barros Vita[1]

1. INTRODUÇÃO

A introdução de um artigo científico sempre deve conter alguns elementos essenciais para demonstrar a cientificidade de uma dada pesquisa a respeito de um objeto/tema determinado.

---

1. Advogado, Consultor Jurídico e Contador. Especialista em Direito Tributário pelo Instituto Brasileiro de Estudos Tributários – IBET-SP, Mestre e Doutor em Direito do Tributário pela Pontifícia Universidade Católica de São Paulo – PUC-SP e Mestre em Segundo Nível em Direito Tributário da Empresa pela Universidade Comercial Luigi Bocconi – Milão – Itália. Professor do Mestrado em Segundo nível em Direito Tributário da Empresa na Universidade Comercial Luigi Bocconi. Coordenador do Mestrado e professor do Mestrado e da Graduação da UNIMAR. Professor de diversos cursos de pós-graduação no Brasil e exterior. Conselheiro do CARF – Conselho Administrativo de Recursos Fiscais e do Conselho Municipal de Tributos de São Paulo. Ex-Juiz do Tribunal de Impostos e Taxas do Estado de São Paulo. Secretário da Comissão Especial de Direito Tributário do Conselho Federal da OAB.

Apesar deste alerta inicial, antes de iniciar (efetivamente) a introdução deste artigo, deve-se falar sobre o contexto de sua produção para uma coletânea que homenageia uma magistrada tão importante quanto a saudosa Ministra Denise Arruda.

Dentro de sua carreira essa magistrada sempre promoveu valores como democracia e liberdade, temas fundamentais do estudo do direito contemporâneo, os quais poderiam ser explorados sob diversos ângulos, sendo escolhida, aqui, a perspectiva de novas funções exercidas pelos tributos para promoção de valores de distributividade/solidariedade.

Esses valores são implementados através do princípio da capacidade contributiva e de sua contraparte do direito financeiro, que é a distributividade do produto da tributação, permitindo a implementação da democracia e da liberdade no sistema social.

Nesse sentido, a investigação científica aqui tem como objetivo abrangente a investigação de como a liberdade e democracia podem ser incentivadas a partir de uma tributação justa e distributiva.

Para atingir este objetivo geral, é necessária a identificação das funções exercidas pelas comunicações tributos nos vários subsistemas sociais, determinando formas inusuais de propagação dos mesmos para (re)estabilizar/equilibrar as relações na sociedade pós-moderna.

Da mesma, a pragmática da implementação dos princípios através da concretização e efetivação dos mesmos deve ser elucidada, dando um caráter empírico-dialético a este estudo, método fundamental para dar validade a um estudo desta natureza.

É óbvio que para atingir tais objetivos e (re)criar pontes linguísticas entre partes distintas do sistema jurídico/social, um quase wormhole[2] linguístico, um sistema de referência que permita este reposicionamento constante é necessário.

Deixa-se claro que tal dialeticidade prático-teórica tem como pano de fundo o sistema de referência adotado[3], no caso, um baseado em um tripé composto por: Law and Economics de Posner[4] e [5], Teorias da Linguagem (especialmente utilizando-se de técnicas da Semiótica), representadas pelo Construtivismo Lógico-Semântico de Barros Carvalho[6], e Teoria dos Sistemas de Niklas Luhmann.[7]

Obviamente, esses três sistemas de referência (incluindo seus desenvolvimentos) são utilizados coordenadamente para visualizar o fenômeno tributário, sendo (no caso concreto deste estudo) aquela mais preponderante a Teoria dos Sistemas de Niklas Luhmann[8], vez que permite uma visualização estrutural e funcional do tributo.

---

2. *Wormhole* é o nome cunhado por John Wheeler em 1957 em artigo no *Annals of Physics* a uma figura que, na física quântica, assemelhar-se-ia graficamente a dutos que conectam um local do espaço-tempo a outro que está em um ponto paralelo, imaginando que o espaço teria uma forma aproximada de U por conta da gravidade.

3. Para a visão mais atual deste sistema de referência proposto, além de grande parte das definições utilizadas como premissas aqui: VITA, Jonathan Barros. **Teoria Geral do Direito: Direito Internacional e Direito Tributário.** São Paulo: Quartier Latin, 2011.

4. Para um apanhado geral sobre *Law and Economics*: ROEMER, Andrés. **Derecho y economía: uma revisión de la literatura.** Cidade do México: ITAM, 2000.

5. Já na doutrina brasileira, como autores que trabalham com este sistema de referência, mais especificamente voltado ao direito (tributário) brasileiro, entre outros: CARVALHO, Cristiano Rosa de. **Teoria do sistema jurídico: direito, economia, tributação.** São Paulo: Ed. Quartier Latin, 2005; CALIENDO, Paulo. **Direito tributário e análise econômica do direito: uma visão crítica.** Rio de Janeiro: Elsevier, 2009; e SCHOUERI, Luís Eduardo. Direito Tributário. São Paulo: Saraiva, 2011.

6. CARVALHO, Paulo de Barros. **Direito Tributário: linguagem e método.** 2ª edição. São Paulo: Noeses, 2008.

7. LUHMANN, Niklas. **Law as a social system.** Oxford: Oxford University Press, 2004.

8. LUHMANN, Niklas. **Law as a social system.** Oxford: Oxford University Press, 2004.

Sumarizando as informações postas nessa introdução, apresenta-se um plano de trabalho para atingir os objetivos mencionados anteriormente, iniciando-se por um estudo das novas formas de propagação dos tributos no sistema social, determinando as formas anômalas de sua atuação, passando por um estudo denotativo das formas de concretização e efetivação dos princípios no plano tributário para, por fim, demonstrar como a distributividade pode ser uma característica importante dos tributos sob o angulo da (re)estabilização (pressuposta) do sistema social.

2. TRIBUTOS E TEORIA DOS SISTEMAS: NOTAS SINTÉTICAS

A compreensão do papel dos tributos na sociedade complexa[9] é fundamental para determinar como certos programas jurídicos são implementados nos outros subsistemas sociais, especialmente no político e econômico.

Nestes dois sistemas forma-se o núcleo de aceitabilidade da atuação (pressuposta) do sistema jurídico e, nesse sentido, impede-se a entropia da sociedade pós-moderna, pois os tributos são um dos elementos que permitem a diferenciação social/funcional.

Sob o ponto de vista jurídico, os tributos possuem várias formas de visualização, vez que são comunicações/programações jurídicas as quais são ativos partícipes da autopoiese do

---

9. Entre outros autores que lidam com o tributo em tal perspectiva, entretanto com enfoques e premissas distintos dos apresentados aqui: PREBBLE, John. Ectopia, Tax Law and International Taxation. **In: British Tax Review.** Londres: Sweet & Maxwell, p. 383-403, 1997; DEAK, Daniel. Legal Autopoiesis Theory in Operation – A Study of the ECJ Case of C-446/03 Marks & Spencer v. David Halsey. **In: Acta Juridica Hungarica.** Vol. 50, N. 2. Berlim: Springer, p. 145–175, 13 de setembro de 2009; e DING, Wai Boh. Legal autopoiesis and the capital/revenue distinction. **In: Victoria University of Wellington Law Review.** Wellington: Victoria University of Wellington, 2007.

sistema jurídico, vez que vão se ligando a programações cíveis para produzir seus efeitos e vão se propagando no sistema de maneira cíclica e continua.

Os tributos criaram (historicamente) as condições para implementação do Estado Moderno, que é mais pujante que seus súditos individualmente através da sua condição econômica e monopólio do uso da força.

Nitidamente, esta é a faceta de visualização do sistema político, em que o tributo é ferramenta de provimento de recursos para o estado que viabiliza sua existência, perfazendo a estrutura institucional que permite a manutenção da codificação maioria sobre minoria.

Já a economia visualiza os tributos como ineficiências criadas a partir de replicações de programas que fazem com que, a partir de uma operação/programação (transferência de codificação ter/não-ter), dois ou mais programas são criados:

- O programa da relação entre particulares de transferência ou troca de capitais, e

- O programa tributário acoplado (quase parasitariamente e que opera de maneira imediata ou diferida) a este, o que implica uma alocação do capital também para o estado, impactando (negativamente) esta transação.

Verificando que vários sistemas sociais reagem contemporaneamente ao tributo, este pode ser considerado, sob o ponto de vista estrutural, como um acoplamento estrutural tríplice[10] e [11] que transpassa direito, economia e política,

---

10. Os acoplamentos estruturais são estruturas que permitem a sincronia (analógica) entre vários sistemas sociais distintos, que passam a operar ao mesmo tempo, conforme definido em: LUHMANN, Niklas. **Law as a social system**. Oxford: Oxford University Press, 2004.

11. Pode ser intuído de suas várias obras que o tributo é um acoplamento estrutural, apenas, entre o sistema político e econômico (especialmente: NEVES,

permitindo operações simultâneas (analogicamente) e sincrônicas a partir desta estrutura comum a estes sistemas.

Concluindo parcialmente, a proposta deste trabalho, sob a perspectiva da análise funcional dos tributos nestes subsistemas sociais, parte do pressuposto de que outros posicionamentos (poliédricos) possam ser produzidos, visualizando-os como estrutura da sociedade que perfaz elemento de estabilização da mesma enquanto alinha expectativas cognitivas (da sociedade) em torno de si, como será visto no próximo subitem.

3. NOVAS FUNÇÕES DOS TRIBUTOS NO SISTEMA SOCIAL: DISTRIBUTIVIDADE

Inicialmente, cabe ressaltar que, para a evolução do sistema social configurado em uma sociedade pós-moderna, pressupõe-se a tributação atuando em mais frentes que não só as voltadas para indução comum de comportamentos, mas como ferramenta de (re)distribuição de renda que permite o fortalecimento do tecido (comunicativo) social.[12]

Obviamente, este papel distributivo pode ser concebido na clássica divisão de funções do Estado contemporâneo com suas contrapartes função alocativa e estabilizadora (desconsiderando a função reguladora que está contida em ambas),[13] os quais, economicamente, dependem, sem dúvida dos tributos.[14]

Marcelo da Costa Pinto. **Entre Têmis e Leviatã: uma relação difícil.** São Paulo, Martins Fontes, 2006).

12. A partir de outra perspectiva da distributividade dos tributos: VECCHIO, Humberto Pereira. Justiça distributiva e tributação. Tese (doutorado) – Universidade Federal de Santa Catarina, Centro de Ciências Jurídicas. Programa de Pós-Graduação em Direito, 2002.

13. Aparte os autores citados que lidam com economia e direito, cita-se como obra que discrimina bem tais funções: VASCONCELLOS, Marco Antonio Sandoval de; GARCIA, Manuel Enriquez. **Fundamentos de Economia.** São Paulo: Saraiva, 2012.

14. Como texto que aborda a perspectiva finalística dos tributos: VIOL,

De qualquer forma, a função distributiva dos tributos pode levar a um fortalecimento da aceitabilidade destes e deve ser tido em consideração na criação de programas jurídicos, emulando as expectativas cognitivas da sociedade e destes subsistemas através de (re)condicionalização destas expectativas na programação que conforma expectativas normativas.

Normalmente, as expectativas cognitivas são vinculadas a uma relação também de dispêndio tributário e retorno, ou seja, a cada valor investido tenha-se uma contrapartida estatal.

Quando estes fatores se (re)equilibram, evita-se a entropia da percepção do papel do estado na sociedade pós-moderna, pois ele deixa de ser visto como um elemento de dispêndio de capital ineficiente para ser um elemento garantidor de liberdade, garantindo o acesso de todos a serviços públicos e uma rede de proteção social, com participação ativa dos sujeitos da sociedade (democracia).

Especificando este lado positivo, esse dispêndio pode ser percebido (cognitivamente) como eficiente em dois eixos distintos: o retorno dos serviços públicos contraprestados aos cidadãos/contribuintes; e, como maior destas contrapartidas, a redução das desigualdades sociais, princípio fundamental da república brasileira vertido no artigo 3º, II e III[15] da Carta.

Para uma visão desta natureza, as citadas aberturas semânticas que permitem esta visualização das expectativas cognitivas estão em valores abstratos como solidariedade, isonomia e seu derivado capacidade contributiva, que passam

---

Andréa Lemgruber. **A Finalidade da Tributação e sua Difusão na Sociedade.** In: http://www.receita.fazenda.gov.br/publico/estudotributarios/eventos/seminarioii/texto02afinalidadedatributacao.pdf (acesso: 20/04/2014).

15. Art. 3º Constituem objetivos fundamentais da República Federativa do Brasil:
II – garantir o desenvolvimento nacional;
III – erradicar a pobreza e a marginalização e reduzir as desigualdades sociais e regionais;

ser elementos centrais da discussão do papel dos tributos na sociedade pós-moderna.

Funcionalmente, a solidariedade (re)cria redes de vinculação de codificações majoritárias, em que a política observa a economia e verifica o desalinhamento entre uma maioria pobre e uma minoria rica, tentando reequilibrar estes fatores através da replicação das comunicações de transferência de capitais desta minoria para a maioria, instrumentalizados pelos tributos, que funcionam como programas de propósito específico no sistema econômico.

É dizer, a programação tributo, neste aspecto, portanto, recria formas de transferência destes programas capital para parcelas sem capital, em certo sentido tentando fazer com que as comunicações econômicas periféricas e centrais sejam equilibradas em seus montantes (alocados através dos programas tributários).

Mais ainda, essa solidariedade distributiva (re)estabelece as condições para a democracia em seu funcionamento, dando condições para que a maioria seja, de fato, ouvida, vez que o Estado deve ser um representante desta, mesmo que nunca deva se olvidar da minoria.

Concretamente, essas ideias de (re)distribuição de renda estão sendo implementadas por vários países que seguem uma doutrina quase que pós-social-democrata, sendo concretizados por programas governamentais como o Bolsa Família brasileiro.

Lembra-se que estes temas vêm sendo (re)estudados por grupos de pensadores como Sayeg com seu capitalismo humanista[16] que, aparentemente, contrapõem ideias como solidariedade/fraternidade e capitalismo, inspirados por, entre outros, o ganhador do Nobel Sem Amartya.[17]

---

16. SAYEG, Ricardo Hasson. O Capitalismo Humanista no Brasil. **In: Tratado Luso Brasileiro da Dignidade Humana.** São Paulo: Quartier Latin, 2008, v.1, p. 1249-1264.
17. SEM, Amartya. **Desenvolvimento como Liberdade.** São Paulo: Companhia das Letras, 2000.

Sob outro ângulo, não se olvida, também, que, sob o ponto de vista normativo, estas programações distributivas de renda existem há muito, mas poucos são os estudiosos que visualizam os tributos sob esta perspectiva conversa, pois a doutrina apresentada acima é oriunda de outro ramo didaticamente autônomo do direito, o chamado direito econômico.

Elucidando, a multicitada distributividade deve ser vista a partir da perspectiva da cobrança e da aplicação do seu produto o que, respectivamente, poderia ser estudado pelo direito tributário e direito financeiro.

4. FUNÇÃO DISTRIBUTIVA DOS TRIBUTOS: ENTRE A TEORIA E PRÁTICA

4.1. Pressupostos teóricos da positivação da função distributiva: cálculo, derivação, concretização e efetivação de princípios

Várias foram as menções princípios e valores no decorrer deste trabalho, mas necessita-se de algumas premissas teóricas para aclarar o que significam estas expressões e como se comportam estes institutos jurídicos no sistema de referência proposto.

Inicialmente, tem-se que os princípios são normas jurídicas que se acoplam às regras de competência, modulando a produção de novas normas jurídicas, que devem ponderar entre vários conjuntos de valores distintos e criar uma norma compatível com estes.

Importante é mencionar que o utilizado Constructivismo Lógico-Semântico de Barros Carvalho[18] trata os princípios como núcleos de preferências valorativas que condicionam as

---

18. CARVALHO, Paulo de Barros. **Direito Tributário: linguagem e método.** 2ª edição. São Paulo: Noeses, 2008.

interpretações e o exercício da competência e os subdivide em duas espécies: valores e limites objetivos.

Sob outro ângulo, aparentemente, como decorrência destas ideias, tem-se que a operatividade tanto dos limites objetivos como dos valores partem de uma interessante dualidade, a distinção entre concretização e efetivação de princípios.

A concretização de princípios surge através do processo de derivação de princípios,[19] que consiste em criar novos princípios a partir de outros, ou seja, a exemplo, da combinação de um ou mais princípios gerais (constitucionais) podem ser criados aqueles específicos (tributários), os quais devem ser ponderados nos atos de aplicação como em Alexy.[20]

Já a efetivação de princípios ocorre por outros mecanismos que fazem valer os valores contidos nas normas principiológicas, ou seja, em situação análoga aos limites objetivos ou, ainda, em normas jurídicas que atacam por outra frente o problema, visando fazer com que estes sejam cumpridos.

É dizer, funcionalmente, certos institutos jurídicos servem como instrumentos para atingir determinadas finalidades axiológicas do sistema, como ocorrem com medidas que complementam os direitos humanos ou garantias constitucionais[21] ou, mesmo, com certas das chamadas limitações ao poder de tributar.

Concluindo parcialmente, não se tratará neste trabalho, das formas de cálculo, derivação, concretização ou efetivação

---

19. Para uma visão mais aprofundada desta classificação e sua operatividade: VITA, Jonathan Barros. Classificação e cálculo de princípios. **In: Revista de Direito tributário.** São Paulo: Malheiros, vol. 104, 2009.

20. ALEXY, Robert. Constitutional Rights, Balancing and Rationality in **Ratio Juris.** Vol. 16, N. 2 June 2003 (131-40).

21. Com uma nomenclatura distinta: Ricardo Lobo TORRES, **Os direitos humanos e a tributação: imunidades e isonomia.** Rio de Janeiro: Renovar, 1995, p. 8-13.

dos princípios,[22] mas tão somente, de específicos exemplos que, a partir de tais processos, (re)criam funções distributivas (direta ou indiretamente) no sistema do direito, destacando-se: capacidade contributiva, solidariedade, isonomia e progressividade.

4.2. A positivação da função distributiva: capacidade contributiva, solidariedade, isonomia e progressividade

Após as considerações teóricas a respeito das novas funções dos tributos no sistema social, especialmente daquela distributiva, os direitos positivos nacionais refletem tais ideias com suas programações jurídicas com viés tributário distributivo, que partem/derivam[23] de princípios gerais do direito ou específicos do direito tributário para efetivar ou concretizar estas funções/finalidades. [24]

O talvez mais importante texto de direito positivo que destaca essa ideia é o artigo Art. 53[25] da Constituição Italiana, o qual vetoriza estas preocupações sob várias matrizes e institutos distintos: a capacidade contributiva (1), que se vincula à

---

22. Para a concepção específica da definição de efetivação e concretização de princípios: VITA, Jonathan Barros. Isonomia, capacidade contributiva e direitos humanos: nova chave de leitura para a tributação. **In: Anais do XX Congresso Nacional do CONPEDI.** Florianópolis: Fundação Boiteux, 2011, p. 6836-6857.

23. Para uma visão mais aprofundada estas ideias, incluindo a classificação dos princípios, utilizando-se deste sistema de referência: VITA, Jonathan Barros. Classificação e cálculo de princípios. **In: Revista de Direito tributário.** São Paulo: Malheiros, vol. 104, 2009.

24. Para exemplos específicos destes processos e seus produtos: VITA, Jonathan Barros. Isonomia, capacidade contributiva e direitos humanos: nova chave de leitura para a tributação. **In: Anais do XX Congresso Nacional do CONPEDI.** Florianópolis: Fundação Boiteux, 2011, p. 6836-6857.

25. No original: *Art. 53 – Tutti sono tenuti a concorrere alle spese pubbliche in ragione della loro capacità contributiva. Il sistema tributario è informato a criteri di progressività.* Tradução do autor: Art. 53 – Todos devem contribuir com as despesas públicas de acordo com suas capacidades contributivas. O sistema tributário é informado pelo critério de progressividade.

solidariedade (2) concretizando a isonomia (3), sendo estes exponencializados e (re)concretizados por meio da progressividade (4).

Interessantemente, a CF brasileira utilizou-se de forma parcialmente distinta, pois estes temas foram tratados de maneira mais pormenorizada, porém esparsa, difusa no longo texto constitucional brasileiro, o que permite interpretações nas quais um tema não se vincula ao outro.

Lembra-se que a doutrina majoritária tem compreendido o direito tributário com uma leitura extremamente constitucionalizada, capitaneados antigamente por Ataliba[26] e atualmente por Carrazza[27] da PUC-SP e pela escola carioca de Torres.[28]

Topograficamente o princípio da solidariedade está no preâmbulo da Constituição[29] e no seu artigo 3º, I[30], a capacidade contributiva (com aplicação restrita apenas a impostos e contribuições) no artigo 145, parágrafo primeiro[31], e a progressividade,

---

26. ATALIBA, Geraldo. **Hipótese de incidência tributária**. 6ª edição. São Paulo: Malheiros, 2004.
27. CARRAZZA, Roque Antonio. **Curso de direito constitucional tributário**. 19ª edição. São Paulo: Malheiros, 2004.
28. Especialmente o volume III de: TORRES, Ricardo Lobo. **Tratado de Direito constitucional, financeiro e tributário**. Vols. I a V. Rio de Janeiro: Renovar, 2009.
29. **PREÂMBULO**
Nós, representantes do povo brasileiro, reunidos em Assembleia Nacional Constituinte para instituir um Estado Democrático, destinado a assegurar o exercício dos direitos sociais e individuais, a liberdade, a segurança, o bem-estar, o desenvolvimento, a igualdade e a justiça como valores supremos de uma sociedade fraterna, pluralista e sem preconceitos, fundada na harmonia social e comprometida, na ordem interna e internacional, com a solução pacífica das controvérsias, promulgamos, sob a proteção de Deus, a seguinte CONSTITUIÇÃO DA REPÚBLICA FEDERATIVA DO BRASIL.
30. Art. 3º Constituem objetivos fundamentais da República Federativa do Brasil: I – construir uma sociedade livre, justa e solidária;
31. Art. 145. A União, os Estados, o Distrito Federal e os Municípios poderão instituir os seguintes tributos:

tema de interpretação extremamente controvertida, tem várias versões possíveis, aparentemente configurando-se em um princípio específico de certos tributos e não geral do direito tributário, como será visto, infra.

Este princípio da solidariedade, aparentemente, tem sido estudado em profundidade em sua relação com a tributação, tanto pela doutrina[32 e 33] como pela jurisprudência, tendo, nesta última passado a fazer parte do repertório do ato de decidir do STF, a partir dos famosos leading cases das ADIns 3.105 e 3.128 que tratavam, sinteticamente, da contribuição previdenciária dos inativos.

Nestes dois casos citados, foram ponderados direitos de solidariedade (enquanto versão dos direitos humanos) e a tributação, recebendo, em vários dos votos, menções à solidariedade em matéria tributária como razão de decidir pela constitucionalidade das contribuições dos inativos, o que demonstra que a Corte Suprema Brasileira vem dando um viés próximo aos direitos da coletividade inclusive nesta matéria que, normalmente, é tão desprovida de conteúdos subjetivos.

Prosseguindo, a isonomia (formal e material) é derivante do princípio da igualdade e aplicada segundo parâmetros de equidade, estando contida no artigo 5º, caput e inciso I[34] da CF.

---

§ 1º – Sempre que possível, os impostos terão caráter pessoal e serão graduados segundo a capacidade econômica do contribuinte, facultado à administração tributária, especialmente para conferir efetividade a esses objetivos, identificar, respeitados os direitos individuais e nos termos da lei, o patrimônio, os rendimentos e as atividades econômicas do contribuinte.

32. Como obra coletiva que explora várias matrizes da relação entre a solidariedade e tributação, apesar dos pressupostos teóricos distintos: GRECO, Marco Aurelio; e GODOI, Marciano Seabra de. (coord.). **Solidariedade social e tributação.** São Paulo: Dialética, 2005.

33. Como interessante texto que aborda as várias facetas da solidariedade na tributação: ROSSO, Paulo Sérgio. **Tributação e solidariedade no Estado Brasileiro**. In: http://www.oab.org.br/editora/revista/revista_07/anexos/tributacao_e_solidariedade.pdf (acesso: 20/04/2014).

34. Art. 5º Todos são iguais perante a lei, sem distinção de qualquer natureza, garantindo-se aos brasileiros e aos estrangeiros residentes no País a

Isto faz com que esta também seja um princípio importante para permitir a equalização de situações no sistema tributário, lembrando que o inciso XLI[35] do mesmo artigo prevê punições às discriminações que atentem contra direitos e liberdades fundamentais.

Mais ainda, a legalidade também é uma proteção do sistema jurídico geral, conforme o artigo 5º, II[36], e, também, específico do direito tributário, muito comumente (mas erroneamente) chamado de legalidade estrita do artigo 150, I.[37]

Em alerta final, lembra-se que, em matéria tributária, todos estes princípios devem ser ponderados com o limite objetivo da vedação do uso de tributo com efeito de confisco constante no artigo 150, IV.[38]

Como conclusão parcial, com a solidariedade e isonomias aplicadas a matéria tributária, (re)cria-se uma pareto-otimização da sociedade, ou seja, uma sociedade economicamente balanceada, com menos assimetrias, e com mercado de concorrência perfeita, equilibrando os fatores de oferta e demanda, sendo todos os atores do sistema extremamente eficientes.

Obviamente os exemplos da progressividade e da solidariedade foram utilizados superficialmente aqui e serão

---

inviolabilidade do direito à vida, à liberdade, à igualdade, à segurança e à propriedade, nos termos seguintes:
I – homens e mulheres são iguais em direitos e obrigações, nos termos desta Constituição.
35. XLI – a lei punirá qualquer discriminação atentatória dos direitos e liberdades fundamentais.
36. II – ninguém será obrigado a fazer ou deixar de fazer alguma coisa senão em virtude de lei.
37. Art. 150. Sem prejuízo de outras garantias asseguradas ao contribuinte, é vedado à União, aos Estados, ao Distrito Federal e aos Municípios:
I – exigir ou aumentar tributo sem lei que o estabeleça.
38. Art. 150. Sem prejuízo de outras garantias asseguradas ao contribuinte, é vedado à União, aos Estados, ao Distrito Federal e aos Municípios:
IV – utilizar tributo com efeito de confisco.

acrescidos de outras formas de concretização e efetivação destas diretrizes valorativas constitucionais, como no caso da seletividade em função da essencialidade, que emula/preserva a isonomia utilizando-se como eixo de ação a essencialidade.

Finalmente, talvez tendo como pano de fundo algumas destas considerações, mesmo que com pressupostos teóricos distintos, alguns autores como Iure Pontes Vieira[39] têm tentado colocar no (bari)centro da análise da capacidade contributiva o homem e as circunstâncias dos negócios jurídicos, mudando a forma como a tributação deve ser estruturada e percebida pela sociedade.

5. DEMOCRACIA E LIBERDADE: CONSEQUÊNCIAS DA IMPLEMENTAÇÃO DA FUNÇÃO DISTRIBUTIVA DOS TRIBUTOS

Antes de tudo, cabe ressaltar que os sistemas sociais se pressupõem e (re)criam cegamente condições para implementação de uma quase homeostase que culminará com a estabilidade do sistema social, evitando entropias geradas por desequilíbrios na alocação dos códigos dos seus subsistemas.

É dizer, apesar de cada subsistema social ser livre para alocar seus códigos, os reflexos dos mesmos são sentidos através das novas irritações do ambiente que reagem a estas alocações.

Portanto, quando um sistema aloca códigos de maneira contrafactual ou contramajoritária, estas alocações têm consequências no sistema, que exigem um rebalanceamento do

---

39. Este autor produziu uma tese de doutoramento que foi agraciada com um dos prêmios do European Association of Tax Law Professors (European Academic Tax Thesis Award 2011 – EATTA 2011), sob o título: **The value in tax and custom law**. A apresentação deste trabalho no citado evento pode ser encontrada em: http://www.eatlp.org/uploads/public/uppsala/Presentation%20Uppsala%20Thesis.ppt.

mesmo, aprimorando estruturas e evitando falhas ou corrupções na programação e/ou alocação dos códigos.

Nesse sentido, a capacidade contributiva e a isonomia servem como aberturas semânticas para (re)produzir estabilidade na alocação do código maioria sobre minoria no sistema político provocado pela tributação, o que intensifica a democracia no sistema político e evita uma plutocracia generalizada no sistema econômico, com poucos tendo várias comunicações de alocação de capital em detrimento de muitos.

Estas aberturas são concretizações de princípios extremamente gerais do ordenamento, que incluem a necessidade de se utilizar a democracia e liberdade em conjunto com solidariedade e direitos humanos, que são, sob o ponto de vista do sistema político, fundamentos para esta estabilização.

Igualmente, a produção de novas pontes linguísticas entre a tributação e elementos de natureza subjetiva que cumprem finalidades determinadas no sistema político e econômico é fundamental e deve sempre ter como norte os vetores axiológicos (princípios) da liberdade e democracia.

Obviamente, este item não (re)enunciará os conceitos de liberdade ou de democracia,[40] mas extrapolará perspectivas distintas dos resultados que advém da concretização e efetivação destes relacionando-os aos tributos, o que pode ocorrer a partir do ângulo daqueles que pagam os tributos e aqueles que recebem os benefícios de sua aplicação estatal.

Os termos liberdade e democracia podem ser encarados como meio ou fim, processo ou produto, pois a produção de comunicações no sistema jurídico deve ser, sempre, contaminada por estes valores que garantem a legitimação das

---

40. Para uma visão abrangente e histórica do termo democracia: MCNAUGHTON, Charles William. **Hierarquia e sistema tributário.** São Paulo: Quartier Latin, 2011.

programações jurídicas, vez que são positivados de maneira difusa na Carta Nacional.

Quando aliados estes termos à tributação, interessantes resultados são encontrados, como o fato de que a democracia permite a distributividade dos tributos, pois a sua produção depende uma série de fatores pressupostos no sistema político, alinhando as expectativas daquele sistema com as dos demais subsistemas sociais.

Esta democracia deve existir tanto no plano do sistema político, especificamente no processo de aprovação das leis como na alocação das receitas tributárias versadas na sociedade e iniciativas como os chamados orçamentos democráticos ou participativos, em que a democracia entra em ação para garantir que as receitas tributárias sejam justamente distribuídas.

Simetricamente, a democratização do acesso aos serviços públicos é uma das formas de implementação de liberdades fundamentais a partir da diminuição das desigualdades sociais, mas, também, uma das necessidades do processo de distributividade da tributação.

Interessantemente, se de um lado, a democracia é um conceito mais difuso e determina mais elementos da forma do governo e da criação de normas jurídicas, inclusive afetando sua hierarquia,[41] especificidade semântica e validade, de outro lado as liberdades são mais denotadas no plano constitucional.

Várias liberdades, portanto, são citadas no plano constitucional e que se relacionam diretamente com as intervenções no domínio econômico (tributos) como a de estabelecimento, de formas, de iniciativa, de concorrência, de locomoção ou de informação (transparência), normalmente deixando de

---

41. Neste sentido: MCNAUGHTON, Charles William. **Hierarquia e sistema tributário.** São Paulo: Quartier Latin, 2011.

lado deste discurso liberdades como de associação ou de convivência familiar.

De qualquer forma, a liberdade é um elemento fundamental quando da implementação dos tributos, afetando a possível validade das normas instituidoras destes tributos em caso de colisão entre princípios antípodas.

É dizer, todos os tributos instituídos devem ter em conta a necessária isonomia e igualdade social, garantida através da capacidade contributiva e seus decorrentes/derivados como não-cumulatividade e progressividade, a exemplo.

Mais ainda, a tributação e liberdade devem caminhar de forma a não impedir o exercício pleno de atividades regulamentadas, pois ao se criar tributos com efeito de confisco de certas atividades, sem dúvida a liberdade de ação destes particulares é afetada.

Outrossim, o Estado não pode utilizar a tributação (ou seus deveres instrumentais) como forma de tolher a existência de setores da economia, criando discriminações infundadas, o que inclui aquela entre nacionais e estrangeiros ou por origem e destino de mercadorias, bens, serviços ou capitais, a exemplo.

Conversamente, o exercício das liberdades individuais não pode ser utilizado de maneira a impedir o exercício do direito de liberdade tributária do Estado, sob pena de se impedir que a coletividade (re)distribua o produto da arrecadação.

Logo, limitações às liberdades individuais são um pressuposto necessário para a criação dos tributos e também impedem, de outro lado, que o abuso das liberdades por parte dos contribuintes seja utilizado como forma de burla a estes.

Mais ainda, lembre-se que a positivação das condutas pelo direito tributário se dá no cumprimento das suas obrigações, o que limita o espaço de liberdade dos contribuintes em estruturar suas operações da forma que quiser, o que é manifestado nas chamadas normas antielisivas[42] e antievasivas.

Sinteticamente, tanto a democracia como a liberdade devem ser pressupostos de validade da criação dos tributos (e deveres instrumentais) incluindo regras de responsabilidade tributária, substituição tributária, entre outras.

6. CONCLUSÕES

Sistemas de referência distintos como Constructivismo Lógico-Semântico, a Teoria dos Sistemas de Niklas Luhmann e o Law and Economics podem se unir para multifacetar dados de mundo e produzir mais possibilidades de interpretação do direito, aproveitando os pontos fortes de cada um destes.

Os tributos vem se (re)configurando como elementos comunicativos centrais para implementação da sociedade pós-moderna, formas de comunicação multifacetada que acopla estruturalmente política, direito e economia.

Os tributos, funcionalmente, podem ser visualizados como formas de redistribuição de renda, o que implica abrir-se semanticamente para temas como solidariedade, função social da propriedade, mínimo existencial, entre outros.

A tributação opera controlada pelos princípios obtidos a partir dos processos de cálculo e derivação de princípios e pode servir tanto como forma de concretização como de efetivação dos mesmos.

---

42. A nomenclatura de elusão tributária não será utilizada por um critério pragmático, pois a expressão *elisão fiscal* é mais aceita no direito brasileiro, apesar de que as críticas do professor Taveira Tôrres (In: TÔRRES, Heleno Taveira. **Autonomia privada e simulação no direito tributário.** São Paulo: RT, 2003) e outros à expressão possuem fundamento, porém, não podendo concordar-se com a ideia da diferenciação entre economia de tributos lícita (elisão) ou ilícita (elusão), pois inexiste critério de diferenciação entre as duas.

TRIBUTAÇÃO: DEMOCRACIA E LIBERDADE

Dois processos permitem que estes princípios sejam observados no eixo semântico tributo, que sejam: a concretização e a efetivação dos princípios.

Tanto a tributação como o dispêndio dos tributos devem ser orientados para garantir uma sociedade democrática fundada nas liberdades coletivas e individuais.

A democracia deve ser observada na criação dos tributos, garantindo que seu procedimento seja correto e que os destinatários dos mesmos não sejam discriminados.

Paralelamente, deve haver uma mimetização da democracia na alocação das cargas tributárias para os mais ricos, reequilibrando/equalizando o código capital/não-capital na economia, através do financiamento de serviços públicos essenciais.

Os tributos servem como facilitadores e (paradoxalmente) limitadores das liberdades dos cidadãos, pois sem um Estado de Direito não existe liberdade plena, mas ao mesmo tempo, as liberdades individuais se sacrificam em detrimento da coletividade.

Várias são as liberdades que devem ser ponderadas para instituição dos tributos, principalmente aquelas vinculadas à atividade econômica, que autorizam certos comportamentos dos contribuintes, porém com limites.

LIBERDADE CONTRATUAL E IMPLICAÇÕES TRIBUTÁRIAS

José Eduardo Soares de Melo[1]

I. LIVRE INICIATIVA E AUTONOMIA NEGOCIAL

O sistema jurídico contempla uma gama de preceitos, comandos, normas e *princípios* previstos nas inúmeras manifestações dos poderes públicos. O elenco de regras constantes do universo jurídico deve respaldar-se em normas de categoria diferenciada, de índole superior, que constituem o alicerce, a base, o fundamento do edifício normativo, tendo por finalidade formar e informar os demais preceitos ditados pelos órgãos competentes.

A Constituição Federal fora conceituada como "conjunto ordenado e sistemático de normas, constituído em torno de princípios coerentes e harmônicos em função de objetivos socialmente consagrados".[2]

---

[1]. Doutor e Livre Docente em Direito. Professor Titular de Direito Tributário da Pontifícia Universidade Católica de São Paulo, onde é Coordenador do Curso de Pós-Graduação em Processo Tributário. *Visiting Scholar* da U. C. Berkeley (Califórnia).

[2]. Geraldo Ataliba, *Sistema Constitucional Tributário*, São Paulo, RT, 1968, p. 8.

Princípio é, por definição, mandamento nuclear de um sistema, verdadeiro alicerce dele, disposição fundamental que se irradia sobre diferentes normas compondo-lhes o espírito e servindo de critério para sua exata compreensão e inteligência exatamente por definir a lógica e a racionalidade do sistema normativo, no que lhe confere a tônica e lhe dá sentido harmônico. É o conhecimento dos princípios que preside a intelecção das diferentes partes componentes do todo unitário que tem por norma sistema jurídico positivo.[3]

Os princípios representam conceitos dogmáticos, verdades normativas, tendo a Constituição Federal previsto princípios de natureza variada, de forma explícita, implícita e expressa, sendo certo que os direitos e garantias constitucionais "não excluem outros decorrentes do regime dos princípios por ela adotados, ou dos tratados internacionais em que se a República Federativa do Brasil seja parte" (§ 2º, art. 5º).

Neste sentido, consagra a *liberdade de atividades, profissões, negócios*, de conformidade com os preceitos:

> Art. 5º (Direitos Individuais e Coletivos):
>
> (...)
>
> IX – é *livre* a expressão da atividade intelectual, artística, científica e de comunicação, independentemente de censura ou licença;
>
> XIII – é *livre* o exercício de qualquer trabalho, ofício ou profissão, atendidas as qualificações profissionais que a lei estabelecer;
>
> XVII – é plena a *liberdade* de associação para fins lícitos, vedada a de caráter paramilitar.
>
> Art. 170 (Princípios Gerais da Atividade Econômica):
>
> A ordem econômica, fundada na valorização do trabalho humano e na *livre iniciativa*, tem por fim assegurar a todos

---

3. Celso Antônio Bandeira de Mello, *Curso de Direito Administrativo*, 29ª. ed, São Paulo, Malheiros Editores, 2012, pp. 974/975.

existência digna, conforme os ditames da justiça social, observados os seguintes princípios:

IV – livre concorrência.

(...)

Parágrafo único. É assegurado a todos o *livre exercício* de qualquer atividade econômica, independentemente de autorização de órgãos públicos, salvo nos casos previstos em lei.

O exame do ordenamento jurídico permite equacionar quadro pertinente aos inúmeros sentidos dos apontados princípios, a saber:

a) liberdade de comércio e indústria (não ingerência do Estado no domínio econômico);

a.1) faculdade de criar e explorar uma atividade econômica a título privado – liberdade pública;

a.2) não sujeição a qualquer restrição estatal senão em virtude de lei – liberdade pública;

b) liberdade de concorrência;

b.1) faculdade de conquistar a clientela, desde que não através de concorrência desleal – liberdade privada;

b.2) proibição de formas de atuação que deteriam a concorrência – liberdade privada;

b.3) neutralidade do Estado diante do fenômeno concorrencial, em igualdade de condições dos concorrentes – liberdade pública.[4]

Entende-se que:

Nesse desvelamento de princípios e conceitos constitucionais aplicáveis ao direito privado, a *autonomia privada*

---

4. Eros Roberto Grau. *A Ordem Econômica na Constituição de 1988*, 9ª. ed., São Paulo, Malheiros Editores, 2014, p. 188.

descortina-se como princípio do direito constitucional civil que consiste no poder atribuído pela Constituição às pessoas, individual ou coletivamente, para determinar consequências jurídicas como decorrência de comportamentos livremente assumidos, Ou, de um modo mais objetivo, com o poder conferido constitucionalmente aos particulares para que estes possam criar normas jurídicas, visando à constituição de situações jurídicas, fundando direitos subjetivos sobre bens disponíveis, sob tutela e garantia do Estado.[5]

As pessoas naturais e jurídicas possuem pleno amparo constitucional para promover o exercício de atividades pessoais, econômicas, profissionais, etc., segundo seus próprios interesses, adotando os modelos jurídicos estatuídos pelo legislador de modo típico (Código Civil), ou atípico (figuras contratuais complexas, diferenciadas, previstas em legislações específicas, como é o caso do *factoring*).

Entretanto, o Código Civil (CC) estabelece parâmetros pertinentes à celebração dos contratos, ao dispor que a liberdade de contratar será exercida em razão e nos limites da *função social do contrato* (art. 421); encontrando-se limitada pela supremacia da ordem pública, que veda convenções que lhe sejam contrárias e aos bons costumes, de forma que a vontade dos contratantes está subordinada ao interesse coletivo, consagrando-se o princípio da socialidade[6], estando os contratantes obrigados (art. 422) a guarda na conclusão dos contratos, como em sua execução, os princípios da probidade e boa-fé.

Assevera-se que:

> Como hoje vigora o princípio da *função social do contrato*, a noção de força obrigatória segue perdendo espaço em

---

5. Heleno Tôrres, *Direito Tributário e Direito Privado*, São Paulo, Editora Revista dos Tribunais, 2003, p. 107.
6. Maria Helena Diniz, *Curso de Direito Civil Brasileiro*, vol. 3, 26ª. ed., São Paulo, Editora Saraiva, 2010, p. 22.

favor de diversas restrições legais, porquanto nos modelos constitucional e civil vigentes, justificam-se, ao lado do princípio da liberdade contratual, outros princípios que lhe são correlatos, como: i) consensualismo; ii) exigência da causa, pela qual cada transferência patrimonial necessita de uma razão, de uma justificativa lícita e merecedora de proteção; iii) boa-fé na constituição e execução do contrato; e iv) o equilíbrio contratual mantido durante toda a duração do contrato (cláusula *rebus sic stantibus* e teoria da imprevisão – *imprévision*, na França; *pressupposizione*, na Itália ou *frustration of contract*, na Inglaterra, são apenas alguns exemplos.[7]

A jurisprudência sedimenta o entendimento seguinte:

> O princípio da boa-fé objetiva exerce três funções: (i) a de regra de interpretação; (ii) a de fonte de direitos e de deveres jurídicos; e (iii) a de limite ao exercício de direitos subjetivos. Pertencem a este terceiro grupo a teoria do adimplemento substancial das obrigações e a teoria dos atos próprios (*tu quoque*; vedação ao comportamento contraditório; *surrectio; supressio*). O instituto da *supressio* indica a possibilidade de se considerar suprimida uma obrigação contratual, na hipótese em que o não exercício do direito correspondente, pelo credor, gere no devedor a justa expectativa de que esse não exercício se prorrogará no tempo. (REsp 953.389, 3ª. T., Rel. Min. Nancy Andrighi, j. 23.2.10, *DJ* 11.5.10).

Interessante verificar a aplicação do princípio a caso específico, *verbis*:

> Preceito decorrente da boa-fé objetiva. *Duty to mitigate the loss*: **o dever de mitigar o próprio prejuízo**. Os contratantes devem tomar as medidas necessárias e possíveis para que o dano não seja agravado. A parte a que a perda aproveita não pode permanecer deliberadamente inerte diante do

---

7. Heleno Tôrres, *ob. cit.*, pp. 124-125.

dano. Agravamento do prejuízo, em razão da inércia do credor. Infringência aos deveres de cooperação e lealdade. Lição da doutrinadora Véra Maria Jacob de Fradera. Descuido com o dever de mitigar o prejuízo sofrido. O fato de ter deixado o devedor na posse do imóvel por quase 7 anos, sem que este cumprisse com o seu dever contratual (pagamento das prestações relativas ao contrato de compra e venda), evidencia a ausência de zelo com o patrimônio do credor, com o consequente agravamento significativo das perdas, uma vez que a realização mais célere dos atos de defesa possessória diminuiriam a extensão do dano. Violação ao princípio da boa-fé objetiva. Caracterização de inadimplência contratual a justificar a penalidade pela Corte originária (exclusão de um ano de ressarcimento). (REsp 758.518, 3ª. T., *RDDP* 90/164).

II – NEGÓCIOS JURÍDICOS MERCANTIS E TRIBUTAÇÃO

1. ARRENDAMENTO MERCANTIL (*"LEASING"*)

1.1. Natureza

Negócio disciplinado em legislação específica (leis federais n. 6.099/74, n. 7.132/83, n. 11.882/08, e resoluções do Banco Central do Brasil), que mantém conotações com a compra e venda, locação e crédito, denotando características especiais devido à triangularidade, intermediação de um agente que financia a operação, como também em razão da tríplice opção conferida ao arrendatário.

Modalidade contratual que somente pode ser realizada por pessoas jurídicas que tenham como objeto societário principal a prática do arrendamento mercantil, pelos bancos múltiplos com carteira específica, e pelas instituições financeiras que estejam autorizadas a contratar as operações com o próprio vendedor do bem, ou com pessoas jurídicas a ele coligadas ou interdependentes.

As espécies são as seguintes: (i) *leasing financeiro*; (ii) *leasing back*; (iii) *leasing* operacional (*renting*).

O *leasing financeiro* ("*financial lease*") deverá observar o seguinte:

a) as contraprestações e demais pagamentos previstos no contrato, devidos pela arrendatária, serão normalmente suficientes para que a arrendadora recupere o custo do bem arrendado durante o prazo contratual da operação, e, adicionalmente, obtenha um retorno sobre os recursos investidos;

b) as despesas de manutenção, assistência técnica e serviços correlatos à operacionalidade do bem arrendado serão de responsabilidade da arrendatária;

c) o preço para o exercício da opção de compra será livremente pactuado, podendo ser, inclusive, o valor de mercado do bem arrendado.

O *leasing back* ocorre quando, uma empresa proprietária de um bem móvel ou imóvel, promove transferência a outra; que, simultaneamente, efetua o arrendamento à vendedora, vedada a sua utilização nas operações com sociedades coligadas ou interdependentes.

Opera-se a transferência do equipamento ou do imóvel. A entidade adquirente paga o valor do bem, deixando em poder do antigo proprietário, que se transforma em arrendatário, do qual recebe periodicamente valores em decorrência da nova relação jurídica.

O *leasing operacional* deverá atender o seguinte:

a) o prazo contratual será inferior a 75% (setenta e cinco por cento) do prazo de vida útil econômica do bem;

b) não haja previsão de pagamento de valor residual;

c) o preço para o exercício da opção de compra será o valor de mercado do bem arrendado.

No cálculo do valor presente dos pagamentos deverá ser utilizada taxa equivalente aos encargos financeiros constantes do contrato; a manutenção, a assistência técnica e os serviços correlatos à operacionalidade do bem arrendado podem ser de responsabilidade da arrendadora ou arrendatária.

A distinção básica entre as mencionadas espécies reside no fato de que o *leasing operacional* guarda similaridade com a locação, e o pagamento de aluguéis por um período predeterminado, preço correspondente ao valor de mercado, e pagamento ao final do contrato no caso de aquisição, com limite de 90% do custo do bem; enquanto que o *leasing financeiro* constitui alternativa de investimento de longo prazo, com preço livremente acertado pelos contratantes, pago de forma antecipada, diluída, ou ao final, e contraprestações de valor integral.

Os contratos devem conter determinadas especificações (descrição dos bens; prazo, valor ou fórmula de cálculo das contraprestações por períodos determinados, não superiores a um semestre; e o critério para reajuste); opção de compra ou renovação do contrato com faculdade do arrendatário; preço para opção de compra ou critério para sua fixação, quando for estipulada essa cláusula; despesas e encargos adicionais; substituição do bem arrendado; vistoria; seguro; transferência.

A aquisição pelo arrendatário de bens arrendados, em desacordo com as disposições legais, será considerada operação de compra e venda a prestação. O preço de compra e venda será o total das contraprestações pagas durante a vigência do arrendamento, acrescida da parcela paga a título de preço de aquisição.

Os contratos celebrados com entidades domiciliadas no exterior serão submetidos ao registro no Banco Central do Brasil, podendo o Conselho Monetário Nacional estabelecer normas para a concessão dos registros, observando as seguintes condições: a) razoabilidade da contraprestação e de sua composição; b) critérios para fixação do prazo de vida útil do bem; c) compatibilidade do prazo de arrendamento do bem e o custo total do arrendamento; e) cláusula de opção de compra ou renovação do contrato; e f) outras cautelas ditadas pela política econômico-financeira nacional.

Obrigações do arrendador: (i) adquirir de outrem os bens a serem arrendados; (ii) entregar ao arrendatário, para seu uso e gozo, os bens por ele indicados; (iii) vender os bens arrendados, se o arrendatário optar pela compra e pagar o preço residual; (iv) receber as coisas de volta, se não houver compra final ou renovação contratual; (v) renovar o contrato, se o arrendatário assim o desejar.

Obrigações do arrendatário: (i) pagar os aluguéis conforme se ajustou; (ii) manter os bens arrendados; (iii) responder pelos prejuízos que causar a esses bens; (iv) restituir os bens arrendados, findo o contrato, se não quiser comprá-los; (v) suportar os riscos e os encargos dos bens arrendados; (vi) pagar ao arrendador todas as prestações que completariam o cumprimento integral da obrigação, se rescindir o contrato antes do seu vencimento.[8]

Ao término do contrato a arrendatária poderá adquirir o bem, renovar o contrato, ou efetuar sua devolução. A prática demonstra que se revela interessante a opção de compra do bem, uma vez que o preço pactuado é ínfimo em relação do valor de mercado do bem.

1.2. Tributação

1.2.1. Mercado Interno

ISS – Incidência conforme previsto na Lei Complementar n. 116, de 31.07.03, a saber:

> Item 15.09 – Arrendamento mercantil (*leasing*) de quaisquer bens, inclusive cessão de direitos e obrigações, substituição

---

8. Maria Helena Diniz, *Curso...*, p. 745.

de garantia, alteração, cancelamento e registro de contrato, e demais serviços relacionados ao arrendamento mercantil (*leasing*).

A incidência constitui deformação jurídica, por se tratar de negócio em que não se pode cogitar de desmembramento das figuras que a integram (locação, financiamento, eventual alienação do bem). Não se trata de obrigação de fazer ("serviço"), o que positivaria a inconstitucionalidade do tributo.

ICMS – Não incidência nas operações de arrendamento mercantil, não compreendida a venda do bem arrendado ao arrendatário (Lei Complementar n. 87, de 12.9.96, art. 3º, VIII).

Criticável a parte final do preceito transcrito porquanto o negócio jurídico compreende-se no exclusivo âmbito tributário municipal, sem nenhuma ressalva, além do que desprovida de fundamento a cisão desta espécie contratual. Não se trata de operação mercantil típica, mas de operação de distinta natureza jurídica, com peculiar alienação do bem (de caráter eventual), totalmente absorvida no negócio principal.

O STF consolidou o entendimento seguinte:

> RECURSO EXTRAORDINÁRIO. DIREITO TRIBUTÁRIO. ISS. ARRENDAMENTO MERCANTIL. OPERAÇÃO DE *LEASING* FINANCEIRO. ARTIGO 156, III, DA CONSTITUIÇÃO DO BRASIL.
>
> O arrendamento mercantil compreende três modalidades, (i) o *leasing* operacional, (ii) o *leasing* financeiro, e (iii) o chamado *lease-back*. No primeiro caso há locação, nos outros dois, serviço.
>
> A lei complementar não define o que é serviço, apenas o declara, para os fins do inciso III do artigo 156 da Constituição. Não o inventa, simplesmente descobre o que é serviço para os efeitos do inciso III do artigo 156 da Constituição. No arrendamento mercantil (*leasing financeiro*), contrato autônomo que não é misto, o núcleo é o financiamento, não há uma prestação de dar. E financiamento é serviço,

sobre o qual o ISS pode incidir, resultando irrelevante a existência de uma compra nas hipóteses do *leasing* financeiro e do *"lease-back"*. (RE 547.245 e n. 592.905-SC, Plenário, Rel. Min. Eros, j. 2.12.09 – *DJe* 4.3.10).

IPI – Questionável sua exigibilidade porque se trata de operação de natureza financeira (atividade básica), embora possa ter por objeto produto industrializado.

IR – Na apuração de ganho de capital de bens adquiridos por meio de arrendamento mercantil será considerado custo de aquisição o valor residual do bem, acrescido dos valores pagos a título de arrendamento (art. 134, do RIR/99).

PIS – COFINS – Incidência sobre o faturamento e a receita da referida atividade.

1.2.2. Importação

A legislação federal estabelece que a entrada no território nacional dos bens objeto de arrendamento mercantil contratado com entidades arrendadoras domiciliadas no exterior, não se confunde com o regime de admissão temporária de que trata o Decreto-lei n. 37, de 18 de novembro de 1966, e se sujeitará a todas as normas legais que regem a importação.

ICMS – Não incidência de conformidade com a mais recente postura do STF:

> Recurso Extraordinário. ICMS. Não Incidência. Entrada de Mercadoria Importada do Exterior. Art. 155, II, da CF/1988. Leasing de Aeronaves e/ou Peças ou Equipamentos de Aeronaves. Operação de Arrendamento Mercantil.
>
> 1. A importação de aeronaves e/ou peças ou equipamentos que as componham em regime de leasing não admite posterior transferência ao domínio do arrendatário.
>
> 2. A circulação de mercadoria é pressuposto de incidência do ICMS. O imposto – diz o art. 155, II, da CF/1988 – é sobre 'operações relativas à circulação de mercadorias e sobre prestações de serviços de transporte interestadual e de

comunicação, ainda que as operações e as prestações se iniciem no exterior'.

3. Não há operação relativa à circulação de mercadoria sujeita à incidência do ICMS em operação de arrendamento mercantil contratado pela indústria aeronáutica de grande porte para viabilizar o uso, pelas companhias de navegação aérea de aeronaves, por ela construída.

4. Recurso extraordinário do Estado de São Paulo a que se nega provimento, e Recurso Extraordinário da TAM – Linhas Aéreas S. A. que se julga prejudicado. (RE 461.968-7-SP, Plenário, Rel. Min. Eros Grau, j. 30.5.07, *DJU* 24.08.07, p. 56).

IPI – Embora a legislação federal trate da incidência na importação, entendo questionável a exigibilidade tributária uma vez que se trata especificamente de operação de natureza financeira, embora tenha por objeto produto industrializado.

PIS – COFINS – Incidência na entrada de bens estrangeiros no território nacional

AFRMM – Incidência no início efetivo da operação de descarregamento da embarcação em porto brasileiro, de acordo com o conhecimento de embarque e o manifesto de carga, pelo transporte aquaviário de carga de qualquer natureza.

2. COMPRA E VENDA

2.1. Natureza

Negócio jurídico em que um contratante se obriga a transferir o domínio de certa coisa (atual ou futura), a outro mediante pagamento de certo preço em dinheiro, que pode ser fixado à taxa de mercado ou de bolsa, ou em função de índices ou parâmetros, desde que suscetíveis de objetiva determinação (CC, arts. 481, 483, 486 e 487).

Não é toda transferência de um bem que pode ser caracterizada como "compra e venda", porque tem como essência a mudança de propriedade, e o caráter remuneratório. Revelam naturezas distintas as transferências previstas no Código Civil, a título de comodato (art. 579), mútuo (art. 586), locação (art. 565), troca (art. 533), e doação (at. 538).

Trata-se de contrato bilateral (participação de no mínimo duas pessoas), oneroso (remuneração), comutativo, consensual ou solene, tendo por objeto a transmissão do direito de propriedade de um bem.

Implica distintas consequências jurídicas:[9]

a) obrigação do vendedor de entregar a coisa e do comprador de pagar o preço (CC, arts. 476, 477, 481, 491 e 493);

b) obrigação de garantia, imposta ao vendedor, contra os vícios redibitórios e a evicção;

c) responsabilidade pelos riscos e despesas (CC, arts. 492, 494, 236, 490 e 502);

d) direito aos cômodos antes da tradição (CC, art. 237, parágrafo único);

e) responsabilidade do alienante por defeito oculto nas vendas de coisas conjuntas (CC, art. 503);

f) direito do comprador recusar coisa vendida sob amostra, por não ter sido entregue nas condições prometidas (CC, art. 484, e parágrafo único);

g) direito do adquirente de exigir, na venda *ad mensuram*, o complemento da área, ou de reclamar, se isso for impossível, a rescisão do negócio ou o abatimento do preço (CC, arts. 500 e 501);

h) nulidade contratual no caso do art. 53 da Lei n. 8.078/90.

---

9. Maria Helena Diniz, *Curso....*, p. 222.

Pode conter cláusulas especiais, a saber:

a) venda a contento do comprador, entendendo-se aquela realizada sob condição suspensiva, ainda que a coisa alheia lhe tenha sido entregue (CC, art. 509);

b) venda sujeita a prova, presumida tenha sido feita sob condição suspensiva de que a coisa tenha as qualidades asseguradas pelo vendedor e seja idônea para o fim a que se destina (CC, art. 510);

c) preempção ou preferência, impondo ao comprador a obrigação de oferecer ao vendedor a coisa que aquele vai vender ou dar em pagamento, para que este use de direito de prelação na compra, tanto por tanto (CC, arts. 513 a 52);

d) reserva de domínio, em que o vendedor reserva para si a propriedade até que o preço esteja integralmente pago (CC, arts. 521 a 528);

e) venda sobre documentos, em que a tradição da coisa é substituída pela entrega do seu título representativo e dos outros documentos exigidos pelo contrato ou, no silencio deste, pelos usos (CC, arts. 529 a 532).

O vendedor, salvo convenção em contrário, responde por todos os débitos que gravem a coisa até o momento da tradição (CC, art. 502).

Consideram-se **bens móveis** os suscetíveis de movimento próprio, ou de remoção por força alheia sem alteração da substância ou da destinação econômico-social (CC, art. 82), assim considerados para efeitos legais: I – as energias que tenham valores econômico; II – os direitos reais sobre objetos móveis e as ações correspondentes; e III – os direitos pessoais de caráter patrimonial e as respectivas ações (CC, art. 83).

2.2. Tributação

2.2.1. Mercado Interno

– Pessoa Física

ICMS – As alienações de bens tangíveis (veículos, computadores, televisores, móveis, etc.), ou intangíveis (*softwares*, etc.), realizadas por pessoas naturais, não têm a natureza de operações mercantis, na medida em que não sejam efetuadas com habitualidade, intuito de lucro, e caráter mercantil.

Somente caracteriza-se como contribuinte a pessoa física que realiza, com habitualidade ou em volume que caracterize intuito comercial, operações de circulação de mercadoria (CF/88, art. 155, II; e Lei Complementar n. 87, de 13.9.96, art. 4º).

Será contribuinte a pessoa física que, mesmo sem habitualidade ou intuito comercial adquira em licitação mercadorias, ou bens apreendidos ou abandonados; ou adquira lubrificantes e combustíveis líquidos e gasosos derivados de petróleo e energia elétrica oriundos de outro Estado, quando não destinados à comercialização ou à industrialização (LC n. 87/96, parágrafo único do art. 4º, com a redação da LC n. 114/02, e n. 102/00).

IR – A pessoa que auferir ganhos de capital na alienação de bens ou direitos de qualquer natureza se sujeita ao pagamento do tributo, considerando-se as operações que importem alienação, a qualquer título, ou promessa de cessão de direitos à sua aquisição, tais como as realizadas por compra e venda, permuta, adjudicação, desapropriação, dação em pagamento, promessa de compra e venda, cessão de direitos ou promessa de cessão de direitos e contratos afins (art. 111, e § 4º, do RIR/99).

Considera-se ganho de capital a diferença positiva entre o valor da alienação do bem menos o custo de sua aquisição original. Entretanto, o ganho auferido na alienação de bens e direitos de pequeno valor, cujo preço unitário de alienação, no mês em que esta se realizar, seja igual ou inferior a trinta e cinco mil reais, não entrará no cômputo do rendimento bruto (art. 39, II, do RIR/99, na redação da Lei federal nº 11.196/2005, art. 38).

– **Pessoa Jurídica**

ICMS – A realização de operações relativas à circulação de mercadorias tipifica obrigação ao lançamento do imposto.

Não caracterizam negócios mercantis as atividades seguintes:

a) operações com livros, jornais, periódicos e o papel destinado à sua impressão (CF/88, art. 150, VI, *d*; e LC n. 87/96, art. 3º, I);

b) operações interestaduais relativas ao fornecimento de energia elétrica e petróleo, inclusive lubrificantes e combustíveis líquidos e gasosos dele derivados, quando destinados à industrialização ou à comercialização (CF/88, art. 155, X, *b*; e LC n. 87/96, art. 3º, III);

c) operações com ouro, quando definido em lei como ativo financeiro ou instrumento cambial (CF/88, art. 155, X, *c*; e LC n. 87/96, art. 3º, IV);

d) operações relativas à circulação de mercadorias que tenham sido ou que se destinem a ser utilizadas na prestação, pelo próprio autor da saída, de serviços, de competência dos Municípios, ressalvadas as hipóteses previstas na mesma lei complementar (LC n. 87/96, art. 3º, V);

e) operações de qualquer natureza de que decorra a transferência de propriedade de estabelecimento industrial, comercial ou de outra espécie (LC n. 87/96, art. 3º, VI), considerando-se a fusão, a cisão, a transformação, e a incorporação de sociedades;

f) operações decorrentes de alienação fiduciária em garantia, inclusive a operação efetuada pelo credor em decorrência do inadimplemento do devedor (LC n. 87/96, art. 3º, VIII);

g) operações de qualquer natureza de que decorra a transferência de bens móveis salvados de sinistro para companhias seguradoras (LC n. 87/96, art. 3º, IX; e súmula vinculante do STF n. 32);

h) fornecimento de água canalizada por tratar-se de prestação de serviço público (ADIn nº 2.224-5 – Pleno – rel. Min. Néri da Silveira – j. 30.5.01 – *DJU* de 13.6.03, p. 8).

IPI – Incidência face à realização de operações jurídicas que impliquem transmissão de um direito (posse ou propriedade), que tem produto industrializado por objeto, tipifica a incidência do imposto, de competência da União.

Considera-se como elemento fundamental a industrialização como a atividade que modifica a natureza, o funcionamento, o acabamento, a apresentação, a finalidade do produto, ou o aperfeiçoe para consumo consiste na transformação, beneficiamento, montagem, acondicionamento ou recondicionamento, renovação ou recondicionamento.

PIS – COFINS – Incidência decorrente de faturamento relativo à alienação das mercadorias.

CIDE – COMBUSTÍVEL – Incidência nas operações relativas à comercialização de gasolinas; *diesel*; querosene; óleos combustíveis; gás liquefeito de petróleo, etc.

2.2.2. Importação

* Pessoas Físicas e Jurídicas

Imposto de Importação – Incidência na entrada de mercadoria estrangeira no território aduaneiro (CF/88, art. 153, I, e Regulamento Aduaneiro/2009, art. 72), considerando-se o fato gerador ocorrido na data do registro da Declaração de Importação, apresentada pelo importador à repartição alfandegária (porto, aeroporto, posto de fronteira, localizados nas zonas primárias ou secundárias).

Também incide sobre bagagem de viajante e sobre bens enviados como presente ou amostra, a título gratuito.

Considera-se a imunidade tributária para excluir a exigibilidade do imposto (a) realizada pelos Estados, Distrito Federal e Municípios; (b) pelas entidades religiosas; (c) pelos partidos políticos, suas fundações, entidades sindicais dos trabalhadores, e instituições de educação e assistência social, atendidos os requisitos da lei (art. 14, do CTN); (d) sobre livros, jornais e periódicos.

A legislação aduaneira dispôs sobre a "não incidência" relativamente a específicas operações de importação.

IPI – Incidência relativa ao desembaraço aduaneiro de produto industrializado de procedência estrangeira (CTN, art. 46, I).

Entendo que não haveria fundamento jurídico na exigibilidade do imposto na importação, face o princípio da territorialidade, porque (a) somente os fatos, atos e negócios realizados no País é que poderiam ser objeto de tributação; (b) inexiste industrialização no território nacional; (c) a Constituição Federal contempla, excepcionalmente, os tributos que podem incidir sobre situações ocorridas fora do País (imposto de importação; imposto sobre a renda, ICMS, imposto sobre transmissão *causa mortis* e doação; contribuições sociais).

Imposto sobre Câmbio – Previsão de incidência (CF/88, art. 153, V) em razão da pessoa praticar negócios jurídicos ("operações") relativos ao câmbio, atinentes à aquisição e venda de moeda estrangeira.

ICMS – Incidência sobre a entrada de bem ou mercadoria importados do exterior, por pessoa física ou jurídica, ainda que não seja contribuinte habitual do imposto, qualquer que seja a sua finalidade, assim como sobre o serviço prestado no exterior, cabendo o imposto ao Estado onde estiver situado o estabelecimento destinatário da mercadoria, bem ou serviço (CF/88, art. 155, IX, *a*, na redação da EC n. 33/2001).

IPVA – Incidência do imposto devido aos Estados e Distrito Federal (CF/88, art. 155, III), por ocasião do desembaraço aduaneiro do veículo de procedência estrangeira.

TAXAS – Consideram-se as incidências de (i) taxa de utilização do sistema integrado do comércio exterior (Siscomex); taxas de armazenagem e capatazia (portuárias e aeroportuárias).

AFRMM – Incidência (CF, art. 149), tendo como fato gerador o início efetivo da operação de descarregamento da embarcação em porto brasileiro, de acordo com o conhecimento de embarque e o manifesto de carga, pelo transporte aquaviário de carga de qualquer natureza.

PIS – COFINS – Incidência sobre a importação de bens estrangeiros do exterior, no momento da entrada no território nacional (CF/88, art. 149, § 2º, II; 195, IV, na redação da EC n. 42/2003).

2.2.3. Exportação

Imposto de Exportação – Incidência na exportação de determinados produtos nacionais ou nacionalizados (CF/88, art. 153, II), compreendendo o negócio jurídico concernente à respectiva venda. A saída do produto nacional ou nacionalizado do território nacional, para o estrangeiro, representa o momento estabelecido legalmente como de ocorrência do fato gerador do imposto, considerando-se como ocorrido na data do registro de exportação no Sistema Integrado de Comércio Exterior (Siscomex).

Imposto de Renda – Os ganhos de capital e demais proventos pagos, creditados, entregues, empregados ou remetidos, por fonte situada no País, a pessoa física ou jurídica residente no exterior, estão sujeitos à incidência na fonte.

A jurisprudência solidificou o entendimento de que "incide o imposto de renda sobre os juros remetidos para o exterior, com base em contrato de mútuo" (súmula n. 586, do STF).

IPI – Não incidência sobre os produtos industrializados destinados ao exterior (CF/88, art. 153, § 3º, III).

Imposto sobre Câmbio – Incidência em razão do recebimento da receita de exportação de mercadoria pode ocorrer em real, ou em moeda estrangeira, independentemente da moeda constante da documentação que ampara a exportação.

ICMS – Não incidência sobre operações que destinem mercadorias para o exterior (CF/88, art. 155, § 2º, X, *a*, na redação da EC n. 42/2003).

AFRMM – Isenção (i) sobre o pagamento de cargas que consistam em bens exportados temporariamente para outro País e condicionados à reimportação em prazo determinado; e (ii) submetidas a transbordo e baldeação em portos brasileiros quando destinadas a exportação e proveniente de outros portos nacionais, ou quando originais do exterior tenham como destino outros países.

CIDE COMBUSTÍVEL – Não incidência sobre as receitas decorrentes de exportação (CF/88, art. 149, § 2º, na redação da EC n. 33/2001) relativamente a específicos produtos.

PIS – COFINS – Não incidência sobre as receitas decorrentes das operações de exportação de mercadorias para o exterior; e sobre as vendas a empresa comercial exportadora com o fim específico de exportação.

CSLL – Incidência relativa às exportações, consoante entendimento jurisprudencial (RE n. 564.413/SC, Pleno, Rel. Min. Marco Aurélio, j. 12.8.10, *DJe* 6.12.10; e RE n. 474.132/SC, Pleno, Rel. Min. Gilmar Mendes, j. 12.8.10, *DJe* 1.12.10).

3. COMODATO

3.1. Natureza

Empréstimo gratuito de coisas que não podem substituir-se por outras da mesma espécie, qualidade e quantidade (bens não fungíveis), que se perfazem com a sua tradição, e que devem ser restituídos no prazo avençado, ou pelo tempo necessário para o respectivo uso (CC, arts. 579, 581 e 585).

Trata-se de empréstimo de uso tendo como características (a) contratualidade (unilateral, gratuito, real e *intuitu personae*); (b) infungibilidade e não consumibilidade do bem; e (c) obrigatoriedade de restituição da coisa.[10]

Explicitando a questão:[11]

1) Trata-se de uma relação contratual, com a manifestação de duas vontades dirigidas a um determinado objeto;

2) É um contrato unilateral, porquanto apenas uma das partes assume obrigações diante da outra, ou seja, o comodatário;

3) Considera-se um contrato gratuito, benéfico e desinteressado, pois se houvesse retribuição pela entrega da coisa, a figura típica denominar-se-ia locação, ou arrendamento;

4) Desponta sua natureza real, diante da alusão expressa da lei à tradição da coisa como elemento da celebração. Depende, para realizar-se, da tradição;

---

10. Maria Helena Diniz, *Curso...*, p. 349.
11. Arnaldo Rizzardo, *Contratos*, 13ª. ed., Rio de Janeiro, Editora Forense, 2013, pp. 572/573.

5) Prevalece o caráter *intuitu personae*, pois as condições e as qualidades do comodatário determinam a formação do contrato;

6) A temporalidade constitui outro aspecto importante, pois se perpétuo o comodato, adquire uma configuração jurídica bem diferente, passando a ser doação.

A *extinção* do contrato ocorre nas situações seguintes: (i) advento do prazo convencionado ou do necessário para o uso concedido; (ii) resolução por inexecução contratual; (iii) resilição unilateral por parte do comodante ou comodatário; (iv) distrato; (v) morte do comodatário, se convencionou que o uso da coisa será estritamente pessoal; e (vi) alienação da coisa emprestada.[12]

3.2. Tributação

ICMS – "Não constitui fato gerador do imposto de circulação de mercadorias a saída física de máquinas, utensílios e implementos a título de comodato" (súmula n. 573 do STF).

Embora se trate de uma obrigação de "dar", na realidade constitui mera cessão de bem corpóreo, sem a existência de circulação mercantil. Não tipifica operação tributada mesmo que se trate de bem integrante do ativo circulante do empresário. Não se cogita da transmissão da propriedade ou da posse de mercadoria, uma vez que a essência do negócio jurídico consiste na restituição ao comodante.

Os bens do ativo permanente importados, cedidos em comodato, também não se submetem ao imposto porque "não se pode falar em 'saída', sob a perspectiva do ICMS, porque não deixam de integrar o patrimônio do contribuinte" (REsp 1.307.876-SP, 2ª. T., Rel. Min. Herman Benjamin, j. 5.12.13, *DJe* 15.2.13).

---

12. Maria Helena Diniz, *Curso...*, p. 35.

PIS – COFINS – Não incidência porque não se configura faturamento ou receita bruta no âmbito do comodante, em razão de não se tratar de venda de mercadoria ou prestação de serviços (inexistência de obrigação de "fazer"), e sequer qualquer espécie de ingresso patrimonial de valores, em razão da gratuidade do comodato.

4. DOAÇÃO

4.1. Natureza

Contrato em que uma pessoa, por liberalidade, transfere do seu patrimônio bens ou vantagens para o de outra (CC, art. 538).

Apontam-se as *características* seguintes (Maria Helena Diniz, *Curso...*, p. 56): (a) contrato unilateral, formal e gratuito, que gera apenas direitos pessoais, servindo de *titulos adquirendi*; (b) ânimo do doador de fazer uma liberalidade (*animus donandi*); (c) transferência de bens ou de direitos do patrimônio do doador para o do donatário; (d) aceitação do donatário (CC, arts. 539, 542, 543 e 546).

Configuram-se distintas *espécies*:[13]

a) doação pura e simples: É a doação feita por mera liberalidade, sem condição, sem encargo, sem termo, em fim, sem qualquer restrição ou modificação para a sua constituição ou execução; p. ex: a doação feita em contemplação do merecimento do donatário (CC, art. 540, 1ª. alínea);

b) doação modal ou com encargo: É aquela em que o doador impõe ao donatário uma incumbência em seu benefício, em benefício de terceiro ou do interesse geral (CC, arts. 553, parágrafo único, 562 e 1.938);

---
13. Maria Helena Diniz, *Curso...*, p. 256.

c) doação condicional: É a que contém termo final ou inicial;

d) doação remuneratória: É aquela em que, sob a aparência de mera liberalidade, há firme propósito do doador de pagar serviços prestados pelo donatário ou alguma outra vantagem que haja recebido dele (CC, art. 540, 2ª. alínea);

e) doação de pais a filhos e de um cônjuge a outro: Importa em adiantamento da legítima (CC, arts. 544, 1.829, I, 2.002, 1.847 e 2.005);

f) doação conjuntiva: É a feita em comum a mais de uma pessoa, sendo distribuída por igual entre os diversos donatários, exceto se o contrato estipulou o contrário (CC, art. 551, parágrafo único).

Na doação de *bens móveis ou direitos* somente poderá ser considerada a transmissão mediante sua tradição (física, escritural, etc.); se for o caso, com o respectivo registro (veículos no Departamento de Trânsito, Capitania dos Portos; quotas de capital ou ações na Junta Comercial ou Registro de Títulos e Documentos).

Também caracteriza doação a liberação de dívida, gastos por conta de outra pessoa, e liberação do devedor resultante de prescrição.

Situações peculiares podem caracterizar doação, no caso de ser realizada a venda de um veículo por R$ 50.000,00, em que o vendedor não recebe o preço e nem toma as necessárias medidas (inclusive judiciais) para ver liquidada a obrigação. Na hipótese inversa (doação de um veículo por R$ 50.000,00, com recebimento paralelo do preço mercantil), pode ser desconsiderada a doação, e caracterizada a venda.

O espírito de liberalidade constitui a nota significativa da doação, o que não se verifica se o benefício decorre do adimplemento de obrigação jurídica (contraprestação de serviços, fornecimento de bens, etc.), recompensas (atendimento gratuito por medido da família), ou cumprimento de dever moral e social (gratificação em razão de benefícios).

A doação em contemplação do merecimento do donatário não perde o caráter de liberalidade, como não o perde a doação remuneratória ou gravada, no excedente ao encargo exigido (CC, art. 540). Não desnatura a doação a desproporcionalidade, a maior, existente entre a importância doada e o valor normal dos negócios.

Por outro lado, os *alimentos* representam valores imprescindíveis para a satisfação das necessidades vitais de quem não tem condição de sustentar-se, sendo destinados ao vestuário, habitação, saúde, lazer, instrução e alimentação. A relação do doador com o beneficiário pode decorrer de vínculo familiar (parentesco, filho maior), tem pertinência à caridade (pobres), e a obrigação legal ou judicial (pensão alimentícia ao ex-cônjuge).

A Constituição Federal preceitua que "os pais têm o dever de assistir, criar e educar os filhos menores, e os filhos maiores têm o dever de ajudar e amparar os pais na velhice, carência ou enfermidade" (art. 229); e que "a família, a sociedade e o Estado têm o dever de amparar as pessoas idosas, assegurando sua participação na comunidade, defendendo sua dignidade e bem-estar e garantindo-lhe o direito à vida" (art. 230).

O Código Civil dispõe que "(...) podem os parentes, os cônjuges o companheiros pedir uns dos outros os alimentos de que necessitem para viver de modo compatível com a sua condição social, inclusive para atender às necessidades de sua educação" (art. 1.694); "são devidos os alimentos quando quem os pretende não têm bens suficientes, nem pode prover, pelo seu trabalho, à própria mantença, e aquele, de quem se reclamam, pode fornecê-los, sem desfalque do necessário ao seu sustento" (art. 1.695); "o extensivo a todos os ascendentes, recaindo a obrigação de quem os supre, ou na de quem os recebe, poderá o interessado reclamar ao juiz, conforme as circunstâncias, exoneração, redução ou majoração do encargo" (art. 1.696).

O quadro normativo permite inferir os *pressupostos dos alimentos*, como existência de companheirismo, vínculo de parentesco ou conjugal entre alimentando e alimentante; necessidade do alimentando; possibilidade econômica do alimentante; proporcionalidade, na sua fixação, entre as necessidades do alimentado e os recursos econômico-financeiros do alimentante.

Embora os alimentos revistam características semelhantes à doação (ato gratuito com empobrecimento do doador e enriquecimento do donatário) não se pode cogitar de uma autêntica liberalidade, uma vez que decorre de imposição legal (pátrio poder); princípio da solidariedade familiar (filhos maiores ou parentes necessitados), ou social (idosos, pobres).

4.2. Tributação

ITCMD – Incidência sobre a transmissão (gratuita) de bens ou direitos (CF/88, art. 155, I, da CF), mediante a mudança (jurídica) de titularidade, da pessoa do doador (implicando diminuição patrimonial) para o donatário (enriquecimento patrimonial), com o espírito de liberalidade.

Devem ser compatibilizadas as materialidades pertinentes ao ITCMD (doação de bens), com o IPI (doação de produtos industrializados), e ICMS (doação de mercadorias), face os negócios sobre os quais incidem; não sendo o caso de se cogitar de tripla incidência tributária no caso de se tratar de transações gratuitas com mercadorias.

É possível supor que, ao promover a doação de um bem registrado no seu ativo circulante (automóvel, no caso de fábrica de veículos), o industrial destaque IPI e ICMS em documento fiscal, considerando o custo como base de cálculo. Nessa situação estará neutralizando os ônus tributários.

Imposto de Renda – Não entrarão no cômputo do rendimento bruto de pessoa física ("não incidência"), o valor dos bens adquiridos por doação (art. 39, XV, do RIR/99). No caso de caracterizar-se como adiantamento da legítima (herança), e for efetuada a valor de mercado, a diferença a maior entre esse e o valor pelo qual constavam da declaração de bens do *de cujus*, ou do doador, sujeitar-se-á à incidência do imposto (art. 119, do RIR/99).

5. LOCAÇÃO DE COISA

5.1. Natureza

Contrato em que uma das partes se obriga ceder à outra, por tempo determinado ou não, o uso e gozo de coisa não fungível, mediante certa remuneração (CC, art. 565).

Apresenta como *caracteres* (i) remuneração (aluguel); (ii) contratualidade (negócio bilateral, oneroso, comutativo, consensual e de execução sucessiva); (iii) presença das partes intervenientes.[14]

Constituem *elementos essenciais* (i) consentimento válido; (ii) capacidade dos contratantes; (iii) cessão de posse do objeto locado, que deverá ser infungível; determinado ou determinado; suscetível de gozo material, dado por quem possua título bastante para fazê-lo; alienável ou não, salvo casos excepcionais; e (vi) forma livre, salvo hipóteses específicas.[15]

Como *causas de extinção* aponta-se (i) distrato ou resilição bilateral; (ii) retomada do bem locado nos casos admitidos em

---

14. Maria Helena Diniz, *Curso*..., p. 320.
15. Maria Helena Diniz, *Curso*..., p. 320.

lei; (iii) implemento de cláusula resolutiva expressa; (iv) perda total ou parcial da coisa locada; (v) vencimento do prazo contratual; (vi) desapropriação; (vii) morte do locatário, se não tiver sucessores nem sublocatário; (viii) nulidade absoluta ou relativa do contrato locatício; (ix) resilição unilateral por inexecução contratual ou infração à lei; (x) extinção de usufruto ou fideicomisso em caso específico; (xi) falência ou recuperação de um dos contraentes, desde que previsto, expressamente, no contrato.[16]

5.2. Tributação

ISS – Não Incidência. A pretendida qualificação da locação com serviço pode ser resultado do fato de que o Código Civil anterior procurara disciplinar esse instituto no mesmo capítulo da locação da coisa, que, todavia, apresenta nítidas distinções.

Examinando a pura e simples locação de guindaste, desacompanhada da prestação de serviços, o STF declarou a inconstitucionalidade da expressão "locação de bens móveis", no âmbito do ISS, na forma seguinte:

> Tributo. Figurino Constitucional. A Supremacia da Carta Federal é Conducente a Glosar-se a Cobrança de Tributo Discrepante Daqueles nela Previstos. Imposto sobre Serviços. Contrato de Locação.
>
> A terminologia constitucional do Imposto sobre Serviços revela o objeto da tributação. Conflita com a Lei Maior dispositivo que imponha o tributo considerado contrato de locação de bem móvel. Em Direito, os institutos, as expressões e os vocábulos têm sentido próprio, descabendo confundir a locação de serviços com a de móveis, práticas diversas regidas pelo Código Civil, cujas definições são de observância inafastável – artigo 110 do Código Tributário

---

16. Maria Helena Diniz, *Curso...*, p. 24.

Nacional. (RE 116.121-3, Pleno, Rel. p/acórdão Min. Marco Aurélio, j. 11.10.10, *DJU* de 25.5.01).

ISS – Incidência prevista em diversos itens da lista de serviços anexa à LC n. 116/03, a saber:

> Item 3.04 – *Locação, sublocação*, arrendamento, direito de passagem ou permissão de uso, compartilhado ou não, de ferrovia, rodovia, potes, cabos, dutos e condutos de qualquer natureza.
>
> Item 15.03 – *Locação* e manutenção de cofres particulares, de terminais eletrônicos, de terminais de atendimento e de bens e equipamentos em geral.
>
> Item 25.01 – *Aluguel* de capela.

PIS – COFINS – Incidência nas atividades seguintes:

> *Locação de mão-de-obra*
>
> Tributário – PIS e COFINS – Base de Cálculo – Locação de mão-de-obra – Salários e encargos pagos aos trabalhadores – Incidência.
>
> (...)
>
> 2. No caso de empresas de intermediação de mão-de-obra, os valores recebidos dos tomadores de serviços ingressam no caixa do empresário, por direito próprio, em face do exercício do seu objeto social (locação de mão-de-obra), correspondendo ao seu faturamento.
>
> 3. Ausente previsão legal, os salários e os encargos sociais que a empresa locadora de mão-de-obra desembolsa, em razão dos trabalhadores que coloca à disposição do tomador de serviços, não podem ser excluídos do âmbito de incidência das contribuições sobre o faturamento. Precedentes do STJ. (AgRg no REsp n. 1.109.540-PR, 2ª. T., Rel. Min. Herman Benjamin, j. 2.6.09, *Dje* 20.8.09).
>
> *Locação de bens móveis*
>
> A definição de faturamento/receita bruta engloba as receitas

advindas das referidas locações, que constituem resultado mesmo da atividade econômica empreendida pela empresa. (REsp n. 920.521-SP, 1ª. Seção, Rel. Min. Luiz Fux, j. 23.9.09, DJ de 3.10.09).

(...) a Contribuição para o Financiamento da Seguridade Social – COFINS as receitas provenientes das operações de locação de bens móveis incide sobre, uma vez que integram o faturamento, entendido como o conjunto de receitas decorrentes da execução da atividade profissional. (RE 371.258, AgRg, Relator Min. Cezar Peluso, Segunda Turma, julgado em 03.10.2006, DJ 27.10.2006).

IR – Pessoa Física – Incidência sobre os rendimentos decorrentes da ocupação ou exploração de bens corpóreos, como a locação e a sublocação (art. 49, I e II, do RIR/99).

IR – Pessoa Jurídica – Constitui distribuição disfarçada de lucros, para fins de tributação, o pagamento de pessoa jurídica a pessoa ligada, relativo a aluguéis em montante que exceda notoriamente o valor de mercado (art. 464, VI, do RIR/99).

6. MÚTUO

6.1. Natureza

Empréstimo oneroso de coisas fungíveis (substituição por outros bens da mesma espécie, qualidade e quantidade), mediante transferência do domínio da coisa emprestada ao mutuário, por cuja conta correm todos os riscos dela desde a tradição (CC, arts. 586 e 587).

O mútuo destinado a fins econômicos implica presunção de incidência de juros, os quais, sob pena de redução, não poderão exceder à taxa que estiver em vigor para a mora do pagamento de impostos devidos à Fazenda Nacional (CC, arts. 591 e 407).

Trata-se de empréstimo de consumo tendo como *características* (a) contratualidade (contrato real, gratuito, unilateral);

(b) temporareidade; (c) fungibilidade da coisa emprestada; (d) translatividade de domínio do bem emprestado; e (e) obrigatoriedade de restituição de outra coisa da mesma espécie, qualidade e quantidade.[17]

Explicitando as peculiaridades negociais:

1) Trata-se de um contrato real, pois só existe o empréstimo uma vez entregue a coisa ao mutuário pelo mutuante;

2) Essencialmente, é unilateral o contrato, visto que unicamente o tomador do empréstimo assume obrigações;

3) É um contrato a título gratuito por natureza, isto é, conserva este caráter em razão de suas origens no direito romano. Em verdade, a concessão de somas de dinheiro e outras coisas constitui um serviço, o que implica uma retribuição, representada pelos juros;

4) Diz-se um contrato temporário, ou seja, a duração é prevista por certo prazo certo.[18]

A *extinção* do contrato ocorre nas situações seguintes: (i) vencimento do prazo convencionado; (ii) até a próxima colheita (produtos agrícolas para consumo e semeadura); de trinta dinheiros se for de dinheiro; do espaço de tempo que declarar o mutuante, se for de qualquer outra coisa fungível (CC, art. 592); (iii) resolução por inadimplemento contratual; (iv) distrato; (v) resilição unilateral por parte do devedor; e (vi) efetivação de algum modo terminativo previsto no próprio contrato.[19]

6.2. Tributação

ICMS – Embora a diretriz de não incidência tenha se

---

17. Maria Helena Diniz, *Curso...*, p. 350.
18. Arnaldo Rizzardo, *Contratos...*, p. 587.
19. Maria Helena Diniz, *Curso...*, p. 351.

referido ao comodato (súmula n. 573 do STF), também pode ser aplicada ao mútuo, na medida em que não ocorra a transmissão do bem inserido no ciclo mercantil.

IOF – A expressão "operação de crédito" compreende (i) empréstimo sob qualquer modalidade e (ii) mútuo de recursos financeiros entre pessoas jurídicas ou entre pessoa jurídica e pessoa física (segundo normas aplicáveis às operações de financiamento e empréstimo praticadas pelas instituições financeiras – Lei federal n. 9.779/99, art. 13).

Imposto de Renda – As operações de mútuo e de compra vinculada à revenda, no mercado secundário, tendo por objeto ouro, ativo financeiro, continuam equiparadas às operações de renda fixa para fins de incidência do imposto na fonte (art. 734, do RIR/99).

Constitui fato gerador do imposto, na operação de mútuo, pagamento ou crédito do rendimento ao mutuante, constituindo a base de cálculo o valor do rendimento pago o creditado ao mutuante (Lei federal n. 8.981, de 1995, art. 70, § 1º, I, e § 2º).

Questionável a caracterização de distribuição disfarçada de lucros, sujeita ao imposto, no caso de empréstimo concedido a sócio, sem data de vencimento ou vantagem para a sociedade (falta de previsão de juros), em atitude atentatória à integridade de seu patrimônio.

PIS – COFINS – Não configura faturamento ou receita bruta no âmbito do mutuante, em razão de não se tratar de venda de mercadoria, ou prestação de serviços, e sequer qualquer ingresso patrimonial de bens, em razão da gratuidade, salvo no caso de incidência de juros.

Incidência das contribuições (Lei federal n. 10.865, de 30.04.04), na importação de bens estrangeiros e serviços, com amparo constitucional (art. 195, IV).

7. TROCA

7.1. Natureza

Significa a transferência mútua de qualquer coisa entre seus respectivos donos.[20]

Havendo o Código Civil disposto unicamente que se aplicam à troca as disposições referentes à compra e venda, com modificações específicas (art. 533), segue-se o entendimento de que tem a mesma natureza deste negócio, e como objeto "dois bens suscetíveis de ser vendidos, passíveis de determinação, não sendo necessário que sejam da mesma espécie o que tenham igual valor. Trata-se de contrato bilateral, oneroso, comutativo, e translativo de propriedade no sentido de servir como *titulus adquirendi*".[21]

Compreende a permuta de bens de distinta natureza (inclusive móveis), mas que não pode implicar no recebimento em dinheiro, porque não caracterizaria compra e venda, e nem prestação de serviço (obrigação de fazer), de distinta natureza da compra e venda (obrigação de dar).

No caso de ocorrer divergência de valores das coisas permutadas, deve haver a volta ou a reposição, no caso de valor superior ou inferior ao da coisa, para tornar perfeita a equivalência, dentro do sistema positivo.[22]

7.2. Tributação

IPI – ICMS – Incidência no caso de troca de produtos industrializados e mercadorias, em razão de caracterizar a

---

20. *Dicionário Houaiss da Língua Portuguesa*, Rio de Janeiro, 2001, p. 2773.
21. Maria Helena Diniz, *Curso*..., p. 277.
22. Jonâtas Milhomens, Geraldo Magela Alves, *Manual Prático dos Contratos*, 8ª. ed., Rio de Janeiro, Editora Forense, 2006, p. 471.

prática de negócios jurídicos envolvendo a transmissão de propriedades dos referidos bens.

O IPI é devido sejam quais forem as finalidades a que se destine o produto, ou o título jurídico de que decorra a saída do estabelecimento produtor (art. 39, do RIPI/2010), sendo que a caracterização do fato gerador do ICMS independe da natureza da operação que o constitua (LC n. 87/96, art. 2º, § 2º).

PIS – COFINS – A Secretaria da Receita Federal do Brasil entende que a permuta equipara-se a uma compra e venda, estando a receita decorrente de tal operação sujeita à incidência das contribuições, porque a base de cálculo é o faturamento, compreendido como a totalidade das receitas auferidas pela pessoa jurídica (Solução de Consulta n. 6, da 1ª. Região Fiscal, DOU de 17.04.03).

III. LIBERDADE CONTRATUAL E EFEITOS TRIBUTÁRIOS

Ao contribuinte compete exercer discricionariamente seus negócios, gerir seu patrimônio respaldado no princípio da autonomia da vontade (liberdade contratual); e, desde que não extrapole os lindes legais, não pode sofrer nenhuma limitação ou cerceamento no seu direito de agir, podendo efetuar (ou não) os mais diversos negócios jurídicos.

Enquanto o administrador público somente pode atuar segundo o comando determinado em lei, aplicando-a de ofício, as pessoas privadas realizam negócios que atendam seus objetivos particulares, tendo como único limite as normas proibitivas. São livres para escolher a estrutura societária que entendam conveniente aos seus interesses (sociedade por quotas, anônima, etc.), ou para promover a abertura de filiais em qualquer local do território nacional. Podem optar pela compra, locação, comodato, ou mesmo realizar a construção de estabelecimento; ou, ainda, proceder à aquisição ou arrendamento mercantil de veículos, máquinas e equipamentos.

A livre vontade dos particulares é que determina a adoção dos modelos jurídicos previstos pelo legislador (Código Civil, legislação especial, etc.) para o desempenho de suas atividades.

O CTN (artigos 109 e 110) prestigia os institutos, conceitos, e formas de direito privado na interpretação e integração da legislação tributária. A moldagem jurídica promovida pelo contribuinte, a utilização de campos lacunosos, e até as imperfeições do texto normativo, constituem formas elisivas que traz ínsito o propósito de economia fiscal.

Operando em consonância com os institutos jurídicos contemplados pelo legislador, a administração fazendária não pode efetuar glosas fiscais, desconstituindo a forma legal utilizada pelo contribuinte.

A licitude do comportamento – em obediência ao princípio da estrita legalidade em matéria tributária, harmonizada com os princípios da autonomia da vontade e da livre empresa, que permeia os atos privados –, significa que, salvo excepcional e específica restrição legal, a efetivação de negócio menos gravoso não deve sofrer nenhuma objeção.

O legislador induz o particular a adotar procedimentos que implicam desoneração tributária, como é o caso das imunidades, isenções, e demais incentivos e benefícios fiscais (alíquotas reduzidas, suspensão de impostos, redução de base de cálculo, manutenção de créditos, diferimento, bonificações, créditos outorgados).

Esta situação tipifica negócio indireto (atingimento de fins diversos daqueles que evidenciam a moldagem típica do negócio), verificável em situações de exclusão (operação de não-incidência), redução ou retardamento de carga tributária (renúncia à herança para possibilitar a doação ao beneficiário). É o caso, ainda, da escolha de domicílio fiscal com o fito de valer--se de tratamento tributário diverso. Mesmo o fato de celebrar operação mercantil a preço mais baixo do que o previsto no mercado, a fim de obter uma carga tributária menor, não tem a virtude de desnaturar a operação.

A via oblíqua ou a tipicidade do negócio (perfeito nos seus efeitos) colima resultado diferenciado, não revestindo ilicitude a aparente desconexão entre o fato econômico e o ato jurídico negocial.

Não se trata, em absoluto, de evasão fiscal compreendida como toda ação (ou omissão) de natureza ilícita, minorando ou diminuindo a obrigação tributária; e que se caracteriza por vício de consentimento devido a fatores exógenos (dolo, erro, coação), ou endógenos (simulação, fraude), no contexto do Código Civil (arts. 151 a 165).

O planejamento tributário constitui procedimento legítimo, em que se opera minuciosa análise do ordenamento jurídico que acarrete comportamento (obviamente lícito), objetivando evitar ou reduzir a carga tributária, sem resvalar em nenhuma antijuridicidade, especialmente no que tange aos crimes tributários.

Nem se pode cogitar que a economia tributária constitui prática imoral, que seria inaceitável, porque o princípio da moralidade tem destinatário único, ou seja, o administrador público (CF/88, art. 37). A este, sim, não basta observar os requisitos (formais e materiais) dos atos administrativos, para que possam ser providos de eficácia, pois, necessariamente, requer-se a observância de um *plus* constitucional, consistente no atendimento às normas morais que regem o ato público.

A imoralidade administrativa – nem sempre fácil de captar e precisar –, encontra-se adstrita propriamente ao âmbito do desvio do poder, isto é, à utilização de meios escusos ou mascarados para atingir objetivos da Administração Pública, mesmo que todos os elementos componentes do ato público guardem consonância (ainda que formal) com a norma jurídica.

A instituição de norma antielisão (hipótese prevista no parágrafo único, do artigo 116, do CTN) não se justifica de nenhum modo pelos seguintes motivos:

a) É desnecessária para as situações de comprovada simulação ou fraude, que poderiam ocorrer no caso em que o valor dos aluguéis de um determinado bem – formalmente contratado – correspondesse (na verdade) a parcelas de preço de sua aquisição, disfarçando uma real compra e venda, com manifesto intuito sonegatório.

Nessa situação, o próprio direito privado fornece os instrumentos para descaracterizar o contrato aparente (locação), e considerar o real negócio jurídico (compra e venda). Não estaria se tratando de abuso de formas, mas utilização de forma (ou modelo jurídico) diversa da pactuada pelas partes contratantes.

b) É desprovida de legitimidade, por exemplo, em contrato de fabricação e montagem de equipamento que vem a ser executado por duas empresas (do mesmo grupo econômico, ou não), em que uma promove a fabricação e a outra exclusivamente a montagem dos componentes fornecidos por terceiro.

Nesse caso, foram observados os modelos previstos no ordenamento, mediante separação de objetos de contratação, com os reflexos tributários pertinentes e independentes.

A vantagem econômica (tributária) decorre da própria utilização das diversificadas formas jurídicas (venda e prestação de serviços), não se vislumbrando nenhuma espécie de abuso de forma.

TRIBUTAÇÃO COMO INSTRUMENTO DE CONCRETIZAÇÃO DO ESTADO DEMOCRÁTICO DE DIREITO

José Umberto Braccini Bastos[1]

Índice: 1. Introdução. 2. Tributo e Democracia na Constituição de 1988. 3. O Sistema Tributário Nacional. 4. Princípios Constitucionais Tributários. 4.1. O princípio da estrita legalidade da tributação. 4.2. O princípio da igualdade. 4.3. A irretroatividade da lei tributária. 4.4. Princípio da anterioridade da lei tributária. 4.5. Princípio da capacidade contributiva. 4.6. Princípio do não-confisco. 5. Conclusões. 6. Referências bibliográficas.

1. INTRODUÇÃO

O presente artigo, dentro da temática proposta, em homenagem à memória da Ministra Denise Arruda, tem por objetivo levantar considerações acerca da tributação como instrumento de concretização do Estado Democrático de Direito.

---

1. Especialista em Processo Civil pela Pontifícia Universidade Católica do Rio Grande do Sul. Especialista em Direito Tributário, Financeiro e Econômico pela Universidade Federal do Rio Grande do Sul – UFRGS. Presidente e Membro Efetivo da Fundação Escola Superior de Direito Tributário – FESDT.

TRIBUTAÇÃO: DEMOCRACIA E LIBERDADE

Em todos os países civilizados, o tributo, antes de ser apenas um instrumento de financiamento do Estado, é um instrumento de promoção de justiça social.

Historicamente, o abuso na utilização do poder de tributar foi à mola propulsora para muitas revoltas.

A nossa Inconfidência, primeira tentativa de libertação da situação de colônia, surgiu de uma revolta contra impostos injustos. A independência norte-americana foi uma revolta contra a tributação exagerada que lhe tentou impor a metrópole inglesa. Aliás, foi um princípio inglês, "no taxation without representation" (nenhum tributo sem prévia aprovação legislativa – princípio da legalidade[2]), que motivou os colonos revolucionários. E na própria Inglaterra, onde o princípio foi estabelecido, ele constitui pedra angular da Carta de Direitos.

Devemos ter presente que o compromisso do legislador[3] tributário deve ser com o cidadão e não somente com os sujeitos ativos da relação tributária, pois o Estado Democrático de Direito[4] deve visar à garantia do exercício de direitos individuais e sociais.

---

2. "O princípio da legalidade – que não é exclusivamente tributário, pois se projeta sobre todos os domínios do Direito – vem enunciado no art. 5°, II, da CF:" art.5° (...); II – ninguém será obrigado a fazer ou deixar de fazer alguma coisa senão em virtude de lei". (CARRAZZA, Roque Antonio. *Curso de Direito Constitucional Tributário*. 22. ed., São Paulo: Malheiros, 2006, p. 239).
3. "Entre nós, como de resto entre os povos civilizados, a Constituição atribui ao Legislativo editar as leis tributárias dentro das balizas fincadas no próprio no próprio Texto Maior. Comete ao Executivo o poder-dever de aplicar as leis tributárias e reserva ao Judiciário a resolução das controvérsias surgidas ao propósito de sua aplicação. Com efeito, cabe ao Príncipe criar o tributo, impô-lo e, ainda, decidir sobre a legalidade de seu ato. Aqui, mais do que em qualquer setor da vida coletiva, impõe-se a estrutura de freios e contrapesos implícita no sistema de divisão de Poderes e funções do Estado, em favor de uma eficaz proteção ao cidadão/contribuinte." (NAVARRO COÊLHO, Sacha Calmon. *Curso de Direito Tributário Brasileiro*. 6.ed., Rio de Janeiro: Forense, 2001, p. 42).
4. "O princípio do Estado Democrático de Direito envolve toda a secularidade inerente ao evoluir do Estado de Direito liberal, seguido da passagem pelo

A relação de tributação não é uma simples relação de poder, mas sim relação tributária fundamental na soberania estatal, isto é, numa relação tributária não há lugar para autoritarismo de governantes, que devem atuar em conformidade com o ordenamento jurídico, sem nunca se esquecer de resguardar as garantias dos indivíduos.[5]

Com efeito, a formulação de políticas tributárias e a instituição e cobrança de tributos deve respeitar o Estado democrático de Direito e exige pleno respeito à observância de suas regras e princípios, justamente para que haja a materialização dos direitos fundamentais, econômicos e culturais, preservando e perseguindo sempre o interesse da sociedade.

2. TRIBUTO E DEMOCRACIA NA CONSTITUIÇÃO BRASILEIRA DE 1988

Nesse passo, é na Constituição que se encontram os primeiros alicerces relativos ao equacionamento das políticas tributária e fiscal.

A Constituição brasileira de 1988, já no preâmbulo proclama sua vocação democrática ao afirmar que os representantes do povo brasileiro, reunidos em Assembléia Nacional Constituinte, tinham por objetivo *"instituir um Estado democrático"*.

A Carta Constitucional em seu art. 1º assegura que a República Federativa do Brasil constitui-se em *"Estado Democrático de Direito"* e seu parágrafo único é claro ao afirmar que

---

Estado Social de Direito, para afirmar-se como meio de realização plena da igualdade, de dignidade da pessoa humana e do conteúdo democrático dos direitos sociais e políticos." (TORRES, Heleno Taveira. *Direito Constitucional Tributário e Segurança Jurídica: metódica da segurança jurídica do Sistema Constitucional Tributário*. São Paulo: Editora Revista dos Tribunais, 2011, p. 127).

5. CORDEIO, Rodrigo Aiache. *Princípios Constitucionais Tributários*. Porto Alegre: Sergio Antonio Fabris Editor, 2006, p. 20.

"Todo poder emana do povo, que o exerce por meio de representantes eleitos ou diretamente, nos termos desta Constituição".

Por outro lado, o art. 3º elenca os objetivos fundamentais da República Federativa do Brasil, entre os quais se incluem *"garantir o desenvolvimento nacional"*, *"erradicar a pobreza e a marginalização e reduzir as desigualdades sociais e regionais"* e *"promover o bem de todos..."*.

Destarte, dessume-se claramente do texto constitucional a adoção do regime democrático, para a obtenção dos objetivos enumerados. Muito embora a Constituição construa a ideia de uma atuação estatal mais intervencionista na ordem econômica e social, ao mesmo tempo exige que essa intervenção seja feita democraticamente.

Não se pode negar, para que haja efetividade nos objetivos das ações estatais, a necessidade de aportes financeiros, o que se dá por meio da tributação. Não obstante, os princípios que regem o sistema tributário devem ser observados na formulação concreta das ações estatais e nas definições de suas fontes de financiamento.

A questão financeira vem amplamente tratada no Título VI da Constituição, sob o nome de *"Da Tributação e do Orçamento"*. Nesse título, o Estatuto Supremo estabelece a estrutura jurídica do *"Sistema Tributário Nacional"* (Capítulo I) e das *"Finanças Públicas"* (Capítulo II).

Portanto, a Constituição, quando disciplina a questão tributária e orçamentária, define e preserva os valores que são essenciais para a construção e manutenção de uma sociedade democrática.

Atendendo a proposta de um Estado Democrático de Direito, vislumbrado em nossa Carta Magna atual, a tributação deve observar as necessidades, expectativas e direitos dos cidadãos, devendo ser um instrumento, diante de sua finalidade fiscal e extrafiscal, eficaz para atender os requisitos de um desenvolvimento econômico sustentável, cuja carga tributária atenda e esteja de acordo com os princípios[6] constitucionais tributários, tais como o princípio da legalidade, capacidade contributiva tributária, da isonomia, irretroatividade, anterioridade, não-confisco.

3. O SISTEMA TRIBUTÁRIO NACIONAL

O texto constitucional traz minuciosa descrição da estrutura jurídica do denominado sistema tributário nacional, dispondo sobre os *"princípios gerais"* (art. 145 a 149-A), *"as limitações do poder de tributar"* (art. 150 a 152), os *"impostos da União"* (art. 153 a 154), os *"impostos dos Estados e do Distrito Federal"* (art. 155), os *"impostos dos Municípios"* (art. 156) e a *"repartição das receitas tributárias"* (art. 157 a 161).

Pode se notar que as regras do denominado Sistema Tributário Nacional, estruturado no texto da própria Constituição, e desenvolvido no Código Tributário Nacional, deve ter aplicação uniforme em todas as esferas autônomas de governo, dentro da Federação brasileira.

Assim, ao dispor sobre as limitações ao poder de tributar, a Constituição assegura o cumprimento de princípios que devem ser observado pelo legislador tributário, os quais estão associados ao desenvolvimento da noção de democracia, consequentemente, necessários à construção e respeito ao Estado Democrático de Direito.

Dentre esses princípios, podemos ressaltar os relativos ao denominado *"princípio da legalidade"*, ao *"princípio da*

---

6. "Os princípios são normas gerais que servem de guia, de norte, de orientação, para o legislador infraconstitucional, que, ao elaborar uma norma, deverá prestar especial atenção aos princípios constitucionais, zelando por não ofendê-los, sob pena de tal regra ser rejeitada pelo sistema." (CORDEIRO, Rodrigo Aiache. *Princípios Constitucionais Tributários*. Porto Alegre: Sergio Antonio Fabris Editor, 2006, p. 135).

isonomia", "*princípio da capacidade contributiva*", "*princípio da anterioridade em relação ao exercício de cobrança*"; "*princípio do não-confisco*", eis que eles abrigam valores essenciais na construção e conservação da *democracia*.

Misabel Derzi, em nota em face da atualização da obra de BALEEIRO, descreveu o Sistema Tributário Nacional, de um lado, de acordo com a definição de Constituição e de Estado Democrático de Direito e, de outro lado, de acordo com alguns princípios fundamentais como os princípios da legalidade e da irretroatividade, e com base nas imunidades e na proteção constitucional da família.[7]

4. PRINCÍPIOS CONSTITUCIONAIS TRIBUTÁRIOS

4.1. O princípio da estrita legalidade da tributação

O princípio da estrita legalidade da tributação, contemplado pelo inciso I do art. 150 da Constituição, veda a exigência ou aumento de tributo sem lei que o estabeleça. Esse princípio exige que haja a participação do órgão legislativo na instituição ou majoração de tributos. É a tradução moderna de outro importante princípio, segundo o qual "*não há tributação sem representação*".

O princípio visa a assegurar que o governante não poderá cobrar tributo que não tenha sido autorizado pelos representantes dos contribuintes. A História registra que esse princípio foi uma das exigências dos barões revoltados contra o rei João sem Terra, em 1215, na Inglaterra, o princípio foi insculpido na denominada Magna Carta. Posteriormente, o princípio foi desrespeitado e os contribuintes conseguiram novamente impô-lo ("*Bill of Rights*", em 1689). O próprio movimento que

---

7. DERZI, Misabel de Abreu Machado. "Nota a", BALEEIRO, Aliomar. *Limitações Constitucionais ao poder de tributar.* 7. ed. Rio de Janeiro: Forense, pp. 4 e 24, 47ss, 189 ss.

culminou com a revolta dos colonos britânicos na América do Norte, e a formação dos Estados Unidos da América, resultou do desrespeito ao princípio de que *"não há tributação sem representação"*. Outro momento de consagração do Princípio da Legalidade foi com a Declaração de Direitos, do ano 1789, que, também, exigia a instituição de impostos por meio de órgãos de representação popular.[8]

Em sua formulação contemporânea, esse princípio exterioriza a concepção democrática da representação. Ressalte-se que o contribuinte deverá aprovar a instituição ou majoração dos tributos *por meio de seus representantes*, não se exige a aprovação direta por parte de cada um dos contribuintes.

O desenvolvimento histórico da aplicação do princípio *"não há tributação sem representação"* exigiu a lei, aprovada pelos representantes, como condição para a tributação.

O princípio visa a coibir abusos do Poder Executivo, que premido por necessidades financeiras, poderia ser compelido a instituir tributo em excesso.

Consoante lição de Paulo de Barros Carvalho, *"o princípio da legalidade é limite objetivo que se presta ao mesmo tempo, para oferecer segurança jurídica aos cidadãos, na certeza de que não serão compelidos a praticar ações diversas daquelas prescritas por representantes legislativos, e para assegurar observância ao primado constitucional da tripartição dos poderes"*.[9]

O princípio da legalidade[10] impõe limites ao exercício da competência tributária, estando relacionado com a segurança

---

8. CORDEIRO, Rodrigo Aiache. *Princípios Constitucionais Tributários*. Porto Alegre: Sergio Antonio Fabris Editor, 2006, p. 93.
9. CARVALHO, Paulo de Barros. *Direito Tributário, Linguagem e Método*. São Paulo: Noeses, 2008, p. 282.
10. Acerca do assunto, bem discorre Rodrigo Aiache Cordeiro ao afirmar que "[e]m um Estado Democrático de Direito, o Princípio da Legalidade deve sempre se fundar no Princípio da Legitimidade, isto é, não pode ser respeitada tão-somente

jurídica dos cidadãos-contribuintes, de modo a conter quaisquer arbítrios do Estado no desempenho de sua atividade tributária. Por tal motivo, a lei instituidora de tributos deve apontar com precisão os elementos que compõem a hipótese de incidência tributária e o consequente normativo.[11]

Como assevera o Ilustre Professor José Afonso da Silva ao dizer que *"[o] princípio da legalidade é nota essencial do Estado Democrático de Direito [...] porquanto é da essência do seu conceito subordinar-se à Constituição e fundar-se na legalidade democrática"*.[12]

Portanto, para a existência de um Estado Democrático de Direito, deve haver respeito ao princípio da legalidade, mas não meramente formal – de atuação por meio de leis – mas sim legalidade unida à legitimidade[13], onde são respeitados todos os valores fundamentais do contribuinte.

---

a exigência de que a atuação estatal seja baseada na lei em sentido formal. O instrumento de atuação do Estado (lei) deve não só ser formal, mas também estar de acordo com os valores do Estado brasileiro, tais como a dignidade da pessoa humana, a busca de uma sociedade justa, livre e igualitária, etc". (CORDEIRO, Rodrigo Aiache. *Princípios Constitucionais Tributários*. Porto Alegre: Sergio Antonio Fabris Editor, 2006, p 46/47).

11. "Em suma, a legalidade tributária não se conforma com a mera autorização de lei para cobrança de tributos; requer-se que a própria lei defina todos os aspectos pertinentes ao fato gerador, necessários à quantificação do tributo devido em cada situação concreta que venha a espelhar a situação hipotética descrita na lei". (AMARO, Luciano. *Direito Tributário Brasileiro*. 16. ed. São Paulo: Saraiva, 2010, p. 134).

12. SILVA, José Afonso da. *Curso de direito constitucional positivo*. 18. ed. São Paulo: Malheiros, 2000, p. 423.

13. "A recuperação do liame entre legalidade e legitimidade, sob bases diferentes, a partir do abandono da noção puramente formal da legalidade, definindo-a como a realização das condições necessárias para o desenvolvimento da dignidade humana como quer nossa constituição (art.1°, III), pois o princípio da legalidade não exige somente que as regras e as decisões que compõem o sistema sejam formalmente corretas. Ele exige que elas sem conforme a certos valores, a valores necessários à existência de uma sociedade livre, tarefa exigida expressamente do Estado brasileiro (art. 3°, I)." (SILVA, José Afonso da. *Curso de direito constitucional positivo*. 18.ed. São Paulo: Malheiros, 2000,p. 427).

4.2. O princípio da igualdade

O art. 3º, inciso III, da Constituição elege como objetivo fundamental da República *"erradicar a pobreza e a marginalização e reduzir as desigualdades sociais e regionais"*. O dispositivo não prevê a extinção das desigualdades, mas a sua redução.

Em matéria de tributação, o inciso II do art. 150 veda aos entes federados *"instituir tratamento desigual entre contribuintes que se encontrem em situação equivalente, proibida qualquer distinção em razão da ocupação profissional ou função por eles exercida, independentemente da denominação jurídica dos rendimentos, títulos ou direitos"*.

A igualdade é um dos sustentáculos da democracia, afirmação esta que encontra respaldo na sentença de Américo Lourenço Masset Lacombe ao dizer que *"[a] isonomia é o princípio nuclear de todo o nosso sistema constitucional. É o princípio básico do regime democrático, não se pode mesmo pretender ter uma compreensão precisa de Democracia se não tivermos um entendimento real do alcance do Princípio da Isonomia. Sem ele não há Republica, não há Federação, não há Democracia, não há Justiça. É a cláusula pétrea por excelência. Tudo o mais poderá ser alterado, mas a isonomia é intocável"*.[14]

O princípio da igualdade adquire peculiaridades no campo tributário. É notório que a igualdade[15] entre os homens, essencial na democracia, não significa que todos devam pagar

---

14. LACOMBE, Américo Lourenço Masset. *Princípios constitucionais tributários*. 2. ed. São Paulo: Malheiros, 2000, p. 16.

15. Como afirmou Rui Barbosa, quando do discurso feito para os formandos em Direito da Faculdade de Direito da Universidade de São Paulo em 1920, "a regra da igualdade não consiste senão em quinhoar desigualmente os desiguais, na medida em que se desigualam. Nessa desigualdade social, proporcionada à desigualdade natural. É que se acha a verdadeira lei da igualdade". (BARBOSA, Rui. *Oração aos moços*. São Paulo: Martin Claret, 2003, p. 39).

o mesmo montante de tributos. A desigualdade no mundo real faz com que haja desigualdade nas exigências tributárias. Por isso, a lei tributária deve levar em consideração essas diferenças econômicas, avaliando-as em diversos aspectos.

A Constituição Federal, no inciso II do art. 150 veda tratamento desigual *"entre contribuintes que se encontrem em situação equivalente"*. Assim, a equivalência da situação[16] deve ser apreciada pelo legislador.

É de se salientar que os princípios da igualdade e da capacidade contributiva andam de mãos dadas[17], ou seja, para que realmente seja respeitado o princípio da igualdade tributária, é necessário que aqueles que tenham igual capacidade contributiva sejam tratados de forma igual, enquanto aqueles que não têm igual capacidade contributiva devem ser tratados de forma desigual.

Portanto, a tributação com vistas a uma concreção efetiva do Estado Democrático de Direito, perpassa pelo princípio da igualdade que deve ser observado pelo legislador.

4.3. A irretroatividade da lei tributária

Entre os princípios constitucionais tributários inclui-se o relativo à irretroatividade da lei[18] que no campo tributário adquire feição própria.

---

16. "Hão de ser tratados, pois, com igualdade aqueles que tiverem igual capacidade contributiva, e com desigualdade os que revelam riquezas diferentes e, portanto, diferentes capacidades de contribuir." (AMARO, Luciano. *Direito Tributário Brasileiro*. 16. ed. São Paulo: Saraiva, 2010, p. 159).

17. Nesse aspecto, Humberto Ávila acentua que "a função estrutural do princípio da igualdade reside na sua relação com outros princípios constitucionais". (ÁVILA, Humberto. *Sistema Constitucional Tributário*. São Paulo: Editora Saraiva, 2008, p. 20).

18. "Lei retroativa é aquela que rege fato ocorrido antes de sua vigência, proibição que a Carta Magna estabelece como princípio geral, abrindo particularíssimas

Assim, a alínea "a" do inciso III do art. 150 veda a cobrança de tributo em relação a fatos geradores ocorridos antes do início da vigência da lei que os houver instituído ou aumentado. Na sistemática tributária, cabe à lei eleger os fatos reveladores de capacidade contributiva e instituir os tributos mediante a definição das hipóteses de incidência. A Constituição assegura que os fatos ocorridos antes do início da vigência da lei não podem ser incluídos no fato gerador definido pela lei.

Referido dispositivo é dirigido não só ao aplicador da lei, mas também ao próprio legislador, a quem fica vedado ditar regra para tributar fato passado ou para majorar o tributo que, segundo a lei da época, gravou tal fato.[19]

Portanto, no campo da criação ou aumento de tributo, o princípio é inafastável, eis que a lei não pode retroagir. Lei tributária que eleja fatos do passado, como suporte fático da incidência de tributo antes não exigível, será inconstitucional, por ferir o princípio da irretroatividade da lei criadora ou majoradora do tributo.[20]

4.4. Princípio da anterioridade da lei tributária

Não obstante a irretroatividade, a Constituição veda cobrar tributos *"no mesmo exercício financeiro em que haja sido publicada a lei que os instituiu ou aumentou"* (art. 150,

---

exceções para as hipóteses de preceitos interpretativos ou, no caso de infrações e de sanções, para beneficiar o acusado. Tudo em homenagem à estabilização e segurança das relações jurídicas, cercadas de muitos cuidados e garantias, quando entram em jogo o patrimônio e a liberdade dos cidadãos, caso típico das exações tributárias." (CARVALHO, Paulo de Barros. *Direito Tributário, Linguagem e Método*. São Paulo: Noeses, 2008, p. 292).
19. AMARO, Luciano. *Direito Tributário Brasileiro*. 16. ed. São Paulo: SARAIVA, 2010, p. 141.
20. AMARO, Luciano. *Direito Tributário Brasileiro*. 16. ed. São Paulo: SARAIVA, 2010, p. 142.

III, b). É o princípio da anterioridade da lei tributária ou da não surpresa.[21]

Como regra, temos que todos os tributos devem se submeter ao princípio da anterioridade, abrindo a Constituição exceções em relação às quais a lei instituidora ou majoradora do tributo pode aplicar-se já no curso do exercício financeiro em que ela seja editada. Neste aspecto, bem salienta Luciano Amaro ao afirmar que *"exceções permaneceram, também, após a Emenda n° 42/2003, no que respeita à exigência, por ela criada, de observar-se o lapso de noventa dias entre a data da publicação da lei que instituiu ou aumentou o tributo e o início de sua aplicação"*.[22]

No princípio da anterioridade[23] o que se enfatiza é a proteção do contribuinte contra a surpresa de alterações tributárias ao longo do exercício financeiro, o que afetaria o planejamento de suas atividades.

4.5. Princípio da capacidade contributiva

O princípio da capacidade contributiva[24], numa definição esclarecedora dada por Dino Jarach, é aquele *"[...] segundo o*

---

21. MANEIRA, Eduardo. *Direito Tributário: princípio da não surpresa*. Belo Horizonte: Del Rey, 1994, p.24.
22. AMARO, Luciano. *Direito Tributário Brasileiro*. 16. ed. São Paulo: SARAIVA, 2010, p. 146.
23. "O artigo 104 do Código Tributário Nacional explicou o conteúdo do Princípio da Anterioridade, ao dizer que ele açambarca: a) instituição e a majoração de tributos; b) a definição de novas hipóteses de incidência (equivale à instituição de tributo); c) a extinção e a redução de isenções (se equiparam, respectivamente, à criação ou aumento de tributo)." (CORDEIRO, Rodrigo Aiache. *Princípios Constitucionais Tributários*. Porto Alegre: Sergio Antonio Fabris Editor, 2006, p 110).
24. "O princípio da capacidade contributiva não justifica a incidência sobre o mínimo necessária à vida nem sobre a totalidade da riqueza, eis que está contido entre as imunidades do mínimo existencial (art. 5º, itens XXXIV,

qual cada um pagará de acordo com o que pode, de acordo com as suas possibilidades".[25]

Referido princípio se revela no § 1º do artigo 145, da Constituição Federal de 1988, que preceitua que *"[a] União, os Estados, o Distrito Federal e os Municípios poderão instituir os seguintes tributos: [...] § 1º Sempre que possível, os impostos terão caráter pessoal e serão graduados segundo a capacidade econômica do contribuinte, facultado à administração tributária, especialmente para conferir efetividade a esses objetivos, identificar, respeitados os direitos individuais e nos termos da lei, o patrimônio, os rendimentos e as atividades econômicas do contribuinte".*

Portanto, o destinatário imediato do princípio da capacidade contributiva é o legislador ordinário que, ao criar tributos *in abstracto*, deve graduá-los conforme a capacidade econômica dos contribuintes, ou seja, com meios financeiros suficientes para absorver o impacto da exação.

Como ensina Alfredo Augusto Becker[26], para a composição da hipótese de incidência das regras jurídicas tributárias, o legislador ordinário deve escolher fatos que sejam signos presuntivos de renda ou capital acima do mínimo indispensável.

É crucial salientar que a capacidade contributiva a ser buscada é a capacidade subjetiva do contribuinte, ou seja, sua real aptidão para recolher tributos.

Nesse tocante, Aliomar Baleeiro ensina que *"[do] ponto de vista subjetivo, a capacidade econômica somente inicia após*

LXXIV, LXXVI) e a proibição de confisco (art. 150, IV), que constituem direitos individuais do cidadão". (TORRES, Ricardo Lobo. *Curso de direito financeiro e tributário*. 14. ed. Rio de Janeiro: Renovar, 2007, p. 95).
25. Dino JARACH. Estrutura e elementos da relação jurídico-tributária, *in Revista de Direito Público*, n. 16, p. 343.
26. BECKER, Alfredo Augusto. *Teoria geral do direito tributário*. 3. ed. São Paulo: Lejus, 1998, p. 488.

a dedução das despesas necessárias para a manutenção de uma existência digna para o contribuinte e sua família".[27]

Portanto, é um princípio que tem por pressuposto regrar a discricionariedade legislativa na instituição e na graduação dos tributos, servindo de critério ou instrumento à concretização dos direitos fundamentais individuais.

4.6. Princípio do não-confisco

O princípio do não-confisco, com previsão expressa no art. 150, IV, da Constituição Federal de 1988, tem por finalidade impedir que a União, os Estados, os Municípios e o Distrito Federal, ao atribuírem ou majorarem tributos, confisquem, por via indireta, a propriedade do contribuinte.

O tributo confiscatório é forma de se desvirtuar a finalidade para a qual a atividade tributária foi criada e autorizada, gerando, por conseguinte, a própria perda da propriedade privada do particular, por via de consequência, a violação de direitos fundamentais que revelam a base de um Estado Democrático de Direito.

No Direito Tributário Brasileiro, o confisco a parece como limitação ao poder de fixar ou majorar tributos que acarretem, sobretudo, a perda da propriedade do contribuinte, já que todo tributo, a princípio, transfere parte da propriedade do particular para o Estado. A despeito de não ter sido a intenção de o legislador pátrio expropriar o bem do contribuinte, o princípio do não-confisco veda o efeito prático da referida exigência. Referido princípio é dirigido não apenas a um ente federativo, mas às esferas políticas de nossa República, quais sejam: União, Estados, Distrito Federal e Municípios.

---

27. BALEEIRO, Aliomar. *Direito tributário brasileiro*. 11.ed. Rio de Janeiro: Forense, 2003, p. 693.

Com efeito, por um lado, evita-se a prática de política arrecadatória excessiva e, de outro, é uma maneira de garantir-se a cobrança de tributos em patamares proporcionais e razoáveis em relação a todos os contribuintes.

O princípio atua como garantia material contra o excesso de tributação, constituindo fundamental instrumento de proteção aos direitos e às garantias individuais dos cidadãos brasileiros.

A proibição expressa do tributo confiscatório foi introduzida na Constituição Federal de 1988, em seu art. 150, IV, no capítulo I – Do Sistema Tributário Nacional, da Seção II – Das Limitações ao Poder de Tributar, representando limite explícito ao poder de tributar do Estado.

Cumpre, também, como se pôde constatar, reforçar a ideia de que a vedação constitucional ao confisco tributário nada mais representa que a proibição de qualquer aspiração estatal tendente a levar, na seara da tributação, à injusta apropriação pelo Estado do patrimônio ou das rendas dos contribuintes, de forma a comprometer-lhes, em razão da insuportabilidade da carga tributária, o exercício do direito a uma existência digna, ou, também, a prática de atividade profissional lícita ou, ainda, a regular satisfação de suas necessidades vitais básicas.

Sobre confisco, bem se debruçou Fábio Brun Goldschmidt, ao fazer a observação de que:

> A concepção estrita do princípio do não-confisco está limitada ao critério quantitativo da regra matriz de incidência, a concepção ampla desta máxima possibilita igualmente sua caracterização no seio de outros critérios da obrigação tributária. Assim, pode-se verificar: a) um exagero na tributação decorrente unicamente do abuso na fixação quantitativa da exação, que acarreta o típico "efeito" de confisco; ou b) um exagero na tributação que se verifica a partir de violações qualitativas às regras de tributação (em outros critérios da regra matriz ou diretamente a partir do desenho

constitucional do tributo), na medida em que fora das hipóteses constitucional/legalmente delimitadas inexiste espaço para a tomada de propriedade particular, seja qual for o seu montante, acarretando então um confisco propriamente dito (ainda que mascarado como tributo).[28]

Podemos concluir, de um lado, que o princípio do não-confisco encerra valores de grande valia para todo o sistema, e tais valores vêm sempre acompanhados de elevado grau de indeterminação, e, de outro lado, certos princípios constitucionais fornecem critérios para a fixação do conceito de confisco, quais sejam: o princípio da garantia do direito de propriedade, o princípio do devido processo legal, da proporcionalidade, da razoabilidade e o da capacidade contributiva.

Portanto, deve haver uma compatibilização entre os princípios constitucionalmente previstos em matéria tributária, de maneira que o Estado não deixe de arrecadar para fazer frente às suas despesas e o contribuinte não deixe de ter respeitados seus direitos e suas garantias fundamentais.

Com efeito, analisando o princípio do não-confisco como direito e garantia constitucional, pode-se dizer que o confisco é de todo modo injustificado e incompatível com o Estado Democrático de Direito.

5. CONCLUSÕES

Diante das considerações expostas, podemos concluir que:

A ordem tributária de um Estado é que vai ditar em certa medida as condições de implementação de seus princípios constitucionais, para fins de concretização da democracia.

---

28. GOLDSCHMIDT, Fábio Brun. *O Princípio do Não-Confisco no Direito Tributário*. São Paulo: Revista dos Tribunais, 2003, p. 103.

Portanto, para que haja a concretização da democracia, a essência funcional da ordem tributária é distribuir cidadania, visando à elevação do nível da vida coletiva, para garantir um padrão mínimo civilizatório que de condições do indivíduo se desenvolver na condição de sua plenitude humana, cultural e social.

A democracia pressupõe justiça social, distribuição proporcional dos bens da vida, e uma tributação que seja justa, cujo reflexo dessa imposição resulte na superação das diferenças sociais, sendo que, através dos tributos, o Estado pode atender as necessidades da sociedade, atingindo a uniformidade do tecido social e a consolidação da civilização e da cidadania.

No Estado Democrático de Direito, a tributação deve respeitar sempre a capacidade contributiva dos contribuintes e o mínimo existencial dos cidadãos. A tributação deve resguardar a dignidade da pessoa humana e garantir os valores democráticos. O legislador, ao criar tributos, deve levar em consideração e respeitar os princípios constitucionais "da legalidade", "da isonomia", *"da capacidade contributiva"*, *"da irretroatividade"*, *"da anterioridade em relação ao exercício de cobrança"* e *"do não-confisco"*, eis que eles abrigam valores essenciais na construção e conservação da democracia e, por via de consequência, do Estado Democrático de Direito.

7. REFERÊNCIAS BIBLIOGRÁFICAS

AMARO, Luciano. *Direito Tributário Brasileiro*. 16. ed. São Paulo: Editora Saraiva, 2010.

ÁVILA, Humberto. *Sistema Constitucional Tributário*. São Paulo: Editora Saraiva, 2008.

BARBOSA, Rui. *Oração aos moços*. São Paulo: Martin Claret, 2003.

BALEEIRO, Aliomar. *Direito tributário brasileiro*. 11. ed. Rio de Janeiro: Forense, 2003.

_____. *Limitações Constitucionais ao poder de tributar.* 7.ed. Rio de Janeiro:Forense.

BECKER, Alfredo Augusto. *Teoria geral do direito tributário.* 3. ed. São Paulo: Lejus, 1998.

CARVALHO, Paulo de Barros. *Direito Tributário, Linguagem e Método.* São Paulo: NOESE, 2008.

_____. *Curso de direito tributário.* 16. ed. São Paulo: Saraiva, 2004.

CARRAZZA, Roque Antonio. *Curso de Direito Constitucional Tributário.* 22. ed., São Paulo, Ed. Malheiros, 2006.

CORDEIRO, Rodrigo Aiache. *Princípios Constitucionais Tributários.* Porto Alegre: Sergio Antonio Fabris Editor, 2006.

GOLDSCHMIDT, Fábio Brun. *O Princípio do Não-Confisco no Direito Tributário.* São Paulo: Revista dos Tribunais, 2003.

JARACH. Dino. Estrutura e elementos da relação jurídico-tributária, *in Revista de Direito Público*, n° 16.

MANEIRA, Eduardo. *Direito Tributário: princípio da não surpresa.* Belo Horizonte: Del Rey, 1994.

NAVARRO COÊLHO, Sacha Calmon. *Curso de Direito Tributário Brasileiro.* 6. ed., Rio de Janeiro: Forense, 2001.

SILVA, José Afonso da. *Curso de direito constitucional positivo.* 18. ed. São Paulo: Malheiros, 2000.

TORRES, Heleno Taveira. *Direito Constitucional Tributário e Segurança Jurídica: metódica da segurança jurídica do Sistema Constitucional Tributário.* São Paulo: Editora Revista dos Tribunais, 2011.

TORRES, Ricardo Lobo. *Curso de direito financeiro e tributário.* 14. ed. Rio de Janeiro: Renovar, 2007.

TRIBUTAÇÃO, JUSTIÇA FISCAL E SOCIAL

Jozélia Nogueira[1]

INTRODUÇÃO

A elevada carga tributária do Brasil, de cerca de 36% do PIB[2], há muito tempo tem sido alvo de críticas da sociedade brasileira em geral. De um lado porque os valores pagos pelas empresas e pelos cidadãos são considerados demasiado; de outro, porque a aplicação desses recursos nos serviços públicos que o Estado fornece aos cidadãos não satisfaz sequer as necessidades básicas da população com saúde, educação e segurança.

O Estado de bem-estar social, modelo adotado no Brasil, necessita de financiamento para cumprir suas obrigações

---

1. Procuradora do Estado do Paraná.
2. Segundo estudo do IBPT, o Brasil ocupa a última posição entre os BRICS, com relação à carga tributária. Os demais países do bloco possuem as seguintes cargas tributárias: Rússia, 23%; Índia, 13%; China, 20% e África do Sul, 18%. A média desse percentual entre os BRICS é de 22%, mas, ao excluir o Brasil, cai para 18,5%. Sozinho, o Brasil apresenta quase o dobro da média de carga tributária dos demais países que fazem parte do bloco. *In Evolução da Carga Tributária brasileira e previsão para 2013*, publicado no site www.ibpt.org.br em 18.12.2013.

constitucionais e legais e prestar aos cidadãos os serviços públicos decorrentes das obrigações assumidas pelo Estado.

A Constituição Federal de 1988 cumpre muito bem esse papel ao prever, no Capítulo do Sistema Tributário Nacional, as competências tributárias para os entes federados, União, Estados, DF e Municípios, instituírem os tributos que darão suporte às políticas públicas que devem ser implementadas em favor do povo.

A arrecadação tributária no Brasil tornou-se ainda mais eficiente com a edição da Lei Complementar n. 101/2000, denominada Lei de Responsabilidade Fiscal (LRF), que reorganizou a Administração Pública, exigindo práticas gerenciais, planejamento e investimentos na modernização da máquina administrativa em todas as áreas. A administração tributária ganhou maior relevo porque a arrecadação deve ser estimada no orçamento com base em metodologia adequada e transparente (art.12), fazendo com a receita seja real, e as despesas possam ser fixadas de modo a garantir o equilíbrio das contas públicas, sendo este um dos principais postulados da Lei de Responsabilidade Fiscal.

Exigiu a LRF (Lei Complementar n. 101/2000) em seu art. 11, a efetiva instituição e cobrança de todos os tributos de competência do ente federado, o que acabou efetivamente ocorrendo em todas as esferas de governo, propiciando mais recursos e novos investimentos. O que não acompanhou essa evolução foi a qualidade do gasto público, o planejamento, o controle dos resultados das políticas públicas e a eficiência da atuação da Administração Pública para resolver os problemas do país com infraestrutura, saúde, educação e segurança, para citar algumas das políticas públicas relevantes.

A União centralizou a arrecadação tributária, mas transferiu encargos e obrigações para os Estados e Municípios, que assumiram as novas competências com relação aos principais serviços públicos, sem a devida contrapartida de recursos. Esse fato ampliou ainda mais o desequilíbrio federativo, que poderia ter sido resolvido com a Reforma Tributária que até o momento não aconteceu.

O desequilíbrio federativo foi, ao longo dos últimos anos, minimizado com as transferências voluntárias da União para os demais entes federados. Ocorre que tais transferências voluntárias dependem de uma decisão política, além de um planejamento comum quanto às políticas públicas que serão financiadas, o que aumentou ainda mais o poder da União sobre os demais entes, retirando ou diminuindo destes a autonomia consagrada constitucionalmente.

A arrecadação tributária do Brasil nos últimos anos vem aumentando consideravelmente, quer pelo bom desempenho da economia brasileira, quer pela globalização que permitiu um aumento considerável da exportação e importação de vários produtos, quer por outros fatores, como o aumento da renda das famílias e consequentemente do consumo, e também pela eficiência da Administração Tributária, no âmbito administrativo.

Em 2002, segundo fonte do Ministério da Fazenda[3], o Brasil arrecadou 479.850 milhões em tributos, o que correspondia a 32,24% do PIB. Em 2006 esse valor quase dobrou chegando a 805.617 milhões, passando a representar 33,72% do PIB. Em 2009 a arrecadação aumentou para 1.079 trilhões (32,93% do PIB).

Em 2011 a arrecadação tributária no Brasil chegou ao patamar de 1.463 trilhões, o que corresponde a 35,31% do PIB, que era de 4.143 trilhões.

Em 2012 a arrecadação aumentou para 1.574 trilhões, correspondendo a 35,85% do PIB, então de 4.392 trilhões.

---

3. BRASIL, Ministério da Fazenda. Receita Federal. CETAD – Centro de Estudos Tributários e Aduaneiros. Organizador: SANTANA, Irailson Calado. Brasília: dezembro de 2013.

A União concentra cerca de 70% dessa arrecadação. Os Estados ficam com cerca de 25% e os Municípios 5%.

Da análise da arrecadação brasileira conclui-se que não há escassez de recursos para a implementação das políticas públicas, o que há é um planejamento ineficiente, a manutenção de políticas públicas que não resolvem os problemas identificados nos Planos Plurianuais, deficiência no controle interno e falhas no controle externo. Enquanto a arrecadação tributária está cada vez mais eficiente, o gasto público (despesa), não apresenta o mesmo desempenho, o que fica visível à população ante a precariedade dos serviços públicos colocados à sua disposição. Os indicadores de qualidade das políticas públicas, especialmente de saúde e educação, não melhoraram nos últimos anos, como poderiam, muito embora tenha ocorrido aumento de investimentos. O mesmo ocorre com a infraestrutura e com a segurança pública.

A Administração Pública atual, que é eficiente na arrecadação dos tributos, no combate à sonegação, na autuação dos que infringem a lei, não demonstra a mesma eficiência no planejamento das políticas públicas de curto, médio e longo prazo, no gasto público, nos investimentos.

As críticas dirigidas à qualidade do gasto pública são procedentes, e tal fato não passou despercebido no Poder Legislativo Federal. Tramitam no Congresso Nacional vários Projetos de Lei que tratam de Finanças Públicas (para alteração da Lei n. 4320/64 e da Lei Complementar n. 101/200 – LRF) e, dentre eles, o PLS 248/2009, de iniciativa do Senador Renato Casagrande, que trata também da Qualidade do Gasto. Mas, embora alguns projetos até estejam em debate, não há vontade política do governo federal em aprová-los, posto que os controles serão mais efetivos, o que não interessa a determinados grupos políticos.

A insatisfação da sociedade e especialmente dos contribuintes com a elevada carga tributária e com o gasto público pode ser explicada por várias razões e algumas teorias, que passaremos a abordar nesse breve estudo, que não tem o objetivo de esgotar o assunto, mas apenas instigar a reflexão sobre o tema.

1. ANÁLISE ECONÔMICA DO DIREITO E ESCOLHAS PÚBLICAS

A análise econômica do Direito, e mais especificamente, do Direito Tributário, explica algumas das razões das insatisfações sociais.

De duas formas poderá ocorrer a análise econômica do direito: a descritiva e a normativa.

A análise descritiva, também denominada escola positiva, tenta explicar o direito e sua eficácia por meio da eficiência do resultado almejado. A escola normativa tenta determinar o que deve ser o direito a partir da análise da realidade. Não se limita a descrever o direito com conceitos econômicos, vai além, busca os elementos econômicos que participam da regra de formação da teoria jurídica.[4]

O estudo do direito pela economia, e em especial sua perspectiva normativa, não é pacificamente aceito pelos doutrinadores e pelos economistas.

Teve início com Adam Smith, mas se desenvolve nos EUA a partir de 1940, e nas décadas seguintes encontra vários seguidores, como *Coase, Stigler, Posner, Calabresi*, dentre outros.[5]

Surgiu no contexto do *Common Law*, onde prevalece o direito jurisprudencial. O papel do juiz é decidir com base em precedentes, o que é considerado pelos defensores da análise

---

4.SILVEIRA, Paulo Antônio Caliendo Velloso da. *Direito Tributário e Análise Econômica do Direito*: uma visão crítica. Rio de Janeiro: Elsevier, 2009, p.15.
5.SILVEIRA, Paulo Antônio Caliendo Velloso da. *Direito Tributário e Análise Econômica do Direito*: uma visão crítica, p. 14.

econômica do direito mais eficiente, desde que seja a decisão mais sensata, segundo Posner, que chegou a ocupar o posto de juiz do Tribunal de Apelações do Sétimo Circuito – que, em comparação ao Judiciário brasileiro, estaria apenas abaixo da Suprema Corte.[6]

Richard Posner é considerado um dos grandes pensadores da Análise Econômica do Direito, e defende a distinção entre a análise positiva e normativa do Direito. Tratando da análise normativa, afirma que o economista pode não dizer diretamente à sociedade que ela deve limitar o furto, mas pode mostrar que seria ineficiente permitir o furto ilimitado, pelo que seria recomendável sacrificar um valor para se alcançar outro. Pode também o economista demonstrar que os meios para se alcançar na sociedade a limitação do furto são ineficientes, e que poderia alcançar seu objetivo pela prevenção, a custo menor, usando outros métodos. Esses métodos, desde que não prejudiquem outros valores, seriam socialmente desejáveis.[7]

James Buchanan foi responsável por estudos inovadores na análise política da economia, denominado *economia política constitucional*. Para o economista, *o jogo político é desenvolvido por agentes políticos racionais envolvidos em uma disputa política norteada por interesses. A solução dessa disputa resolve-se no âmbito de um arranjo institucional no qual as regras constitucionais apresentam papel fundamental.*[8]

Para o economista James Buchanan são importantes: a ideia de regras do jogo *(rules of the games)* e a análise da eficiência

---

6. AGUILLAR, Fernando Herren. *Direito Econômico*: do Direito Nacional ao Direito Supranacional. 3. ed. São Paulo: Atlas, 2012, p. 42.
7. POSNER, Richard. *Economic Analysis of Law*. 5. ed. New York: Aspen, 1998, p. 26-27. *Apud* AGUILLAR, Fernando Herren. *Direito Econômico:* do Direito Nacional ao Direito Supranacional. 3. ed. São Paulo: Atlas, 2012, p.41.
8. BUCHANAN, James. *Public Finance in Democratic Process*: Fiscal Institutions and Individual Choice. *Apud* SILVEIRA, Paulo Antônio Caliendo Velloso da. *Direito Tributário e Análise Econômica do Direito*: uma visão crítica. Rio de Janeiro: Elsevier, 2009, p. 24.

na formação do consentimento. O consentimento serve como base da justificação, mas não como pensavam os demais economistas, para quem a ideia de eficiência seria independente das trocas voluntárias, porque para eles o mercado agia independente da vontade dos seus agentes, como um sistema cibernético, automatizado. Para Buchanan, a eficiência decorre do consentimento.

Enquanto para Pareto a eficiência está atrelada à ideia de ótima alocação de recursos, para Wicksell, está vinculada pela satisfação dos cidadãos com o sistema de regras, instituições e políticas, livres de violência ilegítima. Buchanan propõe a análise da eficiência relacionada a uma alocação de recursos fundada no consentimento livre, baseada em acordos constitucionais, institucionais e normativos.[9]

A Constituição é entendida como um contrato com a finalidade de assegurar ganhos mútuos decorrentes da cooperação social e evitar estratégias oportunistas que possam gerar desequilíbrio e perdas gerais em longo prazo. Entende que condutas oportunistas podem ser pré-contratuais, contratuais ou pós-contratuais, e que mesmo o texto Constitucional poderá conter favorecimentos a determinados grupos, frutos de decisões eleitorais que não refletem os interesses de todos os grupos. Para evitar que grupos privados tomem parte do aparelho de poder para resguardar seus próprios interesses, visando o enriquecimento de alguns em detrimento da coletividade, Buchanan privilegia a regra da unanimidade em detrimento de outras formas de decisão eleitoral, assim como o fazem muitos dos autores da teoria das escolhas públicas (*public choice*). Entendem tais economistas que a regra da maioria permite a formação de coalizão entre grupos privados que querem obter subsídios públicos para projetos privados

---

[9]. BUCHANAN, James. *The Demand and Supply of Public Goods. Apud* SILVEIRA, Paulo Antônio Caliendo Velloso da. *Direito Tributário e Análise Econômica do Direito*: uma visão crítica. Rio de Janeiro: Elsevier, 2009, p. 25.

disfarçados de projetos de interesse geral, o que chamam de *rent seeking*.[10]

E quanto ao papel do Judiciário na proteção do interesse público, questionam os teóricos das escolhas públicas: *será o Poder Judiciário verdadeiramente independente perante grupos minoritários opostos e egoísticos?*

Não acreditam que há verdadeira independência do Judiciário, mesmo que a Constituição lhe garanta autonomia, porque ninguém estará imune às pressões políticas por parte de grupos que desejam alterar o sentido das normas constitucionais para proteger seus próprios interesses particulares em detrimento do interesse da coletividade.

Desse modo, também o Poder Judiciário faz parte do *rent seeking* orquestrado pelo Legislativo, pelo Executivo ou mesmo por interesses internos do próprio Judiciário.

Segundo os adeptos dessa teoria, há possibilidade de adoção de regras que não privilegiam os interesses de grupos privados, denominadas *veil of uncertainty* ou véu de incerteza. Deve haver uma saída (*exit*) para cada contratante, sendo esta uma condição para a formação de um contrato social eficiente no ambiente competitivo em que se insere. A justiça é noção fundamental em teorias contratuais, assim como a generalidade e a durabilidade das normas. O véu de incerteza funciona como moderador das diferenças entre os interesses particulares identificáveis, facilitando o acordo no consenso constitucional. A estabilidade também é importante para a preservação de uma ação cooperativa de longo prazo. A intenção é a preservação da constituição.[11]

---

10. BUCHANAN, James. *The Demand and Supply of Public Goods*. Apud SILVEIRA, Paulo Antônio Caliendo Velloso da. *Direito Tributário e Análise Econômica do Direito*: uma visão crítica. Rio de Janeiro: Elsevier, 2009, p. 27.
11. SILVEIRA, Paulo Antônio Caliendo Velloso da. *Direito Tributário e Análise Econômica do Direito*: uma visão crítica, p. 27-28.

2. ANÁLISE ECONÔMICA, DIREITO TRIBUTÁRIO E TRIBUTAÇÃO

O estudo econômico da tributação é mais antigo, remonta a 1817, com David Ricardo, que escreveu sobre o *déficit público*. Depois, Cournot escreveu sobre *a incidência da tributação nos mercados imperfeitos* (1838); Edgeworth escreveu sobre *os efeitos da tributação nas firmas* (1925); e Pareto, que escreveu sobre *os fundamentos das decisões sociais* (1909).[12]

Em razão das críticas, muitos doutrinadores preferem considerar a análise econômica do Direito (*law and economics*) como uma mera abordagem (ou movimento) e não como uma teoria. As escolas são caracterizadas por agruparem pensadores que defendem os mesmos postulados. As abordagens ou movimentos possuem um grau mais difuso de postulados comuns.[13]

Knut Wicksell, famoso economista sueco, defendia a tese de que a tributação seria justa quando o cidadão recebesse o valor pago em tributos sob a forma de serviços públicos durante sua vida. Assim, a tributação deveria ser vista como um bom negócio, com equilíbrio entre o que é pago e o que se recebe em investimentos e serviços públicos. A tributação não seria essencialmente compulsória, mas retributiva. Identificou falhas nos sistemas eleitorais modernos na medida em que uma maioria votante poderia forçar uma minoria a carregar um ônus fiscal sobre programas que não seriam úteis necessariamente para essa minoria. Para evitar esse desvio, defendia um sistema de votação pela unanimidade.

Algumas de suas premissas podem ser comparadas com a realidade do Estado Contemporâneo. Pregava que os contribuintes tinham o direito de saber o destino dado ao dinheiro

---

12. SILVEIRA, Paulo Antônio Caliendo Velloso da. *Direito Tributário e Análise Econômica do Direito*: uma visão crítica, p. 17.
13. Ibidem, p. 16.

arrecadado com os tributos (exigia maior transparência). Aduzia que havia um abismo entre o que se arrecadava e como se gastava, o que beneficiava apenas o *rent seeking*, propiciando que grupos de interesse se utilizassem das brechas do complexo sistema tributário e orçamentário, para defesa de seus interesses privados, sob o argumento da defesa do interesse público. Esse círculo vicioso, segundo Wicksell, contamina o sistema tributário e sua legitimidade, permitindo que partidos políticos sintam-se autorizados a promover barganhas eleitorais, que não são acessíveis a todos os contribuintes, ante as questões técnicas envolvidas. Afirmava que os contribuintes apenas conseguiam apreender informações vagas sobre tributação, protestando por solidariedade, bem comum, justiça fiscal ou redução da carga tributária.[14]

Wicksell criticou o sistema regressivo de tributação da Suécia, defendendo um sistema progressivo da tributação da renda e da propriedade. Defendeu princípio da utilidade, pelo qual se alguns serviços públicos serão suportados por investimentos públicos que beneficiem a todos, a tributação deveria ser fundada na capacidade contributiva (*ability to pay*), mas se apenas um grupo for beneficiado, este deverá suportar o ônus da tributação.[15]

James Buchanan dedicou-se ao estudo do papel desempenhado pela tributação e pelas finanças públicas no processo de formação do consenso social.[16]

Entendia o economista que a ação do Estado na busca da eficiência social estaria limitada por grupos minoritários e

---

14. WICKSELL, Knut. *A new principle of just taxation*, 1896, traduzido por MUSGRAVE, Richard et PEACOCK, A.T. 1958, p. 72-118. Apud SILVEIRA, Paulo Antônio Caliendo Velloso da. *Direito Tributário e Análise Econômica do Direito*: uma visão crítica. Rio de Janeiro: Elsevier, 2009, p. 28-30.
15. *Ibidem*, p.30.
16. Dentre as obras de Buchanan destacam-se: O Poder de Tributar (*Power to tax*) e Reforma Tributária como escolha política (*Tax Reform as Political Choice*).

poderosos que agindo em detrimento da maioria, poderiam manipular o consenso social para a realização de objetivos egoísticos. Para que o bem comum fosse preservado, deveriam agir mecanismos de controle e de contenção social à produção de injustiças e privilégios. Acreditava que por trás de incentivos fiscais ditos como benéficos à sociedade, poderia se esconder um privilégio odioso para um pequeno grupo econômico. Por trás de um aumento de impostos para políticas públicas poderia haver a intenção de aumentar a arrecadação para beneficiar somente um setor da burocracia estatal.

Quanto à tributação da renda, de início defendeu a progressividade em sua obra O Poder de Tributar (*The Power to Tax*), mas mudou de entendimento para defender a tributação proporcional, sem isenções, exclusões, créditos ou deduções, isonômica para cada contribuinte, adotando exigências de generalidade. Entende que o Estado democrático sofre de um paradoxo fundamental, uma contradição, posto que há sempre uma crescente demanda por distribuição localizada de recursos, mas uma resistência à tributação, pela capacidade limitada de arrecadação fiscal e financiamento do Estado. Esse paradoxo existe nas disputas entre exigências por distribuição orientada e exigências por justiça e equidade.[17]

Ao estudar as instituições fiscais, Buchanan as concebeu como sendo aquelas que farão as escolhas prévias (*make choices in advance*), quando situações similares puderem ser confrontadas em uma sequência prévia de tempo, resolvendo o dilema da formação de escolhas coletivas sem favorecimentos a determinados grupos ou classes.

A demanda por investimentos públicos deve ser ponderada pelos custos versus benefícios, visando à eficiência na alocação dos recursos públicos. A distribuição do ônus fiscal

---

17. SILVEIRA, Paulo Antônio Caliendo Velloso da. *Direito Tributário e Análise Econômica do Direito*: uma visão crítica. Rio de Janeiro: Elsevier, 2009, p.35-36.

deve ser assentada em bases rígidas, como forma de prevenção contra o *rent seeking*. Porém, o economista pondera que os contribuintes têm expectativas quanto a determinados projetos, mas mesmo investimentos que atinjam a todos poderão ser recebidos de modo diverso pelos contribuintes, em função de suas preferências pessoais ou das circunstâncias de tempo ou lugar.[18]

A constituição fiscal (fiscal constitution) deve ser entendida como o conjunto de regras sobre a imposição de tributos (tax-sharing rules); o disciplinamento das despesas (budgetary criteria) e regras para alcançar acordos políticos (rules for reaching political-collective decisions).[19]

Na perspectiva neoclássica a tributação é um peso morto a ser suportado pelos contribuintes, porque, para os adeptos dessa teoria, as ações de governo são sempre improdutivas, e assim não se espera retorno dos tributos.

Na escola institucionalista, ao contrário, os benefícios advindos da tributação em determinado período são fundamentais, embora essa correlação possa não se dar de forma direta, devendo ser considerado em um período de tempo maior e em relação a determinados bens.[20]

Ludwig von Mises e Friedrich A. Hayek, economistas austríacos, tem uma visão liberal da tributação. Entendem que a tributação deve financiar na menor medida possível os gastos do governo, causando poucos impactos na sociedade. Mises entende que não existe tributação neutra em uma economia de mercado em transformação. Defende que o princípio da capacidade contributiva é utilizado como forma de alcançar a

---

18. SILVEIRA, Paulo Antônio Caliendo Velloso da. *Direito Tributário e Análise Econômica do Direito*: uma visão crítica. Rio de Janeiro: Elsevier, 2009, p. 37.
19. SILVEIRA, Paulo Antônio Caliendo Velloso da. *Direito Tributário e Análise Econômica do Direito*: uma visão crítica. Rio de Janeiro: Elsevier, 2009, p. 37.
20. Ibidem, p.38.

justiça social e que a tributação visa a reforma das condições sociais e não objetivos fiscais e orçamentários. Conclui Mises que a tributação é fenômeno de mercado, que o governo não irá interferir na economia, mas irá financiar suas atividades buscando recursos no setor privado.[21]

Para Hayek a política fiscal está centrada nos limites da racionalidade, na função das normas e nos limites da regra da maioria. Assim como Buchanan, não aceita a tributação progressiva da renda, e compreende a complexidade na previsão dos comportamentos humanos em sociedade. Defende, ainda, que o conhecimento prático, e não o científico, é que organiza a ordem social.[22]

A crítica de Hayek à regra da maioria é contundente, posto que é um instrumento onde vários grupos da sociedade se utilizam de seu poder político para impor seus interesses às expensas da minoria, que se sente explorada e desamparada. Explica que tal situação não decorre da simples manipulação de ações de governantes corruptos ou mal intencionados, mas de uma falha do sistema majoritário que impõe aos governantes demandas crescentes por parte de grupos detentores de poder político ou eleitoral. A imposição de tributos e da carga tributária pela regra da maioria encoraja o entendimento de que os outros devem pagar por isso, induzindo a um comportamento social de irresponsabilidade e desperdício de receitas que são fundamentais à manutenção do Estado. Assim, as regras da tributação deveriam ser determinadas por uma assembleia legislativa com poderes especiais, livres das pressões políticas do majoritarismo, e com poderes para determinar também a distribuição da tributação.[23]

---

21. SILVEIRA, Paulo Antônio Caliendo Velloso da. *Direito Tributário e Análise Econômica do Direito*: uma visão crítica, p. 42.
22. Ibidem, p.44-45.
23. SILVEIRA, Paulo Antônio Caliendo Velloso da. *Direito Tributário e Análise Econômica do Direito*: uma visão crítica, p. 46.

Richard Posner em sua obra *Economics Analisys of Law* demonstrou que todos os institutos do direito poderiam ser explicados por um critério de racionalidade intrínseca: a eficiência econômica. Sua teoria foi um contraponto à teoria dominante nos Estados Unidos, porque ao contrário de buscar um critério comum e uma regra de racionalidade em uma variedade de casos concretos julgados, propunha um método racional e dedutivo de análise pela compreensão das leis básicas de mercado e da formação de preços para explicar qualquer instituto jurídico, demonstrando a existência de uma racionalidade econômica por detrás das decisões judiciais. Para Posner os juízes tinham como critério de decisão a melhor utilização dos recursos finitos disponíveis.[24]

Para o economista americano, o sistema de análise de custos e benefícios funcionaria como um estímulo ou desestímulo a determinadas condutas, e ao direito caberia a função de modificação e modulação dos incentivos. Assim, o envolvimento em uma conduta ilícita deveria receber uma severa punição. O direito seria o promotor da maximização da riqueza (*wealth maximazation*) ao determinar os incentivos e o não incentivos em cada conduta social envolvida, precificando os custos de envolvimento em determinado comportamento. O direito poderia ser considerado como um grande sistema de preços, tal como o mercado é na economia. Sua teoria é um aprofundamento do pragmatismo norte-americano, e sua visão do direito é consequencialista, o que torna sua teoria de concepção funcionalista, politicamente orientada, não legalista, naturalista e cética. Quanto à tarefa da jurisprudência, entende que não há uma única resposta correta (*right answer*) para o caso concreto, ante a pluralidade de valores envolvidos em cada situação. Também não aceita que as soluções judiciais encontrem resposta somente na teoria legal ou jurídica, admitindo

---

24. POSNER, Richard. *Economic Analysis of Law*. 5 ed. New York: Aspen, 1998, p. 26-27. *Apud* AGUILLAR, Fernando Herren. *Direito Econômico*: do Direito Nacional ao Direito Supranacional. 3. ed. São Paulo: Atlas, 2012, p. 47.

possível a busca de respostas fora da experiência jurídica *(leal trainning)*. Admite, contudo, a força instrumental do uso de raciocínios silogísticos para resolver a maior parte das questões legais *(most legal questions are resolved syllogistically)*. Defende que as normas e as regras têm como função reduzir o custo de informação *(rules economize on information)*.[25]

Posner defende a falsa objetividade das regras, que não podem preponderar na orientação da jurisprudência ou na análise dos fatos, porque as regras mascaram o papel subjetivo, político e ideológico na formação do sistema de direitos e deveres. No entanto, quando se trata da legislação tributária federal *(federal taxation)* aduz que as regras desempenham um papel fundamental. Aceita que a legislação tributária seja mais complexa, detalhada e frequentemente alterada pelo Congresso e pelo Tesouro Nacional.[26]

A Nova Economia Institucional (*New Institutional Economics*) tem como precursor Oliver Williamson e defende a tributação como *instituição*, rompendo com o modelo de pensamento neoclássico de que o Estado é estruturado sob a forma contratual e de ordem violenta, onde as instituições são um terceiro perante o indivíduo, e onde a ordem violenta pressupõe distribuição desigual de recursos.[27]

Foi concebida a partir dos estudos de Coase (1937), Hayek (1937), Chandler (1962), Arrow (1963), North (1971) e Holmström (1979), e mesmo representando teóricos tão diversos, possui

---

25. POSNER, Richard. *Economic Analysis of Law*. 5 ed. New York: Aspen, 1998, p. 26-27. *Apud* AGUILLAR, Fernando Herren. *Direito Econômico*: do Direito Nacional ao Direito Supranacional. 3. ed. São Paulo: Atlas, 2012, p. 48-49.

26. Ibidem, p. 49-51.

27. WILLIAMSON, Oliver E. *The New Institutional Economics: Talking Stock, Looking Ahead*. Journal of Economic Literature, v. XXXVIII. September 2000, p. 595-613. *Apud* SILVEIRA, Paulo Antônio Caliendo Velloso da. *Direito Tributário e Análise Econômica do Direito*: uma visão crítica. Rio de Janeiro: Elsevier, 2009, p. 53.

postulados comuns, como (i) o uso do individualismo metodológico para explicar fenômenos sociais; (ii) foco na explicação da ação coletiva; (iii) preferência por um enfoque evolucionário, mecanicista e (iv) ênfase na observação empírica, em oposição ao método dedutivo.[28]

North e Davis distinguem *ambiente institucional* de *arranjo institucional*. Ambiente institucional define as regras do jogo que orientam o comportamento individual (*rules of the game);* tais regras podem ser explícitas ou formais (como a Constituição e as leis) ou implícitas e informais, como as convenções sociais e as regras morais.

Os arranjos institucionais são os objetivos e escolhas realizadas pelos indivíduos, de modo específico, para determinar as relações econômicas (*governance structures),* tais como os contratos, empresas, organizações burocráticas e entidades sem fins lucrativos. São os arranjos institucionais responsáveis pela redução das incertezas e surgem espontaneamente, tal como ocorre nas convenções sociais (que são consideradas jogos não-cooperativos, porque não há compromissos mútuos).[29]

North também defendeu que as ideologias, ao lado das instituições, seriam formas bem sucedidas de lidar com a complexidade das decisões em um ambiente de incertezas.

A Nova Economia Institucional superou um dilema do modelo neoclássico, qual seja, seus postulados contraditórios: (i) comportamento individual tendente à maximização da riqueza, e (ii) modelo hobbesiano de Estado de limitação da liberdade individual. Quando o indivíduo age para maximizar a riqueza automaticamente rompe com as limitações da liberdade individual. A decisão de desafiar os limites do Estado estaria

---

28. SILVEIRA, Paulo Antônio Caliendo Velloso da. *Direito Tributário e Análise Econômica do Direito*: uma visão crítica, p. 54.
29. Ibidem, p.54.

sujeita apenas a considerações de custo e de benefício, assim os custos de manutenção da ordem se tornariam mais caros. Para North tais comportamentos teriam origem, em grande parte, no problema do carona (*free rider problem*), que são condutas oportunísticas realizadas por indivíduos que auferem ganhos privados da ação dos outros, a exemplo daquele que não adere à greve, para não se arriscar, mas torce por seu sucesso, porque será também beneficiado.[30]

Mancur Olson Jr. também se dedicou ao estudo das instituições, da ação coletiva e da tributação. Em sua obra *Power and Prosperity* distingue três tipos de governo ao longo da história: tirania, anarquia e democracia. Na anarquia prevalecia o bandido errante, que apenas roubava e pilhava. O bandido estacionário, por sua vez, incentivava o desenvolvimento do local, interessado em ampliar seus ganhos, protegia seus súditos contra os bandidos errantes. Os bandidos estacionários exerceram, para o autor, a primeira função do Estado: proteção dos súditos contra ameaças externas. Encontra nesse fato a explicação para a função opressiva da tributação durante os séculos, como forma de retirada de riquezas da classe dominada para a elite dominante. Vê na luta histórica de transição da tirania para a democracia e para o Estado de Direito, uma luta também para mudar a tributação.[31]

Quando se trata de estudo econômico da tributação, seu maior expoente foi Casalta Nabais, com sua obra *O Dever Fundamental de Pagar Tributos*. Defendia os deveres fundamentais como categoria autônoma ao lado dos direitos fundamentais, embora admitisse também que aquele estivesse contido neste. Ambos teriam dupla dimensão: subjetiva, que se dirige ao indivíduo e à

---

30. SILVEIRA, Paulo Antônio Caliendo Velloso da. *Direito Tributário e Análise Econômica do Direito*: uma visão crítica, p. 56.
31. MANCUR, Olson Jr. *Power and Posperity. Apud* SILVEIRA, Paulo Antônio Caliendo Velloso da. *Direito Tributário e Análise Econômica do Direito*: uma visão crítica. Rio de Janeiro: Elsevier, 2009, p. 56-57.

atribuição de uma posição passiva, e objetiva, que determina que os custos e encargos para o financiamento dos direitos fundamentais sejam suportados por todos. A tributação, portanto, é peça chave na realização da eficiência do sistema, como mecanismo de promoção de instituições que promovam o desenvolvimento e que não transfiram recursos para uma classe política ou econômica privilegiada. Entende também que a sonegação, o planejamento tributário, a inadimplência fiscal, o uso e abuso de incentivos fiscais, a guerra fiscal e outros mecanismos de fuga da tributação, tem explicação no problema do carona (*free rider problem*).[32]

A teoria dos jogos (*games theory*), que entende a tributação como ação coordenada ou não coordenada dos agentes econômicos, é ferramenta recente e importante de análise do fenômeno jurídico tributário.

A afinidade entre a teoria dos jogos e o direito é inquestionável, posto que ambas tratam dos comportamentos envolvidos na interação entre dois ou mais agentes, suas decisões e expectativas mútuas. As normas jurídicas foram criadas para em algum momento regular condutas presentes ou futuras, moldando programações sobre comportamentos que devem ocorrer de duas formas: imediatamente ou a longo prazo. As regras são programações imediatas, os princípios são programações de longo prazo, porque generalizam expectativas sobre "estado de coisas" a serem alcançados. A teoria dos jogos, como os demais modelos econômicos, pressupõe uma forma de simplificação da realidade social, com intuito de mostrar as forças básicas de uma determinada interação social.

Existem vários tipos de jogos que podem auxiliar no estudo do fenômeno da tributação, especialmente na análise da sonegação, do planejamento tributário, da política fiscal, bem como no

---

32. SILVEIRA, Paulo Antônio Caliendo Velloso da. *Direito Tributário e Análise Econômica do Direito*: uma visão crítica, p. 58-59.

entendimento da tributação específica, como a do comércio exterior, da propriedade intelectual, do mercado de capitais.[33]

3. DIREITO ECONÔMICO E TRIBUTAÇÃO

O Direito Econômico, que difere da análise econômica do direito, é estudado sob várias óticas, desde Modesto Carvalhosa[34], passando, para citar alguns doutrinadores, por Washington Peluso Albino de Souza, Affonso Insuela Pereira[35], Geraldo Vidigal, que representou a transição da Economia Política para o Direito Econômico[36], o argentino Julio H.G. Oliveira[37], e Fernando Herren Aguillar.[38]

O Direito Econômico *é o direito das políticas públicas na economia. É o conjunto de normas e institutos jurídicos que permitem ao Estado exercer influência, orientar, direcionar, estimular, proibir ou reprimir comportamentos dos agentes econômicos num dado país ou conjunto de países.*[39]

A disciplina Direito Econômico estuda o papel do Estado na organização capitalista de produção econômica, especialmente no que se refere à implementação das políticas públicas.

A economia precisa de uma organização institucional, e esta precisa ser financiada com equidade e eficiência. O Estado

---

33. SILVEIRA, Paulo Antônio Caliendo Velloso da. *Direito Tributário e Análise Econômica do Direito*: uma visão crítica, p.60-64.
34. CARVALHOSA, Modesto. *Direito Econômico*. São Paulo: RT, 1973.
35. PEREIRA, Affonso Insuela. *O Direito Econômico na Ordem Jurídica*. São Paulo: Bushatsky Editor, 1980.
36. VIDIGAL, Geraldo. *Teoria Geral do Direito Econômico*. São Paulo: RT, 1977.
37. OLIVEIRA, Julio H.G. *Derecho Económico*. 2. ed, Buenos Aires: Macchi, 1981.
38. AGUILLAR, Fernando Herren. *Direito Econômico*: do Direito Nacional ao Direito Supranacional. 3. ed. São Paulo: Atlas, 2012.
39. AGUILLAR, Fernando Herren. *Direito Econômico*: do Direito Nacional ao Direito Supranacional. 3. ed. São Paulo: Atlas, 2012, p.1.

representa essa organização na sociedade, e por meio das políticas públicas presta serviços, investe, adquire e distribui bens. A eficiência econômica exige que os efeitos para a sociedade sejam mínimos, mas o mercado precisa da intervenção do Estado para alcançar seu nível ótimo. Adam Smith já defendia que *os tributos são preços a serem pagos para o fornecimento de três categorias de bens públicos para seus súditos: defesa, justiça e bens públicos sujeitos a externalidades (p.ex.: educação primária).*[40]

> Esclarece Herren Aguillar que:
>
> No jogo econômico, o Estado é um jogador a mais. Normalmente se reveste de prerrogativas de que os demais jogadores não dispõem. Mas isso não significa que o Estado seja o jogador mais forte, nem que seja capaz de obter os resultados que almeja. O Direito Econômico é um dos utensílios de jogo mais importantes de que se vale o Estado, mas não é o único.[41]

O Estado se utiliza da técnica da indução da economia para direcioná-la para um ou outro sentido. A instituição de tributos sobre determinada atividade, sua majoração em outra, a redução da carga tributária para alguns segmentos ou mercadorias, induz a economia, estimulando ou desestimulando determinadas atividades. O Direito Econômico e o Tributário se complementam em algumas situações onde as políticas públicas não necessariamente visam a arrecadação, mas outros fins, como o incentivo ou desestímulo da exportação ou importação, a concentração ou não de indústrias em determinados territórios, a redução da carga tributária para incentivar o consumo de determinados bens. É o que se denomina extrafiscalidade.[42]

---

40. SILVEIRA, Paulo Antônio Caliendo Velloso da. *Direito Tributário e Análise Econômica do Direito*: uma visão crítica, p. 18.
41. AGUILLAR, Fernando Herren. *Direito Econômico*: do Direito Nacional ao Direito Supranacional. 3. ed. São Paulo: Atlas, 2012, p. 2.
42. Ibidem, p. 24.

Outra teoria, denominada *Teorema de Coase*, defende a tributação como custo de transação. Ronald Coase, economista americano premiado com o Nobel em Economia em 1991, analisou, desde 1937, em vários escritos, a estrutura institucional onde o mercado se desenvolve. Coase demonstrou que a teoria microeconômica tradicional era incompleta porque não incluía nos custos de produção, além do transporte e da produção, os custos de celebração dos contratos e de administração das firmas (empresas), como o volume de transação, competência em arbitragem e tributos. Demonstrou os motivos que fazem o mercado criar firmas de diferentes formas societárias, tipos contratuais diversos, organizar um sistema financeiro, regulamentar atividades. Tudo isso foi concebido em razão dos custos de transação e para diminuir seu impacto.[43]

As empresas constituídas e os contratos firmados entre elas são meios de redução das incertezas e da imprevisibilidade, permitindo a produção e a circulação de mercadorias de forma constante, ante os pactos firmados com objetos definidos, que tratam também da rescisão, do pagamento, das multas e de outras situações. As relações trabalhistas entre as empresas e os empregados e entre os próprios empregados, também conferem estabilidade nas relações.[44]

Coase enfrentou em sua obra a questão da necessidade ou não de uma teoria para explicar os custos de transação se o mecanismo de preços é que determina a economia de mercado. Além disso, Coase também questionou o motivo das empresas utilizarem internamente mecanismos de hierarquia, ao invés de mecanismos de mercado. Mas, ao final, acaba prevalecendo a negociação e a contratação. E, respondeu que estes são custos

---

43. COASE, Ronald. *The Problem of Social Cost. Journal of Law and Economics*, v. 3 (October, 1960), p.1-44. *Apud* SILVEIRA, Paulo Antônio Caliendo Velloso da. *Direito Tributário e Análise Econômica do Direito*: uma visão crítica, p. 19.
44. Ibidem.

sobre o uso de mecanismos de preços (*costs of using the price mechanism*). Esclareceu que os preços alocados na empresa a determinado custo, competem com outros mecanismos, como empresas e governos, que podem até superar o mercado; em outras situações o mecanismo de preços é usado para prover bens e serviços. Conclui então que tudo depende dos custos para a realização das transações; quanto menor os custos de transação em relação à negociação de preços (mercados), maior a chance da empresa de alcançar as metas.[45]

Os custos relevantes de transação se enquadram em três categorias gerais: custos de informação e procura; custos de decisão e barganha e custos de controle e execução.

A tributação se enquadra tanto como um custo de transação em sentido restrito como em sentido amplo, sendo relevante e decisiva na realização do negócio jurídico. Em sentido estrito a tributação acresce o valor do bem ou mercadoria, em sentido amplo, como entende Coase, é um custo a ser considerado na utilização dos mecanismos de mercado. Quanto mais inseguro, imperfeito e ineficiente o sistema tributário, maior o custo de transação.[46]

Se a tributação de operações internas for menor que a externa (ou interestadual), os empresários optarão pela de menor tributação, e isso terá uma influência fundamental na escolha dos arranjos contratuais.

Além da insegurança jurídica, outros fatores interferem nos custos de transação, tais como a sonegação, a burocracia fiscal, incentivos fiscais e elevadas penalidades em matéria tributária. Tais fatores serão relevantes na decisão de instalar uma empresa formal ou atuar na informalidade. Se os custos de transação de uma empresa formal forem maiores do que as da informalidade, esta será incentivada no mercado.

---

45. SILVEIRA, Paulo Antônio Caliendo Velloso da. *Direito Tributário e Análise Econômica do Direito*: uma visão crítica, p.20.
46. Ibidem, p.22.

Direito e Economia possuem uma íntima relação. O direito procura ordenar, de modo coercitivo e sob o poder do Estado, como os bens escassos devem ser usufruídos e repartidos entre os indivíduos, mantendo uma ordem na sociedade de modo a que, por exemplo, a propriedade esteja protegida mesmo quando seu proprietário nela não estiver. Essa segurança permite que os cidadãos trabalhem em paz e assim gerem mais riqueza para a sociedade. O custo dessa proteção promovida pelo Estado, através da normatização das condutas, é muito menor do que o custo da defesa individual e privada da propriedade.[47]

A sociedade paga os tributos instituídos pelo Estado e espera receber em troca os serviços públicos de segurança pública, defesa nacional, solução de conflitos pela justiça, que deve ser também ágil e acessível, investimentos em infraestrutura, saúde e educação, dentre outros. Quando esse retorno não é satisfatório, ágil, ou eficiente, a insatisfação é mera consequência. Não se pode descurar, por outro lado, que as exigências da população aumentam na medida em que conhece e tem acesso a serviços públicos que antes não tinha, na medida em que recebe educação e adquire conhecimentos, na medida em que recebe informação.

4. JUSTIÇA FISCAL E EFICIÊNCIA

Tema dos mais controversos no Direito, não há consenso na doutrina acerca da unicidade entre justiça e eficiência, da conexão entre elas ou se há prioridade de uma sobre a outra.

Eficiência, para Paulo Drucker *é fazer as coisas bem feitas. Eficácia é fazer as coisas certas.*[48]

---

[47]. MARTINS, Marcelo Guerra. Tributação, *Propriedade e Igualdade Fiscal sob elementos de Direito e Economia*. Rio de Janeiro: Elsevier, 2011, p. 35.
[48]. *Apud* SILVEIRA, Paulo Antônio Caliendo Velloso da. *Direito Tributário e Análise Econômica do Direito*: uma visão crítica, p. 70.

A eficiência pressupõe a produção da maior quantidade de resultados com menor utilização de meios. A eficácia seria a produção de resultados com a maior produção de efeitos e a efetividade a maior produção de efeitos no tempo.[49]

A eficiência econômica é a maximização de determinados bens sociais considerados muito importantes pela sociedade. Esses bens seriam (i) a utilidade, (ii) o dinheiro, (iii) a riqueza humana, e (iv) a felicidade.

Casamiglia entende que há uma relação de conexão entre a justiça e a eficiência, aduzindo cinco hipóteses em que isso ocorre:

> 1º – uma sociedade idealmente justa é uma sociedade eficiente;
>
> 2º – uma sociedade justa e equitativa dificilmente será uma sociedade que desperdiça, não utiliza ou subutiliza recursos;
>
> 3º – a eficiência é um componente da justiça, embora não seja nem o único, nem o principal critério de justiça;
>
> 4º – a eficiência, entendida como processo de maximização da riqueza social, exige intervenções regulatórias, corretivas ou estratégicas do Estado no mercado e,
>
> 5º – existe uma utilidade em observar se os mecanismos jurídicos de controle são eficientes na produção de riqueza social.[50]

A teoria econômica do bem-estar social (*welfare economics*) analisa a eficiência econômica e a distribuição de renda a ela associada. A economia com eficiência alocativa produz

---

49. SILVEIRA, Paulo Antônio Caliendo Velloso da. *Direito Tributário e Análise Econômica do Direito*: uma visão crítica, p. 70.

50. CASAMIGLIA, Albert. *Eficiencia y Derecho*. Doxa, n. 4, 1987, p. 271. *Apud* SILVEIRA, Paulo Antônio Caliendo Velloso da. *Direito Tributário e Análise Econômica do Direito:* uma visão crítica, p.76.

um equilíbrio entre os recursos escassos que são investidos e os desejos dos consumidores.[51]

Se a eficiência do sistema econômico não for alcançada haverá falha de mercado, o que pode ocorrer por competição imperfeita, ante as externidades ou efeitos colaterais, por informações assimétricas ou problemas de informações.

A economia de bem-estar social pressupõe dois aspectos essenciais: a eficiência econômica, que visa aumentar o tamanho do bolo econômico e a distribuição de renda, que visa dividir o bolo. A eficiência distributiva implica na capacidade de melhor distribuir os bens para quem realmente precisa.[52]

Amartya Sen ocupou-se de estudar o tema da eficiência e da igualdade social, o fazendo pela herança analítica da teoria das escolhas sociais para desenvolver estudos sobre o desenvolvimento econômico e social, sobre a fome, a desigualdade de gêneros, a pobreza e outros temas relativos a direitos humanos. O economista propõe a superação da exigência de eficiência de Pareto, porque esse modelo poderia manter a injusta distribuição de recursos e comprometer a liberdade. Propõe um modelo ótimo, onde a liberdade possa alcançar o que é considerado valioso no domínio privado, e onde se possa fazer escolhas.[53]

A justiça fiscal tem sido relegada a um plano pré-jurídico pela doutrina positivista, mas não é possível desconsiderar que a justiça é um conceito central para o Direito, assim como o é a eficiência.

No pensamento conceitual, o poder de tributar é fruto do poder do Estado, e assim, o tributo é uma forma compulsória

---

51. SILVEIRA, Paulo Antônio Caliendo Velloso da. *Direito Tributário e Análise Econômica do Direito*: uma visão crítica, p. 78.
52. Ibidem, p.79.
53. SEN, Amartya. *The Possibility of Social Choice*. Nobel Lecture, December 8, 1998, *Apud* SILVEIRA, Paulo Antônio Caliendo Velloso da. *Direito Tributário e Análise Econômica do Direito*: uma visão crítica, p.83.

de transferência de riqueza privada para o Estado. No pensamento normativista, o poder de tributar é o exercício da competência tributária, amparado em procedimentos e regras previstos no ordenamento jurídico. A tarefa do jurista é encontrar, no sistema jurídico um meio de realização da justiça. A história da tributação demonstra que passamos da servidão à cidadania, através da luta contra o poder e pela manutenção de uma esfera privada autônoma e digna.

> A justiça fiscal pode ser entendida em três sentidos: sintático, semântico e pragmático. Seu sentido sintático está na sua afirmação como critério seletor de sentido na composição da estrutura semântica das normas jurídicas. Na presença de duas ou mais proposições ou sentidos possíveis na composição da norma, a justiça fiscal irá ser critério de seleção (justificação) daquela mais adequada ao caso e ao sistema (coerência).[54]

A conclusão é que um Estado Democrático de Direito deve ter uma carga fiscal que represente um equilíbrio entre os interesses de diversos grupos sociais, que seja capaz de atender as tarefas do Estado e seu financiamento; que implemente controles interno e externo capazes de reduzir as interferências de grupos de interesses particulares que atuam na administração e na esfera eleitoral, pressionando os governantes; que mantenha o Poder Judiciário livre ou protegido de pressões; que aplique os recursos arrecadados de forma eficiente visando os resultados almejados pela coletividade e em seu favor; que mantenha um planejamento eficiente e capaz de solucionar os problemas sociais, reduzir as desigualdades, promover a liberdade; que seja eficiente na implementação das políticas públicas planejadas, considerando os recursos finitos e limitados que advêm da sociedade pela tributação.

---

54. SILVEIRA, Paulo Antônio Caliendo Velloso da. *Direito Tributário e Análise Econômica do Direito*: uma visão crítica, p. 90.

A compreensão do relacionamento entre justiça e eficiência é fundamental para a determinação de um sistema tributário justo e a afirmação de uma sociedade de direitos do contribuinte.[55]

---

55. SILVEIRA, Paulo Antônio Caliendo Velloso da. *Direito Tributário e Análise Econômica do Direito*: uma visão crítica, p. 94.

TRIBUTAÇÃO, POLÍTICAS PÚBLICAS E JUSTIÇA SOCIAL

Maria de Fátima Ribeiro[1]

O presente estudo tem como objetivo analisar os aspectos sociais que o Estado está obrigado a fornecer a sociedade e as repercussões dos tributos, considerando a tributação como instrumento para o desenvolvimento econômico e social. É considerado também que a tributação é necessária não apenas como forma de financiar os custos do próprio Estado, mas como a busca constante para realizar a redistribuição de riquezas. Por isso pode ser questionado: no atual estágio da tributação no cenário nacional, pode-se afirmar que existem políticas públicas para garantir efetivamente a justiça social?

1. POLÍTICA PÚBLICA TRIBUTÁRIA E A FUNÇÃO SOCIAL DO TRIBUTO

A política econômica que compreende toda a atividade produtiva cedeu lugar à política financeira, que se ocupa do

---

[1]. Doutora em Direito Tributário pela PUC/SP. Professora do Programa de Mestrado em Direito da Universidade de Marília – UNIMAR.

direito público e esta, por sua vez, já deu origem à política tributária que passou a se ocupar exclusivamente das atividades estatais relativas aos tributos.[2] Alfredo Augusto Becker ensina que a política fiscal discrimina diferentes espécies econômicas de renda e de capital para sofrerem diferentes incidências econômicas de tributação, no intuito de alcançar seus objetivos econômicos sociais.[3]

A relação entre o Estado e o contribuinte foi caracterizada durante muito tempo como relação de poder e de coerção. Com o constitucionalismo assegurado em meados do Século XVIII, tem-se registro de delimitações das funções do Estado. As Constituições passaram a conter dispositivos que asseguravam os direitos fundamentais evitando o abuso do Estado nas relações jurídicas tributárias.

Em termos constitucionais, destacam-se os princípios que visam delimitar a atuação estatal. Esta atuação insere-se no contexto da política tributária. Tem-se então que a política tributária é o processo que deve anteceder a imposição tributária. É, portanto a verificação da finalidade pela qual será efetivada ou não a imposição tributária.

Gustavo Miguez de Mello[4] assevera que a política tributária deve ser analisada pelos seus fins, pela sua causa última, pela sua essência. Na medida em que o poder impositivo deve questionar: Por que tributar? O que tributar? Qual o grau de tributação? Atendendo às perspectivas e finalidades do Estado estará executando política pública tributária.

---

2. RODRIGUES, Rafael Moreno. *Intributabilidade dos Gêneros Alimentícios Básicos*. São Paulo: Resenha Tributária, 1981, p. 7.
3. BECKER, Alfredo Augusto. *Teoria Geral do Direito Tributário*. São Paulo: Saraiva, 1963, p. 458.
4. MELLO, Gustavo Miguez de. Uma visão interdisciplinar dos problemas jurídicos, econômicos, sociais, políticos e administrativos relacionados com uma reforma tributária, in *Temas para uma nova estrutura tributária no Brasil*. Mapa Fiscal Editora, Sup. Esp. I Congresso Bras. de Direito Financeiro, 1978, RJ, p. 5.

Deve ser ressaltado que a política tributária, embora consista em instrumento de arrecadação tributária, necessariamente não precisa resultar em imposição. O governo pode fazer política tributária utilizando-se de mecanismos fiscais através de incentivos fiscais, de isenções entre outros mecanismos que devem ser considerados com o objetivo de conter o aumento ou estabilidade da arrecadação de tributos.

Assim, a política pública tributária poderá ter caráter fiscal e extrafiscal. Entende-se como política fiscal a atividade de tributação desenvolvida com a finalidade de arrecadar, ou seja, transferir o dinheiro do setor privado para os cofres públicos. O Estado quer apenas obter recursos financeiros.

Através da política extrafiscal, o legislador fiscal, poderá estimular ou desestimular comportamentos, de acordo com os interesses da sociedade, por meio de uma tributação regressiva ou progressiva, ou quanto à concessão de incentivos fiscais. Pode-se dizer que através desta política, a atividade de tributação tem a finalidade de interferir na economia, ou seja, nas relações de produção e de circulação de riquezas.

Misabel Derzi ensina que não é fácil distinguir as finalidades fiscais e extrafiscais da tributação. Seus limites são imprecisos. Assim, entende que a extrafiscalidade somente deverá ser reconhecida para justificar carga fiscal muito elevada, quando se ajustar ao planejamento, definido em lei, fixadora das metas de política econômica e social.[5]

A política fiscal poderá ser dirigida no sentido de propiciar a evolução do país para objetivos puramente econômicos, como seu desenvolvimento e industrialização, ou também para alvos políticos e sociais, como maior intervenção do Estado no

---

5. DERZI, Misabel. Família e Tributação. A vedação constitucional de se utilizar o tributo com efeito de confisco, *In Revista da Faculdade de Direito da UFMG*, 1989, v. 32, p. 153.

setor privado. A determinação do objeto da política fiscal integra as políticas governamentais.

É ponto pacífico, que cabe à política tributária se ocupar do planejamento e análise dos tributos que devem ser instituídos e cobrados, e, determinar que eles devem ser instrumentos indicados para alcançar a arrecadação preconizada pela política financeira, sem contrariar os objetivos maiores da política econômica e social que orientam o destino do país. José Carlos Graça Wagner destaca que o clamor da sociedade tanto quanto à excessiva presença do Estado na Economia e o consequente nível da carga tributária, como quanto a indagação de qual deve ser o segmento da sociedade que deve pagar a maior parte dos tributos, leva à discussão da própria filosofia do sistema tributário.[6]

É no campo tributário que as implicações atingem toda a sociedade e definem a estrutura econômica da nação. A política pública tributária é o ponto crucial de definição da estrutura da sociedade. Por isso, deve se examinar o fenômeno da tributação em harmonia com dimensão social do homem, sem a qual ele não se realiza integralmente, considerando as dimensões individual e familiar.

Assim, devem ser pesquisados os próprios fundamentos da tributação, para que ela atenda, já na sua origem, as razões de justiça em relação à oneração do tributo. De igual modo o Estado poderá atender suas finalidades através da distribuição de riqueza, satisfação das necessidades sociais, de políticas de investimentos, entre outras, que podem ser alcançadas por meio de uma política tributária e não necessariamente pela imposição tributária. Por isso, é necessário repensar o papel do Estado, na função arrecadatória e na prestação de serviços aos jurisdicionados.

---

6. WAGNER, José Carlos Graça. *Tributação Social do Trabalho e do Capital*. São Paulo: Resenha Tributária, 1982, p. 5-6.

TRIBUTAÇÃO: DEMOCRACIA E LIBERDADE

Ao dispor sobre o interesse social e o interesse individual quanto à essência do fenômeno da tributação escreveu Graça Wagner, que não há antagonismo, senão aparente, isto porque o antagonismo surge nos desequilíbrios, tanto quando se estabelecem a favor dos indivíduos como a favor do Estado. A dificuldade de se estabelecer a justa medida, e as razões particularistas, tanto dos indivíduos como do Estado e de seus manipuladores, é que estão na raiz dos conflitos tributários e dos descompassos na justa distribuição dos encargos sobre os diversos segmentos da sociedade.[7]

Daí questionar: No que consiste a tributação social? Não se trata apenas em atender as necessidades mais elementares da população, é mais do que isso. A tributação deve respeitar a dimensão individual e familiar, considerando a capacidade contributiva do contribuinte.

Sempre que a tributação impedir ou dificultar a realização do essencial em relação à sociedade ou parte dela e até mesmo a uma pessoa, será desmedida e poderá ter caráter confiscatório. Será desmedida também a tributação se os governos pretenderem arrecadar tributos, ultrapassando a soma necessária de dinheiro para o atendimento das necessidades sociais. Tal tributação provoca a transferência de valores dos contribuintes para o fisco, sem finalidade social. Enfim, é tributação social aquela que respeita o que é inerente à sociedade no contexto social dos ditames constitucionais.[8]

Por isso, referida tributação deve privilegiar as necessidades essenciais da população, destacando-se a alimentação,

---

7. WAGNER, José Carlos Graça. *Tributação Social do Trabalho e do Capital.* São Paulo: Resenha Tributária, 1982, p. 19.
8. WAGNER, José Carlos Graça. *Penalidades e Acréscimos na Legislação Tributária.* São Paulo: Resenha Tributária, 1979, p. 310. Escreve o autor: *A tributação social se atende ao que cumpre ao Estado, por força de sua própria razão de ser, não podendo este, sob a alegação de ser o anseio da sociedade, transcender ao seu fim natural, para ingressar na esfera das demais dimensões humanas. A própria lei tem um limite, que transcende. Esse limite é a natureza humana.*

saúde, vestuário, moradia, educação, acesso ao trabalho, livre iniciativa, livre concorrência entre outros pontos. Na prática, tais posições devem ser efetivadas através de leis isentivas ou com tributações simbólicas. Pelo intervencionismo político-social introduz-se na tributação o fim político-social. O tributo deve ter uma função social, tendendo a uma distribuição do patrimônio e das rendas.

Neste diapasão tem-se que o poder tributante, ao elaborar sua política tributária, deve levar em conta se o sistema tributário é justo, ou seja, se ele trata, de maneira igual todos os contribuintes que se encontram em situação idêntica, e também se está adequado à distribuição de rendas e ao desenvolvimento econômico. E mais, se favorece a política de estabilização da economia, combate do desemprego, a inflação entre outros aspectos.

O fator econômico é preponderante para a adequada política tributária, não podendo o Estado, interferir através da tributação, com medidas que provoquem instabilidade na economia. A estabilidade econômica é mantida quando o Estado controla a inflação, a política de juros, possibilita a capacidade produtiva da sociedade, controla o orçamento público e os gastos públicos, garantindo a propriedade, propiciando a livre iniciativa e a livre concorrência. A política tributária deverá se adequar ao ordenamento jurídico vigente, sob pena de tornar-se ineficaz e nula.

No tocante à perspectiva de uma reforma constitucional tributária, pode-se questionar: Em que medida tal reforma contempla questões sociais? Referida reforma deverá promover prioritariamente, a função social do tributo, redistribuindo riquezas, promovendo a justiça social. Ao comentar sobre a proposta de emenda constitucional de reforma tributária desejável, ressalta Germana Moraes, como sendo a que, além de guardar respeito à Constituição Federal, represente os anseios da sociedade brasileira, perseguindo os seguintes objetivos:

a) promoção da justiça tributária, valendo-se da função social do tributo, que se presta a redistribuir a renda e diminuir a desigualdades sociais e regionais; b) desoneração da carga tributária, sobretudo das incidências sobre a produção e a atividade econômica; c) simplificação e busca da eficiência do sistema tributário; d) preservação do pacto federativo; e) salvaguarda do estatuto do contribuinte, com respeito aos princípios constitucionais e aos direitos fundamentais. Em síntese, a proposta de reforma constitucional desejável é aquela formatadora de um Sistema Tributário Nacional justo e eficiente.[9] De igual modo neste contexto, por exemplo, ao tributar a renda do contribuinte deve deixar intocado o mínimo vital do contribuinte, isto é, aquela porção de riqueza que lhe garanta, e a seus dependentes, uma existência digna de um cidadão, afirma Roque Carrazza.[10]

Nesta esteira merece registro o Projeto do Código de Defesa do Contribuinte[11] que originalmente tramitou no Congresso Nacional, que dispõe sobre a igualdade de condições para o contribuinte e para o fisco, através da implementação de dispositivos que contemplam a justiça fiscal. A tributação, como atividade estatal coordenada e dirigida, também se apresenta na forma de política pública. Assim, política pública tributária deve ser entendida como o *somatório das ações integradas, programas e projetos que constituam um conjunto de comportamentos estatais que visam à efetivação do exercício do poder de tributar.*[12]

Além da fundamental importância dos ditames das políticas tributária e social, deve ser destacado que o sistema

---

9. MORAES, Germana de Oliveira. A Reforma Tributária desejável. *In Revista CEJ*, Brasília, n. 24, jan./mar. 2004, p. 90.
10. CARRAZZA, Roque Antonio. *Curso de Direito Constitucional Tributário.* São Paulo: Malheiros, 2005, p.120.
11. Projeto de Lei Complementar n. 646/99 de autoria do Senador Jorge Bornhausen de Santa Catarina.
12. FERREIRA, Alexandre Henrique Salema. Tributação e Justiça Social. *In Qualitas*, n. 1, Vol. 5. 2006, p. 6.

tributário justo é aquele que contempla a sua implementação com base nos princípios constitucionais tributários, norteadores da conduta pública. É nesse sentido também que Alexandre Ferreira[13] questiona: a atual política pública tributária brasileira tem sido mecanismo indutor de injustiças sociais, ao proporcionar exclusão social e concentração de renda?

2. DOS PRINCÍPIOS CONSTITUCIONAIS TRIBUTÁRIOS

O desenvolvimento das políticas governamentais é prerrogativa do Poder Executivo e deve necessariamente estar vinculada aos fundamentos e finalidades da República, previstos na Constituição Federal. Para tanto, é fundamental a busca da justiça social e, por conseguinte, da justiça fiscal, como forma de desenvolvimento dessas políticas. A própria Constituição Federal reforça o compromisso específico do Estado com a justiça social na tributação, ao estabelecer, ao lado de um direito geral de igualdade (art. 5º, caput), um direito específico de igualdade em matéria tributária (art. 150, II), e de vedação de tributos que não respeitem a capacidade econômica dos contribuintes (art. 145, §§, 1º) ou que ofendam o mínimo existencial (vedação de confisco – art.150, IV).

Merecem considerações neste estudo a análise dos princípios constitucionais da igualdade, da capacidade contributiva, vedação do confisco, razoabilidade e da legalidade tributária.

O princípio da igualdade refere-se ao princípio fundamental de todo o sistema tributário e que, necessariamente deverá nortear as políticas governamentais, pois a *estrutura tributária deve guiar-se no sentido da Justiça Fiscal, e os critérios utilizados deverão ter por meta atingir essa Justiça Fiscal. Ela tem de ser justa, de modo a se fazer com que haja uma adequada*

---

13. FERREIRA, Alexandre Henrique Salema. Tributação e Justiça Social. *In Qualitas*, n. 1, Vol. 5. 2006, p. 3.

distribuição do ônus tributário entre os indivíduos.[14] Essa adequada distribuição do ônus tributário entre todos os indivíduos está atrelada ao conceito de igualdade, uma vez que somente será atingida a justiça fiscal quando os encargos tributários forem divididos entre os indivíduos que compõem uma sociedade, respeitando suas diferenças, na medida em que o *princípio cria uma medida uniforme. O exame de casos iguais com duas ou mais medidas é injusto. O princípio proporciona tratamento isonômico e imparcial de todos que são compreendidos pelo princípio.*[15]

Por conseguinte, para que seja alcançada a justiça fiscal, como forma de proporcionar o desenvolvimento das políticas governamentais de acordo com os ditames constitucionais, faz-se necessário preservar o *princípio da igualdade*. Presente no *caput* do art. 5º da Constituição, afirma que todos são iguais perante a lei, sem distinção de qualquer natureza, constituindo-se em verdadeira garantia fundamental do cidadão. Em matéria tributária, o princípio da igualdade está reforçado no art. 150, II da Carta Constitucional, afirmando que é vedado a qualquer ente federado instituir tratamento desigual entre contribuintes que se encontrem em situação equivalente. Ou seja, o princípio da igualdade não busca uma igualdade tributária pura e simples, colocando todos os contribuintes na mesma condição. O que ele busca é a igualdade entre todos os indivíduos que estejam em iguais condições.[16] Seu *tratamento desigual é interditado para todos os contribuintes que se encontrem em situação equivalente.*[17] Portanto, pode-se afirmar que

---

14. CONTI, José Maurício. *Princípios tributários da capacidade contributiva e da progressividade*. São Paulo: Dialética, 1997, p. 11.
15. TIPKE, Klaus e YAMASHITA, Douglas. *Justiça fiscal e princípio da capacidade contributiva*. São Paulo: Malheiros, 2002, p. 20.
16. RIBEIRO, Maria de Fátima. *Considerações sobre o imposto de renda na constituição de 1988*. São Paulo: Editora Resenha Tributária, 1990, p. 26.
17. MARTINS, Ives Gandra da Silva. *Direito constitucional interpretado*. São Paulo: Revista dos Tribunais, 1992, p. 160.

o princípio da igualdade tributária busca igualar iguais e desigualar desiguais, na medida de suas desigualdades.

Entretanto, para que se alcance a igualdade entre os indivíduos, é necessária a ocorrência de outro princípio, representando pela capacidade contributiva. Corolário do princípio da igualdade[18], o *princípio da capacidade contributiva* está previsto no art. 145, § 1º, da Constituição Federal. Afirma que *sempre que possível, os impostos terão caráter pessoal e serão graduados segundo a capacidade econômica do contribuinte* (...). Portanto, o princípio da capacidade contributiva está diretamente relacionado com a capacidade econômica do contribuinte que é representada *pela capacidade que o contribuinte possui de suportar o ônus tributário em razão de seus rendimentos*.[19] Por conseguinte, a capacidade econômica é a aptidão do indivíduo de gerar riqueza, enquanto que a capacidade contributiva é a aptidão do indivíduo de pagar os tributos, na medida de sua capacidade econômica.

Referido princípio configura-se como desdobramento do princípio da igualdade, pois a capacidade contributiva é exatamente o respeito à igualdade, na medida em que determina o valor a ser pago a título de tributo por um determinado número de pessoas que estejam em igualdade de condições e difere seu montante, também na medida em que há uma desigualdade entre contribuintes diversos, além de ser expressão da *finalidade (Justiça Fiscal) visada pela Constituição, permeando não só a elaboração, mas, também, a aplicação da lei e das normas constitucionais.*[20] O constituinte relacionou o princípio da capacidade contributiva a apenas uma modalidade de tributo (impostos), definindo quais são os fatos econômicos da esfera do contribuinte que indicam sua capacidade econômica

---

18. Cf. CARRAZZA, Roque Antonio. *Op. cit.*, p. 77.
19. CONTI, José Maurício. *Op. cit.*, p. 34.
20. OLIVEIRA, João Marcos Domingues de. *Capacidade contributiva*. Rio de Janeiro: Renovar, 1988, p. 41.

(importar, exportar, ter renda, ser proprietário de imóvel rural ou urbano entre outros), possibilitando a incidência do tributo, em respeito à capacidade contributiva. No entanto, pode-se entender que referido princípio deverá ser aplicado aos tributos de maneira geral, e não apenas aos impostos, como direciona a Constituição Federal.

Para que se preserve a capacidade contributiva e para que esta seja realmente alcançada, faz-se necessário analisar os princípios da vedação do confisco e da progressividade, respectivamente.

O Estado brasileiro está estruturado no capitalismo, está fundado na captação do lucro e na preservação da propriedade privada. Todos os tributos, na medida de sua incidência, deverão preservar os valores constitucionais. A capacidade contributiva prevê a incidência de impostos de formas diferentes, de acordo com a capacidade econômica dos sujeitos passivos que deverão arcar com os ônus tributários para a manutenção do Estado e para que este desenvolva os seus objetivos. Entretanto, os tributos deverão preservar parcela do patrimônio do individuo, em respeito ao seu direito fundamental de propriedade (Art. 5º, XXII, CF). Essa preservação do patrimônio do cidadão, vedando o caráter expropriatório do tributo é a representação do *princípio da vedação do confisco*, na medida em que preserva o mínimo vital individual e familiar do cidadão.[21] Portanto, *confisco tributário consiste em uma ação do Estado, empreendida pela utilização do tributo, a qual retira a totalidade ou parcela considerável da propriedade do cidadão contribuinte, sem qualquer retribuição econômica ou financeira por tal ato.*[22]

Desta forma merece destacar que o confisco tributário

---

21. TIPKE, Klaus e YAMASHITA, Douglas. *Op. cit.*, p. 68.
22. CASTILHO, Paulo César Bária de. *Confisco Tributário*. São Paulo: Revista dos Tribunais, 2002, p. 39.

deve ser analisado sob o aspecto da universalidade de toda carga tributária incidente sobre o contribuinte.[23]

Respeitando-se esse mínimo vital do contribuinte, estar-se-á, necessariamente, cumprindo com os ditames da justiça fiscal, respeitando o princípio da igualdade e da capacidade contributiva. Entretanto, para que a capacidade contributiva possa operar de forma plena, faz-se necessário observar o princípio da progressividade.

O princípio da capacidade contributiva, ao determinar uma forma diferenciada de tributação para diferentes indivíduos e a mesma tributação para aqueles que estejam na mesma situação, estabelece um critério proporcional para a incidência do imposto, na medida em que estabelece alíquotas em forma de percentagem, incidentes sobre as bases de cálculo representadas pelos diferentes fatos jurídicos tributários que demonstram uma capacidade econômica do contribuinte. Em razão dessa diferença de onerosidade entre as capacidades econômicas dos diferentes indivíduos e para que a capacidade contributiva possa realmente desigualar os desiguais, na medida de suas desigualdades, incide o princípio da progressividade, pois por meio deste, *o percentual do imposto cresce à medida que cresce a capacidade econômica contributiva; haverá, assim, um aumento mais que proporcional do imposto com o aumento da capacidade contributiva.*[24]

O princípio da razoabilidade por sua vez, é um parâmetro de valorização dos atos do Poder Público para aferir se eles estão informados pelos valores da justiça social. O tributo deve

---

23. Se a soma dos diversos tributos, representam carga que impeça o pagador de tributos de viver e se desenvolver, estar-se-á diante de uma carga geral confiscatória, razão pela qual todo o sistema terá de ser revisto, e principalmente aquele tributo que, quando criado, ultrapassa o limite da capacidade contributiva do contribuinte. Cf. Ives Gandra da Silva Martins, A Defesa do Contribuinte na Constituição Federal, *in A Defesa do Contribuinte no Direito Brasileiro*, São Paulo: IOB, 2002, p. 4.

24. CONTI, José Maurício. *Op. cit.*, p. 75.

preencher uma série de requisitos para ser considerado como razoável, sendo de fundamental importância a avaliação econômica, política e social elaborada pelos Poderes Públicos por ocasião da normatização tributária, tais como a escolha do fato jurídico tributário, da base de cálculo e da finalidade para a qual o tributo foi instituído, devendo ser buscada sempre a solução que gere menor impacto tributário sobre a base tributante, evitando excessos.

Uma tributação justa e que atende os interesses econômicos e sociais, deverá ser pautada no princípio da legalidade tributária, estatuído no inciso I do artigo 150 da Constituição Federal. Daí considerar as afirmativas de Tipke e Yamashita:

> (...) as normas de finalidade fiscal de um Direito Tributário justo devem considerar a limitação da capacidade contributiva decorrente das inevitáveis obrigações privadas. O Estado Tributário não pode retirar do contribuinte aquilo que, como Estado Social, tem de lhe devolver.[25]

Dessa forma, pode-se afirmar que o atendimento dos princípios constitucionais supramencionados, se revela condição *sine qua non* para que a tributação atue como instrumento de Justiça Social.

3. DESENVOLVIMENTO ECONÔMICO, JUSTIÇA FISCAL E JUSTIÇA SOCIAL

Desenvolvimento econômico não é apenas crescimento econômico e nem tampouco distribuição de riqueza. Pressupõe a distribuição dessa riqueza em favor do bem-estar social e a participação da sociedade.

---

25. TIPKE, Klaus; YAMASHITA, Douglas. *Justiça Fiscal e Princípio da Capacidade Contributiva*. São Paulo: Malheiros, 2002, p. 31.

Uma política pública tributária orientada para o desenvolvimento econômico e justiça social, que não tiver na sua essência o estímulo ao trabalho e à produção, *compensando a redução de encargos pela tributação sobre acréscimos patrimoniais, termina por não provocar desenvolvimento econômico nem justiça social e gera insatisfações de tal ordem que qualquer processo de pleno exercício dos direitos e garantias democráticas fica comprometido.*[26]

De certa forma, para o desenvolvimento econômico nacional, deve ser salientada a redução dos gastos públicos, com um processo de diminuição da carga tributária, capaz de permitir uma maior disponibilidade de recursos para a poupança, investimento ou consumo.

A justa repartição do total da carga tributária entre os cidadãos é imperativo ético para o Estado Democrático de Direito. A política fiscal tem de ser política de justiça e não mera política de interesses. Por isso, se tem que o legislador fiscal não pode editar leis de qualquer maneira. Deve observar os princípios de justiça. Leis fiscais sem relação alguma com a justiça não fundamenta o Direito Tributário. Neste sentido, a *justa repartição da carga tributária total entre os cidadãos é imperativo ético para todo Estado de Direito.*[27]

A arrecadação de tributos é importante para a economia nacional e internacional, não apenas como fonte de riqueza para o Estado, mas também como elemento regulador da atividade econômica e social. Nesta linha de raciocínio deve ser destacado que para alcançar uma justiça fiscal, os ditames do princípio constitucional da proporcionalidade devem estar aliados ao princípio da progressividade de alíquotas, na maioria

---

26. MARTINS, Ives Gandra da Silva. *Direito Econômico e Tributário – Comentários e Pareceres*. São Paulo: Ed. Resenha Tributária, 1992, p. 6-7.
27. TIPKE, Klaus; YAMASHITA, Douglas. *Justiça Fiscal e Princípio da Capacidade Contributiva*. São Paulo: Malheiros, 2002, p. 27-28.

dos tributos. Desta forma estar-se-á alcançando os objetivos da natureza social do tributo com a efetiva aplicação destes princípios constitucionais, possibilitando que o Estado alcance com tributação mais elevada os mais ricos e de forma menos acentuada aqueles que possuem baixo poder aquisitivo, podendo, inclusive, conceder a estes uma isenção no pagamento de tributos. Vale aí o destaque dos cânones de Adam Smith: justiça, certeza, comodidade e economia dos impostos.

Outro princípio fundamental para a busca da justiça fiscal é o princípio da *função social do tributo*. Fundado no capitalismo, o Estado brasileiro tem como direito fundamental a propriedade privada, possibilitando aos indivíduos o acúmulo de recursos necessários para a sua sobrevivência. Entretanto, também dispõe, em seu art. 5º, XXIII, que a propriedade atenderá a sua função social, como forma de se preservar o princípio da igualdade, presente no *caput* do art. 5º da Constituição Federal. Por conseguinte, embora se preserve o Estado capitalista, este por sua vez, ganha contornos sociais, no sentido de desenvolver políticas sociais como forma de alcançar seus objetivos sociais (art. 3º, 193 e seguintes da Constituição Federal). Assim, os tributos também precisam preservar a sua função social, como forma de alcançar a justiça fiscal, como um dos objetivos do Estado brasileiro.

Somente com a socialização dos tributos, através da sua aplicação como instrumento social é que será possível desenvolver uma política social justa e distributiva, nos anseios da nação e como forma de se alcançar as finalidades a que o Estado se prestou a desenvolver através de sua Carta Constitucional, e que devem nortear todo o procedimento dos órgãos que compõem a República. Deste modo, para que o Estado alcance suas finalidades socioeconômicas e desenvolva uma política governamental em prol dessas finalidades, faz-se necessário o respeito ao princípio da justiça fiscal, o qual somente poderá ser alcançado mediante a conjugação dos princípios da igualdade e seus corolários, em conjunto com o princípio da função social do tributo, permitindo a todos os cidadãos viver com dignidade, possibilitando o desenvolvimento econômico adequado ao contexto social.

Daí afirmar que no Estado Democrático de Direito a tributação deve ser justa, buscando-se sempre melhorar a distribuição da carga tributária, devendo ser esta proporcional à capacidade contributiva dos contribuintes, de modo a garantir um mínimo existencial a todos.

A justiça é valor essencial da humanidade. A justiça social, por sua vez, é um dos temas mais relevantes na atualidade. A ordem social na Constituição Federal tem como um dos objetivos a justiça social nos termos do artigo 193. Neste sentido, destacam-se os direitos da coletividade decorrentes da justiça social, à existência digna (art. 1º, III), à saúde (art. 196), assistência ao idoso (art. 230) e ao desempregado (art. 6º, II), dentre muitos outros. Pode-se entender por justiça social o atendimento ao cidadão dos objetivos da ordem social previstos na Constituição Federal de 1988 em atendimento ao princípio da dignidade humana.

Na conjuntura atual onde *predomina os ideais do neoliberalismo, que vem baseado em valores do mercado, avoluma-se as desigualdades sociais, sendo necessário observar com mais acuidade aspectos da tributação em consonância com a justiça social almejada e exigida.*[28] Neste contexto a abordagem se dá *no campo da reflexão e neste sentido é que é colocada a indagação sobre o papel da imputação tributária em atendimento aos anseios de justiça social e fiscal.*[29]

A política pública tributária pode tornar-se um poderoso instrumento de reversão de desigualdades sociais quando

---

28. RIBEIRO, Marcelo Gollo. *Tributação e Justiça Social: uma perspectiva filosófica.* In: http://jus.com.br/artigos/23866/tributacao-e-justica-social-uma-perspectiva-filosofica#ixzz2wf1UH9vN p. 2, 12.04.2014.
29. Ibidem, p. 2.

adequadamente distribuído o ônus tributário entre os diversos agentes privados geradores de riquezas. Desta forma, a tributação deve possibilitar a transferência de recursos individuais dos grupos sociais economicamente privilegiados para aqueles menos privilegiados. Caso ocorra o contrário, é interessante apontar a possibilidade de a política pública tributária, ao retirar parcela da riqueza individual dos grupos menos favorecidos economicamente, ser mecanismo indutor de injustiças sociais, tais como a exclusão social e a concentração de renda.[30]

Por isso, os poderes públicos ao criar as leis para exigir os tributos devem respeitar princípios como a legalidade, capacidade contributiva, vedação do confisco, proporcionalidade, moralidade, razoabilidade, dentre outros para que se atendam necessidades vitais como saúde, segurança pública, educação, lazer bem como o acesso à justiça.

4. REPERCUSSÕES ECONÔMICAS E SOCIAIS DOS TRIBUTOS

Durante muito tempo, a tributação foi vista apenas como um instrumento de receita do Estado. Apesar desta missão, ser por si só, relevante, na medida em que garante os recursos financeiros para que o Poder Público bem exerça seu mister, a verdade é que, pouco a pouco, descobriu-se outra faceta não menos importante na tributação. Atualmente com a predominância do modelo do Estado Social, a despeito dos fortes movimentos no sentido do ressurgimento do liberalismo, não se pode abrir mão do uso dos tributos como eficazes instrumentos de política e de atuação estatais, nas mais diversas áreas, sobretudo na social e na econômica. Como se sabe, um dos valores que têm caracterizado o humanismo é a busca da Justiça Social.[31]

---

30. FERREIRA, Alexandre Henrique Salema. *Tributação e Justiça Social. In Qualitas*, n. 1, Vol. 5. 2006, p. 12.
31. LEONETTI, Carlos Araújo. *Humanismo e Tributação, in* http://www.idtl.com.br/artigos/68.html.

As pessoas têm necessidades reais que precisam ser atendidas. Parte destas necessidades deve ser atendida diretamente pelo Estado. Esta sociedade, inserida no contexto econômico-social, deve ser relacionada também com o contexto internacional, cujos reflexos podem gerar encadeamentos diretos nesta sociedade.

A Constituição Federal de 1988 trouxe em seu art. 1º os principais fundamentos que motivaram a sua criação, destacando-se a cidadania, a dignidade da pessoa humana e os valores sociais do trabalho e da livre iniciativa.

Verifica-se que os princípios inseridos nesse dispositivo devem fundamentar toda a produção de normas no ordenamento jurídico, uma vez que os fundamentos de todo o Estado Democrático de Direito, necessariamente, precisam ser respeitados por todas as normas do ordenamento jurídico.

Em conjunto com esses fundamentos, a Carta Constitucional traz, em seu art. 3º, os seus principais objetivos, isto é, as suas principais metas e finalidades de sua criação. Destaca como finalidades primordiais do Estado a construção de uma sociedade livre, justa e solidária; a garantia do desenvolvimento nacional; a erradicação da pobreza e da marginalização, além de reduzir as desigualdades sociais e regionais; promover o bem de todos, sem preconceitos de origem, raça, sexo, cor, idade e quaisquer outras formas de discriminação. Para tanto, elenca, em seu Capítulo VII, uma série de normas referentes à Ordem Econômica, uma vez que a economia é pressuposto fundamental de todo Estado capitalista e opera uma função essencial para o cumprimento dos objetivos da sociedade brasileira.

Nessa nova era do capitalismo, a intervenção do Estado nas atividades econômicas faz-se fundamental para o respeito aos seus fundamentos e essencial para o cumprimento de seus objetivos, uma vez que esses valores, elevados à veste de princípio constitucional, orientam toda a produção normativa do

Estado, na medida em que representam os anseios de toda a sociedade, uma vez que a *Constituição é o documento no qual são afirmados, através de princípios jurídicos, os valores fundantes e os objetivos e aspirações de uma sociedade. Os princípios jurídicos representam a afirmação e o reconhecimento constitucional dos direito fundamentais e o expresso desejo de transformação da realidade, mediante a fixação, em sede constitucional, dos fins que devem ser buscados pelo próprio Estado e por toda a sociedade.*[32]

Por sua vez, a ordem econômica, prevista no Capítulo VII do Texto Constitucional, nada mais é do que instrumento de realização desses princípios, na medida em que, estabelece normas que irão versar sobre as práticas comerciais, buscando seu fundamento de validade nos princípios inseridos no art. 1º do texto constitucional, em especial nos princípios da valorização do trabalho humano e na livre iniciativa e procurando alcançar os objetivos previstos no art. 3º, CF, com ênfase na existência digna e na busca da justiça social.

O art. 170 ainda traz uma série de princípios referentes à Ordem Econômica, mas que, na verdade, são instrumentos de persecução dos objetivos e de cumprimento dos fundamentos do Estado brasileiro, como bem observa João Bosco Leopoldino da Fonseca: *para que os fundamentos sejam concretizados e para que os fins sejam alcançados, necessário se faz adotar alguns princípios norteadores da atividade da ação do Estado.*[33] Desse modo, os princípios norteadores da Ordem Econômica determinam quais deverão ser as condutas dos particulares em suas práticas comerciais, sempre no intuito de se preservar os valores inseridos no Texto Constitucional e que representam os anseios de toda a sociedade.

---

32. PONTES, Helenilson Cunha Pontes. *O princípio da proporcionalidade e o direito tributário*. São Paulo: Dialética, 2000, p. 31.
33. FONSECA. João Bosco Leopoldino da. *Direito econômico*. 2. ed. Rio de Janeiro: Forense, 1998, p. 87-88.

Por conseguinte, sempre que houver uma ameaça aos princípios consignados no art. 170 da Constituição Federal, através de uma das previsões inseridas no § 4º do art. 173, o Estado estará autorizado a intervir na atividade econômica de forma indireta, através da fiscalização, da regulação e do planejamento, almejando preservar os fundamentos do Estado Democrático de Direito e cumprir com os seus objetivos primordiais.

Nessa esteira, a Ordem Social, prevista no Capítulo VIII da Constituição Federal também funciona como um instrumento normativo para se alcançar os princípios inseridos nos artigos 1º e 3º, na medida em que tem como base o primado do trabalho, e como objetivo o bem-estar e a justiça social (art. 193). Observa-se que a positivação desses valores é influência dos Estados Socialistas, servindo como uma espécie de freio aos ideais liberais que regem as relações comerciais. Basear a Ordem Social no Trabalho, nada mais é do que possibilitar ao trabalhador, à parcela mais frágil da sociedade, o direito de viver com dignidade. Nessa vertente, a Ordem Social objetiva fornecer a todos os indivíduos um completo bem-estar, possibilitando-os o acesso à seguridade social, à educação, à cultura, ao desporto, à ciência, à tecnologia entre outras formas de integração social.

Essa integração entre a Ordem Econômica e Social é fundamental para se alcançar os ideais previstos no Texto Constitucional, na medida em que a economia impulsiona toda a sociedade e possibilita ao Estado a geração de recursos para por em prática suas políticas sociais, possibilitando ao cidadão uma vida digna, fundada no seu completo bem-estar social, pois *o próprio desenvolvimento social, cultura, educacional, todos eles dependem de um substrato econômico. Sem o desenvolvimento econômico dos meios e dos produtos postos à disposição do consumidor, aumentando destarte seu poder aquisitivo, não há forma para atingirem-se objetivos também nobres, mas que dependem dos recursos econômicos para a sua satisfação.*[34]

---

34. BASTOS. Celso Ribeiro. *Curso de direito econômico.* São Paulo: Celso Bastos Editor, 2003.

TRIBUTAÇÃO: DEMOCRACIA E LIBERDADE

Cumpre ainda destacar sobre a eficácia dos princípios inerentes ao Estado sócio econômico, uma vez que esses princípios buscam alcançar as finalidades do próprio Estado. Como bem observa José Afonso da Silva, *não há norma constitucional destituída de eficácia. Todas elas irradiam efeitos jurídicos, importando sempre uma inovação da ordem jurídica preexistente à entrada em vigor da constituição a que aderem e a nova ordenação instaurada.*[35] Por conseguinte, todas as normas previstas no texto constitucional possuem uma importância para o ordenamento, pelo simples fato de estarem positivadas em um texto normativo. Por serem princípios informadores das finalidades do Estado, em especial no que se referem à Ordem Econômica e Social, esses princípios possuem uma grande importância, mas, exatamente por se referirem a essas finalidades, apresentam uma grande abstração. São, pois, normas programáticas, uma vez que possuem eficácia limitada, na medida em que apenas informam para onde deverá ir o Estado.[36]

Apesar destas normas, serem programáticas, isto é, dotadas de eficácia limitada, possuem fundamental importância no estudo do direito constitucional, *pois procuram dizer para onde e como se vai, buscando atribuir fins ao Estado, esvaziado pelo liberalismo econômico. Essa característica teleológica lhes confere relevância e função de princípios gerais de toda ordem jurídica, tendente a instaurar um regime de democracia substancial, ao determinarem a realização de fins sociais, através da atuação de programas de intervenção na ordem econômica,*

---

35. SILVA, José Afonso da. *Aplicabilidade das normas constitucionais.* 4. ed. São Paulo: Malheiros, 2000, p. 81.

36. São programáticas as *normas constitucionais através das quais o constituinte, em vez de regular, direta e imediatamente, determinados interesses, limitou-se a traçar-lhes os princípios para serem cumpridos pelos seus órgãos (...), como programas das respectivas atividades, visando à realização dos fins sociais do Estado.* Cf. SILVA, José Afonso da. *Aplicabilidade das normas constitucionais.* 4ª ed. São Paulo: Malheiros, 2000, p. 138.

com vistas a assegurar a todos a existência digna, conforme os ditames da justiça social.[37]

E estes fins sociais, devem estar equacionados de forma clara com o poder estatal e o poder econômico, que são responsáveis pela formação das receitas públicas, conforme ressalta José Afonso Silva, ao comentar sobre o sistema tributário. Segundo ele, o sistema tributário é o conjunto de instituições, regras e práticas tributárias, seja nas suas relações, seja quanto aos efeitos globalmente produzidos sobre a vida econômica e social. E, que não basta a *mera enumeração de tributos para se ter um sistema.*[38] Compreende muito mais do isso, ou seja, que o sistema jurídico tributário esteja em harmonia com o ordenamento econômico e financeiro, com as propostas e metas de desenvolvimento nacional, visando à mesma finalidade: satisfação das necessidades da população e o desenvolvimento econômico e social.

Por isso, merece destacar a importância do estudo da ordem econômica e da ordem social bem como a importância da incidência e arrecadação tributária para o desenvolvimento econômico e social do país. Assim pode-se aferir que por ordem econômica pode ser designado como o conjunto de relações pertinentes à produção e à circulação da riqueza. Já, por sua vez a ordem social é considerada como o conjunto de relações pertinentes à distribuição de riquezas. Um dos instrumentos de intervenção do Estado na economia pode-se afirmar que é a atividade de tributação. Tal atividade tem por objetivo a interferência do Estado na economia. Com o tributo extrafiscal pretende o Estado exercer influência nas relações de produção e circulação da riqueza.

Com efeito, a intervenção do Estado pode ocorrer com uma série de medidas tanto com tributação mais acentuada ou

---

37. SILVA, José Afonso da. *Op. cit.*, p. 141.
38. José Afonso da Silva citado por Ives Gandra da Silva Martins. In: *Sistema Tributário na Constituição de 1988*, p. 18.

menos acentuada, inclusive com incentivos fiscais com finalidades de estimular a ampliação do parque industrial, o comércio de bens e serviços entre outros, com políticas fiscais estabelecidas em conformidade com os ditames constitucionais. Daí a afirmativa de Hugo de Brito Machado de que *não constitui novidade a afirmação de que o tributo é uma arma valiosa de reforma social.*[39]

A tributação tem demonstrado que é excelente instrumento para o direcionamento da economia, vez que permite que sejam alcançados os fins sociais. O tributo é instrumento da economia de mercado, da livre iniciativa econômica.[40] Por isso dizer que deve ser estimulada a iniciativa de industrialização, de exportação, de atração de novos investimentos de capital. Tudo isto, ressalvando que através da efetiva aplicação dos princípios constitucionais, pode-se obter um maior resultado entre o desenvolvimento econômico e social, com maior tributação que alcance àqueles que suportam maior capacidade contributiva.

Enfim, no tocante às implicações da tributação com o desenvolvimento econômico, é patente de que a questão essencial não reside, somente, na menor ou na maior carga tributária, mas no modo pelo qual a carga tributária é distribuída. Todo tributo incide, em última análise, sobre a riqueza. Daí os dizeres de Aliomar Baleeiro: *Uma política tributária, para ser racional, há de manter o equilíbrio ótimo entre o consumo, a produção, a poupança, o investimento e o pleno emprego. Se houver hipertrofia de qualquer desses aspectos em detrimento dos outros, várias perturbações podem suceder com penosas consequências para a coletividade.*[41]

---

39. MACHADO, Hugo de Brito. A Função do Tributo nas Ordens Econômica, Social e Política, *in Revista da Faculdade de Direito de Fortaleza*, 28 (2), julh-dez, 1987, p. 12.
40. MACHADO, Hugo de Brito. A Função do Tributo nas Ordens Econômica, Social e Política, *in Revista da Faculdade de Direito de Fortaleza*, 28 (2), julh-dez, 1987, p. 13/4.
41. BALEEIRO, Aliomar. *Uma Introdução à Ciência das Finanças*. 13. ed. Rio de Janeiro: Forense, 1981, p. 171.

E neste patamar o poder público deverá verificar se é possível aumentar ou diminuir a carga tributária, e a possibilidade de redistribuir a renda sem prejuízo do desenvolvimento econômico. Nesta feita, sustenta Hugo de Brito Machado[42] que o Estado deve intervir no processo de desenvolvimento econômico, pela tributação, não para conceder incentivos fiscais à formação de riqueza individual, mas para ensejar a formação de empresas cujo capital seja dividido por número significativo de pessoas, de sorte que a concentração de capital se faça sem que necessariamente isto signifique concentração individual de riqueza. Na busca de uma sociedade que ofereça melhor qualidade de vida deve ser definitivamente afastado o caminho da estatização da economia. O Estado, como órgão do poder político institucionalizado, certamente deve intervir na atividade econômica. Mas deve fazer com o mínimo de sacrifício para a liberdade do contribuinte.

Para que o Estado retome o seu compromisso com a equidade tributária e torne mais eficaz as suas ações voltadas à justiça social e à proteção dos mais pobres, a observância das seguintes diretrizes gerais impõe-se como necessária em qualquer debate sobre a reforma da legislação tributária, conforme afirmativa de Henrique Alves: diminuir, ao máximo, o peso da carga tributária indireta; conferir, à incidência tributária direta, a maior progressividade possível; conferir, à incidência tributária indireta, a maior seletividade (em função da essencialidade dos produtos) possível.[43]

Ao lado das medidas de natureza tributária, são indispensáveis medidas no plano da despesa pública. Isto requer que o produto da arrecadação de tributos seja empregado preferentemente nos setores sociais, de saúde pública entre outros interesses da sociedade. E mais: Um dos temas centrais

---

42. MACHADO, Hugo de Brito. A Função do Tributo nas Ordens Econômica, Social e Política. *In Revista da Faculdade de Direito de Fortaleza*, 28, (2) – julh-dez, 19887, p. 28.
43. ALVES, Henrique Napoleão. Tributação e injustiça social no Brasil, *in Revista Espaço Acadêmico*, n. 133, junho 2012, ano XII, p. 77.

da discussão da repercussão dos tributos está na justiça social, em cujo núcleo está o problema do justo tributário.

O professor Roberto Wagner Nogueira destaca que é impossível pensar a justiça tributária sem dever ético de pagar o justo tributo. Por isso é preciso a sociedade brasileira avançar nos debates tributários, para enfim, acabar de vez com discursos que negam ao tributo, sua qualidade principal, que é o de ser instrumento financeiro indispensável à realização da justiça tributária, e, por conseguinte, justiça social.

5. CONCLUSÕES

Uma legítima política pública tributária deve ser fundada em diversos fatores e não apenas baseada na sua arrecadação procedida pelo Estado. Referida política deve atender os ditames constitucionais, visando o desenvolvimento econômico e social, garantindo os direitos do contribuinte.

Na busca do bem comum, os princípios constitucionais funcionam como fundamentos de todo o sistema normativo. Os princípios constitucionais são de fundamental importância para a estruturação do Estado brasileiro, na medida em que traduzem quais são os fundamentos e principais objetivos do Estado, e, consequentemente, orientam toda política socioeconômica desenvolvida pelo Poder Executivo.

Os princípios que regulam tanto a ordem econômica, quanto a ordem social são instrumentos previstos no texto constitucional visando à preservação dos direitos sociais do cidadão, como forma de se alcançar a justiça social, a qual somente poderá ser atingida se vier coadunada com o princípio da dignidade da pessoa humana e da justiça fiscal. A administração pública ao cobrar tributos, deverá retornar estes valores à sociedade, através da execução de serviços públicos.

De igual modo o Estado poderá atender suas finalidades através da distribuição de riqueza, satisfação das necessidades sociais, de políticas de investimentos, entre outras, que podem ser alcançadas por meio de uma política tributária e não necessariamente pela imposição tributária. Por isso, é necessário repensar o papel do Estado, na função arrecadatória e na prestação de serviços aos jurisdicionados. Somente com a socialização dos tributos, através da sua aplicação como instrumento social é que será possível desenvolver uma política social justa e distributiva, como forma de se alcançar as finalidades a que o Estado se prestou a desenvolver.

Para que o Estado alcance suas finalidades socioeconômicas e desenvolva uma política governamental em prol dessas finalidades, faz-se necessário o respeito ao princípio da justiça fiscal, o qual somente poderá ser alcançado mediante a conjugação dos princípios da igualdade e seus corolários, em conjunto com o princípio da função social do tributo, possibilitando aos cidadãos viver com dignidade.

Assim, pode-se afirmar que a tributação social é aquela que respeita o que é inerente à sociedade no contexto social dos ditames constitucionais. Por isso, a tributação deve privilegiar as necessidades essenciais da sociedade, destacando-se entre elas a alimentação, a saúde, a moradia, a educação, o acesso ao trabalho, a livre iniciativa e a livre concorrência. Conclui-se, que não é preciso nenhuma reforma constitucional para que os parâmetros da justiça social sejam alcançados. Ao contrário, o que se faz necessário é justamente o efetivo e integral respeito à Constituição Federal. O tributo como eficaz instrumento de Justiça Social depende da atuação conjunta do Poder Legislativo, Executivo e Judiciário, no cumprimento da Carta constitucional e na implementação das políticas públicas pertinentes.

6. REFERÊNCIAS

ALVES, Henrique Napoleão. Tributação e injustiça social no Brasil, *in Revista Espaço Acadêmico*, n. 133. Junho 2012, ano XII, p. 69-78.

BALEEIRO, Aliomar. *Uma Introdução à Ciência das Finanças*. Rio de Janeiro: Forense, 1969 e 1981.

BASTOS. Celso Ribeiro. *Curso de Direito Econômico*. São Paulo: Celso Bastos Editor, 2003.

BECKER, Alfredo Augusto. *Teoria Geral do Direito Tributário*. Saraiva: São Paulo, 1963.

CARRAZA, Roque Antonio. *Curso de Direito Constitucional Tributário*. São Paulo: Malheiros, 2003 e 2005.

CASTILHO, Paulo Cesar Baria de. *Confisco Tributário*. São Paulo: Revista dos Tribunais, 2002.

CONTI, José Maurício. *Princípios tributários da capacidade contributiva e da progressividade*. São Paulo: Dialética, 1997.

DERZI, Misabel. Família e Tributação. A vedação constitucional de se utilizar o tributo com efeito de confisco, *In Revista da Faculdade de Direito da UFMG*, 1989, v. 32.

FERREIRA, Alexandre Henrique Salema. *Tributação e Justiça Social. Qualitas Revista Eletrônica*. Volume 5 – 2006, n. 1.

FONSECA. João Bosco Leopoldino da. *Direito Econômico*. 2. cd. Rio de Janeiro: Forense, 1998.

LEONETTI, Carlos Araújo. *Humanismo e tributação in* http://www.idtl.com.br/artigos/68.html.Em 10.04.14.

MACHADO, Hugo de Brito. A Função Social do Tributo nas Ordens Econômica, Social e Política, *in Revista da Faculdade de Direito de Fortaleza*, 28 (2): jul-dez, 1987.

MARTINS, Ives Gandra da Silva. *Direito Constitucional Interpretado*. São Paulo: Revista dos Tribunais, 1992.

MARTINS, Ives Gandra da Silva. A Defesa do Contribuinte na Constituição Federal, *in A Defesa do Contribuinte no Direito Brasileiro*, São Paulo: IOB, 2002.

MARTINS, Ives Gandra da Silva. *Direito Econômico e Tributário – Comentários e Pareceres*. São Paulo: Ed. Resenha Tributária, 1992.

MELLO, Gustavo Miguez de. Uma visão interdisciplinar dos problemas jurídicos, econômicos, sociais, políticos e administrativos relacionados com uma reforma tributária, *in Temas para uma nova estrutura tributária no Brasil*. Mapa Fiscal Editora, Sup. Esp. I Congresso Bras. de Direito Financeiro, RJ, 1978.

MORAES, Germana de Oliveira. A Reforma Tributária desejável. *In Revista CEJ*, Brasília, n. 24, jan./mar. 2004.

OLIVEIRA, João Marcos Domingues de. *Capacidade contributiva*. Rio de Janeiro: Renovar, 1988.

PEREIRA, Afonso Insuela. *O direito econômico na ordem jurídica*. 2. ed. São Paulo: José Bushatsky, 1980.

PONTES, Helenilson Cunha Pontes. *O princípio da proporcionalidade e o direito tributário*. São Paulo: Dialética, 2000.

RIBEIRO, Marcelo Gollo. *Tributação e Justiça Social: uma perspectiva filosófica. In:* http://jus.com.br/artigos/23866/tributacao-e-justica-social-uma-perspectiva-filosofica#ixzz2wf1UH9vN, p. 2, 12.04.2014.

RIBEIRO, Maria de Fátima. *Considerações sobre o imposto de renda na constituição de 1988*. São Paulo: Editora Resenha Tributária, 1990.

RODRIGUES, Rafael Moreno. *Intributabilidade dos Gêneros Alimentícios Básicos*. São Paulo: Resenha Tributária, 1981.

SILVA, José Afonso da. *Aplicabilidade das normas constitucionais*. 4.ed. São Paulo: Malheiros, 2000.

TIPKE, Klaus e YAMASHITA, Douglas. *Justiça fiscal e princípio da capacidade contributiva*. São Paulo: Malheiros, 2002.

VINHA, Thiago Degelo e RIBEIRO, Maria de Fátima. Efeitos

Socioeconômicos dos Tributos e sua Utilização como Instrumento de Políticas Governamentais, *in Tributação, Justiça e Liberdade*. Coord. Marcelo Magalhães Peixoto e Edison Carlos Fernandes. Curitiba: Editora Juruá, 2005.

WAGNER, José Carlos Graça. *Tributação Social do Trabalho e do Capital*. São Paulo: Resenha Tributária, 1982.

WAGNER, José Carlos Graça. *Penalidades e Acréscimos na Legislação Tributária*. São Paulo: Resenha Tributária, 1979.

O CASAMENTO ENTRE OS PRINCÍPIOS DA CAPACIDADE CONTRIBUTIVA E DA SOLIDARIEDADE NO ESTADO DEMOCRÁTICO E SOCIAL DE DIREITO

Nayara Tataren Sepulcri[1]

1. VELHOS PRINCÍPIOS, NOVOS HORIZONTES DE SENTIDO

Os princípios jurídicos, como normas que são, têm seu horizonte de sentido vinculado ao sistema de direito positivo no qual se inserem. Em especial, é o subsistema do Direito Constitucional que consagra a cártula de princípios basilares do ordenamento, a pautar a atuação dos particulares e dos entes públicos em direção ao modelo de sociedade e de Estado que se quer ter.

O sistema jurídico, por sua vez, conversa com os sistemas social, econômico, cultural, que o subjazem, absorvendo suas

---

1. Mestre em Direito do Estado pela Universidade Federal do Paraná. Pós-graduada em Direito Tributário pelo Instituto Brasileiro de Estudos Tributários – IBET. Graduada em Direito pela Universidade Federal do Paraná. Advogada.

demandas e capturando os comportamentos carentes de regulação, numa saudável *autopoiesis* que se faz, como regra, pela via do processo de produção do direito (processo legislativo, em nossa tradição romano-germânica).

Essa premissa, trivial na Ciência do Direito, torna compreensível o fato de que princípios, conceitos e institutos, cuja formação histórica é tão remota no tempo, não se perenizam em seu conteúdo significativo. Ao contrário, as categorias jurídicas são eternas mutantes, sempre atreladas ao ordenamento positivo – e, mediatamente, à ordem econômica, social, cultural – do qual integram.

No que se refere aos princípios jurídicos, é em seu domicílio oficial, a Constituição, que se encontra a essência, ou o ponto de partida essencial, para a apreensão e construção de seu conteúdo normativo.

Velhos princípios, não raro com a mesma roupagem – "legalidade", "solidariedade", "propriedade" – sofrem uma silenciosa revolução interior, resultante de novos sentidos que o entorno constitucional lhes outorga.

O antigo princípio da solidariedade, por exemplo, que nas Constituições Sociais do século XX assumia claros contornos assistencialistas, reinventa-se no seio das Constituições contemporâneas, próprias do Estado Democrático e Social, adquirindo uma vocação mais colaborativa e se dirigindo não só aos poderes constituídos, mas precipuamente aos diversos atores sociais.

O mesmo se pode dizer em relação aos princípios do subsistema constitucional tributário, de que é exemplo lapidar o da capacidade contributiva, tradicionalmente identificado com a noção de "imposição conforme a riqueza". Constituições Sociais, como a Italiana de 1947, agregaram-lhe outros conteúdos, associando o princípio com o dever geral de contribuir e com a necessária progressividade da tributação. E as Constituições contemporâneas, como a Brasileira de 1988, oferecem-lhe novas possiblidades de sentido, algumas delas ainda pouco exploradas pela Ciência justributária.

Sabe-se, efetivamente, que o texto normativo não entrega a norma pronta e mastigada. Esta é, ao revés, construída pelo cientista do Direito, a quem compete, fazendo uso das ferramentas apropriadas, organizar e conectar o conteúdo normado, formulando proposições jurídicas, a partir de um, dois, três, ou vários, textos de lei.

Com tal espírito, buscando nutrir uma reflexão ainda pouco experimentada pela Ciência do Direito Tributário, este breve ensaio se propõe a revisitar os velhos princípios da capacidade contributiva e da solidariedade, instalados e conjugados em sua morada atual, a Constituição do Estado Democrático e Social Brasileiro.

E nessa aproximação, que tangencia, conquanto suavemente, os ideais de Democracia e Liberdade, espera-se devotar sincera homenagem à memória da Ministra Denise Arruda, cuja trajetória judicante foi marcada, dentre outras virtudes, pelo incondicional respeito a esses primados basilares.

2. CAPACIDADE CONTRIBUTIVA: PRIMEIRA E SEGUNDA IDADE

Tradicionalmente encarada como corolário do princípio da igualdade, a capacidade contributiva costuma ser identificada, pela doutrina clássica, como a "potencialidade para contribuir com os gastos públicos" (GRIZIOTTI)[2] ou a "possibilidade econômica de pagar o tributo" (GIARDINA).[3]

---

2. GRIZIOTTI, Benvenuto. **Principios de las Finanças**, 1943, p. 215 (tradução nossa).
3. GIARDINA, Emilio. **Le basi teoriche del principio della capacità contributiva**, 1961, p. 434 (tradução nossa).

Emilio GIARDINA, importante referência no estudo do tema, sustenta que *"no sentido usual e na tradição doutrinária (...) a capacidade contributiva significa possiblidade econômica de pagar o tributo, isto é, a posse de riqueza, na medida necessária para lidar com a imposição fiscal"*.[4]

Esse alcance primário da capacidade contributiva – o de que as pessoas devem pagar tributos de acordo com seus índices de riqueza – sempre esteve presente nas investidas teóricas no âmbito do Direito Tributário, desde o tempo dos citados GRIZIOTTI e GIARDINA até os dias atuais.

No Brasil, um dos primeiros a se preocupar detidamente sobre o princípio da capacidade contributiva foi Aliomar BALEEIRO, em sua clássica obra *Limitações constitucionais ao poder de tributar*, que aprofunda em diversos matizes a análise do princípio insculpido no art. 202 da Constituição de 1946. Já naquele tempo, o mestre definia a capacidade contributiva como a *"idoneidade econômica para suportar, sem sacrifício indispensável à vida compatível com a dignidade humana, uma fração qualquer do custo total dos serviços públicos."*[5]

Também Geraldo ATALIBA e Cleber GIARDINO proclamaram que o princípio se traduz *"na exigência de que a tributação seja modulada, de modo a adaptar-se à riqueza dos contribuintes"*.[6]

Na doutrina mais recente, ainda em solo brasileiro, podemos, por todos, referir à lição de Paulo de Barros CARVALHO[7], que sustenta:

---

4. GIARDINA, Emilio. **Le basi teoriche del principio della capacità contributiva**, 1961, p. 434 (tradução nossa)..
5. **Uma Introdução a Ciência das Finanças**, 1972, p. 272.
6. ATALIBA, Geraldo; GIARDINO, Cleber. Imposto de renda – capacidade contributiva – aparência de riqueza – riqueza fictícia – "renda" escritural – intributabilidade de correções monetárias. **Revista de Direito Tributário**, São Paulo, n. 38, p. 140-163, out./dez, 1986, p. 143.
7. **Direito Tributário, Linguagem e Método**. São Paulo, Noeses, 2008, p. 304-305.

> O plano da obediência ao princípio da igualdade na imposição fiscal cingir-se-ia àquele da capacidade contributiva relativa, ou melhor, sempre que o legislador, tendo escolhido o suposto de normas tributárias fatos que demonstrem signos de riqueza, deva dosar igualitariamente a carga impositiva.

Capacidade contributiva equivaleria, nessa aproximação preliminar, ao dito popular francês, divulgado pelo administrativista Gaston JÈZE, *"plumer la poule sans le faire crier"* ("depenar a galinha sem fazê-la chorar").[8]

De fato, é ponto comum entre os teóricos que, de algum modo, debruçam-se sobre o tema da capacidade contributiva tributária, o princípio segundo o qual *quem tem mais deve pagar mais, quem tem menos, deve pagar menos* e *quem não tem nada, nada deve pagar*. Daí também aquela regra geral do Direito Tributário de que hipótese de incidência tributária descreve um fato revelador de riqueza, e é o praticante deste fato econômico que deve ser o destinatário do tributo.

Este é o sentido primeiro e mais imediato da capacidade contributiva, desdobrado do princípio da igualdade *formal* no campo do Direito Tributário, sendo possível identificá-lo em diversas configurações do Estado, até mesmo nas Constituições de índole liberal.

Mas o conteúdo jurídico da capacidade contributiva cresceu.

O advento das Constituições Sociais inaugurou o que podemos chamar de *segunda idade* do princípio da capacidade contributiva.

Embora o sentido clássico do princípio ainda sobreviva, em seu conteúdo elementar, é certo que aquela concepção

---

8. A referência é de Geraldo ATALIBA e Cleber GIARDINO (Imposto de renda – capacidade contributiva – aparência de riqueza – riqueza fictícia – "renda" escritural – intributabilidade de correções monetárias. **Revista de Direito Tributário**, n. 38, p. 143).

primeira se mostrou insuficiente à vista de Constituições que trouxeram à ordem do dia os princípios da igualdade material e um variado cardápio de direitos fundamentais sociais. Nesse contexto, a noção de *solidariedade* constituiu um elemento chave para as novas colorações que o princípio da capacidade contributiva recebeu.

Foi o jurista Francesco MOSCHETTI[9] à luz da Constituição Italiana de 1947, uma Carta de feição social, quem pioneiramente relacionou capacidade contributiva e solidariedade como conceitos absolutamente dependentes. Sua original contribuição foi atrelar o conteúdo do princípio da capacidade contributiva ao dever de solidariedade e desprendê-lo do princípio da igualdade, como tradicionalmente a questão é tratada.

Com os olhos voltados ao art. 53 da Constituição italiana, MOSCHETTI afirma, de um lado, que *"o princípio da capacidade contributiva é formado expressamente na Constituição italiana e tem um valor autônomo, sem ser absorvido pelo princípio da igualdade"*[10] e de outro, que "solidariedade e capacidade contributiva são dois aspectos da mesma realidade".[11] Para o autor, a ideia de concorrer com os gastos públicos, inserta no citado art. 53, traz em si um imperativo de solidariedade, de "participar com outros" (concorrer) para uma finalidade comum (gastos públicos).

A construção teórica de MOSCHETTI[12], que trata a capacidade contributiva como princípio qualificado pelo dever de solidariedade, é feita a partir de uma análise constitucional do princípio no direito italiano. Para o autor, o princípio da capacidade contributiva, consagrado no art. 53 da Constituição

---

9. MOSCHETTI, Francesco. **El principio de capacidad contributiva**. 1980.
10. O princípio da capacidade contributiva. In: FERRAZ, Roberto Botelho. **Princípios e limites da tributação**, p. 285.
11. *Ibidem*, p. 284.
12. MOSCHETTI, F. **El principio de...**, *op. cit.*

Italiana, é uma projeção da solidariedade previsto no art. 2º do mesmo diploma constitucional.

A noção de capacidade contributiva ganha, assim, reforçado sentido com a interpretação sistemática no texto da Constituição italiana, em especial a do art. 2º, que exige o cumprimento dos *deveres inderrogáveis de solidariedade política, econômica e social*.

O fundamento de eticidade do princípio da capacidade contributiva passou a ser, nessa toada, o dever constitucional de solidariedade a todos imposto. Em contraste, por certo, com a perspectiva dominante no contexto do Estado mínimo, no qual o subprincípio tributário, arvorando-se na igualdade formal, acabava por traduzir mais um preceito de eficiência econômica do que um mandamento de eticidade: pois arrecadar de quem nada ou pouco é custoso e infrutífero para o Estado.[13]

Outra mudança relevante, nessa segunda idade do princípio, diz respeito ao critério de graduação que passou a nortear o aspecto dimensional da capacidade contributiva. Se em sua primeira concepção, o princípio se especificava em um critério de proporcionalidade da tributação, constituindo mecanismo importante para a preservação do *status quo* e da neutralidade liberal, nesse segundo momento, o princípio passou a rcivindicar o critério da tributação progressiva, apto a satisfazer as exigências de igualdade substancial clamadas pelo Estado de Bem-Estar.

Também nesse momento ganharam projeção os estudos em torno do princípio do mínimo existencial no âmbito da tributação (princípio do mínimo isento), importante projeção da capacidade contributiva tendente a tornar infensos de tributos os bens e valores indispensáveis à vida humana.

---

13. Klaus TIPKE cita, por exemplo, a opinião de Walter LEISNER, que nega por completo o conteúdo ético do princípio do princípio da capacidade contributiva, defendendo um simples e primitivo "deve porque pode". (**Moral tributaria del Estado y de los Contribuyentes**, 2002, p. 36).

São todas nuances que, em alguma medida, podem ser creditadas à aproximação entre as noções de capacidade contributiva e de solidariedade, que, unidas pela topografia das Constituições Sociais, tiveram a sua conexão identificada e laborada pela Ciência do Direito Tributário.

Mas o contexto constitucional é, hoje, diferente daquele que inspirou as primeiras conexões entre capacidade contributiva e solidariedade. Constituições contemporâneas, como a Brasileira de 1988, consagram um formato de Estado que põe os ideais de liberdade e de socialidade no mesmo patamar de importância, buscando harmonizar direitos e garantias individuais com os princípios da igualdade substancial e direitos sociais e coletivos.

O Estado Democrático e Social de Direito promove um novo formato de *solidariedade*, que, como não poderia deixar de ser, influi na construção de sentido do princípio da capacidade contributiva.

3. O PRINCÍPIO DA SOLIDARIEDADE E SUA RECRIAÇÃO CONTEMPORÂNEA

A ideia de solidariedade teve sua formação teórica iniciada antes de se disseminar a sua sagração constitucional, nas Cartas fundamentais próprias do Estado de Bem-Estar.

O chamado "pensamento solidarista"[14], que se dedicou a estudar de forma coerente a noção de solidariedade, desvinculando-a das ideias de *caridade* ou *filantropia*, começou a se formar na primeira metade do séc. XVIII com as provocações de filósofos franceses como Pierre-Joseph PROUDHON[15] e

---

14. Estudo abrangente do pensamento solidarista é feito por José Fernando FARIAS, na sua obra **A Origem do Direito de Solidariedade**, 1998.
15. A proposta política do pensador francês, referido por FARIAS (**A origem**...

Charles RENOUVIER[16], recebendo melhor sistematização às vésperas do século XX, por Léon BOURGEOIS[17] e Émile DURKHEIM[18], estes dedicados a uma análise marcadamente sociológica do termo. A França também foi o palco central dos estudos que compuseram a vertente do "solidarismo jurídico", apresentada nas ideias dos juristas Léon DUGUIT e Maurice HAURIOU, além do russo Georges GURVITCH.[19]

A emergência do discurso solidarista correspondeu ao que José Fernando FARIAS nominou de "a descoberta da solidariedade".[20] Até então, e em linhas gerais, a solidariedade não era compreendida senão em seu sentido comum, decorrente do só fato de viver em sociedade, ou da só virtude de amor ao próximo.

O pensamento solidarista, ao promover a edificação científica da solidariedade, de uma forma coerente e estruturada, logrou descobrir ou *construir* algo bastante novo: a ideia de uma solidariedade forte, a todos vinculante, tradutora de uma cooperação necessária na vida em sociedade.

Não havendo, aqui, espaço para aprofundar as raízes e facetas do pensamento solidarista, cumpre enfatizar que os

---

op.cit.) como "solidarismo federalista", era baseado em um sistema generalizado de grupamentos sociais, fundado no mutualismo entre comunidades. Essa espécie de federação concebia uma forma de Estado diversa do modelo de estatalidade clássica. Não cabendo aqui aprofundar as teorias políticas de Proudhon, é certo que diversos aspectos de seu pensamento, tão bem selecionados e elucidados por José Fernando FARIAS (**A origem...** *op.cit.*, p. 188 e ss., em especial p. 196-202) plantaram um substrato importante para o subsequente desenvolvimento das teorias solidaristas.

16. Sobre a contribuição de RENOUVIER, ver CHANIAL e DZIMIRA (*Pour une solidarité critique*. **La vie des idées.fr**).

17. ***Essai d'une Philosophie de la Solidarité*** publicada pela primeira vez em 1896.

18. ***La Division du Travail Social*** publicada pela primeira vez em 1893.

19. Sobre o "solidarismo jurídico", conferira-se, novamente, a obra de José F. FARIAS (**A Origem...** *op.cit.*, p. 221 e ss.).

20. **A Origem** ...*op.cit.*, p. 188.

teóricos do solidarismo jurídico, em linha com as premissas do solidarismo em geral, convergiam em algumas questões fundamentais: *(a)* a concepção de solidariedade não como mera virtude ou consciência moral, mas como exigência de cunho político e jurídico; *(b)* compatibilidade entre solidariedade e esfera de liberdade dos cidadãos; *(c)* realização da solidariedade por meio do Estado e pelos cidadãos (indivíduos, grupos).[21]

Por contraditório que seja, a ideia de solidariedade foi logo vetada ao esquecimento nas décadas subsequentes à institucionalização do Estado Social. E isto porque, não obstante o Estado de Bem-Estar representasse o *"reconhecimento institucional da solidariedade"*[22], a redução do termo à sua dimensão vertical inibiu o interesse de exploração científica do tema.

Deveras, na moldura do Estado Social, a esfera estatal representa o papel de *lócus* por excelência da solidariedade, tentando prover com tons de universalidade e generalidade a satisfação das demandas sociais. O homem, nesse ambiente, renuncia *independência* para reivindicar *assistência*, numa posição essencialmente utilitarista face ao Estado. Como registra FORSTHOFF "(...) *o homem moderno, a quem foi subtraído o controle de sua existência, não vive apenas* **no** *Estado, mas sobretudo* **do** *Estado"*.[23]

Daí se compreende que a ideia de solidariedade, conquanto tenha adquirido especial projeção no quadro teórico de Estado Social, era essencialmente centrada na esfera da estatalidade. Ao tempo em que o Estado Provedor reforçava o vínculo de dependência vertical dos indivíduos (em face do Estado), tornava-os mais independentes uns dos outros,

---

21. Sobre o tema, ver nosso **O princípio da solidariedade no sistema constitucional tributário brasileiro**, 2013, p. 78 e seguintes.
22. LUCAS, Javier. *La polémica sobre los deberes de solidaridad*. **Revista del centro de estudios constitucionales**, n. 19, p. 27.
23. Citado por Jorge Reis NOVAIS (**Contributo para uma teoria do Estado de Direito**, p. 186, grifos no original).

dificultando o enlace entre os homens e, pois, a formação de laços solidários no âmbito *intrasocial*.

Esta criação artificial de solidariedade, num sentido exclusivamente vertical, foi identificado com precisão por Pierre ROSANVALLON, em sua célebre obra *A Crise do Estado Providência*:

> O Estado Providência, como agente central de distribuição e de organização da solidariedade, funciona como uma grande interface: ele se substitui aos laços próximos (*au face a face*) que os indivíduos e grupos mantêm entre si.
>
> Cortadas as relações sociais reais que a estruturam, a organização da solidariedade que o Estado Providência estabelece se torna mais abstrata. O Estado Providência procede mecanicamente a uma verdadeira ingerência nas relações sociais.[24]

Diante do arrefecimento dos estudos em torno do tema, há quem hoje se questione, pessimistamente, se teria *"a parábola da solidariedade em sentido jurídico chegado ao fim"*.[25]

Mas cremos, em boa companhia, que a parábola está sendo reacesa nas Constituições Contemporâneas. Nas últimas décadas, autores como Felice GIUFFRÈ[26], Serio GALEOTTI[27] e José Casalta NABAIS[28] têm visualizado um movimento de "redescoberta da solidariedade".

Nos tempos que correm, o denominador comum dos estudos desenvolvidos em torno do tema reside, precisamente,

---

24. *La crise de l'Etat-providence*, p. 41, tradução nossa.
25. A interrogação é de Guido ALPA, citado por Serio GALEOTTI (*Il valore della solidarietà*, In: **Diritto e Società**, Padova, 1996, v. 1, p. 3).
26. *Libertà e solidarietà nella prospettiva del nuovo modello federale di Welfare*. **Giornate europee di Diritto Costituzionale Tributario**. V edizione, 14/15 novembro 2003.
27. *Il valore della solidarietà*, In: **Diritto e Società**, Padova, 1996, v. 1.
28. Solidariedade social, cidadania e direito fiscal. In: **Solidariedade social e tributação**.

naquilo a que designamos de caráter *multidimensional* da solidariedade, uma exigência que – parece-nos – apresenta-se como inafastável no atual modelo de Estado Democrático e Social de Direito. Trata-se de aspecto que, hoje, está cada vez mais vivo no quadro teórico da solidariedade.

Exemplo dessa tendência pode ser encontrado em estudo do jurista Serio GALEOTTI[29], professor de Direito Constitucional da Universidade de Roma, que visualiza o desenvolvimento crescente da solidariedade entre os cidadãos, grupos sociais e entidades em geral, ao lado e sem prejuízo da solidariedade oriunda do Estado:

> Se pudéssemos arriscar uma olhada ao futuro, diremos que, nos próximos anos, ao lado do imprescindível papel da solidariedade paterna ou estatal, crescerá mais e mais o papel da solidariedade que chamei de fraterna: seja daquela solidariedade-dever dos cidadãos (a que o Estado sempre e necessariamente recorrerá), seja daquela que se exprime como o <terceiro setor>, o setor da economia *non profit*, o campo dos serviços à pessoa, onde se manifesta a solidariedade mais autêntica e genuína, a que vem não por cálculo utilitarístico ou por imposição de uma autoridade, mas por livre e espontânea expressão da profunda socialidade da pessoa.[30]

Mais recentemente, o jurista italiano Felice GIUFFRÈ refere à proposta de passagem, presente no debate político europeu, da fórmula do *Welfare State* assistencialista a um modelo dito *Welfare Community* ou *Welfare Mix*, no qual as comunidades locais e entidades sociais estariam engajadas na prática da solidariedade social.

Convicto da insustentabilidade do modelo de bem-estar, mas não menos seguro da necessária atenção às demandas sociais, GIUFFRÈ aposta na lógica da subsidiariedade e enfatiza

---

29. *Il valore... op. cit.*
30. GALEOTI, **Valore della solidarietà**... *op. cit*, p. 23.

a desejável participação do setor público, dos setores privados lucrativos e não lucrativos de utilidade pública na realização de interesses sociais. Para ele, a *"redescoberta da solidariedade, como princípio jurídico, coincide com a mais acurada reconstrução de seu precípuo significado, para integrá-lo aos princípios da liberdade e igualdade, no seio de inspiração personalista"*.[31]

Essa mudança de perspectiva do sistema jurídico, a que temos assistido nas Constituições típicas do modelo de Estado Democrático e Social de Direito, encara o homem não como indivíduo isolado, mas como pessoa humana socialmente situada. Em tal passada, GIUFFRÈ sustenta que, reconhecida a *"necessária socialidade de toda a pessoa humana"*, os homens são destinados a *"completar e a aperfeiçoar um ao outro mediante uma recíproca solidariedade"*.[32]

Localizamos semelhante noção em Javier de LUCAS, em artigo publicado em 1994 sob o título *La polémica sobre los deberes de solidaridad*. Estudando a crescente importância do voluntariado e do terceiro setor no Estado contemporâneo, LUCAS é firme em sustentar, de um lado, que a *"cidadania não pode ser concebida em termos passivos"*, que delegue a responsabilidade social exclusivamente aos poderes públicos e, de outro, que *"as necessidades de uma sociedade cada vez mais próxima em perspectiva global não podem ser satisfeitas só através dos canais institucionais clássicos"*.[33]

Na mesma toada, embora em termos mais genéricos, o espanhol Gregorio PECES-BARBA[34] compreende a solidariedade

---

31. **Libertà e solidarietà...** *op.cit*, p. 1, tradução nossa.
32. *Ibidem*, p. 03, tradução nossa.
33. **La polémica sobre los deberes de solidaridad**, 1994, p. 62, tradução nossa.
34. O constitucionalista PECES-BARBA integrou a Constituinte Espanhola de 1978, diploma que, aliás, consagra o princípio da solidariedade. A palavra aparece por diversas vezes no diploma constitucional (art. 2º, art. 45, art. 156 e art. 158).

como princípio lastreado na ideia de cooperação e na criação de *"relações jurídicas de integração"*, tendo o mérito de propiciar *"canais de comunicação na sociedade que permitem um diálogo ilustrado entre pessoas que se respeitam e se reconhecem"*.[35]

Em linha com esse pensamento, o lusitano José Casalta NABAIS, em artigo dedicado ao estudo do tema da *solidariedade social, cidadania e direito fiscal*, defende a ideia de solidariedade como um projeto de construção coletiva e cidadã. Emblemáticas a esse respeito são essas suas palavras:

> (...) a dimensão solidária da cidadania implica o empenhamento simultaneamente estadual e social de permanente inclusão de todos os membros na respectiva comunidade de modo a todos partilharem um mesmo denominador comum, um mesmo chão comum que assim os torne cidadãos de corpo inteiro dessa comunidade. (...) Por um lado, a cidadania não é abandonada à sociedade civil, nem é remetida exclusivamente para a estadualidade social. O que implica, quanto ao primeiro aspecto, que a solidariedade não pode ser vista como um sucedâneo, mas uma compensação para o desmantelamento do Estado Social (...).[36]

Entre nós, Maria Celina Bodin de MORAES sem divergir desse raciocínio, afirma que *"os direitos só existem para ser exercidos em contextos sociais, contextos nos quais ocorrem as relações entre as pessoas, seres humanos 'fundamentalmente organizados' para viverem em meio a outros"*.[37]

Em síntese, a compreensão contemporânea da solidariedade em sentido jurídico converge a encarar o termo de uma forma ampla e multifacetada, como um estado de coisas a ser

---

35. *Curso de derechos fundamentales: teoría general*, 1999, p. 279, tradução nossa.
36. **Solidariedade social, cidadania...** *op. cit.*, p. 125-127.
37. O princípio da solidariedade. **Os princípios da Constituição de 1988**, 2006, p. 166.

buscado por todos, Estado, indivíduos e grupos, de forma cogente. Pois a solidariedade, hoje, bem mais que uma fórmula fraca de virtude ou fato social, constitui norma jurídica fundamental do ordenamento, erigida como valor, princípio ou objetivo estruturante do Estado Democrático e Social de Direito.

4. CAPACIDADE CONTRIBUTIVA E SOLIDARIEDADE NO ATUAL ESTADO DEMOCRÁTICO E SOCIAL DE DIREITO

O reposicionamento da solidariedade nas Constituições cidadãs, consagradoras de um modelo de Estado Democrático e Social de Direito, proporcionou nova feição a esse princípio, abrindo espaço a que o intérprete realize outras conexões de sentido com os diversos textos normativos do sistema.

O princípio da solidariedade, insculpido como objetivo da República Federativa do Brasil, no art. 3º, I, da Constituição de 1988, por certo se comunica com todo o restante do sistema constitucional, inclusive o subsistema constitucional tributário.

No que se refere à sua relação com o princípio da capacidade contributiva, é possível nela visualizar um "casamento" feliz: uma união que, sem a fórmula da exclusividade, sela um relacionamento íntimo e duradouro.

Assim, unida à solidariedade, a capacidade contributiva ganha um novo horizonte de sentido, ingressando, na caricatura que propusemos, numa terceira idade.

A partir desse referencial, a capacidade contributiva pode ter seu conteúdo densificado, robustecido, mesmo ampliado, comparativamente à análise feita sob o tradicional prisma da igualdade.

A capacidade contributiva de cariz solidarista, ou capacidade contributiva *solidária* (vale dizer, analisada na contextura sistemática da Constituição, em especial sob o influxo do princípio da solidariedade), tem seu conteúdo adensado por mais de um ângulo de observação. Alguns deles já expostos acima, quando tratamos do princípio da capacidade contributiva em sua segunda idade, e das novas conexões que autores como Francesco MOSCHETTI lograram realizar entre o tradicional princípio tributário e a ideia de solidariedade.

Mas um ponto de maior importância, e pouco talhado na ciência jurídica, é a necessidade de considerar, na compreensão do conteúdo do princípio da capacidade contributiva, a realização de *deveres de solidariedade* de índole não tributária em sentido estrito; é dizer, deveres de solidariedade outros que não o simples pagamento dos impostos, notadamente a realização de fins de interesse social.

Essa noção é que anima o tratamento fiscal favorecido às clássicas instituições filantrópicas e sem fins lucrativos, totalmente dedicadas à esfera social, e, por isso, frequentemente posicionadas no ordenamento como beneficiárias de exonerações fiscais.

Mas ela também pode pautar o regime tributário de entidades econômicas que adotam condutas de responsabilidade social, seja por meio de doações pecuniárias, em bens ou serviços a entidades ou projetos sociais, seja por meio de programas de recrutamento e capacitação de funcionários em comunidades pobres, seja mobilizando seus recursos humanos em ações comunitárias, e assim por diante.

Se um contribuinte destina parte de seus recursos físicos, financeiros ou humanos para colaborar com um projeto de cunho social, é certo que, em assim o fazendo, ele cumpre um dever fundamental de contribuir na construção de uma sociedade solidária, ainda que tal dever não se traduza – ao menos não imediatamente – na entrega de dinheiro aos cofres públicos.

A contribuição *não fiscal* à sociedade, por meio de ações direcionadas à realização da solidariedade social, não implica, necessariamente, uma redução na capacidade econômica do contribuinte[38] e, logo, não é apreciável nos clássicos termos da igualdade tributária.

Trata-se aqui de considerar a capacidade de contribuir à luz da solidariedade em seu mais fresco e forte sentido: aquele, prestigiado em nossa Constituição e posicionado no vértice do Estado Democrático e Social de Direito, que pressupõe a cooperação entre Estado e sociedade na persecução dos fins sociais, na construção de uma sociedade solidária.

Essa compreensão, em terreno tributário, impõe uma apreciação ancha do fenômeno financeiro, que leve em consideração tanto o campo das receitas como o das despesas fiscais, bem assim dos dispêndios que o Estado *deixa de fazer* porque outrem por ele faz. No ponto, estamos acompanhados do magistério de José Casalta NABAIS, que, analisando o papel das entidades de interesse social, adverte:

> (...) a tributação desse setor deve ser perspectivada a partir de uma <u>compreensão unitária das receitas fiscais que proporciona e das despesas sociais em que incorre</u>, e não a partir de uma consideração isolada das receitas fiscais que suporta através do pagamento dos impostos.
>
> É que a função financeira dos impostos, traduzida no fato de a sua exigência e cobrança visarem fundamentalmente fazer face às despesas públicas, constitui um ponto de partida que não pode ser ignorado. Efetivamente, não podemos esquecer que determinados fins de interesse geral ou de interesse social são prosseguidos pela sociedade civil, muito embora num sistema de partilha maior ou menor com o Estado e demais entidades públicas. (...)

---

38. A doação de recursos financeiros a um projeto social, em todo o rigor, reduz a capacidade econômica do contribuinte na mesma medida em que o faz uma doação pecuniária a um projeto socialmente irrelevante. Não bastasse, é frequente que contribuições de proveito social não sejam feitas pela via financeira, como as ações de responsabilidade social corporativa a que acima referimos.

TRIBUTAÇÃO: DEMOCRACIA E LIBERDADE

> Pelo que tais entidades, ao dar satisfação a esses interesses sociais, mobilizando para tal os correspondentes recursos, fazem despesas que, a não ser assim, teriam de ser custeadas com receitas públicas, ou seja, com impostos, <u>então elas já estão, a seu modo, a contribuir para as despesas públicas</u>." (NABAIS, 2005, p. 131-132; sem grifos no original).

De efeito, a assunção pelos particulares de tarefas e objetivos de solidariedade não deixa de representar, por outra via, contribuição financeira para as contas do Estado, já que, não fosse o engajar daqueles, o preenchimento dos claros de insolidariedade correria, ou deveria correr, às custas dos cofres públicos.

Temos, então, que a contemporânea feição do Estado Fiscal, do tipo Democrático e Social de Direito, lança novas luzes na construção de sentido do velho princípio da capacidade contributiva, fazendo nele reluzirem aspectos relativos à cooperação social direta, sem carreamento de recursos aos cofres públicos, cooperação esta que deve ser considerada para aferição do grau de *capacidade econômica efetiva* (capacidade contributiva relativa).

Porque a dimensão quantitativa do tributo (do tributo em si *e* da carga tributária global) não pode ser elevada a ponto de sufocar, nem o exercício das liberdades individuais, nem tampouco o exercício de papéis sociais pelos particulares. Assim ressai claro que, se os particulares concorrem para a satisfação de interesses sociais, eles desempenham o *dever fundamental de contribuir*, ainda que o façam por outros meios além de carrear recursos ao erário.

Analisando esse princípio tributário em sua conjugação com as normas constitucionais relativas à solidariedade, com os olhos postos à realidade de um Estado Democrático e Social de Direito, o princípio da capacidade contributiva não se limita a dizer que *os impostos, sempre que possível, devem ser graduados segundo a capacidade econômica do contribuinte,* conforme exsurge da literalidade do art. 145, § 1º, da Constituição Federal.

Mais que isso, a *capacidade de contribuir* há de ter seu conteúdo conformado pelas prestações de natureza não tributária – e mesmo não econômica – que realizem a solidariedade através dos desejáveis canais horizontais, fomentando a construção de uma sociedade solidária, objetivo este insuscetível de realização pelo só Estado.[39]

Os tributos devem ser modulados segundo as aptidões de contribuir do contribuinte (com a vênia da repetição, aqui necessária) é uma formulação linguística que parece adensar e condensar, nos termos acima propostos, o princípio da capacidade contributiva solidária em sua contemporânea contextura constitucional. O princípio determina, sob esse enfoque solidarista, que a tributação seja graduada em consideração às aptidões não tributárias de concurso às despesas públicas, como investimentos em projetos sociais, doações a entidades do terceiro setor e desempenho de ações de responsabilidade solidária.

---

39. Mais do que uma falta de ordem técnica, financeira ou pragmática, o Estado não pode suprir a solidariedade intrasocial por falta de *calor humano*. Novamente, as preciosas considerações de NABAIS: "(...) o Estado convoca a colaboração economicamente desinteressada dos indivíduos e grupos sociais, mobilizando-a para a realização daqueles direitos sociais ou dos direitos sociais daqueles destinatários relativamente aos quais a atuação estadual, ou mais amplamente a atuação de caráter institucional, não está em condições de satisfazer. **E não está em condições de satisfazer não só ou não tanto porque lhe falte capacidade técnica, humana ou financeira, mas sobretudo porque lhe falta aquele ou aqueles elementos de humanidade que só a sociedade civil e cada um dos seus membros, individual ou coletivamente, está em condições de proporcionar.** Pois não podemos esquecer que alguns dos problemas que hoje convocam a nossa solidariedade, designadamente os colocados em sede de algumas das exclusões sociais do nosso tempo, requerem, mais do que prestações pecuniárias ou mesmo em espécie de Estado ou de outras instituições, o contato e o calor humanos que promovam a recuperação do sentido útil da vida, reconduzindo os excluídos ao seio da família, ao mundo do trabalho, ou ao exercício duma atividade útil inclusivamente em sede de voluntariado social." (NABAIS, 2005, p. 117; sem grifos no original).

Mas é importante ter presente que, em se tratando de norma-princípio, a capacidade contributiva não estabelece direta e imediatamente *comportamentos a serem cumpridos*, mas sim, e, sobretudo, um *estado de coisas a ser buscado*.

Neste contexto, temos que o princípio da capacidade contributiva solidária constitui-se, em primeiro lugar, como norma dirigida ao *legislador infraconstitucional*, que tem o dever de buscar, por mecanismos e políticas que avaliar adequados, o estado de coisas prescrito como fim na norma principiológica. No caso, o alcance desse estado de coisas – *tributação modulada segundo as aptidões do contribuinte de concorrer para a construção de uma sociedade solidária* – só pode ser feito por meio de políticas fiscais que prestigiem uma carga fiscal favorecida ou neutralizada relativamente aos atos, fatos e sujeitos correlacionados a práticas de solidariedade social.

Para isso, poderá o legislador se valer de mecanismos de alívio fiscal visem a estimular comportamentos solidários. Referimo-nos, em especial, aos incentivos fiscais que correspondem na proposta conceitual de Betina GRUPENMACHER, às *"exonerações tributárias de qualquer natureza, tais como isenções, créditos presumidos, reduções de base de cálculo e alíquota, que, buscando estimular determinadas atividades ou indivíduos, usualmente estão atreladas a uma contrapartida"*.[40]

E aqui estamos a ingressar em outro terreno de atuação do princípio da solidariedade no campo da tributação, ao qual podemos referir por *extrafiscalidade social do Direito Tributário* – terreno que, por ser vasto e fértil, demanda artigo à parte.

De outro lado, porém, essa investida hermenêutica não serve ao aplicador da norma tributária individual e concreta (Estado-Administração ou Estado-Juiz) para afastar ou minorar obrigação tributária *ex lege* com base no alcance solidário

---

40. Das Exonerações Tributárias. Incentivos e Benefícios Fiscais. In: **Novos Horizontes da Tributação – Um Diálogo Luso-brasileiro**, p. 16.

do princípio da capacidade contributiva, sem lastro em regra específica de direito que permita a consideração de condutas solidárias na determinação da incidência do tributo, de sua quantificação ou desoneração.

Assim, as regras de delimitação de competências tributárias, as regras de incidência tributária em sentido estrito, as regras outorgantes de benesses fiscais, e assim por diante, constituem modos de realização dos princípios da legalidade, segurança jurídica e liberdade, sem prejuízo de prestigiar o princípio da solidariedade, com o qual aqueloutros princípios convivem.

Portanto, a compreensão do princípio da capacidade contributiva à luz do sobreprincípio da solidariedade, da maneira como expusemos, ou seja, como *norma dirigida à dosagem do tributo em observância às aptidões solidárias do contribuinte*, parece ser ponto da mais nuclear importância, quando se trata de aproximar solidariedade e tributação.

5. CONSIDERAÇÕES FINAIS

Este artigo buscou reexaminar o princípio da capacidade contributiva à luz da solidariedade, em perspectiva diversa daquela cristalizada pela doutrina tradicional, que vincula o velho princípio tributário ao sobrevalor da igualdade.

Inserida no contexto de uma Constituição de Estado Democrático e Social de Direito, e conjugada com disposições relativas a uma solidariedade multidimensional, a capacidade contributiva pode ser compreendida não só como a*ptidão econômica de pagar tributos*, mas também assumir outros conteúdos significativos igualmente compatíveis com o ambiente constitucional.

Se, numa primeira idade, o princípio da capacidade contributiva apresentava-se marcadamente como projeção do princípio da igualdade formal, com pouca bagagem axiológica e quase nenhum traço de "responsabilidade social"; em sua segunda idade, na pousada das Constituições Sociais, a capacidade contributiva enamorou-se dos princípios da igualdade material e da solidariedade, passando a desenvolver ideais redistributivos e de socialidade, como os manifestos no subprincípios da progressividade fiscal e do mínimo isento.

Nesse terceiro momento, que podemos designar de terceira idade, o princípio da capacidade contributiva ganha novos horizontes de sentido, sem suplantar os conteúdos absorvidos ao longo de sua formação histórica. No atual Estado Democrático e Social de Direito, a capacidade contributiva mantém íntima conexão com o princípio da solidariedade; não uma solidariedade passiva, reconduzida ao Estado, mas uma solidariedade cidadã, multidimensional, que agrega à noção de *capacidade de contribuir* aptidões diversas daquelas relacionadas ao simples carrear de dinheiro aos cofres públicos. Em tal contexto, visualizamos a "capacidade contributiva solidária", como norma principiológica que impõe a consideração pelo legislador, para fins de dimensionamento da carga tributária, de contribuições não pecuniárias que concorram à realização dos fins do Estado.

REFERÊNCIAS BIBLIOGRÁFICAS

ATALIBA, Geraldo; GIARDINO, Cleber. Imposto de renda – capacidade contributiva – aparência de riqueza – riqueza fictícia – "renda" escritural – intributabilidade de correções monetárias. **Revista de Direito Tributário**, São Paulo, n. 38, p. 140-163, out./dez, 1986.

BALEEIRO, Aliomar. **Uma Introdução a Ciência das Finanças**, 8.ed., Rio de Janeiro: Forense, 1972.

CARVALHO, Paulo de Barros. **Direito Tributário, Linguagem e Método**. São Paulo: Noeses, 2008.

CHANIAL, Philippe; DZIMIRA, Sylvain. *Pour une solidarité critique*. ***La vie des idées.fr***. s/n, p. 1-13. Abril/2008. Disponível no endereço eletrônico: http://basepub.dauphine.fr/xmlui/handle/123456789/10549. Último acesso em: 01 de maio de 2014.

FARIAS, José Fernando de Castro. **A Origem do Direito de Solidariedade**. Rio de Janeiro, Renovar, 1998.

GALEOTTI, Serio. *Il valore della solidarietà*, In: ***Diritto e Società***, Padova, v. 1, 1996, p. 1-23.

GIDE, Charles. ***La solidarité: Cours au Collège de France, 1927-1928***. Paris, *Les Presses universitaires de France*, 1932.

GIARDINA, Emilio. ***Le basi teoriche del principio della capacità contributiva***. Milano, Giuffrè, Editore, 1961.

GIUFFRE, Felice. *Libertà e solidarietà nella prospettiva del nuovo modello federale di Welfare*. **Giornate europee di Diritto Costituzionale Tributario**. V edizione: Il dovere di solidarietà Bergamo, facoltà di Economia, 14/15 novembre 2003.

GRIZIOTTI, Benvenuto. **Principios de las Finanças**. Buenos Aires: Ed. Depalma, 1943.

GRUPENMACHER, Betina Treiger. Das Exonerações Tributárias. Incentivos e Benefícios Fiscais. In: **Novos Horizontes da Tributação – Um Diálogo Luso-brasileiro**. Cadernos IDEFF Internacional. Coimbra: Almedina, 2012, p. 9-94.

LUCAS, Javier de. *La polémica sobre los deberes de solidaridad. El ejemplo del deber de defensa y su posible concreción en um servicio civil*. ***Revista del centro de estudios constitucionales***. Madrid, n. 19, p. 9-88, set./dez. 1994.

MORAES, Maria Celina Bodin de. O princípio da solidariedade. In: **Os princípios da Constituição de 1988**. PEIXINHO, Manoel Messias; GUERRA, Isabella Franco; FILHO, Firly. Nascimento (Org.). Rio de Janeiro: Lumen Juris, 2006, p. 157-176.

MOSCHETTI, Francesco. **El principio de capacidad contributiva.** Madri: Instituto de Estúdios Fiscales, 1980.

_____. O princípio da capacidade contributiva. In: FERRAZ, Roberto Botelho. **Princípios e limites da tributação.** São Paulo: Quartier Latin, 2009, p. 281-330.

NABAIS, José Casalta. **O dever fundamental de pagar impostos.** Lisboa: Almedina, 1998.

_____. Solidariedade social, cidadania e direito fiscal. In: GRECO, Marco Aurélio; GODOI, Marciano Seabra de (Coord.). **Solidariedade social e tributação.** São Paulo: Dialética, 2005, p. 110-140.

NOVAIS, Jorge Reis. **Contributo para uma teoria do Estado de Direito.** Coimbra: Almedina, 2006.

PECES-BARBA, Gregorio Martínez. *Curso de derechos fundamentales: teoría general.* Madrid: Universidad Carlos III de Madrid-Boletín Oficial del Estado, 1999.

ROSANVALLON, Pierre. *La crise de l'Etat-providence.* Paris: Éditions du Seuil, 1981.

SEPULCRI, Nayara Tataren. **O princípio da solidariedade no sistema constitucional tributário brasileiro.** Dissertação (Mestrado em Direito). Universidade Federal do Paraná, Curitiba, 2013.

TIPKE, Klaus. **Moral tributaria del Estado y de los Contribuyentes.** Madrid-Barcelona: Marcial Pons, 2002.

Capítulo IV
SISTEMA CONSTITUCIONAL TRIBUTÁRIO: PRINCÍPIOS E IMUNIDADES

PRINCÍPIOS E SOBREPRINCÍPIOS NA INTERPRETAÇÃO DO DIREITO

Paulo de Barros Carvalho[1]

RESUMO: O dado jurídico, tomado pela perspectiva de objeto cultural revela o emprego do valor para a obtenção de um fim como característica que lhe é fundamental. Os chamados princípios podem ser definidos como normas de forte cunho axiológico e que irradiam sua influência por vastos setores do ordenamento jurídico. Um estudo sobre o tema proposto implica assim a investigação sobre os valores para poder melhor entender como os princípios são empregados na compreensão do fenômeno do direito. A pesquisa investigará o plano sintático dos princípios e também como o dado axiológico aparece em seu plano semântico. Além disso, um estudo sobre a interpretação dos princípios não estaria completo se não contemplado também o aspecto pragmático dos princípios jurídicos, especialmente quanto à possibilidade de violação destes.

1. ALGUMAS CONSIDERAÇÕES SOBRE O MÉTODO

Antes de ingressar, propriamente, no assunto posto aos meus cuidados, entendo que seriam oportunas algumas palavras

---

1. Professor Emérito e Titular de Direito Tributário da PUC-SP e USP. Membro Titular da Academia Brasileira de Filosofia.

sobre a metodologia deste estudo, isto é, de que modo e por quais caminhos pretendo aproximar-me do objeto, para que seja possível articular suas complexidades, refletir sobre elas e poder, ao fim, construir conclusões consistentes.

De fato, todo trabalho com aspirações mais sérias há de ter seu método, assim entendido o conjunto de técnicas utilizadas pelo analista para demarcar o objeto, colocando-o como foco temático para, em seguida, ingressar no seu conteúdo. Ainda que essa matéria encontre desdobramento no item subsequente, parece oportuno dizer duas palavras sobre o itinerário do pensamento, no sentido de abrir caminho para que o leitor possa percorrê-lo com desenvoltura, consciente do plano esboçado pelo autor. A informação, que é de grande utilidade até para ensejar a iterativa conferência do rigor expositivo, rendendo espaço a observações críticas, volta-se, fundamentalmente, para esclarecer o trajeto que vai ser trilhado, facilitando, sobremaneira, o entendimento das proposições apresentadas.

Desse modo, penso ser oportuno reafirmar algumas características do modo de ser próprio do direito positivo, reconhecendo-o como objeto de cultura e apontando aí algumas consequências da escolha deste enfoque. Em seguida, passo a discorrer sobre a amplitude semântica do vocábulo jurídico, mostrando seu emprego em várias linguagens, da natural às jurídicas, delineando os contornos que o termo assume quer no direito positivo, quer na ciência que o descreve. O dado jurídico, tomado pela perspectiva de objeto cultural faz necessário tecer ainda umas tantas palavras sobre os valores para poder melhor entender como os princípios são empregados na compreensão do fenômeno do direito e, logo se verá, que os comandos normativos tecem uma rede complexa de dados axiomáticos que se sobrepõe dando razão a verdadeiros "sobreprincípios". Finalmente, cabem algumas palavras sobre o aspecto pragmático dos princípios jurídicos, especialmente quanto à possibilidade de violação destes.

Penso que, seguindo este itinerário, estará bem pavimentado o caminho para a construção de ideias úteis a qualquer um que trave contato com o plexo de normas denominado princípios jurídicos.

2. DIREITO POSITIVO COMO OBJETO CULTURAL E A FORMA DE INTERPRETÁ-LO

Na teoria dos objetos, de Husserl, o direito está na região ôntica dos entes culturais, como algo produzido pelo homem, que, modificando a natureza circunstante, visa à realização de um fim (estético, de segurança, utilitário etc.). Caracteriza-se, portanto, como os demais objetos culturais, por submeter-se à experiência, estando no tempo e no espaço, e por ser sempre valioso, positiva ou negativamente. Ali onde houver objeto cultural haverá valores que o ser humano implanta para concretizá-lo. Por isso, o ato gnosiológico correspondente é distinto daquele dos objetos naturais (explicação) e dos ideais (demonstração): é a compreensão, que pressupõe a análise experimental de fenômenos reais e o *plus* axiológico, razão pela qual o método que lhe convém seja o empírico-dialético, que implica o confronto inevitável do resultado da experiência com os valores do sujeito do conhecimento. Nessas idas e venidas, o ser cognoscente vai compreendendo o objeto que pretende conhecer.

Mas, dentre os muitos traços que lhe são peculiares, o direito oferece ainda o dado da linguagem como seu integrante constitutivo. A linguagem não só fala do objeto (Ciência do Direito), como participa de sua constituição (direito positivo). Se é verdade que não há fenômeno jurídico onde não encontrarmos normas, escritas ou não escritas, também é certo não poder-se cogitar de normas sem uma linguagem, idiomática ou não, que lhe sirva de veículo de expressão. E esse elemento entitativo vem trazer nova sorte de problemas à compreensão do direito, pois enquanto nos fenômenos naturais a linguagem comparece para simplesmente descrever o objeto do conhecimento, neutro em termos axiológicos, aqui, diante do jurídico, temos a linguagem em dois níveis: integrando o direito posto, como instrumento da comunicação normativa, e descrevendo, crítico-explicativamente, as regras positivas válidas em certas condições de espaço e em determinado intervalo de tempo. É a linguagem descritiva da Ciência falando da linguagem prescritiva do direito em vigor: sobrelinguagem, a primeira; linguagem-objeto, a segunda.

A linguagem, como conjunto de signos utilizados para a comunicação entre os homens, é também um objeto cultural, entrando na composição ontológica daquel'outro objeto cultural, que é o direito. Dessa confluência de aspectos deriva a complexidade na compreensão do jurídico, que a despeito de movimentar valores, apresenta-se também como fenômeno de linguagem, reivindicando uma específica forma de aproximação cognoscitiva.

São grandes as vicissitudes de quem se propõe à aventura do conhecimento na área do social (objetos culturais). Se acrescentarmos a elas toda sorte de dificuldades que acompanham o emprego da linguagem, poderemos antever o enorme desafio que representa a interpretação do direito, se empreendida, claro, com assomos de seriedade científica.

Quem se dispuser a conhecer o direito positivo não pode aproximar-se dele na condição de sujeito puro, despojado de atitudes axiológicas, como se estivesse perante um objeto da natureza. A neutralidade ideológica impediria, desde o início, a compreensão do sentido das normas, tolhendo a investigação. Magistral, a propósito, a lição de Lourival Vilanova[2]: "o homem é demasiado humano para contemplar as realidades humanas, sem tomar posição, sem decidir-se positiva ou negativamente, num estado de adiáfora purificação e neutralidade ante o dever-ser de um dado ser que é inseparável do homem".

---

2. *O problema do objeto da Teoria Geral do Estado*, Recife, 1953.

Dessa maneira, o procedimento de quem se põe diante do direito com pretensões cognoscitivas há de ser orientado pela compreensão e, numa atividade dialética, deve perceber a compostura material do fato, recoberta com os conteúdos de significação dos textos normativos, tudo inspirado pelos valores que o legislador depositou em sua linguagem prescritiva.

Se retivermos a observação segundo a qual o direito, por ser objeto cultural, carrega sempre valores, e se pensarmos que todo nosso empenho se dirige para construir as significações a partir de um extrato de linguagem, não será difícil concluir que para conhecer o direito e, em última análise, compreendê-lo, interpretá-lo, conferindo conteúdo, sentido e alcance à mensagem legislada, é necessário o envolvimento do exegeta com as proporções inteiras do todo sistemático, incursionando pelos escalões mais altos e de lá regressando com os vetores axiológicos ditados por certas normas, como é o caso dos chamados "princípios fundamentais".

Tomado o direito positivo como camada de linguagem prescritiva que se projeta sobre a região material das condutas intersubjetivas para discipliná-las e orientá-las na direção de certos valores que a sociedade quer ver implantados, ele, direito posto, aparece como construção do ser humano. Não está entre os "dados", mas, sim, entre os "construídos". Nesse sentido, dista de ser algo simplesmente ideal, não lhe sendo aplicável, também, as técnicas de investigação do mundo natural.

Lembremo-nos de que o direito é algo extremamente complexo, abrangendo, a um só tempo, (i) uma linguagem prescritiva, (ii) um substrato sociológico expresso pela vida comunitária que manifesta seu consentimento em relação àquela linguagem e (iii) um aspecto axiológico, sua dimensão de idealidade, imanente à natureza de objeto cultural. Nem sempre, todavia, se mantém o isolamento metódico entre esses três lados do problema do direito. Ora se misturam conceito e valor, como no jusnaturalismo clássico; ora se suprime o dado axiológico e se focaliza apenas a existencialidade, como no empirismo positivista (positivismo jurídico, positivismo sociológico etc.); ora, enfim, se cortam o valor e a base sociológico-histórica, o que dá em consequência um formalismo exacerbado, do tipo kelseniano ou um logicismo formalista, à moda de Schreier.

Repetimos. O direito é fato da cultura, sendo, como todo objeto cultural, uma síntese entre valor e mundo natural, admitindo, por esse modo, uma investigação jurídica voltada para os valores e uma investigação do direito como realidade positivada. Sobremais, tem ele uma forma de ser específica, o que justifica plenamente um estudo ontológico dessa entidade.

3. AMPLITUDE SEMÂNTICA DO VOCÁBULO "PRINCÍPIO"

No campo das significações, o uso do signo "princípio" oferece farta variedade conotativa, de tal sorte que alcança todas as circunscrições de objetos, atuando nas quatro regiões ônticas. É uma palavra que freqüenta com intensidade o discurso filosófico, expressando o "início", o "ponto de origem", o "ponto de partida", a "hipótese-limite" escolhida como proposta de trabalho. Exprime também as formas de síntese com que se movimentam as meditações filosóficas ("ser", "não-ser", "vir-a-ser" e "dever-ser"), além do que tem presença obrigatória ali onde qualquer teoria nutrir pretensões científicas, pois toda a ciência repousa em um ou mais axiomas (postulados). Cada "princípio", seja ele um simples termo ou um enunciado mais complexo, é sempre passível de expressão em forma proposicional, descritiva ou prescritiva. Agora, o símbolo lingüístico que mais se aproxima desse vocábulo, na ordem das significações, é "lei". Dizemos, por isso, que há uma lei, em Física, segundo a qual "o calor dilata os corpos", "os metais são bons condutores de eletricidade", "a matéria atrai a matéria na razão direta das massas e na razão inversa do quadrado das distâncias";

na Metafísica, apanhando como exemplo a filosofia de Schopenhauer, que a "vontade se constitui naquele ímpeto cego e irresistível que consubstancia o querer-viver universal": entre os objetos ideais, que a "transitividade" é uma lei lógica: [(p q). (q→r)] → (p→r), assim como a "reflexividade" também o é (xRy)→(yRx); em Economia, falamos em "lei da oferta e da procura", ao mesmo tempo em que afirmamos que a "História fundamentalmente diacrônica", para ingressarmos nos domínios dos objetos culturais, onde ao lado de "leis" ou "princípios" descritivos, vamos encontrar as prescrições éticas, religiosas, morais etc., que ostentam o porte de autênticos "princípios". Como desdobramento dessa descritividade e prescritividade, lidamos com "princípios gerais" e "específicos", "explícitos" ou "implícitos", classificando-os como "empíricos", "lógicos", "ontológicos", "epistemológicos" e "axiológicos". Tudo isso é índice da riqueza significativa que a palavra exibe, compelindo-nos a um esforço de elucidação para demarcar o sentido próprio que desejamos imprimir ao vocábulo, dentro de seu plano de irradiação semântica. Impõe-se uma decisão para cada caso concreto, principalmente se a proposta discursiva pretender foros de seriedade científica.

4. OS PRINCÍPIOS NAS VÁRIAS LINGUAGENS JURÍDICAS

Empregamos "linguagem jurídica" para referir os sistemas de comunicação que se prestam a realizar ou a mencionar o fenômeno jurídico. Por essa locução designaremos o chamado "direito positivo", a Dogmática Jurídica ou Ciência do Direito em sentido estrito, bem como todos aqueles setores do conhecimento que toam o sistema do direito positivo como objeto de suas indagações, ainda que não o façam em termos exclusivos. Nessa linha de pensamento, é linguagem jurídica a da Filosofia do Direito e, dentro dela, a da Lógica Jurídica, a da Epistemologia do Direito, a da Axiologia do Direito e a da Ontologia Jurídica. Mas serão também "linguagem jurídica" a

Sociologia do Direito, a Antropologia Cultural do Direito, a História do Direito e tantas mais que levem em conta de objeto o sistema das normas positivadas.

De um lado, como linguagem-objeto, temos determinada ordem jurídico-normativa, operando num ponto do tempo histórico e sobre dado espaço territorial; de outro, como metalinguagem descritiva, a Ciência do Direito em sentido estrito ou Dogmática Jurídica, voltada somente a compreender e relatar sua linguagem-objeto. A Filosofia do Direito comparece aqui na condição de metalinguagem se suas reflexões incidirem sobre a linguagem do direito positivo. As meditações filosóficas, entretanto, trabalham muitas vezes sobre construções científicas, momento em que assumem a hierarquia de uma metalinguagem. Outro tanto vale para os demais segmentos contidos no âmbito das "ciências jurídicas em sentido amplo".

Firmados nessas ponderações, é lícito assertar a existência de "princípios jurídicos" em todos os setores da investigação do Direito. E é com tal dimensão significativa que enunciamos os princípios ou leis ditas ontológicas: "tudo que não estiver juridicamente proibido, estará juridicamente permitido" e "tudo que não estiver juridicamente permitido, estará juridicamente proibido"; os princípios jurídicos empiricamente verificáveis, como, por exemplo: "de acordo com a Constituição vigente, o Brasil é uma república federativa" (princípios federativo e republicano). Há o princípio lógico jurídico segundo o qual "toda conduta obrigatória está necessariamente permitida" (e linguagem formalizada, diremos: $(Op \rightarrow Pp)$, em que "O" é o modal "obrigatório", "P", o "permitido" e "p" uma conduta qualquer). Esse "princípio" ou "lei" da Lógica Deôntico-Jurídica, aliás, é o fundamento da conhecida "ação de consignação em pagamento". Ao lado dele, por oportuno, podemos indicar a lei lógica da "idempotência do conjuntor", aplicada ao Direito: "Se duas ou mais normas servirem-se do mesmo antecedente e prescreverem a mesma regulação da conduta, então todas elas equivalem a uma só". Expliquemos o princípio, formalizando-o e, depois, mediante um exemplo prático e objetivo. A "lei" da idempotência do conjuntor (utilizada para o universo jurídico) assim se exprime, em linguagem formal: (Vp.Vp.Vp.Vp.Vp)=Vp, onde "V" é a notação simbólica da "proibição"; "p", uma conduta qualquer; ".", o conectivo da conjunção lógica; e "=", a equivalência. No sistema da Constituição de 1967, havia três preceitos consagrando a "legalidade tributária": um genérico e dois específicos. Quer significar, por outro giro, que o legislador constitucional prescrevia: "só é permitido exigir tributo novo ou aumentar os existentes por meio de lei". Tal era o conteúdo de três normas constitucionais. Pelo princípio da idempotência do conjuntor, os três equivaliam a apenas um.

Bem, até aqui vimos princípios empíricos, ontológicos e lógicos. Examinemos outros. A "norma fundamental" kelseniana é um princípio epistemológico-jurídico, colocado na condição de pressuposto da atividade cognoscitiva do direito. Sem a "norma fundamental", ou regressaríamos ao infinito, jamais começando a tarefa cognoscente, ou sacrificaríamos o cânone do isolamento do objeto, sem o que o estudo não atingiria a dignidade de ciência. Outros princípios epistemológico-jurídicos são os da "homogeneidade sintática" e da "heterogeneidade semântica" das unidades normativas. Já nos domínios axiológicos mencionemos o "princípio da Justiça", da "igualdade", da "segurança", da "racionalidade", entre muitos outros.

Vistos por outro prisma, os "princípios" seriam gerais (a legalidade referida no art. 5º, II, da Constituição de 1988) ou específicos (a legalidade tributária instituída no art. 150, I, do mesmo Estatuto). Além disso, há os explícitos (art. 150, III – princípio da anterioridade tributária) e os implícitos (princípio da isonomia das pessoas políticas – União, Estados, Distrito Federal e Municípios). Cumpre observar que os princípios mencionados estão distribuídos entre a linguagem-objeto (direito positivo) e as metalinguagens jurídicas acima indicadas.

Pois bem. Demos exemplos, tecemos considerações, elucidamos algum conteúdo, mas permaneceu aberta a questão principal: que é princípio?

5. PRINCÍPIOS E A COMPREENSÃO DO DIREITO

Tomaremos como hipótese de trabalho o estudo do Direito sob o ponto de vista dogmático, a partir das estruturas normativas existentes aqui e agora, que se projetam sobre a realidade social para ordená-la, no que tange às relações interpessoais que nela se estabelecem, canalizando o fluxo das condutas em direção a certos valores que a sociedade anela e quer implantados. Reconhecemos no fenômeno jurídico algo extremamente complexo, em que interferem fatores de naturezas distintas, num intensivo processo de miscigenação. Afigura-se-nos um trabalho dificílimo ingressar em sua ontologia, para extrair dados de sua intimidade existencial, caso isto, porventura, seja possível, premissa que não pretendemos discutir. Nossa concepção há de caminhar predominantemente no padrão analítico da linguagem, respeitando aquela complexidade que salientamos como ínsita ao dado jurídico, mas ao mesmo tempo refletindo na consideração de que ali onde houver regulação jurídica haverá, inexoravelmente, proposições normativas que, escritas ou não escritas, hão de manifestar-se em linguagem. Ora, se isolarmos o universo normativo, naquilo que ele tem de fenômeno lingüístico, aparecerá diante de nós um objeto uniforme (somente normas jurídicas), todas compostas na mesma organização sintática, vale dizer, mediante um juízo hipotético em que o legislador (sentido amplo) imputa, ao acontecimento de um fato previsto no antecedente, uma relação deôntica entre dois ou mais sujeitos, como conseqüente. A previsão fáctica ou "descritor", como suposto, implica a disciplina da conduta intersubjetiva, contida no "prescritor", para usar as palavras de Lourival Vilanova. Nunca será demasiado insistir que tanto a ocorrência factual, como o comportamento regulado, têm de ser possíveis, para ser a regra aplicada, tornando-se individualmente eficaz.

Sobressai à evidência a homogeneidade sintática suso referida, porquanto todas as unidades do sistema terão idêntica estrutura lógica, a despeito da multiplicidade extensiva de seus vectores semânticos. O direito positivo, então, apresentar-se-á aos olhos da Dogmática como um conjunto finito, mas indeterminado, de normas jurídicas, nas quais surpreenderemos fatos jurídicos e relações jurídicas, associados por um ato de vontade de quem pôs as regras no sistema, ato psicológico este que o cientista coloca entre parêntese metódico para não imitir-se em territórios alheios, como por exemplo, a Psicologia e outras ciências que poderiam explicar aspectos parciais do fenômeno. Todavia, se os fatos são jurídicos porque previstos em antecedentes normativos, remanesceria apenas um, o mais importante porque fundador do próprio sistema, sem a qualificação de jurídico, circunstância que viria a comprometer a uniformidade objetal: trata-se do acontecimento que dá origem à Constituição. É precisamente neste tópico que Kelsen trouxe a singela, porém genial contribuição da "norma fundamental", não posta, mas pressuposta, juridicizando aquele fato que ficara de fora, por imprimir-lhe o timbre de normatividade que lhe faltava. Fecha-se assim o conjunto, isolado na especificidade de seu objeto, uniforme porque composto tão-somente de normas jurídicas, de tal modo que nele, conjunto, não encontraremos senão descritores e prescritores, bem como suas contrapartes factuais: fatos jurídicos e relações jurídicas.

O corolário natural de tudo quanto se expôs é que o direito positivo, formado unicamente por normas jurídicas, não comportaria a presença de outras entidades, como, por exemplo, princípios. Estes não existem ao lado de normas, coparticipando da integridade do ordenamento. Não estão ao lado das unidades normativas, justapondo-se ou contrapondo-se a elas. Acaso estivessem, seriam formações lingüísticas portadoras de uma estrutura sintática diversa. E qual é esta configuração lógica? Ninguém, certamente, saberá responder a tal pergunta, porque "princípios" são normas jurídicas carregadas de forte conotação axiológica. É o nome que se dá a regras do direito positivo que introduzem valores relevantes para o sistema, influindo vigorosamente sobre a orientação de setores da ordem jurídica.

A tipificação dos fatos que ingressam pela porta aberta das hipóteses normativas se dá mediante conceitos que o legislador formula: conceitos sobre os acontecimentos do mundo e conceitos sobre as condutas inter-humanas. Todo o conceito tem como correlato expressional o termo, assim como o juízo o tem na proposição. E ocorre que todo o conceito, repetimos, é seletor de propriedades não só no Direito, como em qualquer região do conhecimento. Conceituar importa selecionar caracteres, escolher traços, separar aspectos, desprezando os demais. As singularidades irrelevantes, o legislador as deixa de lado, mesmo porque são em tal quantidade que o trabalho ganharia proporções infinitas. E surge o conceito, após a aplicação do critério seletivo adotado pelo legislador, este traço definidor nada mais é que um juízo de valor expedido em consonância com sua ideologia, tomada a palavra, neste ensejo, como pauta de valores, tábua de referências axiológicas. Assim, valora o legislador fatos e condutas, tecendo o conteúdo de significação das normas jurídicas ou, em outras palavras, saturando as variáveis lógicas daquela estrutura sintática que é comum a todas as unidades do sistema. E, ao enfatizar esse ângulo da construção jurídico-normativa, estamos apenas reconhecendo ao direito positivo a condição de objeto cultural, anteriormente consignada. Mantenhamos na retentiva que os objetos do mundo cultural são, invariavelmente, portadores, de valores, como também os metafísicos, o que não se verifica com os objetos da natureza e com os da região ôntica dos ideais, ambos axiologicamente neutros.

Até esta parte, firmamos duas proposições que aceitamos por verdadeiras: a) o direito positivo é formado, única e exclusivamente, por normas jurídicas (para efeitos dogmáticos), apresentando todas o mesmo esquema sintático (implicação), ainda que saturadas com enunciados semânticos diversos (heterogeneidade semântica); e b) por outro lado, como construção do ser humano, sempre imerso em sua circunstância (Gasset), é um produto cultural e, desse modo, portador de valores, significa dizer, carrega consigo uma porção axiológica que há de ser compreendida pelo sujeito cognoscente – o sentido normativo, indicativo dos fins (*thelos*) que com ela se pretende alcançar.

Tal é a conclusão a que chegou Genaro Carrió, percorrendo caminhos um pouco distintos, em seu opúsculo sobre *Princípios Jurídicos y Positivismo Jurídico*[3]: "*De lo expuesto se sigue que no existe la pretendida 'diferencia lógica' entre las regras jurídicas y las pautas del tipo de la que expressa que a nadie debe permitírsele beneficiarse con su propria transgresión*".

O autor argentino não chega a esse resultado partindo das premissas que adotamos. Seu objetivo foi, antes de mais nada, questionar a procedência de crítica ao positivismo jurídico, que o Professor Ronald M. Dworkin, da Universidade de Oxford, apresentou com o trabalho *The model of rules*[4], e segundo o qual a análise e consideração adequada dos princípios ficaria prejudicada pela concepção positivista do fenômeno jurídico, já que tal concepção do Direito não deixa ver o papel central que na prática os princípios desempenham. É nesse sentido que parte do sistema de Hart[5], para dele extrair argumentos que demonstrem a plena compatibilidade entre as normas jurídicas, examinadas pelo ângulo de sua positivação e os princípios que com elas combinam para formar o sistema do direito positivo.

---

3. Abeledo-Perrot, Buenos Aires, 1970.
4. *University of Chicago Law Review* 14, 1967.
5. *El concepto del derecho*, Buenos Aires, 1963.

Tendo seu pensamento mais próximo de Hart, em virtude das ligações que sempre manteve com a Universidade de Oxford, Carrió entende que o positivismo de Kelsen ofereceria menos recursos à sustentação de sua tese, não lhe permitindo dar os passos de que necessitava para alojar os princípios dentro da ordem jurídica, consoante os critérios que lhe pareciam justos. Nossa posição contudo, é bem diversa, ainda que tenhamos de intuir certos desdobramentos que o mestre de Viena não empreendeu. Que não seja isso motivo de censuras, porquanto Carlos Cossio proclamou ter ido além de Kelsen sem haver transbordado os limites do próprio sistema kelseniano (foi além de Kelsen sem sair de Kelsen). E, de fato, há desdobramentos que se afiguram como corolários de uma teoria, não extraídos por aquele que a concebeu, mas que podem perfeitamente ser sacados por quem se dispuser a segui-la.

O que importa é que Genaro Carrió chega aos mesmos resultados, não só admitindo a existência de "princípios" dentro da ordem jurídica positiva, como reconhecendo que não há qualquer desencontro entre o esquema lógico das normas e o daqueles primados. Ainda que não ingresse na análise dos "valores", fala, insistentemente, no "peso" dos princípios, o que basta para identificar a referida concordância.

6. PRINCÍPIOS E VALORES

Recortemos determinado ambiente social. Os indivíduos da comunidade tendem a ter um núcleo consciente de valores básicos, advindos da contingência de viverem no mesmo território e no mesmo tempo histórico. Em derredor desse núcleo, contudo, a trajetória existencial de cada um vai depositando outros valores, recolhidos individualmente de tal arte que os padrões axiológicos das pessoas acabam apresentando variações muitas vezes sensíveis, repercutindo em fontes inesgotáveis de divergências, sempre que o homem se manifesta acerca de objetos de índole metafísica ou cultural. Seja uma obra literária, uma película cinematográfica, uma peça de mobiliário, uma crença religiosa, seja a interpretação de norma de direito positivo, os valores aparecem como centros significativos que expressam uma preferibilidade (abstrata e geral) por certos conteúdos de expectativa, ou melhor, por certos conjuntos de conteúdos abstratamente integrados num sentido consistente. Esses símbolos de preferência por ações indeterminadas permanentes, como alude Tercio Sampaio Ferraz Junior[6], consistindo em núcleos significativos muito abstratos, requerem outro mecanismo integrador, credenciado a imprimir-lhes um mínimo de consistência: é a função das ideologias, conjuntos de avaliação dos próprios valores. Atuam para avaliar os valores, já que estes, por sua abstração, se mostram abertos e flexíveis. As ideologias, por isso mesmo, operam como sistemas rígidos e limitados, que hierarquizam os valores, organizando-os e permitindo que os identifiquemos.

Muito bem. Toda vez que houver acordo, ou que um número expressivo de pessoas reconhecerem que a norma "N" conduz um vector axiológico forte, cumprindo papel de relevo para a compreensão de segmentos importantes do sistema de proposições prescritivas, estaremos diante de um "princípio". Quer isto significar, por outros torneios, que "princípio" é uma regra portadora de núcleos significativos de grande magnitude influenciando visivelmente a orientação de cadeias normativas, às quais outorga caráter de unidade relativa, servindo de fator de agregação para outras regras do sistema positivo. Advirta-se, entretanto, que ao aludirmos a "valores" estamos indicando somente aqueles depositados pelo legislador (consciente ou inconscientemente) na linguagem do direito posto. Não cremos existir uma "região de valores", existente em si, como o *topos* uranos de Platão ou qualquer tipo de sistema suprapositivo de valores, ao modo de algumas vertentes jusnaturalistas. Aqueles

---

6. *Introdução ao Estudo do Direito*, Editora Atlas, 1988, p. 109.

de que nos ocupamos são os postos, centros significativos abstratos, mas positivados no ordenamento.

Se tais observações forem procedentes, cabe cogitar de uma hierarquia de valores jurídicos ou, de outra maneira, de uma classificação hierárquica das normas do direito positivo, elegendo-se como critério a intensidade axiológica nelas presente. Todavia, plantadas essas premissas, aquilo que se não pode admitir consoante assentamos linhas atrás, é a coalescência de "normas" e "princípios", como se fossem entidades diferentes, convivendo pacificamente no sistema das proposições prescritivas do direito. Os princípios são normas, com todas as implicações que esta proposição apodítica venha a suscitar.

A resistência de Kelsen em compor uma teoria da interpretação fundou-se, certamente, nesse profundo subjetivismo que acompanha o processo dialético de compreensão dos conteúdos normativos. Os radicais desconcertos entre as teorias doutrinárias, tendo em vista preceitos jurídicos, são exemplos eloquentes do cabimento dessa tese. Sabemos que as mensagens prescritivas dos arts. 29 a 31, da Constituição do Brasil, realizam o "princípio da autonomia dos municípios", confirmado pela análise do sistema vigente. Nada obstante, juristas de renome, menos inclinados ao "municipalismo", conquanto não neguem a indigitada autonomia, reduzem drasticamente a relevância dessas pessoas políticas, em suas interpretações, chegando ao ponto de designá-las por "entes menores". Esforçados nessa mesma inspiração, compreendem, ao pé da letra, o que preceitua o art. 187, parágrafo único, do Código Tributário Nacional, chegando ao resultado deplorável de admitir a "ordem" que o dispositivo estabelece, com o que relegam os Municípios a uma condição de flagrante inferioridade em face dos Estados, do Distrito Federal e da União, sobre violarem de maneira frontal o princípio implícito da isonomia das pessoas políticas de Direito Constitucional interno.

Desloquemos o foco da análise para o reino específico das imposições tributárias e encontraremos, desde logo, a discussão a propósito da existência ou não do "princípio da anualidade". Já expressamos nosso entendimento segundo o qual o velho primado desaparecera com o advento da Constituição de 1967.[7] Em sentido contrário, porém, autores de prestígio não se cansam de invocá-lo, atribuindo-lhe lugar preeminente no quadro dos mais elevados princípios constitucionais tributários.

Já podemos extrair mais duas conclusões: a) o próprio saber se u'a norma, explícita ou implícita, consubstancia um "princípio", é uma decisão inteiramente subjetiva, de cunho ideológico; e b) no que concerne ao conjunto dos princípios existentes em dado sistema, a distribuição hierárquica é função da estrutura axiológica daquele que interpreta, equivale a reconhecer, é função da sua ideologia.

7. PRINCÍPIOS E SOBREPRINCÍPIOS

Coloquemos entre parênteses as corriqueiras dissenções ideológicas que separam os juristas em múltiplas direções e meditemos na organização de um conjunto qualquer de valores jurídicos. Há "princípios" e "sobreprincípios", isto é, normas jurídicas que portam valores importantes e outras que aparecem pela conjunção das primeiras. Vejamos logo um exemplo: a isonomia das pessoas políticas de Direito Constitucional interno tem importante repercussão no setor das imposições tributárias. Não há, contudo, formulação expressa que lhe corresponda no texto do direito positivo. Emerge pelo reconhecimento de outras normas que, tendo a dignidade de princípios, pelo quantum de valor que carregam consigo, fazem dele um "sobreprincípio". Realiza-se pela atuação de outros princípios. Assim também ocorre com o primado da justiça.

---

7. *Curso de Direito Tributário*, São Paulo: Saraiva, 2010.

Agora, há um princípio que sempre estará presente, ali onde houver direito: trata-se do cânone da certeza jurídica, entendido o termo não como garantia de previsibilidade da regulação da conduta (que é uma de suas acepções), mas como algo que se situa nos fundamentos do dever-ser, ínsita que é ao domínio do deôntico. Na sentença de um magistrado, que põe fim a uma controvérsia, seria absurdo figurarmos um juízo de probabilidade, em que o ato jurisdicional declarasse, como exemplifica Lourival Vilanova, que "A" possivelmente deve reparar o dano causado por ato ilícito seu. Não é sentenciar, diz o mestre, ou estatuir, com pretensão de validade, o *certum* no conflito de condutas. E, ainda que consideremos as obrigações alternativas, em que o devedor pode optar pela prestação "A", "B" ou "C", sobre uma dela há de recair, enfaticamente, sua escolha, como imperativo inafastável da certeza jurídica. Eis outro sobre princípio, mas de feição independente, pois querendo ou não querendo o legislador, havendo ou não havendo justiça, segurança ou qualquer valor jurídico que se colha para a experiência, as normas do sistema hão de consagrá-lo, para poder aspirar ao sentido deôntico. Regra do direito que não discipline comportamentos intersubjetivos com observância do princípio da certeza expressará um sem-sentido na linguagem do dever-ser. Torna-se evidente que a certeza jurídica é também um sobreprincípio, mas dotado de aspectos lógicos peculiares, que lhe atribuem preeminência sintática com relação a todos os demais.

É preciso asseverar que as organizações normativas, estruturadas na forma superior de sistema, para além das relações sintáticas e semânticas que necessariamente se estabelecem, encontram-se distribuídas em escalões axiológicos montados segundo a ideologia de que se aproxima do direito em atitude cognoscente. E muitas dificuldades fazem parte deste ponto seu foco de irradiação, sem comentarmos os problemas por assim dizer normais que a face objetiva do direito nos oferece, principalmente para aqueles que não crêem em "verdades absolutas" no campo do conhecimento.

8. PRINCÍPIOS E CLASSIFICAÇÃO EM RAZÃO DE SEU GRAU DE OBJETIVIDADE

É sedutora, ao menos no exame do primeiro instante, a classificação dos princípios levando-se em conta o grau de objetividade que se verifica no momento de sua efetiva aplicação. Há princípios que são postos em termos vagos e excessivamente genéricos, ao lado de outros, enunciados de modo tão preciso, que passam a ser escassas as dissenções a respeito de sua incidência numa situação concreta. Vamos aos exemplos. A Lei Fundamental, no art. 37, caput, expressa-se de maneira vaga ao impor que a administração pública obedeça ao princípio da "moralidade", tornando-se no mínimo duvidosa e discutível sua indicação numa faixa enorme de eventos reais. A "função social da propriedade" (art. 5º, XXIII, da Constituição) acha-se também envolvida por forte teor de indeterminação. E o mesmo se diga da "liberdade", da "segurança", da "racionalidade", do "bem comum", da "finalidade pública" etc. bem certo que toda a palavra encerra alguma vaguidade. Mas queremos insistir que existem fórmulas expressionais onde predomina densamente a indeterminação, ao lado de outras de fácil e intuitivo reconhecimento, em que a ocorrência do mundo exterior está visivelmente demarcada, sobrando pouco espaço para os desacordos de opinião. É o caso da irretroatividade tributária (art. 150, inciso III, a, da Lei Magna). Basta saber o momento em que se deu o fato jurídico tributário e confrontá-lo com aquele que marcou o início da vigência da lei instituidora ou majoradora do tributo. Temos para nós que o princípio que prestigia a casa como asilo inviolável do indivíduo (art. 5º, XI, da Constituição), bem como o que protege o sigilo de correspondência, das comunicações telegráficas e das telecomunicações telefônicas, todos eles, em maior ou menor amplitude, podem acomodar-se rigorosamente no plano da aplicação factual.

Apesar da aparente simplicidade operativa, o critério que anima essa classificação procura transmitir uma objetividade que os valores não têm nem podem ter. A natureza eminentemente subjetiva desses núcleos significativos jamais poderá ser aprisionada, como se fora um mero fato cosmológico insularmente levado à análise. Fiquemos com sua operacionalidade, mas desde que reconheçamos a impossibilidade de fixar diretrizes objetivas e, portanto, com validade intersubjetiva, para delimitar valores. O que distrai nossa atenção entre as duas classes de princípios é que o legislador injeta valores (sempre subjetivos) em situações diferentes: incertas, indecisas, indeterminadas, as primeiras; limitadas e rigidamente delineadas, as últimas. Reflitamos sobre este tópico e estaremos autorizados a utilizar a classificação. Caso contrário seremos surpreendidos quando o legislador empregar o mesmo valor em hipóteses abertas, sem fronteiras onde o desenho recortado do suporte fáctico, como denominava Pontes de Miranda, não corresponda aos traços que a realidade material sugerir aos nossos sentidos. Eis o princípio da "igualdade" que pode ser tomado como exemplo. Ao projetar-se num dado acontecimento do mundo, essa diretriz experimenta curiosas configurações. Sabemos quanto difícil seria sustentar a discriminação entre homens e mulheres, no processo de seleção para ingresso na carreira do Ministério Público. A singela invocação do art. 5º, I, da Carta Constitucional vigente, seria o bastante para tolher qualquer entendimento discriminatório. Ao mesmo tempo, em matéria publicada na Folha de São Paulo, em janeiro de 1992, Flávia Piovesan discutiu a interessante tese de benefícios pleiteados por pessoas do mesmo sexo vivendo "maritalmente". Tudo sobre o fundamento daquela norma que sobranceira, estaria impregnando o sentido das demais regras do ordenamento. Num caso, o primeiro, a mera alusão ao primado da igualdade tem a força suficiente para decidir o problema. No segundo, em que a complexidade do desenho típico se vê agravada pela presença de outros valores, numa combinatória que suscita considerações mais profundas, o mesmo princípio perde seu aparente conteúdo de objetividade não se prestando mais para, sem outros torneios retóricos, encaminhar a solução exegética.

Recobremos a lembrança de que as expressões linguísticas conservam sempre um mínimo de vaguidade em sua integridade compositiva, inafastável por maior que seja o esforço de argumentação para efeito de convencimento. Não há como escapar dessa porção movediça que se aloja nos termos e nos enunciados proposicionais, alimentando, incessantemente, os estudos semânticos. Admitir esse traço, porém, longe de trazer a insegurança que desde logo imaginamos, significa reconhecer que há uma matéria-prima própria para o discurso persuasivo, tecendo a linguagem jurídica que antecede a decisão normativa.

9. VIOLAÇÃO DE PRINCÍPIOS E SOBREPRINCÍPIOS

Quando o comando emergente de um princípio é transgredido, nem por isso estaremos autorizados a declarar que a diretriz não tem eficácia, que é "letra morta". Os sistemas de direito positivo preveem a conduta infringente de suas prescrições, montando dinamismos de controle que se voltam à recomposição dos interesses violados. E sempre que esses dispositivos funcionam, restabelecendo a situação anterior, confirma-se a efetividade daqueles valores. Diante desse quadro, a desconsideração de princípios, como o da igualdade, anterioridade, legalidade estrita, entre outros, é o meio juridicamente próprio para testarmos sua eficácia. Se, quantas vezes atacados, tantas vezes reafirmado na sua força axiológica, confortavelmente poderemos afirmá-lo como vetor relevantíssimo do sistema.

Agora, se a agressão prospera, surte efeitos que se consolidam na ordem jurídica; se o Poder Judiciário a absorve, então se opera uma modificação no sistema, simplesmente porque a norma que hospedava certo sentido, adquire outra interpretação, passando a abrigar novos valores. E como esses valores são muito significativos, já que influenciam importantes porções de outras regras do conjunto, o antigo princípio já não se apresenta com eficácia, substituído que foi por vetores que atuam em outra direção semântica.

Fixemo-nos, porém, num ponto: a substituição de um princípio por outro, construído por alterações que se realizam no plano pragmático, é algo natural e perfeitamente compreensível, mesmo porque a sociedade humana vive em constante mutação e os conteúdos axiológicos exercem um papel histórico, portanto delimitado no tempo. A distorção significativa a que aludimos, contudo, manifesta-se de maneira um pouco diversa: em determinado preceito do sistema se reconhece a presença de um valor, que todos apontam. Mas, no percurso da sua implantação para disciplinar as condutas em interferência intersubjetiva, ocorrem desvios, de tal sorte que ao chegar no seu destino a norma não traz a mesma orientação valorativa. Acaso se consolide a situação final, diremos que o princípio foi violado. Entretanto, se funcionarem os dispositivos de recomposição, o princípio será reafirmado, saindo fortalecido.

Transportando-se a reflexão para o domínio dos sobreprincípios, em particular o da "segurança jurídica", é possível dizermos que não existirá, efetivamente, aquele valor, sempre que os princípios que o realizem forem violados. Tratando-se de entidades axiológicas, onde, como vimos, o teor de subjetividade é decisivo para identificar resultados, não cabe atinarmos a dados quantitativos, motivo pelo qual não se cogita de saber se uma única transgressão consolidada é suficiente ou se o juízo de reconhecimento requer uma sucessão delas.

10. CONCLUSÕES

Em termos de direito positivo, princípios são normas jurídicas portadoras de intensa carga axiológica, de tal forma que a compreensão de outras unidades do sistema fica na dependência da boa aplicação daqueles vetores. Acatando-se o enunciado assim formulado, preserva-se a uniformidade do objeto, permanecendo o sistema do direito posto como um conjunto de normas jurídicas: todas com a mesma estrutura sintática (homogeneidade sintática), porém diversas semanticamente (heterogeneidade semântica).

De outra parte, assim como existe uma hierarquia sintática, podemos falar numa distribuição hierárquica dos valores jurídicos, dispostos também de maneira escalonada. Os princípios estariam ocupando posições privilegiadas nos patamares do ordenamento. E, mesmo que haja, em muitas circunstâncias, coincidência entre supremacia sintática e superioridade axiológica, a relação de correspondência não é necessária. Importa salientar, contudo, que ao mencionarmos a locução "valores jurídicos" queremos aludir àqueles plasmados na linguagem do direito positivo e não a outros. Temos presente que as discrepâncias axiológicas conduzem a interpretações diferentes da mesma unidade normativa. Tais dissonâncias, porém, se instalam em face de valores que o exegeta constrói a partir do texto, porquanto rejeitamos a tese da existência de um reino de valores suprapositivos, pairando sobre o sistema vigente. Esses núcleos significativos que revelam a preferência do legislador são depositados, consciente ou inconscientemente, na linguagem prescritiva do direito, presidindo a seleção de aspectos factuais e orientando a regulação das condutas intersubjetivas.

Como decorrência de tudo quanto foi dito, o saber se u'a norma consubstancia ou não determinado princípio é uma decisão eminentemente subjetiva, de cunho ideológico. Mas entendemos que descabe um segundo juízo de valor que, incidente sobre o primeiro, opine a respeito das proposições teoréticas do conhecimento científico, manifestando-se o jurista dogmático a respeito da justiça, da racionalidade, da segurança ou da operacionalidade que certa ordem jurídica apresenta ou não apresenta. A aplicação, pela segunda vez, de uma inclinação ideológica, desvirtuaria os objetivos da Ciência, deslocando a atenção do objeto.

Refutamos, igualmente, qualquer tentativa de aprisionar tais núcleos de significação, que chamamos de valores, por meio de esquemas objetivos, adredemente preparados. Peleja contra eles o subjetivismo ínsito ao domínio do axiológico, que não admite esquemas dessa ordem. Tudo se dá, repetimos, pela combinação dos valores do sistema. Não é de estranhar-se, por conseguinte, que ninguém tenha inventado uma fórmula adequada para indicar a presença e orientar a aplicação de princípios como o da capacidade contributiva, o da proibição de confisco, o da estrita legalidade, o da anterioridade, o da igualdade tributária, para nos cingirmos tão-só a alguns exemplos, tirados do campo tributário. A interpretação dos princípios, como normas que verdadeiramente são, depende de uma análise sistemática capaz de levar em consideração o universo das regras jurídicas, enquanto organização sintática (hierarquia sintática) e enquanto organização axiológica (hierarquia dos valores jurídicos), pois assim como uma proposição prescritiva do direito não pode ser apreciada independentemente do sistema a que pertence, outro tanto acontece com os valores jurídicos injetados nas estruturas normativas. Desse processo de integração resultará o entendimento da mensagem prescritiva, em sua integridade semântica, sempre elástica e mutável.

Todo princípio atua para implantar valores. Há, contudo, conjuntos de princípios que operam para realizar, além dos respectivos conteúdos axiológicos, primados de maior hierarquia, aos quais chamaremos de "sobreprincípios". Entre esses exemplifica o postulado da "segurança jurídica", em que se verifica a coalescência de diretrizes como a da legalidade, da igualdade, da irretroatividade, da universalidade da jurisdição, da anterioridade etc., dele diremos que abriga o sobreprincípio da segurança jurídica em matéria tributária.

Seguindo o exemplo da segurança jurídica, é possível afirmar que a ilação anterior comporta duas verificações: uma, dada no plano sintático-semântico; outra, no plano pragmático da linguagem jurídico-normativa. A certificação sintático-semântica da existência daqueles princípios, em dado ordenamento, não garante o reconhecimento do sobreprimado da segurança jurídica, pois uma linguagem não pode prescindir de sua dimensão pragmática, e o direito positivo, como tal, é concebido para projetar-se sobre a região material das condutas intersubjetivas, disciplinando-as para a obtenção de certos valores. E é justamente pelo seu modo de ser valor que de nada adiantam direitos e garantias individuais, placidamente inscritos na Lei Magna, se os órgãos a quem compete efetivá-los não o fizerem das maneiras que o bom uso jurídico requer, isto é, fazendo prevalecer em seus comandos jurídicos os conteúdos axiológicos proclamados no corpo do direito positivo. A circunstância de que um princípio seja transgredido, uma ou mais vezes, pouco diz sobre sua eficácia. Impende saber se os mecanismos de recomposição, previstos pelo sistema, funcionam a ponto de restabelecer os valores ofendidos. Em caso afirmativo, teremos a manifestação de sua efetividade.

NOTAS SOBRE A IMUNIDADE MUSICAL: LIBERDADE DE EXPRESSÃO ARTÍSTICA E CULTURA NACIONAL

Rafhael Wasserman[1]

No tribunal da minha consciência
O teu crime não tem apelação
Debalde tu alegas inocência
Mas não terás minha absolvição
Os autos do processo da agonia
Que me causaste em troca ao bem que fiz
Correram lá naquela pretoria
Na qual o coração foi o juiz
Tu tens as agravantes da surpresa
(E) Também as da premeditação
Mas na minh'alma tu não ficas presa
Porque o teu caso é caso de expulsão
Tu vais ser deportada do meu peito

---

[1]. Juiz de Direito do Tribunal de Justiça do Estado do Paraná. Ex-Promotor do Ministério Público do Estado do Paraná. Mestre em Direito Tributário pela Pontifícia Universidade Católica de São Paulo (PUC-SP). Pós-Graduado em Direito Tributário pelo Instituto Brasileiro de Estudos Tributários (IBET).

Porque teu crime encheu-me de pavor
Talvez o habeas-corpus da saudade
Consinta o teu regresso ao meu amor
("Habeas Corpus" – Orestes Barbosa/Noel Rosa)

1. INTRODUÇÃO

O tema das imunidades tributárias foi recentemente revigorado, a partir do acréscimo de nova modalidade ao rol previsto na Constituição da República. A Emenda Constitucional n. 75 de 15 de outubro de 2013 introduziu a alínea "e" ao inciso VI do artigo 150, instituindo imunidade tributária sobre: *"fonogramas e videofonogramas musicais produzidos no Brasil contendo obras musicais ou literomusicais de autores brasileiros e/ou obras em geral interpretadas por artistas brasileiros bem como os suportes materiais ou arquivos digitais que os contenham, salvo na etapa de replicação industrial de mídias ópticas de leitura a laser."*

Como adiante se observará com o devido detalhamento, a Emenda Constitucional realizou um novo recorte no campo tributável retirando a faculdade do legislador pátrio exigir impostos sobre fonogramas e videogramas musicais produzidos no Brasil contendo obras musicais ou literomusicais de autores brasileiros além de obras em geral interpretadas por artistas nacionais, sem descurar dos suportes materiais ou arquivos digitais que os contenham, com a ressalva da etapa de replicação industrial de mídias ópticas de leitura a laser.

Pretende-se delinear o perfil da norma imunizante, de modo a contribuir com o estudo e o debate que se avizinha quanto ao seu alcance e caracteres essenciais. Esse breve trabalho inicialmente remeterá ao surgimento da imunidade para, na sequência, examinar o instituto a partir de aportes doutrinários. Munido de tais conhecimentos, serão tecidas considerações sobre a novel espécie de regra exonerativa.

2. EMENDA CONSTITUCIONAL N. 75/2013

A Emenda Constitucional n. 75 de 15 de outubro de 2013 adveio da Proposta de Emenda n. 98/07 que recebeu a alcunha PEC da Música, tendo em vista o nítido objetivo de atender a reclamos da indústria fonográfica que sofria os revezes da propalada crise de mercado oriunda do avanço da contrafação, popularmente conhecida como pirataria de CDs e DVDs.

Ultimado o trâmite em ambas as casas legislativas, a proposta foi identificada como PEC n. 123/2011, tendo sido alterada para incluir uma exceção à regra, afastando a imunidade e, por conseguinte, atraindo a tributação, sobre a etapa de replicação industrial das mídias ópticas de leitura a laser.[2]

Consta da justificação à proposta que a alteração ao texto constitucional visa à defesa da cultura nacional ante a contrafação ("pirataria") física e àquela oriunda da rede mundial de computadores. Pretendeu-se, pois, reduzir o impacto da tributação sobre o preço final de CDs e DVDs, favorecendo a aquisição de tais mídias pelo mercado consumidor, reduzindo os prejuízos amargados nos anos que a antecederam e atingiram autores, compositores, produtores, artistas e profissionais

---

2. O objetivo almejado pelo legislador ao introduzir a exceção consta do Parecer n. 484/12 exarado pelo Senado Federal, segundo o qual: "(...) *a parte final da alínea que se busca incluir no art. 150, VI, da CF, resguarda a produção industrial de CDs e DVDs na Zona Franca de Manaus, com a manutenção da exclusividade do benefício fiscal atualmente concedido na etapa de replicação às indústrias localizadas naquela região.*" Disponível em: <http://www.senado.gov.br/atividade/Materia/getPDF.asp?t=107967&tp=1>. Acesso em: 30 de março de 2014. Nada obstante, fora proposta Ação Declaratória de Inconstitucionalidade (ADI 5.058) pelo Governador do Estado do Amazonas, de relatoria do Ministro Teori Zavascki, suscitando a inconstitucionalidade da Emenda, sob o argumento de que a imunidade acarretaria redução substancial do estímulo regional concernente à Zona Franca de Manaus.

da música em geral. Busca-se ainda viabilizar o acesso do produto original pelas classes menos favorecidas.

Não se pretende discorrer a respeito das justificativas expostas, bem como acerca de sua efetividade. Há que se ressaltar apenas que a evolução tecnológica, da qual o direito não pode olvidar, promoveu significativas alterações no quadro anunciado na Proposta de Emenda Constitucional, uma vez que a redução do consumo de mídias físicas foi acompanhada pelo paulatino incremento das receitas oriundas de mídias digitais, especialmente *downloads*.

Impende frisar ainda que a contrafação, ou seja, a reprodução não autorizada, nos termos do art. 5º, VII, da Lei n. 9.610/98, consiste em crime, tipificado no artigo 184 do Código Penal (violação de direito autoral), sujeitando o infrator a penas de três meses a um ano ou multa na forma simples e de dois a quatro anos e multa na qualificada. Percebe-se que o Poder Legislativo se valeu de instrumento afeito a seara tributária para coibir a prática de ilícitos penais, por meio da indução de comportamentos, premiando as condutas lícitas. Cuida-se de louvável iniciativa para atingir de forma indireta a inegável realidade da indústria da pirataria nacional.

3. IMUNIDADES TRIBUTÁRIAS

A questão enfrentada exige um conciso aparte, sem qualquer pretensão de esgotamento do tema.

A doutrina há muito se dedicou ao exame do instituto, desenvolvendo inúmeras definições, tais como: "*limitação constitucional à competência tributária*"[3], "*exclusão do poder de instituir impostos*"[4], "*hipótese de não-incidência constitucio-*

---

3. BALEEIRO, Aliomar. *Limitações constitucionais ao poder de tributar*. 7. ed. Rio de Janeiro: Forense, 1998, p. 12.
4. NOGUEIRA, Ruy Barbosa. *Curso de direito tributário*. 14. ed. São Paulo: Saraiva, 1995, p. 126.

nalmente qualificada"⁵, entre outros. A imunidade corresponde à norma jurídica de estatura constitucional que se agrega às normas de competência tributária e veda a faculdade do ente político de expedir diplomas legais que instituam tributos. Cuida-se de regra, ou melhor, de uma norma de estrutura voltada ao legislador infraconstitucional em seu papel de veicular diplomas legais em âmbito tributário.

As imunidades, ao lado dos princípios, se localizam na seção da Constituição da República atinente às limitações constitucionais ao poder de tributar, dando a conformação das competências legislativas tributárias. Representam limitações expressas e materiais, por se encontrarem positivadas e predeterminarem o conteúdo do exercício de competência pelos entes públicos de direito político interno.⁶ Portanto, a competência tributária já surge desprovida de parcela de poder delimitada pelos princípios constitucionais e imunidades, não havendo cronologia entre normas de estrutura.⁷

O fenômeno tributário tem como um de seus pilares o princípio da isonomia, com fulcro nos artigos 5º, II e 150, I, do texto constitucional. Como regra geral, a coletividade deve contribuir com os gastos públicos de forma igualitária, observados princípios da capacidade contributiva, proporcionalidade e progressividade, entre outros.

Nessa senda, a criação de exceções pressupõe reforço quanto à fundamentação. Em realidade, as situações de não

---

5. BORGES, José Souto Maior. *Teoria geral da isenção tributária*. 3. ed. São Paulo: Malheiros, 2011, p. 218.
6. Cumpre ressaltar a advertência de Humberto Ávila, segundo o qual é possível falar em imunidades implícitas, pois, em casos excepcionais, a implicação lógica dos princípios constitucionais faz surgir normas pré-excludentes de poder a partir de determinadas situações, como a tutela do mínimo existencial. (ÁVILA, Humberto. *Sistema constitucional tributário*. 5. ed. São Paulo: Saraiva, 2012, p. 274).
7. CARVALHO, Paulo de Barros. *Curso de direito tributário*. 17. ed. São Paulo: Saraiva, 2005, p. 172.

tributação concretizam a dimensão material do princípio da igualdade. Identificam, pois, hipóteses intangíveis por regras tributárias impositivas, as quais visam resguardar valores constitucionalmente prestigiados, dentre os quais se destacam direitos fundamentais correlacionados a abstenções ou prestações positivas vinculadas aos fins do Estado.

Os valores que servem como fundamento às imunidades se relacionam precipuamente a liberdades e garantias fundamentais[8], cláusulas pétreas, razão pela qual sequer podem ser alteradas por emenda, a teor do disposto no artigo 60, parágrafo 4º, IV, do texto constitucional.[9] Essa assertiva se apresenta de diversas formas, a exemplo da imunidade recíproca, a qual inibe a exigência de gravames entre as pessoas políticas de direito interno por força do pacto federativo, bem como da capacidade contributiva, ou melhor, da sua ausência.[10] Essa, por sua vez, fundamenta outras imunidades, como a incidente sobre entidades de assistência social, cuja ausência de manifestações de riqueza inviabiliza a persecução exacional.

Cuida-se de instituto direcionado a todas as espécies de exações e não apenas impostos. Não se descure que as imunidades se voltam a taxas e contribuições[11], o que resta evidenciado pelo próprio texto constitucional, em seus artigos 5º,

---

8. Para Ricardo Lobo Torres, a imunidade corresponde à qualidade essencial da pessoa humana e, por conseguinte, direito público subjetivo a afastar a ordem jurídica tributária objetiva, calcada na liberdade individual e, complementarmente, na justiça e na segurança jurídica. (TORRES, Ricardo Lobo. *Tratado de direito constitucional, financeiro e tributário*. V. III. Rio de Janeiro: Renovar, 1999, p. 61-63).
9. SCHOUERI, Luís Eduardo. *Direito tributário*. São Paulo: Saraiva, 2011, p. 376.
10. Capacidade contributiva entendida como a possibilidade de o sujeito concorrer com os gastos públicos, de acordo com a sua condição econômica aferida segundo concretas manifestações de riqueza, sem sacrificar a fonte produtora.
11. COSTA, Regina Helena. *Imunidades tributárias*. São Paulo: Malheiros, 2001, p. 47.

XXXIV (taxas), 195, parágrafo 7º (contribuições).[12] Nada obstante, especificamente em relação ao artigo 150 da Constituição da República, prevalece a interpretação literal, segundo a qual a imunidade atinge apenas impostos. Por conseguinte, a seguir o mesmo entendimento, a nova modalidade abrangerá tão somente tais gravames não vinculados.

Diversas classificações foram desenvolvidas a diferenciar as imunidades. Importa destacar a classificação quanto ao critério da forma de previsão, que as divide em subjetivas e objetivas. As primeiras decorrem de um fator pessoal, isto é, da natureza jurídica do ente ou de fatores a ele inerentes, dentre as quais se incluem as imunidades recíproca, relativa a templos, partidos políticos e suas fundações, entidades sindicais dos trabalhadores e instituições de educação e de assistência social sem fins lucrativos. As objetivas, por sua vez, advêm de fatos ou bens, como a imunidade dirigida a livros, jornais e periódicos, bem como sobre o papel destinado à sua impressão. Imunidades mistas, por sua vez, apresentam características de ambas as anteriores.

Por evidente que nas imunidades subjetivas há elementos de índole objetiva vinculados às pessoas destacadas da tributação pelo legislador constituinte, como a referência a "patrimônio, rendas e serviços", bem como nas imunidades objetivas existe espaço para uma reduzida subjetividade, uma vez que os pretensos contribuintes sempre se materializam na forma de pessoas físicas ou jurídicas.

4. IMUNIDADE MUSICAL

Com o advento da Emenda Constitucional n. 75/13 foram excetuadas da regra tributária impositiva algumas hipóteses

---

12. A menção ao verbo "isentar" revela mera atecnia do constituinte. Nesse sentido: COSTA, Regina Helena. *Imunidades tributárias*. São Paulo: Malheiros, 2001, p. 215.

atinentes à indústria musical, nos seguintes termos: *"fonogramas e videofonogramas musicais produzidos no Brasil contendo obras musicais ou literomusicais de autores brasileiros e/ou obras em geral interpretadas por artistas brasileiros bem como os suportes materiais ou arquivos digitais que os contenham, salvo na etapa de replicação industrial de mídias ópticas de leitura a laser."*

Nessa senda, impende destacar da nova alínea alguns aspectos reputados relevantes.

I- "fonogramas e videofonogramas musicais produzidos no Brasil contendo obras musicais ou literomusicais de autores brasileiros"

Prefacialmente, por fonogramas entende-se *"toda fixação de sons de uma execução ou interpretação ou de outros sons, ou de uma representação de sons que não seja uma fixação incluída em uma obra audiovisual"* (artigo 5º, IX, da Lei n. 9.610/98), ou seja, gravação de ondas sonoras que não esteja acompanhado de imagens em determinada base ou suporte. Videofonograma, por sua vez, consiste no registro de imagens agregadas a sons em algum suporte.

"Produzidos no Brasil" significa gerados, fabricados, elaborados, originados no território brasileiro. O emprego de tal verbo pode ensejar questionamentos futuros, em decorrência de sua imprecisão. Qual é o alcance da nova modalidade de imunidade tributária? Alberga apenas os registros sonoros ou de sons imagens gravados no país? Estão abrangidos os shows de artistas brasileiros no exterior cujas gravadoras estão sediadas no Brasil?[13] Não há como determinar de antemão qual

---

13. Questionamentos quanto a possíveis sinonímias do vocábulo "produção" mereceram realce por Carolina Botosso e Eduardo Behar, ante a ausência de objetividade da locução "produzidos no Brasil". (BOTOSSO, Carolina; BEHAR, Eduardo. *Imunidade tributária dos CDs e DVDs – análise da EC 75/13*. Disponível em: <http://www.migalhas.com.br/dePeso/16,MI191564,101048--Imunidade+tributaria+dos+ CDs+e+DVDs+ analise+da+EC+7513>. Acesso em: 12 de abril de 2014).

será a exegese de tal expressão. Pode-se supor, sem a pretensão de exercer o dom da presciência, que a interpretação a ser dada buscará os fins implícitos à norma imunizante, a acompanhar a jurisprudência consolidada pelo Supremo Tribunal Federal.[14]

A introdução da fórmula *"obras musicais ou literomusicais de autores brasileiros"* indica que o constituinte derivado visou englobar apenas conteúdo eminentemente musical, repisando o que já havia enunciado ao fazer referência ao registro sonoro e visual. Constam expressamente os termos "musicais" e "literomusicais" a evidenciar que não apenas os fonogramas e videofonogramas contendo composições de sons, mas também gravações formadas pelo amálgama entre música e literatura.

Impende asseverar que não há qualquer restrição quanto ao conteúdo ou vertente musical divulgados por meio da comunicação sonora.

Repise-se, pois, os três distintos objetivos almejados com a criação de nova espécie de imunidade tributária: (*i*) facilitar o exercício da liberdade de expressão artística; (*ii*) fomentar a cultura nacional, além de torná-la mais acessível à população menos favorecida e (*iii*) combater a contrafação de CDs e DVDs.

Observa-se, a partir da primeira justificativa exposta, que a regra de incompetência foi empregada a afastar a edição de normas tributárias impositivas incidentes sobre obras musicais e literomusicais nacionais visando à preservação da liberdade de

---

14. O Supremo Tribunal Federal, no Recurso Extraordinário n. 221.239 de relatoria da Ministra Ellen Gracie evidenciou que a imunidade tributária objetiva que recai sobre livros, jornais, periódicos e o papel destinado à sua impressão tem a finalidade de: "(...) *evitar embaraços ao exercício da liberdade de expressão intelectual, artística, científica e de comunicação, bem como facilitar o acesso da população à cultura, à informação e à educação.*" No mesmo sentido, o Ministro Marco Aurélio Mello consagra às apostilas a função de transmissão de cultura em caráter simplificado. É evidente, portanto, o papel desempenhado por tais veículos na difusão do conhecimento, finalidade precípua da instituição da norma imunizante.

expressão. A liberdade de expressão em sentido amplo corresponde a um direito-gênero, no qual se incluem diversas liberdades de comunicação, formando um conjunto de direitos fundamentais.[15]

Não é demais ressaltar que essa liberdade pública, consagrada nos artigos 5º, IV, IX e XIV e 220, da Constituição da República, representa um indispensável instrumento para o funcionamento do Estado Democrático de Direito. Inserto no conceito de liberdade de expressão se encontram faculdades diversas, a exemplo da comunicação de pensamentos, ideias, músicas, imagens, entre outros.[16]

A presente imunidade tutela a liberdade de expressão afeita às produções artístico-musicais, sem qualquer restrição quanto ao conteúdo.[17] Significa dizer que ao Estado não é facultado estabelecer quais manifestações merecem ou não tutela normativa, eis que a regra tributária se origina de um direito fundamental negativo, isto é, de abstenção estatal. Veda-se a interferência sobre a liberdade individual, independentemente de qual a mensagem transmitida, sem olvidar das limitações oriundas de eventuais conflitos com outros direitos fundamentais ou valores constitucionais.[18]

Segundo o Ministro Celso de Mello no Recurso Extraordinário n. 635.023, não é "constitucionalmente aceitável" tampouco "juridicamente compatível" com a ordem constitucional a imposição de restrições à manifestação de obras artísticas.[19]

---

15. CANOTILHO, J. J. Gomes; MACHADO, Jónatas E. M. *"Reality shows" e liberdade de programação*. Coimbra: Coimbra Editora, 2003, p. 14.
16. MENDES, Gilmar Ferreira; COELHO, Inocêncio Mártires. *Curso de direito constitucional*. 4. ed. São Paulo: Saraiva, 2009, p. 402.
17. Desenvolve-se raciocínio semelhante ao exposto pelo Supremo Tribunal Federal no Recurso Extraordinário n. 134.071, de relatoria do Ministro Ilmar Galvão, no qual evidenciou a irrelevância do critério do conteúdo do livro, jornal ou periódico para fins da imunidade sobre listas telefônicas.
18. MENDES, Gilmar Ferreira; COELHO, Inocêncio Mártires. *Curso de direito constitucional*. 4. ed. São Paulo: Saraiva, 2009, p. 403-404.
19. Consoante expressamente enuncia o Ministro Relator, em questão

II – "e/ou obras em geral interpretadas por artistas brasileiros"

No tocante à transcrita expressão, uma interpretação literal do dispositivo poderia levar à conclusão de que não apenas os fonogramas e videogramas contendo obras musicais ou literomusicais estariam atingidos pela imunidade tributária, mas composições de toda sorte, desde que originadas de intérpretes tupiniquins, como filmes produzidos no Brasil.

É preciso, porém, examinar o dispositivo em seu conjunto, em uma visão sistemática. Assim, a imunidade se destina tão somente a fonogramas e videofonogramas contendo registros musicais ou literomusicais de artistas brasileiros e produzidos no Brasil.

É inegável o incentivo representado pela redução dos tributos incidentes sobre a produção de obras musicais. Frise-se, porém, que há vozes sustentando a inconstitucionalidade da recém-aprovada medida, ao enfocar o equívoco de adequação na eleição do critério distintivo dos contribuintes destinatários da regra imunizante para atingir a finalidade tributária pretendida.[20] Pressupõe-se que todos, nacionais ou estrangeiros, são autores e intérpretes, cujas obras produzidas são dotadas de mesma natureza intelectual, o que implica situação tributária equivalente. Sustenta-se que a nacionalidade é critério

---

envolvendo a incompatibilidade de exigência de inscrição junto à Ordem dos Músicos do Brasil para o exercício de atividade artística, a referida espécie de liberdade de expressão não se submete a limitações oriundas do Poder Público: "(...) *pois o espírito humano, que há de ser permanentemente livre, não pode expor-se, no processo de criação, a mecanismos burocráticos que imprimam restrições administrativas, que estabeleçam limitações ideológicas ou que imponham condicionamento estéticos à exteriorização dos sentimentos que se produzem nas profundezas mais recônditas da alma de seu criador.*"
20. CORRÊA-COSTA, André Luiz. A inconstitucionalidade da Emenda Constitucional n. 75: a imunidade sobre fonogramas e videofonogramas e seus suportes materiais ou arquivos digitais. *Revista Dialética de Direito Tributário*, São Paulo, n. 222, p. 43, mar. 2014.

injustificado para instituir tratamento tributário diferenciado, tendo em vista que as finalidades da norma se resumem à redução do custo tributário dos produtos oficiais, manutenção dos empregos do setor, respeito aos direitos autorais, além do favorecimento do consumo de produtos de índole cultural.[21]

III – "bem como os suportes materiais ou arquivos digitais que os contenham"

Por suportes materiais compreendem-se os objetos físicos aptos a absorver o conteúdo e a transmitir a informação contida, ou seja, CDs, DVDs ou Blu-rays ou qualquer outro mecanismo por intermédio do qual se corporifica a obra. Os arquivos digitais, no contexto da imunidade perscrutada, exercem a mesma função de conservar registros de sons, imagens, documentos, dados em geral, ao convertê-los em forma numérica binária, ou seja, não são apreensíveis sensorialmente, pois desprovidos de suportes físicos.

É motivo de certa perplexidade o emprego da locução arquivos digitais, na medida em que o legislador pretendeu proteger, com a introdução na Constituição de 1988 da alínea "e" ao seu artigo 150, inciso VI, a indústria fonográfica concentrada na produção de CDs, DVDs e Blu-Rays, descurando da crescente e irrefreável comercialização de músicas via internet.

Nesse ponto, a nova regra poderá fomentar o debate em relação à imunidade do livro eletrônico ou *e-book*[22], uma vez que,

---

21. Cumpre destacar da doutrina de André Luiz Costa-Corrêa que a Emenda Constitucional 75/2013 padece de vício de inconstitucionalidade por violar os artigos 3º, IV e art. 152, ao estabelecer diferença tributária entre contribuintes e entre produtos ou serviços nacionais ou estrangeiros, e por promover tratamento tributário diferenciado em virtude do destino ou da procedência dos produtos ou serviços. (CORRÊA-COSTA, André Luiz. A inconstitucionalidade da Emenda Constitucional n. 75: a imunidade sobre fonogramas e videofonogramas e seus suportes materiais ou arquivos digitais. *Revista Dialética de Direito Tributário*, São Paulo, n. 222, p. 43-44, mar. 2014).

22. Nesse sentido: OLIVEIRA, Júlio M. de; TAVARES, Gustavo Perez. *Emenda Constitucional 75 pode afetar imunidade de livros*. Disponível em: <http://

tal como os livros, jornais e periódicos, as obras musicais e literomusicais visam assegurar a liberdade de expressão e a difusão da cultura e do conhecimento.[23] Correspondem a objetos culturais e não meramente físicos.[24]

É preciso despir o objeto de todos os elementos não essenciais para caracterizá-lo. Livro não se torna livro pelo número de páginas, formatação, ou modo de apresentação. Da mesma forma, composição musical ou literomusical é o resultado do trabalho técnico de seu autor ou intérprete, independentemente da extensão ou da dedicação empregada na elaboração. O suporte físico, em ambos os casos, é apenas o modo de exteriorização da informação.

A imunidade, por possuir patamar constitucional, não comporta uma interpretação meramente literal. Trata-se de norma construída a partir dos enunciados que integram a Constituição da República e, por isso, não configura verdadeira exceção, dando os contornos da competência legislativa tributária. A interpretação literal consiste na primeira aproximação do intérprete com o produto legislado e não o ponto final.

Não se pretende, pois, desenvolver a temática da interpretação das normas constitucionais. Basta dizer que sua exegese difere das demais normas que compõem o ordenamento jurídico positivo.[25]

---

www.conjur.com.br/2013-dez-01/emenda-constitucional-75-afetar-decisao-
-imunidade-livros>. Acesso em: 19 de abril de 2014.

23. Reconhecida a existência de repercussão geral no Recurso Extraordinário 330.817, de relatoria do Ministro Dias Toffoli.

24. Traça-se um paralelo a partir da doutrina de Marco Aurélio Greco, cuja lição indica que o termo "livro" contemplado no art. 150, VI, "d", da Constituição de 1988, é um objeto cultural (produto da cultura dos povos) e não simplesmente um objeto físico. Tem a função de conservar e transmitir informações. (GRECO, Marco Aurélio. Imunidade tributária do livro eletrônico. *In*: MACHADO, Hugo de Brito. *Imunidade tributária do livro eletrônico*. 2. ed. São Paulo: Atlas, 2003, p. 174-175).

25. Conquanto a questão já se encontre pacificada na doutrina e jurisprudência

Colocadas as imunidades tributárias sob o olhar investigativo, não se defende a mais ampla interpretação possível, porém, uma construção de sentido em conformidade aos valores prestigiados pelo constituinte, em um viés teleológico.

A partir dos enunciados encartados na Emenda Constitucional n. 75/13, a nova alínea introduzida dispôs indubitavelmente acerca da imunidade não apenas da comunicação musical inserta em suportes materiais, físicos, mas também no ambiente virtual, pois ambos os veículos concretizam o direito fundamental à liberdade de expressão artística e à difusão da cultura. O direito positivo deve acompanhar as mudanças sociais e a evolução tecnológica, sob pena de obsolescência prematura. O comércio eletrônico é uma realidade a qual o legislador não pode ignorar.[26]

Nessa senda, atribuir tal função apenas às produções musicais manifestadas em meio virtual e ao mesmo tempo negá-la ao livro digital é um contrassenso.[27] Há que se repisar que a imunidade não é um fim em si mesmo, mas um meio, o que impõe ao intérprete atribuir a abrangência que o valor fundamental por ela garantido necessita.

---

pátrias, qual seja, a dissociação entre imunidades e isenções, um ponto a evidenciar essa distinção corresponde à interpretação. A mera inserção das imunidades na seção reservada às limitações constitucionais ao poder de tributar não as torna exceção à competência tributária, tampouco enseja a interpretação literal, tal como se observa no campo das isenções (artigo 111, II, do Código Tributário Nacional).

26. Fato esse reconhecido pelo Ministro Luiz Fux ao proferir decisão no Recurso Extraordinário n. 749.448 na qual determinou o retorno dos autos ao Tribunal Regional Federal da 4ª Região até ultimado o julgamento do Recurso Extraordinário 330.817, já referido.

27. Essa conclusão se dessume da justificação da Proposta de Emenda Constitucional n. 98, de 2007, cujos termos evidenciam o objetivo de atribuir à imunidade musical semelhante tratamento àquele preexistente quanto a livros, jornais, periódicos e o papel destinado à sua impressão. Disponível em: <http://www.camara.gov.br/proposicoesWeb/prop_mostrarintegra?cod teor=474630&filename=PEC+98/2007>. Acesso em: 30 de março de 2014.

Compete sublinhar ainda que a Constituição de 1988, conquanto seja dotada de natureza prescritiva, é linguagem e como tal é dinâmica, devendo acompanhar as transformações do mundo fenomênico. A evolução tecnológica, seja em relação a obras literárias ou musicais, exige do legislador e do aplicador do direito a necessária conformação.

Conclui-se, pois, que a regra ora em questão, por se tratar de imunidade de índole objetiva, afasta a potencial exigência de impostos diretamente incidentes sobre a cadeia de produção e comercialização das obras musico-literárias, a exemplo do imposto de importação, IPI e ICMS. Não atinge, porém, os impostos que recaem sobre o sujeito que produz, fornece ou comercializa, tal como o imposto sobre a renda advinda da venda ou elaboração dos fonogramas ou videogramas.

IV – "salvo na etapa de replicação industrial de mídias ópticas de leitura a laser"

Por derradeiro, mister examinar a parte final do enunciado. Corresponde à fase de multiplicação de CDs, DVDs e Blu-Rays, suportes físicos aptos a armazenar sons e imagens a partir de uma matriz.

Cuida-se de exceção da exceção, o que significa dizer que os impostos incidentes na produção de cópias de CDs, DVDs e Blu-Rays serão devidos pelos respectivos sujeitos passivos. Por conseguinte, a replicação de suportes físicos não compreendidos como mídias ópticas de leitura a laser, a exemplo de *pen drives*, se mantém ao alcance da norma imunizante.

5. CONCLUSÃO

A Emenda Constitucional 75, de 15 de outubro de 2013, voltada à desoneração do produto musical e literomusical nacional, representa instrumental de relevo no enfrentamento da contrafação. A partir da sintética análise da regra imunizante aventaram-se alguns aspectos reputados significativos, como seu conteúdo, abrangência e limitação. A imunidade musical inibe a instituição de exações incidentes sobre operações envolvendo fonogramas e videofonogramas, isto é, registros de sons ou sons e imagens de cunho musical ou literomusical, elaborados por autores brasileiros ou interpretados por artistas brasileiros, materializados em suportes físicos ou digitais.

Procurou-se por meio desse breve estudo desenvolver algumas ideias em um contexto de ainda escassos debates acerca da novel imunidade introduzida no corpo constitucional.

Denotou-se a potencial controvérsia a respeito da suposta reserva de mercado gerada pela limitação da incidência da regra imunizante apenas a produções oriundas de autores ou intérpretes brasileiros, sob o fundamento de incentivo à cultura nacional.

Frisou-se a possível influência da norma na questão ainda em aberto no Supremo Tribunal Federal quanto à aplicação da imunidade de livros, jornais e periódicos, bem como sobre o papel destinado à sua impressão, ao livro eletrônico ou *e-book*. O desenlace da controvérsia colocará em evidência a posição adotada pela Corte Suprema em relação à exegese a ser dada à regra imunizante, vale dizer, interpretação literal ou teleológica, restritiva ou ampliativa.

Toda imunidade possui um valor subjacente, caro ao legislador constituinte, cujo sentido orienta a interpretação da regra de incompetência legislativa tributária. Portanto, as obras musicais ou literomusicais, bem como os livros (em formato eletrônico ou impresso), são veículos de difusão de conhecimentos e, assim, não devem ser obstados por ações estatais. Significa, pois, que a liberdade de expressão e a democratização da cultura, *ratio essendi* de ambas as imunidades objetivas, devem servir de parâmetro ao operador do direito, das quais não pode olvidar em seu labor, seja ao instituir novas regras tributárias ou aplicá-las.

6. REFERÊNCIAS BIBLIOGRÁFICAS

ÁVILA, Humberto. *Sistema constitucional tributário*. 5. ed. São Paulo: Saraiva, 2012.

BALEEIRO, Aliomar. *Limitações constitucionais ao poder de tributar*. 7. ed. Rio de Janeiro: Forense, 1998.

BORGES, José Souto Maior. *Teoria geral da isenção tributária*. 3. ed. São Paulo: Malheiros, 2011.

BOTOSSO, Carolina; BEHAR, Eduardo. *Imunidade tributária dos CDs e DVDs – análise da EC 75/13*. Disponível em: <http://www.migalhas.com.br/dePeso/ 16,MI191564,101048-Imunidade+tributaria+dos+CDs+e+DVDs+analise+da+EC+75 13>. Acesso em: 12 de abril de 2014.

BRASIL. Câmara dos Deputados. *Proposta de Emenda à Constituição n. 98, de 2007*. Disponível em: <http://www.camara.gov.br/proposicoesWeb/prop_mostrarintegra? codteor=474630&filename=PEC+98/2007>. Acesso em: 30 de março de 2014.

BRASIL. Senado Federal. *Parecer n. 484, de 2012*. Disponível em: <http://www.senado.gov.br/ atividade/Materia/getPDF.asp?t=107967 &tp=1>. Acesso em: 30 de março de 2014.

CANOTILHO, J. J. Gomes; MACHADO, Jónatas E. M. *"Reality shows" e liberdade de programação*. Coimbra: Coimbra Editora, 2003.

CARVALHO, Paulo de Barros. *Curso de direito tributário*. 17. ed. São Paulo: Saraiva, 2005.

CORRÊA-COSTA, André Luiz. A inconstitucionalidade da Emenda Constitucional n. 75: a imunidade sobre fonogramas e videofonogramas e seus suportes materiais ou arquivos digitais. *Revista Dialética de Direito Tributário*, São Paulo, n. 222, mar. 2014.

COSTA, Regina Helena. *Imunidades tributárias*. São Paulo: Malheiros, 2001.

GRECO, Marco Aurélio. Imunidade tributária do livro eletrônico. *In*: MACHADO, Hugo de Brito. *Imunidade tributária do livro eletrônico*. 2. ed. São Paulo: Atlas, 2003.

MENDES, Gilmar Ferreira; COELHO, Inocêncio Mártires. *Curso de direito constitucional*. 4. ed. São Paulo: Saraiva, 2009.

NOGUEIRA, Ruy Barbosa. *Curso de direito tributário*. 14. ed. São Paulo: Saraiva, 1995.

OLIVEIRA, Júlio M. de; TAVARES, Gustavo Perez. *Emenda Constitucional 75 pode afetar imunidade de livros*. Disponível em: <http://www.conjur.com.br/2013-dez-01/emenda-constitucional-75-afetar-decisao-imunidade-livros>. Acesso em: 19 de abril de 2014.

SCHOUERI, Luís Eduardo. *Direito tributário*. São Paulo: Saraiva, 2011, p. 376.

TORRES, Ricardo Lobo. *Tratado de direito constitucional, financeiro e tributário*. V. III. Rio de Janeiro: Renovar, 1999.

IMUNIDADE TRIBUTÁRIA MUSICAL E LIBERDADE DE EXPRESSÃO ARTÍSTICA

Eduardo de Moraes Sabbag[1]

I. INTRODUÇÃO

A Emenda Constitucional n. 75 – fruto da intitulada "PEC da Música" e publicada em 15 de outubro de 2013 – acrescentou a alínea "e" ao inciso VI do art. 150 da Carta Magna, prevendo, assim, a *imunidade musical*. Segue o teor da nova alínea:

> Art. 150. Sem prejuízo de outras garantias asseguradas ao contribuinte, é vedado à União, aos Estados, ao Distrito Federal e aos Municípios: (...)

---

1. Professor, Advogado e Autor de Obras Jurídicas; Doutor em Direito Tributário pela PUC/SP; Doutorando em Língua Portuguesa pela PUC/SP; Mestre em Direito Público e Evolução Social pela UNESA/RJ; Professor de Direito Tributário, de Língua Portuguesa e de Redação na Rede de Ensino LFG/Anhanguera; Coordenador dos Cursos de Pós-Graduação em Direito Tributário e Processo Tributário na Rede LFG/Anhanguera; Professor de Direito Tributário da Universidade Presbiteriana Mackenzie/SP e da Universidade Federal do Rio de Janeiro (UFRJ/FND).

VI – instituir impostos sobre: (...)

e) fonogramas e videofonogramas musicais produzidos no Brasil contendo obras musicais ou literomusicais de autores brasileiros e/ou obras em geral interpretadas por artistas brasileiros bem como os suportes materiais ou arquivos digitais que os contenham, salvo na etapa de replicação industrial de mídias ópticas de leitura a *laser*.

O propósito do novel comando imunitório é desonerar de *impostos* os *fonogramas* (a obra artística da produção de *som*) e *videofonogramas* (a obra artística da produção de *imagem e som*), musicais ou literomusicais, produzidos no Brasil, sem prejuízo da extensão da imunidade tributária aos suportes ou arquivos que os contenham. Desse modo, a *obra intelectual* do artista musical, em sua inteireza, passa a ficar protegida da tributação.

Ademais, o poder constituinte derivado houve por bem ao ofertar proteção à *mídia física*, a qual veicula materialmente aquela obra intelectual. Trata-se dos suportes materiais ou arquivos digitais, a saber, os CDs, os DVDs, os *Blue-Rays* e os próprios celulares, *tablets* e similares.

Destaque-se que a norma imunizante em apreço, a par do objetivo de *reduzir a carga de impostos de tais produtos*, ou seja, propiciar a baixa de preços, tanto nos CDs, DVDs e *Blue-Rays* que contenham a obra artística musical, como também nas músicas comercializadas pela internet ou via telefonia, almeja, por certo, *desestimular a comercialização clandestina* de "cópias piratas". A propósito, em ambas as direções, a benesse constitucional vem ratificar axiologicamente o acesso à cultura e ao conhecimento, à semelhança da *Imunidade de Imprensa*, prevista na alínea anterior (art. 150, VI, "d", CF).

II. CONCEITO DE IMUNIDADE TRIBUTÁRIA

Logo que se pensa na acepção do vocábulo *imunidade*, tem-se a fácil constatação de que o termo corresponde a algo que é "livre de, dispensado de, resguardado de ou contra, isento, incólume, liberado".[2]

Tal conceito de exoneração pode ser naturalmente deslocado para o âmbito semântico das *imunidades tributárias*. Entretanto se faz necessário ter presente, de início, que a maioria das normas imunizadoras de tributos – contempladas sempre na Constituição Federal[3] – decorrem dos sublimes princípios e garantias constitucionais, os quais, dotados de expressiva carga axiológica, são vocacionados a limitar o poder de tributar das entidades impositoras.

Dessa forma, a norma imunizante, burilada pelo legislador constituinte em nome do *cidadão-destinatário*, na esteira de uma perspectiva finalística, visa preservar valores políticos, religiosos, educacionais, culturais, sociais e éticos, todos "considerados como de superior interesse nacional"[4-5], colocando a salvo da tributação certas situações e pessoas – físicas e jurídicas.

---

2. No plano lexicográfico, o clássico *Aurélio* registra o verbete *imunidade* como a "condição de não ser sujeito a algum ônus ou encargo" (FERREIRA, Aurélio Buarque de Holanda. *Novo dicionário da língua portuguesa*. 2. ed., 24. impr., Rio de Janeiro: Ed. Nova Fronteira, 1986, p. 927, verbete "imunidade").
3. Sobre a necessidade de *previsão constitucional* para a norma de *imunidade tributária*, ver, por todos, o parecer de FALCÃO, Amilcar de Araújo (Imunidade e isenção tributária – Instituição de assistência social (Parecer). 9 de setembro de 1961. *Revista de Direito Administrativo*, vol. 66, out./dez. 1961, pp. 367-375/p. 368), que assim categoriza: "Uma coisa é certa em qualquer que seja a hipótese: somente no texto constitucional são estabelecidas imunidades tributárias. É essa uma característica de ordem formal ou externa. Vale, pelo menos, como critério negativo para o intérprete e para o aplicador: se a hipótese não estiver prevista na Constituição, de imunidade não se tratará". Nas palavras do doutrinador, a Constituição, para a imunidade tributária, será a sua "fonte normativa", o seu "foco ejetor", a "norma capaz de institui-la".
4. MELO, José Eduardo Soares de. *Curso de direito tributário*. 6. ed. rev. e atual. São Paulo: Dialética, 2005, p. 146.
5. Nesse sentido, *v.* CHIESA, Clélio. *A competência tributária do Estado brasileiro* – Desonerações nacionais e imunidades condicionadas. São Paulo: Max Limonad, 2002, p. 203.

Assim, não há dúvida de que "a regra da imunidade é estabelecida em função de consideração de ordem extrajurídica"[6], equivalendo-se a afirmar que existem estruturas fundamentais ao regime que não poderão ser desafiadas pela tributação, em boa homenagem à perspectiva valorativa da norma imunitória. Em outras palavras, o ordenamento constitucional positivo, consagrando a incolumidade de determinados valores, mantém-nos livres de perturbações que possam ocorrer pela via oblíqua do tributo.[7]

No plano doutrinário, é possível encontrar inúmeras propostas conceituais para a *imunidade tributária*. Adiante – e de modo resumido –, mostraremos a coexistência dessas diretivas.

Costuma-se dizer que a imunidade para tributos representa uma *delimitação negativa da competência tributária*.[8] É que o legislador constituinte adotou a técnica de traçar, criteriosamente, as áreas que refutam a incidência das exações tributárias, levando-se em consideração nosso rígido sistema de distribuição de competências impositivas.

---

6. MAIOR BORGES, José Souto. *Teoria geral da isenção tributária*. 3. ed., 3. tir., São Paulo: Malheiros, 2011, p. 221.
7. Sobre a índole nitidamente *política* da norma imunizante, *v.* o parecer de FALCÃO, Amilcar de Araújo. Imunidade e isenção tributária – Instituição de assistência social (Parecer), cit., p. 369. Para complemento, ver ainda BALEEIRO, Aliomar. *Limitações constitucionais ao poder de tributar*. 7. ed., 2. tir., rev. e atual. por DERZI, Misabel Abreu Machado, Rio de Janeiro: Forense, 1998, pp. 232-234.
8. Sobre a definição de imunidade tributária no plano da *limitação à competência tributária (ou impositiva)*, entre outros, *v.* SOUSA, Rubens Gomes de. *Compêndio de legislação tributária*. Edição Póstuma. São Paulo: Resenha tributária, 1975, p. 186; MAIOR BORGES, José Souto. *Teoria geral da isenção tributária*, cit., p. 219; CANTO, Gilberto de Ulhôa. Algumas considerações sobre as imunidades tributárias dos entes públicos. *Revista de Direito Administrativo*, vol. 52, abr./jun. 1958, pp. 34-41 (p. 34); ÁVILA, Humberto Bergmann. *Sistema constitucional tributário*. São Paulo: Saraiva, 2004, p. 209; COSTA, Regina Helena. *Curso de direito tributário*: Constituição e código tributário nacional. São Paulo: Saraiva, 2009, p. 80; MACHADO, Hugo de Brito. *Curso de direito tributário*. 29. ed. São Paulo: Malheiros, 2008, p. 282.

A propósito, a *competência tributária* apresenta-se como a aptidão jurídica para criar, *in abstracto*, tributos, descrevendo, legislativamente, suas hipóteses de incidência, seus sujeitos ativos, seus sujeitos passivos, suas bases de cálculo e suas alíquotas. Portanto, a Constituição disciplinou, rigorosa e exaustivamente, o exercício das *competências tributárias*, retirando do legislador ordinário a faculdade de definir, a seu talante, o alcance das normas jurídicas instituidoras dos tributos.

Sendo assim, há determinados *campos competenciais* – dotados de *intributabilidade*[9] e previstos em uma classe finita de normas jurídicas –, nos quais não pode subsistir a tributação. Desse modo, é comum defender-se que a norma imunizante afeta pela via negativa a competência tributária, conquanto se possam encontrar, no plano doutrinário, posicionamentos diversos, no sentido de que ocorreria, sim, uma verdadeira "supressão constitucional da competência impositiva".[10-11]

---

9. V. GRUPENMACHER, Betina Treiger. Competência tributária e imunidades dos livros e do papel. In: DERZI, Misabel Abreu Machado (coord.). ALVARENGA, Alessandra Isabela Drummond de et al. *Competência tributária*. Belo Horizonte: Del Rey, 2011, p. 163.

10. Para a definição de imunidade tributária no plano da *exclusão ou supressão constitucional da competência impositiva (ou tributária)*, entre outros, v. NOGUEIRA, Ruy Barbosa. *Curso de direito tributário*. 14. ed. São Paulo: Saraiva, 1995, p. 167; FALCÃO, Amilcar de Araújo. *Fato gerador da obrigação tributária*. 6. ed. Rio de Janeiro: Forense, 2002, p. 64; DERZI, Misabel Abreu Machado. *Direito tributário, direito penal e tipo*. São Paulo: Ed. Revista dos Tribunais, 1988, p. 206; MELO, José Eduardo Soares de. *Curso de direito tributário*, cit., p. 146; e, ainda, MAIOR BORGES, José Souto. Interpretação das normas sobre isenções e imunidades. Hermenêutica no direito tributário. In: MORAES, Bernardo Ribeiro de... [et al.]. *Interpretação no direito tributário*. São Paulo: Saraiva, EDUC, 1975, pp. 403-414/pp. 409-410.

11. Sobre o entendimento de que a imunidade não se mostra como "exclusão ou supressão do poder tributário", entre outros, cf. CARVALHO, Paulo de Barros. *Direito tributário, linguagem e método*. São Paulo: Noeses, 2008, pp. 313-315, para quem a competência tributária é o resultado de uma conjunção de normas constitucionais (p. 315). Nesse sentido, v. CHIESA, Clélio (*A competência tributária do Estado brasileiro...*, cit., pp. 109-110), para quem "defender que a imunidade é a supressão ou exclusão do *poder tributário*

A nosso ver, não se trata de "exclusão ou de supressão da competência tributária", mas de mero influxo negativo na própria norma de competência, como se esta fosse colocada às avessas, e é desse plano negativo da norma de competência que defluirá a positividade da norma de imunidade.[12]

Daí se assegurar que a norma imunizante se mostra, para alguns, como um verdadeiro sinalizador de "incompetência tributária"[13] – embora a expressão, diga-se, não desfrute de endosso generalizado[14] –, "colaborando, de uma

---

pressupõe admitir cronologia entre as normas que outorgam competência aos entes tributantes e às normas imunizantes. É como se primeiro ocorresse a incidência das normas imunizantes e, ato contínuo, ocorresse a supressão ou exclusão de parte dessa competência." (p. 110).
12. Sobre o entendimento de que a imunidade não se mostra como "limitação constitucional às competências tributárias", mas como *regra negativa de competência*, atuando dentro desta para reduzir-lhe o âmbito de eficácia (e, por isso mesmo, sendo "endógena" com relação à norma de competência), cf. CARVALHO, Paulo de Barros. *Curso de direito tributário*. 18 ed. rev. e atual. São Paulo: Saraiva, 2007, pp. 182-184. A propósito, para o autor (*Direito tributário, linguagem e método*, cit., pp. 310-313), a imunidade não pode ser uma "limitação constitucional às competências impositivas" porquanto não existe uma cronologia que estipule hoje o nascimento (da competência) e a mutilação dela (pela imunidade) no amanhã. Traduz-se, sim, em "esquema sintático proibitivo ou vedatório" (p. 312). Nessa esteira, cf., ainda, CHIESA, Clélio (*A competência tributária do Estado brasileiro...*, cit., p. 111), o qual afirma que a tese de que a "imunidade seria uma limitação constitucional às competências tributárias", conquanto cativante, padece de equívoco, pelo fato de pressupor "a existência de cronologia entre as normas de outorga de competência e as que contemplam hipóteses de imunidades".
13. A expressão *incompetência tributária* encontra menção nas seguintes obras de CARVALHO, Paulo de Barros: (1) *Curso de direito tributário*, cit., pp. 195-196 e (2) *Direito tributário, linguagem e método*, cit., pp. 341-342. O registro da expressão e também o de seu idealizador foram igualmente feitos por MELO, José Eduardo Soares de. *Curso de direito tributário*, cit., p. 146.
14. Cf. GRUPENMACHER, Betina Treiger, segundo a qual o fenômeno da imunidade "não se trata, genuinamente, de uma regra de incompetência, mas de uma regra que impede o fenômeno da incidência." (*Competência tributária e imunidades dos livros e do papel...*, cit., p. 164). Na mesma direção, em artigo da própria autora, *v*. Imunidade tributária – Reflexões acerca de seu conceito e perfil constitucional. In: Tôrres, Heleno Taveira (coord.). *Teoria*

forma especial, para o desenho da competência impositiva".[15]

Ademais, seguindo a linha argumentativo-conceitual, também se defende que a imunidade é uma *norma de não incidência*[16-17], com vocação não juridicizante, tendo em vista que não trata da problemática adstrita à "incidência do tributo", mas daquela afeta ao momento que a antecede na lógica temporal da relação jurídico-tributária, ou seja, ao momento da percussão tributária.[18] Nesse rumo, para Betina Treiger Grupenmacher[19], "as normas de imunidade são assim 'normas vedatórias da incidência' com *status* constitucional".

---

geral da obrigação tributária – Estudos em homenagem ao professor José Souto Maior Borges. São Paulo: Malheiros, 2005, p. 844.

15. CARVALHO, Paulo de Barros. *Curso de direito tributário*, cit. p. 198. Nesse sentido, *v.* CHIESA, Clélio. *A competência tributária do Estado brasileiro...*, cit., p. 124.

16. Para a definição de imunidade tributária como *norma de não incidência* (*constitucionalmente qualificada*), entre outros, *v.* FALCÃO, Amilcar de Araújo. *Fato gerador da obrigação tributária*, cit., p. 64; ULHÔA CANTO, Gilberto de. *Temas de direito tributário*. Rio de Janeiro: Alba, 1964, vol. 3, p. 190; NOGUEIRA, Ruy Barbosa. *Curso de direito tributário*, cit., p. 167; SOUSA, Rubens Gomes de. *Compêndio de legislação tributária*, cit., pp. 96-97; MAIOR BORGES, José Souto. *Teoria geral da isenção tributária*, cit., p. 218; CARRAZZA, Elizabeth Nazar. Imunidade tributária das instituições de educação. *Revista de direito tributário*, n. 3, ano II, São Paulo: Ed. Revista dos Tribunais, jan./mar. 1978, pp. 167-172 (pp. 167-168); GRUPENMACHER, Betina Treiger. *Competência tributária e imunidades dos livros e do papel...*, cit., pp. 163 e 165; AMARO, Luciano. *Direito tributário brasileiro*. 10. ed. São Paulo: Saraiva, 2004, p. 272; DERZI, Misabel Abreu Machado. *Direito tributário, direito penal e tipo*, cit., p. 206.

17. Sobre o entendimento de que a imunidade não se mostra como uma modalidade de "não incidência constitucionalmente qualificada", entre outros, cf. CARVALHO, Paulo de Barros (*Direito tributário, linguagem e método*, cit., pp. 315-318), porquanto não se pode admitir, contraditoriamente, uma incidência de regra que não incida. Sobre a impropriedade, cf. ainda Bernardo Ribeiro de Moraes *apud* CARVALHO, Paulo de Barros. Idem, p. 317; CHIESA, Clélio. *A competência tributária do Estado brasileiro...*, cit., pp. 106-109; e, por fim, COÊLHO, Sacha Calmon Navarro. *Teoria geral do tributo e da exoneração tributária*. São Paulo: Ed. Revista dos Tribunais, 1982, p. 130.

18. *V.* CARVALHO, Paulo de Barros. *Curso de direito tributário*, cit., p. 198.

19. GRUPENMACHER, Betina Treiger. *Competência tributária e imunidades dos livros e do papel...*, cit., p. 166; *Imunidade tributária – Reflexões acerca de seu conceito e perfil constitucional...*, cit., p. 847. (Grifos da autora).

A nosso sentir, o legislador ordinário, quando descreve essa norma jurídica, está impedido de inserir no polo passivo da relação jurídico-tributária as pessoas e situações guarnecidas pelo manto protetor de uma norma imunizante, sob pena de inafastável inconstitucionalidade. Por muito maior razão, não o poderá fazer a Administração Fazendária, que, interpretando e aplicando a lei, pretender furtar-se do dever de obediência às limitações imunitórias ao *poder de tributar do Estado*. Tudo isso porque, quanto à norma imunizante, "sua intronização no texto constitucional é índice da importância da decisão de não tributar".[20]

Observa-se, assim, um *efeito reflexo* resultante da norma jurídica que torna a tributação imune: tal norma, de um lado, impede que a entidade impositora avance no mister tributacional em detrimento da pessoa ou situação protegidas e, de outro, confere aos beneficiários da imunidade um direito público subjetivo[21] de não serem incomodados pela via do tributo. Assim, a norma imunizadora, nesse duplo papel, ao mesmo tempo em que delineia a competência tributária, restringindo-a negativamente, outorga a seu destinatário o direito de não sofrer a ação tributária do Estado – o que lhe dá o timbre de norma jurídica atributiva.[22]

Em tempo, é importante frisar que o STF já teve oportunidade de se manifestar no sentido de que as imunidades e os

---

20. CARVALHO, Rogério Tobias de. *Imunidade tributária e contribuições para a seguridade social*. Rio de Janeiro: Renovar, 2006, p. 107.
21. Para a associação de imunidade tributária a um *direito público subjetivo*, entre outros, *v.* CARRAZZA, Roque Antonio. *Curso de Direito Constitucional Tributário*, cit., p. 773; COSTA, Regina Helena. *Imunidades tributárias*: teoria e análise da jurisprudência do STF. 2. ed. rev. e atual. São Paulo: Malheiros, 2006, p. 51; e, por fim, TORRES, Ricardo Lobo. *Tratado de direito constitucional, financeiro e tributário – Os direitos humanos e a tributação*: imunidades e isonomia. Rio de Janeiro: Renovar, 1999, vol. III, p. 61.
22. *V.* FERREIRA SOBRINHO, José Wilson. *Imunidade tributária*. Porto Alegre: SaFe, 1996, p. 102.

princípios tributários são *limitações constitucionais ao poder de tributar*, detendo a estatura de *cláusulas pétreas* – limites não suprimíveis por emenda constitucional[23], uma vez asseguradores de direitos e garantias individuais (art. 60, § 4º, IV, CF) e aptos ao resguardo de princípios, interesses e valores, tidos como fundamentais pelo Estado.

Outrossim, não obstante a imunidade tributária se ponha como questão afeta ao direito positivo – em razão da outorga de competência pelo direito constitucional positivo –, não se pode pretender isolá-la do espectro garantidor dos *direitos fundamentais*. Daí se assegurar que, entre os direitos fundamentais positivados no plano constitucional moderno, incluem-se, com importante destaque, as imunidades tributárias.[24]

Como se pôde notar, coexistem várias definições para a *imunidade tributária*, em diferentes perspectivas. Os teóricos tendem a mudar um elemento conceitual aqui, outro acolá, e as propostas demarcatórias do signo guerreado sobejam no arcabouço doutrinário.

Nesse ínterim, longe de buscar a fórmula conceitual perfeita[25] – até porque foi possível perceber, nas breves linhas em

---

23. Acerca da imutabilidade das cláusulas pétreas, BRITTO, Carlos Ayres assim dispõe: "(...) As cláusulas pétreas são aquela parte da Constituição que não admite sequer a exceção das emendas (...)" (A Constituição e o monitoramento de suas emendas. *Direito do estado: novos rumos*. São Paulo: Max Limonad, 2001, t. 1, p. 66).

24. Para a associação de imunidade tributária a um *direito fundamental*, ver o artigo de GRUPENMACHER, Betina Treiger. Tributação e direitos fundamentais. In: FISCHER, Octavio Campos (Coord.). GRUPENMACHER, Betina Treiger... [et al.]. *Tributos e direitos fundamentais*. São Paulo: Dialética, 2004, pp. 9-17; e, ainda, da mesma autora, *Imunidade tributária – Reflexões acerca de seu conceito e perfil constitucional*..., cit., pp. 853-855.

25. Sobre a falta de consenso doutrinário quanto à real natureza da norma imunizante, *v.* MELO, José Eduardo Soares de. *Curso de direito tributário*, cit., p. 146. A propósito, com riqueza de detalhes, *v.* CARVALHO, Paulo de Barros, o qual faz análise densa e vasta do cabimento semântico das inúmeras possibilidades conceituais ofertadas pela doutrina (*Direito tributário, lingua-*

epígrafe, que o termo é plurívoco[26] –, e procurando manter a inflexível fidelidade aos parâmetros doutrinários, assim conceituamos *imunidade tributária*:

> **Norma constitucional de desoneração tributária que, justificada no plexo de caros valores proclamados na Carta Magna, inibe negativamente a atribuição de competência impositiva e credita ao beneficiário o direito público subjetivo de não incomodação perante a entidade tributante.**

Posto isso, a norma imunitória determina até onde o poder tributário pode agir, delineando os contornos da competência tributária das entidades políticas e, também, revelando um direito subjetivo impenetrável de todos aqueles que se põem, direta ou indiretamente, como destinatários de seus protetivos efeitos.

III. A IMUNIDADE TRIBUTÁRIA MUSICAL E A DIFUSÃO DA CULTURA

No que concerne à *imunidade tributária musical*, o desiderato do legislador constituinte, ao vedar a cobrança de impostos sobre os fonogramas, videofonogramas e seus suportes materiais ou arquivos digitais, foi o de homenagear a cultura difundível por esses veículos.

---

gem e método, cit., pp. 308-343), terminando por sugerir um conceito por ele elaborado (pp. 341-343). E o mesmo autor adverte que "o estudo científico das imunidades jurídico-tributárias não encontrou ainda uma elaboração teórica metodologicamente adequada ao conhecimento de sua fenomenologia" (CARVALHO, Paulo de Barros. *Curso de direito tributário*, cit., p. 180). Por fim, v. TORRES, Ricardo Lobo (*Tratado de direito constitucional, financeiro e tributário*..., cit., p. 39), para quem "da mesma forma que a liberdade é indefinível, também são insuscetíveis de definição os direitos da liberdade e as imunidades que deles emanam, inclusive as imunidades tributárias."
26. V. CHIESA, Clélio. *A competência tributária do Estado brasileiro*..., cit., p. 113.

Em nosso *Manual de Direito Tributário*, já tivemos oportunidade de destacar:

> Com efeito, o afastamento da tributação vem proteger a livre manifestação de pensamento e a expressão da atividade artística e intelectual, sem embargo de dar guarida à livre comunicação e ao irrestrito acesso à informação. Não é demasiado perceber que toda essa liberdade almejada deságua, em última análise, no *direito à educação*, que deve ser fomentado pelo Estado, visando ao pleno desenvolvimento da pessoa e ao seu preparo, para o exercício da cidadania, e à sua qualificação para o trabalho, na atividade de aprender, ensinar, pesquisar e divulgar a arte, o pensamento e o saber (art. 5º, IV, IX, XIV, XXVII; arts. 205, 206, II, 215 e 220, §§ 2º e 6º, todos da CF).[27]

A propósito, a *cultura* pode ser considerada como toda manifestação do homem, seja artística, literária, musical, desportiva, religiosa, gastronômica, capaz de introduzi-lo no meio social. No plano lexicográfico, o verbete "cultura" encontra-se dicionarizado, representando:

> O conjunto de características humanas que não são inatas, e que se criam e se preservam ou aprimoram através da comunicação e cooperação entre indivíduos em sociedade. [...] A parte ou o aspecto da vida coletiva, relacionados à produção e transmissão de conhecimento, a criação intelectual e artística. O processo ou estado de desenvolvimento social de um grupo, um povo, uma nação, que resulta do aprimoramento de seus valores, instituições, criações, etc.; civilização e progresso. Atividade e desenvolvimento intelectuais de um indivíduo; saber, ilustração, instrução.[28]

---

27. SABBAG, Eduardo. *Manual de Direito Tributário*. 6. ed. São Paulo: Saraiva, 2014, p. 386.
28. FERREIRA, Aurélio Buarque de Holanda. *Novo dicionário da língua portuguesa*. 2. ed., 24. impr., Rio de Janeiro: Ed. Nova Fronteira, 1986, p. 508, verbete "cultura".

Nessa esteira, como veículos difusores de informação, educação, lazer, entretenimento e liberdade de expressão – em resumo, da própria cultura musical de um povo –, os fonogramas, videofonogramas e os suportes materiais ou arquivos digitais que os contenham foram protegidos pela imunidade tributária por constituírem acervo do patrimônio da cultura nacional brasileira.

Em tempo, frise-se que a defesa da cultura nacional é de *competência comum* da União, Estados, Distrito Federal e Municípios, conforme dispositivo constitucional:

> **Art. 23.** É competência comum da União, dos Estados, do Distrito Federal e dos Municípios:
>
> **V** – proporcionar os meios de acesso à cultura, à educação e à ciência.

Com efeito, os meios de difusão da nossa cultura desfrutam de proteção constitucional e estatal, com o nobre propósito de fazê-la alcançar ilimitadamente todas as classes sociais. Aliás, os entes federados devem incentivar a educação e cultura, visando ao seu constante enriquecimento, o que servirá inexoravelmente como um dos meios de identificação de um povo entre as diferentes civilizações. Nessa medida, as manifestações culturais do nosso povo, de nossa gente, jungidas ao contexto artístico-musical, revelam-se como impenetráveis garantias, agora sob os efeitos protetores da imunidade tributária.

Segundo Leandro Paulsen, "a imunidade de impostos destinada aos meios de comunicação, culturais e educacionais lastreia-se (...) no mesmo princípio de uma vedação absoluta ao poder de tributar, objetivando permitir: a) liberdade de imprensa; b) liberdade de veiculação de ideias; c) liberdade de difusão cultural; d) liberdade no âmbito da educação."[29]

---

29. PAULSEN, Leandro. *Direito tributário*: Constituição e código tributário nacional à luz da doutrina e da jurisprudência. 15. ed. Porto Alegre: Livraria do Advogado, 2013, p. 223.

Com a novel modificação no texto constitucional, houve por bem o nosso constituinte que, para além da decantada *imunidade de imprensa*, burilada na alínea "d" do inciso VI do art. 150 da CF, conferiu guarida à obra artística musical brasileira, no bojo da *imunidade musical*.

IV- A IMUNIDADE TRIBUTÁRIA MUSICAL E O PROPÓSITO INIBITÓRIO DA CONTRAFAÇÃO

Conforme já se assinalou, a recente previsão constitucional objetivou frear a contínua queda e enfraquecimento da indústria fonográfica brasileira, provocada em grande parte pelo deletério comércio paralelo de réplicas das obras musicais – sempre vendidas a preços reduzidos e com qualidade equivalente. Tal realidade é conhecida de todos como *pirataria*, cuja prática consiste na reprodução de obras sem a prévia autorização de seus autores.

O art. 5º, XXVII, da CF garante aos autores o direito de utilização, publicação e reprodução de suas obras, sendo assegurada a devida *proteção*, conforme disposto no inciso XXVIII do comando normativo supramencionado. Ocorre que essa proteção vem sendo desafiada acintosamente por contrafatores, os quais oferecem ao mercado produtos "pirateados", provocando uma concorrência desleal com os autores das obras originais.

Não é sem razão que, no Código Penal, o tema é tratado na perspectiva da violação de direito autoral (Título III. *Dos Crimes Contra a Propriedade Imaterial*; Capítulo I. *Dos Crimes Contra a Propriedade Intelectual*), consoante o disposto no art. 184, §§ 1º e 2º:

> **Art. 184. Violar direitos de autor e os que lhe são conexos:**
> (...)
>
> **§1º** Se a violação consistir em reprodução total ou parcial, com intuito de lucro direto ou indireto, por qualquer meio ou processo, de obra intelectual, interpretação, execução

ou fonograma, sem autorização expressa do autor, do artista intérprete ou executante, do produtor, conforme o caso, ou de quem os represente:

Pena – reclusão, de 2 (dois) a 4 (quatro) anos, e multa.

§2º Na mesma pena do §1º incorre quem, com o intuito de lucro direto ou indireto, distribui, vende, expõe à venda, aluga, introduz no País, adquire, oculta, tem em depósito, original ou cópia de obra intelectual ou fonograma reproduzido com violação do direito de autor, do direito de artista intérprete ou executante ou do direito do produtor de fonograma, ou, ainda, aluga original ou cópia de obra intelectual ou fonograma, sem a expressa autorização dos titulares dos direitos ou de quem os represente. (Grifos nossos)

É curioso notar que o STF já teve a oportunidade de indeferir *habeas corpus* em que a Defensoria Pública do Estado de São Paulo requeria, com supedâneo no *princípio da adequação social*, a declaração de atipicidade da conduta imputada a condenado – um vendedor de CDs e DVDs "pirateados", falsificados ou contrafeitos. Isso porque, no entender da douta Defensoria Pública, a referida conduta seria socialmente adequada, haja vista que a coletividade não recrimina, de fato, tal praticante, mas, ao contrário, estimula a sua prática em virtude dos altos preços desses produtos, insuscetíveis de serem adquiridos por grande parte da população. Como é sabido, entre as funções do *princípio da adequação* está a de restringir o âmbito de abrangência do tipo penal, limitando a sua exegese, e dele elidindo as condutas consideradas socialmente adequadas e aceitas pela sociedade.

Urge mencionar que o STF refutou a tese em epígrafe, sob o entendimento de que a "tolerância social" não convalida a conduta ilícita do contrafator. Na mesma esteira, seguiu o STJ, consoante se nota nas ementas abaixo reproduzidas:

EMENTA (I): PENAL E PROCESSUAL PENAL. *HABEAS CORPUS*. CRIME DE VIOLAÇÃO DE DIREITO AUTORAL.

VENDA DE CD'S "PIRATAS". ALEGAÇÃO DE ATIPICI-
DADE DA CONDUTA POR FORÇA DO PRINCÍPIO DA
ADEQUAÇÃO SOCIAL. IMPROCEDÊNCIA. NORMA
INCRIMINADORA EM PLENA VIGÊNCIA. ORDEM DE-
NEGADA. **I.** A conduta do paciente amolda-se perfeitamente ao tipo penal previsto no art. 184, § 2º, do Código Penal.
II. Não ilide a incidência da norma incriminadora a circunstância de que a sociedade alegadamente aceita e até estimula a prática do delito ao adquirir os produtos e objetos
originados de contrafação. **III.** Não se pode considerar
socialmente tolerável uma conduta que causa enormes
prejuízos ao Fisco pela burla do pagamento de impostos, à
indústria fonográfica nacional e aos comerciantes regularmente estabelecidos. **IV.** Ordem denegada. (HC 98.898, rel.
Min. Ricardo Lewandowski, 1ª T., j. em 20-04-2010). (Grifos
nossos).

EMENTA (II): (...) esta Corte Superior firmou o entendimento de que a aceitação popular à contrafação de CDs e
DVDs não imuniza seu autor contra as consequências penais
da referida conduta, sendo vedada a aplicação dos princípios
da insignificância e adequação social. (...) "(...) Em tais circunstâncias, não há como reconhecer o caráter bagatelar
do comportamento imputado, não só pelo bem jurídico
tutelado, mas pelas características do delito que, pela disseminação das mídias, animada pelo motivo de lucro, imprime à conduta reprovabilidade suficiente para concluir
pela adequação social e necessidade de intervenção estatal.
(...)" (AgRg no AREsp 60.864-RS, rel. Min. Sebastião Reis
Júnior, 6ª T., j. em 07-05-2013). (Grifo nosso).[30]

---

30. Ver ainda no mesmo sentido: **(I)** AgRg nos EDcl no AREsp 265.891-RS, rel. Min. Campos Marques (Desembargador convocado do TJ/PR), 5ª T., j. em 07-05-2013; **(II)** AgRg no AREsp 97.669-SC, rel. Min. Alderita Ramos de Oliveira (Desembargadora convocada do TJ/PE), 6ª T., j. em 05-02-2013; **(III)** AgRg no REsp/MS 1.306.420, rel. Min. Laurita Vaz, 5ª T., j. em 21-05-2013; **(IV)** AgRg no REsp 1.356.243/MS, rel. Min. Marco Aurélio Bellizze, 5ª T., j. em 12-03-2013; **(V)** HC 175.811/MG, rel. Min. Adilson Vieira Macabu (Desemb. Convocado do TJ/RJ), 5ª T., j. em 12-06-2012; **(VI)** HC 233.230/MG, rel. Min. Jorge Mussi, 5ª T., j. em 16-04-2013; **(VII)** HC 233.382/SP, rel. Min Og Fernandes, 6ª T., j. em 07-03-2013; e **(VIII)** REsp 1.193.196/MG, rel. Min. Maria Thereza de Assis Moura, 3ª T., j. em 26-09-2012.

Posto isso, evidencia-se que a jurisprudência pátria orienta-se no sentido de considerar, típica, formal e materialmente, a conduta prevista no artigo 184, §§ 1º e 2º, do Código Penal, rechaçando, assim, a adoção do *princípio da adequação social*.

Da mesma forma, a jurisprudência acabou por demolir a tese da aplicação do *princípio da insignificância*. Com efeito, sabe-se que tal postulado não se vincula tão somente ao valor econômico dos bens apreendidos. Diferentemente, tal princípio carece de dimensionamento à luz do grau de reprovabilidade da conduta, o qual, nesses casos, é alto, tendo em vista as consequências deletérias para as artes, a cultura e a economia do país – o que comumente se noticia na mídia em geral. A propósito, é ilustrativo o excerto adiante reproduzido:

> **EMENTA:** (...) **II.** No caso posto em análise, trata-se da exposição à venda de 74 (setenta e quatro) cópias contrafeitas de CDs e DVDs de títulos diversos, sem expressa autorização dos titulares dos direitos ou de quem os represente. **III.** Tal conduta não é dotada de uma mínima ofensividade, inexpressiva lesividade ao bem jurídico tutelado, tampouco de reduzido grau de reprovabilidade, porque, <u>além de violar seriamente o direito autoral, causa grandes prejuízos, não apenas aos artistas, mas também aos comerciantes regularmente estabelecidos, a todos os integrantes da indústria fonográfica nacional e, ainda, ao Fisco.</u> **IV.** A propagação do comércio de mercadorias "pirateadas", com o objetivo de lucro, revela alto grau de reprovabilidade da conduta do agente, que, embora rotineira, não a torna socialmente adequada e aceitável. (...) (HC 214.978/SP, rel. Min. Assusete Magalhães, 6ª T., j. em 06-09-2012). (Grifos nossos).

Da mesma forma, não se olvide do fato de que a comercialização de produtos "piratas" é – com certa tolerância estatal, reconhece-se – objeto de fiscalização e repressão do Estado, e vem sendo alvo de medidas de contenção. Observe a ementa que trata desse aspecto:

> **EMENTA:** (...) O fato de, muitas vezes, haver tolerância das autoridades públicas em relação a tal prática, não pode e não deve significar que a conduta não seja mais tida como típica, ou que haja exclusão de culpabilidade, razão pela qual, pelo menos até que advenha modificação legislativa, incide o tipo penal, mesmo porque o próprio Estado tutela o direito autoral. (...) Além do mais, não se pode considerar socialmente tolerável uma conduta que causa sérios prejuízos à indústria fonográfica brasileira e aos comerciantes legalmente instituídos, bem como ao Fisco, pelo não pagamento de impostos, sendo certo que, de acordo com o que se depreende da denúncia, no caso concreto, trata-se de várias dezenas de CD's e DVD's, de títulos variados, falsificados. Destaque-se, ainda, que a "pirataria" é combatida por inúmeros órgãos institucionais, como o Ministério Público e o Ministério da Justiça, que fazem, inclusive, campanhas em âmbito nacional destinadas a combater tal prática. (...) (AgRg no REsp 1.18.8810-MG, rel. Min. Maria Thereza de Assis Moura, 6ª T., j. em 17-04-2012). (Grifos nossos).

É nesse contexto que, em 23 de outubro de 2013, o **STJ** editou a **Súmula n. 502**, com o seguinte enunciado: "Presentes a materialidade e a autoria, afigura-se típica, em relação ao crime previsto no art. 184, § 2º, do CP, a conduta de expor à venda CDs e DVDs 'piratas'."

Diante do exposto, dando asas à interpretação sistemática do fenômeno, nota-se que a ciência penal já apresentava a todos o elevado grau de reprovabilidade da conduta, ofertando um favorável ambiente à modificação da Constituição. Afinal, à luz da *interpretação evolutiva*, faz-se mister a sistemática informal de reforma do texto constitucional, a qual se traduz na "atribuição de novos conteúdos à norma constitucional, sem modificação de seu teor literal, em razão de mudanças históricas ou de fatores políticos e sociais que não estavam presentes nas mentes dos constituintes", conforme se depreende das lições de Luís Roberto Barroso.[31]

---

31. BARROSO, Luis Roberto. *Interpretação e aplicação da Constituição:*

Nessa medida, ao desonerar de impostos as obras musicais, o constituinte oportuniza ao consumidor contato com as obras originais por preços acessíveis, além desestimular o comércio paralelo de obras "pirateadas".

V. OS CONCEITOS TÉCNICOS EMPREGADOS NO TEXTO DA NORMA DO ART. 150, VI, "E", CF

O dispositivo em epígrafe apresenta inúmeros termos técnicos, com um certo viés esotérico, demandando uma precisa tradução. Notemos o preceptivo:

> **Art. 150.** Sem prejuízo de outras garantias asseguradas ao contribuinte, é vedado à União, aos Estados, ao Distrito Federal e aos Municípios: (...)
>
> **VI** – instituir impostos sobre:(...)
>
> **e)** fonogramas e videofonogramas musicais produzidos no Brasil contendo obras musicais ou literomusicais de autores brasileiros e/ou obras em geral interpretadas por artistas brasileiros bem como os suportes materiais ou arquivos digitais que os contenham, salvo na etapa de replicação industrial de mídias ópticas de leitura a *laser*.

Apenas para reforçar, observa-se que o dispositivo supracitado faz menção tão somente a uma espécie de tributo – o *imposto*. Assim, a *imunidade musical* veda a incidência de impostos sobre os fonogramas, videofonogramas e os suportes materiais ou arquivos digitais que os contenham.

Fonograma é o "registro exclusivamente sonoro em suporte material, como disco, fita magnética, etc.".[32] Em termos

---

fundamentos de uma dogmática constitucional transformadora. 5. ed. rev., atual. e ampl. São Paulo: Saraiva, 2003, p. 146.
32. FERREIRA, Aurélio Buarque de Holanda. *Novo dicionário da língua*

simples, podemos dizer que *fonograma* é toda gravação de som. A propósito, o conceito encontra-se normatizado, consoante se observa no art. 5º, IX, da Lei sobre os Direitos Autorais n. 9.610/98:

> **Art. 5º** Para os efeitos desta Lei considera-se:
>
> **IX** – fonograma – toda fixação de sons de uma execução ou interpretação ou de outros sons, ou de uma representação de sons que não seja uma fixação incluída em uma obra audiovisual;

Por sua vez, *videofonograma* é o "produto da fixação de imagem e som em suporte material".[33] A título de exemplificação, podemos citar a gravação da imagem e do som de um *show* em um DVD.

Os *suportes materiais*, tais como DVDs, CDs, *Blu-Rays*, também serão objeto de desoneração de impostos. Da mesma forma, a desoneração alcançará os *arquivos digitais, v.g.*, músicas baixadas pela *internet* ou por meio de aplicativos de música para celular.

Registre-se que a imunidade deve alcançar fonogramas e videofonogramas que contenham obras musicais ou literomusicais. Desse modo, estarão abarcadas as gravações de som e, igualmente, aquelas que unem "som e letra", no bojo do processo de criação.

VI. OS IMPOSTOS AFASTADOS POR FORÇA DA IMUNIDADE MUSICAL

A imunidade musical possui característica *objetiva*, pois afeta apenas os objetos relacionados à música, a saber, o ICMS,

---

portuguesa. 2. ed., 24. impr., Rio de Janeiro: Ed. Nova Fronteira, 1986, p. 797, verbete "fonograma".

33. FERREIRA, Aurélio Buarque de Holanda. *Novo dicionário da língua portuguesa*. 2. ed., 24. impr., Rio de Janeiro: Ed. Nova Fronteira, 1986, p. 1775, verbete "videofonograma".

entre outros. Aqueles tributos incidentes sobre a gravadora (IPTU, IPVA, taxas, contribuições) continuarão a incidir normalmente, porquanto a norma imunizante é clara ao desonerar apenas as obras musicais e os objetos afetos a ela.

Na fase preliminar de produção de CDs, DVDs e BDs (ou *Blu-rays discs*) – contratação de estúdio, músico, mixagem –, há a normal incidência de dois impostos: o IR e o ISS (este por força dos subitens 13.02 e 13.03 da lista anexa à LC 116/2003).[34] A nosso ver, a imunidade deve alcançar essa etapa, embora saibamos que os dois impostos desfrutem de razoável justificativa para a incidência: o IR, por onerar a pessoa jurídica, e não o bem musical; o ISS, por alcançar a prestação de serviço, e não o próprio bem. Estamos cientes de que, em nenhum dos casos, o imposto atinge diretamente o fonograma ou videofonograma. Não obstante, entendemos que tal etapa preambular de produção incorpora custos tributários no produto musical, o qual começará ali a percorrer as etapas de produção em direção ao consumidor final. Portanto, há de se desonerar o bem do custo dos impostos, tudo em homenagem ao vetor axiológico que a norma pretende realizar.

Após a elaboração da matriz, deverá ocorrer o processo de replicação da mídia – etapa que não está abrangida pela imunidade, conforme se detalhará no tópico seguinte.

Ao final do ciclo, na fase de distribuição e comercialização, é comum a incidência do IR e do ICMS. À semelhança do que se argumentou na fase preambular, explicada em parágrafo anterior, pugnamos pelo afastamento do IR e, fundamentalmente, do ICMS, até hoje exigido na sistemática da *substituição tributária progressiva* (ou *para frente*). Portanto, o CD/DVD/BD, ao deixar a fábrica e seguir para o lojista, não mais provocará a

---

34. Subitem 13.02: Fonografia ou gravação de sons, inclusive trucagem, dublagem, mixagem e congêneres; Subitem 13.03: Fotografia e cinematografia, inclusive revelação, ampliação, cópia, reprodução, trucagem e congêneres.

recolha pelo fabricante do ICMS-ST, uma vez prevalecente a imunidade tributária. Aliás, com a norma imunizante vigente, a sistemática da substituição tributária para este bem perde todo o sentido.

VII. A RESSALVA À IMUNIDADE: REPLICAÇÃO INDUSTRIAL DE MÍDIAS ÓPTICAS DE LEITURA *A LASER*

O novo comando constitucional ressalva da imunidade musical a replicação industrial de mídias ópticas de leitura *a laser*. Assim, a reprodução das obras musicais, a partir da matriz produzida, não será guarnecida pelo manto protetor da imunidade tributária. A ressalva foi defendida aguerridamente pela bancada amazonense, no processo de aprovação da PEC, no intuito de conferir proteção à etapa de reprodução do bem, comumente realizada pelas indústrias instaladas na Zona Franca de Manaus.

Não foi sem razão que a EC 75/2013, logo na semana de sua "gestação", provocou reações adversas: em 18-10-2013, o Estado do Amazonas ingressou com uma Ação Direta de Inconstitucionalidade n. 5.058 para impugnar a validade da indigitada Emenda, sob a alegação de que a *imunidade musical* provocaria prejuízos ao modelo de estímulo regional da Zona Franca de Manaus, bem como a violação aos art. 150, I da CF e 40 e 92 do ADTC.

Em termos resumidos, o Estado do Amazonas alega violação ao princípio da legalidade tributária e aduz que a norma desonerativa ocasionará perdas econômicas à região incentivada, desestabilizando um modelo que é responsável, de há muito, pela redução de desigualdades regionais e sociais nas terras amazonenses. À guisa de ilustração, cite-se o trecho ADI n. 5.058, o qual ilustra o cenário:

> Ao conceder a imunidade tributária aos fonogramas e videofonogramas e aos suportes materiais ou arquivos digitais

> que os contenham, a Emenda acaba por violar princípios e dispositivos que resguardam a Zona Franca de Manaus, causando grave desequilíbrio regional que constituinte originário pretendeu evitar. Isso porque a ressalva atinente às etapas de replicação industrial de mídias ópticas de leitura a *laser*, além de representar um casuísmo, não é suficiente para resguardar o Modelo da Zona Franca de Manaus.
>
> Por outro lado, demonstrar-se-á que a Emenda Constitucional n. 75/2013 merece, alternativamente, uma interpretação conforme que garanta a primazia da vontade do Constituinte Originário diante das características asseguradas à Zona Franca de Manaus por cláusula pétrea, enquanto perdurar o regime do art. 40 do ADCT, e, portanto, impassíveis de emenda (art. 60, §4º, CF/88).

Com efeito, o novo dispositivo constitucional faz com que o Estado amazonense perca a exclusividade nas etapas da produção e distribuição dos CDs/DVDs/BDs no território nacional, competindo-lhe, de modo incentivado, apenas a fase de replicação. Nessa medida, as indústrias do segmento de produção e distribuição dos fonogramas e videofonogramas não precisam mais se instalar na Zona Franca de Manaus para usufruir os benefícios fiscais concedidos naquela região.

Em contrapartida, na Zona Franca de Manaus e nas demais regiões incentivadas, estão instaladas as empresas de replicação da obra musical, e, como a imunidade não afasta a incidência de impostos nessa fase, ainda remanesce um campo arrecadatório nesta etapa, por mais que sobre eles pese a força exonerativa dos incentivos fiscais.

VIII. A CRÍTICA AO TEXTO DA PRESENTE NORMA IMUNIZANTE

No plano textual, nota-se que a alínea "e" não foi prestigiada com a melhor técnica legislativa e, quiçá, estilística. A presença de lacunas e vícios, adiante demonstrados, tende a demandar grande esforço interpretativo dos operadores do Direito que precisarem decifrar a *mens legislatoris* com precisão.

De início, salta aos olhos a presença incômoda de um pleonasmo vicioso, no momento em que se repete, desnecessariamente, o qualificativo "musicais" para os fonogramas e videofonogramas: "(...) fonogramas e videofonogramas <u>musicais</u> produzidos no Brasil contendo obras <u>musicais</u> (...)".

Entretanto, problema maior exsurge nas expressões lacunosas que compuseram o texto. Vamos a elas:

>1. ***Produzidos no Brasil*** **("Fonogramas e videofonogramas musicais *produzidos no Brasil*...")**: a "produção" no Brasil quer significar que a edição do fonograma se deu em estúdio localizado no Brasil? Que a execução do *show* do músico, para fins de elaboração do videofonograma, deve ter ocorrido no Brasil? Ora, perguntar-se-ia, com grande curiosidade: e se a edição do fonograma (som gravado de música brasileira) ou do videofonograma (show de artista brasileiro) for feita em território estrangeiro (estúdio em *Miami*, EUA)? Isso seria motivação bastante para o afastamento da imunidade? São dúvidas que avocarão intensos debates;
>
>2. ***Fonogramas e videofonogramas exclusivamente musicais*** **("Fonogramas e videofonogramas <u>musicais</u> produzidos no Brasil contendo <u>obras musicais ou literomusicais...</u>")**: se o vetor axiológico que a norma imunizante visa prestigiar é a cultura artística, esta não pode ser amesquinhada quanto ao "tipo" de arte. A música é arte, mas há fonogramas e videofonogramas não musicais que também o são. Citem-se os recitais, os documentários e, avançando um tanto no tema, as peças teatrais e espetáculos variados (circenses, *stand-ups* etc.). A demarcação dos limites artísticos dessa *imunidade cultural* também deverá provocar candentes discussões;
>
>3. ***A utilização ambígua no texto das partículas e/ou*** **("Fonogramas e videofonogramas musicais produzidos no Brasil contendo obras musicais ou literomusicais de autores brasileiros <u>e/ou</u> obras em geral interpretadas por**

artistas brasileiros..."): de início, convém enfrentarmos o viés gramatical da sequência empregada "e/ou", para, só após, decifrarmos o sentido jurídico no texto. As duas conjunções ("e" e "ou") trouxeram ao texto mais dúvidas do que clareza, principalmente em razão do uso da "barra". Isso porque os estudos linguísticos já protagonizaram aquecidas discussões sobre o alcance da controvertida sequência "e/ou" – escorreita, para uns; desnecessária, para outros. O dilema, na verdade, surge na interpretação da ambígua conjunção "ou", a qual possui dois valores: um *inclusivo* (Cobram-se tributos ou multas) e outro *exclusivo* (Cobram-se tributos ou multas). No primeiro caso, a cobrança alcança, de modo concomitante, as duas prestações pecuniárias; no segundo caso, a exigência se refere, alternativamente, ao tributo ou à multa, vale dizer, cobram-se tributos (excluídas as multas) ou se cobram multas (excluídos os tributos). A partir desse breve explicação lógico-gramatical, temos condições de confrontá-la com a hipótese constitucionalmente normatizada, assegurando, desde já, que o legislador teria querido proteger dois tipos de fonogramas ou videofonogramas:

> **(1)** aqueles que contêm OBRAS musicais ou literomusicais de autores brasileiros **E** OBRAS em geral interpretadas por artistas brasileiros; e

> **(2)** aqueles que contêm OBRAS musicais ou literomusicais de autores brasileiros **OU** OBRAS em geral interpretadas por artistas brasileiros.

Partindo da fácil premissa de que a expressão "obras em geral" é mais abrangente que "obras musicais ou literomusicais", somos instados a concluir, lógica e semanticamente, que a frase 2 apresentou a conjunção "ou" com o valor *inclusivo*, equivalendo à partícula "e". Não teria sentido a exclusão do contexto anterior, se o elemento posterior (*obras em geral*) o engloba. Em outras palavras, "e/ou" significaria "*e ou ou*", uma coisa concomitante à outra. Posto isso, entendemos que a sequência empregada "e/ou" mostrou-se redundante e pleonástica, podendo ter sido plenamente substituída pela simples partícula "e". A partir desse subsídio gramatical, a questão jurídico-tributária central que exsurge é a seguinte: se a obra protegida é GERAL, esta inclui a obra artística musical e outras tantas, as quais podemos detectar por força da interpretação – os recitais, os documentários, os espetáculos em si (teatrais, musicais, cinematográficos, circenses) etc. A *contrario sensu*, se o intuito era proteger tão somente a obra artística musical, qual teria sido a razão em se mencionar no texto a expressão "obras em geral"? Nem precisamos adivinhar o imbróglio que tal inconsistência textual poderá provocar no enfrentamento da questão. Faltaram zelo e gramaticalidade ao constituinte;

4. A "imunidade tupiniquim" e seu viés protecionista (Fonogramas e videofonogramas (...) contendo obras (...) de <u>autores brasileiros</u> e/ou obras (...) interpretadas por <u>artistas brasileiros</u>): a louvável intenção de proteger a obra artística doméstica poderá encontrar severas barreiras no âmbito do Direito Internacional. Isso porque o Brasil, sendo membro da OMC (Organização Mundial do Comércio), está vinculado ao *Protocolo de Marrakesh,* que altera o antigo Acordo Geral sobre Tarifas e Comércio (*General Agreement on Tariffs and Trade* ou GATT[35]), a que devemos subserviência. Com efeito, as normas tarifárias do GATT – a par das hodiernas regras da OMC –, visando harmonizar as políticas aduaneiras entre os Estados signatários e coibir as práticas protecionistas, proíbem qualquer discriminação tributária que venha a se estabelecer entre produtos nacionais e estrangeiros. Desse modo, é crível imaginar que os países signatários do GATT que se sentirem prejudicados com a interna medida protecionista poderão promover severas retaliações ao Brasil, sem embargo das sanções

---

[35]. A propósito, lê-se em nosso *Manual:* "Um importante acordo internacional em matéria tributária ao qual o Brasil aderiu é o GATT (Acordo Geral sobre Tarifas e Comércio), substituído pela OMC (Organização Mundial de Comércio), que entrou em vigor em 1º-01-1995, regulando a tributação de mercadorias exportadas ou importadas e a bitributação. À guisa de curiosidade, o GATT (Acordo Geral sobre Tarifas e Comércio) é um acordo firmado em 1947, na Suíça, sendo dele o Brasil um Estado-parte. Caracteriza-se como pacto que visa estabelecer e administrar regras para o procedimento em comércio internacional, ajudar os governos a reduzir tarifas alfandegárias ou aduaneiras e abolir as barreiras comerciais entre as partes contratantes. Vale dizer que, na esteira do intitulado tratamento nacional, o GATT prevê uma equivalência de tratamento entre o produto nacional e o produto importado quando ingressa em nosso território. (SABBAG, Eduardo. *Manual de Direito Tributário.* 6. ed. São Paulo: Saraiva, 2014, pp. 615-616).

extrajurídicas que soem ser impostas, nesses casos, pelos organismos internacionais.

É fato que o confronto entre a norma constitucional e o preceito convencional vem, de há muito, provocando incessantes discussões entre os internacionalistas.[36] E, por mais que o STF tenha iterativamente pugnado pela prevalência do texto constitucional sobre os tratados comuns, incorporados ao direito interno com o mesmo *status* das leis ordinárias, é cediço que o "veredicto no jogo internacional" tende a ser insidiosamente diverso: corre-se o risco de o STF entender que o novel preceito imunizante não viola a Carta Política, todavia, de outra banda, o Brasil agonizar os inúmeros ônus econômicos do inadimplemento de um tratado, por força do art. 27 da Convenção de Viena sobre o Direito dos Tratados (Decreto n. 7.030, de 14 de dezembro de 2009).

Diante de tais lacunas e incongruências, acreditamos que o tema da *imunidade musical* não se mostra "imune" ao panorama de alterabilidade, à luz das vindouras jurisprudência e

---

36. Sobre o tema, são de notável precisão as palavras de Valerio de Oliveira Mazzuoli: "O problema da concorrência entre tratados internacionais e leis internas de estatura infraconstitucional pode ser resolvido, no âmbito do direito das gentes, em princípio, de duas maneiras. Numa, dando prevalência aos tratados sobre o direito interno infraconstitucional, a exemplo das constituições francesa de 1958 (art. 55), grega de 1975 (art. 28, § 1º) e peruana de 1979 (art. 101), garantindo ao compromisso internacional plena vigência, sem embargo de leis posteriores que o contradigam. Noutra, tais problemas são resolvidos garantindo-se aos tratados apenas tratamento paritário, tomando como paradigma leis nacionais e outros diplomas de grau equivalente. Ou seja, havendo conflito entre tratado e lei interna a solução é encontrada aplicando-se o princípio *lex posterior derogat priori*. O Brasil, segundo a Egrégia Corte, enquadra-se nesse segundo sistema (monismo nacionalista moderado). Há mais de vinte anos (desde 1977, com o resultado do RE 80.004) vigora na jurisprudência do STF o sistema paritário, em que o tratado, uma vez formalizado, passa a ter força de lei ordinária, podendo, por isso, revogar as disposições em contrário, ou ser revogado (rectius: perder eficácia) diante de lei posterior". (MAZZUOLI, Valerio de Oliveira. A opção do judiciário brasileiro em face dos conflitos entre tratados internacionais e leis internas. *Revista Meio Jurídico*, ano IV, n. 41, jan. 2001, pp. 36-41).

doutrina que deverão, oscilando aqui e ali, firmar-se. Há de se acompanhar a constante evolução do tema.

IX. CONCLUSÕES

A EC n. 75/2013 veio revitalizar a garantia de acesso à cultura, prestando homenagem à livre manifestação do pensamento, à liberdade de expressão, ao acesso à informação e, sobretudo, ao direito à educação.

A contrafação, ao prejudicar sensivelmente os autores das obras, os empresários e a sociedade, é responsável por prejuízos expressivos para a nação, na medida em que aumenta o desemprego e reduz o recolhimento de impostos. Por tudo isso, acreditamos que a desoneração prevista no art. 150, VI, "e", da CF deverá provocar reflexos positivos na indústria fonográfica nacional, a qual vem, conforme se evidenciou, claudicando diante do "fantasma da pirataria".

Nesse passo, anseia-se que a imunidade tributária seja concretizada em sua plenitude, de modo que o consumidor seja o verdadeiro beneficiário da norma imunizante, pois, caso a benesse seja utilizada em favor da indústria fonográfica ou de interesses escusos, estará esvaziada a norma constitucional. Desse modo, far-se-á mister que as gravadoras e indústrias repassem a não incidência para o preço final dos produtos, sob pena de se frustrar o desiderato exonerativo. Resta aguardar o encaminhamento da norma diante da realidade, sem embargo de um atento acompanhamento no deslinde da ADI n. 5.058 no STF.

No plano fiscalizatório, todos podem contribuir: a *sociedade*, certificando-se da redução de preços dos bens protegidos na fase final da cadeia de consumo; e o *Estado*, fortalecendo dia a dia as medidas de combate à "pirataria", no intuito de mitigar os efeitos perniciosos da prática criminosa.

Na perspectiva exegética (e interdisciplinar) das *imunidades culturais* – alíneas "d" e "e" do art. 150. VI, da CF –, o cenário deverá ser promissor. Com efeito, é sabido que tanto a *imunidade de imprensa* como a *imunidade musical* vêm ao encontro de semelhantes vetores axiológicos (cultura, informação, educação etc.). A depender da interpretação que se dará à novel norma imunizante, elastecendo ou comprimindo os seus efeitos protetivos, será inafastável concluir que tal exegese poderá repercutir no deslinde de casos ainda pendentes no âmbito da *imunidade de imprensa* (alínea "d"), *v.g.*, a imunidade do livro digital, dos *e-books*, dos insumos diversos do papel, entre outros. Da mesma forma, conforme esses *cases* venham a ser encerrados, reflexos também poderão ocorrer no âmbito da incipiente análise da *imunidade musical*. Por isso, o "capítulo" no qual se desdobra o clássico embate entre a *interpretação literal* e a *interpretação extensiva*, na busca da melhor exegese das imunidades tributárias, está longe do seu fim.

Por derradeiro, as inconsistências do texto veiculador da *imunidade musical*, demonstradas neste artigo, devem ceder passo a uma interpretação capaz de realizar os altaneiros objetivos da norma desonerativa que imuniza a obra artística musical, até porque "as normas constitucionais não podem ser interpretadas considerando somente a interpretação chamada 'literal' ou 'gramatical'. Deve considerar todo o ordenamento jurídico e, principalmente, os princípios que o norteiam, para que se encontre o real sentido e alcance da norma jurídica".[37]

É nesse tom que se justifica a interpretação ampliativa para a imunidade[38], "levando em consideração seus objetivos e os princípios e valores que a norma pretende albergar (interpretação

---

37. PAZELLO, Fernanda Ramos. *Desonerações tributárias das operações de exportação: a imunidade das contribuições sociais e a isenção do ISS*. São Paulo, 2008. 133f. Dissertação (Mestrado em Direito do Estado – Orientador: Estevão Horvath) – Pontifícia Universidade Católica de São Paulo, p. 58. (Grifos da autora).
38. Sobre a necessidade de uma interpretação orientada pelos valores e princípios constitucionais para a exegese das normas imunizantes, v. CARRAZZA, Roque

teleológica), bem como os demais dispositivos do ordenamento jurídico (interpretação sistemática)".[39]

Sem a pretensão de termos esgotado o novidadeiro assunto, que se mostra vocacionado a multifacetadas análises, essa é a nossa modesta visão sobre o tema das *imunidades musicais*.

X. REFERÊNCIAS BIBLIOGRÁFICAS

AMARO, Luciano. *Direito tributário brasileiro*. 10. ed. São Paulo: Saraiva, 2004.

ÁVILA, Humberto Bergmann. *Sistema constitucional tributário*. São Paulo: Saraiva, 2004.

BALEEIRO, Aliomar. *Direito tributário brasileiro*. 11. ed., 23. tir., atual. por Misabel Abreu Machado Derzi. Rio de Janeiro: Forense, 2010.

_____. *Limitações constitucionais ao poder de tributar*. 7. ed., 2. tir., rev. e atual. por DERZI, Misabel Abreu Machado, Rio de Janeiro: Forense, 1998.

BARROSO, Luis Roberto. *Interpretação e aplicação da Constituição: fundamentos de uma dogmática constitucional transformadora*. 5. ed. rev., atual. e ampl. São Paulo: Saraiva, 2003.

BRITTO, Carlos Ayres. A Constituição e o monitoramento de suas emendas. *Direito do estado: novos rumos*. São Paulo: Max Limonad, 2001.

Antonio. *Curso de direito constitucional tributário*. 27. ed. rev., ampl. e atual. São Paulo: Malheiros, 2011, pp. 781-783; GONÇALVES, José Artur Lima. A imunidade tributária do livro. In: MACHADO, Hugo de Brito (Coord.). *Imunidade tributária do livro eletrônico*. 2. ed. São Paulo: Atlas, 2003, pp.139 a 163 (p. 146); ver, ainda, o parecer de FALCÃO, Amilcar de Araújo. *Imunidade e isenção tributária – Instituição de assistência social (Parecer)*, cit., p. 372.

39. PAZELLO, Fernanda Ramos. *Desonerações tributárias das operações de exportação...*, cit., p. 62.

CANTO, Gilberto de Ulhôa. Algumas considerações sobre as imunidades tributárias dos entes públicos. *Revista de Direito Administrativo*, vol. 52, abr./jun. 1958.

CARRAZZA, Elizabeth Nazar. Imunidade tributária das instituições de educação. *Revista de direito tributário*, n. 3, ano II, São Paulo: Ed. Revista dos Tribunais, jan./mar. 1978.

CARRAZZA, Roque Antonio. *Curso de direito constitucional tributário*. 27. ed. rev., ampl. e atual. São Paulo: Malheiros, 2011.

CARVALHO, Paulo de Barros. *Curso de direito tributário*. 18 ed. rev. e atual. São Paulo: Saraiva, 2007.

_____. *Direito tributário, linguagem e método*. São Paulo: Noeses, 2008.

CARVALHO, Rogério Tobias de. *Imunidade tributária e contribuições para a seguridade social*. Rio de Janeiro: Renovar, 2006.

CHIESA, Clélio. *A competência tributária do Estado brasileiro – Desonerações nacionais e imunidades condicionadas*. São Paulo: Max Limonad, 2002.

COÊLHO, Sacha Calmon Navarro. *Teoria geral do tributo e da exoneração tributária*. São Paulo: Ed. Revista dos Tribunais, 1982.

COSTA, Regina Helena. *Curso de direito tributário*: Constituição e código tributário nacional. São Paulo: Saraiva, 2009.

_____. *Imunidades tributárias*: teoria e análise da jurisprudência do STF. 2. ed. rev. e atual. São Paulo: Malheiros, 2006.

DERZI, Misabel Abreu Machado. *Direito tributário, direito penal e tipo*. São Paulo: Ed. Revista dos Tribunais, 1988.

FALCÃO, Amilcar de Araújo. *Fato gerador da obrigação tributária*. 6. ed. Rio de Janeiro: Forense, 2002.

_____. Imunidade e isenção tributária – Instituição de assistência social (Parecer). 9 de setembro de 1961. *Revista de Direito Administrativo*, vol. 66, p. 367-375, out.-dez. 1961.

FERREIRA SOBRINHO, José Wilson. *Imunidade tributária*. Porto Alegre: SaFe, 1996.

FERREIRA, Aurélio Buarque de Holanda. *Novo dicionário da língua portuguesa*. 2. ed., 24. impr., Rio de Janeiro: Ed. Nova Fronteira, 1986.

GONÇALVES, José Artur Lima. A imunidade tributária do livro. In: MACHADO, Hugo de Brito (coord.). *Imunidade tributária do livro eletrônico*. 2. ed. São Paulo: Atlas, 2003, p. 139 a 163.

GRUPENMACHER, Betina Treiger. Competência tributária e imunidades dos livros e do papel. In: DERZI, Misabel Abreu Machado (coord.). ALVARENGA, Alessandra Isabela Drummond de et al. *Competência tributária*. Belo Horizonte: Del Rey, 2011.

_____. Imunidade tributária – Reflexões acerca de seu conceito e perfil constitucional. In: Tôrres, Heleno Taveira (coord.). *Teoria geral da obrigação tributária – Estudos em homenagem ao professor José Souto Maior Borges*. São Paulo: Malheiros, 2005.

_____. Tributação e direitos fundamentais. In: FISCHER, Octavio Campos (Coord.). GRUPENMACHER, Betina Treiger... [et al.]. *Tributos e direitos fundamentais*. São Paulo: Dialética, 2004.

MACHADO, Hugo de Brito. *Curso de direito tributário*. 29. ed. São Paulo: Malheiros, 2008.

MAIOR BORGES, José Souto. Interpretação das normas sobre isenções e imunidades. Hermenêutica no direito tributário. In: MORAES, Bernardo Ribeiro de... [et al.]. *Interpretação no direito tributário*. São Paulo: Saraiva; EDUC, 1975.

_____. *Teoria geral da isenção tributária*. 3. ed., 3. tir., São Paulo: Malheiros, 2011.

MAZZUOLI, Valerio de Oliveira. A opção do judiciário brasileiro em face dos conflitos entre tratados internacionais e leis internas. *Revista Meio Jurídico*, ano IV, n. 41, jan. 2001, pp. 36-41.

MELO, José Eduardo Soares de. *Curso de direito tributário*. 6. ed. rev. e atual. São Paulo: Dialética, 2005.

NOGUEIRA, Ruy Barbosa. *Curso de direito tributário*. 14. ed. São Paulo: Saraiva, 1995.

PAZELLO, Fernanda Ramos. *Desonerações tributárias das operações de exportação: a imunidade das contribuições sociais e a isenção do ISS*. Dissertação de Mestrado em Direito do Estado. São Paulo: PUC, 2008 (Orientador: Estevão Horvath).

PAULSEN, Leandro. *Direito tributário*: Constituição e código tributário nacional à luz da doutrina e da jurisprudência. 15. ed. Porto Alegre: Livraria do Advogado, 2013.

SABBAG, Eduardo. *Manual de Direito Tributário*. 6 ed. São Paulo: Saraiva, 2014.

SOUSA, Rubens Gomes de. *Compêndio de legislação tributária*. Edição Póstuma. São Paulo: Resenha tributária, 1975.

TORRES, Ricardo Lobo. *Tratado de direito constitucional, financeiro e tributário – Os direitos humanos e a tributação:* imunidades e isonomia. Rio de Janeiro: Renovar, 1999, vol. III.

ULHÔA CANTO, Gilberto de. *Temas de direito tributário*. Rio de Janeiro: Alba, 1964, vol. 3.

A IMUNIDADE TRIBUTÁRIA E O CARÁTER SEM FINS LUCRATIVOS DAS ENTIDADES DE ASSISTÊNCIA SOCIAL E DE EDUCAÇÃO

José Antônio Gomes de Araújo[1]

1. INTRODUÇÃO

A imunidade tributária das instituições de educação e assistência social sem fins lucrativos, é instituto jurídico sempre presente no foco de análise do Estado Fiscal. Não há repartição fiscal, municipal, distrital, estadual ou federal, que não tenha analisado pedido de imunidade tributária ou lavrado auto de infração alicerçado em suposto descumprimento de seus requisitos.

Como exemplo, cite-se que dentre os fundamentos de cassação dessa imunidade tributária, um dos mais comuns é o de que a entidade candidata ao benefício realiza prática

---

[1]. Mestre em Direito do Estado pela Universidade Federal do Paraná. Professor de Graduação e Pós-Graduação em Direito Tributário na Escola de Gestão da FIEP. Advogado em Curitiba.

incompatível com o caráter não lucrativo que deve preservar. E isso não se dá por falta de disposição normativa, pois tanto a Constituição Federal, em seu artigo 150, VI, alínea c, quanto o Código Tributário Nacional, em seu artigo 14, disciplinam o tema.

Será, então, que esse fato teria origem nas práticas mal intencionadas dos dirigentes dessas entidades, ávidos em obter vantagens pessoais? Ou uma eventual atuação ilegal do fisco, nesses casos, também contribui para a presença de uma enorme quantidade de discussões administrativas e judiciais nessa área?

É inequívoco que existe uma quantidade razoável de pessoas em nossa sociedade que, ardilosamente, concebem entidades sem finalidade econômica, de fachada, com o único intento de obter lucro para si. Mas de outro lado, não se pode negar a existência do ímpeto dos agentes fiscais, muitas vezes ilegal, em encontrar intento lucrativo, incompatível com a imunidade, onde verdadeiramente não há.

Sem ignorar a importância de ser defendida a atuação ética dos cidadãos em geral, e seu respeito para com as instituições estatais e a sociedade, nosso objetivo no presente artigo é analisar a extensão da expressão "sem fins lucrativos" referida no comando constitucional e infirmar alguns entendimentos do fisco, a esse respeito.

Na realização dessa tarefa, examinaremos o instituto da imunidade tibutária e o conteúdo da expressão "instituições de educação e assistência social", sem deixar de trazer o sentido dos preceptivos tratados no §4º, artigo 150 da Constituição Federal e, também, do artigo 14, inciso I, do Código Tributário Nacional.

Oferecemos esse trabalho à memória da Ministra Denise Arruda: mulher, paranaense, dedicada e apaixonada pelo direito. Que sua vida profissional e pessoal sirva de exemplo ao povo paranaense e à comunidade acadêmica.

2. IMUNIDADES

Imunidade é norma jurídica de exoneração tributária estatuída na Constituição Federal, que juntamente com outros preceptivos constitucionais, contribui para a demarcação do campo de competência legislativa, a qual é exercida pelos entes federados na instituição dos tributos.

Na medida que a Constituição Federal trata dos principais temas do direito tributário em seu texto, não surpreende que o regramento desse tema seja estabelecido na Constituição Federal. É como ensina Regina Helena COSTA: "uma vez efetuada a opção política de se definir a competência tributária em nível constitucional, tem-se, como conseqüência, a previsão de exonerações fiscais consideradas mais relevantes nesse mesmo nível".[2]

Mas esse não é o único motivo. A disposição desas regras de imunidade na Constituição Federal também decorre da importância atribuída aos valores sociais e políticos que dão fundamento a tais comandos.

Além disso, a opção do legislador por uma Constiuição Federal rígida confere um traço bastante peculiar às regras de imunidade, impondo um rigor formal e substancial não encontrado nas regras de isenção.

Entre as normas que disciplinam o direito tributário na Constituição Federal, sobressaem-se as que demarcam a competência legislativa dos entes federados para a instituição dos tributos. Como exemplo, cite-se que o constituinte, nos artigos 153, III e 156, II, faz referência ao Imposto Sobre Serviços e ao Imposto Sobre a Renda, identificando a materialidade de tais impostos.

---

2. COSTA, Regina Helena. **Imunidades tributárias teoria e análise da jurisprudência do STF**. 2.ed. rev. e atual. São Paulo: Malheiros. 2006, p. 65.

Com isso, impõe aos entes federados envolvidos que se limitem a consignar no aspecto material de tais impostos, aqueles referidos na Constituição Federal. Dessa maneira, a União Federal não está autorizada a criar um Imposto de Renda que tenha em seu aspecto material situação não contemplada na Constituição. Da mesma maneira, os Municípios não podem instituir Imposto Sobre Serviços que tenham em seu aspecto material situação distinta daquela demarcada no texto constitucional.

A regra de imunidade, assim como os preceptivos constitucionais que discriminam a competência tributária dos entes federados para a criação de impostos, também atua na demarcação da competência tributária a ser exercida pelos entes federados.

Todavia, essa atuação é negativa, em sentido oposto. Isso porque, estabelece situações específicas, impedidas de compor o campo de competência tributária dos entes federados. É, nas palavras de Misabel de Abreu Machado DERZI, regra que estabelece a não-competência. Vejamos:

> A imunidade é regra constitucional expressa (ou implicitamente necessária), que estabelece a não-competência das pessoas políticas da Federação para tributar certos fatos ou situações, de forma amplamente determinada, delimitando negativamente, por meio de redução parcial, a norma de atribuição de poder tributário. A imunidade é, portanto, regra de exceção e de delimitação de competência, que atua, não de forma sucessiva no tempo, mas concomitantemente. A redução que opera no âmbito de abrangência da norma concessiva de poder tributário é tão-só lógica, mas não temporal.[3]

Relativamente à natureza desse instituto jurídico, merece destaque a lição de Paulo de Barros CARVALHO[4], para quem

---

3. BALEEIRO, Aliomar. **Direito tributário brasileiro**. Ed. rev. e compl. à luz da Constituição de 1988 até a Emenda Constitucional 10/1996 por Misabel Abreu Machado Derzi. 11. ed. Rio de Janeiro: Forense, 2007, p. 116.
4. CARVALHO, Paulo de BARROS. **Curso de Direito Tributário**. 17. ed. São Paulo: Saraiva, 2005, p. 181-188.

a alusão às expressões "limitação ao poder de tributar", "supressão" e "exclusão", trazida por Aliomar BALEEIRO, Amilcar de Araújo FALCÃO[5], Luciano AMARO[6] e Ruy Barbosa NOGUEIRA[7], não revela com a merecida precisão o fenômeno normativo compreendido na regra de imunidade tributária.

Assim é que, compartilhamos do entendimento de Misabel DERZI e Souto Maior BORGES[8], segundo o qual a regra de imunidade atua em conjunto com as regras genéricas de atribuição de competência tributária. É essa atuação conjunta

---

5. "A imunidade, como se está a ver, é uma forma qualificada ou especial de não incidência, por supressão, na Constituição, da competência impositiva ou do poder de tributar, quando se configuram certos pressupostos, situações ou circunstâncias previstos pelo estatuto supremo. Esquematicamente, poder-se-ia exprimir a mesma ideia do modo seguinte: a Constituição faz, originariamente, a distribuição da competência impositiva ou do poder de tributar; ao fazer a outorga dessa competência, condiciona-a, ou melhor, clausula-a, declarando os casos em que ela não poderá ser exercida. A imunidade é, assim, uma forma de não incidência pela supressão da competência impositiva para tributar certos fatos, situações ou pessoas, por disposição constitucional." (FALCÃO, Amilcar de Araújo. **Fato gerador da obrigação tributária**. São Paulo: Financeiras, 1964, p.117).

6. AMARO, Luciano da Silva. **Direito tributário brasileiro**. 9.ed. São Paulo: Saraiva, 2003, p.149..

7. Ruy Barbosa Nogueira, ao tratar das imunidades dirigidas às instituições de educação e assistência social explica: "Tais imunidades inscritas na Constituição são limitações ao próprio poder impositivo, expressos por meio de proibições ou exclusões da competência, não apenas para impedir a cobrança de imposto (não se trata de uma simples isenção que seria mera dispensa do crédito de imposto devido – CTN, art. 175), *mas vedação* 'a priori' da competência do legislador ordinário, expressamente inscrita na Constituição Federal, por meio de textos proibitivos, normativos e autoaplicáveis das 'hipóteses negativas de atribuição de competência [...]'". (NOGUEIRA, Ruy Barbosa. **Imunidades contra impostos na constituição anterior e sua disciplina mais completa na Constituição de 1988**. 2.ed. São Paulo: Saraiva, 1992, p.18).

8. "A rigor, portanto, a imunidade não subtrai competência tributária, pois essa é apenas a soma das atribuições fiscais que a Constituição Federal outorgou ao poder tributante e o campo material constitucionalmente imune nunca pertenceu à competência deste. A competência tributária já nasce limitada". (BORGES, José Souto Maior. **Teoria geral da isenção tributária**. 3.ed. rev. e atual. São Paulo: Malheiros, 2001, p.181).

(da norma de atribuição de competência e da norma de imunidade) que vai demarcar o campo de competência das pessoas políticas.[9] Melhor dizendo, "a regra imunizante ajuda o legislador na definição do campo competencial, o que não significa excluir ou suprimir a competência tributária".[10]

Ressalte-se, também, que as regras de imunidade devem estar, sempre, previstas na Constituição Federal, dividindo-se em dois grupos. As imunidades específicas, que disciplinam situações pontuais nas quais o constituinte determina a desoneração de uma única situação relativamente a um único tributo e, ainda, as imunidades genéricas as quais impõem às situações nelas previstas a desoneração de todos os impostos.[11]

As imunidades genéricas são regras fundadas em valores considerados de fundamental relevância para a sociedade. O objetivo dessa regra não é, apenas, dispensar determinada classe de contribuintes do recolhimento dos impostos. A intenção é facilitar o desenvolvimento de atividades,

---

9. "Se tomamos a palavra competência no sentido de poder tributário já delimitado (como pretende Paulo de Barros Carvalho), então a norma de competência é um conjunto que resulta da seguinte subtração: norma de atribuição de poder – norma denegatória de poder (imunidade)". (BALEEIRO, Aliomar. **Direito tributário brasileiro**, p.118).

10. FERREIRA SOBRINHO, José Wilson. **Imunidade tributária**. Porto Alegre: Sérgio Antonio Fabris, 1996, p.78.

11. Nas palavras de Regina Helena Costa, as imunidades específicas "são circunscritas, em geral restritas a um único tributo – que pode ser um imposto, taxa ou contribuição -, e servem a valores mais limitados ou conveniências especiais". Por outro lado, as imunidades gerais ou genéricas, são as contempladas no art. 150, VI, da Constituição da República, dirigem vedações a todas as pessoas políticas e abrangem todo e qualquer imposto que recaia sobre o patrimônio, a renda ou os serviços das entidades mencionadas – daí a denominação que recebem. Protegem ou promovem valores constitucionais básicos, têm como diretriz hermenêutica a salvaguarda da liberdade religiosa, política, de informação etc. São dotadas de intensa carga axiológica, uma vez que o constituinte elegeu um ou mais valores para estribá-las". (COSTA, Regina Helena. **Imunidades tributárias teoria e análise da jurisprudência do STF**. 2.ed. rev. e atual. São Paulo: Malheiros. 2006, p. 124).

fundamentais para o crescimento e proteção da sociedade e dos valores constitucionais.

Como exemplo, cite-se a imunidade dos livros e periódicos. A não incidência de impostos sobre as operações com livros e periódicos, prevista no artigo 150, VI, alínea "d" da Constituição Federal, objetiva facilitar o acesso à informação, ao aprendizado e, também, garantir a livre manifestação do pensamento. A Constituição Federal, nesse caso, não se limita a garantir, por meio da disposição de princípios vagos e de difícil aplicação, o exercício desses direitos.

Consciente das dificuldades de se implementar, na prática, o exercício desses direitos considerados fundamentais à sociedade, o constituinte foi além. Inseriu no sistema tributário nacional uma regra de eficácia plena e aplicação imediata, com força para imediatamente obstar que os entes federados detentores da competência legislativa tributária, criem e cobrem impostos que recaiam sobre as operações com livros e periódicos.

Uma participação positiva, de mesma envergadura, é o que se dá em relação às instituições de educação e assistência social sem fins lucrativos. O constituinte, consciente da ineficiência do Estado para atender as demandas de educação e assistência social, por meio da regra de imunidade, objetiva estimular e facilitar a iniciativa privada a realizar ações nessa área.

Realizadas as principais considerações atinentes às regras de imunidade tributária, passemos agora a tratar da imunidade estatuída no artigo 150, VI, alínea c, da Constituição Federal, que garante às instituições de educação e assistência social sem fins lucrativos o não pagamento dos impostos.

3. INSTITUIÇÕES DE EDUCAÇÃO

Ainda que os governantes de nosso país estejam longe de investir como deveriam na educação, a Constituição Federal foi generosa na disposição de regras que tratam do tema. A perfunctória leitura desses preceitos já revela o que o fisco resiste em reconhecer.[12]

A educação não compreende apenas o ensino formal, oferecido pelas escolas de primeiro, segundo grau e curso superior. A educação está no ensino de atividades esportivas, no desenvolvimento de atividades culturais, na consecução de atividades comunitárias e em tudo aquilo que, por meio do aprendizado formal ou informal, vise "o pleno desenvolvimento da pessoa, seu preparo para o exercício da cidadania e sua qualificação para o trabalho".

Ricardo Lobo TORRES inclui entre as entidades de educação sem fins lucrativos as culturais, como o museu, a biblioteca e os teatros, que não promovam, necessariamente, a instrução.[13] O professor da UFRJ segue a clássica lição de BALEEIRO, também compartilhada por Paulo de Barros CARVALHO, abaixo[14]:

---

12. É merecedor de registro o fato de que ainda hoje estão vigentes os artigos 1º e 2º da Instrução Normativa n. 113, de 1998, da Secretaria da Receita Federal, os quais estabelecem que em relação às instituições de educação sem fins lucrativos, a regra imunizante só deve atingir as entidades que ofereçam o ensino pré-escolar, fundamental, médio e superior.
A manutenção dessa Instrução Normativa deve ser lamentada. Primeiramente, porque legitima a conduta dos Auditores da Receita Federal, autorizando-os a lavrar autos de infração em todo o território nacional, nas situações em que a imunidade deveria ser reconhecida.
Depois, porque uma regra da Receita Federal – órgão fiscal mais bem aparelhado do país em termos funcionais e materiais – ajuda a propagar essa interpretação equivocada aos departamentos fiscais dos municípios menos equipados, os quais, invariavelmente, carecem de equipes especializadas para o exame acurado de questões dessa natureza.
13. "Abrange também as instituições *culturais*, que não se proponham precipuamente a fornecer instrução, como sejam os museus, as bibliotecas, os teatros, etc. O conceito de educação corresponde à ideia de *Bildung*, de formação integral da personalidade, que deve ser amparada pelo Estado Cultural" (TORRES, Ricardo Lobo. **Tratado de direito constitucional financeiro e tributário – os direitos humanos e a tributação**: imunidades e isonomias. 3.ed. Rio de Janeiro: Renovar, 2005, v.1, p. 270).
14. No mesmo sentido, Paulo de Barros Carvalho: "E, quanto às atividades

> Instituição de educação não significa apenas a de caráter estritamente didático, mas toda aquela que aproveita à educação e à cultura em geral, como o laboratório, centro de pesquisas, o museu, o *atelier* de pintura ou escultura, o ginásio de desportos, academias de letras, artes e ciências, sem intuitos lucrativos, ainda que, para sua manutenção, ceda onerosamente direitos autorais, patentes de invenção e descobertas etc".[15]

Em meio às ineficiências do Estado e, principalmente, diante da baixa qualidade do ensino nas escolas públicas, a sociedade sabe que é imprescindível a participação de entidades privadas no desenvolvimento das ações educacionais. Estas entidades participam do desenvolvimento cultural de nosso país e assumem posição de fundamental importância na sociedade.

Assim, o espectro do objetivo das instituições de educação albergadas pela imunidade tratada no artigo 150, VI, alínea "c" da Constituição Federal, deve ser bastante amplo. De fato, pois podem ser consideradas nessa condição tanto a escola de ensino formal, como as academias de artes, os museus ou mesmo os institutos de pesquisas científicas e tecnológicas.

4. INSTITUIÇÕES DE ASSISTÊNCIA SOCIAL

O conceito de assistência social, para fins de imunidade tributária, deve ser apreendido à luz do exame sistemático da Constituição. A partir daí, a construção dessa definição, como

---

a serem exercidas pela pessoa jurídica que se pretenda de cunho educacional, sigo a lição precisa de Aliomar Baleeiro [...]. A atividade educacional não se restringiu ao ensino na modalidade tradicional, abrangendo, também, tudo o que possa contribuir para o desenvolvimento intelectual ou cultural da comunidade". (CARVALHO, Paulo de Barros. Imunidades condicionadas e suspensão de imunidades: análise dos requisitos do artigo 14 do Código Tributário Nacional impostos às instituições de educação sem fins lucrativos. **Revista de Estudos Tributários,** São Paulo, n. 80, p.7-24, jul./ago. 2011, p. 16).

15. BALEEIRO, Aliomar. **Direito tributário brasileiro,** p.137.

ensina MARINS, "nasce do cotejo entre o disposto nos arts 6º e 203 da Constituição".[16]

A análise do artigo 6º da Constituição Federal, desse modo, é de fundamental importância.

> Art. 6º São direitos sociais a educação, a saúde, a alimentação, o trabalho, a moradia, o lazer, a segurança, a previdência social, a proteção à maternidade e à infância, a assistência aos desamparados, na forma desta Constituição.

A assistência social, portanto, deve tutelar os direitos acima elencados, em favor dos hipossuficientes. Como ensina CARRAZZA, o objetivo é que a assistência social esteja "voltada para a redução – quando não a eliminação – de desigualdades, carências e injustiças".[17]

De outro lado, não se pode ignorar que o objetivo da regra de imunidade dirigida às instituições de educação e assistência social é incentivar a iniciativa privada a colaborar com o Estado, com vistas a contornar a ineficiência estatal, permitindo que tais entidades mantenham sua atuação sem os ônus dos impostos. A leitura dos artigos 199[18],

---

16. MARINS, James. *Imunidade tributária das instituições de educação e assistência social*, p.151.
17. CARRAZZA, Roque Antonio. **A imunidade tributária das fundações de direito privado, sem fins lucrativos**, p. 27. No mesmo sentido, Marins: "[...] a dimensão a ser atribuída aos núcleos materiais "educação" e "assistência social" deve ser perquerida, sob forma sistemática, através do exame do próprio texto constitucional, em análise que, fundamentalmente, nasce do cotejo entre o disposto nos arts. 6º e 203 da Constituição, poucas vezes suscitados pela doutrina". (MARINS, James. Imunidade tributária das instituições de educação e assistência social. In: ROCHA, Valdir de Oliveira (Coord.). **Grandes questões atuais do direito tributário**. São Paulo: Dialética, 1999, v.3. p.145-166, p. 151).
18. Art. 199. A assistência à saúde é livre à iniciativa privada.
§ 1º As instituições privadas poderão participar de forma complementar do sistema único de saúde, segundo diretrizes deste, mediante contrato de direito público ou convênio, tendo preferência as entidades filantrópicos e as sem fins lucrativos. [...]

209[19] e 204, II[20] da Constituição Federal, confirmam essa intenção.

Esse foco na participação efetiva da sociedade na consecução das ações de assistência social referido no preceptivo constitucional e, principalmente, a permanente mutação das demandas sociais decorrentes da crescente complexificação da sociedade, evidencia que as ações de assistência social não podem se restringir, taxativamente, aos objetivos enumerados no artigo 203 da Constituição Federal:

> Art. 203. A assistência social será prestada a quem dela necessitar, independentemente de contribuição à seguridade social, e tem por objetivos:
>
> I – a proteção à família, à maternidade, à infância, à adolescência e à velhice;
>
> II – o amparo às crianças e adolescentes carentes;
>
> III – a promoção da integração ao mercado de trabalho;
>
> IV – a habilitação e reabilitação das pessoas portadoras de deficiências e a promoção de sua integração à vida comunitária;
>
> V – a garantia de um salário-mínimo de benefício mensal à pessoa portadora de deficiência e ao idoso que comprovem não possuir meios de prover à própria manutenção ou de tê-la provida por sua família, conforme dispuser a lei.

---

19. Art. 209. O ensino é livre à iniciativa privada, atendidas as seguintes condições: I – cumprimento das normas gerais da educação nacional;
II – autorização e avaliação de qualidade pelo Poder Público.
20. Art. 204. As ações governamentais na área da assistência social serão realizadas com recursos do orçamento da seguridade social, previstas no art. 195, além de outras fontes, e organizadas com base nas seguintes diretrizes: I – descentralização político-administrativa, cabendo a coordenação e as normas gerais à esfera federal e a coordenação e a execução dos respectivos programas às esferas estadual e municipal, bem como a entidades beneficentes de assistência social; II – participação da população, por meio de organizações representativas, na formulação das políticas e no controle das ações em todos os níveis.

Examinada a finalidade de cada um dos objetivos acima, compreende-se que todos, em última instância, estão alicerçados num dos objetivos fundamentais da República Federativa do Brasil. Trata-se daquele que provoca o estado e a sociedade a "erradicar a pobreza e a marginalização e reduzir as desigualdades sociais e regionais".

Assim, para que a entidade seja considerada de assistência social, basta que tenha como objetivo erradicar a pobreza e a marginalização, ou, promover a diminuição das desigualdades sociais e regionais (artigo 3º, inciso III da Constituição Federal), realizando a proteção dos direitos estabelecidos no artigo 6º da Constituição Federal. Os propósitos do art. 203, portanto, embora não sejam taxativos, devem servir de parâmetro.

5. AUSÊNCIA DE FINS LUCRATIVOS

Da leitura do artigo 150, VI, alínea "c", depreende-se uma exigência de fundamental importância a ser observada pelas entidades de educação e assistência social. Para que frua do direito de não lhe ser compelida pelo pagamento dos impostos, a entidade deve ser "sem fins lucrativos".

Para bem compreender o contexto no qual deve ser considerada a expressão "sem fins lucrativos" inserida no referido preceito constitucional, registre-se que a Constituição Federal de 1946, no seu artigo 31, foi a primeira a tratar das imunidades dirigidas às instituições de educação e assistência social. O preceito não determinava expressamente que as instituições de educação e assistência social não poderiam ter lucros. Apenas dispunha que as rendas das instiuições deveriam ser aplicadas integralmente no país.

Isso se deve à interpretação que, à época, se atribuía à expressão instituições. Para os julgadores e operadores do direito de então, instituição significava "entidades sem fins lucrativos". Assim, seria justificável a ausência de uma disposição clara, na épóca, impondo que as instituições de educação e assistência social, para fruírem da imunidade, deveriam ser "sem fins lucrativos".

Com a Emenda Constitucional n. 18/65, ao tempo em que a regra de imunidade deixou de tratar de quaisquer dos requisitos necessário a sua fruição, dispôs que a lei os disciplinaria. Foi o que restou estabelecido no artigo 14 do Código Tributário Nacional, em 1966, o qual inseriu como exigência inafastável à fruição da imunidade, as seguintes práticas a serem realizadas pelas entidades:

> I – não distribuírem qualquer parcela de seu patrimônio ou de suas rendas, a qualquer título;
>
> II – aplicarem integralmente, no País, os seus recursos na manutenção dos seus objetivos institucionais;
>
> III – manterem escrituração de suas receitas e despesas em livros revestidos de formalidades capazes de assegurar sua exatidão.
>
> [...]

Não satisfeito com a previsão infraconstitucional, o constituinte de 1988 fez questão de incluir disposição expressa de que a entidade não deve objetivar a finalidade lucrativa. Vejamos:

> Art. 150. Sem prejuízo de outras garantias asseguradas ao contribuinte, é vedado à União, aos Estados, ao Distrito Federal e aos Municípios:
>
> VI – instituir impostos sobre:
>
> c) patrimônio, renda ou serviços (...) das instituições de educação e de assistência social, sem fins lucrativos, atendidos os requisitos da lei.

Mas afinal, o que significa uma entidade não ter fins lucrativos? A cobrança pelos serviços realizados estaria vedada?

A entidade estaria impedida de apurar lucro? Mesmo que tal montante fosse reinvestido no desenvolvimento dos objetivos da entidade? Seus diretores estariam impedidos de receber remuneração pelo labor empreendido na condução da entidade? A prática de atividades econômicas com o intuito lucrativo não relacionadas com os objetivos das entidades, estaria proibida?

6. O LUCRO

Nas palavras de Alfredo de Assis GONÇALVES NETO, lucro "é o excesso que ultrapassa o valor do patrimônio previsto como ideal para a sociedade poder exercer adequadamente atividade econômica que justificou sua criação".[21]

Diante dessa definição, poderia se extrair que a entidade realizadora de ações educacionais e assistenciais, para obter a imunidade, estaria impedida de apurar resultado positivo e caso assim se verificasse, perderia sua condição.

Ocorre que nos dias atuais, diante da racionalidade capitalista que informa a atuação da sociedade em geral, é difícil conceber que uma entidade sem fins lucrativos com a intenção de desenvolver com eficiência um determinado objetivo social, não vise ter resultado positivo ao final do exercício.

Por meio do resultado positivo, a entidade, como qualquer organização que dependa de recursos financeiros para funcionar, tem meios de se proteger dos períodos de dificuldade na obtenção de receita.

O resultado positivo, da mesma maneira, também garante à organização que se adapte à dinâmica das demandas sociais

---

21. GONÇALVES NETO, Alfredo de Assis. *Direito de empresa:* comentários aos artigos 966 a 1.195 do Código Civil. 3. ed. São Paulo: Editora Revista dos Tribunais, 2010, p. 201.

que lhes são impostas, mediante o investimento de seus recursos em projetos sociais que garantam melhor resultado à população.[22]

A título de exemplo, registre-se que só com a obtenção de um resultado positivo, por exemplo, que um hospital sem fins lucrativos pode se manter. Afinal, diante do alto custo dos serviços de saúde, de um lado, e dos módicos valores pagos pelo SUS, de outro, não são poucas as dificuldades encontradas ao longo do ano para tais entidades manterem sua conta no "azul". Portanto, a determinação constitucional para que a entidade não tenha objetivo de lucro não significa que não possa aferir resultado positivo.

A observância desse comando constitucional, na realidade, está relacionada com as intenções que dão impulso às ações realizadas por seus dirigentes. Seu espírito é voltado ao altruísmo e ao desinteresse econômico pessoal? Ou, por outro lado, existem intenções econômico-financeiras e privatísticas por baixo das pretensões altruístas formalizadas no estatuto da entidade?

No primeiro caso, a organização educacional e assistencial é formada por instituidores que, efetivamente, objetivam a consecução de tais ações sem fins lucrativos. Nessa hipótese, não haverá no fluxo financeiro da entidade remessa que represente vantagem descabida aos dirigentes.

Já no segundo caso, o cuidadoso exame da movimentação financeira e dos contratos que alicerçam as atividades da entidade acabam indicando a distribuição disfarçada aos dirigentes.

A característica das entidades dessa natureza é a de que seu foco, ainda que vise a consecução de ações sociais, também

---

22. GONÇALVES NETO, Alfredo de Assis. *Direito de empresa:* comentários aos artigos 966 a 1.195 do Código Civil. 3. ed. São Paulo: Editora Revista dos Tribunais, 2010, p. 201..

está direcionado à obtenção de vantagens a seus dirigentes. Seu funcionamento, na maioria dos casos, já foi concebido para viabilizar vantagens econômicas obscuras e desproporcionais aos seus dirigentes.

Portanto, a entidade com finalidade lucrativa é aquela que, mesmo realizando ações altruístas, atue com o propósito de garantir vantagens aos seus dirigentes.

Paulo Ayres BARRETO ensina que as entidades sem fins lucrativos não devem ter "por objetivo distribuir os resultados, nem o de fazer retornar seu patrimônio às pessoas que a instituíram".[23] Diva MALERBI, na mesma linha, destaca que a imposição nesses casos é para "a não distribuição de seu patrimônio ou de suas rendas, bem assim o seu investimento na própria entidade, dos resultados obtidos".[24]

Entretanto, caso sejam apuradas práticas irregulares da entidade, a fiscalização deve atuar com bastante rigor e critério, pois costumam vir acompanhadas de contratos e registros contábeis aparentemente regulares.

Deve ser exigida da fiscalização, também, certa cautela na qualificação dos fatos que atestariam eventual prática com intento lucrativo realizada pela entidade. Assim é necessário porque existem situações que, mesmo podendo aparentar serem comprobatórias da distribuição de vantagem aos dirigentes, não são.

Cite-se como exemplo que o dirigente de uma entidade de assistência social imune (art. 150, VI, c – CF), acaso a jornada de trabalho permita, não está impedido de exercer sua

---

23. BARRETO, Aires; BARRETO, Paulo Ayres. **Imunidades tributárias**: limitações constitucionais ao poder de tributar. 2.ed. São Paulo: Dialética, 2001, p. 17.
24. MALERBI, Diva. Imunidade tributária. In: MARTINS, Ives Gandra da Silva (Org.). **Imunidades tributárias**. São Paulo: Revista dos Tribunais, 1998, p. 69-79. Pesquisas Tributárias, n. 4, p. 73.

profissão de médico na instituição. É assegurado a esse profissional, pelo art. 5º, inciso XIII da Constituição Federal[25], o livre exercício de sua atividade laborativa.

Da mesma maneira, o conhecimento profissional especializado do dirigente, ou mesmo seu vínculo de confiança para com os demais colaboradores, podem representar um excepcional valor agregado em favor das ações e objetivos da entidade imune. Assim, quando o benefício proporcionado pelo dirigente contratado como profissional for substancialmente superior àquele que se obteria na contratação de profissional similar vindo do mercado, não pareceria razoável conjecturar pela concessão de vantagens indevidas. O fundamental, nesse caso, é que sua atuação esteja informada pelo princípio da moralidade, de maneira que toda sua atuação como dirigente ou profissional, seja de fácil demonstração.[26]

Diante dessas realidades é de fundamental importância certa razoabilidade na aplicação da regra de imunidade e no cumprimento dos requisitos do artigo 14 do Código Tributário Nacional.

Com base na lição, ainda atual, de ATALIBA[27], a interpretação da imunidade em apreço deve ser, preponderanemte

---

25. XIII – é livre o exercício de qualquer trabalho, ofício ou profissão, atendidas as qualificações profissionais que a lei estabelecer.

26. "No caso em questão, em razão de suas características, a Coordenadoria Geral do Projeto PRONASCI caracteriza-se como um cargo de *chefia* para o qual se requer o vínculo de confiança, além de ampla experiência, especialização e conhecimento técnico, o que desde já observamos não se enquadra necessariamente no método tradicional de contratação de pessoal adotado pela Administração (*concurso público*) ou processo seletivo". (REGULES, Luis Eduardo Patrone; TOJAL, Sebastião Botto de Barros. O cargo de confiança no âmbito das OSCIPs: desnecessidade de processo seletivo e remuneração. **RDTS**, ano 5, n. 10, p. 101-109, p. 104 e 105).

27. ATALIBA, Geraldo. Venda de minérios – faturamento – PIS. **RDA**, Rio de Janeiro, v.196, p.305-320, abr./jun. 1994.

teleológica. Sua busca deve considerar, prioritariamente, os objetivos por ela almejados, prática esta que se compatibiliza com a natureza principiológica dessa espécie de regra. É como pensa Regina Helena Costa, pois considera que:

> A partir da identificação do objetivo (ou objetivos) da norma imunizante, deve o intérprete realizar a interpretação mediante a qual o mesmo será atingido em sua plenitude, sem restrições ou alargamentos do espectro eficacial da norma, não autorizados pela própria Lei Maior.[28]

Na situação aventada acima, seria justificável a cassação desse benefício pelos órgãos fiscais, numa entidade que, por exemplo, realiza ações sociais numa dada comunidade, garantindo assistência social a milhares de pessoas por mês?

Nos casos apresentados acima, além de não exisitr uma vantagem injusta ao dirigente, o prejuízo financeiro com a cassação da imunidade desencadearia um imediato prejuízo social. De fato, pois no exemplo citado a entidade não poderia mais anteder as demandas que, até então, vinha atendendo, prejudicando, em última análise, a sociedade.[29]

Assim é que, no exemplo citado, seria desarrazoado considerar a contratação profissional do dirigente uma atuação que descaracterizaria o fim não lucrativo da entidade e, portanto, a cassação da imunidade.

---

28. COSTA, Regina Helena. **Imunidades tributárias teoria e análise da jurisprudência do STF**, p.115.
29. Foi antevendo situações como a explicitada que o legislador inseriu no art. 29 da Lei 12.101/2009, por meio da Lei 12.868/2013, regra que passa a autorizar o dirigente de atuar, cumulativamente, na consecução de sua atividade profissional, desde que haja compatibilidade na jornada de trabalho, de uma e outra função. Vejamos: "§ 3º O disposto nos §§ 1º e 2º não impede a remuneração da pessoa do dirigente estatutário ou diretor que, cumulativamente, tenha vínculo estatutário e empregatício, exceto se houver incompatibilidade de jornadas de trabalho."

7. REMUNERAÇÃO DOS DIRIGENTES

A distribuição dos lucros aos dirigentes, que desencadeia a cassação da imunidade ou o seu não deferimento pelo órgão fiscal competente, não pode ser confundida com a proibição de remuneração aos dirigentes.

O pagamento de remuneração pela entidade, aos seus funcionários ou aos dirigentes, não é elemento que desvirtua sua natureza. Medida que contrarie essa prática, afrontaria a tutela dos "valores sociais do trabalho e da livre iniciativa" (CF/1988, arts. 1º, IV e 170), e ainda, da "propriedade privada" (CF/1988, art. 5º, XXII e 170, II).

Para que fique registrada a impropriedade do entendimento em contrário, o artigo 4º, inciso VI da Lei das Organizações da Sociedade Civil de Interesse Público (Lei 9.790/99), autoriza que os dirigentes dessas entidades sejam remunerados pelos serviços que realizam, desde que os valores recebidos sejam compatíveis com os do mercado.[30]

É óbvio que as instituições de educação e assistência social sem fins lucrativos referidas na regra de imunidade compõem um conjunto muito mais extenso de organizações sociais. De qualquer maneira, tal preceptivo já em 1999 revelava a necessidade que se impunha a essas entidades.

Só em outubro do ano passado com a Lei 12.868/2013, depois de quatorze anos da edição da Lei 9.790/99, foi instituída norma jurídica expressa autorizando a remuneração dos dirigentes pelas entidades que fossem certificadas como beneficentes.

Como a obtenção desse certificado é uma das exigências para as entidades fruírem das imunidades às contribuições da

---

30. Art. 4º [...] VI – a possibilidade de se instituir remuneração para os dirigentes da entidade que atuem efetivamente na gestão executiva e para aqueles que a ela prestam serviços específicos, respeitados, em ambos os casos, os valores praticados pelo mercado, na região correspondente a sua área de atuação.

seguridade social (art. 195, §7º da Constituição Federal), a partir de então o ordenamento jurídico passou a autorizar que as entidades que remunerem seus dirigentes – desde que observem as demais exigências instituídas na Lei 12.101, alterada pela 12.868, – consigam a imunidade das contribuições.

A novel legislação fez o mesmo em relação à imunidade aos impostos que na interpretação da União era regulamentada pelo artigo 12 da Lei 9.532/97.[31] Nesse último caso, entretanto, a alteração chegou atrasada, pois há muito tempo os tribunais vêm afastando a exigência da não remuneração dos dirigentes, sob o fundamento de que os requisitos para a fruição dessa imunidade são os catalogados no artigo 14 do Código Tributário Nacional e não os da Lei 9.532/97.

A questão, portanto, relativamente à remuneração do dirigente, parece estar superada, sendo que sua ocorrência não pode ser óbice, nem para a obtenção das imunidades das con-

---

31. "Art. 29 [...] I – não percebam, seus dirigentes estatutários, conselheiros, sócios, instituidores ou benfeitores, remuneração, vantagens ou benefícios, direta ou indiretamente, por qualquer forma ou título, em razão das competências, funções ou atividades que lhes sejam atribuídas pelos respectivos atos constitutivos;
§ 1º A exigência a que se refere o inciso I do **caput** não impede:
I – a remuneração aos diretores não estatutários que tenham vínculo empregatício; II – a remuneração aos dirigentes estatutários, desde que recebam remuneração inferior, em seu valor bruto, a 70% (setenta por cento) do limite estabelecido para a remuneração de servidores do Poder Executivo federal.
§ 2º A remuneração dos dirigentes estatutários referidos no inciso II do § 1º deverá obedecer às seguintes condições: I – nenhum dirigente remunerado poderá ser cônjuge ou parente até 3º (terceiro) grau, inclusive afim, de instituidores, sócios, diretores, conselheiros, benfeitores ou equivalentes da instituição de que trata o **caput** deste artigo; e II – o total pago a título de remuneração para dirigentes, pelo exercício das atribuições estatutárias, deve ser inferior a 5 (cinco) vezes o valor correspondente ao limite individual estabelecido neste parágrafo. § 3º O disposto nos §§ 1º e 2º não impede a remuneração da pessoa do dirigente estatutário ou diretor que, cumulativamente, tenha vínculo estatutário e empregatício, exceto se houver incompatibilidade de jornadas de trabalho."

tribuições (art. 195, §7º da Constituição Federal), nem para a imunidade dos impostos (art. 150, VI, alínea "c" da Constituição Federal). Se já haviam argumentos contundentes capazes de autorizar às entidades imunes aos impostos à remunerarem seus dirigentes, com a edição da Lei 12.868/2013, não parece haver mais qualquer dúvida a respeito.

Feitas as considerações atinentes ao significado da expressão "sem fins lucrativos", importa apresentar algumas apontamentos de ordem formal, para melhor compreender os efeitos e alcance do artigo 150, inciso VI, alínea "c" da Constituição Federal.

8. LEI COMPLEMENTAR

O art. 150, VI, "c", da Constituição Federal, que trata da imunidade aos impostos dirigida às instituições de educação e assistência social sem fins lucrativos, esgotou o tema. Deixou para a lei complementar, tão-somente, a responsabilidade de criar regras procedimentais a serem observadas pela entidade, necessárias à obtenção da imunidade.

Nas palavras de Paulo de Barros CARVALHO, o que pode "ser objeto de regramento infraconstitucional é apenas a determinação de certas obrigações de fazer, com o intuito de orientar a fruição de algumas hipóteses de imunidade".[32] Não é outra a posição de Aires Fernandino BARRETO, ao explicar que o objetivo da lei complementar é "explicitar o que implícito está na Constituição". Nessa mesma linha de entendimento Clélio CHIESA[33] ensina:

---

32. CARVALHO, Paulo de Barros. **Imunidades condicionadas e suspensão de imunidades**, p.11.
33. Roque Antonio CARRAZZA sustenta mesma posição: "A imunidade tributária das instituições de educação ou de assistência social sem fins lucrativos é do tipo *condicionado*, já que seu reconhecimento depende do atendimento

> O constituinte esgotou a atividade legiferante quanto ao delineamento do direito material...deixando ao legislador ordinário apenas a tarefa de disciplinar o procedimento que deve ser adotado pelo beneficiário para ter direito à fruição dos benefícios de determinada imunidade

Portanto, os requisitos do artigo 14 do Código Tributário Nacional não promovem a limitação do teor da regra de imunidade. Apenas regulamentam a expressão "sem fins lucrativos", pois ao mesmo tempo em que impõem certo comportamento pela entidade, definem critérios para a atuação do fisco na verificação do cumprimento das regras de imunidade.

Também por esse motivo o cumprimento das exigências enumeradas no artigo 14 do Código Tributário Nacional deve ser aferido no seu contexto constitucional. Ou seja, o atendimento a tais requistos deve ter como único objetivo conferir parâmetros para se demonstrar o caráter não lucrativo da entidade. Nada mais.

9. FINALIDADES ESSENCIAIS

O § 4º[34] do artigo 150 da Constituição Federal dispõe que a imunidade tributária dirigida às entidades enumeradas nas alíneas "b" e "c" "compreendem somente o patrimônio, a renda e os serviços, relacionados com as finalidades essenciais das entidades nelas mencionadas".

---

de um *requisito material*: não terem fins lucrativos. Sua comprovação será feita mediante a implementação de *requisitos formais*, apontados em lei complementar, que deve, no entanto, limitar-se a indicar os necessários e suficientes a demonstrar a vocação economicamente desinteressada da entidade". (CARRAZZA, Roque Antonio. **Curso de Direito Constitucional Tributário**, p. 765).

34. § 4º As vedações expressas no inciso VI, alíneas *b* e *c*, compreendem somente o patrimônio, a renda e os serviços, relacionados com as finalidades essenciais das entidades nelas mencionadas.

Para Francisco de Assis ALVES e Ives Gandra MARTINS, a interpretação dessa regra constitucional deve ser compreendida em conjunto com a do artigo 173, § 4º da Constituição Federal, a qual reprime o abuso de poder econômico que enseja a "eliminação da concorrência" e o "aumento arbitrário dos lucros".[35]

Segundo os autores, basta que a entidade explore atividade econômica similar àquela praticada por empresas que estejam no mercado, para que a regra de imunidade não incida. Não importa se a receita obtida for dirigida à consecução da atividade essencial da entidade. Assim, para Ives Gandra da Silva MARTINS, a

> Junção do princípio estatuído nos arts. 173, § 4º, e 150, § 4º, impõe a exegese de que as atividades, mesmo que relacionadas indiretamente com aquelas essenciais das entidades imunes enunciadas nos incs. *b* e *c* do art. 150, VI, se forem idênticas ou análogas às de outras empresas privadas, não gozariam da proteção imunitória.[36]

Mas, ainda pela lição de MARTINS, as atividades que não concorram com outras empresariais, com vistas a, apenas, manter o patrimônio da entidade sem fins lucrativos, como o aluguel de imóveis, sujeitam-se à regra imunizante:

> O que vale dizer que apenas se as atividades puderem gerar concorrência desleal ou as finalidades das entidades imunes não forem beneficiadas por tais resultados, é que a tributação se justifica, visto que, de rigor, tais atividades refogem

---

35. Art. 173, § 4º. A lei reprimirá o abuso do poder econômico que vise à dominação dos mercados, à eliminação da concorrência e ao aumento arbitrário dos lucros.
36. MARTINS, Ives Gandra da Silva. Imunidades tributárias. In: ____ (Coord.). **Imunidades tributárias**. São Paulo: Revista dos Tribunais e Centro de Extensão Universitária, 1998, p. 31-51 (Pesquisas Tributárias), n. 4, p. 45.

ao campo de proteção tributária que o legislador supremo objetivou ofertar a essas finalidades da sociedade.[37]

Com vistas a definir esses limites, Celso Ribeiro BASTOS sugere a obtenção do que chamou de um "lucro moderado para sua própria sobrevivência e expansão". De acordo com Bastos:

> Elas devem usar o lucro apenas como um meio eficaz, para a realização de suas atividades, pois, se assim não o fizerem, elas se desvirtuarão por completo de suas finalidades e, conseqüentemente, perderão a sua qualificação de entidades sem fins lucrativos. Os juros, no âmbito das entidades sem fins lucrativos, devem se apresentar como a conseqüência da gestão normal de um patrimônio, e não como entidade de atividade lucrativa.[38]

A prática da atividade empresarial, nessa linha de pensamento, deveria ser realizada de forma comedida. Marco Aurélio Greco, exemplificando o que seria uma prática comedida registra que a entidade não poderia, por exemplo, investir suas sobras financeiras em aplicações de risco, mas apenas em aplicações conservadoras.[39]

Não nos parece que essa seja a melhor interpretação do preceito constitucional. Na verdade, enquanto uma entidade sem fins lucrativos mantiver regularmente seu intento altruísta, atendendo seus objetivos estatutários e promovendo a educação ou a assistência social sem fins lucrativos, sua

---

37. MARTINS, Ives Gandra da Silva. Imunidades tributárias. In: _____ (Coord.). **Imunidades tributárias**. São Paulo: Revista dos Tribunais e Centro de Extensão Universitária, 1998, p. 31-51 (Pesquisas Tributárias), n. 4, p. 46.
38. BASTOS, Celso Ribeiro. Imunidade tributária. In: MARTINS, Ives Gandra da Silva (Org.). **Imunidades tributárias**. São Paulo: Revista dos Tribunais, 1998, p. 240-254. (Pesquisas Tributárias), n. 4, p. 250.
39. GRECO, Marco Aurélio. Imunidade tributária. In: MARTINS, Ives Gandra da Silva (Coord.). **Imunidades tributárias**. São Paulo: Centro de Extensão Universitária/RT, 1998, p.718.

atuação no mercado, não deve ser capaz de inviabilizar a fruição da imunidade.

A solução de questão, relativa aos eventuais desvios praticados por essas entidades sem fins lucrativos que realizem atividades econômicas capazes de interferir no mercado, como sustenta Yonne Dolacio de OLIVEIRA, "esbarra no complexo problema da hierarquia dos princípios".[40]

Especialmente em relação às regras de imunidade dirigidas às instituições de educação e assistência social sem fins lucrativos, seu fundamento se assenta nas disposições constitucionais que garantem o direito à educação, à assistência social e a observância ao princípio da capacidade contributiva.

O objetivo do constituinte, nesse caso, é incentivar à sociedade civil a auxiliar o Estado na consecução de ações de interesse público. À luz dos fundamentos que dão alicerce à regra de imunidade, no exemplo acima citado, os recursos financeiros provenientes da atividade comercial desenvolvida pela entidade sem fins lucrativos seriam empregados para promover a proteção dos direitos à educação e à assistência social estabelecidos no artigo 6º da Constituição Federal.[41]

Por outro lado, numa interpretação fiscalista que se faça do artigo 170 da Constituição Federal, o desenvolvimento da

---

40. OLIVEIRA, Yonne Dolacio de. Imunidade tributária. In: MARTINS, Ives Gandra da Silva (Coord.). **Imunidades tributárias**. São Paulo: Revista dos Tribunais; Centro de Extensão Universitária, 1998, p. 743-756. (Pesquisas Tributárias), n. 4, p. 753.

41. A esse respeito, merece destaque a lição de CARRAZZA: "Abrindo um ligeiro parêntese, convém termos presente que a maioria das imunidades contempladas na Constituição é uma decorrência natural dos grandes princípios constitucionais tributários, que limitam a ação estatal de exigir tributos (igualdade, capacidade contributiva, livre difusão da cultura e do pensamento, proteção à educação, amparo aos desvalidos etc). Portanto, não podem ter seu alcance diminuído nem mesmo por meio de emendas constitucionais, quanto mais pelo legislador ordinário". (CARRAZZA, Roque Antonio. **Curso de Direito Constitucional Tributário**, p. 733).

atividade econômica, na forma exemplificada, poderia ensejar a infração ao princípio da livre iniciativa.

Ocorre que não há disposição expressa na regra de imunidade dirigida às instituições de educação e assistência social sem fins lucrativos, que se proponha a limitar a atuação das entidades que realizem atividades econômicas. Da mesma maneira, nada parecido é identificado no artigo 14 do Código Tributário Nacional ou em outro dispositivo de lei complementar, que pretenda regulamentar eventual infração ao princípio da livre concorrência.

Se não há norma constitucional que busque promover essa regulamentação no caso das imunidades às instituições de educação e assistência social sem fins lucrativos tratadas no artigo 150, VI, "c" da CF, é possível identificá-la entre as regras que dispõem sobre a imunidade recíproca no artigo 150, §3º. O dispositivo indica com elemento impeditivo da imunidade recíproca os impostos que incidirem sobre

> A exploração de atividades econômicas regidas pelas normas aplicáveis a empreendimentos privados, ou em que haja contraprestação ou pagamento de preços ou tarifas pelo usuário, nem exonera o promitente comprador da obrigação de pagar imposto relativamente ao bem imóvel.[42]

A existência desse dispositivo constitucional demonstra que a imunidade recíproca deu tratamento muito mais rigoroso no tratamento do princípio da livre concorrência, que aquele das regras de imunidade às instituições de educação e assistência social.

Ademais, acusar uma entidade sem fins lucrativos de promover a concorrência desleal é ter como pressuposto uma semelhança entre estas e as empresas com objetivo de

---

42. Art. 150, §3º da Constituição Federal.

lucro, que não existe. O Ministro Nelson Jobim esclarece a distinção entre ambas no julgamento do Recurso Extraordinário n. 210.251-1:

> Quando se diz que essa entidade vai entrar no mercado com uma vantagem comparativa diversa, é essa a intenção do contribuinte, porque essa vantagem comparativa diversa não é problema de concorrência, porque essas entidades são marginais do processo de mercado. Elas não estão no mercado para auferir na concorrência, mas para obter rendas que viabilizem as suas atividades, pois se uma entidade se estabelece para assistência social, como é o caso, por exemplo, do famoso Liceu, de São Paulo, e outras entidades, de onde essa entidade vai tirar dinheiro para investir na assistência social. Terá de recorrer a esmolas. Terá de recorrer à verba pública, a dotações orçamentárias; terá de recorrer às contribuições.[43]

As entidades de educação e assistência social, mesmo realizando atividades econômicas e obtendo superávit, nunca estarão inseridas na racionalidade de lucro, própria destas. O funcionamento e os objetivos daquelas entidades estão inarredavelmente contaminados pelo fim altruísta. Portanto, a obtenção do lucro decorrente de suas atividades econômicas é apenas um meio para o atingimento do fim maior, não havendo que se falar em concorrência, muito menos em concorrência desleal.

Nessa medida, o artigo 150, §4º da Constituição Federal, diferentemente da interpretação que costuma ser realizada pelo fisco, se limita a disciplinar que todos os recursos obtidos pela entidade devem ser dirigidos à consecução de seus objetivos estatutários. Portanto, não existe óbice constitucional

---

43. Supremo Tribunal Federal. Div. no Recurso Extraordinário nº 210251-SP, rel. Ministra Ellen Grace, DJ 28/11/2003. Disponível em: <http://www.stf.jus.br>. Acesso em: 17 jan. 2012.

capaz de impedir que os resultados positivos dessas entidades sejam decorrentes da atividade econômica da entidade.[44]

10. CONCLUSÃO

Os fundamentos jurídicos supra deduzidos indicam que a alusão à expressão "sem fins lucrativos", tratada no artigo 150, inciso VI, alínea "c" da Constituição Federal, não significa a proibição dirigida à entidade, para que deixe de obter resultado positivo (superávit).

O que está proibido é, em verdade, que os dirigentes e instituidores participem do superávit da entidade. Na maioria desses casos, o que se constata é uma intenção, desde a criação da entidade, de viabilizar tais vantagens. Os dirigentes nesses casos não visam e nunca visaram o altruísmo.

Ainda que tais atuações dos dirigentes sejam desviadas, a verdade é que a fiscalização deve ficar atenta, pois tais dirigentes mal intencionados costumam fraudar os registros da entidade ou dificultar sua compreensão, criando ainda mais embaraço à fiscalização.

A remuneração dos dirigentes não obsta a fruição da imunidade, prática esta que passou a ser expressamente autorizada pelo artigo 29 da Lei 12.868/2013, aplicando-se tanto

---

[44]. "Pensamos que os rendimentos auferidos por tais entidades a partir de aplicações financeiras ou em razão de locação de imóveis, a prestação de serviços ou, mesmo, a comercialização de bens de sua fabricação, uma vez consubstanciando recursos vertidos à consecução dessas finalidades essenciais, constituem meios eficazes para o desempenho de suas atividades – e, portanto, não podem ser desprezados. [...] Isto porque afigura-se-nos inviável cogitar que uma instituição de educação ou de assistência social que preencha os requisitos constitucionais e legais para a fruição da exoneração tributária possa vir a desenvolver atividade de vulto econômico expressivo o suficiente para caracterizar vulneração a princípios regentes da atividade econômica." (COSTA, Regina Helena. **Imunidades tributárias teoria e análise da jurisprudência do STF**, p.184-185).

para a obtenção da imunidade às contribuições (art. 195, §7º – CF), como para a imunidade aos impostos (art. 150, VI, c – CF). O dirigente, nos termos do referido preceito legal, também está autorizado a exercer sua profissão na referida entidade, podendo atuar, cumulativamente, como diretor e profissional.

A lei complementar, apesar de fazer referência a três requisitos para a fruição da imunidade dirigida às instituições de educação e assistência social sem fins lucrativos, apenas regulamentou a exigência constitucional que impõem a tais entidades a atuação sem finalidade lucrativa. Assim, a aplicação dos requisitos do artigo 14 do Código Tributário Nacional deve ser realizada à luz desse contexto. Ou seja, seu descumprimento só ficará carcaterizado quando atestar, efetivamente, que a entidade atua com finalidade lucrativa. Dessa maneira, irregularidades procedimentais nos registros das receitas e despesas, por exemplo, não podem justificar a cassação da imunidade.

Diferentemente do que ocorre em relação à imunidade recíproca, não há regra, nem na Constituição Federal, nem em lei complementar, que vede a consecução de atividade econômica pelas entidades de educação e assistência social sem fins lucrativos, para a fruição da imunidade.

A concorrência desleal não se configura mesmo nos casos em que suas atividades econômicas venham a ocupar o espaço da iniciativa privada. Isso porque, os objetivos, direitos e deveres de uma, são absolutamente distintos dos da outra, não havendo como se aventar que se esteja diante de uma concorrência, muito menos uma concorrência desleal.

Inequívoco, ainda, diante da realidade do mercado e do terceiro setor, a necessidade de que essas entidades têm de promover atividades econômicas para viabilizar seus objetivos. Tal prática, portanto, não deve ensejar a cassação da imunidade.

LEGALIDADE E NORMA DE INCIDÊNCIA: INFLUXOS DEMOCRÁTICOS NO DIREITO TRIBUTÁRIO

José Roberto Vieira[1]

O apanágio do cidadão, no regime republicano (ou democrático), está exatamente na circunstância de só obedecer-se a si mesmo, pelos preceitos que seus representantes, em seu nome, hajam consagrado formalmente em lei.

Geraldo Ataliba[2]

1. HOMENAGEM À MINISTRA DENISE ARRUDA

Muito poucos divergiriam da apreciação que CASTELAR

---

1. Professor de Direito Tributário da Universidade Federal do Paraná – UFPR e do Instituto Brasileiro de Estudos Tributários – IBET (graduação, especialização, mestrado e doutorado); Mestre e Doutor em Direito do Estado – Direito Tributário (PUC/SP); Estudos pós-graduados no *Instituto de Estudios Fiscales* (Madri, Espanha); Ex-membro julgador do Conselho de Contribuintes do Ministério da Fazenda, atual CARF (Brasília, DF); Ex-Auditor da Receita Federal (Curitiba, PR); Parecerista.

2. **República e Constituição**, S. Paulo, RT, 1985, (Temas Fundamentais de Direito Público, 7), p. 99; na edição mais recente: 2.ed., atualização de Rosolea Miranda Folgosi, S. Paulo, RT, 1998, p. 125. Acrescentamos, nos parênteses.

DE CARVALHO, ex-professor da UFRJ, faz do nosso **MACHADO DE ASSIS**: *"...a mais elevada expressão literária de nosso país... Machado é o nosso Shakespeare, o nosso Dante, o nosso Montaigne, o nosso Balzac"*.[3] Não foi por acaso que, quando HAROLD BLOOM, o respeitado crítico literário e professor de Yale, construiu a sua galeria de uma centena de gênios da literatura universal, incluiu apenas um brasileiro: exatamente ele.[4] MACHADO, que, daqui, AUGUSTO MEYER classifica como *"...'único' na história da literatura brasileira..."*[5]; e que, de fora, BLOOM vê como *"...uma espécie de milagre..."* [6]; mereceu a avaliação de MONTEIRO LOBATO: *"É grande, é imenso, o Machado. **É o pico solitário das nossas letras**. Os demais nem lhe dão pela cintura"* (grifamos)[7]; e mereceu, sobretudo, o verso-mensagem que lhe dirigiu CARLOS DRUMMOND DE ANDRADE, em seu poema-homenagem: *"Outros leram da vida um capítulo, tu leste o livro inteiro"*.[8]

---

3. **Dicionário de Machado de Assis: Língua, Estilo, Temas**, Rio de Janeiro, Lexikon, 2010, p. 12. No mesmo sentido, OTTO MARIA CARPEAUX, Apresentação, *in* M. ASSIS, **Contos A**, v. IV, Rio de Janeiro, Lia e INL, [19--], p. 10.

4. **Gênio: Os 100 Autores mais Criativos da História da Literatura**, tradução de José Roberto O'Shea, Rio de Janeiro, Objetiva, 2003, p. 686-693. CARLOS NEJAR, o poeta e literato, membro da Academia Brasileira de Letras, criticou essa inclusão singular: *"...pena é que o seu monárquico e autossuficiente cânone não tenha alcançado outros nomes entre nós que também merecem a categoria de gênio, como Euclides da Cunha, Guimarães Rosa ou Clarice Lispector, superando as marés da moda, usos e costumes culturais, ou os abissais limites dos idiomas"* – **História da Literatura Brasileira: Da Carta de Caminha aos Contemporâneos**, São Paulo, Leya, 2011, p. 137. Conquanto não se possa discordar da crítica, há que atentar para a confissão honesta de BLOOM: *"...minha seleção é totalmente arbitrária e idiossincrática... estes autores são aqueles sobre os quais desejei escrever"* – **Gênio**..., *op. cit.*, p. 11.

5. Introdução Geral à coleção "Obra Selecionada em 5 Volumes" – *in* M. ASSIS, **Memórias Póstumas de Brás Cubas**, V. I, Rio de Janeiro, Lia e INL, [19--], p. 7.

6. **Gênio**..., *op. cit.*, p. 688.

7. *Apud* MARCOS BAGNO, Apresentação, *in* M. BAGNO (org.), **Machado de Assis para Principiantes**, 2.ed., S. Paulo, Ática, 1999, p. 8.

8. A um Bruxo, com Amor, **A Vida Passada a Limpo**, *in* **Poesia Completa**, Rio de Janeiro, Nova Aguilar, 2002, p. 440.

É por isso que, ao abrirmos este trabalho, em reverência a uma juíza, e ao decidirmos fazê-lo sublinhando a complexidade dessa missão, é, precisamente, a MACHADO que recorremos, para afastar eventuais dúvidas: *"É difícil a tarefa... julgar a frio os homens... é uma obra de consciência e de coragem, digna e honrosa, é certo, mas nem por isso fácil de empreender".*[9]

E a Ministra DENISE ARRUDA cumpriu-a com eficiência e à risca. DENISE MARTINS ARRUDA, filha do advogado OSCAR VIRMOND DE ARRUDA e de dona ELZE MARTINS DE ARRUDA, nasceu em Guarapuava-PR, em 09.02.1941, vindo a deixar-nos em 12.12.2012, com seus 72 anos. Bacharel em Direito pela Universidade Federal do Paraná – UFPR, em 1963; concluiu os créditos do Mestrado em Direito das Relações Sociais pela Universidade Estadual de Londrina – UEL, em 1982.

Advogou por três anos, até 1966, tendo, inclusive, atuado no escritório de JOSÉ RODRIGUES VIEIRA NETTO, eminente professor de Direito Civil da UFPR. Mas **seu destino era a magistratura**, em cuja carreira ingressou, em fins de 1966, na condição de juíza substituta, em Jacarezinho, Cornélio Procópio e Santo Antonio da Platina; permanecendo no cargo por pouco mais de um ano, desde que aprovada em concurso público para juíza de direito do estado do Paraná; cargo que assumiu em começos de 1968, nele permanecendo por quase 26 anos, até meados de 1993; atuando nas comarcas de Mallet, Jandaia do Sul, Peabiru, Londrina e Curitiba. Em 1993, foi promovida à juíza do então Tribunal de Alçada, no qual permaneceu por mais de oito anos, até princípios de 2002, exercendo, inclusive, a sua vice-presidência; e em 2002, foi guindada à condição de desembargadora do Tribunal de Justiça do Estado

---

9. *Apud* LUCIA LEITE RIBEIRO PRADO LOPES, **Machado de A a X: Um Dicionário de Citações**, S. Paulo, 34, 2001, p. 185. Texto da crítica literária de MACHADO ao livro "A Constituinte perante a História", de FRANCISCO INÁCIO MARCONDES HOMEM DE MELLO, o Barão HOMEM DE MELLO (1837-1918) – sua obra mais conhecida, publicada em 1862.

do Paraná, colégio ao qual pertenceu por pouco mais de um ano, até meados de 2003; quando foi nomeada pela presidência da república para ministra do Superior Tribunal de Justiça, onde exerceu a magistratura por 7 anos, inclusive presidindo a 1ª Turma, até sua aposentadoria, em 2010.

Foi a primeira mulher, juíza de carreira, a desempenhar a função de desembargadora efetiva, no Tribunal de Justiça do Paraná; e a primeira mulher a exercer um cargo de direção no judiciário estadual; bem como a quarta mulher como ministra do STJ.[10]

Reitere-se, pois, que **a Ministra DENISE ARRUDA enfrentou sua complexa empreitada de juíza com irrepreensível denodo e soberba competência**. Confirmam-no numerosos testemunhos, dos quais pinçamos, a título ilustrativo, alguns: *"A vida lhe predestinou o caminho excelente da magistratura..."* (sic) (NILSON NAVES[11]); *"...ilustre magistrada, que sempre honrou e dignificou a toga..."* (GEORGE BUENO GOMM[12]); *"...uma juíza dotada de especial vocação para o ofício..."* (TEORI ALBINO ZAVASCKI[13]); *"...uma das mais dignas magistradas brasileiras"* (ELIANA CALMON[14]). Depoimentos que evidenciam a adequação

---

10. Os dados pessoais e profissionais da Ministra DENISE ARRUDA foram obtidos nos seguintes endereços eletrônicos da internet, todos eles acessados em 05.03 e em 17.04.2014: www.stj.jus.br; www.cjf.jus.br; www.apamagis. jusbrasil.com.br; www.ns2.unijus.gov.br; www.sintse.tse.jus.br; www.oabpr. org.br; www.oabsp.org.br; www.conjur.com.br; www.gazetadopovo.com.br; www.jus.com.br; www.ultimainstancia.uol.com.br; www.professordotti.com. br; www.bemparana.com.br ; e www.alvarodias.com.br .

11. Manifestação do ex-ministro e então presidente do STJ, à época da posse da ministra – disponível em: www.stj.jus.br; www.apamagis.jusbrasil.com.br e www.ultimainstancia.uol.com.br; acesso em: 05.03 e 17.04.2014.

12. Artigo do advogado e ex-professor da UFPR – disponível em: www. gazetadopovo.com.br; acesso em: 05.03 e 17.04.2014.

13. Manifestação do ex-ministro do STJ e atual ministro do STF – disponível em: www.conjur.com.br – Consultor Jurídico; e www.bemparana.com.br; acesso em: 05.03 e 17.04.2014.

14. Manifestação da ex-ministra do STJ e ex-corregedora-geral de justiça – disponível em: www.bemparana.com.br ; acesso em: 05.03 e 17.04.2014.

e o merecimento desta **oportuna e louvável homenagem** que lhe é tributada, e à qual emprestamos nossa pouco significativa, mas resoluta adesão.

2. MOTE DA HOMENAGEM

Não são poucas as decisões notáveis e preeminentes da Ministra DENISE ARRUDA, que marcaram indelevelmente sua vida na magistratura, especialmente no Superior Tribunal de Justiça.

Muitas delas tornam patente o seu alto saber jurídico, como sublinhado, entre outros, pelos ministros TEORI ZAVASCKI e JOSÉ DELGADO, e a sua *"...elevada qualificação técnica..."*, como acentuada pelo Prof. RENÉ ARIEL DOTTI[15]. Foi o caso da definição da área de competência do Instituto Brasileiro do Meio Ambiente e dos Recursos Naturais Renováveis – IBAMA[16]; da recusa da configuração de improbidade administrativa, na ausência de dolo[17]; da admissão de que o Código de Defesa do Consumidor deve ser aplicado às instituições financeiras[18]; do reconhecimento da ilegalidade e da inconstitucionalidade da restrição de horário, durante o expediente forense, para que os juízes recebam e atendam aos advogados.[19]

Diversas das suas decisões põem em destaque a sua *"...sensibilidade..."*, como enfatizada pelo ministro FELIX

---

15. T. ZAVASCKI – disponível em: www.conjur.com.br – Consultor Jurídico; e www.bemparana.com.br; J. DELGADO, ex-ministro do STJ – disponível em: www.blog.hsn-advogados.com.br ; R. A. DOTTI – disponível em: www.professordotti.com.br . Acessos em: 05.03 e 17.04.2014.

16. Disponível em: www.ultimainstancia.uol.com.br; acesso em: 05.03 e 17.04.2014.

17. Disponível em: www.ultimainstancia.uol.com.br; acesso em: 05.03 e 17.04.2014.

18. Disponível em: www.stj.jus.br e www.apamagis.jusbrasil.com.br; acesso em: 05.03 e 17.04.2014.

19. Disponível em: www.oabsp.org.br; acesso em: 05.03 e 17.04.2014.

FISCHER[20]; ou a sua *"...notável vocação humanista..."*, como grifada pelo professor RENÉ DOTTI[21]; como no acatamento da cumulatividade de indenizações por dano estético e por dano moral, no caso de recém-nascido que teve um braço amputado por erro médico.[22]

E principiamos a aproximar-nos do mote desejado, em decisões nas quais se faz nítida e clara sua preocupação jurídica com a Legalidade em geral; como no afastamento de pesada multa do PROCON do Rio de Janeiro para uma conduta não precisamente descrita como infração em lei.[23] Aproximação que progride e evolui, em **decisões que mostram e demonstram sua inquietação pelo respeito à Legalidade Tributária**; como no consentir e acolher a isenção da Empresa Brasileira de Correios e Telégrafos, no que tange às custas processuais[24]; e como no acatar e confirmar o direito de crédito do ICMS, na aquisição, por contribuintes de boa-fé, de mercadorias cujas respectivas notas fiscais foram, posteriormente, consideradas inidôneas pelo fisco estadual.[25]

E aproximação que se torna definitiva com o reconhecimento da ilegalidade da base de cálculo da Taxa de Saúde Suplementar.[26] Esse tributo foi instituído pela Lei n. 9.961, de

---

20. Manifestação do ministro e atual presidente do STJ – disponível em: www.conjur.com.br – Consultor Jurídico; e www.bemparana.com.br; acesso em: 05.03 e 17.04.2014.

21. A Ministra Denise Arruda – artigo publicado no jornal "O Estado do Paraná", caderno "Direito e Justiça", em 16.11.2003 – disponível em: www.professordotti.com.br; acesso em: 05.03 e 17.04.2014.

22. Disponível em: www.espacovital.com.br; acesso em: 05.03 e 17.04.2014.

23. Disponível em: www.stj.jus.br; e www.ultimainstancia.uol.com.br; acesso em: 05.03 e 17.04.2014.

24. Disponível em: www.stj.jus.br; acesso em: 05.03 e 17.04.2014.

25. STJ, Recurso Especial n. 623.335-PR, Relatora Ministra DENISE ARRUDA, julgado em 11.03.2008, DJe de 10.04.2008 – Precedente citado por ROBERTO RODRIGUES DE MORAIS, Crédito de ICMS de NF Inidônea é Confirmado pelo STJ como Legal – Disponível em: www.fiscosoft.com.br ; acesso em: 05.03 e 17.04.2014.

26. STJ, Recurso Especial n. 728.330-RJ, Relatora Ministra DENISE ARRUDA,

28.01.2000, como contrapartida ao exercício da atividade de polícia da Agência Nacional de Saúde – ANS (artigo 18); sendo que o *"...seu valor será o produto da multiplicação de R$ 2,00 (dois reais) pelo número médio de usuários de cada plano privado de assistência à saúde..."* (artigo 20, I); em cuja esteira legal foi expedida a Resolução RDC n. 10, de 03.03.2000, acrescentando que *"A Taxa... será calculada pela média aritmética do número de usuários no último dia do mês dos 3 (três) meses que antecederem ao mês do recolhimento..."*

No voto de relatora, a Ministra **DENISE ARRUDA** assim desenvolve seu acurado raciocínio jurídico: *"...tendo a lei se referido ao 'número médio'... a imprecisão... leva-nos... a concluir pela impossibilidade de uma quantificação objetiva para o cálculo da taxa..."* E prossegue: *"...somente por meio da previsão do art. 3º da mencionada Resolução é que foi possível atribuir uma perspectiva objetivamente mensurável à base de cálculo da Taxa..."* Logo, deduz que *"...tal ato normativo infralegal acabou por ter o condão de estabelecer, por assim dizer, a própria base de cálculo da referida taxa"*. Donde conclui: *"...não se pode aceitar a fixação da base de cálculo por outro instrumento normativo que não a lei em seu sentido formal, motivo pelo qual afigura-se inválida a previsão contida no art. 3º da Resolução... ato infralegal que... afronta ao disposto no art. 97, IV, do CTN"* (sic). E **registra a inafastabilidade da observância atenta do Princípio da Legalidade Tributária**: *"...é, assim, indispensável que a norma tributária possua em sua estrutura os elementos suficientes para a identificação do seu fato jurígeno, dos sujeitos envolvidos, e da prestação (objeto) devida"*[27]; norma de incidência estabelecida, obviamente, em lei.

---

julgado em 19.03.2009 – Precedente citado por JOÃO ROCKENBACH NASCIMENTO, Primeira Seção do STJ Consolida Entendimento sobre Ilegalidade da Base de Cálculo da TSS definida pelo Artigo 3º da RDC n. 10/2000 – Disponível em: www.jus.com.br – Jus Navigandi; e www.unimedfesp.coop.br ; acesso em: 05.03 e 17.04.2014.

27. Disponível em: www.unimedfesp.coop.br; acesso em: 05.03 e 17.04.2014.

Nessa exigência intransigente da Legalidade Tributária, que, por sua íntima conexão com o Princípio da Democracia, pela ponte da participação e da representatividade popular, está, igual e respectivamente, **exigindo, do mesmo modo inflexível, o espargir dos influxos democráticos no campo dos tributos**, é que deparamos, a contento, **o mote temático que buscávamos** para homenagear a Ministra DENISE ARRUDA.

3. DEMOCRACIA: MÍNIMO SEMÂNTICO

Antes, porém, do mergulho na legalidade dos tributos, a visita necessária à noção mais ampla de Democracia, ao menos para fixar-lhe um sentido primeiro e menor.

Registremos, de início, que, a exemplo do que ocorreu com a filosofia, como já tivemos oportunidade de consignar, **também a democracia constitui uma invenção dos gregos**.[28] FERNANDO SAVATER recorre a um episódio da Guerra de Tróia, quando Aquiles, o grande guerreiro grego, afasta-se dos combates, por zangar-se com Agamenon, que chefiava o famoso cerco, como rei e cunhado da bela Helena, a quem os gregos buscavam recuperar dos troianos. Estabelecida a discussão entre os chefes aqueus, com a participação de Ulisses, para acolher a decisão da maioria; assinala SAVATER que, nessa passagem da *"Ilíada"*, *"...o que no fundo Homero está contando são os albores da democracia..."*.[29] Nada mais do que uma experiência iniciante e muito restrita, a dos gregos, pois, entre eles, ficavam de fora das decisões as mulheres, os escravos e os estrangeiros residentes – restando algo em torno de 10 a 15%

---

28. Quanto à precedência grega na filosofia, invocamos, para defendê-la, as reflexões insuspeitas de FRIEDRICH NIETZSCHE, de GUILLERMO FRAILE e de MARILENA CHAUÍ – A Noção de Sistema no Direito, **Revista da Faculdade de Direito da UFPR**, Porto Alegre, Síntese, n. 33, 2000, p. 53-64, no caso, p. 55.

29. **Política Para Meu Filho**, tradução de Eduardo Brandão, S. Paulo, Martins Fontes, 1996, p. 71-73.

dos cidadãos ativos (**FÁBIO KONDER COMPARATO**[30]) – anota o autor em outra obra; *"Lo cual en nada disminuye la importancia radical, incomparable, del primer paso"* [31]; que exigiu nada menos que uma *"...certa loucura..."* – *"Felizmente, os gregos eram meio loucos e de sua genial loucura ainda agora nos alimentamos"*.[32]

Curioso que, seja qual for o posicionamento ou matiz ideológico, dentro do mais largo espectro imaginável, todos, sem exceção, tendem hoje a proclamar-se democráticos. E não raro, diante do seu estranho fascínio (**IGNACIO DA SILVA TELLES**[33]), *"...se entredevoram pela democracia"*, como depõe **MANOEL GONÇALVES FERREIRA FILHO**.[34] Tão elevado é o **grau de polissemia do termo**, como confirmam **LOURIVAL VILANOVA** e **MISABEL DE ABREU MACHADO DERZI**[35]; a

---

30. Repensar a Democracia, *in* MARTONIO MONT'ALVERNE BARRETO LIMA e PAULO ANTONIO DE MENEZES ALBUQUERQUE (org.), **Democracia, Direito e Política: Estudos Internacionais em Homenagem a Friedrich Müller**, Florianópolis, Conceito, 2006, p. 189-224, no caso, p. 194.
31. *Diccionario Filosófico*, México, Planeta, 1999, p. 80-81.
32. **Política**..., *op. cit.*, p. 74-84. Quanto a essa precedência grega na Democracia, registre-se a aporia de ROBERT DAHL, o professor de Yale: *"Talvez fosse agradável vermos a democracia progredindo mais ou menos continuamente desde sua invenção... na Grécia antiga há 2.500 anos e aos poucos se expandindo... até os dias de hoje... Belo quadro – mas falso... depois de seus primeiros séculos na Grécia ou em Roma, a ascensão do governo popular transformou-se em declínio e queda... seria um equívoco supor que a democracia houvesse sido inventada de uma vez por todas... a democracia parece ter sido inventada mais de uma vez, em mais de um local"* – **Sobre a Democracia**, tradução de Beatriz Sidou, Brasília, UnB, 2001, p. 17-19.
33. **A Experiência da Democracia Liberal**, São Paulo, RT, 1977, p. 75.
34. **Curso de Direito Constitucional**, 17.ed., S. Paulo, Saraiva, 1989, p. 84.
35. LOURIVAL VILANOVA, Novo Poder Executivo para o Brasil, *in* AURÉLIO WANDER BASTOS *et al.*, **Uma Nova Organização Político-Constitucional para o Brasil de Hoje**, Fortaleza, Universidade Federal do Ceará, 1982, p. 113-129, no caso, p. 115; MISABEL DERZI, Notas de Atualização, *in* ALIOMAR BALEEIRO, **Direito Tributário Brasileiro**, 12.ed., atualização de Misabel de Abreu Machado Derzi, Rio de Janeiro, Forense, 2013, p. 928.

ponto de LUÍS ALBERTO WARAT dizê-lo contaminado por uma *"anemia significativa"* [36] ou *"anemia semântica"*.[37]

Mais do que nunca, pois, abre-se espaço para o *"processo de elucidação"* que pregava RUDOLF CARNAP, integrante do Círculo de Viena e ex-professor da Universidade de Chicago[38]. Processo em que, numa primeira etapa, surpreendemos, na origem grega de democracia, o significado etimológico de **governo ou poder do povo**[39]; confirmado pela investigação filosófico-política do século XX, desde HANS KELSEN até RÉGIS DEBRAY e JUAN RAMÓN CAPELLA.[40] Um passo adiante, NORBERTO BOBBIO aponta-a como a forma de governo em que *"...o poder não está nas mãos de um só ou de poucos, mas de todos, ou melhor, da maior parte... da maioria..."*.[41]

No que diz respeito à **evolução histórica desse conceito**, fiquemos com este mesmo eminente teórico geral do direito e filósofo político italiano, que distingue a democracia dos antigos

---

36. *Apud* LENIO LUIZ STRECK e JOSÉ LUIZ BOLZAN DE MORAIS, **Ciência Política e Teoria Geral do Estado**, Porto Alegre, Livraria do Advogado, 2000, p. 97.
37. *Apud* EURICO MARCOS DINIZ DE SANTI, **Decadência e Prescrição no Direito Tributário**, 4.ed., S. Paulo, Saraiva, 2011, p. 54.
38. *Apud* LUIS ALBERTO WARAT, **O Direito e Sua Linguagem**, 2.ed., Porto Alegre, Fabris, 1984, p. 57.
39. ANTÔNIO GERALDO DA CUNHA, **Dicionário Etimológico Nova Fronteira da Língua Portuguesa**, 2.ed., Rio de Janeiro, Nova Fronteira, 1996, p. 246 e 224-225.
40. HANS KELSEN, **A Democracia**, tradução de Ivone Castilho Benedetti, Jefferson Luiz Camargo, Marcelo Brandão Cipolla e Vera Barkow, S. Paulo, Martins Fontes, 1993, p. 140; *Escritos sobre la Democracia y el Socialismo*, Juan Ruiz Manero (sel.), Madrid, Debate, 1988, p. 208; RÉGIS DEBRAY, **La República Explicada a mi Hija**, tradução de Sandra Garzonio, Buenos Aires, *Fondo de Cultura Económica*, 1999, p. 19; JUAN RAMÓN CAPELLA, **Os Cidadãos Servos**, tradução de Lédio Rosa de Andrade e Têmis Correia Soares, Porto Alegre, Fabris, 1998, p. 68, que cogita de *"...autogoverno das populações pelas populações mesmas..."*.
41. **Liberalismo e Democracia**, tradução de Marco Aurélio Nogueira, 3.ed., S. Paulo, Brasiliense, 1990, p. 7 e 31.

(direta) da democracia dos modernos (representativa)[42]; no que é seguido por vasta doutrina, da qual citamos, exemplificativamente, FRANCISCO RUBIO LLORENTE, o constitucionalista da Universidade Complutense de Madri.[43] Pouco diversa é a visão de MANOEL GONÇALVES FERREIRA FILHO, que aponta três fases diversas: Democracia Antiga (direta), Democracia Moderna (representativa) e Democracia Contemporânea (participativa), fase esta última para a qual o constitucionalista do Largo São Francisco prefere a denominação de Poliarquia, no sentido de *"o governo de muitos"*, acatando sugestão de ROBERT DAHL.[44]

Em face, contudo, dos limites estreitos do presente trabalho, contentemo-nos com a identificação do **mínimo semântico da voz *Democracia***. E o fazemos, uma vez mais, em honrosa companhia: *"...forma pela qual o poder (cuja suprema manifestação está em fazer leis) é exercido pelo povo ou por seus representantes eleitos"* (MISABEL DERZI); *"...democracia existirá... ali onde a vontade estatal... contenha mediata ou imediatamente a participação do povo"* (LOURIVAL VILANOVA).[45]

Ora, é no procedimento legislativo, nos atos da produção legislativa que, indiscutivelmente, surpreende-se a realização

---

42. **Liberalismo e Democracia**, tradução de Marco Aurélio Nogueira, 3.ed., S. Paulo, Brasiliense, 1990, p. 31-36.
43. Estado e Democracia na Construção da Europa, *in* SÉRGIO RESENDE DE BARROS e FERNANDO AURELIO ZILVETI (coord.), **Direito Constitucional: Estudos em Homenagem a Manoel Gonçalves Ferreira Filho**, tradução de Fernando Aurelio Zilveti e Ana Marta C. de Barros Zilveti, S. Paulo, Dialética, 1999, p. 113-150, no caso, p. 127.
44. MANOEL GONÇALVES FERREIRA FILHO, **A Democracia no Limiar do Século XXI**, S. Paulo, Saraiva, 2001, p. 1-36; ROBERT A. DAHL, **Sobre a...**, *op. cit., passim*, especialmente p. 104-105. Interessante, aqui, consultar também a introdução e os dois primeiros capítulos de: PAULO BONAVIDES, **Teoria Constitucional da Democracia Participativa**, S. Paulo: Malheiros, 2001, p. 7-65.
45. MISABEL DERZI, Nota..., *op. cit.*, p. 929; LOURIVAL VILANOVA, Novo Poder..., *op. cit.*, p. 113-114.

por excelência dessa dimensão participativa popular. Eis que, nessa porção mínima da noção conceptual de Democracia, identifica-se uma indefectível **conexão com o Princípio da Legalidade**; e evidente que, se não o bastante para o desabrochar democrático em sua plenitude, mais do que o suficiente para reconhecer-lhe u'a manifestação efetivamente substancial.

Afinal, entre as decisões democráticas cuja tomada cabe originariamente ao povo, via representação política, ergue-se, magnífica e soberana, **a decisão primordial da elaboração legislativa**, nas palavras de SAVATER, *"...antes privilegio inamovible de los dioses o capricho indiscutible de los tiranos"*; consubstanciadora da autonomia política pela qual se recusam inapelavelmente todas as leis cuja promulgação não advenha dos representantes legitimamente habilitados[46]. Com efeito, como proclamou VICTOR HUGO, o literato de *"Os Miseráveis"*, *"Quem vota reina"*.[47]

E complete-se a referência a essa noção mínima de Democracia invocando, de conformidade com as lições kelsenianas, **o princípio da maioria**, na determinação da ordem social. Trata-se, no dizer de BOBBIO, de *"...regra fundamental da democracia..."*.[48] Entretanto, regra majoritária que convive com **o direito da minoria**: *"A maioria pressupõe... a existência de uma minoria... Se a minoria não for eliminada do procedimento no qual é criada a ordem social, sempre existe uma possibilidade de que a minoria influencie a vontade da maioria"* (HANS KELSEN[49]). Direito da minoria este que deve seguir intocável e inatacável, sob pena de inconsistência democrática, porque

---

46. ***Diccionario...***, *op. cit.*, p. 80 e 89.
47. No original francês: *"Qui vote règne"* – Apud JUAN RAMÓN CAPELLA, **Os Cidadãos...**, *op. cit.*, p. 135, nota n. 184.
48. **O Futuro da Democracia: Uma Defesa das Regras do Jogo**, tradução de Marco Aurélio Nogueira, 3.ed., Rio de Janeiro, Paz e Terra, 1986, p. 19.
49. **Teoria Geral do Direito e do Estado**, tradução de Luís Carlos Borges, S. Paulo e Brasília, Martins Fontes e UnB, 1990, p. 280-281.

a regra majoritária sozinha não faz democracia: *"Las decisiones democráticas son mayoritarias, pero no toda decisión mayoritaria es democrática. Ninguna mayoría tiene derecho democrático a votar a favor de la sumisión sin derechos de las minorías..."* (FERNANDO SAVATER[50]); *"La democracia no es el reino de la mayoría. Hay democracia cuando la minoría conserva sus derechos de expresión y de organización"* (RÉGIS DEBRAY[51]).

Aos que alimentam dúvidas e posicionam-se como recalcitrantes em relação ao princípio da maioria, observe-se, com NICOLAS MARIA LOPEZ CALERA, o professor emérito da Universidade de Granada, que, à sua exclusão, restam duas únicas alternativas, a decisão de uma minoria (oligarquia) ou a decisão de um só indivíduo, ambas menos atraentes e palatáveis. E ao **argumento dos absurdos pelos quais já se decidiram muitas maiorias**, ao longo da história, contraponha-se, ainda com LOPEZ CALERA, uma incontestável vantagem exibida pelo princípio da maioria: *"...las consecuencias del (posible) error son pagadas por aquellos mismos que han tomado la decisión"*. Ao contrário, pela regra da minoria, *"...los errores de unos (pocos) son soportados o sufridos por otros (uma mayoría) que no han participado en la toma (errónea) de decisión"*. Ora, entre o erro de um povo que decide majoritariamente e o erro de um homem ou de uns poucos homens que decidem por um povo, e também se equivocam, é *"...indudablemente mejor... que decidan los más en lugar de que decidan los menos"*.[52]

A despeito de compartilhada pela maior parte dos teóricos da Democracia, reconheça-se que **essa noção mínima**, em que cabem ao povo as decisões, em geral por via de representantes,

---

50. *Diccionario...*, op. cit., p. 95; e **Política**..., op. cit., p. 183.
51. *La República...*, op. cit., p. 23.
52. *Derecho y Democracia, in Filosofía del Derecho y Democracia en Iberoamérica*, **Revista de Ciencias Sociales**, Valparaiso, Universidad de Valparaiso, n. 34/35, 1989 y 1990, p. 15-50, especificamente p. 28-30.

corresponde a uma noção formal, que, como avisa LUIGI FERRAJOLI, constitui **uma condição necessária, conquanto não suficiente**, para qualificar um sistema político como democrático.[53] Nesse sentido, desde a América do Norte, a teorização de RONALD DWORKIN, antepondo, à concepção majoritária de Democracia, uma concepção associativa, pela qual as decisões da maioria somente são democráticas se cumprirem certas condições, que, materialmente, encaminham-se na direção da dignidade humana.[54] Desde Portugal, a sistematização de PAULO OTERO, admoestando contra o risco da "divinização" do princípio majoritário, necessariamente subordinado a valores fundamentais inerentes à dignidade da pessoa humana, para que a Democracia não se esvazie e não venha a, "democraticamente", sucumbir.[55] E desde a Itália, a construção de FERRAJOLI, advogando o acréscimo de uma dimensão substancial à Democracia, identificada com os direitos fundamentais, abarcando os direitos políticos, civis, de liberdade e sociais.[56] Tudo porque o superestimar a regra da maioria, elevando-a "...à *categoria de fonte de verdade expressa na lei...*", e habilitando ao estabelecimento de uma ordem jurídico-positiva neutra quanto à tutela do valor da vida humana, implica uma democracia, adverte OTERO, que trilha a estrada de um substancial totalitarismo; e é este "Estado tirano" que "...*espreita hoje nas modernas sociedades pluralistas*".[57]

Nesse mesmo rumo, mas sem enveredar pelo aprofundamento do conceito democrático, tarefa que extravasaria as

---

53. ***Poderes Salvajes: La Crisis de la Democracia Constitucional***, tradução de Perfecto Andrés Ibáñez, Madrid, Trotta, 2011, p. 27-28.
54. ***La Democracia Posible: Princípios para un Nuevo Debate Político***, tradução de Ernest Weikert García, Barcelona, Paidós, 2008, p. 167-168, 181, 185 e 199.
55. **A Democracia Totalitária: Do Estado Totalitário à Sociedade Totalitária – A Influência do Totalitarismo na Democracia do Século XXI**, Cascais, Principia, 2001, p. 169-175 e 279-280.
56. ***Poderes Salvajes...***, *op. cit.*, p. 27-32, 35-42 e 107.
57. **A Democracia Totalitária...**, *op. cit.*, p. 172-175.

nossas, no particular, pouco ambiciosas fronteiras, limitemo-nos ao registro da convicção, que partilhamos, por exemplo, com MISABEL DERZI, no sentido de que a democracia, que o legislador da Carta de 1988 nela consagrou, vai além desse miolo significativo mínimo, ultrapassando a legalidade formal, e firmando **compromisso de ordem material com a liberdade e a igualdade**.[58] Cogita-se aqui da realização mais radical desses valores – fundamentos irrecusáveis da democracia (NORBERTO BOBBIO[59]) – de forma a transcender a mera liberdade assegurada pela igual participação na gestão pública, mediante, principalmente, o exercício da liberdade da igual participação nas decisões legislativas; para galgar patamar substancialmente superior, em que a todos seja assegurada a possibilidade de realização de suas capacidades, através de uma efetiva igualdade de oportunidades, de modo que a ninguém seja recusado o exercício de sua cidadania por força das amarras econômicas que o mantenham refém de suas necessidades vitais básicas.[60]

E conclua-se por rememorar a definição de Democracia de LINCOLN, "...*célebre y clásica*..." para LOPEZ CALERA[61]; "...*profunda e genial*...", para BONAVIDES[62] – "*governo do povo, pelo povo e para o povo*" – que, nada obstante as restrições de KONDER COMPARATO, segue plenamente válida.[63] Nela está implícita, mas clara, a ideia de que o povo governa a si próprio. Como isso se dá, no entanto, pela via representativa e pela regra da maioria, não se pode cogitar de que todos governem a todos, ou de soberania popular, em termos absolutos, pois

---

58. Nota..., *op. cit.*, p. 929.
59. **Igualdade e Liberdade**, tradução de Carlos Nelson Coutinho, 3.ed., Rio de Janeiro, Ediouro, 1997, p. 8.
60. FERNANDO SAVATER, ***Diccionario***..., *op. cit.*, p. 86-91; RÉGIS DEBRAY, ***La República***..., *op. cit.*, p. 78.
61. *Derecho y Democracia*..., *op. cit.*, p. 23.
62. **Ciência Política**, 10. ed., S. Paulo, Malheiros, 1994, p. 267.
63. Repensar..., *op. cit.*, p. 193.

isso demandaria simplesmente uma impossível unanimidade. Contudo, como é a democracia majoritária, na qual a maioria governa a todos, o sistema que mais e melhor se aproxima desse ideal, como realça CARLOS SANTIAGO NINO, o ex--professor da Universidade de Buenos Aires, pode-se, em termos relativos, muito bem cogitar de uma espécie de soberania popular[64]. Pode-se, portanto, concluir, perfeitamente, que a **Democracia redunda em "autogoverno"**.

4. LEGALIDADE TRIBUTÁRIA

4.1. Noção Conceptual

Em nossa ordem jurídica, o Princípio da Legalidade alcança o vigor, o prestígio e a veemência que bem exprimiu PONTES DE MIRANDA, ao rebatizá-lo de *"Legalitariedade"*.[65]

Legalitariedade que se projeta no capítulo tributário, configurando o **Princípio da Estrita Legalidade da Tributação**: *"...é vedado à união, aos Estados, ao Distrito Federal e aos Municípios: ...exigir ou aumentar tributo sem lei que o estabeleça"* (artigo 150, I). Trata-se, na concepção de ALBERTO XAVIER, da *"...mais importante de todas as limitações constitucionais ao poder de tributar..."*, reclamando *"lex scripta"*, que afasta o direito consuetudinário, e *"lex stricta"*, que arreda os atos de degrau inferior ao da lei, como os regulamentos.[66] Trata-se, na visão de DIVA PRESTES MARCONDES MALERBI, do princípio *"...que melhor edificou o arcabouço do sistema tributário brasileiro..."*.[67]

---

64. *La Justificación de la Democracia y la Obligación de Obedecer el Derecho*, in *Filosofía del Derecho y Democracia en Iberoamérica*, **Revista de Ciencias Sociales**, Valparaiso, Universidad de Valparaiso, n. 34/35, 1989 y 1990, p. 147-185, especificamente p. 151-154.
65. **Comentários à Constituição de 1967 com a Emenda n. 1 de 1969**, t. V, 3.ed., Rio de Janeiro, Forense, 1987, p. 1.
66. **Os Princípios da Legalidade e da Tipicidade da Tributação**, São Paulo, RT, 1978, p. 4, 19-20 e 37-38.
67. **Elisão Tributária**, São Paulo, RT, 1984, p. 77.

Não se satisfez o legislador constitucional com a disposição genérica do artigo 5º, II – *"ninguém será obrigado a fazer ou deixar de fazer alguma coisa senão em virtude de lei"* – indo além, no detalhismo característico dos temas constitucionais tributários, e formulando, na especificidade do artigo 150, I, a exigência de lei para a instituição ou majoração de exações tributárias. Ora, **que significa "instituir" tributo?** Antes de tudo o mais, lembremos, com PAULO DE BARROS CARVALHO e com CRISTIANE MENDONÇA, que a aptidão constitucionalmente deferida para fazê-lo, vale dizer, **a competência tributária, é uma competência legislativa.** É legislando que se institui um tributo.[68] E sigamos adiante com ROQUE ANTONIO CARRAZZA para completar: é **editar, com suas minúcias todas, a norma jurídica tributária de incidência.**[69]

O estudo da norma jurídica tributária, e especificamente da norma tributária de incidência, tem, entre nós, débitos vultosos irrecusáveis com juristas como ALFREDO AUGUSTO BECKER e GERALDO ATALIBA.[70] Mas **foi em PAULO DE BARROS CARVALHO que a estrutura da norma tributária encontrou sua mais precisa e sofisticada elaboração.** Sua proposta teórica foi mais extensamente formulada na *"Teoria da Norma Tributária"*, de 1974, por diversas vezes retomada nas sucessivas reedições do seu *"Curso de Direito Tributário"* (capítulos IX a XI), encontrando sua última

---

68. P. B. CARVALHO, **Curso de Direito Tributário**, 25.ed., S. Paulo, Saraiva, 2013, p. 218; C. MENDONÇA, **Competência Tributária**, S. Paulo, Quartier Latin, 2004, *passim*. Nós mesmos também já o afirmamos – E, Afinal, a Constituição Cria Tributos!, *In* HELENO TAVEIRA TÔRRES (coord.), **Teoria Geral da Obrigação Tributária: Estudos em Homenagem ao Professor José Souto Maior Borges**, S. Paulo, Malheiros, 2005, p. 621-622.

69. **Curso de Direito Constitucional Tributário**, 24.ed., S. Paulo, Malheiros, 2008, p. 245-246.

70. A. A. BECKER, **Teoria Geral do Direito Tributário**, 2.ed., S. Paulo, Saraiva, 1972; G. ATALIBA, **Hipótese de Incidência Tributária**, 5.ed., S. Paulo, Malheiros, 1993.

versão na obra *"Fundamentos Jurídicos da Incidência Tributária"*, de 1996.[71]

Assumimos, como PAULO DE BARROS, a visão kelseniana quanto à enunciação do Direito a partir da norma complexa, composta pela norma primária (a conduta desejada) e pela norma secundária (a sanção), nos termos da *"Teoria Geral das Normas"*, último posicionamento desse teórico do Direito que marcou indelevelmente o século passado.[72] Ambas as normas portadoras da mesma estrutura sintática de um juízo hipotético, cujos segmentos desempenham diversas funções semânticas: a hipótese como descritora de um fato e a consequência como prescritora de uma relação jurídica. Fixando o olhar especificamente na norma jurídica de incidência, ou, na terminologia de PAULO DE BARROS, na **regra-matriz de incidência tributária**, teremos, na **hipótese de incidência** tributária, um comportamento de pessoas (critério material), subordinado a uma condição de lugar (critério espacial) e a uma condição de tempo (critério temporal); e na **consequência tributária**, os sujeitos ativo e passivo (critério pessoal), a base de cálculo e a alíquota (critério quantitativo).

---

71. **Teoria da Norma Tributária**, 3.ed., S. Paulo, Max Limonad, 1998; **Curso...**, *op. cit.*, p. 243-339; **Fundamentos Jurídicos da Incidência Tributária**, S. Paulo, 1996, Tese (Titular de Direito Tributário) – Universidade de São Paulo; esta última editada como **Direito Tributário: Fundamentos Jurídicos da Incidência**, 4.ed., S. Paulo, Saraiva, 2006.

72. **Teoria Geral das Normas**, tradução de José Florentino Duarte, Porto Alegre, Fabris, 1986, p. 181. Tal revisão kelseniana do seu próprio pensamento não encontra acolhida inteiramente pacífica: FÁBIO ULHOA COELHO afirma que *"...Kelsen não revela qualquer disposição para inverter as designações escolhidas..."* – **Para Entender Kelsen**, 2.ed., S. Paulo, Max Limonad, 1996, p. 38; MARCOS BERNARDES DE MELLO, apontando contradições internas da obra no tema, e lembrando sua publicação póstuma, organizada pelo Instituto Hans Kelsen, de Viena, põe em dúvida o grau de convicção do autor, recomendando reservas na sua aceitação – **Teoria do Fato Jurídico: Plano da Existência**, 11.ed., S. Paulo, Saraiva, 2001, p. 29-31, nota n. 35-A; argumento este último retomado por MARÇAL JUSTEN FILHO, conforme relato de OCTAVIO CAMPOS FISCHER, **A Contribuição ao PIS**, S. Paulo, Dialética, 1999, p. 27, n. 78.

Visceralmente ligado ao Princípio da Democracia, pela ponte da representatividade popular, também a **Legalidade Tributária**, como irrecusável direito-garantia fundamental do cidadão-contribuinte que constitui, nos termos expressos do artigo 150, *"caput"*, encontra-se seguramente protegida **entre as cláusulas de pedra da Lei Maior** (artigo 60, § 4º, IV).

Apenas pelo caminho da lei é que o Direito brota espontâneo da sociedade, como quer ORTEGA Y GASSET.[73] Exclusivamente por essa via é que se realiza, à quase perfeição, a proclamada soberania popular (artigo 1º, § único). Somente por essa estrada é que o Direito ganha a dimensão da reflexividade e o *"homo juridicus"* salta das planícies da *"imposição"* para as altitudes da *"autoimposição"*. Bem acentua o mestre GERALDO ATALIBA, na assertiva que serve de epígrafe para o presente trabalho: *"**O apanágio do cidadão**, no regime republicano, – ou democrático, acrescente-se – está exatamente na circunstância de **só obedecer-se a si mesmo**, pelos preceitos que seus representantes, em seu nome, hajam consagrado formalmente em lei"* (grifamos).[74] Em matéria de tributos, **o Princípio da Legalidade possibilita e realiza a ideia de autotributação**.

4.2. Legalidade Tributária Democrática

Se a Democracia encontra sua mais apertada síntese na ideia de "autogoverno", como registramos ao final do item 3, e a Legalidade Tributária depara seu mais estreito resumo na ideia de "autotributação", como consignamos ao final do subitem 4.1, em ambos os casos, remetendo à indefectível decisão popular, por via da representação; não resta dúvida de que

---

73. **A Rebelião das Massas**, tradução de Herrera Filho, Rio de Janeiro, Ibero-Americano, 1959, p. 23: *"...o direito... é, se me permitem a expressão barroca, secreção espontânea da sociedade e não pode ser outra coisa"*.
74. **República e Constituição**, *op. cit.*, p. 99; na edição mais recente, *op. cit.*, p. 125.

quanto mais atento à **Legalidade Tributária for um sistema, tanto mais democrático, inevitavelmente, será**. Daí o caráter pleonástico do título deste subitem, que, entretanto, mantemos, pela expressividade semântica do recurso de linguagem.

Essa intimidade profunda da Legalidade Tributária com a Democracia já a acompanha desde o berço, como o demonstrará, à larga, a **breve retomada histórica** que passamos a fazer. Isso porque, **ao jurista**, voltado para a compreensão do direito posto vigente, e no anseio de contribuir para a ciência futura, **não é dado olvidar as experiências pretéritas**, sob pena inevitável de esquecer-lhes os acertos e repetir-lhes os erros. Disse-o, analiticamente, e para o Direito em particular, CARLOS MAXIMILIANO, esse grande teórico nacional da interpretação jurídica: *"...se o presente é um simples desdobramento do passado, o conhecer este parece indispensável para compreender aquele: daí a grande utilidade da História do Direito para o estudo da ciência jurídica"*.[75] Disse-o, concisamente, e para o homem e o mundo em geral, PIERRE TEILHARD DE CHARDIN, esse pensador, teólogo e cientista, cuja mordaça que, injustamente, lhe foi imposta em vida pela Igreja, não o impediu de chegar a ser comparado a São Tomás de Aquino – *"Tomás do século XX"*[76]: **"O passado revelou-me a construção do presente"**.[77]

O **senso comum** entre os juristas, notadamente entre os estudiosos do Direito Tributário, é que **o Princípio da Legalidade tem uma data e um local certos para a sua concepção**: 15 de junho de 1215, em Runnymede, na Inglaterra, às margens

---

75. **Hermenêutica e Aplicação do Direito**, 11.ed., Rio de Janeiro, Forense, 1991, p. 138.
76. BATTISTA MONDIN, **Os Grandes Teólogos do Século Vinte: Os Teólogos Católicos**, tradução de José Fernandes e C. Rizzi, v. 1, S. Paulo, Paulinas, 1979, p. 45.
77. *Apud* WALTER VIEIRA DO NASCIMENTO, **Lições de História do Direito**, 3.ed., Rio de Janeiro, Forense, 1984, p. VI.

do Rio Tâmisa, quando da promulgação da **Magna Charta Libertatum** pelo rei João Sem Terra.

Em verdade, no entanto, **a origem dessa norma é anterior**, como esclarece VICTOR UCKMAR, o professor italiano, em sua obra clássica sobre os *"Princípios Comuns de Direito Constitucional Tributário"*, traduzida por MARCO AURÉLIO GRECO.[78]

UCKMAR traz à consideração diversos **eventos da história inglesa, anteriores à Magna Carta, em que a nota comum é o consentimento dos destinatários de certos tributos**. Refere, por exemplo, *"The Saladin Tithe"*, **o décimo de Saladino, de 1188**, um tributo correspondente a 10% da renda, para fazer frente às despesas da cruzada contra Saladino, em função do qual tiveram lugar três assembleias de autorização: uma, conjunta, de Henrique II, Rei da Inglaterra, e do Rei da França, com os arcebispos, bispos, condes e barões de ambos os reinos; outra, em que, além da nobreza e do clero inglês, tomaram parte numerosos leigos; e uma terceira, com um grupo de burgueses de cada cidade, em número proporcional aos respectivos habitantes e prosperidade. Cita também **o elevado tributo de 25% da renda, de 1192**, para pagar o resgate de Ricardo I, prisioneiro do Duque da Áustria, em que ocorreu o consentimento dos vassalos. E lembra, ainda, **um imposto de treze avos das rendas** (algo em torno de 7,7%), **de 1207**, para reconquistar as terras perdidas na França, com o qual concordou a *"Magna Curia Regis"*.

Fora da Inglaterra, mais de um século antes da Magna Carta, já existem registros da licença popular para a exigência de tributos. Na **Espanha**, informa UCKMAR, *"...remonta a 1091 o primeiro documento do qual se apreende que o soberano*

---

78. **Princípios comuns de direito constitucional tributário**, 2.ed., S. Paulo, Malheiros, 1999, p. 21-24. No mesmo sentido, MISABEL DE ABREU MACHADO DERZI, **Direito Tributário, Direito Penal e Tipo**, 2.ed., S. Paulo, RT, 2007, p. 119-120.

solicitava o consentimento dos súditos para impor os tributos". Na **Itália**, do início do século XII, registram-se os *conselhos*, corpos colegiais sem cuja aprovação os cônsules não podiam, entre outras providências, instituir impostos; e em certos casos de maior gravidade, como no da concessão de isenções, era necessária a aprovação da assembleia do povo.[79]

Insistem, contudo, os autores, em destacar a **Magna Carta**, muito provavelmente pelas suas **características de generalidade e abstração**, que a tornavam potencialmente aplicável a todas as situações que envolviam tributos, no que se distinguia nitidamente dos documentos medievais típicos, voltados para situações específicas e concretas, às quais eram aplicáveis em caráter exclusivo. À "natureza contratual" destes contrapôs-se a **"natureza legal"** daquela.[80]

Senão, vejamos o texto do seu artigo XII: *"**Nenhuma taxa ou auxílio será imposto em nosso reino, a não ser pelo conselho comum do reino**, exceto para o resgate da nossa pessoa, para armar cavaleiro nosso filho mais velho e para casar uma vez nossa filha mais velha, e mesmo para esses casos não será arrecadado mais do que um auxílio razoável"* (grifamos).[81] Mais

---

79. **Princípios Comuns...**, *op. cit.*, p. 27-29.
80. Há historiadores que, embora afirmando o caráter contratual da Magna Carta, reconhecem a posterior amplitude de aplicação de parte de suas prescrições. É o caso de EDWARD McNALL BURNS, **História da Civilização Ocidental**, tradução de Lourival Gomes Machado, Lourdes Santos Machado e Leonel Vallandro, v. I, 3.ed., Porto Alegre, Globo, 1975, p. 338.
81. No original inglês: *"No scutage or aid shall be imposed on our kingdom, unless by the common counsel of our kingdom except for ransoming our person, for making our eldest son a knight, and for once marrying our eldest daughter, and for these there shall not be levied more than a reasonable aid"* – apud VICTOR UCKMAR, **Princípios Comuns...**, *op. cit.*, p. 24. Esclareça-se, com esse autor, que *"scutage"*, que traduzimos como "taxa", correspondia ao tributo pago pela não prestação do serviço militar; e que *"aid"*, que traduzimos como "auxílio", correspondia ao tributo pago para ajudar o rei a fazer frente a despesas extraordinárias – *ibidem*, p. 24-25. Vejam-se traduções alternativas para o português em JORGE MIRANDA, **Textos Históricos do Direito Constitu-**

adiante, o artigo XIV confirma que **à imposição tributária antecederá reunião do conselho comum do reino**, para a qual serão convocados "*...Arcebispos, bispos, abades, condes e grandes barões por documento individual...*"; convocação que, com a antecipação de quarenta dias, a identificação da causa e a predeterminação de local e data, estender-se-á a "*...todos os proprietários por documento geral endereçado ao xerife...*".[82]

Transcreva-se ainda, a título de complementação, o artigo XXXIX, em que a Legalidade estende-se ao Direito Penal: *"Nenhum homem livre será detido ou sujeito à prisão, ou privado dos seus bens... senão mediante um julgamento regular pelos seus pares ou de harmonia com a lei do país"*.[83]

---

cional, 2.ed., Lisboa, Imprensa Nacional – Casa da Moeda, 1990, p. 14; em ROSCOE POUND, **Liberdade e Garantias Constitucionais**, tradução de E. Jacy Monteiro, 2.ed., S. Paulo, IBRASA, 1976, (Biblioteca Jurídica, 4), p. 93; em LEVY DE BRITO BUQUÉRA FILHO, **Anotações sôbre a Magna Carta** (*sic*), Curitiba, Universidade Federal do Paraná, 1969, p. 36; e em JAYME DE ALTAVILA, **Origem dos Direitos dos Povos**, S. Paulo, Melhoramentos, [19--], p. 209, que atribui ao artigo o número 14. Em tradução para o espanhol, consultem-se FRANCISCO RUBIO LLORENTE e MARIANO DARANAS PELÁEZ, *Constituciones de los Estados de la Unión Europea*, Barcelona, Ariel, 1997, p. 255 – que, aliás, explicam o *"scutage"* como o tributo pago para não ir à guerra, traduzindo-o por *"fonsadera"*, que era o tributo que se devia pagar, em Castilla y León, como contribuição aos gastos de guerra – *ibidem*, n. 11; *"...exigidos para gastos de guerra, reparos de fosos y castillos, que pagaban solamente los que pedían no ir en persona a la misma"* – PAULINA ELISA BLANCO, ENRIQUE ALSINA, MARÍA LAURA GARCÍA e ANALÍA DE LA ROSA, *Los Impuestos en la Edad Media*, in MANUEL DE JUANO (dir.), **Origen, Historia y Evolución de los Tributos – Anales del 4º Congreso Interamericano de la Tributación**, Buenos Aires, Depalma, 1984, p. 193-203, especificamente p. 199.

82. No original inglês: "*...Archbishops, bishops, abbots, earls and great barons by individual writ; ...all othrer tenants in capite by general writ addressed to the sheriff...*" – apud VICTOR UCKMAR, **Princípios Comuns**..., op. cit., p. 24. Nas demais traduções, as páginas são as já mencionadas, acrescentando-se que ALTAVILA atribui a esse artigo os números 17 e 18.

83. J. MIRANDA, **Textos**..., *op. cit.*, 15; R. POUND, **Liberdade**..., *op. cit.*, p. 96; J. DE ALTAVILA, **Origem**..., *op. cit.*, p. 211, que enumera o artigo como 48; F. RUBIO LLORENTE e M. DARANAS PELÁEZ, **Constituciones**..., *op. cit.*, p. 256.

O trono inglês era então ocupado pelo irmão de Ricardo I, o Coração de Leão, **João** (1199-1216), **cognominado *"Lackland"* – Sem Terra** – porque, diversamente de seus irmãos mais velhos, não fora agraciado pelo pai, Henrique, com terras no continente; um soberano que ganhou destaque na história pela sua tirania.[84] Sabe-se que **esse documento de compromissos foi impingido ao Rei João Sem Terra como reação ao seu comportamento despótico**, que não só interpretou a aposição nele da sua assinatura como entrega de poder – *"Tanto quanto eles podem pedir minha coroa!"*, exclamou na ocasião[85] – como tudo indica que, recusando-se a registrá-lo, pretendesse vê-lo em breve desaparecido, intenção frustrada pela previdência dos representantes do clero ao providenciar-lhe cópias.[86]

Não são poucos aqueles que, como ANDRÉ MAUROIS, **negam ao documento de Runnymede o caráter de uma conquista popular**[87]; encarando-o como *"...uma concessão real para limitada classe de beneficiários..."* (ANTONIO ROBERTO SAMPAIO DÓRIA[88]), *"...uma grande declaração de direitos para os barões"* (ANDREW D. WEINBERGE[89]), uma *"...conquista das classes privilegiadas"* (MARCELO CAETANO[90]), *"...um pacto*

---

84. LEVY DE BRITO BUQUÉRA FILHO, **Anotações...**, *op. cit.*, p. 9-13. Mencione-se a existência de alguns historiadores que, diversamente da regra geral, cogitam desse monarca como um tirano talvez não tão feroz – EDWARD McNALL BURNS, **História...**, v. 1, *op. cit.*, p. 338.

85. No original inglês: *"As well may they ask my crown!"* – JAYME DE ALTAVILA, **Origem...**, *op. cit.*, p. 113.

86. *Ibidem*, p. 112.

87. *Apud* JAYME DE ALTAVILA, *ibidem*, p. 119.

88. **Direito Constitucional Tributário e *"Due Process of Law"***, 2.ed. Rio de Janeiro, Forense, 1986, p. 11, nota n. 3. Semelhantemente, MARÇAL JUSTEN FILHO, Sistema Constitucional Tributário: Uma Aproximação Ideológica, **Revista da Faculdade de Direito**, Curitiba, Universidade Federal do Paraná, n. 30, 1998, p. 215-233, especificamente p. 218, nota n. 3.

89. **Liberdade e Garantias – A Declaração de Direitos**, tradução de Hersília Teixeira Leite Vasconcelos, Rio de Janeiro, Forense, 1965, p. 21.

90. **Direito Constitucional**, v. I, 2.ed., revisão de Flávio Bauer Novelli, Rio de Janeiro, Forense, 1987, p. 68.

de elites" (SACHA CALMON NAVARRO COÊLHO[91]). Avaliação corroborada pelo fato de ter sido redigido em latim, língua na qual permaneceu em caráter exclusivo por cerca de trezentos longos anos, só tendo sido traduzido para o inglês no século XVI.[92] Ora, o latim era quase monopólio dos representantes da igreja, dado que, se não impedia, dificultava sobremaneira, ao povo e até mesmo aos nobres, invocá-lo em sua defesa!

Contudo, embora primordialmente destinado à proteção dos interesses da nobreza e do clero, uma vez que se opunha ao arbítrio do monarca, **contou inclusive com o apoio popular**, como bem descreve ROSCOE POUND, o professor de Harvard:

> João fêz uso dos podêres da coroa e da máquina administrativa... para oprimir tôdas as classes da sociedade. Exigiu dos barões mais do que se costumava. Oprimiu os pequenos senhores de terras indiretamente através dos senhores e diretamente por meio dos funcionários administrativos. Atacou a Igreja... Exigiu contribuições pesadas em dinheiro dos comerciantes sem lhes dar, em compensação, proteção e bom governo. Utilizou os órgãos administrativos de proteção como instrumento de extorsão. Com isso uniu tôdos os interesses e classes contra êle. **Embora os barões tivessem arrancado a Magna Carta, tôdas as classes a apoiavam** e esta procurava, pela maneira inglêsa característica, dar remédios concretos a cada uma pelos agravos concretos que sofriam (*sic*) (grifamos).[93]

---

91. **Comentários à Constituição de 1988 – Sistema Tributário**, 8.ed., Rio de Janeiro, Forense, 1999, p. 189.
92. JAYME DE ALTAVILA, **Origem**..., *op. cit.*, p. 119; MARCELO CAETANO, **Direito**..., *op. cit.*, p. 68; e WALTER VIEIRA DO NASCIMENTO, **Lições**..., *op. cit.*, p. 182. CELSO ALBUQUERQUE MELLO, citado por SACHA CALMON NAVARRO COÊLHO, fala em *"...mais de duzentos anos"* – apud **Comentários**..., *op. cit.*, p. 189; entretanto, se o documento é de 1215 e foi traduzido no século XVI, como todos reconhecem, só estaria disponível em inglês, no mínimo, a partir de 1501, tendo permanecido em latim por pelo menos 285 anos e meio, sendo, pois, mais adequado falar-se de cerca de trezentos anos.
93. **Liberdade**..., *op. cit.*, p. 19.

Tendo constituído iniciativa dos nobres e do clero, é natural que objetivasse beneficiá-los, mas não deixou de contemplar os interesses populares, embora em apenas doze dos seus sessenta e sete artigos, na avaliação de JAYME DE ALTAVILA[94]; e, ainda que tarde, **acabou por estender o manto de suas garantias aos mais simples**, como reconhece LUÍS SÁNCHEZ AGESTA: *"...la verdadera importancia de la Carta Magna y su significación nacional: los Obispos y los nobles no sólo han reclamado y assegurado sus derechos, sino también los de los labradores y los comerciantes, los burgueses y los villanos. La misma garantía con que los barones se cubren ante el Rey, cubrirá a los hombres del pueblo ante sus señores"*.[95]

Embora, naquele momento histórico, constituísse *"...mais uma vitória do feudalismo do que da democracia"*, ao assegurar certos direitos fundamentais e ao plantar a semente do parlamento, transformando *"...a monarquia absoluta em monarquia limitada e constitucional"*, esse documento – *"...o mais famoso... da história da Inglaterra"* – fez jus, na lição precisa de WILL DURANT, à sua condição de ***"...base das liberdades de que hoje desfrutam os povos de língua inglesa"*** (grifamos).[96]

Mas não só os povos de língua inglesa. O manto protetor lançado pela Magna Carta não espargiu suas graças apenas entre os ingleses da Idade Média, mas irradiou-as para **muitos outros tempos e lugares**. Bem o disse esse expoente do realismo jurídico norte-americano que foi ROSCOE POUND:

> Por meio dêsses dispositivos gerais que, se imaginados para agravos particulares de classes particulares em época e lugar determinados, se aplicam, entretanto, a agravos

---

94. *Origem*..., *op. cit.*, p. 119.
95. ***Curso de Derecho Constitucional***, Granada, José Mª. Ventura Hita, 1948, p. 33.
96. **A Idade da Fé – História da Civilização Medieval de Constantino a Dante – 325 a 1300 d.C.**, tradução de Mamede de Souza Freitas e Marcos Roma Santa, Rio de Janeiro, Record, [198?], (A História da Civilização, 4), p. 602-603.

semelhantes em qualquer tempo ou lugar, a Magna Carta estabeleceu um sistema de govêrno constitucional, sendo assim justamente reverenciada como origem do órgão mais seguro de estabilidade social e política no mundo moderno e **símbolo da supremacia da lei** sôbre os órgãos do govêrno e das garantias do indivíduo com relação à máquina administrativa, que, guiando-o e protegendo-o, não o esmagará, o que constitui o bem de que mais se orgulham os inglêses e seus descendentes por tôda parte do mundo (*sic*) (grifamos).[97]

Conquanto *"...lei constitucional imperfeita, modelada segundo a técnica legislativa da época..."*, a *Magna Charta Libertatum* detinha *"...um grau de superlegalidade empírica incontestável"* (PINTO FERREIRA[98]). E essa superlegalidade é que, no verbo do mesmo constitucionalista, que invoca WILLIAM STUBBS, *"...encerra uma época histórica e reabre uma outra, devendo ser entendida como* **a crisálida ou o modelo imperfeito das Constituições posteriores**" (*sic*) (grifamos).[99] Na mesma linha, GERALDO ATALIBA, ao indicar a Magna Carta como o *"...primeiro documento constitucional moderno"*.[100] Na mesma linha, ainda, LEVY DE BRITO BUQUÉRA FILHO, ao apontar a Inglaterra como o *"...país que teve a honra de iniciar a história constitucional de todos os povos..."*.[101] E também na mesma linha, MISABEL DE ABREU MACHADO

---

97. **Liberdade...**, *op. cit.*, p. 20.
98. **Princípios Gerais do Direito Constitucional Moderno**, v. 1, 6.ed., S. Paulo, Saraiva, 1983, p. 57.
99. *Ibidem*, p. 56.
100. **Limites Constitucionais do Decreto-Lei em Matéria Tributária**, Curitiba, Ordem dos Advogados do Brasil, 1978, p. 2; Decreto-Lei em Matéria Tributária – não pode criar nem aumentar tributo, *in* **Estudos e Pareceres de Direito Tributário**, v. 3, S. Paulo, RT, 1980, p. 42-49, especificamente p. 43; Limites Constitucionais do Decreto-Lei em Matéria Tributária, **Revista de Direito Tributário**, S. Paulo, RT, n. 17/18, jul./dez. 1981, p. 212-217, especificamente p. 213.
101. **Anotações...**, *op. cit.*, p. 17.

DERZI, ao identificar, na Carta inglesa de 1215, *"...a marca inaugural do longo caminho trilhado pelo homem na luta em prol da liberdade frente ao poder"*.[102]

É claro que, mesmo na Inglaterra, **a representação política** então oficialmente formalizada era ainda incipiente. Mas, passo a passo, **no próprio século XIII, foi-se tornando mais robusta,** como descrevem VICTOR UCKMAR e H. G. WELLS[103]: em 1254, as dificuldades financeiras levaram o rei a convocar, além dos grandes do reino, também os cavaleiros, em número de dois por condado, como porta-vozes das decisões de suas comunidades, providência que, a partir de então, ganhou a força de um costume; em 1261, os cavaleiros de cada condado passaram a agir como autênticos representantes, pois tomavam decisões em assuntos relativos a todo o reino e sobre os quais suas comunidades não se haviam, antecipadamente, manifestado; em 1295, além dos cavaleiros, passaram a ser convocados representantes do baixo clero e mais dois burgueses por cidade; e em 1296, o Rei Eduardo I, em cujo reinado nasceu o parlamento, estabeleceu, na declaração *"de tallagio non concedendo"*, artigo I, que nenhum tributo seria imposto dali em diante *"...sem o assentimento comum dos prelados, condes, barões, cavaleiros, burgueses e outros homens livres do reino"* [104]; não só

---

102. Medidas Provisórias – Sua Absoluta Inadequação à Instituição e Majoração de Tributos, **Revista de Direito Tributário**, S. Paulo, RT, n. 45, jul./set. 1988, p. 130-142, especificamente p. 140; Nota n. 14.3.6, *in* ALIOMAR BALEEIRO, **Limitações Constitucionais ao Poder de Tributar**, 7.ed., atualização de Misabel de Abreu Machado Derzi, Rio de Janeiro, Forense, 1997, p. 91.

103. VICTOR UCKMAR, **Princípios Comuns**..., *op. cit.*, p. 25-26, nota n. 17; HERBERT GEORGE WELLS, **História Universal**, v. 3, 7.ed., tradução de Anísio Teixeira, S. Paulo, Nacional, 1968, p. 12-13.

104. No original inglês: *"...without the common assent of the prelates, earls, barons, knights, burgesses and other freemen of the realm"* – apud VICTOR UCKMAR, **Princípios Comuns**..., *op. cit.*, p. 26. Vejam-se outras traduções em JORGE MIRANDA, **Textos**..., *op. cit.*, p. 17 (Português); e em FRANCISCO RUBIO LLORENTE e MARIANO DARANAS PELÁEZ, **Constituciones**..., *op. cit.*, p. 259 (Espanhol).

reafirmando o princípio da Magna Carta, mas ampliando o rol dos membros do órgão de representação.

Aliás, essa tendência confirmatória da Magna Carta incorporou-se à tradição britânica, instalando-se o hábito dos soberanos reafirmarem-na por ocasião da ascensão ao trono, como reporta ANTONIO ROBERTO SAMPAIO DÓRIA.[105]

No século XVII, dois documentos britânicos memoráveis afirmaram definitivamente o poder parlamentar. O primeiro foi a *"Petition of Rights"* (Petição de Direitos), de 7 de junho de 1628, cujo artigo 1º determinava que *"...nenhum homem será compelido a fazer ou conceder qualquer doação, empréstimo, benevolência, ou tributo sem o comum consentimento por Ato do Parlamento"*.[106] E o segundo foi o *"Bill of Rights"* (Declaração de Direitos), de 13 de fevereiro de 1689, que decretava em seu § 4º: *"É ilegal cobrar impostos para o uso da Coroa, pelo pretexto da prerrogativa, sem concordância do Parlamento, por um tempo maior ou de modo distinto do que aquele admitido"*.[107] Aliás, foi a resistência do Rei Carlos I à regra da Petição de Direitos que levou o Parlamento, ou mais especificamente a Câmara dos Comuns, a proclamar *"que o povo é, abaixo de Deus, a fonte de todo poder justo"* e que *"os Comuns da Inglaterra... têm o poder supremo nesta nação..."*,

---

105. **Direito Constitucional**..., *op. cit.*, p. 11.
106. No original inglês: *"...no man should be compelled to make or yield any gift, loan, benevolence, or tax without common consent by Act of Parliament"* – apud VICTOR UCKMAR, **Princípios Comuns**..., *op. cit.*, p. 26. Confiram-se traduções alternativas em J. MIRANDA, **Textos**..., *op. cit.*, p. 17 (Português); e em F. RUBIO LLORENTE e M. DARANAS PELÁEZ, **Constituciones**..., *op. cit.*, p. 259 (Espanhol).
107. No original inglês: *"levying money for or to the use of the Crown by pretense of prerogative, without grant of Parliament, for longer time or in other manner than the same is or shall be granted, is illegal"* – apud VICTOR UCKMAR, **Princípios Comuns**..., *op. cit.*, p. 27. Examinem-se outras opções de tradução em J. MIRANDA, **Textos**..., *op. cit.*, p. 24; e em JAYME DE ALTAVILA, **Origem**..., *op. cit.*, p. 215 (Português); bem como em F. RUBIO LLORENTE e M. DARANAS PELÁEZ, **Constituciones**..., *op. cit.*, p. 265 (Espanhol).

condenando o rei como *"tirano, traidor, assassino e inimigo do país"*, e fazendo-o subir ao cadafalso em janeiro de 1649 (H. G. WELLS e UCKMAR[108]). Expressiva dessa onipotência parlamentar, a sentença pitoresca de DE LOLME: *"O Parlamento pode fazer tudo, exceto fazer de um homem uma mulher"*.[109]

E esse princípio fundamental, que se não nasceu exatamente em 1215, fez da Magna Carta inglesa um domicílio histórico privilegiado, **ganhou o mundo no século XVIII**, tendo sido consagrado tanto na **Constituição dos Estados Unidos**, de 1787, quanto na **Declaração dos Direitos do Homem e do Cidadão**, francesa, de 1789. O longevo estatuto norte-americano, ainda vigente, determinou, em seu artigo I, Seção VIII, cláusula 1, que: *"O Congresso terá competência para lançar e arrecadar tributos, direitos, impostos e taxas, para pagar as dívidas e prover a defesa comum e o bem-estar geral dos Estados Unidos..."*.[110] E a igualmente duradoura *"Déclaration des droits"* – também em vigor, por força do disposto no preâmbulo da constituição francesa[111] – estabeleceu, em seu artigo 14, que:

---

108. H. G. WELLS, **História**..., *op. cit.*, p. 15-20; VICTOR UCKMAR, **Princípios Comuns**..., *op. cit.*, p. 26-27.
109. ANTONIO ROBERTO SAMPAIO DÓRIA, **Direito Constitucional**..., *op. cit.*, p. 20. No original inglês: *"Parliament can do anything but make a man a woman"*.
110. WILLIAM R. BARNES (org.), **The Constitution of the United States**, 3.ed., New York, *Barnes & Noble*, 1951, p. 13; e *apud* EDWARD S. CORWIN (ed.), **The Constitution of the United States of America – Analysis and Interpretation**, Washington, *United States Government Printing Office*, 1953, p. 105. No original inglês: *"The Congress shall have the power... To lay and collect taxes, duties, imposts and excises, to pay the debts and provide for the common defence and general welfare of the United States..."* Vejam-se traduções opcionais para o português em EDWARD S. CORWIN, **A Constituição Norte-Americana e seu Significado Atual**, tradução de Lêda Boechat Rodrigues, Rio de Janeiro, Zahar, [1959?], p. 354; e em J. MIRANDA, **Textos**..., *op. cit.*, p. 41.
111. Preâmbulo da Constituição da França, de 4 de outubro de 1958: *"O povo francês proclama solenemente sua adesão aos Direitos do Homem e aos princípios da soberania nacional tais como foram definidos pela Declaração*

"Todos los ciudadanos tienen el derecho de comprobar, por sí mismos o por sus representantes, la necesidad de la contribución pública, de aprobarla libremente, de vigilar su empleo y de determinar su tipo, su recaudación y su duración".[112]

Apontando as correntes que debatem **a origem dos dois documentos** por último lembrados, VICTOR UCKMAR refere os que sustentam que ambos foram inspirados pela filosofia francesa, particularmente por JEAN-JACQUES ROUSSEAU e pelo seu *"Do Contrato Social"*; e conclui que o pensamento francês influiu no diploma norte-americano e este na declaração francesa[113]. Especificamente **no tocante à legalidade tributária**, afirma terem ambos encontrado motivação na **doutrina de LOCKE**, divulgada na França pelos seguidores de VOLTAIRE.

Com efeito, JOHN LOCKE (1632-1704), esse filósofo e pensador político inglês, tornou-se credor de muitos, como atesta J. W. GOUGH: *"Seja no sistema... dos Estados Unidos da América ou nos domínios britânicos, ou na... República Francesa, **a dívida para com Locke é evidente**"* (grifamos).[114] Débito que se estende a muitos outros povos, porquanto suas ideias

---

de 1789..." No original francês: *"Le peuple français proclame solennement son attachement aux Droits de l'Homme et aux principes de la souveraineté nationale tels qu'ils ont été définis par la Déclaration de 1789..."* – ***La Constitution Française** – **A Constituição da França***, tradução da Embaixada da França, revisão de Dulcydides de Toledo Piza, Rio de Janeiro, Embaixada da França, 1983, p. 6.
112. F. RUBIO LLORENTE e M. DARANAS PELÁEZ, **Constituciones**..., op. cit., p. 250. Com tal regra, diz UCKMAR, aquele famoso documento consagrou o princípio de que *"o imposto não pode ser votado senão pela nação ou seus representantes"* – no original francês: *"l'impôt ne peut être voté que par la nation ou ses réprésentants"* – **Princípios Comuns**..., op. cit., p. 31.
113. **Princípios Comuns**..., op. cit., p. 31-32.
114. Introdução, in **Segundo Tratado sobre o Governo Civil – e Outros Escritos – Ensaio sobre a Origem, os Limites e os Fins Verdadeiros do Governo Civil**, tradução de Magda Lopes e Marisa Lobo da Costa, Petrópolis, Vozes, 1994, (Clássicos do Pensamento Político, 14), p. 47.

habitam frequentemente os alicerces das modernas democracias, inclusive aquelas quanto à legalidade dos tributos, que não sobeja recordar:

> O poder supremo não pode tirar de nenhum homem qualquer parte de sua propriedade sem seu próprio consentimento...
>
> É verdade que os governos não poderiam subsistir sem grandes encargos, e é justo que todo aquele que desfruta de uma parcela de sua proteção contribua para a sua manutenção com uma parte correspondente de seus bens. Entretanto, mais uma vez é preciso que ela mesma dê seu consentimento, ou seja, que a maioria consinta, seja por manifestação direta ou pela intermediação de representantes de sua escolha...
>
> Eis os limites que impõe ao poder legislativo de toda sociedade civil, sob todas as formas de governo, a missão de confiança da qual ele foi encarregado pela sociedade e pela lei de Deus e da natureza... **O poder legislativo não deve impor impostos sobre a propriedade do povo sem que este expresse seu consentimento, individualmente ou através de seus representantes.** (grifamos).[115]

Ora, esse princípio estendeu-se, por intermédio da larga influência desses diplomas constitucionais, especialmente do código maior francês, às constituições dos séculos seguintes, levando ao mundo aquelas noções que "...*fizeram da Inglaterra um estado obediente à lei e não ao rei*" (H. G. WELLS[116]); e ganhando as dimensões universais do *"rule of law"* – **governo da lei e não dos homens** – descrito por GERALDO ATALIBA

---

115. JOHN LOCKE, **Segundo Tratado...**, *op. cit.*, p. 166-169. Outras alternativas: Segundo Tratado sobre o Governo, *in* **Locke**, Os Pensadores, tradução de E. Jacy Monteiro, Petrópolis, Vozes, 1994, (Clássicos do Pensamento Político, 14), p. 88-90; Ensaio sobre o Governo Civil, *in* NELSON SALDANHA, **Separação de Poderes**, Brasília, Departamento de Imprensa Nacional, 1981, (O Poder Legislativo, 2), p. 80-82.
116. **História...**, *op. cit.*, p. 12.

como inspirador do direito constitucional, *"...na longa e árdua luta pela supremacia do direito e superação do arbítrio"*.[117] Princípio que, na seara dos tributos, corresponde ao célebre adágio: ***"no taxation without representation"*** – **não tributar sem representação**. Trata-se da secular e inspirada ideia da **autotributação**.

É verdade que muita água correu pelo leito do Tâmisa, nestes quase oitocentos anos, como pondera JAIME IRARRÁZABAL, o professor chileno, desde aquele dia de junho de 1215, quando, às suas margens, a nobreza e o clero viram João Sem Terra resignar-se, de má vontade, à injunção da Carta de Runnymede[118]; contudo, as motivações democráticas da Legalidade Tributária permaneceram exatamente as mesmas, nestes quase oito séculos.

Eis que, desde o berço histórico da Magna Carta, a Legalidade Tributária encontra sua razão de ser na representatividade popular e sua alma na autotributação, uma espécie do gênero autogoverno, tal como a Democracia depara seu motivo de existir na mesma representatividade popular e sua essência no autogoverno. Logo, e a despeito da eventual redundância, **a Legalidade Tributária é, forçosa e inelutavelmente, uma Legalidade Tributária Democrática**.

4.3. Meras Atenuações, Nenhuma Exceção

A Legalidade Genérica, entre nós, admite exceção: a medida provisória, cuja natureza diversa da lei, identificando-se como ato normativo de governo, caracteriza-a como tal.[119]

---

117. **República e Constituição**, p. 94; na edição atualizada, p. 120.
118. Prólogo, *in* VICTOR MANUEL AVILÉS HERNÁNDEZ, ***Legalidad Tributaria: Garantía Constitucional del Contribuyente***, Santiago, Jurídica, 2005, p. 7.
119. Já desenvolvemos esses argumentos, no passado: Legalidade Tributária e Medida Provisória: Mel e Veneno, *in* OCTAVIO CAMPOS FISCHER

Confirma-o, há quase meio século, o verbo enfático de GERALDO ATALIBA que, desde quando cogitava do antigo decreto-lei (hoje, medida provisória), identificava-o(a) como *"...exceção absoluta – e, por isso (seja-nos perdoada a redundância) excepcionalíssima – ao princípio de que a lei é feita pelos órgãos do Poder Legislativo"* (grifamos).[120] E apoiam tal entendimento, para nosso sossego científico, vozes poderosas como a de CELSO ANTÔNIO BANDEIRA DE MELLO, indicando-a como a primeira das *"restrições excepcionais ao princípio da legalidade"* [121]; como a de ROQUE ANTONIO CARRAZZA: *"...a medida provisória excepciona o princípio pelo qual cabe primacialmente ao Poder Legislativo – e não ao Executivo – inovar, em caráter originário, a ordem jurídica"*[122]; e como a de JOSÉ SOUTO MAIOR BORGES, apontando-a como *"...o consectário de uma competência excepcional do Presidente da República, no confronto com o princípio da legalidade"*, e identificando-a diretamente como *"...uma exceção à legalidade, princípio de abrangência 'universal' na CF..."*. [123]São numerosas as visões convergentes.[124]

(coord.), **Tributos e Direitos Fundamentais**, S. Paulo, Dialética, 2004, p. 192-197 e 200-204.

120. **O Decreto-Lei na Constituição de 1967**, S. Paulo, RT, 1967, p. 19.

121. **Curso de Direito Administrativo**, 12.ed., S. Paulo, Malheiros, 2000, p. 95; **Elementos de Direito Administrativo**, 2.ed., São Paulo, RT, 1990, p. 73.

122. **Curso...**, *op. cit.*, p. 291.

123. Prefácio, *in* HUMBERTO B. ÁVILA, **Medida Provisória na Constituição de 1988**, Porto Alegre, Fabris, 1997, p. 18; Limitações Temporais da Medida Provisória: a Anterioridade Tributária, **Revista de Direito Tributário**, São Paulo, Malheiros, n. 64, [1995?], p. 195.

124. HUMBERTO B. ÁVILA: *"A competência presidencial surge somente diante de caso de relevância e urgência, como exceção ao princípio geral da legalidade (CF: art. 5º, II)"* – **Medida...**, *op. cit.*, p. 69. A título de mera exemplificação: EDGAR LINCOLN DE PROENÇA ROSA, **A Questão do Decreto-Lei Sobre Tributos (O Princípio da Legalidade Tributária e sua Exceção Formal)**, São Paulo, RT, 1982, p. 61-62 e 87; UADI LAMÊGO BULOS, Notas de Atualização, *in* NELSON DE SOUSA SAMPAIO, **O Processo Legislativo**, 2.ed., Belo Horizonte, Del Rey, 1996, p. 82, nota n. 5; MARILENE TALARICO MARTINS RODRIGUES, O Princípio da Moralidade no Direito Tributário, *in*

Já **no que tange à Legalidade Tributária, a maior parte da doutrina identifica como "exceções"** aqueles tributos em que cabe ao presidente da república a faculdade de alterar-lhes as alíquotas, desde que atendidas as condições e os limites fixados em lei (Constituição, artigo 153, § 1º), subordinação essa ao legislativo que tornaria tais **exceções apenas "aparentes"**, como sustenta ROQUE ANTONIO CARRAZZA[125]; ou, melhor ainda, que as torna não-exceções, uma vez que simples aparências, desprovidas de substância. É difícil aceitar aqui a ideia de exceção, ou mesmo a de *"...un apartamiento mínimo del principio de legalidad"*, como ensinava RAMÓN VALDÉS COSTA[126]; pois a última palavra estará sempre com o legislador, que determinará as condições e os limites de uso da faculdade, ou não o fará, impedindo, terminantemente, a sua utilização. Eis que, se apresentamos a medida provisória como exceção ao Princípio da Legalidade Genérica (artigo 5º, II), em verdade, **não acreditamos existirem exceções ao Princípio da Legalidade Tributária** (artigo 150, I).

Ora, **uma autêntica exceção**, no rigor etimológico da palavra – oriunda do latim *"exceptio-onis"*, com o sentido de *"desvio da regra geral"*[127] – **seria, por exemplo, uma hipótese que fugisse à aplicabilidade do princípio. E isso não se verifica,** no caso do artigo 153, § 1º, em que se abre ao Poder Executivo – que é exercido, recorde-se, pelo Presidente da República (artigo 76), na esfera federal, uma vez que o dispositivo contempla apenas tributos federais – a possibilidade, por razões de evidente extrafiscalidade, de *"...alterar as alíquotas..."* dos impostos sobre importação (II), exportação (IE),

---

IVES GANDRA DA SILVA MARTINS (coord.), **O Princípio da Moralidade no Direito Tributário**, São Paulo, RT e CEU, 1996, p. 145.
125. Curso..., *op. cit.*, p. 295-300.
126. **Instituciones de Derecho Tributario**, Buenos Aires, Depalma, 1992, p. 174.
127. ANTÔNIO GERALDO DA CUNHA, **Dicionário Etimológico**..., *op. cit.*, p. 340.

produtos industrializados (IPI) e operações financeiras (IOF); providência cabível pela via do decreto, seu ato típico[128]. E segue válido e eficaz o regime da Legalidade Tributária, mesmo nesses casos, de vez que, primeiro, é o legislador que traça as condições e limites para o exercício da faculdade presidencial; segundo, porque cabe ao chefe do executivo, tão somente, dentro das fronteiras do quadro "legal", modificar as alíquotas, que foram originalmente estabelecidas pelo legislador, pois não se pode admitir que o executivo venha a fixá-las, em caráter inicial, prerrogativa exclusiva e inalienável do legislador.

Não ignoramos teses recentes que, invocando os "conceitos jurídicos indeterminados" – ou, com mais precisão, os "termos indeterminados de conceitos"[129] – o Princípio da Praticabilidade, a necessidade de simplificação legislativa e outros argumentos, defendem e pregam uma Legalidade Tributária mais maleável e flexível, como as teorizações, por exemplo, de ANA PAULA DOURADO e de SÍLVIA FABER TORRES.[130] Mas, em face da severidade e robustez constitucional da nossa Legalidade Tributária, não nos podemos dar ao luxo de encarar essas construções senão como projetos de Política do Direito ou propostas *"de lege ferenda"*. Eis que a única disposição

---

128. Já advogamos a possibilidade da utilização, no caso, da medida provisória, sob as mesmas condições e limites impostos aos decretos – **A Regra-Matriz de Incidência do IPI: Texto e Contexto**, Curitiba, Juruá, 1993, p. 130; Legalidade Tributária e Medida Provisória..., *op. cit.*, p. 201-203.

129. Na linha da argumentação de EROS ROBERTO GRAU, a indeterminação não é, propriamente, dos conceitos, mas, isso sim, dos termos em que eles se exprimem, como já expusemos – Medidas Provisórias Tributárias e Segurança Jurídica: A Insólita Opção Estatal pelo *"Viver Perigosamente", in* AIRES FERNANDINO BARRETO *et al.*, **Segurança Jurídica na Tributação e Estado de Direito**, S. Paulo, Noeses, 2005, p. 338.

130. A. P. DOURADO, **O Princípio da Legalidade Fiscal: Tipicidade, Conceitos Jurídicos Indeterminados e Margem de Livre Apreciação**, Coimbra, Almedina, 2007, (Teses), *passim*; S. F. TORRES, **A Flexibilização do Princípio da Legalidade no Direito do Estado**, Rio de Janeiro, Renovar, 2012, *passim*.

constitucional que reduz a rigidez e a intransigência da Legalidade Tributária, no que diz respeito à definição legal dos dados estruturais da norma de incidência tributária (artigo 153, § 1º), não chega sequer a excepcioná-la, correspondendo apenas a **simples abrandamentos**, constituindo tão só **meras atenuações do princípio**.

5. CONCLUSÃO

Principiamos este texto ressaltando o quanto é **árduo e penoso o compromisso de julgar**. Pois é do mesmo modo que começaremos a terminar. Desta feita, porém, com o socorro precioso de GIBRAN KHALIL GIBRAN, o poeta e escritor que, oriundo das montanhas do Líbano, transformou-se no mais célebre literato do mundo árabe contemporâneo:

> E vós, juízes que desejais ser justos,
> Que julgamento pronunciareis contra aquele que, embora honesto na carne, é ladrão no espírito?
> E como punireis aqueles cujos remorsos já são maiores que seus delitos?
> E, contudo, não podeis impor o remorso ao coração do inocente, nem retirá-lo do coração do culpado...[131].

Ao declarar, sem titubeios e vacilações, a ilegalidade da base de cálculo da Taxa de Saúde Suplementar, pela sua definição, em boa parte, por norma infralegal, a Ministra DENISE ARRUDA **prestigiou a Legalidade Tributária**, ancorada na representatividade popular e sintetizada na noção de autotributação; e **reverenciou a Democracia**, cujo arrimo também descansa na representatividade popular e cuja sinopse reside,

---

131. **O Profeta**, tradução de Mansour Challita, Rio de Janeiro, Record e ACIGI, 1981, p. 40.

igualmente, na ideia análoga mais ampla de autogoverno, parcialmente coincidente coma de autotributação. Assim, fez jus, em plenitude, à avaliação da sua *"...trajetória de vida..."* como *"...uma história notável de convicções e esmero"* (Ministro NILSON NAVES[132]). Mais: arrostou a intrincada e embaraçosa incumbência de decidir com ousadia sim, mas também com nobre sabedoria e com serena autoridade. E mais ainda: revelou-se inteiramente à altura do amplo estorvo da tarefa e do alto desafio de GIBRAN.

São julgamentos desse jaez que nos aproximam do **ideal, humanamente inalcançável, de justiça**. E outra não poderia ser a juíza relatora, desde que sua vida, como realçou, outra vez, o Ministro NILSON NAVES, *"...é um sinônimo perfeito de paixão pela justiça..."*.[133] Aliás, sem essa obsessão, não lhe seria apropriado e conveniente o decidir; nem a nós seria oportuno e adequado o refletir acerca de Legalidade Tributária, nem de Democracia, e nem mesmo de estado ou de qualquer outra espécie de organização; pois fomos advertidos pelo Padre ANTÔNIO VIEIRA, o mestre luso-brasileiro da oratória e *"Imperador da língua portuguesa"* (FERNANDO PESSOA[134]): *"Sem justiça não há reino, nem província, nem companhia de ladrões que se possa conservar"*.[135]

E desde que abrimos este texto com MACHADO DE ASSIS, é com ele mesmo, "o bruxo do Cosme Velho", que o fechamos, para apontar o preço justo que nos toca para manter-nos nas cercanias e adjacências da justiça – o velar incessante e o zelar ininterrupto – como nos ensinou, nas

---

132. Disponível em: www.stj.jus.br; e www.ultimainstancia.uol.com.br; acesso em: 05.03 e 17.04.2014.

133. Disponível em: www.stj.jus.br; e www.ultimainstancia.uol.com.br; acesso em: 05.03 e 17.04.2014.

134. **Obra Poética**, Rio de Janeiro, Nova Aguilar, 2003, p. 86.

135. Sermão da Visitação de Nossa Senhora, *in* **Sermões**, v. VII, Erechim-RS, EDELBRA, 1998, p. 421.

suas "Memórias Póstumas de Brás Cubas": "*...a justiça é a perpétua vigilante*".[136]

Curitiba, 30 de abril de 2014 – Dia de **São Pio V**.

Papa, no século XVI, que, embora condescendente com os humildes e paterno com os simples, foi um austero reformador da Igreja, combatendo a simonia e o nepotismo, e pelejando insistentemente pela legalidade eclesiástica e religiosa.[137]

---

136. *Apud* CARLOS NEJAR, **História da Literatura...**, *op. cit.*, p. 146.
137. MARIO SGARBOSSA, **Os Santos e os Beatos da Igreja do Ocidente e do Oriente**, tradução de Armando Braio Ara, S. Paulo, Paulinas, 2003, p. 247; ANGELA CERINOTTI, **Santos e Beatos de Ontem e de Hoje**, tradução de Esnider Pizzo e Maria Margherita De Luca, S. Paulo, Globo, 2004, p. 250-251; ALBAN BUTLER, **Vida dos Santos de Butler**, v. V., tradução de Mateus Ramalho Rocha, Petrópolis-RJ, Vozes, 1988, p. 51-54; VERA SCHAUBER e HANNS MICHAEL SCHINDLER, **Diccionario Ilustrado de los Santos**, tradução de Luis Miralles de Imperial, Barcelona, Grijalbo Mondadori, 2001, p. 596; DAVID HUGH FARMER, **The Oxford Dictionary of Saints**, 5.ed., New York, Oxford University, 2004, p. 435-436; JOHN J. DELANEY, **Dictionary of Saints**, 2.ed., New York, Doubleday, 2005, p. 505-506; LAVINIA COHN-SHERBOK, **Who's Who in Christianity**, London, Routledge, 1998, p. 246-247.

O PRINCÍPIO DA PROTEÇÃO DA CONFIANÇA DO CONTRIBUINTE E O ARTIGO 146 DO CÓDIGO TRIBUTÁRIO NACIONAL

Júlio M. de Oliveira[1]
Juliana Carla F. de A. Alioti Passi[2]

> *O homem necessita de segurança para conduzir, planificar e conformar autônoma e responsavelmente sua vida. Por isso, desde cedo se consideraram os princípios da segurança jurídica e da protecção da confiança como elementos constitutivos do Estado de direito. (José Joaquim Gomes CANOTILHO, Direito Constitucional e Teoria da Constituição, 7ª Edição, Coimbra – Portugal: Ed. Almedina, 2000, p. 257).*

I- INTRODUÇÃO

---

1. Mestre e doutor em Direito Tributário pela Pontifícia Universidade Católica de São Paulo. Sócio do Escritório Machado Associados. Autor dos Livros: *Internet e Competência Tributária* (Editora Dialética) e *O Princípio da Legalidade e sua aplicabilidade ao IPI e ao ICMS* (Quartier Latin). Também é coautor de diversos livros sobre Direito Tributário.
2. Especialista em Direito Tributário pelo Centro de Extensão Universitária e pela Fundação Getúlio Vargas. Advogada Sênior da Machado Associados.

São muitos os fatores que influenciam o planejamento das ações e a tomada de decisões pelos sujeitos de direito. Um desses principais fatores é a segurança jurídica, que pressupõe um mínimo de previsibilidade, estabilidade, clareza e a transparência dos atos dos Poderes Estatais que um Estado de Direito deve reconhecer e oferecer aos seus cidadãos. Como consequência desta segurança, nasce o princípio da proteção da confiança.

No presente trabalho o que se pretende é esclarecer os reflexos deste princípio em âmbito tributário, bem como seu alcance em âmbito legislativo, doutrinário e jurisprudencial. Longe de soar utópico em face da balburdia tributária que vivemos, o texto propõe e provoca o amadurecimento de nossas instituições.

II- PRINCÍPIOS DA SEGURANÇA JURÍDICA E DA PROTEÇÃO DA CONFIANÇA

De acordo com Jorge Reinaldo Vanossi[3], a segurança jurídica consiste no "conjunto de condições que tornam possível às pessoas o conhecimento antecipado e reflexivo das consequências diretas de seus atos e de seus fatos à luz da liberdade reconhecida".

Diva Malerbi ensina igualmente que "a ideia de segurança jurídica também levou o direito constitucional contemporâneo a garantir estabilidade nas relações jurídicas entre particulares, e entre estes e o Estado, bem assim o resguardo da própria estabilidade do direito posto".[4]

---

3. *El Estado de derecho en el constitucionalismo social.* Buenos Aires: Editora Universitária, 1982, p. 30.
4. MALERBI, Diva Prestes Marcondes. *Segurança jurídica e tributação.* Tese (Doutorado em Direito) Pontifícia Universidade Católica de São Paulo. São Paulo: PUC/SP, 1992, p. 54.

É, pois, nesta medida, possível afirmar que a segurança jurídica é uma condição de existência e de aplicação do direito; um valor fundamental que assegura aos cidadãos o mínimo de precisão necessária para o desenvolvimento das suas atividades, garantido-lhe a durabilidade e permanência da ordem jurídica.

Acerca do assunto, José Afonso da Silva[5] afirma que uma "importante condição de segurança jurídica está na relativa certeza que os indivíduos têm de que as relações realizadas sob o império de uma norma devem perdurar ainda quando tal norma seja substituída".

Essa afirmação pode ser sintetizada na ideia de que tanto o princípio da legalidade ("ninguém será obrigado a fazer algo ou deixar de fazer senão em virtude da lei"), como também o da irretroatividade são garantias que concretizam e balizam a segurança jurídica intrínseca ao direito.

Em outras palavras, segurança jurídica equivaleria à previsibilidade de que certa norma regulará, em todos os seus efeitos, certos atos ou fatos que se fazem realizar na vida social e que, mesmo em caso de alteração da norma vigente, haverá previsibilidade de quais são os direitos e situações que foram conquistados de forma inabalável em certo momento da vida jurídica, e que não mais serão suprimidos para o futuro.[6]

Segundo Reynaldo Porchat[7], "é sumamente importante que se possa ter uma <u>confiança</u> segura na autoridade das leis existentes. Cada qual deve poder estar certo de que os negócios

---

5. *Curso de direito constitucional positivo*. 14. ed. rev. São Paulo: Malheiros, 1997, p. 412.
6. MIGUEL, Carolina Romanini. *O princípio da irretroatividade da norma tributária: uma análise da aplicação da regra-matriz de incidência tributária no tempo*. Dissertação (Mestrado em Direito) Pontifícia Universidade Católica de São Paulo. São Paulo: PUC/SP, 2008.
7. *Da retroactividade das leis civis*. São Paulo: Duprat, 1909, p. 43.

jurídicos que fez, conforme as leis existentes, para adquirir direitos, produzirão efeitos ainda para o futuro". A inviolabilidade do passado é princípio que encontra fundamento na própria natureza.[8]

Em síntese, a segurança jurídica consiste no valor principal perseguido pelos princípios da legalidade e irretroatividade das normas. Isso porque, ao vedar o alcance, pela nova norma, dos fatos, atos e direitos e efeitos deles resultantes, verificados antes do início de sua vigência, assegura à sociedade a previsibilidade, a não surpresa, a estabilidade das relações jurídicas e a paz social.

A par disso, ressalta-se um dos reflexos do referido princípio, isto é, o princípio da proteção à confiança, ou seja, a proteção da presunção, pelos cidadãos, da legitimidade dos atos estatais.

III- PRINCÍPIO DA PROTEÇÃO DA CONFIANÇA EM ÂMBITO TRIBUTÁRIO – PRINCÍPIO DA PROTEÇÃO DA CONFIANÇA DO CONTRIBUINTE E ARTIGO 146 DO CTN NA LEI E NA DOUTRINA

Esses valores perseguidos pelo Estado de Direito – a segurança jurídica, legalidade e irretroatividade das normas – são igualmente significativos em âmbito tributário. A necessidade de garantir eficazmente a segurança no direito levou a Constituição Federal de 1988 a definir, materialmente, alguns limites aos Poderes do Estado e, dentre estes limites, está a legalidade e proibição de exigência de tributos em relação a fatos geradores ocorridos antes do início da vigência da lei que os houver instituído ou aumentado.[9]

---

8. RÁO, Vicente. *O direito e a vida dos direitos*. 6. ed. anotada e atual. por Ovídio Rocha Sandoval. São Paulo: Revista dos Tribunais, 2004, p. 389.

9. *Cf*. art. 150, II, da Constituição Federal de 1988.

Nesse sentido, afirma Roque Antonio Carrazza:

> O Estado de Direito traz consigo a segurança jurídica e a proibição de qualquer arbitrariedade.
>
> Nele impera a lei e, mais do que isto, a certeza de que da conduta das pessoas não derivarão outras consequências jurídicas além das previstas, em cada caso e momento, pela lei já vigente.
>
> Estamos notando que a segurança jurídica vem reforçada pelo princípio da irretroatividade das leis, que, em nosso País, tem assento na própria Constituição. [...]
>
> A segurança jurídica, um dos pilares de nosso Direito, exige, pois, que as leis tributárias tenham o timbre da irretroatividade. Afinal, a necessidade de assegurar-se às pessoas a intangibilidade dos atos e fatos lícitos já praticados impõem sejam as leis tributárias irretroativas.[10]

A irretroatividade da norma tributária como forma de atendimento ao princípio da segurança jurídica indica, em linhas gerais, que a eficácia da referida norma é voltada para fatos verificados após o início de sua vigência. Tal ideia também é confirmada pelo princípio da anterioridade tributária, o chamado "princípio da não-surpresa" tributária.

Em resumo, em âmbito tributário, a segurança jurídica do contribuinte é garantida pelas limitações constitucionais ao poder de tributar, sobretudo pela legalidade, irretroatividade das leis que instituam ou agravem obrigações tributárias e da não-surpresa.

Aliado a tais princípios, o princípio da proteção da confiança do contribuinte é previsto pela legislação tributária brasileira pelo Código Tributário Nacional (CTN) como proteção de critérios jurídico-tributários legitimamente

---

10. CARRAZZA, Roque Antonio. *Curso de Direito constitucional tributário*. 14. ed. São Paulo: Malheiros Editores, 2000, p. 245.

criados. É o que se depreende do artigo 146 do referido CTN, *in verbis*:

> Art. 146. A modificação introduzida, de ofício ou em consequência de decisão administrativa ou judicial, nos critérios jurídicos adotados pela autoridade administrativa no exercício do lançamento somente pode ser efetivada, em relação a um mesmo sujeito passivo, quanto a fato gerador ocorrido posteriormente à sua introdução.

Pela leitura da disposição prevista na legislação disciplinadora das normas gerais de direito tributário — já que o CTN foi recepcionado pela nova ordem constitucional com *status* de Lei Complementar —, denota-se que a alteração dos critérios jurídicos adotados para o lançamento tributário, em razão de decisão judicial ou administrativa, não pode atingir fatos geradores anteriores à sua introdução. É a vedação da retroatividade.

Nas palavras da Profª. Misabel Abreu Machado Derzi:

> Somente assim a segurança jurídica e **a proteção da confiança**, como valores elementares do Estado Democrático de Direito, podem ser asseguradas. Ao contrário do que se supõe, **somente a partir do pleno respeito à segurança e à confiança** é que a igualdade e a evolução do Direito se tornam possíveis. A Constituição de 1988 consagra o princípio da irretroatividade, de forma ampla, como direito fundamental do cidadão (art. 5º, XXXVI) e, de forma específica, como direito fundamental do cidadão-contribuinte (art. 150, III, a).[11]

Assim, assegura-se ao contribuinte que atenda as orientações das autoridades administrativas, a não majoração da

---

11. *In Direito Tributário Brasileiro*, Aliomar Baleeiro, 11. ed., Rio de Janeiro, 1999, p. 650.

sua carga tributária em relação a fatos geradores passados em razão da alteração dos critérios jurídicos de lançamento. A alteração desses critérios jurídicos, se agravar a tributação, somente poderá produzir efeitos para o futuro, nunca para o passado. Não retroagem.

Se por um lado o dever de autotutela impõe à Administração Pública o dever de anular os seus próprios atos quando eivados de ilicitude – princípio da legalidade – (Súmulas n.s 346 e 473 do E. STF[12] e art. 53 da Lei 9.784/1999), por outro lado, o imperativo de segurança jurídica e, como consequência, da proteção da confiança, exigem que não sejam prejudicadas as relações jurídicas consolidadas sob a égide do ato anulado.

Trata-se de regra, portanto, que tem por objetivo **proteger o contribuinte** de abruptas modificações no cenário normativo, conferindo estabilidade às relações entre o Fisco e o contribuinte, tendo em vista, principalmente, a presunção do cidadão da licitude dos atos administrativos.

Esta disposição deita raízes na previsão contida no Código Tributário germânico, cujo art. 176 – intitulado "**proteção da confiança nas hipóteses de anulação e alteração do lançamento**" – possui o seguinte teor:

> Na anulação ou alteração do ato de lançamento notificado, não pode ser considerado em detrimento do contribuinte o fato de 1 – a Corte Constitucional Federal declarar a nulidade de uma lei, em que até então se baseava o lançamento; 2 – um tribunal superior federal não aplicar uma norma em que até então se baseava o lançamento, por considerá-la

---

12. "Súmula 346 – A Administração Pública pode declarar a nulidade dos seus próprios atos" e 473 "A Administração pode anular seus próprios atos, quando eivados de vícios que os tornam ilegais, porque deles não se originam direitos; ou revogá-los, por motivo de conveniência ou oportunidade, respeitados os direitos adquiridos, e ressalvada, em todos os casos, a apreciação judicial".

inconstitucional; 3 – ter-se alterado a jurisprudência de um tribunal superior a qual havia sido aplicada pela autoridade fiscal nos lançamentos anteriores.[13]

Idêntica preocupação presidiu o legislador brasileiro do CTN, como testemunha RUBENS GOMES DE SOUZA, um dos autores do anteprojeto do referido Código, ao afirmar que "*a **variabilidade** dos **critérios de aplicação da lei** implicaria uma **discricionariedade incompatível** com a própria natureza das leis de direito público, em geral, e de direito tributário em particular*".[14]

A projeção deste princípio no direito administrativo brasileiro é, ainda, reforçada por ALMIRO DO COUTO E SILVA:

> Este princípio [**proteção da confiança**] impõe ao Estado limitações na liberdade de alterar sua conduta e de modificar atos que produziram vantagens para os destinatários, **mesmo quando ilegais**, ou atribui-lhes consequências patrimoniais por essas alterações, **sempre em virtude da crença gerada nos beneficiários**, nos administrados ou na sociedade em geral de que aqueles atos eram legítimos, tudo fazendo supor que seriam razoavelmente mantidos.[15] (Destaques nossos).

Também a este respeito, a lição do Prof. Aires F. Barreto, que sustenta que "*fica claro que as consequências designadas de projetivas, foram devidamente explicitadas (e equacionadas)*

---

13. Tradução livre do inglês – disponível em http://www.gesetze-im-internet.de/englisch_ao/.

14. *Trabalhos da Comissão Especial do CTN*, Ministério da Fazenda, Rio de Janeiro, 1954, p. 208.

15. "O princípio da segurança jurídica (proteção à confiança) no direito público brasileiro e o direito da administração pública de anular seus próprios atos administrativos: o prazo decadencial do art. 54 da lei do processo administrativo da União (lei n. 9.784/99)", Revista da Procuradoria-Geral do Estado do Rio Grande do Sul, v. 27, n. 57 supl., Porto Alegre: Procuradoria-Geral do Estado do Rio Grande do Sul, 2003.

pelo Código Tributário Nacional, **a fim de que o contribuinte – que agira em conformidade com a anterior interpretação adotada pelo fisco – não possa ser onerado, em homenagem à prevalência fundamental da segurança jurídica**".[16]

Ademais, para a aplicação do artigo 146 do CTN, não é necessário que o lançamento tenha sido efetuado pela autoridade administrativa. O que importa, e isso objetiva a norma, é que o contribuinte tenha agido de acordo com o critério jurídico vigente à época da ocorrência do fato gerador.

Nesse sentido, a abalizada opinião do Prof. Luciano Amaro ao comentar o artigo 146 do CTN, *in verbis*:

> Parece evidente que o dispositivo procura traduzir norma de proteção ao sujeito passivo. Quem aplica critério jurídico de lançamento é a autoridade (já que se trata de atividade que é dela privativa). **A autoridade, portanto, é que está impedida de aplicar o novo critério em lançamentos relativos a fatos geradores já ocorridos antes de sua introdução**.
>
> (...)
>
> Trata-se, pois, de regra que, como já dissemos, não se limita à simples imutabilidade de lançamento anterior, mas, mais do que isso, impõe a inalterabilidade do critério jurídico (que tenha sido aplicado em lançamento anterior), que deve ser preservado para novos lançamentos, desde que se trate de fato gerador ocorrido antes da introdução do novo critério e se esteja cuidando do mesmo sujeito passivo.
>
> (...)
>
> Com toda certeza é aí que está a inspiração do art. 146. Entretanto, este dispositivo expressa mais do que mera inalterabilidade do lançamento por mudança do critério jurídico, na medida em que, repita-se, **estende a inalterabilidade para**

---

16. *In* "Alteração dos Critérios Jurídicos que Presidem o Lançamento", *Repertório IOB de Jurisprudência*, 1ª quinzena de novembro de 1992, n. 21/92 – p. 385.

> todos os fatos geradores já ocorridos, mesmo que ainda não tenham sido objeto de lançamento. Nessa linha, anota Aliomar Baleeiro entendimento jurisprudencial no sentido de que 'a mudança de critério ou orientação da autoridade fiscal não pode prejudicar o contribuinte que agiu de acordo com o critério anterior'.[17]

Vê-se, pois, que o CTN, em respeito ao princípio da proteção da confiança, resguarda o contribuinte das alterações dos critérios jurídicos do lançamento. Somente podem valer para os fatos geradores posteriores à introdução desses novos critérios jurídicos, ainda que a autoridade administrativa não tenha realizado o lançamento em relação a determinado fato gerador.

E, não fosse a previsão do art. 146 do CTN, o legislador nacional ainda positivou a proteção da confiança também no **art. 2º, parágrafo único, XIII, da Lei n. 9.784, de 29/01/1999**, ao estabelecer como princípio da Administração Pública Federal a *"interpretação da norma administrativa da forma que melhor garanta o atendimento do fim público a que se dirige, vedada aplicação retroativa de nova interpretação"*.

IV- PRINCÍPIO DA PROTEÇÃO DA CONFIANÇA EM ÂMBITO TRIBUTÁRIO – PRINCÍPIO DA PROTEÇÃO DA CONFIANÇA DO CONTRIBUINTE NA JURISPRUDÊNCIA

Além do entendimento consolidado da legislação e propagado pela doutrina, também a jurisprudência dos Tribunais Superiores é uníssona quanto à necessidade de proteção da confiança do contribuinte, em decorrência das oscilações de entendimento no âmbito da Administração Tributária.

Nesse sentido, o Supremo Tribunal Federal, de longa data e em diversas oportunidades, reconheceu o direito dos contri-

---

17. *In Direito Tributário Brasileiro*, Ed. Saraiva, 1997, p. 329/334.

buintes de não terem agravada sua tributação em relação a fatos geradores anteriores à alteração dos critérios jurídicos de lançamento, conforme se verifica, por exemplo, nas ementas dos seguintes julgados:

> Imposto de Renda. **Imutabilidade do lançamento e consequente abuso no processamento de um segundo lançamento adotando novo critério.** Inexistência de negativa de lei federal. Recurso extraordinário não conhecido.[18]
>
> FUNRURAL – Mandado de Segurança. Natureza Jurídica e base de cálculo. 'In casu', **importante a aplicação indébita de novo critério de cálculo a operações anteriores a alteração, com infringência do artigo 146 do CTN.** Recurso Extraordinário conhecido e provido.[19]

Do voto do Ministro Relator Moreira Alves no RE n. 96.671/SP colhem-se os seguintes trechos, que bem evidenciam o entendimento do E. Supremo Tribunal Federal a respeito da matéria. Confira-se:

> 4. Dela, contudo, não nos precisamos prevalecer, em face do argumento seguinte, que não convenceu o Eminente Relator, mas foi aceito pelo voto vencido: o que envolve a **aplicação do artigo 146 do CTN, quanto à aplicação do novo critério fiscal a operações anteriores à mudança da interpretação**.
>
> Verifica-se que a impetrante sempre **recolheu a contribuição** tendo como base de cálculo o preço de aquisição do produto rural (na hipótese, gado), **com base na legislação vigente** (Decreto 61.544/67, artigo 3º).
>
> (...)
>
> 6. A conclusão parece-nos irrepreensível e a acolhemos. **Como, aliás, Aliomar Baleeiro, invocado pela Recorrente, ao comentar o artigo 146 do CTN:**

---

18. RE n. 69.426/RS, STF – 1ª Turma, Recorrente: União Federal x Recorrido Companhia Geral de Acessórios, DJU de 15.04.70 – destaques nossos.
19. RE n. 96.671/SP, STF – 1ª Turma, DJU de 21.10.83 – destaques nossos.

'Modificação de critérios: já vimos que entre as normas complementares das leis, tratados e decretos, integrantes da "legislação tributária", tal como está conceituada nos arts. 96 a 100 do CTN, incluem-se também os atos normativos das autoridades administrativas, as decisões dos órgãos singulares ou coletivos, desde que tenham eficácia normativa e as práticas reiteradamente observadas por aquelas autoridades.

Mas essas "normas complementares" também podem ser substituídas por outras ou modificadas em alcance ou nos seus efeitos.

Nesses casos, em se tratando de normas relativas ao lançamento, a inovação só se aplicará ao mesmo contribuinte se ocorrer fato gerador posteriormente à modificação.

Sobrevivem as situações constituídas anteriormente e que são definitivas.

No Agravo de Inst. n. 29603-RGS, 18.06.65, RTJ 34/542, o STF, 2ª Turma, decidira já que a mudança de critério ou orientação da autoridade fiscal não pode prejudicar o contribuinte que agiu de acordo com o critério anterior, predominante ao tempo da tributação"."
(citação que na 10ª ed. vem à pág. 510).

(...)

Não há, desta forma, admitir que se alterasse esse entendimento, posteriormente, e fosse a impetrante penalizada pela modificação do critério jurídico, com efeito sobre operações anteriormente realizadas, com ofensa ao artigo 146 do CTN.

Mais não é preciso dizer, nem examinar – na longa e aprofundada irresignação do Recorrente – para concluir pela procedência do pedido, pelo que conheço do recurso e dou-lhe provimento, restaurando a r. sentença de primeiro grau, que concedeu a segurança."

(Destaques nossos).

Confira-se, na mesma linha, os mais recentes precedentes do E. Superior Tribunal de Justiça:

RECURSO ESPECIAL – MANDADO DE SEGURANÇA – PIS E COFINS – SUSPENSÃO DE INCIDÊNCIA – OBRIGATORIEDADE – ART. 146 DO CTN – MUDANÇA DE CRITÉRIO JURÍDICO – INAPLICABILIDADE A FATOS PRETÉRITOS – ERRO DE DIREITO.

1. É obrigatória a 'suspensão de incidência do PIS e da COFINS' a partir da IN SRF n. 660/06, na hipótese prevista no art. 9º, III, c/c o art. 8º, §1º, III, da Lei n. 10.925/2004.

2. A inobservância dos procedimentos previstos na IN SRF 660/06 não leva à presunção de incidência das contribuições para efeito de eventual direito a creditamento.

3. <u>Entendimento adotado pela administração tributaria somente após a Solução de Consulta Interna (SCI) n. 58/SRF, de 25/11/2008. Até essa data, por equivocada valoração jurídica dos fatos, reconhece- se a pratica de erro de direito.</u>

4. A orientação firmada na SCI n. 58/SRF aplica-se apenas ás situações cujos fatos geradores ocorreram após 25/11/2008, **proibida a retroatividade – art. 146 do CTN**.

5. Recurso especial parcialmente provido.[20]

PROCESSUAL CIVIL. **RECURSO ESPECIAL REPRESENTATIVO DE CONTROVÉRSIA**. ARTIGO 543-C, DO CPC. EMBARGOS À EXECUÇÃO FISCAL. CERTIDÃO DE DÍVIDA ATIVA (CDA) ORIGINADA DE LANÇAMENTO FUNDADO EM LEI POSTERIORMENTE DECLARADA INCONSTITUCIONAL EM SEDE DE CONTROLE DIFUSO (DECRETOS-LEIS 2.445/88 E 2.449/88). VALIDADE DO ATO ADMINISTRATIVO QUE NÃO PODE SER REVISTO. INEXIGIBILIDADE PARCIAL DO TÍTULO EXECUTIVO. ILIQUIDEZ AFASTADA ANTE A NECESSIDADE DE SIMPLES CÁLCULO ARITMÉTICO PARA EXPURGO DA PARCELA INDEVIDA DA CDA. PROSSEGUIMENTO DA EXECUÇÃO FISCAL POR FORÇA DA DECISÃO, PROFERIDA NOS EMBARGOS À EXECUÇÃO, QUE DECLAROU O EXCESSO E QUE OSTENTA FORÇA

---

20. REsp 1.233.389/PR, Relatora Ministra Eliana Calmon, Segunda Turma, julgado em 10/12/2013, DJe 18/12/2013.

EXECUTIVA. DESNECESSIDADE DE SUBSTITUIÇÃO DA CDA. (...)

3. In casu, contudo, não se cuida de correção de equívoco, uma vez que o ato de formalização do crédito tributário sujeito a lançamento por homologação (DCTF), encampado por desnecessário ato administrativo de lançamento (Súmula 436/STJ), precedeu à declaração incidental de inconstitucionalidade formal das normas que alteraram o critério quantitativo da regra matriz de incidência tributária, quais sejam, os Decretos-Leis 2.445/88 e 2.449/88.

4. O princípio da imutabilidade do lançamento tributário, insculpido no artigo 145, do CTN, prenuncia que o poder-dever de autotutela da Administração Tributária, consubstanciado na possibilidade de revisão do ato administrativo constitutivo do crédito tributário, somente pode ser exercido nas hipóteses elencadas no artigo 149, do Codex Tributário, e desde que não ultimada a extinção do crédito pelo decurso do prazo decadencial quinquenal, **em homenagem ao princípio da proteção à confiança do contribuinte (encartado no artigo 146) e no respeito ao ato jurídico perfeito**. (...)

9. Recurso especial desprovido. Acórdão submetido ao regime do art. 543-C do CPC e da Resolução STJ 08/2008.[21]

V- CONCLUSÃO

São muitos os fatores que influenciam o planejamento das ações e a tomada de decisões pelos sujeitos de direito, sendo um dos principais a segurança jurídica, que pressupõe previsibilidade, estabilidade, clareza e a transparência dos atos dos Poderes Estatais. Como consequência desta segurança, nasce o princípio da proteção da confiança, o qual, em âmbito tributário, em conjunto com as limitações constitucionais ao poder de tributar (legalidade, irretroatividade das leis que

---

21. REsp 1.115.501/SP, Relator Ministro Luiz Fux, Primeira Seção, julgado em 10/11/2010, DJe 30/11/2010 – nossos destaques.

instituam ou agravem obrigações tributárias e da não-surpresa), se mostra como proteção de critérios jurídico-tributários legitimamente criados.

É o que se depreende do artigo 146 do CTN, que assegura ao contribuinte que atenda as orientações das autoridades administrativas, a não majoração da sua carga tributária em relação a fatos geradores passados em razão da alteração dos critérios jurídicos de lançamento.

O legislador nacional também positivou a proteção da confiança no **art. 2º, parágrafo único, XIII, da Lei n. 9.784, de 29/01/1999**, ao estabelecer como princípio da Administração Pública Federal a *"interpretação da norma administrativa da forma que melhor garanta o atendimento do fim público a que se dirige, vedada aplicação retroativa de nova interpretação"*.

Além do entendimento consolidado da doutrina sobre o assunto, também a jurisprudência dos Tribunais Superiores é assertiva quanto à necessidade de proteção da confiança do contribuinte, em decorrência das oscilações de entendimento no âmbito da Administração Tributária.

Em resumo, tanto o artigo 146 do CTN como as demais previsões infraconstitucionais, têm por objetivo garantir um princípio maior de **segurança jurídica**, a fim de evitar que a imprevisibilidade das regras subtraiam do particular, em especial do contribuinte, o exercício de direitos em âmbito tributário. Trata-se do princípio da proteção da confiança do contribuinte, reconhecido pela doutrina e jurisprudência, que visa proteger as presunções, pelos contribuintes, dos atos tributários estatais legitimamente criados.

De referir ainda que a proteção da confiança do contribuinte é característica presente em Estados modernos que primam pelo desenvolvimento humano nos âmbitos econômico e social. A relação de confiança exige que o Estado aja com transparência, previsibilidade e de acordo com as regras do jogo.

O FENÔMENO JURÍDICO E AS NORMAS DO DIREITO COMO TÉCNICAS COMPORTAMENTAIS – OS MEIOS DE PRODUÇÃO E A PRODUÇÃO DO DIREITO

Sacha Calmon Navarro Coêlho[1]

Este trabalho não pretende filiação a escolas de filosofia do Direito. O fato de centrar-se na teoria da norma, enquanto estrutura lógica, não implica adesão a certo "normativismo" que reduz o Direito a mero formalismo, amesquinhando-o.

Para nós, o Direito, "fato social", apresenta-se profundamente imerso no devir da história. É mesmo o reflexo, no plano da cultura, dos valores e interesses sociais dominantes, diversos no tempo e no espaço. A sociedade é o meio em que o Direito medra e se desenvolve. Assim como a árvore surge e

---

1. Advogado, coordenador da especialização em direito tributário das Faculdades Milton Campos, ex-professor titular da Universidade Federal de Minas Gerais (UFMG) e da UFRJ, Presidente da Associação Brasileira de Direito Financeiro (ABDF) no Rio de Janeiro.

vive da terra, o Direito brota e existe em razão do "chão" social. E o que é a sociedade senão o conviver contínuo de seres humanos em momentos e lugares historicamente dados?

Da convivência, é intuitivo, resultam modos de organizar as relações inter-humanas, desde as relações de produção até as de cunho cultural. E, assim, nascem as instituições como pontos de articulação da vida social. Neste panorama sobressai o Direito, enquanto instrumento regulador de condutas e de organizações comunitárias.

É interessante notar que a "estrutura social" das coletividades humanas apresenta um alto grau de coerência entre os seus elementos componentes, muito embora a profunda e estonteante complexidade das modernas sociedades obscureça este fato. Para desvelar o véu que recobre a organicidade intrínseca de toda a sociedade, é preciso vislumbrá-la desde o seu ponto de partida. A primeira coisa que o homem faz juntamente com os seus semelhantes é produzir para viver. Produzindo, convivem. O modo de conviver vai depender, então, do modo como produzem. Não são, ou foram, as sociedades "caçadoras" diversas das sociedades "pastoras" no modo como se estruturaram?

Ao produzirem, para viver, os homens usam instrumentos, aplicam conhecimentos, inventam técnicas, agregam experiências que, em última análise, decidem sobre o tipo de relações que haverão de manter entre si. O homem é, antes de tudo, um ser-de-necessidades ou *homo necessitudinis*. Para satisfazer às suas necessidades básicas, sempre presentes, sempre prementes, tem de agir, isto é, *trabalhar*. Eis o *homo faber*. Dessarte, para satisfazer às suas necessidades, o homem "trabalha" a natureza, humanizando-a. Catando frutos, caçando, pescando, plantando, domesticando animais, minerando ou transformando os metais, industrializando as matérias-primas ou comerciando, o *homo faber* arranca da natureza sustento para a sobrevivência com o "suor do seu rosto". Ao trabalhar constrói a si próprio, sobrevive. A história nada mais é do que a história do homem e de seu fazer pelos tempos adentro. Seria impossível entendê-la e as sociedades que sucessivamente engendrou, sem referi-las fundamentalmente às relações de produção, que o modo de produzir dos homens em cada época e de cada lugar tornou possíveis e plausíveis. As relações sociais, econômicas e culturais da sociedade primitiva, da sociedade grega, romana, árabe ou visigótica, da sociedade medieval, da sociedade capitalista foram condicionadas por diferentes estruturas de produção. Ora, *todas essas sociedades*, como de resto, todas as comunidades humanas, atuais e pretéritas, foram e são *articuladas juridicamente*.

Fenômeno do mundo da cultura, o Direito está inegavelmente enraizado no social. Contudo, embora o discipline, paradoxalmente, é um seu reflexo. Isto porque é radicalmente instrumental. Mas o fenômeno jurídico não se reduz ao puro instrumento normativo.

Da vida em sociedade brota o Direito. *Ex facto oritur jus*. Robinson Crusoé, em sua ilha deserta, é a imagem clássica da impossibilidade do Direito pela ausência de intersubjetividade. O "ser" e o "outro", convivendo, realçam o social, e, por certo, do *fato social* projetam-se interesses, carências e aspirações a suscitar regulação. Daí os valores. E são eles que fecundam o Direito. Se o Direito é dever-ser, é dever-ser de algo, já o disse Vilanova, o recifense, como a sublinhar que o axiológico não paira no ar, desvinculado da concretude da vida. Os valores não são entes etéreos ou coleção de imperativos morais, imutáveis e intangíveis, tais quais essências sacrossantas. Não são supra-humanos nem nos chegam *ab extra*. Projetam-se do homem-na-história, do homem concreto, de um estar-aí-no mundo-com-os outros. *Das necessidades* às aspirações, e daí às normas. Assim, se o Direito está na norma, por certo brotou do espaço cultural de cada povo com as suas aspirações e seus valores, epifenômenos da experiência social, nucleada à volta do processo de reprodução da vida humana.

O RELATIVISMO ESTRUTURAL DO DIREITO-SISTEMA COMO FATO INEVITÁVEL

Ocorre que os critérios e valores que informam historicamente a construção das "legalidades vigentes" trazem a marca dos interesses concretos, até mesmo conflitantes, que do fundo mais profundo da sociedade emergem a luz, colimando "formalização" e "juridicidade". Trata-se então de dar "forma", "eficácia" e "vigência" a prescrições que se reputam "certas" e "necessárias" à convivência humana e à "ordem pública". Tudo isto é feito através de "instituições" que repassam para a ordem jurídica os conflitos de interesses existentes no meio social. O Estado, assim como o *Direito*, são instrumentos de compromisso. Por isso mesmo se diz que o Direito é "um fenômeno social", um fenômeno de "acomodação". Há sempre uma relação de coerência entre sociedade e Direito.

A cada sociedade corresponde uma estrutura jurídica. O Direito da velha Atenas não serviria, é intuitivo, à moderna sociedade americana. Uma sociedade cuja estrutura de produção estivesse montada no trabalho escravo – o que ocorreu até bem pouco tempo – não poderia sequer pensar em capitalismo e, consequentemente, em *viabilizá-lo* através de um Direito do trabalho baseado no regime de salariado. Sem dúvida, o homem é quem elabora os sistemas sociais e o próprio Direito, e isto lhe é dado fazer, porque é dotado de inteligência, consciência e vontade. No mundo cultural, nada sucede a não ser através do psiquismo do *homo sapiens*. Mas, antes dele, há o *homo faber* e, antes deste, o *homo necessitudinis*. O espírito humano não vive no vazio nem retira do éter juízos, ideias e planos. Ao organizar a sociedade e o Direito, o homem não opera desvinculado da realidade.

Quem pensa, age e constrói o mundo cultural, o mundo do Direito, é o homem, não o "homem-em-si, mas o homem real, o homem concreto. O "eu", já o disse o jusfilósofo[2], "é uma relação", "relação com o mundo exterior, com outros

---

2. LIMA, Hermes. *Introdução à ciência do direito.* 12ª ed., Rio de Janeiro, Freitas Bastos, 1962, p. 15 *et seq.*

indivíduos. O Eu é como um sino: se houvesse o vácuo social em torno dele, nada se ouviria". E mais: "Cultural na sociedade é, portanto, sua própria organização. A organização é obra do homem cujo ser, cuja alma, cujo pensamento se expressam no conjunto de relações que dele fazem um primitivo, um bárbaro, um grego, um romano, um medieval, um tipo da Renascença ou da sociedade industrial moderna ou um proprietário, um escravo, um servo ou um proletário". O pensamento humano e seus produtos culturais são desde sempre "produtos sociais". A capacidade de trabalhar por meio de conceitos não só forneceu ao homem instrumentos eficientes de se resolverem problemas práticos como transplantou a vida mental do plano sensorial para um mundo de símbolos, ideias e valores.

A ideia do Direito liga-se à ideia de conduta e de organização. O Direito valoriza, qualifica, atribui consequências aos comportamentos em função da utilidade social sugerida pelos valores da sociedade a que serve. Para o Direito – instrumento de organização – a conduta é o momento de uma relação entre pessoas (relação intersubjetiva) e não o momento da relação entre pessoa e divindade ou sua consciência, seu foro íntimo. Seu problema específico é estabelecer a legalidade fornecedora dos critérios através dos quais é possível às pessoas produzir, dispor e gozar dos bens, dirimir conflitos sociais e interpessoais, inibir ações indesejáveis e punir as transgressões. "A ordem jurídica é o sistema de legalidade do Estado, expresso no conjunto de normas existentes".[3]

O DIREITO NAS DOBRAS DA HISTÓRIA. O DIREITO É SOCIAL. A INEXISTÊNCIA DO DIREITO NATURAL

O Direito é uma testemunha dos tempos. A análise das "legalidades vigentes" permite retratar as sociedades humanas em todos os seus planos e aspectos.

---

3. LIMA, Hermes. *Op. cit.*, p. 38.

TRIBUTAÇÃO: DEMOCRACIA E LIBERDADE

Tudo quanto dissemos, bem o sabemos, não é novo. Mas há algo que é preciso realçar. Algo extremamente duro e dramático. A história da humanidade, de um modo geral, tem sido desde sempre, da barbárie aos nossos dias, uma sucessão incessante de traumas, desigualdades, conflitos, destruição e morte. Por toda parte, em todo tempo, apesar de um contínuo progresso no domínio das ciências e das técnicas, dor, sangue e sofrimento, juntamente com um desejo ardente e sempre renovado de superar a precariedade da condição humana, têm sido a sina e a meta da humanidade. Esta luta entranha-se no próprio estofo da história: luta de homens, de raças, de classes, de povos. Não é só a humanidade que é partida. As sociedades e o homem também o são.

O Direito enquanto *ordem positiva* reflete, tem refletido, o que lhe vai pela base. Ele é a prova acabada da nossa imperfeição. Instrumento de disciplinamento das coletividades, através da *planificação prévia* dos comportamentos desejáveis, tanto tem servido a Agostinho e a sua *Civitas Dei* quanto a Hitler e o seu *Reich* de mil anos, com igual eficácia.

Este seu caráter instrumental – técnica aperfeiçoada que é de obtenção de comportamentos – tem levado os juristas, com desespero, a gritar que o *Direito* preexiste ao *Estado*, sua fonte, e que existe à margem e até mesmo contra a *lei*, seu veículo. E, por isso, "nem tudo que é legal justo é". Por certo, tiranias e injustiças do pretérito e do presente, a leste e a oeste, sustentam este grito. O Direito jamais foi sinônimo de justiça. A lei tem sido aqui e alhures, agora como antanho, mais um instrumento de reprimenda do que de libertação. As "ordens positivas" são feitas pelos "donos do poder", pouco importando a ideologia que professem. Tem sido necessário, pois, gritar a existência de um Direito natural, anterior e acima do Estado. Só que este Direito não é reconhecido pelos Tribunais, não regula o dia-a-dia dos homens, nem jamais estancou a opressão e o arbítrio. É e tem sido sempre, literalmente, um grito de revolta destituído de positividade. Quando muito serve de *padrão* para dizer como o "*Direito*-que-é" deveria ser. Temos a convicção de que a *justiça* é algo que se coloca para lá das "legalidades vigentes".[4]

A *civitas máxima*, reino da abundância e da liberdade, notificada pela escatologia cristã e marxista, se algum dia vier a ocorrer sobre a face do planeta, não ocorrerá *ex lege*. Apostar na *civitas máxima* é apostar naquilo que de melhor a humanidade pode oferecer. Todos aspiramos à justiça. Todos ansiamos pela racionalidade na organização da vida e das sociedades. Todos nos comovemos com a fé dos que creem no homem e no fim dos tempos. Seremos uma só humanidade, o lobo pastará com o cordeiro, e o Direito se confundirá com a justiça. Este ideal esteve na boca de todos os profetas e persiste seduzindo nossos espíritos. Contudo, não será crendo ou filosofando que acrescentaremos gramos de justiça ao dia a dia das gentes. Esta só virá em função da luta dos próprios interessados. Em suma, a justiça não vem nunca de quem aplica a lei, mas de quem a sofre. A solução está fora do *Direito*, por isso que está na história, na *práxis*. Quanto se lute para que mais livre, igualitária e digna seja a "base da sociedade" – lá onde os homens produzem para viver –, mais justa ela será, e mais justo será o *Direito*.

Lewis H. Morgan[5], sociólogo, antropólogo e historiador norte-americano, depois de dedicar toda a sua vida ao estudo da sociedade e do progresso humano, tanto que intitulou a sua obra-prima de "Investigações sobre o progresso humano desde o estado selvagem até a civilização através da barbárie", à altura da p. 497 do seu monumental livro, dá-nos o seu julgamento da história e da civilização: "Desde o advento da civilização, chegou a ser tão grande o aumento da riqueza, assumindo

---

4. Não obstante, os *valores* que se formam no tecido social "penetram" o *direito posto*, influenciando na aplicação das *normas*, conferindo-lhes *valências* novas.

5. MORGAN, Lewis H. *La sociedad primitiva*. Trad. Alfredo Palacios, México, Pavlov, 1977.

formas tão variadas, de aplicação tão extensa, e tão habilmente administrada no interesse dos seus possuidores, que ela, a riqueza, transformou-se numa força irredutível, oposta ao povo. A inteligência humana vê-se impotente e desnorteada diante de sua própria criação. Contudo, chegará um tempo em que a razão humana será suficientemente forte para dominar a riqueza e fixar as relações do Estado com a propriedade que ele protege e os limites aos direitos dos proprietários. Os interesses da sociedade são absolutamente superiores aos interesses individuais, e entre uns e outros deve estabelecer-se uma relação justa e harmônica. A simples caça à riqueza não é a finalidade, o destino da humanidade, a menos que o progresso deixe de ser a lei no futuro, como tem sido no passado. O tempo que transcorreu desde o início da civilização não passa de uma fração ínfima da existência passada da humanidade, uma fração ínfima das épocas vindouras. A dissolução da sociedade ergue-se, diante de nós, como uma ameaça; é o fim de um período histórico – cuja única meta tem sido a propriedade da riqueza – porque esse período encerra os elementos de sua própria ruína. A democracia na administração, a fraternidade na sociedade, a igualdade de direitos e a instrução geral farão despontar a próxima etapa superior da sociedade, para a qual tendem constantemente a experiência, a ciência e o conhecimento. Será uma revivescência da liberdade, igualdade e fraternidade das antigas gens, mas sob uma forma superior".

Concordamos inteiramente com as palavras do sábio. E, assim, bastaria esta visão do fenômeno jurídico para afastar do autor qualquer pecado "formalista". Não obstante, isto não significa que não se possa, para determinados fins, tomar a teoria da norma sem entrar no mérito dos "conteúdos normativos".[6] Precisamente isto será feito no trabalho, voltado

---

[6]. A consideração do Direito como estrutura formalizada possui notável teor metodológico. A teoria pura de *Kelsen* significou profunda revolução no *estudo técnico do Direito*. É uma teoria neutra, já que o *Direito Positivo* admite qualquer *valor ou conteúdo*. A história mostra isso com indefectível precisão.

para uma explicação estritamente técnica dos fenômenos impositivos. Dita explicação se contém na dimensão da *norma*, como estrutura lógica. Que se possa fazer trabalhos dessa natureza sem apelos políticos não pode nem deve servir para rotular o esforço científico com apodos que nada significam e que, se significassem, expressariam apenas desinformações ou má-fé.

A NORMA JURÍDICA E SUAS ESPÉCIES NA TEORIA DE *HART*

Hart[7] sublinha, com acerto, referindo-se à consideração do *Direito* como "ordens respaldadas por ameaças", que nem sempre assim se apresentam as *regras*, já que *tambien hay otras que otorgan a los particulares facultades para llevar a cabo sus deseos (contraer matrimonio, celebrar contratos, testar) y otras que solo conferen potestades legislativas*. E continua: *Son múltiples las funciones que en los Estados Modernos desempeñan las normas jurídicas, y puede pagarse un precio muy elevado si se trata de unificar esa múltiple variedad*.

Este autor escreveu visando à teoria de Austin que via o Direito como um sistema de normas respaldadas por ameaças, mas suas observações, de certa forma, atingem também a Kelsen. O professor inglês entende que o caráter imperativo das *ordens* garantidas por *ameaças atende bem à estrutura das normas jurídicas penais,* mas deixa de lado uma grande quantidade de normas que integram os sistemas jurídicos, mormente aquelas cuja função é conferir "potestades". Estas normas teriam valia para mostrar às pessoas como realizar seus desejos

---

Ao identificar *Estado e Direito Positivo, Kelsen* chocou os "idealistas", mas proclamou uma grande verdade: *Toda legislação descende do poder,* e o Direito Positivo não passa de uma superestrutura, na acepção marxista. Ser o *poder* legítimo ou o Direito *justo* são cogitações de ordem *política.*

7. HART, Herbert L. A. *El concepto de derecho.* Trad. Genaro R. Carrió, Buenos Aires, Abeledo-Perrot, 1968, p. 40 *et seq.*

e funções. Exemplo desse tipo de norma é a que prevê como fazer um testamento válido.

Para Hart, as normas de "potestade" admitem subdivisão. Ora são "normas técnicas" e servem para operacionalizar atos (fazer um testamento, celebrar um contrato, interpor um agravo de instrumento), ora servem para atribuir competência às autoridades públicas e aos particulares. A regra jurídica que confere ao legislador competência para fazer leis, a que dá ao juiz competência para aplicar o Direito ao caso concreto, a que outorga competência do chefe de Estado para celebrar tratados ou nomear concursados, são todas normas de "potestade". Elas dizem *quem pode fazer algo e como deve fazê-lo*. Destinatários das normas de potestade são tanto as autoridades quanto os particulares. Hart sustenta que a necessidade de distinguir entre os diferentes tipos de normas não conduz à negação de relações relevantes entre elas. Sugere normas sobre como fazer normas. Entende que as regras que conferem "potestades" se constituem em um tipo especial e inconfundível de norma jurídica, cuja função é viabilizar a criação das normas que impõem *deveres*. Com isto, nega as tentativas de "reduzir" as normas dispositivas e as que ditam competências às que impõem sanções. Um desses intentos fê-lo justamente Kelsen, consistindo em considerar as "normas de potestade" meros "fragmentos" das "normas primárias".

Hart entendeu que reduzir o *Direito todo* às normas sancionantes era criticável por várias razões. Por primeiro, desconhecia-se o "homem bom" que buscava no "Direito" das "regras secundárias" kelsenianas uma *orientação* para o seu agir, despreocupado da sanção, esta direcionada à intimidação do "homem mau". Nesse caso o Direito estaria sendo olhado apenas do ponto de vista do infrator.[8] Em segundo lugar, a redução só

---

8. Cossio, com vantagem, trabalhou esta ideia e inverteu a colocação kelseniana, realçando o cumprimento espontâneo dos preceitos jurídicos; dado o pressuposto, *deve ser* a prestação: *não* realizada a prestação, *deve ser a sanção*.

era alcançada à custa de uma deformação muito grande do fenômeno jurídico, o que julgou inconveniente. A sua proposta consistiu em considerar o sistema jurídico como união de diferentes *tipos* de normas[9] que classificou em *primárias* e *secundárias*, porém com significados inteiramente diversos dos cunhados por Kelsen:

Primárias seriam as normas que prescrevessem aos indivíduos, dentro de certos pressupostos, a prática ou abstenção de determinados atos, servindo como "pautas" para a análise e o controle dos comportamentos humanos. Dirigir-se-iam a toda a sociedade, porquanto o intuito delas consistiria em indicar os comportamentos desejáveis.

Secundárias seriam as normas que se ocupassem das outras regras, isto é, das *primárias*, subdivididas em três espécies fundamentais:

a) regras de reconhecimento, contendo *critérios de identificação* para o reconhecimento das normas que fazem parte do sistema jurídico;

b) regras de transformação, conferindo poderes aos particulares e às autoridades públicas para, sob certas condições, praticarem *atos geradores* de direitos e deveres;

c) regras de adjudicação, outorgando aos juízes competência para dizer o direito (se, em uma dada ocasião, houve ou não infringência de uma norma jurídica).

A TIPOLOGIA NORMATIVA DE *HART*

A tipologia normativa de Hart é indubitável, apresenta-se dotada de forte dinamismo e consegue explicar razoavelmente

---

9. As normas, em Hart, possuem destinatário e conteúdo. A sua "tipologia" repousa no "querer" da norma, naquilo que constitui a sua função, desde que "reconhecida" como válida.

o fenômeno jurídico como *dado empírico*. Melhor ouvi-lo[10], ao propósito:

> *Si comparamos la variedad de tipos diferentes de normas jurídicas que aparecen en un sistema moderno como el derecho inglés, com el modelo simple de ordenes coercitivas, construído en el capítulo anterior, brota una multitud de objeciones. Es patente que no todas las normas ordenan hacer o no hacer algo. No es engañoso clasificar así normas que confieren a los particulares la potestad de otorgar testamentos, celebrar contratos, a contraer matrimonio, y normas que confieren potestades a funcionarios, por ejemplo, la de decidir litigios a un juez, la de dictar reglamentos a un ministro, la de aprobar ordenanzas a un consejo departamental? Es patente que ni todas las normas son legisladas, ni todas son la expresión del deseo de alguien como lo son las órdenes generales de nuestro modelo.*

A seguir refere-se ao "ato de vontade" como pressuposto da norma, negando-o em várias hipóteses:

> *Esto parece inaplicable a la costumbre, que ocupa un lugar genuino, aunque modesto en la mayor parte de los sistemas jurídicos. Es obvio que las normas jurídicas, aun cuando se trate de leyes, que son normas deliberadamente creadas, no son necesariamente órdenes dadas a otros. Acaso las leyes no obligan, con frecuencia, a los propios legisladores? Finalmente es menester que las normas legisladas, para ser normas jurídicas, expresen realmente los deseos, intenciones o anhelos efectivos de algún legislador? No seria acaso norma jurídica una medida debidamente aprobada, si quienes la votaron no conocían su significado (como seguramente ocurre con más de un artículo de una Ley Financiera inglesa)? Estas son algunas de las más importantes entre las numerosas objeciones posibles. Parece obvio que habrá que introducir alguna modificación al modelo simple original para hacernos cargos de ellas, y puede ocurrir que una vez que havamos*

---

10. HART, Herbert L. A. *Op. cit.*, p. 33.

> *hecho los ajustes necesarios, la noción de órdenes generales respaldadas por amenazas resulte transformada en grado tal que no podamos ya reconocerla.*

Por fim, o mestre de Oxford critica, com acerto, o intento kelseniano de reduzir todas as normas a um só tipo.[11]

> *En su versión extrema este argumento negaría que aun las reglas Del derecho penal, tal como se las formula generalmente, son normas genuinas. Es en esta forma que el argumento ha sido adoptado por Kelsen: 'El derecho es la norma primaria que establece la sanción.' No hay norma jurídica que prohíba el homicidio: solo hay una norma jurídica que prescribe que los funcionarios apliquen ciertas sanciones en ciertas circunstancias a aquellos que cometan homicidio. De acuerdo con este modo de ver, lo que ordinariamente es concebido como el contenido del derecho, destinado a guiar la conducta de los ciudadanos ordinarios, no es más que el antecedente o 'cláusula condicionante' de una regla que no está dirigida a ellos sino a los funcionarios, a quienes les ordena aplicar ciertas sanciones si se han dado determinadas condiciones. Todas las normas genuinas, según este modo de ver, son órdenes condicionales a los funcionarios para que apliquen sanciones. Todas tienen esta forma: 'Se se hace, omite o ocurre algo del género x, entonces aplique una sanción del género y.*

> (...)

> *Mediante una elaboración cada vez mayor del antecedente o cláusula condicionante, las reglas jurídicas de todo tipo, incluso las que confieren potestades privadas o públicas, y definen la manera de su ejercicio, pueden ser reformuladas en esta forma condicional. Así, las provisiones de la Ley de Testamentos que exigen dos testigos para el acto, se presentarían como una parte común de muchas diferentes directivas a los tribunales para que apliquen sanciones al albacea que, en trasgresión de las cláusulas del testamento, se recuse a pagar los legados: Si y sólo si hay un testamento debidamente*

---

11. HART, Herbert L. A. *Op. cit.*, p. 45-47.

otorgado ante testigos, que contenga esas cláusulas y si... entonces deben aplicarse sanciones al albacea. Del mismo modo, una regla que determina el ámbito de la jurisdicción de un tribunal se presentaría como una parte común de las condiciones a ser satisfechas antes de aplicarse cualquier sanción. Así, también, las reglas que confieren potestades legislativas y definen la manera y la forma de la legislación (incluyendo las cláusulas constitucionales referentes a la legislatura suprema) pueden ser igualmente reformuladas y presentadas como especificando ciertas condiciones comunes, de cuyo cumplimiento (junto con el de otras) depende que los tribunales apliquen las sanciones mencionadas en las leyes. Esta teoría nos invita, pues, a desenmarañar la sustancia de las formas que las oscurecen; veremos entonces que formas constitucionales como 'lo que la Reina en Parlamento sanciona es derecho', o como las cláusulas de la constitución norteamericana referentes a la potestad legislativa del Congreso, especifican simplemente las condiciones generales bajo las que los tribunales, han de aplicar sanciones. Estas formas son esencialmente 'cláusulas condicionantes', no reglas completas: 'Si la Reina en Parlamento lo ha sancionado así...', o 'Si el Congreso, dentro de los límites establecidos en la constitución, lo ha sancionado así...', son formas de condiciones comunes a un vasto número de directivas a los tribunales para que apliquen sanciones o castiguen ciertos tipos de conducta.

(...)

Esta es una formidable e interesante teoría, que se propone revelar la naturaleza verdadera y uniforme del derecho latente por debajo de una variedad de formas y expresiones comunes que la oscurecen. Antes de considerar sus defectos ha de observarse que, en esta versión extrema ella implica un cambio respecto de la concepción original del derecho como consistente en órdenes respaldadas por amenazas, sanciones que han de aplicarse si las órdenes son desobedecidas. En lugar de ello, la concepción central es ahora que **las órdenes están dirigidas a los funcionarios para que apliquen sanciones.** *Según este modo de ver no es necesario que haya una sanción prescripta para la transgresión de cada norma jurídica; solo es necesario que toda norma jurídica 'genuina' prescriba la aplicación de alguna sanción...*(Grifos nossos).

OS MÉRITOS DE *HART*

Hart, além do mérito de ter superado, na teoria da norma, a questão do ato-de-vontade do *emissor*, enquanto fundamento de validez, através da tese da "norma de reconhecimento", em tema que só agora ferimos, teve ainda o de reabilitar a norma-de-dever, relegada por Kelsen a uma posição secundária e até mesmo desnecessária (do ponto de vista de técnica legislativa). Ora, o contrário disso é o que efetivamente ocorre. Sustentamos esta tese, seguindo a Hart, com ardor e convicção. Vejamos o porquê.

Do ponto de vista da lógica dedutiva é que a norma secundária kelseniana – prevendo deveres – é mesmo despicienda, porque o que não está punido não é obrigatório nem proibido, sendo, pois, permitido, implicando a punição em se ter praticado o proibido ou em não se ter praticado o obrigatório. Como diria García Maynez[12]: *O que não está juridicamente proibido está juridicamente permitido e o que não está juridicamente permitido está juridicamente proibido.*

Ocorre assim que, do *ponto de vista da técnica legislativa*, a "norma secundária" não é desnecessária, sendo, ao revés, *necessária* aos fins do controle social, mira verdadeira do Direito como ordem normativa. Hart ousou mostrar isso e conseguiu. Assim, no tocante *às normas que obrigam a não fazer*, a sua desnecessidade, delas, tão realçada por Kelsen, só se dá no campo estrito do Direito Penal[13] com o clássico "matar, pena de x", tornando supérflua a norma "é proibido matar".

---

12. MAYNEZ, Eduardo García. *Lógica del raciocinio jurídico*. México, Fondo de Cultura Económica, s.d., p. 53.
13. No cálculo deôntico de Juan Manuel Teran (*Filosofía del derecho*, México, Porrua, 1971) e de Roberto José Vernengo (*Teoría general del derecho*, Buenos Aires, Cooperadora e Ciencias Sociales, 1972, p. 52): "*Obligatorio es lo que no esta prohibido ni es facultativo hacer, facultativo es todo lo que no es obligatorio ni prohibido; prohibido es todo lo que no es obligatorio hacer ni es facultativo no hacer.*"

No plano das obrigações, ou seja, das normas que obrigam positivamente comportamentos – chamadas de secundárias por Kelsen –, a explicitação normativa do dever é absolutamente necessária, como no caso do dever tributário, extremamente complexo. Noutras palavras, a enunciação pura e simples de uma sanção a ser aplicada pela autoridade na hipótese de não-pagamento do tributo não seria suficiente, de um ponto de vista de política legislativa, para *obter* dos jurisdicionados o dever de pagar o tributo. Este, por isso que *abstruso*, como já sublinhado, carece de ser explicitado e divulgado na legislação (o "bom contribuinte" assim informado terá condições de "cumprir a sua obrigação"). Ademais disso, o dever tributário contido na norma dita "secundária" terá que estar explicitado na *lei*, enquanto ente legislativo.

Questão apenas de política legislativa? Decorrência do princípio da legalidade? – Não cremos! Não apenas no plano legislativo, ao nível da chamada linguagem-do-objeto, deveres positivos como o tributário se apresentam autônomos. Dita autonomia aparece também no plano normativo. O dever-de-pagar-tributo efetivamente decorre de uma *norma* cujo caráter é de "obrigação", como diria Von Wright. Com razão, Lourival Vilanova[14], discordando de Kelsen e favorecendo Hart:

> Cremos, com isso, não ser possível considerar a norma que não sanciona como supérflua. Sem ela, carece de sentido a norma sancionadora. O Direito-norma, em sua integridade constitutiva, compõe-se de duas partes. Denominemos, em sentido inverso da teoria Kelseniana, norma primária a que estatui direitos/deveres (sentido amplo) e norma secundária a que vem em consequência da inobservância da conduta devida justamente para sancionar o seu inadimplemento (impô-lo coativamente ou dar-lhe conduta substitutiva reparadora).

---

14. VILANOVA, Lourival. *As estruturas lógicas e o sistema do direito positivo.* São Paulo, Ed. Revista dos Tribunais, 1977, p. 64.

No campo tributário, pelo menos, o principal objetivo da ordem jurídica é o pagamento do tributo.

ALGUMAS CONCLUSÕES SOBRE NORMAS

Ao depois de perpassar a teoria da norma jurídica na trilha de alguns dos seus mais conspícuos expositores, impende avançar algumas conclusões.

Sem a pretensão de encerrar o assunto, visto a voo de pássaro, é possível aventar conclusões que sirvam aos objetivos do presente trabalho. Primeiro, é mister realçar distinção da mais alta importância, bastante desapercebida ultimamente. Trata-se da distinção entre "sistema normativo" e "sistema de normas". O Direito Positivo, como ordenamento jurídico, é um sistema normativo e não um sistema de normas. Este se contém naquele. O sistema jurídico abriga normas e outros entes legais (qualificações, conceitos, definições e princípios).

Paulo de Barros Carvalho[15], ferindo o assunto, aduz:

> Tendo a norma jurídica a estrutura dos juízos hipotéticos[16] podemos conceituá-la como toda proposição normativa de estrutura hipotética que impute ao conhecimento do suposto determinado tipo de comportamento humano. Abrigar tal conceito implica reconhecer que as chamadas 'normas atributivas' ou 'normas qualificativas' não são verdadeiramente regras jurídicas, já por não revestirem a forma de juízos hipotéticos, já por não estabelecerem 'comportamentos tipo'. Tais proposições têm realmente a estrutura lógica dos juízos categóricos, sendo impossível transgredi-las e inexistindo, portanto, sanções que lhe correspondam. São

---

15. CARVALHO, Paulo de Barros. *Teoria...*, cit., p. 43.
16. Discordamos do professor Paulo de Barros Carvalho quando visualiza a norma como "juízo". Esta qualificação pertence à proposição que descreve a norma.

proposições do tipo: 'amanhã será segunda-feira', 'este país é uma República', 'tais pessoas são comerciantes', 'a maioridade se completa aos 21 anos de idade'. Quem, porventura, poderá descumprir a proposição que estabelece a maioridade aos vinte e um anos? – Efetivamente, ninguém. Isso não quer dizer, todavia, que proposições dessa natureza deixem de ter caráter jurídico. Significa apenas que não têm índole normativa, porque não são juízos hipotéticos, em que se associa a determinada condição uma consequência. São, como vimos, juízos categóricos que completam a ordem jurídica, pois somente os juízos hipotéticos não são suficientes para a vida e o regular funcionamento do Direito.[17] De certo não faria senso admitir que normas jurídicas estabelecessem direitos e deveres, portanto relações jurídicas, referentes a comerciantes, sem que se saiba, de modo categórico, o que a própria ordem jurídica entende por comerciante.

SISTEMA DE NORMAS E SISTEMA NORMATIVO – PRIMEIRA CONCLUSÃO (PRINCÍPIOS E DEFINIÇÕES)

A cita deixa à mostra o fato de que um sistema jurídico positivo, que pela sua própria natureza é um sistema normativo, não é constituído exclusivamente por "normas". Com efeito, o Direito Positivo, como já dito, é um "sistema normativo", em que, ao lado das normas de variados tipos, aparecem descrições conceituais, atributivas e uma principiologia.

Alchourrón e Bulygin, reportando-se a Taski, definiram o Direito como *sistema normativo*[18] com base na ideia de "sis-

---

17. A propósito, ver BULYGIN, Eugênio. *Sobre la estructura de las proposiciones de la ciencia del derecho*. Buenos Aires, Revista Jurídica, 1961, p. 222-223; SCHREIBER, Rupert. *Lógica del derecho*. Buenos Aires, Sur, 1967, p. 118-119; KALINOWSKI, Georges. *Introducción a la lógica jurídica*. Buenos Aires, Eudeba, 1973, p. 15.
18. ALCHOURRON, C. E. e BULYGIN, E. *Introducción a la metodología de la ciencia jurídica*. Buenos Aires, Astrea, 1974.

tema dedutivo". Taski define o que seja isso, dizendo se tratar de um "conjunto de enunciados" compreendendo *todas as consequências lógicas* daí derivadas. Vale dizer, se decidirmos formar um conjunto, por exemplo, com três proposições, extraindo delas todos os enunciados possíveis de dedução lógica, teremos construído um "sistema dedutivo". Então, o Direito é um sistema normativo que correlaciona uma *hipótese determinada* a uma solução normativa. (Para qualificar um sistema como normativo basta que entre os seus enunciados haja uma norma vinculando um fato a uma permissão, uma proibição ou uma obrigação).

Fica, pois, assente que, ao lado das *normas*, encontram-se, nos sistemas positivos, *definições, conceitos,* atribuições e princípios.

Sobre a função das definições no interior do sistema jurídico, García Maynez[19], depois de dividi-las em *explícitas* e *implícitas*, nos diz que as primeiras perseguem uma finalidade primordialmente prática:

> *Los preceptos jurídicos definitorios no tienden a la satisfación de un proscrito de índole científica, como ocurre, por ejemplo, con las definiciones elaboradas por los cultivadores de la matemática e de la ciencia natural, sino al logro de un desideratum completamente distinto: hacer posible la interpretación y aplicación de los preceptos en que intervienen las expresiones definidas y, de esta guisa, asegurar la eficacia de tales preceptos y la realización de los valores que les sirven de base.*

O dizer de Maynez encontra eco em Engisch, um neo-kelseniano[20]:

---

19. MAYNEZ, Eduardo García. *Lógica del concepto jurídico*. México, Fondo de Cultura Económica, 1959, p. 74.
20. ENGISCH, Karl. *Introdução ao pensamento jurídico*. 2. ed. trad. João Baptista Machado, Lisboa, Fundação Calouste Gulbenkian, 1968.

> Tanto as definições legais como as permissões são, pois, regras não autônomas. Apenas têm sentido em combinação com imperativos que por elas são esclarecidos ou limitados. E, inversamente, também estes imperativos só se tornam completos quando lhes acrescentamos os esclarecimentos que resultam das definições legais e das delimitações do seu alcance... Os verdadeiros portadores do sentido da ordem jurídica são as proibições e as prescrições (comandos) dirigidas aos destinatários do Direito, entre os quais se contam, de resto, os próprios órgãos estaduais.

Nota-se, à evidência, as influências de Kelsen. Seja lá como for, não-autônomos ou entes secundários, ou ainda exercendo funções ancilares, as definições e regras de qualificação *integram o sistema normativo* (que não é mero sistema de normas), onde cumprem papel de assinalada importância.

Não menos importantes que as definições legais são os princípios, que, na maioria das vezes, não possuem o *status* de lei, mas são aplicados pelos intérpretes e julgadores com intensidade, fazendo parte do *Direito* enquanto fenômeno regular da vida em sociedade. É verdade que um princípio pode estar enunciado no vernáculo dos digestos, mas isso não é absolutamente necessário. No Direito brasileiro, *v.g.*, está previsto o princípio de que o juiz deve aplicar a lei levando em conta os fins sociais a que se destina. Nesse caso, o princípio está legalmente incorporado ao Direito posto. É o caso ainda do chamado princípio da legalidade, pelo qual ninguém está obrigado a fazer ou deixar de fazer alguma coisa a não ser em virtude de lei. Sem embargo, outros princípios existem e são aplicáveis sem que estejam formalmente previstos. Nem por isso "estarão fora" do ordenamento jurídico. Vejamos alguns expressos ou implícitos: o que não permite o exercício abusivo do direito; o que nega proteção judicial a quem alega em juízo a própria torpeza; o que proscreve a interpretação analógica das leis fiscais e penais; o que, em matéria de menores, ordena consultar o interesse dos mesmos; o que estabelece a presunção de legitimidade dos atos da administração; o que, em tema de serviço público, dispõe que se deve atender em primeiro lugar à sua continuidade; o que afirma que o contrato faz lei entre as partes, mas não prevalece ante as leis do Estado; o que propõe não dever a responsabilidade ser presumida por isso que deve ser expressa na lei; o que manda o juiz declarar a inconstitucionalidade de uma lei quando isto seja inevitável; o que, em matéria cambial, reconhece no endosso a função de assegurar celeridade aos negócios; o que veda decretar a nulidade pela própria nulidade (nenhuma nulidade sem prejuízo); o que, em tema de Direito marítimo, dispõe que se deve favorecer tudo o que permita ao navio continuar navegando; o que, em caso de dúvida, manda que se decida em favor do réu (*in dubio pro reo*); o que, em matéria juslaboral, prescreve que a interpretação do contrato de trabalho deve ser feita de modo a favorecer a estabilidade e continuidade do vínculo e não a sua dissolução, além de muitíssimos outros.[21]

Hart teve a compreensão exata do tema quando *in The Concept Law*[22] disse que: "nos sistemas em que a lei é uma fonte formal do direito, os tribunais ao decidirem os casos estão obrigados a tomar em conta a lei pertinente, ainda que, sem dúvida, tenham uma considerável liberdade *para interpretar o significado da linguagem legislativa*. Mas às vezes o juiz tem muito mais que liberdade de interpretação. Quando considera que nenhuma lei ou outra fonte formal de direito determina o caso a decidir, pode fundar a sua decisão, por exemplo, em um texto do *Digesto* ou na obra de algum jurista francês..."[23] O sistema

---

21. A propósito, ver CARRIÓ, Genaro. *Principios jurídicos y positivismo jurídico*. Buenos Aires, Abeledo-Perrot, 1970.
22. HART, Herbert L. A. *Op. cit.*, p. 312.
23. Não haverá aí uma fina ironia à subserviência do Direito Continental à praça francesa, que por muito tempo ditou a "moda" jurídica? O que Hart não disse na passagem – e deveria tê-lo feito – é que os princípios estão sobrecarregados de "significado", interferindo no processo de aplicação das *normas à vida* (valores de interferência).

jurídico não o obriga a usar fontes, mas é perfeitamente aceitável que o faça. Elas são, portanto, mais que meras influências históricas ou eventuais, pois tais textos são considerados como de 'boa razão' para as decisões judiciais. Talvez possamos chamar a tais fontes de 'permissivas' para distingui-las tanto das obrigatórias ou formais como as leis, como das históricas."

O que caracteriza os princípios é que não estabelecem um comportamento específico, mas uma meta, um padrão. Tampouco exigem condições para que se apliquem. Antes, enunciam uma razão para a interpretação dos casos. Servem, outrossim, como pauta para a interpretação das leis, a elas se sobrepondo.

Um tribunal de Nova York disse certa vez que *"a ninguém se deve permitir obter proveito de sua torpeza ou tirar vantagem de sua própria transgressão. Todas as leis, assim como todos os contratos, podem ser controlados em sua aplicação pelas máximas genéricas e fundamentais do common law"*. (Riggs vs Palmer – 115 NY 506; 22 NE 188).

AS NORMAS PROPRIAMENTE DITAS, TIPOLOGIA – SEGUNDA CONCLUSÃO

Quanto às normas propriamente ditas, são de variados tipos, como afirmado por Hart com os aplausos de Miguel Reale.[24] Para o professor paulistano é errônea a concepção dos autores que, na esteira de Kelsen, acham que "a norma é sempre redutível a um juízo ou proposição hipotética na qual se prevê um fato (F) ao qual se liga uma consequência (C), de conformidade com o seguinte esquema: "Se F é, deve ser C".[25] É errônea "porque essa estrutura lógica corresponde apenas

---

24. REALE, Miguel. *Lições preliminares de direito*. 3ª ed., rev., São Paulo, Ed. Saraiva, 1976, p. 93 *et seq.*
25. REALE, Miguel. *Op. cit.*, p. 94.

a certas categorias de normas jurídicas, como, por exemplo, as destinadas a reger os comportamentos sociais, mas não se estende a todas as espécies de normas como, por exemplo, às de organização, às dirigidas aos órgãos do Estado ou às que fixam atribuições de ordem pública ou privada". No pensamento de Reale, nessa espécie última de norma *"nada é dito de forma condicional ou hipotética mas sim categórica, excluindo qualquer condição"*.

Avizinhando-se de Hart, divide as normas em "de conduta", que possuem estrutura hipotética, e "de organização", que são estruturadas de modo categórico. Dentre normas desse último tipo alinha, à guisa de exemplos, os seguintes: "Compete ao marido a representação legal da família" e "o Distrito Federal é a Capital da União". Admite, contudo, que a característica básica de qualquer norma jurídica, seja "de conduta" ou "de organização", é possuir "uma estrutura proposicional de uma forma de organização ou de conduta, que deve ser seguida de maneira objetiva e obrigatória". Para ele, portanto, toda norma, categórica ou hipotética, *é prescrição*, vez que núncia sempre de *algo que "deve-ser"*, lembrando nesta colocação a Norberto Bobbio, que visualiza as *normas* juntamente com as *ordens* como *espécies do gênero das proposições prescritivas*.[26]

---

26. Norberto Bobbio, jurista italiano, desenvolve, no *Studi per una teoria generale del diritto* (Torino, G. Giappichelli, 1970), uma tipologia normativa extremamente minuciosa e profunda. O professor peninsular diz que as prescrições (as proposições prescritivas) comportam sempre três elementos: sujeito ativo, sujeito passivo e objeto, e podem ser hipotéticas ou categóricas. Da combinação entre as diversas modalidades desses três elementos surge então a sua tipologia normativa. Ademais, as normas seriam sempre proposicionais, condicionadas, hipotéticas, enquanto as ordens ou comandos seriam proposições categóricas. Os comandos teriam como objeto ação ou comportamento predeterminado concretamente, ao passo que as *normas* teriam como objeto uma *ação-tipo* prevista *in abstracto*. Toda vez que o destinatário ou o sujeito passivo se encontrasse nas condições hipoteticamente previstas, o preceito normativo far-se-ia atuante e cogente, criando direitos e deveres correlatos. Algo assim como o "ato-regra" e o "ato-condição" de *Duguit*...

Capítulo V
INTERPRETAÇÃO E SOLUÇÃO DE CONTROVÉRSIAS EM MATÉRIA TRIBUTÁRIA

CONFIANÇA E DESCONFIANÇA SISTÊMICAS

Misabel Abreu Machado Derzi[1]

1. INTRODUÇÃO: CONFIANÇA SISTÊMICA OU SUBJETIVA?

A confiança não é, diz-se, objetiva nem subjetiva. Com isso se pretende realçar que ela pode ser apreendida objetivamente, como suporte subjacente a todo sistema social, jurídico, econômico ou político. *"Sem confiança não é possível a vida"*, ensinou-nos NIKLAS LUHMANN. E foi assim, exatamente com essa visão ampla, que o filósofo estudou o tema.[2] A desconfiança, igualmente, subjaz dentro de todo sistema social e cumpre papel funcional similar.

Dentro da extrema mobilidade do mundo e da alta complexidade das sociedades de risco contemporâneas, LUHMANN não deixou de destacar a peculiaridade com que o sistema jurídico se presta a fornecer estabilidade, se presta a

---

1. Profa. Titular de Direito Tributário e Financeiro da UFMG e Faculdades Milton Campos. Doutora em Direito pela UFMG. Pres. honorária da Associação Brasileira de Direito Tributário – ABRADT. Consultora e Advogada.
2. Cf. LUHMANN. *Confianza*. Barcelona: Anthropos, 1996.

acolher as expectativas legitimamente criadas e, portanto, a proteger a confiança. Enfim miscigena-se, como instrumento, o lado subjetivo da confiança. A redução dos riscos, pela promessa de simplificação, permite prever a proteção da confiança, subjetivamente. Se assim não for, a ordem jurídica confundir-se-á com os elementos do ambiente, sociais, econômicos, morais... enfim, fundir-se-á com os demais sistemas e desaparecerá como instrumento que possibilita a vida, o convívio e a tomada de decisões assentadas em um mínimo de confiança. Por isso mesmo, alguns filósofos contemporâneos realçam o fato de que, embora o sistema jurídico seja hermenêutica e cognitivamente aberto, ele somente **opera** fechado, e se reproduz a partir de si mesmo. O conhecimento jurídico somente é possível a partir desse fechamento e exatamente em razão dele, como quer LUHMANN.[3]

Não obstante, os trabalhos que realçam tão somente o lado subjetivo da confiança ou da desconfiança são, desde a origem, muito mais frequentes. Poucos, como NIKLAS LUHMANN, estudaram a confiança sistêmica, sem ignorar a desconfiança, ou seja, aqueles equivalentes funcionais que são suporte de todo sistema social e que subjazem igualmente, de forma implícita ou latente, no sistema jurídico. Recentemente, SCOTT SHAPIRO[4], em sua obra *Legality*, de 2011, utiliza-se da "economia da confiança" (uma relação entre confiança e desconfiança) para explicar o Direito, embora sem qualquer referência ao clássico livro de LUHMANN sobre confiança ou à farta biblioteca germânica tão rica em tais temas.

Especialmente sob o ângulo subjetivo, são fartos os estudos sobre o assunto. CLAUS-WILHELM CANARIS[5], embora tendo como parâmetro somente o Direito privado alemão (não

---

3. Cf. LUHMANN. *Confianza*, op. cit.
4. Cf. *Legality*. Londres: The Belknap Press of Harvard University Press, 2011.
5. Cf. *Pensamento Sistemático e Conceito de Sistema na Ciência do Direito*. 3ª ed. Trad. Menezes Cordeiro. Fundação Calouste Gulbenkian, 2002.

o Direito público) será lembrado porque trabalha o sistema, exclusivamente, sob o ponto de vista axiológico, semântico, interpretativo, com que se dá o encontro do Direito, em processo necessariamente aberto. Não obstante, a relação entre confiança sistêmica, que subjaz a todo sistema social (jurídico ou não) e a proteção da confiança, como direito fundamental, deu-se lentamente. Exatamente em razão da ausência de ênfase naquela confiança sistêmica, tão realçada por NIKLAS LUHMANN, a "descoberta" da proteção da confiança, como direito subjetivo, aparece recentemente.

KARL LARENZ diferencia os princípios ético-jurídicos, que podem justificar decisões jurídicas, como expressão material da justiça, dos princípios técnico-jurídicos, que se fundam em razões de oportunidade. Reconhece que os primeiros, os ético-jurídicos podem aflorar em uma "descoberta jurídica", irrompendo o *"umbral da consciência"*, graças a um caso paradigmático. Invocou, como fruto de tais descobertas, a doutrina do abuso do direito; o instituto do *"Verwirkung"*, ou *supressio*, que configura a derrogação ou caducidade de uma norma, graças a seu desuso; a responsabilidade pela *culpa in contrahendo*, embasada no §242 do Código Civil alemão.[6] Segundo LARENZ, coube a JHERING registrar a primeira inconformidade em face da Dogmática e do ordenamento positivo da época, que não contemplavam o instituto da *culpa in contrahendo*, ou seja, não reconheciam a responsabilidade civil extracontratual. Foi, então, ao Direito romano para embasar-se, buscando ali o caso da venda de uma herança inexistente ou o caso de uma venda de *rex extracommercium*. Tentava JHERING teorizar a indenização por dano mas, relata LARENZ, coube a HEINRICH STOLL, em 1923, associar a *culpa in contrahendo* ao princípio da proteção da confiança. Desde então, por meio dos trabalhos de STOLL e BALLERSTEDT, a Dogmática transcendeu as possibilidades literais da lei em favor de um

---

6. Cf. KARL LARENZ. *Metodologia da Ciência do Direito*, op. cit., p. 599-600.

pensamento orientado por valores. Conclui LARENZ que o Tribunal Constitucional alemão derivou do Estado de Direito, princípios como o da proporcionalidade (no sentido de justa medida e de menor restrição possível); e o princípio da proteção da confiança na relação entre a legislação e o cidadão, com que a Corte trabalhou a irretroatividade das leis.[7]

Explica CANARIS que BALLERSTEDT e COING erigiram a responsabilidade pela confiança em instituto próprio do Direito, pois na época da criação do Código Civil alemão (ao final do séc. XIX), não havia ainda uma consciência do conceito de confiança, sempre tratada como uma excepcionalidade. Em todas as áreas do Direito, em especial no Direito Comercial, Civil e do Trabalho, deu-se um crescimento exagerado das espécies penais de responsabilidade pela confiança, que se solidificaram como Direito consuetudinário. Em decorrência disso, a obra tão citada de CANARIS reconstrói a proteção e a responsabilidade pela confiança, quer preenchendo as lacunas deixadas pelas regras legais, quer aditando-lhes o Direito consuetudinário, tudo de modo sistemático, uniforme e unitário e mais, sem contradições com o Direito vigente.[8] CANARIS elabora as características imanentes ao princípio da confiança (à luz dos §§39 e seguintes e 41 do C.Civil alemão), conjugando-as à teoria da responsabilidade pela aparência do Direito e à proibição de *"venire contra factum proprium"*, tudo confrontado com outros importantes baluartes do Direito, a saber, a imputabilidade, a autonomia privada, para chegar à responsabilidade pela confiança em seus diversos tipos, extraídos do Direito vigente. Apesar das ricas variáveis, por detrás das numerosas espécies de responsabilidade pela confiança, surge uma ordem interior, como explica CANARIS, que permite pensar de

---

7. Cf. KARL LARENZ. Metodologia da Ciência do Direito, op. cit., p. 600-601.
8. Cf. CLAUS-WILHEIM CANARIS. *Die Vertrauenshaftung im Deutschen Privatrecht*. C.H. Beck`She Verlags. Munchen, 1971, tradução não autorizada pelo autor de Juliana, Júlio César e Cláudio.

forma mais unitária a questão da confiança, sem, no entanto, contrariar o Direito posto.

Assim, a responsabilidade pela aparência é, realmente, na teoria de CANARIS, uma forma positiva de confiança, porque aquele que confia é colocado, muitas vezes como se a situação por ele suposta, e em que confiou, fosse verdadeira, ou seja, como se, na realidade, existisse. Isso pode ocorrer no caso da procuração por aparência, na sociedade por aparência ou nos casos em que se apresente o comerciante aparente. Em seguida CANARIS analisa as teorias sobre a responsabilidade pela aparência de HERBERT MEYERS de 1909; WELLSPACHERS, de 1906; OERTMANN; de MÜLLERS-ERZBACH; STOLL e de COING. Levanta críticas às limitações impostas por STOLL, que restringiu a responsabilidade basicamente a documentos, ignorando que as declarações mesmo verbais e os comportamentos (concludentes) podem acarretar uma responsabilidade pela confiança. Em relação à COING, critica-lhe a falta de uma fundamentação mais clara no Direito vigente e a ausência de uma jurisprudência correspondente, em especial em relação aos comportamentos.[9]

São comuns os aprofundamentos De modo geral, pode-se realçar que, do ponto de vista subjetivo, são necessários: **(I)** o pressuposto fático (o *Tatbestand*) da confiança, atribuível àquele que a gera e mais, exige-se certa tipicidade da confiança, pois ela não se dá às cegas; **(II)** a boa-fé daquele que confia; **(III)** a confiança protegida não pode ser "interior", fruto singelo da consciência subjetiva ou subconsciência da pessoa que confia, mas ela deverá ter sido objetivada "em certa medida", por meio de disposições tomadas ou por meio de investimentos de confiança; **(IV)** a imputabilidade, ou seja, a responsabilidade pela confiança deve ser imputável ao responsável, se

---

[9]. Cf. CLAUS-WILHEIM CANARIS. Die *Vertrauenshaftung im Deutschen Privatrecht*, op. cit. p. 10-28.

houver relação direta, causal, entre o fato e as disposições ou os investimentos feitos por aquele que confiou.[10] Esses os pressupostos gerais que se ligam às consequências que podem ser uma proteção positiva da confiança, em que se mantém o ato gerador da confiança; ou o ressarcimento dos danos, na proteção da confiança negativa.

São fatos isolados, mas interligados entre si, todos respondendo a uma proteção geral do ordenamento, a responsabilidade pela aparência do Direito; a responsabilidade pela confiança por força de necessidade ético-jurídica; a responsabilidade por declarações. Tracemos as linhas gerais da questão: **(a) a responsabilidade pela aparência do Direito**, muito invocada no Direito Comercial e Social, que repousa, sobretudo, na proteção ao tráfego jurídico e ao livre trânsito de papéis, documentos, títulos de crédito, etc., caracteriza-se pela rigidez legal nas consequências da proteção para o responsável. Como resultado, na responsabilidade pela aparência, as cláusulas integram o que CANARIS denomina de **sistema imóvel**, em que a responsabilidade decorrente está disciplinada em regras legais precisas e determinadas pelo próprio ordenamento, pois a necessidade de segurança enrijece as consequências, imobilizando-as. Dizemos nós que, nesse sítio, o modo de pensar é antes conceitual rígido do que flexível ou tipológico; **(b) a responsabilidade pela confiança gerada, por força de necessidade ético-jurídica** cumpre outra função diferente daquela anteriormente citada (de proteção ao tráfego jurídico, típica da responsabilidade pela aparência, que o risco desencadeia), mas liga-se ao pensamento *bona fides*. Tem como base o § 242 do Código Civil alemão e se constrói sob os fundamentos da fidelidade, da crença, do *dolus* e da proibição do *venire contra factum proprium*. Aqui, diz CANARIS, há necessidade de avaliação do caso isolado, os fatos são abertos

---

10. Cf. CLAUS-WILHEIM CANARIS. *Die Vertrauenshaftung im Deutschen Privatrecht*, op. cit. p. 491.

e o **sistema é móvel**. Na responsabilidade pela confiança por força de necessidade ético-jurídica, há necessidade de se investigar o tipo e a medida das disposições tomadas por aquele que confia; o grau subjetivo da responsabilidade com a correspondente confiança; a fidelidade e a crença, não se tratando de enriquecimento ilícito. Em linhas gerais, resulta uma *"relação móvel"*, de elementos diferenciados, no mesmo sentido do sistema móvel de WILBURG, de tal modo que é nessa modalidade de responsabilidade que a proteção da confiança pode ser tratada com mais profundidade e precisão, segundo as peculiaridades do caso; **(c) finalmente, também é confiança, a responsabilidade por declaração**, em que a pessoa se torna responsável pela declaração errônea que ela mesma forneceu, resultando das normas dos §§ 122-129 e 179 II do Código Civil, bem como da *culpa in contraendo* e da responsabilidade por informações falsas. Essa modalidade de responsabilidade colhe elementos de uma e outra das duas espécies anteriores. Em princípio funda-se na boa-fé, na fidelidade e na crença, mas a responsabilidade pela indenização também poderá responder a critérios de proteção ao tráfego jurídico. Liga-se, portanto, tanto ao pensamento do risco como ainda aos princípios da culpabilidade, conforme demonstram os dispositivos da lei civil e ainda a *culpa in contraendo*.

Lembre-se que configura pressuposto importante para o reconhecimento do direito à proteção da confiança, a disposição ou o investimento feito pela parte que confia. Assim define CANARIS: *"confiança não merece proteção, via de regra, por si mesma, mas apenas porque se torna base de comportamento daquele que confia. Por isso, a responsabilidade pela confiança, fundamentalmente, pressupõe que a confiança tivesse se objetivado em uma medida qualquer por parte daquele que confia, em uma 'disposição' ou no 'investimento de confiança'".*[11]

---

11. Cf. CLAUS-WILHEIM CANARIS. *Die Vertrauenshaftung im Deutschen Privatrecht*, op. cit. p. 510.

Mas finalmente alerta CANARIS para a ocorrência de hipóteses em que a disposição ou o investimento na confiança daquele que confia são dispensáveis, ou seja, não há absolutização da regra.

Como se observa, a confiança nos textos apontados, de CANARIS, é tratada como direito subjetivo daquele que confia, ou como responsabilidade daquele que gerou a confiança. Não é esse o enfoque de NIKLAS LUHMANN. Nem tampouco o de SCOTT SHAPIRO, ao abordar a economia da confiança, necessária ao planejamento. Mas é relevante observar que as abordagens diferenciadas são compatíveis, tocam-se e conspiram coerência. É o que veremos em seguida.

2. A FORMAÇÃO DA CONFIANÇA E O TEMPO EM NIKLAS LUHMANN

A complexidade das sociedades de risco contemporâneas é tomada como problema central por NIKLAS LUHMANN e abordada por meio das técnicas, usadas para sua redução. A linguagem (que pressupõe a representação e a autoconsciência reflexiva, permitindo a formação de generalizações e seletividade), a concepção dos sistemas (forma de ordenação unitária, que necessariamente se utiliza de abstração e universalidade, sobretudo guiadas pela coerência Dogmática), o tempo (autêntico) e a confiança (que viabiliza a vida e as ações) são técnicas de relação dependente, todas redutoras da complexidade do mundo, que é difícil de manejar.

> A questão da complexidade define o problema fundamental, a partir do qual a confiança pode ser analisada funcionalmente e comparada com outros mecanismos sociais, funcionalmente equivalentes. Onde há confiança há aumento de possibilidades para a experiência e a ação; há possibilidade do aumento da complexidade do sistema social; e também há um aumento do número de possibilidades

que podem reconciliar-se com sua estrutura, porque a confiança constrói uma forma mais efetiva de redução da complexidade.[12]

Mas o tempo também está em relação problemática com a confiança e ele, por si, pode ser um instrumento redutor de complexidade. Como esclarece LUHMANN: "... *mostrar confiança é antecipar o futuro. É comportar-se como se o futuro fosse certo. Poder-se-ia dizer que, através da confiança, o tempo se invalida ou ao menos se invalidam as diferenças de tempo.*"[13] Que tempo?

Ao analisar a relação entre tempo e confiança, LUHMANN, distingue entre o tempo como fluxo, unidimensional, para trazer as noções de duração por oposição à de variação, ou a noção de estado em contraste com a de evento/acontecimento. Sem essas noções, não há possibilidade de se entrar na questão da confiança. É que as impressões cambiantes, que estão em tudo e em toda parte, até em nós mesmos, são possíveis por meio da experiência humana de duração, oposta à de variação. Com essa primeira noção, construímos, intersubjetivamente, o tempo objetivo, como medida do relógio, um contínuo de pontos, entre dois "agoras", diria HEIDEGGER, igual para todos os homens, neutro. O tempo objetivo inclui o constante e o que muda.

Mas para lá dessa noção objetiva, podemos identificar um estado constante, que persiste, apesar da variação dos pontos, apesar da continuidade dos "agoras" fluindo. A duração, nesse sentido, diz LUHMANN nada mais é do que o presente continuamente atual, com o futuro sempre em perspectiva e o passado como o "agora que não mais se dá". Os estados são identificados somente na medida em que se dão no presente,

---

12. Cf. NIKLAS LUHMANN. *Confianza*. Trad. Amada Flores, Anthropos. Universidad IberoAmericana. Santiago, 1996, p. 14.
13. Cf. NIKLAS LUHAMNN. *Confianza*, op. cit., p.15.

em que nele se presentam. A ideia de variação, como aquilo que não se dá no presente é complementar negativa da anterior (o estado). Ou seja, a variação é inconcebível se não se podem supor entidades em relação às quais algo está mudando. Do ponto de vista dos eventos/acontecimentos, os estados se põem em movimento junto com o presente. Sob a perspectiva dos estados, os eventos/acontecimentos se põem em movimento junto com o futuro (e o passado) o que significa que estão abertos a possibilidades alternativas. A variabilidade incorpora tudo o que é, sem exceção.[14] Explica LUHMANN que a natureza do tempo consiste nessa dupla possibilidade de negação, que tem a realidade tanto como possibilidade, como negação, ou seja, que tem capacidades efetivas, demonstráveis e verdadeiras. Pois bem, a segurança dos estados, e isso significa segurança por si, somente é alcançável no presente e, portanto, somente pode alcançar-se no presente. *"Pelo contrário, a base de toda confiança é o presente como um contínuo intacto de sucessos cambiantes, como a totalidade dos estados com respeito aos quais os eventos podem ocorrer."* E completa: *"o problema da confiança é que o futuro contém muito mais possibilidades do que aquelas que poderiam atualizar-se no presente e do presente transferir-se ao passado. A incerteza é elementar: nem todos os fatores podem converter-se em presente e daqui em passado. O futuro coloca uma carga excessiva na habilidade do homem para representar coisas para si mesmo. Portanto a confiança deve reduzir o futuro de modo que se iguale com o presente, isto é, reduza a complexidade."*[15]

Então, NIKLAS LUHMANN prevê, para a formação da confiança, considerando-se a problemática da complexidade, à luz do tempo, a noção elementar de segurança do estado – a partir do presente, como noção de constância relativa, apesar da variação contínua; a simplificação do mundo, por meio da redução

---

14. Cf. NIKLAS LUHMANN. *Confianza*, op. cit. p. 24.
15. Cf. NIKLAS LUHMANN. *Confianza*, op. cit., p. 21.

da variação infinita; o futuro em prospecção, através de sua antecipação e redução das alternativas inumeráveis às alternativas já conhecidas do presente. "*A dimensão temporal é, portanto, como dimensão social, uma interpretação do mundo*", em termos de extrema complexidade. Por isso o próprio tempo (tomado na acepção de tempo social, autêntico) é um redutor de complexidade. "*A confiança é requerida para a redução de um futuro, caracterizado por uma complexidade mais ou menos indeterminada.*"[16]

Assim, a confiança se revela necessária para que o homem possa lidar com a extrema complexidade do mundo, despertando a segurança do estado (no presente), que reduz a complexidade e se projeta para o futuro, as alternativas/eventos em princípio infinitos e virtuais do futuro ficando equiparadas às alternativas selecionadas no presente. A confiança supõe três características elementares: **(a)** a permanência dos estados, de modo que se igualem presentes e futuros; **(b)** a simplificação, por meio da redução da complexidade e das infinitas possibilidades variáveis; **(c)** a antecipação do futuro, pela projeção daquilo que se dá no presente, para tempos vindouros.

Mas NIKLAS LUHMANN alerta para o fato de que onde não se coloca a possibilidade de variação incontrolada, não se põe a questão da confiança. Onde há supremacia sobre os eventos/acontecimentos, a confiança não é necessária.[17] Essa constatação é importante: a confiança e a proteção da confiança não se colocam do ponto de vista do Estado, como ente soberano. Isso porque, nas obrigações *ex lege,* o Estado tem supremacia sobre os eventos/acontecimentos que ele mesmo provoca, ou seja: as leis, as decisões administrativas e as decisões judiciais na modelação e cobrança dos tributos.

Ao mostrar que a confiança no sistema é nele absorvida, pelo menos em parte, já que se mantém latente, NIKLAS

---

16. Cf. NIKLAS LUHMANN. *Confianza*, op. cit. p. 26.
17. Cf. NIKLAS LUHMANN. *Confianza*, op. cit. p. 26.

LUHMANN demonstra que se trata de uma confiança sistêmica fundamentalmente diferente da experiência ingênua da familiaridade com o mundo cotidiano.[18]

Aparentemente uma contradição. Embora a confiança sistêmica seja um pressuposto, que permanece latente, pelo menos parcialmente, a diferenciação e a complexidade elevadas das sociedades contemporâneas e o risco, a elas inerente, convertem os mecanismos sociais de redução em reflexividade. Não basta a sua existência como mecanismos simples, diz NIKLAS LUHMANN. Do ponto de vista da confiança, a reflexividade do processo, nos leva a uma autonomização, pois falamos, então, em confiança na confiança. Isso se dá em razão de que as técnicas reflexivas permitem aumentar e estender mais a complexidade do sistema e, de certa forma, conscientizar ou "controlar" a qualidade da extensão e, com isso, do risco. A confiança torna-se reflexiva. Em lugar apenas de uma confiança espontânea, passamos a uma confiança "percebida".

Todo sistema abriga também o oposto da confiança. A confiança supõe a expansão da confiança, porque, igualmente, latente no sistema, grassa a desconfiança. A predominância da confiança sobre a desconfiança supõe testemunhas, ou seja, supõe que os outros também confiem. *"Parece antes que a familiaridade com o dinheiro, o poder e a verdade é aprendida como uma conduta e que, tipicamente, a reflexividade desse mecanismo fique latente, assim como também o seu caráter altamente arriscado. Tal estado latente pode fazer com que a criação da confiança seja mais simples e atuar como uma salvaguarda contra temores incontroláveis – o que aconteceria se cada um, de repente, quisesse trocar em moeda todo seu dinheiro, ou se andasse armado nas ruas?... A base racional da confiança no sistema jaz na confiança depositada na confiança de outras pessoas".*[19]

---

18. Cf. NIKLAS LUHMANN. *Confianza*, op. cit. p. 103.
19. Cf. NIKLAS LUHMANN. *Confianza*, op. cit. p. 121.

2.1. A confiança e a desconfiança como redutores de complexidade em LUHMANN

Se é verdade que a confiança reduz a complexidade da vida, por meio da aceitação do risco, a desconfiança não é apenas o oposto da confiança, mas ainda seu equivalente funcional porque ela igualmente simplifica e, às vezes, radicalmente.

Quem rejeita a outorga de confiança, é verdade, restaura a complexidade original (que poderia ter sido reduzida pela confiança), mas se volta para estratégias funcionalmente equivalentes: combate, mobilização de reservas e, mesmo, renúncia às necessidades que não podem mais ser satisfeitas.

> Consequentemente a desconfiança também logra a simplificação, não raramente uma simplificação drástica. Uma pessoa que desconfia necessita muito de mais informação, mas ao mesmo tempo limita a informação àquilo que ela sente seguramente que pode confiar. Faz-se mais dependente com relação a menos informação.[20]

O sistema jurídico também absorve desconfiança, que permanece latente (uma série de medidas são adotadas sem o claro reconhecimento da desconfiança). Sem dúvida o jogo dos delitos e das penas tem a função de estabilizar expectativas, mas também sinalizam desconfiança sistêmica. No Direito Financeiro, as técnicas de controle das Finanças Públicas, como legalidade orçamentária, execução do orçamento e prestação anual de contas absorvem desconfiança, justificada pela experiência histórica do passado. No Direito Tributário, a desconfiança manifesta-se, frequentemente implícita, em regras de controle, por meio da imposição de uma série de deveres acessórios, informações, registros contábeis e declarações impostas aos contribuintes; às vezes, em regras de presunção,

---

20. Cf. NIKLAS LUHMANN. *Confianza*, op. cit. p. 124.

simplificação e pautas de valores...; mas chega a seu ponto mais elevado em institutos como a substituição tributária progressiva, em que se cria a obrigação de pagar o tributo antes mesmo da ocorrência do fato jurídico, que lhe dará origem. Por todo o sistema perpassam regras antissonegação ou antifraude. De fato, a simplificação que a desconfiança obtém pode ser mais drástica e a ela corresponder uma renúncia a maiores informações ou a valores, que são sacrificados, pela recusa da confiança.

Então, as técnicas sistêmicas de simplificação são utilizadas recorrentemente. *"Tem-se a possibilidade de mover-se em certos aspectos; da familiaridade preexistente à confiança ou à desconfiança, da desconfiança à confiança, da confiança a uma familiaridade sem problemas. As mudanças desse tipo, no mundo que nos rodeia, fazem possível usar várias estratégias para a redução da complexidade, uma depois da outra, ou, em diferentes considerações, uma junto da outra."*[21]

Mas, evidentemente, embora a desconfiança seja técnica redutora, é, simultaneamente, destrutiva. O seu controle é, assim, importante, de tal sorte que o sistema desenvolve ainda *"estratégias e classes de comportamentos individuais, reconhecidos socialmente e facilmente compreendidos, que possam interceptar e neutralizar os atos de desconfiança, transformando-os dessa maneira – em aberrações acidentais, insignificantes, e, por isso mesmo, sem função... atos de desconfiança como ações involuntárias, determinados puramente pela experiência, como erros, como moléstias causadas por fatores externos, ou como deveres requeridos como papéis, isto é, interpretações que permitem a execução de ações de desconfiança, mas que negam a desconfiança como atitude. Ademais, devemos ter em conta, nesse ponto, as instituições de castigo, penas e perdão."* E finaliza LUHMANN, referindo-se às estratégias desenvolvidas para

---

21. Cf. NIKLAS LUHMANN. *Confianza*, op. cit. p. 126.

limitar a desconfiança: *"desse modo, reduzem a probabilidade de que um sistema social seja imediatamente destruído pelo aumento da desconfiança entre seus membros, o que pode significar um ganho crítico em tempo para a sobrevivência do sistema, na medida em que o sistema possa empregá-la para aprender a confiança e acumular capital de confiança, com a ajuda da qual logo chegue a ser menos sensível e possa também sobreviver a situações mais sérias."*[22]

Como nas sociedades complexas é necessário renunciar, pelo menos parcialmente, aos meios utilizados, primitiva e primariamente, para outorgar confiança – redução drástica das informações e do controle pessoal e concreto dos resultados – faz-se agudo o processo de generalização, com que passamos dos casos conhecidos (busca do passado) para outros casos similares prováveis, desconhecidos e futuros. Esse é um processo de "internalização"; de aprendizagem; e de controle meramente "simbólico" dos resultados. A confiança será sistêmica, difusa e latente. Ficam dos textos de NIKLAS LUHMANN, as seguintes lições de relevância: **(1)** a confiança não significa mera esperança. Ela implica a expectativa confiável, que interfere diretamente na decisão tomada pela pessoa que confia; **(2)** a confiança supõe uma certa exposição ao risco, uma certa relação de dependência daquele que confia. Onde há supremacia sobre os eventos/acontecimentos, a confiança não é necessária, nem a sua proteção. Começam neste ponto as razões pelas quais, nas relações tributárias, o Estado não ocupa a posição daquele que confia, e que, por isso, mereça proteção, mas a ele poderá ser imputada a responsabilidade pela confiança gerada. O Estado é que tem supremacia sobre os eventos/acontecimentos, pois fabrica as leis, promove as cobranças de tributos e, ao mesmo tempo, julga os conflitos, jamais o contribuinte (pelo menos diretamente). As leis são fruto do processo democrático, em que o interesse de todos

---

22. Cf. NIKLAS LUHMANN. *Confianza*, op. cit., p. 133.

deve ou deveria ser considerado, ou pelo menos, posto no espaço público. Na realidade pública brasileira, no entanto, a supremacia sobre os eventos/acontecimentos se faz de forma aguda: as iniciativas das leis tributárias, altamente técnicas e inacessíveis em sua inteligência ao contribuinte médio, as medidas provisórias, fertilíssimas em matéria tributária e elaboradas no silêncio palaciano dos governos, as maiorias mantidas no Congresso por meio de trocas de cargos e favores constantemente noticiados pela mídia, tudo isso nos assegura que, efetivamente, essa dependência do contribuinte às ações do Estado e a supremacia estatal sobre os acontecimentos são fatos irrefutáveis; **(3)** dentre as precondições para se outorgar confiança, a saber: a deficiência informativa (em que o risco existente ainda permanece); as estruturas motivadoras e impulsivas do processo de se gerar confiança, como as leis e normas em geral; e os mecanismos de comunicação, a lei será apenas uma delas, por isso mesmo a legalidade não esgota a riqueza e a extensão da confiança, que a transborda em seu estado latente; **(4)** a confiança expande os tempos de um sistema, permite o resgate do passado e a antecipação do futuro; **(5)** a reflexividade é fator de aumento da confiança e, pois, da redução do risco e da complexidade, daí resultando a confiança na confiança como valor. Com isso, podemos falar que o sistema convive com confiança latente e confiança, em grande parte, "percebida"; **(6)** também a desconfiança, sempre latente como a confiança, é poderosa redutora de complexidade, mas por sua capacidade destrutiva, tem necessariamente de ser combatida e limitada.

3. A ECONOMIA DA CONFIANÇA EM SHAPIRO

Em SAHPIRO, a resposta à pergunta altamente relevante *"o que é o Direito?"* encontra no planejamento a sua essência. Assim, a interpretação que nasce da GLOP (*General Logic of Planning Argument*), não pode ser determinada pelos fatos que o sistema visa a resolver. Os planos, em cuja construção está a função do Direito, são capazes de superar a complexidade, os litígios e possíveis arbitrariedades associadas às interações sociais e de permitir que os planejadores compensem a falta de confiança capitalizando na confiança. Fala, então, na economia da confiança. SHAPIRO afirma que os sistemas jurídicos não são simplesmente distribuição de autoridade e de responsabilidade, mas também de confiança e de desconfiança.[23] Trabalha a economia da confiança de modo sistêmico, na construção das instituições, da relação entre os Poderes Executivo, Legislativo e Judiciário, nos mecanismos de controle e na natureza das atribuições – mais ou menos discricionárias.

Para SHAPIRO, confiar deve ser expressão tomada na dupla acepção de confiar em alguém (*to trust*); e de confiar algo a alguém, atribuir responsabilidade ou competência (*to entrust someone with something*). Atitudes de confiança e desconfiança pressupostas pelo Direito são fundamentais para a determinação da metodologia interpretativa. Refutando DWORKIN, erige sua teoria da juridicidade à luz do positivismo... *"se o ponto de se ter leis é resolver questões sobre o que a moral exige, de modo que os membros da comunidade possam realizar certas metas e valores, então, as normas jurídicas seriam inúteis se o caminho para descobrir a sua existência fosse se engajar em raciocínio moral."* Explica que a melhor técnica interpretativa será aquela que melhor se harmonize com os objetivos definidos pelos planejadores do sistema, à luz de seus juízos sobre competência e caráter. Não poderia e não deveria ser escolhida *a priori*. É preciso, antes de tudo, considerar a economia da confiança subjacente, vale dizer, o grau de competência atribuído àquele poder ou autoridade e a natureza mais ou menos discricionária de seu exercício. Quanto maior a desconfiança,

---

23. Cf. *Legality*. Cambridge, Londres: The Belknap Press of Harvard University Press, 2011, cap.11 a 13.

menor a discricionariedade para decidir, mais restrito e "legalista" será o método de interpretação adotado naquele caso, em relação àquela autoridade ou ator.

Sobretudo, SHAPIRO realça que sua teoria do Direito como planejamento atende aos princípios do Estado de Direito, promovendo previsibilidade e responsabilização. Assim pondera: *"O Estado de Direito é valioso não só porque nos permite planejar nossas vidas, mas porque permite que o direito planeje nossas vidas... Moral e prudencialmente falando, nós precisamos desesperadamente de normas para orientar, coordenar e monitorar nossas ações. Se um regime não produzir normalmente normas gerais, públicas, claras, prospectivas, consistentes, satisfatórias e estáveis, e depois não aplicá-las aos casos que surgirem, ele não iria fornecer a orientação, coordenação e acompanhamento de que precisamos para resolver os problemas que devemos resolver. Planos devem estabelecer antecipadamente o que deve ser feito; se as autoridades não são obrigadas a aplicar as normas por considerá-las equivocadas, as normas não poderão produzir os resultados que os planos são projetados para alcançar."*[24] Propõe que os intérpretes raciocinem *"inside the box"*, pois a lógica do planejamento é respeitada quando o processo de interpretação jurídica se fecha dentro do sistema, para cumpri-lo.

4. APROXIMAÇÕES E DIFERENCIAÇÕES

NIKLAS LUHMANN e SCOTT SHAPIRO são daqueles raros pensadores que examinaram a confiança objetiva, sistêmica. Ao fazê-lo, é claro, ambos levaram em conta o seu contrário, a desconfiança.

LUHMANN pensou o assunto de forma muito mais ampla, pois colocou a confiança como dado subjacente a todo

---

24. Cf. *Legality*, op. cit. loc. cit.

sistema social, não apenas ao sistema jurídico. "*Sem confiança não é possível a vida.*" E inseriu a desconfiança como equivalente funcional da confiança, ambas redutoras de complexidade. E não se esqueceu de projetar o tempo, exatamente o ponto esquecido ou apenas implícito na obra de SHAPIRO. O tratamento dado por LUHMANN à confiança permite tanto trabalhar o lado objetivo – sistêmico, como o lado subjetivo da confiança.

SHAPIRO, não obstante, aborda o assunto da economia da confiança, como inerência ao planejamento jurídico, quase uma peculiaridade, o que, na verdade, é comum a todo o planejamento, esquecendo-se de que a incompletude dos sistemas é patente. Mas o mérito está em realçar o que não é evidente, o que subjaz nas normas gerais com que o sistema jurídico planifica: a economia da confiança.

É interessante ponderar ainda que, ao afastar as possíveis considerações morais na interpretação, exatamente porque o sistema, sendo planos, não se pode afastar das normas gerais planejadoras, previsíveis e solucionadoras, SHAPIRO aproxima-se do modelo de LUHMANN, forte em segurança e previsibilidade, definido como um sistema programado para solucionar conflitos. Igualmente em SHAPIRO, a economia da confiança também não se põe evidente. Ela está subjacente em todo o sistema jurídico planejador. A obra de SHAPIRO é um convite para descobri-la e, a partir dela, escolher a melhor metodologia de interpretação do Direito.[25]

SHAPIRO recomenda passar por três estágios para a meta-interpretação: os de especificação; de extração; de avaliação. Em suma, é necessário investigar: **a)** que competência/caráter

---

25. Tem razão, assim, Thomas BUSTAMANTE, que critica a posição de SHAPIRO, pretensamente neutra do ponto de vista científico. Lembra que tanto os fundamentos do autor norte-americano como suas conclusões pressupõem uma avaliação interpretativa. Cf. *Legality, by Scot Shapiro*. Legal Studies: The Journal of the Society of Legal Scolars, vol. 32, n. 3, p. 499-507, 2012.

são necessários para implementar os tipos de procedimentos interpretativos? **b)** que objetivos sistêmicos os planejadores pretendiam fossem promovidos/realizados por esses diversos atores? **c)** que procedimento interpretativo melhor promove/ realiza tais objetivos sistêmicos? Somente, então, poder-se-á escolher um método mais ou menos restritivo ou mais ou menos aberto de interpretação do Direito.

5. EM CONCLUSÃO

Nenhum dos autores citados acima nega a função redutora da complexidade, inerente à economia da confiança. Nem a previsibilidade que desencadeia, própria das ações humanas. Pressuposta, mas latente no sistema. E isso permite trabalhar a proteção da confiança, como direito subjetivo implícito. Não há nenhuma incompatibilidade. Ao contrário, a economia da confiança é previsibilidade, expectativas normativas e ainda, como quer SHAPIRO, outorga de poderes, competências, atribuições e responsabilidades.

Nas lições de CANARIS, que examinou a matéria do ponto de vista subjetivo, a responsabilidade pela confiança manifesta-se, à primeira vista, em fatos isolados, como na responsabilidade pela aparência do Direito; na responsabilidade pela confiança por força de necessidade ético-jurídica; e na responsabilidade por declarações. No entanto tais fatos estão interligados, em um todo de sentido e de valor, em que a sua complementação recíproca fica garantida exatamente por meio da **responsabilidade por necessidade ético-jurídica,** que permanece como pano de fundo, graças à latência da confiança, ou seja, ela tem sempre caráter subsidiário e, por definição, somente se manifesta onde as possibilidades de segurança, disponibilizadas e reguladas pela ordem jurídica, fracassam ético-juridicamente.[26] Essa a razão

---

26. Cf. CLAUS-WILHEIM CANARIS. *Die Vertrauenshaftung im Deutschen Privatrecht,* op. cit. p. 273-287.

pela qual, a responsabilidade pela confiança não pode ser deduzida pelo juiz ou pelo intérprete de forma arbitrária, ao arrepio do Direito positivo, resultando do trabalho indutivo de CANARIS, ao mesmo tempo, unidade, consistência e, ainda, precisão e critérios de aplicação mais seguros. Na responsabilidade pela confiança gerada, por força de necessidade ético-jurídica, prevalece o pensamento *bona fides,* tendo como base o §242 do Código Civil alemão e se constrói sob os fundamentos da fidelidade, da crença, do *dolus* e da proibição do *venire contra factum proprium,* em **sistema móvel e aberto,** ladeado e circunscrito por **um sistema imóvel**. Não seria esse jogo de mobilidade ou imobilidade, de fechamento e abertura, de operacionalidade fechada e cognição aberta a base das teorias de SHAPIRO ou de LUHMANN? Mas tal base pressupõe, evidentemente, a interpretação avaliativa, a compreensão (e não a mera explicação) do sistema.

As ideias de NIKLAS LUHMANN, segundo as quais a confiança sistêmica permanece em grande parte latente; a conclusão de que ela não se aplica em todas as hipóteses em que se tem supremacia sobre os eventos/acontecimentos; e a visão mais funcional do sistema (como técnica de consolidação de expectativas e solução de conflitos), a que serve a confiança, como redutora de complexidade, têm total repercussão ou idêntica importância em CANARIS. O grande jurista do Direito privado alemão faz atuar, em caráter subsidiário, o princípio da proteção da confiança por força de necessidade ético-jurídica, todas as vezes que o ordenamento positivo fracassa nas garantias oferecidas do ponto de vista ético-jurídico; rejeita o princípio da proteção da confiança se a ordem jurídica absolutizou legalmente a relação, por razões de segurança e, finalmente, objetivou a responsabilidade pela confiança gerada nas relações comerciais, especialmente do tráfego jurídico e da circulação de valores, em sistema imóvel, formado por cláusulas legais – conceituais determinadas e rígidas – em que as consequências obedecem antes ao risco, do que à boa-fé e à culpa.

Enfim, o exame do plano, proposto pelas normas legais, como quer SHAPIRO, é que norteará a escolha da metodologia interpretativa (móvel/aberta ou imóvel rígida) também em CANARIS.

Ora, o Brasil tem ordem positiva fortíssima em segurança jurídica e em direitos e garantias dos contribuintes (todos expressos na Constituição). É necessário, entretanto, repisar o mesmo ponto. O recurso a autores estrangeiros, em especial alemães, tem como objetivo valer-nos da larga experiência e maturação científica alheia, para impulso da discussão. Nenhuma transposição poderá ser feita, se a ordem positiva nacional deixar de confirmar, corroborar ou admitir as ilações e conclusões tomadas.

Repetimos que é preciso tomar cautela em todas as vezes que recorremos à Ciência e à Dogmática estrangeiras. Com toda razão, RICARDO LOBO TORRES assim pontifica:

> O princípio da proteção da confiança do contribuinte, construído principalmente pelo Tribunal Constitucional da Alemanha, aproxima-se do princípio da boa-fé e, como este, ingressa no direito administrativo e no tributário, mas é indefinível. Em linhas gerais significa que o Estado deve respeitar a segurança dos direitos fundamentais do contribuinte, agindo segundo a moralidade e a equidade. Aparece amalgamado aos princípios da legalidade, irretroatividade e proibição de analogia. Mas também se consubstancia em inúmeros subprincípios e normas de proteção da expectativa do contribuinte, e em deveres da Administração, como sejam: irrevisibilidade do lançamento por erro de direito ou de valoração do fato, inalterabilidade do critério jurídico do lançamento e da resposta à consulta, irrevogabilidade das isenções condicionadas a encargo, do beneficiário, dever de assistência ao contribuinte e exclusão ou limitação de multas.[27]

---

27. Cf. RICARDO LOBO TORRES. *Tratado de Direito Constitucional Financeiro e Tributário*, Vol. II, Renovar, Rio de Janeiro, 2005, p. 570-571.

É que o princípio da proteção da confiança tem, nas ordens jurídicas europeias e americanas, inclusive na brasileira, a posição de princípio implícito, o que não contraria em nada a sua efetividade e a natureza própria dos princípios. Os ordenamentos positivos, em regra, não o consagram expressamente. Esse o traço comum nas ordens jurídicas contemporâneas. Em decorrência, ele costuma se acostar e fundar os direitos fundamentais dos contribuintes, além de ser invocado, subsidiariamente, todas as vezes que o modelo constitucional dessas garantias ou das limitações ao poder de tributar é frágil.

Ora, nem sempre princípios e direitos fundamentais encontram regulação tão completa e farta, como ocorre na Constituição brasileira que transforma alguns princípios em regras constitucionais – ditando-lhes as exceções (essa a posição da legalidade, da anterioridade e da irretroatividade) ou consagra princípios expressos já lhes ditando os contraprincípios. Na ordem jurídica nacional, recorrer ao princípio da proteção da confiança, em todos os seus desdobramentos, para enfocar a legalidade ou para aplicar a irretroatividade a todas as áreas do Direito, inclusive à Tributária, é absolutamente desnecessário e, em alguns casos, inadequado. É que o princípio da proteção da confiança tem projeção subsidiária e poderá proteger o contribuinte de boa-fé mesmo nas hipóteses de atos ilícitos, praticados pelo Estado (o mesmo não se estende aos princípios da legalidade ou da irretroatividade). Assim, o campo de aplicação do princípio da proteção da confiança, na ordem constitucional brasileira, como princípio implícito, ético-jurídico geral, não coincide com a extensão que lhe é concedida em outros ordenamentos positivos (quer na Alemanha, na França ou nos EUA). Inexiste, na verdade, fragilidade decorrente do princípio da proteção da confiança entre nós, mas força e riqueza surpreendentes dos demais direitos e garantias fundamentais do contribuinte.

Ao contrário, o mesmo já não se pode falar do Direito alemão, cuja Constituição consagra a legalidade dos atos administrativos (sem ditar-lhes as exceções específicas, como seria o caso das graduações de alíquotas em certos tributos) ou da proibição de retroação, que somente está prevista para as leis penais. Por meio do princípio da proteção da confiança, da boa-fé, ou da segurança em sentido lato, a Corte Constitucional alemã estendeu a irretroatividade no Direito Penal, para os demais ramos do Direito e ainda mais, para proteger os cidadãos contra as reviravoltas jurisprudenciais, atribuindo, por meio de construções criativas, a estabilidade que o Estado de Direito pressupõe. Pondera HEIKI POHL:

> A relação entre os princípios da segurança jurídica e a proteção da confiança e a sua dedução dogmática, não foram totalmente esclarecidas. Elas se encontram numa sequência de dedução: princípio do Estado de Direito – segurança jurídica – proteção da confiança, ou são dedutíveis, um ao lado do outro do princípio do Estado de Direito e, em parte, a expressão segurança jurídica é evitada em favor da proteção da confiança. O princípio da proteção da confiança é obtido também dos direitos fundamentais, do princípio do Estado social ou de um grupo de princípios.[28]

Mesmo no Direito privado alemão, o princípio da proteção da confiança, que está por detrás da responsabilidade pela aparência, da responsabilidade civil ou da boa-fé, encontra ainda aplicação subsidiária como princípio ético-jurídico geral, sendo, nesse sítio, imprescindíveis as lições de CANARIS. Que peculiaridades eles assumem, no campo do Direito Tributário, para sua aplicação unilateral, em benefício do cidadão-contribuinte?

Portanto, desde logo, pressupostos, dos quais não nos podemos afastar devem ser estabelecidos: **(1)** o princípio da proteção da confiança, mantendo-se implícito nas ordens jurídicas contemporâneas, não suplementará a ausência, com a

---

28. Cf. HEIKI POHL, op. cit. p. 173.

mesma intensidade no Direito brasileiro, de institutos jurídicos específicos, exatamente porque já classicamente consagrados na Constituição da República, como a proibição de retroação. Em face de uma lei nova, não é necessário indagar se o contribuinte tinha conhecimento prévio da lei antiga, se ele agiu de boa-fé ao praticar o ato sob vigência da lei anterior, menos gravosa do ponto de vista tributário, como fazem muitos juristas germânicos. Entre nós, a questão da irretroatividade será de vigência e conflito das leis no tempo, sem indagações subjetivas, inerentes à proteção da confiança; **(2)** no Direito privado, a justiça comutativa impõe a observância do princípio da proteção da confiança e da boa-fé em relação às partes que compõem a relação, de forma recíproca, ou em face de terceiros, mas ainda na apuração da responsabilidade civil extracontratual. Tais regras e parâmetros não são transferíveis sem mais aos sítios da justiça distributiva ou mesmo prospectiva, em que prevaleçam as relações *ex lege,* nascidas independentemente da vontade das partes, como ocorre no Direito Tributário; **(3)** em decorrência, no Direito Tributário, assim como no Direito Administrativo em geral, o princípio da proteção da confiança só pode ser considerado de forma unilateral (tal como se dá em relação à irretroatividade[29]), não protegendo as pretensões fazendárias na cobrança de tributos, e configurando uma limitação constitucional ao poder de tributar, um direito ou garantia do cidadão-contribuinte; **(4)** a aplicação recíproca às partes do princípio da proteção da confiança e da boa-fé – e a do princípio da irretroatividade – somente serão cabíveis para proteger entes estatais, nas relações de coordenação, regidas pelo Direito privado internamente (contratos em geral mesmo com particulares e convênios e contratos entre os Entes federativos) ou nas relações internacionais, onde terá amplo espaço a justiça comutativa, tema que não abordaremos aqui.

---

29. Cf. Súmula n.. 654 do Supremo Tribunal Federal assim dispõe: *"A garantia da irretroatividade da lei, prevista no art. 5º, XXXVI, da Constituição da República, não é invocável pela entidade estatal que a tenha editado."*

Antes, como já deixamos claro, é interessante buscar a visão da confiança sistêmica de **NIKLAS LUHMANN** ou da economia da confiança de **SHAPIRO**. Elas são desenvolvidas, em especial do ponto de vista funcional e explicam o papel da confiança, como técnica de redução da complexidade, ou como previsibilidade inerente aos planos e, complementarmente, como auxiliar da solidificação das expectativas para a solução de conflitos. A absorção da confiança, sempre parcial pelo sistema, explica as razões pelas quais ela se tem mantido latente, mesmo no campo da Dogmática jurídica. Finalmente, os modelos propostos, do ponto de vista sistêmico, são compatíveis com o tratamento subjetivo, oferecido por **CANARIS**. É imperativo apenas avaliar, interpretar e compreender as peculiaridades de cada sistema jurídico, como o brasileiro, para dosar e invocar a proteção da confiança (como direito fundamental subjetivo), ou a sua economia.

INTERTEXTUALIDADE ENTRE SUBSISTEMAS JURÍDICOS: A "NOVILÍNGUA" NO DIREITO TRIBUTÁRIO BRASILEIRO

Priscila de Souza[1]
Fernando Gomes Favacho[2]

*Quando as palavras perdem seu significado,
as pessoas perdem sua liberdade.*
Confúcio

*O sofista e o demagogo florescem numa
atmosfera de definições vagas e imprecisas.*
Irving Babbitt

INTRODUÇÃO: O DUPLIPENSAR

A força inexorável dos valores faz com que não haja juízo

---

1. Mestre em Direito Tributário pela PUC/SP e coordenadora do IBET Instituto Brasileiro de Estudos Tributários.
2. Mestre e doutorando em Direito Tributário, professor do IBET e da PUCSP-COGEAE e professor convidado da UFPA.

neutro. Fingir a neutralidade, aliás, é a melhor forma de esconder as ideias basilares da própria ideologia. "Juízo de valor" não é só uma redundância, mas também um desrespeito intelectual. O juízo "de valor" está em usar um termo que agrada os estadistas (como "contribuinte") ou os liberais (como "pagador de impostos"). São palavras diferentes para o mesmo sujeito passivo, mas que, pelo peso dos valores, mudam nossa visão da realidade. O poder também usa a mesma palavra para moldar realidades divergentes: a palavra "democracia", tal como "república", costuma estar no nome oficial das ditaduras pelo mundo.

Na ficção política 1984[3], George Orwell chama de "duplipensar" a capacidade de guardar simultaneamente na cabeça duas crenças contraditórias e aceitá-las a ambas. Ao acusar as autoridades de tentar destruir o pensamento independente, afirma que uma linguagem com regras aceitas e mutuamente compreendidas é condição indispensável a uma democracia aberta.

Ainda que do direito não se exija *coincidir* com a realidade, mas sim *incidir*, seus sobreprincípios – segurança e justiça – não serão atingidos sem que haja comunicação entre os utentes, o que exige previsibilidade das palavras, nem se houver distorção para além dos limites que o próprio sistema impõe.

Ao que parece, o valor que norteia a arrecadação, no Brasil, faz existir um conceito para cada interesse da máquina estatal. Para cobrar IPTU, uma mera *posse precária* passa a ser *propriedade*. Para que não se exija a devolução do dinheiro desviado dos fins específicos que motivaram certa cobrança, dizemos que a palavra "tributo" no direito tributário tem um sentido diferente no direito financeiro. Receita passa a se equiparar a faturamento. E, em uma irônica liquidez da própria

---

3. Tradução de Heloisa Jahn e Alexandre Hubner. São Paulo: Companhia das Letras, 2009.

linguagem, "água" pode ser insumo ou não a depender de seu contexto! É o início da distopia *orwelliana*?

Este trabalho trata sobre a definição de conceitos jurídicos, e como se estabelecem critérios para o uso dos conceitos quando ocorrem conflitos entre conceitos. Apresenta o estudo da "intertextualidade" como um facilitador da interpretação legal, estabelecendo os limites textuais e contextuais do discurso normativo na resolução de conflitos. Postas essas premissas, aplicamos o estudo da intertextualidade em conhecidas controvérsias sobre definições de três conceitos do direito tributário brasileiro, quais sejam, "receita", "tributo" e "insumos". Este trabalho é motivado pela busca de limites contextuais ao poder de impor, simultaneamente, sentidos contrários e até mesmo contraditórios, tal como o "duplipensar" de George Orwell.

1. DEFINIÇÃO DE CONCEITOS JURÍDICOS

1.1. A verdade não é absoluta, mas dependente do contexto

O conceito de verdade como correspondência entre o conhecimento e a coisa remonta aos antigos pensadores gregos. Acreditavam que existia uma "verdade universal", em contraposição à verdade aparente, à ilusão. Como se acreditava em um ser ideal que independia do utente, verdade absoluta era uma redundância aos paradigmas da época. Para uma sentença ser verdadeira, deveria corresponder à verdade. "Verdadeiro é o discurso que diz as coisas como são; falso é aquele que diz como não são", discorria Platão.[4]

Com o advento da filosofia da linguagem, encontramos uma séria mudança de pensamento.[5] A verdade passa a ser

---

4. Nicola Abbagnano, *Dicionário de Filosofia*, 5ª ed. rev. e ampl. São Paulo: Martins Fontes, 2007, p. 1183.
5. Dardo Scavino, *La filosofia actual: pensar sin certezas*. Santiago del Estero: Paidós Postales, 1999, p. 90.

consensual, pois deverá haver um consenso prévio: qualquer afirmação só será verdadeira conforme as regras de um sistema. Parafraseando Platão, nesse novo contexto intelectual, verdadeiro é o discurso que diz as coisas como foram acordadas; falso é aquele que diz como não foram acordadas. As verdades "fortes", únicas e incontroversas, não possuem lugar ante a necessidade do consenso. A determinação do alcance de qualquer termo depende de um acordo entre os membros da comunidade.

Na teoria do conhecimento, dizer que a verdade é absoluta é não admitir os diferentes sistemas existentes, os diferentes pontos de referência. A verdade muda conforme o contexto, de tal forma que só é possível pensar em algo "absoluto", no sentido de atemporal e aterritorial, se adotarmos a filosofia do ser, de tradição grega. Assim é a visão de Flusser, quando diz que a língua é a realidade.[6] Como há uma multiplicidade de línguas, a realidade é relativa – relativa a cada língua, ou relativa conforme cada sistema linguístico. Não há uma mesma realidade para os diferentes idiomas, e não há uma mesma realidade jurídica para os diferentes contextos jurídicos. Termos como 'receita' ou 'tributo' podem ter significação para o Direito Tributário deveras divergente do Direito Civil ou do Direito Financeiro. Para que se possa esperar um consenso sobre determinado conceito, há que se estabelecer primeiramente sobre qual contexto se aplica, em nome de qual realidade se está falando.

Importante ainda dizer: no caso do direito, a verdade é valor inaplicável. As decisões dos Tribunais Superiores, quando discorrem sobre "o que diz a lei", tratam da validade das interpretações dos termos, e nunca da verdade. Dizer que algo é verdadeiro ou falso é papel da Ciência do Direito, que descreve seu objeto (direito).

---

6. Cf. Vilém Flusser, *Língua e realidade*. 2ª ed. São Paulo: Annablume, 2004, *passim*.

1.2. Nossa realidade é feita de linguagem

Para conhecer é preciso representar. Para representar, é preciso linguagem.[7] Essa representação através da linguagem mostra que não descrevemos propriamente a realidade, mas sim a constituímos[8]: que são os dados brutos, para nós, senão o que conhecemos, ou seja, sua representação, o cosmos linguístico? Está posta, portanto, a necessidade da compreensão da linguagem[9], que é nossa forma de constituição (e desconstituição) do mundo.

A realidade do direito é assim. Só existe pela linguagem, mas agora com uma diferença específica: linguagem jurídica, competente segundo as regras do sistema normativo. Não existe direito fora da linguagem jurídica, ou, nos dizeres de Paulo de Barros Carvalho[10], o real jurídico "é construído pela linguagem do direito positivo, tomado aqui na sua mais ampla significação, quer dizer, o conjunto dos enunciados prescritivos emitidos pelo Poder Legislativo, pelo Poder Judiciário, pelo Poder Administrativo e também pelo setor privado".

Nada existe sem linguagem, nem existe direito sem linguagem jurídica. Conforme Clarice von Oertzen de Araújo[11], "a linguagem inclui-se entre as instituições resultantes da vida

---

7. Cf. Vilém Flusser, *Língua e realidade*. 2ª ed. São Paulo: Annablume, 2004, p. 202.
8. *Idem*.
9. Esclarecemos que a linguagem é a somatória da *língua* (conjunto de signos) com a *fala* (uso e atualização da língua). A língua é o código, sistema de sinais que, por convenção, representa o mesmo significado tanto para o emissor quanto para o destinatário. Ferdinand de Saussure, *Curso de linguística general*. Tradução, prólogo e notas de Amado Alonso. 24ª ed. Buenos Aires: Editorial Losada, 1945, p. 45-56.
10. *Direito tributário, linguagem e método*. 3ª ed. São Paulo: Noeses, 2010, p. 172-173.
11. Clarice von Oertzen de Araújo, *Semiótica do direito*. São Paulo: Quartier Latin, 2007, p. 19.

em sociedade. O direito é apenas uma das formas sociais institucionais que se manifesta através da linguagem, a qual possibilita e proporciona sua existência".

Interpretar é construir o sentido a partir do contato com o objeto. É atribuir valor. A linguagem, como visto, é inafastável, posto que participa da constituição do objeto: construímos sentido com o uso de nossa língua.

1.3. A dificuldade em se determinar conceitos

A linguagem natural é marcada por problemas semânticos flagrados nos conceitos, seja porque estes podem representar vários objetos ou por não terem seu sentido delimitado.

Luis Alberto Warat[12] discorre sobre estes dois problemas semânticos: a ambiguidade e a vaguidade, presentes na significação que criamos ao entrarmos em contato com qualquer signo linguístico. Tais problemas são o que chamamos de ruídos comunicacionais, e podem embaraçar e dificultar a comunicação.

A ambiguidade ocorre quando não sabemos quais das duas ou mais significações que podemos construir a partir do texto é a melhor para utilizarmos em dado contexto. Já a vaguidade ocorre por inexistência de parâmetros (convenções) para sua denotação. Há ambiguidade quando se lê "tributo", pois a palavra pode ser conectada a diferentes significados. Tributo como relação tributária? Como relação financeira? Como dinheiro? E há vagueza quando se utiliza "tributo", podendo a classe denotar várias espécies de exações. Qual tributo? Imposto? Taxa? Contribuição de melhoria?

---

12. Luis Alberto Warat, *O Direito e sua Linguagem*. 2ª ed. aumentada. Porto Alegre: Sergio Antonio Fabris Editor, 1995, p. 76-79.

Na língua portuguesa, como em todas as outras não--formais, não há uma única palavra que só tenha um sentido, em especial quando usada coloquialmente. Nem há, sem prévia convenção, duas ou mais palavras que signifiquem exatamente a mesma coisa. Só encontraremos sinônimos perfeitos em uma linguagem totalmente artificial, que não sofra a influência de contextos pragmáticos: é o caso da lógica formal.

Tais ruídos comunicacionais sempre permanecem nas linguagens não formais, mas podem ser diminuídas por um conjunto de palavras maior, em que cada uma somará critérios de uso e restringirá a possibilidade de elementos serem incluídos. Com a exceção da Lógica, não existe na linguagem a certeza da luz e do crepúsculo.

Morris R. Cohen alerta sobre conceitos extremamente vagos, que "engolem seus negativos", como realidade, experiência, existência e universo.[13] Exemplos no direito positivo são os sobreprincípios citados na introdução do texto: "justiça" e "segurança jurídica", valores que, por característica, são indefiníveis e por isso mesmo, mais facilmente manipuláveis.

A penumbra, assim, passa a dar maior liberdade à interpretação do utente, revelando-se mais permeável à influência das ideologias. Para Cohen, a eficiência da lei depende de conceitos cada vez mais definidos, mas que trazem a maldição do legalismo inadequado e perigoso.[14 e 15]

---

13. Morris R. Cohen, *Concepts and Twilight Zones*. In: Journal of Philosophy 24. N. 25, p. 673-683. New York: The Journal of Philosophy, 1927, p. 679.
14. No original: *Hard and fast rules also depress social initiative and make legalism a curse. Ibidem*, p. 683.
15. Da mesma forma pensa Arthur Kaufmann: Os conceitos jurídicos indeterminados deixam uma margem de livre apreciação e oferecem a possibilidade de se terem em conta as particularidades do caso concreto, mas existe o perigo do arbítrio e da insegurança jurídica. *Filosofia do Direito*. 3ª ed. Prefácio e tradução: António Ulisses Cortês. Lisboa: Ed. Calouste Gulbenkian, 2009, p. 150.

A possibilidade de significação dos termos, que poderia ser óbvia – e talvez necessária para a segurança jurídica – é indissociável dos valores. Trata-se, portanto, de um problema enorme: a definição de conceitos depende de entes indefiníveis. E assim perduram os problemas, buscando balizas que orientem a nossa interpretação.

Soma-se ainda a dificuldade das diferenças de definições pela forma e pelo uso: uns pelos acordos sobre as características (o relógio deve possuir de dois a três ponteiros), outros pelos acordos sobre as funções (o relógio deve marcar as horas).

As grandes discussões em matéria tributária levadas aos Tribunais Superiores versam sobre conflitos decorrentes da interpretação dos conceitos utilizados no gozo da competência para instituir e, principalmente, para cobrar tributos. Tais demandas decorrem tanto das diversas definições que se atribuem aos conceitos nos vários ramos do direito, como acontece entre direito tributário e direito privado, nos conceitos de serviço, receita, faturamento, folha de salário, propriedade, mercadoria e também dentro do próprio direito tributário, como se deu com a determinação do conceito de insumo para a incidência da contribuição PIS/COFINS, em muito diferindo daquele utilizado para a incidência do IPI.

Em matéria tributária, a regulação da intertextualidade se concentra apenas nos conflitos gerados por conceitos, tendo em vista duas áreas diferentes do direito, no mesmo ordenamento[16], pelo artigo 110 do CTN[17], determinando o

---

16. Afirmamos ser o direito um sistema único, cuja divisão se apresenta com fins exclusivamente didáticos. Não se pretende aqui contradizer tal afirmação, mas apenas confirmá-la, visto ser o direito um corpo único de linguagem, mas que, por ser prescritivo, está regulado pela lógica deôntica, submetendo suas proposições aos valores de validade e invalidade e permitindo, com isso, a presença de contradições em seu interior, o que não se poderia conceber com a Ciência do Direito.
17. Art. 110, CTN – A lei tributária não pode alterar a definição, o conteúdo e o alcance de institutos, conceitos e formas de direito privado, utilizados,

respeito aos conceitos de direito privado quando esses forem previstos constitucionalmente.

A dificuldade está em determinar quais conceitos de direito privado foram determinados constitucionalmente, para atribuição das competências tributárias e como se dá esse processo. É o que tentaremos desenvolver deste ponto em diante.

O termo "definição" será aqui encarado como uma categoria lógica: a compreensão do aspecto semântico de um termo ocorre quando estamos aptos a incluir objetos nesta classe (pelos seus critérios) e distingui-lo de outros objetos (que não possuem as características exigidas). A criação de um nome para uma classe, nesse pensamento, se assemelha à definição.

A palavra torna-se inteligível graças a outras palavras contidas em nossa experiência colateral. Para delimitar uma ideia é preciso fixar os critérios de uso da palavra que representam essa ideia. Ou seja, inicialmente temos uma palavra que representa um conceito. Posteriormente, buscamos quais palavras podem ser associadas àquela palavra-conceito, para assim definirmos o conceito.

Podemos definir um termo de duas formas: ao indicarmos os critérios de seu uso (definição conotativa ou intencional), ou ao indicarmos os objetos significados pelo termo (definição extensional ou denotativa).[18] Fica clara, aqui, a utilidade entre estudar a lógica das classes para a definição de conceitos. Vale lembrar que, como os "esclarecimentos" relativos a uma expressão são também outros termos que precisam ser interpretados, contextualizados e compreendidos, as elucidações são

---

expressa ou implicitamente, pela Constituição Federal, pelas Constituições dos Estados, ou pelas Leis Orgânicas do Distrito Federal ou dos Municípios, para definir ou limitar competências tributárias.

18. Guibourg, Ghighliani e Guarinoni, *Introducción al conocimiento científico*. 3ª ed. Buenos Aires: Eudeba, 1998, p. 41-42.

limitadas, e esta equivalência "pura" entre *explicandum* e *explicatum* só existe na lógica formal.

O termo é uma representação de suas características. Ganhamos com isso uma certa praticidade por não termos que exibir, a todo tempo, tais características. Mas esta substituição do *definiendum* pelo *definiens* tem um preço. É, justamente, a não-visualização completa de todos os detalhes das notas definidoras.[19] Como em uma molécula, o acréscimo ou decréscimo de um átomo torna-a uma espécie totalmente diferente. A diferente interpretação do termo "prestação", "pecuniária", "compulsória" etc. pode também diferenciar uma prestação tributária de uma obrigação sem essa nota. Assim, além de não sabermos quando a palavra "tributo" se refere à norma, à obrigação, à pecúnia ou à receita, ainda há termos como "compulsória", "que não constitua sanção de ato ilícito" e "instituída em lei", que são por demais polêmicos e precisam ser elucidados.

Observamos que a Constituição de 1988 possui poucos conceitos jurídicos tributários. Dentre eles encontramos "não-cumulatividade" (art. 155, §2º) e "imposto" (art. 145, §1º). As especificidades da maioria dos termos foram deixadas para o legislador infraconstitucional, no âmbito tributário, o CTN (por isso, tido como um código "didático"). É claro, não é porque certos conceitos não estão definidos que não conseguimos emitir juízos sobre ele – nossa experiência colateral o permite – mas quanto mais palavras, menor a zona de penumbra, como dito antes.

Por fim, vale lembrar não ser possível dizer que o sentido está no texto; a lei é somente o suporte físico, de onde surgirão as interpretações do hermeneuta em contato com esse suporte. Nem é possível, por isso, a "extração da essência do texto",

---

19. "Palavras são uma coisa no lugar de outra", Cf. Vilém Flusser. 2ª ed. São Paulo: Annablume, 2004, *op. cit.*, *passim*.

já que o "espírito" do texto não está escondido nas marcas do papel. Toda subsunção equivale à interpretação, que equivale à tradução. O direito nunca é somente aplicado, ele é interpretado, traduzido. Há mais do que mera aplicação: há uma criação.

2. INTERTEXTUALIDADE ENTRE SISTEMAS JURÍDICOS
2.1. O sistema jurídico cria sua(s) própria(s) realidade(s)

Sistema é o conjunto de elementos que possuem uma ou mais características identificáveis em todos eles e que mantenha um mínimo de organização estrutural. Para Tárek Moysés Moussallem: "o sistema (classe – extensão) existe onde seus elementos (denotação) são proposições preenchedoras do critério de pertinência, estipulado pela conotação, as quais, por sua vez, mantêm relações de subordinação e coordenação".[20]

O direito positivo é um sistema autopoiético[21], por produzir seu próprio modo de criação e organização, sendo autônomo em relação ao ambiente que o cerca, ou seja, aos demais sistemas sociais e não aceitando inclusão de esquemas de forma natural, sem que sobre essas inovações possa exercer sua força.

Não há como negar a comunicação estabelecida entre o sistema normativo e os demais sistemas sociais, já que ao direito incumbe a tarefa de propiciar a vida em sociedade, ao imprimir os valores que considera necessários aos seus indivíduos; o que não se afirma, com isso, é que essa intertextualidade intersistêmica ocorra de forma indiscriminada, num ir e vir de conceitos e valores, sem regras ou procedimentos.

---

20. *Revogação em matéria tributária*. São Paulo: Noeses, 2005, p. 127.
21. Vide Niklas Luhmann, *Social Systems*. Stanford: Stanford University Press, 1995.

Trabalharemos aqui com questões de intertextualidade intrassistêmica[22], ou seja, a conversação entre subsistemas de um mesmo sistema. No que diz respeito ao seu aspecto regulador o direito é monológico porque não permite a concorrência de nenhuma outra forma de comando, sempre assegurando a sua própria prevalência.[23]

Ainda que as várias áreas do direito formem uma só realidade, as peculiaridades de cada ramo podem definir de forma diversa o sentido de uma mesma palavra. 'Culpa' no Direito Penal se subdivide em 'dolo eventual', 'culpa consciente' e outras categorias necessárias para o rigor da dosimetria da pena. No Direito Civil, não há a necessidade desta diferenciação. No Direito Tributário, a palavra 'propriedade', no momento da incidência dos impostos sobre a propriedade, não costuma ser tratada com o rigor do Direito Civil, que diferencia o termo de 'posse', 'usufruto' etc.

2.2. Existem limites à interpretação?

O intérprete parte do texto para construir os conteúdos de significação. Se o suporte físico apresenta problemas que dificultam essa construção, a possibilidade de dois ou mais intérpretes terem uma discussão proveitosa referente ao texto se torna impossível, visto que cada intérprete estabelecerá premissas muito diferentes para seu raciocínio.

Ao intérprete, entretanto, é imposta restrição nos limites do que pode atribuir aos conceitos, limites impostos a fim de garantir um mínimo de consenso viabilizador do código comum no processo comunicacional. Fabiana Del Padre

---

22. Há, ainda, a intertextualidade intersistêmica, compreendida pela conversação existente entre a linguagem do sistema jurídico e dos demais sistemas sociais, que se relacionam com o direito, entretanto.
23. Cf. Clarice de Araújo, *Incidência jurídica: teoria e crítica*, p. 75-76.

Tomé[24] e Tárek Moysés Moussallem[25]: assumem que há uma liberdade estipulativa, porém limitada pelos horizontes da cultura. O direito positivo, por meio de regras de estrutura, limita a atividade do intérprete/aplicador. Por isso não é qualquer sentido que pode ser atribuído às palavras e, se assim fosse, de nada valeriam os textos legais.

Ao direito cabe estabelecer os limites dessa intertextualidade, mediante a edição de normas que determinem a forma como a intertextualidade pode/deve atuar no ordenamento jurídico. A mais comum das normas de estrutura que expressa a intertextualidade em matéria tributária é a das regras de competência. Afirmando essa limitação é que vem o artigo 110 do CTN. As normas de intertextualidade sempre devem ser postas pelo jogo jurídico, é regra do jogo de fundamental importância e, como tal, não poderia se apresentar de modo diverso do nível constitucional.

Cada ramo do direito faz parte de um mesmo todo, recebendo nomes específicos para facilitar a análise e aplicação de textos jurídicos, conforme as pretensões e o uso que se faz deles. Assim, alguns conceitos podem ser utilizados/definidos em vários desses ramos, de acordo com o que cada um deles pretende regular. Indispensável, entretanto, reforçar a ideia de que todos esses "direitos" formam uma só realidade. O que se há de ter em foco são as peculiaridades de cada um, influenciando, muitas vezes, de forma diferente, a atribuição de sentido para um mesmo conceito.

Desse modo, para fins de tributação, poderão ser utilizados conceitos já insertos em outras áreas do direito, seja do

---

24. *Vilém Flusser e o Constructivismo Lógico-Semântico*. In: Florence Haret; Jerson Carneiro (coord.). Vilém Flusser e Juristas: comemoração dos 25 anos do grupo de estudos de Paulo de Barros Carvalho. São Paulo: Noeses, 2009, p. 339.

25. *Interpretação restritiva no direito tributário*. In: Priscila de Souza (Coord.). Direito Tributário e os Conceitos de Direito Privado. São Paulo: Noeses, 2010, p. 1215-1216.

direito privado (cível, trabalhista) ou de direito público (administrativo). E, na opinião de Heleno Taveira Tôrres[26], "quando a lei tributária não dispuser de modo diverso, os institutos, conceitos e formas de outros ramos do direito serão preservados nas suas características originais".

Essa atividade, no entanto, se opera em constante transformação, de ordem pragmática, exigida pelo processo evolutivo a que todo e qualquer organismo está submetido.

2.3. Conceitos, intertextualidade e hierarquia das normas

Como visto, os textos normativos estão em constante relação, como elementos que são do sistema jurídico. A maneira como essas relações ocorrem é que sofre variações. Há relações entre dispositivos hierarquicamente dispostos, denominadas de subordinação, como também as mantidas entre diplomas de mesmo patamar, chamadas de relações de coordenação, porque as normas inferiores têm a função de conferir positividade às suas superiores, e quanto mais raso for seu nível, maior o grau de concretude que essa norma irá usufruir, de modo que a regra inferior sempre será mais precisa que a superior.

Disputas assim fazem parte do cotidiano jurídico. Como salienta Tácio Lacerda Gama[27], "as dúvidas relativas à incidência de normas tributárias, com muita frequência, são resolvidas por atos infralegais – regulamentos, portarias, atos interpretativos – que positivam o sentido mais analítico do texto, se comparado àquele posto de forma sintética pela lei".

---

26. *Boa-fé e argumentação na interpretação das normas tributárias*. In: Direito Tributário e os conceitos de direito privado. São Paulo: Noeses, 2010, p. 56-557.
27. *Sentido, consistência e legitimação*. In: Florence Haret; Jerson Carneiro (coord.). Vilém Flusser e Juristas: comemoração dos 25 anos do grupo de estudos de Paulo de Barros Carvalho. São Paulo: Ed. Noeses, 2009, p. 246.

Se por um lado o ato infralegal atribui sentido ao legal, da mesma forma que a lei atribui sentido à Constituição, é em consequência da amplitude, própria das normas constitucionais, é que muitas vezes não há como estabelecer prontamente quais conceitos foram definidos e quais estão à parte da definição da Carta Maior.

Haverá, contudo, esse diálogo sempre presente entre as normas dos mais diversos níveis hierárquicos, relação tanto possível como inerente à própria linguagem jurídica, o que não nos autoriza concluir, de modo algum, que, ao estabelecerem tais relações, com a justificativa de outorgar precisão e concreção às normas superiores, as inferiores alterem seu conteúdo. Isso porque sabemos que as normas infraconstitucionais não podem alterar o sentido e alcance daquelas postas na Carta Magna, em virtude de a regra do jogo do ordenamento exigir obediência à hierarquia das normas, conforme seja seu conteúdo, e o veículo que a introduz no sistema, critérios material e formal, respectivamente, fornecer fundamento de validade para sua criação.

2.4. O que é, afinal, intertextualidade?

Intertextualidade é conceito original da Linguística, cuja adaptação é promovida nos mais diversos sistemas comunicacionais, como é o caso do direito. Isso é intertextualidade: fixação dos conceitos, conforme sua incorporação ao sistema linguístico. Desse modo, José Luiz Fiorin[28] complementa: "o real se apresenta para nós semioticamente, o que implica que nosso discurso não se relaciona diretamente com as coisas, mas com outros discursos, que semiotizam o mundo. Essa relação entre os discursos é o dialogismo". A construção de um texto sempre será consequência da soma de vários outros textos, de

---

28. *Interdiscursividade e intertextualidade*. In: Bakhtin – outros conceitos-chave. São Paulo: Contexto, 2010, p. 167.

modo que o dialogismo se apresenta entre os discursos, mesmo que o locutor seja o mesmo nos dois textos. Importante ressaltar que no direito essa sobreposição de textos é limitada pelo próprio sistema, como é estabelecida, por exemplo, na regra do artigo 110 do CTN.

A intertextualidade é equivalente à dialogia[29], a troca de enunciados entre os discursos, entre as enunciações entre o eu e o outro.

A intertextualidade pode atuar na produção dos textos sob vários aspectos: (i) no contexto; (ii) quanto às vozes; e (iii) na comunicação. Quanto ao contexto (i), há dialogismo entre o texto atual, o que se está produzindo, com seus antecessores, que contribuem para a produção de enunciados, sendo eles concorrentes ou estando em dissonância. Nesse aspecto, o dialogismo equivale a uma pesquisa científica, em que o pesquisador sai em busca de material já elaborado sobre seu objeto de estudo, sobre os quais vai construir seus juízos favoráveis ou contrários, agrega esses novos conhecimentos aos seus anteriores e produz um novo texto sobre o assunto. Uma dissertação de mestrado é ótimo exemplo desse tipo de dialogismo.

A intertextualidade se apresenta de duas formas: (i) entre os textos produzidos no interior do sistema jurídico e (ii) entre os textos do sistema jurídico e dos demais sistemas sociais.

A classificação apresentada segue o padrão daquela proposta por Paulo de Barros Carvalho:

> [...] a intertextualidade no direito se apresenta em dois níveis bem característicos: (i) o estritamente jurídico; que

---

29. O conceito de intertextualidade foi desenvolvido a partir das obras de Bakhtin. Ocorre que em seus escritos não há sequer uma menção do termo, fazendo com que os estudiosos de sua teoria tenham optado por equiparar os conceitos de dialogia e intertextualidade. Vide José Luiz Fiorin. *Interdiscursividade e intertextualidade*. In: Bakhtin – outros conceitos-chave. São Paulo: Contexto, 2010.

> se estabelece entre os vários ramos do ordenamento [...]; e (ii) o chamado jurídico em acepção lata, abrangendo todos os setores que tem o direito como objeto, mas o consideram sob o ângulo externo, vale dizer, em relação com outras propostas cognoscentes.[30]

Ao direito cabe estabelecer os limites dessa intertextualidade, mediante a edição de normas que determinem a forma como a intertextualidade pode/deve atuar no ordenamento jurídico.

2.5. Os limites da cultura

Dentre os conceitos que a Semiótica trabalha, nos aproveitaremos da experiência colateral, a intimidade prévia com aquilo que o signo denota e que está contida na nossa cultura. É a zona de intersecção entre o já conhecido e o que pode ser conhecido. Sem a mínima experiência colateral não é possível a produção de significação[31], pois a compreensão da mensagem pressupõe tal série de associações (um código em comum). Logo, toda vez que um signo desencadeia em nós a produção de sentido, interpretamos conforme nosso contexto.

O uso de um termo pela comunidade jurídica depende da definição de conceito de outros termos que o circundam. Por isso, não há texto que não sofra influência do contexto. Mesmo em uma equação que nos soe básica, como "1 + 1", num âmbito binário é igual a 10 e não 2. E nesse sentido Arthur

---

30. *Direito Tributário – Linguagem e Método*. 3ª ed. São Paulo: Noeses, 2010, p. 195.
31. Lucia Santaella, *A teoria geral dos signos*. São Paulo: Cengage Learning, 2008, p. 36. Invocando Peirce, a autora completa: "na medida em que o interpretante é uma criatura gerada pelo próprio signo, essa criatura recebe do signo apenas o aspecto que ele carrega na sua correspondência com o objeto e não todos os outros aspectos do objeto que o signo não pode recobrir".

Kaufmann ensina: "Apenas na perspectiva do roubo agravado se pode pôr a hipótese de que o ácido clorídrico seja uma "arma".[32]

O conhecimento do dado é linguagem, depende do repertório do sujeito cognoscente. Quanto maior o conhecimento, mais linguagem se pode produzir sobre o dado, mais complexo e detalhado será o fato.

A representação depende do sujeito cognoscente, das suas impressões acerca do evento, o que implica afirmar que não há uma verdade real, o que se tem são aspectos de vista sobre um mesmo objeto. Essa tradução depende de dois corpos linguísticos: o da linguagem social e o da linguagem jurídica. A compra de um imóvel ocorre no contexto social, um evento, e será traduzido para a linguagem jurídica, formando fatos jurídicos de diferentes naturezas: (i) o registro público exigido nas formas da lei; (ii) os direitos de propriedade; (iii) a relação tributária com tributos devidos pela transmissão do bem; como se vê, inúmeros recortes podem ser feitos de uma mesma ocorrência.

Nota-se que, mesmo com a preservação do texto (em sentido estrito), a sociedade, em contínuo processo de evolução, pode, em dado momento, atribuir novos sentidos a antigos textos. A manutenção, nesse caso, é exclusiva da sintaxe, enquanto a semântica e a pragmática estão sujeitas a contínuas transformações, em caso de mudanças no contexto (texto em sentido amplo).

É impossível que a norma geral enumere todos os acontecimentos por ela previstos, determinando que o aplicador realize nova interpretação a cada norma criada. Não há como conceber o fechamento absoluto dos tipos ou dos conceitos, de modo que cada decisão deverá levar em conta todo o sistema jurídico, e não somente uma norma isoladamente posta.[33]

---

32. Arthur Kaufmann, *Filosofia do Direito*. 3ª ed. Prefácio e tradução: António Ulisses Cortês. Lisboa: Ed. Calouste Gulbenkian, 2009, p. 145.
33. Neste sentido Rodrigo Dalla Pria pugna por um novo plano de interpretação,

2.6. Regulação da intertextualidade e a divergência de conceitos

A indeterminação dos conceitos jurídicos é problemática enfrentada e reconhecida pela mais larga doutrina. Daniel Mendonca é claro ao afirmar que "aceitar que toda expressão linguística possui sempre uma zona de incerteza, não implica conceder que nunca possui uma zona de certeza".[34] Negar a existência desta implicaria em uma linguagem sem regras, nem limites, cujos utentes não conseguiriam manter um mínimo de comunicação.

Como visto, não bastasse o uso de alguns conceitos pelo sistema jurídico de forma diferente dos outros sistemas, dentro do próprio ordenamento essa diversidade é muito comum. Isso porque, do mesmo modo como o direito recorta da realidade social apenas os aspectos que são relevantes para a incidência normativa, aos diversos ramos do direito essa relevância, ou seja, esse recorte, também pode ser diferente de uma norma para outra. O conceito oscilará de acordo com a realidade jurídica em que estiver inserido.

Não é correto dizer, entretanto, que, em determinadas circunstâncias, há desacato aos conceitos de outros sistemas; a atividade construtiva do direito consiste em recortar a realidade sob o aspecto que lhe importa, atribuindo a esse recorte valores inerentes à própria atividade jurídica. Cabe ao aplicador precisar o sentido das proposições normativas, limitada essa atividade exclusivamente pelo contexto jurídico, imposto pelo direito positivo.

---

o da norma em sentido concreto, ou "S5", onde o juiz reinterpreta o sistema jurídico para construir a sentença. Cf. *Constructivismo Jurídico e Interpretação Concretizadora: Dialogando com Paulo de Barros Carvalho e Friedrich Müller*. In: Derivação e positivação no direito tributário. São Paulo: Noeses, 2011, *passim*.

34. *Interpretación y aplicación del derecho*. Almería: Universidad de Almería, 1997, p. 31.

Essas regras não são impostas por critérios pré-fixados, mas dependem dos contextos em que estão inseridos os textos, visto ser o consenso delimitador do contexto, e em virtude de as decisões (re)contextualizarem as normas jurídicas, ou seja, são regras de uso da linguagem jurídica.

Como dissemos linhas atrás, a realidade jurídica incide sobre a realidade social, mas com ela não coincide. Dessa afirmação, podemos formular o raciocínio de que os conceitos jurídicos podem ser não somente mais abrangentes ou restritivos que os sociais, como ainda poderão deles divergir: eis a autonomia da linguagem jurídica!

Do mesmo modo essa divergência poderá ocorrer internamente, ou seja, no universo do direito positivo, considerado aqui um dado ordenamento, que regula as ações de uma sociedade, historicamente situada no tempo e no espaço, sobre o qual não há como se garantir a ausência de contradição.[35]

Não há conceitos da realidade que se sobreponham ao jurídico. Em outras palavras, um conceito jurídico pode se desprender da realidade. A própria incidência jurídica, conforme Clarice Araújo, é uma operação de tradução do meio social para o universo jurídico. Em suas palavras: "Também para o universo jurídico a realidade em si e a verdade absoluta são inarticuláveis, apenas idealmente desejáveis, alcançadas em medida aproximativa, limitada pela observação e conformação que essa linguagem confere às consciências de seus operadores e ao próprio mundo".[36]

---

35. Visto ser a linguagem jurídica predominantemente prescritiva de condutas, e não descritiva da realidade social, não sendo submetida à lei lógica da não contradição.
36. Clarice de Araújo, *Da incidência como tradução*, In: Florence Haret; Jerson Carneiro (coord.). Vilém Flusser e Juristas: comemoração dos 25 anos do grupo de estudos de Paulo de Barros Carvalho. São Paulo: Ed. Noeses, 2009, p. 160.

Sendo o direito positivo um corpo linguístico que, para existir, se utiliza de termos da língua portuguesa e, em alguns casos, até de línguas estrangeiras[37], cujo núcleo de sentido já se encontra incorporado à sociedade, tradicionalmente o sentido dos seus termos será aquele mesmo utilizado na linguagem social. Até aí não há grande polêmica. O problema inicia quando a atribuição de sentido dos textos jurídicos enverada para definições completamente díspares das tradicionais.

Nesses casos, em que o legislador não queira se utilizar do sentido "comum" ou "vulgar" concernente a um conceito, este (o legislador) deverá fazer a ressalva. Isso implica afirmar não haver uma atribuição de sentido diferente do tradicional, seja ele mais restritivo ou ampliativo, que se dê de forma implícita.

Luís Eduardo Schoueri é pontual ao fazer refletir sobre o tema: "entende-se caber ao intérprete verificar se o legislador levou em conta, ou não, a estrutura de direito privado, na definição da hipótese tributária. O legislador é livre para se vincular, ou não, às formas daquele."[38] A partir da análise dessa divergência encontrada no nosso ordenamento, podemos concluir sobre a possibilidade de um conceito sofrer variações de abrangência, em virtude dos valores que pretende proteger.

A presença de conceitos com significados variantes dentro do mesmo ordenamento se dá pela forma como a intertextualidade se apresenta no sistema jurídico, e não o torna inconsistente. A consistência do ordenamento jurídico é conferida pela

---

37. "O fato de uma decisão judicial conter trechos escritos em língua estrangeira não justifica a sua anulação. Ainda que o artigo 156 do Código de Processo Civil estabeleça que é obrigatório, no processo, o uso da língua nacional, é preciso verificar se as passagens em outro idioma prejudicaram a compreensão das partes quanto à fundamentação do julgador." (BRASIL. Tribunal Superior do Trabalho. Trechos em língua estrangeira não invalidam decisão judicial. Notícias do Tribunal Superior do Trabalho. 21 set. 2011. Disponível em: <http://www1.trt18.jus.br/ascom_clip/pdf/103497.pdf>. Acesso em: 29 set. 2011, p. E1).

38. *Direito Tributário*. São Paulo: Saraiva, 2011, p. 614.

exclusividade na modalização de cada conduta: se obrigatória, não pode ser proibida; se permitida de não fazer, não pode ser obrigatória de fazer. A logicidade do discurso normativo está na regulação de condutas e não de univocidade de sentido.

3. APLICAÇÃO DA INTERTEXTUALIDADE EM CONCEITOS JURÍDICOS TRIBUTÁRIOS

Exporemos agora três exemplos de conceitos utilizados de formas diversas, variando de acordo com o subdomínio jurídico a que se referem, para demonstrar como o contexto influencia as relações intertextuais entre as normas postas pela legislação que regulam o instituto, uma breve exposição sobre as formas de uso e, ao final de cada tópico, decisão judicial reconhecendo as dessemelhanças.

3.1. Receita

O Código Tributário Nacional de 1966 (art. 110), recepcionado pela Constituição da República de 1988, proíbe que conceitos do "direito privado" sejam modificados pelo direito tributário. A Constituição (art. 195) autoriza a criação de contribuições sociais incidentes sobre o faturamento das empresas. Já a Lei 9.718 (arts. 2º e 3º, § 1º) equipara "faturamento" a "receita bruta", que é a totalidade das receitas auferidas pela pessoa jurídica e, por último a Emenda Constitucional 20 altera a Constituição, incluindo a possibilidade de se tributar não somente o faturamento, mas também a receita.

A celeuma foi levada até a mais alta corte do Poder Judiciário por inúmeros processos que visavam à declaração de inconstitucionalidade do dispositivo[39], com a justificativa de

---

39. Não é o problema a se tratar agora, mas se questionou também a constitucionalidade da Lei 9.718/98, pois a EC 20/98, que atribuiu à União competência

ser o faturamento um conceito de direito privado, especialmente do direito comercial, acolhido pela Constituição da República para repartir a competência tributária entre seus entes – mais especificamente no que tange à competência da União Federal para instituir contribuições sociais para o financiamento da seguridade social.

O total do faturamento como base de cálculo vem da ideia de *emitir faturas*. Dessa forma, há incidência apenas sobre as receitas decorrentes de vendas de mercadorias e/ou prestações de serviço. Já a receita bruta engloba todas as entradas da pessoa jurídica, independente de serem provenientes de venda de mercadorias e/ou prestações de serviço.

O Supremo Tribunal Federal acabou declarando a inconstitucionalidade do art. 3º, I da Lei 9.718/98, por eleger a receita bruta como base de cálculo das contribuições sem que houvesse previsão na CF/88 para tanto, sendo descabida sua posterior "constitucionalização" pela edição da EC 20/98.[40]

Eis os dois limites presentes. Quanto à hierarquia das normas, limite sintático, a reconfiguração da definição do conceito de faturamento tem como consequência a ampliação da competência tributária. Quanto aos limites da cultura, salvo expressa determinação constitucional em sentido contrário, o próprio legislador usou da linguagem do direito privado, onde o faturamento não inclui a receita bruta.

---

para tributar a receita das pessoas jurídicas (e não apenas o seu faturamento), foi publicada posteriormente à edição da Lei 9.718/98. CONTRIBUIÇÃO SOCIAL – PIS – RECEITA BRUTA – NOÇÃO – INCONSTITUCIONALIDADE DO § 1º DO ARTIGO 3º DA LEI N. 9.718/98. (...) É inconstitucional o § 1º do artigo 3º da Lei n. 9.718/98, no que ampliou o conceito de receita bruta para envolver a totalidade das receitas auferidas por pessoas jurídicas, independentemente da atividade por elas desenvolvida e da classificação contábil adotada.

40. RE 390.840, Relator Ministro Marco Aurélio, Tribunal Pleno, julgado em 09.11.2005, DJ 15.08.2006.

Neste caso, dois pontos são igualmente importantes de serem levantados: (i) receita bruta e faturamento são termos equivalentes? (ii) onde encontramos a definição de cada um desses termos?

Nas situações em que o legislador inova a realidade jurídica não somente por inserir em seu ambiente novas normas, que se voltam à prescrição de condutas, mas, também, por alterar a realidade social, independente de haver nela um consenso relativo aos seus conceitos, a interpretação dos textos normativos se mostra facilitada.

Desse modo, para duas classes serem consideradas iguais, ou seja, regidas pelo princípio lógico da identidade[41], todos os elementos inseridos em uma também devem estar presentes na outra classe, e o mesmo raciocínio se dá para os elementos que dela estejam excluídos.

Trazendo para a situação analisada, a receita bruta somente poderia ser utilizada para fins de incidência da contribuição à Previdência Social acaso as situações abarcadas por esse conceito fossem exatamente as mesmas abarcadas pelo conceito de faturamento; entretanto, não é a conclusão obtida, quando feita sobre o assunto, uma análise mais detida.

A outorga de sentido aos textos jurídicos será sempre o resultado de atividade interpretativa e, como visto, embasada e limitada por seu contexto. Em matéria tributária, o próprio artigo 110 do CTN salienta a preocupação em limitar o conteúdo da norma posta, que ignora o conceito de direito privado.

O Ministro Cezar Peluso apresenta os requisitos para a interpretação das ordens normativas, ao dizer: "quando não haja conceito jurídico expresso, tem o intérprete de se socorrer, para a reconstrução semântica, dos instrumentos

---

[41]. Pela regra lógica da identidade, uma proposição implica sempre em si mesma ($p \equiv p$), ou seja, antecedente e consequente são idênticos, equivalentes.

disponíveis no próprio sistema do direito positivo, ou nos diferentes corpos de linguagem."[42]

Com isso, podemos afirmar que a Constituição pode não trazer definições para seus conceitos, como regra, mas, por representar o ponto mais alto do ordenamento jurídico, deverá apresentar corpo linguístico harmônico, proporcionando instrumental para que se definam os conceitos nela inseridos, mantendo o discurso coerente e, por mais que não apresentem definições expressas de seus conceitos, conferirá ao intérprete, aplicador e ao legislador infraconstitucional os limites de uso de seus termos.

Assim baseou-se o Ministro Marco Aurélio ao proferir seu posicionamento: "No meu voto, parti da premissa de que a base de incidência já está definida na Carta da República, ou seja, o faturamento. E se já está definida na Constituição Federal, não há a exigibilidade do instrumental específico, que é a lei complementar."[43] Decorre desse raciocínio a impossibilidade de o legislador infraconstitucional fazer equivaler, ao exercera competência de tributar, faturamento às receitas brutas, visto o próprio limite constitucional imposto, cujas classes contêm elementos diferentes, motivo pelo qual não se podem equiparar.

---

42. Recurso extraordinário n. 390.840/MG. Relator: Ministro Marco Aurélio. Julgamento: 09 nov. 2005. Órgão julgador: Tribunal Pleno. Publicação: DJ 15 ago. 2006.
43. Entretanto o procedimento legislativo foi ignorado e não tem a Emenda Constitucional nº 20 o condão para convalidar a lei nº 9718/98. É o que afirma o Ministro Cezar Peluso: "Se a norma produzida antes da Constituição é com esta compatível, é recebida pelo novo ordenamento; se lhe é hostil, está revogada, ou, o que dá na mesma, perde seu fundamento de validez." Com o advento da referida Emenda a competência da União fora constitucionalmente alargada, garantindo ao legislador ordinário a elaboração de nova exação que incluísse a receita bruta como hipótese de incidência tributária. BRASIL. Supremo Tribunal Federal. Recurso extraordinário n. 390.840/MG. Relator: Ministro Marco Aurélio. Julgamento: 09 nov. 2005. Órgão julgador: Tribunal Pleno. Publicação: DJ 15 ago. 2006.

Essa foi a solução dada pelo Supremo Tribunal Federal ao decidir restringir o alcance do termo receita bruta para todas as demais exações que se utilizem do termo, garantindo a obediência aos limites da distribuição de competência dos entes tributantes.

Disso não se conclui, todavia, pela impossibilidade de a União poder tributar receita, mas, para fazê-lo, é evidente, deverá guiar-se pelas regras impostas pela Constituição da República, isto é, o legislador constituinte atribuiu a ela (União) a competência para tributar as situações configuradas como receitas.

3.2. Tributo

Parte da doutrina diz não ser de bom tom que a lei traga a definição de conceitos. Para Luciano Amaro, "definir e classificar os institutos do direito é tarefa da doutrina. Contudo, em 1966, recém-editada a Reforma Tributária traduzida na Emenda n. 18/65, o Código Tributário Nacional adotou uma linha didática na disciplina do sistema tributário, insistindo, ao longo do seu texto, na fixação de certos conceitos básicos".[44] E para Geraldo Ataliba, falando sobre o conceito de tributo: "Evidentemente, não é função de lei nenhuma formular conceitos teóricos".[45]

A explicação baseada na falsa ideia da doutrina como fonte do direito, prestigia o doutrinador como se legislador fosse, como se, elegido pelo povo, pudesse prescrever condutas. Ou, por outro lado, como se a lei, ao definir conceitos, pudesse alterar a realidade social (não-jurídica) pelo simples dizer, como se nossos deputados e senadores fossem deuses.

---

44. Luciano Amaro, *Curso de direito tributário*, 15ª ed. São Paulo: Saraiva, 2009, p. 19.
45. Geraldo Ataliba, *Hipótese de incidência tributária*, 6ª ed. São Paulo: Malheiros, 2004, p. 32.

O ruído comunicacional causado pela adoção do mesmo suporte físico para diversos significados pode ser percebido em várias passagens do texto legal. Sem qualquer explicação, poder-se-ia ler: "o tributo tributa, tributando tributo". O mesmo termo, no exemplo, pode ser visto como norma jurídica, como relação jurídica, como procedimento e como quantia em dinheiro.

Neste momento é proposta a investigação das notas definitórias do conceito de tributo em âmbito tributário e em direito financeiro. Tal aviso é imperioso, ante dois artigos da década de 60 que podem interferir no trabalho, quais sejam o art. 3º da Lei 5.172/1966 (definição do conceito de tributo em âmbito tributário), e o art. 9º da Lei 4.320/1964 (definição do conceito de tributo em âmbito financeiro).

Como norma financeira, o tributo é visto como receita derivada do poder de império do Estado, o "produto da arrecadação dos tributos". É o tributo como pecúnia, não em âmbito tributário, mas financeiro. Os sujeitos da relação jurídica não mais são o Contribuinte e o Fisco, e sim os diversos agentes da Administração Pública.

A caracterização do tributo como "receita" tem sua regulamentação em normas de repartição das receitas tributárias, constantes na Seção VI do Sistema Tributário Nacional (arts. 157 a 162). No art. 9º da Lei 4.320/1964, encontramos uma definição do conceito de tributo em âmbito financeiro.

Dentro do sistema do direito positivo brasileiro, há separação entre o sistema financeiro e o sistema tributário.[46] Contudo, uma possível aproximação aparece com a Lei Complementar 101/2000, a Lei de Responsabilidade Fiscal: *Art. 11.*

---

46. Marco Antonio Gama Barreto não faz a diferença entre sistema financeiro e tributário. E, com isso, não considera a supressão do art. 9º da Lei 4.320 pelo art. 3º do CTN, como se a lei posterior tivesse revogado a anterior, mas sim, entende que são complementares e coexistentes. "Ocorre que não vislumbramos a possibilidade de emissão de ato de fala revogador com

Constituem requisitos essenciais da responsabilidade na gestão fiscal a instituição, previsão e efetiva arrecadação de todos os tributos da competência constitucional do ente da Federação. A LRF se preocupa com a responsabilidade desde a instituição até os gastos públicos. Contudo, ainda assim não se pode dizer que há uma junção entre os dois sistemas, porque (i) a Constituição, de maior hierarquia, separa o sistema tributário do financeiro, e (ii) a LRF apenas se preocupa com normas tributárias para a responsabilização em âmbito administrativo, sem levar em conta a relação com os Contribuintes, sujeito essencial em uma relação tributária.

A lei que trata da elaboração e controle dos orçamentos e balanços dos entes federados mostra os tributos como espécie de receita. Sobre receita (para fins orçamentários), Aliomar Baleeiro dispõe:

> As quantias recebidas pelos cofres públicos são genericamente designadas como "entradas" ou "ingressos". Nem todos esses ingressos, porém, constituem receitas públicas, pois alguns deles não passam de "movimentos de fundo", sem qualquer incremento do patrimônio governamental, desde que estão condicionados à restituição posterior ou representam mera recuperação de valores emprestados ou cedidos pelo governo.[47]

O objetivo da Ciência do Sistema Financeiro é entender de onde vêm, de que forma e para onde vão os ingressos públicos. "Tributo", neste âmbito, é tratado essencialmente como uma espécie de receita.

---

base na comparação entre os artigos 3º do CTN e 9º da Lei n. 4.320 de 1964, pois i) o CTN não declarou expressamente revogado o referido artigo 9º; ii) o artigo 9º não apresenta incompatibilidade com o artigo 3º; e, iii) o CTN não regulou inteiramente a matéria de que trata a Lei n. 4.320 de 1964". *O conceito de tributo no direito brasileiro*, Dissertação de mestrado. São Paulo: PUC/SP, 2008, p. 90.
47. *Op. cit.*, p. 116.

Questão que vem à tona, em seguida, é saber se pode surgir uma nova relação tributária através de uma financeira, se há mescla neste momento: e se o dinheiro arrecadado com uma contribuição não for para sua destinação legal específica? Pode o contribuinte repetir o "indébito"?

Ainda que de formas diferentes, muitos doutrinadores entendem que a destinação legal não só é relevante para a determinação da espécie tributária, mas também para seu controle. Mesmo Marco Aurélio Greco, que não admite ser possível a devolução do produto arrecadado, entende que a tredestinação e a não-aplicação institucionalizadas dos recursos por meio da análise da execução da lei de diretrizes e da lei orçamentária, segundo critérios que extrai da lei de responsabilidade fiscal, pode levar ao reconhecimento da inconstitucionalidade da contribuição inaplicada nas finalidades constitucionalmente previstas em relação a exercícios futuros.[48]

Pensamos que a destinação relevante para a caracterização de um tributo é somente a "destinação normativa", onde se especifica a finalidade na própria norma que institui o tributo. No momento de elaboração da lei, à contribuição é necessária a previsão da destinação legal, pois é critério para o exercício de tais competências. Mas todo o resto é posterior e irrelevante para a natureza jurídica dos tributos. A repetição do indébito só seria possível, assim, pelo desrespeito ao pressuposto (falta de norma de destinação no momento da instituição, que implicaria na inconstitucionalidade da norma), mas não pelo desrespeito ao regime jurídico a ser adotado.

---

48. Para o autor, a correta ou incorreta aplicação dos recursos é evento superveniente à incidência da norma, pois é evento estranho à norma tributária. Com o pagamento, dilui-se o vínculo entre o montante individual pago e a inaplicação parcial do conjunto de recursos. Por isso, entende não ser possível a repetição pela tredestinação. *Em busca do controle sobre as Cide's*. In: André Mendes Moreira; Antônio Reinaldo Rabelo Filho; Armênio Lopes Correia (org.). Direito das telecomunicações e tributação. São Paulo: Quartier Latin, 2006, *passim*.

Tanto a Constituição (art. 165 e incisos) quanto a Lei de Responsabilidade Fiscal exigem responsabilidade na gestão fiscal. Mas essas normas são voltadas para a Administração, e não para a relação Fisco-Contribuinte. Mesmo a Lei Orçamentária Anual, ato do Poder Executivo, em nada prevendo a destinação, não gera direitos ao sujeito passivo da obrigação de ressarcimento.

Também não pensamos que a não-aplicação dos recursos arrecadados pode levar ao reconhecimento da inconstitucionalidade da exação em relação a exercícios futuros, pois é norma que obriga somente a autoridade administrativa, e sobre ela recai o controle da aplicação dos tributos. O fato jurídico tributário é o registro em linguagem competente da ocorrência da hipótese, e não o cumprimento, por parte do Estado, dos fins das contribuições.

Vale por fim discorrer sobre a ADI 2.925-8/DF, que tem a seguinte ementa:

> ADI 2925/DF-DISTRITO FEDERAL. AÇÃO DIRETA DE INCONSTITUCIONALIDADE. Relator: Min. ELLEN GRACIE. Relator p/ Acórdão: Min. MARCO AURÉLIO. Julgamento: 19/12/2003. Órgão Julgador: Tribunal Pleno.
>
> LEI ORÇAMENTÁRIA – CONTRIBUIÇÃO DE INTERVENÇÃO NO DOMÍNIO ECONÔMICO – IMPORTAÇÃO E COMERCIALIZAÇÃO DE PETRÓLEO E DERIVADOS, GÁS NATURAL E DERIVADOS E ÁLCOOL COMBUSTÍVEL – CIDE – DESTINAÇÃO – ARTIGO 177, § 4º, DA CONSTITUIÇÃO FEDERAL. É inconstitucional interpretação da Lei Orçamentária n. 10.640, de 14 de janeiro de 2003, que implique abertura de crédito suplementar em rubrica estranha à destinação do que arrecadado a partir do disposto no § 4º do artigo 177 da Constituição Federal, ante a natureza exaustiva das alíneas "a", "b" e "c" do inciso II do citado parágrafo.

A Ministra Ellen Gracie anotou em seu voto que a contribuição é espécie tributária "caracterizada pela finalidade de sua instituição e não pela destinação da respectiva cobrança".[49] De fato, a acepção que qualifica uma contribuição é a previsão em lei da "destinação normativa" do produto da arrecadação no momento da instituição do tributo. O sistema do direito tributário trata dos momentos pré-exacional, exacional e executivo. Nada tem que ver com questões orçamentárias.

E, se por um lado a tredestinação não dá direito à repetição do indébito, tampouco a alocação em fundos próprios para o *quantum* arrecadado com as contribuições. Carlos Velloso se pronunciou:

> Evidentemente que não estou mandando o Governo gastar. A realização de despesas depende de políticas públicas. O que digo é que o Governo não pode gastar o produto da arrecadação da CIDE fora do que estabelece a Constituição Federal, art. 177, § 4o, II. Noutras palavras, o Governo somente poderá gastar o produto da arrecadação da mencionada contribuição no que está estabelecido na Constituição, art. 177, § 4º, II.[50]

Não há possibilidade jurídica no direito brasileiro para a repetição do indébito tributário quando da tredestinação de um tributo. E não dizemos isto com alegria, já que seria uma excelente forma de pressão da população quanto aos gastos públicos, mas sim com tristeza, em virtude da falta de meios legais para este controle. Fica o governo federal, dessa forma, livre para transformar contribuições sociais em impostos não compartilhados entre os outros entes federados. E, quanto ao desvio de dinheiro pelo agente público, limitado à responsabilidade funcional.

---

49. ADI 2.925-8/DF. Relatora: ELLEN GRACIE. Julgamento: 18/12/2003. Órgão Julgador: Tribunal Pleno. Publicação: DJ 04-03-2005. PP-00010. EMENT. VOL-02182-01. PP-00112. LEXSTF v. 27, n. 316, 2005, p. 52-96.
50. *Ibidem*, p. 178.

Celso de Barros Correia Neto[51], ao criticar a divisão entre Direito Financeiro e Tributário, confirma o tratamento diferente dado às disciplinas:

> De resto, é curioso observar que o rigor dos limites definidos faz da arrecadação um elemento externo em relação ao Direito Tributário. De fato, ao se definir o pagamento como último limite do Direito Tributário, fica evidente que as receitas auferidas não estão contidas nessa disciplina: são consequências externas e alheias. Tanto assim que, em comentário à Carta Constitucional de 1967, Pontes de Miranda afirma, como a verve que lhe é própria: "O orçamento não dá destinação aos impostos, dá destinação à receita". Extinta a relação jurídica tributária pelo pagamento o que vem depois compete a outras instâncias do Direito e não mais ao regramento dos tributos. As receitas tributárias seriam, destarte, uma consequência fática que decorre da norma impositiva, um estado de coisas externo que se produz.

Com isso, fazemos os seguintes questionamentos: é possível a diferença do conceito de tributo em âmbito tributário e financeiro? Sim, novamente pelo enfrentamento das questões de intertextualidade intrassistêmica. As peculiaridades das diferenças estão postas em normas da mesma hierarquia (Lei 4.320 e Lei 5.172). Além disso, tratam de âmbitos diferentes (Direito Tributário e Orçamento Público). Isto traz duas consequências visíveis: a primeira é de que a destinação não faz parte da definição do conceito de tributo em âmbito tributário, o que poderia caracterizar o Fundo de Garantia por Tempo de Serviço um tributo.[52] O segundo é que a má versação do tributo

---

51. *O avesso do tributo: incentivos e renúncias fiscais no direito brasileiro.* Tese de doutorado. São Paulo: USP, 2013, p. 51.

52. A par do próprio autor do Código Tributário Nacional, Rubens Gomes de Sousa, ter se pronunciado pela natureza tributária do FGTS (Cf. *Natureza tributária da contribuição para o FGTS.* In: Revista de Direito Público 17. São Paulo: Ed. Revista dos Tribunais, 1971, p. 317), o STF julgou pela

pode responsabilizar a gestão fiscal do Estado, mas não dá direito ao contribuinte de repetir o "indébito".

3.3. Insumos

O terceiro problema proposto trata da definição do conceito de insumos para a não-cumulatividade da Contribuição ao Programa de Integração Social e de Formação do Patrimônio do Servidor Público e da Contribuição para Financiamento da Seguridade Social (PIS/COFINS), e para a não-cumulatividade do Imposto sobre Produtos Industrializados (IPI).

Na sistemática da tributação, há tributos incidentes em uma operação, como os sobre a propriedade, e outros dependentes de uma série de etapas anteriores para que possam ser exigíveis, como os decorrentes da produção ou das receitas de uma empresa, chamados de tributos sobre valor agregado. No Brasil, o Imposto sobre Veículos Automotores (IPVA) é exemplo do primeiro caso. IPI e PIS/COFINS, do outro.

Aos tributos incidentes sobre atividades decorrentes de etapas, criou-se a "não-cumulatividade", com o fito de onerar apenas o que for agregado. A não-cumulatividade é um termo com definição de conceito da própria Constituição Federal: ao menos para o IPI, diz que *será não cumulativo, compensando-se o que for devido em cada operação com o montante cobrado nas anteriores.*

A base de cálculo é o valor final menos os tributos pagos nas etapas anteriores. Paulo de Barros Carvalho[53] afirma que a não-cumulatividade é um limite objetivo que visa realizar o

---

natureza trabalhista (RE 11.249/SP – Tribunal Pleno – Rel. Oscar Correa – j. 01.12.1987 – DJ 01.07.1988).
53. Paulo de Barros Carvalho, *Direito tributário, linguagem e método*. 3ª ed. São Paulo: Noeses, 2010, p. 256.

valor da justiça tributária, para que o impacto da percussão não provoque distorções. Ela funciona para determinar o montante a ser recolhido através do tributo, gravando apenas a riqueza agregada ao bem ou serviço.[54]

No IPI, a não-cumulatividade é baseada nos insumos da produção: bens e serviços ligados ao produto final. O fabricante pode "se creditar", ou seja, diminuir sua carga tributária com o que foi pago anteriormente, desde que os insumos integrem ou sejam utilizados no processo produtivo. Por exemplo, água para fazer um refrigerante, querosene como solvente na indústria química. Água e querosene, se utilizados como fonte de energia para fazer o mesmo refrigerante, não se enquadram na definição de insumos.

É de se notar que o insumo pode ter conceito mais abrangente, como tudo aquilo que se utiliza dando como finalidade o produto ou serviço, objeto da atividade empresarial. Conforme a definição de Eduardo Marcial Ferreira Jardim[55], seguindo a semântica de Antonio Houaiss, insumo deriva de *input*, designativa de tudo aquilo que entra conjugada com o vocábulo pátrio "consumo". Equipamentos, capital, mão de obra e energia, componentes ligados à produção de bens ou serviços, estariam abrangidos pelo conceito. Mas não no IPI.

Frontalmente temos uma divergência: bens e serviços utilizados na produção ou fabricação de bens não são, necessariamente, matéria-prima. Aqui o mesmo combustível serve para descontar créditos de **PIS/COFINS**. Após a apuração de todas as receitas, é realizado o abatimento do montante do crédito correspondente às alíquotas incidentes a título das contribuições.

---

54. André Mendes Moreira, *A não-cumulatividade dos tributos*. São Paulo: Noeses, 2010, p. 61.
55. Eduardo Marcial Ferreira Jardim, *Dicionário de direito tributário*. São Paulo: Noeses, 2011, p. 224.

A questão, nesse caso, envolve sistemáticas independentes, sem qualquer relação de subordinação entre elas. São contextos que não devem se influenciar, mesmo porque cada um possui sua própria regulamentação e, neste caso, uma norma não afasta a outra, do mesmo modo que não traz para si a aplicação do que regula no caso de um tributo. Nas palavras de Bakhtin[56], são partes de um mesmo todo que não se comunica.

O conceito de "insumo" aplicável ao PIS e à COFINS vem sendo, pouco a pouco, alterado pela jurisprudência. A definição que, até recentemente, era bastante restrita começa a tomar forma mais próxima do amplo conceito de "custo de produção de bens e serviços" constante no Regulamento do Imposto de Renda – RIR, em especial nos artigos 290 e 299, que incluem todas as "despesas necessárias à atividade da empresa e à manutenção da respectiva fonte produtora".[57]

Paralelamente a esta definição de conceito, surge doutrina e jurisprudência concordando que os insumos do IPI nada tem que ver com os do PIS/COFINS, e pouco se parecem com os "insumos do Imposto de Renda", não contemplando todas as despesas dedutíveis neste imposto.[58]

---

56. Mikhail Bakhtin, *Estética da Criação Verbal*, Tradução de Maria Ermantina Pereira. Editora Martins Fontes, 1997, *passim*.
57. O Conselho Administrativo de Recursos Fiscais já (CARF) julgou da seguinte forma: [...] o termo "insumo" utilizado para o cálculo do PIS e COFINS não cumulativos deve necessariamente compreender os custos e despesas operacionais da pessoa jurídica, na forma definida nos artigos 290 e 299 do RIR/99 e não se limitar apenas ao conceito trazido pelas Instruções Normativas n. 247/02 e 404/04 (embasadas exclusivamente na inaplicável legislação do IPI). BRASIL. Ministério da Fazenda. Conselho Administrativo de Recursos Fiscais. Recurso Voluntário n. 369.519/RS. Processo n. 11020.001952-2006-22. Julgamento: 08 dez. 2010. Órgão julgador: Segunda Turma/Segunda Câmara. Edição: 17 jan. 2011.
58. É o que se lê no STJ, na minuta de voto do Ministro Mauro Campbell Marques (Recurso especial n. 1.246.317-MG): "4. Conforme interpretação teleológica e sistemática do ordenamento jurídico em vigor, a conceituação

Dadas as materialidades diferentes (industrialização, receita e renda), impossível equipararem insumos sem que se perca na compreensão de tais tributos. No caso do PIS/COFINS, O termo "insumo" não indica uma substância em si[59], constante em uma lista específica, mas na relação com a forma que a receita é adquirida.

Não há uma forma comum a que se devam submeter à determinação do que venham a ser insumos para todos os tributos sujeitos à sistemática da não-cumulatividade. "A expressão insumo deve estar vinculada aos dispêndios realizados pelo contribuinte que, de forma direta ou indireta, contribua para o pleno exercício de sua atividade econômica (indústria, comércio ou serviços) visando à obtenção de sua receita", nas palavras de Fábio Palaretti Calcini.[60]

A limitação do sentido construído inauguralmente por uma norma se dará apenas em função das outras normas presentes no ordenamento, com sentido contrário, que lhe sejam hierarquicamente superiores.

---

de 'insumos', para efeitos do art. 3º, II, da Lei n. 10.637/2002, e art. 3º, II, da Lei n. 10.833/2003, não se identifica com a conceituação adotada na legislação do Imposto sobre Produtos Industrializados – IPI, posto que excessivamente restritiva. Do mesmo modo, não corresponde exatamente aos conceitos de 'Custos e Despesas Operacionais' utilizados na legislação do Imposto de Renda – IR, por que demasiadamente elastecidos."
5. São "insumos", para efeitos do art. 3º, II, da Lei n. 10.637/2002, e art. 3º, II, da Lei n. 10.833/2003, todos aqueles bens e serviços pertinentes ao, ou que viabilizam o processo produtivo e a prestação de serviços, que neles possam ser direta ou indiretamente empregados e cuja subtração importa na impossibilidade mesma da prestação do serviço ou da produção, isto é, cuja subtração obsta a atividade da empresa, ou implica em substancial perda de qualidade do produto ou serviço daí resultantes.
59. Vide Natanael Martins e Daniele Souto Rodrigues, *A evolução do conceito de insumo relacionado à contribuição ao PIS e à COFINS*. In: PIS e COFINS à luz da jurisprudência do Conselho Administrativo de Recursos Fiscais: volume 2.
60. *PIS e COFINS. Algumas ponderações acerca da não-cumulatividade*. In: Revista Dialética de Direito Tributário nº 176. São Paulo: Dialética, 2010, p. 58.

A questão, nesse caso, envolve sistemáticas independentes, sem qualquer relação de subordinação entre elas. São contextos que não se influenciam, mesmo porque cada um possui sua própria regulamentação e, neste caso, uma norma não afasta a outra, do mesmo modo que não traz para si a aplicação do que regula no caso de um tributo. Há um gênero do qual ambas participam, mas que precisa ser especificado para que possam incidir.

CONCLUSÕES

A verdade jurídica é arrogante: juristas não são meros descritores da realidade do direito, mas construtores criativos dela. Se a língua é realidade, temos ao menos duas consequências importantes: (1) como o direito é texto, é impossível de ser interpretado sem contexto; e (2) a teoria do direito é análise da linguagem dos juristas.[61]

A significação de uma palavra depende da convenção que se faz com os outros participantes. O que se poderia chamar de acepção "de base" é um uso mais intensivo de um termo do que outro, tal como os dicionários se organizam. Disso não se afasta que o direito, como língua artificial, precisa dizer que uma palavra significa outra coisa que as acepções existentes na língua natural, e também dos limites do próprio sistema jurídico (como a hierarquia das normas). O objetivo de se definir conceitos está na redução da vagueza/ambiguidade dos termos.

No que diz respeito à contribuição ao PIS/COFINS, à época a única base de cálculo possível era o faturamento. Inicialmente, faturamento implicava a incidência apenas sobre

---

[61]. Gregorio Robles, *O direito como texto: quatro estudos de teoria comunicacional do direito*. Tradução de Roberto Barbosa Alves. Barueri: Manole, 2005, p. 19.

as receitas decorrentes de vendas de mercadorias e/ou prestações de serviço. Posteriormente, alargou-se o conceito, equiparando-o à receita bruta, ou seja, todas as entradas da pessoa jurídica, independente de serem provenientes de venda de mercadorias e/ou prestações de serviço. Cremos que não há tal possibilidade. A questão da receita implica em regras de competência tributária, aumentando os poderes da União. Além disso, salvo expressa determinação constitucional em sentido contrário, o próprio legislador usou da linguagem natural.

A palavra "tributo" possui diferente alcance a depender do subsistema tributário inserido, se no Direito Tributário ou no Financeiro. A destinação, no subsistema tributário, é irrelevante para a caracterização do tributo. Sem levar em consideração a destinação do quantum arrecadado como caracterizador da exação tributária, o Fundo de Garantia por Tempo de Serviço (FGTS) pode ser considerado tributo. Outra demonstração está na má versação de uma contribuição social, que não dá direito a repetição do indébito pelo contribuinte, mas responsabiliza o Estado.

As definições de insumo podem variar, a depender do contexto (IPI, PIS/COFINS ou Imposto de Renda). Não há subordinação entre uma lei e outra. A mesma palavra possui sentido diferente, a depender do tributo. Logo, a intertextualidade é dentro do mesmo subsistema jurídico, o tributário. A não-cumulatividade é aplicada de forma diferente em ambos os casos, mas deverá ter o mesmo efeito, posto que de hierarquia constitucional.

De modo geral, podemos concluir ainda que: (i) o legislador e o julgador sempre criam, contudo encontram-se inseridos em determinado contexto linguístico que não pode ser ignorado; (ii) para um conceito evoluir e ser aceito, deve haver coerência e consistência, até sob pena de impossibilitar a comunicação; (iii) um enunciado sempre é modulado pelo falante para o contexto social, histórico, cultural e ideológico[62]; e (iv) conceitos não podem ser simplesmente emprestados de legislações diferentes, de tributos com materialidades diferentes.

Nestes termos em que até o planejamento tributário é considerado *crimideia*, graças ao parágrafo único do art. 116 do CTN, vale reforçar os limites à interpretação das palavras, em especial em âmbito tributário, posto que o tributo e o Estado vivem uma relação sinalagmática. Ou isso, ou vivermos sob uma *novilíngua*, sob ameaça de sermos capturados pela *Polícia do Pensamento* e trocarmos a liberdade e a democracia pela vigilância do *Grande Irmão*.[63]

---

[62]. Mikhail Bakhtin, *Estética da Criação Verbal*, Tradução de Maria Ermantina Pereira. Editora Martins Fontes, 1997, *passim*.

[63]. Termos constantes em *1984*. Resumimos aqui para a compreensão, ainda que com enorme perda literária: *Crimideia*, junção das palavras "crime" e "ideia", é qualquer pensamento contrário aos interesses do Partido. Novilíngua é a língua corrente, mas numa versão reduzida e aprovada pelo governo. Grande irmão, o líder onipresente que vigia a todos.

PLANEJAMENTO TRIBUTÁRIO E A VERDADE MATERIAL EM JUÍZO

Demetrius Nichele Macei[1]

PLANEJAMENTO TRIBUTÁRIO – ANTECEDENTES E CONSEQUÊNCIAS

No Brasil, dentre as inúmeras discussões doutrinárias, pacificou-se que, apesar da existência de outras denominações, o planejamento tributário consiste na conduta lícita do contribuinte em realizar seus negócios jurídicos de forma a sofrer a menor tributação possível, evitando a ocorrência da hipótese de incidência ou minimizando seus efeitos sem, contudo, agir de forma ilícita.

Agir de forma ilícita, neste caso, seria quando a hipótese de incidência ocorresse e o contribuinte se utilizasse de meios fraudulentos para esconder do fisco a sua ocorrência, ou mesmo que a declarasse, o fizesse de forma a subtrair do fisco a completa realidade dos fatos ocorridos. Desta forma, o fato

---

1. Pós-doutorando em Direito Tributário na USP. Doutor em Direito do Estado pela PUC/SP. Professor do Corpo Permanente do PPGD do UNICURITIBA. Advogado.

jurídico de interesse do Direito Tributário ocorreria, mas o contribuinte, após esta ocorrência, procuraria subtrair do fisco total ou parcialmente seus elementos, dificultando ou impossibilitando que este realizasse o lançamento corretamente.

Esta subtração de informações e consequente recolhimento a menor de tributo é comumente denominada "evasão fiscal", coincidindo muitas vezes com o tipo penal de sonegação fiscal.

O planejamento tributário, por outro lado, consiste na chamada "elisão fiscal" que, contrariamente a evasão, refere-se a atuação *prévia* à ocorrência da hipótese de incidência, de forma a evitar que a mesma ocorra, evitando, portanto a subsunção do fato à norma tributária. Como sabemos, o princípio da legalidade, aliado ao princípio da tipicidade fechada em matéria tributária, faz com que a obrigação tributária somente nasça caso o fato jurídico ocorra exatamente nos moldes previstos pelo legislador tributário.

No momento em que aquela pessoa jurídica, por exemplo, opta pelo regime de apuração do imposto de renda denominado lucro real, ou lucro presumido, ela está optando previamente ao exercício financeiro pelo regime de apuração que supostamente lhe seja mais vantajoso. O mesmo faz aquela pessoa física que opta pela declaração simplificada ou declaração completa. Mais vantajoso, nestes casos, será sempre aquele regime em que o contribuinte vislumbre o menor recolhimento possível. Aqui, evidentemente, qualquer noção de aplicação do princípio da solidariedade tributária resta afastada, pois se fosse mandatório o princípio, o contribuinte diante de duas ou mais opções de recolhimento, escolheria a mais cara, ciente do seu dever cívico de contribuir com a coletividade.

Os casos citados são exemplos arcaicos de planejamento tributário, pois, de acordo com o estritamente previsto na legislação, o contribuinte poderia optar por determinados regimes, até determinado momento.

Com base nesse entendimento (meio menos oneroso) e fundados nos preceitos do princípio da legalidade e da tipicidade, muitos contribuintes passaram a efetuar planejamentos cada vez mais complexos, cuidando sempre para realizar seus negócios jurídicos na forma prevista na legislação.

Aquele contribuinte (A) que pretende adquirir imóvel e, ao invés de realizar um contrato de compra e venda, constitui sociedade com o vendedor (B), sendo que cada um integraliza 50% das quotas, um na forma de imóvel (objeto do desejo de 'A') e o outro em dinheiro e, dias ou mesmo horas depois, dissolvem tal sociedade e a liquidam de modo que aquele que integralizou em dinheiro (A) retira-se da sociedade com o imóvel, e vice-versa, conseguindo – em tese – afastar a incidência da norma do ITBI (imposto sobre a transferência onerosa de bens imóveis). Isto porque tal incidência não ocorre quando o bem imóvel é integralizado numa sociedade, por força de imunidade constitucional.[2]

A operação societária acima descrita chegou a ser batizada coloquialmente de "operação casa-separa" e passou a ser uma opção de planejamento tributário para muitos contribuintes dispostos a realizar o referido trâmite jurídico, com toda a burocracia que envolve a abertura e fechamento de empresas.

Apesar da maior complexidade, o negócio jurídico – compra e venda imobiliária – foi evitado e, portanto, evitada também foi a realização da hipótese de incidência tributária do ITBI. Sob

---

[2]. Art. 156. Compete aos Municípios instituir impostos sobre: (...) II – transmissão inter vivos, a qualquer título, por ato oneroso, de bens imóveis, por natureza ou acessão física, e de direitos reais sobre imóveis, exceto os de garantia, bem como cessão de direitos a sua aquisição; (...) § 2º O imposto previsto no inciso II: não incide sobre a transmissão de bens ou direitos incorporados ao patrimônio de pessoa jurídica em realização de capital, nem sobre a transmissão de bens ou direitos decorrente de fusão, incorporação, cisão ou extinção de pessoa jurídica, salvo se, nesses casos, a atividade preponderante do adquirente for a compra e venda desses bens ou direitos, locação de bens imóveis ou arrendamento mercantil;

o ponto de vista jurídico-formal, não sendo a operação vedada pela legislação, isto é, constituir e dissolver uma empresa no mesmo dia, ou horas depois, não há como reprimir o contribuinte.

Quando o contribuinte pessoa jurídica, que possui controlada no exterior, e este país não firmou acordo bilateral para evitar a bitributação da renda com o Brasil, resolve constituir empresas *holdings* em países em que há tratado firmado, tanto com o Brasil como naquele país, de sua controlada, para evitar a bitributação, tão pouco esse contribuinte pode ser reprovado, desde que também atenda a legislação pertinente à constituição e funcionamento das entidades estrangeiras.

Todavia, em 2001, o Estado, não satisfeito com o crescimento de planejamentos tributários em todas as esferas governamentais, tanto em quantidade quanto na sua complexidade e até "nacionalidade", resolveu editar norma tributária pretendendo limitar tal conduta dos contribuintes. Fez assim incluir o parágrafo primeiro no artigo 116 do Código Tributário Nacional (CTN), que foi logo batizado de "norma geral antielisiva".[3] Tendo em vista que tal norma remetia a sua aplicação à regulamentação via lei ordinária, a presidência da republica editou a Medida Provisória n. 66/2003 para atender ao dispositivo.

Justamente em razão de ser o planejamento tributário conduta lícita, não contrária a lei, a sua conversão em lei tornou-se inviável, e a medida, ineficaz, em razão da falta de conversão em lei pelo Congresso Nacional. Até hoje o referido parágrafo não foi devidamente regulamentado.

Mas aí se deu algo interessante. Iniciou-se logo intenso debate doutrinário a respeito dos limites do planejamento

---

3. Art. 116. Parágrafo único. A autoridade administrativa poderá desconsiderar atos ou negócios jurídicos praticados com a finalidade de dissimular a ocorrência do fato gerador do tributo ou a natureza dos elementos constitutivos da obrigação tributária, observados os procedimentos a serem estabelecidos em lei ordinária.

tributário. Quanto ao parágrafo único do artigo 116, a doutrina foi majoritária no sentido de que, mesmo regulamentado, o dispositivo tratava do que na verdade já estava previsto na legislação civil, que é a nulidade de atos jurídicos simulados, com a diferença de que, tal nulidade independeria de decisão judicial, ao menos em matéria tributária, para ser declarada por autoridade administrativa.

Mas o debate desbordou a discussão do sentido e alcance do teor do artigo 116 do CTN para ingressar numa seara até então estranha ao direito tributário, que é o estudo da "intenção" do contribuinte ao realizar determinado negócio jurídico. Em regra a responsabilidade tributária é objetiva, ou seja, independe da vontade do sujeito passivo. O nascimento da obrigação independe de sua vontade para que a hipótese ocorresse ou não, pois sendo *ex lege*, a obrigação decorre diretamente da lei, não de qualquer manifestação de vontade do cidadão. Assim, se ocorre o fato jurídico conforme previsto, obrigatoriamente nasce a obrigação de pagar o tributo ao Estado. Ao contrário, se não ocorre tal fato, de forma estrita, não há tributo a pagar.

O fisco então passou a autuar os contribuintes que realizavam planejamentos tributários em que os negócios jurídicos realizados não seriam aqueles que "normalmente" deveriam ocorrer em cada caso, com base nas teorias civilistas do abuso de forma, abuso de direito e negocio jurídico indireto. No exemplo da "operação casa-separa", o fisco passou a entender que, numa situação normal, o negócio jurídico seria um contrato de compra e venda e não a constituição de sociedade, e mesmo sem aplicar o parágrafo único do artigo 116 (e nem poderia fazê-lo) passou a adotar uma daquelas teorias, conforme cada caso.

Esta tendência já se manifestava em outros países, que adotam a chamada *business proposal theory* (teoria do propósito negocial) em que a autoridade administrativa não necessariamente anula o negócio, mas simplesmente o desconsidera para fins tributários se o mesmo negócio não revelar sobretudo "propósito" comercial. Mais que isso, o fisco passou a adotar com mais rigor a chamada e já criticada "interpretação econômica" da hipótese de incidência, na medida em que, se determinado negócio jurídico foi realizado desta ou daquela forma, mas com o único ou principal intuito de economizar tributo, este negócio fere o direito, pois abusa das formas disponíveis e possui conteúdo diverso do aparente.

A linha que divide o planejamento tributário sem propósito negocial e a simulação são tênues, mas inconfundíveis. Enquanto na simulação ocorre um ato jurídico falso, criado para obter determinado benefício tributário (simulação absoluta) ou um ato jurídico falso para encobrir outro verdadeiro (simulação relativa), no planejamento tributário os atos são todos verdadeiros, que produzem seus legais e regulares efeitos. Contudo, aos olhos do fisco, se tal negócio foi realizado com o único intuito de pagar menos tributo, por si, é reprovável e deve ser desconsiderado.

Esse entendimento vem sendo acolhido atualmente pelos tribunais administrativos. Quer dizer: segundo o fisco, os negócios jurídicos neste âmbito são interpretados não mais pela sua forma, mas sim pela substancia e os Conselhos de Contribuintes vem majoritariamente acolhendo tal diretiva.

PLANEJAMENTO TRIBUTÁRIO – TENDÊNCIAS NOS TRIBUNAIS JUDICIAIS

Neste momento, são poucos os julgados de tribunais superiores que se tem conhecimento, a respeito da questão da prevalência da substância sobre a forma. É preciso lembrar que tal prevalência, se acolhida, significa importante mudança nos caminhos atuais da interpretação do Direito Tributário, quando prevalece a aplicação do princípio da legalidade, na sua acepção mais estrita.

Entretanto, já é possível encontrar jurisprudência reveladora de tendência. É, por exemplo, o caso do Tribunal Regional Federal da 4ª Região que decidiu no mesmo sentido do que vem decidindo os Conselhos de Contribuintes, acrescentando que, no caso concreto, o abuso de forma equivaleria à simulação. Vejam-se trechos selecionados da ementa:

> INCORPORAÇÃO. AUTUAÇÃO. ELISÃO E EVASÃO FISCAL. LIMITES. SIMULAÇÃO. EXIGIBILIDADE DO DÉBITO. HORORÁRIOS ADVOCATÍCIOS. LITIGÂNCIA DE MÁ-FÉ.
>
> (...)
>
> 4. Admite-se a elisão fiscal quando não houver simulação do contribuinte. Contudo, quando o contribuinte lança mão de meios indiretos para tanto, há simulação.
>
> 5. Economicamente inviável a operação de incorporação procedida (da superavitária pela deficitária), é legal a autuação.
>
> 6. Tanto em razão social, como em estabelecimento, em funcionários e em conselho de administração, a situação final – após a incorporação – manteve as condições e a organização anterior da incorporada, restando demonstrado claramente que, de fato, esta "absorveu" a deficitária, e não o contrário, tendo-se formalizado o inverso apenas a fim de serem aproveitados os prejuízos fiscais da empresa deficitária, que não poderiam ter sido considerados caso tivesse sido ela a incorporada, e não a incorporadora, restando evidenciada, portanto, a simulação.
>
> 7. (...)
>
> 8. Inviável economicamente a operação de incorporação procedida, tendo em vista que a aludida incorporadora existia apenas juridicamente, mas não mais economicamente, tendo servido apenas de "fachada" para a operação, a fim de serem aproveitados seus prejuízos fiscais – cujo aproveitamento a lei expressamente vedava.
>
> (...).[4]

---

4. Apelação Cível 2004.71.10.003965-9/RS. Rel. Des. Dirceu Soares. Segunda Turma. Julgado em 22/08/2006. DJU 06/09/2006.

O Supremo Tribunal Federal, em meio à outra discussão, agora sobre a tributação de lucros obtidos no exterior, mesmo que de forma singela, manifestou-se sobre a atuação do Estado em relação ao planejamento tributário, *in verbis*:

> TRIBUTÁRIO. INTERNACIONAL. IMPOSTO DE RENDA E PROVENTOS DE QUALQUER NATUREZA. PARTICIPAÇÃO DE EMPRESA CONTROLADORA OU COLIGADA NACIONAL NOS LUCROS AUFERIDOS POR PESSOA JURÍDICA CONTROLADA OU COLIGADA SEDIADA NO EXTERIOR. LEGISLAÇÃO QUE CONSIDERA DISPONIBILIZADOS OS LUCROS NA DATA DO BALANÇO EM QUE TIVEREM SIDO APURADOS ("31 DE DEZEMBRO DE CADA ANO"). ALEGADA VIOLAÇÃO DO CONCEITO CONSTITUCIONAL DE RENDA (ART. 143, III DA CONSTITUIÇÃO). APLICAÇÃO DA NOVA METODOLOGIA DE APURAÇÃO DO TRIBUTO PARA A PARTICIPAÇÃO NOS LUCROS APURADA EM 2001. VIOLAÇÃO DAS REGRAS DA IRRETROATIVIDADE E DA ANTERIORIDADE. MP 2.158-35/2001, ART. 74. LEI 5.720/1966, ART. 43, § 2º (LC 104/2000). 1. Ao examinar a constitucionalidade do art. 43, § 2º do CTN e do art. 74 da MP 2.158/2001, o Plenário desta Suprema Corte se dividiu em quatro resultados: 1.1. Inconstitucionalidade incondicional, já que o dia 31 de dezembro de cada ano está dissociado de qualquer ato jurídico ou econômico necessário ao pagamento de participação nos lucros; 1.2. Constitucionalidade incondicional, seja em razão do caráter antielisivo (impedir "planejamento tributário") ou antievasivo (impedir sonegação) da normatização, ou devido à submissão obrigatória das empresas nacionais investidoras ao Método de Equivalência Patrimonial – MEP, previsto na Lei das Sociedades por Ações (Lei 6.404/1976, art. 248). (...).[5]

Em ambas as decisões acima transcritas, especialmente no STF, nota-se a tendência de legitimação de conduta do

---

5. ADI 2588, Relatora: Min. Ellen Gracie, Relator p/ Acórdão: Min. Joaquim Barbosa, Tribunal Pleno, julgado em 10/04/2013, DJe-027.

fisco para impedir a elisão fiscal, o planejamento tributário, tratando-o como ato ilícito. Mesmo tratando-se de mera Ementa, e a expressão destacada em aspas, o fato é que a utilização do termo "elisão fiscal" passa a ser inapropriada. O planejamento tributário que se utilize de simulação de negócios jurídicos deixa de ser elisão, que por definição reflete atitude lícita do contribuinte, para assumir o caráter de abuso. A rigor, portanto, o "planejamento tributário" que se funda em abuso do direito, deve ser coibido com normas "antiabuso", não antielisivas, haja vista a elisão no seu conceito teórico.

Não nos vem ao caso aprofundar aqui tal questão semântica. O importante agora é destacar que a tendência do Poder Judiciário tem indicado para o sentido de decidir de forma semelhante ao que já ocorre na esfera administrativa, ou seja, legitimando normas "antielisivas", por meio da teoria da interpretação econômica e a prevalência da substancia sobre a forma dos negócios jurídicos.

Na proporção em que a substancia passa a ser mais relevante que a forma, é de suma importância saber como os fatos jurídicos de interesse do Direito Tributário realmente ocorreram. A questão da prova assume papel fundamental para saber se o planejamento é ou não legítimo.

VERDADE MATERIAL – PROCESSO ADMINISTRATIVO E JUDICIAL

Habitualmente, em todos os ordenamentos que possuem em sua estrutura de Estado um Poder Judicial ou Judiciário, está a ideia de que o processo busca estabelecer se os fatos realmente ocorreram ou não. A verdade dos fatos no processo é tema altamente problemático e produz inúmeras incertezas ao tentar-se definir o papel da prova nesse contexto.

Michele Taruffo[6] identifica que existem basicamente dois motivos que geram essa problemática. O primeiro deles é justamente o estabelecimento da denominada verdade judicial ou formal, em contraposição à verdade material ou absoluta. A verdade formal seria estabelecida no processo por meio das provas e dos procedimentos probatórios admitidos pela lei. De outra banda, a verdade material é aquela ocorrida no mundo dos fatos reais, ou melhor, em setores de experiência distintos do processo, obtido mediante instrumentos cognitivos distintos das provas judiciais.

Nesse contexto, não é difícil definir o que vem a ser a verdade formal, pois é aquela obtida mediante o uso dos meios probatórios admitidos em lei. O problema é conceituar a verdade material, pois inicialmente chegamos ao seu conceito por mera exclusão. Qualquer outra "verdade" que não a formal, é a material. A verdade material, nesse sentido, é a que se aproxima mais daquele conceito de verdade absoluta visto anteriormente – para os que se utilizam dessa denominação – pois admite outros meios de comprovação e cognição não admissíveis no âmbito do processo.

Obedecidas as regras do ônus da prova e decorrida a fase instrutória da ação, cumpre ao juiz ter a reconstrução histórica promovida no processo como completa, considerando o resultado obtido como verdade – mesmo que saiba que tal produto está longe de representar a verdade sobre o caso em exame. Com efeito, as diversas regras existentes no Código de Processo Civil tendentes a disciplinar formalidades para a colheita das provas, as inúmeras presunções concebidas *a priori* pelo legislador e o sempre presente temor de que o objeto reconstruído no processo não se identifique plenamente com os acontecimentos verificados in concreto induzem a doutrina a buscar satisfazer-se com outra "categoria de verdade", menos exigente que a verdade material.

---

6. **La prova dei fatti giuridice**. Milão: Giufrè, 1992, p. 56.

É por isso que, ao admitir a adoção da verdade material como princípio regente do processo, os conceitos extraprocessuais tornam-se importantes, sobretudo os filosóficos, epistemológicos, que buscam definir como podemos conhecer a verdade. Mas não é só isso. A doutrina moderna tem reconhecido o chamado *princípio da busca da verdade material*, tornando-o relevante também para o Direito Processual, na medida em que algumas modalidades de processo supostamente admitem sua aplicação de forma ampla, como é o caso do Processo Administrativo e do Direito Penal.

A predominância da busca da verdade material no âmbito do Direito Administrativo fica evidenciada nas palavras de Celso Antonio Bandeira de Mello quando afirma:

> Nada importa, pois, que a parte aceite como verdadeiro algo que não o é ou que negue a veracidade do que é, pois no procedimento administrativo, independentemente do que haja sido aportado aos autos pela parte ou pelas partes, a Administração deve sempre buscar a verdade substancial.[7]

Paulo Celso Bergston Bonilha ressalta que o julgador administrativo não está adstrito as provas e a verdade formal constante no processo e das provas apresentadas pelo contribuinte. Segundo ele, outras provas e elementos de conhecimento público ou que estejam de posse da Administração podem ser levados em conta para a descoberta da verdade.[8]

Ainda no âmbito do direito administrativo, há aplicação ampla do princípio da verdade material, mesmo que com outras

---

7. **Curso de Direito administrativo**. 26. ed. rev. ampl. São Paulo: Malheiros, 2009, p. 497. O autor se socorre da definição de Hector Jorge Escola, para quem o *Princípio da Verdade Material* consiste na busca daquilo que *é realmente a verdade* independentemente do que as partes hajam alegado ou provado.
8. BONILHA. Paulo Celso Bergstrom. **Da prova no processo administrativo tributário**. 2. ed. São Paulo: Dialética, 1997, p. 76.

denominações. Hely Lopes Meirelles chama de *princípio da liberdade de prova* aquele em que a Administração tem o poder-dever de conhecer de toda a prova de que tenha conhecimento, mesmo que não apresentada pelas partes litigantes. Hely Lopes salienta que no processo judicial o juiz cinge-se às provas indicadas, e no tempo apropriado, enquanto que no processo administrativo a autoridade processante pode conhecer das provas, ainda que produzidas fora do processo, desde que sejam descobertas e trazidas para este, antes do julgamento final.[9]

Parte-se da premissa de que o processo civil, por outro lado, por lidar supostamente com bens menos relevantes que o processo penal, pode contentar-se com menor grau de segurança, satisfazendo-se com um grau de certeza menor. Seguindo esta tendência, a doutrina do processo civil passou a dar mais relevo à observância de certos requisitos legais da pesquisa probatória (através da qual a comprovação do fato era obtida), do que ao conteúdo do material de prova. Passou a interessar mais a forma que representava a verdade do fato do que se este produto final efetivamente representava a verdade. Mas ainda assim, reconhecia-se a possibilidade de obtenção de algo que representasse a verdade, apenas ressalvava-se que o processo civil não estava disposto a pagar o alto custo desta obtenção, bastando, portanto, algo que fosse considerado *juridicamente* verdadeiro. Era uma questão de relação custo-benefício

---

[9]. **Direito Administrativo Brasileiro**. 14. ed. São Paulo: Revista dos Tribunais, 1989, p. 584. Em outra passagem da obra, o autor classifica o processo administrativo com base em duas espécies: o disciplinar e o tributário. Segundo ele, ambos, mesmo que usualmente tratados pela doutrina separadamente, possuem o mesmo núcleo de Princípios. Hely Lopes Meirelles faleceu em agosto de 1990. Sua obra passou a ser atualizada por outras pessoas e encontra-se na sua 33ª edição. Sem qualquer demérito a estes juristas, procuramos aqui refletir a opinião autêntica do autor, mediante consulta a edição imediatamente anterior a sua morte (julho de 1989), sobre um tema de cunho principiológico que, aliás, ultrapassa as barreiras da legislação alterada posteriormente.

entre a necessidade de decidir rapidamente e decidir com segurança; a doutrina do processo civil optou pela preponderância da primeira.[10]

Outro aspecto que dificulta ainda mais uma solução para o problema é o fato de que a única verdade que interessa é aquela ditada pelo juiz na sentença, já que fora do processo não há verdade que interesse ao Estado, à Administração ou às partes. A verdade no seu conteúdo mais amplo é excluída dos objetivos do processo, em particular do processo civil.

A busca pela verdade material é princípio de observância indeclinável da Administração Tributária no âmbito de suas atividades procedimentais e processuais. Deve fiscalizar em busca da verdade; deve apurar e lançar com base na verdade; deve julgar com base na verdade.

A busca da verdade material, antes de ser direito do contribuinte é um dever do Estado. Assim, a verdade é buscada pela Administração independentemente de provocação do contribuinte e, obviamente, se a iniciativa não partir do contribuinte ou do fisco, deve partir do julgador.

Sob o ponto de vista do processo, as controvérsias submetidas ao Poder Judiciário são regidas pela Lei Processual Civil, exceto para as situações em que há lei específica, como é o caso da Medida Cautelar Fiscal e da Execução Fiscal, ambas propostas pelo fisco e igualmente sujeitas subsidiariamente ao mesmo Processo Civil.

Mas aqui ocorre um fato inexplicável. Aquela relação processual até então regida pela verdade material, passou imediatamente a reger-se pela verdade formal assim que assumiu os ares de relação processual civil judicial.

---

10. ARENHART, Sérgio Cruz. MARINONI, Luiz Guilherme. **Comentários ao código de processo civil.** V. 5, t. 1. 2. ed. ampl. São Paulo: Revista dos Tribunais, 2005, p. 56.

Não só essa *transubstanciação* de *material* em *formal* não encontra fundamento plausível sob o ponto de vista da mudança repentina de esfera, como também a relação jurídica tributária não pode admitir a verdade formal como seu corolário.

Não há fundamento filosófico ou jurídico sustentável para a manutenção do instituto da verdade formal no Direito Processual para a solução das lides tributárias. Não se pode cogitar atualmente acelerar o trâmite do processo por meio da criação de mais presunções e ficções jurídicas capazes de acentuar ainda mais a formalização da verdade. A paz social reclama a apuração da verdade na sua substância, sob pena de inutilizar todo o aparato jurisdicional, tornando-o mero finalizador de conflitos, sem solução justa.

No Direito Tributário maior é a razão pela qual o *princípio da verdade material* deve prevalecer. Em primeiro lugar porque os litígios tributários são igualmente solucionados, tanto na esfera administrativa como na judicial, e sendo aquela regida pela verdade material, não há razão para que esta esfera não o seja, em virtude do caráter reconhecidamente processual da esfera administrativa de resolução de conflitos.

Em segundo lugar porque o Direito Tributário é sujeito ao regime do Direito Público, incompatível com o rito flagrantemente privatista, civilista, do Processo Civil.

Em terceiro lugar, e talvez o mais importante argumento, que a obrigação tributária é compulsória e decorrente de lei, e o litígio decorrente da subsunção do fato a norma jurídica tributária impõe antes da mera descoberta da realidade dos fatos, a correta aplicação do Princípio Constitucional da Legalidade em matéria tributária.

A QUESTÃO DA PROVA

Quanto ao vocábulo, o sentido que a expressão (prova) é tida pelo direito, e até mesmo seu objeto (o fato), não se notam grandes controvérsias na doutrina. Contudo, sob o ponto de vista da verdade, a finalidade da prova passa a ter sentidos diametralmente opostos. Para alguns, a finalidade da prova é *reconstruir* os fatos, para outros, é *construí-los*. Esta diferença é crucial, na medida em que os *construtores* dos fatos não tem compromisso com a verdade. A verdade será aquela que convencer melhor o juiz, ou ainda, o "dono da verdade" será o que construir o fato de maneira mais convincente, desde que atenda as regras e prazos processuais.

As questões de Direito Tributário que outrora eram vistos como discussões de teses, meramente de direito, hoje assumem contornos diferentes. Na proporção em que o planejamento tributário é válido – ou não – independentemente da forma jurídica adotada, ou o propósito comercial passa a ser determinante para a validade do ato jurídico praticado, provar que havia propósito negocial ou que o objetivo não era apenas economizar tributo é questão unicamente de fato.

Willian Twinig sabiamente afirma que *90 por cento dos advogados passam 90 por cento do seu tempo analisando os fatos, e isso deve ser refletido na sua formação. Se 81 por cento do tempo do advogado é gasto com uma coisa, segue-se que 81 por cento do ensino jurídico deve ser dedicado a ela.*[11] E com base nesse percentual sustenta que o currículo do Bacharel em direito seja denominado de "Bacharel dos Fatos".

O PLANEJAMENTO TRIBUTÁRIO, A PROVA DOS FATOS EM JUIZO E A VERDADE MATERIAL

Merece destaque precedente do Superior Tribunal de Justiça que, ao deparar-se com tema de planejamento tributário

---

11. **Rethinking Evidence. Exploratory Essays. Talking facts seriusly**. 2 ed. Cambrige University Press: London, 2006, p. 14.

internacional, mesmo sem atender ao mérito, revelou toda a preocupação e a importância do tema, *in verbis*:

> AGRAVO REGIMENTAL EM MEDIDA CAUTELAR. CONCESSÃO DE EFEITO SUSPENSIVO A RECURSO ESPECIAL COM EXAME DE ADMISSIBILIDADE PENDENTE. PROCESSUAL CIVIL E TRIBUTÁRIO. EXECUÇÃO FISCAL. IRPJ E CSLL. SOCIEDADE CONTROLADA OU COLIGADA AINDA COM FILIAL NO EXTERIOR. INCERTEZA QUANTO À POSSIBILIDADE DE TRIBUTAÇÃO DOS LUCROS ATRIBUÍDOS À EMPRESA NACIONAL. QUESTÃO DE ALTA RELEVÂNCIA JURÍDICA E ECONÔMICA, QUE DEVE SER REMETIDA PARA AS VIAS ORDINÁRIAS, COM O PROSSEGUIMENTO DA EXECUÇÃO FISCAL, ONDE HAVERÁ OPORTUNIDADE PARA, EM SEDE DE EMBARGOS, DESTRAMAR-SE TODO O PROBLEMA JURÍDICO QUE ENVOLVE A QUESTÃO. AGRAVO REGIMENTAL PROVIDO. MEDIDA CAUTELAR INDEFERIDA.
>
> 1. A questão da tributação de empresas controladas, coligadas ou filiadas no Exterior, pela matriz nacional, é altamente relevante e juridicamente desafiadora, não reinando entendimentos pacíficos a seu respeito. Diante da informação da distribuição de lucros pela empresa, quando ainda pende uma questão tributária de expressivo vulto, seria o caso de se liberar o trâmite da execução fiscal, mas, evidentemente, sem impedir a empresa de embargá-la, e de se defender, usando todo o arsenal jurídico à sua disposição, como é lógico.
>
> 2. A situação de incerteza jurídica quanto à incidência (ou não) da tributação, na matriz brasileira, das empresas filiadas, coligadas ou controladas no Exterior, recomenda remeter-se a questão para as vias ordinárias, ou seja, que a execução fiscal seja destravada e todo o problema jurídico da incidência tributária discutido amplamente na ação de embargos; esse será o procedimento que assegurará as partes o franco acesso à jurisdição. (...).

Um paralelo entre o processo administrativo e o judicial demonstra vantagens e desvantagens mútuas. No processo administrativo nota-se alto grau de informalidade, gratuidade e celeridade. Não há a necessidade imperativa da presença do advogado na representação do contribuinte, os julgadores administrativos são sempre especializados e experientes nas questões tributárias e suas decisões, por esta razão têm, presumidamente, maior legitimidade. No processo judicial, por outro lado, há um formalismo exacerbado, para muitos contribuintes as custas judiciais, somadas às despesas do processo (honorários, p. ex.) e algumas vezes a necessidade de depósito integral do valor em debate (ação anulatória de débito fiscal) inviabilizam a continuidade das discussões tributárias. Os juízes – especialmente do interior – muitas vezes não são especializados na matéria.

Agora é preciso reconhecer que o grau de imparcialidade dos juízes no Poder Judiciário é consideravelmente maior, pois se trata de poder independente. Os órgãos de julgamento administrativos são órgãos integrantes da estrutura do poder executivo, vinculados a própria receita, parte interessada no processo. Os Conselhos de Contribuintes têm regimentos internos que prejudicam este quesito, quando o desempate nas decisões colegiadas, por exemplo, é resolvido normalmente por algum conselheiro de carreira, indicado pela Fazenda Pública.

Apesar de haver previsão da fase instrutória no processo administrativo, visto que inspirado no processo civil, o fato é que a produção de prova ainda é incipiente em comparação com o processo judicial.

No foro judicial, por outro lado, a instrução probatória é ampla e exaustiva, ao menos em primeira instância. Nas instancias superiores, a prova não pode ser revista. O STJ tem inúmeras decisões neste sentido. Destacamos uma da saudosa Ministra Denise Arruda, que cita a súmula 07 do Egrégio Tribunal Superior, *in verbis*:

PROCESSUAL CIVIL. TRIBUTÁRIO. AGRAVO REGIMENTAL NO AGRAVO DE INSTRUMENTO. AÇÃO

ANULATÓRIA DE DÉBITO FISCAL. CONTRIBUIÇÃO PARA O SAT. GRAU DE RISCO. REVISÃO DO ENQUADRAMENTO. PRETENSÃO QUE DEPENDE DO REEXAME DE MATÉRIA FÁTICA. SÚMULA 7/STJ.

1. A pretensão da agravante está assentada na assertiva de que a alíquota para fins de incidência da contribuição para o SAT, em relação ao estabelecimento onde são praticadas atividades administrativas, foi fixada com base em enquadramento realizado pelo próprio INSS, após a realização de perícia.

2. Tal questão, no entanto, é eminentemente fática, insuscetível, portanto, de apreciação em sede de recurso especial, conforme o disposto na Súmula 7/STJ, assim redigida: "A pretensão de simples reexame de prova não enseja recurso especial."

3. É certo que esta Superior Corte de Justiça firmou orientação no sentido de que é possível a fixação de alíquotas diferenciadas para o recolhimento do SAT se houver registro próprio no CNPJ para cada estabelecimento da empresa. É indispensável, no entanto, que também sejam apurados graus de risco distintos para cada um deles. A apuração do grau de risco de cada um dos estabelecimentos da empresa agravada, tal como anteriormente afirmado, depende do reexame do contexto fático-probatório dos autos.

4. Agravo regimental desprovido.[12]

Diante de todos esses prós e contras entre o exame do planejamento tributário na esfera administrativa e a judicial, nos parece que a solução para desequilibrar a questão, e não em favor de uma ou outra parte, mas em favor da verdade, e justamente conceber a aplicação do princípio da busca da Verdade Material também no processo judicial.

Já pudemos afirmar que não há mais sentido em aplicar-se a verdade formal do processo civil nas questões tributárias, por

---

12. AgRg no Ag 920.086/DF, Rel. Min. Denise Arruda. Primeira Turma, julgado em 04/03/2008, DJe 31/03/2008.

se tratar de questão envolvendo a relação *ex lege*, de direito público, entre o fisco e os contribuintes. Não se pode perder a grande oportunidade de apurar a realidade dos fatos em juízo, aproveitando todos os melhores aspectos da esfera judicial (tais como a imparcialidade e os meios de prova amplamente admitidos) e também revertendo os pontos negativos daqueles juízes que não conhecem tão bem a matéria tributária e afastando também indevida e injusta limitação de se reexaminar a prova apenas no juízo monocrático.

Mais uma vez salientamos que as únicas limitações para a apuração da verdade na esfera judicial são aquelas presentes na Constituição Federal (decadência, prescrição, coisa julgada). Todas as demais regras internas dos tribunais ou de processo civil devem ser vistas e interpretadas conforme o princípio da busca da verdade material.[13]

A conclusão é simples: a complexidade inerente aos planejamentos tributários deve ser considerada à altura pelo Poder Judiciário, agora com todos os meios de prova e imparcialidade a eles inerente, mas de nada vai adiantar este valoroso instrumento se o *princípio da busca da verdade material* – hoje absolutamente consolidado na esfera administrativa tributária – não acompanhar a discussão quando chega à esfera judicial, afastando-se assim a mera busca da verdade formal inerente às questões civis.

---

13. MACEI, Demetrius Nichele. **A verdade material no direito tributário**. São Paulo, Malheiros, 2013.

A CLÁUSULA GERAL DA BOA-FÉ E OS PLANEJAMENTOS TRIBUTÁRIOS: NOS LIMITES DO ESTADO DEMOCRÁTICO DE DIREITO

Luís Guilherme da Silva Cardoso[1]

1. INTRODUÇÃO

Com grande satisfação, recebemos convite para participar, como colaborador, de obra coletiva dedicada à memória da Ministra Denise Arruda, sob eixo temático: Tributação, Democracia e Liberdade.

Na verdade, a satisfação é dupla, primeiro, pela homenagem, ainda que póstuma, a uma pessoa de trajetória profissional singular, Ministra de convicções firmes e de raízes paranaenses; segundo, pelo lançamento da obra no 7º Congresso Internacional de Direito Tributário do Paraná, sob a coordenação da eminente professora Betina Treiger Grupenmacher,

---

[1]. Procurador da Fazenda Nacional. Especialista em Direito Tributário pelo Instituto Brasileiro de Estudos Tributários – IBET e pela Faculdade de Direito de Curitiba.

personalidade de inteligência e carisma únicos. Estivemos e estamos bem servidos!

Pois bem. É sempre difícil, dadas as considerações de texto (limitação de páginas) e de contexto (verticalização do tema), eleger um assunto que seja, ao mesmo tempo, suficientemente profundo e conciso; que transmita o pensamento do autor, sem se perder em inúmeras citações; e que, ao final, desperte, naquele que lê, a curiosidade de aprofundamento.

Nesse sentido, embora o título pareça um tanto vago, o presente ensaio tem como objetivo analisar os reflexos, no âmbito dos planejamentos tributários, dos artigos 113[2], 187[3] e 422[4] do Código Civil, que tratam, respectivamente, da boa-fé interpretativa, da boa-fé como abuso de direito e da boa-fé objetiva. Todos esses dispositivos analisados sob o enfoque do Estado Democrático de Direito.

A pergunta a ser respondida é a seguinte: "Considerando que o Brasil se constitui num Estado Democrático de Direito, seria a cláusula geral da boa-fé objetiva um limite jurídico possível na distinção entre os planejamentos tributários lícitos e ilícitos?".

Ao lado dessa questão, outras subjacentes: "Qual o papel da tributação num Estado Democrático de Direito?"; "Que valores entram em cena num Estado Democrático de Direito?"; "Seria, ou não, o planejamento tributário, um direito subjetivo dos contribuintes na busca pela diminuição da carga tributária?"; "Os negócios jurídicos privados devem ser interpretados

---

2. Art. 113. Os negócios jurídicos devem ser interpretados conforme a boa-fé e os usos do lugar de sua celebração.
3. Art. 187. Também comete ato ilícito o titular de um direito que, ao exercê-lo, excede manifestamente os limites impostos pelo seu fim econômico ou social, pala boa-fé ou pelos bons costumes.
4. Art. 422. Os contratantes são obrigados a guardar, assim na conclusão do contrato, como em sua execução, os princípios de probidade e boa-fé.

e executados sob o enfoque único de sua causa, ou motivos e finalidades devem ser levados em consideração para análise de sua existência, validade ou eficácia?"; "Em vista da cláusula geral da boa-fé, o que seria um planejamento tributário legítimo?".

Não temos dúvida de que, se Ministra Denise Arruda estivesse viva, esse ensaio lhe seria motivo de contentamento, já que a análise da boa-fé no âmbito do direito tributário, embora sob enfoques outros, teve exponencial destaque em diversos votos por ela proferidos. Passemos à análise do tema, então.

2. LIBERDADE, IGUALDADE E SOLIDARIEDADE: DO ESTADO LIBERAL AO ESTADO DEMOCRÁTICO DE DIREITO

Sempre nos causou espécie a afirmação, pura e simples, de que o planejamento tributário seria o direito subjetivo assegurado ao contribuinte de, por meios lícitos, (i) evitar a ocorrência do fato jurídico tributário; (ii) reduzir o montante devido a título de tributo; ou (iii) postergar a sua incidência. A assertiva nunca nos pareceu inteiramente verdadeira!

Em primeiro lugar, porque, a nosso ver, planejamento tributário e elisão tributária não se confundem. Com efeito, consoante nos ensina Paulo Caliendo:

> A elisão não se confunde com o planejamento tributário. Este é o conjunto de atos ordenados do contribuinte na organização de seus negócios com o propósito de prever os efeitos tributários de seus negócios jurídicos. O planejamento tributário é a conduta fática que compõe o conceito de elisão, mas esta não se confunde nem se esgota na noção de planejar.
>
> A elisão é o planejamento lícito de negócios, realizada conforme os princípios constitucionais que orientam a livre-

-iniciativa e a livre concorrência, com o objetivo de obter o menor impacto fiscal.[5]

Em segundo lugar, porque, a depender do contexto social e do modelo de Estado a que nos referimos, valores até então considerados absolutos podem deixar de sê-lo. Nesse sentido, se a redução da carga tributária, como causa, motivo ou finalidade dos negócios jurídicos, justificar-se-ia, em tese, no contexto de um Estado liberal puro (em que o Estado mínimo, a interferir o menos possível na autonomia privada dos agentes econômicos, garantiria a liberdade formal plena dos indivíduos), não se justificaria, em absoluto, no contexto de um Estado Democrático de Direito (em que valores como igualdade material e solidariedade entram em cena).[6]

Pois bem. Na tentativa de resumir, para os fins a que nos propomos, essa passagem que vai do Estado Liberal ao atual Estado Democrático de Direito, em termos de tributação, podemos dizer que se deu na perspectiva da evolução dos conceitos de liberdade, igualdade (formal e material) e solidariedade.

A liberdade que, no Estado de liberalismo puro, estava ligada ao conceito de igualdade formal[7], escondeu, em termos

---

5. **Direito tributário e análise econômica do direito: uma visão crítica**. Rio de Janeiro: Elsevier, 2009, p. 240.
6. "Em um verdadeiro Estado de Direito a carga tributária deve ser distribuída com justiça entre seus cidadãos, não apenas formalmente, mas sobretudo materialmente, para que cada um suporte proporcionalmente os custos para participar da vida comum, de modo a que todos cumpram seu dever cívico para com a sociedade" (SILVA, Anderson Furlan Freire da. **Planejamento fiscal no direito brasileiro: limites e possibilidades**. Rio de Janeiro: Forense, 2011, p. 19).
7. "Se ainda não se tinha configurado em seu atual sentido, o princípio da capacidade contributiva, foi inegável o avanço da noção de igualdade do Liberalismo clássico. Com a defesa da igualdade na tributação, mesmo de uma igualdade eminentemente formal, foram afastados diversos critérios discriminatórios utilizados para distribuir o ônus tributário, como decorrentes de *status* civil (nobre, clérigo, plebeu), raça e religião, conforme destaca

históricos (principalmente após as duas grandes Guerras Mundiais), as graves relações de hipossuficiência da sociedade, cujas relações de força, que já não estavam mais no âmbito da força física (Estado sem sociedade), migraram para outros tipos, mais veladas, como as forças políticas e econômicas, por exemplo.

Nas palavras de Alessandro Mendes Cardoso:

> Contudo, se as revoluções burguesas e o Liberalismo político-econômico foram, indiscutivelmente, avanços e trouxeram a questão da liberdade e da cidadania a um primeiro plano de importância, de outro lado, representaram o triunfo de uma classe e de uma nova ordem social. Se ao Liberalismo repugnava a simples ideia de um Estado intervencionista, sob o manto da defesa da liberdade individual e de atuação, este fechou os olhos ao autoritarismo e à opressão econômica, em que os interesses privados dominaram a vida política, econômica e social, muitas vezes, com objetivos exclusivamente egoístas. Isso explica por que logo após a vitória de forças transformadoras baseadas no discurso da igualdade e fraternidade entre os homens presencia-se na primeira fase da Revolução Industrial, com base na teoria da liberdade contratual, à desumana espoliação do trabalho e do emprego de desumanos métodos de exploração econômica. As contradições internas do sistema liberal levaram à sua crise e ao surgimento de novas ideologias sociais que demandaram a alteração da forma de organização do Estado e da sociedade.[8]

Na busca pelo reequilíbrio dessas forças, uma vez que a desigualdade material era evidente, surgiram os direitos

---

Marciano Seabra de Godoi. Em uma análise histórica, essa concepção de igualdade tributária se adequava à concepção político-jurídica liberal que privilegiava a igualdade perante a lei" (CARDOSO, Alessandro Mendes. **O dever fundamental de recolher tributos no estado democrático de direito**. Porto Alegre: Livraria do Advogado, 2014, pp. 75-76).

8. *Ibidem*, p. 76.

econômicos, sociais e culturais. O Estado, de mero espectador, passou a atuar com mais intensidade na realidade, intervindo em áreas até então exclusivamente privadas.

Para atender à prestação de serviços públicos, ou mesmo atuar na economia, sempre na perspectiva de conciliar a liberdade com a igualdade material, o tributo se transformou no mais importante instrumento de receita pública. A tributação passou a observar a capacidade contributiva do cidadão, e o próprio direito de propriedade deixou de ser absoluto, devendo atender a uma função social. Aqui, falamos do Estado Social de Direito[9]:

> O tributo, além de ter a função primordial de arrecadar fundos capazes de viabilizar a consecução das tarefas estatais, passou a ser utilizado como instrumento de intervenção em setores da vida social (como na economia, na saúde pública – via aumento do custo de produtos considerados danosos – e no meio ambiente), por meio da tributação progressiva e da extrafiscal. Ampliou-se a concepção sobre a utilização da tributação, que de mero meio arrecadador, passou a ferramenta fundamental da gestão pública, que permite a execução de políticas de interferência no comportamento dos agentes econômicos e na dinâmica social, com a transferência de renda e a redução da desigualdade.[10]

Nada obstante, tendo vista as consequências advindas de uma concepção extremista da sociedade, observou-se que o

---

9. "Além da criação de sistemas previdenciários complexos e universalistas, o Estado Social se caracterizava pelo crescimento do aparato estatal. Isso se deu em duas frentes: a) no crescimento dos serviços públicos prestados e disponibilizados aos cidadãos, investindo o Estado em áreas como educação e saúde; e b) na criação e no desenvolvimento de empresas estatais que viabilizavam a intervenção do Estado no campo econômico. No Estado Social, abandonou-se definitivamente a obsessão liberal pela abstenção dos governos na regulação econômica e ampliaram-se as intervenções públicas para dirigir e controlar a entrada de recursos econômicos por meio da regulamentação" (*Ibidem*, p. 124).

10. *Ibidem*, p. 128.

aumento considerável do Estado e dos gastos públicos, sua dificuldade de autofinanciamento, aliada a percepção de que o nível de produtividade do setor público era inferior ao nível de produtividade do setor privado, serviram de incentivo à chamada "fuga aos impostos". Com isso, houve o retorno da desigualdade, mas agora numa perspectiva para além do dever de contribuir, os contribuinte passaram a não querer mais pagar tributos, determinados segmentos da sociedade sustentaram a carga tributária de outros (sem um critério de justiça), cresceu a figura do chamado "carona" tributário (*"free rider"*), tudo isso a influenciar, como veremos, os atos de planejamento tributário:

> Nesse contexto, o sistema tributário no Estado Social entrou em crise, sofrendo fortes questionamentos e demandas por reformas, em decorrência de alguns fatores, dentre os quais: a) incremento da carga fiscal, sobretudo nas classes médias; b) crescimento expressivo do aparato estatal, que cada vez mais exigia recursos para sua manutenção; c) 'retornavam' ao contribuinte o valor de seus impostos (no sentido de disponibilizar serviços eficientes); d) crescentes déficits públicos, cuja causa foi identificada (principalmente pela pregação dos partidos conservadores e parte da mídia) na falência do sistema previdenciário.
>
> A partir desse momento, passou a crescer a resistência dos contribuintes à carga tributária e, principalmente, ao aumento dos tributos já existentes ou à criação de outros.[11]

Diante desse cenário, fez-se necessária uma releitura dos modelos de Estado Liberal e Social, que não só resgatasse, no próprio indivíduo (ser social), o dever fundamental de pagar os tributos, mas que fundamentalmente justificasse para esse mesmo cidadão que essa tributação era justa e exercida nos limites das necessidades públicas para atendimento da coletividade.

---

11. *Ibidem*, p. 127.

Toda essa transformação progressiva do modelo de Estado se deu sem qualquer abandono de conquistas solidificadas, tanto do liberalismo (princípio da legalidade, princípio da segurança jurídica, etc.), como do socialismo (necessidade de intervenção estatal para correção das desigualdades sociais, prestação de serviços públicos, etc.), mas com o acréscimo do componente democrático, que representou a reinserção do indivíduo como fim do Estado e a possibilidade de sua participação mais ativa na vida política do país.[12]

A síntese desse novo modelo reside no princípio da solidariedade aplicável ao direito tributário. Consoante nos ensina Nayara Tataren Sepulcri, em específica passagem sobre o dever fundamento de pagar tributos:

> Portanto, na base dessas reflexões está o reconhecimento normativo, no sistema constitucional, de um **dever fundamental de contribuir** lastreado na solidariedade social. Em outras palavras, identifica-se o dever de contribuir às despesas públicas como um **dever de solidariedade**, dever não apenas moral ou ético, mas um dever juridicizado e constitucionalizado.
>
> (...)
>
> Acreditamos que – situando o sistema tributário e a delimitação de competências aos entes tributantes no contexto do sistema constitucional em que tais normas se inserem – seja possível extrair e construir um **dever de solidariedade** consistente em contribuir ao sustento do Estado. Contudo,

---

12. "Como produto de seu tempo, o Estado Democrático de Direito tem por desiderato e maior desafio conjugar o sistema econômico de mercado com os direitos sociais (entendidos em sentido amplo, com a inclusão dos chamados 'direitos difusos', como os das minorias e os direitos ambientais). Portanto, não é só a finalidade de transformação da ordem social que caracteriza o Estado Democrático de Direito, mas também o fato de a mesma obrigatoriamente ter de se efetivar em um contexto democrático, dinâmico e pluralista, em que todas as classes sociais, ideologias políticas e interesses localizados interagem e se relacionam dialeticamente na sociedade, entendida simultaneamente como esfera pública e política" (*Ibidem*, p. 133).

este dever nada mais é, a nosso ver, que fundamento juridicizado, é princípio que, conquanto ofereça unidade e consistência ao sistema, não tem aptidão, de per si, para criar competências nem tampouco obrigações concretas de pagar.[13]

De forma direta, essa evolução do Estado Fiscal se projetou no âmbito dos chamados planejamentos tributários, na medida em que não há como se entender o tributo calcado unicamente na liberdade, mas sim como um dever de todos para com a própria subsistência do Estado.

3. REFLEXOS DAS CONCEPÇÕES DE ESTADO NOS PLANEJAMENTOS TRIBUTÁRIOS: DA ESTRUTURA À FUNÇÃO

Marco Aurélio Greco expôs, com maestria, os efeitos dessa visão histórica das concepções de Estado em relação aos planejamentos tributários, identificando três fases pelas quais

---

13. SEPULCRI, Nayara Tataren. **O princípio da solidariedade no sistema constitucional tributário brasileiro**. Curitiba: 2013, p. 167. Dissertação (Mestrado em Direito). Universidade Federal do Paraná – UFPR. No mesmo sentido: "O desenvolvimento do tema da solidariedade com fundamento nos deveres fundamentais não implica que a questão dos direito fundamentais tenha perdido importância ou tenha sido relegada a segundo plano. De forma alguma. Os direitos fundamentais constituem, inegavelmente, um dos pilares em que se assenta o Estado Democrático de Direito e integram o status de cidadania vinculando tanto o Estado como os demais cidadãos. Mas o que ocorre é que, superado o viés individualista da cidadania, a questão dos deveres que lhe são inerentes também assume relevância. Isso ocorre, por exemplo, no campo da cidadania fiscal, que implica o reconhecimento de que todos são destinatários do dever fundamental de recolher tributos (por força da sua vinculação à garantia da manutenção do Estado e, também, à solidariedade social), na medida de sua capacidade contributiva, mas também que todos os cidadãos têm o direito de somente se submeter a um sistema fiscal que esteja estruturado nos limites jurídico-constitucionais a que esteja vinculado e que respeite efetivamente os direitos do contribuinte" (CARDOSO, Alessandro Mendes. **O dever fundamental de recolher tributos no estado democrático de direito**. Porto Alegre: Livraria do Advogado, 2014, p. 150).

o instituto teria passado: i. a fase da liberdade salvo simulação; ii. a fase da liberdade salvo patologias e iii. a fase da liberdade com capacidade contributiva.

No entendimento do autor, a primeira fase caracterizar-se-ia pela liberdade plena de contratar. Os efeitos tributários dos negócios jurídicos seriam assegurados ao contribuinte desde que: a) agisse antes da ocorrência do fato gerador; b) mediante atos lícitos e c) não fossem atos simulados (como vício de vontade). Segundo menciona:

> Este modo de conceber o planejamento resulta de uma concepção individual-protetiva do ordenamento tributário e ao buscar dar a maior amplitude possível à ideia de proteção, desemboca no conceito de legalidade estrita, assim entendida como a exigência de lei em sentido formal em todas as minúcias da previsão tributária. Decorrentes dessa visão são os conceitos de tipicidade fechada, proibição de analogia e o prestígio da figura da lacuna (vista como vazio), de modo que onde houvesse lacuna o contribuinte poderia caminhar protegido.[14]

Numa segunda fase, incorpora o autor, para além da liberdade de contratar, a ausência do que chama de patologias, representadas pelo abuso de direito e fraude à lei. Nesse sentido, seja pelo excesso no exercício do direito (contrariando o perfil objetivo do negócio jurídico ou outros valores consagrados), seja pela fraude à lei (pelo contorno de uma norma imperativa por outra), o autor identifica como ponto comum a análise do motivo para a prática do ato. O motivo seria o elemento nuclear para a análise das operações realizadas pelo contribuinte com a intenção de obter menor carga fiscal.

---

14. GRECO, Marco Aurélio. **Perspectivas teóricas do debate sobre planejamento tributário**. Revista Fórum de Direito Tributário – RFDT, Belo Horizonte, ano 7, n. 42, nov/dez 2009. Disponível em: <http://www.bidforum.com.br/bid/PDI0006.aspx?pdiCntd=64574>. Acesso em: 16 abr. 2014, pp. 06-07.

Nas palavras do prestigiado doutrinador:

> Na análise de certo caso, cumpre verificar concretamente, se o motivo alegado existe, é pertinente ao ato praticado e suficiente para justificá-lo. Ou seja, que não se trate de mero 'pretexto'.
>
> Como esta análise situa-se no âmbito de atos ou negócios realizados visando obter menor carga tributária, o motivo não pode ser o próprio resultado obtido (menor carga tributária). Vale dizer, a operação tributariamente relevante não se justifica pelo próprio efeito tributário que produz. O motivo que pode afastar a alegação de abuso é o motivo extratributário. Ou seja, o evento real, pertinente e suficiente, externo ao âmbito tributário, que leva à produção de certo ato que acarreta menor carga tributária como eventualidade e não como razão de ser.[15]

E mais, para Marco Aurélio Greco, o vício presente nessas três figuras estaria relacionado ao plano da eficácia ou inoponibilidade perante o Fisco, de maneira que este poderia recusar os efeitos tributários decorrentes, independentemente do enquadramento que os negócios jurídicos pudessem ter no âmbito civil ou comercial.[16]

Por último, naquilo que chama de terceira fase, Marco Aurélio Greco trabalha com a noção de liberdade e capacidade contributiva. Para o autor, a prática dos negócios jurídicos por parte dos contribuintes sofre uma redução significativa no que atine à liberdade. A autonomia privada passa a ter que conviver com o valor da solidariedade social, de tal sorte que atos anormais de gestão ou operações que chama de "preocupantes"

---

15. *Ibidem*, p. 10.
16. "O questionamento pelo Fisco dos atos e negócios e sua inoponibilidade não dizem respeito à sua validade, mas à sua eficácia perante esse terceiro. Esta ineficácia independe de recurso ao Poder Judiciário, pois com ela não se está desfazendo o ato ou negócio jurídico, apenas inibindo certos efeitos em relação a determinado terceiro (o Fisco)". (*Ibidem*, p. 12).

podem, a depender do caso concreto, não ser oponíveis ao Fisco. Nesse sentido, o princípio constitucional da capacidade contributiva teria uma faceta positiva, assim exposta:

> Como diretriz positiva, tem por destinatária não apenas o legislador – ao fazer a lei tributária – mas também o intérprete e aplicador. Isto significa que não apenas a lei tributária deve atingir manifestações de capacidade contributiva como também o sentido que dela emana é de alcançá-las e os atos e negócios que forem celebrados com o intuito de frustrar esse atingimento – igualmente consagrado – implicam inconstitucionalidade ou ilegalidade.
>
> Capacidade contributiva é conceito não formal que vincula, também, a ideia de rateio do custeio do funcionamento do Estado (um dever fundamental) e à isonomia de tratamento perante esse dever. Viola também a isonomia não lhe dar integral eficácia, no sentido não apenas de afastar a exigência tributária de quem não manifesta tal capacidade, mas de assegurar que todos que se manifestem sejam igualmente tributados.[17]

Pois bem. Essa perspectiva teórica exposta parece bem se compatibilizar com o ideal de Estado Democrático de Direito do qual falamos, por um lado, ao garantir a liberdade de planejamento ao contribuinte, no exercício de sua autonomia da vontade e formulação de negócios jurídicos, inclusive em termos econômicos; e, por outro, ao impor limites a essa atuação por parte do particular, que deve conjugar essa liberdade com outros valores constitucionalmente consagrados, como a igualdade e a solidariedade.

Aproxima-se daquilo que Ricardo Lobo Torres vai entender como a superação das chamadas interpretações conceptualistas e econômicas, pela interpretação valorativa, segundo a qual:

> A partir da década de 1970, pela enorme influência exercida no pensamento ocidental pelas obras de K. Larenz e

---

17. *Ibidem*, p 13.

J. Rawl, altera-se o paradigma na teoria geral do direito, na teoria da justiça e na teoria dos direitos humanos, abrindo-se o campo para a reformulação das posições básicas do direito tributário.

A jurisprudência dos valores e a 'virada kantiana', com a reaproximação entre ética e direito sob a perspectiva do imperativo categórico, marcam o novo momento histórico da afirmação do Estado Democrático de Direito, que é o Estado da Sociedade de Riscos.[18]

Essa reaproximação da ética e do direito, bem como a positivação (constitucionalização) de valores no ordenamento jurídico, é que nos permite ingressar no âmbito da chamada boa-fé objetiva dos negócios jurídicos – seja encarando-a como vetor interpretativo, seja como cláusula geral a ser preenchida no caso concreto.

Importante deixar claro, também, que, ao contrário de alguns doutrinadores, não vemos o motivo ou a finalidade como algo externo ao negócio jurídico. Ao contrário, estando o Código Civil regido pelos princípios da eticidade, socialidade e operatividade, e estando estruturado em termos de funcionalização dos direitos, impossível não ver o motivo ou a finalidade como partes do negócio jurídico, seja incorporando a finalidade ao conceito de causa, seja entendendo o motivo como componente autônomo. O motivo ou finalidade serão importantes para a interpretação da licitude ou não do negócio jurídico, assim como servirão de baliza para o preenchimento da clausula geral da boa-fé, conforme adiante veremos.

4. A BOA-FÉ E O PLANEJAMENTO TRIBUTÁRIO: CRITÉRIOS DE PREENCHIMENTO DE CONTEÚDO E LIMITES DE JUSTIFICAÇÃO

Dispõem os artigos 113, 187 e 422, do Código Civil:

---

18. **Planejamento tributário: elisão abusiva e evasão fiscal**. 2. ed. Rio de Janeiro: Elsevier, 2013, p. 24.

> Art. 113. Os negócios jurídicos devem ser interpretados conforme a boa-fé e os usos do lugar de sua celebração.
>
> Art. 187. Também comete ato ilícito o titular de um direito que, ao exercê-lo, excede manifestamente os limites impostos pelo seu fim econômico ou social, pala boa-fé ou pelos bons costumes.
>
> Art. 422. Os contratantes são obrigados a guardar, assim na conclusão do contrato, como em sua execução, os princípios de probidade e boa-fé.

Se, no Código Civil de 1916, a boa-fé não possuía mais do que três ou quatro artigos que a mencionavam; a situação se mostrou completamente diferente no que atine ao Código Civil de 2002. Várias são as passagens em que a boa-fé, seja como princípio, seja como cláusula geral, vem estampada, denotando aquele caráter de eticidade ao *Codex*, numa reaproximação entre Direito e da Moral (Ética).

A positivação de diversos valores, e em especial da boa-fé, intimamente ligada à confiança, lealdade e transparência, tem como desiderato a construção de relações jurídicas mais livres, justas e solidárias, as quais correspondem a um dos objetivos fundamentais da República Federativa do Brasil (CF, art. 3º, I).

Importante salientar, ainda, que, não obstante seja a boa-fé um valor reconhecido pelo Direito (e, portanto, passível de estudo pelo ramo da Filosofia do Direito conhecido como Deontologia), não a vemos como um objeto em si, na medida em que, conforme leciona Aurora Tomazini de Carvalho, calcada em ensinamentos de Paulo de Barros Carvalho, *"os valores não nascem atrelados às coisas, é o homem que, mediante um ato de consciência (designado 'valorar'), os atribui a objetos de sua experiência"*.[19] Tampouco descartamos

---

19. **Curso de teoria geral do direito: o constructivismo lógico-semântico**. São Paulo: Noeses, 2009, p. 257.

por completo qualquer resquício consequencialista em sua definição.[20]

Nesse sentido, precisas as lições de Camila de Jesus Mello Gonçalves:

> A apreensão do significado da boa-fé não prescinde da análise do homem, a partir de uma perspectiva do valor como algo imanente da realidade e das relações humanas, que antecede a criação do Direito e acaba por ele incorporado, mediante a intervenção do poder, de acordo com a visão tridimensional do fenômeno jurídico.
>
> Assim, como método de estudo, o homem torna-se o ponto de partida, de acordo com a noção de que a totalidade do conteúdo da boa-fé deve ser apreendida da realidade e das necessidades humanas, fazendo sentir a importância do lastro antropológico e filosófico na avaliação do que seria a conduta de acordo com a boa-fé.[21]

No âmbito doutrinário, existem duas acepções de boa-fé: uma subjetiva e outra objetiva. A primeira, também chamada de boa-fé psicológica ou interna, não é um princípio, mas uma crença, um estado psicológico em que a pessoa possui a convicção de ser titular de um direito que, em verdade, só existe na aparência. A segunda, a boa-fé objetiva, exterioriza-se como um padrão de comportamento. Trata-se de um dever de probidade, de transparência e de lisura, não estando ligada ao

---

20. Conforme leciona Cristiano Carvalho: "A minha hipótese central é que, no Direito, principalmente no contexto da decisão judicial, posições deontológicas não só devem ser adotadas primordialmente, como realmente funcionam a maior parte do tempo. As razões disso são, ironicamente, consequencialistas. Deve ser assim simplesmente porque funciona. Por outro lado, em determinadas circunstâncias críticas, as posições deontológicas não são suficientes, notadamente nos chamados 'casos difíceis'. Nessas situações, as posições consequencialistas devem ser empregadas" (**Teoria da decisão tributária**. São Paulo: Saraiva, 2013, pp. 91-92).
21. **Princípio da boa-fé: perspectivas e aplicações**. Rio de Janeiro: Elsevier, 2008, pp. 2-3.

ânimo interior das pessoas, mas constituindo um modelo ideal de conduta que se espera de todos os integrantes de determinada sociedade.

É, nesse segundo contexto, de boa-fé objetiva, que iremos encontrar parâmetros para uma análise mais eficaz dos chamados planejamentos tributários.

José Carlos Moreira Alves, ao comentar a boa-fé interpretativa presente no artigo 113 do Código Civil, assim se pronunciou:

> A boa-fé a que alude esse dispositivo não é evidentemente a boa-fé subjetiva, fato psicológico em que, quando conceituado como convicção de não se estar ofendendo direito alheio, se levam em consideração também valores morais de honestidade e retidão, mas sim, a boa-fé objetiva que se caracteriza como regra de conduta do homem de bem no entendimento de uma sociedade em certo momento histórico. É, portanto, ao contrário do que ocorre com a boa-fé subjetiva, algo exterior ao sujeito, vinculando-se ao dever de cooperação que se exige nas relações obrigacionais, e regra de interpretação que ora conduz a um resultado integrador das obrigações assumidas, ora a um resultado limitador delas, impondo-se ao devedor, no primeiro caso, fazer não só tudo o que prometeu, mas também o que for necessário para que a outra parte alcance o pleno resultado útil da prestação devida, ao passo que, no segundo, se limite a observar o sentido literal do negócio jurídico.[22]

Nesse dispositivo, então, é que reside um primeiro limite de justificação importante para os planejamentos tributários.

Na medida em que os negócios jurídicos devem ser interpretados conforme a boa-fé, e a boa-fé objetiva ora conduz

---

22. **O novo Código Civil brasileiro e o Direito Romano – Seu exame quanto às principais inovações no tocante ao negócio jurídico.** *In* **O novo Código Civil: Estudos em homenagem ao professor Miguel Reale** / Ives Gandra da Silva Martins Filho, Gilmar Ferreira Mendes, Domingos Franciulli Netto, coordenadores. São Paulo: LTr, 2003, p. 120.

a um resultado integrador ora a um resultado limitador, forçoso reconhecer que o motivo ou a finalidade são partes integrantes dos negócios jurídicos. Não importa se incorporada a finalidade ao conceito de causa ou na leitura do motivo como elemento autônomo, ambos integrarão o negócio jurídico, e sua interpretação levará em conta a boa-fé objetivamente externada.

Note-se que não estamos no campo da função social do contrato, com o qual a boa-fé teria íntima conexão, em especial para formar aquele tripé orientador do Código Civil brasileiro: eticidade, socialidade e operabilidade. Não! Aqui estamos tratando da boa-fé presente em cada um dos elementos do negócio jurídico, individualmente considerados, os quais servirão para definir, em momento posterior, se o negócio jurídico irá ou não cumprir uma função social.

Paulo Caliendo, não obstante deixe bem clara a distinção entre os conceitos de causa e de motivo, identifica no sentido de causa uma finalidade externa a ser alcançada pelo negócio jurídico. Ou seja, a causa, identificada como causa final, não estaria voltada apenas para o interior do negócio jurídico, mas se vincularia a uma finalidade desejada pela prática do próprio negócio. E mais, essa finalidade deveria ser analisada objetivamente. Pronto, aberto o caminho para a interpretação da boa-fé objetiva e seus contornos. Eis as palavras do autor:

> Por outro lado, o sentido da causa é identificar uma finalidade a ser alcançada pelo negócio. A interpretação da causa deve ser realizada de modo objetivo, a finalidade de que trata o novo Código Civil é objetiva, ou seja, não está a sindicalizar a intenção do agente. A finalidade deve ser vista de modo objetivo, analisando-se, inclusive, a finalidade prevista pelo ordenamento, assim, conforme o novo Código Civil exige:
>
> a) interpretação finalística: 'Art. 112. *Nas declarações de vontade se atenderá mais à intenção nelas consubstanciadas do que ao sentido literal da linguagem*';

b) respeito à boa-fé: 'Art. 113. *Os negócios jurídicos devem ser interpretados conforme a boa-fé e os usos do lugar de sua celebração*'; bem, como, no 'Art. 422. *Os contratantes são obrigados a guardar, assim na conclusão do contrato, como em sua execução, os princípios de probidade e boa-fé*';

c) adequação à função social do contrato: 'Art. 421. *A liberdade de contratar será exercida em razão e nos limites da função social do contrato*'.

Dessa forma, o teste da presença de elusão em determinada operação negocial irá questionar qual o propósito negocial a ser alcançado. Caso este seja inexistente, impróprio (abusivo) ou ilícito a operação será elusiva e, portanto, vedada pelo ordenamento jurídico.[23]

Para além da boa-fé interpretativa, os dispositivos dos artigos 187 e 422 do Código Civil representam duas importantes cláusulas gerais a serem observadas no que tange à boa-fé objetiva ligada aos negócios jurídicos. Em especial, para a análise dos planejamentos tributários que possam ser considerados ilegítimos.

Nelson Nery Jr. identifica as cláusulas gerais como normas jurídicas de ordem pública (fonte criadora de direitos e obrigações), de função instrumentalizadora (porque concretizariam o que contido, abstratamente e genericamente, nos princípios gerais de direito e nos conceitos legais indeterminados) e de aplicação *ex officio* pelo juiz, definindo-as como:

> São normas orientadoras sob forma de diretrizes, dirigidas precipuamente ao juiz, vinculando-o ao mesmo tempo em que lhe dão liberdade para decidir. As cláusulas gerais são formulações contidas na lei, de caráter significativamente genérico e abstrato, cujos valores devem ser preenchidos pelo juiz, autorizado para assim agir em decorrência da formulação legal da própria cláusula geral, que tem natureza

---

23. **Direito tributário e análise econômica do direito: uma visão crítica**. Rio de Janeiro: Elsevier, 2009, pp. 249-250.

de diretriz. Distinguem-se dos conceitos legais indeterminados pela finalidade e eficácia, pois aqueles, uma vez diagnosticados pelo juiz no caso concreto, já tem sua solução preestabelecida na lei cabendo ao juiz aplicar referida solução. Estas, ao contrário, se diagnosticadas pelo juiz, permitem-lhe preencher os claros com os valores designados para aquele caso, para que se lhe dê a solução que ao juiz parecer mais correta, ou seja, concretizando os princípios gerais de direito e dando aos conceitos legais indeterminados uma determinabilidade pela função que têm de exercer naquele caso concreto.[24]

Para o preenchimento do conteúdo da cláusula geral da boa-fé, seja ela ligada ao abuso de direito (art. 187), seja como cláusula geral aplicável a todos os negócios jurídicos (art. 422), é necessário justificação de sua aplicação em cada caso concreto. Conforme esclarece Camila de Jesus Mello Gonçalves: *"Isso porque, em que pese a positivação do princípio, a insuficiência do método subsuntivo na sua aplicação implica o aumento da necessidade de justificação racional na fundamentação de sua aplicação"*.[25]

Nesse sentido, sobressaem como de fundamental importância os denominados *standards* ou padrões de comportamento, os quais seriam ideais axiológicos obtidos da generalização de elementos empíricos (mas não confundidos com esses) e de elementos normativos (que não se afastam dos ideais do intérprete-aplicador), que serviriam como instrumento auxiliar na valoração dos negócios jurídicos.

Nas palavras precisas de Camila de Jesus Mello Gonçalves:

---

24. **Contratos no código civil.** *In* **O novo Código Civil: Estudos em homenagem ao professor Miguel Reale.** Ives Gandra da Silva Martins Filho, Gilmar Ferreira Mendes, Domingos Franciulli Netto, coordenadores. São Paulo: LTr, 2003, pp. 408-409.
25. **Princípio da boa-fé: perspectivas e aplicações.** Rio de Janeiro: Elsevier, 2008, p. 120.

> Já a noção de *standard* pode ser compreendida como a conduta social que fornece sentido aos comportamentos individuais, conferindo conteúdo às abstrações normativas, como a boa-fé. Isso significa fixar o *standard* como paradigma a ser confrontado com os fatos reais, na perspectiva de que a adequação do padrão de comportamento não prescinde do caso concreto para ser aferida. De fato, o *standard* contém elementos empíricos, não se confundindo com uma categoria abstrata, apesar de igualmente não consistir em referência a uma situação concreta específica.
>
> (...)
>
> Talvez por isso, para Menezes Cordeiro 'o padrão jurídico compartilha elementos normativos que lhe dão cunho próprio', sendo que 'não existe uma situação de independência face ao intérprete-aplicador', vislumbrando-se os *standards*, como instrumento auxiliar na valoração dos comportamentos, capazes de reduzir a margem de discricionariedade do julgador e de fornecer critérios objetivos de justificação racional para a concretização da cláusula geral.[26]

No âmbito dos denominados planejamentos tributários, a análise da cláusula geral da boa-fé na interpretação e concretização dos negócios jurídicos, bem como o preenchimento do seu conteúdo, deve levar em conta esses *standards* ou padrões de comportamentos formulados a partir de considerações normativas não apenas de direito tributário, mas principalmente do direito civil e comercial. Da mesma forma, os elementos empíricos podem ser buscados em situações fáticas já decididas em outro momento (jurisprudência), sempre com a ressalva das posições pessoais (subjetivas) daqueles que as interpretaram.

Isso não significa que a cláusula geral da boa-fé será sempre de interpretação *a posteriori*. Na ausência de *standards* ou padrões de comportamentos preconcebidos, a boa-fé deverá ser justificada racionalmente tendo em conta os elementos

---

26. **Princípio da boa-fé: perspectivas e aplicações**. Rio de Janeiro: Elsevier, 2008, p. 128.

objetivos a que vinculados os negócios jurídicos, podendo inclusive se fazer uso da equidade e analogia[27]. Essa justificação racional, inaugural, poderá servir de *stardard* ou padrão de comportamento para futuras interpretações.

A dificuldade em se identificarem *standards* ou padrões de comportamento relacionados ao conteúdo jurídico da boa-fé no âmbito do direito tributário foi bem identificada por André Folloni, que vê na tópica um caminho possível na identificação, ou não, de condutas desleais:

> É próprio dos princípios e valores constitucionais, como a boa-fé e a lealdade, estarem na implicitude dos textos positivados; ou, quando positivados, não apresentarem, claramente, uma hipótese de incidência e uma relação jurídica a ser instaurada quando da ocorrência do fato jurídico. Muitos e muitos fatos, completamente diferentes, podem desencadear a incidência de um princípio como a defesa da boa-fé e a obrigatoriedade de um agir leal, bem como muitas consequências podem advir da incidência desses princípios. Com isso, o tratamento dogmático fica dificultado. *Um bom caminho para a sua compreensão pode ser a tópica*: levantar casos em que se considera que o comportamento é desleal, fere a boa-fé, partindo do problema, em direção ao sistema.[28]

---

27. Consoante leciona Ricardo Lobo Torres: "O mecanismo integrativo de combate à elisão é a analogia ou contra-analogia, já que, como vimos, o planejamento abusivo resvalara para a analogia praticada pelo contribuinte. Tipke percebeu, excelentemente, que o combate à elisão pode desembocar no emprego da analogia, inclusive pela jurisprudência, disfarçadamente. Mas a analogia se torna inevitável, anota o ex-catedrático de Colônia, diante da indeterminação dos próprios princípios fundamentais da tributação. No combate à fraude à lei é visível o argumento contra-analógico. No exemplo dado no item 1.3.b., o contribuinte buscou, pela analogia com a locação, transformar as prestações de uma compra e venda em aluguéis. A contra-analogia consistiu na desconsideração, por parte do Fisco, da subsunção operada pelo contribuinte e na requalificação da locação como compra e venda" (**Planejamento tributário: elisão abusiva e evasão fiscal**. 2. ed. Rio de Janeiro: Elsevier, 2013, p. 55).
28. **Ciência do direito tributário no Brasil: crítica e perspectivas a partir de José Souto Maior Borges**. São Paulo: Saraiva, 2013, p. 402.

5. CONCLUSÕES

Num Estado Democrático de Direito, o planejamento tributário não se legitima, como um direito subjetivo, simplesmente pela redução da carga tributária. Ao lado dos direitos fundamentais, das garantias de liberdade e igualdade (formal), há o dever fundamental de pagar tributos, corolário dos princípios da igualdade (material), solidariedade e capacidade contributiva.

Os negócios jurídicos ligados aos planejamentos tributários, para que estes sejam considerados legítimos, devem se justificar por alguma outra causa, motivo ou finalidade, que não apenas a redução da carga tributária. Não importa se a finalidade estará ligada à causa ou se o motivo será autônomo, pois a análise é funcional e não estrutural.

A cláusula geral da boa-fé, seja na perspectiva interpretativa (CC, art. 113), seja na perspectiva do abuso de direito (CC, art. 187) ou da boa-fé objetiva (CC, art. 422), traz para o direito positivo um componente ético de fundamental importância, e que deve ser considerado em todos os negócios jurídicos ligados aos planejamentos tributários. Em outras palavras, a boa-fé passa a ser da substância do negócio jurídico.

O preenchimento da cláusula geral da boa-fé, no que tange aos negócios jurídicos ligados aos planejamentos tributários, somente se legitima mediante justificação racional. E pode se dar, a *priori*, na identificação de *standards* ou padrões de comportamentos ligados a situações empíricas ou normativas já analisadas; ou, *a posterior*, também mediante argumentação e justificação, mas levando-se em conta os dados objetivados no negócio jurídico.

O PAPEL DO SUPERIOR TRIBUNAL DE JUSTIÇA NA PACIFICAÇÃO DAS CONTROVÉRSIAS TRIBUTÁRIAS

Benedito Gonçalves[1]

1. O EXERCÍCIO DO PODER TRIBUTANTE E AS GARANTIAS CONSTITUCIONAIS DOS CONTRIBUINTES

A tributação é inerente à própria concepção de Estado, sendo primordial para o seu aparelhamento. Sempre foi assim. Desde as sociedades mais primitivas até os dias de hoje, os indivíduos colaboram materialmente em prol da coletividade. É uma obrigação natural homem, compartilhar parte de seus esforços e conquistas para a satisfação das necessidades da comunidade.

Mas pagar tributo, como dito, é uma obrigação e, como tal, encontra resistência, também natural, do contribuinte, em face das suas necessidades individuais.

---

1. Ministro do Superior Tribunal de Justiça a partir de 17-09-2008, compondo a 1ª Seção e a 1ª Turma. Bacharel em Direito pela Universidade Federal do Rio de Janeiro. Especialista em Direito Processual Civil. Mestre em Direito.

E esse é o paradoxo que sempre norteou a difícil relação entre o poder tributante e o contribuinte, já que o crescimento das demandas sociais impulsiona o "príncipe" a exigir mais do povo, motivando o comportamento reativo, e muitas vezes evasivo, do particular.

> O poder de tributar é exercido pelo Estado por delegação do povo. O Estado, ente constitucional, é produto da Assembleia Constituinte, expressão básica e fundamental da vontade coletiva. A Constituição, estatuto fundante, cria juridicamente o Estado, determina-lhe a estrutura básica, institui poderes, fixa competências, discrimina e estatui os direitos e as garantias das pessoas, protegendo a sociedade civil.
>
> O poder de tributar, modernamente, é campo predileto de labor constituinte. A uma, porque o exercício da tributação é fundamental aos interesses do Estado, tanto para auferir as receitas necessárias à realização de seus fins, sempre crescentes, quanto para utilizar o tributo como instrumento extrafiscal, técnica em que o Estado intervencionista é pródigo. A duas, porque tamanho poder há de ser disciplinado e contido em prol da segurança dos cidadãos.
>
> Assim, se por um lado o poder de tributar apresenta-se vital para o Estado, o beneficiário da potestade, por outro, a sua disciplinação e contenção são essenciais à sociedade civil ou, noutras palavras, à comunidade dos contribuintes (COÊLHO, Sacha Calmon Navarro, *in Curso de direito tributário brasileiro*, 6ª edição, Forense, Rio de Janeiro, 2001, p. 37).

No estágio atual da sociedade brasileira, a tributação está amplamente disciplinada na Carta Política de cinco de outubro de 1988. É, e como deveria ser, o pacto social de ordem material do Estado Democrático de Direito mais importante e mais sentido no dia a dia da população.

E o constituinte originário atribuiu para si a tarefa de equalizar essa delicada relação jurídica tributária. Nossa Constituição é exaustiva quando trata da limitação do poder de tributar (arts. 150 e seguintes). Em face disso, muitas das demandas tributárias exigem interpretação de preceitos constitucionais e, por isso, somente encontram sua final resolução quando o Supremo Tribunal Federal decide sobre a matéria.

A esse respeito, pertinente colacionar a lição de Roque Antonio Carrazza:

> A Constituição, como já vimos, é a base de todo o nosso direito público, notadamente de nosso direito tributário. De fato, no Brasil, por força de uma série de particularidades, as normas tributárias são, por assim dizer, o *corolário* dos princípios fundamentais consagrados na Lei Maior.
>
> [...]
>
> Muito bem (...) pensamos que, dentre os princípios constitucionais que terão projeção e pertinência no que se refere ao assunto que faz nossos cuidados, merecem destaque seis; a saber: *o republicano, o federativo, o da autonomia municipal, o da anterioridade, o da legalidade e o da segurança jurídica*. Todos eles incidem de chapa sobre a *competência tributária* e, por isso, receberão um tratamento a parte. A fiel observância dos precitados princípios é *conditio sine qua non* para a criação de tributos, pelas pessoas políticas em nosso país. (Carrazza, Roque Antonio, in *Curso de Direito Constitucional Tributário*, 21ª edição, Malheiros, São Paulo, 2005, p. 52).

Nada obstante, a Carta da República delega à lei complementar a regulamentação pormenorizada de institutos gerais afetos ao poder de tributar, tais como competência, decadência, prescrição, constituição, extinção, anistia, remissão etc. (art. 146). A par disso, confere à lei ordinária a tarefa de instituir especificamente o tributo autorizado constitucionalmente. E é sob esse enfoque, das manifestações da democracia representativa, que ganha relevo a atribuição constitucional do Superior Tribunal de Justiça no que se refere aos litígios de natureza tributária, conforme se passa a analisar.

2. A IMPORTÂNCIA DA UNIFORMIZAÇÃO DA INTERPRETAÇÃO DAS LEIS FEDERAIS NAS QUESTÕES TRIBUTÁRIAS

Com efeito, o Tribunal da Cidadania tem por missão a uniformização da interpretação da lei federal, tanto complementar quanto ordinária, razão por que as ações tributárias fazem partem do cotidiano da Seção de Direito Público do STJ.

A interpretação dada à lei federal em tais demandas deve, necessariamente, observar os princípios constitucionais que regem a matéria, tais como os princípios da legalidade estrita, da capacidade contributiva, da isonomia, da não cumulatividade, da anterioridade, da irretroatividade e do não confisco, a fim de possibilitar, nas causas comuns ao STJ e ao STF, o alinhamento de posicionamento da Corte Superior ao Pretório Excelso.

Nesse sentido, deve-se destacar que o juízo emanado pelo STJ quanto à legalidade das exações e procedimentos que lhe são submetidas à análise passa obrigatoriamente pelo exame da legitimidade da relação jurídica tributária correspondente, que pressupõe a atuação adequada do Poder Público (Fisco), o qual deve manifestar-se em conformidade com as atribuições que lhe foram acometidas pela democracia representativa (Poder Legiferante), notadamente em face das liberdades e garantias asseguradas ao contribuinte.

E, mais recentemente, nas causas denominadas repetitivas, as decisões do STJ não se limitam mais a orientar as instâncias ordinárias, mas, também, a integrar a própria compreensão da lei infraconstitucional, objetivando a tese interpretativa a ser aplicada no território nacional. Com efeito, a Lei 11.672/2008 acrescentou o art. 543-C do CPC, que disciplina rito próprio para os recursos especiais representativos de controvérsia.[2]

---

2. De acordo com o referido artigo de lei, os Presidentes dos Tribunais Estaduais ou Federais e os Ministros do STJ, poderão afetar ao regime dos

Esse é, sem dúvida, um instrumento moderno e poderoso em prol da pacificação social, que atende a diversos preceitos constitucionais, entre eles o da segurança jurídica, isonomia, economia e celeridade processuais.

Em artigo publicado na Revista Tributária e de Finanças Públicas, Helio Silvio Ourém Mendonça e Nicolas Mendonça Coelho de Araujo fazem interessante relação entre o instituto dos recursos repetitivos, a celeridade da prestação jurisdicional e a segurança jurídica, ao preconizarem que:

> A busca por segurança jurídica no sentido de previsibilidade da prestação jurisdicional impulsiona o recurso especial claramente para a abstração do julgamento, no sentido de assemelhá-lo a objetivação do recurso extraordinário.
>
> [...] a alteração da técnica de julgamento do recurso especial por meio da Lei 11.672, de 08.05.2008, a qual introduziu o art. 543-C no CPC (LGL 1973\5) é apenas mais um passo no caminho do coroamento da jurisprudência e normatividade do Tribunal Superior.
>
> Claramente inspirada no procedimento de uniformização de jurisprudência dos Juizados Especiais Federais, o recurso

---

repetitivos os recursos que, em grande quantitativo, possuam discussões de direito idênticas. Uma vez afetada a questão, ficarão suspensos os demais recursos a respeito do mesmo tema, os quais serão apreciados após o julgamento do repetitivo respectivo, tendo seguimento negado caso o acórdão recorrido coincida com o entendimento fixado pelo STJ, ou sendo novamente analisado pelo Colegiado, na hipótese de a tese do Tribunal de origem ser contrária. Nessa última hipótese, caso o Tribunal persista na manutenção do entendimento divergente, será realizado o juízo de admissibilidade do recurso especial.

Essa previsão legal é importante para nos mostrar que, apesar de o objetivo dos recursos especiais repetitivos ser a diminuição das questões que chegam ao STJ, o qual é um Tribunal de teses, tais recursos não possuem efeito vinculativo, como as Súmulas Vinculantes do STF. No âmbito do STJ, os recursos especiais repetitivos são regulamentados pela Resolução n. 8/2008, a qual prevê, de forma detalhada, os procedimentos a serem seguidos pelo Relator e pela Seção para o seu processamento e julgamento.

repetitivo nasceu de debates internos do Instituto Brasileiro de Direito Processual – IBDP, por sugestão do Ex-Ministro Athos Gusmão Carneiro, para alteração da técnica de julgamento do recurso especial sendo implementado por meio da Lei 11.672, de 08.05.2008, a qual introduziu o art. 543-C no CPC (LGL 1973\5).

A Exposição de Motivos do PL 1.213/2007, apresentada pelo então Ministro da Justiça Tarso Genro cuja relatoria na Câmara dos Deputados coube ao Deputado Maurício Rands deixa claro que a preocupação principal do legislador estava em reduzir o número excessivo de recursos especiais, muitas vezes versando sobre a mesma matéria e com isto, indiretamente, promover uma prestação jurisdicional mais célere.

[...]

"Com o volume de processos atualmente existentes nos Tribunais, fica impossível julgar com rapidez e eficácia, o que tem produzido a morosidade da justiça e o descontentamento dos jurisdicionados. O Projeto traz inovações salutares, como a simplificação no julgamento de recursos múltiplos, cujo fundamento seja idêntico. Além disto, a possibilidade de oitiva de terceiros interessados no processo fortalece o princípio da segurança jurídica, na prolação da decisão judicial. Todas essas alterações propostas resultarão em aperfeiçoamento da legislação processual vigente, diante do que o meu voto é pela constitucionalidade, juridicidade e boa técnica do PL 1.213/2007, e no mérito, pela sua aprovação" (Rands, 2007).

Obviamente não se está a afirmar que a busca foi exclusivamente a redução de recursos, mas sim realçar a coragem de diagnosticar e enfrentar a questão de forma objetiva e serena sem deixar de lado os princípios constitucionais de celeridade, eficácia e segurança jurídica. A questão posta à frente é saber se o procedimento instituído pela Lei 11.672/2007 introduzindo o art. 543-C ao CPC (LGL 1973\5) permite inferir que a busca por segurança jurídica no sentido de previsibilidade da prestação jurisdicional impulsionou o recurso especial para a abstração do julgamento, no sentido de assemelhá-lo a objetivação do recurso extraordinário.

Sifuentes esclarece que existem atos jurisdicionais com conteúdo normativo e sem conteúdo normativo.

"O que diferencia um ato jurisdicional do outro é a sua normatividade, ou seja, a sua capacidade de extrapolar as fronteiras do caso julgado, projetando-se no ordenamento jurídico com atributos de generalidade e abstração" (Sifuentes, 2005, p. 301).

No procedimento do recurso especial repetitivo existem pelo menos três momentos em que este efeito normativo manifesta-se de forma clara e que serão analisados a seguir, não sem antes trazer uma breve consideração sobre o procedimento como um todo.

[...]

O julgamento pelo procedimento do recurso especial repetitivo aponta para construção de um Tribunal Superior eminentemente uniformizador do direito de modo a fortalecer a unidade federativa. Isto fica evidente quando o recurso por amostragem finalmente estabelece o que vem a ser a jurisprudência dominante do STJ de forma clara e objetiva. (*in* Recurso Especial Repetitivo: Paradigma e Segurança Jurídica, *Revista Tributária e de Finanças Públicas*, vol. 103, p. 363, Março, 2012, Thomson Reuters).

A par disso, a estabilização da interpretação pretoriana acerca das questões tributárias tem profundo impacto também na ordem econômica, possibilitando a melhor avaliação dos custos fiscais sobre as atividades empresariais a serem desenvolvidas no País, interferindo, ainda, nas decisões de investidores estrangeiros.

Embora não seja possível, ao menos por ora, dizer que a decisão tomada pela sistemática pelo art. 543-C do CPC tenha caráter vinculante, tal como as súmulas vinculantes do Pretório Excelso, já é certo afirmar que ela tem a força de fazer as instâncias de origem rever as decisões contrárias ao entendimento do STJ, conforme o disposto no § 7º do mencionado dispositivo. A questão já foi apreciada em alguns precedentes no âmbito do STJ, que destaca a função persuasiva destes recursos de natureza objetiva, ao enfatizar a possibilidade de reconsideração pela instância de origem, como forma de preservação da segurança jurídica e da isonomia, *verbis:*

> [...] Nos termos do art. 543-C, § 7º, II, do Código de Processo Civil, é admissível a reconsideração do julgado proferido, para adequar ao entendimento firmado pelo Superior Tribunal de Justiça em recurso especial repetitivo, visando à segurança jurídica e isonomia das decisões (EDcl no AgRg no Ag 1265439/SP, Rel. Ministro HUMBERTO MARTINS, SEGUNDA TURMA, julgado em 24/04/2012, DJe 02/05/2012).

Esse caráter revisional intra-autos, próprio de juízo de retratação, também configura hipótese excepcional que autoriza a oposição de embargos de declaração, com efeitos modificativos, a fim de ajustar a decisão embargada à tese vencedora sufragada no julgamento do recurso especial representativo de controvérsia. A título ilustrativo transcrevem-se ementas de precedentes do STJ que já trataram do tema:

> TARIFA DE ESGOTO. AUSÊNCIA DE TRATAMENTO SANITÁRIO.
>
> Embargos de declaração opostos a acórdão que, supervenientemente, se revelou conflitante com a jurisprudência consolidada em julgamento realizado no regime do art. 543-C do Código de Processo Civil (REsp n. 1.339.313).
>
> Hipótese em que se justifica a atribuição de efeitos infringentes aos embargos de declaração, não obstante a ausência de obscuridade, omissão ou contradição no julgado.
>
> Analogia com o juízo de retratação previsto no art. 543-C, § 7º, II, do Código de Processo Civil.
>
> Embargos de declaração acolhidos para dar provimento ao recurso especial (EDcl no AgRg no AREsp 20565/RJ, Rel. Ministro ARI PARGENDLER, PRIMEIRA TURMA, julgado em 18/02/2014, DJe 27/02/2014).

PROCESSUAL CIVIL. EMBARGOS DE DECLARAÇÃO NOS EMBARGOS DE DECLARAÇÃO NO RECURSO ESPECIAL. EMPRÉSTIMO COMPULSÓRIO SOBRE O CONSUMO DE ENERGIA ELÉTRICA. MATÉRIA DECIDIDA ANTERIORMENTE AO JULGAMENTO DOS RECURSOS REPRESENTATIVOS DA CONTROVÉRSIA (REsp 1.003.955/RS E REsp 1.028.592/RS). APLICAÇÃO DA LEI 11.672/08. POSSIBILIDADE. FUNÇÃO PRECÍPUA DO STJ. UNIFORMIZAR A INTERPRETAÇÃO DA NORMA INFRACONSTITUCIONAL. EMBARGOS ACOLHIDOS, COM EFEITOS MODIFICATIVOS.

1. Os embargos de declaração, a teor do art. 535 do Código de Processo Civil, prestam-se a sanar omissão, obscuridade ou contradição eventualmente presentes na decisão.

2. A função precípua do Superior Tribunal de Justiça é uniformizar a interpretação a ser dada à norma infraconstitucional 3. Consolidado o entendimento sobre a matéria pela Primeira Seção, considerando a eficácia vinculativa dos precedentes existentes prevista no § 7º do art. 543-C da Lei 11.672/08, impõe-se sua aplicação, nos mesmos termos, aos casos análogos.

4. Embargos de declaração acolhidos, com efeitos modificativos (EDcl nos EDcl no REsp 714211/SC, Rel. Ministra ELIANA CALMON, Rel. p/ Acórdão Ministro ARNALDO ESTEVES LIMA, PRIMEIRA SEÇÃO, julgado em 14/09/2011, DJe 09/12/2011).

A força persuasiva do precedente tomado pela sistemática dos recursos repetitivos também influencia no juízo de admissibilidade da ação rescisória proposta por violação à literal disposição de lei (art. 485 do CPC). Com efeito, o STJ já se posicionou no sentido de que a prolação de julgado contrário e posterior à decisão de mérito tomada pelo rito dos repetitivos afasta a aplicação da Súmula 343/STF, possibilitando, assim, a desconstituição do acórdão rescindendo. É o que se depreende do julgado a seguir referido, mais uma vez colacionado em caráter exemplificativo:

PROCESSUAL CIVIL E TRIBUTÁRIO. PIS E COFINS DISCRIMINADOS NA FATURA TELEFÔNICA. MATÉRIA PACIFICADA EM RECURSO REPETITIVO. ART. 543-C DO CPC. RESP 976.836/RS.

1. Nos termos do art. 543-C, § 7º, II, do Código de Processo Civil, é admissível a reconsideração do julgado proferido, para adequar ao entendimento firmado pelo Superior Tribunal de Justiça em recurso especial repetitivo, com vistas à segurança jurídica e isonomia das decisões.

2. Neste sentido: o precedente jurisprudencial submetido ao rito do art. 543-C é dotado de carga valorativa qualificada, autorizando-se, até, a desconstituição do julgado proferido na origem para que a matéria recorrida seja novamente apreciada. Faz-se mister salientar que a Primeira Seção do STJ tem admitido o ajuizamento de ação rescisória por violação literal a dispositivo de lei, nos casos em que o acórdão rescindendo diverge do entendimento jurisprudencial pacificado à época da prolação do decisum que se busca desconstituir (Vide REsp 1001779/DF, Rel. Min. Luiz Fux, DJe 18/12/2009).

Dessarte, mesmo quando não estão presentes as hipóteses previstas no art. 535 do CPC, é possível, excepcionalmente, acolher os embargos de declaratórios com efeitos modificativos, a fim de se adequar o julgamento da matéria ao que restou definido pela Corte no âmbito dos recursos repetitivos. (EDcl nos EDcl nos EDcl nos EDcl no REsp 790.318/RS, Rel. Min. Castro Meira, Segunda Turma, julgado em 4.5.2010, DJe 25.5.2010, grifei).

3. Restou pacificado o tema "sub judice" no julgamento do Recurso Especial repetitivo 976.836, da relatoria do Min. Luiz Fux, julgado em 25.8.2010, no sentido de que "o repasse econômico do PIS e da COFINS, nos moldes realizados pela empresa concessionária de serviços de telefonia, revela prática legal e condizente com as regras de economia e de mercado, sob o ângulo do direito do consumidor, com espeque no art. 9º, § 3º, da Lei n. 8.987/1995 e no art. 108, § 4º, da Lei n. 9.472/1997".

Embargos de declaração acolhidos, com efeitos infringentes.

(EDcl nos EDcl nos EDcl nos EDcl nos EDcl no REsp 625767/

RJ, Rel. Ministro HUMBERTO MARTINS, PRIMEIRA SEÇÃO, julgado em 23/03/2011, DJe 01/04/2011).

O efeito uniformizador dos julgados repetitivos também já se faz sentir fora dos muros do Poder Judiciário. Nas causas tributárias, especificamente, a Procuradoria Geral Fazenda Nacional, em clara demonstração de fidelidade ao interesse público, publicou portaria (Portaria PGFN/CRJ/249/2010) dispensando seus membros de prosseguir litigando em alguns processos cuja questão de mérito já fora consolidada pelo regime do art. 543-C do CPC.

Em face de todos esses aspectos, que revelam a enorme importância dos precedentes oriundos de recursos especiais representativos de controvérsia, verifica-se a necessidade de especial zelo na condução de tais julgamentos. Particularmente em relação às matérias tributárias, a Primeira Seção do STJ vem tomando alguns cuidados com o objetivo de exaurir e bem decidir as questões jurídicas "repetitivas". Frequentemente, os relatores afetam mais de um recurso, a fim de aglomerar as teses jurídicas hodiernamente suscitadas pelo fisco e pelos contribuintes, possibilitando, dessa forma, a densidade necessária para a elaboração do juízo valorativo qualificado que marca esse tipo de julgamento.

Em muitos casos, apenas reeditou-se a posição já sedimentada na Corte. Em outros, todavia, a nova análise aprofundada do tema ensejou mudança da orientação jurisprudencial até então consolidada.

A propósito, destacam-se, a título ilustrativo, os julgamentos dos Recursos Especiais 1.060.210/SC, de relatoria do Ministro Napoleão Nunes Maia Filho, e 903.394/AL, de relatoria do Ministro Luiz Fux.

Quanto ao primeiro, até então, a jurisprudência do STJ, ao analisar o art. 12, alínea *a*, do DL 406/68, orientava no sentido de que, em face do princípio da territorialidade, o Imposto sobre Serviços – ISS era devido para o Município onde o serviço era efetivamente prestado, independentemente do lugar da sede do prestador. Nesse julgamento, entretanto, ficou assentado que o lugar do fato gerador ficou a cargo da lei complementar, a qual resolveu eleger como município competente para exigir o tributo aquele em que sediado o contribuinte.

No segundo precedente, após amplos debates e considerações de argumentação até então não examinada com profundidade pela Corte, a Primeira Seção chegou à conclusão de que deveria ser modificada a orientação anteriormente consolidada, de que os contribuintes de fato teriam legitimidade ativa para pleitear a restituição de tributos indevidamente recolhidos pelos contribuintes de direito.

Na ocasião do julgamento do recurso especial representativo de controvérsia, decidiu-se que, em razão de o contribuinte de fato não ter nenhuma relação com o Poder Tributante, não possui direito subjetivo de pleitear a restituição dos indébitos tributários, os quais podem ser pleiteados em juízo tão somente pelos contribuintes de direito, de sorte que apenas após eventual recuperação dos indébitos, perante o Fisco, pelos contribuintes de direito, é que poderá o contribuinte de fato, com base em norma de direito privado, pleitear junto ao contribuinte tributário a restituição daqueles valores. Ponderou-se, no julgamento, que o fato de o artigo 166 do CTN condicionar o exercício do direito subjetivo do contribuinte de direito à demonstração da não repercussão econômica do tributo ou à autorização do contribuinte de fato, não teria o condão de transformar o terceiro alheio à relação jurídico tributária em parte legítima para a ação de repetição de indébito. Com base em tais considerações, a Seção de Direito Público passou a adotar a orientação de que as empresas distribuidoras de bebidas, que se apresentam como contribuintes de fato do IPI, não detêm legitimidade ativa para postular em juízo o creditamento de tributo indevidamente recolhido pelos produtores industriais (contribuintes de direito).

Ainda nesse contexto, de exame da relevância dos precedentes fixados por esta Corte na interpretação da legislação tributária sob o rito do artigo 543-C do CPC, não se pode deixar de destacar a importância da atuação da Ministra Denise Arruda, que foi uma das precursoras da utilização do instituto dos recursos repetitivos em controvérsias referentes ao Direito Tributário.

A título exemplificativo, citam-se os julgados de relatoria da saudosa Ministra, os quais trataram do delicado tema relativo ao redirecionamento da execução fiscal com base no artigo 135 do CTN (REsp 1.104.900/ES, Primeira Seção, DJe 01/04/2009) e da garantia de atualização dos indébitos tributários pelo mesmo índice utilizado pela Fazenda Nacional para cobrança de tributos, no caso, a taxa SELIC (REsp 1.111.175/SP, Primeira Seção, DJe 01/07/2009).

O primeiro precedente, inclusive, motivou a edição do verbete n. 393 da Súmula do STJ, segundo o qual: "A exceção de pré-executividade é admissível na execução fiscal relativamente às matérias conhecíveis de ofício que não demandem dilação probatória".

Verifica-se, dessa forma, que a nova sistemática prevista pela Lei n. 11.672/2008 possibilita que as controvérsias de natureza tributária discutidas no âmbito do STJ sejam realizadas de forma mais aprofundada, bem como conferem às soluções jurídicas definidas pela Corte caráter objetivo e persuasivo, de modo a fortalecer o desempenho de sua missão constitucional de uniformização da interpretação da legislação federal.

3. ANÁLISE DE CASOS – RECONHECIMENTO DE GARANTIAS DOS CONTRIBUINTES EM FACE DA ATUAÇÃO ESTATAL

Além dos julgados repetitivos, também devem ser destacados recursos especiais singulares, que bem desenharam o conflito consubstanciado na divergência de interpretação da legislação federal entre o Fisco e os contribuintes, cuja solução resultou da análise das garantias constitucionais frente ao poder de tributar.

Em tais casos, que são colacionados a título ilustrativo, verificou-se que a atuação da Administração Tributária estava exacerbando a sua competência para exigir do contribuinte tributo não amparado na legislação de regência, à margem, portanto, do Estado democrático.

O primeiro precedente a seguir destacado apreciou hipótese em que o Fisco estava a exigir do substituto tributário o recolhimento de tributo não realizado em razão de decisão liminar proferida em favor do substituído, no sentido de entender indevida a exação.

No caso em questão, as concessionárias de automóveis (substituídos) impetraram mandado de segurança no qual obtiveram provimento liminar que suspendeu a obrigação de recolhimento do ICMS pelo sistema de substituição tributária. Em face da notificação recebida, a substituta tributária, então, deixou de proceder ao recolhimento do tributo.

Entretanto, em face do não pagamento das exações pelos impetrantes (substituídos), o Fisco exigiu que o substituto efetuasse o recolhimento dos tributos, nos termos da lei.

O STJ, nessa hipótese, ponderando os princípios da legalidade, da capacidade contributiva, bem como a necessidade de cumprimento das decisões judiciais e a não ocorrência de culpa ou dolo, entendeu pela impossibilidade de exigência do referido tributo do substituto, devendo o substituído ser responsabilizado pelo recolhimento. Eis o teor da ementa do julgado:

DIREITO TRIBUTÁRIO. RECURSO ESPECIAL. ICMS. REGIME DE SUBSTITUIÇÃO TRIBUTÁRIA. NÃO RE-

COLHIMENTO PELO SUBSTITUTO POR FORÇA DE DECISÃO LIMINAR. ULTERIOR REVOGAÇÃO. IMPOSSIBILIDADE DE COBRANÇA DO SUBSTITUTO EM RELAÇÃO ÀS EXAÇÕES GERADAS NO PERÍODO DE VIGÊNCIA DO *DECISUM*.

1. Controvérsia relativa aos efeitos da revogação da liminar concedida em mandado de segurança que, durante a sua vigência, afastou a obrigação do substituto tributário de recolher o ICMS referente às operações realizadas com a revendedora substituída, a qual obteve o provimento de urgência. Discute-se a possibilidade de se exigir do substituto tributário o pagamento do ICMS que não foi recolhido pelo regime de substituição, em obediência a decisão judicial liminar que reconheceu o direito do substituído de não recolher o tributo sob essa sistemática, e que foi posteriormente revogada.

2. É cediço que, nos termos da Súmula 405/STF, a revogação da decisão liminar concedida em mandado de segurança produz efeitos *ex tunc*. Entretanto, em algumas hipóteses, especialmente naquelas em que a concessão da liminar gera situações caracterizadas como definitivas, seus efeitos devem ser preservados, justamente em razão de fugir a decisão interlocutória à sua natureza cautelar, concedendo tutela de cunho satisfativo.

3. No caso concreto, o provimento jurisdicional requerido liminarmente pela substituída acabou por antecipar os efeitos da sentença final, na medida em que permitiu que ela realizasse o recolhimento do ICMS sem se sujeitar ao regime de substituição tributária. Retomou-se, para aquela contribuinte em especial, o regime normal de recolhimento do ICMS previsto nos artigos 19 e 20 e da Lei Complementar 87/96, segundo o qual a responsabilidade pelo pagamento é da empresa que realiza a revenda.

4. A partir do momento em que foi notificada da concessão do provimento liminar em favor da substituída, a ora recorrente (fabricante), obrigada a cumprir a determinação judicial que lhe foi comunicada, ficou impedida de realizar o recolhimento do ICMS na qualidade de substituta tributária, o que configura a irreversibilidade da situação.

5. Em atenção ao Princípio da Capacidade Contributiva, o

substituto tributário, ainda que seja o responsável pelo recolhimento do tributo (no caso, o ICMS no regime antecipado), deve ter a possibilidade de repassar o seu ônus ao verdadeiro contribuinte, mediante a inclusão do valor do imposto no preço das mercadorias. Por tal motivo, o substituto apenas poderá ser cobrado pelo Fisco se, por culpa ou dolo, deixar de proceder ao recolhimento do tributo, ocasião em que passará a figurar na posição de devedor principal, por desrespeito à determinação legal de proceder ao recolhimento de acordo com a sistemática da substituição.

6. Não havendo dolo ou culpa do substituto tributário, considerando que o comando legal que determinava o recolhimento do tributo pelo regime da substituição tributária foi substituído pela determinação judicial que autorizou o recolhimento pelo próprio contribuinte, não há como responsabilizá-lo pelo inadimplemento do tributo, sob pena de locupletamento do contribuinte substituído.

7. Nessas hipóteses "exigir o ICMS do substituto, como pretende o fisco, é subverter o princípio da capacidade contributiva, exonerando o contribuinte do imposto por ele devido e onerando exclusivamente o responsável" (REsp 887585/RS, Rel. Ministro Herman Benjamin, Segunda Turma, julgado em 18/12/2008, DJe 13/3/2009).

8. Recurso especial parcialmente conhecido e, nessa parte, provido REsp 1028716/RS, Rel. Ministro BENEDITO GONÇALVES, PRIMEIRA TURMA, julgado em 20/04/2010, DJe 03/05/2010).

O segundo exemplo diz respeito à tributação pelo Imposto sobre Serviços (ISS). Nesse caso, especificamente, a Fazenda Municipal pretendia cobrar o imposto de produtora de filmes sob encomenda, sob o pretexto de que a exação enquadrar-se-ia no conceito de cinematografia. Nesse julgamento, fez-se um exame mais detalhado da Lista anexa à Lei Complementar 116/03, para concluir pela ausência de suporte normativo a justificar a exação, o que atenta contra o princípio da legalidade. Isso porque o item relativo à produção de filmes (13.01) foi vetado pelo Poder Executivo e a atividade relativa à produção de filmes não pode ser equiparada à cinematografia, uma vez que essa configura apenas uma das etapas daquela. Veja-se, a seguir, como restou sintetizado esse julgamento.

> TRIBUTÁRIO. RECURSO ESPECIAL. ISS. LC 116/03. PRODUÇÃO DE FITAS E FILMES SOB ENCOMENDA. NÃO INCIDÊNCIA, EM FACE DE VETO DO ITEM 13.01 DA LISTA QUE PREVIA A TRIBUTAÇÃO DESSE SERVIÇO. INTERPRETAÇÃO EXTENSIVA PARA ENQUADRAMENTO COMO ATIVIDADE DE CINEMATOGRAFIA, PREVISTA NO ITEM 13.03. IMPOSSIBILIDADE. ATIVIDADES QUE, EMBORA RELACIONADAS, NÃO CORRESPONDEM À MESMA OBRIGAÇÃO DE FAZER.
>
> 1. Recurso especial que discute a incidência do ISS sobre a atividade de produção de filmes realizados sob encomenda à luz da LC 116/03. O acórdão recorrido, embora tenha afastado a incidência do tributo em face do item 13.01 (que previa expressamente tal atividade, mas foi vetado pela Presidência da República), manteve a tributação, mediante interpretação extensiva, com base no conceito de cinematografia, atividade prevista no item 13.03.
>
> 2. A partir da vigência da Lei Complementar 116/03, em face de veto presidencial em relação ao item 13.01, não mais existe previsão legal que ampare a incidência do ISS sobre a atividade de produção, gravação e distribuição de filmes, seja destinada ao comércio em geral ou ao atendimento de encomenda específica de terceiro, até mesmo porque o item vetado não fazia tal distinção.
>
> 3. Ademais, não é possível, para fins de tributação, enquadrar a atividade em questão em hipótese diversa, de cinematografia, pois:
>
> i) "Existindo veto presidencial quanto à inclusão de serviço na Lista de Serviços Anexa ao Decreto-lei 406/68, com redação da Lei Complementar 56/87, é vedada a utilização da interpretação extensiva" (REsp 1.027.267/ES, Rel. Ministra Eliana Calmon, Segunda Turma, DJe 29/04/2009);
>
> ii) Historicamente, a cinematografia já estava contida na lista anexa ao DL 406/68 (item 65) e nem por isso justificava a incidência do tributo sobre a gravação (produção) e dis-

tribuição de filmes, que estava amparada em hipótese autônoma (item 63);

iii) a atividade de cinematografia não equivale à produção de filmes. A produção cinematográfica é uma atividade mais ampla que compreende, entre outras, o planejamento do filme a ser produzido, a contratação de elenco, a locação de espaços para filmagem e, é claro, a própria cinematografia.

4. Afasta-se, portanto, a incidência do ISS sobre a atividade exercida pela empresa recorrente.

5. Recurso especial provido. (REsp 1308628/RS, Rel. Ministro BENEDITO GONÇALVES, PRIMEIRA TURMA, julgado em 26/06/2012, DJe 02/08/2012).

Ressalto, por derradeiro, a controvérsia relativa à aplicação da limitação temporal para o aproveitamento dos créditos financeiros de ICMS, de que trata o art. 33, I, da Lei Complementar 87/96, para as entradas de bens a serem consumidos no processo produtivo. Nesse julgado, a Primeira Turma assentou que a disposição normativa referente à limitação temporal para o creditamento deve ser interpretada restritivamente, abrangendo, apenas, os bens de uso e consumo do estabelecimento, não alcançado as mercadorias ou produtos a serem consumidos como insumos no processo produtivo, reconhecendo-se, assim, a importante modificação normativa promovida pela Lei Kandir acerca desse tema em prol dos contribuintes. Eis a ementa desse julgado:

> TRIBUTÁRIO. RECURSO ESPECIAL. AÇÃO DECLARATÓRIA. ICMS. CREDITAMENTO. TELAS, MANTAS E FELTROS EMPREGADOS NA FABRICAÇÃO DO PAPEL. PRODUTOS CONSUMIDOS NO PROCESSO PRODUTIVO. NÃO SUJEIÇÃO À LIMITAÇÃO TEMPORAL PREVISTA NO ART. 33, I, DA LC 87/96.
>
> 1. Discute-se neste recurso especial se o creditamento de ICMS relativo às aquisições de telas, mantas e feltros, empregados na fabricação de papel, está provisoriamente impedido pela limitação temporal prevista no art. 33, I, do LC 87/96.

2. Tratando-se de uma exceção de ordem temporal que condiciona o exercício do direito de creditamento assegurado pelo *caput* do art. 20 da LC 87/96, a regra prevista no art. 33, I, dessa mesma lei complementar deve ser interpretada restritivamente, sob pena de, mediante eventual e indevido entendimento mais ampliativo, tornar sem efeito as importantes modificações normativas realizadas pela Lei Kandir. Assim, conforme a literalidade desse dispositivo legal, apenas as entradas referentes ao uso e consumo do estabelecimento, ou seja, do local que dá suporte à atividade fim da empresa (art. 11, § 3º, da LC 87/96), têm o direito do respectivo creditamento protraído, não sendo possível estender essa restrição às aquisições de mercadorias ou produtos a serem consumidos no processo produtivo.

3. De acordo com o contexto fático probatório delineado pelo Tribunal estadual, as telas, mantas e feltros são adquiridos pela recorrente para serem integralmente consumidos no processo de industrialização do papel, viabilizando, assim, a sua atividade fim. Nesse contexto, verifica-se que tais materiais não se enquadram como de uso ou de consumo do estabelecimento, mas, como produtos intermediários imprescindíveis ao processo de fabricação e, por isso, o creditamento correspondente a essas entradas não está sujeito à postergação de que trata o art. 33, I, da LC 87/96.

4. Recurso especial provido (REsp 1366437/PR, Rel. Ministro BENEDITO GONÇALVES, PRIMEIRA TURMA, julgado em 03/10/2013, DJe 10/10/2013).

4. CONSIDERAÇÕES FINAIS

Com base no que ora se expôs, não há dúvidas de que o Poder Judiciário exerce importante papel na resolução das controvérsias que envolvem os contribuintes e o Fisco, próprias de um sistema em que o exercício do poder de tributar deve ser realizado em consonância com as garantias constitucionalmente previstas em favor dos particulares.

O Superior Tribunal de Justiça, no exercício da função constitucional de uniformização da intepretação da legislação federal atua de forma decisiva na solução desses conflitos de interesse, na medida em que, apesar de a matéria tributária ser amplamente regulada na Constituição Federal (de maneira quase exaustiva), cabe à legislação infraconstitucional não apenas a instituição e regulamentação dos tributos previstos pela Carta Magna, mas também o regramento de aspectos específicos das relações jurídico tributárias.

De fato, a uniformidade de entendimento referente às relações travadas entre os contribuintes e a administração tributária é indispensável para a preservação dos princípios da legalidade e da segurança jurídica, essenciais ao Estado Democrático de Direito.

Nesse panorama, as decisões tomadas pelo Tribunal da Cidadania em matéria tributária, ao servirem como parâmetro para as instâncias ordinárias e até mesmo para a atuação da própria administração pública, chegam a interferir, inclusive e quase que diretamente, na ordem econômica, na medida em que as atividades empresariais desenvolvidas no país sofrem diretamente os impactos decorrentes dos custos fiscais, os quais podem ser melhor avaliados e considerados em Estados que garantem aos seus cidadãos o respeito aos princípios acima mencionados.

Sob esse enfoque, ganha relevo o instituto dos recursos repetitivos, previsto no artigo 543-C do CPC, que representa grande avanço na pacificação dos litígios travados entre os contribuintes e o Fisco, especialmente em face do caráter objetivo (que transcende os limites da lide específica) e persuasivo dos precedentes firmados sob tal regime de julgamento.

E é sob essa perspectiva, de conferir não só aos jurisdicionados, mas aos contribuintes em geral, condições para que pautem seus comportamentos de forma mais segura e, ao mesmo tempo, mais dinâmica, que o Superior Tribunal de Justiça vem buscando a realização de sua importante missão constitucional, sem, no entanto, se apartar dos princípios e garantias constitucionais que regem as relações tributárias.

INTERPRETAÇÃO CONSTITUCIONAL E CONTROVÉRSIAS TRIBUTÁRIAS

Marco Aurélio Mello[1]

1. INTRODUÇÃO

O Estado não prescinde dos recursos tributários, obtidos de pessoas naturais e jurídicas, para satisfazer as necessidades públicas assim como alcançar fins sociopolíticos. Segundo Aliomar Baleeiro, revela-se "o traço da economia coativa" – os tributos são "meios ordinários e normais de manutenção do Estado e de seu sistema de serviços públicos" e podem servir de "instrumento de intervenção ou regulação pública".[2] A tributação, além de mostrar-se inerente ao funcionamento estatal típico, custeando atividades básicas, é mecanismo de transformação social e econômica voltada à redistribuição de bens e oportunidades. O tributo se faz onipresente.

---

1. Ministro do Supremo Tribunal Federal. Presidente do Supremo Tribunal Federal (maio de 2001 a maio de 2003) e do Tribunal Superior Eleitoral (maio de 1996 a junho de 1997, maio de 2006 a maio de 2008 e a partir de novembro de 2013). Presidente do Supremo Tribunal Federal no exercício do cargo da Presidência da República do Brasil de maio a setembro de 2002, em quatro períodos intercalados.
2. BALEEIRO, Aliomar. *Uma Introdução à Ciência das Finanças*. 15ª ed. Rio de Janeiro: Forense, 2001, p. 157 e 190.

TRIBUTAÇÃO: DEMOCRACIA E LIBERDADE

Mesmo imprescindíveis e irrenunciáveis, os tributos não podem, na atual quadra evolutiva do constitucionalismo democrático, ser livre e indiscriminadamente criados e exigidos. No Estado Constitucional e Democrático de Direito, o poder estatal – em destaque, o tributário – sofre limitações em favor do autoconsentimento e da liberdade geral dos cidadãos/contribuintes. Este é o ponto de encontro – e de tensão – entre "Tributação, Democracia e Liberdade", eixo temático sobre o qual versa a presente coletânea, homenagem póstuma à ministra Denise Arruda, do Superior Tribunal de Justiça, magistrada exemplar e dedicada ao ofício judicante. O tributo é uma necessidade sim. Porém, deve ser consentido pelos obrigados e observar direitos e garantias fundamentais destes, sob pena de revelar-se insanavelmente ilegítimo.

Cumpre, em última oportunidade, ao juiz constitucional o relevante papel de assegurar que as exigências tributárias estejam em consonância com o princípio democrático e os direitos fundamentais. O objetivo deste artigo é demonstrar, considerados alguns julgamentos importantes do Supremo, como o Tribunal vem decidindo e como penso deva decidir para prevalecer uma tributação democrática, com observância das liberdades. Abordarei a interpretação constitucional como instrumento de solução de controvérsias envolvendo os elementos que compõem o Sistema Constitucional Tributário: regras de competência tributária, princípios constitucionais tributários e imunidades tributárias. Consoante será argumentado, o equilíbrio entre "Tributação, Democracia e Liberdade" requer sejam variados e harmonizados os métodos de interpretação conforme a natureza desses elementos e conflitos.

O texto terá a estrutura a seguir delineada: nos tópicos 2 e 3, desenvolverei alguns aspectos teóricos da interpretação constitucional aplicada ao Sistema Constitucional Tributário. Depois, descreverei decisões do Supremo Tribunal Federal sobre (4) competências tributárias, (5) princípios constitucionais tributários e (6) imunidades tributárias. Cabe ressaltar que não apresentarei rol exaustivo de decisões, o que não seria possível em trabalho da espécie. Mencionarei julgados que reputo, por diferentes motivos, mais representativos. Por fim (7), estarão as conclusões.

2. A INTERPRETAÇÃO CONSTITUCIONAL

Interpretação jurídica é a atividade, inserida em amplo processo hermenêutico, dirigida à realização concreta do Direito. O intérprete constrói, como ato de vontade e de inspiração humanística, significados a partir de enunciados textualmente expressos ou decorrentes do sistema normativo, visando a aplicação das normas no plano real e concreto. Há discursos descritivos e críticos sobre normas e situações jurídicas, mas interpretação jurídica apenas se dá diante de casos concretos e com o propósito de conformá-los. Nessa seara, os textos normativos serão o objeto de um *processo unitário de interpretação-aplicação*, do qual as normas serão o resultado.[3]

Revela-se, além do mais, a exigência de interpretação em toda e qualquer atividade de concretização do Direito, independentemente do grau de problemática dos casos e do caráter equívoco ou inequívoco das normas aplicáveis. Advém, assim, uma implicação institucional: o juiz será mais ou menos criativo ante a maior ou a menor presença de enunciados normativos vagos e imprecisos, mas os textos nunca se aplicam por si sós, havendo sempre a necessidade de contextualização consideradas as controvérsias apresentadas. Essas perspectivas ganham ainda mais relevo tendo em conta a "interpretação

---

3. É necessário, como adverte Ricardo Guastini, *Teoria e ideologia de la interpretación constitucional*, Madrid: Trotta, 2008, p. 32, "distinguir entre os enunciados normativos – as 'disposições', como se costuma dizer – e as normas, entendidas como significados". Conforme lembra o professor italiano, muitos enunciados normativos são ambíguos, por isso "entre as duas coisas, de fato, não se dá uma correspondência biunívoca".

constitucional", o que inclui, em especial, destacar o papel do Supremo Tribunal Federal, para a realização do Diploma Maior. A interpretação constitucional é espécie de interpretação jurídica – possuindo o Supremo a posição proeminente, mas não exclusiva, de exercer, como necessidade permanente, essa atividade.

Dessa relação gênero-espécie decorre também que a interpretação constitucional deve ser realizada por meio dos elementos tradicionais – gramatical, histórico, teleológico e sistemático[4] –, observadas, no entanto, as particularidades que surgem em função do próprio objeto da interpretação – o texto constitucional. Isso significa que os cânones tradicionais de interpretação devem governar o processo hermenêutico da Carta, mas revelarão especificidades e complexidades ante o ambiente em que estão sendo observados. O uso desses elementos tradicionais há de combinar-se com a natureza política particular de grande parte das matérias objeto de regulação; com o aludido caráter compromissório das normas constitucionais, às vezes veiculando interesses mesmo contraditórios; com a presença de um número elevado de enunciados que expressam princípios, objetivos e valores; com a supremacia normativa e axiológica e a pretensão de efetividade dos preceitos, mormente os que prescrevem os direitos fundamentais.

Relativamente ao aspecto gramatical, as expressões semânticas do texto constitucional têm sido referência, ponto de partida e também limite de possibilidade criativa, em homenagem ao valor de legitimação do Estado de Direito, principalmente presentes regras claras e bem definidas. No entanto, sempre que se deparou com enunciados vagos e indeterminados, destacadamente envolvendo princípios fundamentais, o Supremo não se furtou a exercer certo grau de criatividade interpretativa, realizando valores superiores.

---

4. Para uma defesa forte dessa noção, cf. SILVA, Virgílio Afonso da. Interpretação constitucional e sincretismo metodológico. In: ____. (Org.) *Interpretação Constitucional*. 2ª ed. São Paulo: Malheiros, 2005, p. 115-143.

Sob o ângulo histórico, o Tribunal tem levado em conta contextos passados para identificar desigualdades enraizadas e transformações fáticas e sociais a justificarem uma interpretação evolutiva do Diploma Maior, ainda mais se verificada dificuldade deliberativa no Parlamento sobre a matéria.

Quanto ao elemento teleológico, ao passo que o intérprete aplica as normas com base nas finalidades visadas, ganha imensa importância considerados os direitos fundamentais e a pretensão de efetividade das normas que os veiculam – esses direitos devem ser realizados na maior medida possível. Porém, com uma Carta compromissória como a brasileira, a dificuldade existirá na variedade de objetivos opostos, estabelecidos em normas de igual hierarquia. Livre iniciativa e proteção ao meio ambiente, por exemplo, são propósitos constitucionais de mesma hierarquia formal que, frequentemente, entram em conflito em situações concretas.

É nesse âmbito de antinomias que o aspecto sistemático adquire maior relevância prática, porquanto calcado na unidade do sistema constitucional. Segundo esse elemento, "cada norma jurídica deve ser interpretada com consideração de todas as demais, e não de forma isolada", presente a busca pela harmonia e integridade sistêmica. Nesse ponto, combinados os elementos sistemático e teleológico, a interpretação deve cumprir função harmonizante, influenciada, prioritariamente, por princípios como o da "dignidade da pessoa humana, da igualdade, do Estado Democrático de Direito, da República e da Federação".[5] Visando compatibilizar as disposições constitucionais, mesmo para dar primazia a esses princípios, a doutrina tem proposto as técnicas da ponderação e da proporcionalidade, utilizadas em algumas oportunidades pelo Supremo.

---

5. SOUZA NETO, Cláudio Pereira de; SARMENTO, Daniel. *Direito Constitucional. Teoria, História e Métodos de Trabalho*. Belo Horizonte: Fórum, 2012, p. 415-416.

Na sequência, apresento a análise teórica das possibilidades de uso desses métodos interpretativos em relação à estrutura normativa do Sistema Constitucional Tributário e considerada a tarefa do juiz, por meio da interpretação constitucional, de assegurar seja a tributação democrática e condizente com as liberdades básicas do cidadão-contribuinte.

3. A INTERPRETAÇÃO DO SISTEMA CONSTITUCIONAL TRIBUTÁRIO

A interpretação de normas constitucionais versada matéria tributária configura o momento mais relevante da dinâmica impositiva dos tributos, e isso por um motivo especial: é uníssona, na doutrina nacional, a compreensão quanto à importância dessas normas como simultâneo ponto de partida e limite formal e material de toda a ordem jurídico-tributária. A tradição quanto à previsão de um conjunto extenso e ordenado de dispositivos constitucionais em matéria tributária vem de longe, tendo encontrado o ápice na Carta de 1988.[6] Daí ser correto dizer que a solução das controvérsias tributárias mais relevantes envolve, necessariamente, a interpretação direta ou indireta da Constituição.[7]

Ante o princípio invencível da supremacia da constituição, assim como a particularidade de termos uma Carta bastante

---

6. Sobre a Carta de 1946, cf. BALEEIRO, Aliomar. *Limitações Constitucionais ao Poder de Tributar*. 1ª ed. Rio de Janeiro: Forense, 1951. Sobre a Carta pretérita, cf. ATALIBA, Geraldo. *Sistema Constitucional Tributário Brasileiro*. São Paulo: RT, 1968. Quanto à Constituição de 1988, cf. COELHO, Sacha Calmon Navarro. *Comentários à Constituição de 1988. Sistema Tributário*. 9ª ed. Rio de Janeiro: Forense, 2005; ÁVILA, Humberto. *Sistema Constitucional Tributário*. 5ª ed. São Paulo: Saraiva, 2012.

7. Fala-se em *interpretação constitucional direta* para designar a aplicação imediata dos enunciados constitucionais sobre o caso concreto e em *interpretação constitucional indireta* para referir-se à aplicação de enunciados infraconstitucionais tendo como parâmetro a constituição, o que será sempre interpretação da constituição, embora mediata.

generosa, detalhista, com extenso rol de regras e princípios sobre os tributos, é preciso definir quando e como utilizar cada um dos métodos de interpretação, acima descritos, devidamente ajustados à natureza constitucional das normas envolvidas, para resolver os litígios tributários. As soluções, a serem alcançadas em última análise pelo Supremo, consistirão nos alicerces do Sistema Tributário Nacional. A premissa fundamental é a da necessidade de o intérprete variar e harmonizar o método a depender do elemento do Sistema Constitucional Tributário.

Como se sabe, a Constituição de 1988 funda e vincula a ordem normativa tributária a partir da previsão de três elementos estruturais: a repartição de competências tributárias – artigos 144, 147, 148, 149, 149-A, 153, 154, 155, 195, 239 e 240; os princípios conformadores do poder tributário – artigos 145, § 1º, 150, incisos I a V, 151, 152, 153, § 2º, inciso I, § 3º, incisos I e II, § 4º, inciso I, 155, § 2º, inciso I, e 156, § 1º, inciso I; e as imunidades tributárias – artigos 149, § 2º, inciso I, 150, inciso VI, 153, § 3º, inciso III, § 4º, inciso II, 155, § 2º, inciso X, 156, § 2º, inciso I, e 195, § 7º.[8] Esses dispositivos, a depender do elemento estrutural, possuem redação mais ou menos vaga e conteúdo que vai desde a mera definição de competência legislativa até a expressão de liberdade fundamental. Será essa diversidade o motivo a implicar e o critério a orientar a alternância do método interpretativo.

Por meio do primeiro elemento – a repartição de competências tributárias –, atento ao princípio federativo, o constituinte distribuiu entre os entes federados "autorizações" para instituição de tributos. No segundo aspecto, o constituinte impôs, sob a forma de princípios mais ou menos densos, condições formais e materiais ao exercício legítimo das "autorizações".

---

8. Consoante importante doutrina reconhece, a disciplina constitucional da repartição das receitas tributárias entre os entes federativos revela matéria própria do Direito Financeiro, e não especificamente tributária.

O terceiro elemento versa "proibições de tributar" – pessoas e bens imunes ao poder tributário, ou seja, fora do alcance possível do exercício das competências tributárias em razão dos valores constitucionais que representam. São essas características e funções particulares de cada elemento que devem servir como base decisiva para a definição do método interpretativo adequado.

Mediante a delimitação das competências tributárias, o constituinte tanto buscou conferir autonomia financeira aos diferentes entes da Federação quanto manifestou o primeiro momento da vontade soberana do povo em matéria tributária. Daí por que cuidar para o cumprimento dessas regras exatamente como estabelecidas significa não só impedir que determinado ente invada esfera de atuação legislativa reservada a outro, mas também assegurar a observância do consentimento do povo soberano relativamente à formulação dos tributos em nível constitucional, proporcionando maior segurança aos cidadãos no tocante às obrigações tributárias que deverão satisfazer. Trata-se de conferir efetividade a autodeterminação coletiva manifestada quando poder constituinte e como condição de uma sociedade livre. Do ponto de vista democrático e da liberdade como segurança jurídica, revela-se a necessidade de se dar a tais regras interpretação estrita, de modo que prevaleçam apenas as obrigações tributárias que o povo explícita e claramente consentiu.

Com relação aos princípios e imunidades tributárias, normas voltadas a limitar o poder de tributar, o constituinte homenageou valores políticos, morais, culturais e sociais essenciais, não permitindo que o exercício tributário oprima certos direitos fundamentais expressivos de segurança jurídica, liberdade, justiça e isonomia, ou que os entes tributem pessoas, bens, serviços ou situações ligadas a esses valores. Não ocorrerá exercício legítimo de competência tributária quando afrontar os propósitos fundamentais encerrados nos princípios constitucionais tributários. Onde houver regra constitucional de imunidade, não poderá ocorrer exercício da competência tributária e isso em razão de uma seleção de motivos fundamentais.

Consideradas as causas que conduziram o constituinte a limitar o poder de tributar por meio dos princípios e das imunidades, revela-se, a mais não poder, a necessidade de o intérprete, ao solucionar controvérsias envolvendo tais valores, investigar os fins constitucionais em jogo, fazendo-o por meio da apreciação sistemática e teleológica das normas aplicáveis, de modo que esses institutos cumpram o papel a eles determinado na Carta Maior. Ante essas razões, diferente da escolha feita pela interpretação estrita das regras de competência tributária, adoto a óptica teleológica para a aplicação dos princípios e das imunidades tributárias, sem me descuidar, todavia, tanto dos limites semânticos dos dispositivos constitucionais quanto do dever de harmonizar essas normas com o sistema constitucional como um todo. Há de se conjugar o elemento finalístico com o sistemático, presente o conjunto normativo e axiológico.

Fixadas essas premissas, cumpre examinar como e se o Supremo vem adotando a linha metodológica defendida, alternando e harmonizando a interpretação estrita e a teleológica, tendo o sistema constitucional como referência e de acordo com a natureza dos conflitos tributários – se presentes questionamentos acerca de competência tributária, princípio ou imunidade tributária.

4. REGRAS DE COMPETÊNCIA TRIBUTÁRIA

Como muitas das regras de competência tributária foram estabelecidas pelo constituinte a partir da descrição de materialidades econômicas, não apenas delimitando o poder tributário entre os entes federados, mas prevendo, de antemão, os fatos geradores e as bases de cálculo possíveis dos tributos a serem instituídos, tem sido comum a impugnação de leis sob o argumento de haverem prescrito incidências sobre manifestações econômicas para além da previsão constitucional. Trata-se do confronto entre os fatos descritos em leis como tributáveis e os relatos constitucionais desses fatos nas regras de competência tributária. De modo geral, o Supremo, adotando a óptica defendida neste artigo, tem formulado interpretações estritas das autorizações constitucionais de tributar e, assim, não vem permitindo seja o campo de ação do legislador tributário expandido por vontade própria e exclusiva.

Demonstro, a seguir, essa postura decisória mediante a análise de três casos dos quais fui relator: a exigência do Imposto sobre Serviços – ISS em locação de bens móveis; a cobrança de contribuição previdenciária sobre a remuneração de administradores, autônomos e avulsos antes da Emenda Constitucional n. 20, de 1998; a previsão de incidência da Cofins na totalidade das receitas auferidas pelos contribuintes antes da aludida emenda constitucional.

4.1. ISS e serviços de locação

No Recurso Extraordinário n. 116.121/SP, relator ministro Octavio Gallotti, acórdão por mim redigido,[9] estava em jogo definir se o Imposto sobre Serviços – ISS, da competência dos municípios, poderia ser exigido em face das atividades de locação de bens móveis, no caso concreto, "guindastes". O relator votou pela incidência, utilizando-se de um *argumento de exclusão*. Asseverou não ocorrer a "transferência da propriedade do bem material, pois o bem locado é restituído ao dono", de maneira a ser excluída a incidência do Imposto sobre a Circulação de Mercadorias e Serviços – ICMS. Como o legislador

---

9. STF – Pleno, Recurso Extraordinário n. 116.121/SP, relator ministro Octavio Gallotti, acórdão por mim redigido, julgado em 11 de outubro de 2000, Diário da Justiça de 25 de maio de 2011.

complementar – prosseguiu o ministro Octavio Gallotti – "não desejou que a locação de bens móveis deixasse de ser onerada", acabou por incluí-la "no campo de incidência do único imposto (ISS) que poderia abranger a referida atividade".

Divergi por entender, ante o disposto no artigo 156, inciso III, da Carta de 1988, não ser possível confundir noções tão diversas: "a relativa à prestação de serviços, em si, e a inerente à locação de bem móvel". Conforme consignei, a previsão constitucional do imposto, à qual deve ser dada interpretação estrita, revela pressupor a incidência a prestação de serviços e não o contrato de locação. Chamei a atenção para o fato de o conceito de serviço – assim como o de locação – ser originário do Código Civil, tendo essa definição adquirido natureza constitucional quando encampada pelo constituinte no artigo 156, inciso III. Daí ter afirmado o caráter puramente pedagógico do artigo 110 do Código Tributário Nacional, a prever que o legislador tributário "não pode alterar a definição, o conteúdo e o alcance de institutos, conceitos e formas de direito privado, utilizados, expressa ou implicitamente, pela Constituição Federal".

Ausente previsão constitucional de incidência do imposto sobre locações, haja vista a necessária interpretação estrita da correspondente regra de competência tributária, e não podendo o legislador tributário alargar o conceito constitucional de serviço, caberia concluir pela inconstitucionalidade de quaisquer normas que prevejam tal cobrança. Essa orientação foi, ao final, vencedora, vindo a ser consolidada por meio da edição do Verbete Vinculante n. 31 da Súmula do Supremo[10]: "é inconstitucional a incidência do Imposto sobre Serviços de Qualquer Natureza – ISS sobre operações de locação de bens móveis". Prevaleceu a noção constitucional estrita de serviços em favor da manifestação do povo soberano na Carta Maior.

---

10. Aprovada em 4 de fevereiro de 2010, Diário Oficial da União de 17 de fevereiro de 2010.

4.2. Contribuição previdenciária e folha de salários

No campo do custeio da Seguridade Social, existem importantes julgamentos envolvendo controvérsias da espécie. Interessa, particularmente, o decidido no Recurso Extraordinário n. 166.772/RS, de minha relatoria, quando o Supremo examinou a inconstitucionalidade parcial do artigo 3º, inciso I, da Lei n. 7.787, de 1989, o qual estabeleceu a exigência da contribuição social, prevista no artigo 195, inciso I, da Carta,[11] sobre as remunerações de "empresários, trabalhadores avulsos e autônomos". A questão era saber, presente previsão constitucional de incidência sobre "folha de salários", se o tributo poderia recair nos valores pagos àqueles que não guardavam vínculo empregatício com o contribuinte-empregador. Votei pela inconstitucionalidade, fazendo ver:

> Então, cabe perquirir sobre o alcance do inciso I do artigo 195, no que cogita das contribuições sociais devidas pelos empregadores incidentes sobre a "folha de salários". Questiona-se [...] se a alusão a contribuição devida pelos empregadores, tendo em vista a folha de salários, engloba o que pago a administradores e autônomos. De início, lanço a crença na premissa de que o conteúdo político de uma Constituição não pode levar quer ao desprezo do sentido vernacular das palavras utilizadas pelo legislador constituinte, quer ao técnico, considerados institutos consagrados pelo Direito.
>
> [...]
>
> Realmente, a flexibilidade dos conceitos, o câmbio do sentido destes, conforme os interesses em jogo, implicam insegurança incompatível com o objetivo da própria Carta que,

---

[11]. Artigo 195. A seguridade social será financiada por toda a sociedade, de forma direta e indireta, nos termos da lei, mediante recursos provenientes dos orçamentos da União, dos Estados, do Distrito Federal e dos Municípios, e das seguintes contribuições sociais:

I – dos empregadores, incidente sobre a folha de salários, o faturamento e o lucro"

realmente, é um corpo político, mas o é ante os parâmetros que encerra e estes não são imunes ao real sentido dos vocábulos, especialmente os de contornos jurídicos.

[...]

O inciso I do artigo 195 cuida não de remuneração, não de folha de pagamentos, mas de folha de salários. Creio que ninguém ousa caminhar no sentido da aplicação do que se contém, sob o ângulo do salário, a consubstanciar garantia, no artigo 7º da Constituição Federal, a administradores e autônomos.

[...]

Descabe dar a uma mesma expressão – salário – utilizada pela Carta relativamente a matérias diversas, sentidos diferentes conforme os interesses em questão. [...] Considere-se que, na verdade, a lei ordinária mesclou institutos diversos ao prever a contribuição. [...] Desconheceu-se que salário e remuneração não são expressões sinônimas.[12]

Com apoio nesses fundamentos, assentei a inconstitucionalidade da exigência tendo por base de cálculo remunerações pagas a administradores e autônomos no que extrapolava o preceito constitucional materialmente limitado pela expressão "folha de salários". Consignei ser possível tal previsão, revelada nova fonte de custeio da Seguridade Social, tão somente se veiculada por lei complementar, conforme previsto no § 4º do artigo 195 da Carta de 1988. A maioria do Tribunal acompanhou-me no voto, tendo sido ressaltada a necessidade de observar o sentido estrito do termo "folha de salários" como forma de consagrar a segurança em favor dos contribuintes de se sujeitarem apenas a incidências tributárias previamente autorizadas na Carta Maior.

---

12. STF – Pleno, Recurso Extraordinário n. 166.772/RS, de minha relatoria, julgado em 12 de maio de 1994, publicado no Diário da Justiça de 16 de dezembro de 1994.

4.3. Cofins e conceito de faturamento

Uma das maiores fontes de litígio tributário, verificada após a entrada em vigor da Carta de 1988, tem sido a disciplina infraconstitucional da base de cálculo da Cofins, assim como havia sido com o tributo que lhe antecedeu – o Finsocial. A controvérsia esteve sempre presente considerada a amplitude conceitual da grandeza econômica tributável buscada por diferentes leis federais ante a leitura técnica e estrita da expressão "faturamento" constante do artigo 195, inciso I, da Constituição, estabelecida como limite material da regência da contribuição.

Inicialmente, no Recurso Extraordinário n. 150.755/PE, relator ministro Carlos Velloso, acórdão redigido pelo ministro Sepúlveda Pertence, o Tribunal assentou a constitucionalidade da contribuição ao Finsocial, exigida das empresas exclusivamente prestadoras de serviços, desde que a expressão "receita bruta", contida no artigo 28 da Lei n. 7.738, de 1989, como base de cálculo do tributo, fosse interpretada de modo a compatibilizá-la com a "noção corrente de faturamento", qual seja, a de "receita bruta de venda de mercadorias, de serviços e de mercadorias e serviços", que teria sido a encampada pelo constituinte no artigo 195, inciso I, da Carta. No caso concreto, estava envolvida exclusivamente a receita de venda de serviços.[13]

Essa orientação foi confirmada no julgamento da Ação Declaratória de Constitucionalidade n. 1/DF,[14] relator ministro Moreira Alves, ocasião em que o Supremo declarou a constitucionalidade da Lei Complementar n. 70, de 1991, que havia criado a Cofins para suceder o Finsocial e estabelecido, expressamente, como base de cálculo da contribuição, "o faturamento mensal,

---

13. STF – Pleno, RE 150.755/PE, Rel. Min. Carlos Velloso, acórdão redigido pelo Min. Sepúlveda Pertence, j. 18/11/1992, DJ 20/8/1993.
14. STF – Pleno, ADC 1/DF, Rel. Min. Moreira Alves, j. 1º/12/1993, DJ 16/16/1995.

assim considerado a receita bruta das vendas de mercadorias, de mercadorias e serviços e de serviço de qualquer natureza". Posteriormente, no ano de 1998, por meio da Lei n. 9.718, o legislador tributário ampliou a base de incidência ao determinar, no § 1º do artigo 3º da aludida lei, que faturamento equiparava-se à receita bruta compreendida como "a totalidade das receitas auferidas pela pessoa jurídica, sendo irrelevantes o tipo de atividade por ela exercida e a classificação contábil adotada para as receitas". Faturamento, segundo o novo conceito legal, não mais se restringia à "receita bruta de venda de mercadorias, de serviços e de mercadorias e serviços", mas revelava toda e qualquer receita auferida.

A disciplina foi impugnada como inconstitucional, haja vista ter sido publicada a aludida Lei n. 9.718 em 28 de novembro de 1998, ainda sob a vigência da redação original do artigo 195, inciso I, da Carta, o qual previa pura e simplesmente o "faturamento" como grandeza econômica a suportar o tributo. Apenas em 16 de dezembro de 1998, veio à balha a Emenda Constitucional n. 20, que, entre outros, alterou o mencionado inciso I para ampliar a base de incidência ao estabelecer a possibilidade de a contribuição recair em "receita ou faturamento".[15] Novamente, incumbia ao Supremo elucidar se a lei ordinária poderia ter ampliado o conceito de faturamento previamente adotado pelo constituinte, cujo sentido, conforme as apontadas decisões do Tribunal, era restrito à receita bruta decorrente de venda de mercadorias e serviços. Havia mais: seria necessário

---

15. Redação do artigo 195, inciso I, após a Emenda Constitucional n. 20/98: Art. 195 – [...]
I – do empregador, da empresa e da entidade a ela equiparada na forma da lei, incidentes sobre:
a) a folha de salários e demais rendimentos do trabalho pagos ou creditados, a qualquer título, à pessoa física que lhe preste serviço, mesmo sem vínculo empregatício;
b) a receita ou o faturamento;
c) o lucro;

definir se emenda constitucional superveniente, no caso, a de n. 20, poderia tornar válido o que supostamente teria nascido inconstitucional.

Nos Recursos Extraordinários n. 390.840/MG, n. 357.950/RS, n. 358.273/RS, todos de minha relatoria, e n. 346.084/PR, relator ministro Ilmar Galvão, acórdão por mim redigido,[16] o Supremo proclamou a inconstitucionalidade do mencionado § 1º do artigo 3º da Lei n. 9.718, de 1998, afastando a base de incidência da Cofins nele prevista. Consignou a impossibilidade de validação superveniente pela Emenda Constitucional n. 20, de 1998, assentando a inconstitucionalidade originária insuperável da norma impugnada. Uma vez mais, fiz ver a inviabilidade de a lei tributária alterar a definição, o conteúdo e o alcance de consagrados institutos, conceitos e formas de direito privado utilizados expressa ou implicitamente na Carta para distribuição das competências tributárias, consoante dispõe a norma pedagógica do artigo 110 do Código Tributário Nacional.

No caso, tal requisito normativo não havia sido observado ante a jurisprudência consolidada do Supremo, considerada a redação do artigo 195, inciso I, da Carta, anterior à referida Emenda Constitucional n. 20, no sentido de tomar as expressões receita bruta e faturamento como sinônimas tão somente se jungidas à venda de mercadorias, de serviços ou de mercadorias e serviços. Criticando a prática legislativa atacada, asseverei:

> O passo mostrou-se demasiadamente largo, olvidando-se, por completo, não só a Lei Fundamental como também a interpretação desta já proclamada pelo Supremo Tribunal Federal. Fez-se incluir no conceito de receita bruta todo e qualquer aporte contabilizado pela empresa, pouco importando a origem, em si, e a classificação que deva ser levada em conta sob o ângulo contábil.

---

16. Julgados em 9 de novembro de 2005, acórdãos publicados em 15 de agosto de 2006.

TRIBUTAÇÃO: DEMOCRACIA E LIBERDADE

[...]
> A hierarquia das fontes legais, a rigidez da Carta, a revelá-la documento supremo, conduz à necessidade de as leis hierarquicamente inferiores observarem-na, sob pena de transmudá-la, com nefasta inversão de valores.

O conjunto de decisões revela estar o Supremo atento, quando da interpretação estrita das normas de competência tributária e do exame rígido de compatibilidade das leis com estas, às decisões soberanas do constituinte na matéria, garantindo que prevaleça o autoconsentimento constitucional do povo quanto à tributação, assim como a segurança dos contribuintes em apenas serem alcançados por exigências tributárias previamente autorizadas no Texto Constitucional.

5. PRINCÍPIOS CONSTITUCIONAIS TRIBUTÁRIOS

Os princípios constitucionais são normas com pretensão de assegurar valores prestigiados pela sociedade como liberdade, igualdade, justiça e solidariedade.[17] São positivados na Constituição para alcançarem esses fins. Daí serem, na dicção de Humberto Ávila, "normas imediatamente finalísticas", "para cuja aplicação demandam uma avaliação da correlação entre o estado de coisas a ser promovido e os efeitos decorrentes da conduta havida como necessária à sua promoção".[18] Ante tais caraterísticas, tem-se a necessidade de interpretar os princípios constitucionais e, particularmente, os tributários, sob a óptica teleológica, ou seja, levando em conta as finalidades visadas pelo constituinte e com o propósito de torná-las realidade

---

17. TORRES, Ricardo Lobo. *Tratado de Direito Constitucional Financeiro e Tributário. Valores e Princípios Constitucionais Tributários*. Volume II. 1ª ed. Rio de Janeiro: Renovar, 2005, p. 273: "os valores se concretizam em princípios"
18. ÁVILA, Humberto. *Teoria dos Princípios. Da definição à aplicação dos princípios jurídicos*. 5ª ed. São Paulo: Malheiros, 2006, p. 167.

concreta. O Supremo tem oscilado quanto a tal prática hermenêutica e não cumprido, em momentos importantes, a função de realizar, no plano da vida, os valores positivados como princípios constitucionais tributários.

5.1. Anterioridade tributária

A anterioridade tributária é expressão do valor liberdade na medida em que consubstancia manifestação do sobreprincípio da segurança jurídica, um dos pilares do Estado de Direito. Ao aplicar o aludido princípio tributário, o Supremo deve zelar pela estabilidade das normas no tempo, assegurando a calculabilidade ou previsibilidade do Direito Tributário a impedir "surpresas danosas" à confiança legítima dos contribuintes.[19] A interpretação dos artigos 150, inciso III, alíneas "b" e "c", e 195, § 6º, da Carta, presentes as anterioridades geral e nonagesimal, deve fazer-se voltada a esse fim, revelado controle efetivo das alterações legislativas tributárias em favor da liberdade e segurança dos contribuintes.

O Tribunal opôs o princípio ao constituinte derivado, dando-lhe a dimensão de cláusula pétrea. Na Ação Direta de Inconstitucionalidade n. 939/DF, relator ministro Sydney Sanches, julgou inconstitucional a Emenda Constitucional n. 3, de 1993, na parte em que instituiu o Imposto Provisório sobre Movimentação Financeira – IPMF e acabou por olvidar a exigência de observar-se a anterioridade geral, ao permitir a cobrança imediata do imposto. A maioria dos Ministros entendeu a anterioridade tributária como núcleo essencial da segurança jurídica, a impedir o constituinte derivado de retirar do contribuinte a garantia de não ser cobrado imposto novo ou majorado no mesmo ano de publicação da norma de

---

19. Sobre esses elementos da segurança jurídica, cf. ÁVILA, Humberto. *Segurança Jurídica. Entre permanência, mudança e realização no Direito Tributário*. São Paulo: Malheiros, 2011.

criação ou aumento, salvo as exceções originárias previstas no Diploma de 1988.[20]

Destacando que os direitos e garantias fundamentais se encontram em outras normas constitucionais além do rol do artigo 5º, asseverei que a anterioridade é garantia cujas exceções foram postas de forma taxativa pelo constituinte originário, de modo que a redução do alcance do princípio implicava violação ao artigo 60, § 4º, da Carta Federal, ou seja, transgressão de cláusula pétrea. Esse julgamento ocorreu em 1993 e jamais me desviei desse sentido maior da anterioridade tributária como expressão particular da segurança jurídica. Interpretando, teleologicamente, a norma com essa extensão, ao votar na Medida Cautelar na Ação Direta de Inconstitucionalidade n. 2.325/DF, de minha relatoria, vinculei à anterioridade tributária modificação legal que promoveu majoração indireta de imposto mediante a suspensão por prazo certo e determinado de uso de créditos, até então plenamente permitidos, para apuração final do Imposto sobre a Circulação de Mercadorias e Serviços – ICMS, sendo acompanhado por unanimidade no Plenário.[21]

Seguindo essa orientação, tenho insistentemente me oposto, por enquanto vencido no Colegiado, à aplicação imediata de leis que "prorrogaram" a cobrança de tributo criado para ser provisório – refiro-me à CPMF[22] e à alíquota majorada de imposto antes estabelecida por prazo determinado, como ocorreu com o ICMS do Estado de São Paulo.[23] Em relação a

---

20. STF – Pleno, Ação Direta de Inconstitucionalidade n. 939/DF, relator ministro Sydney Sanches, julgada em 15 de dezembro de 1993, Diário da Justiça de 18 de março de 1994.
21. STF – Pleno, Medida Cautelar na Ação Direta de Inconstitucionalidade n. 2.325/DF, de minha relatoria, julgada em 23 de setembro de 2004, Diário da Justiça de 6 de outubro de 2006.
22. STF – Pleno, Recurso Extraordinário n. 566.032/RS, relator ministro Gilmar Mendes, julgado em 25 de junho de 2009, Diário da Justiça de 23 de outubro de 2009.
23. STF – Pleno, Recurso Extraordinário n. 584.100/SP, relatora ministra Ellen Gracie, julgado em 25 de novembro de 2009, Diário da Justiça de 5 de fevereiro de 2010.

esse último caso, envolvendo jogo de palavras do legislador de São Paulo tentando caracterizar como "prorrogação" o que, na verdade, foi comando de última hora para mudar prazo certo e determinado de vigência de tributo majorado, fiz ver:

> O que houve na espécie – e não desconheço o artigo 150, inciso III, alínea "c", da Constituição Federal, que alude, explicitamente, à instituição e aumento de tributo? Antes de 31 de dezembro de 2005, existia diploma legal editado para viger por tempo determinado, evidentemente os contribuintes estavam convictos que, ao término, não se teria o acréscimo alusivo ao tributo. Por isso é que não é dado falar em prorrogação. O que ocorreu na espécie, atraindo incidência do preceito tal como se contém – e tendo a interpretá-lo de forma teleológica, perquirindo, no caso, o objetivo da norma, que é o de evitar solavancos, surpresas na vida gregária –, foi verdadeira criação, a instituição do tributo, e não a simples prorrogação.
>
> [...]
>
> Criação – instituição portanto – do mesmo tributo, sem se ter presente a anterioridade nonagesimal da alínea "c" do inciso III do artigo 150, porque isso ocorreu ao apagar das luzes do ano de 2005.

Penso que o Supremo, nesses últimos casos, não manteve a abordagem finalística própria do princípio, consagrada nas Ações Diretas de Inconstitucionalidade n. 939/DF e n. 2.325/DF, falhando em assegurar, plenamente, a liberdade e a segurança dos contribuintes em face da imprevisibilidade típica dos executivos e legisladores pátrios, sempre ávidos em elevar, a qualquer custo, a arrecadação tributária.

5.2. Princípio da Capacidade Contributiva

A capacidade contributiva é o mais importante princípio estruturante do Sistema Constitucional Tributário. Desenvolvido, desde Adam Smith, pela Ciência das Finanças,[24] foi positivado em importantes constituições democráticas, como a italiana (artigo 53) e a espanhola (artigo 31.1), e ganhou desenvolvimento jurisprudencial a partir do princípio da igualdade em países como a Alemanha e Portugal.[25] Limite à imposição fiscal, revela direito fundamental à tributação justa – aquela baseada em critérios de justiça e igualdade, na tributação exclusiva de fatos que denotem riqueza, na progressividade, na generalidade com observância da imunidade do mínimo existencial e na mais completa vedação de privilégios odiosos.

Essas foram, sem dúvida, as finalidades que nortearam o constituinte quando da previsão do princípio na Carta de 1988 – artigo 145, § 1º. Cumpre ao Supremo interpretá-lo de modo a alcançá-las, conformando, na medida do possível, o Sistema Tributário Nacional ao ideal de justiça material e igualdade, de respeito ao direito de propriedade e à liberdade de exercício de profissões e de atividades econômicas, sem impedir que sejam concretizadas políticas redistributivas. No entanto, como demonstram casos paradigmáticos, penso não estar o Tribunal realizando tal tarefa.

No Recurso Extraordinário n. 586.482/RS, relator ministro Dias Toffoli, o Supremo enfrentou o tema da incidência ou não da Cofins e da contribuição ao PIS sobre as vendas inadimplidas.[26] O recorrente buscou ver excluídos da base de cálculo das contribuições valores alusivos a vendas a prazo

---

24. WAGNER, Adolfo. *La Scienza delle Finanze*. Torino: UTET, 1891, pp. 882/947; LEROY-BEAULIEU, *Trattato di Scienza delle Finanze*. Torino: UTET, 1906, pp. 223/305; RICCA SALERMO, Giuseppe. *Scienza delle Finanze*. Firenze: G. Barbèra, 1890, pp. 40/83; SHIRRAS, G. Findlay. *The Scienze of Public Finance*. Londres: Macmillam & Co., 1924, pp. 121/149.

25. Sobre o princípio no Direito Comparado, cf. UCKMAR, Victor. *Principi comuni di diritto costituzionale tributario*. 2ª ed. Padova: CEDAM, 1999.

26. STF – Pleno, Recurso Extraordinário n. 586.482/RS, relator ministro Dias Toffoli, julgado em 23 de novembro de 2011, Diário da Justiça de 19 de junho de 2012.

inadimplidas. Alegou, entre outros, a violação ao princípio da capacidade contributiva ante a ausência de exteriorização de riqueza em virtude do não recebimento do preço pactuado. Aduziu não haver substrato econômico a autorizar a tributação.

A partir de motivos exclusivamente formais, vinculados ao regime de apuração dos tributos e ao aspecto temporal dos fatos geradores correspondentes, a maioria do Tribunal manteve a exigência das contribuições mesmo em face de receitas não auferidas. Votei vencido, na companhia do ministro Celso de Mello, lembrando ser o princípio da capacidade contributiva extensivo às contribuições. Asseverei derivar desse princípio a ideia de que a incidência tributária pressupõe "vantagem, aporte de riqueza". Citando Alfredo Augusto Becker, apontei que a simples potencialidade de ingresso de receitas não pode fundamentar a capacidade contributiva, não sendo justo o contribuinte, o qual já está a arcar com o prejuízo do inadimplemento, ter que recolher tributo sobre ingressos que não ocorreram.

Poucos meses antes do julgamento acima, o Tribunal havia apreciado recurso, de minha relatoria, envolvendo tema ainda mais relevante a desafiar a concretização do princípio da capacidade contributiva.[27] Tratou-se de questionamento acerca da possibilidade de o Supremo, ante a omissão do legislador, determinar a correção monetária das tabelas de Imposto de Renda e das correspondentes faixas de isenção e dedução do imposto. A atualização monetária desses valores havia sido extinta com a Lei n. 9.250, de 1995, sendo arguida a ofensa ao princípio da capacidade contributiva.

Levando em conta os efeitos nefastos da inflação sobre o poder aquisitivo dos contribuintes e a disponibilidade de renda

---

27. STF – Pleno, Recurso Extraordinário n. 388.312/MG, relatora ministra Cármen Lúcia, julgado em 1º de agosto de 2011, Diário da Justiça de 11 de outubro de 2011.

para oferecimento à tributação, consignei ter a ausência de atualização monetária implicado a inobservância da exigência do imposto segundo a capacidade econômica do contribuinte, "chegando-se, por via oblíqua, à majoração do tributo com desprezo ao figurino que lhe é próprio". Revelei o pior: a inércia atacada fez com que o imposto alcançasse "os menos afortunados", aqueles carentes de capacidade contributiva, deslocando-os da situação de isenção e de proteção do mínimo existencial para a de subordinação ao tributo sem que se verificasse real acréscimo de renda ou de poder aquisitivo, piorando ainda mais a débil distribuição de riqueza.

Fui voto isolado, tendo a sempre ilustrada maioria assentado, na linha desenvolvida pela ministra Cármen Lúcia, a impossibilidade de o Supremo substituir-se ao legislador e autorizar a correção monetária da tabela progressiva do imposto, apesar do silêncio legislativo que tornou a Carta, quanto ao princípio da capacidade contributiva, "um documento lírico".

Acredito que essas decisões não têm viabilizado que o princípio cumpra a finalidade essencial de atuar como norma fundamental de justiça tributária. Presente quando exteriorizada riqueza, a capacidade contributiva pode ser compreendida como justificativa da própria tributação, do dever fundamental de contribuição. No entanto, é, ao mesmo tempo, medida dos tributos, garantia de liberdade enquanto limite da imposição e exigência de imunidade do mínimo existencial. Para alcançar esses últimos propósitos, a interpretação teleológica do princípio precisa ser reforçada pelo Tribunal.

6. IMUNIDADES TRIBUTÁRIAS

Segundo a melhor doutrina de José Souto Maior Borges, as imunidades servem a "assegurar certos princípios fundamentais ao regime, a incolumidade de valores éticos e culturais consagrados pelo ordenamento constitucional positivo e que se pretende manter livres das interferências ou perturbações da tributação".[28] Não atuam, todavia, isoladamente. As regras de imunidade devem ser vistas como elementos de um sistema harmônico e integrado de normas e propósitos constitucionais. Assim, cabe interpretá-las em função do papel que cumprem em favor dos valores prestigiados por esse sistema e das demais normas que o compõem.

Os precedentes do Supremo relativos às imunidades das alíneas "a", "b" e "d" do inciso VI do artigo 150 da Carta, adiante abordados, têm deixado clara a atenção do Tribunal com as funções políticas e sociais dessas normas, revelando-se prática de interpretação teleológica para a solução das controvérsias surgidas e buscando-se sempre a melhor realização dos valores protegidos. É de se ressaltar, porém, a necessidade de essas interpretações não se descuidarem da harmonia sistêmica.

6.1. O alcance da imunidade recíproca às empresas públicas

A imunidade recíproca, versada na alínea "a" do mencionado preceito constitucional, tem em vista a relevância do princípio federativo e da isonomia entre os entes políticos – artigo 1º, cabeça, da Carta. O dispositivo proíbe União, estados, Distrito Federal e municípios de instituírem impostos sobre o patrimônio, a renda e os serviços uns dos outros, com o propósito, consoante Roque Carrazza, de evitar que determinada pessoa política impeça outra de cumprir objetivos institucionais em razão de dificuldades econômicas geradas pela incidência de impostos. Se não existisse a regra de imunidade, diz o tributarista, poderia haver um estado de sujeição em vez de isonomia entre os entes federados.[29]

---

28. BORGES, José Souto Maior. *Teoria Geral da Isenção Tributária*. 3ª ed. São Paulo: Malheiros, 2011, p. 221.
29. CARRAZZA, Roque Antonio. *Curso de Direito Constitucional Tributário*. 26º ed. São Paulo: Malheiros, 2010, p. 761-762.

Pautado nesse propósito nuclear, o Supremo tem interpretado amplamente os parágrafos 2º e 3º do artigo 150 da Carta, vindo a maioria do Pleno a assegurar, no Recurso Extraordinário n. 601.392/PR, o alcance da imunidade recíproca inclusive a empresa pública, no caso, os Correios, que realize atividades, simultaneamente, em regime de exclusividade e de concorrência.[30]

Manifestei-me contrariamente à extensão da imunidade, assim como os ministros Joaquim Barbosa, Luiz Fux, Cármen Lúcia e Cezar Peluso, ante a vedação constitucional de tratamento diferenciado em comparação às empresas do setor privado, considerados os princípios da livre iniciativa e da livre concorrência – artigo 173, § 2º, do Diploma Maior. Não se trata de negar validade ao método teleológico à matéria, mas de conjugá-lo ao elemento sistemático. A interpretação finalística da imunidade deve buscar a orientação valorativa na própria Constituição, presente o conjunto normativo e axiológico.

Assim, a atividade interpretativa de cada imunidade em particular, sob pena de transgressão à própria Carta, não pode ser estrita a ponto de inviabilizar que o objetivo protecionista seja satisfeito, nem tão ampla de modo a promover privilégios odiosos e desmedidos em detrimento de outros bens e valores, olvidando-se a Carta como um todo. A interpretação dever ser teleológica e sistematicamente adequada, de maneira que a norma de imunidade alcance o máximo de efetividade em harmonia com os demais valores de nosso sistema constitucional.

6.2. Imunidade dos templos de qualquer culto

A imunidade prevista na alínea "b" do artigo 150, inciso VI, da Constituição, que faz referência aos "templos de qualquer

---

30. STF – Pleno, Recurso Extraordinário n. 601.392/PR, relator ministro Joaquim Barbosa, acórdão redigido pelo ministro Gilmar Mendes, julgado em 28 de fevereiro de 2013, Diário da Justiça de 5 de junho de 2013.

culto", objetiva assegurar e estimular a liberdade de crença e a prática de cultos religiosos, direitos fundamentais consagrados expressamente pela Carta de 1988 no artigo 5º, inciso VI. O Diploma Maior busca impedir obstáculos de ordem econômico-financeira ao exercício dessas liberdades fundamentais. Considerado esse propósito e afastada a interpretação literal, deve ser implementada aplicação do preceito voltada a proteger da imposição fiscal quaisquer bens e serviços vinculados às atividades essenciais das entidades religiosas.

O Supremo tem adotado essa perspectiva na interpretação do § 4º do artigo 150 da Carta, assentando que a imunidade não se restringe aos imóveis destinados especificamente ao exercício do culto, mas a todo patrimônio, renda e serviços vinculados, ainda que indiretamente e de forma complementar, voltados à manutenção das entidades religiosas. O Pleno assim decidiu no Recurso Extraordinário n. 325.822/SP, relator ministro Ilmar Galvão, acórdão redigido pelo ministro Gilmar Mendes, julgado em 18 de dezembro de 2002.

Controvérsia mais complexa surgiu quando da definição sobre o alcance da imunidade à exploração de cemitério por entidade religiosa e assistencial. Há de se ressaltar ser tal atividade passível de desenvolvimento por particular com finalidade lucrativa.[31] No Recurso Extraordinário n. 578.562/BA,[32]

---

31. Há, inclusive, recurso pendente de exame definitivo no qual pessoa natural busca imunidade tributária relativa ao IPTU no tocante à área explorada comercialmente como cemitério. Constam cinco votos, inclusive o meu, em sentido contrário à pretensão, e um favorável, do ministro Carlos Britto, tendo o ministro Celso de Mello pedido vista: STF – Pleno, Recurso Extraordinário n. 544.815/SP, relator ministro Joaquim Barbosa, julgamento iniciado em 21 de maio de 2008. Consignei, no caso, a impossibilidade da imunidade ante a circunstância de o requerente atuar no campo econômico, com claro propósito lucrativo.
32. STF – Pleno, Recurso Extraordinário n. 578.562/BA, relator ministro Eros Grau, julgado em 21 de maio de 2008, Diário da Justiça de 12 de setembro de 2008.

relator ministro Eros Grau, o Tribunal, por unanimidade, reconheceu a imunidade sob o argumento, conforme consta da ementa do acórdão, de os cemitérios consubstanciarem extensões de entidades religiosas, considerados locais de culto religioso, e os serviços fúnebres, religiosos.

Não discrepei dessa orientação, mas, fiel à necessidade de harmonizar finalidade e sistema, também destaquei, como havia feito o relator, a circunstância de estar presente instituição sem fins lucrativos. Consignei:

> Interpreto os preceitos contidos nos artigo 150 da Constituição Federal de forma sistemática, teleológica. Não chego a afirmar que todo e qualquer cemitério está equiparado a templo de qualquer culto. Não. Disse bem o relator que o caso tem peculiaridades e, a meu ver, essas peculiaridades permitem a mesclagem da alínea "b" e da alínea "c" do inciso VI do artigo 150 da Constituição Federal. Refiro-me, quanto a esta última alínea, às entidades de assistência social-gênero. E vejo, no caso, uma sociedade que diga respeito a um cemitério, sem fins lucrativos e também que atenda aos demais requisitos da lei, como entidade de assistência social.

No Recurso Extraordinário n. 562.351/RS,[33] relatado pelo ministro Ricardo Lewandowski no Plenário, envolvido o alcance do termo "templos de qualquer culto" às lojas maçônicas, defendi ser equivocada a premissa fixada pelo relator, acompanhada pela ilustrada maioria, no sentido de as imunidades deverem sofrer "interpretação restritiva". Apontei ser cabível a metodologia apenas em controvérsias a versar isenção, favores fiscais do Estado, e não as imunidades tributárias, por decorrerem "diretamente das liberdades". Asseverei que negar à maçonaria o abrigo da mencionada alínea "b" do inciso VI

---

33. STF – Pleno, Recurso Extraordinário n. 562.351/RS, relator ministro Ricardo Lewandowski, julgado em 4 de setembro de 2012, Diário da Justiça de 14 de dezembro de 2012.

do artigo 150 implicaria redução teleológica da norma, incompatível até mesmo com a expressão literal considerado o figurino constitucional. No mais, sob a óptica teleológica e sistemática, afirmei que tal conclusão consistiria em violação ao sistema de liberdades da Carta, formulado pelo constituinte calcado no pluralismo, a impedir o Poder Judiciário de adotar uma definição ortodoxa de religião a excluir a maçonaria. Incumbiria ao Tribunal reconhecer os "inequívocos elementos de religiosidade na prática maçônica", a natureza de culto quanto aos "rituais de elevação espiritual" pelos maçons praticados, inequivocamente "dentro do escopo protetivo da Constituição de 1988". Fui voto vencido, isolado.

As imunidades tributárias visam proteger liberdades fundamentais, como, no caso, a religiosa. No entanto, excluindo-se, em um sistema marcado pela generalidade e universalidade da tributação, certas pessoas do alcance do ônus fiscal, faz-se necessário o cuidado de evitar que a consagração da liberdade de uns se dê em detrimento da liberdade de outros, criando-se uma estrutura tributária desigual, na qual certos privilégios acabam por implicar máculas à livre iniciativa e à concorrência. Harmonizar tributação e liberdade, nessas situações, requer o equilíbrio adequado entre os elementos teleológico e sistemático da interpretação constitucional contemporânea.

6.3. A imunidade dos livros, jornais e periódicos e o possível alcance aos chamados "livros eletrônicos"

A imunidade estabelecida na alínea "d" do inciso VI do artigo 150 da Carta, considerados os livros, jornais e periódicos e o papel destinado à impressão destes, visa promover a educação, garantir o princípio da liberdade de manifestação do pensamento e da expressão da atividade intelectual, artística, científica e de comunicação, facilitando e estimulando a circulação de ideias, o direito de informar e de ser informado e a própria liberdade de imprensa. Ante esses propósitos, a imunidade se apresenta como essencial ao próprio desenvolvimento da democracia e da cidadania participativa e reivindicatória, além da cultura.

Trata-se de imunidade de inegável relevância político-democrática. A definição interpretativa do alcance dessa norma constitucional deve guardar relação mais do que íntima com a compreensão das funções políticas e sociais que a imunidade cumpre em favor da difusão das ideias, da educação, da cultura, da democracia e da cidadania. São esses os propósitos que o Supremo há de ter em conta quando da solução de controvérsias tributárias envolvendo a presente imunidade.

Em breve, nos Recursos Extraordinários n. 595.676/RJ, de minha relatoria, e n. 330.817/RJ, relator ministro Dias Toffoli, o Supremo irá dirimir, sob o ângulo da repercussão geral, conflito dos mais contemporâneos: o alcance ou não dessa imunidade no comércio de bens e materiais eletrônicos – incluídos os chamados "livros eletrônicos" – que funcionam didática e informativamente em auxílio aos ou no lugar dos livros e periódicos impressos em papel. As questões postas são: apenas os meios tradicionais de ensino e informação gozam da imunidade ou os componentes e dispositivos eletrônicos, quando desempenham papel didático e informativo complementar ou substitutivo, também são abrangidos pela norma constitucional? Os limites semânticos do dispositivo constitucional devem ser ampliados para que a imunidade cumpra efetivamente os fins a que se destina considerada a flagrante evolução tecnológica nos campos da informação e da educação? Ausente manifestação do constituinte derivado, pode o Supremo fazer evoluir os significados da Carta de modo a compatibilizar a aludida imunidade ao estágio contemporâneo da revolução digital?

De um lado, a interpretação literal, mais direta e imediata do enunciado constitucional, favorece, de início, o alcance restrito da regra de imunidade, excluídos da abrangência os ditos elementos eletrônicos. De outro, a interpretação sistêmico-teleológica do dispositivo aponta em sentido diverso, no da conclusão pela imunidade quanto aos mecanismos eletrônicos que veiculem informações e conteúdos didáticos juntos ou em substituição aos livros e periódicos impressos. As técnicas e métodos de interpretação explorados neste artigo serão decisivos para a solução de conflito que, de tão relevante, representará mais do que mera controvérsia tributária, revelará momento no qual o Supremo julgará o próprio limite do papel que pode cumprir como agente de modernização da Carta ante a inevitabilidade do avanço dos fatos e da vida.

7. CONCLUSÃO

A democracia é um bem em si mesmo, regime político no qual prevalece o argumento do autogoverno – a ideia de autodeterminação coletiva como condição de uma sociedade livre. A liberdade é condição da democracia – onde não houver liberdade, imperará o arbítrio, antítese da ideia de Estado Democrático de Direito. Nas democracias modernas, de um lado, o governo é exercido por meio de representantes políticos em função de uma necessidade prática de delegação desse poder em nome dos representados (democracia representativa). De outro, o próprio sistema político deve limitar o poder delegado a esses representantes, de forma a impedir que o governo se torne tirânico. Essa é a síntese dialética entre democracia e constitucionalismo.

Em se tratando da atividade tributária do Estado brasileiro, essas balizas foram impostas na Constituição por meio da delimitação das competências tributárias e do estabelecimento de princípios e de imunidades tributárias. Assegurar o equilíbrio entre Tributação, Democracia e Liberdade requer do juiz constitucional preocupação com esses elementos estruturais do

Sistema Constitucional Tributário, tarefa que, segundo exposto neste artigo, deve ser realizada pelo Supremo por meio da interpretação atenta à necessidade de variar e harmonizar os métodos hermenêuticos conforme a natureza da norma constitucional envolvida e do conflito correspondente. Consoante minha óptica, o Tribunal já deu passos importantes nesse sentido, mas ainda é preciso evoluir bastante na defesa da democracia e das liberdades fundamentais contra um Estado – sócio despreocupado com os riscos do negócio – sempre em busca de arrecadar mais e mais.

INTERPRETAÇÃO LITERAL EM DIREITO TRIBUTÁRIO

Paulo Caliendo[1]

Índice: Introdução. 1. Da interpretação jurídica no pensamento conceitual, normativista e sistemático. 1.1. Pensamento Conceitual: hermenêutica e interpretação. 1.2. Pensamento Normativista: Norma Jurídico-Tributária (Regra-Matriz de Incidência Tributária). 1.3. Pensamento Sistemático: valores jurídicos (concretização de direitos fundamentais). 2. Da interpretação sistemática no Direito Tributário. 3. Considerações Finais.

Resumo
O presente artigo trata utilidade e conveniência do método de interpretação literal em Direito Tributário, sob a ótica dos direitos fundamentais, sob a forma de interpretação sistemática.

---

1. Paulo A. Caliendo V. da Silveira é graduado em Direito pela UFRGS, Mestre em Direito dos Negócios pela Faculdade de Direito da UFRGS. É Doutor em Direito Tributário pela PUC/SP. Professor Titular na PUC/RS, onde compõe o corpo permanente do Mestrado e Doutorado, lecionando na Disciplina de Direito Tributário, e de diversos cursos de Pós-Graduação no país. Autor do livro finalista do Prêmio Jabuti 2009 "Direito Tributário e Análise Econômica do Direito", publicado pela editora Elsevier. Conselheiro do CARF, vice-presidente da Academia Tributária das Américas, Árbitro da lista brasileira do Mercosul. Advogado.

INTRODUÇÃO

A teoria da interpretação é diferente para cada modo de pensar o jurídico, produzindo diferenças claras nos seus resultados concretos e nas soluções práticas para os dilemas jurídicos. A *interpretação sistemática* é capaz de dotar o intérprete de uma gama vasta e sofisticada de instrumentos de análise, que lhe dão superioridade sobre os modelos anteriores. A proposta do presente artigo é responder ao questionamento sobre a existência de um posicionamento interpretativo geral, que oriente a compreensão e construção de sentido das normas tributárias e particularmente o uso do método de interpretação literal.

1. DA INTERPRETAÇÃO JURÍDICA NO PENSAMENTO CONCEITUAL, NORMATIVISTA E SISTEMÁTICO

O problema da interpretação jurídica aparece igualmente de modo diverso em cada modo de pensar o jurídico.

O pensamento conceitualista adota um modelo silogístico de interpretação, dominado pelo formalismo jurídico e pela concepção de que a tarefa interpretativa se caracteriza como sendo uma tarefa lógico-dedutiva. O modelo de solução decorre da compreensão fechada do sistema e de um tipo de coerência material rígida do raciocínio jurídico, de tal forma que não existem lacunas ou casos difíceis no Direito. O próprio sistema jurídico contém todas as respostas aos problemas do sistema, de tal modo que um problema sem solução dedutível não pode ser considerado um problema jurídico. Neste caso o juiz está submetido ao conjunto de axiomas e conceitos gerais da ciência do Direito.

Trata-se de um modelo de coerência judicial necessária (*"necessary"*), no sentido que as decisões judiciais estão inseridas no quadro geral de um sistema fechado e de coerência material rígida e, portanto, a coerência das decisões judiciais é absolutamente necessária com o sentido material do sistema de conceitos jurídicos. Segundo tal entendimento deve existir uma necessária vinculação judicial ao acervo jurídico vigente (*"pre-existing law"*) e sobre o processo de evolução legal ou normativa.

Para o *pensamento normativista* existe uma forte *discricionariedade judicial* em que ao juiz é autorizado preencher de sentido a norma jurídica, nos limites de sua moldura normativa. Assim, permite-se ao juiz solucionar o caso concreto com as suas preferências pessoais de natureza ética, política ou ideológica, desde que tais escolhas estejam inseridas no interior da moldura normativa. Os casos difíceis são sempre solucionados pelos juízes com base na discricionariedade judicial.

Para este entendimento a exigência de uma coerência judicial com o sistema jurídico somente é necessária do ponto de vista formal e desejável no seu sentido material, mas nada impede que o sistema produza posições contraditórias materialmente, porém legítimas pelo resultado da ação de competências tributárias diversas. Assim, trata-se de uma *coerência desejável* (*"desirable"*), ou seja, um dos requisitos que deverá ser tomado em conta, mas que poderá ser afastado por valores diversos na aplicação judicial;

Por sua vez no *pensamento sistemático* os requisitos de *coerência necessária* e *suficiente* (*"sufficient"*), ou seja, são essenciais na interpretação e aplicação do Direito. Segundo *Dworkin*[2], o Direito deve ser entendido como uma *voz organizada*

---

2. *Misabel Derzi* ao tratar da obra do *Ministro Carlos Velloso* refletiu sobre o dilema entre a justiça e os direitos fundamentais e a democracia, tendo por referência os estudos de *Dworkin*. Segundo a autora: *"portanto, a questão da atuação da Suprema Corte nas democracias tem merecido a atenção dos mais interessantes filósofos e constitucionalistas. Se os juízes não são eleitos, como explicar que possam, criativamente, controlar a constitucionalidade das leis?"*

e coerente ('*community of principle*'); ou seja, uma comunidade de membros que entende estar governada por *princípios comuns* ("*common principles*"), capaz de apresentar uma justificação normativa geral. Existem casos difíceis e estes devem ser resolvidos conforme o sistema jurídico, mas respeitando as possibilidades de solução que emergem das conexões valorativas, decorrentes do caso concreto.

Um exemplo importante de interpretação sistemática pode ser encontrado no excelente estudo de *Giovanni Sartor*, que abordou a dialética das disputas judiciais e do confronto entre teorias diversas e conflitantes. Segundo este autor, uma disputa é um "*intercâmbio dialético de teorias*" ("*dialectical exchange of theories*"). A ideia de coerência servirá como critério para determinar a "*força comparativa de teorias competitivas*" ("*comparative strengh of competing theories*"). A parte que oferecer a teoria mais coerente irá possuir a maior força comparativa e, possivelmente, alcançará uma vitória em uma argumentação.

Segundo o autor, a ideia de coerência, nesse sentido limitado, pode ser entendida[3] como:

a) *compreensividade* ("*case-coverage*"), ou seja, a capacidade de explicar um amplo campo de casos;

Dworkin responde explicando que um regime político não será democrático porque a maioria do povo governa a si mesmo, mas se e na medida em que as decisões coletivas tratem o conjunto dos cidadãos com um respeito igual e com atenção igual. Ao interpretar os vagos e abstratos princípios constitucionais, a Corte limita a competência dos parlamentos, não em razão de uma superioridade inerente ao poder judicante, mas em nome da superioridade do poder do povo sobre os demais órgãos constituídos ou constitutivos de governo. A Corte está encarregada de fazer prevalecer a vontade profundo do povo (na Constituinte) contra a vontade episódica da maioria de seus representantes, que fazem as leis"; ver *in* DERZI, Misabel Abreu Machado. *Construindo o Direito Tributário na Constituição*. Belo Horizonte: Del Rey, 2004, p. IX.

3. Cf. SARTOR, Giovanni. *Teleological arguments and theory-based arguments. Artificial Intelligence and Law.* N. 10, Netherlands: Kluwer, p. 95-112, 2002, p. 103-104.

b) *funcionalidade* ("*factor-coverage*"), ou seja, a capacidade de levar em consideração argumentos e contra-argumentos consistentes. Dessa forma, a teoria mais consistente será aquela que referir a consideração do maior número de fatores explicativos, respondendo ao maior número de questionamentos contrários. Não há a defesa de uma única resposta possível, mas a da melhor resposta possível capaz de integrar diferentes visões valorativas na decisão judicial, permitindo a resolução leal de litígios axiológicos;

c) *conectividade analógica* ("*analogical-connectivity*"), na qual as premissas de uma teoria possibilitam a construção, por analogia, de outras premissas no interior do mesmo sistema proposicional;

d) *sustentabilidade* ("*non-arbitrariness*"), em que todas as premissas de uma teoria encontram-se suportadas mutuamente no interior do sistema proposicional, de tal forma que a solução permita a integração da solução do caso concreto em combinação com a preservação da integridade do sistema jurídico. Há, desse modo, uma possibilidade de interpretação tópico-sistemática.

A força evidente dessa abordagem é clara, visto que muitas vezes a disputa por interpretação oficial em matéria tributária envolve abordagens igualmente coerentes e conflitivas, nas quais qualquer uma das interpretações poderia surgir como aceitável para o caso. Dessa forma, a mera presunção de que o estudo do fenômeno jurídico-tributário é suficiente para se entender o raciocínio jurídico-tributário, deve ser afastada. Não há como se entender a própria evolução conceitual em Direito Tributário como mero fenômeno subsuntivo ou dedutivo entre normas e conceitos, tornando-se necessária uma abordagem sistemática na qual a noção de coerência possui toda a sua força explicativa.

O problema da interpretação jurídica aparece igualmente de forma diversa em cada modo de pensar o Direito Tributário. O modo de interpretação tributária irá variar também em conformidade com o modelo teórico escolhido, de tal forma que os resultados e os métodos irão diferenciar-se de maneira significativa.

1.1. Pensamento Conceitual: hermenêutica e interpretação

O *modelo conceitual* irá distinguir *hermenêutica* e *interpretação*, enquanto graus de aplicação da atividade interpretativa. A *hermenêutica* trata de modo genérico sobre os modelos de apreensão de sentido, enquanto a *interpretação propriamente dita* se dirige à aplicação a determinado dispositivo legal. Conforme *Carlos Maximiliano*: "*hermenêutica é a teoria científica da arte de interpretar*".[4]

A hermenêutica teria por objeto a determinação do sentido e o alcance das expressões jurídicas, visto que o Direito é composto de termos gerais, normas dispersas, princípios e institutos diversos e é tarefa do intérprete aplicar ao caso concreto a norma jurídica. No pensamento conceitual a tarefa do intérprete é aquela que "*extrai da norma tudo o que na mesma se contém*".[5] Assim entendia sabiamente a jurisprudência romana que "*neque leges, neque senatusconsulta ita scribi possunt, ut omnes casus qui quandoque inciderit comprehendantur*", ou seja, "*nem as leis, nem o senatus-consultos podem ser escritos de tal maneira que em seu contexto fiquem compreendidos todos os casos em qualquer tempo ocorrentes*", dado que as normas são previsões sobre programações intersubjetivas e intertemporais, logo não é possível que abarquem todos os casos possíveis e imagináveis.[6] Assim, não é fácil a tarefa do intérprete que deve buscar cientificamente a unidade do sistema jurídico na multiplicidade de normas, expressões e fatos.

---

4. Cf. Maximiliano, Carlos. *Hermenêutica e aplicação do Direito*. Rio de Janeiro: Forense, 2006, p. 01.
5. *Idem.*
6. *Idem.*

Na definição de *Carlos Maximiliano* "*interpretar é explicar, esclarecer; dar o significado de vocábulo, atitude ou gesto; reproduzir por outras palavras um pensamento exteriorizado; mostrar o sentido verdadeiro de uma expressão; extrair, de frase, sentença ou norma, tudo o que na mesma se contém*".[7] A tarefa da interpretação não é somente tornar claro o sentido exato de determinada expressão ou norma, mas encontrar o verdadeiro sentido intrínseco da expressão.

Conforme bem relata *Paulo de Barros Carvalho* a doutrina interpretativa "*convencional*" (conceitual) propõe a aplicação simultânea dos seguintes métodos[8]:

i) *literal-gramatical*: é aquele no qual o intérprete se limita ao sentido literal da linguagem ordinária da norma, mediante o conhecimento perfeito da linguagem e do idioma nacional. Este tipo de raciocínio tem sido questionado, dado que a palavra pode ter mais de um sentido, sentidos diversos em contextos variados ou ser objeto de ambiguidade, de tal modo que os hermeneutas têm preferido a aplicação de métodos mais completos de extração de sentido. Resgata-se o antigo brocardo latino: "*mais importante e de mais força que a palavra é a intenção de quem a afirma*" (*prior atque potentior est, quam vox, mens dicenti*[9]);

ii) *histórico*: trata-se do critério que procura a verificação de sentido por meio da investigação do contexto histórico em que foi editada a norma jurídica. O uso da investigação do contexto histórico não se compara, contudo, com a recuperação da vontade do legislador (*mens legislatoris*). A edição de uma nova lei faz parte de um processo complexo e irracional, marcado por

---

7. Cf. MAXIMILIANO, Carlos. *Hermenêutica e aplicação do Direito*. Rio de Janeiro: Forense, 2006, p. 01.
8. Cf. CARVALHO, Paulo de Barros. *Curso de Direito Tributário*. São Paulo: Saraiva, 1999, p. 68-69.
9. Cf. CELSO. Digesto, liv. 1, tít. 3. frag. 29 *apud* MAXIMILIANO, Carlos. *Hermenêutica e aplicação do Direito*. Rio de Janeiro: Forense, 2006, p. 101.

intenções contraditórias, nas quais não se descobre de pronto o verdadeiro autor da norma jurídica, dado que a mesma proposição é resultado de retoques de todas as ordens ou de idiossincrasias de legisladores ou partidos políticos. Dessa forma, nem todas as informações decorrentes do contexto histórico (*occasio legis*) são relevantes, visto que o desenrolar histórico dissipa as antigas inconsistências de sentido no momento da sua edição[10];

iii) *lógico*: é aquele que se utiliza das regras da lógica formal para a determinação do sentido da norma jurídica, dentre as quais se destacam: o princípio da identidade, da não contrariedade, do terceiro excluído, da razão suficiente e da finalidade.[11] O uso exclusivo da lógica e de um método matemático ou geométrico de interpretação é incapaz de encontrar a riqueza dos sentidos da linguagem e das normas jurídicas;

iv) *teleológico*: o sentido da norma é determinado pela verificação dos fins e objetivos do comando normativo, bem como encontrar a finalidade pretendida pela norma. Duas concepções têm disputado a primazia dos grandes objetivos da legislação tributária, a concepção *in dúbio pro fiscum* e a *in dúbio pro contribuinte*;

v) *sistemático*: em que o sentido do comando normativo é pesquisado em conjunto com a multiplicidade das normas jurídicas. Segundo o *Prof. Paulo de Barros Carvalho*: "*o método sistemático parte, desde logo, de uma visão grandiosa do direito e intenta compreender a lei como algo impregnado de toda a pujança que a ordem jurídica ostenta*".[12] Lembra Carlos Maximiliano

---

10. Cf. MELO, José Eduardo Soares de. Interpretação e integração da norma tributária *In* Martins, Ives Gandra da Silva. *Curso de Direito Tributário*. São Paulo Saraiva, 2001, p. 138.

11. Cf. COELHO, Luis Fernando. *Lógica Jurídica e interpretação das leis*. Rio de Janeiro: Forense, 1979, p. 76-77.

12. Cf. CARVALHO, Paulo de Barros. *Curso de Direito Tributário*. São Paulo: Saraiva, 1999, p. 68-69.

que em Roma já se proibia que o juiz decidisse sem considerar o conjunto todo do ordenamento jurídico, por meio do brocardo: "*é contra o Direito, julgar ou emitir parecer, tendo diante dos olhos, ao invés da lei em conjunto, só uma parte da mesma (incivile est, nisi tota lege perspecta, uma aliqua partícula ejus proposita, judicare, vel respondere)*".[13]

Muitos têm se questionado se a interpretação em matéria tributária deve seguir a mesma lógica e métodos gerais de interpretação ou se possui um modelo próprio. Para *A.D. Giannini*[14]: "*lo cierto es que las mismas reglas dominan la interpretación de cualquier norma, y ninguna de aquéllas autoriza a pensar que para el Derecho tributário deban seguirse critérios interpretativos diversos de los que presiden la interpretación de cualquier ora clase de leys*".

Assim, cada sistema jurídico-tributário irá permitir ou autorizar a utilização conjunta ou combinada dos critérios acima, de tal modo que se possa realizar a correta interpretação da norma tributária. No entender de *Morselli*, a interpretação e integração da norma tributária é uma atividade absolutamente essencial, em virtude do fato de que o Direito Tributário não se assenta sobre um único instituto, mas sobre um conjunto de institutos de naturezas diversas que são compreendidos em um sentido orgânico.[15] O objetivo da interpretação é, portanto, alcançar em cada caso a correta aplicação do conceito de tributo, por meio da aplicação de métodos de interpretação.[16]

---

13. Cf. CELSO. Digesto, liv. 1, tít. 3. frag. 24 *apud* MAXIMILIANO, Carlos. *Hermenêutica e aplicação do Direito*. Rio de Janeiro: Forense, 2006, p. 105.
14. Cf. GIANNINI, A.D. *Instituciones de Derecho Tributario*. Madri: Editorial de Derecho Financero, 1957, p. 32.
15. Conforme *Morselli*: "*Il dirito dell'imposta non forma um solo ed único istituto, ma um insieme di istituti, in un certo senso orgânico. V'è certamente similarità, ad esempio, fra l'imposta sui terreni e l'imposta sui fabbricati, tant'è che per lungo tempo esse andarano confuse*", ver *in* MORSELLI, Emanuele. *Corso di Scienza della Finanza Pubblica*. Padova: CEDAM, 1949, p. 141.
16. Conforme *Morselli*: "*Sicchè, dove in date norme singole, o insieme ordinate*

Dessa forma, o intérprete é livre para utilizar os métodos mais importantes para alcançar o sentido e alcance da norma jurídica a ser aplicada, dentre eles não deve existir hierarquia, dado que o pluralismo metodológico deve respeitar o pluralismo das situações de fato e de valores que podem reger determinado fenômeno jurídico.[17]

Conforme bem ensina *Carlos Maximiliano*, as regras gerais de hermenêutica se aplicam de modo idêntico às leis fiscais, com uma diferença fundamental de que a interpretação em matéria tributária conjuga-se à finalidade de realizar o poder de tributar, assim: *"explicado o modo de entender a faculdade de distribuir pelo povo os encargos pecuniários do erário, cumpre fazer agora como se interpretamos textos em que o legislador usa daquela prerrogativa soberana"*[18], ou seja, para o autor a interpretação está radicalmente ligada ao exercício da soberania.

O *pensamento conceitual* irá desenvolver um raciocínio decorrente do encadeamento de conceitos, dentre os quais o de tributo será o mais importante. A exigência de um sistema com coerência interna é uma exigência da ciência jurídica e, particularmente do Direito Tributário.

A razão de tal entendimento, conforme *Rafael Bielsa*, decorre da compreensão de que um ramo do conhecimento

---

per formare um istituto tributário, si vede mancante o non completamnte offero all'interprete quello che gli ocorre per risolver casi concreti, e però, quando cio che direttamente gli manca forma il principio di ragione di tal norma o istituto, allora egli revolge allá scienza per trarre da essa, com lógico critério, il principio lasciat intendere dal legislatore finanziario, quale egli medesimol'avrebbe voluto, secondo lê particolarità dei casi, se anche suo compito fosse stato quello di realizzare individualmente presso tutti il tributo ordinato", ver in MORSELLI, Emanuele. *Corso di Scienza della Finanza Pubblica*. Padova: CEDAM, 1949, p. 143.
17. Cf. TÔRRES, Ricardo Lôbo. *Normas de interpretação e integração do Direito Tributário*. Rio de Janeiro: Forense, 1991, p. 83.
18. Cf. MAXIMILIANO, Carlos. *Hermenêutica e aplicação do Direito*. Rio de Janeiro: Forense, 2006, p. 270.

somente se distingue dos demais quando apresenta institutos, categorias e regras próprios que lhe garantam uma autonomia no quadro geral das ciências. Assim, a autonomia somente ocorre: i) quando possui princípios próprios e diferenciados dos demais; ii) quando as instituições que o formam possuem fundamentos comuns e iii) difere dos demais por suas características comuns. O autor irá repetir este entendimento da autonomia do Direito Tributário, fundado na noção de tributo como resultado deste poder de império do Estado em arrecadar tributos.

A homogeneidade do objeto de estudo do Direito Tributário, centrado na noção de tributo, é que irá garantir a sua emancipação como disciplina didaticamente autônoma de outros ramos do Direito.

Revisados os principais entendimentos sobre a interpretação no pensamento conceitual, vejamos agora as inovações e peculiaridades do *pensamento normativista*.

1.2. Pensamento Normativista: Norma Jurídico-Tributária (Regra-Matriz de Incidência Tributária)

O pensamento normativista partirá de um modelo diverso de interpretação da norma jurídico-tributária, visto que para este o modelo de interpretação não visa apenas a *extração de sentido* do dispositivo normativo, mas especialmente a *construção de sentido*. Trata-se de um modo absolutamente revolucionário para a época em que foi formulado e para a formatação da ideia de Direito.

O uso pluralista de métodos de interpretação não resolve, contudo, o problema de se encontrar a correta extração de sentido do texto legal, visto que, como alegava *Antônio Franco de Campos*, em 1977, a utilização simultânea de métodos somente poderá gerar imperfeições, falhas e incoerências

1177

hermenêuticas, de tal modo que devemos encontrar um método superior de análise:

> No geral, os métodos de interpretação estabelecidos pela doutrina, de per si considerado, não satisfazem plenamente, pois falhas, deficiências ou imperfeições ocorrem a cada passo, mesmo considerando o ecletismo de alguns. A solução dos problemas interpretativos pode ser encontrada na pesquisa da ratio, o que poderia levar-nos a abraçar o método teleológico, sem abandonarmos a natureza das coisas.[19]

O positivismo irá encontrar este ponto de partida seguro para a interpretação jurídico-tributária no estudo da estrutura da norma jurídica. Assim afirmava *Alfredo Augusto Becker*, em sua obra de 1963, que:

> Ao defrontar-se com a regra jurídica, o seu intérprete deve ter em mente, com extrema nitidez, a 'estrutura lógica' e a 'atuação dinâmica' de toda e qualquer regra jurídica. Isto posto, ele pode dividir a tarefa hermenêutica em quatro momentos:
>
> Primeiro momento: dissecar a estrutura lógica daquela determinada regra jurídica a interpretar (...).
>
> Segundo momento: Investigar e analisar os fatos jurídicos e não-jurídicos que constituem os problemas práticos a resolver (...).
>
> Terceiro momento: diante da hipótese de incidência realizada, o intérprete conclui ter havido a incidência da regra jurídica porque esta é infalível (...).
>
> *Quarto momento: O intérprete observa se foram respeitados os efeitos jurídicos que resultaram da incidência da regra jurídica (...).*[20]

---

19. Cf. CAMPOS, Antônio J. Franco. Interpretação hermenêutica e exegese do direito tributário. São Paulo: Bushatsky, 1977. CAMPOS, Antônio J. Franco Direito Tributário. São Paulo: J. Bushatsky, 1975.

20. Cf. BECKER, Alfredo Augusto. *Teoria Geral do Direito Tributário*. São Paulo: Saraiva, 1953, p. 102-103.

Como se pode notar, o pensamento de *Alfredo Augusto Becker* irá representar uma viragem hermenêutica na forma de interpretação jurídico-tributária. Ele irá estabelecer uma forma de *interpretação dinâmica* da norma tributária e não apenas passiva ou exegética, que pretende extrair da norma um determinado sentido. O modelo de *interpretação clássico* era absolutamente passivo dentro de uma *ordem conceitual fixa*, formada por conceitos universais e axiomas fundamentais, diverso do modelo proposto por *Becker* que irá defender que:

> A lei tributária não é um falcão real que o punho do Executivo alça voo para ir à caça do 'fato gerador'. A regra jurídica contida na lei (forma literal legislativa) é a resultante lógica de um complexo de ações e reações que se processam no sistema jurídico onde foi promulgada. A Lei age sobre as demais leis do sistema, estas, por sua vez, reagem; a resultante lógica é a verdadeira regra jurídica da lei que provocou o impacto inicial.[21] (Grifos nossos).

Irá o autor defender o *cânone hermenêutico da totalidade do sistema jurídico* como modo de compreensão do fenômeno jurídico, de tal forma que a interpretação será tarefa de conhecimento da totalidade da fenomenologia do sistema jurídico. Assim, uma lei ou artigo jamais será identificado com uma norma jurídica e talvez nem exista como tal, somente será possível extrair a regra jurídica da lei ou artigo em relação ao conjunto das demais leis vigentes (plano horizontal) e antecedentes (plano vertical).

A interpretação jurídica no positivismo passará a ter uma função teórico-sistemática menor do que no pensamento clássico. Irá assumir preponderância a Teoria Geral do Direito, enquanto *Teoria da Incidência da Norma Jurídica*, sendo que a principal função do intérprete será realizar um estudo pormenorizado da fenomenologia da incidência jurídica, de tal

---

21. Cf. BECKER, *idem*, p. 102-104.

sorte a confirmar a ocorrência do fato gerador. Esta conclusão é tão forte no autor que ele irá denominar tal fenômeno de *mitos e superstições na interpretação tributária* e irá afirmar categoricamente que:

> O problema jurídico tributário que, no passado, mais apaixonou os estudiosos do Direito Tributário foi o da interpretação das leis tributárias. (...) O referido atavismo hermenêutico denuncia-se ainda muito forte (...) quando se trata de interpretar regras jurídicas que escolheram fatos jurídicos (atos jurídicos, negócios jurídicos, etc.) para a composição de suas respectivas hipóteses de incidência.[22] (Grifos nossos).

Os anseios de *Alfredo Augusto Becker* ganharam os corações e as mentes dos mais brilhantes tributaristas nacionais da segunda metade do século XX. Dentre estes autores podemos destacar: *Geraldo Ataliba, José Souto Maior Borges e Paulo de Barros Carvalho.* Esta conclusão será ainda mais explícita nos estudos de *José Souto Maior Borges,* que irá defender que somente uma teoria formal do Direito será capaz de constituir uma teoria geral do ordenamento jurídico e, portanto, definir a estrutura geral da totalidade do sistema jurídico.

O autor irá desenvolver uma das obras mais profundas sobre a aplicação do pensamento normativista (positivismo metodológico), aplicado ao Direito Tributário, na sua obra *Obrigação Tributária (Uma introdução metodológica)*, publicada em São Paulo, em 1984. De outro lado, o método formal possui um valor pragmático, visto que ele é capaz de resolver problemas concretos ao "(...) *solucionar problemas de interpretação e aplicação do Direito*".[23] A tarefa do intérprete é submeter uma determinada hipótese teórica de uma dedução de uma norma à *testabilidade*, visto que as normas não podem ser *verificadas*, mas tão somente testadas perante o conjunto do

---

22. Cf. BECKER, *idem*, p. 101-102.
23. Cf. BORGES, *idem*, p. 20.

sistema jurídico, de tal modo que o cânone da totalidade do sistema jurídico poderá provar a existência ou inexistência de uma norma jurídica determinada.[24]

Como exemplo, toma *José Souto Maior Borges* o caso do conceito de obrigação tributária, e afirma que na teoria clássica do Direito Tributário (para nós o conceitualismo), o termo *"obrigação tributária"* não é mero correspondente do grupo finito de particulares, mas denota a propriedade do universal existente em qualquer norma jurídica pensável. Esta visão essencialista, que procura entre a palavra e o objeto o correspondente conceito perfeito, é rechaçada pelo autor, que irá afirmar que *"a tese da patrimonialidade da obrigação tributária é sustentada, na doutrina brasileira tradicional, em caráter tipicamente essencialista"*[25], e defenderá em sentido contrário que *"o estar obrigado é tão somente uma especificação das modalidades deônticas de regulação do comportamento humano"*.[26] Dessa forma, o autor irá defender que não existem essencialidades ou essências a serem descritas por palavras sob a forma de conceitos, mas de construções normativas que regulam a conduta humana sob a forma de modalidades do dever-ser (*deôntico*): obrigatório, permitido e proibido.

A viragem radical do estudo da fenomenologia da incidência tributária irá ocorrer com os estudos revolucionários de *Paulo de Barros Carvalho*.[27] Este autor irá sofisticar radicalmente os estudos sobre a fenomenologia da incidência da norma tributária na sua obra seminal *"Teoria da Norma Tributária"*, de 1973. Para esse autor, o grande problema do estudo

---

24. Cf. BORGES, *idem*, p. 65.
25. Cf. BORGES, *idem*, p. 108.
26. Cf. BORGES, *idem*, p. 130.
27. Cf. CARVALHO, P. B. Sobre o percurso de construção de sentido: modelo de interpretação do direito tributário. In: André Ramos Tavares; Gilmar Ferreira Mendes; Ives Gandra da Silva Martins. (Org.). *Lições de Direito Constitucional em Homenagem ao Jurista Celso Bastos*. São Paulo: Saraiva, 2005, v, p. 09-24.

do Direito Tributário está na conceituação dos fundamentos do Direito e na definição de um método adequado para o estudo do fenômeno tributário, sendo que *muitos dos problemas de interpretação do Direito Tributário são problemas de definição dos elementos nucleares de entendimento do jurídico*. Assim, será a partir do conceito "atômico" de norma jurídica que todo o conhecimento será estruturado, afinal o problema do direito será um problema da linguagem, ou melhor dizendo, de mal uso da linguagem.

Assim, é somente a partir de bases sólidas, inquestionáveis que poderá surgir uma verdadeira interpretação livre de apriorismos e concepções essencialistas, de tal modo que *"surge, enfim, o esboço de um enfoque global do Direito Tributário, por desdobramento lógico de noções vestibulares da ciência jurídica"*.[28]

A concepção normativista terá um entendimento de interpretação tributária centrada nas seguintes características[29]:

i) *construtivismo*: o modelo de interpretação normativista acredita num papel criativo e dinâmico do intérprete, divergindo claramente da concepção de que a interpretação seja um modo de *extração de sentido* do texto, realizando uma passagem para o modelo de *construção de sentido do texto*, por meio do estudo da incidência da norma tributária;

ii) *ausência de apriorismos:* uma crítica fundamental do modo de pensar normativista está na negação da ausência de apriorismos interpretativos, tais como o célebre debate sobre a prevalência da interpretação pró-fisco (*in dubio pro fisco*) ou pró-contribuinte (*in dubio contra fisco*), como sendo posições superadas de um imperativismo do Direito, ou seja, de uma

---

28. Cf. CARVALHO, Paulo de Barros. *Teoria da norma tributária*. 2ª ed. SP: Revista dos Tribunais, 1981, p. 18.
29. Cf. CARVALHO, P. B.; SOUSA, R. G.; CANTO, G. U.; JARACH, D.; ATALIBA, G. *Interpretação do Direito Tributário*. São Paulo: Saraiva e EDUC, 1975.

concepção que entendia que as normas jurídicas representavam uma visão correta de mundo ou eram uma representação perfeita da essência das relações sociais. Para *Paulo de Barros Carvalho*, "*a visão imperativista ganhou dimensão com o jusnaturalismo, que no ímpeto de identificar o Direito com o justo, com um conjunto de princípios normativos, puramente ideais, de validez universal e permanente, chegaram por concluir que haveria um verdadeiro comando, no sentido de obediência a esses princípios, não sendo o Direito o comportamento humano que os violassem, ou melhor, os ilícitos*".[30] O entendimento do autor reforça a concepção de que a norma jurídica é uma construção humana, que deve no âmbito de seu contexto ser conhecida;

iii) *ausência de autonomia interpretativa:* a interpretação em matéria tributária não possui regras ou leis interpretativas diversas das demais áreas jurídicas, sendo que as mesmas regras que orientam a interpretação em todas as áreas do Direito também serão aplicáveis ao Direito Tributário. Nada impede, contudo, que existam particularidades de cada sistema tributário em específico;

iv) *preocupação com a linguagem*: o foco será revertido do estudo do ser e das realidades em si (*teoria ontológica*) e passará a preocupar-se com a autorreferência do discurso (*teoria retórica*)[31] e, portanto, o estudo da linguagem jurídica será a preocupação primeira na interpretação jurídica. Não se trata, contudo, da interpretação literal ou gramatical do texto, mas da *estrutura do sentido*, de sua sintaxe, do que compõe a correta construção do discurso jurídico;

v) *neutralidade valorativa:* em razão da inexistência de elementos objetivos e universais capazes de determinar o que é o bom ou correto valorativamente, em face de um pluralismo

---

30. Cf. CARVALHO, Paulo de Barros. *Teoria da norma tributária*. 2ª ed. SP: Revista dos Tribunais, 1981, p. 31.
31. Cf. Cf. CARVALHO, Paulo de Barros. *Direito Tributário – Fundamentos Jurídicos da Incidência*. São Paulo: Saraiva, 1998, p. 05.

axiológico na sociedade moderna. A norma jurídica, destituída de quaisquer pontos de referência material, representará o que existe de atemporal e universal na Teoria Geral do Direito;

vi) *fechamento formal do sistema:* a situação de confusão conceitual (carnaval tributário) gerou um profundo desconforto com a intrusão de conceitos extrajurídicos no entendimento do fenômeno tributário, como se qualquer abertura para informações e valores extrajurídicos se caracteriza-se como uma corrupção da pureza do sistema tributário. A aversão à submissão do Direito Tributário à ciência das Finanças, ao Direito Financeiro ou Econômico gerou, como reação, uma defesa do fechamento formal do sistema a contatos externos. Como resultado há uma negação unânime da validade de uma interpretação econômica do Direito Tributário, como uma das piores iniciativas que já ocorreram e um grave erro metodológico de usar instrumentais inadequados para conhecer o fenômeno tributário.

Estes elementos irão caracterizar a interpretação tributária sob a égide do pensamento normativista, representando um esforço sério e sofisticado de aperfeiçoamento institucional e teórico, que muito auxiliou o país e formou toda uma geração comprometida de juristas em nosso país, especialmente nos duros anos de reforço da autoridade fiscal, durante o regime militar.

Esta teoria será aperfeiçoada e levada a um novo patamar e paradigma de interpretação nos estudos revolucionários de *Paulo de Barros Carvalho* sobre o fenômeno de incidência da norma jurídica, com a obra *Direito Tributário – Fundamentos Jurídicos da Incidência* (1998). Inacreditavelmente, o autor será o maior construtor de uma teoria completa sobre a estrutura da norma jurídica, com a *Regra-Matriz de Incidência Tributária* e, posteriormente, irá avançar para um novo patamar de análise sistêmica sobre o fenômeno jurídico-tributário. Esta nova fase demonstrará a radicalização de alguns pressupostos teóricos pré-existentes e a incorporação de novos postulados e instrumentos de análise.

O pensamento sistemático irá reunir um conjunto diverso de experiências e programas teóricos, no entorno do objetivo de repensar a Teoria Geral do Direito Tributário.

1.3. Pensamento Sistemático: valores jurídicos (concretização de direitos fundamentais)

O pensamento sistemático irá produzir um conjunto de novos modelos, instrumentos e agenda de trabalho, muito superior ao que existia nos momentos anteriores, implicando em uma nova forma de interpretação jurídico-tributária.

O *pensamento sistemático* parte da impossibilidade da compreensão normativista da *teoria da ciência jurídica* como ciência normativa, visto que os *enunciados deônticos* não podem ser entendidos em sentido descritivo.[32] Segundo *Guastini*, a *teoria normativista* da ciência jurídica fundamenta-se em duas teses principais[33]:

i) *ambiguidade pragmática*: os enunciados deônticos podem ser empregados para realizar atos de linguagem diferentes, ou seja, podem ser usados para descrever uma prescrição ou para formular uma prescrição ou proibição;

ii) *validade normativa*: os enunciados deônticos são o único modo apropriado de descrever normas. Descrever uma norma no pensamento normativista significa *"asseverar a validade de uma norma"*.[34]

---

32. Cf. GUASTINI, Ricardo. *Das fontes às normas*. São Paulo: Quartier Latin, 2005, p. 104.
33. Cf. GUASTINI, Ricardo. *Das fontes às normas*. São Paulo: Quartier Latin, 2005, p. 90-91.
34. Cf. GUASTINI, Ricardo. *Das fontes às normas*. São Paulo: Quartier Latin, 2005, p. 94.

A interpretação sistemática em Direito Tributário é, por outro lado, parte da interpretação sistemática em Direito Constitucional, de tal modo, como leciona *Luís Roberto Barroso*:

> O direito objetivo não é um aglomerado aleatório de disposições legais, mas um organismo jurídico, um sistema de preceitos coordenados ou subordinados, que convivem harmonicamente. A interpretação sistemática é fruto da ideia de unidade do ordenamento jurídico. Através dela, o intérprete situa o dispositivo a ser interpretado dentro do contexto normativo geral e particular, estabelecendo as conexões internas que enlaçam as instituições e as normas jurídicas. Em bela passagem, registrou Capograssi que a interpretação não é senão a afirmação do todo, da unidade diante da particularidade e da fragmentaridade dos comandos singulares. No centro do sistema, irradiando-se por todo o ordenamento, encontra-se a Constituição, principal elemento de sua unidade, porque a ela se reconduzem todas as normas no âmbito do Estado. A Constituição, em si, em sua dimensão interna, constitui um sistema. Essa ideia de unidade interna da Lei Fundamental cunha um princípio específico, derivado da interpretação sistemática, que é o princípio da unidade da Constituição, para o qual se abre um capítulo específico mais adiante. A Constituição interpreta-se como um todo harmônico, onde nenhum dispositivo deve ser considerado isoladamente.[35]

A interpretação sistemática é um caso da interpretação constitucional e decorre da existência do Estado Democrático de Direito (Estado Constitucional), que por sua vez representa uma evolução institucional importante perante o Estado de Direito. A passagem do Estado de Direito para o Estado Constitucional constitui uma mudança de paradigmas[36]:

---

35. Cf. BARROSO, Luís Roberto. *Interpretação e Aplicação da Constituição*, 6a Edição, 2004, Saraiva, p. 136/137.
36. Sobre o tema veja-se Zagrebelsky, Gustavo. *Il diritto mite: legge, diritti, giustizia*. Torino: Einaudi, 1992.

i) no Estado de Direito prevalece o princípio da segurança jurídica e do consenso; enquanto que no Estado Constitucional ocorre a prevalência do equilíbrio entre o consenso e o conflito. O Estado Constitucional deve prever dois grandes princípios: a preservação do pluralismo de valores e seu confronto leal;

ii) o Estado de Direito tenta preservar um modelo de coesão social (noção de vida boa identificada com o burguês, *pater* famílias e comerciante); no Estado Constitucional não há conceito de vida boa, não existem modelos fechados de vida. Os direitos fundamentais é que constituem o substrato do *ethos* social;

iii) o Estado de Direito representa uma situação ideal (*ficção*) de indivíduos atomizados ou de uma estrutura social homogênea; o Estado Constitucional, por sua vez, representa o claro reconhecimento de uma base fática plural e conflituosa;

iv) o modelo hermenêutico típico no Estado de Direito é o raciocínio subsuntivo da regra (silogismo legal) do Direito, consagrado na Jurisprudência de conceitos; o modelo do Estado Constitucional é a concreção de valores, onde existe uma dogmática fluída, na aplicação de princípios e valores (Jurisprudência de valores);

v) no Estado de Direito apresenta-se uma homogeneidade do Estado legislativo, em que o ordenamento jurídico aparece como dado; por sua vez, no Estado Constitucional aparece a heterogeneidade do ordenamento jurídico como problema. Se no primeiro caso a lei é pacificadora de conflitos sociais; no segundo caso, a lei representa um compromisso entre valores pluralistas. Ela não é mais produto neutro (podendo representar grupos determinados). Os princípios correm o risco de se tornarem um recurso de esvaziamento semântico de soluções substanciais, pela inexistência de regras e compromissos.

É com base nestes fundamentos que se sustenta a natureza valorativa da resolução de conflitos[37] no ordenamento jurídico constitucional.[38]

Uma interpretação sistemática objetiva antes de mais nada, na elaboração de uma *nova dogmática*, aberta e flexível, atenta aos desafios de nosso tempo. Essa *nova dogmática* se assume como teoria jurídica, no sentido expresso por *Ricardo Guastini*:

> Diremos então que a teoria jurídica articula-se, grosso modo, em dois setores de investigação distintos: por um lado, a análise lógica da linguagem legislativa (que inclui a análise estrutural do sistema jurídico); por outro, a análise lógica da linguagem dos juristas (mas também dos outros operadores do direito, especialmente dos juízes).[39]

2. DA INTERPRETAÇÃO SISTEMÁTICA NO DIREITO TRIBUTÁRIO

Considerando que o sistema jurídico é um todo ordenado de princípios, regras e valores, cabe destacar o papel de relevo desempenhado pelos princípios em uma teoria sistemática do Direito Tributário. Dentre os diversos aspectos podemos destacar que:

– as normas de comportamento, tais como as regras, teriam os seus fundamentos normativos derivados direta ou indiretamente dos princípios.

---

37. Sobre o assunto veja-se STEINMETZ, Wilson Antônio. *Colisão de Direitos Fundamentais e Princípio da Proporcionalidade*. Porto Alegre: Livraria do Advogado, 2001.
38. Para uma completa verificação da proteção dos Direitos Fundamentais veja-se a obra de SARLET, Ingo Wolfgang. *A eficácia dos direitos fundamentais*. Porto Alegre: Livraria do Advogado, 2006.
39. Cf. GUASTINI, Ricardo. *Das fontes às normas*. São Paulo: Quartier Latin, 2005, p. 382.

– os princípios possuem uma prevalência sistêmica em relação às regras em função de sua relevância.;

– os princípios possuem um conteúdo axiológico claro e, portanto, seriam detentores dos valores normativos de um sistema jurídico;

– os princípios são detentores de *"forma jurídica e conteúdo moral"*.[40] Eles teriam o sentido de racionalidade prática, desta forma eles representariam uma forma de superação da tese positivista da separação entre o direito e a moral.

A *interpretação tópico-sistemática* caracteriza-se por hierarquizar prudencialmente princípios, regras e valores, realizando um redimensionamento do problema das antinomias entre princípios e regras, de tal modo que os princípios ocupam o papel de cúpula do sistema. Desse modo, esta forma de interpretação irá igualmente ressaltar a importância da solução adequada ao caso concreto.[41]

Desse modo, as regras apresentam uma densificação de princípios (normas de fundamento) e carregam valores. Assim, se houver o conflito entre uma norma de conduta descrita (regra) e uma norma que fundamenta condutas necessárias

---

40. Cf. VIGO, Rodolfo Luis. *A interpretação jurídica*. São Paulo: RT, 2005, p. 152.
41. Cabe ressaltar o comentário *Helenilson Cunha Pontes* ao "Princípio da Não-Cumulatividade no voto proferido pelo Ministro Carlos Velloso no Recurso Extraordinário n. 170.412-8-SP", em que defendeu que: *"o sistema normativo é o resultado da articulação entre princípios e regras, onde os princípios ocupam o vértice da pirâmide, estruturando e iluminando todo o sistema e cujo movimento não se dá somente de cima para baixo, mas nos dois sentidos, em que uma norma completa e dá significado a outra. Por isso que o melhor modo de compreender princípios e regras é diferenciando-os por graus de concretude, cuja intensidade também poderá variar de acordo com o caso concreto"*; ver *in* PONTES, Helenilson Cunha. Princípio da Não-Cumulatividade no voto proferido pelo Ministro Carlos Velloso no Recurso Extraordinário n. 170.412-8-SP *in* DERZI, Misabel Abreu Machado. *Construindo o Direito Tributário na Constituição*. Belo Horizonte: Del Rey, 2004, p. 27.

(princípios), o conflito irá ser deslocado para o fundamento (princípio) da regra sobre uma conduta e a norma de fundamento de condutas necessárias (princípio). Se esses fundamentos ou princípios ainda estiverem no mesmo nível ou não se possa solucionar o seu conflito, então caberá ao intérprete verificar os fundamentos dos fundamentos, ou seja, os valores normativos que o ordenamento jurídico tenta proteger por meio de normas jurídicas. Assim, caberá ao intérprete proceder a *escolhas axiológicas* com base no sistema constitucional.[42]

3. DA INTERPRETAÇÃO TRIBUTÁRIA NO CTN

Determina o Capítulo IV do CTN, relativo à *"Interpretação e Integração da Legislação Tributária"* que: *"Art. 107. A legislação tributária será interpretada conforme o disposto neste Capítulo"*.

Este dispositivo tem sido muito criticado pela doutrina nacional, visto que não esgota ou encerra todos os métodos hermenêuticos, não supera ou dissolve os mecanismos abertos de interpretação em uma sociedade democrática (judiciário, executivo e legislativo), nem tampouco resolve os problemas hermenêuticos de conflitos interpretativos. Sua inutilidade não prejudica, contudo, o texto do CTN.

Não podemos concordar, entretanto, que não exista uma especificidade na interpretação tributária. Por óbvio que a

---

[42]. Leciona *Juarez Freitas* com propriedade que: *"Mais: a antinomia entre as regras oculta, necessariamente, uma antinomia ente princípios. Estes ostentam validade formal e não são mais deveis do que aquelas. A diferença reside em que as regras apresentam função hermenêutica instrumental, isto é, devem servir à realização dos princípios. Aliás, a tarefa da hierarquização, no uso dos silogismos dialéticos, culmina justamente na positivação do princípio como superior"*; ver *in* FREITAS, Juarez. A melhor interpretação constitucional "versus" a única resposta correta. In: AFONSO DA SILVA, Virgílio (Org.) *Interpretação Constitucional*. São Paulo: Malheiros, 2005, p. 318.

interpretação jurídica é uma, que não existe uma interpretação para cada área do conhecimento jurídico, mas daí a afirmar que a interpretação no Direito Tributário deve ter os mesmos princípios que a interpretação no Direito Civil, no Direito Penal, etc., é algo totalmente diverso. Cremos que os princípios públicos que regem a justa repartição de encargos públicos exige um modelo argumentativo distinto. A aplicação da justiça geral e particular no Direito Tributário é distinta da sua aplicação nas relações privadas. Os fins específicos são diversos (justiça fiscal, neutralidade fiscal-concorrencial e liberdade fiscal), bem como os meios utilizados pelo sistema tributário, logo as normas interpretativas devem ser adequadas a produção coerente de normas jurídicas que melhor permitam esta combinação de meios e fins públicos.

A presença de um capítulo sobre normas de interpretação deve ocorrer somente para firmar cânones de interpretação sobre questões controversas, tais como: interpretação econômica, a questão da tipicidade, da boa-fé, da proporcionalidade, etc. Não se cogita de um código que pretenda superar a doutrina e a atividade jurisprudencial, mas de uma norma que estabeleça os limites e diretrizes de uma interpretação legal aberta. No entender de Ricardo Lobo Tôrres: *"os princípios de interpretação não se convertem em normas nem têm caráter obrigatório: são diretivas ou topoi"*.[43]

Podemos encontrar também no direito estrangeiro a presença de dispositivos sobre a interpretação, tal como na *Ley General Tributaria* na Espanha.[44] Outros, contudo, preferiram

---

43. Cf. Tôrres, Ricardo. *Normas de Interpretação e Integração do Direito Tributário*. 3ª. Ed. Rio de Janeiro: Renovar, 2000, p. 59.
44. *"SECCIÓN III. INTERPRETACIÓN, CALIFICACIÓN E INTEGRACIÓN. Artículo 12. Interpretación de las normas tributarias. 1. Las normas tributarias se interpretarán con arreglo a lo dispuesto en el apartado 1 del artículo 3 del Código Civil. 2. En tanto no se definan por la normativa tributaria, los términos empleados en sus normas se entenderán conforme a su sentido jurídico, técnico o usual, según proceda"*.

evitar tal utilização, especialmente pela dificuldade de trazer em um corpo normativo uma dogmática da hermenêutica.

Os princípios tributários recebem principalmente da doutrina constitucional diretrizes para a coerente interpretação do Sistema Constitucional Tributário, de tal modo a permitir uma sintonia com as demais fontes. Tal postura revela-se inequivocamente adequada, visto que impede um isolamento dogmático da interpretação tributária, que deve necessariamente dialogar com os dispositivos da Ordem Econômica e da Ordem Social previstos na CF/88. A tributação não é um fim em si mesmo, nem seus meios de financiamento são isolados de sua finalidade: o financiamento dos direitos fundamentais. Na norma tributária encontra densificada está escolha democrática: os bens e as liberdades públicas a serem financiadas e os meios escolhidos para a justa repartição dos encargos públicos.

São exemplos de princípios de interpretação constitucional que terão um papel relevante: da unidade da Constituição, da concordância prática, da força normativa da Constituição e da interpretação conforme a Constituição, dentre outros tantos.

3.1. Contexto histórico na interpretação literal, restritiva e extensiva

A preferência pela interpretação literal no pensamento remonta aos glosadores irá encontrar adeptos na escola da exegese e na pandectística.

Os *glosadores* (*mos itallicus*) representam um monumental esforço de reconstrução do pensamento idade média, por meio do esforço de interpretação do Direito Romano, recém redescoberto na Europa. A recepção do Direito Romano na Europa medieval permitiu um salto sem precedentes no desenvolvimento jurídico europeu. Um dos primeiros trabalhos produzidos na alta idade média foram as glosas gramático-

-filológicas da *Institutas* de Justiniano, dentre outras obras romanas relevantes (*Epitome Juliani, Digesto, Summa Perusina e Epitome Codicis*).[45] Estes trabalhos iniciais têm por objetivo a realização de glosas simples (anotações nos textos romanos) com o intuito de elucidar o conteúdo da antiga lexicografia, exegeses filológicas e distinções lógicas iniciais sobre os conflitos entre as soluções no direito romano, no direito canônico e nos direitos locais.

Os estudos iniciais aplicavam os fundamentos lógico-gramaticais do *trivium* para ensinar o uso da linguagem oficial aos funcionários do Estado e da Igreja, bem como para harmonizar o direito romano com o direito não-romano medieval.[46] Nas últimas décadas do cinzento século XI encontraremos um refundador dos estudos jurídicos *Irnerius* (*magister artium*)[47] e todo o esforço da época em proceder a recenção crítica do *Digesto*.

A interpretação dos textos pelos glosadores tinha por objetivo edificar uma construção jurídica harmônica e com anseios de dogmática, ou seja, *fundada em princípios sólidos com força de autoridade*. Para *Franz Wieacker* esta se tornou a "primeira dogmática jurídica autônoma da história universal".[48] Para os juristas medievais no *Corpus Iuris* a própria razão se convertera em palavra (*ratio scripta*)[49] imune à considerações sobre a sua justeza, utilidade ou críticas.[50]

---

45. Cf. WIEACKER, Franz. *História do Direito Privado Moderno*. Coimbra: Calouste Gulbelkian, Lisboa, 1980, p. 32.
46. Cf. WIEACKER, Franz. *História do Direito Privado Moderno*. Coimbra: Calouste Gulbelkian, Lisboa,1980, p. 32.
47. Nascido em 1050 e falecido em 1125, na Bologna.
48. Cf. WIEACKER, Franz. *História do Direito Privado Moderno*. Coimbra: Calouste Gulbelkian, Lisboa,1980, p. 53.
49. BELLOMO, Manlio. Der Text erklärt den Text: Über die Anfänge der mittelalterlichen Jurisprudenz. In: *Rivista Internazionale di Diritto Comune*. 4. Roma: Il Cigno Galileo Galilei – Edizioni di Arte e Scienza, p. 51-63, 1993.
50. Cf. WIEACKER, *idem*, p. 48.

No pensamento dos glosadores a interpretação de uma palavra (*verba*) ou texto isolado (*significatio verborum*) constituía revelação de uma verdade em si, sem nenhuma referência a outros sentidos ou textos e é justamente nesta unidade básica de interpretação, a glosa, que se procede a busca do sentido textual.[51] Por outro lado, se cada trecho contém uma verdade em si, não se cogita da possibilidade da existência de contradições entre partes de um texto, exigindo um esforço silogístico de construção de consistência (ausência de contradições), por meio de artifícios lógicos como compatibilidade de textos aparentemente contraditórios (*distinctiones et subdistinctiones*) e subsunção de textos diversos a uma mesma regra (*quanto magis res omnis distinguetur tanto melius operatur*).[52] As *distinctiones* procuravam estabelecer uma interpretação sistemática de diversas partes do texto por meio de divisões e subdivisões analíticas de conceitos em partes articuladas e autônomas, afastando progressivamente as antinomias.[53] Outros esquemas interpretativos utilizados eram: o *apparatus*, as *quaestiones*, a *regulae iuris*, as *dissensiones dominorum*, os *casus* e a *summae*.[54]

O *apparatus* consistia na tentativa de esclarecimento coerente de diversas partes do texto. As *quaestiones* assumian a forma de disputas em casos controversos envolvendo uma questão de fato (*quaestio facti*) e a uma questão jurídica (*quaestio iuris*), cujo resultado previa uma decisão (*determinatio*). As *regulae iuris* isolava conceitos de seu contexto, permitindo uma aplicação consistente, geralmente sob a forma de brocardos, ou seja, frases incisivas e elucidativas de complexos conceitos.

---

51. Cf. WIEACKER, *idem*, p. 50.
52. Cf. WIEACKER, *idem*, p. 53.
53. Cf. SECKEL, Emil. *Distinctiones glossatorum: Studien zur Distinktionen-Literatur der romanistischen Glossatorenschule: verbunden mit Mitteilungen unedierter Texte*, Berlin: O. Liebmann, 1911.
54. Cf. MASSAÚ, Guilherme Camargo. O Precursor: Irnério. *Rev. Disc. Jur. Campo Mourão*, v. 4, n. 1, p. 57-73, jan./jul. 2008, p. 68.

As *dissensiones dominorum* baseava-se no estudo das divergência dos mestres sobre as grandes questões. Os *casus* tentavam explicitar um caso por meio da aplicação normativa, sem a previsão de uma disputa, tal como no caso das *quaestiones*.[55] As *summae* representavam uma súmula (resumo) de uma certa interpretação.

É impressionante a variedade e a sabedoria das *regulae iuris* utilizadas no labor exegético, bem como é surpreendente que a sua riqueza se perdeu para as gerações posteriores, especialmente por uma crítica direta ao seu uso indiscriminado e desconectado das suas circunstâncias históricas. Dentre estas podemos destacar as seguintes:

– conhecer as leis não significa conhecer as suas palavras, mas a sua intenção e propósito (*"scire leges non hoc est verba earum tenere, sed vim ac potestatem"*(Dig. 1, 3, 17);

– se não existir inferência que indique uma conclusão distinta as palavras devem ser entendidas sem seu sentido próprio e não de acordo com o seu sentido gramatical, mas segundo o seu uso coloquial e ordinário; (*"si nulla sit conjectura quae ducat alio, verba intelligenda sunt ex proprietate, non grammatica sed populari ex usu"*);

– Não por causa de o abuso ser repreensível que o uso deixa de ser lícito (*'ab abusu ad usum non valet consequentia)*;

As proposições do Papa Gregório IX são outra classe famosas de *regulœ juris*, das quais podemos citar:

– *o que é odioso deve ser restringido e o que é favorável deve ser estendido* (*"odia restringi et favores convenit ampliari"*);

– *o que uma vez foi aprovado não pode ser desaprovado posteriormente* (*"quod semel placuit amplius displicere non potest"*) e;

---

55. Cf. Neves, António Castanheira. Método jurídico. In: *Digesta: Escritos acerca do Direito, do Pensamento Jurídico, da sua Metodologia e outros.* V. 2. Coimbra: Coimbra Editora, 1995, p. 293.

– *o que é dado em benefício de alguém não pode ser tornado em seu prejuízo ("quod ob gratiam alicuius conceditur non est in eius dispendium retorquendum").*

Para os glosadores a interpretação não era apenas o ponto de partida da interpretação, mas igualmente o ponto central do seu trabalho.[56] Será a partir do séc. XVI que os humanistas passariam a utilizar o método sistemático (histórico, teleológico e filológico) para entender o direito, sob uma nova abordagem conhecida como *"modo gálico" (mos gallicus).*

Outra corrente defensora da interpretação literal foi a *Escola da Exegese* que possuía substanciais elementos ideológicos para defender a plenitude lógica do direito legislado, visto que a lei representava a tão desejada vontade popular como fonte do Direito. Depois séculos de opressão por reis, imperadores e tiranos das mais variadas ordens a existência de um parlamento popular significava uma verdadeira revolução. Durante séculos a Europa havia sido governada por reis, tiranos e oligarquias elitistas e muitas vezes sanguinárias, de tal modo que pensar em um regime social e político de igualdade e liberdade era uma revolução sem paralelo na história europeia.

A Escola da Exegese iniciou na França por volta de 1804, tendo por fundadores *Claude Étienne Delvincourt* (*Institutes de Droit Civil Français* – 1808), *Jean-Baptiste-Victor Proudhon* (*Cours de Droit Français* – 1809); *Charles Bonaventure Marie Toullier* (*Droit Civil Français* -1811); *Jacques de Maleville* (*Analyse Raisonnée de la Discussion du Code Civil au Conseil d´État* – 1804-1805), entre outros.

Para esta escola as leis expressavam a busca dos direitos naturais tão insistentemente negados por regimes impostos

---

56. Cf. SALGADO Karine. O direito tardo medieval: entre o *ius commune* e o *ius proprium*. *Rev. Fac. Direito UFMG*, Belo Horizonte, n. 56, p. 243-264, jan./jun. 2010, p. 248.

pela força, que feriam insistentemente as liberdades básicas. A Escola da Exegese possuiu três grandes fases: um período de formação, que inicia em 1804 com a promulgação do Código Civil (*Code Civil*). Uma época de apogeu, que abrange os anos de 1830 até 1880 e enfim o seu declínio, de 1880 e tendo por ápice em 1899 com a publicação do livro de *François Gény* "Método de interpretação e fontes do Direito Privado" ("*Méthode d'interprétation et sources en droit privé*"), propondo uma concepção para um direito privado para além da exegese.

A *Escola da Exegese* partirá de uma assunção de suficiência (*suffisance*) e plenitude (*plénitude*) da lei escrita de tal modo que se afirmaria a existência de uma servidão à palavra (*servitude à la lettre*). Esta concepção irá radicalizar a ideia de separação dos poderes (*séparation des pouvoirs*) ao identificar o direito com a lei, negando à jurisprudência a condição de força normativa (*source normative*).[57] *Bonnecase* identifica cinco características distintivas da doutrina da Escola da Exegese: o culto ao texto da lei (*religion du Code*), o princípio do predomínio da intenção do legislador (*de l'esprit de la loi à l'intention du législateur*), a proclamação da onipotência e infalibilidade jurídica do legislador (*l'étatisme*), contradição inerente na crença simultânea da onipotência do legislador e da noção metafísica do Direito na concepção do Direito e culto exagerado do argumento de autoridade, transbordando como forma de conformismo institucional (*conformisme institutionnel*).[58]

Atribui-se a *Bugnet* a frase mais radical do período, ao irá afirmar em tom categórico algo que presumivelmente deverá ter se arrependido: "*eu não conheço o Direito Civil, eu*

---

57. Cf. VIDAL, Michel. *La propriete dans l'ecole de l'exegese en France*. Quaderni Fiorentini per la storia del pensiero giuridico moderno, 5-6, 1976-77.
58. Cf. *Wechselseitige Beeinflussungen und Rezeptionen von Recht und Philosophie in Deutschland und Frankreich – Influences et réceptions mutuelles du droit et de la philosophie en France et en Allemagne Drittes deutsch-franzosisches Symposion vom 16. bis 18. September 1999. La Bussière / Dijon : Vittorio Klostermann Frankfurt am Main*, 20011-12.

ensino o Código de Napoleão".[59] Devemos debitar este exagero ao clima enebriante da consolidação da nação francesa no início do séc. XIX para além das classes, estatutos principalmente pelo modelo social elitista e corrupto.[60] Para além das regiões, dos estatutos sociais agora todos são igualmente franceses. A Revolução tinha trazido para a França: a igualdade, o império da vontade popular e um Código, conquistas que deveriam ser defendidas pela persuasão e pelas palavras contra seus inúmeros inimigos das forças da reação.

Esta escola adotava uma posição ideológica altamente consolidada de entendimento restritivo da atuação do poder judiciário, limitando ao legislador o poder soberano de elaborar leis e estabelecer obrigações. Seu método interpretativo era legalista e dedutivista, em que se privilegiava a compreensão exata da vontade popular plasmada na regra jurídica.[61] Exigia-se um esforço gramatical, textual, sintático e filológico das palavras da lei como forma de respeito supremo ao parlamento. Por detrás desta situação existia uma profunda desconfiança com a magistratura do regime anterior (*Ancién Regime*), dado que esta era formada anteriormente pelos membros da aristocracia, por nomeação, concessão ou mesmo pela compra do cargo.

Cabe ressaltar que a sofisticação trazida pelo fenômeno da Codificação produziu um verdadeiro encantamento pela interpretação literal, pela busca de sentido das palavras (*verba legis*) e pela investigação filológica. Se o método gramatical falhasse em encontrar um sentido claro para a lei, caberia a utilização do método lógico (silogístico-dedutivo) para suprir

---

59. "*Je ne connais pas le droit civil, je n´enseigne que le Code Napoléon*".
60. Conforme Portalis: « *Avec le Code civil, nous ne sommes plus Provençaux, Bretons, Alsaciens, mais Français* », em seu *Discours préliminaire sur le projet de Code civil in* Portalis, Jean-Etienne Marie. Écrits et discours juridiques et politiques, PUAM 1988, p. 180.
61. Cf. Laurent, *Cours élémentaire de droit civil*, Paris, 1878, t. I, préface p. 9.

estas deficiências. A lei seria tomada como proposição a ser averiguada no contexto do método lógico, muitos dos quais legados do direito romano e dos glosadores, tais como: os argumentos a *contrario sensu*; das regras *ubi lex non distinguit, nec interpres distinguere potest*; entre tantos outros. Não sem exagero podemos afirmar ser esta a causa de um verdadeiro renascimento da dogmática jurídica.

Por fim, mantendo-se ainda necessidade de desvelamento do sentido da norma, por insuficiência do método lógico-gramatical, fazia-se uso do método sistemático, que consistia na investigação com base na análise do sentido do texto com o conjunto do direito legislado. O método sistemático considera que cada lei possui seu sentido e posição no sistema legal, exigindo a compatibilização com o sentido geral do sistema jurídico.

A decadência da Escola da Exegese aprofunda-se com a criação da *Escola da Livre Investigação Científica (libre recherche scientifique)*, liderada por *François Gény* (1861-1959). Para *Gény* a legislação é incapaz de resolver as questões decorrentes da infinita gama de relações sociais.

O *método da livre investigação* científica tinha por objetivo orientar o julgador nos casos de lacunas ou no caso da ordem jurídica propiciar mais de uma solução, perante a presença de normas legais, costumeiras, precedentes judiciais ou interpretações doutrinárias. Considerando que a lei não contém todos os dispositivos necessários a abranger todos os fatos sociais, a interpretação da lei deve ser a adaptação da ordem jurídica às circunstâncias de cada momento histórico. As leis seriam criadas com a ciência e a sabedoria de quem olha para o passado e projeta soluções para os conflitos sociais futuros, contudo, muitas vezes o leque de alternativas propostas é incapaz de responder a natureza fugaz e mutável da realidade social, que avança em determinados casos em saltos imprevisíveis e imponderáveis. Assim, irá *Gény* ressaltar a impossibilidade dos silogismos e dos métodos lógicos para captar a mutação do tecido social e por consequência da plenitude e fechamento da ordem jurídica.[62]

Para *Gény* o Direito positivo inclui o dado e o construído.[63] O dado seria o fato pré-existente a qualquer ordem jurídica, podendo ser reais, históricos, racionais (direito natural revelado pela razão) e ideais.

A *Escola da Livre Interpretação Científica* demonstra que o uso de métodos literais falseiam e empobrecem a realidade jurídica, por desconectá-la da realidade social. A interpretação longe de ser um modelo arbitrário deve ser fruto de um trabalho científico rigoroso capaz de compreender na realidade social as finalidades da norma.

3.3. Da Interpretação Literal e Restritiva

A interpretação literal-gramatical é tida como sendo aquela na qual o intérprete se limita ao sentido literal da linguagem conforme o léxico oficial, a vocabulário jurídico ou o jargão técnico (terminologia ou léxico especializado). Em verdade a obviedade desta afirmação esconde uma complexa realidade. As palavras, a linguagem e a gramática são repletas de perplexidades, ambiguidades e dificuldades que exigem uma profícua atividade do intérprete.

O sentido literal-gramatical conforme a linguagem ordinária da norma demanda o conhecimento perfeito da linguagem e do idioma nacional, conforme o léxico nacional. O léxico pode ser definido como o acervo de palavras de determinado idioma, ou seja, o conjunto de palavras (significantes) que determinada

---

62. Cf. LEROY, Maxime. *La loi: essai sur la théorie de l1autorité dans la démocratie*, 1908.

63. Cf. GÉNY, François. *Science et Technique en Droit Privé Positif* (1914-1924).

língua possui para representar significados. Uma característica particular do léxico nacional é sua historicidade, dado que a quantidade de palavras disponíveis varia conforme o tempo, bem como a relação entre palavra e significado representado. Assim, uma palavra pode se tornar ultrapassada, arcaica, inutilizada, incorporada ou mudar o seu sentido conforme o tempo[64]. Os usuários da linguagem podem modificar as conotações (sentido contextual) dos lexemas (unidades do léxico), alterando a estrutura do léxico.

A gramática irá realizar a divisão das palavras em classes, tais como os substantivos, os adjetivos e os verbos. Esta é a parte da linguística que trata das unidades e regras da linguagem, especialmente em seus três níveis: sintaxe (combinação de palavras em frases e frases em sentenças), semântica (regras para designação de significados para significantes).

Existe claramente uma tensão entre a linguagem denotativa (sentido referencial) e a conotativa (sentido contextual). Toda a palavra é um objeto cultural e representa o sentido de seu tempo, de tal modo que o seu uso pode ter significados distintos para diversas gerações ou gerações de usuários da palavra. Geralmente os estudos linguísticos alertam para o fenômeno dos cognatos (lat. *co-gnatus* ou parentesco), ou seja, das palavras que apesar de possuírem a mesma origem têm significados distintos, especialmente entre dois idiomas. Assim a palavra *grau* em alemão não significa *grau*, mas *cinza* ou *cinzento*. Esse fenômeno pode ocorrer igualmente com palavras no mesmo idioma entre regiões distintas e épocas diversas, denominado em inglês de *doublets*. Este fenômeno se denomina heterossignificação ou heterossemântico.[65]

---

64. Cf. Fromkin, Victoria, Rodman, Robert, Hyams, Nina. *An Introduction to Language*.Victoria Fromkin, Robert Rodman, Nina Hyams. Boston: Wadsworth, 2010.
65. Cf. Cintra, Geraldo. Cognatos: sistematização e implicações, *Cadernos do Centro de Línguas*, São Paulo: Humanitas / FFLCH-US, n. 2 p. 137 – 142, 1998.

A busca da precisa significação das palavras é almejada pela linguística por meio de seus campos de estudo: etimologia, dialectologia, a linguística histórica, dentre outros campos especializados. A etimologia possui por objeto de estudo a da mudança das palavras, como se formam e como seus significados e forma se alteram conforme o tempo. A dialectologia, por sua vez, é o estudo da linguagem de determinados grupos geográficos ou por afinidade. A linguística histórica busca compreender a história interna (aspectos unicamente linguísticos) e externa (aspectos extralinguísticos) das palavras

A *ambiguidade* deriva de um problema de multiplicidade de sentidos (polissemia), ou seja, ela pode assumir mais de um significado conforme o contexto em que se encontre. Assim a palavra renda, operações e empresa podem possuir um significado jurídico, econômico ou contábil.

A *vagueza* deriva do acervo de significações que uma palavra possui, quanto mais genérica ela for, quanto maior o número de significações que vier a assumir, maior será a sua vagueza, visto que poderá ampliar a incerteza sobre o significado escolhido.

Por último, a *historicidade* ou *porosidade* significa que a polissemia deriva dos diversos sentidos que a palavra pode possuir com o tempo. A palavra pode ter seu sentido alterado ou mesmo extinto pelo desuso, conforme o passar dos anos.

Conforme observa *João Maurício Adeodato* nem sempre a polissemia significa um defeito da linguagem e pelo contrário, quando calculadas e mantidas sob controle permitem um texto normativo mais flexível e aberto às mudanças comportamentais, permitindo maior adequação na aplicação normativa.

Ao lado da interpretação literal existe um verdadeiro mundo novo de significações permitidas pela *linguagem figurada*, que tornam o texto mais enfático, complexo e sofisticado. Dentre inúmeras possibilidades de estilo literário podemos citar exemplificativamente os seguintes recursos: *alegoria, aliteração, alusião, anacefalcosis, anáfora, anagrama, alepsis, antanagoge, anticlimax, apagóresis, Aporía, architextualidade, calumbur, dialefa, diaporesis, diéresis, ecfrasis, epanástrofe, epánodo, epéntesis, epífora, licencia, metáfora, metonimia, mímesis, parábola, silepsis, sórites e zeugma*, dentre tantas outras formas.

O uso destes recursos de estilo possui grande força retórica, como instrumentos de convencimento e persuasão. Veja-se, por exemplo, o uso do *hysteron proteron* (último antecedente), que faz uso de uma inversão na apresentação das ideias como forma de chamar a atenção para um ponto importante, sem respeitar a sua ordem temporal. Na cultura popular encontramos os departamentos de *"achados e perdidos"* como exemplo. Outro exemplo está na norma constitucional do imposto sobre exportação para o exterior, a exportação somente pode ocorrer para o exterior, contudo, esta figura tem por objetivo evitar a incidência de IE nos casos de operações entre Estados-membros da federação.

Desse modo, o raciocínio que demanda simplesmente a *interpretação literal* tem sido questionado, visto que a palavra pode ter mais de um sentido, sentidos diversos em contextos variados ou ser objeto de ambiguidade, de tal modo que os hermeneutas têm preferido a aplicação de métodos mais completos de extração de sentido, ou seja, *"mais importante e de mais força que a palavra é a intenção de quem a afirma"* (*prior atque potentior est, quam vox, mens dicenti*).

Igualmente prudente é deve ser o uso do brocardo latino *in claris cessat interpretatio* (*onde houver clareza cessa a interpretação*). De um lado, ele pressupõe algo quimérico: o processo interpretativo sem interpretação. Sempre haverá interpretação, mesmo existindo texto preciso, claro ou objetivo. Algo bem diverso é o *abuso interpretativo*, de onde se pretende extrair a fórceps significações para além do texto, de tal modo a encontrar resultados diversos do texto.

Afirmar que interpretação literal não esgota o processo interpretativo é uma coisa, afirmar que ela é desnecessária é algo absolutamente diverso. É lugar comum afirmar que a interpretação literal é pobre, contudo tal afirmação não é essencialmente correta, visto que ela é o primeiro nível de interpretação: a compreensão do texto. Trata-se de um momento deveras fundamental, dado que dele irão se extrair os elementos essenciais da construção de sentido da norma.

Existe uma distinção entre *interpretação literal* e *restritiva*. No caso da *interpretação restritiva* o intérprete reduz o leque de significações da norma, ou seja, o seu campo de incidência, de tal modo que deduz por uma redução da vontade do legislador. O célebre brocardo latino representa bem esta ideia ao afirmar que este *"escreveu mais do que realmente pretendia dizer"* (*plus scripsit quam voluit*). Por exemplo, em uma interpretação restritiva *"aproveitamento indevido de créditos"* pode significar somente a compensação indevida, em uma interpretação literal significaria todas as formas de aproveitamento indevido: ressarcimento e compensação. No caso de uma interpretação extensiva poderia ser utilizada para abarcar inclusive os casos de aproveitamentos devidos ou não aproveitamentos. O texto do art. 111 CTN exige e limita a interpretação literal para os seguintes casos: *suspensão ou exclusão do crédito tributário, outorga de isenção, dispensa do cumprimento de obrigações tributárias acessórias*.

CONSIDERAÇÕES FINAIS

O presente texto pretendeu demonstrar a relevância e importância do uso do método de interpretação literal ou restritiva em conformidade com o modelo de *interpretação sistemática* no Direito Tributário.

REFERÊNCIAS BIBLIOGRÁFICAS

AFONSO DA SILVA, Virgílio (Org.) *Interpretação Constitucional*. São Paulo: Malheiros, 2005.

BARROSO, Luís Roberto. *Interpretação e Aplicação da Constituição*, 6a Edição, 2004, São Paulo: Saraiva.

BECKER, Alfredo Augusto. *Teoria Geral do Direito Tributário*. São Paulo: Saraiva, 1953.

BORGES, José Souto Maior. *Obrigação Tributária* (Uma introdução metodológica). São Paulo: Saraiva, 1984.

BUJANDA, Sainz de F. Estúdio Preliminar *In* GIANNINI, A.D. *Instituciones de Derecho Tributario*. Madri: Editorial de Derecho Financero, 1957.

CAMPOS, Antônio J. Franco. *Interpretação hermenêutica e exegese do direito tributário*. São Paulo: Bushatsky, 1977.

CAMPOS, Antônio J. Franco. *Direito Tributário*. São Paulo: J. Bushatsky, 1975.

CARVALHO, A. A. Contreiras de. *Doutrina e aplicação do Direito Tributário*. São Paulo/Rio de Janeiro: Freitas Bastos.

CARVALHO, P. B.; SOUSA, R. G.; CANTO, G. U.; JARACH, D.; ATALIBA, G. *Interpretação do Direito Tributário*. São Paulo: Saraiva e EDUC, 1975.

CARVALHO, Paulo de Barros. Homenagem a Alfredo Augusto Becker. In: Dejalma de Campos. (Org.). *Tributo a Alfredo Augusto Becker*. São Paulo: Academia Brasileira de Direito Tributário, 1995.

_____. Sobre o percurso de construção de sentido: modelo de interpretação do direito tributário. In: André Ramos Tavares; Gilmar Ferreira Mendes; Ives Gandra da Silva Martins. (Org.). *Lições de Direito Constitucional em Homenagem ao Jurista Celso Bastos*. São Paulo: Saraiva, 2005, v, p. 09-24.

_____. *Curso de Direito Tributário*. São Paulo: Saraiva, 1999, p. 68-69.

_____. *Direito Tributário – Fundamentos Jurídicos da Incidência*. São Paulo: Saraiva, 1998.

_____. *Teoria da norma tributária.* 2ª ed. SP: Revista dos Tribunais, 1981, p. 18.

COELHO, Luis Fernando. *Lógica Jurídica e interpretação das leis.* Rio de Janeiro: Forense, 1979.

DERZI, Misabel Abreu Machado. *Construindo o Direito Tributário na Constituição.* Belo Horizonte: Del Rey, 2004.

FREITAS, Juarez. *A interpretação sistemática do direito.* 3. ed. São Paulo: Malheiros, 2002.

FREITAS, Juarez. A melhor interpretação constitucional "versus" a única resposta correta. In: Afonso da Silva, Virgílio (Org.) *Interpretação Constitucional.* São Paulo: Malheiros, 2005.

GIANNINI, A.D. *Instituciones de Derecho Tributario.* Madri: Editorial de Derecho Financero, 1957.

GUASTINI, Ricardo. *Das fontes às normas.* São Paulo: Quartier Latin, 2005.

IHERING, Rudolf von. *Law as a mean to an end.* New Jersey: Lawbook Exchange, 1999.

JARACH, Dino. *Curso Superior de Derecho Tributário.* Buenos Aires: Liceo Profesional Cima, 1969.

LOBRANO, Giovanni. A teoria da respublica (fundada sobre a *'sociedade'* e não sobre a pessoa jurídica') no Corpus Juris Civilis de Justiniano (Digesto 1.2-4). *Revista Seqüência,* n. 59, p. 13-41, dez. 2009.

MARTÍNEZ, Pedro Soares. *Manual de Direito Fiscal.* Coimbra: Almedina, 1983.

MAXIMILIANO, Carlos. *Hermenêutica e aplicação do Direito.* Rio de Janeiro: Forense, 2006.

MELO, José Eduardo Soares de. Interpretação e integração da norma tributária *In* Martins, Ives Gandra da Silva. *Curso de Direito Tributário.* São Paulo Saraiva, 2001.

MERSÁN, Carlos. *Direito Tributário*. SP: RT, 1988.

MORSELLI, Emanuele. *Corso di Scienza della Finanza Pubblica*. Padova: CEDAM, 1949.

NOVAIS, Jorge Reis. *As restrições aos direitos fundamentais não expressamente autorizadas pela Constituição*. Coimbra, p. 155.

PEREIRA, Jane Reis Gonçalves. *Interpretação constitucional e direitos fundamentais*. São Paulo, Renovar, 2006.

POMPEO, Valeria. *La frode alla legge nel diritto interno e l'uniformazione europea della disciplina dei contratti. Tesi di Dottorato. Scuola Dottorale Internazionale di Diritto ed Economia "Tullio Ascarelli". Dottorato di Ricerca in "Diritto privato per l'Europa" – Diritto Civile, XXII ciclo Università degli Studi Roma*.

SARLET, Ingo Wolfgang. *A eficácia dos direitos fundamentais*. Porto Alegre: Livraria do Advogado, 2006.

SARTOR, Giovanni. *Teleological arguments and theory-based arguments. Artificial Intelligence and Law*. N. 10, Netherlands: Kluwer, p. 95-112, 2002, p. 103-104.

STEINMETZ, Wilson Antônio. *Colisão de Direitos Fundamentais e Princípio da Proporcionalidade*. Porto Alegre: Livraria do Advogado, 2001.

TÔRRES, Ricardo Lôbo. *Normas de interpretação e integração do Direito Tributário*. Rio de Janeiro: Forense, 1991.

VIGO, Rodolfo Luis. *A interpretação jurídica*. São Paulo: RT, 2005.

ZAGREBELSKY, Gustavo. *Il diritto mite: legge, diritti, giustizia*. Torino: Einaudi, 1992.

DECISÕES JUDICIAIS, ARGUMENTAÇÃO DEFEITUOSA E DIREITO TRIBUTÁRIO

Tiago Gagliano Pinto Alberto[1]

Índice: I. Introdução; II. Decisões judiciais e argumentação defeituosa; III. Doutrina da arbitrariedade e imparcialidade argumentativa; IV. Ministra Denise Arruda, argumentação e imparcialidade; V. Notas conclusivas. VI. Referências bibliográficas.

---

1. Doutorando em Direito pela Universidade Federal do Paraná (UFPR). Mestre em Direito pela Pontifícia Universidade Católica do Paraná. Professor da Escola da Magistratura do Estado do Paraná (EMAP). Membro do Conselho Científico da mesma Instituição e pesquisador do Núcleo de Pesquisa Jurídica (NUPEJ), coordenando o grupo referente às motivações das decisões judiciais. Professor da Escola da Magistratura Federal em Curitiba (ESMAFE). Coordenador do Curso de Argumentação Jurídica ministrado nas Escolas da Magistratura dos Estados do Paraná (EMAP) e Tocantins (ESMAT). Coordenador da Pós-graduação em teoria da decisão judicial na Escola da Magistratura do Estado de Tocantins (ESMAT) e Pernambuco (ESMAPE). Integrante do grupo Justiça, Democracia e Direitos Humanos, sob a coordenação da Professora Doutora Claudia Maria Barbosa. Integrante do Núcleo de Fundamentos do Direito sob a coordenação do Professor Doutor Cesar Antônio Serbena, UFPR. Associado fundador do Instituto Latino-Americano de Argumentação Jurídica (ILAJJ). Juiz de Direito Titular da 2ª Vara de Fazenda Pública da Comarca de Curitiba. Autor de obras e artigos nacionais e internacionais.

TRIBUTAÇÃO: DEMOCRACIA E LIBERDADE

I. INTRODUÇÃO

Iniciemos pelo seguinte: escolha o leitor um número inteiro qualquer; agora, multiplique-o por 2; agora, ao resultado some, por exemplo, o número 10; agora, divida o resultado por 2; agora, diminua do resultado o número inicialmente pensado: tenho certeza que o resultado final foi o número 5, não foi? Não sei exatamente qual número foi pensado, mas consegui, sem conhecer quaisquer dos leitores deste artigo, encontrar o valor final. Repita a operação da maneira exatamente idêntica, apenas substituindo o valor a ser somado. Some, em uma operação, **digamos**, 20; depois, repetida a operação, 50, **digamos**; depois, repetida a operação, 600, **por exemplo**. Os resultados finais foram, respectivamente, 10, 25 e 300. Acertei de novo, não?!

Essa pequena alegoria lógica nada tem a ver, evidentemente, com o direito, mas se presta a auxiliar no pensamento que se desenvolverá no presente artigo e que consiste no seguinte: decisões judiciais embasadas em argumentos defeituosos podem ser consideradas como manifestação da atuação volitiva estatal? Ou, em outros termos, seria possível ter como válida sob o aspecto argumentativo determinada decisão que, descurando do "número inicial", já possa saber, *ex ante*, o resultado final da contenda?[2]

---

2. "Los jueces, en suma, parecen tener la misión de que cada caso jurídico – por complejo que sea – se resuelva de una única manera y que esa resolución se imponga sin contar con el consentimiento de los afectados. En resumen, el derecho no prodriá operar como un sistema de seguridad (o por lo menos, lo haría de una manera muy deficiente; más o menos, como lo hace la moralidade social) si no existieran ambos tipos de órganos: legisladores y jueces. Ahora bien, si es necessário que en una sociedade existan órganos (o sea, indivíduos) dotados de tan extraordinário poder, entonces parece también razonable pretender que ese poder esté, al menos en alguna medida controlado." ATIENZA, Manuel. **Tras la justicia. Una introducción al derecho y al razonamiento jurídico**. Barcelona: Ariel, 2008, 4ª ed., p. 16. Adotando semelhante posicionamento e desenvolvendo o raciocínio pertinente à conexão entre o Estado Democrático de Direito e a argumentação,

Pretende-se desenvolver como tese, neste estudo, que não. A Constituição da República brasileira admite como válidas decisões fundamentadas, nada mencionando acerca das decisões argumentativamente falhas, porém fundamentadas. Tais ostentam relevância, ou, à conta da tipicidade mais estrita que se espera da aplicação da regra matriz de incidência tributária, esta seara do direito encontra-se a salvo de defeitos argumentativos?

II. DECISÕES JUDICIAIS E ARGUMENTAÇÃO DEFEITUOSA

A Constituição da República brasileira exige, no artigo 93, inciso IX, que as decisões judiciais sejam fundamentadas.[3] Assim, em princípio, se o julgador demonstrar, ***verbi gratia*** por intermédio de um simples silogismo consistente em identificar premissas normativas, fáticas e se chegar à conclusão, quais foram os substratos fáticos que, por dedução, subsumidos às normas aplicáveis ao caso, terá atendido à exigência constitucional e, por isso, sua decisão terá legitimidade enquanto produto da atuação estatal.

Ocorre que, a despeito da norma constitucional, situações-limites podem exsurgir e revelar a insuficiência da exigência contida na Carta Maior.

Em primeiro lugar, cogite a possibilidade de casos absolutamente idênticos serem decididos pelo mesmo julgador em

---

veja-se: MACCORMICK, Neil. **Retórica e Estado de Direito – Uma teoria da argumentação jurídica**. Tradução de Conrado Hübner Mendes e Marcos Paulo Veríssimo. Rio de Janeiro: Elsevier, 2008.

3. "Art. 93: omissis; IX – todos os julgamentos dos órgãos do Poder Judiciário serão públicos, e fundamentadas todas as decisões, sob pena de nulidade, podendo a lei limitar a presença, em determinados atos, às próprias partes e a seus advogados, ou somente a estes, em casos nos quais a preservação do direito à intimidade do interessado no sigilo não prejudique o interesse público à informação; (Redação dada pela Emenda Constitucional n. 45, de 2004)". Íntegra do texto Constitucional disponível em <http://www.planalto.gov.br/ccivil_03/constituicao/constituicao.htm>. Acesso em 05 de maio 2014.

espaço temporal de, digamos, 05 minutos de diferença, ambos utilizando o mesmo método dedutivo e, sem qualquer sinal característico diverso (para utilizar a linguagem de Klaus Günther[4]), ultimarem por evidenciar soluções absolutamente contrárias. Ambas as decisões atenderão ao que prescreve a Carta Maior, ao menos sob o aspecto da fundamentação, mas decerto não podem resistir ao exame argumentativo.

Avente, outrossim, a utilização da razoabilidade como premissa normativa. Inexistindo qualquer parâmetro objetivo e racional acerca do que se compreende enquanto razoável, pode-se, adotando o mesmo silogismo embasado no tradicional *modus ponens*, chegar a qualquer decisão anteriormente já sabida. Ter-se-á o resultado da conta antes mesmo de se saber qual o número pensado.

Imagine o mesmo alterando apenas a razoabilidade enquanto premissa normativa para o devido processo legal em sentido material, a proporcionalidade (sem enfrentar seus subprincípios), a dignidade da pessoa humana, a boa-fé, ou qualquer brocardo que se possa imaginar... Chegamos à mesma situação, não é?![5]

---

4. GÜNTHER, Klaus. **Teoria da argumentação no direito e na moral: justificação e aplicação.** Tradução de Cláudio Molz. São Paulo: Landy, 2004, p. 140.

5. No mesmo sentido, inclusive mencionando que a técnica da ponderação haurida dos ensinamentos de Robert Alexy vem sendo utilizada como forma de propagar decisionismo travestido de legitimidade, vide: AMADO, Juan Antonio García. **El juicio de ponderación y sus partes. Crítica de su escasa relevancia. *In*:** BUSTAMANTE, Thomas da Rosa de. Teoria do Direito e Decisão Racional – Temas de teoria da Argumentação Jurídica. Rio de Janeiro: Renovar, 2008, p. 15-72. Assim destaca: "La ponderación (Abwägung), como método, no tiene autonomia, pues su resultado depende de la interpretación de las normas constitucionales y/o legales que vengan al caso (...) Cuando los Tribunales Constitucionales dicen que ponderan siguen aplicando el tradicional método interpretativo/subsuntivo, pero cambiando en parte la terminologia con menor rigor argumentativo, pues dejan de argumentar sobre lo que verdaderamente guia sus decisiones: las razones y valoraciones que determinan sus elecciones interpretativas."

Agora vamos trabalhar com a premissa fática. O material probatório em geral inserido nos autos, quando existente (porque a matéria pode ser estrita ou precipuamente de direito), deve, claro, ser compreendido pelo Julgador que, a partir disso, chegará a uma reconstrução fática do ocorrido para que possa contrastar com a premissa normativa. Ultimada a decisão final, somente a instância revisora (acaso proferida em primeiro grau de jurisdição) poderá reavaliar fatos, cabendo, eventualmente, recursos especial ou extraordinário para retomar o exame, respectivamente, de questões infraconstitucionais ou constitucionais.

O que ocorrerá, contudo, acaso a premissa normativa venha a ser fundida – ou confundida? – com a fática e, por conseguinte, alterada a conclusão? O Superior Tribunal de Justiça, competente em recurso especial não para rever questões fáticas, tem admitido, por exemplo, que o valor fixado em instâncias ordinárias de indenizações por dano moral possa ser revisto se "se revelar irrisória ou exorbitante, distanciando-se dos padrões de razoabilidade".[6] Para tanto, elabora raciocínio que analisa a premissa fática à luz da premissa normativa para, então, chegar-se a uma conclusão. A decisão estará fundamentada, mas conterá argumentação suficientemente consolidada?

Agora vamos à conclusão. Tomando-se como assente que as premissas normativas foram racionalmente fixadas e que as premissas fáticas foram analisadas sob o aspecto que

---

6. AgRg no Agravo em Recurso Especial n. 155954/RJ (2012/0049184-6), 4ª Turma do STJ, Rel. Raul Araújo. j. 11.12.2012, unânime, DJe 01.02.2013. Íntegra do V. Julgado disponível em http://www.lexml.gov.br/urn/urn:lex:br:superior.tribunal.justica;turma.4:acordao;aresp:2012-12-11;155954-1243067. Acesso em 05 de maio 2014. No mesmo sentido, *inter plures*: Agravo Regimental nos Embargos de Divergência em Recurso Especial AgRg nos EREsp 1096560 SC 2010/0003339-0 (STJ). Íntegra do V. Julgado disponível em http://www.jusbrasil.com.br/jurisprudencia/busca?q=MAJORA%C3%87%C3%83O+DO+QUANTUM+FIXADO+A+T%C3%8DTULO+DE+DANOS+MORAIS. Acesso em 05 de maio 2014.

lhes caracteriza, haveria de se chegar a uma conclusão evidente? Talvez, mas não se pode afastar a possibilidade de a mesma conclusão receber interpretação que lhe altera enquanto tal.

Observemos, por exemplo, a decisão proferida pelo Supremo Tribunal Federal no caso Raposa Serra do Sol. Por oportunidade do julgamento da ação popular que impugnava a demarcação da terra indígena Raposa Serra do Sol, o Supremo Tribunal Federal adicionou à parte dispositiva do acórdão 19 (dezenove) cláusulas condicionantes, as quais passariam a disciplinar a demarcação de qualquer terra indígena que, a partir de então, se realizasse no Brasil.[7] Prolatou-se o que se vem denominando de "sentença aditiva"[8], que, por sua natureza, contém determinações abstratas e genéricas a regular determinado ponto omisso que obste o cumprimento de cláusulas constitucionais.

Neste caso, em que pese delimitadas as premissas normativas constitucionais e fáticas inerentes ao caso concreto, a conclusão não se limitou a deslindar a problemática, senão avançando rumo ao estabelecimento de diretrizes genéricas e abstratas capazes de regular todas as hipóteses alusivas ao

---

[7]. Todas as cláusulas podem ser verificadas no excelente trabalho desenvolvido por Ana Sinara Fernandes Camilo, com especial realce à cláusula 17. CAMILO, Ana Sinara Fernandes. **O STF, a Condicionante nº. 17 do caso "Raposa Serra do Sol" e a sua possível repercussão na demarcação das terras indígenas no Ceará**. Íntegra do trabalho disponível em <http://www.conpedi.org.br/manaus/arquivos/anais/fortaleza/3830.pdf> Acesso em 17 janeiro 2013.

[8]. Para Leandro Paulsen, sentença aditiva é aquela "decisão que, reconhecendo a inconstitucionalidade de uma lei, adita e adéqua-lhe à interpretação da Constituição. Em verdade, a sentença aditiva manipula a norma que reputa inconstitucional, por insuficiência do seu enunciado, estendendo o seu alcance, ou seja, ampliando o seu âmbito de incidência, com o escopo de torna-la constitucional." PAULSEN, Leandro. **A sentença aditiva como método de afirmação de constitucionalidade**. Texto disponível na íntegra em <http://www.leandropaulsen.com/site/textos_detalhe.asp?ID=33> Acesso em 17 janeiro 2013.

tema. Igualmente, contudo, observada a regra constitucional que exige a fundamentação das decisões judiciais.

Não se pretende criticar os julgados em si, seus prolatores ou o correspondente órgão emissor, mas apenas constatar a existência de defeito da linha argumentativa que, a despeito de tanto, coaduna-se com o prelecionado pela Constituição da República.

Na primeira hipótese aludida, aquela em que dois casos idênticos e de igual maneira fundamentados ultimaram por ocasionar soluções finais distintas, deu-se clara violação ao princípio da imparcialidade argumentativa, eis que sem sinal específico que justifique a alteração no produto decisório final, não se pode chegar a distinto produto decisório final.[9] O princípio ora mencionado será mais bem abordado no item abaixo especificado, pelo que remetemos o leitor a tal ponto do trabalho.

A utilização de premissa normativa cuja compreensão já se conheça *ex ante*, segunda das hipóteses especificadas, constitui clara violação aos axiomas lógicos da não-contradição, identidade e terceiro excluído, situação que não deveria se verificar já que o modelo decisório veio embasado em argumentação dedutiva, tendo o silogismo calcado em *modus ponens* como metodologia para tanto.[10]

---

9. Já tive a ocasião de escrever artigo denominado "razoável é razoável; não razoável é razoável" para o qual remeto o leitor, em que abordo especificamente eiva delineada no texto. ALBERTO, Tiago Gagliano Pinto. Razoável é razoável; razoável é não-razoável. **Revista da Escola da Magistratura do Paraná – edição comemorativa 30 anos**. Curitiba: LedZe, 2013, p. 151-190.

10. O "princípio da explosão" é caracterizado pela fórmula $(\alpha, \neg \alpha) \vdash \beta$, segundo o qual qualquer coisa pode surgir de uma contradição. Assim o explicita Ricardo Sousa Silvestre: "(...) Intimamente associado a estes dois últimos princípios temos o chamado princípio da explosão (também conhecido como *ex contradictione sequitur quodlibet*): (...) isto é, de uma contradição do tipo $\{\beta, \neg \beta\}$ podemos concluir toda e qualquer fórmula". Não se considera, neste texto, a compreensão da lógica paraconsistente, que abertamente afasta o princípio da explosão por considerar que a verdade pode ser quantificada

A inclusão de premissas fáticas no âmbito das normativas e, com isso, a alteração do esquema silogístico qual escolha apriorística constitui exemplo do paradoxo de Newcomb, que revela inidoneidade do raciocínio utilizado.[11]

Por fim, a conclusão que supera o silogismo inerente às premissas trivializa a esquemática, ademais de violar o princípio do terceiro excluído bem delimitado pelo brocardo *expressio unius est alterior exclusius*.

A eiva não se localiza, propriamente, na argumentação por dedução, mas tampouco se pode deixar de considerar que apresenta limites que a infirmam enquanto técnica decisória, mas, a despeito de tanto, encontra-se agasalhada pela normatividade ínsita à *Lex Mater*.

A insuficiência já se revelou de tal modo candente que se cogita da alteração ao seu modo de aplicação – e aqui não se

---

em graus. Neste sentido, ainda Ricardo Silvestre: "Exemplos de lógicas não clássicas são os sistemas em que o princípio do terceiro excluído não é válido. (...) Outro exemplo é a lógica paraconsistente, na qual o princípio da explosão (...) não é válido. Em outras palavras, em tais sistemas lógicos (...) pode haver enunciados da linguagem lógica que não são deduzidos a partir de uma contradição. Comumente nessas lógicas também não valem o princípio da redução ao absurdo (...) e o princípio da não contradição (...)". SILVESTRE, Ricardo Sousa. **Um curso de lógica**. Petrópolis: Vozes, 2011, p. 40-43. Os demais axiomas encontram-se explicitados às p. 128-129. Nessa mesma linha, explicitando os argumentos defeituosos: COPI, Irving M.. **Introdução à lógica**. Tradução de Álvaro Cabral. São Paulo: Editora Mestre Jou, 1968, p. 73.

11. Este exemplo se baseia no paradoxo de Newcomb, em que existem duas caixas, uma contendo uma quantia certa em dinheiro e outra, fechada, cujo conteúdo não se consegue ver, tendo leitor de escolher alguma delas sem saber, contudo, que algum ente Superior já anteviu a escolha, que, neste caso, não seria então verdadeiramente uma escolha. O ente superior, no caso do exemplo, seria a sociedade e as suas necessidades sentidas por cada cidadão como emergenciais, ao passo que o leitor seria o Administrador, ou, como se segue explicando no corpo do texto, o juiz. Para melhor explicação acerca do paradoxo citado: CARNEIRO, Maria Francisca. **Paradoxos no Direito – Lógica e teoria das categorias**. Porto Alegre: Nubria Fabris editora, 2009, p. 82.

fala em *modus ponens* para *tolens*, silogismo disjuntivo ou conexos –, mas, em verdade, da sua própria configuração. Aventa-se, exemplificadamente, de silogismo genérico ou abstrato, consiste naquele em que a premissa normativa é preenchida por algum princípio, conceito jurídico indeterminado ou cláusula geral, como a boa-fé[12]; e, ainda, em *numerus apertus*, de silogismo paraconsistente, que, adotando a lógica paraconsistente e as suas características (não trivialização do raciocínio em decorrência da aplicação do princípio da não-contradição, teoria da quase-verdade, visão complementar da lógica clássica à lógica moderna etc.)[13] pretende justificar decisões que, em momento inaugural, poderiam ser infirmadas pela impropriedade do defeito do argumento ao cabo adotado.

Ocorre que mesmo estas formas de pensar a problemática revelam suas próprias reticências. O silogismo genérico não resolve a questão da atribuição *ex ante* de valores para a premissa que, por último, resolverá a contenda. O momento axiológico precede – e já é previamente conhecido – à resolução da testilha. De novo, conhece-se o resultado final, ainda que o

---

12. ALCHOURRÓN, Carlos E.; BULYGIN, Eugenio. **Introduccíon a la metodologia de las ciências jurídicas y sociales**. Buenos Aires: Editorial Astrea de Alfredo y Ricardo Depalma, 1987, p. 148.

13. Os Autores Newton da Costa e Otávio Bueno reconhecem a possibilidade da aplicação do silogismo e a paraconsistência, cunhando o que denominaram "silogismo paraconsistente". Observe-se: "5. Um estudo de caso: silogismo e paraconsistência. Nesta seção, apresentaremos uma aplicação do referencial conceitual que a lógica paraconsistente – em certa medida, de interesse mais histórico – àquele que talvez seja um dos mais antigos domínios da lógica tradicional: a teoria do silogismo. O principal ponto consiste em examinar a questão do emprego de uma lógica paraconsistente para articular tal teoria, determinando a seguir quais das inferências tradicionais ainda valem nesse novo contexto. (...) 5.2. Silogística paraconsistente. De modo similar ao caso da silogística tradicional, que foi interpretada no interior do cálculo clássico de predicados monádico, é possível desenvolver uma silogística paraconsistente." COSTA, Newton C.A.; BÉZIAU, Jean-Yves; BUENO, Otávio. **Elementos de teoria paraconsistente de conjuntos**. Campinas: Unicamp, 1999, p. 142-145.

número inaugural seja ignorado, tal como mencionado na introdução deste trabalho.

Por outro lado, conquanto a lógica paraconsistente afaste a problemática da contradição e, por conseguinte, a trivialização do pensamento ainda que contraditórias as soluções, tampouco explicita em definitivo a compreensão dos graus por meio dos quais assim procede. Neste âmbito, o princípio da explosão gentil, conhecido na seara paraconsistente, não deixa de ser uma explosão.[14]

Este não é o momento para abordar, descritiva ou criticamente, quaisquer das questões supramencionadas, de modo que assim não se procederá. Pretende-se apenas denotar a insuficiência da técnica decisória mais largamente utilizada no dia a dia judicante, ao menos na forma como vem sendo levada a cabo.

III. DOUTRINA DA ARBITRARIEDADE E IMPARCIALIDADE ARGUMENTATIVA

A Argentina, em posicionamento adotado pela Corte Suprema de Justiça da Nação que remota ao século passado desenvolveu interessante e auspiciosa forma de senão resolver ao menos contemporizar a problemática ora enfrentada. Trata-se da alhures chamada doutrina da arbitrariedade, técnica por intermédio da qual se permite avaliar não apenas a existência de fundamentação nas decisões judiciais, mas também se, em seu bojo, existem argumentos válidos e consistentes que as justifiquem. Neste contexto, diante da constatação da existência de argumentos defeituosos utilizados, será a decisão tida como inválida e proscrita, apesar de fundamentada.

---

14. VARELA, Diogo. **Lógica paraconsistente: lógicas da inconsistência formal e dialeteísmo**. Revista FUNDAMENTO v. 1, n. 1 – set.-dez. 2010.

Genaro Carrió informa que a Corte Suprema de Justiça da nação Argentina utiliza há muito esta técnica, já tendo sido possível delinear hipóteses referentes ao <u>objeto</u>, <u>fundamentos</u> e <u>efeitos</u> entre aquelas que se prestam a invalidar, por ausência de argumentação ou por argumentação defeituosa, as decisões[15]:

> *(I) Al objeto o tema de la decisión. Así, hay sentencias que han sido descalificadas por arbitrarias en razón de que:*
>
> *(1) omiten considerar y resolver ciertas cuestiones oportunamente propuestas; o*
>
> *(2) resuelven cuestiones no planteadas.*
>
> *(II) A los FUNDAMENTOS de la decisión, y dentro de ellos:*
>
> *(A) Al establecimiento de la premissa mayor. Así, hay sentencias que han sido descalificadas por arbitrarias en razón de que:*
>
> *(3) fueron dictadas por jueces que, al dictarlas, se arrogaron el papel de legisladores y no se sintieron limitados por el orden jurídico;*
>
> *(4) prescinden del texto legal sin dar razón plausible alguna; o*
>
> *(5) aplican preceptos derrogados; o*
>
> *(6) dan como fundamento pautas de excessiva amplitude, en sustición de normas positivas diretamente aplicables.*
>
> *B) Al establecimiendo de la premissa menor. Así, hay sentencias que han sido descalificadas por arbitrariedade en razón de que:*
>
> *(7) presciden de prueba decisiva; o*
>
> *(8) invocan prueba inexistente; o*

---

15. "Desde el caso 'Rey vs. Arocha', resuelto a fines de 1909, la Corte viene utilizando la expresión 'sentencia arbitraria' en muchísimas decisiones. Las más de las veces la emplea para decir que el pronunciamiento judicial que examina no merece esse rótulo. En una pequeña minoria de casos la ha usado para descalificar decisiones que se auto-titulaban sentencias." CARRIÓ, Genaro R. **Notas sobre derecho y lenguaje**. Buenos Aires: Abeledo-Perrot, 1986, 3ª. ed., p. 283-284.

(9) Contradicen abiertamente otras instancias de los autos.

C) Al establecimiento de la premissa mayor o al de la premissa menor, o al tránsito de ellas a la conclusión. Así, hay sentencias que han sido descalificadas por arbitrarias en razón de que:

(10) hacen afirmaciones dogmáticas; o

(11) incurren en excesos formalistas o rituales; o

(12) son autocontradictorias.

(III) A los EFECTOS de la decisión. Así, hay sentencias que han sido descalificadas por arbitrarias en razón de que:

(13) pretenden dejar sin efecto decisiones definitivas firmes.[16]

No cenário brasileiro, ademais de inexistir semelhante compreensão acerca do tema, admitem-se como válidas decisões que ostentam argumentação defeituosa, desde que fundamentadas, ao menos nas hipóteses supramencionadas.

Talvez, com o advento do novo Código de Processo Civil a discussão possa ser travada em terreno mais seguro, ao menos sob o aspecto do direito posto. Isso porque no parágrafo único do artigo 472, o PL n. 8.046/2010 exige a argumentação nos meandros das decisões judiciais para tê-las como fundamentadas. Há, assim, pelo menos uma adjetivação do que se compreende como fundamentação, ao revés de tê-la como o apanágio final de validade dos provimentos judiciais decisórios.[17]

---

16. CARRIÓ, Genaro R., *op. cit.*, p. 297-298.
17. "Fundamentando-se a sentença em regras que contiverem conceitos jurídicos indeterminados, cláusulas gerais ou princípios jurídicos, o juiz deve expor, analiticamente, o sentido em que as normas foram compreendidas, demonstrando as razões pelas quais, ponderando os valores em questão e à luz das peculiaridades do caso concreto, não aplicou princípios colidentes." A íntegra do texto do projeto em questão pode ser encontrado em: <http://www.senado.gov.br/senado/novocpc/pdf/Anteprojeto.pdf>. Acesso em 05 de maio de 2014.

Esta não é, ainda, a técnica ideal, penso, já que se limita a um aspecto apenas da argumentação (a explicitação), ademais de aparentemente fazer alusão apenas ao conflito de princípios; mas, ao introduzir a argumentação no âmbito da fundamentação – quando deveriam ser separadas, em realidade – ao menos se permite a análise metodológica do conteúdo dos provimentos, o que já constitui um avanço.

Retomando a doutrina da arbitrariedade e a analisando criticamente, assim como o fez Carrió, não se pode deixar de considerar que mesmo esta técnica pode padecer de eiva inadmissível consistente na possibilidade de a decisão que declara a arbitrariedade de outra ser, por si, arbitrária no sentido da existência de defeitos em seus argumentos.[18]

Todavia, apesar de ser possível cogitar de erronias em sua aplicação, a doutrina da arbitrariedade já provê instrumental mais avançado para o contraste da decisão judicial com o ordenamento de regência, o que favorece ao menos a imparcialidade sob o aspecto argumentativo.

Com efeito, Alexy, ao trabalhar este ponto em sua obra clássica de argumentação jurídica, relembra-nos que a decisão, para ser imparcial sob o aspecto argumentativo e, com isso, afastar-se dos modelos decisionistas ou conexos, deve adotar coerência em sentido formal para a resolução dos casos, proferindo decisões iguais para casos iguais ou, em se afastando da conclusão final, indicando qual o sinal característico daquele caso que ensejou a mudança de posicionamento.[19]

---

18. "La actitud de desaliento podría expresarse de esta manera: lo único que tiene en común las numerosas sentencias que la Corte ha declarado y sigue declarando arbitrarias es que el Alto Tribunal las declara tales: sentencia arbitraria es aquella decisión que la Corte llama arbitraria. Esta actitud escéptica es compartida por la mayoría de los abogados, para quienes el empleo que hace la Corte de la noción de sentencia arbitraria constituye, paradójicamente, el paradigma de la arbitrariedade." CARRIÓ, Genaro R., *op. cit.*, p. 287.
19. Trata-se do critério da inércia perelmaniano, que atribui a carga da argumentação ao Julgador que queira se afastar dos critérios da justiça

Esta compreensão vem trabalhada nas obras de outros Autores, por vezes com semelhante denominação ou justiça convencional (Klaus Günther[20]), ou diversas, a exemplo de coerção da justiça formal (Nei MacCormick[21]). A imparcialidade argumentativa se presta a garantir a observância em terreno decisório ao que anteriormente fixado, ou, em existindo algum sinal característico no caso apreciado que justifique alteração no entendimento, que tal seja expressamente anunciado pelo Julgador.

O princípio da imparcialidade argumentativa e a doutrina da arbitrariedade das decisões judiciais, aplicados em conjunto, conferirão legitimidade argumentativa às decisões emanadas dos órgãos investidos na função judicante, afastando-os, pois, do terreno dos argumentos defeituosos.

IV. MINISTRA DENISE ARRUDA, ARGUMENTAÇÃO E IMPARCIALIDADE

No contexto do supramencionado, difícil não rememorar do voto proferido pela Ministra Denise Arruda no Resp.

---

formal, o que contribui para a estabilização institucional na solução de conflitos relacionados a fatos símiles. ALEXY, Robert. **Teoria da argumentação jurídica – A teoria do Discurso Racional como teoria da fundamentação jurídica**. Tradução de Zilda Hutchinson Schild Silva. Rio de Janeiro: Editora Forense, 2011, p. 268.

20. GÜNTHER, Klaus, *op. cit.*, p. 204-207: "Uma vez que a exclusão de ponderações de adequação infringe o princípio da aplicação imparcial de normas, ela deveria ser justificada; por exemplo, no sentido de um conceito de justiça convencional, pelo motivo de a antecipação das ponderações de adequação ser vista como desconsideração do legislador político."

21. A propósito desta, Neil MacCormick lembra que "Por banal que seja o fato de que as exigências da justiça formal estabelecem no mínimo uma razão presumível para a observância de precedentes, não é menos verdadeiro, embora seja observado com menor frequência, que essas exigências impõem sobre a decisão de disputas levadas a juízo, coerções tanto voltadas para o futuro como para o passado." MACCORMICK, Neil. **A argumentação jurídica e teoria do direito**. Tradução de Waldéa Barcellos. São Paulo: Martins Fontes, 2006, p. 95.

n. 426.945/PR, em que, ultimando por desempatar o exame da questão que então se verificava controvertida no âmbito da Primeira Turma do Superior Tribunal de Justiça, obrou enunciar argumentos precisos, ademais da *ratio decidendi* que se espera para fins de legitimidade dos provimentos decisórios.

Tratava-se, na oportunidade, de recurso especial interposto pela VOLVO DO BRASIL S/A, contra V. Acórdão que, na instância originária, manteve a retenção na fonte sobre os dividendos enviados a seu sócio na Suécia no ano-base de 1993. Como linha argumentativa principal, desenvolvia-se tese segundo a qual o acórdão recorrido teria violado o artigo 98, do CTN e 24 da Convenção entre o Brasil e a Suécia para evitar a dupla tributação em matéria de imposto de renda, promulgada por meio do Decreto n. 77.053/76, porquanto as normas internas não poderiam revogar tratado internacional.[22]

Iniciado o julgamento, em 18.9.2003, o Ministro Relator Teori Zavascki negou provimento ao recurso, divergindo de seu voto o Ministro José Delgado. Na sequência, houve pedido de vista do Ministro Francisco Falcão, o qual acompanhou o voto do Min. José Delgado, seguindo-se com o voto do Min. Luiz Fux, que, acompanhando o Ministro Relator, ensejou o empate, a ser deslindado, em reinclusão do feito em pauta, pela Min. Denise Martins Arruda, dado o afastamento do Min. Humberto Gomes de Barros da composição da Primeira Turma.

Em seu voto, a Ministra Denise Arruda acolheu a divergência deflagrada pelo Min. José Delgado e, após lançar mão de entendimento doutrinário (recurso à dogmática, segundo Robert Alexy), discorreu sobre o princípio da isonomia tributária

---

22. A íntegra do v. Julgado, com alusão a todos os votos, encontra-se em < http://www.fd.uc.pt/~stavares/FDUC/Arquivo_2009_2010/Entradas/2010/3/21_Ainda_uma_soberania_fiscal_(5)_files/Tributac%CC%A7a%CC%83o%20de%20renda%20de%20so%CC%81cio%20exterior.pdf>. Acesso em 05 de maio de 2014.

sob o enfoque do artigo 24 da Convenção Internacional que rege a temática e a Lei n.. 8.383/91.

Digno de nota, inicialmente, que o princípio da isonomia tributária foi expressamente explicitado pela Ministra à luz da testilha no caso concreto, consignando: *"(...) O que se buscou foi exatamente assegurar que a tributação fosse a mesma, entre nacionais e não-nacionais, ou melhor, convencionou-se a isonomia tributária entre os sócios de diferentes nacionalidades (...)"*.

Note-se que em votos anteriores o mesmo princípio fora mencionado (votos proferidos pelos Ministros Teori Zavascki e Francisco Falcão), assim como o da dignidade humana (voto proferido pelo Ministro José Delgado) e da uniformidade do tratamento tributário (Min. José Delgado) sem que, contudo: a) recebessem qualquer explicação genérica acerca da forma como poderiam ser compreendidos; b) fosse explicitada a forma como deveriam ser lidos sob o enfoque do caso analisado.

Tal proceder, como acima mencionado, abre ensejo à argumentação defeituosa como supra-aduzido, infirmando as decisões que, paradoxalmente, encontram-se agasalhadas pela Constituição da República. Repise-se, novamente, que não se está empreendendo qualquer crítica ou comentário pessoal acerca dos Julgadores ou órgão fracionário, mas apenas procurando demonstrar a insuficiência da exigência da fundamentação das decisões judiciais na forma como exigida pelo artigo 93, inciso IX da Carta da República e levada a cabo diuturnamente em sede forense.

Retomando, observo que no voto proferido pela Ministra Denise Arruda sobredita situação não se fez ver. Ao contrário, explicitou-se a compreensão, no caso concreto, do princípio da isonomia tributária para, ao final, posicionar-se no sentido da inaplicabilidade dos artigos 75 e 77 da Lei n.. 8.383/91, ante o *"(...)tratamento discriminatório entre os figurantes da aludida Convenção, tão apenas em face da residência ou domicílio de cada um"*.

Na sequência de seu voto, cuidou ainda a Ministra de empreender, decerto com o fito de enlevar o princípio da imparcialidade argumentativa, a distinção da *vexata quaestio* em relação a outras hipóteses já julgadas pela Primeira Seção do mesmo Tribunal.

Em assim procedendo, garantiu a coerção da justiça formal tanto aos casos precedentes como aos que viriam a ser apreciados futuramente, já que delimitando o quadrante em que ordenamento jurídico se fez incidir e aplicar na situação conflituosa.

Por fim, cuidou ainda a Ministra de destacar o raciocínio dedutivo que levou a cabo, deixando expressamente consignadas as premissas normativas e fáticas que ao final encaminharam a celeuma à conclusão:

> Em conclusão, se o tratado deveria ser observado pela lei interna subsequente; se o mesmo tratado conteria uma relação de especialidade; se foi desconsiderado o princípio da isonomia tributária entre os sócios; se houve igualmente discriminação entre os sócios da mesma empresa, cujo discrímen foi fundado apenas no fato residência e/ou domicílio de cada um, a meu ver, está claramente evidenciada a violação do art. 98 do CTN e do art. 24 da Convenção Brasil-Suécia.

Enfim, da maneira como lançado, o voto denota não apenas observância ao preceito constitucional que exige, sob pena de invalidade, a fundamentação das decisões judiciais, mas também às exigências que a argumentação propõe aos Julgadores com o fim de afastar em definitivo eventuais defeitos que consubstanciem máculas aptas a converter os provimentos decisórios em produtos subjetivos ou frutos de autoridade.

V. NOTAS CONCLUSIVAS

Questiono, então, ao leitor, após a exposição realizada neste estudo: conseguiu compreender como descobri o resultado final da atividade proposta na introdução?

Para que possa entendê-la, não será suficiente dizer que existe explicação, mesmo que esta afirmação seja lançada pela maior autoridade em matemática ou lógica viva e em atividade; ou, ainda, que ao leitor seja apresentada a informação de que o raciocínio para utilizado revela-se consonante a todo o arcabouço teórico existente sobre o assunto. Também insuficiente será mencionar que muitos outros partilham da opinião de que a fórmula encontra-se correta.

Talvez possa até mesmo parecer algo mágico ou místico ter encontrado essa *razoável* solução para o problema. Seria ela *proporcional* ao conhecimento dos leitores? Ou, sem revelar como foi feita a operação se estaria a causar um *injusto* mal capaz de ferir a *dignidade humana* de quem ainda não a resolveu?

Necessário será não apenas frisar que existe uma solução, mas explicitá-la sem peias, rodeios ou achismos.

Com a argumentação, as coisas se passam da mesma maneira. Decidir sem explicitar, penalizar sem pormenorizar, sentenciar sem delinear pode até mesmo atender ao princípio da fundamentação e motivação das decisões judiciais, mas não estará em condições, proscritas ou inobservadas as técnicas argumentativas, de retirar do provimento decisório a pecha de subjetiva ou oriunda de autoridade.

Por certo, no contexto das técnicas decisórias, não há como explicar todo o pensamento – nem o poderia, aliás, o próprio ser pensante, dada a sua limitação enquanto ser humano –, mas não se pede isso. Sugere-se apenas que existam argumentos em decisões e que tais, enquanto frutos de técnicas (e não se afasta nem mesmo o emotivismo neste quadrante) sejam explicitadas como tais, a fim de que se possa conhecer não o ser prolator, mas as razões pelas quais de fato propôs tal ou qual solução para o caso.

O assunto demanda, evidentemente, maior digressão, mas se pequena fração da problemática tiver sido, à suficiência, exposta, o texto terá atingido seu objetivo primário.

Ah sim... Retomando a atividade inicialmente proposta ao leitor... Tente dividir sempre por 2 o número proposto a ser adicionado.

VI. REFERÊNCIAS BIBLIOGRÁFICAS

ALBERTO, Tiago Gagliano Pinto. Razoável é razoável; razoável é não-razoável. **Revista da Escola da Magistratura do Paraná – edição comemorativa 30 anos**. Curitiba: LedZe, 2013, p. 151-190.

ALEXY, Robert. **Teoria da argumentação jurídica – A teoria do Discurso Racional como teoria da fundamentação jurídica**. Tradução de Zilda Hutchinson Schild Silva. Rio de Janeiro: Editora Forense, 2011.

ALCHOURRÓN, Carlos E.; BULYGIN, Eugenio. **Introduccíon a la metodologia de las ciências jurídicas y sociales**. Buenos Aires: Editorial Astrea de Alfredo y Ricardo Depalma, 1987.

AMADO, Juan Antonio García. **El juicio de ponderación y sus partes. Crítica de su escasa relevancia**. *In*: BUSTAMANTE, Thomas da Rosa de. Teoria do Direito e Decisão Racional – Temas de teoria da Argumentação Jurídica. Rio de Janeiro: Renovar, 2008.

ATIENZA, Manuel. **Interpretación Constitucional**. Bogotá: Universidad Libre, 2010.

_____. **As razões do Direito – Teorias da Argumentação jurídica**. Tradução de Maria Cristina Guimarães Cupertino. São Paulo: Landy editora, 2000.

_____. **Tras la justicia. Una introducción al derecho y al razonamiento jurídico**. Barcelona: Ariel, 2008.

CAMILO, Ana Sinara Fernandes. **O STF, a Condicionante nº. 17 do caso "Raposa Serra do Sol" e a sua possível repercussão** na demarcação das terras indígenas no Ceará. Íntegra do trabalho disponível em <http://www.conpedi.org.br/manaus/arquivos/anais/fortaleza/3830.pdf> Acesso em 17 janeiro 2013.

CARRIÓ, Genaro R. **Notas sobre derecho y Lenguaje**. Buenos Aires, Abeledo-Perrot, 1986, p. 58-59.

CARNEIRO, Maria Francisca. **Direito & Lógica – Temas de Direito Perpassados pela Lógica**. Curitiba: Juruá Editora, 2009.

COPI, Irving M. **Introdução à lógica**. Tradução de Álvaro Cabral. São Paulo: editora Mestre Jou, 1968.

COSTA, Newton C.A.; BÉZIAU, Jean-Yves; BUENO, Otávio. **Elementos de teoria paraconsistente de conjuntos**. Campinas: Unicamp, 1999.

GÜNTHER, Klaus. **Teoria da argumentação no direito e na moral: justificação e aplicação**. Tradução de Cláudio Molz. São Paulo: Landy, 2004.

<http://www.planalto.gov.br/ccivil_03/constituicao/constituicao.htm>. Acesso em 05 de maio 2014.
<http://www.lexml.gov.br/urn/urn:lex:br:superior.tribunal.justica;turma.4:acordao;aresp:2012-12-11;155954-1243067. Acesso em 05 de maio 2014.
<http://www.jusbrasil.com.br/jurisprudencia/busca?q=MAJORA%C3%87%C3%83O+DO+QUANTUM+FIXADO+A+T%C3%8DTULO+DE+DANOS+MORAIS. Acesso em 05 de maio 2014.
<http://www.conpedi.org.br/manaus/arquivos/anais/fortaleza/3830.pdf> Acesso em 17 janeiro 2013.
<http://www.leandropaulsen.com/site/textos_detalhe.asp?ID=33> Acesso em 17 janeiro 2013.
<http://www.senado.gov.br/senado/novocpc/pdf/Anteprojeto.pdf>. Acesso em 05 de maio de 2014.
<http://www.fd.uc.pt/~stavares/FDUC/Arquivo_2009_2010/Entradas/2010/3/21_Ainda_uma_soberania_fiscal_(5)_files/Tributac%CC%A7a%CC%83o%20de%20renda%20de%20so%CC%81cio%20exterior.pdf> . Acesso em 05 de maio de 2014.

MACCORMICK, Neil. **Retórica e Estado de Direito – Uma teoria da argumentação jurídica**. Tradução de Conrado Hübner Mendes e Marcos Paulo Veríssimo. Rio de Janeiro: Elsevier, 2008.

_____. **A argumentação jurídica e teoria do direito**. Tradução de Waldéa Barcellos. São Paulo: Martins Fontes, 2006.

PAULSEN, Leandro. **A sentença aditiva como método de afirmação de constitucionalidade.** Texto disponível na íntegra em <http://www.leandropaulsen.com/site/textos_detalhe.asp?ID=33> Acesso em 17 janeiro 2013.

SILVESTRE, Ricardo Sousa. **Um curso de lógica.** Petrópolis: Vozes, 2011, p. 40-43.

VARELA, Diogo. **Lógica paraconsistente: lógicas da inconsistência formal e dialeteísmo.** Revista FUNDAMENTO v. 1, n. 1 – set.-dez. 2010.

PRESUNÇÕES E FICÇÕES FISCAIS E O PRINCÍPIO DA CAPACIDADE CONTRIBUTIVA

Guilherme Broto Follador[1]

1. INTRODUÇÃO

A disseminação do uso de presunções e ficções fiscais no Direito Tributário é fenômeno há muito observado, e cada vez mais sentido. Certamente não será leviano intuir que esse é, dentre todos, o ramo do Direito em que o uso de tais técnicas é mais frequente.

Essa suspeita é reforçada pela observação de que as presunções e ficções, no ensejo de facilitar a tarefa do Fisco, tanto

---

[1]. Mestre em Direito do Estado pela Universidade Federal do Paraná. Especialista em Direito Tributário pelo Centro Universitário Curitiba – UNICURITIBA. Professor do Curso de Especialização em Direito Tributário e Processual Tributário do Centro Universitário Curitiba – UNICURITIBA; Professor do Curso de Especialização em Direito Tributário da Academia Brasileira de Direito Constitucional – ABDCONST; Membro do Núcleo de Pesquisa em "Direito Tributário Empresarial", orientado pelo Professor Doutor José Roberto Vieira, do Programa de Pós-Graduação em Direito da UFPR. Advogado.

podem contribuir para a ampliação do espectro de fatos passíveis de serem atraídos pela norma de incidência – já que podem se relacionar com qualquer dos critérios da regra-matriz, como bem demonstrou FLORENCE HARET[2] – quanto podem facilitar o desencadeamento dos efeitos atribuídos a essas normas, dispensando a verificação efetiva da ocorrência concreta dos fatos jurídico-tributários a ela subsumíveis.

Apenas para que se tenha uma ideia da importância do tema, é da validade de presunções e ficções tributárias que se está tratando, segundo usualmente defende a doutrina, quando se analisa a legitimidade: (a) de pautas fiscais e plantas de valores na definição da base de cálculo de tributos como o IPVA e o IPTU; (b) das hipóteses em que a legislação exige a antecipação do pagamento de tributos, cobrados antes mesmo da efetiva ocorrência dos fatos que lhes dariam ensejo, aí incluídos os casos de substituição tributária "para frente"; (c) de determinados métodos previstos para o arbitramento da riqueza tributável; (d) de hipóteses em que o valor do tributo é calculado por estimativa; (e) dos casos de tributação reflexa da pessoa do sócio, por se considerarem a ele distribuídos os rendimentos auferidos pela sociedade desde quando recebidos por esta; (f) da tomada de sinais exteriores de riqueza como indícios de omissão de rendimentos *etc*.

Embora variadas as espécies de presunções e ficções, em todas elas o que se nota, segundo HUMBERTO ÁVILA, é uma mitigação do "... *dever constitucional de observância da igualdade segundo a capacidade contributiva em função de uma finalidade extrafiscal qualquer, normalmente econômica ou social*".[3]

---

2. **Teoria e Prática das Presunções no Direito Tributário**. São Paulo: Noeses, 2010, *passim*.
3. **Teoria da igualdade tributária**. Malheiros: São Paulo, 2008, p. 83. Reconheça-se que o autor fala não em simples "mitigação", mas em verdadeiro afastamento do dever de observância da capacidade contributiva, no caso

Isso porque a observância estrita da capacidade contributiva, vista no sentido de garantia do contribuinte – que é penas uma das perspectivas que o princípio pode assumir – requereria que fossem gravadas, sempre, manifestações reais de riqueza, jamais manifestações fictícias ou meramente presumidas, de modo a exigir não apenas a construção de normas de incidência caracterizadas pela observância desse requisito, mas também a adoção de métodos de apuração e arrecadação fundados na riqueza tributável real, e não na meramente estimada ou suposta.

O fato, porém, é que, de um lado, o princípio da capacidade contributiva, sendo dotado da complexidade própria dessa sorte de normas constitucionais – decorrente do fato de que têm, *prima facie*, conteúdo menos determinado que o das regras – não guarda apenas um viés garantista, de proteção do indivíduo contra o Fisco; representa, também, a noção de que todos aqueles que a detêm devem contribuir (concorrer) para os gastos públicos.[4]

De outro lado, o princípio da igualdade, de que, no Direito Tributário, a capacidade contributiva é, por excelência, o critério de aplicação, não vigora sozinho no ordenamento.[5] Ao

---

dos tributos extrafiscais (p. 161). Para ele, nesses casos, a medida de comparação por meio da qual se analisará a observância da igualdade não será a capacidade contributiva, mas outras finalidades que o Estado deve buscar, controladas por um juízo de proporcionalidade. Porém, ele mesmo admite uma gradação no afastamento desse dever, conforme o nível de predominância da finalidade extrafiscal do tributo, ao dizer que "... *a instituição de um tributo com finalidade extrafiscal (...) fará com que o ente estatal se afaste, **em maior ou menor medida**, do ideal de igualdade particular (...)*" (p. 162 – os destaques são nossos). Como a finalidade fiscal em um tributo é sempre mais ou menos predominante, mas nunca inexistente, entendo que as considerações do autor relativas aos tributos fiscais valem também, em igual ou menor grau, para os extrafiscais.
4. MOSCHETTI, Francesco. ***El princípio de capacidad contributiva***. Instituto de Estudios Fiscales: Madri, 1980, p. 303.
5. ÁVILA, Humberto. **Sistema constitucional tributário**. 4ª ed. São Paulo:

contrário, convive com os demais princípios que informam o sistema jurídico, entre os quais aqueles que impõem tornar viável o atingimento eficaz dos fins que o Estado persegue por meio da atividade tributária.

Justamente por esse caráter dúplice do princípio é que, segundo HUMBERTO ÁVILA, as questões que envolvem a relação conflituosa entre a capacidade contributiva – especialmente na perspectiva de garantia do indivíduo contra o Fisco – e as presunções e ficções fiscais, na verdade nada mais são do que reflexos de uma disputa mais ampla entre duas concepções de justiça: a justiça geral e a justiça individual.

Trata-se, em outras palavras, do confronto entre, de um lado, o direito de ser tributado com base na dimensão econômica real do fato descrito na norma de incidência, com atenção em termos absolutos a todas as garantias individuais do contribuinte, e, de outro lado, a necessidade de racionalizar a administração tributária, de modo a evitar que seja extremamente complexa, demorada ou onerosa e permitir, ao contrário, a execução razoável e eficiente da imprescindível tarefa de carrear aos cofres públicos os recursos necessários à satisfação dos fins do Estado.

Assentando-se nessas premissas, o objetivo deste estudo é precisamente o de analisar se – e, se sim, de que maneira e em que medida – é possível compatibilizar o uso de presunções e ficções fiscais com o princípio da capacidade contributiva, visto nessa perspectiva complexa, sem, no entanto, avançar a análise para as relações que a instituição de presunções e ficções possa ter com outros princípios integrantes do sistema jurídico-tributário.

Para tanto, far-se-á primeiramente uma rápida incursão sobre o tema das presunções e ficções tributárias e em seguida,

---

Saraiva, 2010, p. 372. O autor considera que a capacidade contributiva nada mais é que a medida de comparação, a *"... medida de diferenciação entre os contribuintes"* – **Teoria da igualdade...**, *op. cit.*, p. 160.

tecer-se-ão considerações mais gerais sobre as diversas perspectivas sob as quais pode ser vislumbrado o conteúdo do princípio objeto do cotejo. Finalmente, buscar-se-á apontar critérios que permitam orientar a harmonização do recurso às ficções e presunções fiscais com o princípio em questão.

2. PRESUNÇÕES E FICÇÕES

Classicamente, as presunções são descritas como um processo lógico pelo qual, verificada a existência de um fato determinado (o fato-base), infere-se a ocorrência de outro fato que normalmente o acompanha (o fato presumido), a cuja ocorrência são atribuídos determinados efeitos jurídicos.[6]

Tal processo de dedução lógica pode ser resultado da investigação do aplicador do Direito – presunções simples, também ditas presunções *hominis* ou, num âmbito mais restrito, presunções judiciais –, ou pode estar expressamente autorizado por uma norma abstrata, tratando-se, nesse caso, de uma presunção legal. Mas, tanto num caso como no outro, nessa visão tradicional, considera-se que as presunções "... *têm influência no âmbito da prova...*".[7]

A despeito da predominância dessa visão, porém, o fato é que "presunção" é um vocábulo extremamente polissêmico.

---

6. MARTINEZ, Ernesto Eseverri. **Presunciones legales y derecho tributario.** Instituto de Estudios Fiscales – Marcial Pons: Madri, 1995, p. 7.

7. A transcrição da integralidade do excerto, que informa o primeiro e o segundo parágrafos deste tópico, é oportuna: "*La presunción es un proceso lógico conforme al cual, acreditada la existencia de un hecho – el llamado hecho base – se concluye en la confirmación de otro que normalmente le acompaña – el hecho presumido – sobre el que se proyectan determinados efectos jurídicos. Ese proceso de deducción lógica puede ser el resultado de la especulación de quien aplica el Derecho, y en tal caso la presunción se califica de simple u 'hominis', y puede también repentizarse en el texto de la norma jurídica, tratándose entonces de una presunción legal. Tanto unas como otras influyen en el ámbito de la prueba (...)*". MARTINEZ, *op. cit.*, p. 7.

HARET aponta a existência de pelo menos oitenta e nove sentidos possíveis da palavra, fato por si só revelador das dificuldades envolvidas na identificação do que efetivamente se pode ou não designar por seu intermédio.[8] Segundo a autora, na verdade, as presunções são "... *fenômenos complexos que, num só tempo, querem significar o raciocínio lógico, a norma jurídica, os efeitos prescritivos gerados no sistema*", entre outros tantos sentidos possíveis.[9]

Justamente em razão dessa plurissignificação da palavra – reflexo do fato de que, sob um mesmo termo, pretende-se abarcar um variado número de institutos jurídicos de natureza diversa – LEONARDO SPERB DE PAOLA considera ser impossível formular um conceito jurídico unitário de presunção. Critica, por isso mesmo, as tentativas de elaborar uma sua definição extremamente genérica para nela contemplar todas as categorias jurídicas usualmente designadas sob esse mesmo "rótulo", na medida em que, "... *quanto mais genérico um conceito, tanto mais difícil a sua operacionalização, e tanto mais reduzida a sua utilidade científica*".[10]

Por isso, ainda que fosse viável atrelar à palavra "presunção" uma ideia mais geral, como aquela segundo a qual "... *toda presunção é norma que põe em relação dois enunciados, firmando correlação lógica – e jurídica – entre eles*", para o fim deste estudo, que visa apenas a examinar os institutos que circundam o tema à luz do princípio da capacidade contributiva, parece-nos mais útil do que tentar chegar a um conceito geral de "presunção" examinar os institutos jurídicos normalmente tidos como "espécies" de presunções, cotejando-os também com as "ficções jurídicas", com as quais guardam algumas semelhanças.[11]

---

8. HARET. **Teoria e Prática...**, *op. cit.*, p. 84-85.

9. Ibid., p. 387.

10. **Presunções e ficções no direito tributário.** Belo Horizonte: Del Rey, 1997, p. 59.

11. HARET, *op. cit.*, p.806.

2.1. Presunções legais absolutas

Tradicionalmente, as presunções são ditas *absolutas* (*iuris et de iure*) quando, embora supostamente estabelecidas pelo legislador em vista do que normalmente ocorre na realidade, não admitem prova em contrário. Nessa perspectiva mais corrente, o traço distintivo desse instituto em relação a outras "espécies" de presunção estaria justamente nessa última característica, isto é, na inadmissibilidade de prova que desminta o acontecimento do fato cuja ocorrência a lei faz presumir.

Representando tal visão, PÉREZ DE AYALA diz que "*La presunción absoluta es una institución del Derecho probatorio, que establece la certeza, por probabilidad lógica, de un hecho B, cuando se haya producido otro hecho A*".[12]

A verdade, porém, é que, salvo num momento pré-jurídico, isto é, num momento anterior à introdução da norma no sistema, as regras que estabelecem "presunções" desse tipo (absolutas) não incursionam pelo campo probatório, isto é, não dizem respeito ao campo da interpretação dos fatos para fins da análise de seu enquadramento ou não no suposto de uma norma. Do ponto de vista estrutural, são, muito diversamente, normas de caráter remissivo[13], ou seja, normas que se reportam à estrutura de outra norma, criando uma estrutura normativa nova, embora à imagem e semelhança daquela.

Em outros termos, a regra que estabelece presunção absoluta não faz presumir a ocorrência de um fato desconhecido a partir de um fato conhecido, como se usa afirmar, pois

---

12. PÈREZ DE AYALA, José Luis. **Prologo**. *In*: VALDES, José Andres Rozas. **Presunciones y figuras afines en el impuesto sobre sucesiones**. Instituto de Estudios Fiscales – Marcial Pons: Madrid, 1993, p. 9.

13. Mais raramente, comportam-se como normas restritivas, ou excluindo da abrangência de certa norma situações que, em princípio, desencadeariam a sua incidência, ou limitando a configuração da relação jurídica decorrente da subsunção à norma do fato por ela descrito.

simplesmente não trata de matéria fática. Diz LEONARDO SPERB DE PAOLA, nesse sentido, que, *"Quando, por exemplo, encontramos um dispositivo que diz 'o fenômeno Y equipara-se ao fenômeno X', não podemos vislumbrar aí nenhuma afirmação sobre fatos"*.[14]

Na verdade, quando se reporta ao antecedente, isto é, ao suposto da estrutura de outra norma, a cujo regime jurídico remete, a norma estabelecedora de "presunção absoluta" acaba por atribuir, à descrição de um fato que na realidade empírica é conhecido (fato-base), mas que não é descrito pela norma à qual se remete, o mesmo efeito que a efetiva ocorrência do fato não comprovado (fato presumido), nela descrito, desencadearia. Em termos estruturais, o que uma norma dessa natureza faz é prescrever que, *quer ocorra o fato X [desconhecido], quer ocorra o fato Y [conhecido], deve ser uma consequência idêntica*. Ou, mais sinteticamente, *se Y (fato-presumido), deve ser C; porém, se X (fato-base), também deve ser C*. Já quando se reporta ao consequente doutra norma jurídica, a norma estabelecedora de "presunção absoluta" prescreve que, *ocorrido o fato X, a relação jurídica daí decorrente poderá ser C* (a que decorreria normalmente da ocorrência do fato X) *ou D* (uma relação que atinja outros sujeitos ou outro objeto), ou até ambas ao mesmo tempo, se a aplicação de uma não implicar a derrogação da outra.

A norma de presunção pode, ainda, relacionar-se simultaneamente com o antecedente e o consequente da norma a cujo regime jurídico remete, o que ocorrerá, no âmbito tributário, especialmente quando disser respeito ao critério material ou à base de cálculo, tendo em vista a íntima correlação que deve haver entre uma e outra categoria. Essa possibilidade ficará mais clara no exemplo adiante exposto (tributação, no imposto sobre a renda, segundo o regime do lucro presumido).

---

14. PAOLA, *op. cit.*, p. 62.

Em resumo, quando se está referindo àquilo que se usa chamar *presunções absolutas*, não se está tratando de regra definidora da presunção de um fato desconhecido a partir de um fato conhecido; a presunção mesma só existiu num momento anterior à inserção da norma no sistema, no momento de elaboração da regra, na análise dos motivos – extraídos da observância, estatística ou meramente inferida, daquilo que *normalmente acontece* – que levaram o legislador a editá-la. Ou seja, as presunções absolutas são, como bem aponta FERRAGUT, "... *disposições legais de ordem substantiva*"[15], e não de ordem probatória.

Por isso, os limites impostos ao legislador na criação de normas que estabelecem *presunções absolutas* devem ser, basicamente, os mesmos que ele tem de observar para prescrever qualquer norma, ou seja, são aqueles relacionados com toda a extensão da regra de competência, dentre os quais, é claro, também se incluem os decorrentes do princípio da capacidade contributiva, que serão objeto de análise mais adiante.

Para ilustrar o que foi dito acima em termos abstratos, pode-se apontar como exemplo concreto de uso da técnica de *presunção absoluta* no Direito Tributário brasileiro a possibilidade de, no âmbito do imposto de renda da pessoa jurídica, adotar-se a tributação segundo o regime do lucro presumido, por opção do sujeito passivo que é feita de maneira irretratável para todo o ano-calendário (art. 13, §1º, da Lei n.. 9.718/98).[16]

---

15. FERRAGUT, Maria Rita. Presunções no Direito Tributário. São Paulo: Dialética, 2001, p. 64.

16. Outros exemplos estão, segundo JOSÉ ROBERTO PISANI e LUCIANA ROSANOVA GALHARDO, nas *presunções absolutas* de "... *transferência de lucros, do Brasil para o exterior, em operações de importação, aquisição e exportações de mercadorias, serviços e direitos entre empresas ligadas, ou em transações realizadas com país cujo volume de tributação dos lucros não seja superior a 20%*", estabelecidas pelos artigos 18 e 19 da Lei n.. 9.430/96 – Preços de Transferência – Presunções Tributárias – Acordos Internacionais – Valorização Aduaneira. In **Revista Dialética de Direito Tributário** n. 21. Jun/1997. Dialética. São Paulo, p. 69.

Como se sabe, nesse regime a base de cálculo do tributo (o lucro) não é efetivamente apurada, como se dá no regime do lucro real, mas meramente estimada, mediante a aplicação de um percentual sobre a receita bruta da pessoa jurídica, variável conforme a atividade por ela desempenhada.

Aliás, não só a base de cálculo é estimada, como a própria ocorrência do fato jurídico-tributário (a obtenção de lucro) é pressuposta, de modo que a norma estabelecedora da presunção entabula relação (remissiva) tanto com o consequente quanto com o antecedente da regra-matriz de incidência do imposto de renda. Afinal de contas, a partir do momento em que o contribuinte opta por tributar a renda pelo lucro presumido, pouco importa se ele teve, realmente, lucro ou prejuízo no período de apuração, e pouco importa, no primeiro caso, a real dimensão desse lucro (se superior ou inferior ao decorrente da aplicação do percentual de presunção sobre a receita bruta).

Face à irretratabilidade da opção – e aí está o elemento que lhe dá caráter *absoluto* – o sujeito passivo não gozará da alternativa de recorrer ao regime do lucro real para demonstrar que o fato jurídico tributário (o auferimento de lucro) na realidade não ocorreu, e de nada lhe servirá provar que o lucro efetivamente auferido foi inferior ao *presumido* pela lei. O valor do tributo será calculado como se o lucro efetivo do contribuinte houvesse sido igual àquele resultante da aplicação do percentual de presunção sobre a receita bruta, o que só se explica pelo fato de que o que houve, aqui, foi a criação de uma nova norma de incidência, que tem por critério material a obtenção de receita (e não a obtenção de renda), e que tem por base de cálculo a receita (e não a renda).

2.2. Ficções

É oportuno o momento para estabelecer uma distinção entre as presunções absolutas e as ficções, até porque há quem considere se tratar de categorias idênticas.

A confusão é explicada – e, em grande medida, justifica-se – pelo fato de que, sob o ponto de vista estrutural, e ainda que muitos digam o contrário[17], as normas que estabelecem ficções e as normas que estabelecem presunções absolutas realmente não se diferenciam.

Afinal, ambas apresentam-se como normas de direito material (e não processual), que ou atribuem, a um fato novo, efeitos idênticos aos já previstos em outra norma, para outro pressuposto de fato – cuja efetiva ocorrência se torna, a partir disso, irrelevante para que o Fisco possa lograr a aplicação dos efeitos desejados (reputar instaurada a relação jurídica tributária, por exemplo) – ou estabelecem para a ocorrência de um mesmo fato, já descrito em outra norma, o desencadeamento de relação jurídica diversa.

A principal diferença entre elas está, em rigor, num momento prévio à imposição da norma, isto é, nos fundamentos que informam sua criação pelo legislador. É que a norma de presunção só pode ser aquela "... *construída a partir de um vínculo natural entre dois fenômenos*" que "... *resulta de uma relação entre eles, constatada a partir da observação do que, em geral, acontece*", ao passo que, nas razões que levam à edição da norma estabelecedora de ficção jurídica, "... *não há um forte vínculo 'natural' entre os fenômenos equiparados, para efeitos normativos*".[18-19]

---

17. ERNESTO ESEVERI MARTINEZ, por exemplo, defende que as presunções absolutas e ficções jurídicas se diferenciam porque a primeira seria norma de direito processual, e a segunda de direito material. A consequência disso seria que "... *las normas que contienen una ficción jurídica son de aplicación imperativa, mientras que la presunciones pueden ser aplicadas según el criterio del órgano administrativo encargado de hacerlo; se trata, por tanto, de normas de aplicación facultativa*" – op. cit., p. 23.
18. PAOLA, op. cit., p. 81.
19. Em linha semelhante, diz HUMBERTO ÁVILA que ficções são "... *formas mediante as quais o legislador, pela técnica da remissão, atribui a um caso os mesmos efeitos jurídicos atribuídos a outro, independente de eles serem realmente*

Segundo HARET, as ficções diferenciam-se das presunções mediante o uso "... *de um critério associativo que foge daquilo que ordinariamente acontece*". A ficção"... *altera a relação da causalidade natural ou da causalidade jurídica normal para fins prescritivos*".[20]

Como a equiparação entre os efeitos atrelados a dois fenômenos é, aqui, decididamente independente da natureza desses fenômenos, os limites à instituição de ficções estão ligados à própria finalidade buscada com o preceito fictício, isto é, com o preceito equiparador, não guardando relação alguma com a probabilidade (estatística, empírica ou de qualquer ordem) de efetiva ocorrência do fato ao qual o elemento ficcional é equiparado. Interessante notar que mesmo a doutrina que, corretamente, não vê diferença entre as estruturas lógico-normativas das presunções absolutas e das ficções jurídicas defende que há utilidade prática em distingui-las. Os regimes jurídicos de uma e outra se diferenciariam, segundo essa perspectiva, em função "... *grau de remissibilidade*..." da norma presuntiva ou ficcional aos efeitos previstos pela norma que descreve o fato presumido e prescreve a relação jurídica dele decorrente[21]. O estabelecimento de presunção absoluta, por sua maior proximidade com a realidade "natural", autorizaria ao intérprete, com maior força, uma aplicação de regime jurídico idêntico àquele aplicável ao fato presumido, em comparação com a extensão da remissão autorizada pela norma estabelecedora de ficção jurídica. Uma das consequências disso seria, segundo HARET, a de que,

---

iguais. É o que ocorre, por exemplo, na consideração do navio como um bem imóvel para fins de hipoteca", enquanto as presunções são "... *instrumentos por meio dos quais o legislador retira, de um fato conhecido, conclusões a respeito de um fato desconhecido, mas provável, em função do nexo de causalidade estatística existente entre ambos. É o que sucede, por exemplo, quando o legislador qualifica como distribuição disfarçada de lucros a operação de venda de um bem de uma empresa para um de seus sócios por valor expressivamente inferior ao de mercado*" – **Teoria da igualdade...**, *op. cit.*, p. 82/83.
20. HARET, *op. cit.*, p. 252.
21. PAOLA, *op. cit.*, p. 83.

quando se está diante de uma presunção, autoriza-se, conforme o caso, a utilização de analogia e interpretação extensiva, o que não poderia ocorrer em hipótese alguma nas ficções.[22]

Um dos exemplos claros de uso de ficção jurídica no Direito Tributário brasileiro está na regra prescrita pelo art. 3º, §1º, da Lei n.. 9.718/98, que, para fins de incidência da COFINS e das contribuições para o PIS/PASEP, equiparou *faturamento* à *receita bruta* da pessoa jurídica. Ora, embora o despreze, o legislador sabe perfeitamente que apenas uma parcela das receitas da pessoa jurídica (aquelas relativas a operações mercantis que autorizam a emissão de fatura) poderiam ser enquadradas no conceito de faturamento, utilizado pela Constituição, na redação anterior à Emenda Constitucional nº 20/98, como elemento definidor da competência da União para a instituição de tais contribuições[23]. Ignorando, porém, esse fato, pretendeu atribuir a todas as *receitas* da pessoa jurídica o mesmo regime jurídico conferido àquelas entradas contábeis efetivamente enquadráveis no conceito de *faturamento*.

Isto é, aqui, de maneira absolutamente artificial, o legislador equiparou as noções, ontologicamente diversas, de *faturamento* e *receita bruta*. Ao fazê-lo, não presumiu coisa alguma, sequer num momento pré-jurídico; criou ele mesmo uma realidade artificial, contrária à natureza jurídica dos institutos a cujo regime jurídico remeteu.

2.3. Presunções legais relativas

A característica fundamental das presunções legais relativas (*juris tantum*), por sua vez, reside na circunstância de

---

22. HARET. *op. cit.*, p. 260.
23. Aqui o conceito é ainda mais decididamente vinculante para o legislador, tendo em vista que se trata de conceito de direito privado utilizado pela Constituição para definir competência tributária (art. 110 do Código Tributário Nacional).

admitirem prova em contrário. Isto é, embora nelas também a ocorrência de um fato faça pressupor a existência de outro, ao qual estão vinculadas certas consequências jurídicas, a prova da não ocorrência efetiva desse fato presumido impede a atração do regime jurídico a ele correlato.

São, em rigor, as únicas que podem ser consideradas verdadeiras presunções legais, haja vista que, ao contrário do que ocorre nas *presunções absolutas*, nelas o momento presuntivo não existe apenas antes da elaboração da norma, mas também no de sua aplicação.

Diferentemente das presunções absolutas, as presunções relativas tratam, efetivamente, de matéria probatória, e não de direito material; são regras de direito processual, e não de direito substantivo. A regra que estabelece presunção relativa não cria um novo suposto de fato ao qual atrela consequências idênticas às já previstas em outra norma, nem prescreve relação jurídica diversa daquela prescrita pela norma a cuja hipótese remete. Ao contrário, facilita à Administração Tributária a aplicação da própria norma cuja incidência é presumida, autorizando que se infira, a partir de outro fato (fato-base), a ocorrência, no mundo fenomênico, do fato-presumido, que desencadeia seus efeitos próprios. A presunção relativa conecta tais acontecimentos (fatos-base e presumido) segundo uma lógica de causalidade provável, mas que pode ser refutada por contraprova a cargo do contribuinte.

Ao contrário das categorias já analisadas, portanto, não é uma norma remissiva, não é uma norma que estabelece qual será a consequência atrelada a um novo pressuposto de fato mediante a remissão à consequência prevista para outra hipótese normativa. Trata-se, isso sim, de norma que modifica o objeto da prova, altera aquilo que deve ser provado pelo Fisco para alcançar os efeitos de interesse da Fazenda.

Há quem sustente que disposições dessa natureza alterariam o ônus da prova em desfavor do contribuinte, mas sem razão. A norma que estabelece presunção relativa não desincumbe a Fazenda, na sua função fiscalizadora, de demonstrar a ocorrência de um fato; apenas o fato a ser demonstrado é que passa a ser outro. Com efeito, ao invés de ter de provar o fato X, para desencadear as consequências a ele atreladas (aí incluído o surgimento da relação jurídica tributária) bastará à Administração provar o fato Y, podendo o sujeito passivo, no entanto, evitar a aplicação dos efeitos da norma, seja provando que o fato Y não ocorreu, seja provando que o fato X não ocorreu.

Um claro exemplo de presunção legal relativa está no art. 60 do Decreto-Lei n.. 1.598/77 (art. 464 do RIR), segundo o qual, para fins de incidência do imposto sobre a renda, presume-se que houve distribuição disfarçada de lucros aos sócios quando constatada a ocorrência de determinados negócios entre pessoa jurídica e pessoa a ela ligada, excepcionando, porém, a aplicação da presunção – e eis o elemento que lhe dá, em certa medida, caráter relativo – se houver "... *prova de que o negócio foi realizado no interesse da pessoa jurídica e em condições estritamente comutativas, ou em que a pessoa jurídica contrataria com terceiros*". Como se vê, a lei confere expressamente ao contribuinte a prerrogativa de, mediante a apresentação de contraprova, tornar a regra presuntiva inaplicável, ineficaz no caso concreto, com isso deixando patente o caráter relativo da presunção estabelecida pela norma.

2.4. Presunções simples (*hominis*)

Por fim, a exemplo das presunções legais relativas, as presunções simples (ou judiciais, ou *hominis*) também se referem à matéria probatória, mas sem decorrer de previsão legal. São, basicamente, "... *ilações tiradas do relacionamento entre um fato conhecido, que, em si, é irrelevante na lide, e um fato desconhecido, cuja existência, pelo contrário, é relevante para o deslinde do processo*".[24]

---

24. PAOLA, *op. cit.*, p. 72.

São, portanto, o resultado de um raciocínio cujo ponto de partida é a experiência do aplicador da norma. Na presunção simples, a partir de um indício, isto é, a partir da evidência da ocorrência de determinado fato, que não é aquele sobre que essencialmente se debate na lide, e tendo em conta a observação do que *ordinariamente acontece* (artigo 335 do CPC), chega-se a uma conclusão sobre a probabilidade de ocorrência de outro fato, a que a legislação tributária atribui os efeitos sobre cuja aplicação se discute no processo.

Um dos exemplos de uso de presunção simples, no campo do imposto sobre a renda, é o atinente ao caso em que se afirma a existência de um passivo fictício criado pela pessoa jurídica que (i) ou não contabiliza obrigações por ela já liquidadas (permitindo, assim, omitir a saída de dinheiro, sem redução de seu ativo circulante registrado), ou então (ii) recebe "empréstimos" de seus sócios, como forma de justificar o recebimento do dinheiro que nela deu entrada sem registro (o "caixa dois", na expressão vulgar). A criação de passivo fictício, não há dúvida, é forte indício de omissão de receitas, ainda que não haja norma específica que imponha (ou faculte) a sua observância pelo julgador.[25]

2.5. Conclusão parcial

Atingido, enfim, o objetivo de brevemente elaborar uma tipologia das presunções e ficções tributárias, ilustrada com alguns exemplos destinados a facilitar a sua compreensão, pode-se agora passar ao exame do conteúdo do princípio com que serão cotejadas.

A título de síntese da conclusão parcial, a ser fixada para o enfrentamento do próximo tema, pode-se dizer que as normas

---

25. PAOLA, *op. cit*, p. 261: *"O passivo fictício, quando constatado, é indício de omissão de receitas. Trata-se de presunção simples"*.

veiculadoras de presunção absoluta e ficção jurídica são normas de direito material, enquanto a norma veiculadora de presunção legal relativa é norma de direito processual, norma de julgamento, diferenciando-se das presunções simples apenas em razão de seu caráter cogente, do qual estas últimas são desprovidas.

3. CONSIDERAÇÕES SOBRE O CONTEÚDO DO PRINCÍPIO DA CAPACIDADE CONTRIBUTIVA

Tradicionalmente, analisa-se o princípio da capacidade contributiva, definido em termos mais genéricos como o padrão que permite aferir "... *a possibilidade econômica de contribuir para o erário com o pagamento de tributos*", "... *de tal modo que os participantes do acontecimento contribuam de acordo com o tamanho econômico do evento*", segundo duas perspectivas: a objetiva (ou absoluta) e a subjetiva (ou relativa).[26]

No plano subjetivo, em que mostra uma correlação mais estreita com o princípio da igualdade – do qual é, por excelência, o critério de aplicação no âmbito tributário[27], o princípio pode ser examinado sob dois pontos de vista bastante diferentes, orientados por vetores frontalmente contrários, que, contudo, não se excluem, mas complementam-se. Um toma-o como garantia do contribuinte contra o Fisco; outro o adota como instrumento de proteção dos interesses fazendários, nos quais, em rigor, estão ou devem estar indiretamente representados

---

26. CARVALHO, Paulo de Barros. **Curso de Direito Tributário**. 18ª ed. Saraiva: São Paulo, 2007, p. 173-174.
27. Nesse sentido, diz HUMBERTO ÁVILA que "... *a igualdade, como metanorma que estrutura a aplicação de outras (como postulado, portanto), constitui um dever puramente formal, porque estabelece uma forma que só funciona com a complementação de conteúdos (...), somente adquire significado normativo quando relacionada a critérios normativos materiais, sob pena de ser apenas uma forma despida de qualquer conteúdo jurídico*" – **Sistema constitucional**..., *op. cit.*, p. 371.

os interesses de toda a coletividade.

São essas as três categorias focalizadas neste tópico.

3.1. Capacidade contributiva objetiva (ou absoluta)

Sob o ponto de vista objetivo, o princípio da capacidade contributiva diz respeito, precipuamente, à eleição, pelo legislador, de "... *fatos ou situações que revelam, 'prima facie', da parte de quem os realiza ou neles se encontra, condições objetivas para, pelo menos em tese, suportar a carga econômica desta particular espécie tributária*".[28]

Segundo REGINA HELENA COSTA, ela condiciona "... *a atividade de eleição pelo legislador, dos fatos que ensejarão o nascimento de obrigações tributárias*", desautorizando "... *a escolha de fatos que não sejam reveladores de alguma riqueza*".[29]

Portanto, a ideia, aqui, é a de que, de um fato insuscetível de ser avaliado patrimonialmente não será possível extrair grandezas que representem valor em dinheiro, único meio em que se pode expressar o conteúdo do objeto da prestação que integra a relação jurídica tributária, conforme faz ver o art. 3º do Código Tributário Nacional.

Dando um exemplo caricato de tributo que não respeitava a capacidade contributiva em sentido objetivo, ROQUE CARRAZZA faz referência ao *imposto sobre a barba*, instituído na Rússia Imperial por Pedro, o Grande, com o fim de obrigar os russos a cortarem os pêlos faciais e, assim, ocidentalizar o País na maneira de vestir.[30] Por força da aplicação do princípio

---

28. **Curso de Direito Constitucional Tributário.** 22ª ed. São Paulo: Malheiros, 2006, p. 85.
29. **Princípio da Capacidade Contributiva.** 3ª ed. São Paulo: Malheiros, 2003, p. 28.
30. CARRAZZA, *op. cit.*, p. 92, nota 52.

da capacidade contributiva em seu sentido objetivo, um tributo dessa natureza, caso instituído no Brasil, seria claramente inconstitucional. Mas não é preciso ir a este exemplo extremo para ver a importância do princípio; como se verá adiante, há exemplos práticos, no Direito brasileiro, de inobservância do princípio nessa perspectiva absoluta.

É sob esse ponto de vista, objetivo, que exsurge a relevância precípua[31] dos conceitos de mínimo existencial e da proibição da utilização de tributo com efeito de confisco, postos como limites mínimo e máximo da capacidade contributiva, as marcas além das quais a tributação da riqueza pessoal não pode ir.[32] Esses conceitos impõem ao legislador não usar do tributo com efeito confiscatório e preservar a *fonte produtiva* da riqueza que gera a tributação, mediante a supressão, do âmbito dos fatos tributáveis, daquilo que, objetivamente considerado, seja minimamente necessário à preservação da pessoa e de sua família, ou ao custeio dos gastos indispensáveis ao livre exercício de atividade econômica.[33]

É também sob essa perspectiva que o princípio impõe a observância do princípio da seletividade nos impostos indiretos, a ser obedecido mediante a adoção de alíquotas que variem segundo a essencialidade dos produtos e serviços sobre os quais incidirá a tributação.

---

31. É claro que a observância dos princípios do mínimo existencial e da vedação da utilização de tributo com efeito de confisco se dá também sob um ponto de vista subjetivo. É o que ocorre, por exemplo, quando se logra, judicialmente, o reconhecimento de que determinada despesa deve ser considerada dedutível do imposto de renda, apesar da não esta prevista tal dedutibilidade em lei. Precipuamente, porém, a observância desses princípios – ao permitir, por exemplo, a dedução, por todos os contribuintes, de determinadas despesas da base de cálculo do imposto sobre a renda – faz-se com base em critérios objetivos, aplicáveis a todo e qualquer contribuinte, sem guardar relação com circunstâncias pessoais de cada sujeito passivo.
32. VELLOSO, Andrei Pitten. **Constituição Tributária Interpretada**. São Paulo: Atlas, 2007, p. 41.
33. ÁVILA, Humberto. **Sistema Constitucional...**, *op. cit.*, p. 380.

3.2. Capacidade contributiva subjetiva (ou relativa) e a igualdade

Como aponta PAULO DE BARROS CARVALHO, o princípio da capacidade contributiva em sentido subjetivo, "... *embora revista caracteres próprios...*", está intimamente ligado "*... à realização do princípio da igualdade...*".[34]

Relacionar a capacidade contributiva com a igualdade – ainda que reconhecendo as suas características peculiares, adiante expostas – implica conceber que o primeiro só se pode reputar realizado com o atendimento do segundo, até porque, conforme aponta CELSO RIBEIRO BASTOS, a "*... igualdade é... o mais vasto dos princípios constitucionais, não se vendo recanto onde ela não seja impositiva*".[35] E o princípio da igualdade, a seu turno, realiza-se com a observância de que as equiparações e distinções entre os sujeitos só podem ser estabelecidas em face de um critério autorizado pela Constituição – isto é, uma medida de comparação adequada – e com vistas ao atingimento de um fim constitucional.[36]

Necessário, porém, avançar um pouco mais para analisar o conteúdo específico da capacidade contributiva, princípio em face do qual a legitimidade da instituição de ficções e presunções fiscais será examinada, nas duas perspectivas que tal princípio pode assumir, conforme o interesse protegido sob sua invocação, isto é, conforme o interesse protegido seja o do contribuinte, individualmente considerado, ou o da coletividade, representada pelo Fisco.

---

34. CARVALHO, *op. cit.*, p. 174.
35. A Nova Redação do Princípio da Isonomia. *In:* BASTOS, Celso Ribeiro e MARTINS, Ives Gandra. **Comentários à Constituição do Brasil**, V. 2. São Paulo: Saraiva, 1989, p. 13.
36. VIEIRA, José Roberto. Princípios Constitucionais e Estado de Direito. **Revista de Direito Tributário** n.. 54. São Paulo, Revista dos Tribunais, 1990, p. 97/98.

3.2.1. Capacidade contributiva subjetiva como garantia individual do contribuinte (preceito de justiça individual, particularizada)

No viés subjetivo, pode-se ver o princípio da capacidade contributiva como relacionado à repartição da percussão tributária, no sentido de impor que ela se dê de acordo com a *força econômica* do contribuinte. É nesse sentido que parece apontar, com maior vigor, o art. 145, §1º, da CF, tendo em vista a exigência, nele contida, de que, "quando possível", isto é, sempre que a estrutura da norma de incidência dos impostos permitir, tenham eles caráter pessoal e sejam graduados segundo a *capacidade econômica* do contribuinte.[37]

Sob esse enfoque, a capacidade contributiva aproxima-se mais de uma noção de justiça individual, incorporando uma garantia individual do contribuinte em face do Estado. A igualdade aparece, aqui, segundo um modelo de tratamento isonômico em que "... *o contribuinte é tratado de modo diferente na medida em que ele se diferencia dos demais*".[38]

Os limites à capacidade contributiva, neste prisma, são considerados não como a ele imanentes, mas como externos a ele, decorrendo, assim, do choque com outros princípios do sistema constitucional, num conflito que deverá ser resolvido,

---

37. Apesar da referência à *capacidade econômica*, cujo conceito está ligado à detenção pura e simples de alguma riqueza por parte do contribuinte, o dispositivo constitucional, segundo entendimento amplamente majoritário da doutrina, faz fazendo referência à *capacidade contributiva*, que nada mais é que "... *uma capacidade econômica específica...*", ligada "... *à aptidão para suportar determinada carga tributária*". Por exemplo, quando a tributação atinge o mínimo vital, tributa-se alguém que é dotado de capacidade econômica, mas não de capacidade contributiva. Deve-se distingui-las, ainda, da capacidade financeira, que está ligada à liquidez, isto é, à disponibilidade de meios para liquidar as obrigações tributárias no tempo da exigência. Nesse sentido: CONTI, José Maurício. **Princípios Tributários da Capacidade Contributiva e da Progressividade**. São Paulo: Dialética, 1996, p. 35-36.
38. ÁVILA, Humberto. **Teoria da igualdade...**, *op. cit.* p. 85.

segundo a teoria constitucional dominante, conforme o método da ponderação.[39]

3.2.2. Capacidade contributiva subjetiva como instrumento da proteção dos interesses fazendários (preceito de justiça geral)

Numa outra perspectiva desse sentido subjetivo, a capacidade contributiva aparece como instrumento de proteção dos interesses fazendários (aqui representante dos interesses coletivos), indicando que todos devem ser instados a contribuir, de maneira tão uniforme quanto possível, para a manutenção da coisa pública. Enfatiza-se, aqui, a exigência de um tratamento igualitário, "... *por meio do qual o contribuinte é tratado igual aos outros, mesmo que ele seja diferente*".[40]

Essa segunda perspectiva, ligada a uma noção de justiça geral (em oposição à individual, garantista), foi assumida mais uniformemente apenas depois da primeira, especialmente por influência da doutrina italiana, na figura de FRANCESCO MOSCHETTI, que, a partir da década de 1970, passou a interpretar o princípio em questão, versado no art. 53 da Constituição Italiana, à luz do ideal de solidariedade previsto no art. 2º da mesma Carta.

Para MOSCHETTI, aliás, o caráter solidário do dever de prestação tributária está afirmado implicitamente no próprio art. 53 da Constituição Italiana, na medida em que tal dispositivo não trata de um dever de cada cidadão de pagar tributos, mas sim do dever de todos "concorrerem para os gastos públicos".[41] O conceito de "concurso" (do verbo "concorrer"),

---

39. Trata-se da chamada *teoria externa (Aussentheorie)* das limitações aos direitos fundamentais, como apontado em: MENDES, Gilmar Ferreira; COELHO, Inocêncio Mártires; BRANCO; Paulo Gustavo Gonet. Curso de Direito Constitucional. 2ª ed. São Paulo: Saraiva, 2008, p. 300.
40. ÁVILA, Humberto. **Teoria da igualdade...**, *op. cit.*, p. 85.
41. MOSCHETTI, *op. cit.*, p. 123-124.

segundo ele, implica um *currere cum*, um "participar com outros", um cooperar.

Tal perspectiva, que enfatiza a capacidade contributiva sob o ponto de vista da *justiça geral*, está também presente, e de modo significativo, no Direito brasileiro, o que é evidenciado pelo fato de que, segundo pesquisa empírica relativamente recente, ao classificarem-se os julgados do STF sobre o tema da *capacidade contributiva* de acordo com o interesse protegido na decisão (se o do contribuinte ou o do Erário), verifica-se que, na maioria dos casos, o princípio é invocado para proteger os interesses fazendários. Eis a conclusão de LEONEL CESARINO PESSÔA:

> No trabalho realizado, os setenta acórdãos do STF em que os termos 'capacidade contributiva' aparecem foram classificados de acordo com o interesse protegido.
>
> Estas análise e classificação conduzem a uma conclusão principal: no Brasil, o princípio da capacidade contributiva foi utilizado pelos ministros do STF, em alguns poucos acórdãos, para proteger o interesse do contribuinte e quase sempre para proteger o interesse do fisco.
>
> (...)
>
> Seja para assegurar a tributação diferenciada em algumas situações, como no caso de empresas optantes pelo Simples, seja para garantir que as taxas possam ser cobradas com alíquotas diferenciadas, seja, de maneira geral, para assegurar a tributação nas situações em que exista manifestação de capacidade contributiva, o princípio a capacidade contributiva foi utilizado sempre de modo a que, nas situações em que se revele capacidade contributiva, a tributação não deixe de alcançá-la.[42]

Sob essa perspectiva, os limites à invocação da capacidade contributiva como direito fundamental, ao invés de serem

---

42. PESSÔA, Leonel Cesarino. *O princípio da capacidade contributiva na jurisprudência do Supremo Tribunal Federal*. In Revista Direito GV. São Paulo, jan./jun./2009, n.. 9, p. 103.

externos a ele e decorrentes de ponderação com outros princípios, teriam um caráter mais imanente, estariam no próprio conteúdo do princípio.[43]

3.2.3. Síntese da capacidade contributiva em sentido subjetivo

Arriscando uma síntese conciliatória dos dois pontos de vista, poder-se-ia dizer que o conteúdo da capacidade contributiva está ligado à *"... disponibilidade de meios econômicos para arcar com a tributação e, desse modo, concorrer para o custeio das despesas públicas"*.[44]

O conceito acima transcrito, ao acentuar tanto a necessidade da disponibilidade de meios econômicos (força econômica), de um lado, quanto o dever de concorrer para os gastos públicos, de outro, afina-se com uma interpretação do princípio da capacidade contributiva que o identifica simultaneamente como (i) garantia individual do contribuinte contra o Estado (modelo de justiça individual) e (ii) elemento de proteção do interesse do Fisco, no sentido de que *"... ninguém deveria se furtar a contribuir para as despesas públicas conforme sua capacidade contributiva"*[45] (modelo de justiça geral).

O princípio, então, tem um caráter bifronte, e é até natural que assim seja, especialmente levando em conta o fato de sua inserção num sistema complexo, como é o sistema constitucional de uma democracia pluralista, tal qual a brasileira, construído sobre paradoxos que são, ao mesmo tempo, fonte de suas contradições imanentes, por um lado, mas também de sua vitalidade e abertura, por outro.

Ambas as perspectivas que informam o princípio, portanto, convivem no ordenamento, muito embora apontem em

---

43. Trata-se da chamada teoria "interna" (*Innentheorie*) das restrições aos direitos fundamentais – MENDES *et al*, *op. cit.*, p. 300.
44. VELLOSO, *op. cit.*, p. 36.
45. PESSÔA, *op. cit.*, p. 99.

direções contrárias. Na solução de problemas concretos, porém, não será possível seguir de uma vez só por ambas as direções opostas (sob pena de não se sair do lugar), mas, no máximo, o sentido apontado pelo vetor resultante de seu confronto. Para dizer qual a direção efetivamente apontada é necessário, portanto, identificar qual é a perspectiva predominante, qual é aquela adotada preferencialmente pela Constituição para a aplicação do princípio da capacidade contributiva em sentido subjetivo.

No que concerne ao uso de presunções, especialmente aquelas fundadas em padronizações, a questão passa, portanto, a ser, como bem resumiu HUMBERTO ÁVILA, a de determinar se:

> (...) para atender a igualdade a norma tributária deve considerar todas as particularidades dos contribuintes e das operações por eles praticadas (...) ou basta, para preservar o tratamento isonômico, que a norma tributária trate os contribuintes com base em qualidades geralmente presentes na maioria deles ou nas operações por eles praticadas, considerando o seu caso como pertencente a uma classe de casos, mesmo que ele seja eventualmente diferente, se examinados outros elementos não selecionados pelo legislador.[46]

Segundo ÁVILA, a Constituição brasileira, embora não opte, de maneira draconiana, por um ou outro modelo (de justiça individual ou geral), privilegiou o tratamento particularizado, isto é, enfatizou a perspectiva isonômica, que dá atenção às peculiaridades presentes na situação de cada contribuinte, e não a perspectiva igualitária, que dá relevo à obrigação de todos contribuírem para o custeio dos gastos públicos. Há, de acordo com o autor, três elementos, extraídos diretamente do texto constitucional, que apontam no sentido de ter sido essa a opção constitucional.[47]

---

46. ÁVILA, **Teoria da Igualdade...** op. cit., p. 78.
47. Ibid., p. 85-88.

O primeiro indício está em que o texto constitucional estabeleceu o dever de, nos impostos, respeitar-se o caráter pessoal e a graduação segundo a capacidade econômica de cada contribuinte "sempre que possível" (145, §1º), isto é, sempre que for da índole constitucional do imposto, sempre que sua hipótese de incidência admitir a graduação segundo elementos pessoais.

Como se não bastasse, nesse mesmo dispositivo a Constituição atrelou as faculdades da Administração tributária de identificar "... o patrimônio, os rendimentos e as atividades econômicas do contribuinte" especialmente ao desígnio de "... conferir efetividade a esses objetivos", isto é, de conferir efetividade aos objetivos de que os impostos tenham caráter pessoal e sejam graduados segundo a capacidade econômica "... do contribuinte...", singularmente considerado.

A propósito, como se colhe da expressão *"sempre que possível"*, a única exceção a esse dever de observar o caráter pessoal e a capacidade econômica de cada contribuinte – dever ao qual o Estado deverá buscar *"conferir efetividade"* – está ligado à real *impossibilidade* de sua observância. Não é possível, em outras palavras, opor a esse dever uma mera dificuldade, muito menos a simples conveniência, para a Administração, de sua inobservância. O constituinte, de fato, não opôs a essa garantia qualquer princípio relacionado à praticidade ou comodidade da atuação da Administração fazendária. Eis o primeiro fator que aponta pela primazia do modelo de justiça individual sobre o modelo de justiça geral.

O segundo indício dessa escolha, para ÁVILA, reside na circunstância de o texto prever, a partir da Emenda Constitucional nº 3/93, que, nos casos de substituição tributária, se não ocorrido o fato gerador presumido, deve ser assegurada a imediata e preferencial restituição da quantia paga. Isso evidencia que, mesmo na exceção, a exigência de observância do tratamento particularizado segue atuando como contraponto à validade do uso de presunções.

Por fim, o terceiro indício, a partir do qual se infere a opção do constituinte pelo modelo isonômico (garantista) da capacidade contributiva, é encontrado, segundo ÁVILA, no fato de ele ter atribuído competência tributária aos entes federados por meio de regras que descrevem (ou ao menos apontam para) os aspectos materiais da hipótese de incidência, revelando, com isso, que não é qualquer fato que pode ser objeto de tributação, mas apenas aqueles descritos pela Constituição. Isto é, só a ocorrência concreta desses fatos, e não a presunção de sua possível ocorrência, é que pode fazer nascer a obrigação tributária.

Em suma, para ÁVILA, o caráter geral das normas que estabelecem presunções – já que fundadas em juízos *a priori* que levam em conta aquilo que *normalmente ocorre* – decorre da impossibilidade de se observarem considerações particulares a cada caso. Se é assim, torna-se insofismável a conclusão, tomada *a contrario sensu*, de que "... *é precisamente quando essa impossibilidade da consideração de circunstâncias individuais se transforma em possibilidade que se* [pode *questionar*] *a manutenção da diretriz geral frente ao caso concreto*".[48]

ÁVILA, nesse *iter*, defende que o contribuinte deve ser tratado diferentemente, na medida em que se distinga dos demais, mas reconhece que isso poderá deixar de ser feito se:

> (...) por ser impossível ou extremamente onerosa a fiscalização de tributos, as particularidades dos contribuintes e dos casos não puderem ser verificadas, porque sua consideração causaria – pela falta de previsão, controle, coordenação, modicidade e conhecimento – mais generalização do que individualização.[49]

Contudo, complementa o modelo particularista de justiça não é jamais abandonado; deve permanecer sempre como:

---

48. Ibid., p. 80.
49. Ibid., p. 88.

(...) contraponto para a generalização, na medida em que os padrões legais utilizados, além de deverem ser compatíveis com a maioria dos fatos efetivamente praticados, devem possuir cláusulas de retorno ao modelo particularista, desde que a decisão individualizada não prejudique nem o alcance da finalidade substancial do padrão, nem a segurança jurídica que suporta a sua utilização, em virtude da pouca probabilidade de reaparecimento frequente de situação similar por dificuldade de ocorrência ou de comprovação.[50]

Esse é o resultado do confronto entre as duas perspectivas que orientam a aplicação da igualdade segundo a capacidade contributiva. O caso, agora, é de aplicar essas conclusões ao exame dos critérios de validade das presunções e ficções, na tipologia antes construída.

4. PRESUNÇÕES, FICÇÕES E A CAPACIDADE CONTRIBUTIVA

Pode-se, agora, finalmente, passar ao cotejo entre o princípio da capacidade contributiva e as diversas "espécies" de ficções e presunções tributárias examinadas acima.

4.1. Ficções e presunções absolutas jurídico-tributárias

Como visto, as ficções e presunções absolutas em matéria tributária são normas de direito material (e não processual), que se reportam à estrutura de outra norma jurídica, de modo a prever a mesma consequência nela prescrita para fato diverso do nela descrito, ou de modo a prescrever consequência diversa para o mesmo fato nela descrito.

Assumida essa premissa, torna-se impossível concordar com a conclusão de MOSCHETTI, tomada justamente a partir

---

50. Ibid., p. 85.

do entendimento de que tais normas teriam natureza probatória, no sentido de que "... *las presunciones fiscales absolutas, aunque sean abstractamente lógicas y racionales, **son siempre inconstitucionales***" (sem o destaque, no original), por não garantirem "... *que la contribución de todos se mida en razón a su capacidad efectiva*"[51], dado o fato de não admitirem prova em contrário.

Isso porque, como tais normas têm natureza material, sua validade ou invalidade não pode ter qualquer relação com a possibilidade ou não de prova da inocorrência do fato "presumido" (isto é, aquele que é objeto da equiparação). Pensar a questão em termos probatórios é, simplesmente, equivocado. O que se deve analisar, muito diversamente, é se o atrelamento de efeitos jurídico-tributários a hipótese diversa daquela a que corresponde o fato *presumido* ou *equiparado*, ou a prescrição de relação jurídica diversa a partir do mesmo fato jurídico-tributário, viola ou não o princípio da capacidade contributiva.

Fixada essa premissa, é claro que, quando implicarem a ampliação do rol de hipóteses descritoras de fatos desencadeadores da obrigação de pagar determinado tributo, a validade das normas ficcionais ou presuntivas dependerá, em primeiro lugar, de a pessoa política que as institui ser competente para expedir normas tributárias alusivas a tais fatos.

Nesse sentido, por violar a regra de competência, pode-se dizer, por exemplo, que, considerado o texto da Constituição vigente à época de sua edição, é absolutamente inconstitucional o art. 3º, §1º, da lei nº. 9.718/98, no ponto em que ficcionalmente equiparou *receita bruta* a *faturamento*, para fins de incidência da COFINS e da contribuição ao PIS, já que a regra constitucional então em vigor apenas autorizava a instituição de tais tributos sobre o *faturamento* da pessoa jurídica ou sujeito a ela equiparado (art. 195, inciso I).

---

51. MOSCHETTI, *op. cit*, p. 325.

Mas o objetivo deste estudo não é analisar a questão da validade das presunções e ficções levando em conta a integralidade da regra de competência, mas tão-somente um dos elementos que se conjugam para determinar seu conteúdo, qual seja, o princípio da capacidade contributiva, em sentido objetivo e em sentido subjetivo.

Como visto, sob o ponto de vista da capacidade contributiva em sentido **objetivo** (ou absoluto), o que importa é indagar se o fato posto como base da presunção absoluta ou da ficção "... é, em si, um índice capaz de expressar riqueza tributável".[52]

Analisados exclusivamente sob esse aspecto (objetivo), poder-se-ia dizer que os dois exemplos de presunção absoluta e ficção citados acima (tributação irretratável pelo lucro presumido e equiparação dos conceitos de faturamento a receita) não violam o princípio em questão. Afinal, tanto num caso como no outro, o fato ensejador da relação jurídica tributária é o auferimento de receita pelo sujeito passível, índice certamente capaz de, sob um ponto de vista estritamente objetivo, expressar a existência de riqueza tributável.

O mesmo não se poderia dizer, contudo, de uma norma que, por exemplo, estabelecesse a presunção absoluta de que qualquer valor que transitasse pela contabilidade da pessoa jurídica, mesmo que pertencente a terceiros, deveria ser considerado como integrante da sua receita bruta e refletir-se, assim, na composição da base de cálculo. Uma norma que estabelecesse presunção nesse sentido, sem dar ao contribuinte a possibilidade de demonstrar que tais valores pertenciam, na verdade, a terceiros, estaria criando uma nova hipótese de incidência, descritora de fato que, em si, não revela a existência de riqueza tributável pertencente ao sujeito passível. Não há dúvida de que disposições desse jaez seriam inconstitucionais por violarem a capacidade contributiva já na sua dimensão objetiva.[53]

---

52. PAOLA, *op. cit.*, p. 155.
53. O exemplo não é totalmente desconectado da realidade, já que, alguns

A seu turno, na análise que focaliza o ponto de vista da capacidade contributiva **relativa (ou subjetiva)**, relacionada à consideração ou não de fatores particulares de cada contribuinte em oposição ao padrão de normalidade vislumbrado pelo legislador, há que se distinguir entre dois aspectos: a) primeiro, aquele mais intimamente ligado à concepção de justiça geral (ou da capacidade contributiva relativa como instrumento ligado à satisfação dos interesses fazendários), que diz respeito à observação, ou não, pelo legislador, daquilo que *normalmente ocorre*, como pressuposto para a edição da norma que estabelece a presunção; b) segundo, aquele mais ligado à concepção de justiça individual (ou da capacidade contributiva relativa como instrumento de garantia do contribuinte contra o Estado), que diz respeito à possibilidade concreta de examinar circunstâncias pessoais do contribuinte, de modo a afastá-lo do padrão de normalidade vislumbrado pelo legislador, para que a tributação sobre ele incidente se dê da maneira mais afinada possível com sua capacidade *pessoal*.

É óbvio, em primeiro lugar, que a análise dessa vinculação do padrão de normalidade com a realidade efetiva só faz sentido quando se trata do exame da validade das presunções absolutas, não tendo sentido no que concerne às ficções. Afinal,

---

casos, a Fazenda pretende que o art. 1º, §1º, da Lei n.. 10.833/03, ao estabelecer que a incidência da COFINS não-cumulativa pode dar-se inclusive nas operações "em conta alheia", daria azo a que a base de cálculo do tributo abrangesse inclusive a receita de terceiros. Na verdade, porém, como diz SOLON SEHN, o dispositivo em questão, "... *ao estabelecer que a Cofins incide sobre a receita bruta da venda de bens e serviços nas operações em conta alheia, refere-se ao incremento patrimonial decorrente da comissão ou outra modalidade de remuneração recebida pela intermediação do negócio. Em momento algum autorizou a incidência sobre a receita de terceiros, inclusive porque, se assim fosse, o dispositivo seria inconstitucional. Afinal, a receita de terceiros, no momento em que ingressa no caixa da pessoa jurídica intermediária, representa um simples movimento de fundo, sem qualquer repercussão patrimonial*" – **Cofins incidente sobre a receita bruta**. São Paulo: Quartier Latin, 2006, p. 186.

a ficção é criada desde logo sem qualquer atrelamento à realidade, sem liame com o que *normalmente ocorre*, sendo esse precisamente o seu traço distintivo. Portanto, embora sujeita a outros limites, como todos os referentes à extensão da regra de competência, inclusive os decorrentes diretamente do princípio da igualdade (aplicado sob outra medida de comparação), o conteúdo específico da capacidade contributiva só limita a instituição de ficções sob o ponto de vista objetivo.

No que toca à instituição de presunções absolutas, a vinculação do padrão de normalidade pressuposto pela norma com a realidade, referido à observância da capacidade contributiva subjetiva como preceito de justiça geral, "... *diz respeito à necessidade de um suporte empírico considerável que permita comprovar a correspondência do padrão*"[54] àquilo que efetivamente ocorre na maioria dos casos.

O tratamento padronizado instituído pela norma de presunção, uma vez que leva em conta a suposição daquilo que *normalmente ocorre*, só pode ser considerado válido se:

> Provocar efeitos desiguais de diminuta extensão (quando a desigualdade não é nem contínua nem considerável entre os contribuintes), alcance (quando a desigualdade não atinge um número expressivo de contribuinte) e intensidade (quando a desigualdade não é direta, mas secundária relativamente aos direitos fundamentais de igualdade e de liberdade).[55]

Assim, se não for possível divisar minimamente essa vinculação entre o fato-base e o fato-presumido, o princípio da capacidade contributiva subjetiva restará violado, porque a norma instituidora da presunção absoluta estará atrelando a determinado fato os mesmos efeitos atribuídos a outro fato,

---

54. ÁVILA, **Teoria da Igualdade...** *op. cit.*, p. 89.
55. Ibid., p. 105.

sem que haja, entre eles, uma relação de causalidade que pudesse justificar o tratamento igualitário dado aos que praticam um e outro.

Já a exigência de vinculação posterior do padrão à realidade, ligada à concepção da capacidade contributiva subjetiva como preceito de justiça individual, particularizada, será satisfeita, nas presunções fiscais absolutas, apenas quando elas forem instituídas precisamente em razão de ser absolutamente *impossível* qualquer tratamento particularizado.

Afinal, como dito anteriormente, ao dizer que a capacidade contributiva e o caráter pessoal dos impostos devem ser levados em conta *"sempre que possível"*, a Constituição estabeleceu, como única exceção ao tratamento particularizado, a hipótese de ser ele impossível, do ponto de vista prático.

Isso pode ocorrer, por exemplo, na adoção, por lei, de pautas de valores fiscais para fins de base de cálculo dos impostos sobre o patrimônio (IPTU e IPVA, em especial). Em determinadas circunstâncias, será até possível excepcionar a regra para considerar alguma peculiaridade dos bens dos contribuintes que a própria lei especificar (e, nessa medida, a presunção será relativa). Se, porém, a consideração de todas as peculiaridades e detalhes dos bens de cada contribuinte se tornasse regra, seria necessário apurar caso a caso o valor dos bens, o que não só tornaria a atividade da Administração tributária desarrazoada, para não dizer impossível, mas, pior que isso, geraria mais generalização do que individualização.

Imagine-se, por exemplo, o grau de desarrazoabilidade que acarretaria para a Administração exigir-se dela que autorizasse cada contribuinte a pedir redução no valor do IPTU em conformidade com o estado de conservação do imóvel. Ora, não há dúvida de que um imóvel em mau estado de conservação vale menos do que um imóvel com as mesmas características, mas bem conservado. Tal fato não impede, porém, que, para fins de incidência do IPTU, a legislação faça presumir, sem autorizar prova em contrário, que todos os imóveis estão razoavelmente conservados (e que, portanto, quer o imóvel esteja bem, quer esteja mal conservado – quer Y, quer X –, *deve ser* a mesma consequência). Afinal, admitir demonstração em contrário, neste caso, seria criar para a Administração um custo burocrático e financeiro, oriundo da carga de dever fiscalizatório, que, muito provavelmente, superaria até mesmo o decorrente da arrecadação do tributo.

Portanto, em certa medida, isto é, excepcionada a consideração de determinadas peculiaridades que a própria lei indicar, parece válida a adoção de plantas e pautas fiscais como regras presuntivas de caráter absoluto, ao menos no que tange à sua utilização como ponto de partida para a avaliação dos bens cuja titularidade pelo sujeito passivo dará azo à incidência de norma jurídico-tributária, avaliação essa a ser matizada, mediante prova a cargo do contribuinte, à vista de certos fatos que a lei reputar relevantes para reduzir a base de cálculo do tributo (como aqueles ligados ao acesso do imóvel a serviços públicos de água, luz e esgoto, por exemplo).[56]

Se é assim, o mesmo raciocínio leva a concluir pela inconstitucionalidade, decorrente da violação ao princípio da capacidade contributiva em sentido subjetivo, da norma que estabelece a irretratabilidade da opção pelo regime do lucro presumido.

---

56. Para os que admitem a existência de tal categoria, poder-se-ia dizer que este seria um exemplo de presunção legal "mista", considerada como aquela que não admite qualquer prova em contrário, mas apenas a prova quanto a fatos determinados. É o que defende, por exemplo, PONTES DE MIRANDA, ao caracterizá-las como aquelas que *"aludem, por definição, às provas que se admitem"*. **Tratado de direito privado**. 4ª ed. São Paulo: Revista dos Tribunais, 1983, t. III, p. 450. A classificação não parece procedente, porém, na medida em que, se a presunção será relativa quanto aos fatos que puderem ser excepcionados, e absoluta quanto àqueles que não puderem ser excepcionados pela prova em contrário, nada há que impeça ver duas regras de "presunção" (uma de direito material e uma de direito processual) articuladas.

Afinal, nesse caso, diferentemente do que ocorre no caso das plantas e pautas fiscais, do ponto de vista prático, nada impediria que o contribuinte que houvesse feito a opção pelo regime do lucro presumido, ao verificar que, na verdade, não teve qualquer lucro ao cabo do período de apuração, ou que o lucro foi menor do que aquele que resultaria da aplicação do percentual de presunção de lucro previsto pela lei sobre a sua receita bruta, apresentasse esses dados à Fazenda por ocasião da apresentação da declaração de ajuste anual, inclusive reivindicando a restituição dos valores de imposto que houvesse antecipado, se o resultado final, pelo regime do lucro real, apontasse a ocorrência de prejuízo (ou de lucro em dimensão inferior ao pressuposto no recolhimento antecipado).

Nem se poderia dizer que admitir a possibilidade de mudança do regime de tributação do lucro dificultaria demasiadamente a atuação da Administração fazendária. Afinal, se o contribuinte pode livremente optar pela adoção do regime do lucro presumido, antes do início do ano-calendário, e se não há nada que o obrigue a optar por essa forma de tributação, então é lógica a conclusão de que a Fazenda **tem de estar sempre preparada** para processar quantas declarações houver de contribuintes no regime do lucro real. Por isso, qualquer argumento que apele à praticidade da Administração tributária, neste caso, não pode prevalecer, na medida em que o uso de presunção absoluta pressupõe verdadeira *impossibilidade* de análise das situações particulares.

4.2. Presunções legais relativas

A seu turno, o estabelecimento de presunções legais relativas – estas sim relacionadas a matéria probatória – não ofende, em princípio, a capacidade contributiva objetiva. Os limites para o estabelecimento de presunções desse jaez são, normalmente, de outra ordem, dizendo respeito, mais diretamente, à investigação de se existe mesmo uma relação de probabilidade entre o fato-base e o fato-presumido que autorize o legislador a conceder que o intérprete, na presença do primeiro, afirme, em caráter provisório, a existência do segundo. Essa análise, ao que parece, não está relacionada com a existência ou não de capacidade contributiva em sentido objetivo, mas sim com a razoabilidade ou falta de razoabilidade da lei.

Por outro lado, tendo em vista que, por meio de presunção *iuris tantum*, o que o intérprete aplica é a própria norma cujo suposto é o fato-presumido, e não outra norma que tenha por antecedente o fato-base, não há a exigência de que o fato-base seja, em si, revelador de aptidão para contribuir. Basta para respeitar o princípio nessa perspectiva objetiva, que o fato-presumido, descrito na hipótese de incidência, seja, por si, signo-presuntivo de riqueza.

No exemplo de presunção legal relativa citado acima (distribuição disfarçada de lucros), o fato-presumido (a distribuição de parcela do lucro da pessoa jurídica ao sócio), sem dúvida manifesta riqueza e, pois, o estabelecimento da presunção não viola o princípio. Saber, por outro lado, se há ou não relação de probabilidade entre o fato-base e o fato-presumido é questão mais complexa, e estranha ao âmbito de aplicação do princípio em questão, razão pela qual não nos aventuramos a examiná-la neste artigo.

Já do ponto de vista subjetivo, a adequação da presunção legal relativa ao princípio da capacidade contributiva dependerá da observância de alguns pressupostos, que decorrem do fato de o modelo de igualdade particular ter sido adotado pela Constituição com preferência em relação àquele da igualdade geral.

O primeiro desses pressupostos, segundo HUMBERTO ÁVILA, é a *necessidade* de constituir o padrão.[57] Não se deve

---
57. **Teoria da igualdade...**, *op. cit.*, p. 95.

exigir, nas presunções relativas, a impossibilidade de consideração de circunstâncias particulares do contribuinte, como nas presunções absolutas, mas pelo menos uma *grande dificuldade* de levá-las em conta.

O segundo é a *generalidade*, que diz com a escolha de um padrão legal adequado para a maior parte dos contribuintes inseridos em determinada situação, ainda que não exato para todos. Em outras palavras, para que seja válida a presunção relativa, a base empírica considerada pelo legislador ao construí-la deve ser a dos casos típicos, e não a dos atípicos. É necessário que a norma estabelecedora de presunção se refira, efetivamente, *àquilo que ordinariamente acontece*.

O terceiro é a possibilidade – que, aliás, encerra a própria característica da presunção relativa – de o contribuinte, nos limites do razoável, demonstrar a discrepância entre o fato real e o presumido. Exatamente por isso é que os critérios que puderem razoavelmente ser considerados na lei para efeito de adequar o padrão legal à realidade, ou afastar a aplicação da regra de presunção, deverão ser obrigatoriamente considerados pelo legislador.

Nesse sentido, também não parece violar o princípio da capacidade contributiva em sentido subjetivo o estabelecimento da presunção relativa contida no art. 464 do RIR.

Salvo melhor juízo, defensável apenas com comprovação empírica, as hipóteses de negócios com pessoas ligadas descritas nos incisos do *caput* são, sim, fortes indícios de distribuição disfarçada de lucros; a construção da presunção é necessária, na medida em que a atuação das pessoas ligadas é feita, nesses casos, em conluio, de modo a dificultar ao extremo qualquer prova direta do fato; ademais, resta sempre ao contribuinte a possibilidade de comprovar que "o negócio foi realizado no interesse da pessoa jurídica e em condições estritamente comutativas, ou em que a pessoa jurídica contrataria com terceiros" (art. 464, §3º, do RIR). Ao que nos parece, portanto, o princípio foi respeitado nesse caso.

4.3. Presunções simples

As mesmas considerações feitas acima valem para as presunções simples, na medida em que têm a mesma natureza probatória das presunções legais *juris tantum*. No entanto, à diferença destas, o recurso às presunções simples, precisamente pela falta de autorização legal específica, deve ser absolutamente subsidiário, delas valendo-se o juiz ou o administrador apenas quando puderem justificar razoavelmente "... *o porquê do abandono da prova direta*".[58]

É claro, ademais, que, além de demonstrar a razoabilidade do uso da presunção, deve-se dar ampla possibilidade de o contribuinte demonstrar a inexistência do fato presumido, bem como a de destruir a própria presunção, mediante a demonstração de que ela "... *não se funda em indícios seguros de existência ou montante da riqueza tributável*".[59]

O exemplo citado, da tomada do passivo fictício como indício de omissão de receitas, parece enquadrar-se nos critérios de necessidade, generalidade e admissão de prova em contrário que permitem a adoção de presunção *hominis*, sendo, em razão disso, a nosso sentir, perfeitamente válido.

5. CONCLUSÃO

Como se observou, contrariando a afirmação corrente na doutrina, as presunções absolutas e as ficções jurídico-tributárias, diferentemente das presunções relativas e simples, não são institutos de direito processual (probatório), mas de direito material. Nelas não se infere de um fato conhecido a existência de outro, mas, muito diversamente, alarga-se algum dos critérios da regra-matriz de incidência, ampliando ou o espectro dos

---

58. PAOLA, *op. cit.*, p. 158.
59. Ibid., p. 157.

fatos por ela alcançada (antecedente), ou o espectro das relações jurídicas desencadeadas a partir da incidência (consequente). Isso impede que se possa pensar a questão de sua validade ou invalidade, à luz do princípio da capacidade contributiva, sob um ponto de vista que enfatize a impossibilidade de produção de prova em contrário. No que a elas diz respeito, a compatibilidade com a capacidade contributiva não deve ser pensada em termos probatórios, como ocorre no caso das presunções relativas e *hominis*.

O princípio da capacidade contributiva pode ser visto, primeiro, sob um ângulo objetivo; nesse sentido, é atendido mediante a eleição, pelo legislador, de fatos signo-presuntivos de riqueza sobre os quais recairão os encargos tributários.

Sob um ângulo subjetivo, enfatiza-se a existência de capacidade individual concreta para contribuir, servindo o princípio, simultaneamente, como garantia do contribuinte (no sentido de que ninguém será tributado além de sua capacidade) e como instrumento de satisfação dos interesses fazendários (no sentido de que todos os que puderem contribuir para os gastos públicos deverão ser instados a fazê-lo). As duas concepções estão presentes no sistema constitucional tributário brasileiro, mas a primeira predomina sobre a segunda, conforme conclusão que se extrai a partir de elementos do próprio texto constitucional, devendo, por isso, ser atendida em caráter preferencial.

Do cotejo feito entre as categorias examinadas sob o rótulo "presunções e ficções" e o princípio da capacidade contributiva nos sentidos referidos, conclui-se que:

a) Para respeitar o princípio da capacidade contributiva objetiva, é necessário que as normas que prescrevem ficções e presunções absolutas descrevam fatos que sejam, em si mesmos, índices capazes de expressar riqueza tributável. Não basta que o fato descrito na norma a cujo regime jurídico remetem (isto é, a norma que descreve o fato equiparado) seja signo-presuntivo de riqueza;

b) O estabelecimento de presunções legais relativas, ou de presunções simples, em princípio, não ofende o princípio da capacidade contributiva em sentido objetivo. Tendo em vista que, por meio de presunção *iuris tantum*, o que o intérprete aplica é a própria norma cujo suposto é o fato-presumido, e não outra norma que tenha por antecedente o fato-base, não há a exigência de que o fato-base, em si, seja revelador de aptidão para contribuir. Basta que o fato-presumido seja, por si, signo-presuntivo de riqueza;

c) O respeito à capacidade contributiva subjetiva está relacionado, na instituição de presunções absolutas, de um lado, com a observação, pelo legislador, daquilo que *normalmente ocorre* e, de outro lado, com a impossibilidade de consideração de fatores particulares dos contribuintes;

d) Como as ficções são desde logo criadas sem qualquer atrelamento à realidade, sem ligação com o que *normalmente ocorre*, embora estando a sua instituição sujeita a outros limites, como os referentes à extensão da regra de competência, e inclusive com aqueles relacionados com o princípio da igualdade, o conteúdo específico do princípio da capacidade contributiva só limita a instituição de ficções sob o ponto de vista objetivo;

e) A adequação das presunções legais relativas e simples à capacidade contributiva em sentido subjetivo dependerá da observância de alguns pressupostos de constituição e manutenção do padrão: a) necessidade, revelada pela *grande dificuldade* (não se exigindo a impossibilidade) de consideração das situações particulares do contribuinte; b) *generalidade*, consistente na escolha de um padrão legal adequado para a *maior parte* dos contribuintes inseridos em determinada situação (uso de base empírica dos casos típicos, e não dos atípicos); c) possibilidade de o contribuinte, nos limites do razoável, demonstrar a discrepância entre o fato real e o presumido, ou a inconsistência da presunção estabelecida.

REFERÊNCIAS BIBLIOGRÁFICAS

ÁVILA, Humberto. **Teoria da igualdade tributária**. Malheiros: São Paulo, 2008.

_____. **Sistema constitucional tributário**. 4ª ed. São Paulo: Saraiva, 2010.

BASTOS, Celso Ribeiro. A Nova Redação do Princípio da Isonomia. *In:* BASTOS, Celso Ribeiro e MARTINS FILHO, Ives Gandra. **Comentários à Constituição do Brasil**, V. 2. São Paulo: Saraiva, 1989.

BECKER, Alfredo Augusto. **Teoria Geral do Direito Tributário**. 2ª ed. São Paulo: Saraiva, 1972.

CARRAZZA, Roque Antonio. **Curso de Direito Constitucional Tributário**. 22ª ed. São Paulo: Malheiros, 2006.

CARVALHO, Paulo de Barros. **Curso de Direito Tributário**. 18ª ed. Saraiva: São Paulo, 2007.

CONTI, José Maurício. **Princípios Tributários da Capacidade Contributiva e da Progressividade**. São Paulo: Dialética, 1996.

COSTA, Regina Helena. **Princípio da Capacidade Contributiva**. 3ª ed. São Paulo: Malheiros, 2003.

FERRAGUT, Maria Rita. **Presunções no Direito Tributário**. São Paulo: Dialética, 2001.

HARET, Florence. **Teoria e Prática das Presunções no Direito Tributário**. São Paulo: Noeses, 2010.

MARTINEZ, Ernesto Eseverri. **Presunciones legales y derecho tributario**. Instituto de Estudios Fiscales – Marcial Pons: Madri, 1995.

MENDES, Gilmar Ferreira; COELHO, Inocêncio Mártires; BRANCO; Paulo Gustavo Gonet. **Curso de Direito Constitucional**. 2ª ed. São Paulo: Saraiva, 2008.

MOSCHETTI, Francesco. **El princípio de capacidad contributiva**. Instituto de Estudios Fiscales: Madri, 1980.

PAOLA, Leonardo Sperb de. **Presunções e ficções no direito tributário**. Belo Horizonte: Del Rey, 1997.

PÈREZ DE AYALA, José Luis. *Prologo. In*: VALDES, José Andres Rozas. **Presunciones y figuras afines en el impuesto sobre sucesiones**. Instituto de Estudios Fiscales – Marcial Pons: Madrid, 1993.

PESSÔA, Leonel Cesarino. *O princípio da capacidade contributiva na jurisprudência do Supremo Tribunal Federal. In* **Revista Direito GV**. São Paulo, jan./jun./2009, n. 9.

PISANI, José Roberto; GALHARDO, Luciana Rosanova. *Preços de Transferência – Presunções Tributárias – Acordos Internacionais – Valorização Aduaneira. In* **Revista Dialética de Direito Tributário** n. 21. Dialética: São Paulo, jun./1997.

PONTES DE MIRANDA, Francisco Cavalcanti. **Tratado de direito privado**. 4ª ed. São Paulo: Revista dos Tribunais, 1983, t. 3.

SEHN, Solon. **Cofins incidente sobre a receita bruta**. São Paulo: Quartier Latin, 2006.

VELLOSO, Andrei Pitten. **Constituição Tributária Interpretada**. São Paulo: Atlas, 2007.

VIEIRA, José Roberto. *Princípios Constitucionais e Estado de Direito*. **Revista de Direito Tributário**. São Paulo, Revista dos Tribunais, n. 54, 1990.

Capítulo VI
TRIBUTAÇÃO INTERNACIONAL

O CENTRO INTERNACIONAL DE NEGÓCIOS DE CABO VERDE COMO INSTRUMENTO DE DESENVOLVIMENTO ECONÓMICO E SOCIAL

Clotilde Celorico Palma[1]

Resumo: No presente artigo a autora resume, de forma crítica as principais características e benefícios fiscais do novo regime do Centro Internacional de Negócios de Cabo Verde.

1. A CRIAÇÃO DE CENTROS INTERNACIONAIS DE NEGÓCIOS NO CONTEXTO INTERNACIONAL

1.1. A UE e a OCDE

A competitividade fiscal tem uma dupla faceta. Se, por um lado, dentro de determinados limites, é desejável, funcionando como um factor dinamizador das economias, por outro

---

[1]. Doutora em Ciências Jurídico Económicas, especialista em Direito Fiscal, na Faculdade de Direito da Universidade de Lisboa.

lado pode assumir, voluntária ou involuntariamente, uma natureza verdadeiramente predadora, interferindo com o princípio da neutralidade conduzindo a uma erosão de receitas.

Com a crise económica voltou a lançar-se com vigor o repto da necessidade efectiva de uma troca de informações e de sanções contra a opacidade dos regimes a nível mundial. A preocupação centraliza-se fundamentalmente nas actividades móveis, nos "paraísos fiscais" e nos centros financeiros internacionais insuficientemente regulados que se recusam aceitar os princípios de transparência e de intercâmbio de informações.

Houve um relançamento dos trabalhos do Grupo comunitário do Código de Conduta da Fiscalidade das Empresas e do Fórum da OCDE para as Práticas da Concorrência Fiscal Prejudicial.[2]

A autora agradece muito a colaboração que o Dr Carlos Rocha, da Cabo Verde Investimentos, e a Dra Maria da Luz de Pina Gomes, da Direcção Geral das Contribuições e Impostos, lhe prestaram na confirmação de dados e obtenção de documentação, assumindo todos os lapsos que eventualmente tenha cometido.

2. Sobre esta matéria e o Código de Conduta da Fiscalidade das Empresas veja-se, entre nós, António Carlos dos Santos, *L'Union européenne et la régulation de la concurrence fiscale*, tese de doutoramento publicada pela Bruylant, 2009, "A posição portuguesa face à regulação comunitária da concorrência fiscal", Conferência sobre Fiscalidade Internacional, Universidade Nova, Lisboa, 12 e 13 de Março de 2002, publicada no livro *Planeamento e concorrência fiscal internacional*, Fisco 2002, "Point J of the Code of Conduct or the Primacy of Politics over Administration", *European Taxation*, vol. 40, n. 9, 2000, António Carlos dos Santos e Clotilde Celorico Palma, "A regulação internacional da concorrência fiscal nefasta", *Ciência e Técnica Fiscal* n. 395, Julho-Setembro de 99, Clotilde Celorico Palma, "A OCDE, a concorrência fiscal prejudicial e os paraísos fiscais: Novas formas de discriminação fiscal?", *Ciência e Técnica Fiscal* n. 403, Julho-Setembro de 2001, *"O combate à concorrência fiscal prejudicial – Algumas reflexões sobre o Código de Conduta comunitário da Fiscalidade das Empresas"*, Fiscália, Setembro de 99, n. 21, "A concorrência fiscal sob vigilância: Código de Conduta comunitário da Fiscalidade das Empresas versus Relatório da OCDE sobre as Práticas da Concorrência Fiscal Prejudicial", *Revisores & Empresas*, Jan/Mar/99, "A OCDE, a concorrência fiscal prejudicial e os paraísos fiscais:

O G20 empenha-se cada vez mais nesta temática e assistimos à assinatura de diversos acordos de troca de informações baseados no modelo OCDE de 2002 e à renegociação de antigas convenções para evitar a dupla tributação com acolhimento da nova redacção conferida ao artigo 26º da Convenção modelo da OCDE.[3]

As palavras de ordem passaram a ser três: a transparência, o intercâmbio de informações e a concorrência leal em matéria fiscal, sendo a troca de informações o aspecto crucial. Não há transparência nem concorrência leal sem troca de informações.

Na União Europeia, cada vez mais se tem falado e tentado implementar normas mínimas de boa governação em matéria fiscal, pretendendo influenciar a respectiva adopção por países terceiros. Tais regras são compreendidas nessa óptica

---

Novas formas de discriminação fiscal?", *Revista TOC* n. 16, Julho de 2001, "A OCDE e o combate às Práticas da Concorrência Fiscal Prejudicial: ponto de situação e perspectivas de evolução", *Fiscalidade* n. 16, Outubro de 2003, "Código de Conduta da Fiscalidade das Empresas – O desafio dos novos Estados membros", in *15 anos da Reforma Fiscal de 1988/89*, Jornadas de homenagem ao Professor Pitta e Cunha, Almedina, Novembro 2005, "O controlo da concorrência fiscal prejudicial na União Europeia: dois pesos duas medidas?", *Boletim informativo da Sociedade de Desenvolvimento da Madeira*, n. 11, Outubro/Novembro 2005, "O controlo da concorrência fiscal prejudicial na União Europeia – ponto de situação dos trabalhos do Grupo do Código de Conduta", *livro de homenagem ao Professor Xavier de Basto*, Coimbra Editora, Abril de 2006, e Freitas Pereira, "Concorrência Fiscal Prejudicial – O Código de Conduta da União Europeia", *Ciência e Técnica Fiscal* n. 390, Abril-Junho 98.

3. Sobre o papel da crise económica e acção do G20, veja-se Amaral Tomaz, "A reunião do G20 de 2 de Abril de 2009 e o futuro dos paraísos fiscais", *Revista de Finanças Públicas e de Direito Fiscal*, Ano II, n. 2, Julho de 2009. Como conclui, a p. 41, *"Em resumo, não é pacífico antecipar o que vamos ter pela frente no domínio da utilização dos paraísos fiscais para evitar o pagamento dos impostos devidos. Parece no entanto de concluir que, após o G20, nada será como de antes. A 'crise' que tem 'costas largas' poderá também contribuir, pela positiva, para que não se repitam os erros do passado e para alterar o paradigma que serve de modelo aos paraísos fiscais: a opacidade e o sigilo bancário".*

tripartida, implicando a transparência, a troca de informações e uma concorrência leal em matéria fiscal.

Para além dos trabalhos relativos ao Código de Conduta da Fiscalidade das Empresas[4] e do grupo constituído para o efeito, destaca-se, ultimamente, a Comunicação da Comissão *A aplicação de medidas anti-abuso na área da tributação directa – na UE e em relação a países terceiros*, de 10 de Dezembro de 2007.[5]

A 28 de Abril de 2009, a Comissão apresentou uma Comunicação para promover a boa governança em questões fiscais[6], que pretende lançar uma reflexão sobre uma série de medidas para promover a boa governança na área fiscal e implica acções a desenvolver quer ao nível interno da UE, quer externo, bem como ao nível de cada Estado membro, requerendo-se um maior grau de coordenação na UE.

Um outra preocupação recente a assinalar que ficou acordada no plano de trabalhos aprovado no Ecofin de 2 de Dezembro de 2008, é a da extensão das regras do Código de Conduta da Fiscalidade das Empresas a países terceiros.

Em 27 de Junho de 2012, a Comissão apresentou uma Comunicação[7] onde explicita como é possível melhorar o

---

4. Publicado no JOC 272 de 6.1.98, como Anexo 1 às conclusões do Conselho Ecofin. O Relatório final do Grupo "Código de Conduta " para o Ecofin de 29 de Novembro de 1999 (SN 4901/99, de 23 de Novembro), no fundo o mais relevante relatório produzido por este grupo, foi publicado entre nós nos Cadernos de Ciência e Técnica Fiscal n. 185, Lisboa, 2000.
5. COM/2007/0785 final.
6.COM (2009) 201 final. Sobre esta Comunicação veja-se Clotilde Celorico Palma, "O Código de Conduta da fiscalidade das empresas e a boa governança fiscal – O futuro do Grupo de trabalho", *Revista de Finanças Públicas e Direito Fiscal*, n. 3, Ano III, Outono 2010.
7. COM (2012) 351 final, de 27.6.2012, *Comunicação da Comissão ao Parlamento Europeu e ao Conselho sobre os meios concretos para reforçar a luta contra a fraude fiscal e a evasão fiscal, incluindo em relação a países terceiros*.

cumprimento das obrigações fiscais e reduzir a fraude e a evasão fiscais, mercê de uma melhor utilização dos instrumentos vigentes e da adopção das propostas da Comissão ainda pendentes, identificando os sectores em que a coordenação ou medidas legislativas suplementares poderiam beneficiar a UE e os Estados membros, exortando a uma abordagem global e coordenada ao combate à fraude e à evasão fiscais.

É neste contexto que, em 6 de Dezembro de 2012, foi apresentada a Comunicação da Comissão ao Parlamento Europeu e ao Conselho *Um plano de ação para reforçar a luta contra a fraude e a evasão fiscais*[8] e as Recomendações em anexo – *Recomendação relativa às medidas destinadas a incentivar os países terceiros a aplicar normas mínimas de boa governação em questões fiscais* e *Recomendação sobre o planeamento fiscal agressivo*.

Na primeira Recomendação a Comissão aconselha a adopção de um conjunto de critérios para identificar os países terceiros que não cumprem as normas mínimas de boa governação em questões fiscais e de uma "caixa de ferramentas" de medidas destinadas aos países terceiros consoante estes cumpram, ou não, essas normas, ou se comprometam a cumpri-las.[9] Essas medidas contemplam a possibilidade de criar uma lista negra das jurisdições não cumpridoras e a renegociação, suspensão ou celebração de convenções em matéria de dupla tributação.

A preocupação da Comissão consiste, essencialmente, no facto de práticas de planeamento fiscal agressivo passarem a ser controladas e/ou combatidas de uma forma coordenada pelos Estados membros de forma a evitar situações de dupla não tributação.[10]

---

8. COM (2012) 722.
9. Bruxelas, 6.12.2012, C (2012) 8805 final.
10. Em 2012, a Comissão lançou uma consulta pública sobre a dupla não tributação no mercado interno.

Quanto à OCDE, a 9 de Abril de 1998, foi aprovado na OCDE o Relatório sobre as práticas da concorrência fiscal prejudicial[11], um compromisso político como o Código de Conduta da Fiscalidade das Empresas aprovado em 1998 na UE.[12]

Pretendendo disciplinar as práticas da concorrência fiscal prejudicial ao nível dos designados paraísos fiscais e dos regimes fiscais preferenciais dos países membros, prevê os seus factores de identificação e um conjunto de princípios directores e dezanove recomendações que deverão ser acolhidas pelos países membros e, se possível, alargadas a países não membros. Entre as referidas recomendações destacam-se as Recomendações n. 4, relativa às trocas de informações com outros países, a n. 7, relativa ao acesso às informações bancárias pela Administração Fiscal, que indica que os países membros deverão rever a sua legislação e as práticas administrativas aplicadas relativamente ao acesso à informação bancária pela Administração Fiscal e a n. 8, relativa à intensificação e maior eficiência da troca de informações entre os diversos países.

Os países membros comprometem-se a não adoptar novas medidas que estejam abrangidas pelo respectivo âmbito de aplicação ou a não reforçar e a rever as já existentes, bem como a remover as práticas prejudiciais ou os regimes preferenciais já existentes (denominada regra dos três R: refrear, rever e remover as práticas prejudiciais).

Sendo o escopo fundamental do Relatório combater os efeitos perniciosos das práticas concorrenciais nocivas,

---

11. *Harmful Tax Competition: An Emerging Global Issue*, Paris, France, OCDE, 28 de Abril de 1998. Essencialmente por motivos relacionados com as práticas de acesso às informações bancárias, a Suíça e o Luxemburgo abstiveram-se da sua aprovação.
12. Embora se trate "simplesmente" de um compromisso de natureza política, juridicamente os países membros comprometem-se a adoptar uma série de medidas de "conformação" dos respectivos regimes fiscais, que obrigam, necessariamente, à assunção de obrigações jurídicas.

pretende-se, por ora, abranger as actividades financeiras e outras actividades de prestação de serviços com maior mobilidade.[13] Para o efeito, distingue-se no Relatório entre paraísos fiscais e regimes fiscais preferenciais.[14]

Os critérios identificadores dos paraísos fiscais são, basicamente, quatro, sendo muito semelhantes aos dos regimes fiscais preferenciais: 1) Tributação nula ou mínima dos rendimentos; 2) Falta de uma troca efectiva de informações, quer legislativamente quer através de práticas administrativas[15]; 3) Falta de transparência relativamente às disposições legais ou administrativas; 4) Ausência de actividades económicas substanciais.

Como o Relatório salienta, a importância de cada um dos factores chave deverá ser aferida casuisticamente.

Os principais factores identificativos dos regimes fiscais preferenciais dos países membros são de difícil destrinça dos factores identificativos dos paraísos fiscais, persistindo uma zona cinzenta de difícil delimitação: 1) Taxas de tributação efectivas nulas ou mínimas[16]; 2) Regimes *ring fencing*, i.e, parcial ou totalmente isolados dos mercados domésticos do país em causa[17]; 3) Falta de transparência ao nível da concepção do

---

13. Reconhece-se que o conceito de práticas fiscais prejudiciais é aberto, susceptível de ser alargado.

14. É bastante curioso que, em última instância, a distinção entre paraísos fiscais e regimes fiscais preferenciais consista no fato de as práticas prejudiciais dos países membros nunca chegarem, na prática, a merecer a qualificação de paraísos fiscais.

15. Veja-se sobre a questão da transparência a referida Recomendação da Comissão de 6 de Dezembro de 2012 C (2012) 8805 final, sobre as medidas para incentivar os países terceiros a adoptarem os *standards* mínimos em matéria de boa governança fiscal.

16. Este factor é visto como um ponto de partida necessário para determinar se um regime fiscal é ou não nocivo, devendo, contudo, ser conjugado com a verificação de um ou alguns dos outros factores chave previstos.

17. O *ring fencing* pode assumir diversas formas, por ex., implícita ou explicitamente, o regime excluir os residentes dos benefícios ou proibir as empresas

regime e da respectiva aplicação prática; 4) Falta de uma troca efectiva de informações relativamente aos contribuintes que beneficiam do regime.[18]

Quanto aos paraísos fiscais, o Relatório prevê a elaboração de uma lista para o efeito, bem como a existência de contra medidas firmes e adequadas.[19]

Ao longo dos trabalhos, os paraísos fiscais foram distinguidos em cooperantes e não cooperantes. É cooperante o paraíso fiscal que, inicialmente qualificado enquanto tal, faz uma declaração de compromisso a alto nível (*commitment letter*), no sentido de acolher os princípios do Relatório de 1998, adaptando, em conformidade, a sua legislação e as práticas administrativas internas (basicamente se comprometer-se a trocar informações). Estas obrigações são verificadas periodicamente, podendo a jurisdição voltar a ser qualificada como não cooperante.

---

beneficiárias de operar no mercado nacional.
18. Quanto aos regimes fiscais preferenciais, o Relatório indica ainda outros factores a considerar para a sua qualificação como tal, como, por ex., a definição artificial da base tributável, o não acolhimento dos princípios internacionais de fixação dos preços de transferência, concretamente, das Directrizes da OCDE, a isenção do pagamento de imposto no país de residência relativamente aos rendimentos estrangeiros, a existência de níveis de taxas ou de bases tributáveis negociáveis, a existência de regras sobre confidencialidade, o facto de a medida fiscal ser o motivo principal para a decisão do exercício da actividade, o rácio entre as actividades desenvolvidas e o volume do investimento e do rendimento obtido e a falta de uma rede ampla de convenções para evitar a dupla tributação.
19. As listas dos paraísos fiscais constam dos Relatórios de progresso dos trabalhos do Fórum da OCDE para as Práticas da Concorrência Fiscal Prejudicial, disponíveis no site da OCDE "*Towards Global Tax Co-Operation – Report to the 2000 Ministerial Council meeting and Recommendations by the Committee on Fiscal Affairs – Progress in identifying and eliminating harmful tax practices*", OECD, 16 de Junho de 2000, "*The OECD's project on harmful tax practices: the 2001 progress report*" 14 de Novembro de 2001 e "*The 2001 progress report: The OECD's project on harmful tax practices*", 22 de Março de 2004.

Se o paraíso fiscal é qualificado como não cooperante, figura na lista dos paraísos fiscais não cooperantes, sendo-lhe aplicadas sanções pelos países da OCDE *("defensive measures")*, nomeadamente, não concessão de deduções, isenções, créditos fiscais e outros benefícios às operações efectuadas com a jurisdição, aplicação de uma retenção na fonte relativamente a determinados pagamentos a favor de sujeitos passivos nelas residentes, aplicação de determinadas taxas e outros encargos (*"transational charges or levies"*) às operações efectuadas com a jurisdição, reforço da troca de informações e cooperação relativamente às operações efectuadas com a jurisdição, e não conclusão de convenções para evitar a dupla tributação com a jurisdição.

Se inicialmente da primeira lista de 2000 da OCDE constavam 35 países e territórios, entre eles as Ilhas Virgens Americanas, foram sucessivamente diminuindo (a lista de 2002 tinha só sete, a de 2003 cinco e a de 2007 três) e desde 2009 que não consta qualquer país, tendo sido substituída pela lista do G20 elaborada em colaboração com a OCDE.

A lista do G20 comporta três níveis: as jurisdições que implementaram substancialmente os *standards* internacionais de troca de informações (lista branca – caso tenham celebrado pelo menos 12 ADTs com países da OCDE), as que se comprometeram com estes *standards* mas que ainda não os implementaram substancialmente (lista cinzenta) e as que não se comprometeram com os *standards* (lista negra). Da lista negra não consta qualquer país que pertence ao Fórum Global de Transparência Fiscal da OCDE.[20]

Os *standards* internacionais de troca de informações reportavam-se inicialmente ao disposto no artigo 26º da Convenção

---

20. Este Fórum funciona desde 2000 com países membros da OCDE e não membros – mais de cem jurisdições, mais os EM da UE e 9 organizações internacionais como observadores. O seu mandato consiste em assegurar que todas as jurisdições aderem aos mesmos *standards* de cooperação internacional em matéria tributária.

Modelo da OCDE e à celebração de um acordo nos moldes do Acordo Modelo de 2002 da OCDE para a Troca de Informações Fiscais.[21] Foram adoptados em 2004 pelo G20 na sua reunião de Berlim, e pelo *UN Committee of Experts on International Cooperation in Tax Matters* em Outubro de 2008.[22]

Para levar a cabo os trabalhos previstos no Relatório, foi constituído o Fórum para as práticas da concorrência fiscal prejudicial, composto por representantes de todos os países membros da OCDE.

Ao nível das prioridades, decidiu-se começar os trabalhos pela elaboração de uma lista de paraísos fiscais.

Com a posse da Administração Busch em Maio de 2001, a posição dos EUA alterou-se substancialmente passando a não estar de acordo com a aplicação do critério do *ring fencing* para efeitos de classificação como paraíso fiscal, devendo relevar-se o factor da troca das informações. Introduziu-se, assim, um desequilíbrio neste exercício que favorece a qualificação como paraíso fiscal.

Em suma, se o trabalho levado a cabo pela OCDE no que se reporta à concorrência fiscal prejudicial, por um lado, pretendeu recensear, com vista ao seu desmantelamento, os regimes fiscais preferenciais dos seus países membros, com base em critérios similares (embora com um âmbito de aplicação mais limitado) aos previstos pelo Código de Conduta da Fiscalidade

---

21. O modelo de troca de informações da OCDE prevê a troca de informação a pedido para efeitos fiscais sem impedimentos de sigilo bancário.

22. Sobre os modelos de troca de informações consultar www.oecd.org/tax/transparency e EOI portal: www.eoi-tax.org. Neste contexto veja-se, nomeadamente, os documentos *Tax Co-operation 2010: Towards a Level Playing Field – Assessment by the Global Forum on Transparency and Exchange of Information, Global Forum's annual report, Tax Transparency 2011: Report on Progress* http://www.oecd.org/dataoecd/52/35/48981620.pdf e *The Global Forum on Transparency and Exchange of Information for tax purposes, Information Brief*, 5 March 2012.

das Empresas da UE, por outro, alargou o seu trabalho a países não membros, incluindo alguns "paraísos fiscais", tendo-se obtido o compromisso político de várias destas jurisdições quanto a uma cooperação leal com os países membros no tocante à transparência e ao intercâmbio de informações em questões fiscais. Diversas jurisdições, nomeadamente a Suíça, a Áustria, a Bélgica, o Luxemburgo, Hong-Kong, Macau, Singapura, Chile, Andorra, Liechtenstein e o Mónaco, comprometeram-se também a cumprir as referidas normas. Estes compromissos referem-se essencialmente ao respeito das normas internacionais da OCDE, que requerem o intercâmbio de informações a pedido, em todos as questões fiscais relacionadas com a administração e com a aplicação da legislação fiscal nacional, independentemente de requisitos de interesse nacional ou de sigilo bancário para fins fiscais na jurisdição em causa.

Em 2013 foram adoptadas pela OCDE relevantes directrizes em matéria de concorrência fiscal que constam essencialmente do Relatório sobre a "BEPS" (*Base Erosion and Profit Shifting*).[23]

A 25 de Junho de 2013 foi aprovado o Plano de Acção relativo a este Relatório, baseado em 3 conceitos: coerência, substância e transparência, tendo sido apresentado ao G20 a 19 e 20 de Julho de 2013 e aprovado pelo G20 em 5 e 6 de Setembro de 2013.

As tarefas resultantes da aplicação e implementação dos princípios constantes do Relatório BEPS foram distribuídas

---

23. Os documentos mais recentes da OCDE sobre planejamento fiscal agressivo são: *Addressing Task Risks Involving Bank Losses* (2010), *Corporate Loss Utilisation through Aggressive Tax Planning* (2011), *Tackling Aggressive Tax Planning throught Improved Transparency and Disclosure* (2011), *Hybrid Mismatch Arrangements: Tax Policy and Compliance Issues* (Março de 2012), *Addressing Base Erosion and Profit Shifting*, (2013), *Aggressive Tax Planning based on after-tax hedging*, (2013), *Electronic sales suppression: A threat to tax revenues*, (2013).

por grupos já existentes, como o referido Fórum da OCDE para as práticas da concorrência fiscal prejudicial, tendo sido igualmente transformados e constituídos novos grupos especialmente para o efeito.

O Secretário-geral da OECD Angel Gurría apresentou ao G20 em 5 de Setembro de 2013, uma série de propostas para combater a evasão fiscal.[24] Estas propostas prevêem a troca automática de informações para efeitos fiscais como o novo *standard* internacional para a cooperação em matéria fiscal[25] e estabelecem o *Action Plan on Base Erosion and Profit Shifting (BEPS)*, apresentado ao G20 em Moscovo em Julho de 2013.[26]

Este Plano de Acção prevê quinze acções para combater a BEPS e o respectivo prazo de implementação, devendo estar executadas entre dezoito a vinte e quatro meses. Entre elas desatacam-se:

ACTION 4 – Limit Base Erosion via Interest Deductions and Other Financial Payments – Vem reconhecer-se o papel do

---

24. *Report to the G20 leaders: Base Erosion and Profit Shifting (BEPS) and automatic exchange of information.*
25. Em conformidade com o Plano acção BEPS, "*Automatic exchange of information involves the systematic and periodic transmission of certain "bulk" taxpayer information by the source country to the residence country. Implementing this standard requires (i) clearly defining the content of the information exchange, (ii) developing model due diligence and reporting rules, and a technical platform, to efficiently operate automatic exchange of information, and (iii) using a network of bilateral and multilateral instruments as the legal platform to exchange the information automatically.*
Under the standard, jurisdictions obtain from reporting financial institutions and automatically exchange with exchange partners, as appropriate, on an annual basis financial information with respect to all reportable accounts, identified by financial institutions on the basis of common reporting and due diligence rules."
26. O relatório está disponível em www.oecd.org/g20/topics/taxation/SG-report-G20-Leaders-StPetersburg.pdf. Informação sobre os trabalhos da OCDE na área da tributação está disponível em: www.oecd.org/tax e sobre os trabalhos da OCDE para o G20 em www.oecd.org/g20.

trabalho do Fórum para as práticas da concorrência fiscal prejudicial (*Forum on Harmful Tax Practices/FHTP*), salientando que deverá concentrar-se na transparência e na substância dos regimes fiscais preferenciais, o que tem vindo a ser feito.

ACTION 5 – Counter Harmful Tax Practices More Effectively, Taking into Account Transparency and Substance – Coloca-se especial ênfase nas negociações do Fórum para as práticas da concorrência fiscal prejudicial com países não membros, prática que tem vindo a ser adoptada.

1.2. A OMC

As limitações extra comunitárias à actuação dos países decorrem fundamentalmente da Organização para a Cooperação e o Desenvolvimento Económico (OCDE) e da Organização Mundial do Comércio (OMC).[27]

Os acordos internacionais relativos à liberalização do comércio têm procurado evitar as distorções que os sistemas fiscais dos países possam provocar nos circuitos "espontâneos" das mercadorias.

O GATT (Acordo Geral sobre as Tarifas e o Comércio) já proibia qualquer forma de subsídio ou subvenção às exportações que tivessem como resultado baixar o preço de venda à exportação do produto, relativamente ao preço comparável pedido aos compradores do mercado interno para um produto similar.

---

27. Como é sabido, a Organização Mundial do Comércio é uma organização que substituiu o GATT, tendo sido criada em 1994 com o Tratado de Marraquexe, que entrou em vigor em 1995. Esta organização obriga os países membros a terem uma ordem interna conforme com os compromissos comuns multilaterais expressos nos diversos Tratados que a compõem, tendo um órgão interestadual para dirimir conflitos que tem poderes de decisão e poderes de auto-interpretação dos próprios Tratados. Sobre a OMC veja-se, nomeadamente, Pedro Infante Mota, *A função jurisdicional no sistema GATT/OMC*, Colecção Teses, Almedina, 2013.

Na área fiscal a intervenção da OMC relaciona-se, essencialmente, com as subvenções. Há um Código das subvenções e dos direitos compensatórios que se aplica quer às subvenções positivas, quer às negativas, e, como tal, a incentivos ou benefícios de natureza fiscal. Em causa estão receitas que são exigíveis pelo Estado, mas que, por qualquer razão, não foram por este exigidas ou cobradas, sendo, neste sentido, equivalentes, pelos seus efeitos, a subvenções financeiras.

No contexto da OMC, qualificam-se como subvenções as contribuições financeiras dos poderes públicos ou de organizações públicas, que determinam uma transferência de fundos ou a renúncia a fundos que deixam de ser recebidos (como é o caso dos impostos), que implica a existência de uma vantagem quantificável concedida a um beneficiário, bem como o carácter específico ou selectivo da subvenção (direccionada especificamente a certas produções ou a certas empresas). Neste contexto, todos os apoios podem ser objecto de vigilância e de regulação, sendo prestada especial atenção aos apoios às exportações ou ao sector exportador. Constata-se, assim, uma certa afinidade com o regime comunitário dos auxílios de Estado e facilmente se retira a ilação de que a competitividade não pode, contrariamente ao defendido por alguns, alicerçar-se com base em subsídios à exportação, sejam eles de natureza financeira ou fiscal.

A OMC distingue três tipos de subvenções: as que são proibidas, que integram a *red box*, aquelas que, em princípio, são permitidas, ou seja, as que integram a *green box*, e aquelas que são susceptíveis de contestação mas que, eventualmente, poderão ser permitidas e que integram a *yellow box*. As subvenções que são absolutamente proibidas são as subvenções às exportações e as medidas que privilegiem os produtos internos em relação os produtos provindos de concorrência externa. Quando existam medidas deste género o órgão que trata dos diferendos pode autorizar os Estados que se sintam lesados com elas, a reagir através da adopção de contra-medidas, v.g., direitos compensatórios ou, eventualmente, medidas da mesma natureza.

Ultimamente têm sido proferidas diversas decisões que interferem com a área fiscal, nomeadamente decisões relativas a subvenções às exportações, a direitos de importação, a taxas ou impostos sobre bebidas, a impostos sobre a produção de filmes estrangeiros num determinado país, etc.[28]

2. FUNDAMENTOS DA CRIAÇÃO DO CINCV

À semelhança do que se verificou com o Centro Internacional de Negócios da Madeira (CINM) ou Zona Franca da Madeira[29], o Centro Internacional de Negócios de Cabo Verde (CINCV), foi

---

28. Sobre as limitações em sede de tributação directa decorrentes da OMC, *vide* Ricardo da Palma Borges e Pedro Infante Mota, "*National Report Portugal*", *in* AAVV, *WTO and Direct Taxation*, Linde Verlag, Vienna, 2005, organizado por Michael Lang, Judith Herdin e Ines Hofbauer, pp. 563 a 610.

29. Este regime começou como uma zona franca clássica, delimitado ao aspecto industrial, pelo que ficou conhecido por regime da Zona Franca da Madeira, tendo posteriormente, de forma gradual, sido autorizado o exercício de actividades de natureza financeira, serviços industriais e actividade de transporte marítimo, pelo que acabou por se consubstanciar num verdadeiro Centro Internacional de Negócios. No tocante à evolução do regime do CINM veja-se Francisco Costa, "Critérios e objectivos da revisão do regime fiscal da Zona Franca da Madeira", *Fisco* n. 58, 1993, *Conferência O Novo Regime Fiscal da Zona Franca da Madeira*, Junho de 1993, co-organização da Fisco e da Sociedade de Desenvolvimento da Madeira, e Alberto Xavier, *Direito Tributário Internacional, op. cit.*, pp. 563 a 600. Sobre este regime *vide*, da autora, «O regime do Centro Internacional de Negócios da Madeira – Um instrumento de competitividade fiscal?», *Jornal de Contabilidade, APOTEC*, n. 351, Junho 2006. «Características fundamentais do novo regime fiscal do Centro Internacional de Negócios da Madeira», *Revista TOC* n. 42, Setembro de 2003, «O novo regime fiscal do Centro Internacional de Negócios da Madeira – Enquadramento e características fundamentais», *Fisco* n. 107/108, Março de 2003, ano XIV, e Ricardo Borges, Fernando Brás e Patrick Dewerbe, «The Madeira Free Zone and its standpoint within the European Union», *Fiscalidade* n. 16, Outubro de 2003.

expressamente criado, através do Decreto – Legislativo n. 1/2011, de 31 de Janeiro, como um instrumento de desenvolvimento económico e social de um pais que se debate com sérios problemas neste contexto.

Tal como se enfatiza no preâmbulo do aludido diploma legal, *"O posicionamento geoestratégico de Cabo Verde, o desenvolvimento económico e o quadro de internacionalização que se objectiva crescente para a economia cabo-verdiana, sugerem a implementação de um Centro Internacional de Negócios, contribuindo para o surgimento de novas actividades industriais, comerciais e de prestação de serviços, como elementos catalisadores do comércio internacional, em Cabo Verde."*

Note-se que vigorava em Cabo Verde uma legislação relativa às denominadas empresas francas – a Lei n. 99/V/93, de 31 de Dezembro, que consagrava, essencialmente, benefícios fiscais à exportação. Ora, com a adesão de Cabo Verde à Organização Mundial do Comércio em 2008 havia que alterar tal legislação, que veio a ser revogada tendo, em sequência, sido aprovado o regime do CINCV e a Lei da Internacionalização, através do Decreto-Legislativo n. 2/2011, de 21 de Fevereiro, que regula a concessão de incentivos de natureza fiscal e financeira, condicionados e temporários, a projectos de investimento com vista à internacionalização das empresas cabo-verdianas.

O CINCV surge-nos, assim, no contexto da necessidade de adaptar a legislação cabo-verdiana aos compromissos internacionais assumidos por Cabo Verde, nomeadamente com a Organização Mundial de Comércio.

Estamos, pois, perante um instrumento de desenvolvimento económico e social de um pequeno país sem produção nacional relevante, com forte dependência do exterior, concebido através da concessão de benefícios fiscais, de forma a captar investimento estrangeiro que, sem a concepção de tais benefícios, dificilmente, ou mesmo nunca, viria para este país. Importa compreender *a priori* esta realidade para percebermos melhor o alcance deste tipo de regimes. Não se trata de regimes que visam desfalcar as receitas tributárias do Estado – as empresas licenciadas não viriam para Cabo Verde se não existisse este regime –, mas sim de instrumentos de desenvolvimento económico e social de grande relevância para pequenas economias como é o caso de Cabo Verde. Por outro lado, importa igualmente esclarecer que a existência de regimes fiscais privilegiados, como é o caso, é uma realidade aceite pelas instâncias internacionais que se ocupam destas matérias, como é o caso da UE e da OCDE. Tal facto é absolutamente claro, nomeadamente, no exercício que tem vindo a ser levado a efeito pelo Fórum da OCDE para as Práticas da Concorrência Fiscal Prejudicial da OCDE.

A concorrência fiscal é desejável desde que exercida de forma transparente e dentro de certos limites. Assim, como vimos, a OCDE tem-se preocupado, essencialmente, com o facto de os regimes de países terceiros cumprirem os critérios da transparência, procedendo, nomeadamente à troca de informações, sendo cooperantes com os princípios da OCDE vigentes nesta matéria.

Note-se, neste contexto, que nunca a OCDE teve a pretensão de exigir para estes efeitos que os regimes de países terceiros obedecessem a critérios como o da criação de emprego ou da limitação dos benefícios a conceder, aspectos relativos à substância económica dos regimes com os quais se preocupa a UE relativamente aos regimes dos seus Estados membros (por vezes mesmo de forma algo incompreensível).

Causará então perplexidade que regimes de países terceiros em situação de carência de atracção de investimentos, como é o caso do CINCV, exijam tais requisitos, quando é certo que nenhum regime concorrente o exige…

Assim começamos e assim iremos concluir.

3. CARACTERIZAÇÃO E FUNCIONAMENTO DO CINCV

O CINCV consiste num conjunto de áreas geograficamente delimitadas, no qual operadores económicos devidamente licenciados podem desenvolver actividades económicas, sendo-lhes atribuídos benefícios fiscais, prevendo-se ainda a aplicação de regimes aduaneiros especiais.

De acordo com o regime do CINCV é permitido o exercício de três tipos de actividades – de natureza industrial, comercial ou de prestação de serviços, destinadas ao comércio internacional, desde que permitidas pela legislação de Cabo Verde. Os benefícios fiscais não são aplicáveis a entidades que operam nas áreas do Turismo, Banca e Seguros, Imobiliário e Construção Civil, conforme os códigos de actividade económica (CAE), constantes do Anexo ao DL.

De notar desde logo que não estão previstas actividades financeiras dado existir em Cabo Verde legislação que atribui incentivos fiscais a este sector, a saber, actualmente, o artigo 28º do Código dos Benefícios Fiscais (CBF), aprovado pela Lei n. 26/VIII/2013, de 21 de Janeiro.

Os operadores económicos que operem no âmbito do CINCV podem, assim, exercer actividades industriais no Centro Internacional Industrial "CII", actividades comerciais no Centro Internacional de Comércio "CIC" e actividades de prestação de serviços no Centro Internacional de Prestação de Serviços "CIPS".

A administração e exploração do CINCV cabia originalmente à Zona Franca Comercial S.A., (FIC), tendo posteriormente, através do Decreto – Lei n. 38/2013, de 2 de Outubro, sido determinado que o Governo pode adjudicar, em regime de concessão de serviços público, precedido de concurso público a promover pelo departamento governamental através da Cabo Verde Investimentos, Agência Cabo-verdiana da

Promoção de Investimentos e Exportação (CI), por ajuste directo, a instalação, gestão, exploração e promoção do CINCV, a uma entidade privada nacional ou estrangeira, na qual o Estado de Cabo Verde venha a participar ou a se associar.

A atribuição de licenças a operadores económicos para operarem no âmbito do CINCV incumbe à CI, precedendo de parecer favorável da Concessionária.

As licenças de instalação e funcionamento das actividades industriais, comerciais e de prestação de serviços integradas no âmbito do CINCV têm a natureza de autorização administrativa para a prática dos actos a que se referem, são inerentes às entidades que operam naquele âmbito, e não podem ser objecto autónomo de negócios jurídicos.

De notar que a tramitação de quaisquer procedimentos e comunicações previstos no Decreto-Legislativo n. 1/2001 é realizada por via electrónica através da CI.

O prazo mínimo para a instalação e funcionamento das actividades pelas entidades que pretendam operar com instalações físicas nas áreas geograficamente delimitadas do CIC e do CII é, respectivamente, de três e cinco anos. Este prazo pode ser prorrogado por períodos mínimos de dois anos, a pedido dos interessados, efectuado com uma antecedência mínima de seis meses em relação ao termo do prazo inicial ou de cada uma das prorrogações.

Os operadores económicos licenciados para operar no âmbito do CINCV pagam à Concessionária, como contrapartida da instalação, da utilização dos imóveis e da execução das operações, uma taxa de instalação e uma taxa anual de funcionamento.

O CII é um conjunto de áreas geograficamente delimitadas, denominadas Zonas Francas Industriais "ZFI", às quais se aplica o regime das zonas francas estatuído no Decreto-Legislativo n. 4/2010, de 3 de Junho, que aprovou o Código Aduaneiro.

A identificação e a definição dos limites geográficos das ZFI são determinadas pelo Governo. As áreas das ZFI são fisicamente isoladas e vedadas, fazendo-se todo o movimento de entrada e de saída por um acesso devidamente fiscalizado, nas condições que vierem a ser aprovadas pela Direcção Geral das Alfandegas.

Por sua vez, o CIC é um conjunto de áreas geograficamente delimitadas, denominadas Zonas Francas Comerciais "ZFC", às quais se aplicam as regras previstas para as ZFI com as devidas adaptações.

As ZFC podem coincidir territorialmente com as ZFI.

A área territorial do CIPS corresponde ao território da República de Cabo Verde.

Todas as questões emergentes das licenças concedidas, à excepção de matéria de natureza fiscal, são resolvidas por tribunal arbitral composto por três membros, um nomeado pela Concessionária, outro pelo operador económico interessado e o terceiro por acordo entre as duas partes ou, na falta de acordo, nos termos da legislação cabo-verdiana em vigor.

4. BENEFÍCIOS FISCAIS DO CINCV

Relativamente aos benefícios atribuídos no CINCV, importa traçar uma linha de separação entre os benefícios originalmente concebidos e aqueles que vieram a ser acolhidos mais tarde através da Lei n. 26/VIII/2013, de 21 de Janeiro, que aprova o Código dos Benefícios Fiscais, legislação que veio revogar os artigos 42º a 48º do Decreto – Legislativo n. 1/2011, de 31 de Janeiro, relativos aos benefícios fiscais.

Com efeito, inexplicavelmente, os benefícios fiscais originalmente atribuídos no âmbito do CINCV foram restringidos e condicionados a requisitos de criação de emprego (trabalho dependente), requisitos estes, ao que se sabe, só acolhidos (de forma genérica – quer trabalho dependente quer independente, note-se) por imposição da Comissão Europeia no caso da Zona Especial Canária e do Centro Internacional de Negócios da Madeira e que a experiência demonstra que nem sequer neste contexto funcionaram adequadamente.[30]

Com efeito, de acordo com a versão original de 2011, previa-se como principal benefício fiscal a concessão, aos três sectores de actividade, de uma redução da taxa de Imposto único sobre os Rendimentos (IUR) nos seguintes termos:

a) Noventa por cento nos anos de 2011 a 2018; e

b) Oitenta e cinco por cento nos anos de 2019 a 2025.

Por sua vez, na versão original estavam previstos benefícios fiscais aos sócios, determinando-se que as entidades que participassem no capital social de sociedades licenciadas e em funcionamento no CINCV gozavam de isenção de IUR relativamente aos lucros colocados à sua disposição por essas sociedades, e que tivessem sido tributados conforme supra e aos juros e outras formas de remuneração de suprimentos ou adiantamentos de capital por si feitos à sociedade, ou devidos pelo facto de não levantarem os lucros ou remunerações colocados à sua disposição. Actualmente, os benefícios aos sócios em sede do IUR estão previstos, nomeadamente, no n. 4 do artigo 2º do artigo 13º da Lei n. 127/IV/95, de 26 de Junho, na sua versão resultante das alterações constantes da Lei n. 597IV/2005, de 18 de Abril, que prevê a não sujeição dos rendimentos de capitais que consistam na distribuição de lucros sob qualquer forma. Afigura-se-nos, contudo, que o benefício é mais restritivo não se compreendendo qual o motivo subjacente. Determinava-se ainda (de forma tautológica, entendemos) que era aplicável o Regulamento do IVA aos operadores

---

30. O CINM gerava mais emprego antes de tal exigência...

económicos estabelecidos no CINCV, beneficiando das isenções aí constantes nas condições estabelecidas.

Por outro lado, previa-se (de forma igualmente tautológica), que era igualmente aplicável, aos operadores económicos estabelecidos no CINCV, a legislação de IVA que não fosse contrária ao presente diploma, nomeadamente o prazo especial de reembolso de IVA a trinta dias, previsto no artigo 28º do Decreto-Lei n. 65/2003, de 30 de Dezembro.

E actualmente o que temos? Com a publicação do Código dos Benefícios Fiscais e antes de o CINCV ser implementado, estes benefícios foram integralmente substituídos por outros mais restritivos e inadaptados à realidade de Cabo Verde e aos propósitos subjacentes à criação deste regime.

No que respeita aos benefícios fiscais em sede de IUR, o artigo 19º do CBF vem, estranhamente, condicionar a respectiva concessão à criação de postos de trabalho, exigindo expressamente que se tratem de trabalhadores dependentes (imposição esta, como anotámos que nem sequer existe como tal nos dois regimes conhecidos que preveem como requisito a criação de emprego, uma vez que o que se exige é *tout court* a criação de "postos de trabalho"). Neste contexto, determina-se o seguinte:

> 1. Às entidades licenciadas no Centro Internacional de Negócios de Cabo Verde (CIN) é aplicável benefício fiscal sob a forma de taxas reduzidas de IUR relativamente aos rendimentos derivados do exercício das actividades de natureza industrial ou comercial, e suas actividades acessórias ou complementares, bem como de prestação de serviços.
>
> 2. O benefício fiscal previsto no número anterior é aplicável aos rendimentos resultantes de actividades mantidas exclusivamente com outras entidades instaladas e em funcionamento no CIN ou com entidades não residentes e sem estabelecimento estável em Cabo Verde.

3. O benefício fiscal previsto no número 1 vigora até 2025, dependendo da criação de um mínimo de cinco (5) postos de trabalho no Centro Internacional de Indústria (CII) e Centro Internacional de Comércio (CIC), e traduz-se na aplicação das seguintes taxas escalonadas de IUR:

a) 5% para entidades com cinco (5) ou mais trabalhadores dependentes;

b) 3,5% para entidades com vinte (20) ou mais trabalhadores dependentes;

c) 2,5%, para entidades com cinquenta (50) ou mais trabalhadores dependentes.

4. No Centro Internacional de Prestação de Serviços, o mínimo de postos de trabalho exigido é de dois (2), sendo a taxa de IUR de 2,5%.

Por outro lado, determina-se ainda que, sem prejuízo da aplicação do artigo 18º, os aludidos benefícios só podem ser reconhecidos a entidades com contabilidade organizada, em conformidade com o sistema de normalização contabilística e de relato financeiro vigente em Cabo Verde, os quais baseiam-se nas normas internacionais de contabilidade; não sendo cumuláveis com quaisquer outros benefícios em sede de IUR previstos no CBF; e são ineficazes até à divulgação pública da identidade da entidade licenciada, dos seus titulares e dos postos de trabalho criados, no portal electrónico da Administração Fiscal.

As entidades licenciadas no CINCV gozam ainda, de acordo com o previsto no artigo 20º do CBF, de isenção de direitos aduaneiros na importação dos seguintes bens:

a) Materiais e equipamentos incorporáveis directamente na instalação, expansão ou remodelação dos empreendimentos, não destinados à venda, designadamente, estruturas metálicas, materiais de construção civil, com excepção de blocos, cimento, tintas, vernizes, ou tubos PVC, equipamentos sanitários, equipamentos eléctrico, com excepção de lâmpadas incandescentes, fogões, placas eléctricas, termos acumuladores, frigoríficos que não sejam da classe A, e electrónicos, bem como seus acessórios e peças separadas, quando os acompanhem;

b) Equipamentos, máquinas, aparelhos, instrumentos e utensílios, bem como os respectivos acessórios e peças separadas;

c) Veículos de transporte colectivo novos, destinados ao transporte urbano de passageiros, devidamente equipados, e veículos pesados destinados ao transporte de mercadorias, importados por empresas do sector devidamente licenciadas;

d) Material para embalagem e acondicionamento de produtos fabricados pela empresa beneficiária;

e) Matérias-primas e subsidiárias, materiais e produtos acabados e semi-acabados destinados a incorporação em produtos fabricados pela empresa.

Não sendo concedida a isenção de direitos aduaneiros, no momento da importação dos bens aí referidos, a Autoridade Aduaneira deve proceder ao reembolso a que houver lugar, no prazo de um ano e a requerimento do operador económico licenciado.

A importação de bens, produtos e matérias-primas pelas entidades instaladas e em funcionamento no CINCV não carece de licença de importação.

As empresas a operar em Cabo Verde que o requeiram, e às quais seja atribuída a licença de instalação e funcionamento no CINCV, perdem automaticamente os benefícios fiscais e financeiros que nos termos da lei em vigor estejam a usufruir e passam a beneficiar dos novos incentivos previstos, nos termos do artigo 39º do Código Geral Tributário.

Note-se que, tal como mencionámos, embora o regime do CINCV não inclua o sector das actividades financeiras, o

CBF, no respectivo artigo 28º, prevê um conjunto de benefícios de que gozam as instituições financeiras internacionais a que se refere a Lei n. 43/III/88, de 27 de Dezembro, a saber:

a) Isenção de direitos aduaneiros na importação de materiais e bens de equipamento que se destinem exclusivamente à sua instalação;

b) Isenção de IUR até 31 de Dezembro de 2017, sendo que os lucros auferidos a partir desta data são tributados a uma taxa de 2,5%;

c) Isenção de imposto de selo em todos os actos que pratiquem e operações que realizem, por conta própria ou alheia, nomeadamente juros que paguem ou cobrem, comissões, mandatos e ordens que executem, remunerações de qualquer tipo que paguem ou percebam e contratos em que sejam parte, desde que exclusivamente respeitantes a operações com não residentes.

Prevê-se ainda que as pessoas singulares e colectivas não residentes que sejam clientes das instituições supra referidas, bem como as residentes em relação a capitais que detenham no estrangeiro que contratem com instituições financeiras, na qualidade de clientes dos serviços que estas possam legalmente prestar, gozam dos seguintes benefícios fiscais:

a) Isenção de IUR, qualquer que seja a categoria a que os rendimentos auferidos respeitem;

b) Isenção do imposto de selo em quaisquer actos que pratiquem e operação de qualquer natureza que realizem, nomeadamente remunerações que perceba ou pague, como juros, prémios e dividendos, ou ganhos de capital que realize com a alienação de activos.[31]

---

31. Esta isenção de IUR não se aplica às operações realizadas com residentes, que devem ser segregadas contabilisticamente, relevando para o cálculo do

No tocante a Sociedades Gestoras de Participações Sociais, o artigo 27º do CBF determina que as mais-valias e as menos-valias realizadas pelas sociedades gestoras de participações sociais com partes de capital de que sejam titulares, desde que detidas por período não inferior a doze meses, e, bem assim, os encargos financeiros suportados com a sua aquisição, não concorrem para a formação do seu lucro tributável.[32]

O CBF também prevê relevantes benefícios para o mercado de valores mobiliários, fundos de investimento, fundos de capital de risco e fundos de poupança em acções (respectivamente, artigos 23º, 24º, 25º e 26º).

5. TRANSPARÊNCIA DO REGIME

Cabo Verde tem acordos para evitar a dupla tributação em matéria de impostos sobre o rendimento e sobre o património e acordos que prevêem a troca de informações para efeitos fiscais. Cabo Verde celebrou com Portugal e Macau acordos para evitar dupla tributação que se encontram publicados e ractificados. O acordo para evitar a dupla tributação celebrado com Espanha deverá ser brevemente assinado e a negociação do acordo para evitar a dupla tributação com Singapura está concluída.

---

seu lucro tributável os respectivos custos directos e a imputação dos custos de estrutura que correspondam à proporção dos proveitos destas operações no total de proveitos gerados no exercício em causa.

32. No n. 2 deste normativo prevê-se uma cláusula anti-abuso, nos termos da qual se estipula que os incentivos não serão aplicáveis relativamente às mais-valias realizadas e aos encargos financeiros suportados quando as partes de capital tenham sido adquiridas a entidades com as quais existam relações especiais, nos termos da lei, ou a entidades com domicílio, sede ou direcção efectiva em território sujeito a um regime fiscal mais favorável, conforme determina a lei do IUR, ou residentes em território cabo-verdiano e sujeitas a um regime especial de tributação.

Para além das entidades licenciadas no CINCV estarem sujeitas sem excepção a toda a legislação interna sobre troca de informações, existem disposições específicas sobre a matéria.

Nestes termos, prevê-se no artigo 19º, n. 8, do CBF, que a Administração Fiscal deve proceder à divulgação pública das entidades licenciadas e dos demais elementos aí referidos, no prazo de 48 horas a contar da data do recebimento dos respectivos documentos.

Por outro lado, determina-se que as entidades licenciadas no CINCV estão sujeitas a acções anuais de inspecção por parte da Administração Fiscal, a quem compete a fiscalização dos pressupostos e condições do seu regime fiscal, aplicando-se as sanções previstas no Código Geral Tributário sempre que estes não se mostrem verificados.

Impende ainda sobre a concessionária do CINCV a obrigação de remeter ao Governo todos os anos, até 31 de Janeiro do ano seguinte, o relatório sobre actividade e fiscalização das entidades licenciadas, nos termos que vierem a ser definidos pelo Conselho de Ministros.

6. CONCLUSÕES

Como é natural, continuam e continuarão a ser permitidos pelas diversas instâncias reguladoras da concorrência fiscal instrumentos de desenvolvimento económico baseados em incentivos fiscais.

Dos trabalhos decorrentes da UE e da OCDE, conclui-se que, naturalmente, as exigências são distintas no tocante a países membros e não membros, existindo, contudo, um denominador comum de máxima relevância – a transparência do regime, devendo para tal o mesmo ser objecto de publicação em jornais oficiais e não permitir práticas discricionárias pouco claras por parte da Administração Fiscal.

Os regimes de benefícios fiscais para promover o desenvolvimento económico de pequenas economias são, antes de mais, absolutamente imprescindíveis para determinados países como é o caso de Cabo Verde. Nesse contexto são instrumentos preciosos que carecem de ser delineados de acordo com as regras internacionais, de forma a captarem investimento de forma transparente, contribuindo efectivamente para a economia doméstica.

A nossa experiência quanto ao desenho e implementação de um sistema de benefícios, para além, naturalmente, da competitividade dos mesmos em termos conceptuais, aponta preferencialmente para a sua simplicidade, controlo eficaz e estabilidade como principais factores de credibilidade interna e internacional. Importa garantir de forma transparente e eficaz que o objectivo extra fiscal (por ex., modernização da economia) para o qual foi concebido o benefício fiscal é conseguido.

Salienta-se que a concepção de qualquer sistema de benefícios fiscais implica um levantamento cauteloso dos objectivos em vista (crescimento económico de determinadas zonas, etc), uma conformação de tais objectivos com as regras vigentes a nível interno e internacional (eventual adopção de medidas anti-abuso) e um rigoroso processo de implementação do regime com um adequado escrutínio do licenciamento das entidades, sanções efectivas e fiscalização permanente, de forma a garantir a respectiva credibilidade e eficácia.

Como vimos, um regime deste tipo deverá, essencialmente, ser dotado de transparência e ser objecto de fiscalização adequada, aspectos estes que estão presentes no regime do CINCV.

O que não nos pode deixar de causar grande perplexidade é o facto de o regime ter sido concebido de determinada forma, atribuindo benefícios atractivos para um país carecido de investimento e, antes mesmo de ser implementado, ser coarctado de forma inexplicável.

TRIBUTAÇÃO: DEMOCRACIA E LIBERDADE

Como explicar a redução dos benefícios e a imposição da criação de posto de trabalho dependente, se tais requisitos não são exigidos sequer a nível internacional, não se encontram em praças concorrentes e diminuem a eficácia do regime? Eis, pois, as questões que deixamos e que não podem deixar de nos causar grande perplexidade...

TRATADOS INTERNACIONAIS PARA EVITAR A DUPLA TRIBUTAÇÃO SOBRE A RENDA E O RECURSO ESPECIAL N. 426.945-PR

Fabio Artigas Grillo[1]

1. INTRODUÇÃO

Tramita há quase duas décadas perante o Poder Judiciário relevante Ação Declaratória[2] que tem por objetivo o reconhecimento de inexistência de relação jurídica que obrigue duas empresas brasileiras ao recolhimento por meio de retenção e sua respectiva matriz sueca ao pagamento do Imposto sobre a Renda Retido na Fonte — IRRF sobre o valor dos dividendos distribuídos por fonte localizada no Brasil, especificamente na competência do ano base de 1993.

Apurado o resultado final das subsidiárias brasileiras os lucros foram repartidos entre seus sócios, dentre eles a referida sociedade estrangeira, a quem são regularmente distribuídos dividendos derivados de sua participação no empreendimento.

O artigo 756, do Decreto n. 1.041, de 11 de janeiro de 1994 (Regulamento do Imposto de Renda – RIR/94), sujeita

---
1. Advogado, Doutor em Direito do Estado pela UFPR, Conselheiro Estadual e Presidente da Comissão de Direito Tributário da OAB/PR, Presidente do Instituto de Direito Tributário do Paraná – IDTPR e Membro do Instituto dos Advogados do Paraná – IAPPR.
2. Autos n. 95.0003305-6, da 3ª Vara Federal de Curitiba, Seção Judiciária do Paraná.

"*à incidência do imposto na fonte, à alíquota de quinze por cento, os lucros ou dividendos, distribuídos por fonte localizada no País em benefício de pessoa física ou jurídica residente ou domiciliada no exterior*", nos termos da previsão contida no artigo 77, da Lei n. 8.383/91, a partir de 1º de janeiro de 1993.

Entretanto, para os beneficiários de lucros ou dividendos residentes e domiciliados no País, a matéria havia sido regulamentada em legislação diversa — Lei n. 8.849/94, sujeitando-os, assim, ao IRRF a partir de 1º de janeiro de 1994, conforme entendimento explícito por parte da própria Secretaria da Receita Federal do Brasil. Veja-se, em especial, o disposto pelo artigo 2º, §1º, da Lei n. 8.849/94:

> Art. 2º Os dividendos, bonificações em dinheiro, lucros e outros interesses, quando pagos ou creditados a pessoas físicas ou jurídicas, residentes ou domiciliadas no País, estão sujeitos à incidência do imposto de renda na fonte à alíquota de quinze por cento.
>
> §1º O imposto descontado na forma deste artigo será considerado exclusivo na fonte qualquer que seja o beneficiário.

Ressalta-se, porém, que esta legislação, ao sujeitar à incidência do IRRF os lucros e dividendos distribuídos em benefício de pessoa física ou jurídica residente no País, o fez somente para os lucros apurados a partir de 1º de janeiro de 1994. Ainda assim, restou mantido o regime de retenção exclusiva na fonte.

Com efeito, o Ato Declaratório (Normativo) n. 3, do Coordenador Geral do Sistema de Tributação, de janeiro de 1994, estabelece expressamente que "*a incidência do imposto de renda na fonte quando do pagamento ou crédito, a pessoas físicas ou jurídicas residentes ou domiciliadas no País, de dividendos, bonificações em dinheiro, lucros e outros interesses, alcança exclusivamente os lucros apurados pela pessoa jurídica a partir de 1.º de janeiro de 1994.*"

Dessa forma, e de modo específico para a competência do ano de 1993, vigorava à época o estabelecido pelo artigo 77, da Lei n. 8.383/1991, prescrevendo que:

> Art. 77. Sobre os lucros apurados a partir de 1.º de janeiro de 1993, não incidirá o imposto de renda na fonte sobre o líquido, de que trata o art. 35, da Lei n. 7.713, de 1988, permanecendo em vigor a não-incidência do imposto sobre o que for distribuído a pessoas físicas ou jurídicas, residentes ou domiciliadas no País.

Assim, diversamente dos beneficiários residentes ou domiciliados no País, especificamente no que refere à competência do ano de 1993, as pessoas físicas e jurídicas residentes ou domiciliadas no exterior, que receberam lucros e ou dividendos de sociedades comerciais, tiveram descontado o valor do IRRF mediante aplicação da alíquota 15% (quinze por cento).

Válido anotar que a distorção aventada foi corrigida através da alteração promovida pela Lei n. 9.064/1995, em especial nos §1º e 2º do citado artigo 2º da Lei n. 8.849/1994, instituindo um duplo mecanismo para eliminação da "dupla tributação econômica".[3]

---

3. O artigo 2º da Lei n. 8.849/1994 passou a ter a seguinte redação com a modificação promovida pela Lei n. 9.064/1995:
Art. 2º Os dividendos, bonificações em dinheiro, lucros e outros interesses, quando pagos ou creditados a pessoas físicas ou jurídicas, residentes ou domiciliadas no País, estão sujeitos à incidência do imposto de renda na fonte à alíquota de quinze por cento.
§1º O imposto descontado na forma deste artigo será:
a) deduzido do imposto devido na declaração de ajuste anual do beneficiário pessoa física, assegurada a opção pela tributação exclusiva;
b) considerado como antecipação, sujeita a correção monetária compensável com o imposto de renda que a pessoa jurídica beneficiária, tributada com base no lucro real, tiver de recolher relativo à distribuição de dividendos, bonificações em dinheiro, lucros e outros interesses;

Importante desde logo registrar que essa "dupla tributação econômica", verificável quando o sócio ou acionista é tributado na distribuição dos lucros ou dividendos e na respectiva percepção, além da mesma riqueza já ter sido tributada na pessoa jurídica, a título de lucros do período, não deveria ser instituída sem alguma forma de compensação, sob pena de gerar um grave fator de discriminação, especialmente quando se trata de residentes ou domiciliados no exterior.

Desse modo, e diversamente das situações anteriormente prescritas, a Lei n. 8.849/1994 equiparou o tratamento dado aos *não-residentes* aos dos sujeitos passivos *residentes*; ao passo que a Lei n. 9.064/1995 eliminou plenamente a dupla tributação econômica sobre a distribuição de lucros ou dividendos aos beneficiários residentes no exterior ao estabelecer a possibilidade de compensação com o Imposto de Renda que a pessoa jurídica tivesse que recolher.

Estabilizando em definitivo o quadro de *insegurança jurídica* instalado pela legislação tributária pretérita, o artigo 10 da Lei n. 9.249/1995 estabeleceu que *"Os lucros ou dividendos calculados com base nos resultados apurados a partir do mês de janeiro de 1996, pagos ou creditados pelas pessoas jurídicas tributadas com base no lucro real, presumido ou arbitrado, não ficarão sujeitos à incidência do imposto de renda na fonte, nem integrarão a base de cálculo do imposto de renda do beneficiário, pessoa física ou jurídica, domiciliado no País ou no exterior."*[4]

---

c) definitivo, nos demais casos.

§2º A compensação a que se refere a alínea *b* do parágrafo anterior poderá ser efetuada com o imposto de renda, que a pessoa jurídica tiver que recolher, relativo à retenção na fonte sobre a distribuição de lucros ou dividendos a beneficiário residente ou domiciliado no exterior.

4. De acordo com os ensinamentos de Heleno Taveira Torres, relativamente aos dividendos: "*O art. 10 da Lei 9.249/95 eliminou a dupla tributação econômica sobre os lucros das pessoas jurídicas ao estabelecer que os lucros ou dividendos calculados com base nos resultados apurados a partir do mês de janeiro de 1996, pagos ou creditados pelas pessoas jurídicas tributadas com*

Conforme se extrai de referida demanda de natureza declaratória, no quadro social das pessoas jurídicas brasileiras verifica-se a existência de participação social de beneficiário (contribuinte) residente na Suécia, que se sujeita, por seu domicílio, ao disposto pelo artigo XXIV do Decreto-Lei n. 77.053, de 19 de janeiro de 1976, o qual proíbe a incidência de tributação diversa ou mais onerosa do residente ou domiciliado naquele país em relação aos residentes ou domiciliados no Brasil.

Trata-se, nesses termos, de tratado internacional para evitar a dupla tributação em matéria de impostos sobre a renda entre o Brasil e a Suécia, aprovada pelo Decreto Legislativo n. 93, de 24 de maio de 1975, e posteriormente promulgada pelo Decreto n. 77.053/76.

A disposição em mencionado Decreto, especificamente sobre a questão da remessa de dividendos, está assim delineada:

---

base no lucro real, presumido ou arbitrado, não ficarão sujeitos à incidência do imposto de renda na fonte ('witholding tax), nem integrarão a base de cálculo do imposto de renda do beneficiário, pessoa física ou jurídica, domiciliado no país ou no exterior. Desse modo, nos atos de distribuição de dividendos ou lucros, não há incidência tributária, tampouco nos atos de percepção, persistindo uma perfeita neutralidade fiscal ao pagamento dos mesmos. E este mesmo regime deve ser aplicável aos juros sobre o capital próprio, pela natureza típica de dividendos." (TORRES, Heleno Taveira. *Pluritributação internacional sobre as rendas de empresas.* 2. ed., São Paulo: RT, 2001, p. 351). Igualmente Edmar Oliveira Andrade Filho leciona o seguinte acerca desse artigo 10 da Lei n. 9.249/1995: *"O preceito transcrito contém duas normas. A primeira é endereçada à pessoa jurídica que vier a distribuir lucros ou dividendos e estabelece uma hipótese de incidência do imposto de renda na fonte. Por outro lado, a segunda norma tem como destinatário o titular da participação societária que recebe lucros ou dividendos e estabelece que tais cifras não são passíveis de tributação como renda dos beneficiários, desde que advenham de fontes nacionais que estejam submetidas ao pagamento do imposto de renda calculado com base no lucro real, presumido ou arbitrado. As normas, como se vê, viabilizam a decisão política do legislador em concentrar a tributação nos lucros enquanto eles pertencem às pessoas jurídicas, ficando a posterior distribuição a salva da incidência do imposto na fonte ou como resultado obtido pelo beneficiário que estiver revestido sob a forma de pessoa jurídica."* (ANDRADE FILHO, Edmar Oliveira. *Imposto de renda das empresas.* 10. ed., São Paulo: Atlas, 2012, p.171).

Artigo X

Dividendos

1. Os dividendos pagos por uma sociedade residente de um Estado Contratante a um residente do outro Estado Contratante são tributáveis neste outro Estado.

2. Todavia, esses dividendos podem ser tributados no Estado Contratante onde reside a sociedade que os paga, e de acordo com a legislação desse Estado, mas o imposto assim estabelecido não poderá exceder:

a) 15 por cento do montante bruto dos dividendos se o beneficiário for uma sociedade (excluindo-se as sociedades de pessoas);

b) 25 por cento do montante bruto dos dividendos em todos os demais casos.

As autoridades competentes dos Estados Contratantes estabelecerão, de comum acordo, a forma de aplicar esta limitação.

Este parágrafo não afetará a tributação da sociedade com referência aos lucros que deram origem aos dividendos pagos.

(...)

Artigo XXIV

Não discriminação

1. Os nacionais de um Estado Contratante não ficarão sujeitos no outro Estado Contratante a nenhuma tributação ou obrigação correspondente, diferente ou mais onerosa do que aquelas a que estiverem sujeitos os nacionais desse outro Estado que se encontrem na mesma situação.

2. As empresas de um Estado Contratante, cujo capital pertencer ou for controlado, total ou parcialmente, direta ou indiretamente, por uma ou várias pessoas residentes do outro Estado Contratante, não ficarão sujeitas, no primeiro Estado, a nenhuma tributação ou obrigação corresponden-te diversa ou mais onerosa do que aquelas a que estiverem ou puderem estar sujeitas as outras empresas da mesma natureza desse primeiro Estado.

O Sistema Tributário Nacional, no entanto, fulmina de inconstitucionalidade qualquer pretensão do Estado em instituir tratamento desigual entre contribuintes que se encontrem em situação equivalente, ou seja, princípio constitucional da não discriminação tributária – artigo 150, inciso II, da Constituição Federal de 1988.[5]

Na verdade, o princípio da isonomia tributária está na Convenção Brasil-Suécia, inclusive com a mesma dicção constitucional, no artigo acima transcrito e que veda de modo expresso a discriminação (Artigo XXIV, do Decreto n. 77.053/76).

A regra é, a rigor, corolário do artigo 5º, §2º, da Constituição Federal de 1988[6], que estabelece que a igualdade de todos perante a lei, sem distinção de qualquer natureza, inclusive quanto aos direitos e as garantias decorrentes dos tratados internacionais em que a República Federativa do Brasil seja parte.

A mesma orientação vale dizer decorre também da correta interpretação e aplicação do disposto pelo artigo 98 do Código Tributário Nacional – CTN[7], no sentido de que os tratados e as convenções internacionais revogam ou modificam a legislação tributária interna, e serão observados pela que lhes sobrevenha.

---

5. CF88, Art. 150. Sem prejuízo de outras garantias asseguradas ao contribuinte, é vedado à União, aos Estados, ao Distrito Federal e aos Municípios: (...)
II – instituir tratamento desigual entre contribuintes que se encontrem em situação equivalente, proibida qualquer distinção em razão de ocupação profissional ou função por eles exercida, independentemente da denominação jurídica dos rendimentos, títulos ou direitos.
6. CF88, Art. 5º §2º. Os direitos e garantias expressos nesta Constituição não excluem outros decorrentes do regime e dos princípios por ela adotados, ou dos tratados internacionais em que a República Federativa do Brasil seja parte.
7. CTN, Art. 98. Os tratados e as convenções internacionais revogam ou modificam a legislação tributária interna, e serão observados pela que lhes sobrevenha.

Diante de tal situação, não restou alternativa às empresas afetadas senão a busca de tutela judicial definitiva, de cunho declaratório, no sentido de objetivar a inexistência da relação jurídica tributária abusivamente visualizada pela Administração Tributária brasileira.

Ficaram assim, e desde então, compilados fundamentos jurídicos suficientes para a declaração judicial e definitiva de inexistência de relação jurídica tributária que obrigue as empresas litigantes ao recolhimento do IRRF sobre o valor dos dividendos distribuídos por fonte localizada no Brasil, na competência do ano-base de 1993, conforme previsto pelo artigo 77, da Lei n. 8.383/91, com fundamento no artigo 1028 do Regulamento do Imposto de Renda – RIR/94, enquanto garantia individual prevista pela Constituição Federal de 1988, bem como por força da Convenção (Tratado) Internacional celebrada entre Brasil e Suécia (veiculada pelo Decreto n. 77.053/76), visto que interpretação diversa sustentada pela Receita Federal do Brasil mostra-se conflitante com os artigos 5º, §2º; e, também, 150, inciso II; ambos da Constituição Federal de 1988, e, no plano infraconstitucional, com o artigo 98 do Código Tributário Nacional – CTN, dada a prevalência que este confere aos acordos internacionais em matéria tributária.

A sentença de Primeiro Grau, proferida pelo D. Juízo da 3ª Vara Federal de Curitiba, julgou totalmente improcedente o feito, alegando, em síntese, não importar a nacionalidade do beneficiário do rendimento, que ele seja brasileiro ou estrangeiro, bastando o mesmo ter residência ou domicílio no exterior para sujeitar-se ao Imposto de Renda, afirmando, na mesma toada, que o artigo 98 do CTN somente se aplica aos *tratados de natureza contratual*, decorrendo daí que as normas de *tratados normativos*, anteriores à Lei n. 8.383/91, foram revogadas.

Por ocasião do julgamento do respectivo recurso de apelação, e mesmo diante de sólidos argumentos, adotados com base em criteriosa doutrina e jurisprudência, o Egrégio Tribunal

Regional Federal da 4ª Região terminou por referendar a improcedência do pedido nos termos da sentença apelada.

Com efeito, ao negar provimento à apelação cível interposta pelas empresas interessadas, o E. Relator fundamentou seu entendimento acerca do mérito da questão basicamente na seguinte passagem:

> Como é de sabença comum, no direito brasileiro inexiste hierarquia entre as leis ordinárias e os tratados internacionais, resolvendo-se eventual incompatibilidade pelo critério temporal.
>
> Embora o texto convencional tenha assegurado tratamento não discriminatório o fato é que tal norma foi revogada pela legislação subsequente que isentou de imposto de renda na fonte apenas os lucros recebidos por sócios residentes e domiciliados no Brasil.
>
> Não vislumbro a apontada violação ao princípio constitucional da isonomia, pois inexiste relação de similitude entre o sócio, residente e domiciliado em território estrangeiro, portanto, súdito do Reino da Suécia e o sócio residente e domiciliado no Brasil.

Com base nessa fundamentação o V. Acórdão do Egrégio Tribunal Regional Federal da 4ª Região teve sua ementa lavrada nos seguintes termos:

> TRIBUTÁRIO. IMPOSTO DE RENDA. PESSOA JURÍDICA DOMICILIADA NO EXTERIOR. DISTRIBUIÇÃO DE LUCROS. RETENÇÃO NA FONTE. PRETENSÃO DE TRATAMENTO IDÊNTICO AOS CONTRIBUINTES NACIONAIS. INVIABILIDADE.
>
> 1. Considerando que, no ordenamento jurídico brasileiro, inexiste superioridade hierárquica dos tratados e convenções internacionais em relação à lei ordinária, válida a exigência do imposto de renda na fonte, relativamente ao sócio residente no exterior, tendo em vista a expressa previsão na legislação posterior à "Convenção Internacional

entre Brasil e Suécia para evitar a dupla tributação sobre a renda" (Decreto n. 77.053/76).

2. Não vislumbrada a violação ao princípio constitucional da isonomia tributária, pois inexiste relação de similitude entre o sócio, residente e domiciliado em território estrangeiro, súdito do Reino da Suécia e o sócio residente e domiciliado no Brasil.

3. Apelação improvida.

Inconformadas com a conclusão externada pelo Acórdão lavrado perante o Segundo Grau, as empresas litigantes entenderam por bem opor, com fulcro nos incisos I e II, do artigo 535, do Código de Processo Civil – CPC, embargos declaratórios. De nada adiantou senão para prequestionar a matéria objeto do futuro Recurso Especial. Com efeito, não houve acolhimento dos embargos de declaração face ao entendimento absurdo em sem qualquer fundamento na legislação processual vigente de que *"o Poder Judiciário não está obrigado a responder questionário formulado pelas partes, cumprindo-lhe apenas dizer o direito frente ao caso concreto"*, e, também, porque *"os embargos de declaração constituem-se via inadequada para atacar os fundamentos do acórdão, pois, neste caso, deverá interpor o recurso adequado à superior instância, tendo essa Corte encerrado a sua prestação jurisdicional."*

Sem prejuízo dessa justificativa praticamente padronizada perante os Tribunais Pátrios, referidos embargos de declaração tiveram efetivamente por objetivo de prequestionar e demonstrar que, do ponto de vista exclusivamente infraconstitucional, a orientação firmada perante o E. Tribunal Regional Federal da 4ª Região contrariou expressamente dispositivo de lei federal, qual seja: o artigo XXIV do Decreto n. 77.053/76; e, também, o artigo 98 do Código Tributário Nacional — CTN, além, obviamente, de resultar em interpretação divergente de inúmeros julgados proferidos a respeito da matéria.

Vislumbrou-se, assim, por ocasião da interposição do respectivo Recurso Especial ao Egrégio Superior Tribunal de

Justiça – STJ, que Acórdão recorrido negou vigência ao disposto pelo artigo XXIV do Decreto n. 77.053/76; e, também, pelo artigo 98 do Código Tributário Nacional — CTN, justificando o cabimento e a admissão plena do Apelo Especial com fulcro no artigo 105, inciso III, alínea *a*, da Constituição Federal de 1988.[8]

Reitere-se que entendimento derivado do Acórdão do E. TRF da 4ª Região contrariou de modo expresso o disposto no artigo 98 do Código Tributário Nacional — CTN, eis que o Decreto n. 77.053/76, que veicula convenção para evitar a dupla tributação entre Brasil e Suécia, não foi considerado e aplicado na solução da controvérsia em comento.

Nesse caso perfeitamente cabível o Recurso Especial interposto, visto que o próprio Pretório Excelso já decidiu que: *"Nega vigência à lei federal não só a decisão que afirma não estar ela em vigor, porque já não vigora, ou ainda não vigora, mas também a que não a aplica, quando ela é aplicável, ou pretendendo ou fingindo aplicá-la, faz o frontalmente oposto do que diz, na letra e no espírito, o texto traído"* (cf. STF, RE 45.225-GO).

Devidamente admitido o Recurso Especial interposto, o mesmo foi distribuído e autuado perante o Egrégio Superior Tribunal de Justiça – STJ sob n. 426.945-PR, que foi – acertadamente – provido perante aquela Corte Especial e assim ementado:

> TRIBUTÁRIO. REGIME INTERNACIONAL. DUPLA TRIBUTAÇÃO. IRRF. IMPEDIMENTO. ACORDO GATT. BRASIL E SUÉCIA. DIVIDENDOS ENVIADOS A SÓCIO

---

8. CF88, Art. 105. Compete ao Superior Tribunal de Justiça:
(...)
III – julgar, em recurso especial, as causas decididas, em única ou última instância, pelos Tribunais Regionais Federais ou pelos tribunais dos Estados, do Distrito Federal e Territórios, quando a decisão recorrida:
a) contrariar tratado ou lei federal, ou negar-lhes vigência.

RESIDENTE NO EXTERIOR. ARTS. 98 DO CTN, 2º DA LEI 4.131/62, 3º DO GATT.

– Os direitos fundamentais globalizados, atualmente, estão sempre no caminho do impedimento da dupla tributação. Esta vem sendo condenada por princípios que estão acima até da própria norma constitucional.

– O Brasil adota para o capital estrangeiro um regime de equiparação de tratamento (art. 2º da Lei 4131/62, recepcionado pelo art. 172 da CF), legalmente reconhecido no art. 150, II, da CF, que, embora se dirija, de modo explícito, à ordem interna, também é dirigido às relações externas.

– O artigo 98 do CTN permite a distinção entre os chamados tratados-contratos e os tratados-leis. Toda a construção a respeito da prevalência da norma interna com o poder de revogar os tratados, equiparando-os à legislação ordinária, foi feita tendo em vista os designados tratados, contratos, e não os tratados-leis.

– Sendo o princípio da não discriminação tributária adotado na ordem interna, deve ser adotado também na ordem internacional, sob pena de desvalorizarmos as relações internacionais e a melhor convivência entre os países.

– Supremacia do princípio da não discriminação do regime internacional tributário e do art. 3º do GATT.

– Recurso especial provido.

A questão revelou-se tão polêmica perante o E. STJ que seu julgamento foi iniciado em 18 de setembro de 2003, findando somente em 22 de julho de 2004.[9]

---

9. Em excelente capítulo escrito acerca especificamente deste mesmo Recurso Especial, Alessandra Okuma detalhou referido julgamento nos seguintes termos: *"O julgamento iniciou-se com o relatório elaborado pelo Ministro Teori Albino Zavascki, que resumiu os fatos e as alegações das partes. Passando ao voto, o Ministro Albino Zavascki sustentou, em resumo, que: (i) o artigo 10 da Convenção firmada entre Brasil e Suécia permite a tributação dos dividendos, estabelecendo apenas as alíquotas máximas aplicáveis; (ii) o princípio da não-discriminação busca reprimir a discriminação fundada na nacionalidade; (iii) residentes e não-residentes não se encontram nas mesmas condições*

TRIBUTAÇÃO: DEMOCRACIA E LIBERDADE

Após empate na Colenda Turma, coube à saudosa Ministra Denise Arruda desempatar em favor das contribuintes litigantes, em magistral Voto-Vista abaixo destacado, em especial por conta da presente obra em justíssima homenagem à Notável Jurista e Magistrada paranaense:

> (...) E, imbuída da grande responsabilidade que me foi atribuída, pedindo vênia ao talentoso e culto Ministro Relator, bem assim ao eminente Ministro Luiz Fux, inclino-me em adotar o entendimento que foi inaugurado com a divergência

---

de fato e de direito. Por essas razões, nega a existência de conflito entre o princípio da não-discriminação e legislação interna brasileira. Sustenta, outrossim, que mesmo que houvesse tal conflito, o artigo 98 do CTN não justifica o afastamento da legislação interna superveniente. Em seguida, votou o Ministro José Delgado, que pediu vênia para divergir do Ministro Zavascki. Com propriedade, sustentou o Ministro José Delgado que a dupla tributação internacional vem sendo condenada por princípios; princípios esses que se sobrepõem até mesmo às normas constitucionais e impedem a discriminação. Argumenta que o princípio da não-discriminação é considerado como valorização da dignidade humana no campo da tributação e, consequentemente, sendo tratado no campo tributário como parte dos direitos humanos. Interpreta o princípio da não discriminação do capital estrangeiro e conclui não ser justificada a diferenciação entre residentes e não-residentes. Quanto à posição hierárquica dos tratados, o Ministro José Delgado entende que toda a construção a respeito da prevalência da norma interna com o poder de revogar tratados, equiparando-os à legislação ordinária, foi feita tendo em vista os designados tratados-contratos, e não os tratados-leis. (...) Prosseguindo o julgamento, em 7 de outubro de 2003, o Ministro Francisco Falcão, acompanhou o voto do Ministro José Delgado, acrescentando que: 'Entendo que os tratados internacionais não devem ser alterados por lei ordinária em face da segurança jurídica que deve presidir as relações internacionais, sob pena de perda de confiança no Brasil perante a ordem internacional'. E que o teor do artigo 10 da Convenção celebrada entre o Brasil e a Suécia, que limita o percentual do imposto sobre os dividendos, não afasta a aplicação da regra de isonomia, prevista em seu artigo 24. (...) O Ministro Luiz Fux votou com o Ministro Zavascki. Embora identificasse a antinomia entre o tratado e a lei interna, o Ministro Luiz Fux entende prevalecer a legislação interna. Arguiu, outrossim, que o artigo 150, II, da Constituição Federal não se aplica às sociedades estrangeiras." (OKUMA, Alessandra. "Comentário ao Acórdão do Superior Tribunal de Justiça no Recurso Especial n. 426.945/PR." *In* TORRES, Heleno Taveira (coordenação). *Comércio internacional e tributação.* São Paulo: Quartier Latin, 2005, pp. 690-692).

do Ministro José Delgado, com os acréscimos apresentados pelo Ministro José Falcão.

Ao examinar os autos, ainda que afastando a análise do tema à luz da Carta Magna, de apreciação exclusiva da Excelsa Suprema Corte, limitei-me à exegese do art. 98 do Código Tributário Nacional (que reconheça-se, não é preceito legal complementar de entendimento uniforme na doutrina e na jurisprudência), bem como à interpretação que possa ser dada ao tópico do art. XXIV da 'Convenção para Evitar a Dupla Tributação em Matéria de Impostos sobre a Renda Brasil-Suécia', aprovada pelo Decreto Legislativo n. 93, de 05.11.75 e promulgada pelo Decreto n. 77.053, de 19.01.76.

Inicialmente cabe salientar que o tratado aqui em discussão teve seu procedimento interno devidamente observado; após a fase inicial das negociações e celebrado pelo Executivo, foi objeto de processo legislativo (Decreto Legislativo sob n. 93, de 05.11.75, DOU de 06.11.75), com promulgação subsequente pelo Sr. Presidente da República, por meio do Decreto n. 77.053, de 19.01.76, DOU de 20.01.76.

Com esse procedimento o aludido tratado passou a ter força de lei interna.

O art. 98 do Código Tributário Nacional estabelece que *'Os tratados e as convenções internacionais revogam ou modificam a legislação tributária interna, e serão observadas pela que lhes sobrevenha'*.

(...)

Assim, observado o real alcance do multicitado art. 98 do CTN, que veda o desrespeito ao tratado internacional ou a sua alteração por lei interna, há que se examinar o preceito normativo constante da Convenção, especialmente o alusivo ao item que obsta a discriminação tributária em se considerando a nacionalidade dos sócios – se residentes ou não no País.

O artigo 24 da Convenção Internacional dispõe:

(...)

Ou seja, o que foi consignado foi a vedação de tratamento não-isonômico entre os sócios, bem como entre as empresas, levando em consideração apenas a nacionalidade ou a residência ou domicílio das pessoas físicas. O que se buscou foi exatamente assegurar que a tributação fosse a mesma, entre nacionais e não-nacionais, ou melhor, convencionou-se a isonomia tributária entre os sócios de diferentes nacionalidades.

No entanto, lei superveniente maculou o princípio da isonomia tributária, impondo tratamento discriminatório entre os sócios, utilizando como único discrímen a residência ou domicílio no País.

(...)

A simples leitura dos dispositivos legais reproduzidos revela, de pronto, que as pessoas físicas ou jurídicas residentes ou domiciliadas no País estariam isentas do pagamento do imposto de renda na fonte sobre o lucro líquido apurado no ano de 1993 (art. 75); e, ao contrário, a partir de 1º de janeiro de 1993 (mesma data aludida no preceito legal antes referido), o imposto de renda incidente na fonte sobre lucros e dividendos distribuídos a pessoas físicas ou jurídicas não residentes no País passaria a ser de quinze por cento (art. 77).

Há, nesse ponto, induvidosa discriminação em decorrência da residência e/ou domicílio dos sócios ou sede da empresa, o que implicaria em manifesta violação dos termos da 'Convenção para evitar a Dupla Tributação em Matéria de Impostos sobre a Renda Brasil-Suécia'.

O inconformismo da recorrente não se situa na imposição tributária simplesmente, mas sim resulta de sua irresignação em face da imposição tributária discriminatória, posto que para o mesmo período – 1993 – e tão somente para os sócios residentes e domiciliados no Brasil não incidiria o imposto de renda na fonte sobre o lucro líquido correspondente a dividendos e bonificações. Ou seja, para o mesmo fato (lucros e dividendos da pessoa jurídica), em razão apenas do domicílio e residência dos sócios, no mesmo período temporal, os sócios aqui residentes e domiciliados tiveram um benefício fiscal que não alcançou os sócios residentes e domiciliados na Suécia.

Partindo do pressuposto que a Convenção entre Brasil e Suécia configura uma relação de especialidade, que está

> assegurada no âmbito interno pela autoridade da disposição complementar do art. 98 do CTN, inviável seria o descumprimento da norma indicada (art. 24) pela lei superveniente que revela, inclusive, tratamento discriminatório entre os figurantes da aludida Convenção, tão apenas em face da residência ou domicílio de cada um.
>
> (...)
>
> Em conclusão, se o tratado deveria ser observado pela lei interna subsequente; se o mesmo tratado conteria uma relação de especialidade; se foi desconsiderado o princípio da isonomia tributária entre os sócios; se houve igualmente discriminação entre os sócios da mesma empresa, cujo discrímen foi fundado apenas no fato da residência e/ou domicilio de cada um, a meu ver, está claramente evidenciada a violação do art. 98 do CTN e do art. 24 da Convenção Brasil-Suécia.

Nesses termos, e pela excelência de sua fundamentação, tem-se que a E. Ministra Denise Arruda escudou-se favoravelmente às pessoas jurídicas sujeitos passivos com amparo na seguinte linha, em síntese:

(a) De que o Tratado para evitar a Dupla Tributação em Matéria de Impostos sobre a Renda Brasil-Suécia foi recepcionado na sua integralidade pelo ordenamento jurídico brasileiro;

(b) Que o artigo 98 do CTN prescreve a supremacia dos tratados e convenções internacionais em matéria tributária frente à legislação interna; e, ainda,

(c) Por conta do artigo 24 do Tratado para evitar a Dupla Tributação em Matéria de Impostos sobre a Renda Brasil-Suécia incorreu-se em contrariedade ao princípio da não-discriminação em matéria tributária.

Apresentado este histórico material e processual da polêmica *quaestio iuris*, em especial o conteúdo do D. Voto-Vista de desempate lavrado pela E. Ministra Denise Arruda, faz-se necessário, desde logo, repisar os argumentos jurídicos que efetivamente confirmam o pleno acerto da conduta sustentada e adotada pelas empresas envolvidas, fazendo-se, assim, prevalecer a previsão extraída do Tratado para Evitar a Dupla Tributação sobre a Renda vigente entre Brasil e Suécia, especialmente sob o prisma do princípio da não-discriminação tributária e aplicação da Convenção Internacional Brasil-Suécia por força do disposto no artigo 98 do CTN.

2. PRINCÍPIO DA NÃO-DISCRIMINAÇÃO: A INSTITUIÇÃO DE TRATAMENTO DESIGUAL ENTRE CONTRIBUINTES QUE SE ENCONTRAM EM SITUAÇÃO EQUIVALENTE PELA LEGISLAÇÃO TRIBUTÁRIA

A discriminação imposta pelo artigo 77, da Lei n. 8.383/91, com relação ao artigo 2º, da Lei n. 8.849/94, aplica-se aos contribuintes que se encontram em *situação equivalente* (*in casu*, sócio brasileiro e estrangeiro), porque a distinção prevista no tipo tributário em questão foi a espacial (territorial) e não a sujeição passiva.

Em outras palavras, pode-se dizer que a situação equivalente em que ambos se encontram decorre da sujeição passiva porque a hipótese de incidência do tributo (Imposto de Renda Retido na Fonte) é a distribuição dos dividendos para os sócios, independentemente do seu local de residência ou domicílio.

Até porque a legislação aplicável ao Imposto de Renda, em momento algum, leva em consideração, para fins de determinação do montante devido, o critério da territorialidade, mas sim a renda percebida.

Os sócios obtiveram a renda pelo fato de serem acionistas da sociedade comercial que distribuiu seus lucros. Porém o sócio com residência ou domicílio no território brasileiro recebeu seus lucros sem o expurgo do IRRF, conquanto que o sócio com residência na Suécia submeter-se-ia ao pagamento do tributo.

O desrespeito ao princípio da não-discriminação, albergado respectivamente na Constituição Federal (artigo 150, inciso II, CF 88) e na Convenção Internacional entre Brasil e Suécia (artigo XXIV, do Decreto Legislativo n. 93, de 24 de maio de 1975, e posteriormente promulgada pelo Decreto n. 77.053, de 19 de janeiro de 1976), consiste na distinção espacial (territorial) imposta pelos dispositivos legais acima citados.

Afasta-se, portanto, qualquer esforço que pretenda demonstrar a inexistência de discriminação na aplicação do tipo tributário. A situação equivalente decorre do fato de que ambos são sócios. A discriminação ocorre em virtude da residência ou domicílio do sócio.

Esse desenvolvimento lógico foi percebido tanto pela sentença apelada quanto pelos Acórdãos do E. TRF da 4ª Região, que, respectivamente, reconheceram (i) que ambos os sócios, brasileiro e sueco, encontram-se em situação equivalente por sua idêntica sujeição passiva, qual seja, o recebimento de dividendos (renda) — independentemente do local de residência; e, igualmente, que (ii) o sócio sueco foi discriminado em virtude de seu domicílio, através de elemento estranho à hipótese de incidência (fato jurídico tributário) do Imposto de Renda.

Porém, referido conjunto de Decisões recorridas entenderam que a discriminação seria razoável, admissível e lícita do ponto de vista constitucional.

Com isso, plenamente cabível o questionamento da possibilidade de mitigação do princípio da não-discriminação tributária. Ou seja, afastável, desde sempre, o recurso hermenêutico de aplicação da não discriminação pelo tratamento desigual para os desiguais, vez que, como já se viu, ambos contribuintes encontram-se em situação equivalente.

3. DA IMPOSSIBILIDADE DE DISCRIMINAÇÃO PELA ESPECIALIZAÇÃO

Partindo-se do pressuposto de que um dos sócios se

submete ao pagamento do tributo e outro não, em razão do seu domicílio ou residência, ficou evidenciado a discriminação pela desigualdade em termos tributários, que acabaram por imputar maior ônus ao sócio estrangeiro.

Contudo, não é o fato da legislação especializar aplicação da norma que a torna imune ao princípio da não discriminação, constitucionalmente lícita, razoável ou admissível.

Bastaria, por exemplo, a prevalecer o argumento, que o legislador especializasse a matéria em relação aos contribuintes do Estado do Paraná, aplicando-lhes um tributo, que não fosse aplicado aos demais contribuintes residentes em outros Estados da Federação, para legitimar a imposição de um imposto somente em território paranaense. Este exemplo rompe com todo o Sistema Tributário Nacional por infringir o princípio da isonomia.

Conforme já salientado, a especialização das normas é recurso de hermenêutica utilizado para situações distintas e não equivalentes.

Válido repetir que a situação equivalente, *in casu*, dá-se pela sujeição passiva do Imposto de Renda. Os sócios, independentemente de sua residência ou domicílio, são tributados por auferir renda da distribuição dos lucros realizada pela sociedade.

Não há permissivo constitucional que faculte ao legislador impor tratamento discriminatório àqueles que se encontrem em *situação equivalente* (artigo 150, inciso II, CF 88).

Nesse sentido o Excelso Supremo Tribunal Federal – STF já teve a oportunidade de afastar a possibilidade de o legislador transigir quanto ao princípio da isonomia, impondo à transgressão o vício de inconstitucionalidade, conforme julgamento do Pleno a seguir transcrito:

> O princípio da isonomia, que se reveste de autoaplicabilidade, não é — enquanto postulado fundamental de nossa

ordem político-jurídica — suscetível de regulamentação ou de complementação normativa.

Esse princípio — cuja observância vincula, incondicionalmente, todas as manifestações do Poder Público — deve ser considerado, em sua precípua função de obstar discriminações e de extinguir privilégios (RDA 55/114), sob duplo aspecto: (a) da igualdade na lei e (b) o da igualdade perante a lei. A igualdade na lei — que opera numa fase de generalidade puramente abstrata — constitui exigência destinada ao legislador que, no processo de sua formação, nela não poderá incluir fatores de discriminação, responsáveis pela ruptura da ordem isonômica. A igualdade perante a lei, contudo, pressupondo lei já elaborada, traduz imposição destinada aos demais poderes estatais, que, na aplicação da norma legal, não poderão subordiná-la a critérios que ensejem tratamento seletivo ou discriminatório.

A eventual inobservância desse postulado pelo legislador imporá ao ato estatal por ele elaborado e produzido a eiva de inconstitucionalidade.

(STF, MI 58-DF, Relator Ministro CARLOS VELLOSO, Relator para o Acórdão Ministro CELSO DE MELLO, julgado em 14.12.90 e publicado no DJU1 de 19.04.91 e também na RTJ 134-03, p. 01025).

O caráter da pessoalidade também não merece prevalecer como justificativa para excepcionar o princípio da não-discriminação porque a sujeição passiva do Imposto sobre a Renda decorre do fato do contribuinte auferir renda por ser sócio de sociedade brasileira por ocasião da distribuição de seus lucros e não do local de sua residência ou domicílio.

Para sustentar esta linha de raciocínio seria forçoso admitir que a igualdade de tratamento deveria se dar apenas com relação aos domiciliados e residentes no Brasil, e o caráter pessoal da tributação justificaria discriminação com relação aos contribuintes domiciliados ou residentes no exterior.

Esta construção interpretativa esvazia o conteúdo e a finalidade da norma de não-discriminação da Convenção Brasil-Suécia (artigo XXIV), e do princípio da isonomia.

Portanto, se o critério no Direito brasileiro, relativo ao Imposto de Renda, é o da territorialidade na acepção do princípio da fonte de produção da renda não se pode tergiversar com critério distinto, qual fosse o do local onde reside ou tem o domicílio o receptor da fonte.

Para a hipótese de incidência do Imposto de Renda é irrelevante o domicílio ou residência do contribuinte.

4. DA *CLÁUSULA GERAL DE RECEPÇÃO PLENA* DOS TRATADOS E CONVENÇÕES INTERNACIONAIS

A Constituição Federal de 1988 dispõe em seu artigo 5º, §2º, que os direitos e garantias expressos na Constituição não excluem outros decorrentes do regime e dos princípios por ela adotados, ou dos tratados internacionais em que a República Federativa do Brasil seja parte.

Segundo lição de Betina Treiger Grupenmacher se trata de inovação introduzida pela Constituição Federal de 1988, acrescentando ao rol de direitos e garantias aqueles previstos e assegurados pelos tratados internacionais. Dessa maneira, pois, os direitos e garantias previstos em tratados internacionais passaram a integrar o elenco dos direitos constitucionais.[10]

A norma do artigo 5º, §2º, deve ser entendida como referência aos direitos fundamentais, demonstrando, ao mesmo tempo, que o Texto Constitucional não pretende ser exaustivo ao enumerar esses mesmos direitos fundamentais. Por esse motivo, além dos direitos e garantias expressamente reconhecidos, existem outros, decorrentes dos regimes e princípios adotados pela Constituição Federal, os quais estão implicitamente reconhecidos.

---

10. GRUPENMACHER, Betina Treiger. *Tratados internacionais em matéria tributária e ordem interna*. São Paulo: Dialética, 1998, p. 80.

Nesse sentido, de acordo com José Afonso da Silva, os direitos individuais decorrentes do regime e de tratados internacionais subscritos pelo Brasil, correspondem *"aqueles que não são nem explícita nem implicitamente enumerados, mas provêm ou podem vir a provir do regime adotado."*[11]

Ou seja, no que diz respeito aos tratados internacionais, a Constituição Federal de 1988 reconhece estes como instrumento hábil para a geração de direitos e garantias aos indivíduos.

Melhor ainda dizendo, as regras introduzidas através dos tratados internacionais, assim como aquelas explicitamente insculpidas no Texto Constitucional, constituem direitos e garantias constitucionais. Pode-se, dizer, pois, que a Constituição Federal de 1988 acolhe os tratados internacionais em que o Brasil seja parte, incorporando-os de forma automática ao ordenamento jurídico interno e qualificando-os como normas constitucionais.

A norma do artigo 5º, §2º, da Constituição Federal de 1988, corresponde, assim, à denominada cláusula geral de recepção plena dos tratados internacionais, sendo necessária tão somente sua ratificação, dispensada a figura da transformação.

A incorporação automática prevista pelo §2º, artigo 5º, da Constituição Federal, que exige somente a ratificação do tratado para que este passe a ter vigência imediata no ordenamento jurídico interno, segundo José Eduardo Soares de Melo, *"não deixa margem para a dúvida, no sentido de que também aos Tratados seriam conferidos os mesmos atributos concernentes às demais normas do Direito positivo interno."*[12]

---

11. SILVA, José Afonso da. *Direito constitucional positivo brasileiro*. São Paulo: Malheiros, 1991, p. 178.
12. MELO, José Eduardo Soares de. *Tributação no Mercosul*. Coordenador Ives Gandra da Silva Martins, São Paulo: Editora Revista dos Tribunais, Centro de Extensão Universitária, 1997, p. 188.

A mesma conclusão vem demonstrada nas palavras de Alberto Xavier e Helena de Araújo Lopes Xavier, nos seguintes termos:

> Ora, se os tratados são recebidos na ordem interna como tratados e não como leis internas, ao abrigo de uma cláusula geral de recepção plena, isso significa que só podem ser celebrados, revogados ou denunciados pelos mecanismos que lhes são próprios e não pelos mecanismos que valem para as leis internas. É precisamente nesta impossibilidade de a lei ordinária interna revogar ou denunciar um tratado internacional que consiste a supremacia hierárquica deste último.
>
> Tendo adotado o sistema de recepção automática plena, o direito brasileiro rejeitou a figura da 'transformação', expressa ou implícita, mediante lei que tivesse paridade hierárquica com as demais leis ordinárias.
>
> (...)
>
> Mas o §2º do artigo 5º tem ainda um alcance mais amplo em matéria de direitos e garantias, pois ao estabelecer-se que os direitos e garantias expressos nesta Constituição não excluem outros decorrentes do regime e dos princípios por ela adotados, ou dos tratados internacionais em que a República Federativa do Brasil seja parte, revela claramente que as normas constantes dos tratados internacionais prevalecem sobre as normas internas nas matérias em causa.[13]

Natanael Martins, por sua vez, sublinha que *"por certo que o legislador constituinte ao colocar ao lado dos direitos e garantias expressos e dos princípios constitucionais adotados os tratados internacionais, de que a República Federativa do*

---

13. XAVIER, Alberto; XAVIER, Helena de Araújo Lopes. *Tratados: superioridade hierárquica em relação à lei face à Constituição Federal de 1988*. Revista de Direito Tributário. São Paulo: Malheiros Editores, pp. 38 e 40. No mesmo sentido, confira-se: COÊLHO, Sacha Calmon Navarro. *Tratados internacionais em matéria tributária (perante a Constituição Federal do Brasil de 1988)*. Revista de Direito Tributário. São Paulo: RT, n. 59, pp. 180-194.

Brasil seja parte, pretende dar a estes uma estatura tal que o faz sobrepor ao direito positivo interno, seja este de que espécie for, pois qualquer matéria pode ser objeto de acordo internacional."[14]

Em se admitindo, de forma integral, a cláusula geral de recepção plena dos atos internacionais as regras da Convenção Brasil-Suécia para evitar a Dupla Tributação internacional, passam as mesmas a constituir autênticas regras do ordenamento jurídico brasileiro, para todos os fins e efeitos de Direito, tornando induvidosa sua eficácia, ressalvada a plena observância aos princípios e normas assentados no texto constitucional.

Com efeito, se o Estado brasileiro assegura, ao nível constitucional, a vigência de direitos e garantias decorrentes dos tratados internacionais em que seja parte (artigo 5º, §2º, CF'88), isso quer significar que ele próprio tem o dever de conformar a sua ordem interna com o Direito Internacional convencional, não podendo, assim, emitir leis infraconstitucionais contrárias às normas daquele.

Em outras palavras, o Estado brasileiro não quis deixar na disponibilidade do legislador ordinário a vigência de normas de origem não unilateral.

Conclui-se que a Convenção Brasil-Suécia para evitar a Dupla Tributação Internacional sobre a Renda é colocada na

---

14. MARTINS, Natanael. *Tratados internacionais em matéria tributária.* Cadernos de Direito Tributário e Finanças Públicas. São Paulo: RT, ano 3, n. 12, 1995, p. 199. Paulo Borba Casella e Ralph Sapoznik afirmam que a Constituição Federal de 1988 *"apazigua a querela com o parágrafo 2.º de seu artigo 5º, incluindo a total recepção de tratados internacionais e reafirmando a teoria monista com prevalência do ato internacional sobre normas infraconstitucionais, quando aquelas criem direitos ou garantias individuais (aí encontrando-se também as de cunho tributário – CF/88, art. 150, caput)."* (CASELLA, Paulo Borba; SAPOZNIK, Ralph. *A revogação do Decreto 69.393/71 e os tratados no direito tributário brasileiro.* Grandes Questões Atuais do Direito Tributário, 3º vol., São Paulo: Dialética, 1999, p. 261).

ordem jurídica interna num grau hierárquico superior ao da lei; e, também, que, em caso de conflito, a Convenção (ou tratado) se sobrepõe à lei interna.

Vale dizer, a Constituição Federal de 1988 concede primazia aos tratados internacionais e determina sua observação e aplicação, bastando que o Brasil os tenha subscrito.

Daí, portanto, tem-se que o princípio da não-discriminação de tratamento tributário, previsto no artigo 24 da Convenção Brasil-Suécia para evitar a Dupla Tributação sobre a Renda e o Capital, pelo caráter de garantia fundamental, incorpora-se ao ordenamento nacional, nos termos do §2º, do artigo 5º, da Constituição Federal, com prevalência sobre toda a legislação infraconstitucional.

Assim sendo, outra não pode ser a interpretação quanto à recepção do mencionado princípio da não-discriminação como inconteste medida de limitação ao poder de tributar, constitucionalmente reconhecida, enquanto garantia protetiva de direitos contra a ação de tributar mediante atos discriminatórios.

5. A REGRA DO ARTIGO 98 DO CÓDIGO TRIBUTÁRIO NACIONAL — CTN

O Código Tributário Nacional – CTN[15] dispõe em seu artigo 98 que *"os tratados e as convenções internacionais revo-*

---

15. A respeito da natureza jurídica da Lei n. 5.172/66, Roque Antonio Carrazza tece os seguintes comentários: *"Apesar de seu nunca negado caráter nacional, ela foi votada como lei ordinária, uma vez que, à época, inexistia no processo legislativo pátrio, a lei formalmente complementar à Constituição. Pois bem, que a doutrina mais tradicional que, implantados, primeiro em 1967 e, depois, em 1988, novos regimes constitucionais, a lei em exame, mesmo não tendo sido aprovada com o quorum especial e qualificado do art. 69, da Carta Suprema, assumiu, ipso facto, a natureza de lei complementar, por versar sobre matérias que estão hoje reservadas a esta modalidade de ato normativo. Data maxima venia, assim não nos parece. A nosso ver, a Lei 5.172/66 continua, sim, sendo formalmente uma*

gam ou modificam a legislação tributária interna, e serão observados pela que lhes sobrevenha." Muito já se cogitou a respeito da inconstitucionalidade desse artigo 98 do CTN.

Em primeiro lugar, porque sua dicção seria conflitante com o princípio federativo, vez que interferiria na autonomia dos Estados, Distrito Federal e Municípios.[16]

Em segundo lugar, porque não teria respaldo em nenhum dos dispositivos da Constituição Federal de 1988, estando, portanto, revogado.[17]

---

simples lei ordinária: materialmente, entretanto, é lei de cunho nacional. (...) *Evidentemente, a matéria de que a lei em questão cuida (normas gerais em matéria de legislação tributária) passou a ser privativa de lei complementar, por determinação, primeiro, do art. 18, §1.º, da Carta de 67/69 e, agora, do art. 146, da atual Constituição. Desta forma, a Lei Nacional 5.172/66 só poderá ser revogada ou modificada por lei formalmente complementar."* (CARRAZZA, Roque Antonio. *Curso de direito constitucional positivo*. São Paulo: Malheiros, 1993, pp. 398-399, nota de rodapé n. 23). A respeito do tema, Betina Treiger Grupenmacher sublinha que: *"O art. 98 do CTN integra, com outros, texto de lei complementar que tem, por força do que dispõe o art. 146 da Constituição Federal, a função primordial de estabelecer normas gerais em matéria tributária, dentre as quais encontram-se, por certo, as disposições referentes à interpretação, vigência e aplicação da legislação tributária."* (GRUPENMACHER, Betina Treiger. Op. cit., p. 144). Sacha Calmon Navarro Coêlho, de sua parte, manifesta-se afirmando: *"Sempre se entendeu no Brasil que as normas sobre vigência, interpretação e aplicação da legislação tributária são, por excelência, normas gerais de direito tributário, de observância obrigatória pela União, Estados e Municípios. Ao que o art. 98 do CTN encartado no capítulo que trata precisamente dessas matérias harmoniza-se com a Constituição à perfeição."* [COÊLHO, Sacha Calmon Navarro. Op. cit., p. 186]. Ainda, Antônio de Moura Borges opina no sentido de que *"o Código Tributário Nacional – Lei número 5.172, de 25 de outubro de 1966 – é lei complementar à Constituição, sendo, pois, hierarquicamente superior a todas as leis, com exceção, obviamente, da própria Constituição."* (BORGES, Antônio de Moura. *Convenções sobre dupla tributação internacional*. São Paulo: IBDT, 1992, p. 141).

16. Nesse sentido, vale destacar a opinião de José Eduardo Soares de Melo, pela qual: *"Revela-se precária a eficácia do art. 98 do CTN, ao estabelecer que 'os Tratados e as Convenções internacionais revogam ou modificam a legislação tributária interna, e serão observados pela que lhes sobrevenha', porque tal preceito não se adéqua ao princípio federativo."* (MELO, José Eduardo Soares de. *Tributação...*, p. 200).

17. Wagner Balera demonstra opinião em sentido contrário ao afirmar que: *"Antes mesmo de a Constituição consagrar, como se depreende do transcrito*

E, finalmente, em terceiro lugar, porque no caso de conflito entre a normativa de Direito Internacional e a legislação interna, a questão deveria ser solucionada pela aplicação do princípio da *"lex posterior derogat priori"*.

Conforme referido por José Francisco Rezek, o artigo 98 do CTN configura-se como uma regra preciosa e qualquer tese advogando sua inconstitucionalidade não tem qualquer fundamento. Em verdade, o artigo 98 do CTN está dizendo que, caso exista tratado, a lei que se fará posteriormente deverá obrigatoriamente observar os comandos decorrentes da normativa internacional, para não entrar em conflito com esta. Ou seja, nas palavras do próprio REZEK, não se trata de *"uma regra de solução de conflito, que seria realmente de duvidosa constitucionalidade, mas é uma regra preventiva da ocorrência de conflito, mandando o legislador com estatura complementar à Constituição, ao legislador ordinário, ao fazedor de leis ordinárias, que observe os compromissos pré-existentes no plano internacional."*[18]

É dizer, enquanto vigentes os tratados internacionais dispondo sobre matéria tributária, não será lícito ao Poder Legislativo elaborar leis que entrem em conflito com a matéria desses acordos. Diante do artigo 98 do CTN, a legislação interna deverá atender as disposições contidas nos tratados internacionais, não extrapolar em matérias contrárias ao disposto pelos tratados internacionais.

---

art. 5º, §2º, a supremacia dos Tratados sobre o Direito interno, já o Código Tributário Nacional estampava o art. 98. (...) Permitimo-nos discordar daqueles que consideram revogado o citado preceptivo codificado. Pensamos que o preceito estampado no art. 5º, §2º, da Lex Major, é a regra que admitiu de novo – a Constituição reinstitui todas as regras jurídicas do direito anterior – o art. 98 do Código Tributário Nacional na ordem jurídica pátria." (BALERA, Wagner. *Tributação no Mercosul*. Coordenador Ives Gandra da Silva Martins, São Paulo: Editora Revista dos Tribunais, Centro de Extensão Universitária, 1997, p. 248).
18. REZEK, José Francisco. *Jurisprudência do Supremo e direito tributário*. Revista de Direito Tributário. São Paulo: Malheiros, 1986, n. 37, pp. 122-123.

Mesmo porque, os tratados internacionais, enquanto atos plurilaterais na sua origem, não podem ser unilateralmente desfeitos em decorrência da inobservância por parte dos ordenamentos jurídicos internos dos países signatários.

O desfazimento de um tratado somente pode ser efetivado através da denúncia do mesmo por uma das partes contratantes, se assim dispuser o próprio tratado, ou, também, pela superveniência de novo tratado. Os tratados internacionais não podem, por consequência, ser revogados por leis federais, mas somente por denúncia.

No caso, em se admitindo a retenção do Imposto de Renda na Fonte, estar-se-á desfazendo unilateralmente pelo Brasil, em função da criação de norma legal contrária posteriormente à existência da Convenção Brasil-Suécia para evitar a Dupla Tributação sobre a Renda.

Ademais, da leitura do artigo 98 do CTN pode-se concluir que não se trata da prevalência ou não dos tratados sobre a legislação interna com base no argumento de que a normativa internacional estaria em patamar hierárquico-normativo superior. Mencionado dispositivo estatui o critério da especialidade dos tratados internacionais relativamente à legislação interna, seja anterior ou posterior. Em outras palavras, os tratados internacionais constituem *lex specialis* em relação à legislação interna.

Os tratados internacionais integrados ao ordenamento jurídico brasileiro têm a estatura hierárquica de uma lei nacional, sendo válidos como lei especial em relação à lei geral de incidência. Exatamente nesse sentido flui o ensinamento de Diva Malerbi, dizendo que:

> Mais precisamente, nos casos em que o Tratado afaste ou modifique a disciplina que decorreria da lei interna, o efeito jurídico do preceito convencional advindo do Tratado é o de norma especial. O Tratado cria, em relação às hipóteses

por ele previstas e aos países nele envolvidos, exceções à aplicação da lei interna. O conteúdo material do Tratado, uma vez incorporado ao Direito interno, prepondera, porque traduz preceito especial harmonizável coma norma geral de incidência.[19]

No mesmo sentido LUCIANO AMARO afirma que *"se a lei interna tributa certa situação, e o tratado não permite a tributação daquela mesma situação quando ela envolva um residente do outro Estado contratante, o aparente conflito normativo se resolve pela aplicação do preceito do tratado, que, no caso, está para a lei interna assim como a norma especial está para a norma geral."*[20]

Em outras palavras, a legislação interna estabelece regras tributárias de cunho genérico, alcançando a totalidade dos contribuintes submetidos à lei brasileira, ao passo que os tratados internacionais afastam a aplicação da legislação interna geral naquilo que os mesmos dispuserem em sentido contrário.

Assim, a legislação interna se mantém intacta em relação às situações envolvendo destinatários da regra jurídica genérica não albergados pelos tratados internacionais. Vejam-se, nesse sentido, as ponderações apresentadas por Heleno Torres a respeito do tema:

> Mais uma vez a funcionalidade deve ser trazida à tona. Este dispositivo assegura o cumprimento das disposições pactuadas, mas, de modo algum, veda à atividade legislativa a possibilidade de inovação sistêmica, salvo a edição de normas dirigidas exclusivamente contra uma ou todas as disposições da convenção. É uma restrição ao sistema, quanto

---

19. MALERBI, Diva. *Tributação no Mercosul*. Coordenador Ives Gandra da Silva Martins, São Paulo: Editora Revista dos Tribunais, Centro de Extensão Universitária, 1997, p. 77.
20. AMARO, Luciano. *Direito tributário brasileiro*. São Paulo: Saraiva, 1997, p. 169.

> à produção normativa, posta para evitar possíveis hipóteses de desobediência ao conteúdo das convenções, isoladamente, cortando qualquer possibilidade de futura ab-rogação ou derrogação por parte da lei interna às convenções em espécie.
>
> Ambas as normas serão igualmente válidas e aplicáveis, com a prevalência aplicativa para a norma internacional, na composição semântica da norma individual e concreta, quanto aos fatos previstos no texto convencional, mantendo-se a disciplina deste, até que, pelo procedimento próprio (denúncia), lhe seja retirada a validade.[21]

Dessa forma, os conflitos que surjam entre a legislação interna e os tratados deverão ser resolvidos a favor da norma especial (dos tratados), que excepciona a norma geral (da legislação interna), tornando-se indiferente que a norma interna seja anterior ou posterior aos tratados internacionais.

Cumpre ainda observar a incorreção na redação do artigo 98 do CTN, devendo-se entender que, em caso de conflito, os tratados internacionais em matéria tributária prevalecem sobre a legislação interna, sem, no entanto, revogá-la.

Não há que se falar em revogação da lei interna pelos tratados internacionais, até porque a mesma continua válida no que tange à regência das situações não disciplinadas pelos tratados e, sobretudo, porque tratado e lei interna são normas jurídicas situadas em dimensões distintas. Modifica-se, isto sim, a interpretação do Direito interno anterior aos tratados, visto que estes têm o condão de afastar a aplicação daquele sobre o que dispuser em sentido diverso, sem, no entanto, revogá-lo.

Conforme ensinamento de Betina Treiger Grupenmacher, *"não se trata, portanto, de revogação da legislação interna, que continua válida e eficaz para as demais hipóteses que*

---

21. TORRES, Heleno Taveira. *Pluritributação internacional...*, p. 581.

não forem disciplinados pelo tratado", mas sim *"de uma 'paralisação' da eficácia da norma interna nas situações específicas e absolutamente delimitadas, disciplinadas pela norma convencional."*[22]

Vislumbra-se que, tendo em conta o disposto pelo artigo 98 do CTN, eventuais antinomias entre tratados internacionais em matéria tributária e o ordenamento jurídico interno devem ser solucionadas no âmbito da eficácia e não da validade normativa, ou seja, sempre levando em consideração a aplicação concreta do Direito à situação subjacente.

Vale dizer que o artigo 98 do CTN cumpriu com sua função constitucional ao conter norma geral sobre a aplicação dos tratados internacionais relativamente à legislação interna, não revelando, em qualquer momento, qualquer forma de inconstitucionalidade.

Em última análise, o que o artigo 98 do CTN estabelece é que os tratados internacionais têm o condão de suspender a eficácia da legislação interna quando do ingresso destes no ordenamento jurídico interno, seja anterior ou mesmo posterior.

Importante salientar aqui, em tempo, que se evidencia, também quando da análise do artigo 98 do CTN, a mais absoluta ausência de critério hierárquico, não se trata da norma de Direito Internacional revogar a legislação ordinária interna (e vice-versa) em função de superioridade hierárquica, merecendo a questão uma análise a partir da verificação de discriminação entre sócios que se encontram em situação absolutamente equivalente, devidamente amparados, ao lado disso, por norma de Direito Internacional (Convenção) que dispõe de aplicabilidade específica.

---

22. GRUPENMACHER, Betina Treiger. Op. cit., p. 113. No mesmo sentido, confira-se: XAVIER, Alberto; XAVIER, Helena de Araújo Lopes. *Tratados...*, p. 43.

6. A QUESTÃO FOI RESOLVIDA NO SUPERIOR TRIBUNAL DE JUSTIÇA À LUZ DE NORMATIVA INFRACONSTITUCIONAL E NEM DEVERIA SER NOVAMENTE JULGADA PELO PRETÓRIO EXCELSO

O V. Acórdão do E. STJ tem seus pilares de sustentação calcados em fundamentos eminentemente infraconstitucionais, pois a controvérsia foi resolvida à luz dos artigos 98 do CTN e, também, XXIV da Convenção Brasil-Suécia para evitar a Dupla Tributação sobre a Renda.

Tanto o Eminente Ministro José Delgado, Relator para acórdão, como os Eminentes Ministros Francisco Falcão e Denise Arruda, que acompanharam o voto divergente, consignaram expressamente que a questão prescindiu de debate constitucional. Note-se que a existência de norma de conflito específica em matéria tributária (artigo 98 do CTN) dá solução adequada à eventual divergência entre tratado incorporado – ainda que com status de lei ordinária – e lei interna superveniente.

Em verdade, o artigo 98 do Código Tributário Nacional – CTN está dizendo que, caso exista tratado, a lei que se fará posteriormente deverá obrigatoriamente observar os comandos decorrentes da normativa internacional, para não entrar em conflito com esta. É dizer, enquanto vigentes os tratados internacionais dispondo sobre matéria tributária, não será lícito ao Poder Legislativo elaborar leis que entrem em conflito com a matéria desses acordos.

Diante do artigo 98 do CTN, conforme decidido pelo E. STJ, a legislação interna deverá atender as disposições contidas nos tratados internacionais, não extrapolar em matérias contrárias ao disposto pelos tratados internacionais.

Além do fundamento infraconstitucional acima reconhecido pelo E. STJ existem argumentos jurídicos adicionais à manutenção do V. Acórdão daquela Egrégia Corte Especial e, por conseguinte, para a aplicação da Convenção internacional para evitar a Dupla Tributação em matéria de Impostos sobre a Renda entre o Brasil e a Suécia, aprovada pelo Decreto Legislativo n. 93, de 24 de maio de 1975, e posteriormente promulgada pelo Decreto n. 77.053/76.

Havendo um dos sócios que se submete ao pagamento do tributo e outro não, em razão do seu domicílio ou residência, resta evidenciada a discriminação pela desigualdade tributária, imputando maior ônus ao sócio estrangeiro. Repita-se: Os sócios, independentemente de sua residência ou domicílio, são tributados por auferir renda da distribuição dos lucros realizada pela sociedade, inexistindo previsão constitucional que faculte ao legislador impor tratamento discriminatório àqueles que se encontrem em situação equivalente sob pena de ofensa direta ao princípio da não-discriminação.

A confirmação quanto à prevalência da não discriminação em qualquer situação, inclusive no que refere ao Imposto sobre a Renda, é a Súmula n. 20 do E. Superior Tribunal de Justiça — STJ, pela qual *"a mercadoria importada de país signatário do GATT é isenta do ICM, quando contemplado com esse favor o similar nacional."*

O caráter da pessoalidade também não merece prevalecer como justificativa para excepcionar o princípio da isonomia, porque a sujeição passiva do Imposto sobre a Renda decorre do fato do contribuinte auferir renda por ser sócio de sociedade brasileira por ocasião da distribuição de seus lucros e não do local de sua residência ou domicílio.

A aplicação da matriz não discriminatória é, a rigor, corolário do artigo 5º, §2º, da Constituição Federal de 1988, que estabelece que a igualdade de todos perante a lei, sem distinção de qualquer natureza, inclusive quanto aos direitos e as garantias decorrentes dos tratados internacionais em que a República Federativa do Brasil seja parte — cláusula geral de recepção plena dos atos internacionais.

Em se admitindo, de forma integral, a cláusula geral de recepção plena dos atos internacionais as regras da Convenção Brasil-Suécia para evitar a dupla tributação internacional, passam as mesmas a constituir autênticas regras do ordenamento jurídico brasileiro, para todos os fins e efeitos de Direito, tornando induvidosa sua eficácia, ressalvada a plena observância aos princípios e normas assentados no Texto Constitucional. Não menos relevante para o deslinde favorável do caso foi incorporação da Convenção de Viena sobre Direito dos Tratados ao ordenamento jurídico pátrio. Com efeito, a incorporação de norma dessa magnitude à legislação brasileira sinaliza, a não mais poder, o rumo normativo a ser observado e, sobretudo, a perspectiva de mudança do entendimento alcançado pela Corte Suprema quanto à prevalência dos tratados sobre as normas internas.

O primeiro passo dado nesse sentido ocorreu com a declaração de inconstitucionalidade da prisão civil por dívida, em consonância com o disposto no Pacto de San José da Costa Rica. Naquela oportunidade, reconheceu-se a supralegalidade dos tratados sobre direitos humanos.

É certo que, mais do que nunca, deve-se atentar ao disposto na Convenção de Viena sobre Direito dos Tratados (1969), especialmente à redação do artigo 27, segundo a qual *"nenhum Estado pactuante 'pode invocar as disposições de seu direito interno para justificar o inadimplemento de um tratado'"*.

Portanto, à guisa de conclusão, a ausência de violação direta do Texto Constitucional é razão suficiente para impedir o conhecimento de Recurso Extraordinário interposto pelo Fisco Federal.

Desse modo, a suposta violação dos dispositivos constitucionais invocados no recurso seria indireta ou reflexa, porquanto, antes, teria de ser declarada a inconstitucionalidade do artigo 98, CTN, o que não foi objeto do V. Acórdão do STJ, tampouco de provocação explícita ou implícita pelo Fisco Federal.

Ainda que assim não fosse, em eventual conflito na aplicação de normas, haveria de ser aplicada a Convenção Brasil-Suécia, por se tratar de norma mais específica, em detrimento da lei geral.

7. CONCLUSÃO

Seja pelos seus sólidos fundamentos fáticos e jurídicos, seja pela maestria com que construído e concatenado, o R. Voto de desempate proferido pela E. Ministra Denise Arruda, no julgamento do Recurso Especial n. 426.945-PR é marco jurisprudencial perante o Egrégio Superior Tribunal de Justiça – STJ, perfilando-se como *pedra de toque* para os julgamentos posteriores sobre a matéria envolvendo tratados e convenções internacionais em matéria tributária, devendo, inclusive, ser mantido perante o Pretório Excelso ao indevidamente reexaminá-lo posto que ausentes requisitos de cabimento de Apelo Extremo, sob o entendimento segundo o qual:

I. É aplicável ao caso em concreto o princípio da não-discriminação tributária, previsto no artigo 150, inciso II, CF 88, e o artigo XXIV da Convenção Internacional celebrada entre Brasil e o Reino da Suécia (princípio da não discriminação — Decreto Legislativo n. 93, de 24 de maio de 1975, promulgada pelo Decreto n. 77.053, de 19 de janeiro de 1976), contra o disposto no artigo 77, da Lei n. 8.383/91, no sentido de dar à pessoa jurídica residente ou domiciliada no Reino da Suécia, que recebe lucros e ou dividendos de sociedades comerciais, tratamento tributário isonômico àquele atribuído aos beneficiários ou domiciliados no Estado brasileiro, revelando-se inconstitucional a exigência do Estado brasileiro por instituir tratamento desigual entre contribuintes que se encontrem em situação equivalente (*in casu*, sócias nacionais e sueca).

II. Mediante a introdução do artigo 77, da Lei n. 8.383/91, no Sistema Tributário Nacional, o legislador federal praticou uma inequívoca discriminação de tratamento sobre a distribuição de lucros ou pagamentos de dividendos para residentes ou domiciliados no exterior, como é o caso aqui apresentado, sobre a sociedade sueca não-residente.

III. O princípio da não-discriminação de tratamento tributário, previsto no artigo 24 da Convenção Internacional para evitar a Dupla Tributação sobre a renda e o capital, pelo caráter de garantia fundamental, incorpora-se ao ordenamento nacional nos termos do §2º, do artigo 5º, da Constituição Federal, com prevalência sobre toda a legislação infraconstitucional.

IV. A tributação do Imposto de Renda relativamente aos lucros e dividendos distribuídos pelas sociedades brasileiras à pessoa jurídica sueca, na competência do ano-base de 1993, desrespeita (i) a prevalência da não-discriminação prevista na Convenção Internacional para evitar a Dupla Tributação sobre a renda e o capital, nos termos do artigo 5º, §2º, da Constituição Federal de 1988 e artigo 98 do Código Tributário Nacional — CTN, assim como (ii) a própria especialização da matéria a partir do artigo 1.028 do Regulamento do Imposto de Renda — RIR/94.

V. Afigura-se totalmente improcedente a argumentação expendida pelo Fisco Federal brasileiro, especificamente ao sustentar que a legislação ordinária interna posterior àquela que introduziu o Tratado internacional Brasil-Reino da Suécia para evitar a Dupla Tributação Internacional, no ordenamento jurídico brasileiro teria revogado este último texto legal, eis que o artigo 98 do CTN se apresenta como uma espécie de declaração do quanto já consta do sistema constitucional de recepção de convenções ou tratados internacionais, com prevalência de aplicabilidade sobre toda a legislação tributária interna.

REFERÊNCIAS BIBLIOGRÁFICAS

AMARO, Luciano. *Direito tributário brasileiro*. São Paulo: Saraiva, 1997.

ANDRADE FILHO, Edmar Oliveira. *Imposto de renda das empresas*. 10. ed., São Paulo: Atlas, 2012.

BALERA, Wagner. *Tributação no Mercosul*. Coordenador Ives Gandra da Silva Martins, São Paulo: Editora Revista dos Tribunais, Centro de Extensão Universitária, 1997.

BORGES, Antônio de Moura. *Convenções sobre dupla tributação internacional*. São Paulo: IBDT, 1992.

CASELLA, Paulo Borba; SAPOZNIK, Ralph. *A revogação do Decreto 69.393/71 e os tratados no direito tributário brasileiro. In Grandes Questões Atuais do Direito Tributário*, 3º vol., São Paulo: Dialética, 1999.

CARRAZZA, Roque Antonio. *Curso de direito constitucional positivo*. São Paulo: Malheiros, 1993.

COÊLHO, Sacha Calmon Navarro. *Tratados internacionais em matéria tributária (perante a Constituição Federal do Brasil de 1988)*. Revista de Direito Tributário n. 59. São Paulo: RT, 1991.

GRUPENMACHER, Betina Treiger. *Tratados internacionais em matéria tributária e ordem interna*. São Paulo: Dialética, 1998.

MALERBI, Diva. *Tributação no Mercosul*. Coordenador Ives Gandra da Silva Martins, São Paulo: Editora Revista dos Tribunais, Centro de Extensão Universitária, 1997.

MELO, José Eduardo Soares de. *Tributação no Mercosul*. Coordenador Ives Gandra da Silva Martins, São Paulo: Editora Revista dos Tribunais, Centro de Extensão Universitária, 1997.

OKUMA, Alessandra. *Comentário ao Acórdão do Superior Tribunal de Justiça no Recurso Especial n. 426.945/PR. In* TORRES, Heleno Taveira (coordenação). *Comércio internacional e tributação*. São Paulo: Quartier Latin, 2005.

REZEK, José Francisco. *Jurisprudência do Supremo e direito tributário*. Revista de Direito Tributário n. 37. São Paulo: Malheiros, 1986.

SILVA, José Afonso da. *Direito constitucional positivo brasileiro*. São Paulo: Malheiros, 1991.

TORRES, Heleno Taveira. *Pluritributação internacional sobre as rendas de empresas*. 2. ed., São Paulo: RT, 2001.

XAVIER, Alberto. *Direito tributário internacional do Brasil*. 6. ed. Rio de Janeiro: Forense, 2005.

_____; XAVIER, Helena de Araújo Lopes. *Tratados: superioridade hierárquica em relação à lei face à Constituição Federal de 1988*. Revista de Direito Tributário n. 66. São Paulo: Malheiros Editores, 1996.

XAVIER, Helena de Araújo Lopes; XAVIER, Alberto. *Tratados: superioridade hierárquica em relação à lei face à Constituição Federal de 1988*. Revista de Direito Tributário n. 66. São Paulo: Malheiros Editores, 1996.

REPETRO ESTADUAL E SEGURANÇA JURÍDICA – REGRAS DE TRIBUTAÇÃO DAS IMPORTAÇÕES DE EQUIPAMENTOS DESTINADOS AO USO INTERLIGADO ENTRE AS FASES DE EXPLORAÇÃO E PRODUÇÃO, BEM COMO DAS MOVIMENTAÇÕES INTERESTADUAIS DE EQUIPAMENTOS CUJA IMPORTAÇÃO NÃO É TRIBUTADA PELO ESTADO DE ORIGEM

Gustavo Brigagão[1]
Bruno Lyra[2]

---

1. Professor de Direito Tributário em Cursos de Pós-graduação promovidos pela Fundação Getúlio Vargas (FGV); *General Council Member of the Internacional Fiscal Association* (IFA); Diretor Secretário-Geral da Associação Brasileira de Direito Financeiro (ABDF); Diretor de Relações Institucionais do Centro de Estudos das Sociedades de Advogados – CESA; Presidente da Câmara Britânica – RJ – BRITCHAM-RJ; Presidente do Comitê Legal da BRITCHAM-RJ; e Sócio Conselheiro do Escritório Ulhôa Canto.

2. Diretor da ABDF, Representante Nacional da *Young IFA Network* (YIN), Relator do Comitê de Jovens Advogados do CESA, Membro da Comissão de

INTRODUÇÃO

Foi com grande honra que aceitamos o convite da Professora Betina Grupenmacher para participar da presente obra, dedicada à Ministra Denise Martins Arruda.

Para homenagear a excelentíssima Ministra, que desempenhou papel de fundamental importância para o desenvolvimento do Direito pátrio, escolhemos tema que, além de bastante atual, bem reflete os problemas de organicidade, sistematização e interpretação decorrentes das normas que regulam o relacionamento jurídico-tributário entre os contribuintes e as autoridades fiscais.

Como é do conhecimento de todos, o Regime Aduaneiro Especial de Exportação e Importação de bens destinados à exploração e à produção de petróleo e gás natural (REPETRO) foi criado pelo Decreto n. 3.161, 02.09.1999, e, por meio dele, previram-se regras de suspensão e isenção de tributos federais na importação de bens a serem utilizados nas referidas atividades.

Pouco mais de um mês depois, o Conselho Nacional de Política Fazendária (CONFAZ) editou o Convênio n. 58, de 28.10.1999, cuja cláusula primeira determinava que:

> Cláusula primeira: Ficam os Estados e o Distrito Federal autorizados a conceder isenção do ICMS incidente no desembaraço aduaneiro de mercadoria ou bem importado sob o amparo do Regime Especial Aduaneiro de Admissão Temporária previsto na legislação federal específica.

As regras acima foram instituídas com o declarado intuito de incentivar os investimentos no setor petrolífero, em virtude da posição de absoluta relevância que tal atividade ocupa na economia nacional e internacional.

Estudos de Assuntos Tributários da OAB-RJ, Membro do Comitê Legal da Câmara Britânica, e Advogado do Escritório Ulhôa Canto.

Tem-se, contudo, que ter em mente que, para que se atinja esse objetivo, as regras de tributação aplicáveis, além de eficazes, no sentido de desonerar os que nele resolvem investir, devem ser precisas, estáveis e claras, de forma a que todos os envolvidos se acomodem em um ambiente de absoluta segurança jurídica, cujos riscos possam ser facilmente mensurados e não sejam relacionados com a difícil compreensão do que esteja disposto nas regras tributárias de regência.

Embora haja diversas discussões sobre a correta aplicação das normas referentes ao REPETRO em âmbito federal, a estrutura básica de tal regime se mantém inalterada desde a sua criação e os conceitos utilizados refletem, de forma geral, aqueles constantes da Lei Geral do Petróleo (Lei n. 9.748, de 06.08.1997 – LGP).

O mesmo não ocorre na esfera estadual.

DAS INCONSISTÊNCIAS DO REPETRO ESTADUAL DESDE A SUA CRIAÇÃO

Em relação ao REPETRO estadual, cabe mencionar, preliminarmente, que a mera pretensão de instituir qualquer tipo de benefício fiscal relativo ao ICMS para as importações em exame já causa estranheza, uma vez que, como já defendido por diversos doutrinadores à época da edição do Convênio n. 58/99, tais transações não estariam sequer no campo de incidência do referido imposto estadual.

De fato, é pacífico na doutrina e na jurisprudência que a expressão "operações relativas à circulação de mercadorias" constante do art. 155, inciso II, da CF/88, base constitucional do ICMS, deve ser interpretada no sentido de que a incidência do referido imposto pressupõe a existência de negócio jurídico do qual decorra a transmissão da propriedade da mercadoria.

Em outras palavras, para que haja a incidência do imposto, é necessário que a mercadoria ou bem mude de dono (titularidade), não sendo suficiente a mera circulação física ou econômica do bem, como ocorre, por exemplo, nas situações em que o contribuinte do imposto movimenta mercadorias nas diversas fases de produção do seu estabelecimento, transfere mercadorias de uma filial para outra da mesma empresa, incorpora um bem de sua produção ao seu ativo fixo, dá saída a um bem do seu estabelecimento para prestar um serviço etc.

Nesse sentido, transcrevemos abaixo a doutrina de GERALDO ATALIBA, CLEBER GIARDINO, JOSÉ EDUARDO SOARES DE MELO e HUGO DE BRITO MACHADO:

> Circulação é a expressão que deve ser entendida juridicamente. Do ponto de vista econômico, o termo é vago e impreciso: é, pois, imprestável para assegurar a objetividade e segurança específicas do direito.
>
> (...)
>
> Circular significa, para o Direito, mudar de titular. Se um bem ou uma mercadoria muda de titular, circula para efeitos jurídicos. Convenciona-se designar por titularidade de uma mercadoria à circunstância de alguém deter poderes jurídicos sobre a mesma, sendo ou não seu proprietário (disponibilidade jurídica). (GERALDO ATALIBA e CLEBER GIARDINO, "Núcleo da Definição Constitucional do ICM", *Revista de Direito Tributário*, vol. 25/26, p. 104).
>
> Circular é a passagem das mercadorias de uma pessoa para outra, sob o manto de um título jurídico, equivale a declarar, à sombra de um ato ou de um contrato, nominado ou inominado. Movimentação com mudança de patrimônio. (JOSÉ EDUARDO SOARES DE MELO, "ICMS – Teoria e Prática", Editora Dialética, 11ª edição, p. 14).
>
> Operações relativas à circulação de mercadorias são quaisquer atos ou negócios, independentemente da natureza jurídica de cada um deles, que implicam a circulação de mercadorias, vale dizer, que implicam mudança da propriedade das mercadorias, dentro da circulação econômica que as leva da fonte até o

consumidor. (HUGO DE BRITO MACHADO, "Curso de Direito Tributário", Editora Malheiros, 11ª edição, p. 259).

É no mesmo sentido o entendimento dos tribunais superiores sobre a matéria:

STF

IMPOSTO SOBRE CIRCULAÇÃO DE MERCADORIAS. DESLOCAMENTO DE COISAS. INCIDÊNCIA. ART. 23, INCISO II DA CONSTITUIÇÃO FEDERAL ANTERIOR. O simples deslocamento de coisas de um estabelecimento para outro, sem transferência de propriedade, não gera direito à cobrança de ICM. O emprego da expressão "operações", bem como a designação do imposto, no que consagrado o vocábulo "mercadoria" são conducentes à premissa de que deve haver o envolvimento de ato mercantil e este não ocorre quando o produtor – simplesmente movimenta frangos, de um estabelecimento a outro, para simples pesagem. (Agravo de Instrumento n. 131.941-1 – São Paulo – Relator Min. Marco Aurélio, unânime – Diário da Justiça – DJ, Seção I – SI, de 19.04.1991, p. 4583 – grifos da Recorrente).

AGRAVO REGIMENTAL NO RECURSO EXTRAORDINÁRIO. ICMS. DESLOCAMENTO DE MERCADORIAS. ESTABELECIMENTOS DO MESMO TITULAR. REEXAME DE FATOS E PROVAS. IMPOSSIBILIDADE EM RECURSO EXTRAORDINÁRIO. 1. o Supremo Tribunal Federal fixou entendimento no sentido de que o simples deslocamento da mercadoria de um estabelecimento para outro da mesma empresa, sem a transferência de propriedade, não caracteriza a hipótese de incidência do ICMS. Precedentes. 2. Reexame de fatos e provas. Inviabilidade do recurso extraordinário. Súmula n. 279 do STF. Agravo regimental a que se nega provimento. (Agravo Regimental no RE n. 596.983/MT, Relator Ministro Eros Grau, em 12.05.2009, Segunda Turma).

STJ

Súmula n. 166 – Não constitui fato gerador do ICMS o simples deslocamento de mercadoria de um para outro estabelecimento do mesmo contribuinte.

Qualquer possível dúvida que houvesse sobre a aplicação do entendimento acima às importações foi afastada quando o Plenário de Supremo Tribunal Federal (STF) decidiu que não poderia haver incidência do ICMS na importação de aeronaves por meio de contrato de leasing, uma vez que, em tal hipótese, não haveria transferência de propriedade do bem importado:

> ICMS. NÃO-INCIDÊNCIA. <u>ENTRADA DE MERCADORIA IMPORTADA DO EXTERIOR</u>. ART. 155, II DA CB. LEASING DE AERONAVES E/OU PEÇAS OU EQUIPAMENTOS DE AERONAVES. OPERAÇÃO DE ARRENDAMENTO MERCANTIL.
>
> 1. A importação de aeronaves e/ou peças ou equipamentos que as componham em regime de leasing não admite posterior <u>transferência ao domínio do arrendatário</u>.
>
> 2. <u>A circulação de mercadoria é pressuposto de incidência do ICMS</u>. O imposto --- diz o artigo 155, II da Constituição do Brasil --- é sobre "operações relativas à circulação de mercadorias e sobre prestações de serviços de transporte interestadual e intermunicipal e de comunicação, ainda que as operações e as prestações se iniciem no exterior".
>
> 3. Não há operação relativa à circulação de mercadoria sujeita à incidência do ICMS em operação de arrendamento mercantil contratado pela indústria aeronáutica de grande porte para viabilizar o uso, pelas companhias de navegação aérea, de aeronaves por ela construídas.
>
> 4. Recurso Extraordinário do Estado de São Paulo a que se nega provimento e Recurso Extraordinário de TAM – Linhas Aéreas S/A que se julga prejudicado. (Recurso Extraordinário n. 461.968, Relator Ministro Eros Grau, em 30.05.2007, Tribunal Pleno).

Verifica-se, portanto, que, de acordo com o entendimento que atualmente prevalece no STF[3], independentemente das

---

3. Cabe mencionar que o STF está rediscutindo a referida matéria no RE 540.829-SP. Até a data de fechamento do presente artigo, foram proferidos três votos: O Ministro Gilmar Mendes foi favorável à incidência, enquanto o

regras relativas ao REPETRO estadual, o ICMS jamais poderia incidir sobre as importações realizadas sob o regime de admissão temporária, já que tal regime pressupõe que os bens permaneçam sob a propriedade do cedente.

Contudo, em completo desrespeito ao posicionamento do STF, os estados continuam a exigir o ICMS sobre tais importações. Consequentemente, o contribuinte que, em princípio, estaria livre do referido imposto se vê obrigado a:

> i) ingressar em juízo para ver reconhecido o seu direito à não incidência, o que gera custos elevados; ou, alternativamente,

> ii) adequar-se às regras do REPETRO estadual que, como veremos a seguir, são de difícil interpretação e, consequentemente, geram alto grau de insegurança para as partes envolvidas.

De fato, além da questão constitucional descrita nos parágrafos anteriores, as normas relativas ao REPETRO estadual sempre foram pouco claras e, por vezes, simplesmente contraditórias.

Antes de abordarmos as normas atualmente em vigor, cabe citar breve exemplo que bem ilustra os problemas existentes desde a regulamentação inicial do benefício.

Alguns anos após a edição do Convênio n. 58/99[4], o Estado do Rio de Janeiro publicou a Lei n. 3.851, de 12.06.2002 (batizada de "Lei Valentim"), que supostamente incorporaria as disposições do referido convênio à legislação estadual (durante os anos anteriores, nenhuma norma regulou tais benefícios, embora o Convênio tenha sido ratificado pelo Estado).

Ministro Luiz Fux e a Ministra Cármen Lúcia adotaram posicionamento em sentido contrário.

4. Cláusula primeira: Ficam os Estados e o Distrito Federal autorizados a conceder isenção do ICMS incidente no desembaraço aduaneiro de mercadoria ou bem importado sob o amparo do Regime Especial Aduaneiro de Admissão Temporária previsto na legislação federal específica.

Ocorre que, para surpresa de todos, a Lei Valentim instituiu o seguinte regime tributário:

> a) incidência do ICMS à alíquota de 18%, na admissão temporária e importação de bens a serem utilizados nas fases de produção de petróleo no litoral do Estado do Rio de Janeiro; e
>
> b) determinação de que estariam excluídos da regra acima os equipamentos utilizados na fase de exploração que ingressassem no País para realizar serviços temporários, por um prazo de permanência inferior a 24 meses, e aqueles utilizados como insumos na construção e montagem no País de plataformas e sistemas flutuantes da produção de petróleo e suas unidades modulares.

Verifica-se que a Lei n. 3.851/02, em absoluta inovação em relação às disposições do Convênio n. 58/99 e do REPETRO Federal, criou tratamentos tributários diferenciados para as fases de produção e exploração.

Ora, além de gerar insegurança para o contribuinte, que não sabia quais normas seriam aplicáveis ao seu caso, tal inovação representou clara violação à Lei Complementar (LC) nº 24, 07.01.1975, segundo a qual benefícios fiscais referentes ao ICMS **são concedidos ou revogados nos termos de convênios celebrados e ratificados pelos Estados e pelo Distrito Federal**.

De fato, conforme já decidido pelo STF, embora os Estados possam optar por incorporar ou não benefícios fiscais às suas legislações locais, eles não podem alterar o escopo do que está previsto no Convênio. Nesse sentido:

> (...) AS ISENÇÕES SOBRE AS OPERAÇÕES SUJEITAS AO ICM ESTAO SUBORDINADAS A CONVENIOS CELEBRADOS E RETIFICADOS PELOS ESTADOS, SEGUNDO O DISPOSTO EM LEI COMPLEMENTAR (ART. 23, PARAGRAFO 6, DA CONSTITUIÇÃO DA REPUBLICA). **A LEI IMPUGNADA CONTEM RESTRIÇÕES**

**RELATIVAS AOS CONTRIBUINTES, SEM QUE TE-
NHA HAVIDO MODIFICAÇÃO INTRODUZIDA POR
NOVO CONVENIO. AFRONTA AOS ARTS. 23, PARA-
GRAFO 6, E 153, PARAGRAFO 1, DA LEI MAGNA.**
PROCEDENCIA DA REPRESENTAÇÃO. (Grifos da Recorrente – Representação n. 1.364-2, Relator Min. Djaci Falcão, Sessão Plenária, unânime, em 07.04.1988).

Cite-se, ainda, o seguinte trecho do voto do MINISTRO RELATOR RAFAEL MAYER: "(...) **Só mediante novo convênio é possível modificar a isenção concedida em convênio anterior**." (Grifamos).

Independentemente da controvérsia acima (além de diversas outras), a partir de 27.11.2007, as disposições do Convênio n. 58/99 (e, portanto, as correspondentes normas estaduais) deixaram de ser aplicáveis às importações realizadas sob o REPETRO, sendo substituídas pelas do Convênio n. 130/07, que instituiu tratamento fiscal absolutamente novo.

Ocorre que as novas regras introduzidas pelo referido Convênio n. 130/07 (que permanecem em vigor até a presente data, com alterações mínimas) mostraram-se, mais uma vez, problemáticas e, em alguns casos, incompatíveis com as normas constitucionais em vigor. Apresentamos abaixo dois exemplos que, a nosso ver, ilustram claramente os problemas existentes nas referidas normas.

DO "USO INTERLIGADO"

O Convênio n. 130/07, que, como mencionado acima, é o que atualmente determina as regras de tributação pelo ICMS aplicáveis às importações realizadas sob o REPETRO, instituiu o seguinte tratamento fiscal:

a) isenção ou redução de base de cálculo de forma que a carga tributária seja equivalente a 1,5%, sem apropriação do crédito correspondente, aos bens importados para a **fase de exploração** (Cláusula Segunda);

b) isenção ou redução de base de cálculo de forma que a carga tributária seja equivalente a 1,5%, sem apropriação do crédito correspondente, aos bens importados para **uso interligado às fases de exploração e produção**, desde que permaneçam no país por prazo inferior a 24 meses (Cláusula Sexta, inciso terceiro); e

c) redução de base de cálculo de forma que a carga tributária seja equivalente à 3% (sem direito apropriação do crédito correspondente) ou 7,5%, dos bens importados para a **fase de produção** de petróleo (Cláusula Primeira).

Verifica-se que o Convênio n. 130/07 instituiu tratamento tributário diferenciado para três momentos distintos: exploração, produção e "uso interligado".

As atividades de exploração e produção estão claramente definidas na LGP, nos seguintes termos:

> Art. 6º Para os fins desta Lei e de sua regulamentação, ficam estabelecidas as seguintes definições:
>
> (...)
>
> XV – Pesquisa ou Exploração: conjunto de operações ou atividades destinadas a avaliar áreas, objetivando a descoberta e a identificação de jazidas de petróleo ou gás natural;
>
> XVI – Lavra ou Produção: conjunto de operações coordenadas de extração de petróleo ou gás natural de uma jazida e de preparo para sua movimentação.

Contudo, não há em qualquer norma do ordenamento jurídico nacional definição do que seja "uso interligado às fases de exploração e produção". Tampouco é esse um termo comumente utilizado no mercado, o que se verifica pela ausência de referência a ele feita em qualquer estudo doutrinário ou técnico.

Em outras palavras, embora a definição da expressão "uso interligado às fases de exploração ou produção" seja de importância máxima e fundamental para a correta aplicação dos benefícios do REPETRO estadual, não há qualquer indicação legislativa de quais seriam os seus reais contornos, o que leva o contribuinte à situação de absoluta insegurança jurídica que o deixa vulnerável a autuações caso a sua interpretação do conteúdo da referida expressão não seja coincidente com a das autoridades fiscais.

Mais uma vez, a má redação dada às normas relativas ao REPETRO acaba por dificultar, sobremaneira, a realização de investimentos do setor que se pretendia incentivar.

Não obstante a incerteza a respeito do tema (diante da ausência de precedentes judiciais definitivos sobre a matéria), entendemos que a expressão "uso interligado às fases de exploração e produção" só pode ser entendida como a etapa de desenvolvimento que, conforme definição dada pela própria LGP, "é o conjunto de operações e investimentos destinados a viabilizar as atividades de produção de um campo de petróleo ou gás".

De fato, se adotarmos a interpretação literal, preconizada pelo artigo 111 do Código Tributário Nacional, não há momento melhor entre aqueles em que se decompõem as atividades realizadas no setor do petróleo do que a etapa de desenvolvimento para configurar o chamado "uso interligado". Conforme a definição legal apresentada acima, é nessa etapa que se verifica a possibilidade de transição (ou interligação) entre a fase de exploração (em que há a descoberto do petróleo) e a fase de produção (em que há a extração do óleo).

Se, em um segundo passo, abandonarmos a interpretação literal e utilizarmos a interpretação teleológica, muito aceita na jurisprudência dos nossos tribunais superiores, inclusive para casos de isenção, chegaremos também à mesma conclusão.[5]

---

5. Sobre a adoção dessa forma de interpretação, citamos, a título ilustrativo, os seguintes precedentes:

De fato, o raciocínio por trás dessas regras parece muito claro:

a) não deve ser tributado quem, sob total risco, atua a procura da existência ou não da riqueza (petróleo) na área prospectada (fase de exploração);

b) também não deve ser tributado quem, já certo da existência de petróleo em uma determinada área, predispõe-se a verificar a viabilidade da respectiva extração, desde que limitado a um prazo máximo de 24 meses; e

c) tributa-se, mas com alíquota reduzida (tendo em vista a relevância do setor do petróleo para a economia nacional e local) aquele que age na certeza da existência da riqueza a ser extraída e da absoluta viabilidade da sua extração (fase de produção).

Cabe mencionar que muitos argumentam que a interpretação exposta acima não seria válida, uma vez que o Parágrafo Quinto da Cláusula Primeira do Convênio n. 130/07 expressamente determina que, para efeitos da regra de incidência nele previstas, a etapa de desenvolvimento deve ser considerada

"(...) 2. A regra insculpida no art. 111 do CTN, na medida em que a interpretação literal se mostra insuficiente para revelar o verdadeiro significado das normas tributárias, não pode levar o aplicador do direito à absurda conclusão de que esteja ele impedido, no seu mister de interpretar e aplicar as normas de direito, de se valer de uma equilibrada ponderação dos elementos lógico-sistemático, histórico e finalístico ou teleológico que integram a moderna metodologia de interpretação das normas jurídicas." (REsp 411.704/SC, Ministro João Otávio de Noronha, Segunda Turma, 18.03.2003, DJ de 07.04.2003).
"(...) 6. Consectariamente, a aplicação principiológica do direito implica em partir-se do princípio jurídico genérico ao específico e deste para a legislação infraconstitucional, o que revela, in casu, que a solução adotada pelo Tribunal a quo destoa do preceito constitucional da defesa da dignidade da pessoa humana. 7. Deveras, a isenção do imposto de renda, em favor dos inativos portadores de moléstia grave, tem como objetivo diminuir o sacrifício do aposentado, aliviando os encargos financeiros relativos ao tratamento médico." (REsp 734.541/SP, Ministro Luiz Fux, Primeira Turma, 02.02.2006, DJ 20.02.2006, p. 227).

inserida na fase de produção, que, como visto, é tributada. Transcrevemos abaixo o referido dispositivo:

> Cláusula Primeira: Ficam os Estados e o Distrito Federal autorizados a reduzir a base de cálculo do ICMS incidente no momento do desembaraço aduaneiro de bens ou mercadorias classificados nos códigos da Nomenclatura Brasileira de Mercadorias/Sistema Harmonizado (NBM/SH) constantes no Anexo Único deste Convênio, importados sob o amparo do Regime Aduaneiro Especial de Admissão Temporária, para aplicação nas instalações de produção de petróleo e gás natural, nos termos das normas federais específicas, que regulamentam o Regime Aduaneiro Especial de Exportação e de Importação de Bens Destinados às Atividades de Pesquisa e de Lavra das Jazidas de Petróleo e de Gás Natural – REPETRO, disciplinado no Capítulo XI do Decreto federal n. 4.543, de 26 de dezembro de 2002, de forma que a carga tributária seja equivalente a 7,5% (sete inteiros e cinco décimos por cento) em regime não cumulativo ou, alternativamente, a critério do contribuinte, a 3% (três inteiros por cento), sem apropriação do crédito correspondente.
>
> (...)
>
> § 5º **Para efeitos desta cláusula, o início da fase de produção ocorrerá com a aprovação do Plano de Desenvolvimento do Campo pela Agência Nacional do Petróleo, Gás Natural e Biocombustíveis – ANP**. (Grifamos).

Contudo, não vemos tal norma como empecilho para a linha de interpretação proposta.

De fato, como mencionado acima, a regra de isenção para o "uso interligado" prevê um prazo máximo de permanência em território nacional. Portanto, os bens destinados à etapa de desenvolvimento receberão o mesmo tratamento que os bens destinados à fase de produção (tributação a 3% ou 7,5%), **salvo se permanecerem em território nacional por prazo inferior a 24 meses**.

Em outras palavras, a regra geral para bens destinados à etapa de desenvolvimento é a tributação com redução de base de cálculo (o mesmo tratamento que produção); contudo, há regra especial para os casos em que os bens permanecerem no país por prazo inferior a 24 meses, não havendo, portanto, qualquer incompatibilidade entre a interpretação ora apresentada e a norma constante do parágrafo quinto da Cláusula Primeira do Convênio n. 130/07.

O nosso entendimento é reforçado, ainda, pelo fato de que, como apontado acima, as únicas duas fases reconhecidas pela legislação regulatória são exploração e produção. Não seria de se esperar que o "uso interligado" estivesse contido na fase de exploração, que já é isenta, nos termos da legislação aplicável. O lógico é vislumbrar-se que esse "uso interligado", porque isento, ocorra em um ambiente tributado, como é o da outra única fase existente: a de produção.

Estamos cientes de que há posicionamentos isolados de Secretarias de Fazenda Estaduais contrários à interpretação acima (a de que expressão "uso interligado" deve ser entendida como a etapa de desenvolvimento). De fato, diversos estados proferiram decisões administrativas no sentido de que o termo "uso interligado" deve ser interpretado como se referindo a bens que:

> i) por suas próprias características, possam ser utilizados em ambas as fases (exploração e produção); ou
>
> ii) venham a ser efetivamente utilizados em ambas as fases (exploração e produção).

Ora, a prevalecer a linha de interpretação constante do item i), acima, a isenção em exame compreenderia a importação de todo e qualquer bem apto a ser utilizado em ambas as fases, ainda que, na prática, fosse usado somente na fase de produção (que, como visto, está sujeita ao imposto, à alíquota de 3% ou 7,5%), o que seria manifesto absurdo, na medida em que passaria a contemplar como isentas importações que estão sujeitas ao ICMS.

Quanto à segunda interpretação (a de que o "uso interligado às fases de exploração e produção" só se configura nas situações em que há o efetivo uso do equipamento importado na fase de exploração e, posterior e cumulativamente, na fase de produção), entendemos que ela também não pode prevalecer, na medida em que, no momento da importação, quando o benefício fiscal é concedido, não é possível prever se o equipamento preliminarmente destinado à fase de exploração será efetivamente também utilizado na fase de produção. Tal afirmação somente poderá ser feita se e quando finalizada a fase de exploração, e desde que dela se conclua pela existência de alguma jazida!

Em conclusão, apesar da redação pouco técnica utilizada na elaboração do Convênio n. 130/07 para efeitos da referida norma, a expressão "uso interligado às fases de exploração e produção" deve ser entendida como etapa de desenvolvimento. É o que nos parece.

DO ESTADO COMPETENTE PARA O RECOLHIMENTO DO ICMS

A Cláusula Sétima do Convênio n. 130/07 determina que:

> Cláusula sétima: O imposto referido nas cláusulas primeira e segunda e § 2º da cláusula sexta será devido à unidade federada em que ocorrer a utilização econômica dos bens ou mercadorias mencionados neste convênio.
>
> § 1º Na hipótese da cláusula segunda e § 2º da cláusula sexta, o imposto será devido à unidade federada em que ocorrer a primeira entrada dos bens ou mercadorias para utilização econômica.

§ 2º <u>Caso o imposto não tenha sido cobrado na operação a que se refere o § 1º, ele será devido à primeira unidade federada em que ocorrer a entrada dos bens ou mercadorias com cobrança do imposto.</u>

§ 3º O imposto a que se refere o § 1º desta cláusula será pago uma única vez, ainda que o bem saia do território nacional e nele reingresse posteriormente sem qualquer alteração ou beneficiamento. [6] (Grifamos).

Em uma análise menos aprofundada e meramente literal do dispositivo acima, é possível a interpretação de que, nas hipóteses em que houver isenção do ICMS no Estado por onde ocorra a importação e para onde sejam originariamente destinados os bens importados, caberá ao Estado para onde esses mesmos bens sejam posteriormente transferidos o direito de exigir ICMS sobre a referida importação, caso a sua legislação assim determine.

Verifica-se que a referida norma pretende criar nova incidência tributária, simplesmente por não ter sido recolhido o ICMS devido na importação no Estado de origem.

Desnecessário lembrar que a definição do âmbito de incidência dos tributos cabe à CF, que, como mencionado no início deste artigo, determina claramente as hipóteses que poderão servir de fato gerador do ICMS.

Ao prever incidência do imposto em hipótese diversa, entendemos que o Convênio nº 130/07 invade matéria reservada à constituição e/ou à lei complementar, claramente extrapolando sua competência, o que a torna inconstitucional.

Ainda que se argumente que o Convênio nº 130/07 pretendeu apenas dispor sobre o Estado competente para cobrar o ICMS devido na importação, tal matéria já está plenamente regulada na CF. De fato, nos termos do seu art. 155, §2º, IX, a,

---

6. A redação do parágrafo terceiro foi dada pelo Convênio 163, de 29.11.2010.

com redação dada pela Emenda Constitucional nº 33, 11.12.2001, o ICMS "incidirá também sobre a entrada de bem ou mercadoria importados do exterior por pessoa física ou jurídica, ainda que não seja contribuinte habitual do imposto, qualquer que seja a sua finalidade, assim como sobre o serviço prestado no exterior, **cabendo o imposto ao Estado onde estiver situado o domicílio ou o estabelecimento do destinatário da mercadoria, bem ou serviço**".

O STF já analisou a referida norma repetidas vezes, estabelecendo o entendimento de que o ICMS é devido ao Estado em que estiver localizado o destinatário jurídico do bem, como segue:

> RECURSO EXTRAORDINÁRIO. TRIBUTÁRIO. IMPOSTO SOBRE CIRCULAÇÃO DE MERCADORIAS E SERVIÇOS. ICMS. IMPORTAÇÃO. SUJEITO ATIVO. ALÍNEA "A" DO INCISO IX DO § 2O DO ART. 155 DA MAGNA CARTA. ESTABELECIMENTO JURÍDICO DO IMPORTADOR. O sujeito ativo da relação jurídico-tributária do ICMS é o Estado onde estiver situado o domicílio ou o estabelecimento do destinatário jurídico da mercadoria (alínea "a" do inciso IX do § 2o do art. 155 da Carta de Outubro); pouco importando se o desembaraço aduaneiro ocorreu por meio de ente federativo diverso. Recurso extraordinário desprovido. (RE nº 299.079/RJ; Relator: Min. Carlos Britto, 30.06.2004, Primeira Turma, Publicação: DJ 16-06-2006 p. 20).

Cite-se, ainda, o seguinte trecho do voto do Ministro **RELATOR CARLOS BRITO:**

> 10. Dessa forma, quando a operação se inicia no Exterior, o ICMS é devido ao Estado em que está localizado o destinatário jurídico do bem, isto é, o importador. Nesse sentido, Roque Antonio Carrazza, *in* "ICMS", 9ª ed., São Paulo, Malheiros Editores, 2003, pp. 60-61: '(...) Cabe ICMS nas importações de bens para que sejam integrados no ciclo econômico. Já vimos que o tributo é devido, nestes casos, à

pessoa política (Estado ou Distrito Federal) onde estiver localizado o destinatário do bem. **Nenhuma entredúvida pode surgir quando o destinatário do bem está localizado no próprio Estado onde se deu o desembaraço aduaneiro**. (...)

Portanto, verifica-se que a Cláusula Sétima do Convênio n. 130/07, ao determinar que o ICMS devido na importação poderá ser recolhido por outro Estado que não aquele em que indiscutivelmente localizado o destinatário jurídico do bem, viola expressa determinação constitucional, chancelada pelo STF.

Contudo, ainda que a norma em exame não fosse diametralmente oposta à determinação constitucional detalhada acima, regras referentes à competência tributária jamais poderiam ser instituídas por mero Convênio editado pelo CONFAZ. De fato, conforme o artigo 146 da CF, admite-se, no máximo, que **Lei Complementar** disponha sobre **conflitos de competência** (que não seria o caso, já que a Constituição é clara ao determinar o ente tributante).

A assertiva acima é reforçada pelo fato de que, de acordo com o Regimento Interno do CONFAZ, aprovado pelo Convênio nº 133, de 12.11.1997, a competência do referido órgão para a edição de Convênios está limitada às seguintes hipóteses:

Art. 3º Compete ao Conselho:

> I – promover a celebração de convênios, para efeito de concessão ou revogação de isenções, incentivos e benefícios fiscais do imposto de que trata o inciso II do art. 155 da Constituição, de acordo com o previsto no § 2º, inciso XII, alínea "g", do mesmo artigo e na Lei Complementar n. 24, de 7 de janeiro de 1975;
>
> II – promover a celebração de atos visando o exercício das prerrogativas previstas nos artigos 102 e 199 da Lei n. 5.172, de 25 de outubro de 1966 (Código Tributário Nacional), como

também sobre outras matérias de interesse dos Estados e do Distrito Federal.

Cabe aqui breve esclarecimento sobre o art. 102 do CTN citado na norma acima transcrita. O referido dispositivo determina que:

> Art. 102. A legislação tributária dos Estados, do Distrito Federal e dos Municípios vigora, no País, fora dos respectivos territórios, nos limites em que lhe reconheçam extraterritorialidade os convênios de que participem, ou do que disponham esta ou outras leis de normas gerais expedidas pela União.

Depreende-se da leitura do trecho transcrito que Convênios celebrados entre entes federativos podem atribuir determinadas normas de vigência extraterritorial, ou seja, podem permitir que as normas de um ente político tributante sejam aplicáveis no território do outro.

Ora, a competência para a cobrança do ICMS que, como visto acima, está claramente definida no art. 155, §2º, IX, a, da CF, jamais poderia ser alterada por mera norma infraconstitucional, independentemente de ter ela efeitos extraterritoriais, ou não.

Outro argumento que poderia, em tese, ser utilizado para sustentar a validade do § 2º da Cláusula Sétima do Convênio n. 130/07, seria o de que a referida regra visa tributar a movimentação interestadual dos bens, e não a importação.

Entendemos, contudo, que não é esse o caso, uma vez que, o dispositivo em análise trata do "imposto referido nas cláusulas primeira e segunda e § 2º da cláusula sexta", que é justamente o "ICMS incidente no momento do desembaraço aduaneiro". Não há, portanto, dúvidas quanto ao escopo da norma.

De toda forma, ainda que a redação do Convênio permitisse a interpretação de que se pretende tributar a remessa interestadual dos bens (e não a sua importação), tal determinação seria inconstitucional, pois, por meio desse dispositivo, estar-se-ia pretendendo tributar mera transferência de bens (que não tem sequer a natureza de mercadorias), sem mudança de titularidade.

Como mencionado anteriormente neste artigo, é pacífico na doutrina e na jurisprudência (havendo inclusive súmula do STJ sobre a matéria) que a incidência do ICMS pressupõe a existência de <u>negócio jurídico que tenha por objeto a transmissão da propriedade da mercadoria</u>, não havendo, portanto, a possibilidade de cobrança do imposto nas situações em que o contribuinte movimenta bens nas diversas fases de produção ou para prestação de serviços.

E ainda que tal regra não fosse absolutamente inconstitucional, ela jamais poderia ser imposta por Convênio celebrado pelo CONFAZ, que não possui competência para prever fato gerador de imposto, matéria sujeita à reserva legal, conforme o art. 150, I, da CF e 97 do CTN.

Por fim, esclarecemos que tampouco se poderia argumentar que o Convênio estaria criando hipótese de substituição tributária interestadual uma vez que, além de todos os argumentos já apresentados nesta seção, o referido instituto implica mudança do sujeito passivo da obrigação tributária, mas não do sujeito ativo, como pretende a Cláusula Sétima.

A Cláusula Sétima do Convênio nº 130/07 é inconstitucional.

CONCLUSÃO

Verifica-se que o REPETRO estadual, não obstante ter sido criado para incentivar a atividade petrolífera nacional, impõe normas pouco claras, vagas e, em certos casos, inconstitucionais.

As circunstâncias acima geram um ambiente de absoluta insegurança jurídica, especialmente se considerarmos que tais normas serão aplicadas por 27 entes federativos distintos, cada um com sua própria interpretação do alcance, escopo e significado das normas.

Para que a atividade petrolífera nacional seja efetivamente incentivada (suposto objetivo do REPETRO), o escopo das regras de incidência/benefícios deve ser estabelecido de forma clara e objetiva pelas autoridades próprias.

Nesse sentido, o mais desejável (e correto) seria que os Estados reconhecessem o posicionamento adotado pelo Plenário do STF no sentido de que não há incidência do ICMS nas importações em exame.

Diante da improbabilidade de que tal resultado seja alcançado em um futuro próximo[7], o mínimo aceitável é que o CONFAZ (e não os Estados, individualmente) reveja as normas do Convênio n. 130/07, esclarecendo as controvérsias existentes e estabelecendo claras hipóteses de aplicação dos benefícios e regras de incidência que estejam de acordo com a Constituição Federal.

---

7. Forçando os contribuintes a ingressarem em juízo para ver reconhecido seu direito.

APLICAÇÃO DA CISG E TRIBUTAÇÃO BRASILEIRA

Letícia Mary Fernandes do Amaral[1]

I. INTRODUÇÃO: PANORAMA GERAL DA CISG

Em 01 de abril do corrente ano entrou em vigor no Brasil a Convenção de Viena para a Compra e Venda Internacional de Mercadorias, mais conhecida como CISG[2], em decorrência da sua sigla em inglês. Originalmente, a CISG foi aprovada em 10 de abril de 1980, por 62 países, em conferência diplomática coordenada pela Comissão das Nações Unidas para o Direito do Comércio Internacional – UNCITRAL. Em 11 de abril do mesmo ano, a convenção foi assinada por países como Áustria,

---

1. Advogada tributarista, mestre em Direito Internacional e Europeu de Negócios pela *Université des Sciences Sociales, Toulouse 1* (França), reconhecido pela Universidade de São Paulo/USP, com experiência profissional na *Gray's Inn Tax Chambers* em Londres/UK. Coordenadora e professora de cursos de pós-graduação e de aperfeiçoamento na área tributária. Sócia da Amaral, Yazbek Advogados, do IGTAX — Instituto de Governança Tributária e vice-presidente do IBPT – Instituto Brasileiro de Planejamento e Tributação. Coordenadora, coautora e autora de livros e artigos jurídicos e de estudos sobre a carga tributária brasileira.
2. *United Nations Convention on Contracts for the International Sale of Goods.*

Chile, Gana, Hungria e Singapura, para entrar em vigor em 01 de janeiro de 1988. Posteriormente, foi sendo assinada por países como Argentina, China, Estados Unidos e França, também para vigorar em 01 de janeiro de 1988. Mais tarde, outros diversos países, como Espanha, Paraguai e Uruguai, a ela aderiram, tendo sua vigência iniciado em datas distintas para cada país.[3] O Brasil é o 79º país a aderir a CISG, após seu texto ter sido aprovado, sem ressalvas, pelo Congresso Nacional, por meio do Decreto Legislativo n. 538/2012. Muito embora a Carta de Adesão tenha sido depositada perante a ONU em 04 de março de 2013, a vigência deu-se após um ano de *vacatio legis*, conforme previsão do art. 99 (2)[4] da própria CISG.

A adesão do Brasil à CISG tem relevância por alguns motivos principais: (i) demonstra que o Brasil realmente vem mudando sua visão em relação à adoção de tratados internacionais; (ii) garante maior segurança jurídica às transações comerciais entre Brasil e outros países, incluindo seu principal parceiro comercial, a China; (iii) aumenta a segurança jurídica e reduz custos de transação também na América Latina e entre os países do Mercosul, já que o Brasil era o único membro do bloco que não havia aderido à CISG; (iv) por ser o primeiro país de língua portuguesa a aderir à CISG, funciona também como impulso para que outros países de mesmo idioma possam aderi-la.[5]

---

3. Cf. *Status United Nations Convention on Contracts for the International Sale of Goods (Vienna, 1980)*. Acesso em 04/05/2014. Disponível em: http://www.uncitral.org/uncitral/en/uncitral_texts/sale_goods/1980CISG_status.html.
4. (2) Quando um Estado ratificar, aceitar, aceder ou aprovar a presente Convenção, ou a ela aderir,
após haver sido depositado o décimo instrumento de ratificação, aceitação, aprovação ou acessão, a Convenção, salvo a Parte excluída, **entrará em vigor com relação a esse Estado no primeiro dia do mês seguinte ao término do prazo de doze meses**, contado da data em que haja depositado seu instrumento de ratificação, aceitação, aprovação ou acessão, observado o disposto no parágrafo (6) deste artigo. (g.n.)
5. Cf. Brasil adere à Convenção da ONU sobre contratos internacionais de compra e venda de mercadorias. **Nações Unidas no Brasil**. 05/03/2013.

A CISG tem por objetivo ser uma legislação moderna, uniforme e justa relativamente aos contratos internacionais de venda de mercadorias. Será aplicada sempre que os contratantes tenham estabelecimentos em países distintos que a tenham aderido ou cujas regras de direito internacional privado levem à sua aplicação[6], exceto se as partes tiverem renunciado expressamente, no contrato, à aplicação do todo ou de parte da Convenção.[7] A CISG traz normas relativas à sua interpretação; à intenção das partes; à formação do contrato internacional de venda de mercadorias; às obrigações do vendedor e do comprador; aos riscos de perda ou de deterioração das mercadorias; às perdas e danos; aos juros; à exclusão de responsabilidade e aos efeitos da rescisão do contrato. Como se percebe, são normas materiais de direito civil, aplicáveis às relações contratuais entre partes estabelecidas em países diferentes.

A CISG não trata de qualquer norma de cunho tributário. Contudo, a aplicação de seus dispositivos às relações comerciais com brasileiros pode resultar em obrigações tributárias a serem adimplidas no Brasil. Diante disso, o objetivo desse estudo é analisar os dispositivos da CISG[8] que possam trazer reflexos de ordem tributária às operações de comércio internacional envolvendo o Brasil. Para tanto, será analisado o seguinte:

a) O vendedor enquanto sujeito passivo de obrigações tributárias no Brasil (arts. 30, 31, 32 e 34, da CISG);

Disponível em: http://www.onu.org.br/brasil-adere-a-convencao-da-onu--sobre-contratos-internacionais-de-compra-e-venda-de-mercadorias/. Acesso em: 04/05/2014.

6. Cf. Art. 1º, da CISG.

7. Cf. art. 6º, da CISG.

8. No presente estudo será utilizada a redação dos artigos da CISG contida no Decreto Legislativo n. 538/2012. Disponível em: http://www2.camara.leg.br/legin/fed/decleg/2012/decretolegislativo-538-18-outubro-2012-774414-convencao-137911-pl.html. Acesso em: 04/05/2014.

b) O comprador enquanto sujeito passivo de obrigações tributárias no Brasil (arts. 54, 57 e 58, da CISG);

c) Consequências tributárias da perda ou deterioração de mercadorias (arts. 67, 68 e 69, da CISG);

d) Tributação das perdas e danos (art. 74 da CISG);

e) Tributação dos juros (art. 78 da CISG);

f) Reflexo tributário na conservação de mercadorias (arts. 85 a 88 da CISG).

A presente análise terá por foco apenas as relações comerciais com mercadorias entre pessoas jurídicas. Não serão tratadas situações envolvendo pessoas físicas justamente para que o estudo não ganhe contornos muito amplos, o que fugiria do seu objetivo.

Passa-se, portanto, à análise de cada um dos itens acima, relacionados aos reflexos tributários, no Brasil, advindos da aplicação dos dispositivos da CISG às relações de comércio internacional de mercadorias com estabelecimentos comerciais situados no Brasil.

II. O VENDEDOR ENQUANTO SUJEITO PASSIVO DE OBRIGAÇÕES TRIBUTÁRIAS

O Capítulo II da CISG trata das obrigações do vendedor. A regra geral é a de que o vendedor é obrigado a entregar as mercadorias, transmitindo a propriedade sobre elas e, sendo o caso, a remeter os respectivos documentos.

A entrega das mercadorias deve observar a convenção contratual das partes. Caso o contrato nada disponha a respeito, a entrega se opera com a remessa das mercadorias ao primeiro transportador, quando o contrato também dispuser acerca do transporte dos bens. Caso não disponha, a entrega se opera com a colocação da mercadoria à disposição do comprador em local determinado ou no estabelecimento do vendedor. Isso é o que dispõe os arts. 30 e 31 da CISG:

> CAPÍTULO II – Obrigações do Vendedor
>
> Artigo 30
>
> O vendedor estará obrigado, nas condições previstas no contrato e na presente Convenção, a entregar as mercadorias, a transmitir a propriedade sobre elas e, sendo o caso, a remeter os respectivos documentos.
>
> Seção I – Entrega das mercadorias a remessa dos documentos
>
> Artigo 31
>
> Se o vendedor não estiver obrigado a entregar as mercadorias em determinado lugar, sua obrigação de entrega consistirá em:
>
> (a) remeter as mercadorias ao primeiro transportador para traslado ao comprador, quando o contrato de compra e venda implicar também o transporte das mercadorias;
>
> (b) fora dos casos previstos na alínea anterior, colocar as mercadorias à disposição do comprador no lugar em que se encontrarem, quando o contrato se referir a mercadorias específicas ou a mercadorias não identificadas que devam ser retiradas de um conjunto determinado ou devam ser fabricadas ou produzidas, e, no momento da conclusão do contrato, as partes souberem que as mercadorias se encontram, devem ser fabricadas ou produzidas em lugar determinado;
>
> (c) pôr as mercadorias à disposição do comprador no lugar do estabelecimento comercial do vendedor no momento de conclusão do contrato, nos demais casos.

Além desses dispositivos acerca da entrega, é muito importante que o contrato disponha acerca das despesas advindas com a entrega da mercadoria, tais como custos do desembaraço aduaneiro, do transporte/frete e do seguro. É recomendável que seja adotado algum Termo Internacional do Comércio, ou

INCOTERM[9], para que as obrigações fiquem bem claras. A esse respeito, a CISG assim dispõe:

> Artigo 32
>
> (1) Se o vendedor, de conformidade com o contrato ou com a presente Convenção, remeter as mercadorias a um transportador sem que estas estejam claramente marcadas para os efeitos do contrato, mediante sinais de identificação, por documentos de expedição ou por qualquer outro meio, o vendedor deverá dar ao comprador aviso de expedição em que sejam especificadas as mercadorias.
>
> (2) Se o vendedor estiver obrigado a providenciar o transporte das mercadorias, deverá celebrar os contratos necessários para que tal transporte seja efetuado até o lugar previsto, por meios adequados às circunstâncias e nas condições usuais para tanto.
>
> (3) Se não estiver obrigado a contratar o seguro de transporte, o vendedor deverá fornecer ao comprador, a pedido deste, toda informação disponível que for necessária para a contratação de tal seguro.

A CISG ainda contém previsão acerca da remessa de documentos relativos às mercadorias:

> Artigo 34. Se o vendedor estiver obrigado a remeter os documentos relativos às mercadorias, deverá entrega-los no momento, no lugar e na forma previstos no contrato. Em caso de remessa antecipada de documentos o vendedor poderá, até o momento fixado pata a remessa das mercadorias, sanar qualquer desconformidade nos documentos, desde que não ocasione ao comprador inconvenientes ou despesas excessivas. Não obstante, o comprador mantém o direito do exigir indenização por perdas e danos, de acordo com a presente Convenção.

---

9. Para maiores informações, vide Resolução CAMEX n. 21, de 07/04/2011, disponível em: http://www.mdic.gov.br/arquivos/dwnl_1311715093.pdf. Acesso em 04/05/2014.

Diante do sistema jurídico brasileiro, é necessário considerar duas situações: (i) o vendedor é estabelecido no Brasil, caso em que ocorrerá a exportação de bens ou (ii) o vendedor está localizado no exterior, caso em que ocorrerá a importação de bens no Brasil.

II. 1- O VENDEDOR LOCALIZADO NO BRASIL

Na primeira situação, em que o vendedor é exportador localizado no Brasil, para que haja a entrega das mercadorias, ele deverá cumprir com algumas obrigações tributárias, a seguir brevemente enumeradas.

Em relação às exportações brasileiras, a Constituição Federal ("CF") estabelece imunidade de IPI, conforme art. 153, § 3º, III; de ICMS, conforme art. 155, § 2º, X, "b" e de contribuições sociais e de intervenção no domínio econômico, incluindo PIS e COFINS, conforme art. 149, § 2º, I. Contudo, o art. 153, II, da CF, atribui competência à União Federal para instituir o Imposto sobre Exportação de produtos nacionais ou nacionalizados ("IE"). O Código Tributário Nacional (CTN, Lei 5.172/1966), nos arts. 23 a 28, estabelece as regras gerais do IE. O Decreto-Lei 1.578/1977, recepcionado como lei ordinária pela CF, regulamenta as regras de incidência do IE. Atualmente, contudo, a Portaria da Secretaria de Comércio Exterior ("SECEX") do Ministério do Desenvolvimento, Indústria e Comércio Exterior ("MDIC"), n. 23, de 14 de julho de 2011, que consolidou as normas e procedimentos aplicáveis às operações de comércio exterior, em seu Anexo XVII, prevê a incidência do IE unicamente sobre a exportação, para a América do Sul e América Central, de cigarros contendo fumo (alíquota de 150%); sobre a exportação de couros e peles em bruto de bovinos ou equídeos (alíquota de 9%); e sobre a exportação, para a América do Sul e Caribe, de armas, munições, suas partes e acessórios (alíquota de 150%), com algumas exceções.[10] Em relação ao Imposto sobre Operações Financeiras ("IOF") incidente sobre a operação de câmbio sobre ingresso, no País, das receitas de exportação, alíquota foi reduzida a zero por força do art. 15-A, I, do Decreto 6.306/2007, alterado pelo Decreto 7.412/2010.

Ademais, o exportador brasileiro que, a depender dos termos contratuais, inclusive do INCOTERM escolhido, esteja obrigado ao pagamento de custos de remissão de documentos, desembaraço aduaneiro, transporte/frete e seguro, quando tiver que efetuar a remessa ao exterior a título desses valores, terá ainda que observar a incidência do Imposto de Renda Retido na Fonte ("IRRF"). Muito embora o exportador não seja contribuinte do Imposto de Renda incidente sobre tais rendimentos de titularidade estrangeira, ele é, por disposição legal, sujeito passivo por ter a responsabilidade de efetuar a retenção na fonte de tal imposto.

A Instrução Normativa ("IN") da Receita Federal do Brasil ("RFB") n. 1.455, de 06 de março de 2014, consolida os dispositivos legais acerca das alíquotas de IRRF sobre rendimentos pagos, creditados, empregados, entregues ou remetidos para pessoas jurídicas domiciliadas no exterior.

A remessa ao exterior a título de pagamento de fretes, afretamentos, aluguéis ou arrendamento de embarcações ou aeronaves, bem como aluguel de contêineres, sobrestadia e demais serviços de instalações portuárias fica sujeita à alíquota zero de IRRF. Quando os valores forem destinados a empresas estabelecidas em paraísos fiscais, a alíquota passa a ser de 25%. A mesma regra se aplica às remessas a título de despesas de armazenagem, movimentação e transporte de carga e emissão de documentos, realizadas no exterior. Aplica-se, igualmente, às remessas a título de pagamento de serviços vinculados

---

10. Previstas no parágrafo único do art. 18 do Anexo XVII da referida Portaria SECEX.

aos processos de avaliação da conformidade, metrologia, normalização, inspeção sanitária e fitossanitária, homologação, registros e outros procedimentos exigidos pelo país importador sob o resguardo dos acordos sobre medidas sanitárias e fitossanitárias ("SPS") e sobre barreiras técnicas ao comércio ("TBT"), ambos do âmbito da Organização Mundial do Comércio ("OMC"). Nesse último caso também fica reduzida a zero a alíquota da Contribuição de Intervenção no Domínio Econômico ("CIDE"), destinada a financiar o Programa de Estímulo à Interação Universidade-Empresa para o Apoio à Inovação, de que trata a Lei n. 10.168, de 29 de dezembro de 2000, mais conhecida como CIDE-tecnologia ou CIDE-*royalties*. Além disso, tais valores ficam fora do campo de incidência do PIS e COFINS incidentes na importação, conforme art. 2º, XI, da Lei 10.865, de 30 de abril de 2004.

Em relação às remessas efetuadas a título de pagamento do seguro de transporte contratado no exterior, o entendimento da RFB é de que haverá a incidência do IRRF à alíquota de 25%, por se tratar de prestação de serviços em geral.[11] Esse entendimento, contudo, é controverso, tendo em vista que especialistas defendem que a atividade de seguradora não tem natureza jurídica de prestação de serviços, por não constitui obrigação de fazer, mas sim obrigação de pagar.[12]

Além do IRRF, ainda há que se observar a incidência do PIS e COFINS na importação de serviços, conforme art. 195, IV, da CF. Nesse caso, o exportador contratante de serviços no exterior passa a ser contribuinte de tais contribuições, consoante art. 5º, II, da Lei 10.865, de 30 de abril de 2004. A RFB, felizmente, entende não incidir tais contribuições sobre a remessa de

---

11. Vide, nesse sentido, a Solução de Consulta da Secretaria da Receita Federal n. 31, de 24 de fevereiro de 2006.
12. Nesse sentido, confira-se: **Carga tributária impacta operações de seguro e resseguro**. Disponível em: http://www.segfoco.com.br/noticias/carga--tributaria-impacta-operacoes-de-seguro-e-resseguro/. Acesso em 05/05/2014.

valores a título de despesas com documentação, desembaraço aduaneiro, armazenagem, seguro e transporte de carga, necessárias à entrega da mercadoria no local designado pelo importador, por ausência de previsão legal.[13] Isso porque o art. 1º, § 1º, II, da Lei 10.865, de 30 de abril de 2004, exige que o resultado da importação do serviço se verifique no Brasil, o que não ocorre nesses casos.

Por fim, deve ser verificado se existe alguma vinculação entre vendedor no Brasil e comprador no exterior, nos termos do art. 23 da Lei n. 9.430, de 27 de dezembro de 1996, para fins de observância das regras de Preços de Transferência para operações de exportação de mercadorias, previstas nos arts. 19 e 19-A, da mencionada lei. Tais regras visam estabelecer critérios de definição da margem de lucro do exportador brasileiro, que servirá de base de cálculo do Imposto de Renda da Pessoa Jurídica ("IRPJ") e da Contribuição Social sobre o Lucro Líquido ("CSLL").

II. 2- O VENDEDOR LOCALIZADO NO EXTERIOR

Já no caso de o vendedor estar localizado no exterior, estar-se-á diante de hipótese de importação de bens, em que o comprador, ou importador, estará localizado no Brasil. Nesse caso importa apenas analisar a tributação incidente sobre os rendimentos auferidos no Brasil pelo vendedor localizado no exterior.

O preço recebido pelo vendedor no exterior não está sujeito, via de regra, à tributação brasileira. Contudo, caso seja necessário o fechamento de câmbio para a remessa do numerário ao exterior, haverá a incidência do Imposto sobre Operações Financeiras ("IOF") sobre a operação cambial, por força do art. 15-A do Decreto 6.306/2007, à alíquota se 0,38%.

---

13. Vide, nesse sentido, a mesma Solução de Consulta da Secretaria da Receita Federal n. 31, de 24 de fevereiro de 2006.

Ainda, caso o vendedor estrangeiro seja considerado empresa controlada ou coligada da empresa compradora no Brasil, deverá incidir as regras de tributação dos lucros de controladas e coligadas no exterior, previstas nos arts. 76 a 92 da Lei 12.973, de 13 de maio de 2014, resultante da conversão da Medida Provisória n. 627/2013.

Em relação aos demais tributos brasileiros, tendo em vista que o sujeito passivo não é o vendedor no exterior, mas sim o comprador, ou importador, brasileiro, eles serão analisados no próximo tópico.

III. O COMPRADOR ENQUANTO SUJEITO PASSIVO DE OBRIGAÇÕES TRIBUTÁRIAS

O Capítulo III da CISG trata das obrigações do comprador. A regra geral é a de que o comprador deve pagar o preço das mercadorias e tomar as providências para que ele seja efetivado (conforme arts. 53 e 54 da CISG).

A forma de determinação do preço, caso mão especificada no contrato, está definida nos arts. 55 e 56 da CISG:

> Artigo 55. Se o contrato tiver sido validamente concluído sem que, expressa ou implicitamente, tenha sido nele fixado o preço, ou o modo de determina-lo, entender-se-á, salvo disposição em contrário, que as partes tenham implicitamente se referido ao preço geralmente cobrado por tais mercadorias no momento da conclusão do contrato, vendidas em circunstâncias semelhantes no mesmo ramo de comércio.
>
> Artigo 56. Se o preço for fixado em função do peso das mercadorias, em caso de dúvidas se adotará o peso líquido.

Já o local e o momento do pagamento do preço estão determinados nos arts. 57 e 58 das CISG, que assim dispõem:

Artigo 57

(1) Se o comprador não estiver obrigado a pagar o preço em lugar determinado, deverá pagá-lo:

(a) no estabelecimento comercial do vendedor; ou

(b) no lugar em que se efetuar a entrega, se o pagamento tiver de ser feito contra entrega das mercadorias ou de documentos.

(2) O vendedor deverá arcar com qualquer aumento de despesas relativas ao pagamento que resultar da mudança de seu estabelecimento comercial depois da conclusão do contrato.

Artigo 58

(1) Se o comprador não estiver obrigado a pagar o preço em momento determinado, deve pagá-lo quando o vendedor colocar à sua disposição as mercadorias ou os documentos que as representarem, de acordo com o contrato ou com a presente Convenção. O vendedor poderá considerar o pagamento como condição para a entrega das mercadorias ou dos documentos.

(2) Se o contrato envolver transporte das mercadorias, o vendedor poderá expedi-las com a condição de que as mercadorias ou os documentos que as representarem só sejam entregues ao comprador contra o pagamento do preço.

(3) O comprador não estará obrigado a pagar o preço antes de ter tido a possibilidade de inspecionar as mercadorias, salvo se as modalidades de entrega ou de pagamento ajustadas pelas partes forem incompatíveis com essa possibilidade.

Em relação ao Comprador como sujeito passivo de obrigações tributárias no Brasil, os artigos acima terão consequências tributárias distintas se: (i) o comprador for estabelecido no Brasil, caso em que ocorrerá a importação de bens para o Brasil ou se (ii) o comprador for localizado no exterior, caso em que ocorrerá a exportação de bens do Brasil. Passa-se, pois, a analisar cada situação distintamente.

III. 1- O COMPRADOR ESTABELECIDO NO BRASIL

Em sendo o Comprador estabelecido no Brasil, ele será considerado importador para fins da legislação tributária brasileira e, assim, sujeito passivo de obrigações tributárias relacionadas à importação de mercadorias. Aqui, será considerado que o contrato de compra foi formalizado diretamente entre vendedor no exterior e comprador no Brasil (importação por conta própria), sem a intermediação de terceiros, ou seja, não se trata de importação por conta e ordem.

Nesse caso, haverá a incidência dos seguintes tributos sobre a importação: Imposto de Importação (II); Imposto sobre Produtos Industrializados (IPI); PIS e COFINS na Importação; ICMS na Importação e demais taxas aduaneiras. Em relação ao IPI e ICMS incidentes na importação, por se tratarem de tributos não-cumulativos, os valores pagos gerarão créditos para serem utilizados nas etapas posteriores da cadeia de produção e consumo. O mesmo para o PIS e COFINS pago na importação por empresas sujeitas ao regime de apuração não-cumulativo de referidos tributos.

Outra observação a ser feita nesse caso diz respeito a eventual vínculo entre vendedor e comprador. Casos sejam considerados pessoas vinculadas, nos termos do art. 23 da Lei n. 9.430/1996, o importador dever observar as regras de Preços de Transferência para operações de importação de mercadorias, previstas nos arts. 18 e 18-A, da mencionada lei. Nesse caso, o importador brasileiro optante pelo regime do lucro real, para fins de IRPJ e CSLL, somente poderá deduzir as despesas de importação se os valores pagos obedecerem a tais regras.

III. 2- O COMPRADOR LOCALIZADO NO EXTERIOR

No caso de exportação de mercadorias para comprador localizado no exterior, este, em regra geral, não será sujeito passivo de obrigações tributárias brasileiras. Como explicado no tópico II.1 acima, ele poderá arcar com o ônus econômico do IRRF em relação a remessas efetuadas pelo vendedor brasileiro a título de pagamento de despesas ligadas à compra das mercadorias, que sejam de responsabilidade do comprador.

IV. CONSEQUÊNCIAS TRIBUTÁRIAS DA PERDA OU DETERIORAÇÃO DE MERCADORIAS

Tratando-se de perda ou deterioração de mercadorias, a CISG traz como balizamento das obrigações do vendedor e do comprador o momento da transferência do risco das mercadorias ao comprador. A CISG igualmente estabelece regras relativamente a quando considera-se transferido o risco, conforme arts. 66 a 70 abaixo transcritos:

> CAPÍTULO IV – Transferência do Risco
>
> Artigo 66. A perda ou a deterioração das mercadorias ocorrida após a transferência de risco ao comprador não o libera da obrigação de pagar o preço, salvo se for decorrente de ato ou omissão do vendedor.
>
> Artigo 67
>
> (1) Se o contrato de compra e venda implica também o transporte das mercadorias e o vendedor não estiver obrigado a entrega-las em lugar determinado, correrão por conta do comprador os riscos a partir da entrega das mercadorias ao primeiro transportador, para serem trasladas ao comprador nos termos do contrato. Se o vendedor estiver obrigado a entregar as mercadorias ao transportador em lugar determinado, os riscos só se transferirão ao comprador quando as mercadorias forem entregues ao transportador naquele lugar. O fato de estar o vendedor autorizado a reter os documentos representativos das mercadorias não prejudicará a transferência do risco.
>
> (2) Entretanto, o risco não se transferirá ao comprador até que as mercadorias estejam claramente identificadas

para os efeitos do contrato, mediante a marcação das mercadorias, pelos documentos de expedição, por comunicação enviada ao comprador ou por qualquer outro modo.

Artigo 68. Se as mercadorias forem vendidas em trânsito, o risco se transferirá ao comprador a partir do momento em que o contrato for concluído. Não obstante, se assim resultar das circunstâncias, o risco será assumido pelo comprador a partir do momento em que as mercadorias tiverem passado para a posse do transportador que houver emitido os documentos referentes ao contrato de transporte. Todavia, o risco da perda ou deterioração correrá por conta do vendedor se, no momento da conclusão do contrato de compra e venda, o vendedor sabia ou devesse saber que as mercadorias sofreram perda ou deterioração, sem ter informado ao comprador.

Artigo 69

(1) Nos casos não compreendidos nos artigos 67 e 68, o risco se transferirá ao comprador quando este retirar as mercadorias ou, se não o fizer no tempo devido, a partir do momento em que as mercadorias forem colocadas à sua disposição, estando ele em violação contratual por recusar-se a recebê-las.

(2) Não obstante, se o comprador estiver obrigado a retirar as mercadorias noutro lugar que não o estabelecimento comercial do vendedor, o risco se transferirá quando a entrega se efetuar e o comprador souber que as mercadorias estão á sua disposição nesse lugar.

(3) Se o contrato se referir a mercadorias ainda não individualizadas, não se considerará que tenham sido postas à disposição do comprador até que sejam elas claramente identificadas para os efeitos do contrato.

Artigo 70. Se o vendedor houver cometido violação essencial do contrato, as disposições dos artigos 67, 68 e 69 não prejudicarão as ações de que dispõe o comprador em consequência de tal violação.

Da análise de tais dispositivos é possível vislumbrar alguns cenários: (i) a perda ou deterioração da mercadoria antes da transferência do risco ao comprador brasileiro; (ii) perda ou deterioração da mercadoria antes da transferência do risco ao comprador estrangeiro; (iii) perda ou deterioração da mercadoria depois da transferência do risco ao comprador brasileiro; e (iv) perda ou deterioração da mercadoria depois da transferência do risco ao comprador estrangeiro. Importante analisar as consequências tributárias de cada um desses cenários.

No primeiro cenário – a perda ou deterioração da mercadoria antes da transferência do risco ao comprador brasileiro – a consequência é o não pagamento do preço pelo comprador. Não haverá para ele, portanto, qualquer reflexo tributário.

Já no segundo cenário – a perda ou deterioração da mercadoria antes da transferência do risco ao comprador estrangeiro – a consequência é outra, pois o brasileiro provavelmente não receberá o preço. Caso ele já tenha emitido documentos como Nota Fiscal é provável que tenha que suportar o ônus financeiro dos tributos destacados.

No cenário seguinte – a perda ou deterioração da mercadoria depois da transferência do risco ao comprador brasileiro – será devido o pagamento do preço e, consequentemente, dos tributos incidentes na importação.

Por fim, no último cenário – a perda ou deterioração da mercadoria depois da transferência do risco ao comprador estrangeiro – o preço deverá ser pago ao exportador estrangeiro, com a aplicação regular das regras de tributação brasileira, analisadas acima.

V. TRIBUTAÇÃO DAS PERDAS E DANOS

No que se refere à responsabilidade pelo pagamento de perdas e danos, os arts. 74 a 77 da CISG estabelecem:

Seção II – Perdas e Danos

Artigo 74. As perdas e danos decorrentes de violação do contrato por uma das partes consistirão no valor equivalente ao prejuízo sofrido, inclusive lucros cessantes, sofrido pela outra parte em consequência do descumprimento. Esta indenização não pode exceder à perda que a parte inadimplente tinha ou devesse ter previsto no momento da conclusão do contrato, levando em conta os fatos dos quais tinha ou devesse ter tido conhecimento naquele momento, como consequência do descumprimento do contrato.

Artigo 75. Se o contrato for rescindido e se, em modo e prazo razoáveis após a rescisão, o comprador proceder a uma compra substitutiva ou o vendedor a uma venda substitutiva, a parte que exigir a indenização poderá obter a diferença entre o preço do contrato e o preço estipulado na operação substitutiva, assim como quaisquer outras perdas e danos exigíveis de acordo com o artigo 74.

Artigo 76

(1) Se o contrato for rescindido e as mercadorias tiverem preço corrente, a parte que exigir a indenização das perdas e danos poderá, se não houver procedido à compra substitutiva ou à venda substitutiva prevista no artigo 75, obter a diferença entre o preço fixado no contrato e o preço corrente no momento da resolução, bem como quaisquer outras perdas e danos exigíveis em razão do artigo 74. Não obstante, se a parte que exigir a indenização houver resolvido o contrato após ter tomado posse das mercadorias, aplicar-se-á preço corrente no momento de tomada de posse, em lugar do preço corrente no momento da rescisão.

(2) Para os fins do parágrafo anterior, o preço corrente será aquele do lugar onde a entrega das mercadorias deveria ter sido efetuada ou, na falta de preço corrente nesse lugar, o preço praticado em outra praça que puder razoavelmente substitui-lo, levando-se em consideração as diferenças no custo de transporte das mercadorias.

Artigo 77. A parte que invocar o inadimplemento do contrato deverá tomar as medidas que forem razoáveis, de acordo com as circunstâncias, para diminuir os prejuízos resultantes do descumprimento, incluídos os lucros cessantes.

Caso não adote estas medidas, a outra parte poderá pedir redução na indenização das perdas e danos, no montante da perda que deveria ter sido mitigada.

A leitura dos artigos acima deixa bem claro que o espírito da CISG, ao estabelecer as regras para fixação do montante indenizável, é de que não deve haver enriquecimento para a parte lesada. Ou seja, a indenização deve ser exatamente no valor da perda ou do prejuízo sofrido pela parte que pedir a indenização. Ademais, o artigo 77 deixa claro que é dever da parte que provocar o inadimplemento do contrato tomar todas as medidas no sentido de amenizar a quantia a ser indenizável. Caso contrário, a indenização poderá ser reduzida em razão do não cumprimento desse dever de diligência.

Contudo, referidos artigos fazem uma nítida distinção entre perdas e danos e lucros cessantes. Perdas e danos seriam os prejuízos que as partes, no momento da conclusão do contrato, tinham condições de prever como passíveis de ocorrer em caso de inadimplemento. Normalmente se refere a dano patrimonial previsível como, por exemplo, inadimplemento em razão da não entrega de mercadorias que leva a uma perda de venda posterior pelo comprador, previamente alertada ao vendedor.[14] Pode ser referir tanto a uma redução do patrimônio da parte prejudicada como a um aumento de seu passivo em decorrência da necessidade de se fazer empréstimo para cobrir o inadimplemento de uma obrigação previamente contratada com terceiros.[15]

Já os lucros cessantes dizem respeito a "(...) qualquer ganho a que a parte lesada foi privada em decorrência da não

---

14. Para um aprofundamento do tema, vide BLASE, Friedrich e HÖTTLER, Philipp. **Remarks on the Damages Provisions in the CISG, Principles of European Contract Law (PECL) and UNIDROIT Principles of International Commercial Contracts (UPICC)**. (2004). Disponível em http://www.cisg.law.pace.edu/cisg/biblio/blase3.html#bh*. Acesso em: 22/05/2014.
15. Cf. **UNIDROIT Principles to help interpret CISG Article 74**.

performance do contrato".[16] Pode ser chamado também de dano decorrente da "perda de uma chance".[17]

Essas considerações são importantes para a análise da tributação incidente sobre o valor da indenização das perdas e danos e dos lucros cessantes. Dois cenários merecem análise: (i) pagamento da indenização a pessoa física no Brasil e (ii) pagamento da indenização a pessoa jurídica no exterior.

V.I. PAGAMENTO DA INDENIZAÇÃO A PESSOA JURÍDICA NO BRASIL

No caso de o beneficiário da indenização estar localizado no Brasil, deve-se analisar a incidência dos seguintes tributos: IRRF, IRPJ, CSLL, PIS e COFINS.

Em relação ao IRRF assim dispõe o art. 70 da Lei n. 9.430/1996:

> Multas por Rescisão de Contrato
>
> Art. 70. A multa ou qualquer outra vantagem paga ou creditada por pessoa jurídica, ainda que a título de indenização, a beneficiária pessoa física ou jurídica, inclusive isenta, em virtude de rescisão de contrato, sujeitam-se à incidência do imposto de renda na fonte à alíquota de quinze por cento.
>
> § 1º A responsabilidade pela retenção e recolhimento do imposto de renda é da pessoa jurídica que efetuar o pagamento ou crédito da multa ou vantagem.
>
> § 2º O imposto será retido na data do pagamento ou crédito da multa ou vantagem. (Redação dada pela Lei n. 11.196, de 2005)

---

16. Idem. Tradução livre de: *"(...) any gain of which it has been deprived as a consequence of the non-performance"*. Disponível em http://www.cisg.law.pace.edu/cisg/principles/uni74.html. Acesso em 22/05/2014.
17. Idem. Tradução livre de *"loss of a chance"*.

§ 3º O valor da multa ou vantagem será:

I – computado na apuração da base de cálculo do imposto devido na declaração de ajuste anual da pessoa física;

II – computado como receita, na determinação do lucro real;

III – acrescido ao lucro presumido ou arbitrado, para determinação da base de cálculo do imposto devido pela pessoa jurídica.

§ 4º O imposto retido na fonte, na forma deste artigo, será considerado como antecipação do devido em cada período de apuração, nas hipóteses referidas no parágrafo anterior, ou como tributação definitiva, no caso de pessoa jurídica isenta.

§ 5º O disposto neste artigo não se aplica às indenizações pagas ou creditadas em conformidade com a legislação trabalhista e àquelas destinadas a reparar danos patrimoniais.

Vê-se que a regra é pela incidência do IRRF à alíquota de 15%, devendo ser recolhido pela fonte pagadora, mas com ônus econômico suportado pela fonte receptora da indenização. Nota-se que o § 5º isenta do IRRF as indenizações destinadas a reparar danos patrimoniais. Para que a referida isenção seja aceita pela RFB é necessário que o sujeito passivo comprove que a indenização recebida se refere ao valor exato de um prejuízo financeiro apurado para que fique evidente a inexistência de acréscimo patrimonial. A indenização recebida a título de lucros cessantes não se enquadra, portanto, na regra de isenção, justamente por se referir à compensação de um ganho que deixou de ser auferido.

Em relação ao IRPJ e à CSLL, o § 3º do artigo acima citado determina que o valor da indenização seja adicionado como receita na base de cálculo do IRPJ, independentemente do regime de apuração de lucro da pessoa jurídica.[18] A exceção

---

18. No caso de lucro presumido, entende-se que o valor da indenização deve

está igualmente nas indenizações destinadas a reparar danos patrimoniais. Em relação a esse ponto, vale destacar o entendimento da RFB no sentido de que tais indenizações "*compõem a base de cálculo do imposto de renda somente pelo ganho de capital que porventura for apurado, decorrente do confronto da verba indenizatória e o valor contábil do bem*".[19] E, ainda, a RFB entende que "*Na pessoa jurídica tributada com base no lucro real, o valor correspondente à contabilização da baixa do bem danificado, objeto de indenização, será indedutível para fins de apuração do imposto de renda*".[20]

Por fim, em relação à incidência do valor indenizado ao PIS e à COFINS, existem diferentes regras a depender do tipo de indenização e do regime de apuração das referidas contribuições (cumulativo ou não-cumulativo).

Maurício Pereira FARO e Bernardo Motta MOREIRA, analisando esse ponto específico, assim resumem os atuais entendimentos da RFB e tribunais administrativos:

> Por todo o exposto, sem a pretensão de esgotar o tema, que deve merecer maiores estudos e atenção dos julgadores administrativos, podemos traçar algumas conclusões: (i) a hipótese de incidência do PIS e da COFINS consiste no auferimento de receitas pela pessoa jurídica; (ii) o conceito jurídico de receita, o qual não pode desvincular-se o intérprete, caracteriza-se pela efetiva entrada financeira, que passa a integrar positivamente o patrimônio da entidade; (iii) a palavra indenização designa realidades distintas, sendo imperiosa a identificação de suas espécies para que se possa ter a devida compreensão dos diferentes efeitos jurídicos tributários por elas produzidos; (iv) a indenização por dano patrimonial do tipo emergente recompõe o

---

ser adicionado ao valor resultante da aplicação do percentual respectivo sobre a receita bruta auferida pela pessoa jurídica, conforme solução de consulta n. 1 de 13 de Janeiro de 2010.

19. Cf. solução de consulta n. 43 de 10 de Abril de 2013.
20. Cf. solução de consulta n. 49 de 26 de Junho de 2012.

patrimônio ofendido, sendo espécie denominada *indenização-reposição do patrimônio*; a indenização por dano patrimonial do tipo lucro cessante representa não a simples reposição do patrimônio, mas a reposição do rendimento ou da própria fonte do acréscimo patrimonial, sendo denominada *indenização-reposição do lucro*; derradeiramente, a indenização por dano moral nada recompõe, sendo uma espécie de *indenização-compensação*; (v) como o PIS e a COFINS são contribuições federais incidentes sobre as receitas, entendendo-se estas como ingressos positivos no patrimônio das pessoas jurídicas, **sua incidência não seria possível no caso da indenização-reposição do patrimônio**; (vi) o Fisco Federal não parece levar em consideração a análise das espécies de indenização para concluir, genericamente, que referidos ingressos financeiros devem ser submetidos à tributação pelas contribuições federais; (vii) por outro lado, o Conselho Administrativo de Recursos Tributários, nas poucas vezes em que se debruçou sobre o tema, **soube diferenciar hipóteses de indenização-reposição do patrimônio — não tributável — em relação a caso de indenização-reposição do lucro — que deve ser tributada por impactar positivamente o patrimônio da entidade**.[21]

Em que pese a minuciosa análise feita pelos referidos autores é importante destacar que a RFB, na Consulta n. 43 de 10 de abril de 2013, ao contrário do mencionado na citação acima, se posicionou em relação à não incidência de COFINS sobre indenizações destinadas a reparar danos patrimoniais, mas apenas para as pessoas jurídicas sujeitas ao regime cumulativo da referida contribuição e para valores recebidos a partir de 28 de maio de 2009:

> **ASSUNTO:** Contribuição para o Financiamento da Seguridade Social – COFINS.

---

21. Incidência de PIS e COFINS depende do tipo de indenização. *In* **Revista Consultor Jurídico**, 20 de Janeiro de 2014. Disponível em http://www.conjur.com.br/2014-jan-20/incidencia-pis-cofins-passa-caracterizacao-indenizacao--recebida?imprimir=1. Acesso em 22/05/2014, g.n.

EMENTA: INDENIZAÇÃO. DANO PATRIMONIAL. As indenizações recebidas por pessoas jurídicas, destinadas, exclusivamente, a reparar danos patrimoniais, integram a base de cálculo para fins de incidência da Contribuição para Financiamento da Seguridade Social – COFINS (regime não-cumulativo). A partir de 28/05/2009, as indenizações recebidas por pessoas jurídicas, destinadas, exclusivamente, a reparar danos patrimoniais, não integram a base de cálculo da COFINS (regime cumulativo da Lei n. 9.718/1998).

V. II- PAGAMENTO DA INDENIZAÇÃO A PESSOA JURÍDICA NO EXTERIOR

As indenizações pagas a pessoas jurídicas no exterior não estão sujeitas à tributação brasileira, nem mesmo em relação ao IRRF, conforme entendimento antigo da RFB:

> MINISTÉRIO DA FAZENDA
>
> SECRETARIA DA RECEITA FEDERAL
>
> DECISÃO N. 160 de 01 de Junho de 1999
>
> ASSUNTO: Imposto sobre a Renda Retido na Fonte – IRRF
>
> EMENTA: REMESSA PARA O EXTERIOR – Indenização paga a empresas francesas. Por não configurar percepção de rendimentos provenientes do Brasil por pessoa física ou jurídica residente ou domiciliada no exterior, a remessa decorrente de INDENIZAÇÃO para reparação de danos patrimoniais (até o limite fixado em condenação judicial transitada em julgado), **não está sujeita à incidência do imposto de renda na fonte**. No entanto, sobre os valores relativos a juros, honorários e remuneração de peritos, por caracterizar percepção de rendimentos, estão sujeitos à incidência do imposto de renda, na forma do art. 685, do Decreto n. 3.000, de 1999. (g.n.)

VI. TRIBUTAÇÃO DOS JUROS

Nos termos do art. 78 da CISG, serão devidos juros sobre o inadimplemento do pagamento do preço ou de qualquer outro valor devido. Caso os juros sejam remetidos do Brasil a beneficiário no exterior, incidirá IRRF à alíquota de 15%, nos termos do art. 702 do Regulamento do Imposto de Renda, Decreto n. 3.000/99 e poderão ser deduzidos da base de cálculos do IRPJ, no regime do lucro real. Já se os juros forem recebidos por beneficiário brasileiro, serão considerados rendimentos da empresa brasileira e tributados pelo IRPJ, CSLL, PIS e COFINS.

No caso de existir Convenção Bilateral para Prevenir a Dupla Tributação da Renda entre os países contratantes deverá, ainda, ser analisado o que dispõe o artigo sobre a remessa de juros. Nesse caso, tal dispositivo prevalecerá sobre a legislação interna brasileira.

VII. REFLEXO TRIBUTÁRIO NA CONSERVAÇÃO DE MERCADORIAS

Os arts. 85 a 88 da CISG estabelecem as regras relativas às responsabilidades pelo pagamento de despesas relativas à conservação das mercadorias, em caso de retardo no seu recebimento ou retardo no pagamento do preço. São exemplos dessas despesas aquelas pagas aos armazéns de cargas ou aos próprios transportadores a título de sobrestadia de contêiner.

As despesas pagas a esse título para beneficiário no exterior sofrerão a incidência do IRRF. Contudo, atualmente a alíquota está reduzida a zero, nos termos do art. 1 da Lei n. 9.481/1977, exceto se o pagamento for destinado a paraíso fiscal, hipótese em que a alíquota será de 25%. Da mesma forma, em sendo consideradas despesas necessárias, poderão ser deduzidas da base de cálculo do IRPJ e da CSLL, no regime do lucro real.

VIII. CONCLUSÃO

Este artigo teve por objetivo fazer uma breve análise dos principais dispositivos da CISG que, muito embora não tratem de matéria tributária, ao serem aplicados a situações concretas, geram impactos na esfera tributária do vendedor e do comprador.

Dessa forma, foram abordadas diversas situações em que tanto comprador quanto vendedor terão responsabilidades tributárias. Nesses casos, foram listados os principais tributos incidentes em cada situação. O estudo também tratou dos impactos tributários em diversas situações envolvendo perda ou deterioração de mercadorias. Do mesmo modo, versou sobre tributação de indenizações por perdas e danos e lucros cessantes, bem como sobre o pagamento de juros. Por fim, analisou-se os reflexos tributários dos pagamentos feitos com o fim de conservação das mercadoria.

Feitas tais análises pode-se notar que, independentemente do conteúdo da CISG, ela possui muitas e relevantes situações de impacto tributário para as partes envolvidas. Diante disso, conclui-se que sempre será fundamental a análise das implicações tributárias de uma transação comercial regida da CISG, pois, a depender de escolhas contratuais feitas entre as partes, as consequências tributárias certamente serão um ponto fulcral de análise e decisão procedimental.

RENOVADA INSEGURANÇA JURÍDICA NO BRASIL – A ESPECIALIDADE DAS NORMAS INTERNACIONAIS

Monroe Fabrício Olsen[1]

Depois de pelo menos 13 anos de insegurança jurídica, arrecadação adicional de IRRF e dupla tributação sobre a renda, o Poder Executivo Brasileiro, através da PGFN – Procuradoria Geral da Fazenda Nacional, curvou-se à doutrina especializada e ao entendimento externado pelo Poder Judiciário Brasileiro através do STJ – Superior Tribunal de Justiça em 2012 (REsp n. 1.161.467/RS), e apresentou, no final de 2013, novo juízo sobre a tributação das remessas relativas a serviços sem transferência de tecnologia ao exterior.

Trata-se do Parecer PGFN 2.363/2013, o qual revogou parecer anterior lastreado na absurda tese do ADE – Ato Declaratório Executivo 01/2000, pelo qual o fisco federal defendia a tributação pelo IRRF – Imposto de Renda Retido na Fonte – dos serviços sem transferência de tecnologia prestados por

---

1. Especialista em Direito Tributário e Processual Tributário pela PUC-PR. Advogado.

empresas estrangeiras aos importadores de serviço brasileiros em até 25%, sem que tal tributação fosse recuperada no exterior.

Considerando que o importador dos serviços é geralmente forçado contratualmente a assumir o ônus financeiro de toda a tributação brasileira para que a empresa estrangeira receba o valor líquido no exterior (o que faz com que o próprio IRRF, na prática, seja de 33,33%), tem-se a um custo tributário na remessa que beira 50% – protecionismo brasileiro por si só questionável.

Mesmo no caso de matriz estrangeira que precise apenas ratear despesas de seu próprio pessoal, assumidas centralizadamente em favor de subsidiárias – por exemplo, para customização de sistema de informática ou de gestão, sob pena de ser tributada no seu país de residência mediante não dedutibilidade das referidas despesas – ainda há dúvidas sobre a tributação na remessa de tal reembolso, que claramente deveria ser zero.

Em princípio, tomando o referido Parecer com efeito vinculante à administração fazendária, o fato é que quando os contratos de prestações de serviços ou de rateio de despesas por empresas estrangeiras não forem averbados no INPI – Instituto Nacional da Propriedade Industrial, seja a prestadora de serviço domiciliada em qualquer um dos trinta países com os quais o Brasil firmou Convenções para evitar a dupla tributação, não deve haver retenção de IRRF, pois se verifica lucro na operação de prestação do serviço ou de compartilhamento de despesas, tributável somente no Estado de residência da prestadora de serviço ou da centralizadora de despesas, conforme artigo 7º dessas Convenções.

Quando houver transferência de tecnologia, os contratos de prestações de serviços técnicos ou assistência técnica forem averbados no INPI, e a prestadora de serviço esteja domiciliada na Áustria, Finlândia, França, Japão ou Suécia, não deverá haver retenção de IRRF, pois se verifica lucro na prestação do serviço, tributável somente no Estado de residência da prestadora de serviço.

Por outro lado, caso a prestadora de serviço técnico ou assistência técnica esteja domiciliada nos outros países com os quais o Brasil firmou Acordos Internacionais, salvo exceções pontuais de alíquotas reduzidas (como Espanha e Bélgica) ou falta de limitação (Argentina), deverá haver retenção de IRRF à alíquota máxima de 15%, conforme artigo 12 dessas Convenções e seus protocolos de assinatura que reconhecem, excepcionalmente, serviços técnicos e assistência técnica no conceito de royalties.

Em nenhuma hipótese os rendimentos em comento podem ser qualificados como "não expressamente mencionados do artigo 22 das Convenções", qualificação essa dada pelo Ato Declaratório (Normativo) n. 1/2000, que representa grave violação do Direito Internacional, tendo o efeito prático de uma denúncia parcial dos tratados, eis que nega vigência ao artigo 7º (lucros auferidos sem que exista estabelecimento permanente) – temática de grande relevância na decisão da denúncia, por parte da Alemanha, do Acordo Brasil-Alemanha para evitar a dupla tributação.

Situação similar ocorreu no recente episódio com a Finlândia: o desrespeito a regras basilares de acordos internacionais foi largamente utilizado para aumentar a arrecadação em nosso país e, indiretamente, para restringir remessas para o pagamento em contraprestação por serviços sem transferência de tecnologia e por rateio de despesas assumidas no exterior em favor de empresas brasileiras. Contudo, em virtude da experiência adquirida com o episódio alemão, o fisco brasileiro se viu forçado à edição do novo Parecer da PGFN.

Considerando a situação econômica dos países com os quais o Brasil mantém acordos válidos para evitar a dupla tributação, e a não dedutibilidade das despesas incorridas pelas matrizes estrangeiras em favor de suas subsidiárias

Brasileiras até então inadimplentes (em função da altíssima tributação das remessas dentre empresas de grupos econômicos), a tendência é que haja modificação expressiva de política empresarial e que os contratos internacionais sejam revistos, na busca de maior segurança nas remessas, finalmente sem a famigerada dupla tributação.

Em função do grande controle brasileiro sobre as remessas de serviços e reembolsos de despesas, possibilitado pelo SISCOSERV – Sistema Integrado de Comércio Exterior de Serviços, Intangíveis e Outras Operações que produzam variações no patrimônio, bem como sobre as normas de preços de transferência e as próprias Soluções de Consultas Administrativas, que hoje têm efeito vinculante, é importantíssimo que o Poder Público – leia-se: Poderes Executivo, Judiciário e Legislativo – aproveite a oportunidade para aprimorar o sistema tributário através da instrução dos agentes arrecadadores indiretos (leia-se: bancos e corretoras autorizadas pelo Banco Central do Brasil a fechar câmbio) com relação à não retenção.

Nessa esteira, os contribuintes devem prestar muita atenção à situação de seus contratos internacionais, especialmente com relação aos conceitos de rateio de despesas, rateio de despesas subcontratadas, serviços técnicos, assistência técnica e de assistência administrativa e semelhantes.

A acordada não incidência de IRRF pelo artigo 7º dos acordos internacionais, que evita a dupla tributação internacional sobre a renda contida nessas operações, ainda traz consigo grande insegurança jurídica no que diz respeito à dupla tributação econômica pela CIDE-Royalties e pelos PIS/COFINS-Importação, como acontece nos casos de serviços prestados através da movimentação de pessoas naturais.

Isso porque, considerando a resolução de antinomias pelo critério da especialidade, não há nenhuma justificativa no artigo XIV do GATS que permita tributos discriminatórios em relação aos devidos em operações similares com profissionais residentes no Brasil, para pessoas naturais (modalidade 4), o que constituiria, portanto, infração à obrigação implícita da cláusula de TN – Tratamento Nacional do artigo XVII do GATS.

Esses tributos discriminatórios – (CIDE-Royalties não é cobrada em operações domésticas, e PIS/COFINS-importação são cobrados à alíquota de 9,25% de estrangeiros e de 3,65% de pessoas jurídicas nacionais optantes pelo lucro presumido, e 3,65% de pessoas jurídicas tributadas pelo regime do lucro real, porém, beneficiadas por regime cumulativo, assim como não cobrado de pessoas físicas), poderiam simplesmente deixar de ser recolhidos pelo contribuinte, o qual assume riscos interpretativos, porém é amparado pela doutrina aceita pelo STJ e confirmada pela PGFN. Entretanto, isto não é possível na prática, no tocante ao IRRF, pois a legislação brasileira estende tais riscos aos responsáveis tributários, razão pela qual as entidades autorizadas pelo Banco Central do Brasil – instituições financeiras e corretoras de câmbio – assumem posturas muitas vezes excessivamente conservadoras.

Ora, se além de vinculante um Parecer da PGFN é hierarquicamente superior a um Ato Declaratório (Normativo) da RFB, não haveria motivos para que esses responsáveis tributários continuassem a reter o IRRF nas hipóteses assinaladas no referido Parecer PGFN 2.363/2013, mesmo que a RFB tente, através de meras instruções normativas – leia-se IN RFB 1.455/2014 – ampliar o conceito de serviços técnicos e assistência técnica para muito além do que preveem os artigos 12 e respectivos protocolos de assinatura dos referidos acordos: apenas serviços instrumentais à efetividade de uma transferência de tecnologia.

Na esteira da decisão do STJ, "a norma interna perde a sua aplicabilidade naquele caso específico, mas não perde a sua existência ou validade em relação ao sistema normativo interno. Ocorre uma 'revogação funcional', na expressão cunhada por HELENO TÔRRES, o que torna as normas internas relativamente inaplicáveis àquelas situações previstas no tratado internacional, envolvendo determinadas pessoas, situações e relações jurídicas específicas, mas não acarreta a revogação, *stricto sensu*, da norma para as demais situações jurídicas a envolver elementos não relacionados aos Estados contratantes".

Ainda em revista ao voto do Ministro Castro Meira, citando a professora **BETINA GRUPENMACHER**, a percepção da quebra do paradigma da territorialidade foi assim examinada: "Diante da proliferação dos tratados e convenções internacionais no mundo, o princípio da territorialidade passou a ser insuficiente como critério para solucionar conflitos quanto à aplicação da lei tributária, no que se refere às questões internacionais, fazendo-se necessário o acatamento da extraterritorialidade. A transnacionalização das relações internacionais está a exigir uma atualização do princípio da territorialidade. Integramos, hoje, um universo em que as relações internacionais tornam as fronteiras estatais permeáveis. Dentro de uma perspectiva de extraterritorialidade da competência dos Estados, passam estes a considerar produzido dentro dele ato ou fato praticado total ou parcialmente no exterior, submetendo-os ao exercício de sua competência. (*Tratados Internacionais em Matéria Tributária e Ordem Interna*, São Paulo: Dialética, 1999, p. 139)".

Nesse sentido, verificamos que as diversas negociações feitas pelos representantes do nosso país, com efeitos tributários quando do reconhecimento em nossa ordem interna, acabam justamente definindo restrições à competência tributária doméstica em detrimento à estrangeira.

Apesar desta insegurança jurídica brasileira em relação aos pagamentos de serviços prestados por pessoas jurídicas sediadas em países com os quais o Brasil mantém acordos para evitar a dupla tributação sobre a renda e em países signatários do GATS, o fato é que o contexto em que nosso país se situa perante a comunidade empresarial internacional é muito privilegiado – apesar da corrupção e do caos político, o país segue atraindo investimentos de grande porte nos mais variados setores industriais.

No entanto, ainda há falta de especialistas em muitas áreas do conhecimento, em especial no campo da administração (marketing, produção, finanças e tecnologia da informação), onde os detentores do capital se utilizam de padrões internacionais de produção (qualidade e produtividade) e controle, incluindo as próprias consolidações dos resultados auferidos, em suas mais diversas unidades industriais espalhadas pelo globo terrestre.

Nesse sentido, não raro identificamos consultorias internacionais especializadas em determinados setores industriais, as quais nem sempre dispõem de estabelecimentos permanentes em todos os países, pois a facilidade proporcionada pelos meios de comunicação, muitas vezes, permite prestarem seus serviços à distância, partindo de apenas uma unidade intelectual ou, quando muito, enviando apenas parte de suas equipes para estudo ou aplicação da tecnologia já desenvolvida em suas matrizes *in loco*.

Heleno Tôrres, ao tecer suas considerações a respeito da interpretação dos tratados internacionais sobre a renda e o capital, diz que essas considerações "dependem sempre da postura e dos valores do intérprete, relacionados com a dinâmica internacional da tributação em face do ordenamento jurídico no qual se encontre inserido, para efeito da criação das normas individuais e concretas (impositivas) de comportamento; mas nunca isso deve chegar ao ponto de comprometer os princípios de *segurança jurídica* e de *certeza do direito*, quanto aos operadores econômicos beneficiários, para dar ensejo à estabilização congruente das respectivas situações jurídicas submetidas ao regime tributário internacional."[2]

---

2. In: *Pluritributação internacional sobre as rendas de empresas*, 2ª ed. ver. atual. e ampl. São Paulo: Editora Revista dos Tribunais, 2001, p. 662 (grifos conforme o original).

Marcos Aurélio Pereira Valadão[3] ainda afirma que "todos os tratados firmados pelo Brasil contém cláusulas de não-discriminação, o que importa em impedir a tributação do <u>nacional</u> da outra parte contratante em níveis superiores aos próprios nacionais nas mesmas circunstâncias" e que "embora nem todos os tratados tragam na sua denominação como destinados a evitar a evasão fiscal, este é um dos objetivos destes acordos, pois todos eles têm cláusula de troca de informações."

Portanto, apesar de permitir-se de certa forma a discriminação de rendimentos auferidos no Brasil por empresas alienígenas, devemos sempre observar que tal discriminação jamais poderá extrapolar os limites da Segurança Jurídica e da Estrita Legalidade. Nesse sentido, para que possamos vestir e ajustar a máscara[4] para identificar se a legislação interna não foi coberta[5] pelos tratados internacionais, é preciso que a interpretação destes e da lei interna esteja muito bem delineada, garantindo com que os objetivos dos tratados e das próprias Cartas Constitucionais dos países sejam observados.

Esclarece-nos, ainda, Luís Eduardo Schoueri, "se o acordo de bitributação, embora *adotado* pelo ordenamento interno, não perde a sua natureza internacional, a ele permanecem

---

3. *In: Limitações constitucionais ao poder de tributar e tratados internacionais*. Belo Horizonte: Del Rey, 200, p. 208. Grifos nossos.
4. Luis Eduardo Schoueri, em sua obra *Preços de Transferência no Direito Tributário Brasileiro*, p.168, item 13.8.1, afirma que: "Numa explicação figurativa bastante feliz, Vogel ensina que os acordos de bitributação servem como uma máscara, colocada sobre o direito interno, tapando determinadas partes deste. Os dispositivos do direito interno que continuarem visíveis (por corresponderem aos buracos recortados no cartão) são aplicáveis; os demais, não."
5. Deve-se lembrar de que a melhor doutrina entende pela preponderância dos Tratados Internacionais em detrimento da Legislação Ordinária Interna, pelo fato de a norma contida naqueles ser específica (critério da especialidade) e do princípio "pacta sunt servanda".

aplicáveis as regras de interpretação válidas para os acordos internacionais em geral, positivadas pela Convenção de Viena, que privilegia, na interpretação, o texto escrito"[6], ou seja, que os ditames internacionais aplicáveis também devem ser adotados pelo intérprete, como por exemplo, a publicação oficial da OCDE (Organização para Cooperação e Desenvolvimento Econômico), contendo comentários ao modelo oficial, ainda que o Brasil não seja membro desse organismo internacional.

E é a opinião de Klaus Vogel, citada por Alberto Xavier, segundo a qual o art. 21 não se aplica a serviços, inclusive de assistência técnica, regulados pelo art. 7º que é de peso decisivo, pois a sua obra, de conteúdo e dimensão monumentais, representa um repositório exaustivo de Direito comparado, em que se analisa a doutrina e a jurisprudência dos diversos países membros da OCDE, dele não constando um só parecer ou decisão em sentido contrário.

Importante ainda observar que o significado do art. 21 da Convenção-Modelo da OCDE consiste em atribuir a competência tributária exclusiva, relativamente a "outros rendimentos", ao Estado de residência e que embora as convenções brasileiras não aceitem este modelo, tendo sido negociado o reconhecimento da competência cumulativa do Estado da fonte, a ausência eventual desta Cláusula (como sucede na Convenção com a França) não tem qualquer alcance prático, pois não existindo nenhuma limitação convencional quanto aos rendimentos residuais, aplica-se diretamente a legislação interna de ambos os Estados que tratarão os rendimentos atípicos em causa consoante seus próprios critérios.

Mas daqui não pode concluir-se que a legislação tributária interna brasileira (art. 7º da Lei n. 9.779/99 – disposto no artigo 685 do RIR/99) se possa aplicar, sem limites, à remuneração dos serviços, que não podem ser considerados "outros

---

6. *In: Preços de Transferência no Direito Tributário Brasileiro*. São Paulo: Dialética, 1999, p.169.

rendimentos", pela singela razão de que são regulados pelo art. 7º, como nos alerta Alberto Xavier.[7]

Em suma, a questão em tela decorre da adequada interpretação dos Tratados onde, nesse sentido, devemos levar em consideração que a Convenção de Viena (assinada pelo Brasil em 23 de maio de 1969 e submetida ao Congresso em 22 de abril de 1992 – hoje parte de nossa ordem interna), em seus artigos 31 e 32 estabelece que a interpretação de um Tratado deve ser feita de mútuo acordo, de boa fé e dentro do que cada acordo se propõe a resolver – por exemplo, sua finalidade de repartir competências.

E é nesse contexto, utilizando a afirmação do mesmo autor quando diz que foi a partir de tal citação que DENIS BORGES BARBOSA concluiu: *"Assim, a igualdade entre investidores estrangeiros não residentes e brasileiros só existe no que a lei ordinária deferir, e deixará de existir quando tal lei deixar de vigorar"* e a prevalência dos Tratados Internacionais sobre a legislação interna que demonstramos que embora possa haver tratamento diferenciado entre a tributação da renda auferida pelas pessoas jurídicas residentes no Brasil da renda auferida por pessoas jurídicas residentes em países com os quais o Brasil mantém acordos para evitar a bitributação (sem que seja possível imputar a renda a estabelecimento permanente no Brasil), não se pode interpretar a letra da norma contida no artigo 7º dos Tratados Internacionais em desacordo à prescrição normativa interna.

Ocorre que o fenômeno da prestação internacional de serviços, como nos ensina Alberto Xavier[8], tem natureza

---

7. *In: Aspectos Polêmicos na Tributação Internacional: Tributação da Prestação de Serviços por Não-Residente e Denúncia de Tratados Internacionais.* São Paulo: 8º Simpósio Nacional IOB de Direito Tributário, 18 e 19 de novembro de 1999.
8. *In: Aspectos Polêmicos na Tributação Internacional: Tributação da Prestação de Serviços por Não-Residente e Denúncia de Tratados Internacionais.*

substancialmente idêntica à de uma importação de bens ou mercadorias. Quanto a estas jamais se confundiu o pagamento do preço da coisa importada com renda, pelo que nunca se pretendeu a incidência do imposto de renda relativamente ao valor da importação. Na verdade, uma coisa é "renda" – que corresponde a uma remuneração de um fator de produção – outra coisa é 'pagamento de capital', que corresponde a uma transação que envolve troca de bens que integravam previamente o patrimônio das partes em presença. O produto da venda de bens não é renda, mas receita bruta operacional. "A renda – a haver – resultará da diferença entre as receitas das vendas e os custos ou perdas necessários à produção dos bens vendidos, consistindo no lucro líquido tributável."

Continua o mesmo autor, na sequência de seu estudo, dizendo que "é certo que dentro do preço pago pela mercadoria importada, além dos custos de produção, pode haver parcela de lucro realizado pela pessoa que, no exterior, exporta essa mercadoria. Mas tal lucro resulta da produção de mercadoria no estrangeiro, constituindo renda de fonte externa, obtida no exterior. Isto – que nunca foi posto em causa quanto à importação de mercadorias – é igualmente aplicável no que respeita à prestação de serviços prestados por pessoas jurídicas domiciliadas no exterior, em relação à qual o preço corresponde a um 'pagamento de capital', a uma 'receita bruta', provento ou ganho da empresa exportadora e não a um 'rendimento' atribuível a um fator de produção."

Nesse sentido, conclui o autor que "o 'preço' pago pela prestação de serviços (tal como o preço pela importação de mercadorias) não constitui renda, mas mera receita bruta, pagamento de capital, da empresa estrangeira. A verdadeira renda será o eventual 'lucro' da empresa estrangeira e este só pode ser apurado no estrangeiro, face à comparação entre a

---

São Paulo: 8º Simpósio Nacional IOB de Direito Tributário 18 e 19 de novembro de 1999, p. 38.

totalidade das suas receitas operacionais e a totalidade dos seus custos e despesas, pelo que os preços de venda de mercadorias e serviços constituem rendimentos de empresa ou rendimentos comerciais, que só devem ser tributados de forma sintética no país de domicílio do vendedor (salvo se este agir no outro país por meio de um estabelecimento permanente) e não de uma forma analítica ou isolada, por retenção na fonte, no país em que se localiza a fonte pagadora."

Como no alerta Cheryl Berno[9], "é notória a necessidade de se rever conceitos e repensar o Direito sob a óptica de todas as transformações ocorridas." Espera-se que à luz dos ensinamentos de grandes juristas, veja-se o Direito, como o viu SÁLVIO DE FIGUEIREDO TEIXEIRA, *in verbis*:

> O Direito é uma coisa essencialmente viva. Ele está destinado a reger homens, isto é, seres que se movem, pensam, agem, mudam, se modificam. O fim da lei não deve ser a imobilização ou a cristalização da vida, e sim manter contato íntimo com esta, segui-la em sua evolução e adaptar-se a ela. Daí resulta que o Direito é destinado a um fim social, de que deve o juiz participar ao interpretar as leis, sem se aferrar ao texto, às palavras, mas tendo em conta não só as necessidades sociais que elas visam a disciplinar como, ainda, as exigências da justiça e da eqüidade, que constituem o seu fim. Em outras palavras, a interpretação das leis não deve ser formal, mas sim, antes de tudo, real, humana, socialmente útil.

Assim, é possível que os tratados internacionais tenham supremacia sobre a lei interna brasileira. Cabe à jurisprudência preencher as lacunas da lei, e aos nossos legisladores o importante papel de estabelecer tal preceito.

Por fim, em menção à Ministra Denise Arruda: a não observação dos princípios da legalidade, segurança jurídica e

---

9. *In: Supremacia dos Tratados Internacionais em Matéria Tributária*. Publicada na Revista de Estudos Tributários n. 5 – JAN/FEV de 1999.

da moralidade da Administração Pública, aos quais estão intimamente ligados a obrigação à alta *performance* estatal, o Poder Executivo tem a obrigação de resolver a problemática levantada nesse estudo, devidamente endereçada aos seus braços – bancos e corretoras de câmbio responsáveis por retenções de IR na fonte – sob pena de novamente nosso país passar pela situação do emblemático caso do bebê com o braço amputado.

No STJ, a saudosa Ministra foi relatora do caso em que médicos da saúde pública do município do Rio de Janeiro realizaram um procedimento de pulsão na axila de um bebê, contudo o sangue coagulou e o braço da criança foi amputado. A família processou o município pleiteando danos morais (por parte do bebê e seus familiares) e estéticos. A quantia somou R$300.000,00 pelos danos sofridos pelo recém-nascido mais R$45.000,00 pelos danos morais sofridos pela família.

Ao deferir integralmente o pleito dos autores, a Ministra justificou o dano moral pelo fato de o erro médico configurar uma grave afronta à dignidade da criança, a qual terá de crescer sem um braço, e os danos estéticos justamente pela perda do membro.

A punição foi tomada como não exorbitante e, mais do que isso, foi reiterada pela Ministra a necessidade de tamanho valor a título de indenização devido ao caráter punitivo e pedagógico desta – instituto dos *punitive damages* – tais valores foram encarados em patamares razoáveis e, segundo a Súmula 7 do STJ, não caberia revisão da decisão.

Ora, vemos hoje bancos e corretoras de câmbio autorizadas pelo Banco Central do Brasil, sob a permanente fiscalização da RFB, optarem por simplesmente reter 17,65% ou até mesmo 33,33% de IRRF sobre operações que, como vimos, não se sujeitam à tributação em determinadas circunstâncias e naturezas.

É preciso perceber que essas verdadeiras pulsões (retenções) feitas nos contribuintes, que nem sempre dispõem de meios para manterem-se competitivos no mercado internacional, podem representar grave ofensa ao comércio internacional brasileiro, ocasionando até mesmo a amputação desses braços (mercados) que, como no caso da Alemanha, prejudicou e segue prejudicando nossa imagem. Felizmente, na economia esses braços podem ser reestabelecidos, mas no comércio internacional também as atitudes dos parceiros são avaliadas para compor nossa imagem de país confiável.

Espera-se que as empresas hoje penalizadas por conta de equívocos diretos ou indiretos da administração tributária – normalmente as empresas brasileiras que assumem os encargos tributários das contratações de serviços estrangeiros especializados – possam ter tratamento dispensado às empresas prestadoras de serviços internacionais com a observância da legalidade e da segurança jurídica.

REFERÊNCIAS BIBLIOGRÁFICAS

BERNO, Cheryl. *Supremacia dos Tratados Internacionais em Matéria Tributária*. Revista de Estudos Tributários n. 5 – JAN/FEV de 1999, p. 11.

BEUX, Carla. *Tratados e Convenções Internacionais em Matéria Tributária*. In: *Direito Tributário Atual*. Coord. Prof James e Gláucia Marins. Curitiba: Juruá, 2000, p. 222.

CARRAZZA, Roque Antonio. *Curso de Direito Constitucional Tributário*. 12ª edição revista, ampliada e atualizada de acordo com as Emendas Constitucionais ns. 19/98 e 20/98. São Paulo: Malheiros, 1999.

CARVALHO, Paulo de Barros. *Curso de Direito Tributário*. 12ª edição revista e ampliada. São Paulo: Saraiva, 1999.

GRUPENMACHER, Betina Treiger. *Tratados Internacionais em matéria tributária e ordem interna.* São Paulo: Dialética, 1999.

SCHOUEIRI, Luís Eduardo. *Preços de transferência no direito tributário* brasileiro. São Paulo: Dialética, 1999.

TÔRRES, Heleno. *Pluritributação internacional sobre as rendas de empresas.* 2ª ed.ver., atual. e ampl. São Paulo: Editora Revista dos Tribunais, 2001.

VALADÃO, Marcos Aurélio Pereira. *Limitações constitucionais ao poder de tributar e tratados internacionais.* Belo Horizonte: Del Rey, 2000.

XAVIER, Alberto. *Direito Tributário Internacional do Brasil – Tributação das Operações Internacionais.* Rio de Janeiro: Forense, 1993.

_____. *Aspectos Polêmicos na Tributação Internacional: Tributação da Prestação de Serviços por Não-Residente e Denúncia de Tratados Internacionais.* São Paulo: 8º Simpósio Nacional IOB de Direito Tributário novembro de 1999. Impresso nas oficinas da Gráfica Editora Ltda.

Capítulo VII
PROCESSO TRIBUTÁRIO

DESEQUILÍBRIOS DO REGIME ATUAL DE GARANTIA DAS EXECUÇÕES FISCAIS

Igor Mauler Santiago[1]

Com alegria tomamos parte nesta homenagem à saudosa Ministra Denise Arruda, com quem tivemos contatos frequentes e sempre amenos no Superior Tribunal de Justiça.

O tema escolhido é oportuno, visto que vem sendo tratado primordialmente por aquela Corte – embora, como se verá, tenha também marcados aspectos constitucionais.

Reconheça-se, para iniciar, que as execuções fiscais constituem um estorvo para o Poder Judiciário. Em 2012, por exemplo, elas representavam 31,75% dos 92,2 milhões de processos ativos no País.[2]

A forma de lidar com o problema, porém, tem privilegiado apenas uma das partes, quando é certo que Estado e contribuinte

---

[1]. Brasileira de Direito Tributário – ABRADT e da Associação Brasileira de Direito Financeiro – ABDF. Membro da Comissão de Direito Tributário do Conselho Federal da OAB. Membro do Instituto dos Advogados de São Paulo. Advogado.

[2]. Justiça em Números 2013, p. 292-296. Disponível em http://www.cnj.jus.br/images/pesquisas-judiciarias/Publicacoes/relatorio_jn2013.pdf.

têm no mínimo igual responsabilidade pelo seu agravamento: aquele, por editar normas inválidas e lavrar autuações defeituosas, dando origem a um mar de execuções inviáveis; os maus contribuintes, por frustrarem, não-raro por meio da ocultação de bens, exigências que sabem ser devidas.

Alguma criatividade institucional se impõe:

(a) reunião de diversas dívidas em uma única execução;

(b) criação de um procedimento sumário para a cobrança de débitos de pequeno valor, preservados o direito de defesa e a regularidade fiscal de quem o exercita – a tentação de elevar este piso seria refreada pela descriminalização, legal ou judicial (insignificância), dos ilícitos a ele limitados[3];

(c) bloqueio automático de bens, seguido de pronta liberação do excesso, dos contribuintes com histórico de execuções não garantidas – o que, em rigor, já é viabilizado com vantagem pela medida cautelar fiscal...

Quaisquer que sejam as inovações, cumpre manter o equilíbrio do legislador e a equidistância do juiz. E não é isso que temos testemunhado na evolução recente da matéria na jurisprudência do Superior Tribunal de Justiça.

Comecemos pela eficácia dos embargos do devedor. No Recurso Especial 1.272.827/PE, a 1ª Seção do STJ[4] declarou

---

3. Entendemos que a regra poderia abranger as execuções de tributos estaduais e municipais, por ser da União a competência para legislar sobre Direito Processual Civil e sobre Direito Penal (Constituição, artigo 22, inciso I).

4. Relator Ministro Mauro Campbell Marques, DJe 31.05.2013. Eis a ementa do julgado:

"**Processual Civil. Tributário. Recurso representativo da controvérsia. Art. 543-C do CPC. Aplicabilidade do art. 739-A, § 1º, do CPC às execuções fiscais. Necessidade de garantia da execução e análise do Juiz a respeito da relevância da argumentação (*fumus boni iuris*) e da ocorrência de gravo dano de difícil ou incerta reparação (*periculum in mora*) para a concessão de efeito suspensivo aos embargos do devedor opostos em execução fiscal.**

aplicável à execução fiscal o artigo 739-A do Código de Processo Civil (inserido pela Lei 11.382/2006), segundo o qual só terão

---

1. A previsão no ordenamento jurídico pátrio da regra geral de atribuição de efeito suspensivo aos embargos do devedor somente ocorreu com o advento da Lei n. 8.953, de 13, de dezembro de 1994, que promoveu a reforma do Processo de Execução do Código de Processo Civil de 1973 (Lei n. 5.869, de 11 de janeiro de 1973 – CPC/73), nele incluindo o §1º do art. 739, e o inciso I do art. 791.

2. Antes dessa reforma, e inclusive na vigência do Decreto-lei n. 960, de 17 de dezembro de 1938, que disciplinava a cobrança judicial da dívida ativa da Fazenda Pública em todo o território nacional, e do Código de Processo Civil de 1939 (Decreto-lei n. 1.608/39), nenhuma lei previa expressamente a atribuição, em regra, de efeitos suspensivos aos embargos do devedor, somente admitindo-os excepcionalmente. Em razão disso, o efeito suspensivo derivava de construção doutrinária que, posteriormente, quando suficientemente amadurecida, culminou no projeto que foi convertido na citada Lei n. 8.953/94, conforme o evidencia sua Exposição de Motivos – Mensagem n. 237, de 7 de maio de 1993, DOU de 12.04.1994, Seção II, p. 1696.

3. Sendo assim, resta evidente o equívoco da premissa de que a LEF e a Lei n. 8.212/91 adotaram a postura suspensiva dos embargos do devedor antes mesmo de essa postura ter sido adotada expressamente pelo próprio CPC/73, com o advento da Lei n. 8.953/94, fazendo tábula rasa da história legislativa.

4. Desta feita, à luz de uma interpretação histórica e dos princípios que nortearam as várias reformas nos feitos executivos da Fazenda Pública e no próprio Código de Processo Civil de 1973, mormente a eficácia material do feito executivo a primazia do crédito público sobre o privado e a especialidade das execuções fiscais, é ilógico concluir que a Lei n. 6.830 de 22 de setembro de 1980 – Lei de Execuções Fiscais – LEF e o art. 53, § 4º, da Lei n. 8.212, de 24 de julho de 1991, foram em algum momento ou são incompatíveis com a ausência de efeito suspensivo aos embargos do devedor. Isto porque quanto ao regime dos embargos do devedor invocavam – com derrogações específicas sempre no sentido de dar maiores garantias ao crédito público – a aplicação subsidiária do disposto no CPC/73 que tinha redação dúbia a respeito, admitindo diversas interpretações doutrinárias.

5. Desse modo, tanto a Lei n. 6.830/80 – LEF quanto o art. 53, § 4º, da Lei n. 8.212/91 não fizeram a opção por um ou outro regime, isto é, são compatíveis com a atribuição de efeito suspensivo ou não aos embargos do devedor. Por essa razão, não se incompatibilizam com o art. 739-A do CPC/73 (introduzido pela Lei 11.382/2006) que condiciona a atribuição de efeitos suspensivos aos embargos do devedor ao cumprimento de três requisitos: apresentação de garantia; verificação pelo juiz da relevância da fundamentação (*fumus boni juris*) e perigo de dano irreparável ou de difícil reparação (*periculum in mora*).

efeito suspensivo os embargos que, a critério do Juiz, reunirem *fumus boni iuris* e *periculum in mora*.⁵

---

6. Em atenção ao princípio da especialidade da LEF, mantido com a reforma do CPC/73, a nova redação do art. 736, do CPC dada pela Lei n. 11.382/2006 – artigo que dispensa a garantia como condicionante dos embargos – não se aplica às execuções fiscais diante da presença de dispositivo específico, qual seja o art. 16, § 1º, da Lei n. 6.830/80, que exige expressamente a garantia para a apresentação dos embargos à execução fiscal.

7. Muito embora por fundamentos variados – ora fazendo uso da interpretação sistemática da LEF e do CPC/73, ora trilhando o inovador caminho da teoria do 'Diálogo das Fontes', ora utilizando-se de interpretação histórica dos dispositivos (o que se faz agora) – essa conclusão tem sido a alcançada pela Jurisprudência predominante, conforme ressoam os seguintes precedentes de ambas as Turmas deste Superior Tribunal de Justiça. Pela Primeira Turma: AgRg no Ag 1381229/PR, Primeira Turma, Rel. Min. Arnaldo Esteves Lima, julgado em 15.12.2011; AgRg no REsp 1.225.406/PR, Primeira Turma, Rel. Min. Hamilton Carvalhido, julgado em 15.02.2011; AgRg no REsp 1.150.534/MG, Primeira Turma, Rel. Min. Benedito Gonçalves, julgado em 16.11.2010; AgRg no Ag 1.337.891/SC, Primeira Turma, Rel. Min. Luiz Fux, julgado em 16.11.2010; AgRg no REsp 1.103.465/RS, Primeira Turma, Rel. Min. Francisco Falcão, julgado em 07.05.2009. Pela Segunda Turma: AgRg nos EDcl no Ag n. 1.389.866/PR, Segunda Turma, Rel. Min. Humberto Martins, DJe de 21.9.2011; REsp, n. 1.195.977/RS, Segunda Turma, Rel. Min. Mauro Campbell Marques, julgado em 17/08/2010; AgRg no Ag n. 1.180.395/AL, Segunda Turma, Rel. Min. Castro Meira, DJe 26.2.2010; REsp n. 1.127.353/SC, Segunda Turma, Rel. Min. Eliana Calmon, DJe 20.11.2009; REsp 1.024.128/PR, Segunda Turma, Rel. Min. Herman Benjamin, DJe de 19.12.2008.

8. Superada a linha jurisprudencial em sentido contrário inaugurada pelo REsp. n. 1.178.883 – MG, Primeira Turma, Rel. Min. Teori Albino Zavascki, julgado em 20.10.2011 e seguida pelo AgRg no REsp 1.283.416/AL, Primeira Turma, Rel. Min. Napoleão Nunes Maia Filho, julgado em 02.02.2012; e pelo REsp 1.291.923/PR, Primeira Turma, Rel. Min. Benedito Gonçalves, julgado em 01.12.2011.

9. Recurso especial provido. Acórdão submetido ao regime do art. 543-C, do CPC, e da Resolução STJ n. 8/2008."

5. "Art. 739-A. Os embargos do executado não terão efeito suspensivo.

§ 1º. O juiz poderá, a requerimento do embargante, atribuir efeito suspensivo aos embargos quando, sendo relevantes seus fundamentos, o prosseguimento da execução manifestamente possa causar ao executado grave dano de difícil ou incerta reparação, e desde que a execução já esteja garantida por penhora, depósito ou caução suficientes.

§ 2º. A decisão relativa aos efeitos dos embargos poderá, a requerimento da parte, ser modificada ou revogada a qualquer tempo, em decisão fundamentada, cessando as circunstâncias que a motivaram.

Para tanto, rememorou que a Lei de Execuções Fiscais do Estado Novo (Decreto-lei 960/38) não previa o efeito suspensivo automático, no que foi seguida pela versão original do CPC de 1973 (onde a regra, vazada no artigo 739, parágrafo 1º, só foi incluída pela Lei 8.953/94) e – aqui a polêmica – tê-lo-ia sido também pela atual Lei de Execuções Fiscais (Lei 6.830/80). O silêncio desta última atrairia, na forma de seu artigo 1º, a aplicação subsidiária do CPC, autorizando a conclusão atingida pela Corte.

Tal omissão, a nosso ver, não existe, havendo diversos comandos na LEF que apontam para a suspensividade automática. É o caso do artigo 19, segundo o qual a execução só prosseguirá contra o terceiro que deu a garantia se não for embargada, ou se os embargos forem rejeitados.[6] Do artigo 24, que sujeita aos mesmos eventos a adjudicação, pela Fazenda exequente, dos bens penhorados.[7] Do artigo 21, que qualifica

---

§ 3º. Quando o efeito suspensivo atribuído aos embargos disser respeito apenas a parte do objeto da execução, essa prosseguirá quanto à parte restante.
§ 4º. A concessão de efeito suspensivo aos embargos oferecidos por um dos executados não suspenderá a execução contra os que não embargaram, quando o respectivo fundamento disser respeito exclusivamente ao embargante.
§ 5º. Quando o excesso de execução for fundamento dos embargos, o embargante deverá declarar na petição inicial o valor que entende correto, apresentando memória do cálculo, sob pena de rejeição liminar dos embargos ou de não conhecimento desse fundamento."
6. "Art. 19. Não sendo embargada a execução ou sendo rejeitados os embargos, no caso de garantia prestada por terceiro, será este intimado, sob pena de contra ele prosseguir a execução nos próprios autos, para, no prazo de 15 (quinze) dias:
I – remir o bem, se a garantia for real; ou
II – pagar o valor da dívida, juros e multa de mora e demais encargos, indicados na Certidão de Divida Ativa pelos quais se obrigou se a garantia for fidejussória."
7. "Art. 24. A Fazenda Pública poderá adjudicar os bens penhorados:
I – antes do leilão, pelo preço da avaliação, se a execução não for embargada ou se rejeitados os embargos;
II – findo o leilão:

de *antecipada* a alienação destes bens, se feita na pendência dos embargos.[8] E do artigo 32, parágrafo 2º, que submete ao trânsito em julgado dos embargos o levantamento do depósito pela parte vencedora.[9]

Acresça-se a isso que a Exposição de Motivos do Projeto de Lei 4.497/2004, origem da inovação legislativa, registrou que "será objeto de projeto em separado a execução fiscal, que igualmente merece atualização".

Para agravar o quadro, o Supremo Tribunal Federal, ainda antes do julgamento do STJ, negara repercussão geral à controvérsia, qualificando-a de infraconstitucional.[10]

A recusa parece-nos desacertada.

Com efeito, ao contrário dos títulos executivos extrajudiciais de índole privada, em cuja formação tem-se o consentimento do devedor, a certidão de dívida ativa tributária é constituída de forma unilateral pelo *credor*. Esse ponto – muito mais do que um mero detalhe – justifica a supressão do efeito suspensivo naquele campo, pois só mesmo razões excepcionais podem suster a cobrança de dívida livremente assumida, e repele-a na seara fiscal.

---

a) se não houver licitante, pelo preço da avaliação;
b) havendo licitantes, com preferência, em igualdade de condições com a melhor oferta, no prazo de 30 (trinta) dias.
Parágrafo único. Se o preço da avaliação ou o valor da melhor oferta for superior ao dos créditos da Fazenda Pública, a adjudicação somente será deferida pelo Juiz se a diferença for depositada, pela exeqüente, à ordem do Juízo, no prazo de 30 (trinta) dias."
8. "Art. 21. Na hipótese de alienação antecipada dos bens penhorados, o produto será depositado em garantia da execução, nos termos previstos no artigo 9º, inciso I."
9. "Art. 32, § 2º. Após o trânsito em julgado da decisão, o depósito, monetariamente atualizado, será devolvido ao depositante ou entregue à Fazenda Pública, mediante ordem do Juízo competente."
10. Recurso Extraordinário 626.468/RS, Relatora Ministra Ellen Gracie, DJe 23.11.2010.

Nesta última, o contraditório e a ampla defesa, garantidos *ex ante* (vedação do *solve et repete*), o devido processo legal substantivo e o direito de propriedade obstam a expropriação do contribuinte antes da confirmação do débito pelo Estado-juiz.

Sobre o devido processo legal, veja-se a advertência de CELSO RIBEIRO BASTOS[11]:

> O processo, no mundo moderno, é manifestação de um direito da pessoa humana. Por esta razão, as Constituições se interessam por discipliná-lo, a fim de impedir que leis mal elaboradas possam levar à sua desnaturação, com o consequente prejuízo dos direitos subjetivos que deve amparar. O grande processualista Couture fala mesmo em uma tutela constitucional do processo e que tem o seguinte conteúdo: '1º – a existência de um processo contemplado na própria Constituição. Em seguida, a lei deve instituir este processo, ficando-lhe vedada qualquer forma que torne ilusória a garantia materializada na Constituição. Qualquer lei que burle este propósito é inconstitucional. Finalmente devem ter existir meios efetivos de controle da constitucionalidade das leis a fim de anular estas tentativas de desnaturação' (*Fundamentos del derecho procesal civil*, p. 148).

E nem se suponha que esse crivo seria satisfeito pelo contencioso administrativo. Conforme adverte o STF, um dos componentes centrais do *due process of law* é a "garantia plena de um julgamento imparcial, justo, regular e independente (*fair trial*)".[12]

Ora, no processo tributário administrativo, o Poder Executivo é a um tempo parte e julgador, tendo a sua pretensão mantida em caso de empate. Isso para não falar nas restrições

---

11. *Comentários à Constituição do Brasil: promulgada em 5 de outubro de 1988.* 2º v. São Paulo: Saraiva, 1988-1989, p. 260-261.
12. STF, Pleno, Extradição 811/PU, Rel. Min. CELSO DE MELLO, DJ 28.02.2003.

ali existentes à cognição dos fatos (aversão à perícia) e do direito (vedação à declaração de inconstitucionalidade ou mesmo de ilegalidade), deficiências que só no Poder Judiciário são superadas.

A abertura da oportunidade para impugnação administrativa, se infunde ao crédito tributário certeza bastante para dispensar-se a sua prévia confirmação em processo cognitivo (ação de cobrança), nem de longe substitui o consentimento do devedor quanto à sua existência e ao seu valor.

Nesse sentido já decidiu o STJ que "a presunção legal que reveste o título emitido unilateralmente pela Administração Tributária serve tão-somente para aparelhar o processo executivo fiscal, consoante estatui o art. 38 da Lei 6.830/80 (Lei de Execuções Fiscais)".[13] O fundamento dessa afirmação reside precisamente na distinção entre os títulos negociais e o título da Fazenda Pública, pois, como se depreende do voto condutor do Min. FRANCISCO FALCÃO, "não se pode olvidar, data vênia, que a Fazenda Pública não cobra título emitido e não honrado pelo devedor: cheque, nota promissória, letra de câmbio e outros. Ao contrário, cobra título emitido por ela própria produzido, unilateralmente, sem qualquer manifestação de vontade do devedor, dentro da potestade que reveste a gênese da tributação".

Por isso, esperamos que algum dos legitimados à ação direta de inconstitucionalidade impugne o artigo 739-A do CPC, predicando a invalidade de sua aplicação ao executivo fiscal, mantida a sua vigência para as execuções civis (declaração de inconstitucionalidade sem redução de texto).

Semelhante inflexão tem ocorrido no que toca à garantia do juízo, requisito essencial ao exercício do direito de defesa

---

13. STJ, 1ª Turma, REsp. n. 287824/MG, Rel. Min. FRANCISCO FALCÃO, DJ 20.02.2006.

por meio dos embargos. De uma jurisprudência que compatibilizava, à luz do caso concreto, os artigos 612 (primazia do interesse da Fazenda) e 620 do CPC (menor onerosidade possível para o contribuinte), passamos a um contexto em que só o primeiro interessa:

(a) virtual inadmissibilidade da penhora de qualquer bem ou direito, exceto o dinheiro, a fiança bancária e o seguro garantia (e talvez nem este[14]);

(b) desnecessidade de exaurimento das tentativas de penhora antes do bloqueio de ativos bancários via BacenJud[15];

---

14. STJ, 1ª Turma, Recurso Especial 1.394.408/SP, Relator Ministro Napoleão Nunes Maia Filho, DJe 05.11.2013. Eis a ementa do julgado:
"**Agravo regimental no Recurso Especial. Execução fiscal. Seguro garantia judicial. Impossibilidade de uso dessa garantia nas execuções fiscais como modalidade de caução. Precedentes. AgRg no AREsp. 266.570/PA, Rel. Min. HERMAN BENJAMIN, DJe 18.03.2013; AgRg no REsp. 1.201.075/RJ, Rel. Min. ARNALDO ESTEVES LIMA, DJe 09.08.2011; REsp. 1.098.193/RJ, Rel. Min. FRANCISCO FALCÃO, DJe 13.05.2009. Agravo regimental desprovido.**

1. O entendimento das Turmas da Primeira Seção é no sentido de rechaçar o uso do seguro garantia como caução à Execução Fiscal, por ausência de norma legal disciplinadora do instituto, não estando esta modalidade dentre as previstas no art. 9o. da Lei 6.830/80 (AgRg no REsp. 1.201.075/RJ, Rel. Min. ARNALDO ESTEVES LIMA, DJe 09.08.2011).

2. Precedentes: AgRg no AREsp. 266.570/PA, Rel. Min. HERMAN BENJAMIN, DJe 18.03.2013; AgRg no REsp. 1.201.075/RJ, Rel. Min. ARNALDO ESTEVES LIMA, DJe 09.08.2011; REsp. 1.098.193/RJ, Rel. Min. FRANCISCO FALCÃO, DJe 13.05.2009.

3. Agravo Regimental desprovido."

15. STJ, 1ª Seção, Embargos de Divergência no Agravo 1.090.111/MG, Relator Ministro Mauro Campbell Marques, DJe 01.02.2011. Confira-se a ementa do julgado:
"**Processual Civil. Embargos de Divergência em Agravo. Execução fiscal. Crédito tributário. Bloqueio de ativos financeiros por meio do sistema Bacen Jud. Aplicação conjugada do art. 185-A, do CTN, art. 11, da Lei n. 6.830/80, art. 655 e art. 655-A, do CPC. Proporcionalidade na execução. Limites dos arts. 649, IV e 620 do CPC. Tema já julgado pela sistemática instituída pelo art. 543-C, CPC.**

(c) impossibilidade de substituição, a pedido do contribuinte, do dinheiro bloqueado sequer por fiança bancária, salvo em casos excepcionalíssimos[16];

---

1. A interpretação das alterações efetuadas no CPC não pode resultar no absurdo lógico de colocar o credor privado em situação melhor que o credor público, principalmente no que diz respeito à cobrança do crédito tributário, que deriva do dever fundamental de pagar tributos (artigos 145 e seguintes da Constituição Federal de 1988).
2. Em interpretação sistemática do ordenamento jurídico, na busca de uma maior eficácia material do provimento jurisdicional, deve-se conjugar o art. 185-A, do CTN, com o art. 11 da Lei n. 6.830/80 e artigos 655 e 655-A, do CPC, para possibilitar a penhora de dinheiro em depósito ou aplicação financeira, independentemente do esgotamento de diligências para encontrar outros bens penhoráveis. Em suma, para as decisões proferidas a partir de 20.1.2007 (data da entrada em vigor da Lei n. 11.038/2006), em execução fiscal por crédito tributário ou não, aplica-se o disposto no art. 655-A do Código de Processo Civil, posto que compatível com o art. 185-A do CTN.
3. A aplicação da regra não deve descuidar do disposto na nova redação do art. 649, IV, do CPC, que estabelece a impenhorabilidade dos valores referentes aos vencimentos, subsídios, soldos, salários, remunerações, proventos de aposentadoria, pensões, pecúlios e montepios; às quantias recebidas por liberalidade de terceiro e destinadas ao sustento do devedor e sua família, aos ganhos de trabalhador autônomo e aos honorários de profissional liberal.
4. Também há que se ressaltar a necessária prudência no uso da nova ferramenta, devendo ser sempre observado o princípio da proporcionalidade na execução (art. 620 do CPC) sem descurar de sua finalidade (art. 612 do CPC), de modo a não inviabilizar o exercício da atividade empresarial.
5. Tema que já foi objeto de julgamento pela sistemática prevista no art. 543-C, do CPC, e Resolução STJ n. 8/2008, nos recursos representativos da controvérsia REsp. n. 1.112.943-MA, Corte Especial, Rel. Min. Nancy Andrighi, DJE 23.11.2010, e REsp. n. 1.184.765/PA, Primeira Seção, Rel. Min. Luiz Fux, julgado em 24.11.2010.
6. Embargos de divergência não providos."
16. STJ, 1ª Seção, Embargos de Divergência em Recurso Especial 1.077.039/RJ, Relator para o acórdão Ministro Herman Benjamin, DJe 12.04.2011. Esta a ementa do acórdão:
"**Processual Civil. Embargos de Divergência. Execução fiscal. Substituição da penhora de dinheiro por fiança bancária. Inteligência dos art. 9º, §§ 3º e 4º, e 15, I, da Lei 6.830/80.**
1. Admite-se o presente recurso, porquanto adequadamente demonstrada a divergência atual das Turmas que compõem a Seção de Direito Público do STJ a respeito da pretendida equiparação do dinheiro à fiança bancária,

para fins de substituição de garantia prestada em Execução Fiscal, independentemente da anuência da Fazenda Pública.

2. O legislador estabeleceu a possibilidade de garantia da Execução Fiscal por quatro modos distintos: a) depósito em dinheiro, b) oferecimento de fiança bancária, c) nomeação de bens próprios à penhora, e d) indicação de bens de terceiros, aceitos pela Fazenda Pública.

3. O processo executivo pode ser garantido por diversas formas, mas isso não autoriza a conclusão de que os bens que as representam sejam equivalentes entre si.

4. Por esse motivo, a legislação determina que somente o depósito em dinheiro 'faz cessar a responsabilidade pela atualização monetária e juros de mora' (art. 9º, § 4º, da Lei 6.830/1980) e, no montante integral, viabiliza a suspensão da exigibilidade do crédito tributário (art. 151, II, do CTN).

5. Nota-se, portanto, que, por falta de amparo legal, a fiança bancária, conquanto instrumento legítimo a garantir o juízo, não possui especificamente os mesmos efeitos jurídicos do depósito em dinheiro.

6. O fato de o art. 15, I, da LEF prever a possibilidade de substituição da penhora por depósito ou fiança bancária significa apenas que o bem constrito é passível de substituição por um ou por outro. Não se pode, a partir da redação do mencionado dispositivo legal, afirmar genericamente que o dinheiro e a fiança bancária apresentam o mesmo status.

7. Considere-se, ainda, que: a) o art. 5º da Lei de Introdução ao Código Civil estabelece padrão de hermenêutica ('o juiz atenderá aos fins sociais a que ela se dirige'); b) o processo de Execução tem por finalidade primordial a satisfação do credor; c) no caso das receitas fiscais, possuam elas natureza tributária ou não-tributária, é de conhecimento público que representam obrigações pecuniárias, isto é, a serem quitadas em dinheiro; e d) as sucessivas reformas feitas no Código de Processo Civil (de que são exemplos as promovidas pelas Leis 11.232/2005 e 11.382/2006) objetivam prestigiar justamente a eficiência na entrega da tutela jurisdicional, a qual deve ser prestada, tanto quanto possível, preferencialmente em espécie.

8. Em conclusão, verifica-se que, regra geral, quando o juízo estiver garantido por meio de depósito em dinheiro, ou ocorrer penhora sobre ele, inexiste direito subjetivo de obter, sem anuência da Fazenda Pública, a sua substituição por fiança bancária.

9. De modo a conciliar o dissídio entre a Primeira e a Segunda Turmas, admite-se, em caráter excepcional, a substituição de um (dinheiro) por outro (fiança bancária), mas somente quando estiver comprovada de forma irrefutável, perante a autoridade judicial, a necessidade de aplicação do princípio da menor onerosidade (art. 620

do CPC), situação inexistente nos autos.

10. Embargos de Divergência não providos."

(d) direito da Fazenda *que aceitou a fiança* a obter, a qualquer tempo, a sua substituição por penhora *on line* de dinheiro.[17]

---

17. STJ, 2ª Turma, Recurso Especial 1.163.553/RJ, Relator para o acórdão Ministro Herman Benjamin, DJe 25.05.2011. Veja-se a ementa do aresto:
"Processual Civil. Execução fiscal. Ausência de prequestionamento. Súmula 282/STF. Fiança bancária aceita pela Fazenda Pública. Substituição por dinheiro (dividendos a serem distribuídos aos acionistas). Possibilidade. Inteligência conjugada dos arts. 15, II, e 11, I, da lei 6.830/1980, c/c o art. 612 do CPC. Princípio da menor onerosidade. Prevalência apenas quando o juízo valorar, concretamente e à luz da prova dos autos, que a constrição em pecúnia pode causar gravame desproporcional à parte devedora.
1. Não se conhece de Recurso Especial quanto a matéria não especificamente enfrentada pelo Tribunal de origem, dada a ausência de prequestionamento. Incidência, por analogia, da Súmula 282/STF.
2. A tese defendida pela sociedade empresarial é a de que, se a fiança bancária foi aceita pela Fazenda Pública, a garantia do juízo em Execução Fiscal torna-se imutável. Tal argumentação foi utilizada com a finalidade de impedir a troca da penhora (fiança bancária por dinheiro, representado pelos dividendos que serão distribuídos aos acionistas).
3. Deduz-se pretensão manifestamente contrária à lei, pois o art. 15, II, da Lei 6.830/1980 garante ao ente público a faculdade de pleitear, em qualquer fase do processo, além do reforço, a substituição dos bens penhorados por outros, independentemente da ordem listada no art. 11, o que significa a possibilidade de, a critério da Fazenda Pública, trocar o bem por outro de maior ou menor liquidez.
4. De todo modo, preservam-se as previsões normativas de que o dinheiro representa o bem sobre o qual preferencialmente recairá a medida constritiva (art. 11, I, da Lei das Execuções Fiscais) e de que a execução é processada com o objetivo principal de garantir os interesses da parte credora (art. 612 do CPC).
5. Dessa forma, embora a Fazenda credora tenha concordado com a garantia prestada (fiança bancária), a regra do art. 15, II, da LEF permite que a descoberta de outro bem (superveniente ou não), que, a seu juízo, melhor atenda às expectativas de satisfação de sua pretensão, fundamente o pleito de substituição da penhora.
6. Ressalva-se, naturalmente, a incidência do art. 620 do CPC, segundo o qual o juízo poderá restringir a faculdade de livre substituição da penhora se o ato processual implicar gravame desproporcional à parte devedora.
7. Esse juízo de ponderação de interesses, no entanto, não pode ser utilizado de modo abstrato, mas sim a partir do convencimento do órgão julgador, obrigatoriamente motivado com base na efetiva prova dos autos – o que não ocorreu *in casu*.

Se é assim – e pensamos que não deveria ser –, o mínimo que se exige é o reembolso, na hipótese de procedência final dos embargos, ou na medida em que acolhidos estes, dos custos suportados pelo contribuinte com a manutenção da garantia, assim como dos ganhos que deixou de auferir devido à privação temporária do numerário ali empregado (danos emergentes e lucros cessantes).

Um primeiro fundamento para essa pretensão seriam os artigos 20 do CPC[18] e 39, parágrafo único, da LEF[19], que impõem

---

8. A Seção de Direito Público do STJ uniformizou o entendimento de que as garantias consistentes na fiança bancária e na penhora de dinheiro não possuem o mesmo status (EREsp. 1077039/RJ), razão pela qual permanece em vigor a preferência por esta última.

9. Conclui-se que o direito de o ente público postular, originalmente ou em caráter substitutivo, a penhora de quantia específica de dinheiro independe de prévia garantia do juízo, dado que este é o bem sobre o qual preferencialmente deve recair a medida constritiva. O único obstáculo, inexistente na espécie, seria o juízo valorativo a respeito do art. 620 do CPC.

10. Relativamente ao precedente atual da Terceira Turma (REsp. 1116647/ES), invocado em memorial apresentado pela recorrente, observo que não se aplica ao caso dos autos, tendo em vista tratar de situação fática diversa – Execução disciplinada exclusivamente pelo Código de Processo Civil, entre pessoas de Direito Privado, na qual não incide o art. 15, II, da LEF.

11. Ademais, o entendimento lá adotado – de que a penhora de quantia aproximada de R$ 1.000.000,00 (um milhão de reais) presumivelmente deve ser considerada gravosa à empresa – foi afastado na hipótese destes autos, quando o Tribunal a quo constatou que a penhora de R$ 67.000.000,00 (sessenta e sete milhões de reais) é irrisória diante do valor total dos dividendos a serem distribuídos (R$ 3.000.000.000,00 – três bilhões de reais).

12. Recurso Especial não provido."

18. "Art. 20. A sentença condenará o vencido a pagar ao vencedor as despesas que antecipou e os honorários advocatícios. Esta verba honorária será devida, também, nos casos em que o advogado funcionar em causa própria.
§ 1º. O juiz, ao decidir qualquer incidente ou recurso, condenará nas despesas o vencido.
§ 2º. As despesas abrangem não só as custas dos atos do processo, como também a indenização de viagem, diária de testemunha e remuneração do assistente técnico. (...)"

19. "Art. 39, parágrafo único. Se vencida, a Fazenda Pública ressarcirá o valor das despesas feitas pela parte contrária."

ao sucumbente o dever de indenizar as despesas realizadas pelo vencedor.

Mas a verdade é que, malgrado as advertências de que "a vitória processual de quem tem razão deixaria de ser integral quando ele tivesse de suportar gastos para vencer"[20] e de que despesas processuais são "todos os gastos que se fazem com e para o processo, desde a petição inicial até a sua extinção"[21], a própria doutrina impõe limites a tal latitude, tendo a jurisprudência concluído que, afora as custas e os emolumentos, são indenizáveis apenas os pagamentos feitos aos terceiros acionados *pelo aparelho judicial*[22], excluídos os realizados por livre decisão da parte, caso da contratação de contador para a liquidação de sentença por simples cálculo aritmético.[23]

A saída estaria em demonstrar, diante das circunstâncias do caso, que o particular tinha outros bens para dar em garantia, cuja rejeição arbitrária pela Fazenda Pública tornou inevitável o depósito ou a contratação do seguro ou da fiança.

Muito mais direto, contudo, é o artigo 574 do CPC, reavivado em nossa memória por Luiz Gustavo Bichara, em excelente palestra na Associação Brasileira de Direito Tributário: "o credor ressarcirá ao devedor os danos que este sofreu, quando a sentença, passada em julgado, declarar inexistente, no todo ou em parte, a obrigação, que deu lugar à execução" – danos que abarcam os lucros cessantes, na dicção do artigo 402 do Código Civil.[24]

---

20. Cândido Rangel Dinamarco. *Instituições de Direito Processual Civil*, vol. II, 5. ed. São Paulo: Malheiros, 2005, p. 635-636.
21. Moacyr Amaral Santos. *Primeiras Linhas de Direito Processual Civil*, vol. 2, 20. ed. São Paulo: Saraiva, 1999, p. 298.
22. STJ, 1ª Seção, Recurso Especial 1.036.656/SP, Relatora Ministra Eliana Calmon, DJe 06.04.2009.
23. STJ, Corte Especial, Embargos de Divergência no Recurso Especial 506.895/RS, Relator Ministro Luiz Fux, DJ 06.12.2004.
24. "Art. 402. Salvo as exceções expressamente previstas em lei, as perdas

O STJ confirma a aplicabilidade da regra à execução fiscal[25], mas não temos notícia de que haja sido invocada com

---

e danos devidas ao credor abrangem, além do que ele efetivamente perdeu, o que razoavelmente deixou de lucrar."

25. STJ, 1ª Seção, Agravo Regimental nos Embargos de Divergência no Recurso Especial 582.079/RS, Relator Ministro Luiz Fux, DJ 29.05.2006. Eis a ementa do julgado:

"**Processual Civil. Execução fiscal. Título extrajudicial. Embargos improvidos. Pendência de apelação. Execução definitiva.**

1. Hipótese em que sequer há divergência porquanto o aresto paradigma, tão-somente, ressaltou a possibilidade de o executado ajuizar medida acautelatória para atribuir efeito suspensivo à sentença proferida em sede de execução de título extrajudicial, sem, contudo, afastar a sua definitividade.

2. É definitiva a execução posto pendente recurso interposto contra sentença de improcedência dos embargos opostos pelo executado. Precedentes da Corte: EREsp. 399.618/RJ, Primeira Seção, Rel. Min. Francisco Peçanha Martins, DJ de 08/09/2003; EREsp. n. 195.742/SP, Corte Especial, Rel. Min. Edson Vidigal, DJ de 04.08.2003; REsp. 522.769/RS, Segunda Turma, Rel. Min. FRANCIULLI NETTO, DJ de 06.09.2004; EAG 493.436/RJ, Primeira Seção, Rel. Min. JOSÉ DELGADO, DJ de 16.08.2004; REsp. 465.970/RS, Segunda Turma, Rel. Min. CASTRO MEIRA, DJ de 16.08.2004; MC 5398/RS, Primeira Turma, desta relatoria, DJ de 16.08.2004; REsp. 514.286/RJ, Primeira Turma, Rel. Min. TEORI ALBINO ZAVASCKI, DJ de 10.05.2004)

3. O título base é que confere definitividade à execução. Assim, se a execução inicia-se com fulcro em título executivo extrajudicial e os embargos oferecidos são julgados improcedentes, havendo interposição pelo executado de apelação sem efeito suspensivo, prossegue-se, na execução, tal como ela era; vale dizer: definitiva, posto fundada em título extrajudicial. Ademais, neste caso, não se está executando a sentença dos embargos senão o título mesmo que foi impugnado por aquela oposição do devedor.

4. Rejeição da tese da não-definitividade da execução com embargos rejeitados e recorrida a decisão, em razão do grau de prejudicialidade que o provimento do recurso interposto da decisão denegatória pode encerrar.

5. Deveras, a lei prevê indenização para a hipótese de execução provisória, com muito mais razão deve conceber esta responsabilidade gerada pela execução definitiva, cuja obrigação vem a ser declarada inexistente. Desta sorte, pendendo o recurso de decisão que julgou os embargos improcedentes, o exequente poderá optar entre seguir com a execução definitiva, tal como procedia antes da interposição dos embargos, sujeitando-se ao disposto no artigo 574, do CPC, ou aguardar solução definitiva do juízo *ad quem*.

6. 'Não cabem embargos de divergência, quando a jurisprudência do Tribunal se firmou no mesmo sentido do acórdão embargado.' (Súmula 168/STJ)

7. Agravo Regimental desprovido."

sucesso para o fim específico de recuperação dos gastos vinculados à garantia.

E tais despesas estão longe de ser desprezíveis. O custo anual de uma carta de fiança ou um seguro garantia (este, um pouco menor) varia de 0,5% a mais de 5% do valor garantido, a depender das condições do mercado financeiro e do perfil do contratante. Para certa empresa brasileira, em nada representativa da média dos contribuintes (receita anual de R$ 30 bilhões), as taxas hoje aplicáveis são 0,85% ao ano (seguro) e 1,5% ao ano (fiança).

Assim, considerando uma execução de R$ 100 milhões e o prazo de 5 anos entre o ajuizamento e o trânsito em julgado da decisão favorável ao contribuinte, tem-se uma despesa de R$ 4,25 milhões (seguro) ou R$ 7,5 milhões (fiança), suportada apenas para se ter o direito de opor – e vencer! – os embargos à execução, sem considerar os ganhos que a aplicação produtiva de tais recursos poderia ter proporcionado.

Pirro foi rei de Épiro, que se estendia por trechos das atuais Grécia e Albânia. Aliado de Taranto na resistência desta cidade meridional ao assédio romano, venceu batalhas cruentas em Heracleia (280 a.C.) e Ascoli Satriano (279 a.C.), até ser derrotado em Malevento (276 a.C.), por isso rebatizada Benevento pelos conquistadores. As baixas dramáticas que sofreu naquelas vitórias deram origem à expressão até hoje em voga.[26]

É o patrono dos contribuintes brasileiros!

---

26. Indro Montanelli. *História de Roma – da Fundação à Queda do Império*. 2. ed. Lisboa: Edições 70, 2007, p. 51-56. Philip Matyszak. *The Enemies of Rome – from Hannibal to Attila the Hun*. London: Thames & Hudson, 2004, p. 14 e 21.

A (DES)VINCULAÇÃO DOS MEMBROS DO CARF AOS PARECERES DA PGFN, APROVADOS PELO MINISTRO DA FAZENDA

Mary Elbe Gomes Queiroz[1]
Antonio Carlos F. de Souza Júnior[2]

HOMENAGEM

Com muita honra aceitamos o convite da Professora Doutora Betina Treiger Grupenmacher para participar do livro

---

1. Pós-Doutora pela Universidade de Lisboa. Doutora em Direito Tributário (PUC/SP). Mestre em Direito Público (UFPE). Pós-graduação em Direito Tributário: Universidade de Salamanca – Espanha e Universidade Austral – Argentina. Presidente do Centro de Estudos Avançados de Direito Tributário e Finanças Públicas do Brasil – CEAT. Presidente do Instituto Pernambucano de Estudos Tributários – IPET. Membro Imortal da Academia Brasileira de Ciências Econômicas, Políticas e Sociais – ANE. Advogada sócia de Queiroz Advogados Associados. Palestrante da FocoFiscal.
2. Mestre em Direito pela Universidade Católica de Pernambuco (UNICAP). Pós-graduação em Direito Tributário pelo IBET/SP. Professor do Curso de Pós-graduação do IBET/IPET em Recife/PE. Advogado sócio de Queiroz Advogados Associados. Palestrante da FocoFiscal.

Tributação: Democracia e Liberdade, dedicado à memória e em justa homenagem à ilustríssima Ministra Denise Arruda.

A Ministra Denise Arruda, certamente inspirada no exemplo do pai que era notável advogado, escolheu as ciências jurídicas como seu objeto de estudo e dedicou toda a sua vida à magistratura. Foi a quarta mulher a ingressar no Superior Tribunal de Justiça, onde presidiu a Primeira Turma no biênio 2008-2010. Na sua atuação como magistrada, além da elevada qualificação técnica, devem ser ressaltadas como suas características mais marcantes a postura serena e analítica e a defesa da legalidade, como se vê, por exemplo, nas decisões no RMS 28.778/RJ (ano 2009) e EDcl no RMS 21.274/GO (ano 2006), nos quais registrou idêntica opinião:

> 3. Os atos da Administração Pública devem sempre pautar-se por determinados princípios, entre os quais está o da legalidade. Destarte, a aplicação de sanções administrativas, decorrente do exercício do poder de polícia, somente se torna legítima quando o ato praticado pelo administrado estiver previamente definido pela lei como infração administrativa.
>
> 4. No caso vertente, as normas elencadas pela Administração não condizem com o ato praticado pela impetrante. Em outras palavras, não há subsunção do fato à hipótese prevista de modo abstrato pela norma.

Desse modo, com o presente texto, além de debater relevante questão jurídica, pretendemos fazer singela homenagem à marcante trajetória da Ministra Denise Arruda que, por meio da sua atividade judicante, deixou valiosa contribuição para o direito brasileiro.

INTRODUÇÃO

O contencioso tributário tem por escopo assegurar ao administrado o direito de reexame da imposição tributária contra ele proposta, podendo obter a anulação, revogação ou até mesmo a confirmação do ato contra si lavrado, ao passo que para Administração Pública é uma oportunidade de aperfeiçoar atividade lançadora, bem como permitir a participação do principal interessado "no circuito formativo das decisões administrativas que irão atingi-lo."[3]

Assim, dada sua importante função institucional, as regras processuais aplicáveis devem guardar correlação com o devido processo legal, uma vez que hoje não existem quaisquer dúvidas de que temos um processo administrativo tributário com status constitucional, daí porque a ele são aplicáveis todos os direitos e garantias fundamentais do cidadão.

A escolha do tema em análise decorreu da necessidade de se aprofundar o estudo acerca da melhor interpretação a ser adotada sobre a vinculação ou não dos membros do CARF, aos pareceres da douta Procuradoria da Fazenda Nacional que forem aprovados pelo Ministro da Fazenda e posteriormente publicados, de acordo com a Lei Complementar n. 73/1993. O CARF – Conselho Administrativo de Recursos Fiscais – é o órgão administrativo-julgador de segunda instância, do Ministério da Fazenda, que detém a competência para decidir, em definitivo, na esfera administrativa, os litígios entre Fisco e Contribuintes.

A provocação surgiu da existência de precedentes contraditórios[4] entre turmas daquele Egrégio Colegiado nas quais se decidiu em um pela vinculação e, no outro, pela independência (desvinculação) dos membros do colegiado em relação aos citados pareceres da PGFN aprovados pelo Ministro da

---

3. MELLO, Celso Antonio Bandeira de. Ob. Cit. p. 465. Vide também: QUEIROZ MAIA, Mary Elbe Gomes. **Do Lançamento Tributário – Execução e Controle**. São Paulo: Dialética, 1999.

4. São exemplos os seguintes julgados: Acórdão n. 1302-001.130 de 11.06.2013 e o decidido no processo n. 19647.017451/2008-74, julgado no dia 11 de março de 2014 (aguardando formalização).

Fazenda. Da leitura do primeiro *decisum*, verificamos que nele, data vênia, foram adotados como premissas, apenas, os textos normativos dos artigos 13, 40 e 42 da Lei Complementar n. 73/1993.

Esses dois posicionamentos antagônicos relevam a necessidade de elaboração de um estudo sobre a eficácia dos citados dispositivos normativos no âmbito do processo administrativo tributário, sobretudo na seara do Conselho Administrativo de Recursos Fiscais.

O desenvolvimento da resposta à pergunta de partida do presente texto, contudo, remete a uma contextualização de vários textos normativos, em aparente colisão, no âmbito da estrutura interna do ordenamento jurídico brasileiro, notadamente no subsistema do processo administrativo tributário. Essa busca por uma contextualização exige a abordagem, mesmo que de forma perfunctória, do direito positivo enquanto sistema empírico, a interpretação dos textos normativos e os métodos existentes para superação de antinomias. Devendo passar pela investigação sobre o regime jurídico do Conselho Administrativo de Recursos Fiscais e da Procuradoria da Fazenda Nacional, notadamente em relação à sua atuação no processo administrativo tributário e os tipos de vinculação hierárquica existentes entre o órgão de julgamento e o Ministro de Estado.

Após a contextualização das premissas construídas, analisaremos a possibilidade de um parecer editado pela douta Procuradoria da Fazenda Nacional, parte que defende e é o legítimo advogado da Fazenda Nacional e aprovado pelo Ministro da Fazenda, vincular os julgadores administrativos na sua atividade fim de julgamento do mérito dos processos administrativos tributários.

1. O ORDENAMENTO JURÍDICO ENQUANTO SISTEMA

A definição do vocábulo "sistema", dada a multiplicidade de sentidos que a palavra contém como também pela larga utilização da noção em outros ramos do conhecimento, tal como física, química, matemática etc., põe o dever de traçar um padrão conceitual comum que será tratado na presente explanação.

Seguindo as formulações de Lourival Vilanova[5], Marcelo Neves elabora um conceito sintético e objetivo de sistema como "um conjunto de elementos (partes) que entram em relação formando um todo unitário".[6] Assim, cada sistema é constituído de elementos (reais ou proposicionais), fundamentados em uma base unitária (proposicional) ou pelo modo das relações dos seus elementos entre si e pelos sujeitos cognoscentes (real ou empírico).

O professor Paulo de Barros Carvalho, não obstante adotar em grande parte a classificação proposta pelo professor pernambucano, refuta a ideia de divisão dos sistemas em reais e proposicionais, pois entende que, mesmo os dados empíricos, são conhecidos através de proposições linguísticas e a linguagem é um instrumento constitutivo da realidade. Essa "premissa é fator impeditivo para se conceber objetos reais que seriam simplesmente captados pela intuição sensível, sem passar pelo filtro intercalar da linguagem".[7] Isto é, com base neste fundamento, mesmo aqueles sistemas considerados como reais ou empíricos são, de certo modo, proposicionais, pois os objetos somente são captados a partir da linguagem.

Delimitada a ideia, ainda que superficial, do que vem a ser sistema e suas características essenciais, passamos a traçar a distinção entre os sistemas teoréticos daqueles considerados como empíricos. Para tanto, mais uma vez tomamos a classificação

---

5. Cf. VILANOVA, Lourival. **Estruturas lógicas e o sistema do direito positivo.** São Paulo: Max Limonad, 1997, p.173.
6. NEVES, Marcelo. **Teoria da inconstitucionalidade das leis**. São Paulo: Saraiva, 1988. p. 2.
7. CARVALHO, Paulo de Barros. **Direito tributário: fundamentos jurídicos da incidência**. 9. ed. rev. São Paulo: Saraiva, 2012, p. 72-73.

construída por Lourival Vilanova e seguida por Marcelo Neves, que divide os sistemas em nomológicos e nomoempíricos.

Os sistemas nomológicos aperfeiçoam-se por um conjunto de proposições teóricas que se concatenam por meio de um processo interno de dedução, isto é, os dados empíricos, a experiência e a *interface* com o mundo da *práxis* são irrelevantes para construção dessa espécie de sistema. "São, portanto, compostos de proposições analíticas, ou seja, proposições cuja valência independe de qualquer constatação fática. O fechamento, completude e coerência constituem-lhes notas essenciais, uma vez que os seus enunciados se deduzem racionalmente do axioma (conjunto finito de enunciados da base do sistema), no qual estão implicitamente contidos os enunciados deduzidos".[8]

Já os sistemas nomoempíricos são desenvolvidos de proposições derivadas de objetos reais relatados em linguagem e, por isso, possuem linguagem material aberta e condicionada a fatos ocorridos, isto é, a situações do mundo. "Daí porque são sistemas nos quais, além da dimensão sintática (formal), possuem relevância as dimensões semântica (material) e pragmática".[9]

O sistema nomoempírico, apresenta-se em dois níveis: o descritivo e o prescritivo. Os sistemas nomoempíricos descritivos possuem o escopo de representar os dados empíricos coletados no mundo real e as suas maneiras e formas de se relacionarem, descrevendo as relações decorrentes de dados reais ou prescrições decorrentes de outros sistemas.[10]

No campo do direito, tal sistema (científico) se apresenta como um sistema sobre outro, isto é, descreve o conteúdo dos

---

8. NEVES, Marcelo. Op. Cit. p. 4-5.
9. Ibidem, p. 6.
10. Ibidem, p. 6.

dados empíricos (normas jurídicas). Todavia, ele não está restrito à descrição dos dados empíricos formalizados dentro de um sistema prescritivo, mas pode tratar de fatos a ele externos, mas que se mostrem relevantes, como por exemplo: projetos de leis, direito comparado (normas de outros sistemas), etc.[11]

No segundo nível, encontram-se os sistemas nomoempíricos prescritivos ou normativos que possuem o objetivo de induzir, direcionar a conduta social para determinado sentido previsto anteriormente, situando-se dentro das condutas sociais. Ou seja, o sistema prescritivo, por meio das suas proposições, qualifica as condutas ocorridas na práxis e as transporta para dentro de si. Portanto, as suas construções, ao contrário dos demais sistemas, não possuem pretensão de serem verdadeiras ou falsas, mas sim válidas ou inválidas, o que "depende dos critérios de admissão e expulsão do sistema."[12]

Lourival Vilanova, descrevendo a teoria do direito de Pontes de Miranda, afirma que o sistema não se apresenta em uma única função. O sistema, primeiramente, apresenta-se atrelado à logicidade, asseverando a sua função sintática, mas também suas partes se apresentam como proposições derivadas da realidade social, ou seja, está atrelado a uma função semântica e, por fim, o "sistema jurídico é sistema positivo porque assenta num conjunto de fatos, que os modela com a função pragmática de imprimir ordem e previsibilidade no suceder das ações recíprocas dos indivíduos".[13]

Logo, "o ordenamento jurídico, enquanto dimensão da complexa ordem jurídica, não constitui, portanto, um objeto de conhecimento absolutamente autônomo em relação às demais

---

11. VILANOVA, Lourival. Op. Cit. p.169.
12. NEVES, Marcelo. Op. Cit. p. 7.
13. VILANOVA, Lourival. **Escritos jurídicos e filosóficos. Vol.1.** São Paulo: IBET, 2003, p. 402.

dimensões da ordem que integra. Em verdade, através da perspectiva normativa, visa-se conhecer a ordem jurídica (o Direito em sua complexidade fático-normativo-ideológica) por via da interpretação do ordenamento jurídico".[14]

Desta feita, podemos concluir que o sistema jurídico, na qualidade de sistema nomoempírico normativo, não pode ser caracterizado como fechado, sendo, ao contrário, um sistema aberto a interações da realidade social.

Isto é, "o sistema jurídico é *sistema aberto* em intercâmbio com os *subsistemas sociais* (econômicos, políticos, éticos), sacando seu conteúdo-de-referência desses subsistemas que entram no sistema-Direito através dos esquemas hipotéticos, os *descritores* de fatos típicos, e os esquemas e consequências, onde se dá a *função prescritora* da norma de Direito".[15]

Tércio Sampaio Ferraz, ao tratar do sistema jurídico prescritivo, no mesmo sentido, assinala que o "sistema jurídico é do tipo aberto, estando em relação de importação e exportação de informações com outros sistemas (o dos conflitos sociais, políticos, religiosos, etc.), sendo ele próprio parte do subsistema jurídico (que não se reduz a normas, mas incorpora todos os modos discursivos)".[16]

Sendo assim, o ordenamento jurídico, enquanto dimensão essencial ao sistema jurídico possui o aspecto formal-normativo e a função prescritiva, mas não pode, todavia, ser classificado como objeto de conhecimento autônomo e absoluto, visto que, pela ótica normativa, busca-se tão somente o conhecimento da ordem jurídica pela interpretação desse ordenamento, ou seja, busca-se o conhecimento do padrão das expectativas normativas posto pelo subsistema jurídico.

---

14. NEVES, Marcelo. Op. Cit. p.21.
15. VILANOVA, Lourival. Op. Cit. p.180.
16. FERRAZ JR., Tercio Sampaio. **Teoria da norma jurídica: ensaio da pragmática da comunicação normativa**. Rio de Janeiro: Forense, 2006, p.141.

2. INTERPRETAÇÃO E MECANISMOS DE SOLUÇÃO DE CONFLITOS NORMATIVOS

O intérprete, a partir dos textos normativos, inicia a construção dos conteúdos significativos dos vários enunciados, ordenando-os de forma a determinar ou descrever o conteúdo semântico das normas jurídicas encontradas, bem como estabelecer os respectivos vínculos de subordinação e coordenação entre as normas jurídicas pertinentes ao mesmo sistema.[17]

Essa *trajetória na interpretação*, conforme adverte Paulo de Barros Carvalho, é permeada por dificuldades derivada de diferentes fatores como, por exemplo, o próprio objeto do direito que é cercado de valores, "os intricados problemas que cercam a metalinguagem, também inçadas de dúvidas sintáticas e problemas de ordem semântica e pragmática".[18]

Dentre os problemas que podem ser encontrados na *trajetória da interpretação*, podemos apontar, especificamente, a antinomia, que ocorre quando "a uma mesma hipótese são ligadas duas (ou mais) consequências jurídicas incompatíveis entre si".[19]

A solução para o aparente problema, contudo, pode ser articulada por métodos construídos no próprio processo de interpretação como: a) utilização do critério da especialidade (*lex specialis derogat legi generali*), no qual o aplicador "atribui a uma das normas conflitantes o valor de regra geral e à outra o valor de exceção"[20]; ou b) estabelecendo uma interpretação, dentre as possíveis, que possa a afastar a colição das normas jurídicas.[21]

---

17. CARVALHO, Paulo de Barros. **Direito tributário: fundamentos jurídicos da incidência**. 9. ed. rev. São Paulo: Saraiva, 2012, p. 107.
18. Ibidem, p. 108.
19. GUASTINI, Riccardo. **Das fontes às normas.** Trad. Edson Bini. São Paulo: Quartier Latin, 2005, p. 227.
20. Ibidem, p. 233.
21. Ibidem, p. 234.

Com relação ao segundo método, parece mais adequada a abordagem realizada por Marcelo Neves, que analisa a influência dos fatos, ou melhor, o relato linguístico de determinado evento, na interpretação de textos normativos e seu processo de concretização. Segundo o autor:

> Para a superação da ambiguidade de disposições normativas, é fundamental a interpretação do respectivo texto. Para a superação da vagueza e a aplicação normativa a um caso concreto, vai-se além, desenvolvendo-se um amplo processo seletivo de concretização da norma. Esclareça-se, porém, que, com o final da concretização da norma, a norma jurídica não se torna individual e concreta, apenas torna-se possível ser-lhe subsumido o caso mediante uma norma decisão (em regra, individual e concreta). A concretização implica, portanto, a interpretação tanto do texto da norma quantos dos fatos jurídicos relevantes para o caso.[22]

Dessa forma, o processo de concretização da norma, que não se confunde com a edição da norma individual e concreta, "exige não propriamente que se 'considerem todos os fatores' do contexto, mas que se determine seletivamente os fatos jurídicos relevantes ao caso enquadram-se na hipótese normativa".[23]

Apresentadas as primeiras premissas oriundas da teoria geral do direito e os métodos interpretativos que servem de ferramenta para superação de antinomias internas no sistema jurídico, fundamentais para o desenvolvimento do presente trabalho, passamos a expor os fatos e os textos jurídicos necessários para a resolução da pergunta de partida formulada no início do trabalho.

---

22. NEVES, Marcelo. **Entre Hidra e Hércules: princípios e regras constitucionais como diferença paradoxal do sistema jurídico**. São Paulo: Editora WMF Martins Fontes, 2013, p. 7.
23. Ibidem, p. 7.

3. POSIÇÃO DO CONSELHO ADMINISTRATIVO DE RECURSOS FISCAIS E PROCURADORIA DA FAZENDA NACIONAL NA ESTRUTURA DA ADMINISTRAÇÃO TRIBUTÁRIA FEDERAL

3.1. Conselho Administrativo de Recursos Fiscais – CARF

O Conselho Administrativo de Recursos Fiscais possui raízes históricas no Decreto n. 16.580, datado de 04 de setembro de 1924, que criou o órgão administrativo, então denominado Conselho de Contribuintes do Imposto de Renda, competente para o julgamento dos recursos concernentes ao imposto sobre a renda. Com formação paritária, o órgão estava composto de representantes dos contribuintes e por agentes públicos, todos nomeados pelo Ministro da Fazenda.[24]

Com Decreto n. 5.157 de 12 de janeiro de 1927, foi criado o Conselho de Contribuintes para os impostos de consumo, que, inclusive, a partir de 1931 passou a atuar na capital do Brasil, local em que se julgavam os recursos administrativos que eram de competência do Ministro da Fazenda, funcionando efetivamente como uma segunda instância administrativa.

Em 1934, com o Decreto n. 24.036, esse modelo foi aperfeiçoado ocasião em que foram extintos os órgãos existentes e criados três novos órgãos julgadores com as respectivas competências: a) Primeiro Conselho de Contribuintes: matérias referentes ao imposto sobre a renda, imposto do selo e imposto de vendas mercantis; b) Segundo Conselho de Contribuintes: matérias envolvendo imposto de consumo, taxa de viação e demais impostos; e c) Conselho Superior de Tarifa: competente para o julgamento de toda matéria aduaneira. Posteriormente foram criados mais dois conselhos de contribuintes e redistribuídas as competências acima mencionadas.

Em 28 de março de 1979, por meio do Decreto n. 83.304, foi criada a Câmara Superior de Recursos Fiscais, competente

---

24. Vide: http://www.carf.fazenda.gov.br.

para o julgamento de recursos especiais que impugnavam as decisões proferidas pelos Conselhos de Contribuintes, que eram até então dirigidos ao Ministro da Fazenda.[25] Com isso, todas as lides tributárias, regidas pela legislação do processo administrativo tributário, passaram a ser resolvidas, em última instância, no âmbito do contencioso administrativo. Esse tema será objeto de análise mais aprofundada adiante.

Em dezembro de 2008, a partir da edição da Medida Provisória n. 449/2008 posteriormente convertida na Lei n. 11.941/2009, foi criado o Conselho Administrativo de Recursos Fiscais – CARF, que unificou a estrutura dos Conselhos de Contribuintes anteriormente existentes e da Câmara Superior de Recursos Fiscais.

Do ponto de vista da hierarquia administrativa, o anexo I do Decreto n. 7.482/2011 e alterações posteriores (Regimento Interno do Ministério da Fazenda), qualificam o CARF como órgão colegiado judicante autônomo e paritário com escopo de julgar recursos no âmbito do processo administrativo tributário relativos a tributos administrados pela Secretaria da Receita Federal do Brasil[26], vinculado administrativamente ao Ministério da Fazenda.

---

25. OLIVEIRA, Leonardo Henrique M. de. **Processo Administrativo e Judicial Tributário**. In: TÔRRES, Heleno Taveira et al. (coordenadores). **Direito Tributário e Processo Administrativo Aplicados**. São Paulo: Quartier Latin: 2005, pp.64-86. p. 79.
26. ANEXO I: Art. 38. Ao Conselho Administrativo de Recursos Fiscais, órgão colegiado judicante, paritário, compete julgar recursos de ofício e voluntários de decisão de primeira instância, bem como recursos especiais, sobre a aplicação da legislação referente a tributos administrados pela Secretaria da Receita Federal do Brasil, conforme estabelecido nos arts. 25, inciso II, e 37, § 2º, do Decreto n. 70.235, de 6 de março de 1972. Parágrafo único. Metade dos conselheiros integrantes do Conselho Administrativo de Recursos Fiscais será constituída de representantes da Fazenda Nacional, e a outra metade, de representantes dos contribuintes, indicados pelas confederações representativas de categorias econômicas de nível nacional e pelas centrais sindicais.

Entretanto, *a priori* essa vinculação hierárquica deve ser restrita as atividades *meio* como: organização institucional e administrativa do órgão, regime jurídico dos servidores, nomeação dos conselheiros, respeitados os critérios da legislação pertinente, etc.

Com relação à atividade *fim* (resolução de conflitos administrativos), por se referir ao próprio objeto que justifica a existência do órgão, a atividade de julgar e decidir os litígios contidos nos processos administrativos tributários, o CARF não está vinculado diretamente ao Ministério da Fazenda, mas sim à legislação que rege o direito tributário e o processo administrativo tributário, notadamente o Decreto n. 70.235/1972 (recepcionado como lei) e, subsidiariamente, a Lei n. 9.784/1999.

Isto se justifica pelo status constitucional que tem o processo administrativo tributário, com suporte nos princípios que o regem, entre outros, o devido processo legal, o contraditório e a ampla defesa. Para que tais princípios sejam respeitados, é premissa básica que o julgador deverá ter liberdade de decidir de acordo com o direito, a lei e o seu livre convencimento, não podendo estar limitado na sua competência de julgar, nem sob subordinação hierárquica da autoridade que o nomeou, sob pena de se verem feridos os princípios constitucionais que justificam a existência do próprio processo administrativo tributário.

Em razão de um raro caso de delegação legislativa – de constitucionalidade discutível – o art. 38 do Decreto n. 70.235/1972[27], todavia, delegou ao Regimento Interno do CARF (RICARF), que é editado por meio de uma Portaria do Ministro da Fazenda, a possibilidade de dispor sobre procedimentos de julgamento não previstos na legislação processual. Contudo, dentro da sistemática em que se encontra inserida tal norma,

---

27. Art. 37. O julgamento no Conselho Administrativo de Recursos Fiscais far-se-á conforme dispuser o regimento interno.

deve-se entender que tal previsão somente poderá ser aplicada à possibilidade de o RICARF disciplinar a organização dos procedimentos burocráticos no âmbito do CARF. Jamais, criar limitações ou óbices à liberdade de decidir do julgador, pois, neste caso, nem mesmo uma lei poderia invadir tal competência.

O referido artigo 38 do Decreto n. 70.235/1972 estabeleceu uma competência residual ao Ministro da Fazenda para dispor sobre regras processuais aplicáveis ao julgamento no âmbito do Conselho Administrativo de Recursos Fiscais. Repita-se que tais regras processuais têm caráter e alcance limitados, apenas, ao disciplinamento de procedimentos e organização dos órgãos, e não podem suplantar os dispositivos previstos na legislação processual nem afrontar o devido processo legal e a ampla defesa, sob pena de grave ilegalidade e inconstitucionalidade.

Abrimos um parêntese para tratar de uma questão interessante, qual seja: a eficácia dos artigos 26, 39, 40 e 41 do Decreto n. 70.235/1972.[28] Vejamos.

Antes da edição do Decreto n. 83.304/1979, o Ministro da Fazenda participava do próprio contencioso administrativo na qualidade de instância revisora das decisões proferidas pelo Conselho de Contribuintes. Por isso, o Decreto n. 70.235/1972,

---

28. Art. 26. Compete ao Ministro da Fazenda, em instância especial: I – julgar recursos de decisões dos Conselhos de Contribuintes, interpostos pelos Procuradores Representantes da Fazenda junto aos mesmos Conselhos; II – decidir sobre as propostas de aplicação de equidade apresentadas pelos Conselhos de Contribuintes.
Art. 39. Não cabe pedido de reconsideração de ato do Ministro da Fazenda que julgar ou decidir as matérias de sua competência.
Art. 40. As propostas de aplicação de equidade apresentadas pelos Conselhos de Contribuintes atenderão às características pessoais ou materiais da espécie julgada e serão restritas à dispensa total ou parcial de penalidade pecuniária, nos casos em que não houver reincidência nem sonegação, fraude ou conluio.
Art. 41. O órgão preparador dará ciência ao sujeito passivo da decisão do Ministro da Fazenda, intimando-o, quando for o caso, a cumpri-la, no prazo de trinta dias.

na sua redação original, disciplinava a competência do Ministro da Fazenda para o julgamento de recursos em instância especial, atuando como autoridade hierarquicamente superior que poderia avocar para si a decisão dos seus subordinados e sobre ela se manifestar e dar a decisão final na esfera administrativa.

No entanto, a criação da Câmara Superior de Recursos Fiscais, por norma de igual hierarquia à época, praticamente esvaziou a competência do Ministro da Fazenda para julgar recursos administrativos.[29] Inclusive, o art. 8º do mencionado diploma normativo estabeleceu expressamente a necessidade de revogação das disposições em contrário:

> Art. 8º O presente Decreto entrará em vigor na data de sua publicação, revogadas as disposições em contrário, especialmente o § 1º do artigo 37 do Decreto n. 70.235, de 6 de março de 1972.

Como não houve a revogação expressa dos dispositivos citados, permaneceu a discussão sobre a possibilidade de o Ministro da Fazenda avocar a competência e julgar os recursos administrativos em última instância. Porém, o Superior Tribunal de Justiça, no julgamento do Mandado de Segurança n. 8.810/DF, proferiu a seguinte decisão:

> ADMINISTRATIVO. MANDADO DE SEGURANÇA. CONSELHO DE CONTRIBUINTES – DECISÃO IRRECORRIDA. RECURSO HIERÁRQUICO. CONTROLE MINISTERIAL. ERRO DE HERMENÊUTICA.

---

29. Inclusive, neste trabalho estamos revendo posição anteriormente exposta que colocava que, diante da sistemática vigente na legislação na qual o órgão julgador administrativo se encontrava inserido dentro da estrutura hierárquica do Ministério da Fazenda, haveria a possibilidade de o Ministro da Fazenda avocar para si a decisão final no processo administrativo tributário federal por meio de recurso hierárquico. **Do Lançamento Tributário – Execução e Controle**. São Paulo: Dialética, 1999.

I – A competência ministerial para controlar os atos da administração pressupõe a existência de algo descontrolado, não incide nas hipóteses em que o órgão controlado se conteve no âmbito de sua competência e do devido processo legal.

II – O controle do Ministro da Fazenda (Arts. 19 e 20 do DL 200/67) sobre os acórdãos dos conselhos de contribuintes tem como escopo e limite o reparo de nulidades. Não é lícito ao Ministro cassar tais decisões, sob o argumento de que o colegiado errou na interpretação da Lei.

III – As decisões do conselho de contribuintes, quando não recorridas, tornam-se definitivas, cumprindo à Administração, de ofício, "exonerar o sujeito passivo dos gravames decorrentes do litígio" (Dec. 70.235/72, Art. 45).

IV – Ao dar curso a apelo contra decisão definitiva de conselho de contribuintes, o Ministro da Fazenda põe em risco direito líquido e certo do beneficiário da decisão recorrida.[30]

Isto é, para o Superior tribunal de Justiça, não cabe ao Ministro da Fazenda o reexame do mérito dos julgamentos proferidos no contencioso administrativo tributário.

Ademais, com a edição da Lei n. 11.941/2009 (conversão da Medida Provisória n. 449/2008), a revogação em questão ficou ainda mais explícita, visto que a norma introduziu dispositivo legal que prevê expressamente a interposição do recurso especial para Câmara Superior de Recursos Fiscais, estabelecendo a este órgão a condição de instância especial no âmbito do processo administrativo tributário a quem cabe a decisão terminativa no processo administrativo tributário federal, a qual é coberta pela definitividade e faz a coisa julgada administrativa. Ressalte-se que desta decisão somente caberá recurso ao judiciário por parte do contribuinte, jamais da Fazenda, visto que os direitos fundamentais que asseguram sempre

---

30. SUPERIOR TRIBUNAL DE JUSTIÇA. **MS 8810/DF**, Rel. Ministro Humberto Gomes de Barros, Primeira Seção, julgado em 13/08/2003, DJ 06/10/2003, p. 197.

o recurso judicial se dirigem ao administrado/contribuinte e não à administração tributária.

Logo, podemos concluir que o Conselho Administrativo de Recursos Fiscais, na qualidade de órgão colegiado autônomo do Ministério da Fazenda, está vinculado ao Ministro apenas relativamente a questões administrativas para atividades *meio*, bem assim no que diz respeito às normas procedimentais editadas com base na delegação legislativa do Decreto n. 70.235/1972, mas não está sujeito ao controle do mérito das suas decisões nem guarda subordinação hierárquica em relação ao seu livre convencimento e à sua liberdade e dever de atuar com isenção e imparcialidade de julgar.

Nesse sentido, é a manifestação da própria douta Procuradoria da Fazenda Nacional, externado no Parecer PGFN/CRJ n. 2044/2013, no qual se destaca a seguinte afirmação: *"CARF é a última instância administrativa no que tange à higidez do lançamento tributário, sendo órgão legítimo e democrático, tendo em vista que entre seus Conselheiros há representantes dos contribuintes e da Fazenda Nacional. Tal circunstância evidencia que as suas decisões não refletem necessariamente o entendimento da Administração Tributária a respeito das questões que lhes são submetidas, gozando de autonomia, dentro dos limites da legalidade que o vincula, na prolação de seus julgados"*.[31]

3.2. Procuradoria da Fazenda Nacional

A Procuradoria da Fazenda Nacional é o órgão de representação da Fazenda Nacional, vinculado ao Ministério da Fazenda, que compõe a Advocacia-Geral da União, nos termos da Lei Complementar n. 73/1993 e a ela é subordinada. Entre

---

31. PROCURADORIA DA FAZENDA NACIONAL. **Parecer PGFN/CRJ n. 2044/2013.** Item 5.

suas competências, destaca-se a representação e a defesa da União nas causas de natureza fiscal, conforme previsão do art. 12 da Lei Complementar n. 73/1993.[32] Nesta função ela é atua como advogado em defesa dos interesses da Fazenda Pública.

No processo administrativo tributário, especificamente, a Procuradoria da Fazenda Nacional não atua na função de consultoria ou assessoramento do órgão julgador, mas sim na qualidade de parte interessada no processo, responsável pela defesa do lançamento tributário em julgamento e pela manutenção do crédito tributário. Papel este que tem exercido de forma competente e aguerrida como verdadeiro e legítimo advogado da Fazenda Nacional. Tal afirmativa pode ser facilmente confirmada quando se examina o Decreto n. 70.235/1972, que prevê forma de intimação (art. 23, §§ 7º, 8º e 9º) e cabimento do recurso especial (art. 37).

Aliás, o Regimento Interno do Conselho Administrativo de Recursos Fiscais, aprovado pela Portaria MF n. 256/2009, além da designação expressa[33], também dispõe sobre várias

---

32. Art. 12 – À Procuradoria-Geral da Fazenda Nacional, órgão administrativamente subordinado ao titular do Ministério da Fazenda, compete especialmente: I – apurar a liquidez e certeza da dívida ativa da União de natureza tributária, inscrevendo-a para fins de cobrança, amigável ou judicial; II – representar privativamente a União, na execução de sua dívida ativa de caráter tributário; IV – examinar previamente a legalidade dos contratos, acordos, ajustes e convênios que interessem ao Ministério da Fazenda, inclusive os referentes à dívida pública externa, e promover a respectiva rescisão por via administrativa ou judicial; V – representar a União nas causas de natureza fiscal. Parágrafo único – São consideradas causas de natureza fiscal as relativas a: I – tributos de competência da União, inclusive infrações à legislação tributária; II – empréstimos compulsórios; III – apreensão de mercadorias, nacionais ou estrangeiras; IV – decisões de órgãos do contencioso administrativo fiscal; V – benefícios e isenções fiscais; VI – créditos e estímulos fiscais à exportação; VII – responsabilidade tributária de transportadores e agentes marítimos; VIII – incidentes processuais suscitados em ações de natureza fiscal.

33. Art. 81. Atuarão junto ao CARF, em defesa dos interesses da Fazenda Nacional, os Procuradores da Fazenda Nacional credenciados pela Procuradoria-Geral da Fazenda Nacional.

regras que qualificam a Procuradoria da Fazenda Nacional como parte no processo administrativo tributário como: a) apresentação de contrarrazões ao recurso voluntário no prazo processual (art. 48); b) pedido de preferência e adiamento (art. 56); c) sustentação oral (art. 58); d) apresentação de recursos (art. 64 e seguintes).

Desse modo, podemos concluir que a Procuradoria da Fazenda Nacional exerce inequívoca atividade de parte e advogado da Fazenda Nacional no processo administrativo tributário. Por outro lado, nos termos do art. 12, inciso IV do parágrafo único, da Lei Complementar n. 73/1993, a procuradoria deve representar a União nas causas de natureza fiscal como aquelas decorrentes de decisões de órgãos do contencioso administrativo fiscal.

Tal atributo, entretanto, não significa que este órgão pode atuar como parte no processo administrativo tributário e, ao mesmo tempo, editar atos normativos ou pareceres com eficácia vinculante no julgamento de causas em que é parte, com observância obrigatória pelos julgadores administrativos. Até porque, se isso fosse possível, haveria um grave abalo ao devido processo legal, sendo inconstitucional a edição de dispositivo normativo infraconstitucional que dispusesse neste sentido.

Isto porque, teríamos uma situação contraditória: uma das partes emitindo parecer que vincularia a decisão do julgador que, por sua vez, deixaria de ser isenta e imparcial para se converter em uma ratificação da defesa de uma das partes do processo: aquela que editou o ato. Seria uma clara afronta ao devido processo legal e à ampla defesa que iria macular a própria razão de ser do órgão que julga o processo administrativo tributário.

Recentemente, em um caso inusitado ocorrido no âmbito do Poder Judiciário, aflorou essa discussão para o órgão e seus superiores hierárquicos. No referido caso, determinada pessoa ajuizou várias ação populares em face de decisões do CARF favoráveis ao contribuinte. A Procuradoria da Fazenda Nacional foi chamada ao feito para representar o órgão judicialmente, mas já havia atuado como parte no processo administrativo onde os seus argumentos de defesa do lançamento tributário não prosperaram. Isso gerou uma situação contraditória, ocasionando, inclusive, conflitos de interesses.

Diante disso, a Procuradora-Geral da Fazenda Nacional, demonstrando grande bom senso, encaminhou o Ofício n. 0281/PGFN/PG relatando o problema ao Advogado Geral da União, função com status de Ministro de Estado. Em resposta, foi proferido o Despacho AGU (sem número) avocando a competência para representar o CARF, nos termos do art. 4º, § 2º, da Lei Complementar n. 73/1993, especificamente para este caso.

Em função da complexidade da questão e da possibilidade de repercussão em outros casos, a própria Procuradoria da Fazenda Nacional editou o Parecer PGFN/CRJ n. 2044/2013 que, dentre outros temas, estabeleceu uma interpretação teleológica do artigo 12, parágrafo único, inciso IV da Lei Complementar n. 73/1999, no sentido de afastar a competência da Procuradoria da Fazenda Nacional na representação de causas em tenha adotado posição contrária na qualidade de parte no contencioso tributário. Destacamos o item 31 do mencionado parecer:

> 31. Diante de tais circunstâncias, especialmente visando evitar uma atuação paradoxal dos Procuradores da Fazenda Nacional, parece mais adequada uma interpretação teleológica do art. 12, parágrafo único, IV, da Lei Complementar n. 73/93, para concluir que a Procuradoria-Geral da Fazenda Nacional possui atribuição para atuar em processos que tenham por objeto decisões de órgãos do contencioso administrativo fiscal apenas quando a sua postura na demanda se coadune com aquela adotada na esfera administrativa, ou seja, quando a decisão impugnada for favorável à União e os legitimados ingressem em juízo para

questioná-la. Caso contrário, quando a decisão for favorável ao contribuinte e for ajuizada ação popular ou ação civil pública, a Procuradoria-Geral da União atrairá a atribuição para atuar no feito.[34]

A referida interpretação também deve ser aplicada nos casos em que a Procuradoria da Fazenda Nacional atua como órgão consultivo do Ministério da Fazenda emitindo parecer acerca da legislação tributária. Isto é, nos casos em que o parecer emite opinião sobre a interpretação da legislação tributária, mesmo que chancelado pelo superior hierárquico, este não pode ser considerado como ato normativo complementar aplicável e vinculante no âmbito do contencioso tributário.

4. (DES)VINCULAÇÃO DOS PARECERES DA PROCURADORIA DA FAZENDA NACIONAL APROVADOS PELO MINISTRO DA FAZENDA

Feitas estas considerações das premissas metodológicas deste trabalho, bem como referidos os fatos e textos jurídicos que se inserem no contexto dele, passamos a examinar a questão propriamente dita, qual seja: a possibilidade jurídica de um Parecer da PGFN, aprovado pelo Ministro da Fazenda, vincular e obrigar os julgadores do Conselho Administrativo de Recursos Fiscais no julgamento dos processos.

Conforme narrado no início do trabalho, a justificação para escolha do tema em análise decorreu de precedente firmado por uma das turmas do CARF que, com vênias e grande respeito à posição assumida pelos doutos julgadores, sob a ótica aqui defendida, entendemos que laborou em uma interpretação descontextualizada dos textos normativos aplicáveis e construiu uma interpretação baseada exclusivamente nos

---

34. PROCURADORIA DA FAZENDA NACIONAL. **Parecer PGFN/CRJ n. 2044/2013**. Item 31.

artigos 40 e 42 da Lei Complementar n. 73/1993, no sentido de que todos os pareceres aprovados pelo Ministro da Fazenda são vinculantes para o CARF. Destacamos a ementa ora transcrita:

> COISA JULGADA. AFASTADA. Por força do disposto no art. 13 combinado com o art. 42 da Lei Complementar n. 73/93, este Colegiado é obrigado a observar as conclusões do PGFN/CRJ/N. 492/2011, por ter sido ratificado pelo Ministro de Estado da Fazenda.[35]

Por outro lado, no julgamento do processo administrativo tributário n. 19647.017451/2008-74, realizado no dia 11 de março de 2014, outa turma, por maioria dos votos, rejeitou a questão de ordem suscitada pelo ilustre Conselheiro Eduardo Martins Neiva Monteiro, no tocante à vinculação dos julgadores administrativos a parecer da Procuradoria da Fazenda Nacional, aprovado pelo Ministro da Fazenda, o que reforça a necessidade de exame da questão com maior profundidade.

Antes de tudo, é importante fazer algumas advertências em relação ao contexto em que a norma deve ser interpretada.

Primeiramente, com base nas premissas articuladas no item 3.1 do presente artigo, o Ministro da Fazenda, apesar de ser autoridade hierarquicamente superior, somente possui atuação vinculante no concernente às atividades *meio* e às de produção de normas procedimentais, realizada por força de delegação legislativa.

Assim, mesmo que ele atue mediante ato de produção normativa direto, por exemplo, uma portaria disciplinando entendimento sobre a legislação tributária, esse ato não possui conteúdo vinculante para os julgadores administrativos, pois

---

35. CONSELHO ADMINISTRATIVO DE RECURSOS FISCAIS. **Acórdão n. 1302-001.130**. Julgado em 11/06/2013.

a vinculação hierárquica não abarca o mérito da atuação judicante que tem a garantida da imparcialidade e da liberdade do livre convencimento.

Em segundo lugar, ainda que se entenda possível essa vinculação, a Procuradoria da Fazenda Nacional não seria o órgão competente para emitir pareceres vinculantes para o Conselho Administrativo de Recursos Fiscais, salvo nos casos em que são favoráveis ao contribuinte, haja vista que atua como parte naquele órgão e não podem seus argumentos colocados como parte em defesa do direito da Fazenda Nacional obrigar aos julgadores, sob pena de esvaziar completamente a função de julgar, além de afrontar o devido processo legal e à ampla defesa, que também são garantidos às instâncias administrativas.[36]

Pois bem, feitas as ressalvas, passamos ao exame da vinculação dos atos no subsistema do processo administrativo tributário. Os artigos 40 e 42 da Lei Complementar n. 73/1993, possuem a seguinte dicção:

> Art. 40. Os pareceres do Advogado-Geral da União são por este submetidos à aprovação do Presidente da República.
>
> § 1º O parecer aprovado e publicado juntamente com o despacho presidencial vincula a Administração Federal, cujos órgãos e entidades ficam obrigados a lhe dar fiel cumprimento.
>
> § 2º O parecer aprovado, mas não publicado, obriga apenas as repartições interessadas, a partir do momento em que dele tenham ciência.
>
> Art. 42. Os pareceres das Consultorias Jurídicas, aprovados pelo Ministro de Estado, pelo Secretário-Geral e pelos titulares das demais Secretarias da Presidência da República

---

36. Constituição Federal. Art. 5º. (...) LV – aos litigantes, em processo judicial ou administrativo, e aos acusados em geral são assegurados o contraditório e ampla defesa, com os meios e recursos a ela inerentes

ou pelo Chefe do Estado-Maior das Forças Armadas, obrigam, também, os respectivos órgãos autônomos e entidades vinculadas.

Da leitura dos dispositivos, concluímos que o texto normativo em questão, atribui de forma genérica, a necessidade de observância pela Administração Pública dos entendimentos jurídicos emitidos nos pareceres dos órgãos da Advocacia Geral da União, inclusive da Procuradoria da Fazenda Nacional. E isso, de fato, pode ocorrer quando a Procuradoria age como órgão consultivo e emite opinião sobre contratos e convênios celebrados por órgãos autônomos do Ministério da Fazenda ou regras de organização administrativa e burocrática do órgão e seus funcionários, aplicáveis até mesmo para o próprio Conselho Administrativo de Recursos Fiscais.

Contudo, quando se trata de vinculação no âmbito do processo administrativo tributário, a legislação tratou de estabelecer normas processuais específicas dispostas tanto no Decreto n. 70.235/1972, quanto no próprio Regimento Interno do CARF.

Ressalte-se que a Lei n. 11.941/2009, expressamente integrou à legislação que rege o processo administrativo tributário os artigos 40 e 43 da Lei Complementar n. 73/1993.[37] Isto

---

37. Lei Complementar n. 73/1993:

Art. 40. Os pareceres do Advogado-Geral da União são por este submetidos à aprovação do Presidente da República.

§ 1º O parecer aprovado e publicado juntamente com o despacho presidencial vincula a Administração Federal, cujos órgãos e entidades ficam obrigados a lhe dar fiel cumprimento.

§ 2º O parecer aprovado, mas não publicado, obriga apenas as repartições interessadas, a partir do momento em que dele tenham ciência.

...

Art. 43. A Súmula da Advocacia-Geral da União tem caráter obrigatório quanto a todos os órgãos jurídicos enumerados nos arts. 2º e 17 desta lei complementar.

é, a partir de então, tais normas gerais passaram a fazer parte das normas especiais que regem o processo administrativo tributário. É importante observar que o artigo 42 da Lei Complementar n. 73/1993, aqui examinado, que trata da edição de atos normativos, ele não foi transportado da regra geral para integrar as normas processuais. Agiu com acerto o legislador e com isso ratifica o pensamento aqui exposto de que os pareceres da douta PGFN, emitidos como órgão consultor não vinculam os órgãos julgadores, pois, as disposições da Lei Complementar n. 73/1993 que o legislador entendeu serem aplicáveis ao processo administrativo tributário foram colocadas expressamente no corpo do Decreto n. 70.235/1972 e o questionado artigo 42 daquela Lei não foi transportado para o Decreto n. 70.235/1972. Isto aconteceu exatamente porque os citados pareceres previstos no artigo 42 da Lei Complementar n. 73/1993 são normas gerais e manifestações editadas no interesse da Fazenda Nacional e, neste caso, seriam atos de parte do processo e, portanto, não podem vincular o julgador sob pena de, repise-se, quebra da imparcialidade que macularia o devido processo legal e à ampla defesa.

No Decreto n. 70.235/1972, as disposições da Lei Complementar n. 73/1993 que vinculam os julgadores administrativos estão contidas no parágrafo 6º do art. 26-A inserido pela Medida Provisória n. 449/2008 (convertida na Lei n. 11.941/2009):

> Art. 26-A. No âmbito do processo administrativo fiscal, fica vedado aos órgãos de julgamento afastar a aplicação ou deixar de observar tratado, acordo internacional, lei ou decreto, sob fundamento de inconstitucionalidade.
>
> § 6º. O disposto no caput deste artigo não se aplica aos casos de tratado, acordo internacional, lei ou ato normativo:

---

§ 1º O enunciado da Súmula editado pelo Advogado-Geral da União há de ser publicado no Diário Oficial da União, por três dias consecutivos.
§ 2º No início de cada ano, os enunciados existentes devem ser consolidados e publicados no Diário Oficial da União.

I – que já tenha sido declarado inconstitucional por decisão definitiva plenária do Supremo Tribunal Federal;

II – que fundamente crédito tributário objeto de:

a) dispensa legal de constituição ou de ato declaratório do Procurador-Geral da Fazenda Nacional, na forma dos arts. 18 e 19 da Lei no 10.522, de 19 de julho de 2002;

b) súmula da Advocacia-Geral da União, na forma do art. 43 da Lei Complementar n. 73, de 10 de fevereiro de 1993;

c) pareceres do Advogado-Geral da União aprovados pelo Presidente da República, na forma do art. 40 da Lei Complementar n. 73, de 10 de fevereiro de 1993.

Note-se que, com base na leitura do inciso II, os atos normativos, produzidos pela Advocacia Geral da União, escolhidos como vinculantes, somente permitem a dispensa da manutenção do crédito tributário. Por outro lado, conforme disposição expressa, o parecer recepcionado pela legislação especial como vinculante ficou restrito àquele produzido pela Advocacia Geral da União e aprovado pelo Presidente.

E mais, especificamente para Procuradoria da Fazenda Nacional, a norma somente permitiu a edição de dispensa legal de constituição e ato declaratório que reconhece a improcedência de determinada matéria. Ou seja, em momento algum, a norma processual possibilitou que uma parte editasse atos vinculantes para atividade judicante daquele órgão.

No RICARF, igualmente temos hipóteses de vinculação dos julgadores administrativos, como: a) art. 62 (mera reprodução do art. 26-A do Decreto n. 70.235/2009; b) vinculação às decisões do Superior Tribunal de Justiça e Supremo Tribunal Federal (art. 62-A); Súmulas (art. 72).

Note-se que, salvo as decisões dos Tribunais Superiores, a única hipótese autônoma de vinculação dos julgadores é a súmula aprovada pelo próprio colegiado, ou seja, salvo a atividade jurisdicional especifica, a legislação processual afastou por completo a possibilidade de partes, como é o caso da Procuradoria da Fazenda Nacional, influírem nas decisões de mérito por meio de atos vinculantes.

Aliás, o próprio parágrafo 5º do art. 19 da Lei n. 10.522/2002[38], com redação dada pela Lei n. 12.844/2013, somente permite a vinculação até mesmo da Receita Federal do Brasil aos pareceres da Procuradoria da Fazenda Nacional quando favoráveis aos contribuintes, o que somente reforça a consistência dos argumentos até então apresentados.

E mais, analisado o contexto fático e as normas aplicáveis, chega-se à hora de aplicar os métodos da teoria geral do direito, apresentados no início da exposição, para resolução do aparente conflito existente entre as normas citadas.

Conforme visto, havendo conflito entre normas pertencentes a um mesmo sistema jurídico, deve o intérprete estabelecer uma construção interpretativa a fim de expurgar qualquer contradição interna. Aqui já apontamos dois métodos para superação do problema, a saber: a) concretização dos fatos e textos normativos aplicáveis, mediante atividade criativa sistemática; b) separação dos textos normativos em face do grau de especialidade.

Utilizando o primeiro método, pode-se verificar que a concretização das normas jurídicas e fatos relacionados do contexto da hipótese em apreço, leva ao seguinte modelo interpretativo:

Se:

i) O Ministro da Fazenda é autoridade superior hierárquica na organização institucional do CARF (atividade meio) e competente para produção de normas processuais complementares,

---

38. § 5. As unidades da Secretaria da Receita Federal do Brasil deverão reproduzir, em suas decisões sobre as matérias a que se refere o caput, o entendimento adotado nas decisões definitivas de mérito, que versem sobre essas matérias, após manifestação da Procuradoria-Geral da Fazenda Nacional nos casos dos incisos IV e V do caput.

mas não exerce função judicante no controle de mérito das decisões tomadas pelo órgão;

ii) A Procuradoria da Fazenda Nacional não possui competência para representar ou orientar o CARF, na qualidade de órgão consultivo, quando atua no processo administrativo como parte;

Logo:

Os pareceres produzidos pela Procuradoria da Fazenda Nacional, quando tratarem de questões jurídicas objeto de análise pelo Conselho Administrativo de Recursos Fiscais, não vinculam o julgador administrativo para o exame de mérito no processo administrativo tributário, pois são manifestações de uma das partes do processo administrativo que não poderão obrigar a tomada de decisão.

Por outro lado, ainda que se entenda pela possibilidade de a Procuradoria da Fazenda Nacional atuar como órgão consultivo no âmbito do CARF, a aparente antinomia também poderia ser resolvida pelo segundo método interpretativo. É que os artigos 40 e 42 da Lei Complementar n. 73/1993 possuem natureza de cláusula geral, aplicável para todos os Ministérios e de aplicação genérica por se referirem a normas organizacionais ou administrativas. Ao passo que as regras de vinculação estabelecidas na legislação processual tributária são regras que gozam de especialidade e somente possuem eficácia no subsistema do processo administrativo tributário.

Sendo assim, aplica-se o método interpretativo da especialidade para construir a seguinte solução:

NORMA GERAL:

Os pareceres das Consultorias Jurídicas, aprovados pelo Ministro de Estado, são vinculantes para os órgãos autônomos e entidades vinculadas.

NORMA ESPECÍFICA:

No contencioso administrativo tributário, as hipóteses de vinculação administrativa dos julgadores para tomada de decisões de mérito são disciplinadas pela legislação processual e as suas decisões gozam da independência e imparcialidade na formação do seu livre convencimento. Não há regra na legislação processual que permita a vinculação do parecer emitido pela Procuradoria da Fazenda Nacional.

Assim, dentro da nossa ordem jurídica e independentemente do método interpretativo escolhido, concluímos que os julgadores do Conselho Administrativo de Recursos Fiscais não estão vinculados ao entendimento jurídico produzido em parecer da Procuradoria da Fazenda Nacional mesmo que aprovado pelo Ministro da Fazenda.

CONCLUSÃO

O Conselho Administrativo de Recursos Fiscais, na qualidade de órgão julgador colegiado autônomo do Ministério da Fazenda, está vinculado ao Ministro da Fazenda por subordinação meramente hierárquico-administrativa para o exercício da atividade *meio*. No exercício da sua atividade fim, julgar exercendo o seu livre convencimento, são aplicáveis e estão vinculados os julgadores às normas processuais do Decreto n. 70.235/1972, e nem mesmo em relação a estas os julgadores estão sujeitos a qualquer controle do mérito das suas decisões.

Os artigos 12 e 13 da Lei Complementar n. 73/1993 devem ser interpretados sistematicamente com a legislação processual tributária. De modo que a Procuradoria da Fazenda Nacional não possui competência para representar ou orientar o CARF, na qualidade de órgão consultivo, especialmente porque nessa seara ela atua no processo administrativo como parte.

A aparente antinomia entre dispositivos da Lei orgânica da Advocacia Geral da União e legislação processual tributária pode ser resolvida pela aplicação do método da especialidade, pois os artigos 40 e 42 da Lei Complementar n. 73/1993 possuem natureza de cláusula geral, aplicável para todos os Ministérios. Ao passo que as regras de vinculação estabelecidas na legislação processual tributária somente possuem eficácia no subsistema do processo administrativo tributário.

Concluímos, portanto, que os julgadores do Conselho Administrativo de Recursos Fiscais não estão vinculados ao entendimento jurídico produzido em parecer da Procuradoria da Fazenda Nacional e aprovado pelo Ministro da Fazenda gozando de imparcialidade e liberdade de decidir de acordo com o Direito, a lei e o seu livre convencimento.

A LUTA CONTRA AS IMUNIDADES DO PODER NAS EXECUÇÕES FISCAIS

Renato Lopes Becho[1]

I. INTRODUÇÃO

Este estudo, realizado em homenagem à Ministra Denise Arruda, toma de empréstimo o título de uma conferência do professor espanhol Eduardo García de Enterría.[2] Nela, colhemos preciosas indicações históricas e doutrinárias sobre o esforço de controlar parcelas importantes da atuação estatal.

Aqui, procuraremos demonstrar como o mesmo estado de espírito é necessário para controlar a administração tributária brasileira nos dias que correm, notadamente nas execuções fiscais. Segundo nosso ponto de vista, o maior problema concernente a tais feitos, atualmente, reside no fato de que o Poder Executivo não é compelido a atuar. Mecanismos legais

---

1. Bacharel em Direito pela UFMG. Especialista em Cooperativismo pela UNISINOS/RS. Mestre, doutor e professor de Direito Tributário na PUC/SP. Livre-docente em Direito Tributário pela USP. Juiz federal em São Paulo/SP.
2. *La lucha contra las inmunidades del poder*. 3. ed., 2. reimpr. Madrid: Civitas, 1995, p. 99.

à disposição do Poder Judiciário, decididos pelo legislador, não são manuseados em face da referida administração e, quando isso ocorre, são barrados pelos tribunais.

Para o equilíbrio do debate, utilizaremos o princípio da supremacia do interesse público sobre o privado em sua dimensão mais alta, levando-se em conta aspectos constitucionais para demonstrar que a duração razoável do processo obriga que o Poder Executivo aplique o princípio da eficiência administrativa nas execuções fiscais.

II. A SIMPLICIDADE E AS COMPLEXIDADES NA EXECUÇÃO FISCAL

Os processos de execução foram concebidos para serem muito simples em sua estrutura e em seu processamento. Partindo de um direito certo, indiscutível – porque houve uma discussão jurídica prévia – e líquido, pois os procedimentos de apuração do montante devido foram realizados antes do ajuizamento da ação, na execução temos uma petição inicial muito singela, em que o autor pede ao Estado-juiz que busque a satisfação de seu crédito, que por outra via restará insatisfeito. A prova de seu direito é o *título executivo*, como um cheque ou uma nota promissória.

Nos processos de execução fiscal não é diferente. Em uma petição inicial que pode ocupar meia folha de papel, o credor se apresenta ao juiz, diz quem é o devedor e o montante devido e pede a aplicação da legislação que, em breve síntese, significa no mais das vezes que um servidor público buscará no patrimônio do devedor tantos bens quantos bastem para saldar a dívida. A prova do débito tributário, a certidão de dívida ativa (CDA), é um espelho dos principais dados extraídos de um processo administrativo, o de constituição do crédito tributário, ao qual o devedor deve ter tido amplo acesso e oportunidade de defesa. Por isso, a petição inicial com uma folha e uma CDA que pode ocupar o mesmo espaço, compõe a peça inicial, a ser protocolada perante o juízo.

O magistrado, de sua parte, mandará citar o devedor (executado), para pagar a dívida ou nomear bens à penhora, sob pena de ver um oficial de justiça vasculhando seu patrimônio e destacando o que achar mais conveniente para levar a leilão público, cujo *preço* pago reverterá para o credor que, por outros meios, não teria como ver seu direito satisfeito. Quando isso ocorrer, o credor receberá o que lhe era devido e o juiz encerrará o processo de execução fiscal. O feito poderá ter ocupado poucas folhas, principalmente nos casos, muito comuns, em que o devedor, citado, paga a dívida e o credor, ouvido pelo juiz, pede a extinção do processo, pois recebeu o que esperava. A sentença terminativa poderá ser tão "longa" quanto foi a petição inicial, meia folha, e todo o processamento terá durado alguns poucos meses e uma dúzia de folhas de papel.

Esse breve relato, que resume grande quantidade de ocorrências fáticas, nada diz de tantos outros processos de execução fiscal em que a parte devedora se insurge contra a cobrança, quer via de exceção de pré-executividade, quer por embargos à execução, bem como em todos os feitos em que o magistrado necessita de dados ou providências a cargo do credor ou de seu advogado. Em exemplificativo rol, o que acontece quando o devedor (1) apresenta uma guia de pagamento, (2) ou uma sentença com certidão de trânsito em julgado em que teve reconhecido o direito de compensar um tributo e ele o fez justamente com aquele débito em cobro, (3) a existência de uma causa suspensiva do crédito tributário, que impedia o ajuizamento da execução fiscal? Ou quando o juiz determina que o credor (4) comprove a ocorrência de uma causa suspensiva do crédito tributário, pois aparentemente a dívida está prescrita, (5) indique o endereço atualizado do devedor, pois naquele que consta dos autos constatou-se que ele *mudou para local desconhecido*, (6) substitua a certidão de dívida ativa por uma que não haja o vício declarado por decisão interlocutória que se tornou irrecorrível ou, ainda, (7) apresente o valor atualizado do débito, descontado o que já foi pago em programa de parcelamento ou pelo que foi arrecadado em leilão?

Para todas essas perguntas, surgem situações distintas daquelas singelas que abriram esse tópico. Mais importante do que fazer, nossa principal indagação aqui é *quando fazer*. Em outras palavras, qual o prazo para o credor cumprir tais exigências? A lei de regência, Lei n. 6.830/1980 não fixou tal prazo. Mas outra pergunta é igualmente importante: qual ou quais interesses estão em jogo em tais circunstâncias? O interesse é meramente do credor ou podemos identificar outro, tão importante quanto? Vejamos, primeiro, a última das indagações.

III. QUAIS OS INTERESSES EM JOGO NOS PROCESSOS DE EXECUÇÃO FISCAL?

É reconhecido que todo processo de execução, o fiscal aí incluído, ocorre por interesse do credor. Isso é lógico, pois se não há sua pretensão, resistida pelo devedor, não há se falar em execução. Em outras palavras, se o credor não tem o direito, não há o processo, assim como se o devedor pagou a tempo e a hora, não haverá a execução.

Todavia, ao menos dois outros interesses estão presentes no processo de execução: o do devedor e o do Poder Judiciário.

O primeiro deles também é bem conhecido e explorado. Se o devedor, como nos exemplos (1) a (3), lembrados no tópico anterior, comprova que pagou, que compensou ou que tinha em seu favor uma causa suspensiva que impedia a ação do credor – dentre tantas outras hipóteses possíveis –, seu interesse no não prosseguimento da execução será maior do que o interesse do exequente. Em situações que tais, o processo será um abuso a prejudicar o executado, que passa a ter interesse direto na rápida solução do litígio.

Mas em todos esses casos, e destacando-se os quatro outros exemplos construídos no item precedente, identificamos outro interesse, dentro do processo de execução fiscal, que não tem sido bem explorado: o interesse do Poder Judiciário.

O interesse do Poder Judiciário é pela solução mais rápida do processo. Em outras palavras, cabe aos juízes conhecerem o direito e o conflito e decidirem, o mais rápido possível, distribuindo o que é justo, fazendo *justiça*.

Esse interesse do Poder Judiciário pela rápida solução do conflito e do processo não é novo. Colhemos no Código de Processo Civil disposição que, de forma muito clara, confere ao magistrado o dever de agir de forma a que o processo não demore mais do que o razoável, como o artigo 125, inciso II, *in verbis*:

> Art. 125. O juiz dirigirá o processo conforme as disposições deste Código, competindo-lhe:
>
> I – assegurar às partes igualdade de tratamento;
>
> II – velar pela rápida solução do litígio

Nesse sentido, cabe ao juiz, e não às partes, conduzir o feito para que ele não se demore mais do que o necessário. Em outros termos, o curso do feito, seu ritmo, sua velocidade, deve ser estabelecido pelo magistrado. Não é por outro motivo que as provas inúteis, desnecessárias, não devem ser deferidas por aquele que preside o feito, como se extrai do seguinte texto, também do CPC:

> Art. 130. Cabe ao juiz, de ofício ou a requerimento da parte, determinar as provas necessárias à instrução do processo, indeferindo as diligências inúteis ou meramente protelatórias.

Entretanto, o arcabouço normativo indicado não foi suficiente para que os magistrados, em nosso país, atuassem com a celeridade esperada. Tanto que a morosidade do Judiciário é reconhecida amplamente.

Mas novas formulações jurídicas levam o juiz, que é quem deve presidir o feito (não o procurador fazendário ou o servidor do fisco) a garantir o *interesse público na duração rápida do processo*.

Essa nova dimensão, sobre a qual a comunidade jurídica ainda não se deu conta em sua inteireza, advém da Emenda Constitucional n. 45, de 2004, que transformou em direito interno uma disposição internacional a que o Brasil se obrigou na Convenção Americana sobre os Direitos Humanos. Nesta Convenção, colhemos que:

> Artigo 8º – Garantias judiciais.
>
> 1. Toda pessoa terá o direito de ser ouvida, com **as devidas garantias** e **dentro de um prazo razoável**, por um juiz ou Tribunal competente, independente e imparcial, estabelecido anteriormente por lei, na apuração de qualquer acusação penal formulada contra ela, ou na determinação de seus direitos e obrigações de caráter civil, trabalhista, **fiscal** ou de qualquer outra natureza.[3]

Por essa determinação, passamos a ter em nossa Constituição que:

> Art. 5º. Todos são iguais perante a lei, sem distinção de qualquer natureza, garantindo-se aos brasileiros e aos estrangeiros residentes no País a inviolabilidade do direito à vida, à liberdade, à igualdade, à segurança e à propriedade, nos termos seguintes:

---

3. *Sistema interamericano de proteção dos direitos humanos: legislação e jurisprudência*. São Paulo: Centro de Estudos da Procuradoria Geral do Estado de São Paulo (Série Estudos n. 13), 2001, p. 796. Os destaques são nossos.

LXXVIII – a todos, no âmbito judicial e administrativo, são assegurados a razoável duração do processo e os meios que garantam a celeridade de sua tramitação.[4]

O princípio da duração razoável do processo passou a conferir ao Poder Judiciário o interesse direto na finalização de todos os feitos, agora a nível constitucional. Acreditamos que, hoje, resta evidente que a duração rápida dos feitos, inclusive das execuções fiscais, é de interesse público.

A Constituição Federal, ao elevar esse dever, esse interesse público, aproximou ainda mais os diplomas legais dos anseios sociais. A rápida solução do litígio, ou a duração razoável do processo, é amplamente cobrada pela sociedade e pelo próprio aparelhamento estatal, como damos mostra com a atuação do Conselho Nacional de Justiça – CNJ. Nas execuções fiscais, isso significa, muitas vezes, que o Poder Executivo precisa ser muito ágil. Mas como tem sido na prática? Vejamos esse ponto no próximo item, retomando a questão que ficou em aberto, posta no final do tópico precedente.

IV. A DEMORA DA ADMINISTRAÇÃO PÚBLICA EM ATENDER ÀS OCORRÊNCIAS EM EXECUÇÃO FISCAL E A FIXAÇÃO DE PRAZO PARA QUE ISSO OCORRA

Aqueles que estão acostumados com a *práxis* nas execuções fiscais não mais se surpreendem com pedidos de prazos, por parte dos exequentes, de até 180 dias para *providências administrativas*. Em quaisquer dos exemplos já dados neste estudo, não parece haver constrangimento algum dos credores em fazer os devedores e o Poder Judiciário aguardarem pelo tempo que eles, credores, entendem mais conveniente para apresentar, em juízo, o que lhes é solicitado.

---

4. Inciso LXXVIII acrescentado pela Emenda Constitucional n. 45, de 8 de dezembro de 2004.

Outro ponto que parece não constranger ninguém é o fato corriqueiro de o advogado do credor, as procuradorias fiscais, pedirem ao juiz para oficiar a seu cliente, o fisco, solicitando informações e, posteriormente, vista dos autos. Essa prática indica que, dentro da administração tributária, cliente e advogado não se comunicam bem, um necessitando da intermediação do juiz para que o outro faça seu trabalho.

Tal circunstância, fora da administração tributária, parece impensável. Imagine-se um advogado privado requerendo ao juiz que intime seu cliente para apresentar, em juízo, documentos e, em seguida, lhe abra prazo para conhecer seu conteúdo... O que seria impensável para uns, é comum para outros.

Mas voltando ao aspecto do prazo para a manifestação do exequente, considerando que não há, na Lei n. 6.830/1980 – LEF, nada estipulado nesse sentido, usamos o Código de Processo Civil, de maneira subsidiária, já que, naquela lei, colhemos que: *"Art. 1. A execução judicial para cobrança da Dívida Ativa da União, dos Estados, do Distrito Federal, dos Municípios e respectivas autarquias, será regida por esta Lei e, **subsidiariamente, pelo Código de Processo Civil.** "(Destacamos).*

Significa dizer que, nos temas não regulados na Lei de Execuções Fiscais, o aplicador do direito deverá recorrer ao Código de Processo Civil para sanar a ausência.

O ponto essencial para a compreensão dos problemas aqui apresentados refere-se ao prazo para atuação ou cumprimento de determinações judiciais por parte dos exequentes. A Lei de Execuções Fiscais não estipula prazos para os exequentes, como o faz para os executados (art. 8º). Os prazos que há são os dos embargos (art. 16 para o executado/embargante, art. 17 para o exequente/embargado). Nas exceções de pré-executividade, ou em todas as demais hipóteses em que o julgador precisa da atuação do credor, não há prazo fixado na legislação. Nesse caso, entendemos que deve ser aplicado o artigo 177 do Código de Processo Civil, que transcrevemos:

TRIBUTAÇÃO: DEMOCRACIA E LIBERDADE

> Art. 177. Os atos processuais realizar-se-ão nos prazos prescritos em lei. Quando esta for omissa, o juiz determinará os prazos, tendo em conta a complexidade da causa.

A doutrina nacional afiança a importância de serem fixados prazos, pela lei ou, em sua ausência, pelo juiz, para o alcance do objetivo do processo. Nesse sentido, por exemplo, é a lição de Humberto Theodoro Júnior:

> O impulso do processo rumo ao provimento jurisdicional (composição do litígio) está presidido pelo sistema da oficialidade, de sorte que, com ou sem a colaboração das partes, a relação processual segue sua marcha procedimental em razão de imperativos jurídicos lastreados, precipuamente, no mecanismo dos prazos.[5]

O citado Mestre reitera os termos do artigo 177 do CPC, fazendo-o nos seguintes termos:

> A maioria dos prazos acha-se previsto no Código. Se, porém, houver omissão da lei, caberá ao juiz determinar o prazo em que o ato do processo pode ser praticado (art. 177, segunda parte).[6]

Em um aresto, o Superior Tribunal de Justiça indicou como o Julgador deve se portar diante dos *prazos processuais*. Atentemos para essa verdadeira lição do Ministro Sálvio de Figueiredo Teixeira, um dos grandes processualistas que o *Tribunal de Cidadania* já albergou:

> Em se tratando de prazos, o intérprete, sempre que possível, deve orientar-se pela exegese mais liberal, atento às tendências

---

[5]. *Curso de direito processual civil*. V. I. 4 ed. Rio de Janeiro: Forense, 1988, p. 259.
[6]. *Curso de direito processual civil*. V. I. 4 ed. Rio de Janeiro: Forense, 1988, p. 260.

do processo civil contemporâneo – calcado nos princípios da efetividade e da instrumentalidade – e à advertência da doutrina de que as sutilezas da lei nunca devem servir para impedir o exercício de um direito.[7]

Quais são, então, as tendências do processo civil contemporâneo, especificamente em relação ao processo de execução fiscal? Uma delas nos parece ser a igualdade entre as partes (com o equilíbrio dado pelo legislador para a defesa da Fazenda Pública em juízo, com prazos em dobro e em quádruplo), devido processo legal, garantia de rápida duração do processo e eficiência administrativa.

À luz desses princípios, e na ausência de prazo para o exequente apresentar contraprova à prova do executado que ilidiu as presunções de certeza e liquidez da Certidão de Dívida Ativa, ou para cumprir uma determinação do magistrado, o julgador terá que aplicar a legislação processual. O primeiro dispositivo que nos acode é o artigo 185 do Código de Processo Civil, que possui a seguinte redação:

> Art. 185. Não havendo preceito legal nem assinalação pelo juiz, será de 5 (cinco) dias o prazo para a prática de ato processual a cargo da parte.

Entretanto, nos parece deveras exíguo o prazo de cinco dias para que a Procuradoria da Fazenda Pública apresente a prova necessária para restaurar a força da CDA abalada frente aos documentos apresentados pelo contribuinte. Até porque, o princípio da igualdade deve ser aplicado com as ponderações das desigualdades. Processualmente, o legislador do CPC foi atento a essa diferença, estipulando que:

---

[7]. Item II da Ementa do Recurso Especial n. 11.834-PB. *Revistas do Superior Tribunal de Justiça*. V. 34 (junho de 1992), p. 362-363. Publicado também na *Revista dos Tribunais*, v. 686, p. 199.

> Art. 188. Computar-se-á em quádruplo o prazo para contestar e em dobro para recorrer quando a parte for a Fazenda Pública ou o Ministério Público.

Chegados até aqui, nos parece mais de acordo com o sentido dos princípios constitucionais, notadamente de igualdade processual, aplicar em quádruplo o prazo para contestar, quer seja em resposta a uma exceção de pré-executividade, quer seja para cumprir uma determinação judicial. O prazo para contestar está no artigo 297 do Código de Processo Civil, *in verbis*:

> Art. 297. O réu poderá oferecer, no prazo de 15 (quinze) dias, em petição escrita, dirigida ao juiz da causa, contestação, exceção e reconvenção.

Assim, combinando os artigos 177, 188 e 297 do Código de Processo Civil, acreditamos que um prazo de 60 (sessenta) dias para os exequentes, apesar de parecer um prazo muito longo, está de acordo com os termos do princípio da igualdade processual, aplicado a partir do Texto Constitucional.

O indigitado prazo de 60 (sessenta) dias será contado a partir da entrega dos autos ao Procurador da Fazenda Pública, nos termos do artigo 25 da Lei de Execução Fiscal, que possui a seguinte redação:

> Art. 25. Na execução fiscal, qualquer intimação ao representante judicial da Fazenda Pública será feita pessoalmente.
>
> Parágrafo único. A intimação de que trata este artigo poderá ser feita mediante vista dos autos, com imediata remessa ao representante judicial da Fazenda Pública, pelo cartório ou secretaria.

Em outras palavras, a Fazenda Pública ficará com os autos do processo de execução fiscal por 60 dias, tempo suficiente para que ela diligencie junto ao órgão arrecadador ou julgador administrativo e apresente, em juízo, o que for necessário.

Unindo todos os pontos até aqui apresentados, podemos reiterar uma importante indagação: o que é necessário para trazer efetividade ao processo de execução fiscal? Damo-nos pressa em responder: rápida e eficiente atuação do Poder Executivo, quer por meio de seus advogados (os Procuradores da Fazenda), quer por meio da máquina arrecadatória (que deve apresentar, com presteza, a comprovação ou não do pagamento do tributo), quer por meio da rápida solução dos procedimentos administrativos (pedidos de revisão de débito, de compensação, etc.).

O Poder Judiciário tem, também, sua parcela de responsabilidade na efetivação do processo de execução fiscal. E essa responsabilidade não é pouca. Cabe ao juiz das execuções fiscais a presidência do feito, submetendo todos os operadores do direito (destacadamente os servidores e os advogados) aos trâmites legais, fazendo com que o processo de execução fiscal seja capaz de restaurar a paz social abalada com a distribuição do feito, o que somente será alcançado com o seu término.

Compondo os aspectos processuais com os constitucionais sustentados acima, a instrumentalidade do processo de execução fiscal tem que ser vista, à luz dos direitos humanos do contribuinte (executado), como meio de defesa célere contra eventuais excessos da máquina arrecadadora e fiscalizadora, bem como contra tais excessos se praticados em juízo, quer por membros do Poder Executivo, quer por membros do Poder Judiciário.

Caso, contudo, não seja possível ao exequente apresentar o que lhe compete, a penalidade está disciplinada no Código de Processo Civil: a extinção do feito, sem resolução de mérito (sem envolver, no caso do processo de execução fiscal, os aspectos tributários suspensivos e extintivos da relação jurídica). Nesse sentido, confira-se:

Art. 267. **Extingue-se o processo**, sem resolução de mérito:

[...]

III – quando, por **não promover os atos e diligências** que lhe competir, **o autor abandonar a causa por mais de 30 (trinta) dias**;

[...].

§ 1º. O juiz ordenará, nos casos dos ns. II e III, o arquivamento dos autos, declarando a extinção do processo, **se a parte, intimada pessoalmente, não suprir a falta em 48 (quarenta e oito) horas**. (Destacamos).

Como todo texto legal, o dispositivo transcrito precisa ser interpretado, atentando-se para o caso concreto, para que sua aplicação possa ser a mais consentânea possível com o ordenamento jurídico.

Assim, entendemos que a mera manifestação, com pedido de novo prazo, se desazarroado (por exemplo, se o exequente já teve 60 dias para se manifestar sobre uma guia de pagamento ou sobre um pedido de compensação), deve ser interpretada como **não promoção de atos e diligências que lhe competia** (CPC, art. 267, III).

Especificando melhor: se, nos autos, a exequente foi intimada a se manifestar sobre as provas juntadas pelo executado – nos termos do CTN, art. 204, § único, e da Lei n. 6.830/80, art. 3º, § único – e deixa passar prazo excessivo (superior a sessenta dias) sem apresentar contraprova (demonstrativo de extrato do Fisco provando que o pagamento indicado foi aproveitado, demonstrativo do Fisco de que a compensação requerida foi indeferida, que tal decisão tornou-se definitiva e o contribuinte foi regularmente notificado etc.), o juiz deve interpretar o art. 267, III, do CPC como *não promoção de atos e diligências que competia à exequente.*

A prudência indica que, se o exequente teve *apenas* sessenta dias para levantar as provas de que necessita, pode ser razoável que o julgador lhe conceda prazo suplementar de 30 dias, baseando-se no artigo 267, III, do CPC. Os autos da execução fiscal terão ficado, então, por 90 dias em mãos do exequente, o que não mais justificaria nenhuma concessão de novo prazo, sob pena de eternização do feito executivo fiscal. Todavia, para a correta aplicação do artigo 267 do Código de Processo Civil, deve ainda o Magistrado intimar novamente a procuradoria fazendária para suprir a omissão em 48 (quarenta e oito) horas, sob pena de extinção do feito (CPC, art. 267, § 1º). Caso o exequente não apresente as provas necessárias, quedando-se inerte no dever de provar o alegado em juízo, deve o julgador extinguir o feito, sem julgamento de mérito.

Acreditamos que a interpretação da legislação acima indicada está em consonância com a jurisprudência do Egrégio Tribunal Regional Federal da 3ª Região abaixo transcrita:

> PROCESSUAL CIVIL. EXECUÇÃO FISCAL. ABANDONO DA CAUSA PELA PARTE EXEQUENTE. EXTINÇÃO DO PROCESSO SEM EXAME DO MÉRITO. ARTIGO 267, III, E § 1º, DO CPC.
>
> – Cuidando-se de sentença contrária aos interesses da União, encerrando o curso do processo executivo fiscal, cabível é o reexame necessário, conforme o disposto no artigo 475, inciso II, do Código de Processo Civil.
>
> – Impossibilidade da execução fiscal aguardar por tempo indeterminado o cumprimento de ato ou diligência que competia à Fazenda Pública realizar.
>
> – Extinção do processo, sem exame do mérito, nos termos do artigo 267, inciso III, e § 1º, do Código de Processo Civil.
>
> – Apelação e remessa oficial, tida por ocorrida, às quais se nega provimento.
>
> TRF/3R. Apelação cível n. 632830. Relatora: Desembargadora Federal Therezinha Cazerta. Quarta Turma. Un. J. 23 de maio de 2001. DJU 31/08/2001, Seção 2. Publicação na RTRF3R n. 53, págs. 115/120.

PROCESSUAL CIVIL. EXECUÇÃO FISCAL. EXTINÇÃO DO PROCESSO SEM JULGAMENTO DO MÉRITO. ABANDONO. APLICAÇÃO DO ART. 267, III, DO CÓDIGO DE PROCESSO CIVIL. PRESCINDIBILIDADE DE REQUERIMENTO DO EXECUTADO. INAPLICABILIDADE DA SÚMULA N. 240 DO STJ.

I – O art. 267, III, do Código de Processo Civil aplica-se subsidiariamente aos casos em que a Fazenda Pública, embora intimada, descumpre determinação judicial quanto ao regular andamento do processo. Precedentes do STJ.

II – Em sede de execução fiscal não embargada, a extinção do processo sem julgamento do mérito, por abandono, prescinde de requerimento do Executado, porquanto não há como invocar ou presumir qualquer interesse do devedor no prosseguimento da execução, senão o insucesso da cobrança. Inaplicabilidade da Súmula n. 240 do STJ.

III – Sob a ótica publicista do Direito Processual Civil, não cabe ao magistrado o papel de mero espectador, mas sim a participação efetiva na condução do processo. Incorrendo a União em evidente desídia em dar continuidade ao feito, obstaculizando a marcha processual regular, outra solução não poderia ser mais adequada, senão a extinção, de ofício, da execução.

IV – Apelação improvida.

TRF/3R. Apelação cível n. 636990. Relatora: Desembargadora Federal Regina Costa. Sexta Turma. Publicação do Acórdão: DJU 24/03/2006, pág. 645. Publicação na RTRF3R n. 81, págs. 261/266.

No Superior Tribunal de Justiça, a homenageada neste volume manteve a linha de julgamento aqui esposada. Confira-se:

PROCESSUAL CIVIL. AGRAVO REGIMENTAL NO RECURSO ESPECIAL. EXTINÇÃO DO PROCESSO DE EXECUÇÃO FISCAL COM BASE NO ART. 267, III, DO CPC. POSSIBILIDADE. DESPROVIMENTO DO AGRAVO REGIMENTAL.

1. A Segunda Turma do Superior Tribunal de Justiça, ao julgar o REsp 56.800/MG (Rel. Min. Eliana Calmon, DJ de

27.11.2000, p. 150), decidiu que "a sanção processual do art. 267, III e § 1º aplica-se subsidiariamente à FAZENDA quando deixa de cumprir os atos de sua alçada". Da mesma forma, esta Turma ementou: "Cuidando de execução fiscal, regida por lei especial, mas, no entanto, em face da aplicação subsidiária do CPC, é cabível a sua subsunção a tal regramento legal nos casos em que a formalidade foi observada." (REsp 662.385/PB, Rel. Min. José Delgado, DJ de 16.11.2004, p. 214).

2. Ao julgar a causa, o Tribunal de origem assim se pronunciou: "Caracteriza-se o abandono de causa quando o autor deixa de promover os atos e diligências que lhe competem, acarretando a paralisação do feito por mais de trinta dias. Em hipóteses que tais, compete ao juiz decretar a extinção do processo se a parte, intimada pessoalmente, não suprir a falta em quarenta e oito horas. A previsão se justifica porque às partes do processo incumbe a obrigação de atender às determinações judiciais. Esta regra, prevista no art. 267, III, do CPC, é aplicável às ações em que é demandante a Fazenda Pública e, inclusive, às execuções fiscais, haja vista que o art. 1º da Lei n. 6.830/80 expressamente prevê a incidência subsidiária das normas do Código de Processo Civil. (...) No caso em exame, a demandante não cumpriu a determinação judicial no sentido de que manifestasse seu interesse no prosseguimento do feito, conquanto tenha sido cientificada, pessoalmente, de que a sua inércia teria como conseqüência a extinção do feito. No que concerne à alegação de incompatibilidade da sentença com a jurisprudência do STJ, porque a extinção por abandono não foi precedida de provocação da parte contrária, entendo que, igualmente, não merece acolhida a pretensão de anulação do decisum. Isso porque, embora citado por edital o executado, é dispensável o requerimento deste."

3. Em assim decidindo, o Tribunal de origem não contrariou o art. 267, III, § 1º, do Código de Processo Civil, tampouco divergiu da orientação jurisprudencial predominante no Superior Tribunal de Justiça.

4. Agravo regimental desprovido. (AGRESP 200601999904, DENISE ARRUDA, STJ – PRIMEIRA TURMA, DJE DATA: 12/11/2008).

Registramos, todavia, que a construção acima apresentada tem sido contestada, com sucesso, pelas procuradorias fazendárias, ao argumento de que a supremacia do interesse público sobre o interesse particular dos contribuintes infirma a fixação de prazos rígidos para a administração tributária, impedindo que seja reconhecido o abandono do processo fiscal pelo exequente. Tratemos, pois, de conhecer um pouco mais do referido princípio.

V. DOIS INTERESSES PÚBLICOS CONFLITANTES

O leitor atento terá observado que, no item precedente, indicamos, ao longo da exposição, o interesse público – agora constitucional – na duração razoável do processo. No fechamento do item, todavia, mencionamos que o princípio da supremacia do interesse público sobre o privado tem sido usado como barreira à rápida solução das execuções fiscais.

De fato, por diversas vezes, órgãos de segundo grau do Poder Judiciário têm entendido que não cabe a fixação de prazo para os exequentes fiscais, com fundamento na supremacia do interesse público (do fisco) sobre o privado (do contribuinte). Temos, todavia, outro interesse público, o da duração razoável do processo. Podemos afirmar, à luz do indigitado princípio, que o interesse da administração tributária deve prevalecer? Vejamos o que a doutrina tem a nos subsidiar.

Como expõe Celso Antônio Bandeira de Mello, o princípio da supremacia do interesse público sobre o interesse privado:

> [...] resulta, em prol da Administração, posição juridicamente correspondente à preponderância do interesse entregue à sua cura. Daí a possibilidade de que tem, nos termos da lei, de constituir terceiros em obrigações mediante atos unilaterais. Tais atos são imperativos como quaisquer atos do Estado.[8]

---

8. *Curso de direito administrativo*. 11. ed. São Paulo: Malheiros, 1999, p. 54-55.

Registramos que o citado jurista destaca que referido princípio confere à lei, e não ao administrador público, o dever de estabelecer a primazia do interesse da coletividade, entregue, para cumprimento, a agentes estatais. Assim, nos termos da mesma autoridade acadêmica, o legislador, com base nesse princípio, estabelece a exigibilidade dos atos administrativos, sua autoexecutoriedade, o dever de autotutela (a administração deve anular, de ofício, seus atos que reconheça inválidos), assim como dele decorrem os institutos da desapropriação e da requisição, por exemplo. Demonstrando o perfil *negativo* (que invalida eventual prática equivocadamente fundada no princípio referido), aduz o festejado jurista:

> [...] jamais caberia invoca-lo abstratamente, com prescindência do perfil constitucional que lhe haja sido irrogado, e, como é óbvio, muito menos caberia recorrer a ele contra a Constituição ou as leis. Juridicamente, sua dimensão e tônica são fornecidas pelo Direito posto e só por este ângulo é que pode ser considerado e invocado.[9]

Chama nossa atenção, também, o magistério de Maria Sylvia Zanella Di Pietro:

> Se a lei dá à Administração os poderes de desapropriar, de requisitar, de intervir, de policiar, de punir, é porque tem em vista atender ao interesse geral, que não pode ceder diante do interesse individual. Em consequência, se, ao usar de tais poderes, a autoridade administrativa objetiva prejudicar um inimigo político, beneficiar um amigo, conseguir vantagens pessoais para si ou para terceiros, estará fazendo prevalecer o interesse individual sobre o interesse público e, em consequência, estará se desviando da finalidade pública prevista na lei. Daí o vício do **desvio de poder** ou **desvio de finalidade**, que torna o ato ilegal.[10]

---

9. *Curso de direito administrativo*. 11. ed. São Paulo: Malheiros, 1999, p. 56.
10. *Direito administrativo*. 15. ed. São Paulo: Atlas, 2003, p. 70. Os negritos são do original.

Diante do ensinamento, questionamos: será que a desatenção, por parte da administração tributária, das determinações judiciais em execução fiscal não caracteriza *desvio de poder* ou *desvio de finalidade*? Ao contrário de pressupor a supremacia do interesse público sobre o privado, não estará, na verdade, escondendo uma *vantagem pessoal* para os administradores de referida máquina pública? Afinal, com essa postura, aceita judicialmente, os agentes públicos envolvidos ficam na cômoda posição de atuar apenas quando lhes parecer oportuno ou conveniente.

De toda sorte, identifica-se como o princípio aqui estudado é manipulado em desfavor do real interesse público. Conforme Lúcia Valle Figueiredo:

> Interesse público, infelizmente, constitui-se em um desses conceitos que são tratados como se fossem despidos de qualquer conteúdo e passíveis de receber aquele que se lhes queira emprestar.[11]

A crítica – certamente não dirigida à doutrina, como se pôde observar – serve muito bem a demonstrar o afastamento, contra a lei e a Constituição, dos deveres de eficiência administrativa, de duração razoável do processo e da presidência do executivo pelo magistrado. É por isso que devemos ter uma postura crítica, como teve Eduardo García de Enterría, na *luta contra as imunidades do poder*. De fato, em cada circunstância, em cada ato, devemos verificar, minuciosamente, qual parte é discricionária e qual é vinculada, qual é a parcela de atos de governo e qual é a de Estado, sindicalizando (controlando) toda atuação que, efetivamente, deva ser controlada. Afinal, *o poder administrativo é, por sua própria natureza, um poder essencial e universalmente controlável*.[12]

---

11. *Curso de direito administrativo*. 6. ed. São Paulo: Malheiros, 2003, p. 65.
12. Eduardo García de Enterría afiançou que "[...] El poder administrativo es de suyo un poder esencial y universalmente justiciable". *La lucha contra las inmunidades del poder*. 3. ed. 2. reimpr. Madrid: Civitas, 1995, p. 97.

VI. CONCLUSÃO

A administração tributária tem sido refratária às tentativas de fixação de prazos para sua atuação nas execuções fiscais. A aplicação, nesse ponto, do Código de Processo Civil, não tem sido bem recebida, ainda que, vez ou outra, tentativas nesse sentido sejam bem acolhidas nos tribunais. Lançando mão, com sucesso, do princípio da supremacia do interesse público sobre o interesse privado, a administração tributária tem conseguido, nos tribunais, que sua atuação, em tais processos, ocorra sob o signo da conveniência e oportunidade.

Não localizamos, quer na legislação, quer na doutrina, referência que confirme a assertiva de que a administração fazendária pode dispor do tempo que melhor lhe aprouver para efetivamente atuar nas execuções fiscais. O que temos, em realidade, é uma manipulação do princípio da supremacia do interesse público para encobrir um desvio de poder ou de finalidade, fazendo com que, de fato, os juízes passem a ser submetidos às autoridades administrativas, incluindo os procuradores fazendários.

Esse estado de coisas é incompatível com uma sociedade que anseia ser reconhecida como civilizada.